FOLHA DE S.PAULO

PRIMEIRA PÁGINA

FOLHA DE S.PAULO

★★★

PRIMEIRA PÁGINA

90 ANOS DE HISTÓRIA NAS CAPAS MAIS IMPORTANTES DA FOLHA

7ª EDIÇÃO

90 anos

PUBLIFOLHA

FOLHA DE S.PAULO

Presidente: Luiz Frias
Diretor editorial: Otavio Frias Filho
Superintendentes: Antonio Manuel Teixeira Mendes e Judith Brito
Editor-executivo: Sérgio Dávila
Conselho Editorial: Rogério Cezar de Cerqueira Leite, Marcelo Coelho, Janio de Freitas, Gilberto Dimenstein, Clóvis Rossi, Carlos Heitor Cony, Celso Pinto, Antonio Manuel Teixeira Mendes, Luiz Frias e Otavio Frias Filho (secretário)
Diretoria-executiva: Antonio Carlos de Moura (comercial), Adalberto Fernandes (industrial/tecnologia), Murilo Bussab (circulação), Marcelo Machado Gonçalves (financeiro) e Miguel Longo Junior (planejamento)

Supervisão editorial da 1ª edição (1985) e da 2ª edição (1987): Caio Túlio Costa
Coordenação editorial da 3ª edição (1995): Márion Strecker
Atualização da 4ª edição (1999): Renata Lo Prete
Atualização da 5ª edição (2000): Carlos Kauffmann
Atualização da 6ª edição (2006): Carlos Kauffmann e Vinicius Mota
Atualização desta edição (2011): Vinicius Torres Freire

Acervo: Banco de Dados de São Paulo
Projeto gráfico de capa e sobrecapa: Luciana Facchini Noleto
Projeto gráfico de miolo: Paula Astiz
Reproduções fotográficas: Acervo da Fundação Biblioteca Nacional, Brasil (pág. 15), João Brito (págs. 14, 55, 56, 57, 64, 72, 81, 124, 203, 211 e 213)

Coordenação editorial: Publifolha
Coordenação de Produção gráfica: Soraia Pauli Scarpa
Produção gráfica: Mariana Metidieri
Revisão: Wayne Fernandes e Thaís Nicoleti de Camargo

Dados Internacionais de Catalogação na Publicação (CIP)
(Câmara Brasileira do Livro, SP, Brasil)

Primeira página : 90 anos de história nas capas mais importantes da Folha
Folha de S. Paulo. – 7ª ed. – São Paulo : Publifolha, 2011.

ISBN 978-85-7914-273-4

1. Folha de São Paulo (Jornal) 2. Jornais - Seções, colunas, etc - Primeira página - Fac-símiles 3. História moderna - Século 20 - Fontes
I. Folha de São Paulo.

11-00182 CDD-909.82

Índice para catálogo sistemático:
1. Folha de São Paulo : Primeira Página : Jornais : História 909.82

A grafia deste livro segue as regras do Novo Acordo Ortográfico da Língua Portuguesa.

PUBLIFOLHA
Endereço: Al. Barão de Limeira, 401, 6º andar
CEP 01202-001, São Paulo, SP
Tel.: (11) 3224-2186/2187/2197
www.publifolha.com.br

Este livro foi composto em Unit e Mercury Text e impresso pela Prol em janeiro de 2011 sobre papel offset 120g/m².

APRESENTAÇÃO

OTAVIO FRIAS FILHO

Mesmo que não exista acordo sobre o que é um "fato" – como isolá-lo, por exemplo, do fluxo em que se dissolvem todos os acontecimentos? –, damos como certo que a cada dia ocorre uma infinidade deles. Somente uma parcela ínfima é recolhida e relatada às pressas pelos jornais; parcela ainda menor é projetada, depois de vencer uma corrida semelhante à da seleção natural, nas primeiras páginas.

Elas se convertem, assim, em espelho do mundo, de acordo com a metáfora famosa, mas se trata de espelhos não só convexos como também duplos. Por meio deles ficamos conhecendo tanto sobre a realidade objetiva, exterior, que procuraram focalizar quanto sobre o recorte humano – suas idiossincrasias, hábitos e ilusões – que determinou a escolha entre o que "vale" e o que "não vale" estar na Primeira Página.

A decisão é condicionada por uma mescla, em parte inconsciente, de fatores de mercado, de política editorial, tradição jornalística, gosto plástico, valores. Por trás da multiplicidade de influências, que se articulam de maneira tão incidental quanto os próprios eventos do dia, avultam, porém, duas trações antagônicas. Toda Primeira Página será o resultado de seu conflito e tentará expressar uma fórmula de equilíbrio entre ambas.

De um lado, é sobretudo na Primeira Página que o jornalismo interpela a posteridade, apresentando-se como rascunho da história. Daí a gravidade dramática de certas páginas, que percorremos hoje quase com um calafrio, ao trazerem de volta um dia que nos acostumamos a ver como crucial, decisivo, espantoso. Os resultados obtidos são tanto mais admiráveis, então, quanto mais o jornalista consegue ater-se à descrição dos fatos em si mesmos avassaladores.

Ao mesmo tempo, e na maioria das edições, é natural que os elementos de leitura utilitária, pragmática e por isso mesmo efêmera apareçam na Primeira Página, dirigida, afinal, ao leitor da manhã seguinte, não ao pesquisador do futuro. O dia a dia é sempre banal. Mesmo nas primeiras páginas mais "importantes" haverá trivialidades e até ridicularias: elas fazem parte da vida e têm lugar, portanto, no jornal. Formam o tecido subcutâneo da história, tão ou mais determinante que a camada externa dos "grandes feitos".

Um dos prismas que aparecem nessas lentes do cotidiano é o de como a própria imprensa se transforma conforme surge o rádio, a televisão se estabelece e se multiplicam, nos últimos anos, os meios de informação imediata, interativa e pesquisável. O livre jogo de influências entre as diversas modalidades de comunicação só pode contribuir – e o tem feito de modo extraordinário ao longo do tempo – para aumentar a difusão do conhecimento e das formas de consciência.

Como mostram as páginas a seguir, a legitimidade dos jornais se concentra cada vez mais na sua pretensão, ainda quando vã, de imprimir certa ordem ao caos e deduzir, do turbilhão de informações fervilhantes, alguma síntese. Seu lastro é o mais essencial dos ritmos, a periodicidade que deu origem a todos os calendários, a alternância entre dia e noite, sono e vigília – lapso de tempo em que cabe todo um mundo de surpresas e a promessa de outro amanhã.

OTAVIO FRIAS FILHO é diretor de Redação da FOLHA DE S.PAULO.

O ROSTO DO MUNDO

NICOLAU SEVCENKO

> Sentou-se à mesa e escreveu um fundo
> Do Times, claro, inclassificável, lido,
> Supondo (coitado!) que ia ter influência no mundo...
> ...
> Santo Deus!... E talvez a tenha tido!
> (*The Times*, Fernando Pessoa/Álvaro de Campos)

Um dos aspectos mais marcantes da história da **Folha de S.Paulo** é o de que se trata de um jornal em constante reformulação. E isso em todos os aspectos, desde as mudanças sucessivas na direção da empresa até a linha editorial, os recursos tecnológicos, os tipográficos, os critérios jornalísticos e a feição de conjunto do jornal.

A história da **Folha** é por isso muito mais a trajetória de muitas mudanças do que o desdobramento linear de uma identidade permanente, estável, resolvida. Sua raiz data da fundação do jornal *Folha da Noite*, em fevereiro de 1921, do qual a *Folha da Manhã*, surgida em 1º de julho de 1925, foi uma extensão natural, constituindo-se a base da Empresa Folha da Manhã Ltda. (1931). Em 1945, um novo grupo assume a direção do jornal, transformando-o numa sociedade anônima, sob o nome de Empresa Folha da Manhã S.A. Nesse período seria criada a *Folha da Tarde* (julho de 1949), sendo que em janeiro de 1960 os três jornais foram reunidos sob o nome único de **Folha de S.Paulo**, passando a sair em três edições diárias – matutina, vespertina e noturna. Em outubro de 1967, a *Folha da Tarde* retornaria a seu título original.

A presente coletânea visa, portanto, comemorar os 60 anos de criação da *Folha da Manhã* *, que se tornou o vértice da empresa e de toda a evolução posterior do jornal, vindo a se transformar na atual **Folha de S.Paulo**. Nesses termos, a história da **Folha** pode ser recortada em quatro períodos bem nítidos, em que a direção do jornal transitou por diferentes mãos. De 1921 a 1930, encabeçada por Olival Costa e Pedro Cunha, tinha uma orientação bastante localista, voltada sobretudo para as questões da administração da cidade.

Empastelada durante o golpe de 1930, retornaria em 1931, ficando até 1945 sob o comando de Octaviano de Lima, Diógenes de Lemos e Guilherme de Almeida, como um defensor intransigente dos interesses dos cafeicultores paulistas. Em 1945, a diretoria passou para José Nabantino Ramos, Alcides Ribeiro Meirelles e Clóvis Medeiros Queiroga, que imprimem ao jornal uma identificação com o discurso desenvolvimentista então em voga. Em 1962 assumem a direção do jornal Octavio Frias de Oliveira e Carlos Caldeira Filho. Preocupados inicialmente com a reestruturação econômica, tecnológica e comercial do diário, só a partir dos inícios dos anos 70 os novos diretores definiriam uma linha de atuação, visando pressionar no sentido da "distensão" e da "abertura" do regime militar e lançando-se a seguir em campanha aberta pela Assembleia Nacional Constituinte e pelas eleições diretas em todos os níveis.

Esse pequeno esboço visa apenas localizar e orientar o leitor quanto a alguns dos momentos mais decisivos da história da **Folha**. Aqueles que quiserem uma análise mais aprofundada de toda a evolução do jornal no período de 1921 a 1981 poderão encontrá-la no livro *História da Folha de S.Paulo* (Impres, 1981), de autoria de Carlos Guilherme Mota e Maria Helena Capelato. As breves indicações apresentadas acima permitem entrever, no entanto, o caráter descontínuo, cheio de rupturas e redefinições que assinala o percurso da **Folha de S.Paulo** desde a sua fundação.

Isso que poderia parecer um demérito a alguns, aos olhos de um historiador se apresenta como uma circunstância particularmente feliz. Alguns jornais são fiéis a si mesmos, o que é sem dúvida uma forma de virtude. Outros o são ao tempo no interior do qual se acham enquadrados, como tem sido o caso da **Folha de S.Paulo**. Fato que me encanta de uma forma muito especial porque coloca esse diário sob o signo da ruptura, que, ao que me parece, preside não só a essência do exercício jornalístico como os próprios movimentos dessa estranha nebulosa denominada História.

A coletânea aqui reunida é um exemplo disso. Dedicada com exclusividade à Primeira Página, ela destaca a importância estratégica desse espaço para a própria identidade do jornal, ao mesmo tempo que revela o grau perturbador de arbitrariedade presente na prática jornalística (presente, aliás, em qualquer outra prática cultural, mas é do jornalismo que estamos falando aqui). É desconcertante para o historiador, esse profissional cartesiano, acostumado a dividir, separar, selecionar, ver-se de repente confrontado com uma única folha de papel que procura ser o espelho do mundo, concentrando no seu rosto todos os acontecimentos mais marcantes do momento presente. E, para seu completo espanto, aparecem lado a lado a irrupção de uma guerra sangrenta que põe em risco a própria sobrevivência da humanidade, o casamento de uma atriz de TV nacionalmente conhecida, um gol anulado numa disputa entre times locais e um chimpanzé que fugiu do circo e subiu num poste de iluminação.

Qual é o critério dessa perversa reunião? Não há um critério só; há múltiplos. E todos parciais e todos discutíveis. Eis uma lição soberba do jornalismo aos chamados saberes acadêmicos e à qual o leitor comum já está perfeitamente habituado. Procurando contemplar um público amplo e heterogêneo, dotado de múltiplas perspectivas nascidas da complexidade de sua vida cotidiana, na qual cada um assume vários papéis várias vezes ao dia, o jornalismo tende a incorporar, no íntimo mesmo da sua prática, a fragmentação e a heterogeneidade. Colaboram ainda nesse sentido a abrangência da sua repercussão, que o torna sensível a todas as forças de pressão presentes na sociedade, e o ritmo vertiginoso em que é produzido, obrigando-o a incorporar em doses elevadas a casualidade não digerida dos fatos, o impacto das primeiras impressões e a emoção alterada diante do inesperado.

E nisso tudo o jornalismo mantém uma relação muito mais autêntica com a condição intrincada de nossa existência atual do que as obras longamente meditadas, filtradas e cristalizadas em ambientes anódinos, longe da turbulência da sociedade e do dia a dia. Há nele muito mais ruído, confusão, hesitação, erro, contradição, emoção, imperfeição e, portanto, muito mais vida no sentido amplo e insondável dessa palavra. O gesto de força com que o jornal pretende abraçar o mundo e espelhá-lo na sua Primeira Página se transforma em fragilidade diante do arranjo desarticulado e incoerente que ele produz: cinco linhas para o incêndio de uma floresta inteira na Birmânia, três colunas e um editorial inflamado para a majoração das passagens dos ônibus municipais. Aprende-se muito sobre a relatividade assustadora dos valores que nos regem.

É claro que cada jornal tem uma linha ideológica, que procura articular todas as suas informações em última instância. Há jornais que se sustentam justamente vendendo uma determinada linha política, como jornais partidários. São em geral os mais monótonos e desinteressantes, de escassa tiragem, quando não são os únicos. A vantagem que sobre eles têm os jornais pluralistas e os autenticamente alternativos está na capacidade destes de incorporar os confrontos, as diferenças, os acasos, as incertezas, as incoerências e tudo o mais que não pode ser reduzido, felizmente, a uma interpretação imediata, linear e óbvia. E me parece que essa qualidade a **Folha de S.Paulo** mantém na maior ou na melhor parte da sua história.

Uma história truncada, uma atividade fragmentária e um mundo caótico: eis o que parece ser uma equação sinistra. Mas é desse amálgama incongruente que se nutre a Primeira Página do jornal. Nós a vemos assim todos os dias e nem por isso ela nos espanta. Ao contrário, nos atrai, seduz, encanta. Ou nos revolta, inquieta, transtorna. De qualquer forma, constitui uma experiência emocionante e imprescindível do nosso cotidiano. Caetano Veloso fixou essa emoção e as reações desconexas que ela desencadeia em versos vibrantes e inesquecíveis. Ele se referia aos choques e ao efeito decorrente desse ato lúdico, que consiste em se deixar impressionar pela força embriagadora das manchetes, espalhadas anarquicamente pelas paredes dos quiosques dos jornaleiros.

"O Sol se reparte em crimes / Espaçonaves, guerrilhas / Em Cardinales bonitas / Eu vou. / Em caras de presidentes / Em grandes beijos de amor / Em dentes, pernas, bandeiras / Bomba e Brigitte Bardot. / O sol nas bancas de revistas / Me enche de alegria e preguiça / Quem lê tanta notícia / Eu vou. / Por entre fotos e nomes / Os olhos cheios de cores / O peito cheio de amores vãos / Eu vou / Por que não? Por que não? Por que não?". Note-se a situação tensa captada pela poesia. As manchetes hipnotizam, mantêm o espírito cativo de impressões estilhaçadas, volúveis, fugazes, como num sonho ou num pesadelo. Sugerem um abandono prazenteiro ao fluxo inelutável dos fatos. Mas suscitam também uma reação participativa e inconformada: se o mundo é apresentado como um grande espetáculo, então todos temos o direito de entrar em cena, "por que não?" Todo bom jornal é uma saudável fonte de tensão e instabilidade.

Tal como esses versos, o ideal de uma Primeira Página bem realizada também é ser vibrante e inesquecível. Há fatos que nos ficam registrados na memória justamente em razão do choque produzido por uma Primeira Página impactante e bem-sucedida. É assim para mim com o Palácio de La Moneda em chamas, soltando labaredas pelas janelas quando do golpe militar no Chile; com o corpo de Robert Kennedy estendido no chão, os olhos saltados de angústia e perplexidade; com os tchecos pintando de branco os tanques soviéticos. É tremenda essa força da Primeira Página que empolga o espírito, fixa um momento e uma frase e cimenta a memória. Mas que reproduz também, como contraefeito, o esquecimento. Eu nunca vi, por exemplo, nenhuma manchete destacando o pavoroso massacre dos negros em Sharpeville, África do Sul, ocorrido em março de 1960 e transformado pela ONU em Dia Mundial de Repúdio ao Racismo. Isso o jornal não deu ou só mencionou sem ênfase e sem detalhes. E, se não deu, é como se nada houvesse acontecido. Disso sabem muito bem, aliás, os censores, figuras infaustas tão lastimavelmente presentes na história da imprensa brasileira e, é claro, da **Folha de S.Paulo** também. É preciso saber detectar sua presença nas entrelinhas e insinuações sutis da primeira página.

Há ainda outras ironias igualmente dramáticas. Uma guerra, por exemplo, quando irrompe, impõe-se como uma grande manchete. Mas, se persiste demasiado, vai sendo empurrada para o rodapé e para as páginas interiores, até desaparecer em meio a pálidas menções esporádicas. É o que se poderia chamar de banalização do terror. Assim ocorreu com a Guerra do Vietnã, raramente mencionada numa Primeira Página significativa, e com o conflito eternizado no Oriente Médio. Não há um tratamento de grande destaque para as sucessivas invasões do Líbano por diferentes grupos e para os sucessivos massacres na região, igualmente perpetrados por diferentes mãos. O mesmo vale para a guerra entre Irã e Iraque e para o genocídio no Camboja. Creio que era nesse sentido que Karl Kraus alertava sobre como "o jornalismo serve apenas aparentemente ao dia a dia. Na verdade, ele destrói a receptividade espiritual da posteridade". A do próprio presente também, conviria acrescentar.

Também se poderia lembrar como a forma jornalística de apresentação do real tende a prender as informações num isolamento sedutor, num tempo eternamente presente e superficial, e a transformar lances trágicos da história dos homens num espetáculo para o deleite complacente de seus leitores. A respeito desse último aspecto, recordo-me como John Lennon, pretendendo transmitir uma imagem crítica do cotidiano sufocante das grandes cidades, na canção *Um Dia na Vida*, vai logo de início falando do jornal. "Eu li as notícias hoje, rapaz (...) / e embora elas fossem muito tristes / bem, eu só pude rir". É chocante e involuntário esse processo pelo qual a tragédia se transforma numa cena atraente ou em comédia, quando fortemente repercutida pelos meios de comunicação. Mas é inegável e é preciso reconhecê-lo para tentar reagir. Esse impulso é a fonte geradora da fantasia de que a vida aparece cercada de uma magnitude mágica e extra-humana na Primeira Página de um jornal. Era essa quimera extravagante que obcecava aquela personagem da *Ronda*, de Paulo Vanzolini, persistente em consumar sua paixão num clímax jornalístico: "E nesse dia então / Vai dar na primeira edição / Cena de sangue num bar / Da avenida São João."

Nem espelho do real, nem falsificação grosseira. Há muito que aprender sobre o processo pelo qual o jornal não só fala do mundo, mas participa efetivamente da produção da imagem que todos nós compomos da realidade e do cotidiano. A esse respeito evocaria os versos de Fernando Pessoa, que servem de epígrafe a este texto. Eles nos lembram que quem faz o jornal são homens e mulheres, quem lê os jornais são homens e mulheres e quem produz os fatos são seres humanos também. A página impressa densa, acabada e intrigante tende a recobrir toda essa humanidade com um tom imperativo e impessoal. Só como surpresa, como o espanto de Pessoa, podemos recuperar a vida intensa que palpita por trás desses implacáveis arranjos gráficos e a infinidade de intenções que eles contêm.

Acredito que, no contexto da cultura contemporânea, o jornal se assemelha a um ator que, tendo chegado atrasado para a encenação, na pressa de subir ao palco e cumprir o compromisso da sua arte, se apresenta sem a máscara, a maquiagem e os atavios convencionais. Dispondo de menores recursos de ilusão, ele deve, por isso mesmo, compensá-los com uma maior intensidade no desempenho, expondo a espontaneidade de seu rosto nu, a força sincera de seu sentimento, a fragilidade humana e a incerteza de quem só pode confiar em suas próprias energias para satisfazer a expectativa de uma plateia imensa e exigente. Seu sucesso será proporcional à convicção com que ele prende seu destino ao dos personagens e situações que encarna. Esta coletânea, portanto, não tem a pretensão de recompor a história do Brasil ou do mundo nestes últimos 60 anos, nem poderia tê-la, tamanhos são os limites que a assinalam. Pretende ser somente uma homenagem a esse homem-ator despojado, à dor e às alegrias que ele soube sentir, comunicar e compartilhar com todas as criaturas sensíveis que o contemplaram com atenção, esperança e paixão.

* *Texto escrito em 1985 para a primeira edição do livro* Folha de S.Paulo: Primeira Página.

NICOLAU SEVCENKO é doutor em História pela Universidade de São Paulo, professor titular aposentado do Departamento de História da Faculdade de Filosofia, Letras e Ciências Humanas da Universidade de São Paulo, onde lecionou História da Cultura, e membro do Centro de Estudos de Cultura Latino-Americana do King's College da Universidade de Londres. Atuou como professor visitante da Universidade de Londres, no Reino Unido, e das universidades de Illinois e Georgetown, nos Estados Unidos. Atualmente é professor titular da Universidade Harvard. É autor de *A Revolta da Vacina* (Cosac Naify), *O Renascimento* (Saraiva), *Literatura Como Missão: Tensões Sociais e Criação Cultural na Primeira República*, *A Corrida Para o Século XXI: No Loop da Montanha-Russa* e *Orfeu Extático na Metrópole: São Paulo, Sociedade e Cultura nos Frementes Anos 20* (todos três pela Companhia das Letras). Organizou o 3º volume de *História da Vida Privada no Brasil* (Companhia das Letras) e co-editou o volume especial da *Review Literature and Arts of the Americas: Brazilian Writing and Arts* (Routledge/The Americas Society).

PRIMEIRA PÁGINA

Folha da Noite

ANNO I | S. PAULO — Sabbado, 19 de Fevereiro de 1921 | NUM. 1

O nosso programma

Em seu numero de Janeiro de 1919 publicava a *Revista dos dois mundos*, um excellente trabalho, sobre Lloyd George, assignado pelo publicista francez sr. Gastão Rageot. Entre outras singularidades do espirito do grande estadista inglez, apontava o seu biographo, o despreso absoluto que ás idéas preconcebidas sempre votou aquelle que, assumindo a direcção dos negocios da Inglaterra no mais melindroso instante de sua vida de Imperio, soube mantel-a unida, cohesa, até o desenlace da conflagração européa, pela victoria das potencias alliadas. Diante dos factos que se succediam com prodigiosa celeridade, criando problemas imprevisiveis e inéditos, o bom senso de Lloyd George lhe havia imposto uma attitude de espectante resolvido a enfrental-os e resolvel-os.

Contrastando com as tendencias latinas, o opportunismo anglo-saxão, encarnado na pessoa do primeiro ministro inglez, mais uma vez se imporia á observação de todos como a propria sabedoria em materia de direcção politica de povos.

A conclusão a que chegou o sr. Rageot, estudando a attitude de Lloyd George em face de tão graves quão complexos problemas, já ha muito que nos havia impressionado. Toda e qualquer obstinação a proposito do que ha de mais incerto e inconstante — referimo-nos aos interesses publicos — sob o pretexto de "coherencia" de idéas, de programma ou de tradições, sempre nos pareceu repugnar ás verdadeiras intelligencias e ser incompativel com a mutabilidade perenne dos problemas sociaes e politicos, que é a propria essencia da sua natureza.

Dahi o proclamarmos desde já a nossa futura "incoherencia", como costumam chamar, entre nós, aos gestos dos que, reconhecendo já não serem hoje as idéas que hontem defendiam as que melhor se coadunam com os interesses do povo, corajosamente, "coherentemente", desapoiam hoje o que hontem preconisavam.

Em synthese: chamamos, nós outros, a isso "opportunismo", vontade de acertar, levar em conta a fallibilidade humana. Outros, nisso querem ver irresolução, versatilidade, incoherencia. Seja como fôr; não abriremos mão de um direito que nos cabe. Sempre ao lado do povo, ou melhor, da nossa Patria opportunismo — eis o nosso programma.

Se ha algo engenhoso na republica das letras, diz Lafontaine, é a maneira pela qual Esopo expoz a sua moral.

Grande verdade, pois até hoje, tantos seculos depois da morte do escravo phrygio, ás fabulas constituem um monumento de sabedoria popular. E o mais engenhoso, visto que transmitte idéas moraes, abstractas, por uma forma tão pittoresca que até ás crianças se tornam perceptiveis.

Em França Lafontaine popularisou-se de tal maneira que diz um critico: "... nous suçons en quelque sorte les fables avec le lait". Dá-se o mesmo em todos os demais paizes. A fabula é o alimento moral que melhor recebe o cerebro infantil. Mas para isto é necessario que cada paiz possua o fabulario d'Esopo adoptado ao seu ambiente, por forma a lhe intensificar o elemento pittoresco.

Entre nós as traducções dessas fabulas, em geral em verso, peccam neste pormenor, razão pela qual não se popularisaram ainda. Mas Monteiro Lobato, cujo espirito se voltou agora para a literatura infantil e popular, iniciando-se nesta, auspiciosamente, com o "Narizinho Arrebitado", emprehendeu essa tarefa que, esperamos, levará a cabo com o brilho que é mistér. Aos leitores da "Folha da Noite" cabe a primazia de travar relações com algumas paginas do futuro livro de Monteiro Lobato, que se chamará "As Fabulas de Narizinho".

Declarações de Lloyd George sobre as dividas allemans

Londres, 19 (A.) — O sr. Lloyd George reaffirmou hontem na Camara dos Communs que a Allemanha pagará aquillo que estiver nos limites da sua capacidade, mas recusou attender ás suggestões de varios membros da mesa da Camara, para que ella fosse compellida a pagar tudo quanto custou a guerra.

Lloyd George accrescentou que as reclamações dos alliados foram baseadas nos laudos dos peritos, os quaes affirmaram que a Allemanha pode e deve pagar a somma pedida.

CONGRESSO NACIONAL

AS ELEIÇÕES DE AMANHAN

A REPRESENTAÇÃO PAULISTA

OS CANDIDATOS AVULSOS

Realisam-se amanhan, em todo o territorio da Republica, as eleições dos representantes dos Estados ao Congresso Nacional.

Para a representação de São Paulo a Commissão Directora do Partido Republicano Paulista apresentou á reeleição os congressistas da ultima legislatura. São elles: para senador federal, o sr. dr. Adolpho Affonso da Silva Gordo; para deputados federaes, pelo 1.o districto, os srs.: dr. Antonio Carlos de Salles Junior, dr. Carlos Augusto Garcia Ferreira, dr. Cincinato Cesar da Silva Braga, dr. Francisco Ferreira Braga, dr. José Roberto Leite Penteado, e dr. Raul Renato Cardoso de Mello; pelo 2.o districto, os srs. , dr. Alberto Sarmento, dr. Cesar Lacerda de Vergueiro, dr. Eloy de Miranda Chaves, dr. Joaquim Augusto de Barros Penteado, cel. Marcolino Lopes Barreto e dr. Prudente de Moraes Filho; pelo 3.o districto, os srs. drs. Arthur Palmeira Ripper, João de Faria, João Pedro da Veiga Miranda, José Manuel Lobo, e Raphael de Abreu Sampaio Vidal; e pelo 4.o districto, os srs. drs. Arnolpho Rodrigues de Azevedo, Carlos de Campos, Francisco de Paula Rodrigues Alves Filho, Manuel Pedro Villaboim e Pedro Luiz de Oliveira Costa.

Apresentaram-se candidatos extra-chapa, para senador, o sr. dr. Nicolau Soares do Couto Esher, e, deputados pelo 1.o districto os srs. drs. Rubião Meira e dr. Amaral Carvalho.

O QUE NOS DISSE O DR. COUTO ESHER

Entre os candidatos que se apresentaram extra-chapa á representação de S. Paulo, encontram-se dois medicos, residentes nesta capital: os srs. drs. Nicolau Soares do Couto Esher e Rubião Meira.

Hontem á tarde, procurámos no seu consultorio o sr. dr. Couto Esher, que pleitea a sua eleição á renovação do terço do Senado. S. s. attendia, quando chegamos, a alguns pedidos de cedulas.

Pouco depois, o sr. dr. Couto Esher nos falava sobre a sua candidatura:

— "Pouca coisa, muito pouca tenho a dizer-lhe. Nos meus artigos, publicados na secção livre do "Estado de São Paulo", já explanei os motivos que me levaram a apresentar a minha candidatura. Não conto com a victoria, mas ha derrotas que são honrosas.

Em materia de costumes politicos, os nossos deixam ainda muito a desejar. Os partidos apresentam os nomes dos seus candidatos e as collectividades, quando não votam por determinação de alguem, abstem-se do seu direito de voto.

A minha candidatura, como qualquer candidatura avulsa, trará o beneficio da pratica das verdadeiras normas democraticas. Talvez os esforços de hoje sirvam de muito para a nossa educação politica até que aos poucos, nos acostumemos a votar independentemente das chapas officiaes...

— E quanto ao seu programma? indagámos.

— O meu programma, como representante de S. Paulo no Senado Federal, seria pugnar pelos interesses de S. Paulo como da Republica, procurando estabelecer o verdadeiro regimen republicano. Não sou candidato de nenhum partido ou facção politica. Sou mesmo contrario á apresentação dos candidatos por partidos, como tambem ás reeleições dos representantes do povo. O "voto secreto", desde que fosse estabelecido, viria remediar sensivelmente o actual estado de coisas.

— E as possibilidades de victoria? perguntamos a s. s., que nos falava com clareza de linguagem e calmamente.

— As probabilidades são poucas, quasi nenhuma. Todavia, como já lhe disse, eu não procuro resultado immediato, e como já sou edoso é bem provavel que não venha a provar os fructos da minha campanha.

Depois de mais algumas palavras, despedimo-nos do sr. dr. Couto Esher, por quem esperavam varias pessoas que haviam chegado ao seu consultorio emquanto s. s. palestrava comnosco.

O QUE NOS DISSE O DR. RUBIÃO MEIRA

Despedindo-nos do dr. Couto Esher, fomos procurar o dr. Rubião Meira em seu consultorio da rua Libero Badaró. Recebeu-nos com muita gentileza, e sabedor das nossas pretenções o distincto clinico promptificou-se immediatamente a attender-nos. Como, porém, naquella occasião reclamassem a sua attenção innumeros amigos e admiradores que o esperavam, provavelmente para combinar medidas sobre o pleito, solicitamos-lhe que mais tarde, quando pudesse dispensar um momento do seu precioso tempo nos mandasse dizer o que de interessante pudesse referir-nos sobre a luta em que se empenhou, aos leitores da FOLHA DA NOITE.

Com a mesma gentileza com que nos acolhera, accedeu o dr. Meira ao nosso pedido, fazendo-nos as seguintes declarações:

"Sou candidato pelo 1.o districto — disse-nos o dr. Rubião Meira — a uma cadeira de deputado. E candidato independente. Bato-me sozinho, com o apoio de amigos, que muito me elevam com sua confiança, contra o baluarte do P. R. P. Não tenho illusões sobre o desfecho da eleição. Mas, tenho a coragem precisa e a independencia bastante, para atirar-me contra essa muralha impenetravel, que não percebe o marulhar da revolta do povo, que se quebra diante do seu poderio. O povo que paga os impostos pezados, o povo que é quem directamente sustenta os cofres da nação não lhe merece a minima consideração. Não tem o direito de escolher seus representantes. Não lhe cabe á assistencia mesma de conhecer aquelles que devem agir em seu nome. A multas pessoas [illegible] tadas sobre o valor de candidatos impostos ignoram se existem na columna dos vivos. São meros parasitas do thesouro. Têm com certeza merecimentos. Mas, não os deixam ver. Nunca se interessaram por uma questão que pertence ao povo que os elege. Infelizmente a maioria do eleitorado é composta daquillo que se chama em linguagem especial "de cabestro". Votam em quem manda um chefete qualquer e outros desconhecidos, que por sua vez votam em quem manda um chefão.

E, assim é que sáem representantes do povo, uns e outros individuos, muito illustres e distinctos ignorados. E ahi estão os deputados feitos. E' um vexame imposto ao eleitor. E' uma vergonha calamitosa na época que atravessamos. Outróra ainda havia uma pequena farça, que desta vez não houve. Consultavam-se os directorios e estes indicavam os candidatos que a Commissão do P. R. P. já havia indicado. Era mera reunião que sanccionava a ordem vinda do alto. Era um arremedo de democracia. Era uma mascarada, verdadeira palhaçada, mas que lançava a poeira nos olhos do povo "bestificado". Elles "epataient les bourgeois". Vinham os votos, haviam vencido, mas a "familia republicana" continuava unida. Dava-se uma satisfacção aos espiritos mais intransigentes. Havia um murmurio de descontentamento em algum derrotado na "prévia" mas a amostra de um osso descarnado apasiguava o inicio da revolta. Desta vez porém o processo foi outro. Não houve necessidade de consulta a directorios. Elles de nada valem. Caminhamos, em materia de democracia. Pise-se de uma vez nesse povo sem coragem, nesse povo fraco e sem defesa.

Façamos a reeleição. Os deputados que terminaram o mandato muito mereceram. Votaram o orçamento! Eis o seu grande valor. Tiveram a coragem de votar o orçamento! Que mais quereis, ó povo de imbecis, pergunta a Commissão Directora? De que mais necessitaes? Que vos falta? E assim estamos amanhan com os mesmos illustres deputados para votarem os orçamentos. Se não fosse a tristeza que deve mergulhar a alma dos patriotas era caso para uma bôa gargalhada, á moda de Homero. Mas, o momento é triste. E' de amarguras e incertezas. Não devemos rir. Devemos reagir. E, que melhor reacção que o voto, em candidato independente, em candidato que, como eu, tem a coragem necessaria para afrontar esse partido — sem idéas nem principios — esse partido que se não bate pelo interesse do povo, mas só enxerga o interesse de posição — esse partido que colloca S. Paulo em situação de mendigo, quando deveria estar figurando como gigante na representação nacional? E' essa reacção que eu quero e desejo. E' essa manifestação da vontade popular que eu peço. Não importa que eu seja vencido. Não tenho ambições. Eu represento neste pleito um principio — o da representação genuina do eleitorado. Commigo está sua parte san. Commigo estão os elementos nobres dessa massa eleitoral que amanhan deve ser suffocada pelo capachismo politico. Não cahirei, porque os ideaes nunca baqueam definitivamente. Podem ser suffocados pelos gazes asphyxiantes da podridão politica, mas hão de resurgir encarnados em outro homem, para a victoria de verdade. Havemos de triumphar. Que não seja amanhan, mas ha de ser um dia!

E' confiante nesse ideal augusto que me proponho amanhan ao pleito. E' lançar a primeira pedra do edificio de democracia, numa republica de mais de 30 annos.

Fala-se nos "Estados escravisados do norte". Mas quereis escravisação maior que a nossa? Fala-se em oligarchias no norte. Quereis mais oligarchia que em S. Paulo? Em S. Paulo, onde o direito de voto é cerceado, onde a Mallat trabalha, onde se espera o resultado de Xiririca, Apiahy, Iporanga, para abater a eleição de um candidato que a capital elege? Unamo-nos que havemos de atirar pelos ares essa mistura de incongruencias e incongruentes que se chama P. R. P. Elle esquece-se da historia. Joga com a opinião publica como uma criança com um bilboquet.

Mas olvida os ensinamentos. A Bastilha tambem era invulneravel. Mas, tombou um dia igualmente, sob a pressão do povo. Não se brinca com a opinião popular, porque é ella quem governa os governos.

E, não está longe o dia em que a victoria dos espiritos independentes ha de ser cantada. Ha de soar a trombeta de combate e as muralhas hão de cahir."

O PÃO DE CADA DIA

Pelos funccionarios municipaes

Os funccionarios municipaes, unidos, pleiteiam um augmento de vencimentos. — O que elles pedem, como e por que motivos pedem. — Como se póde viver em Nova York e como se vive em São Paulo.

Reunindo-se em fins de Janeiro proximo passado, no salão da Sociedade Humanitaria dos Empregados no Commercio, que lhes fôra cedido para esse fim, numa assembléa que decorreu muito animada e da qual resultou a fundação da primeira associação da classe, os funccionarios municipaes iniciaram uma campánha em prol do augmento dos seus vencimentos. Nesse emprehendimento, a que dedicam o melhor dos seus esforços, têm elles empregado muita e proveitosa actividade. Ainda agora, em cumprimento do que ficára assentado na reunião, representando a collectividade uma commissão de funccionarios acaba de enviar á Camara Municipal, por intermedio da Prefeitura, a seguinte representação:

"Sabem v.v. exas. que para bom desempenho de funcções e melhor aproveitamento da actividade humana é de necessidade absoluta a serenidade do espirito, e quando as asperezas da vida e as aperturas da necessidade acompanham um individuo, fallece ao seu espirito a serenidade e elle não póde produzir com abundancia e bôa qualidade.

Dos calculos, baseados em aprofundados estudos da vida de cada um, chegou-se a saber que da renda que tiver elle só póde empregar, como se vê do quadro annexo, sob n. 1, na vida americana, para uma familia composta de chefe, esposa, 5 filhos, sem sub-locatario, pensionista, nem hospede:

40,52 0|0 para alimentação;
17,177 0|0 para alojamento;
13,23 0|0 para vestuario;
9,00 0|0 para diversas miudezas;
4,67 0|0 para luz e combustivel;
2,33 0|0 para seguro;
2,33 0|0 para medico e dentista;
1,38 0|0 para conducção;
9,43 0|0 para economias.

Para uma familia paulista, segundo estudos seguros e baseados em documentos, o emprego da receita de uma familia igual e de condições identicas:

40,52 0|0 para alimentação;
30 0|0 para alojamento;
13,23 0|0 para vestuarios;
7,40 0|0 para luz e combustivel;
2 0|0 para miudezas diversas;
3,33 0|0 para seguro (montepio);
— para medico e dentista;
3,52 0|0 para conducção;
— para economias.

Resulta do esposto que em condições positivamente iguaes a familia não tem verba para medico e dentista, nem para economias.

Salta aos olhos que somos demasiadamente optimistas com relação á familia paulista, cujo orçamento de despeza excede em muitos, ao indicado no quadro, devendo considerar que nas condições do quadro é necessario que a esposa cosinhe, lave e engomme, não se falando nas despesas hoje pesadas da educação dos filhos. E assim a vida paulista não póde ser vivida nas condições deste quadro; porq[illegible]

Anno II — S. PAULO — Segunda-feira, 20 de Fevereiro de 1922 — Num. 312

Folha da Noite

A CAMARA MUNICIPAL

O que se deu ante-hontem, na sessão da Camara Municipal de S. Paulo, é preciso que o assignalemos, e oxalá não seja esquecido para que, no futuro, as gerações vindouras não venham a soffrer as consequencias da nossa inercia e do nosso acanhamento em causticar individuos arrojados, comparsas de desmoralisantes comedias administrativas. Não advinhamos porque é impossivel a permanencia, na nossa edilidade de um opposicionista. Uma barreira colossal antepuzeram a todos aquelles que, não professando os credos do Partido Republicano, romanticamente sonham em ser leaes servidores desta cidade. Se por uma eventualidade um outro, mais decidido e mais pertinaz, logra vencer a fraude, desconjuntar a perfeita engrenagem eleitoral em um districto, parece que semelhante ousadia é marcada por essos dependentes inveterados. Marcado como? Pensam que os veteranos legisladores resolvem porfiar no cumprimento dos seus primordiaes deveres, fiscalisando, ao menos com mais rigor, os dinheiros publicos? Acreditam que elles se encouraçam para, de peito a descoberto, combater os denodados que descobriram, num supremo esforço, a tramoia official das representações? Porventura abandonam, os monopolisadores, por vicio, não só de cargos, mas de tudo que é grande e rendoso nesta terra, os seus planos fantasticos de remodelação, que existe só no nome, pois a realidade é outra, que poremos a nu' em tempo azado? Illudem-se todos com as boas intenções desses homens. O ciume cega-os. Não admittem intrusos, isto é, os opposicionistas. Para escandalos, para negociatas, para tripudios insolitos sobre os contribuintes, elles, só elles, eternamente elles! Ainda bem que o reconhecem. Não o confessam, porém, com franqueza; não o dizem cara a cara ao neophito que entra. Procuram seduzil-o a principio. Contam-n'o. Fazem menção de compartir, com o novato, as suas influencias. Se o homem é de nervos, é rijo, é indomavel, não acceitando as veladas propostas de agachamento e as demais, de natureza escabrosa, — os taes camaristas, degenerados já por tantos annos de sabugice e de curvaturas do espinhaço, formam uma especie de fortaleza, e atiram-se contra o pobre cidadão livre de culpas e sem mancha alguma. Atacam-n'o desabridamente, não com a superioridade dos que se acham com o direito ou a justiça, mas com a cegueira dos que se vêem na perspectiva de não mais usufruir, socegados e tranquillos, uma gorda herança. Ficam obcecados. De silenciosos, tornam-se palradores contumazes. Estudam phrases de effeito, rebuscam palavras insultuosas nos diccionarios, inventam e enredam, tudo no afan de abafar a palavra de um individuo de consciencia. Muitos da minoria desistem; renunciam ás suas cadeiras ou se arrastam insensivelmente para o esterquilinio. Protestar, para quê? Viver mal com uma turma respeitavel de quinze ou quatorze camaradas da commissão directora, a feitora-mór deste burgo podre, é uma loucura. Outros, porém, não se alteram e insistem. E é de ver então a via dolorosa que elle percorre em cada legislatura. Note-se que ainda não appareceu, na Camara, um opposicionista da tempera daquelles que se celebrisaram nas assembléas estrangeiras, homens valentes, capazes mesmo, se o seu direito for prostergado, de arremetter com furia contra os taes caricatos representantes do povo.

Os que têm apparecido por lá são maneirosos, cordatos, benignos e accessiveis, e nessa attitude se mantêm, mesmo no divergir, para não se incompatibilisar. Quasi todos estão mais ou menos ligados a um outro situacionista residem no mesmo bairro ou frequentam os mesmos logares publicos, e dahi o não se envolverem, durante a sua passagem pela edilidade, em ingratas competições. Pois, nem assim são tolerados. Basta apenas commetterem o alto crime de não se conformarem, mesmo com humildade, para serem execrados, e, não raro, enxovalhados por esses tarimbeiros truculentos da politicalha regional. Não tem escapado nenhum. Nesta ultima decada, na qual se judiou impunemente dos municipes, todos os opposicionistas soffreram amargas desillusões. Alcantara Machado, com toda a sua intelligencia, o seu preparo e a sua reconhecida vivacidade, não poude com os taes elementos, tendo, num dia de desespero, depois de apostrophar a iniquidade e malversação, se retirado da sala das assembléas, com grande jubilo da maioria ignara como todas ellas. Com José Piedade, que não tinha o prestigio nem a cultura do precedente, mas que era tenacissimo nas suas campanhas, fizeram o maior escarceu: em todas as reuniões se aproveitavam das fraquezas do antigo vereador para cobril-o com epigrammas tolos, com allusões infamantes, com grotescos ditos de "Chicharrões" de feira. Tinha que chegar a vez, e chegou mesmo no sabbado, de Mario Graccho, outro idealista, que praticou o bem lá no seu bairro durante largos annos, e que um dia teve a infelidade de julgar ser util, de modo mais geral e mais directo, aos seus amigos e correligionarios. A este, segundo o resumo da ultima sessão, depois de apartearem-n'o de maneira ridicula, chofrearam-n'o com alguns adjectivos, dignos de uma repulsa violenta!

Estr intolerancia precisa acabar. Ou S. Paulo é uma cidade civilisada, e nesse caso têm que ser azorragados taes individuos que a desrespeitam, ou então cahiremos na suprema abjecção. Preferimos nos bater, com intrepidez, pelo restabelececimento dos nossos fôros de povo limpo e delicado. E' uma vergonha o emprestimo de tres mil contos, a ser concedido a uns capitalistas felizardos, e livremos de mais uma vez demonstral-o, com mais pormenores, em artigos subsequentes. A attitude do representante do Braz, insurgindo-se contra a consummação desse alto negocio, é a mais digna e a mais nobre, e podemos dizer, desse vereador, que elle exprime, neste momento, a opinião publica paulista. Fiquem sabendo os que, na Camara, á mingua de argumento, só recorrem á mais covarde obstrucção, a qual consiste em offender e diffamar, que um opposicionista, no nosso paiz, vale mais, multissimo mais, que as maiorias. Nenhum, dos actuaes, vereadores, como Mario Graccho, seria eleito, se não tivesse o apoio do governo estadual. Para tanto, tornava-se mistér que cada um fosse rasgadamente generoso, intelligente, com habilidade alliciadora, e revestido de uma vontade de aço. Nenhum, dos que se destacaram ante-hontem com os baldões atirados contra o collega irriquieto, sim, mas que agia com energia, tem essas qualidades, e seria, pois, individuo morto na sociedade. A maioria, hoje, não significa o ajuntamento de capacidaes negativas; a maioria, hoje, é a razão, e desde que está esteja com uma só pessoa — ella é que é, realmente, a legitima interprete das collectividadesr

Nova escola mixta "Sete de Setembro"

No bairro dos Pinheiros, á rua Hyppolita, será installada a 71.a escola mixta primaria "Sete de Setembro", que funccionará no periodo de 11 ás 16 hóras e de 19 ás 21 horas, sob a regencia da professora d. Laura Esteves.

No Jockey Club Fluminense

Rio, 20 (F. N.) — Está convocada para quinta-feira a assembléa do Jockey Club para conhecer a proposta da mudança do prado para os terrenos marginaes da lagôa Rodrigo de Freitas.

Acceita essa proposta, a assembléa deliberará sobre os meios financeiros necessarios que a directoria utilisará para fazer a mudança e tambem sobre a autorisação para permutar o terreno do prado actual pelos da logôa e vender a parte não incluida na permuta, inclusive terrenos para cocheiras.

Em seguida, terão logar as eleições para os novos cargos criados pela ultima asembléa.

Pela Sociedade

ANNIVERSARIOS

Fazem annos amanhan:

a sra. d. Ernestina Reis, esposa do dr. Ascendino Reis;

a sra. d. Etelvina Guimarães, esposa do sr. dr. Arthur Guimarães;

a sra. d. Florisbella Freire da Silva, esposa do sr. Luiz Fernandes da Silva;

a sra. d. Luisa de Barros, esposa do sr. dr. Renato Paes de Barros;

a sra. d. Vicentinada Gloria Abreu, esposa do sr. Clinerio de Abreu;

a senhorita Maximina, irman do sr dr. Pedro Nacarato.

a senhorita Oscarlina, filha do dr. Arthur Guimarães.

*

Fez annos hontem, a exma. sra. d. Anna Porto Fazende.

Por esse motivo, o sr. Vicento Fazenda, negociante da nossa praça, festejando o anniversario de sua esposa offereceu aos seus numerosos amigos uma lauta mesa de doces.

*

ASSOCIAÇÕES

A associação dos ex-alumnos salesianos de D. Bosco offerece ao revmo. padre Luiz Maregaglia director do Lyceu do Sagrado Coração de Jesus, no dia 23 do corrente, um espectaculo, no theatro do proprio estabelecimento, sendo levado a scena o drama "O Regenerado",

*

VIAJANTES

— Pelo nocturno de luxo seguem hoje para o Rio os srs: João Osorio, dr. José Maria Whitaker, dr. Ricardo Severo, J. Strus, J. Bertone e senhora, Telmo Mello, Oscar Seckler, G. Reis, José Xavier Junior, Raphael Gutierre, Luiz F. Mario e Adhemar Costa.

*

— Pelo primeiro nocturno seguem os srs: J. Henrique, João Oliveira, dr. Carlos Kerr e Raphael Mendonça.

*

— Pelo segundo nocturno seguem mais os srs: Edgard Santello, Alzira Carvalho, Cancio Powsky, Attelvino Prado, Guilherme Propst, dr. Mario Simões Corrêa, dr. Alfredo Torres, Mario Aranha, Adelina Santos, Emile Lecocq e Armando Monachi e familia.

*

— Pelo nocturno do Rio Grande, da Sorocabana, seguem hoje para o sul os srs: Cotet João, Joaquim Silva e familia, padre Anastacio Vasques, dr. Freitas Valle Silva, Horacio Pereira, Oliver M. Seherman e Ugolino Andrade.

*

— Para o interior do Estado, via Sorocabana, seguem hoje os srs: coronel Cunha Bueno, Augusto Nogueira e dr. Paulo Pinto.

*

Seguem hoje para o Rio o sr. dr. Gomes Cardim, nosso collega de imprensa.

Deverão chegar a esta capital vindos dos Estados Unidos, por estes dias, os sr: drs: Russel, illustrado clinico e o dr. Pearce, bactereologista de grande nomeada em seu paiz.

A congregação da Faculdade de Medicina, Sociedade de Medicina e associações scientificas preparam festiva recepção áquelles hospedes illustres.

*

HOSPEDES

Acham-se nesta capital, hospedados:

Na Rotisserie os srs: Oscar da Cunha, B. Bugge, G. Otto, F. M. Griffin, J. S. Smith, W. Litater, L. E. Clayden, A. M. Meyer e senhora, Alberto Tonnay, Elmer Johson, C. B. Hening, William Bitter e C. Gire e familia.

*

No Hotel Fraccaroli os srs: dr. Pedro Ludovico, Joaquim José de Oliveira, Heitor Mendes, F. Mason, Juan Chacho, Jarbas Mello, Adhemar Fonseca, Abelardo Paschoal, Oscar Vianna e senhora, Durval de Moraes, Pericles Martinini, José Serrante, Alceu Barbosa, dr. Pires Ferreira, Alvaro Corêra Lima, capitão Meia de Vasconcellos, tenente Mizael C. de Assumpção, Antonio Silva Lima, Mario Simões Corrêa, Leonidas Frevia, dr. Julio Xavier Junior, João Pedro de Fraga, Antonio de Brito Amorim e Carlos Rodrigues da Cunha.

*

No Grande Hotel os srs: coronel Antonio José Leite, João João Eleuterio, Horacio Silveira, Joaquim Camillo Monteiro e Joaquim Franco Camargo.

*

No Palace Hotel os srs: H. Dessinges, W. G. Waldrom, João Dias Arruda, dr. J. Salgado Filho, Flavio Barroso e senhora, Guilherme P. Guimarães, Leon Bonché, J. C. Bucchanan, Ralph Cruk, J. Forest Rose e sra. dr. Firmo Braga.

*

SEPULTAMENTO

Hontem, ás 17 horas, no cemiterio da Consolação, realisou-se o sepultamento do sr. Fausto Celedonio, filho do dr. Joaquim Celedonio Gomes dos Reis, juiz da 2.a vara de orphams e ausentes da capital, fallecido ante-hontem, em virtude de um deploravel desastre.

O cortejo funebre foi numeroso e fizeram-se representar o sr. presidente do Estado, o sr. Cardoso Ribeiro, secretario da justiça, ministros do Tribunal; magistrados, advogados amigos da familia do finado e representantes da imprensa.

Instituto Historico e Geographico

CONFERENCIA SOBRE A EVOLUÇÃO DO CARNAVAL EM S. PAULO

Hoje, ás 20 horas, em sessão ordinaria do Instituto Historico e Geographico de S. Paulo, o sr. Affonso A. de Freitas, presidente dessa sociedade de investigações, realisará uma interessante conferencia sob o thema: "Do carnaval dos tempos coloniaes ao cateretê".

Baseados em documentos que datam desde o seculo XVI, o conferencista se explanará sobre um assumpto até agora descurado e que se torna ainda mais interessante, em virtude da proximidade dos festejos carnavalescos.

Pelos Correios

Actos assignados hoje pelo sr. administrador dos Correios:

Exarando no requerimento de João de Lima Marques o seguinte despacho: "A' vista do informado, não ha que deferir".

No requerimento de Santino Orsi, conductor de malas da agencia postal de Itapetininga a S. Miguel — "Já tendo sido proposto ao sr. director geral o augmento requerido, aguarde opportunidade".

Concedendo um mez de licença com o ordenado, na forma da lei, ao auxiliar de carteiro José Silva Pinto, a contar de 4 de Fevereiro corrente;

Idem de trinta dias ao carteiro de 3.a classe Francisco Guimarães Junior, a contar da mesma data.

De trinta dias, a contar de 8 de Fevereiro á fiel de thesoureiro Maria José Hummel.

Desigandno o dia 25 do corrente, para o restabelecimento da agencia postal de Java.

No requerimento de Jairo Damião Costa, o seguinte despacho: "Dirija-se ao sr. administrador dos Correios de Ribeirão Preto, querendo".

Requisitouse inspecção de saude ao auxiliar Arthur D'Elia.

São convidados a comparecer na 1.a secção da administração os srs.: Manuel José Pereira, Ataliba de Moraes Jardim e José Benedicto de Lima.

Acha-se vago o logar de agente postal de Ferraz Salles, no municipio de Ribeirão Bonito, neste Estado, com a gratificação annual de 360$000, sujeito á fiança de 500$000.

Tambem está vago o logar de agente postal de Motta Paes, no municipio de Espirito Santo do Pinhal, com a gratificação annual de 360$000, sujeito á fiança de 500$000.

Os interessados deverão dirigir-se á administração dos Correios de S. Paulo para os devidos fins.

PELAS ASSOCIAÇÕES

SOCIEDADE CHIMICA "MACKENZIE"

Em assembléa geral extraordinaria, realisada no dia 16 do corrente, foi eleita a seguinte directoria que deverá dirigir os destinos desta sociedade, no exercicio deste anno:

Presidente honorario, sr. dr. A. C. Slater; presidente, sr. dr. Adolpho de Laet; vice-presidente, sr. dr. Rodolpho Krauer; secretario geral, sr. dr. J. de Miranda Couto; 1.o secretario, sr. dr. M. Salles Penteado; 2.o secretario, sr. dr. S. A. Justi; e thesoureiro, sr. dr. M. Teixeira de Freitas.

As primeiras noticias, relativas ao escandaloso arrombamento do cofre da Caixa Beneficente da Força Publica, affirmavam que as autoridades suspeitavam de varios individuos expulsos daquella milicia, que não eram lá de boa indole e de costumes rijos. A hypothese de mecanico, antigo morador de um cortiço, celebrisado ha annos por algumas falcatruas "romanticas", como a que hoje divulgaram os jornaes, foi arredada e, apesar do sigillo do inquerito, as suspeitas tornam a recahir, quer-nos parecer, nos taes individuos retirados da corporação policial do Estado.

Por este pormenor, apparentemente insignificante, verifica-se que não ha o menor escrupulo das autoridades no acceitar os sujeitos, candidatos aos claros dos luzidos batalhões do "nosso pequeno exercito". Para nós não é novidade: no tempo da gréve, que tanto assustou os que nunca primaram pela sua correcção, conhecidissimos falsarios hospedes renitentes dos carceres, serviam na policia secreta, e foram os mais zelosos na perseguição de modestos trabalhadores. Pudera! Quando a vadiação e o desregramento se alliaram ao trabalho? Era natural, pois, que, no meio de toda aquella gente que veste uma farda de mercenarios, se encontrassem pessoas de má catadura, relapsos no crime, inescrupulosos e bandidos. E como não ha de ser assim, se o mister desses aguerridos pelotões é o de cobrir a sua individualidade com fardas vistosas, para se apresentarem nas paradas e nos exercicios, e para servirem de instrumento dos governantes? Homens mediananamente instruidos é claro que não acceitariam semelhante serviços. Só a muita necessidade, as aperturas da fome, é que arrastarão os rapazes dignos para os quarteis. Por felicidade parece que a maioria dos soldados se compõe mesmo desses ultimos. Em todo o caso, nas relações com os maus elementos recebem as primeiras lições dos falsarios e delinquentes. Como a nossa população vae confiar em taes elementos, quando incumbidos de guardar a propriedade e de proteger as vidas dos que contribuem para a sua manutenção! Se nós tivessemos governos menos amigos de pompas e mais severos na distribuição dos dinheiros publicos, poderiamos ter um policiamento perfeito sem despender grandes sommas. Mas, não temos. E' preciso sustentar na capital tres, quatro regimentos, para mostrar aos estrangeiros que nos visitam todo o nosso poderio, toda a nossa retumbante organisação...

Que as escolas, os institutos scientificos, as sociedades philanthropicas, os museus e as bibliothecas se arranjem como entenderem!

"SEMANA DE ARTE MODERNA"

— Estás vendo, minha filha, aquelles é que são os artistas !
— Coitados, não ? Tão moços . . . !

Anno II — S. PAULO — Sabbado, 8 de Julho de 1922 — Num. 428

Folha da Noite

A LEI DA IMPRENSA

O governo aproveitou a deixa da sedição para apresentar, ao Parlamento, o projecto de lei, tendente a regular a liberdade de imprensa. O senador paulista Adolpho Gordo, perito nessas "confecções", parece que já foi encarregado desse "glorioso" trabalho. E' natural que o fosse: o conhecido representante, posto tenha seguido a orientação de alguns oppesicionistas e, segundo dizem, conspirado contra os poderes constituidos, nunca conseguiu, por artes de berliques e berloques, ser perseguido acerbamente pelos seus inimigos, isto é, jámais comprehendeu o que é soffrer por amor á justiça.

Foi por essa razão, cremos nós, que elle se promptificou, a coisa de dois annos, a defender, com unhas e dentes, a lei, inconstitucional, visando os pobres operarios, que reclamavam melhorias, não dos brasileiros natos, mas de estrangeiros vorazes, que se enriqueceram á custa da flacidez ignominiosa dos politicos — os proteccionistas desabusados e inconscientes. Numa entrevista concedida á "Noite", do Rio, aquelle paulista declarou, naturalmente com mordacidade, que ia prestar um bom serviço á imprensa séria do paiz: o seu monumento legislativo seria liberalissimo, pois aboliria o anonymato e tornava obrigatoria a defesa dos accusados... Como se vê das idéas, trata-se, nada mais nada menos, de uma obra "sui-generis", pois não consta que, nos paizes civilisados, haja uma lei assim complicada, com essas subtilezas mesquinhas e proprias de espertos.

Vale a pena protestar ou aguardar a discussão do projecto? Protestar é uma tolice, porque ninguem, neste paiz, leva ao sério a reacção dos independentes; aguardar a discussão, e acompanhal-a com interesse, como seria do nosso dever, tambem não dá resultado nenhum.

Do que nós temos absoluta certeza é do seguinte: a lei virá, não cohibir abusos, como sophisticamente vão proclamar, mas proteger a venalidade soez, que, desde o governo do dr. Campos Salles, tem sido o maior cancro do Brasil. Effectivamente, com essa medida, as autoridades constituidas ficarão armadas dos meios necessarios para incrementar, com energia, a rendosissima industria do "jornalismo official". E sabem o que significa "jornalismo official?" A chantage, a chantage réles e asquerosa!

Nós transcrevemos, ha dias, nestas mesmas columnas um vehemente artigo, escripto pelo denodado cidadão Hamilton Barata, que, num dia de sonho, julgou ser possivel dirigir, com honestidade, nestes tempos que correm, uma folha diaria. Declarou elle, nesse documento publico, até hoje não contestado, que não era possivel criticar com hombridade e altivez os actos dos governantes, porque estes, covardes e degenerados, não sabiam discernir o bom do mau, o justo do injusto, o sensato do insensato. Quem vae lucrar com a nova ordem de coisas, criada pelos conservadores do quilate do dr. Adolpho Gordo? Os brasileiros? Infelizmente, os beneficiados não serão esses. Os estrangeiros, que do Brasil só querem proventos, dinheiro e prazeres, é que gosarão á farta daqui por diante. O patriota digno abandonará o jornalismo, como já abandonou a politica, segundo a opinião do saudosissimo jurisconsulto Pedro Lessa; tomará o seu logar o aventureiro, a ave de arribação, que se submette a indecoroso papel de incensar desvirilizados beocios e cretinos. Nem ha duvida que o Brasil, desta forma, conseguirá a tranquillidade que deseja, collocando-se á frente da civilisação da America e quiçá — porque não? — da Europa... Já não bastavam os innumeros orgams que obedecem aos Thesouros dos grandes Estados. Querem que se multipliquem, na capital da Republica, aquelles perniciosos parasitas sem escrupulo, sem patria e sem ideaes, e que só cuidam dos seus interesses. A nossa vingança é que esses mesmos, que auferirão vantagens nos primeiros annos da vigencia da famosa lei de imprensa, defendida pelas classes conservadoras, serão os primeiros sacrificados: desapparecendo os criticos leaes, os criticos de fel, os criticos de almas puras, os assumptos não serão cotados com a mesma facilidade. Os elogios, os dithyrambos, os madrigaes, as eclogas grotescas gastam-se logo. E depois, veremos como se arranja a clientel'a, actualmente afagada pelos prepotentes. Não irá ella contra os seus bemfeitores? E' difficil prever.

Do certo, preferirão os politicos que a nossa patria se transforme numa praia deserta. Aliás, a grande idéa, a idéa mãe de expurgar com todos os elementos daninhos, isto é, os que discordam, não é nova: quando se discutiu, em Fevereiro, a entrada de immigrantes no Brasil, houve um eminente homem publico paulista, ao que se diz candidato á presidencia do Estado, que proclamou a necessidade de azorragar com todos os individuos irreverentes, susceptiveis de não se rebaixarem a vis escravos. A lei da imprensa, nesse particular, terá optimo effeito.

Instrucção publica

Por actos de hontem foram nomeadas:

d. Anna Poço, para substituir a professora d. Lucinda Tolentino Piratininga, da escola mixta do Cayoçara, em Atibaia;

d. Mariana de Oliveira, para substituir a professora d. Alice Landin, da escola mixta rural de Guayanaz, em Pederneiras;

d. Olga Soares Couto, para exercer o cargo de substituta effectiva do 3.o grupo escolar de Campinas;

Foi removida d. Carmen Scigliano, substituta effectiva do grupo escolar do Arouche.

Foi dispensada a professora d. Esmeralda de Castro Rodrigues, do cargo de substituta effectiva do grupo escolar "Coronel Venancio", de Mogy Mirim.

Licenças concedidas a adjuntas de grupos escolares:

De dois mezes, a dd. Maria Antonia Malhado Ramos, Zenaide Piza de Souza, Antonietta Lema Ribeiro e Maria da Luz Ouriçanga, respectivamente dos 4.o de Taubaté, 1.o de Araraquara, de S. José dos Campos e 2.o de Rio Claro;

de 20 dias, a d. Noemia Magalhães, do da Bella Vista;

de 15 dias, a dd. Maria Adelaide Siqueira Travassos e Margarida G. Planet, dos 1.o de Ribeirão Preto e de Monte Alto;

de 7 dias, a d. Laura Junqueira Leal, do de Batataes.

Foram concedidas mais as seguintes licenças:

de 3 mezes, a d. Alice Landin, professora da escola mixta rural de Guayanaz, em Pederneiras;

idem, a d. Anna da Fonseca, professora das escolas reunidas de Nova Europa, em Ibitinga;

de 2 mezes, a d. Aurea Risoleta de Freitas Roque, professora das escolas reunidas de Butantan, nesta capital;

de 1 mez, a Sebastião Sylvio Julião, professor da escola rural de Barra Velha, em Villa Bella;

idem, a d. Lucinda Tolentino Piratininga, professora da escola mixta de Cayoçara, em Atibaia.

de 2 mezes, a Joaquim Martins de Mello, porteiro do grupo escolar "Convenção de Itu', em Itu';

de um mez, a Camillo José Gonçalves, porteiro do grupo escolar "Cardoso de Almeida", de Botucatu';

Bolsa de café de Santos

O sr. secretario da Fazenda recebeu o seguinte telegramma do dr. Gabriel Junqueira, presidente da Bolsa de Café de Santos.

"Reabrimos a Bolsa, com pleno exito, ás 17 horas. Apenas Outubro inalterado. Todos os outros mezes com alta.

Congratulo-me com v. exa. e com o sr. presidente do Estado pelas providencias que tomaram e pelo triumpho da legalidade em nossa patria".

A revolução no Rio

A situação normalisou-se no Rio — O historico dos acontecimentos — Episodios da sublevação — Os mortos — Prisões — Movimento sedicioso em Mato Grosso.

Lemos no "Correio da Manhã", de hontem:

COMO SE DEU A RENDIÇÃO DO FORTE DE COPACABANA

A cidade amanheceu hontem sob o mesmo aspecto do dia anterior. Durante a noite, toda série de boatos correram sobre os planos do ataque ao forte de Copacabana pelas forças legaes e sobre os recursos de defesa de que os revoltosos dispunham.

Dizia-se que o ataque ao poderoso reducto que domina toda a barra com a sua pesada artilharia de costa e canhões de tiro rapido para a defesa da costa, seria dado ás cinco horas, simultaneamente, por navios da esquadra, pela artilharia de montanha e por um assalto de infantaria disposta em differentes ruas.

O dia amanheceu sombrio. Dir-se-ia que a intensa neblina que cobria a terra e o nevoeiro cerrado de fóra da barra contribuiam para a tristeza que tudo apparentava.

O sol appareceu, afinal, e, ás 7 horas, nenhum disparo foi ouvido, o que fazia prever que a guarnição do forte se houvesse rendido no correr da noite. E o pessoal que do centro e dos bairros afastados se espalhava pelas ruas procurava nas noticias dos jornaes informações mais tranquillisadoras. A's 8 e pouco, porém, o primeiro ribombo de canhão estremeceu os ares. Outros disparos se seguiram, e os boatos espalharam-se, então, ora dando as forças do governo a iniciar o ataque, ora o forte a bombardear os pontos onde presumia estivessem as mesmas dispostas. Depois fez-se silencio, silencio que durou até ás primeiras horas da tarde.

Fóra da barra, navegavam, guardando distancia, os navios de guerra "Minas Geraes" e "S. Paulo", que, juntamente com as fortalezas de Imbuhy e Santa Cruz, fizeram alguns disparos contra Copacabana.

O lindo bairro, que o Rio se ufana de possuir, apresentava um aspecto desolador, com o casario todo fechado, devido ao exodo da vespera.

Por volta do meio-dia, uma esquadrilha de hydro-aviões voou sobre o forte, lançando sobre elles bombas, uma das quaes foi arrebentar numa das cupulas lateraes, com formidavel estampido.

O hydro-avião que a arremessou não teve resposta.

A esquadrilha regressou, e novo silencio se fez, durando horas.

Parecia, assim, que a guarnição revoltada se rendera, e essa noticia, affixada nos "placards" dos jornaes, fez com que innumeros automoveis cheios de familias se dirigissem para o aristocratico bairro, por cujas ruas forças legaes marchavam.

As passagens pelos tunneis foram faceis, mas, vencida grande etapa da avenida, esses vehiculos foram forçados a regressar. Não era exacta a noticia da rendição. O forte, apesar de já muito desfalcado de pessoal, que pela manhan o deixara, ainda tinha guarnição.

O chefe de policia, ao ter conhecimento de que fôra divulgada a noticia de que o forte se rendera, permittindo tal boato que as familias regressassem aos seus lares, fez distribuir aos jornaes este aviso aos moradores de Copacabana e arredores:

"O sr. chefe de policia pede por nosso intermedio ás familias e mais moradores de Copacabana e proximidades que não regressem a seus lares alli emquanto o governo não declarar officialmente que o podem fazer sem risco.

A permanencia em Copacabana e arredores é perigosa, porque o forte rebellado ainda se não rendeu, e o governo vae agir com a maxima energia para tomal-o.

Ordens foram dadas, então, para que a entrada pelos tunneis fosse rigorosamente impedida por praças do Exercito e da policia, e Copacabana voltou, então, ao tristonho aspecto de pela manhan.

UM COMBATE EM PLENA PRAIA

As forças legaes, como acima dissemos, marchavam lentamente, como a dar tempo a que os restantes homens da guarnição do forte reflectissem sobre o acto que praticavam.

Parte dellas, a de infantaria, já se encontrava prompta para o fogo. A artilharia dominava os montes vizinhos.

A espectativa era a mais dolorosa, diante dos boatos de que a guarnição estava resolvida, como medida de ultimo recurso e desespero, a bombardear a cidade.

Os boatos fervilhavam, os mais estranhos, os mais fantasticos. Primeiro, que o movimento revolucionario tomara aspecto mais grave com a adhesão do 3.o regimento aos revoltosos e a marcha destes elementos congregados para a cidade. Depois, com os combates pelas ruas de Copacabana entre tropas revolucionarias e legaes.

As ultimas horas da tarde foram angustiosas. Por fim, a nova chegou: o forte se rendera de vez. Como? Populares que o testemunharam de perto contavam o momentoso episodio.

Pouco antes das 17 horas, quando os navios "Minas Geraes" e "S. Paulo" já rumavam aos respectivos ancoradouros, as portas do forte de Copacabana abriram-se, e um grupo de 28 homens, armados de carabinas Mauser e tendo cada um no peito um pedaço de uma bandeira nacional que fôra cortada em 28 partes, precipitou-se para fóra e offereceu combate ao 3.o batalhão de infantaria em plena praia. Sustentando cerrado fogo, foram elles, a tombar, um aqui, outro alli, até quasi á rua Bolivar, onde os ultimos cahiram. Entre elles se encontravam os tenentes Carpenter, Antonio Siqueira Campos e Newton Prado, gravemente feridos.

As forças legaes trataram logo de remover mortos e feridos, occupando em seguida o forte, abandonado de todo e completamente dominado.

A VISITA DO PRESIDENTE DA REPUBLICA A'S VICTIMAS DO ULTIMO ENCONTRO ENTRE REVOLTOSOS E AS FORÇAS DO GOVERNO

A's 17 horas, o presidente da Republica, acompanhado do chefe de sua casa militar e de alguns membros do Congresso Nacional, sahiu do palacio do Cattete, em direcção ao hospital de S. João Baptista, na rua da Passagem, onde se achavam [illegible] do forte de Copacabana, feridos.

A visita do chefe do Estado, sendo inesperada, causou uma certa surpresa no hospital. Essa circumstancia teve a vantagem de permittir aos circumstantes apreciarem a ordem dos trabalhos de soccorro, não havendo nenhuma preparação prévia.

O aspecto das enfermarias era desolador. Os feridos gemiam por todos os cantos, desferindo varios delles gritos lancinantes. Logo á entrada da primeira sala á direita, via-se, estendido, nos estertores da morte, um inferior revoltoso, que acabára de chegar. Era um homem magro, que fôra atravessado por uma bala. Um enfermeiro logo depois estendeu-o numa maca, collocando-lhe o corpo ligeiramente inclinado sobre a cabeça, de modo a ser-lhe applicando um balão de oxygenio.

Mais adiante, sobre um leito, immobilisado, com a face horrivelmente mutilida, jazia um operador cinematographico. Fôra attingido na luta, no momento em que tirava um "film", de dentro de um automovel. A bocca alongava-se, num rictus de soffrimento, coalhada de sangue. Um dos olhos sahia-lhe da orbita. O medico acabára de ministrar-lhe os primeiros curativos e esse homem, victima do dever profissional, já não tinha quasi nenhuma expressão de vida. Uma irman de caridade, piedosamente, abanando-lhe o rosto, impedia que as moscas pousassem sobre a indescriptivel posta sangrenta em que se transformára a sua face. Os medicos, entretanto, esperavam salval-o. Mais adiante, tragicamente pallido, o ajudante do operador de cinematographo arquejava, com ferimento na região abdominal. Um enfermeiro explicou:

— O automovel em que elles trabalhavam ficou todo quebrado. O "chauffeur", tambem attingido, morreu instantaneamente.

O presidente da Republica dirigiu-se a um leito onde se encontrava uma praça revoltosa, com o braço atravessado por uma bala de fuzil Mauser. A praça, olhando o sr. Epitacio Pessoa, entre humilde e soffredora, mostrou desejos de contar o seu caso. O chefe do Estado ouviu, silencioso. Depois, em resposta, prometteu que a sua situação seria, como a dos outros, apurada no inquerito que o governo já ordenára, sobre os acontecimentos. Em seguida, passou a indagar do estado de cada um dos demais feridos, tendo penetrado na sala de operações, onde uma victima do combate estava sendo submettida á intervenção cirurgica necessaria.

Terminada a visita, o sr. Epitacio Pessoa, com o seu sequito já augmentado por algumas outras personalidades, entre ellas o senador Raul Soares, chegado de Bello Horizonte, dirigiu-se para o posto de soccorro da rua Hilario de Gouvêa. Ahi encontrou o coronel Potyguara, o qual lhe referiu, emocionado, o lance final do encontro em que os revoltosos, sem se entregarem, haviam cahido, uns mortos, outros gravemente feridos. Foi particularmente objecto da narrativa a luta sustentada, corpo a corpo, pelo tenente Siqueira Campos, o qual não cessou de alvejar as forças do governo, mesmo depois que teve o ventre aberto, com exposição dos intestinos. Nessa emergencia, acompanhavam-no os tenentes Carpenter e Newton Prado, o primeiro dos quaes morreu, ficando o segundo gravemente ferido por uma bala de fuzil, que lhe attingiu, varando-a, a região abdominal.

O sr. Epitacio Pessoa perguntou de que Estado era filho o tenente Siqueira Campos, accrescentando que, se não se enganava, elle pertencia a uma familia de Pernambuco.

O tenente-coronel medico poz o chefe do Estado ainda ao corrente de varios detalhes do serviço de soccorro aos feridos, apresentando-lhe uma lista dos mortos, cujos cadaveres haviam sido transportados.

De volta á cidade, pudemos colher alguns aspectos do bairro de Copacabana. As casas estavam, em sua generalidade, fechadas ou occupadas apenas por criados. A breves trechos, patrulhas de cavallaria da Policia Militar postavam-se, em attitude de vigilancia. Alguns raros automoveis começavam a trafegar e os primeiros bondes da linha de Ipanema traziam passageiros por toda parte, nos bancos e nos balaustres, estampando-se nas physionomias dessas primeiras ovelhas que regressavam ao rebanho um ar de curiosidade e ainda de vago receio. Bem poucas casas apresentavam vestigios, e ainda assim ligeiros, das [illegible]. O forte de Copacabana, donde partiram, em dois dias e duas noites de incertezas, a intranquillidade e o panico, parecia dormir, na orla da avenida Atlantica, pela qual soprava apenas uma viração, estando o mar calmo. No cume do forte, esvoaçava a bandeira nacional.

O presidente da Republica dirigiu-se em seguida para a Polyclinica Militar, sob a direcção do major medico Getulio dos Santos. Nesse estabelecimento, estavam recolhidos varios revoltosos feridos, entre elles os tenentes do ultimo encontro com as forças do governo, Siqueira Campos e Newton Prado.

Logo á entrada, estendido numa maca, o ventre á mostra, no desalinho natural dos primeiros curativos, as roupas salpicadas de sangue, o tenente Siqueira Campos parecia uma criança que dormisse. O presidente da Republica parou, informando-se, com os medicos, do seu estado. Elle abriu ligeiramente dois olhos claros e quasi ingenuos e fechou-os logo em seguida.

Todos o consideravam com uma viva sympathia. Era um rapaz de vinte e poucos annos, de rosto inteiramente raspado. Não apparentava, no physico, a somma de energia de que déra provas na luta encarniçada. Não gemia e dava a idéa de um homem conformado com a morte. Seus ferimentos, na realidade, são de natureza a não deixar esperanças... Mais adiante, noutra maca, nas mesmas condições do companheiro, o tenente Newton Prado. Este é um moço forte, de pouca barba, e tem estampada na face uma expressão permanente de coragem. O olhar é duro e resoluto, e os labios, grossos, foram feitos, sem duvida, para o desdem. Apoiava a cabeça nos dois braços cruzados para trás, sobre o travesseiro. Uma larga cinta de linho e gase apertava-lhe o abdomen nu', como que a comprimir o orificio da bala que o abatera, o que lhe atravessara o corpo. O presidente da Republica, procurando ameigar a voz, dirige-lhe a palavra:

— Tanta bravura perdida numa luta ingloria! Não seria preferivel que a empregasse um dia na defesa da patria?

O ferido, num sorriso enigmatico, respondeu:

— Que quer, sr. presidente? Perde-se a cabeça... E' da vida!

O sr. Epitacio Pessoa dirigiu-se á sala de operações. Um militar revoltoso, joven, tinha o lado esquerdo da face aberto por um só golpe. O operador acabava de cozer-lhe a ferida. O homem estava immovel. Em outra sala, um sargento, muito branco, estendia a cabeça, como que a apresental-a ao cutello de um carrasco imaginario. O uniforme kaki tinha largas manchas de sangue secco. A parte do joelho, na calça, denotava um homem que tinha empregado grande somma do tempo em espreitas, de rastros. As botinas offereciam varias camadas de lama preta e de barro vermelho, denotando que o homem estivera em logares distinctos e afastados uns dos outros. Tinha um ferimento por bala de fuzil, na região do pescoço. O projectil varando a garganta, attingira a columna vertebral.

— E' um caso perdido, sussurrou o medico.

O sr. Epitacio Pessoa voltou a contemplar o tenente Siqueira Campos, cujos olhos permaneciam fechados, numa expressão de lamparina que se extingue. Os enfermeiros envolveram o ferido em cobertores, e o proprio presidente da Republica ajudou a enrolar os pés do tenente, de modo a preserval-os do frio. Nos corredores, outras macas estendidas, outros feridos que gemiam. Fóra, dois automoveis ambulancias que se approximavam, vagarosamente. Mais feridos que chegavam, mais dores que iam povoar de gemidos a polyclinica, transformada em hospital de sangue.

O presidente da Republica encaminhou-se para o quartel da policia militar, na rua Evaristo da Veiga. A enfermaria desse quartel estava repleta de soldados feridos no encontro com os revoltosos. Havia feridos no braço, nas mãos, na cabeça, no thorax. O sr. Epitacio Pessoa indagava do estado de cada um. O commandante da policia convidou-o a ir ao andar superior, onde havia uma praça em estado grave. Era um caboclo taciturno, que praticara uma proeza. O sr. Epitacio ouviu-o e disse-lhe:

— O governo não esquecerá os excellentes serviços que você prestou ao paiz.

E o enfermo, num esforço:

— Muito obrigado.

Na sala de operações, fazia-se uma intervenção cirurgica de natureza assás delicada. Tratava-se de cozer o abdomen de um soldado, cujos intestinos estavam á mostra.

Vivamente impressionados, os circumstantes retiraram-se do hospital.

Estavam terminadas as visitas do presidente da Republica. Eram 7 horas da noite.

OS OFFICIAES E PRAÇAS ENTERRADOS NO CAJU'

No cemiterio do Caju', foram hontem enterradas as seguintes praças, victimadas nos combates destes dias entre as forças revoltadas e as legaes:

Capitão José Barbosa Monteiro, hemorrhagia por esphacelamento da região e base do craneo; sargento Hyppolito José dos Santos, natural de Minas Geraes, hemorrhagia; soldado naval Felismino Pereira de Almeida, natural de Pernambuco, 21 annos, solteiro, hemorrhagia e peritonite superaguda, por secção traumatica dos intestinos delgado e grosso em diversas partes, fallecido no Hospital de Marinha; Julio Evangelista da Silva, praça do corpo de fuzileiros navaes; perfuração dos intestinos grosso e delgado; Manuel Ferreira de Moura, 21 annos, solteiro, soldado naval, ruptura da poplitéa; Pedro Cyrillo dos Santos, 1.o sargento do Exercito, ruptura abdominal; Sebastião Pereira da Silva, Pernambuco, 27 annos, solteiro, soldado do 1.o regimento de cavallaria; Honorio Lauro da Silva, natural do Estado do Rio, 23 annos, solteiro, soldado do 2.o batalhão do 3.o regimento de infantaria, ferimento penetrante do thorax; José de Assis, soldado do 2.o batalhão do 3.o regimento de infantaria, despedaçamento abdominal.

OS ALUMNOS DA ESCOLA MILITAR

Os alumnos da Escola Militar continuam, como dissemos presos no proprio quartel.

Pela revista passada no dia da prisão, verificou-se a falta de 21 delles. Nos acontecimentos da Villa Militar, falleceu o de nome Flordovaldo e na enfermaria se encontram varios feridos.

NO NECROTERIO MILITAR

No necroterio militar, sabia-se á manhan de hontem dos nomes de nove victimas. Entre essas, o capitão Barbosa Monteiro, cujo corpo guardado desde manhan, por sua esposa, parentes e amigos sahiu ao meio dia para o enterramento no cemiterio do Caju'.

Os outros mortos eram: Julio Evangelista da Silva, do corpo de fuzileiros navaes; Luso Antonio Xavier, Sebastião Ferreira da Silva, do 1.o de cavallaria; sargento Pedro Cyrilo dos Santos e o sargento Hyppolito, que tombára morto ao lado de seu superior o capitão Barbosa Monteiro.

Levados feridos para o hospital, morreram pela manhan, após operação, os seguintes: Manuel Ferreira de Moura, do 1.o de cavallaria, e Honorio Lauro da Silva Paranhos, do 3.o regimento.

Da Escola Militar, achavam-se feridos, no Hospital, os alumnos Oscar Drumond, Franklin e Arnaldo Rocha.

Anno II — S. PAULO — Quinta-feira, 7 de Setembro de 1922 — Num. 4

Folha da Noite

INDEPENDENCIA!

Folha da Noite

Director: OLIVAL COSTA — PROPRIEDADE DA EMPRESA "FOLHA DA NOITE", LIMITADA — Gerente: PEDRO CUNHA

Anno IV || Redacção e adm.: Rua Boa Vista, 52 - Officinas: Rua 25 de Março n. 145 || S. PAULO — Sabbado, 5 de Julho de 1924 || Endereço telegraphico: "FOLHA" CAIXA POSTAL I I || Num. 1.025

Numero avulso 200 RE'IS

MOVIMENTO REVOLTOSO

As tropas da guarnição federal revoltam-se – Adhesão de varios batalhões da Força Publica – Assalto ao Palacio dos Campos Elyseos – Os canhões de Sant'Anna atiram contra o Palacio de Campos Elyseos – Tomada do Telegrapho Nacional e da Estação da Luz pelos sediciosos – Prisão de officiaes de policia, do general Abilio de Noronha e do dr. Antonio Lobo – A egreja do Coração de Jesus attingida por granadas – Numerosos feridos – O governo federal toma providencias para debellar o movimento – Remessa de marinheiros para S. Paulo – Aviso ao publico – Interrupção do serviço de bondes – Os trens não partem de São Paulo – Não chegaram os comboios do Rio - O telephone e o telegrapho trancados – Outras no[illegible]

O movimento militar que hoje rebentou nesta capital, coincide com a data do segundo anniversario da sedição do exercito, verificada na capital da Republica, e que teve por scenario principal o forte de Copacabana.

Este movimento irrompe de surpresa. A não serem os vagos boatos que, como tal, um diario carioca disse ouvir e lançou em publico, e que em nossa edição de honte mtranscrevemos, nada, absolutamente nada transpirou da revolta.

Que fins a dirigem.

E' o que se está por saber. Espalham-se boatos de todas as cores; uns affirmam que os sediciosos querem impor a demissão franceza e a liberdade dos officiaes envolvidos na revolução de Julho; outros levam a supposição mais longe, e asseguram que o momento desta capital obedece a um plano combinado, sue deveria ter irrompido simultaneamente em São Paulo, no Rio de Janeiro e no Rio Grande do Sul. Versões varias embaralham-se. Limitamo-nos a dar ao publico o maior numero de informações fidedignas que a nossa reportagem deteve.

ATAQUE AO PALACIO DOS CAMPOS ELYSEOS

Pouco mais ou menos ás 8 horas de hoje foi effectuado o ataque ao Palacio dos Campos Elyseos, residencia do presidente do Estado. Um contingente, com cerca de cem praças da guarnição do exercito nesta capital, commandado por um tenente, assaltou esse Palacio, pelos fundos, que deitam para a rua dos Guayanazes. Os assaltantes estavam armados de carabinas e duas metralhadoras e fizeram forte tiroteio contra o portão da residencia presidencial.

As forças de guarda resistiram ao assalto, tendo travado cerrado tiroteio com os atacantes. As tropas revoltosas, ao cabo de quinze minutos de esforços inuteis, tiveram que retirar-se, pela forte offensiva desenvolvida pelos guardas do

as duas metralhadoras foram tomadas de assalto, uma por Avelino Pedro da Silva, ajudante de motorista do sr. presidente do Estado e outra pelo soldado José Marcondes Junior, da guarnição do palacio.

O muro e guarita dos fundos apresentam innumeros vestigios de balas, calculados para cima de sessenta.

Os canhões do exercito, postados no Campo de Marte, iniciaram hostilidades contra o Palacio dos Campos Elyseos, abalando com as suas detonações, todo o quarteirão.

Duas casas, as de ns. 54 e 56 da alameda Barão do Rio Branco, fronteiras ao Palacio dos Campos Elyseos, foram attingidas por uma granada, sahindo para á rua um dos seus habitantes, clamando por soccorro, pois que se achavam no interior della uma senhora e varias crianças feridas.

A ambulancia da policia levou as victimas para o posto da Assistencia.

O sr. tenente Tenorio de Brito foi visto com revólver na mão, pouco antes da hora do ataque ao Palacio, esta manhan.

Os tiros de canhão repetiram-se alguns minutos depois e, tambem pouco antes do dia. A's 13 horas e 20 minutos, mais ou menos, dois estampidos foram ouvidos.

Varios tiros de metralhadora foram disparados no largo de S. Bento.

UM AVISO AO PUBLICO

O sr. dr. Bento Bueno, secretario da Justiça, fez distribuir hoje pela manhan, por toda a cidade, boletins com a seguinte communicação e conselho ao publico:

"O sr. secretario da Justiça e Segurança Publica aconselha ao povo a que se abstenha de estacionar pelas ruas, pois de um momento para outro poderá ter necessidade de agir energicamente, correndo todos grave perigo.

Outrosim, communica que o Rio se acha completamente calmo e que o governo Federal fez partir pela manhan de hoje, uma esquadra para Santos, conduzindo 2.100 marinheiros, que virão immediatamente para esta capital".

NO BRAZ

Desde manhan, ainda muito cedo, quando apenas começou a se dirigir para o trabalho a multidão dos que habitam os bairros do Braz, Belém e Penha, circularam innumeros boatos de que estalára uma revolução, de que havia movimentos muito grandes de tropas, tiroteios, etc.

Nada sabendo de exacto, o povo ficou numa espectativa anciosa, espalhando-se pelas ruas, commentando e observando os lados do centro. O commercio abriu as suas portas, como se nada houvesse de anormal.

Pouco depois das 10 horas, entretanto, os bondes deixaram de circular e não chegavam além do Parque D. Pedro II, paralysando-se por completo a vida no populoso bairro, como, de resto, em todos os pontos da cidade.

NAS ESTAÇÕES FERREAS

A estação da Central, no Braz, cerrou as suas portas e na estação da S. Paulo Railway soldados montavam guarda.

No Parque D. Pedro II, bivaques espaçados mostravam aos olhos medrosos de muitos populares, que se dirigiam para suas residencias, as carabinas dos soldados da Força Publica, acampados.

AS RUAS DO CENTRO

Tem sido enorme o movimento das ruas do centro da cidade. Apesar dos avisos feitos pelos soldados encarregados do serviço de vigilancia, não se responsabilisando pelos successos que possam acontecer aos que quizerem passar do limite dos bairros, grupos chegam sem cessar, circulando por todas as ruas, á cata das ultimas noticias, tecendo ao mesmo tempo, os mais desencontrados commentarios sobre os possiveis e passados acontecimentos.

De quando em vez uma patrulha, de armas em posição põe em debandada a multidão de curiosos, que desata a correr, sem direcção, com berreiros alarmantes.

NO LARGO DE S. BENTO

Dezenas de pessoas apinhavam-se pela manhan no largo de São Bento, observando os soldados para esse local destacados.

Pela rua Florencio de Abreu, guardando a entrada, um grupo, com uma metralhadora armada, observava o bairro da Luz. Dois automoveis "Ford", tomados, constituiam uma barricada improvisada em poucos momentos. As correntes dos autos serviram para impedir a entrada da rua, estendidas entre dois postes de illuminação.

A entrada do viaducto de Santa Ephigenia achava-se tambem guardada e, bem assim, a entrada da rua Libero Badaró.

O COMMERCIO

Fecharam-se todas as casas de commercio do centro da cidade.

Portas cerradas, grande movimento de pedestres, pouco movimento de autos e nenhum movimento das viaturas da Light, tudo isso dava um aspecto inedito ao centro, sempre tão bulhento e atabalhoado, impressionando as attenções sobrexcitadas pelos ultimos successos.

NO LARGO DO PALACIO

A praça fronteira ao palacio da presidencia e aos edificios das varias secretarias, acha-se completamente guarnecida por forças armadas e metralhadoras, tendo sido entrincheirado o jardim do palacio do governo.

As ambulancias e os carros de presos estão a postos, guardados por soldados de armas embaladas.

No saguão da Repartição Central da policia foram distribuidas armas aos funcionarios e soldados da Secretaria da Justiça, vendo-se nelles os officiaes que se tinham conservado fieis ao governo e os srs. drs. Virgilio do Nascimento, Cantinho Filho, Egas Botelho, Carlos Pimenta, Mascarenhas Neves e Armando Ferreira da Rosa, delegados de policia.

Os medicos da Assistencia e legistas tambem prestavam todo o auxilio possivel na emergencia.

O DR. ALMIRIO DE CAMPOS

Tendo tomado parte activa no tiroteio de hoje os drs. Sylvio e Almirio de Campos, irmãos do sr. dr. Carlos de Campos, presidente do Estado, o segundo foi ferido por bala num dos pés.

A REPERCUSSÃO NO INTERIOR — OS BOATOS

A noticia do movimento revolucionario está correndo celere pelo interior.

Um dos nossos companheiros, em viagem de Pirajuhy para esta capital, pelo rapido da Paulista que aqui chega ás 11 horas e 6 minutos, foi um dos primeiros passageiros a saber das occorrencias anormaes que aqui se verificaram.

O trem chegava a Vallinhos. As informações eram contradictorias, absurdas. Dizia-se que os motoristas desta praça haviam declarado greve com a adhesão dos empregados da Light. Outros boatos disparatados cruzavam-se, perturbando a attenção dos passageiros.

A noticia verdadeira foi dada aos passageiros pelo chefe do trem, que havia estalado um movimento sedicioso das forças do exercito, juntamente com as da Força Publica. Quanto á participação destas no movimento, apontava-se como sua causa determinante o soldo infimo das praças, a missão franceza, e outros motivos igualmente imperiosos.

Os viajantes, porém, tomavam-se de natural desconfiança sobre a veracidade dos sensacionaes acontecimentos.

O SR. ANTONIO LOBO, PRESIDENTE DA CAMARA, TOMA O TREM EM CAMPINAS E E' PRESO NA ESTAÇÃO DA LUZ

O sr. Antonio Lobo, presidente da Camara Estadual de Deputados, embarcou hoje em Campinas, no mesmo trem em que viajava o nosso companheiro, em companhia de sua exma. familia. A conversa entre os passageiros generalisou-se, nella entrando aquelle parlamentar que, commentando as razões provaveis do movimento, sustentou a opinião de que a do soldo das praças não era plausivel, uma vez que o actual governo nada podia fazer pela melhoria da situação pecuniaria dos soldados da Força Publica, e isto porque para o anno corrente vigora o orçamento votado no governo passado.

Numa anciosa espectativa, chegamos a esta capital depois de terem os passageiros escondido o dinheiro e as armas que traziam comsigo.

Descemos na gare da Luz. A Estação estava deserta. Nenhum carregador. Nenhum soldado. Ninguem.

Subimos as escadas. No saguão principal conversavam varios soldados. Um tenente de cavallaria collocando-se na unica porta aberta, ordenou a sahida dos passageiros. Todos sahiram espantados e mais ainda ficavam ao ver o grande numero de soldados de cavallaria postados á rua José Paulino.

De repente o tenente se dirigiu a alguem:

— O senhor não é o deputado Antonio Lobo?

— Sim senhor.

— Então, queira seguir-me.

E, assim, o dr. Antonio Lobo, que viera a esta capital afim de presidir amanhan á primeira sessão preparatoria do Congresso Estadual, foi conduzido para o commando geral das tropas revolucionarias, dentro de um "Ford" e acompanhado por dois soldados de policia de carabina embaladas.

MEDICOS PRESOS

Foram presos pelos soldados sediciosos, que assaltaram o Hospital da Força Publica, os medicos de serviço, drs. Arlindo de Carvalho Pinto, Eugenio de Assis e Ulysses Fagundes.

Os soldados em tratamento e os enfermeiros foram tambem detidos.

AS MUNIÇÕES DA FORÇA PUBLICA

As munições da Força Publica achavam-se depositadas no quartel do 2.o batalhão.

Como esse quartel, bem como os 1.o e 4.o foram surprehendidos na madrugada de hoje pelas tropas vindas de Sant'Anna, as munições da Força Publica cahiram em poder dos sediciosos.

O BOMBARDEAMENTO

As granadas que attingiram Lyceu do Coração de Jesus O estado em que ficou aquelle estabelecimento

Fizemos hoje uma excursão pelos Campos Elyseos, afim de colher algumas informações interessantes. Depois de chegarmos até o começo da rua Duque de Caxias, onde uma patrulha de cavallaria impedia a passagem de quem quer que fosse, demos volta pela rua dos Andradas, verificando de visu o panico que impera naquella zona. Era impossivel no momento passar além da rua Helvetia, porque, de quando em quando, tropas revolucionarias collocadas na alameda Cleveland disparavam.

A custo chegamos á alameda Ribeiro da Silva, de onde não nos foi difficil, mau grado as ordens severas das patrulhas avançadas legaes, incumbidas de impedir o avanço de qualquer civil, attingirmos, numa corrida, a porta de entrada do Lyceu do Sagrado Coração de Jesus, que fica na esquina da alameda Nothmann com a Barão de Piracicaba. Estava á porta o padre Guilherme Meinars que, após os nossos cumprimentos e apresentação, com gentileza nos conduziu para o interior do estabelecimento, afim de verificarmos os estragos produzidos pelas granadas dos revolucionarios atiradas contra elle.

(Continua na terceira pagina)

Confessamos a nossa ignorancia em profundas lucubrações de Economia Politica e Sciencia das Finanças, materias que sempre escaparam á nossa curiosidade, e dahi talvez, o motivo principal de formarmos ao lado dos pindahybas classicos, a quem os autocratas do arame chamam de raça inferior com a traducção ao pé da letra, de troxas...

Aprendemos porém, hontem, e comnosco o Tribunal de Contas, que imposto arrecadado sem que a operação se haja effectuado, deve ser restituido a quem o pagou, independente de registo naquelle Tribunal.

Quem nos ensinou tudo isso, foi o illustre sr. Mario Tavares, secretario da Fazenda, num despacho em que mandou reembolsar o sr. Antonio da Fonseca, de uma verba paga ao Thesouro, cuja transacção não se tornou effectiva.

O Tribunal, com a mania inveterada de criar difficuldades de toda a casta, honra lhe seja feita, antes que a casa lhe caia em cima, levou para o seu tabaco, no bruto pito que lhe passou o titular dos arames.

"Qualquer manual de finanças ensina que despesa publica etc.", diz o sr. secretario, assim como quem passa um raspe nos illustres economistas ministros membros do Inana.

"O Tribunal foi organisado para liquidar as contas da receita e da despesa e verificar a sua legalidade" accrescenta o sr. Mario Tavares.

E mais nada, accrescentamos nós. Mais nada, dizemos mal, e corrijamos a tempo: Foi criado para baldear o governo antigo, dos cargos de secretarios de Estado para a mammata dos 3 pacotes a 30 dias por mez, especie de partilha entre herdeiros formulada pelo papae rodovismo, e cuja brincadeira custa ao povo os olhos da cara.

Mas a vida é isso mesmo e quem não estiver contente que vá lamber sabão ou dê um "tiro"... na miseria.

E por falar em gallo de briga como é que foi mesmo o negocio do almoxarifado, não é que o illustre genro abiscoitou a têta?

Folha da Manhã

Director: OLIVAL COSTA — PROPRIEDADE DA EMPRESA "FOLHA DA NOITE", LIMITADA — Gerente: PEDRO CUNHA

Anno I | Assig.: Anno ..... 45$000 Semestre . 25$000 | Red. adm. e off.: R. do Carmo, 7-A Phones: Cent. 1.817, 787 e 1.086 | S. PAULO — Quarta-feira, 1 de Julho de 1925 | Endereço telegraphico: "FOLHA" CAIXA POSTAL, 2.900 | Numero do dia 200 réis Atrazado 300 réis | N. 1

DIPLOMACIA DE FACHADA

Appareceu, ha algumas semanas, em jornal carioca, uma lista de varios funccionarios do corpo diplomatico e consular, os quaes se encontram afastados dos respectivos postos. Prevalece sempre uma desculpa, quando alguem os aponta como pensionistas de nova especie do Thesouro. Uns não fazem falta nas legações, embaixadas ou consulados a que pertencem, empregando aqui, proveitosamente, a actividade que podiam utilisar no exercicio effectivo de suas funcções. Addidos ao Ministerio das Relações Exteriores, vão simultaneamente realizando a pratica que lhes servirá de valioso subsidio. Outros esperam definitivas designações sem prejuizo para os negocios em que devem agir, como collaboradores da nossa chancellaria.

De tão futeis que são, de tão disparatadas, essas escusas não merecem que as tomemos em consideração. O que se verifica é que o provimento dos cargos diplomaticos e consulares, na Republica, ainda não póde ser regulado pelo indispensavel criterio patriotico, e pela aferição conscienciosa da competencia technica, revelada por um estudo especialisado ou patenteada pelo tirocinio. Abriu um parenthesis, indubitavelmente, o saudoso barão do Rio Branco, mas ainda assim não se lhe póde attribuir uma conducta irreprehensivel. O muito sabedor diplomata, cuja superintendencia marcou um dos periodos mais luminosos na composição do corpo diplomatico, encarreirou muitos mocinhos que não tinham qualidades para o espinhoso exercicio de cargos de representação do paiz no exterior. Não obstante, ninguem contestaria que Rio Branco, com a sua nitida visão das coisas e sobretudo com o exacto conhecimento que tinha da vida diplomatica e consular, realizou innovações que apresentariam excellentes frutos, se não fossem deturpadas ou despresadas. Sabemos que o chefe, de facto da chancellaria brasileira, durante dilatados annos, foi o visconde de Cabo Frio. Era elle o archivo falado, o permanente inventariante de todos os negocios diplomaticos. Não havia questão que lhe fosse estranha, de quantos pudessem constituir a preoccupação de nossa chancellaria. Era então facil superintender a pasta que, depois da da Fazenda, é a de maior responsabilidade entre as que compõem o gabinete. Tolerem-nos o termo, embora se afigure desambientado, na pratica do regimen republicano.

Forçoso é confessar, porém que a diplomacia republicana não resiste a um cotejo, leve que seja, com a da monarchia. No Imperio custava muito conquistar accessos na carreira e os mais afamados diplomatas do tempo, aquelles que tiveram renome e que souberam fazer que a fama da nossa chancellaria se expandisse, partiram dos mais modestos postos, provieram de um longo e cuidadoso apprendizado, cujas provas eram mais praticas do que theoricas. Este resumido commentario não comporta uma analyse circumstanciada de factos, a par com um estudo minudencioso de personalidades. Basta affirmar-se aqui o que está na consciencia de toda a gente. O nivel de nossa representação diplomatica foi descendo á proporção que a Republica barateou o provimento dos cargos de maior relevo. E com esse baixar de nivel, tambem foi affrouxando a severidade, na exigencia do cumprimento do dever, e a disciplina em que é indispensavel que viva essa categoria de funccionarios.

Não ha excessivo rigor, portanto, na phrase — **diplomacia de fachada** — attribuida a um velho militante da carreira. Esse homem, encanecido no exercicio de cargos diplomaticos, é positivamente um desilludido. Elle não comprehende que se nomeiem, para delicada missões de caracter permanente no extrangeiro, cidadãos que nunca, em qualquer circumstancia da vida, manifestaram inclinação decidida para a especialidade. E para ser diplomata não basta ter cultura, ser viajado e conhecer a primor todas as etiquetas frivolas de salão. Si fosse só isso, numerosos moços bonitos, que apenas cuidam de se embonecar, narcisando-se a cada passo, dariam diplomatas de apurado quilate.

Têm-se feito reformas no corpo diplomatico e consular, mas não reformas no importante apparelho. E como, em regra, acontece com as reformas, tudo peora com ellas. Ora, não é preciso escrever-se que, reformar para peor, é errar duas vezes. O que mais impressiona, porém, actualmente, é o abuso das licenças prolongadas, é o abandono, por parte de muitos diplomatas e tolerado pelo governo, das commissões que lhes foram confiadas e das quaes ainda não deram conta satisfactoria. Esses homens felizes, de airoso porte e regalada vida, são vistos nos chás chics, nas reuniões elegantes, no vae-vem incessante e despreoccupado da avenida Rio Branco ou ociosamente domiciliado em Petropolis.

Elles fazem o milagre desconhecido na vida diplomatica de outros paizes: exercem suas embaixadas a distancia.

PINUS.

De Portugal

(Succursal da "Folha da Manhã" e da "Folha da Noite": rua da Assumpção, 42 — 2.º andar, Lisboa).

O xadrez da politica republicana portugueza, continua complicado: a pulverisação dos partidos, e dentro do maior — o democratico — a divisão em facções — **Antonio Maria da Silva-José Domingos dos Santos** — torna precaria a existencia de qualquer governo, porque nenhum partido póde manter-se no poder sem a muleta de um outro que o ampare e que faltando-lhe, a qualquer altura o faz cahir irremediavelmente.

O proprio partido democratico, que ora governa, é escurado pela Acção Republicana, onde pontifica Alvaro de Castro, a quem, segundo dizem, a derradeira orientação financeira que permittiu á Caixa Geral de Depositos fixou ao redor de 98 escudos o preço da libra que em Julho do anno passado andava ao redor dos 160!

Além destes dois partidos tem a Republica o Nacionalista da presidencia de Ginestal Machado, de que é leader Cunha Leal e personalidade literaria-diplomatica Julio Dantas; o Radical, de que é leader Procopio de Freitas: o socialista com Ramada Curto, Alpoim (sobrinho do fallecido grande tribuno), Alberto Machado e Campos Lima; o grupo da Seara Nova, com Jayme Cortezão, Antonio Sergio e Raul Proença; um partido em formação, o das Forças Economicas; e um grupo de senadores e deputados independentes.

Não fazendo questão de regimen e, portanto, hoje em bôas relações com a Republica, e a caminho de melhores, temos o partido catholico de que é leader na Camara dos Deputados, o dr. Lino Netto.

Ha, já se sabe, além destes, combatendo tenazmente a Republica, o Partido Monarchico, da chefia de Ayres de Ornellas, e o Partido Integralista; e o Partido Operario, com o seu orgão a "Batalha".

Aquella pulverisação de partidos e grupos republicanos é o grande mal de que soffre a politica republicana portugueza.

Sem ella, nesta hora em que o horizonte financeiro se desanuvia, a Republica com os seus partidos disciplinadamente organisados e orientados pos individualidades de alto prestigio, Portugal caminharia, sob o actual regimen, rapidamente, para uma das mais brilhantes situações financeiras, entre os paizes do mundo.

Actualisados e cobrados os impostos; retidos, como ficam, em mãos do Estado as cambiaes de exportação que a Caixa Geral dos Depositos troca por escudos ao cambio do dia; com as finanças das colonias em ordem (excepção de Angola que se espera que dentro de pouco as tenha tambem); tendo terminado este anno o monopolio dos fosforos, o que deve vir a dar um rendimento, ao Estado, pelo menos dez vezes superior ao que tenha; idem, para o proximo anno, quanto ao monopolio dos tabacos, ficaremos apenas a braços com a questão politica que é preciso que os politicos patrioticamente resolvam, pondo de uma vez para sempre os interesses da Patria acima dos interesses de partidos ou de facções de partidos.

Approximam-se as eleições.

A parte da população que trabalha, dirige ou é dirigida, sem se importar com politiquices, na grande labuta nacional que tem feito progredir a nação de norte a sul, no seu commercio, na sua industria, na sua lavoura, essa que é a grande maioria, está farta de farça politica que se desenrola de vez em quando no Terreiro do Paço, como se desenrolava sob a monarchia nos seus derradeiros annos.

Irá ella, desta vez, interessar-se pelo problema politico, incidir nas eleições, levar lá os seus autenticos valores, ou como João Franco responderá quando de politica lhe vão fallar: "semeei este anno mais tantos alqueires de trigo: cumpri o meu dever de cidadão?"

D. BEATRIZ BEIRÃO, autora do volume de poesias "LIVRO DO AMOR".

Depois de d. Virginia Victorina, a acclamada autora do "Namorados" e do "Apaixonadamente", parecia difficil que uma outra poetisa alcançasse, entre nós, renome e exito versando o mesmo thema, sobretudo, do primeiro daquelles dois bellissimos livros.

Pois d. Beatriz Beirão com o seu recentemente apparecido "Livro do Amor", conseguiu um authentico successo: os applausos unanimes da critica e o acolhimento enthusiastico do publico portuguez.

E' que, na verdade, tudo isso merece d. Beatriz Beirão com este seu magnifico trabalho, do qual vamos dar aos nossos leitores uma pagina, ao acaso tirada do "Livro do Amor", pois todas ellas são de excellente factura e grande inspiração:

Vem, meu amor! Que dia tão bonito!
Iremos passear, se tu quizeres.
Parecem de ouro vivo os malmequeres,
Sob este sol, procriador, bemdito!

Nem uma nuven tolda o infinito!
Que riquezas sem par nos mostra Céres!
Não te demores, meu amor, se queres
Dar o passeio que hoje premedito.

Vem ver commigo as rosas dos valados,
As abelhas douradas pelos prados,
E as borboletas volitando á tôa!

Vê como o vento ondula os milharaes...
Tanta florinha azul pelos trigaes...
— Como eu te quero! e como a vida é boa!

(Do nosso correspondente especial).

O enterro de João Lage

PESSOAS QUE COMPARECERAM

RIO, 30 (F. M.) — Ao enterro do jornalista João Lage, compareceram representantes do Presidente da Republica, do sr. Estacio Coimbra, vice-presidente, dos ministros da Justiça, Viação e Agricultura.

Estiveram presentes o senador Azeredo, o sr. Felix Pacheco, ministro do Exterior; o embaixador americano, os ministros do Perú, do Uruguay, da Polonia, e outros diplomatas, além de varios senadores, deputados, jornalistas e amigos do extincto.

O QUE DISSERAM OS JORNAES BAHIANOS

S. SALVADOR, 30 (A.) — Todos os jornaes noticiam o passamento do sr. João Lage, director do "O Paiz", do Rio, tecendo elogios á grande obra jornalistica do extincto.

Folha da Manhã

Uma parte do programma da Empreza "Folha da Noite" Limitada era a fundação de um jornal destinado a, circulando pela manhã, offerecer aos leitores todas as informações que, por ser vespertina, a folha com que se apresentou não tem tempo de dar. Essa iniciativa, porém, dependia de uma condição essencial: fazer-se, antes, a "Folha da Noite". Realizado este objectivo, que era o principal e que a nossa situação actual felizmente affirma ter sido alcançado, parece-nos opportuno pôr em pratica aquella outra idéa. O jornal em que pensavamos aqui está: é a "Folha da Manhã", que iremos, com o correr do tempo e na medida do possivel, aperfeiçoando segundo o que nos aconselhar a pratica. Nas suas columnas se reflectirá o pensamento da "Folha da Noite"; a sua orientação será, portanto, a mesma.

O factor unico de todos os nossos emprehendimentos tem sido o favor do publico. Nem nós de outro precisamos, nem outro desejaremos nunca. Que nos não falte elle desta vez, e a "Folha da Manhã" com elle se fará, como, tão sómente com elle, se fez a "Folha da Noite".

A revolta dos kurdos

FORAM EXECUTADOS O SHEIK SAID E QUARENTA E SEIS CUMPLICES

LONDRES, 30 (U. P.) — Um telegramma procedente de Constantinopla e publicado hoje, pela "Echange Telegraph", informa terem sido executados em Diarberkir, na presença de grande multidão o Sheik Said e quarenta e seis cumplices implicados na revolta dos kurdos.

A "Folha da Manhã" não podia ter commemoração mais expressiva, nem mais alviçareira, no seu auspicioso apparecimento, do que a coincidencia deste telegramma, no mesmo dia da sua ascenção:

"RIO, 29 (Especial) — Communicam de Juiz de Fóra que falleceu na estação de Bemfica, com a edade de 120 annos, Vicente Henrique Ferreira, deixando descendencia de mais de 200 pessoas. Vicente casará-se pela quinta vez ha cerca de dois annos.

Sua viuva encontra-se em estado interessante."

Exactamente no momento em que este jornal apparece ao respeitavel publico, o Correio Paulistano" insere aquelle despacho, como um agoûro magnifico de longevidade do nosso orgam.

Até parece que Vicente Henrique Ferreira, se deixou ficar neste vale de lagrimas, á espera somente do instante psychologico em que em São Paulo, sahiria um novo jornal que o substituisse na edade, na coragem, na fecundidade e na descendencia.

Vicente viveu 120 annos. Nós ficaremos bem pagos da estopada crúa da vida, se attingirmos á metade daquelle lapso de tempo, para que outros continuem a mesma rota.

Vicente deixou 200 pessoas de descendencia em linha recta. Pois nós pretendemos, logo de sahida, organizar no minimo 20.000 "descendentes" de leitores se para tanto nos ajudarem...

Vicente casou cinco vezes.

Isso agora é mais complicado, porque se Vicente teve o arrojo de se "amarrar" em cinco matrimonios, é porque lá em Bemfica, onde elle morreu, "fica bem" quem casa assim á granel.

Aqui o negocia é mais preto e não é qualquer topetudo que aguenta um só casamento, quanto mais 5 de pancada, embora em épocas diversas, é claro...

Vicente deixa viuva em estado interessante, diz o telegramma.

Segunda complicação esta, de natureza insoluvel, por muitas razões de "estado", entre as quaes podemos registrar a seguinte: A corrente moderna e a "moral" da época, apoiados no senso almofadinha e no criterio melindroso, tapêca todos os "estados" morbidos, desde o estado interessante que só póde "interessar" a um e outro, até ao estado... de sitio que de "interessante", graças a Deus, só tem o nome. Em todo caso, com viuva sem estado ou sem viuva em tal estado, Vicente foi para esta folha um signo feliz. Morreu aos 120 annos, no mesmo instante em que nascemos. Quer dizer, na peior das hypotheses, só daqui a um seculo e quatro lustros é que devemos bancar o Vicente com um adeusinho á vida, de mão... aberta!

Côro dos somnolentos — Oh! senhores! Agora o barulho é pela manhã tambem ? ! !

Em memoria

DOS ITALIANOS MORTOS NA GRANDE GUERRA — O SR. PAINLEVÉ PRESIDIRA' A CEREMONIA

PARIS, 30 (Radio Havas) — Foi resolvido em reunião do conselho de gabinete que o chefe do governo sr. Painlevé vá, no dia 12 de julho proximo, a Bligny, afim de presidir pessoalmente a cerimonia em memoria dos mortos italianos na grande guerra.

Navegação aerea

O NOVO SERVIÇO DE TRANSPORTE DE PASSAGEIROS ENTRE A FRANÇA E A INGLATERRA

LONDRES, 30 (H.) — O hydroavião que partiu do Sena esta manhã, para inaugurar o novo serviço de transporte de passageiros, desceu em Hammersmith, no Tamisa, ás 9 horas e 20.

Immensa multidão assistiu á amerissagem, acclamando enthusiasticamente os pilotos em uma grande manifestação de cordialidade franco-ingleza.

Movimento de immigrantes

RIO, 30 (F. N.) — O "General Belgrano", que zarpa hoje com destino a Santos, leva muitos emigrantes para aquelle porto.

Folha da Manhã

Director: OLIVAL COSTA | PROPRIEDADE DA EMPRESA "FOLHA DA NOITE", LIMITADA | Gerente: PEDRO CUNHA

Anno I | Assig.: Anno 40$000, Semestre 25$000 | Phones: Cent. 1.817, 787 e 1.086 — Red. adm. e off.: R. do Carmo, 7-A | S. PAULO — Sabbado, 5 de Junho de 1926 | Endereço telegraphico: "FOLHA" — CAIXA POSTAL, 2.900 | Numero do dia 200 réis — Atrazado 300 réis | N. 338

O CONSELHEIRO ANTONIO PRADO

Ha figuras que semelham, na historia de um povo, balisas ou marcos milliarios, para assignalar o termo de uma época e o inicio de uma nova grande phase. Quando, em 25 de Fevereiro de 1840 nascia, na cidade de S. Paulo, o cons. Antonio Prado, surgia, assim, na nossa historia, o maximo lidador do nosso progresso, o pioneiro mais robusto da actual phase historica da terra, a grande figura cuja projecção immensa domina toda a nossa evolução ha meio seculo. A biographia do grande paulista é a historia completa e resumida de todas as grandes iniciativas que produziram o S. Paulo moderno. A sua vida inteira, em mais de cincoenta annos de serviços publicos, dedicou-a ao desenvolvimento e ao engrandecimento do Estado e do paiz, votado sempre o seu espirito e a sua actividade aos nossos problemas nacionaes e estaduaes.

Todas as grandes iniciativas progressistas que produziram a riqueza e o desenvolvimento de S. Paulo se devem principalmente ao cons. Prado. O progresso do Estado é devido a varios factores positivos como sejam: a immigração, a expansão ferorviaria, a cultura cafeeira, a organização bancaria e financeira, a construcção do porto de Santos, a abolição da escravatura e outros. Em todos esses factores a influencia e a actuação do cons. Prado foi decisiva.

O progresso paulista, impossivel sem o desenvolvimento ferroviario, teve o seu mais clarividente propulsor no cons. Prado, ha perto de 40 annos presidente da Companhia Paulista, empresa cuja influencia é decisiva e immensa na vida paulista em que actuou como o mais activo fator. O porto de Santos foi construido em consequencia de uma concessão outorgada pelo cons. Prado como ministro da Agricultura em 1888. Em materia de immigração desde o Imperio tem sido o cons. Prado o seu mais decidido factor. O Banco do Commercio e Industria, hoje a maior instituição bancaria particular do Brasil, foi presidido durante cerca de 20 annos pelo cons. Prado. A lavoura do café teve nelle um dos seus mais intelligentes e esforçados cultores. A questão da pecuaria contou no grande paulista um dos seus adeantados paladinos. O abolicionismo teve o seu triumpho final na lei de 13 de Maio, obra em grande parte do cons. Prado.

A cidade de S. Paulo o teve como seu administrador durante cerca de 10 annos. E nunca houve um prefeito que trabalhasse mais proficuamente pela modernização da cidade. Ao cons. Prado, como prefeito de S. Paulo, devemos o ter substituido os serviços da antiga Cia. Viação Paulista pela S. Paulo Tramway Light e Power. Comparar o que era o transporte urbano, á tracção animal com o que é actualmente, basta para comprehender o serviço que devemos ao notavel administrador.

Ninguem, pois, a quem S. Paulo deve maiores, mais assignalados, mais positivos serviços. Ninguem de que se deva mais orgulhar, ante os outros Estados e ante o extrangeiro. Profundamente nacionalista e entranhadamente patriota, o cons. Prado é o proprio symbolo do progresso. Nenhuma personalidade mais representativa e decorativa que a sua.

Se tivesse havido um Antonio Prado em cada Estado do Brasil, o nosso paiz seria actualmente uma das nações mais prosperas e progressistas do mundo.

Ninguem no Brasil que, como o cons. Prado, tenha votado mais de meio seculo de vida ao progresso e ao desenvolvimento do paiz, por uma acção fecunda e positiva, norteada sempre ao campo da expansão economica e financeira. O seu espirito, incompativel com as tricas da politicagem, voltou-se sempre fecundante para o campo da vida economica, em iniciativas audazes e seguras.

O Estado de S. Paulo deve-lhe em grande parte o seu progresso actual como deve em maxima parte á influencia do seu espirito a formação deste ambiente nosso de iniciativas praticas e progressistas, ambiente tão diverso do que se observa em todos os mais Estados.

Não fosse o cons. Prado, não tivesse elle por mais de cincoenta annos feito sentir a actuação do seu espirito, — o Estado de S. Paulo não se encontraria no grau de prosperidade a que attingiu, mas rivalisaria com os [illegible] do Brasil em atrazo e desorgan[illegible].

Aos 86 annos de edade, quando outros se retraem commodamente ao negativismo ou ainda se approximam dos governos para bajular e tirar proveitos, — o cons. Prado, como um moço, vem á arena da vida publica, na mais solenne das lições de civismo, chamar todos os brasileiros ao cumprimento do dever civico, fundando o Partido Democratico, que entre todas as suas fecundas iniciativas, fique talvez como a de mais dilatado alcance.

O Partido Democratico vem fundar a Republica no Brasil. O que nós temos de facto em vigor é a omnipotencia truculenta dos Executivos a abusar da impotencia da opinião publica e da Nação, inerme e inerte.

O Partido Democratico quer entregar ao povo brasileiro a soberania que lhe pertence, arrancando-a dos olygarchas e autocratas que a usurpam.

MARIO PINTO SERVA.

Aventuras rocambolescas de Meneghetti

O FORMIDAVEL CERCO NO QUARTEIRÃO ONDE SE HOMISIA'RA O BANDIDO — O CHEFE DE POLICIA EVITA O SEU LYNCHAMENTO — DISCUTE-SE A INTELLIGENCIA E A VALENTIA DO LADRÃO. — UMA ENTREVISTA NO CARCERE — O ESTADO DO DR. DORIA — PORMENORES COMPLETOS

Cessaram, desde hontem, as aventuras rocambolescas de Hamleto Meneghotte, o terrivel ladrão arrombador que, por mais de um mez, poz em cheque a argucia da policia paulistana. Depois que o dr. Leite de Barros, delegado de Roubos, foi descobril-o na sua tóca da rua Abolição, e que o assaltante desconhecido de centenas de casas desta capital, num salto audacioso conseguiu fugir á policia, vimos, com a curiosidade natural que sempre provocam os factos originaes, o immitador do pequeno "José Fipart" que Pouson du Terrail tão bem descreveu, gritar por toda parte a sua tristissima celebridade e fazer-se continuador das aventuras romantisadas de Arsenio Lupin, Jahson Rafles, Rocambole...

Acompanhando a acção da policia que agia energicamente para a sua descoberta e prisão, Meneghetti deu-se ao luxo de escrever cartas aos jornaes, descrevendo proezas anteriores e relatando factos que demonstravam a sua permanencia nesta capital. Fazia mais: deprimia aos conhecimentos policiaes de inspectores e chefes, numa arrancada de vaidade que é innata nos criminosos que, como elle, Bonot e outros, pretendem a celebridade sem discutir ou escolher os meios que os levem a provocar a curiosidade publica. Meneghetti é bem o emulo de Bonot na aventura audaciosa...

Mas será elle um destemido? Será elle um individuo intelligente?

O terror de Paris, o homem do automovel vermelho que cortava as ruas da cidade luz entre as bayonetas de centenas de soldados, entre a ameaça de carabinas e revólvers assestadas no alvo da sua figura tigrina, lançou o desafio e luctou. Não se disfarçava nunca, e, quando os agentes da policia franceza o descobriram na casa isolada e mysteriosa de um recanto de Paris, gritou para elles:

— Aqui está Bonot!

E mais do que a sua voz, falaram por elle os projectis despejados contra os que o cercavam. Dezenas de vidas foram sacrificadas na lucta ingloria contra o bandido, e elle, terrivelmente provocador, dizia da sua fortaleza aos representantes da ordem:

— "Je suis Bonot! Je suis fort!"

Cahiu afinal. Para tanto, foi, porém, necessario que os agentes francezes puzessem fogo na casa onde elle se homisiára, e o carbonizassem...

Assim morreu Bonot, como um valente que era.

Meneghetti, ao contrario, obrigou a policia ao formidavel cerco de dez horas, cerco necessario, porque importava na certeza de um encurralamento...

Qual a sua attitude depois?

E' conhecida de todos: embora tivesse ainda grande quantidade de munição, levantou os braços e pediu que não o matassem. E a policia, obrigada pela energia digna do dr. Roberto Moreira, respeitou o perverso que não só amedrontou a população paulistana, mas tornou-se o assassino vulgar de uma das nossas mais competentes autoridades.

A' policia, convinha prendel-o vivo, e a realização desse desejo é para ella como quê um padrão de gloria, pois demonstra, á evidencia, o seu grau de civilização e o respeito ás leis, mesmo em se tratando de um monstro. Deve-se, porém, unicamente ao dr. Roberto Moreira, essa victoria moral.

Meneghetti, para nós, não é um valente. Sobra-lhe apenas audacia.

E' intelligente?

Repetimos a pergunta, para provas que não. Si o fosse, si alliasse a comprehensão rapida das ecusas á audacia, não teria hontem, numa ousadia, que foi a sua perda, visitado a casa da rua dos Gusmões. Por mais que a policia não lhe merecesse receio, não se comprehende que elle a affrontasse na propria rua onde pára o seu quartel-general, sabendo, além do mais, que a casa onde se achavam seus filhos estava guardada. Só de um louco ou de um degenerado!

Parece, porém, que Meneghetti é um grande amoroso. Ama e respeita a sua Concetta, da mesma fórma que adora os filhos.

Foi o amor, foi o grande desejo de revêr a sua amante madame Maitrejean que perdeu Bonot. Este, porém, fugiu ainda no seu auto vermelho, perseguido pela policia, até a sua casa de Chantilly, onde pereceu.

Meneghetti visitou Concetta na Cadeia? Não. Por que, pois, a sua visita á casa da rua dos Gusmões?

Uma provocação a mais á policia, e o direito de continuar a escrever cartas aos jornaes...

A sua figura de ratoneiro feliz cho-

(Continua na 6.ª pagina)

1.º — A casa n. 61 da rua dos Gusmões
2.º — O perigoso bandido entre o dr. Leite de Barros, dr. Adolpho Normanha e varios inspectores de policia
3.º — Meneghetti posando pára a nossa objectiva.
Ao Centro — O dr. Tibiriçá Filho, que auxiliou o dr. Luciano Gualberto na operação ao commissario Waldemar Doria

Em torno do assassinio do Sirdar Stask

MALTA, 4 (F. M.) — O couraçado "Resolution" partiu para o Egypto.

Acredita-se que o governo britannico ordene egual medida a outros vasos de guerra.

FALA-SE QUE ADLY PACHA' SERA' O FUTURO PRIMEIRO MINISTRO

CAIRO, 4 (F. M.) — Adly Pachá, segundo se annuncia, organizará o novo gabinete, pelo que teve demorada conferencia com o alto commissario britannico, lord Lloyd.

Até agora, porém, nada de definitivo se sabe ácerca da crise estabelecida pela renuncia de Zaglul Pachá.

COMMENTARIO DA IMPRENSA LONDRINA

LONDRES, 4 (H.) — Tratando da questão egypcia, o "Morning Post" diz que Zaghlul Pachá só cedeu deante da attitude firme e resoluta do governo britannico.

O "Daily Chronicle" e a "West Gazette" acham que a crise não está ainda jugulada, porquanto o chefe nacionalista continua a agir por detraz dos bastidores.

O futurismo da Central do Brasil

UMA DAS NOVAS MACHINAS SERA' BAPTIZADA COM O NOME DE "MARINETTI"

RIO, 4 (H) — Foram removidas hoje do caes do porto para o Engenho de Dentro 10 novas locomotivas do typo allemão, destinadas á Estrada de Ferro Central do Brasil.

Mas, o que merece especial registo é que uma dessas locomotivas será baptizada com o nome de "Marinetti".

A administração da estrada quiz, provavelmente, com esse gesto, render publica homenagem ao creador da "Belleza-velocidade", embora contrariando o velho adagio "chi va piano, va sano".

Vôo entre as Americas

O VÔO PARA MARTINICA

PORTO RICO, 4 (A) — Os aviadores argentinos Duggan e Olivera, que fazem o raid Nova York-Buenos Aires, continuarão amanhã provavelmente, ás 4,30, com destino a Martinica.

Folha da Manhã

Directores: OLIVAL COSTA e PEDRO CUNHA — PROPRIEDADE DA EMPRESA "FOLHA DA NOITE", LIMITADA — Gerente: LUIZ MOURA

Anno III | Assig.: Anno ... 40$000, Semestre 25$000 | Red. adm. e off.: R. do Carmo, 7-A Phones: Cent. 1.817, 787 e 1-086 | S. PAULO — Segunda-feira, 1 de Agosto de 1927 | Endereço telegraphico: "FOLHA" CAIXA POSTAL, 2.900 | Numero do dia 200 réis Atrazado 300 réis | N. 795

O pivette de Lampeão

Nunca é demais insistir sobre a verdade. Eis porque, emquanto toda a imprensa brada contra os cangaceiros do Nordeste, eu tenho clamado contra as causas que os produzem. Esses facinoras são méros effeitos. Eliminal-os não resolve definitivamente o problema. Outros surgirão mais hoje mais amanhã.

O que se passa actualmente em relação a Lampeão já se passou com os Brilhantes e Antonio Silvino, além de em outros, cujos nomes não transpuzeram em telegrammas as fronteiras sertanejas.

Antes de guerrearmos os cangaceiros, façamos uma cruzada contra o analphabetismo, a falta de communicações, a ausencia de justiça, o predominio dos chefes politicos de aldeia, a ferocidade das policias e a necessidade de dar trabalho a outras populações. Desapparecidos esses factores, nunca mais surgirão Lampeões. O meio não poderá mais absolutamente produzil-os.

Vem a talho de foice da these por mim amiudadamente defendida um exemplo colhido de noticias do Norte. Ha tempos, quando os jornaes cariocas annunciaram que o famoso bandoleiro ia atacar a prospera cidade de Mossoró, disseram que entre seus asseclas figurava um menino, já tão criminoso como os maiores do bando.

Estudemos a guise, a formação desse "pivette" dos cangaceiros e chegaremos ás conclusões a que tenho chegado e que por mais duma vez tenho exposto.

Chama-se esse pequeno Oliveira "tout court". O bandido Jararáca, ferido de morte e aprisionado em Mossoró, não lhe conhecia outro nome. Anda pelos dezeseis annos e briga como um homem. Franzino, de raça branca, descende dessas familias de sangue puro que outróra povoaram os altos sertões do Nordeste, onde as armas dos bandeirantes ceifaram os Carirys terriveis que se não deixavam domesticar e onde os cuidados do gado não demandavam o esforço de muitos braços negros. Assim, a mistura dos sangues europeu e aborigene não foi demasiada e a do sangue branco e negro foi rara.

Oliveira é o verdadeiro "pivette" de Lampeão, servindo-lhe admiravelmente de espião, o que nunca o impediu de entrar nos tiroteios, quando necessario. Por que se tornou cangaceiro esse pequeno sertanejo em tão verdes annos?

Porque o sertão é como a Corsega, não possue justiça, sendo cada qual, quando não quer ficar deshonrado, obrigado a obtel-a por suas proprias mãos. Depois da vendetta, a catinga acolhe o criminoso sertanejo com a mesma generosidade com que o maquis occulta o corso.

Segundo se diz pelo sertão, o pae desse menor foi assassinado ha tempos, por simples questões locaes, a mando da familia Ferraz e de Quincas Goudin, potentados dos sertões pernambucanos. E' preciso reconhecer que o primeiro passo do criminoso precoce foi dado por um impulso de dignidade. A propria vida do cangaço é que se encarrega posteriormente de polluir aquelles que a elle se entregam para satisfazer o seu pundonor medieval.

Lampeão ajudou logo de principio o pequeno Oliveira na sua vingança. Foi ha tempos ao Riacho do Navio, no interior de Pernambuco, atacou a fazenda do citado Quincas Goudin e matou-lhe trezentos e sessenta bois!...

Não é esse o primeiro menino cangaceiro de que tenho noticia, desde que frequentei os sertões e desde que me dediquei a observal-os.

João do Bomfim, um dos maiores bandoleiros da região do Teixeira, na Parahyba, filho duma famosa feiticeira, a cabôcla velha Anna do Bomfim assassino do chefe politico coronel Ildefonso Ayres que o fizéra prender e espancar, accusando-o de furto, andava tambem em companhia de um pivette como o de Lampeão, com a differença que era seu filho.

O tenente de policia Vicente Ayres, parente do morto, Pedro Rufino Baptista de Almeida, alcunhado Baptistão, pae do famoso Antonio Silvino, Silvino Ayres, filho do assassinado, e outros cercaram de uma feita, depois de o perseguirem dez longos annos, o João Bomfim, no logar denominado Capueiros. Bem entrincheirados, o cangaceiro e o menino resistiram a noite inteira ao cerrado tiroteio dos inimigos, não deixando bala sem resposta.

Ao amanhecer acabaram-se as munições dos dois. O menino pulava fóra do esconderijo e alcançava a catinga salvadora sob chuva de balas, deixando pingos de sangue pelo chão a assignalarem sua passagem. De João do Bomfim nada se via nem ouvia. Os sitiantes approximaram-se da tóca com o maior cuidado: estava morto, de pé, na posição de atirar pregueado de balas. Na coronha do seu bacamarte havia sessenta cruzes. Cada uma correspondia á uma vida que tirára...

DO NORTE

O raide pedestre Montevidéo-Colombia

PORTO ALEGRE, 31 (A) — Encontra-se em Santa Maria o escoteiro italiano Erbinio Agnolli, que está realizando o raide pedestre de Montevidéo a Colombia, passando pelo Brasil, Bolivia, Perú e Equador.

O Congresso de Educação, em Locarno

GENOVA, 31 (A) — Procedente do Brasil, chegou a este porto, em viagem para Locarno, onde vae assistir o Congresso de Educação, que ali se realizará, a sra. Laura Jacobina Lacombe, directora do Curso Jacobina no Rio de Janeiro.

A commemoração dos cursos juridicos

NO RIO GRANDE DO SUL

PORTO ALEGRE, 31 (A) — Estiveram hontem reunidos os academicos de Direito, para examinar o comparecimento dos estudantes desta capital ás commemorações que se realizam em São Paulo, por occasião das festas do centenario dos cursos juridicos.

Pedidos de "habeas corpus"

EM FAVOR DE UM TENENTE

PORTO ALEGRE, 31 (A) — Foi impetrado "habeas-corpus" em favor do primeiro tenente Elias Ajus, preso nesta capital, allegando o impetrante demora na formação de culpa.

A colonização italiana no Rio G. do Sul

PORTO ALEGRE, 31 (A) — Foi hontem dissolvido o comité que organizou as commemorações do 50.o anniversario da colonização italiana no Rio Grande do Sul.

A Convenção do Partido Paranaense

CURITYBA, 31 (A) — Reune-se amanhã, nesta capital, a Convenção do Partido Republicano Paranaense, para a escolha de candidatos a presidente e vice-presidente do Estado e deputados.

A TRAVESSIA DO ATLANTICO

Todos estão ainda lembrados do heroico feito de Lindbergh. O mundo applaudiu-o com enthusiasmo, a França abriu-lhe os braços para dar-lhe o nome de filho, e a mãe patria, após afflictiva e esperançosa anciedade, sorriu entre clarões de gloria que jámais deixarão de illuminar o universo.

Eram seus filhos, que num nobre desprendimento, entre o ceo e a terra, contra a furia dos elementos, queriam confundir-se com os astros: e quaes constellações brilham perennes emquanto o mundo fosse mundo.

Conseguiram-no. E a patria identificou-se com sua gloria apparecendo-nos mais bella e radiante que nunca.

Lindbergh era o astro rei; e com sua luz e em seus raios luminosos arrebatava pouco depois pelo mesmo roteiro outros irmãos seus: Chamberlain e Levine seguiram empoz.

Foram dias de delirio e de gloria. E o immenso mar que antes era para os povos uma via longa e trabalhosa, tornava-se agora a nossos olhos, uma estrada suave, cheia de luz e de esperanças.

De tal feito, era necessaria a sagração mundial; o osculo eterno entre a Europa e a America. A nobre França soube comprehendel-o. Uma placa commemorativa, da aterragem de Lindbergh, no campo da aviação "Le Bourget" sobre o mesmo ponto onde descera, perpetuaria ao mundo a gloriosa façanha: acabavam para sempre as distancias entre povos. E para maior realce, astros como elle na aviação, Chamberlain e Levine, parece não terem vindo á França mais que para inaugurar e dar maior brilho a tão gloriosa data, por certo uma das mais bellas da historia moderna.

Vemos ao alto do "cliché" a placa commemorativa do vôo de Lindbergh, chegada a França a 22 de Maio de 1927. A' esquerda a chegada de seus co-irmãos aviadores Chamberlain e Levine ao campo da aviação franceza onde como nos representa a parte direita, assistiram á cerimonia da inauguração, vendo-se o primeiro com um ramalhete de flores nas mãos, emquanto o segundo com uma pá sella a dita placa.

Jahú! Jahú!

Lares fechados, corações abertos,
E, acima, e, no alto, palpitando, anciosa,
A alma da Patria sob céos libertos,
Revoando, como sobre amplos desertos,
Uma estrella dourada e tumultuosa!

Que momento immortal! Momento augusto
Em que o Brasil, para abraçar taes filhos,
Senhoreia, orgulhoso, o heroico busto,
Nos grandes olhos reprimindo a custo
O pranto, que da gloria ganha os brilhos!

Um ponto negro paira sobre os montes,
E avança e augmenta e se amplifica e cresce...
Doura uma nova luz os horizontes;
O civismo descobre novas fontes,
E a Patria reza a sua immensa prece!

"Jahú"! "Jahú"! ó cantico sublime
De uma epopéa de divinos versos!
O' réo sagrado do sagrado crime
De resoar entre sóes, no alto dispersos!

Bemdito sejas tu, que o nome elevas
Do Brasil, do Universo no conceito,
E pões nucleos de luz no horror das trévas,
E a flôr de uma esperança em cada peito!

As tuas azas são bemditos braços
Nos quaes, entre relampagos de gloria,
O nome do Brasil pelos espaços
Espalhas como um hymno de victoria!

A Patria chora... mas da Patria o pranto
Da lagrima materna guarda os brilhos,
E vale por um riso ou por um canto
Louvando a gloria dos seus grandes filhos!

Margarida de Barros! Mãe ditosa
Que, se embalou nos carinhosos braços
O filho, outróra, creancinha airosa,
Como lindo botão de linda rosa
— Elle, hoje, o della põe da Luz nos paços.

O Povo os nomes dos heróes acclama!
Fazem-se os gritos todos um só grito!
A trompa de ouro e de marfim da fama
Essa façanha de Hercules proclama,
Gravando-a nas columnas do infinito!

E bimbalham os sinos... [illegible]
Voz argentina e festival da Egreja;
E da Justiça a mão faz, sem demora,
Dos esplendores rutilos da aurora
A corôa triumphal dessa peleja!

E do "Jahú" os bravos navegantes,
Ainda cheios da poeira dos espaços,
Do Povo entre os applausos retumbantes
E acclamações sem pausas, delirantes,
Vêm, como deuses, lhe cahir nos braços!

E da abobada azul e bonançosa
Que, serena e subtil, no alto se arqueia,
Do bom Deus cáe a bençam luminosa
Sobre o homem — verme de alma religiosa,
Sobre o homem — o glorioso grão de areia!

Leoncio Correia

O boletim de meteorologia

RIO, 31 (A) — E' o seguinte o boletim da directoria de meteorologia:

Previsões para o periodo de 18 horas do dia 31 até ás 13 horas do dia 1.o de Agosto:

No Districto Federal, Nictheroy e Estado do Rio — Tempo bom, nevoeiro ainda possivel.

Temperatura: noite fresca, ligeira ascenção de dia.

Estados do sul — Tempo bom, com nebulosidade; nevoeiro.

Temperatura: noite fria e ligeira ascenção de dia.

Ventos de éste a nordeste.

Não recebemos as informações de ultima hora dos Estados do Sul.

A excursão do soberano da Italia

ROMA, 31 (A) — Communicam de Catanzaro que chegou áquella cidade, onde foi recebido com delirio, o rei Victor Manuel.

O soberano continuava as suas visitas ás cidades calabrezas.

A actividade do Vesuvio está diminuindo

NAPOLES, 31 (A) — A actividade do Vesuvio, resurgida ha dias, vem decrescendo.

A população continúa, sem nenhum receio, a seguir as phases do phenomeno.

Folha da Manhã

Directores: OLIVAL COSTA e PEDRO CUNHA — PROPRIEDADE DA EMPRESA "FOLHA DA NOITE", LIMITADA — Gerente: LUIZ MOURA

Anno III | Assig.: Anno ... 40$000, Semestre ... 25$000 | Red. adm. e off.: R. do Carmo, 7-A, Phones: Cent. 1.817, 787 e 1.086 | S. PAULO — Segunda-feira, 22 de Agosto de 1927 | Endereço telegraphico: "FOLHA" CAIXA POSTAL 2.900 | Numero do dia 200 réis, Atrazado 300 réis | N. 816

SACCO E VANZETTI

Serão executados depois da meia noite de hoje os anarchistas italianos Nicolau Sacco e Bartholomeu Vanzetti – Todas as tentativas para que a sentença de morte fosse revogada falharam – "Nunca procures a riqueza, pois o ouro não traz comsigo a felicidade", disse Nicolau Sacco despedindo-se de seu filho

Deve terminar hoje a longa e dolorosa agonia de Sacco e Vanzetti. Tudo está prompto para o sacrificio supremo. Assim, os dois infelizes que, durante mais de sete annos, preoccuparam a attenção do mundo inteiro, não terão mais trabalho que o de sentarem na cadeira funebre, á espera de que pelos seus corpos passem, num arrepio rapido, as caricias mortaes das correntes electricas. As roldanas da machina infernal foram de novo azeitadas e o commutador foi posto em bôa ordem de funccionamento... No cubiculo da morte, a justiça deu corda ao relogio, para que os ponteiros não empérrem nos minutos fatidicos.

Sete annos de incertezas e esperanças emprestam a este caso a solennidade das grandes tragedias. Appellos, supplicas, rôgos, preces e recursos da advocacia, foi tudo inutil. A justiça americana é infallivel e não tem que dar satisfações ao sentimentalismo do mundo. Sacco e Vanzetti mataram para roubar. Pois que sejam justiçados. Se elles são innocentes, que paguem os innocentes pelos peccadores. A pena de morte, mais do que um castigo aos criminosos, deve ser um exemplo aos que ainda não tiveram as suas mãos manchadas de sangue.

A cinematographia ha de ter influido muito na justiça que prolongou a tortura de Sacco e Vanzetti. São, realmente, cinematographicas as encenações preparadas para este processo. Fazem lembrar um conto celebre, de Villiers de l'Isle Adam: "A tortura da esperança". Quando tudo se acreditava perdido, eis que o juiz Thayer adia a execução. A humanidade respirou, desafogada. Tornaram-se mais fervorosas as orações. Renasceu a esperança em todos os peitos. Falou-se em "sursis". Falou-se em "habeas-corpus". Os condemnados foram desalojados da "cella da morte" e levados para longe, para um cubiculo mais claro, mais alegre. Os filhos dos infelizes tiveram permissão para ver os seus paes.

De repente, porém, a Côrte Suprema de Boston recusou a revisão do processo e confirma a sentença de morte. O pedido de "habeas-corpus" não dá entrada no Tribunal Superior, porque lhe faltam certas peças indispensaveis do processo. A commissão incumbida de pleitear a defesa dos accusados manifesta publicamente a sua desesperança. Sacco despede-se de seu filho. Os condemnados são conduzidos, novamente, para o cubiculo funebre. Todos os braços cáem, no desanimo extremo. Desfazem-se as ultimas claridades. A tragedia vae entrar no seu ultimo acto. Já os machinistas se preparam para correr o velario. Os espectadores estão suspensos por um fio. O minimo ruido não perturba o estado de concentração do espirito. Silencio.

Cabirá, de facto, o panno, esta noite, sobre a tragedia terrivel?

O CRIME

O crime de que são accusados Nicolau Sacco e Bartholomeu Vanzetti foi praticado no dia 5 de Maio de 1920, portanto, ha sete annos, tres mezes e dezesete dias. Consiste num duplo assassinato, por motivo de roubo, praticado em Soupt Brainther, no Estado de Massachussetts, na America do Norte.

O pagador Frederico Parmenter e o agente Alessandro Berardelli, empregados da firma Slater e Merril Shoe Company, eram portadores de 15.000 dollares, importancia essa que representava o pagamento semanal dos operarios daquella casa. Proximo áquella fabrica foram esses dois empregados assaltados, assassinados e roubados. Os ladrões, que apenas foram vistos de relance, sem, porém, que fossem identificados, fugiram em diversos automoveis.

Bartholomeu Vanzetti

O PRIMEIRO JURY

Em 1920, presidido pelo juiz Thayer, o jury, reconhecendo culpados os dois italianos Sacco e Vanzetti, os condemnou á cadeira electrica.

Os advogados dos condemnados, porém, appellaram da sentença do juiz Thayer. Auxiliados pela commissão, que nessa época se formára para a defesa dos accusados, aquelles advogados solicitaram para a revisão do processo, sendo, então, suspensa a execução.

O SEGUNDO JURY

Quasi sete annos depois, isto é, em 9 de Abril de 1927, o mesmo juiz Thayer, da Côrte de Dedham, confirmou a sentença de morte dos dois anarchistas. Esta segunda audiencia que se realizou a portas fechadas, deixou no espirito dos poucos assistentes, a impressão mais dolorosa que se possa imaginar. E' uma verdadeira pagina dramatica, que talvez, o cerebro humano, até hoje, não tenha ainda ideado.

Fomos os unicos a descrevel-a em nosso jornal de 1 de Julho e a emoção de que é tomado ao se ler as declarações dos accusados dá bem idéa do horror que invadiu as almas dos presentes. Sómente os accusados se mantiveram numa tragica impassibilidade.

MAIS RECURSOS

A commissão de defesa pró-Sacco e Vanzetti, passado o primeiro instante de surpreza que lhe causára a confirmação da sentença, apezar das innumeras provas favoraveis apresentadas, recorreu ao governador Fuller, do Estado de Massachussetts.

Este nomeou, então, uma commissão especial, destinada a examinar todas as peças do processo e, não satisfeito com isso, estudou sózinho e de visu todas as provas pró e contra os accusados.

Esteve presente ao local do crime, mediu, inquiriu, indagou, manteve, por diversas vezes, longas conferencias com os condemnados e resolveu confirmar a sentença medonha.

EMQUANTO ERA ATTENDIDA A DECISÃO DE FULLER

Depois de se reunir em sessão secreta, a commissão consultiva, presidida pelo reitor da Universidade de Haward, professor Lawell, ouviu a peroração do advogado Thompson, que falou durante 4 horas, e as argumentações do procurador districtal Ranney.

Tanto os advogados da defesa Thompson e Ehrmann, como Ranney, á sahida da sessão, recusaram-se a fazer revelações sobre as theses sustentadas.

Ao mesmo tempo o governador chamava á "State House" outras testemunhas, interrogando-as em presença do advogado Wiggin.

Entre as pessoas interrogadas naquelle dia, notaram-se o deputado estadual Lewis Sullivan, que escutou os commentarios do juiz Thayer, hostis aos condemnados; o sr. Frank A. Brooks presidente da Commissão Estadual dos Pedestres; o publicista Felice Guadagni; os srs. James Hogsett, Luiz Falsini, um carcereiro da penitenciaria de Charlestown etc.

O governador continuará por alguns dias o interrogatorio de outras testemunhas entre as quaes o professor Antonio Dentamara residente em Nova York, que foi importante testemunha de defesa no processo de Dedham.

VANZETTI INVESTIU CONTRA O GOVERNADOR FULLER!

Chegou-se a propalar, algum fundo de verdade, um facto que, pela sua divulgação inedita, merece especial registo nas chronicas negras do martyriologia de Sacco e Vanzetti.

No gabinete do director da Penitenciaria, de Charlestown, o governador Fuller fôra interrogar os dois detentos, inclusivé o portuguez Celestino Medeiros.

Nenhum jornalista fôra admittido a assistir ao interrogatorio que se revestiu de um dramatico conciliabulo.

Sacco e Vanzetti foram interrogados separadamente, e o interrogatorio durou mais de um quarto de hora.

As respostas de Vanzetti foram dramatississimas, durante as quaes o preso tentou investir contra o governador e a commissão consultiva.

Porquanto quasi sem forças pelo jejum expontaneo Vanzetti teria fallado com vivacidade, em voz alta, gesticulando animadoramente, investindo com palavras asperas contra a "justiça de Massachussetts" e contra o juiz Thayer que "tem urdido a trama de tão infame processo".

O governador vermelho contrariado pela inesperada e amarga philippica do prisioneiro sahiu á rua sem ao menos attender aos "reporters" que o esperavam pacientemente. Tinha perdido sua calma habitual, e apenas entrou no automovel que o attendia bateu a porta violentamente.

Um velho reporter, que conhece o governador intimamente declarou:

"Nunca o vi tão desorientado e nervoso. Elle nunca se mostrou tão brusco para com os jornalistas".

A senhora de Nicolau Sacco ao sahir da visita que fizera ao seu marido assim fallou:

"Bartholomeu e o meu Nicola não esperam mais um acto de clemencia do governador, ou um juizo sereno da sua commissão. Tudo está acabado".

E retirou-se banhada em prantos...

De facto, das depos era conhecido o resultado dessa nova tentatva de defesa.

O governador Fuller confirmára a sentença tremenda.

DE TODO O MUNDO

E' grande a consternação em todo o mundo, principalmente nas classes operarias, provocada pela decisão da Suprema Côrte de Justiça dos Estados Unidos, confirmando a sentença de morte contra Sacco e Vanzetti.

Assim, grande numero de pedidos, de todas as partes do universo, têm sido dirigidos ao governador Fuller no sentido de ser commutada a pena imposta aos dois operarios italianos.

A noticia de que Alfredo Dreyfus acceitara o convite para tomar parte num "comité" francez pró Sacco e Vanzetti que iria á America, causou profundo interesse em Boston.

Dreyfus constituiu a figura central de um dos mais sensacionaes dramas judiciarios, que commoveu sobremaneira a opinião publica mundial. Accusado de alta trahição, foi condemnado á prisão na Ilha do Diabo, na Cayenna, e sómente após quantro annos de soffrimentos moraes, obtivera a liberdade e a honra de condemnado politico.

Um dos seus mais estrenuos defensores fôra o grande romancista Emile Zola.

A defesa que faria o sr. Dreyfus, portanto, seria uma recordação do atroz erro judiciario que ameaçou

Nicolau Sacco

troucar-lhe, a reputação de homem politico e a existencia de homem honesto.

A decisão do governador Alvan T. Fuller, condemnando immessivelmente os dois anarchistas italianos, causou sensação em todo o mundo civilizado.

Ha dias, Fuller depois de ter interrogado varias testemunhas, isto antes de sua decisão, fez uma visita aos dois condemnados nas prisões de Charlestown, e logo depois dirigiu-se a South Braintree, um bairro de Boston, onde encetou a reconstrucção do delicto.

Com a ajuda de dois policiaes, o governador levou a effeito numerosas medidas e inquirições na msema rua onde se deu o assassinio.

Entre as numerosas pessoas recebidas pelo sr. Fuller, destacou-se mrs. Jessica Henderson, rica senhora de Maryland, que chamou a attenção do governador sobre as extraordinarias precaucões da policia no referente á Côrte de Dedban, durante o processo, para prevenil-a dos attentados anarchistas.

No dizer da senhora Henderson creava a ploicia uma atmosphera desfavoravel aos condemnados, pois todas as pessoas que quizessem assistir ás sessões da Côrte eram minuciosamente revistadas.

Um dos componentes da Junta teria exclamado precedentemente:

—Condemnal-os. Elles devem morrer de qualquer modo".

A autora de tão impressionantes revelações, espera ver ainda recebida pelo governador Fuller.

A dilatação do prazo, concedida aos dois anarchistas e a Celestino Madeiros, cuja confissão tendia livrar Sacco e Vanzetti, contribuiu para prolongar de maneira barbara a agonia dos dois suppostos assassinos que têm a palavra amiga de todo o mundo.

Nicola Sacco conservara-se na greve da fome, emquanto que Vanzetti, mais optimista alimentava-se demonstrando um estoicismo incommum.

O dr. Joseph Mc Laughlin, examinando Nicolau Sacco declarara que o jejum não havia deixado traços sensiveis no physico do condemnado.

*

Em Boston, o comicio de protesto internacional, no qual interveiu o advogado Clarence Darrow, o mais celebre advogado de Chicago, que perorou estygmatisando a decisão do governador Fuller, foi um eloquente attestado da revolta que prende os animos do proletariado de todo o mundo.

Semelhantes demonstrações realizaram-se nas mais importantes cidades de todo o mundo como Paris, Stockolmo, Roma, Buenos Aires, Nova York, Pittsburgo, Toledo, Cleveland, Detroit etc.

De nada valem porém, esse grito unanime de revolta.

A Justiça Americana, fez pesar com escabrosa consciencia, o severo dedo, na balança de suas leis, mais severas ainda.

NOVAS ESPERANÇAS

Recorreram, então, os advogados á Côrte Suprema do Estado para autorizar um novo processo. Sciente do pedido, recusou-se a Côrte a essa autorização e foi determinado a data de hoje para a execução.

TUDO PERDIDO

A commissão incumbida da defesa, deante desta ultima decisão, perdeu todas as esperanças de salvar os accusados. O recurso á Suprema Côrte dos Estados Unidos, se fôr levado a effeito, nenhum beneficio poderá trazer.

COMO SE FARA' A EXECUÇÃO

A execução de Sacco, Vanzetti e Medeiros será feita da seguinte fórma:

Os condemnados devem encontrar-se em cellas separadas, que dão para um corredor que termina na sala da execução. Taes cellas são dispostas de tal maneira que os condemnados não vejam o primeiro que fôr para o salão da cadeira electrica, o qual mede cerca de sete metros quadrados.

No fundo da parede, distante cerca de um metro, fica uma cadeira tosca, feita de madeiras grossas, sem nenhum torneado, com varaes de duas pollegadas de espessura. Na parede do lado opposto, em frente á cadeira, tres séries de bancos para seis pessoas, mais ou menos.

Os condemnados têm o direito de serem satisfeitos nos desejos que manifestarem no dia da execução, podendo até pedir bebidas alcoolicas ou outra coisa que lhes acudir á mente.

Acompanhado do medico do estabelecimento, de varios guardas, do executor electricista, do escrivão que lavrará o auto de morte e das testemunhas que deverão assignar os documentos, á hora marcada o director da prisão dirige-se para a cella, que abre.

Um cura, ou pastor, ou sacerdote de qualquer seita religião a que pertença o infeliz, será o primeiro a entrar no cubiculo, offerecendo os seus officios religiosos antes da execução. O condemnado prepara-se e, em geral, amparado pelo braço de dois guardas carinhosos, segue para o supplicio.

Chegando á sala da execução, as testemunhas tomam assento nos bancos fronteiros á cadeira electrica, o director da prisão pergunta quaes são as suas ultimas declarações a fazer, e em seguida prosegue-se a collocação do infeliz na cadeira electrica. Antes vendam-lhe os olhos se elle assim quizer. Tiram-lhe o paletot, arregaçam-lhe as mangas até a altura dos cotovellos e cortam a calça com uma thesoura na parte da frente até a altura dos joelhos.

O condemnado é sentado então na cadeira electrica, que é de braços.

Os ajudantes da execução passam sobre o thorax do condemnado uma larga correia de couro, de cerca de duas pollegadas de largura, afim de que o corpo fique justo ao encosto da cadeira. Esta correia é afivelada nos varaes trazeiros da cadeira.

Os braços são collocados sobre os braços da cadeira, em posição de modo que o pulso fique voltado para cima.

Duas correias afivellam o braço, do infeliz, no braço da cadeira, ao mesmo tempo seguram uma placa de metal com fios electricos, de polo negativo.

A mesma cousa é feita com a parte inferior das pernas que ficam tambem afivelladas a cada perna da cadeira, levando egualmente uma chapa de metal com fios electricos de polo negativo.

Em geral são tres os funccionarios da prisão que fazem este ajuste do corpo a cadeira electrica, occupando-se um da alça do thorax e os outros de cada braço e pernas.

O serviço é feito assim [illegible]

A esposa de Nicolau Sacco, em companhia da sra. Glendowe

O CAMBIO
S. Paulo — 5 57|64 d.
Santos — compradores 5 119|128 d.
Rio — 5 29'32 d.
O CAFE'
Base da Bolsa Official de Santos:
Para o typo 4, por 10 kilos nominal
Pauta Paulista, por kilo, 3$000.
Mercado, nominal.

Folha da Manhã

Director: OLIVAL COSTA — Gerente: LUIZ MOURA

O TEMPO NA CAPITAL
(Até ás 14 horas)
Temperatura maxima, 29,5; Temperatura minima, 15,2; Temperatura média de hontem, 18,8; Chuvas em S. E.; Previsão para hoje, variavel.

Anno V || Assig.: Semestre . . 25$000 Anno . . . 45$000 || Red., adm. e off.: R. do Carmo, 7-A Phones: 2-0787, 2-1817 e 2-1086 || S. PAULO — Quarta-feira, 30 de Outubro de 1929 || Endereço telegraphico — "FOLHA" CAIXA POSTAL, 2-900 || Numero do dia, 200 réis Atrazado, 300 réis || N. 1625

A situação creada pelas especulações da Bolsa de Nova York

A repercussão do facto em Berlim e Amsterdam

UMA REUNIÃO DE BANQUEIROS

NOVA YORK, 29 (U.P.) — Os directores de meia duzia das maiores instituições financeiras desta cidade, com recursos que sommam approximadamente sete billiões de dollares, reuniram-se ás primeiras horas da noite de hontem, nos escriptorios do sr. J. P. Morgan, para discutir a situação da Bolsa, em face das ultimas baixas das cotações dos titulos. Foi noticiado, que nessa reunião foi deliberado prepararem-se planos de mobilisação de toda a potencialidade financeira daquellas instituições, afim de evitar novos desastres.

OS PRIMEIROS EFFEITOS DO APOIO BANCARIO

NOVA YORK, 29 (U.P.) — A Bolsa de Titulos abriu com uma baixa de proporções sem precedentes. Porém, logo a seguir, manifestaram-se os primeiros effeitos do mais poderoso apoio bancario que jámais fôra prestado ao mercado. As cotações estabilisaram-se e chegou mesmo a verificar-se algumas altas. Mais de 3.250.000 acções foram vendidas nas primeiras horas de funccionamento do mercado. A firma correctora John J. Bell, não conseguindo enfrentar os compromissos assumidos, suspendeu as suas transacções. E' esta a primeira fallencia de uma casa de corretagens, occorrida em consequencia da crise actual.

O PANICO LIGEIRAMENTE ATTENUADO

NOVA YORK, 29 (H.) — Importantissimos estabelecimentos de credito e eminentissimas personalidades bancarias, prestaram o seu concurso para dissipar o panico causado desde o dia 24, pela baixa dos valores na Bolsa de Nova York e que teve funda repercussão nos mercados de Chicago, Philadelphia, S. Francisco, Nova Orleans, Montreal e outros.

Os srs. Morgan, Mamout, Mitchell, Wigin, Baker e outros banqueiros, tiveram longa conferencia ao meio dia.

O panico estava á tarde ligeiramente attenuado.

O total das transacções que aliás constituiram um record, foi de 16.410.050 acções nas bolsas de Nova York.

O Conselho do Federal Reserve Bank esteve reunido em Washington ás 6 hroas, para tratar da baixa na Bolsa.

Apesar de não terem sido communicados ao publico os resultados da reunião, sabe-se que o Conselho reconheceu que a situação economica do paiz estava intacta e sã.

REINA INQUIETAÇÃO NA BOLSA DE BERLIM

BERLIM, 29 (A. B.) — A crise verificada nas praças de Nova York e Amsterdam, causou nova inquietação na Bolsa de Berlim.

Hoje, na abertura dos negocios as offertas se mantiveram em limites moderados, embora se acredite que os grandes bancos tenham absorvido parte consideravel dessas offertas, previamente, offertas que provinham do extrangeiro, na sua maioria e principalmente de Amsterdam.

Alguns negocios accusaram baixas no começo do mercado.

A COTAÇÃO DO PESO ARGENTINO ESTA' EM BAIXA ACCENTUADA

BERLIM, 29 (A. B.) — A cotação do peso argentino continuou em baixa accentuada.

Essa baixa é attribuida justamente nas vesperas da colheita argentina, á má impressão causada pela situação politica e não é propriamente e calculos incertos sobre o total e a qualidade da colheita.

No mercado monetario, prevese que a Argentina ainda se verá na necessidade de dar sahida a maior quantidade de ouro da Caixa de Conservação, para sustar maior baixa.

Explorações deploraveis

Os alliancistas e os chamados democraticos proseguem, apaixonados, nas suas explorações impatrioticas em torno do café. Numa crise de preços, crise inevitavel, pois, oscillações se verificam em todos os mercados, os partidarios da desordem procuram assumpto para a sua campanha eleitoral, campanha destinada ao mais ruidoso fracasso. Mas, emquanto os jornaes ao serviço do sr. Antonio Carlos divulgam ballelas, com o intuito manifesto de estabelecer o panico e favorecer a especulação, os preços vão subindo, como ainda hontem se verificou em Nova York. O nervosismo que se apoderou dos mais timidos vae cedendo, aos poucos, logar á calma e á tranquillidade, calma e tranquillidade que não podem abandonar os lavradores, pois os Poderes Publicos estão agindo no sentido de vêr a situação perfeitamente normalizada. Destas nossas palavras, não se póde nem se deve concluir que a situação é anormal. Anormaes, desculpem-nos a franqueza, eram os preços do café. A alta progressiva e, digamol-o, algo artificial, é que perturbava a vida paulista. O café, como tudo, deve ter preço compensador. Mas, não póde ser considerado compensador, quando attinge aos extremos da alta. Isso, seria abuso. Em consequencia, pois, do exaggero, a vida do pobre e do remediado se tornára insustentavel. Roupa e sapatos, quasi que se transformaram em artigos exclusivamente para os beneficiados da Fortuna. O proprio cinema, outr'ora, antes da alta, tão modico e accessivel a todas as bolsas, é hoje prohibitivo. Cinco mil réis, por uma poltrona! Havemos de convir, que é de mais... A esse estado, forçoso é confessal-o, fomos levados pela alta phantastica do café. A quéda nos preços, verificada nestes ultimos dias, não nos causa, está visto, contentamento. Prefeririamos continuassem como estavam, desde, porém, que não difficultassem a vida dos que não possuem fazendas. Entendemos, como ainda recentemente accentuávamos, ser necessaria e mesmo indispensavel uma baixa gradual nos preços, sem, está claro, que essa baixa venha occasionar prejuizos á lavoura. E' preciso que esta veja, sempre, o seu esforço remunerado. Ainda ha duas ou tres semanas, por exemplo, o "Fanfulla", em entrevista que lhe concedeu importante fazendeiro, que possue seis milhões de cafeeiros, ouvia do entrevistado que o lavrador deve produzir mais, melhor, e vender mais barato. Uma sacca de café por cem mil réis, accentuava esse senhor, proporciona apreciavel margem de lucro. A alta, accrescentava, só poderá offerecer perigos ao proprio productor. E', como se vê, a opinião de um homem insuspeito que na cultura dos seus cafezaes bebeu os melhores e mais praticos ensinamentos.

Outro reparo, porém, devia ter feito o entrevistado... Esqueceu-se elle de alludir á imprevidencia dos lavradores, ou da maioria dos lavradores. A nobre classe, durante annos seguidos, viu seu café alcançar preços elevados e nem por isso pensou em fazer suas reservas para enfrentar a crise que mais cedo ou mais tarde havia de ser registada, notadamente quando tudo fazia prever super-producção. A culpa, pois, pela queda naturalissima que se observa não pode, em sã consciencia, ser attribuida ao governo, que tudo tem feito e tudo fará para aparar o golpe que a paixão partidaria procura explorar, quando o nosso dever é cerrarmos fileiras para impedir qualquer syncope na marcha serena dos negocios.

Mas, desventuradamente, os democraticos, fracos, frouxos e derrotados, lançam mão de todos os recursos, mesmo dos mais condemnaveis, para dar expansão ao seu partidarismo vesgo. Em vez de explorar o café, entretanto, deviam lançar seus olhares caridosos para outras classes que, de ha muito, tambem luctam com a crise. Essas, não lhes interessam. Preferem a lavoura, que já tem quem a defenda. Nisso, estão elles em perfeita harmonia com a defunta "Alliança Liberal", que, apezar de empalhada, tenta dar arrancos para simular vitalidade...

Felizmente, porém, a lavoura paulista, constituida de homens valorosos e já temperada por muitas e graves crises, crises maiores do que esta, que afinal não passa de ligeiro accidente, reflexo do desiquilibrio dos mercados mundiaes, saberá resistir serenamente e confiar no patriotismo e na clarividencia dos nossos governantes, empenhados na defesa do café, que é o alicerce em que repousa a riqueza de S. Paulo e do Brasil.

Somos francamente partidarios dessa defesa, mas dentro dos limites do razoavel, porque o dever do Estado não é apenas soccorrer a lavoura.

O povo deve, tambem, merecer as suas attenções.

Para reforçarem suas respectivas fianças diversos agentes postaes têm mais 60 dias

RIO, 29 (A.) — A' Directoria Geral dos Correios o sr. ministro da Viação declarou que autorisa a prorogação por 60 dias, requerida pelos agentes Postaes Manoel Barbosa do Nascimento, Dacia Graça de Albuquerque, Saphia Cavalcanti de Athayde, Olympia da Costa Cardoso, Cypriano Nunes Cavalheiro e Julio Antonio da Silva, para reforçarem suas respectivas fianças. S. Excia. autorisou ainda a Directoria dos Correios a despachar, conforme a conveniencia dos serviços, os requerimentos identicos que forem dirigidos ao Ministerio.

Na Exposição Feira Industrial de Rio Preto não serão permittidos jogos

Pretende a Camara Municipal de Rio Preto realisar uma exposição feira industrial naquella cidade, fazendo parte do programma o funccionamento de jogos.

A municipalidade enviou esse representante ao Chefe de Policia e este, seccamente, assim despachou o papel: — "Indeferido, á vista da informação".

Congresso de Medicina e Hygiene Colonial em Roma

ROMA, 29 (A.) — Inauguraram-se hoje os trabalhos do Congresso de Medicina e Hygiene Colonial.

A sessão inaugural foi presidida pela princeza Duqueza D'Aosta pelos ministros Di Buono, das Colonias, e Gazzera, da Guerra.

Falaram diversos oradores, incluso o senador Castellani, que tratou da medicina tropical, congratulando-se pelo facto de estar quasi desapparecida do mundo a febre amarella, que era um dos maiores flagellos da humanidade.

A cadeira communista no Conselho Municipal de Paris

PARIS, 29 (A.) — O partido communista conseguiu manter sua cadeira no Conselho Municipal, que ficou vaga com a morte do conselheiro Jeancolly. Para a vaga foi eleito outro membro do partido o sr. Marty, o famoso e conhecido agitador que, quando simples marinheiro na guerra, revoltou á esquadra destacada em Marrocos.

O primeiro Congresso Theosophico Brasileiro

S. PAULO HOSPEDARA' OS CONGRESSISTAS NOS PRIMEIROS DIAS DE NOVEMBRO

Depois que Jinarajadasa passou por S. Paulo a theosophia tomou incremento entre os que ainda não a conhecem, firmando-se mais e mais entre os que já faziam dos seus ensinamentos o teor da sua vida. Vamos ter agora nesta capital, nos dias 1, 2 e 3 de novembro proximo, o primeiro congresso nacional de theosophia.

Quasi todos os Estados do Brasil se farão representar, vindo do Rio de Janeiro uma grande comitiva, tendo á frente o dr. Juvenal Meirelles de Mesquita, actual Presidente da Sociedade Theosophica do Brasil.

As reuniões serão effectuadas no amplo salão da Loja Veritas, na rua Quirino de Andrade, n. 21. Ainda não recebemos a lista completa das theses que serão discutidas nesses tres dias de congresso, nem o nome dos que as defenderão. Podemos desde já, porém, affirmar que todas esses theses encerrarão assumptos de muita importancia e interesse para os que estão ao par das discussões theosophicas. Os oradores serão pessoas em evidencia nos meios theosophicos aqui e do Rio, dos Estados do Norte, dos lugares emfim do paiz, onde a theosophia já alcançou apreciavel desenvolvimento.

O tenente medico dr. Joaquim Prado Pinto póde aguardar, nesta capital, seu pedido de demissão

RIO, 2 (A.) — Teve permissão para aguardar na capital de S. Paulo o despacho do seu requerimento pedindo demissão do serviço do exercito, o primeiro tenente medico dr. Joaquim Prado Pinto Moraes, que serve no 1.o regimento de cavallaria independente com séde em São Borgia no Rio Grande do Sul.

EDIÇAO DE HOJE 18 PAGINAS

A vaga aberta com a morte do sr. Stressmann cria difficuldades no seio do gabinete allemão

BERLIM, 9 (A. B.) — Nestes ultimos dias, o chanceller Mueller teve numerosas conversações com personalidades politicas mais influentes dos partidos governamentaes.

Como se sabe, desde a morte de Stressmann, a pasta das Relações Exteriores, passou a ser occupada interinamente pelo ministro da Economia, rs. Kurtius, membro do partido popular, de que Stressmann era chefe. Tarta-se, agora, de completar inteiramente o gabinete antes da abertura do Reichstag, que será á 19 e 20 de novembro vindouro. Já se tem conhecimento de que, nas conversações agora havidas, o partido do centro propôz que o sr. Kurtius seja nomeado definitivamente para a vaga de Stressmann, que a exerce em carater interino. Isso isgnifica que a effectivação do sr. Kurtius, nas Relações Exteriores, está assegurada, pois, era o partido do centro o unico que a ella se oppunha, até agora. As informações acerescentam que o sr. Kurtius propoz para seu successor, na pasta da Ecoonmia o sr. Elbrecht, director geral da Industria Potasse e membro tambem do partido popular. Todavia, os centristas discordam dessa indicação, porém, pretendem permutar a pasta da Justiça que occupam, por pasta da Justiça, que occupam, por intermedio do sr. Guerard, pela pasta da Economia, que é, poilticamente, mais influente.

Acredita-se, aliás, que os popularistas não mostram interesse particular pelo ministerio da Economia e assim a permuta poderá ser levada a effeito facilmente.

Não ha de ver, entretanto, que ficam dissipadas todas as duvidas a respeito da situação politica.

De facto subsistem sempre motivos de inquietação, antes de tudo o estado de saude do chanceller Mueller volta novamente a ser delicado.

De outra parte, além da opposição crescente contra o sr. Hilferding, ministro das Finanças, que é um dos quatro membros socialistas do gabinete, persiste a circumstancia de que o partido do Centro deseja a manutenção da pena capital, ao que se oppõem os outros partidos do blóco social. Os centristas ainda fazem certas reclamações, em questões moraes, em contradição terminante com o desejo da maioria dos partidos colligados.

Assim, é impossivel que o actual estado de cousas possa prolongar-se por longo tempo.

Collectores federaes que têm licença para se afastarem de seus cargos

RIO, 29 (A) — O Director do Thesouro concedeu permissão para se affastarem por um anno do exercicio dos seus cargos, os collectores federaes em Morrete, Paraná, Durval dos Santos Correiro e em Pitangueiras, S. Paulo, João de Souza Lima.

Diplomatas chilenos no Mexico e no Paraguay

SANTIAGO, 29 (A.) — A Camara approvou a mensagem do executivo que propunha a nomeação do sr. Letelier Elgart para embaixador do Chile no Mexico e Gonzalo Motta para ministro no Paraguay.

Temporal em S. Sebastião

S. SEBASTIÃO, 29 (H.)— Violento temporal assola toda a costa da região, causando avultados prejuizos.

Enormes vagalhões arrastaram ao fundo um pontão de embarque.

Ha uma victima.

Boletim de meteorologia

RIO, 29 (A.) — Previsões para o periodo das 18 horas do dia 29 ás 18 horas do dia 30.

Districto Federal e Nictheroy — Tempo em geral entre instavel e ameaçador com chuvas e trovoadas. Temperatura estavel. Ventos variaveis.

Estados do Sul — Tempo perturbado com chuvas fortes, trovoadas esparsas. Temperatura em ligeiro declinio, sendo mais fortemente no Rio Grande. Ventos variaveis

Tendo os socialistas se recusado a participar do novo governo, o sr. Daladier desistiu de formar o ministerio

O "LEADER" RADICAL SOCIALISTA ESTUDARA' A QUESTÃO COM OS SEUS COLLEGAS POLITICOS

PARIS, 29 (H.) — Entre os politicos mais chegados ao sr. Daladier, corre com certo que o "leader" radical socialista visitará ainda esta tarde, o sr. Briand e entrevistar-se-á em seguida com os radicaes na Camara, afim de estudar com estes ultimos a situação decorrente da recusa dos socialistas de participar do poder.

O senador Henry De Juvenel, visitou hoje o sr. Deladier. Ao retirar-se, ás 13 horas precisamente da residencia do "leader" radical socialista, declarou que a sua impressão pessoal era de que o sr. Deladier organisaria o Gabinete, apesar da negativa socialista e isto porque, não era do chefe de um grande partido renunciar pelo simples facto de não contar co ma cooperação do partido visinho.

OS SOCIALISTAS DELIBEROU NÃO PARTICIPAR DO GABINETE

PARIS, 29 (H.) — Falando na reunião do Conselho Nacional Socialista o sr. Paul Boncour que pel aprimeira vez o politico designado pelo presidente da Republica para formar o Gabinete, offerecera ao Partido a partilha absoluta do poder. O grupo só teria a luctar na participação ministerial com o que ganharia uma força de propaganda e expansão incomparaveis. Julgava pois que devia ser tentada a experiencia proposta.

O sr. Leon Blum declarou estar convencido de que o grupo parlamentar do Partido, commettera um erro ao acceitar uma participação que correria o risco de acarretar uma profunda decepção á classe operaria e ao contrario do que se espera, embaraçar a propaganda do agrupamento, creando uma atmosphera de batalha. Ademais, quando o Gabinete cahisse, qual seria a situação do Partido em face da reacção chefiada por Tardieur? Em summa, em caso de fracasso, a participação socialista viria contribuir para reforçar a politica da direita, em caso de exito, viria augmentar tão somente a gloria dos radicaes. E' mistér, concluiu o sr. Blum que o proximo Congresso do Partido se pronuncie de vez sobre a questão em debate, afim de evitar a reproducção esteril das mesmas discussões por occasião de cada crise ministerial.

O sr. Paul Faure, a seu turno, combate vivamente a participação, affirmando que a offerta radical não passa de uma armadilha. Os homens que a fizeram, affirma, não pensam uma só palavra de tudo quanto disseram. Nenhuma das promessas feitas será cumprida.

Seguem-se animados debates sobre os textos das varias moções apresentadas, sendo finalmente adoptada a resolução declarando que o Conselho Nacional, solidario com o Congresso do Partido, regeita a participação offerecida na combinação Daladier.

A proclamação do resultado deu lugar a agitadas discussões devido á attitude de alguns membros que contestavam a regularidade da votação.

Por fim, se estabeleceu o accordo, ficando igualmente decidido que o proximo Congresso do Partido resolverá definitivamente a questão da collaboração socialista em qualquer gabinete.

O QUE DETERMINOU O GESTO DO SR. DELADIER

PARIS, 29 (U. P.) — O sr. Deladier desistiu de formar ministerio, em consequencia dos socialistas se terem recusado a participar do novo governo. Não é provavel que o sr. Doumergue faça qualquer novo convite, até amanhã, para o logar de primeiro ministro.

E' INABALAVEL A RESOLUÇÃO DO CHEFE SOCIALISTA

PARIS, 29 (H.) — (1 hora da manhã) — O sr. Deladier acaba de communicar ao presidente da Republica que desistia definitivamente de formar o Ministerio

Secretaria do Gymnasio da Capital

Foi designado o sr. Lazaro Roldão, escripturario do Gymnasio da Capital, para exercer, em commissão, o cargo de secretario do mesmo estabelecimento, durante o impedimento do effectivo

Campeonato mundial de Xadrez

HAYA, 29 (A.) — O campeão Aiekhine venceu a 19.a partida de xadrez do torneio internacional. Seu adversario nessa partida foi Bogoliubow.

O TEMPO

Temperatura maxima, 22,5; Temperatura minima, 16,3; Temperatura media de hontem 20,8; Chuvas em 24 horas, 22,9 mm.; Ventos predominantes, SE; Tempo geral, variavel.

Folha da Manhã

Director: — OLIVAL COSTA

Gerente: — LUIZ MOURA

O CAMBIO

S. Paulo — 5 53|64 d.
Santos, Compradores 5 55|64 d.
Rio — 5 53|64 d.

O CAFE'

Base da Bolsa Official de Santos: Disponivel typo 4 molle por 10 kilos, 21$000. — Mercado, Estavel.

Anno V || Assig.: Anno . . . . 45$000 / Semestre . . 25$000 || Red. adm. e off.: R. do Carmo, 7 e 7-A Phones: 2-0787, 2-1817 e 2-1086 || S. PAULO — Quinta-feira, 27 de Março de 1930 || Endereço telegraphico — "FOLHA" CAIXA POSTAL, 2.900 || Numero do dia, 200 réis Atrazado, 300 réis || N. 1.770

A Parahyba conflagrada

Mil e quinhentos policiaes apertam o cerco de Princeza que está bem defendida pelos sertanejos

O EXODO DA POPULAÇÃO DE PRINCEZA

RECIFE, 26 (DTM) — As noticias mais recentes do interior da Parahyba dizem que continua o exodo da cidade de Princeza e que o deputado José Pereira Lima, que chefia as forças revoltosas, tem procurado recrutar, nas localidades visinhas, algum pessoal, afim de reforçar suas hostes.

Estas contam mil homens bem armados e municiados.

O governo faz marchar sobre aquella cidade, que é o quartel general de José Pereira, uma columna de 1.500 homens da Força Publica do Estado, presumindo-se que já se tenha dado o ataque decisivo, pois essa columna, á data das ultimas communicações, achava-se apenas a tres leguas de distancia.

O juiz de direito de Princeza, que conseguiu deixar a cidade, com sua familia, declarou em Triumpho, cidade pernambucana proxima, que José Pereira nas suas exortações aos revoltosos diz ter o apoio completo do Governo Federal e dos Estados de Pernambuco, Alagoas, Ceará e Rio Grande do Norte, dos quaes acredita lhe chegarão ,opportunamente, reforços.

O referido magistrado pretende seguir para a Parahyba.

O DEPUTADO JOSE' PEREIRA TELEGRAPHA AO SR. JOÃO PESSOA

RECIFE, 26 (DTM) — O sr. José Pereira, que chefia o movimento de Princesa, na Parahyba, dirigiu ao presidente João Pessoa o seguinte telegramma:

"Tendo v. excia. feito declarar pelo se ujornal que existem em Princeza varios criminosos de morte, roubo e furto, cujos nomes v. excia, indica, venho pelo presente pedir-lhe o favor de enviar a autoridade que v. excia determinar, com o fim de proceder uma pesquisa dentro de todo o municipio de Princeza, para verificar que v. excia. falseia mais uma vez a verdade. Os sertanejos que, nesta hora amarga, defendem Princeza contra a horda de assalariados criminosos que v. excia. alliciou para tentar enxovalhar a massacrar o povo laborioso de minha terra, tão livre e destemido. Desde já declaro que o enviado de v. excia. terá, não só dentro do municipio que até agora administro, como os demais logares onde se está reflectindo minha acção moralisadora, todas as garantias constitucionaes. Ao mesmo tempo que lhe faço a solicitação acima, offereço-me para indicar a v. excia., os nomes de todos os criminosos que existem na policia. Saudações. (a) José Pereira".

A POLICIA ESPERA TER VICTORIA ESMAGADORA EM PRINCEZA

PARAHYBA, 26 (A. B.) — Informações da noite passada dizem que a policia aperta o cerco de Princeza, enviando mais alguns contingentes para o theatro dos acontecimentos.

As tropas do governo, melhor distribuidas em varias columnas convergentes, dispondo de abundante material bellico, diminuem o circulo da acção.

O serviço de abastecimento, assim como de assistencia medica, é feito por caminhões automoveis, que marcham a retaguarda das forças, sob forte escolta.

O delegado geral telegraphou de Nova Olinda, localidade situada a pequena distancia de Princesa, dizendo-se confiante na victoria que seria esmagadora.

Sabe-se aqui que a policia conduz 3.000 kilos de dynamite.

O SR. JOÃO PESSOA TELEGRAPHA AO JUIZ DE PRINCEZA, REFUGIADO EM PERNAMBUCO, A VOLTAR A' PRINCEZA

PARAHYBA, 26 (A. B.) — O juiz de direito de Princeza refugiau-se em Triumpho, no Estado de Pernambuco, de onde officiou ao governo parahybano, relatando que naquella cidade não se encontra mais nenhuma familia, estando o commercio fechado.

O presidente João pessoa telegraphou áquelle juiz, sr. Climaco Xavier da Cunha, convidando-o a voltar ao Estado.

A CONSTERNAÇÃO PUBLICA PELOS LAMENTAVEIS ACONTECIMENTOS

PARAHYBA, 26 (A.) — Os ultimo acontecimentos verificados no alto sertão, determinando choques armados entre a policia e os elementos do deputado José Pereira estão causando grande consternação publica.

O "Diario da Parahyba", em seu numero de hoje, profliga os attentados da policia, em nome da civilisação e da humanidade.

HABEAS-CORPUS CONCEDIDO A JORNALISTAS AMEAÇADOS PELA POLICIA

PARAHYBA, 26 (A.) — O Tribunal de Justiça, em sua sessão de hontem, concedeu habeas-corpus preventivo ao dr. Eduardo Pinto, redactor chefe do "Diario da Parahyba", e mais cinco auxiliares, todos ameaçados de violencias pela policia.

Desses auxiliares, tinham soffrido prisão arbitraria os srs. José Borges e Ranovaldo Martins.

A decisão do Tribunal confirma as violencias exercidas contra os partidarios das candidaturas nacionaes.

EDIÇÃO DE HOJE 24 PAGINAS

O TUFÃO DE BOM JARDIM

12 MORTOS, 60 FERIDOS E NUMEROSOS DESABAMENTOS

RECIFE, 26 (DTM.) — As noticias que continuam chegando de Bom Jardim são as mais dolorosas, havendo centenas de pessoas inteiramente ao desabrigo.

O rio Tracunhaem subiu muitos metros, alagando as povoações que ficam situadas á sua margem. Mais de duzentas casas de moradia, em Bom Jardim, soffreram perdas totaes, sendo que em quasi todas ellas a agua levou moveis e tudo que encontrou. Os estabelecimentos de commercio tiveram seus stocks inutilisados, havendo já fome, pois a propria pequena creação foi levada na enchente.

As chuvas cahem, ha dois dias, copiosamente.

O numero de mortos monta a doze, havendo mais de sessenta feridos e muitas pessoas extraviadas.

A municipalidade organisou um serviço de soccorros urgentes.

O sr. Estacio Coimbra, governador do Estado, enviou para alli recursos materiaes, medicos, enfermeiros e força policial para soccorrer á população.

Partiu tambem o director de Obras Publicas do Estado que foi estudar a maneira de restaurar a cidade.

Armas e munições para a fronteira de Santa Catharina

RIO, 26 (DTM.) — Informam de Porto Alegre: "Nos ultimos dias de Fevereiro foram enviados para o municipio de Bom Jesus, fronteira com o Estado de Santa Catharina, tres caminhões carregados de munições e fuzis Mauser.

Esse armamento foi requisitado pelo general Firmino Paim."

AS MARAVILHAS DE MARCONI

DE GENOVA MARCONI FALA COM OS COLLEGAS EM SYDNEY

GENOVA, 26 (H.) — Momentos antes da sensacional experiencia de hoje, á bordo de seu hyate "Electra", Marconi transmittiu para Sidney uma mensagem radio-telephonica, que foi ouvida com a maxima nitidez por toda a numerosa assistencia ao acto inaugural da Exposição da Imprensa, que no momento se realisava na cidade australiana.

O illustre engenheiro trocou saudações com os seus collegas australianos e interceptou ainda uma que foi ouvida tambem com absoluta clareza pelos convidados do hyate.

DE BORDO DE SEU HIATE, EM GENOVA, ILLUMINOU TRES MIL LAMPADAS NA AUSTRALIA

MILÃO, 26 (AB.) — A nova experiencia de transmissão de energia electrica, atravez a atmosphera, do Mediterraneo á Australia, foi coroada de exito.

Pontualmente, ás 11 horas, o celebre engenheiro Guilherme Marconi, de bordo do seu hiate "Electra", por uma ligeira pressão, em um manipulador de transmissão, servindo-se de um transmissor de raios de energia electrica, via Dorchsster e Grimsby, illuminou 3.000 lampadas electricas em Sidney, na Australia, a uma distancia de 9.700 milhas.

Communicação telegraphica estebelecida simultaneamente com Sidney confirmou immediatamente o resultado.

A enorme multidão que eperava em frente ao hotel, onde havia communicação directa com Genova, prorompeu em enthusiaticas acclamações ao sabio italiano.

O CABEÇUDO

W. L. — Gosto que me enrosco, de ouvir essa barulhada!

O TEMPO
Temperatura maxima, 23,6 ....
Temperatura minima 10,8
Temperatura média de hontem 17,5
Chuva em 24 horas, 0,0;
Vento predominante S.E.
Tempo geral, Bom

Folha da Manhã

O CAMBIO
S. Paulo — 5 9/32 d.
Santos — Compradores 5 5/16 d.
Rio — 5 1/4 d.
O CAFE'
Base da Bolsa Official de Santos
Disponivel typo 4 molle por 10 kilos 21$000 — Mercado estavel.

Director: — OLIVAL COSTA — Gerente: — LUIZ MOURA

ANNO VI | Assig.: Anno .... 45$000, Semestre ... 25$000 | Red., adm., off.: R. do Carmo, 7-7-A. Phones.: 2-0787, 2-1817 e 2-1086 | S. PAULO — Domingo, 27 de Julho de 1930 | Endereço telegraphico — "Folha" Caixa postal, 2.900 | Numero do dia, 200 réis Atrazado, 300 réis | N. 1.875

Foi assassinado, em Recife, o sr. João Pessôa

O criminoso confessou que matou o presidente da Parahyba por uma questão de honra pessoal

O assassino - sr. João Duarte Dantas - alvejado pelo chauffeur da victima, recebeu alguns ferimentos

AS PRIMEIRAS NOTICIAS

RIO, 26 (D.T.M.) — Urgentissimo — A' noite começou a correr nesta capital, que havia sido assassinado na cidade do Recife, aonde chegára de manhã, o presidente João Pessoa.

O assassinato teria occorrido na Confeitaria Gloria depois de um incidente entre o presidente da Parahyba e o seu matador. Parece que este e um senhor de sobrenome Dantas. O assassino fugiu.

Até ste instante nenhuma noticia recebemos do nosso correspondente em Recife.

CONFIRMAÇÃO DOS PRIMEIROS BOATOS

RECIFE, 26 (H.) — João Dantas, acaba de assassinar o presidente João Pessoa, em plena rua Nova de Recife.

COMO SE DEU O CRIME

RECIFE, 26 (A. B.) — O sr. Duarte Dantas, ao approximar-se do sr. João Pessoa, disse-lhe:

— Eu sou o João Dantas.

E detonou sua arma, cinco vezes em seguida, contra o presidente da Parahyba.

O "chauffeur", que esperava na calçada fronteira, ao ouvir as detonações, correu para junto do sr. João Pessoa. Defrontando-se com o sr. Duarte Dantas, disse-lhe olhando para o presidente parahybano, que cahia:

— Um brasileiro como esse, não morre sosinho!

E desferiu varios tiros contra o sr. João Duarte Dantas, que cahiu ferido na cabeça, dizendo:

— Morro satisfeito.

Verificou-se, depois, que o assassino do sr. João Pessoa foi victima, muito mais, do choque traumatico do que do ferimento na cabeça.

O "CHAUFFEUR" DO SR. JOÃO PESSOA FERIU O CRIMINOSO

RECIFE, 26 — Urgente — O presidente João Pessoa foi assassinado ás 17,30 horas, quando se encontrava na confeitaria "Gloria", nesta capital.

O povo, acclamava o presidente da Parahba, quando, inopinadamente, penetrou no salão o sr. Duarte Dantas que alvejou o sr. João Pessoa, prostrando-o morto.

O "chauffeur" do presidente da Parahyba, accorrendo em sua defesa, assassinou o sr. Duarte Dantas.

HOUVE DISCUSSÃO ANTES DO CRIME

RECIFE, 26 (D.T.M.) — Urgentissimo — O sr. João Pessoa, presidente da Parahyba que chegara hoje pela manhã a esta capital foi assassindo, em plena rua Nova, na Confeitaria Gloria, pelo sr. João Duarte Dantas, seu desafecto e chefe politico de Teixeira.

O crime deu-se depois de uma troca violenta de palavlras entre o presidente Pesso e Duarte Dantas.

O criminoso fugiu, tendo sobre elle atirado o "chauffeur" do presidente da Parahyba.

A população mostra-se profundamente consternada com o occorrido, tendo-se verificado, nas ruas da cidade, alguns conflictos entre populares.

Parece que o assassino do sr. João Pessoa se acha ferido.

A SERENIDADE DO CHAUFFEUR

RECIFE, 26 A. B.) — O "chauffeur" do presidente João Pessoa, chama-se Antonio Pontes de Oliveira. Apparenta trinta annos. Sua attitude desperou enthusiasmo sobretudo pela serenidade com que agiu, atirando contra o sr. Duarte Dantas, calmamente, sem se apressar, visando-o na cabeça.

O POVO QUIZ LYNCHAR O CRIMINOSO

RECIFE, 26 (D.T.M.) — Logo depois do assassinato do presidente Pessoa, estabeleceu-se na rua Nova, onde fica situada a Confeietaria e Sorveteria Gloria, enorme confusão que a policia difficilmente conseguiu dominar.

O povo, exaltado, pretendeu lynchar o criminoso apesar de o mesmo já se achar ferido na cabeça.

O sr. Estacio de Coimbra communicou-se, immediatmaente, com o sr. presidente da Republica, a quem deu sciencia da tristissima occorrencia, e com o presidente interino da Parahyba, ao qual transmittiu os sentimentos do governo pernambucano pondo-se á sua disposição para todas as providencias que se fizerem necessarias quanto ao destino a dar ao corpo do illustre morto.

Sr. João [illegible]

O PRIMEIRO SOCCORRO

RECIFE, 26 (A. B.) — A primeira pessoa que se aproximou em soccorro do presidente da Parahyba, foi o sr. Francisco Gonçalves, natural de São Paulo.

Foi ainda quem conduziu o corpo do ferido para a pharmacia "Pinho", cujo proprietario, não obstante suas idéas sympathicas á causa liberal, receioso, recusou medicar o sr. João Pessoa, que agonisava. Assim, o corpo foi transportado para a Drogaria "Brasil".

PORQUE O SR. JOÃO PESSOA ESTAVA EM RECIFE

RECIFE, 26 (DTM) — Urgente - O assassinato do sr. Presidente João Pessoa occorreu pouco depois das 17.30 horas da tarde.

O dr. João Pessoa encontrava-se na confeitaria Gloria, na rua Nova, sentado tomando café, quando deu entrada naquelle estabelecimento, em disparada, o sr. João Duarte Dantas, chefe politico de Teixeiras e cunhado do deputado federal João Suassuna. Não houve entre os dois, a mais leve troca de palavras, conforme a principio se suppoz.

Duarte Dantas, sacando de seu revolver, desfechou sobre o sr. João Pessoa 3 tiros. Esse teve morte immediata.

O chauffeur do presidente da Parahyba, accudindo, e verificando o que se passava, alvejou o assassino, ferindo-o na cabeça com um tiro.

Duarte Dantas cahiu no chão da confeitaria.

O povo immediatamente invadiu aquelle estabelecimento, acclamando o nome do sr. João Pessoa, ao mesmo tempo compareceu a policia, que tomou medidas urgentes para evitar qualquer occurrencia desagradavel.

Odr. João Pessoa havia chegado a esta capital de manhã, afim de visitar o juiz federal, dr. Cunha Mello, seu amigo.

RECIFE, 26 (A. B.) — O presidente João Pessoa havia chegado hoje a esta capital, procedente da Parahyba, tendo feito a viagem em automovel.

A viagem tinha como unico fim visitar seu amigo, o sr. Cunha Mello juiz federal em Pernambuco, que está convalescendo de uma operação melindrosa.

A AGITAÇÃO DOS ANIMOS EM RECIFE

RECIFE, 26 (A. B.) — A' noticia da morte do presidente da Parahyba se espalhou pela cidade com uma rapidez extraordinaria. Momentos depois, uma enorme massa de povo acorria de todos os pontos da capital, impedindo o transito, apesar dos esforços feitos pela poilcia, para manter a circulação livre, nas imediações do logar onde se deu a scena de sangue.

A emoção foi extraordinaria. Telegraphamos ás 21 horas. A agitação dos animos é extensa.

FOI PRESO O CHAUFFEUR DO SR. JOÃO PESSOA

RECIFE, 26 (A) — A's 17 horas e 20 minutos, quando se achava no Café Gloria, á rua Nova, nesta capital, o presidente da Parahyba, dr. João Pessoa, foi alvejado a tiros de revolver pelo bacharel João Duarte Dantas, tendo morte immediata.

O motorista do presidente João Pessoa, neste momento, achando-se na calçada fronteira, entrou no Café Gloria, e atirou á testa do dr. Daurte Dantas, que cahiu ferido.

O motorista foi logo preso.

O ASSASSINO ESTA' APENAS FERIDO

RECIFE, 26 (A. B.) — O sr. Duarte Dantas, assassino do presidente João Pessoa, quando abandonava a Confeitaria "Gloria", foi enfrentado pelo chauffeur do presidente da Parahyba, que o alvejou varias vezes, ferindo-o na cabeça.

O sr. Duarte Dantas tentou defender-se, mas havia gasto todas as balas de seu revolver. Cahindo ao solo, o sr. Duarte Dantas foi tido por morto, o que motivou nosso primeiro despacho dando a noticia de sua morte.

O chauffeur do sr. João Pessoa foi preso em flagrante.

O PRESIDENTE DA PARAHYBA EXPIROU A'S 17 HORAS E 35

RECIFE, 26 (A. B.) — Urgente — O presidente João Pessoa foi assassinado precisamente ás 17.25 horas de hoje.

O presidente da Parahyba acabava de penetrar na Confeitaria "Gloria", em companhia de amigos e fazia o gesto de sentar-se, quando entrou inopinadamente, pelo salão, o sr. Duarte Dantas que, sem pronunciar palavra, descarregou sobre o sr. João Pessoa toda a carga de seu revolver.

O presidente parahybano foi attingido por duas balas no pulmão direito, uma no estomago e outra no punho direito, esta recebida no momento em que tentava fazer uso de seu revolver.

A's 17,35 horas, o sr. João Pessoa expirava.

O SR. JOÃO PESSOA TERIA TENTADO REAGIR

RECIFE, 26 (A. B.) — Já correm diversas versões sobre a attitude do sr. João Pessôa, quando se viu aggredido. Ha quem

Continua na ultima pagina.

Ultimas estatisticas sobre o numero de mortos e feridos na catastrophe de Napoles

Demonstrações de pezar ao governo italiano — Num observatorio de Caxias o movimento fora previsto com tres semanas de antecedencia

AS ULTIMAS ESTATISTICAS

ROMA, 26 (A.) — Segundo as noticias officiaes, continuam os trabalhos para descobrimento de cadaveres dos escombros resultantes do grande terremoto. As ultimas estatisticas accusam um total de 2.142 mortos e de 4.512 feridos.

Estes algarismos, todavia, não são definitivos, porque proseguem as pesquizas nas casas isoladas dos campos, que até agora não tinham sido exploradas.

AS DEMONSTRAÇÕES DE PEZAR AO GOVERNO ITALIANO

ROMA, 26 (A.) — O governo italiano recebeu telegrammas e visitas de condolencias de todas as representações extrangeiras acreditadas nesta capital.

Continuam as demonstrações de grande generosidade em prol das victimas do terremoto. A direcção do Partido Fascista offereceu 500 mil liras para esse fim.

A CHEGADA DO REI A LACEDONIA

ROMA, 26 (A.) — Noticias de Lacedonia dizem que o rei Victor Manoel foi recebido alli com demonstrações de carinho e sympathia por parte do povo.

O soberano proseguiu na viagem a outras communas devastadas pelo terremoto.

OS SENTIMENTOS DA MARINHA BRASILEIRA

RIO, 26 (H.) — O ministro da Marinha encarregou hoje o seu ajudante de ordens, capitão tenente Cordeiro da Graça de apresentar os sentimentos da Marinha brasileira ao sr. embaixador Bernardo Attolico pela catastrophe que enlutou a Italia.

EM CAXIAS O TERREMOTO FORA PREVISTO COM 3 SEMANAS DE ANTECEDENCIA

PORTO ALEGRE, 26 (H.) — Segundo recentes informações procedentes de Caxias, Alberto Mascheville, director de um observatorio local, teria annunciado com 3 semanas de antecedencia o recente terremoto no sul da Italia.

Taes noticias adeantam que Mascheville, ha 16 annos empenhado em observações astro-cismologicas, prevê novos tremores de terra até o dia 27 do corrente, e está desenvolvendo esforços no sentido de prevenir os governos interessados.

EDIÇÃO DE HOJE 20 PAGINAS

A VOLTA DA EUROPA EM AVIÃO

CONTINUAM NA VANGUARDA OS INGLEZES BROAD E BUTLER E O ALLEMÃO POSS

A VANGUARDA

BERLIM, 26 (A. B.) — A vanguarda dos aviadores participantes da "volta da Europa, pernoitou em Breslau, na Silesia e continuou esta manhã, em direcção a Dantzig.

São elles os inglezes Broad e Butler e o allemão Poss. Um segundo grupo, composto de tres allemães e do francez Finat e do archiduque Antonio de Bourbon Absburg, pernoitou em Praga.

Esperam-se os vencedores amanhã em Berlim, pela tarde.

Até agora, os dois inglezes Broad e Butler, o canadense Caberry e o allemão Poss, têm realisado um percurso impeccavel.

O VÔO PROSEGUE NORMALMENTE

PARIS, 26 (H.) — Informações de ultima hora adeantam que prosegue, sem maiores entraves, na direcção de Praga, na Tcheco Slovaquia, o vôo dos apparelhos empenhados na disputa do "chalanger" internacional para aviões de turismo.

Telegramma de Breslau, na Silesia, annuncia, por outro lado, que 38 concorrentes ao "chalanger" estiveram por espaço de 2 dias bloqueados em differentes aerodromos, devido ao mau tempo reinante em largo trecho do itinerario.

A' ultima hora annuncia-se que coube ao piloto Arrachart, participante do circuito continental o premio de 3.000 francos reservado ao aviador francez que primeiro alcançasse Nimes, pilotando um apparelho provido de motor igualmente francez.

CHEGADOS A VIENNA

VIENNA, 26 (A.) — Chegaram os aviadores que estão fazendo o circuito da Europa, em avião de turismo. Os primeiros a chegarem foram os inglezes, tendo a frente o capitão Broad, em avião "Gipsy Moth". O segundo aviador a chegar foi Allan Butler, vindo meia hora depois de Broad.

A ultima etapa de Munich a esta capital, devida as pessimas condições atmosphericas e grandes chuvas, foi feita com as maiores difficuldades.

MORREU UM CONCORRENTE A' "CHALANGE" INTERNACIONAL

LYON, 26 (H.) — O avião allemão de Offermann, que concorria na "chalange" de aviões de turismo, embaraçou-se á descida, na antena do posto radio telegraphico e cahiu violentamente ao solo, morrendo no desastre o piloto e o passageiro que vinha a bordo.

UM ACCIDENTE NO AERODROMO DE POZNAN

VARSOVIA, 26 (H.) — O aviador inglez Butler, um dos concorrentes á "chalange" internacional para aviões de turismo desceu hoje no aerodromo de Poznan, as doze horas e quinze minutos. Ao fazer a aterrissagem a helice tocou no solo partindo-se. O aviador nada soffreu.

O LADO COMICO DE UMA QUASI-TRAGEDIA

Manobras da esquadra sovietica

STAMBOUL, 6 (H) — A esquadra sovietica deixou o porto para o Mediterraneo.

Dois submarinos chegados hontem permanecerão aqui mais alguns dias.

Folha da Manhã

Director: OLIVAL COSTA — Gerente: LUIZ MOURA

O novo ministro da Hollanda em Portugal

LISBOA, 6 (H) — A bordo do "Flandria" chegou a Lisboa o novo ministro da Hollanda junto ao governo portuguez.

Anno VI | Assig.: Smestre . . . 25$000 Anno . . . . 45$000 | Red. adm. e off.: R do Carmo, 7 e 7-A Phones: 2-0787, 2-1817 e 2-1084 | S. PAULO — Terça-feira, 7 de Outubro de 1930 | Endereco telegraphico — "Folha" Caixa Postal, 1.900 | Numero do dia, 200 réis Atrazado, 300 réis | N. 1.936

O momento politico do Brasil

Medidas do governo federal para o restabelecimento da paz e da ordem

Contra os exploradores do povo

RIO, 6 (H.) — Afim de evitar explorações e difficuldades á população desta capital, o governo resolveu tomar medidas relativas ao abastecimento de viveres, tendo nesse sentido requisitado os stocks existentes nos trapiches e casas importadoras de cereaes, xarques, etc. etc., afim de controlal-os em beneficio do povo.

Como medida preliminar, foi hoje chamado ao gabinete do Ministro da Guerra o general Felippe Antonio Xavier de Barros, director da Intendencia da Guerra e bem assim o chefe de serviço da subsistencia da Primeira Região, que receberam instrucções e foram incumbidos de superintender esse serviço controlando-o de forma a evitar o assalto á bolsa da população.

RIO, 6 (H.) — O ministro da Justiça esteve no gabinete do prefeito, com quem conferenciou sobre as medidas attinentes ao abastecimento normal dos generos de primeira necessidade nesta capital.

O pesadelo, que ha mezes vinha torturando o paiz inteiro, elaborado no cerebro doentio de mineiros e gauchos, não conseguiu siquer perturbar a vida laboriosa do Brasil. Uma parte minima, que não chega a ser a totalidade de Minas, e do Grande do Sul, não podia influenciar absolutamente no restante dos Estados brasileiros.

Illudidos pela cegueira de um impatriotismo de que não ha memoria em nossa Patria, pensavam que com meia duzia de tiros conseguiriam mudar a opinião do paiz, toda ella contraria á menor perturbação da ordem publica.

Doloroso engano pelo qual irão pagar muitos innocentes, mas que recahirá tambem na cabeça dos culpados conscientes deste momento rapido de insania e de loucura!

Momento rapido de insania e de loucura, porque de todos os pontos do paiz chegam as mais tranquillisadoras communicações de ordem publica inalterada. As adhesões ao presidente da Republica se succedem, provindas das autoridades estadoaes e federaes, estando o governo do paiz senhor da situação. Conta para isto com a disciplina e a combatividade das forças do exercito e da marinha, bem como das policias dos Estados.

A rapidez com que as tropas federaes responderam ao desafio dos rebelados, marchando immediatamente contra elles, os desnorteou por completo. Revelou-lhes primeiro que de tudo se sabia e eram conhecidos os seus planos contra as autoridades constituidas. Revelou-lhes ainda e, com dura decepção aos mais obstinados, que a nação não compartilhava as suas idéas, levantando-se dezesete unidades da Confederação contra tão funestos quão ignominiosos intuitos revolucionarios.

No Estado de S. Paulo não houve a mais leve perturbação, nem siquer exaggerado temor quanto ao que possa acontecer. Ha confiança geral e a vida de trabalho continua perfeitamente normal, como se nenhum obstaculo surgisse para além das fronteiras, em Minas. O movimento, que se nota, é o de um grande enthusiasmo, formando-se na capital e no interior batalhões patrioticos, animados todos da mais franca dedicação á defesa do territorio paulista.

A situação geral do paiz, é, pois, de tranquillidade. O impeto de Minas e do Rio Grande póde-se julgar esmorecido. O que não lhes foi possivel conseguir até agora, não o será mais. Daqui por deante, não ha de que duvidar, a posição das forças federaes, que já isolaram o movimento revoltoso, será cada vez melhor, suffocando os focos de lesa-patriotismo, que mãos criminosas atearam no alto das montanhas calmas de Minas e nas coxilhas varonis do Rio Grande do Sul.

tem generos de primeira necessidade e que se façam explorações altistas, causaram boa impressão.

A espectativa da população é de calma e de confiança na acção dos poderes constituidos.

E' de registar tambem que o boatismo, que em outros pontos reclamava medidas severas, até agora não tomou proporções alarmantes, guardando certa moderação.

Quasi todos os jornalistas que foram presos já estão em liberdade. Continuam detidos alguns, tidos pelo policia como suspeitos de convivencia com os revoltosos.

— A "Esquerda" um dos orgãos mais vermelhos circulou hoje, não trazendo porém a menor referencia ao movimento revolucionario.

No Rio

O MOVIMENTO DA CIDADE, NO RIO, NÃO SOFFREU MODIFICAÇÃO

RIO, 6 (H) — Durante todo o dia a cidade viveu sob emoção de boatos. As noticias positivas sobre o movimento revolucionario continuam a ser muito raras.

Não obstante reinar absoluta calma nesta capital, o governo mantem as medidas de precaução já noticiadas.

O movimento na cidade não soffreu modificação, estando funccionando todos os cinemas e theatros; parece que a noticia dos acontecimentos ainda ainda não influiu nos habitos da população. O decreto do governo, declarando feriado bancario por 15 dias, provavelmente se reflectirá sobre o commercio.

Afóra isso, nenhuma alteração se observa na labuta ordinaria do Rio de Janeiro.

As medidas promettidas pelo governo no sentido de evitar que fal-

Foi decretado feriado até 21 do corrente

RIO, 6 (A.) — O governo Federal acaba de decretar feriado, até o dia 21 do corrente inclusive.

N. da R. — Os feriados decretados pelo governo federal não são de vulto para as repartições publicas como parece, mas tão sómente para effeitos commerciaes. Assim, até o dia 21 do corrente não se vencerão titulos de obrigações, estarão fechados os bancos, Caixas Economicas, as Bolsas, Camara Syndical de Corretores de Fundos e cartorios de protestos de letras.

A INTEGRA DO DECRETO DO FERIADO NACIONAL

RIO, 6 (H.) — O decreto declarando feriado de hoje até o dia 21 do corrente, está assim redigido:

"Decreto n.º 19.352 de 6 de Outubro de 1930. — O presidente da Republica dos Estados Unidos do Brasil, attendendo ás circumstancias graves creadas para o Brasil pela subversão da ordem publica em alguns Estados da Federação e considerando que é dever do Poder Executivo zelar pelos supremos interesses da Nação, decreta:

Artigo unico — Desta data, até o dia 21 do corrente, inclusive, é considerado feriado nacional, ficando durante esse periodo suspensos todos os actos impraticaveis nos dias feriados por lei.

Paragrapho unico — Exceptuam-se dessa medida sómente as repartições publicas de caracter administrativo, menos a Caixa de Estabilisação.

Rio de Janeiro, 6 de Outubro de 1930. — (a.) Washington Luis P. de Souza — Augusto Vianna do Castello".

O ESTADO DE SITIO PARA TODO O PAIZ — FOI DECRETADO FERIADO BANCARIO POR QUINZE DIAS

AS CASAS COMMERCIAES E AS REPARTIÇÕES PUBLICAS ADMINISTRATIVAS FUNCCIONARÃO NORMALMENTE DURANTE OS DIAS FERIADOS

RIO, 6 (H.) — Além das recepções publicas de caracter administrativo a que se refere o decreto do governo sobre o feriado nacional, estão tambem exceptuadas as casas commerciaes, que funccionarão normalmente.

TELEGRAMMA SOBRE OS FERIADOS RECEBIDO PELO SR. VICE-PRESIDENTE DO ESTADO

O sr. dr. Heitor Penteado, vice-presidente do Estado em exercicio recebeu hontem, o seguinte telegramma do sr. ministro da Justiça:

"Rio 6 — Tenho a honra de communicar a v. excia., para os devidos fins, que o governo federal acaba de decretar feriado do dia de hoje, seis, inclusive, até ao dia vinte e um do corrente, inclusive, ficando suspensos, durante esse periodo, os actos impraticaveis nos dias feriados por lei. Exceptuando-se desta medida, sómente as repartições de caracter administrativo. Saudações attenciosas. (a.) Vianna do Castello, ministro da Justiça".

A BOLSA DE TITULOS NÃO FUNCCIONARA' ENQUANTO PERDURAREM OS FERIADOS

RIO, 6 (H.) — Em face do decreto presidencial que estatuiu durante 15 dias, o feriado bancario, não funccionaram hoje a Bolsa de Titulos, assim como o segundo pregão das bolsas de café e assucar, posição esta em que permanecerão os mercados emquanto durarem os feriados.

CONFERENCIA DE GENERAES COM O MINISTRO DA GUERRA

RIO, 6 (H.) — Conferenciaram hoje com o Ministro da Guerra os generaes Malan D'Angrogne, Antenor Santa Cruz, Azeredo Coutinho e Alvaro Mariante.

O CHEFE DE POLICIA CONFERENCIA COM O GENERAL SEZEFREDO DOS PASSOS

RIO, 6 (H.) — Com o Ministro da Guerra conferenciou hoje á tarde o dr. Oliveira Sobrinho, chefe de policia desta Capital.

RESTABELECIMENTO DE COMMUNICAÇÕES TELEGRAPHICAS

RIO, 6 (H.) — Foram restabelecidas as communicações telegraphicas até á estação de Bemfica, na Central do Brasil.

CONTROLE DE MENSAGENS TELEGRAPHICAS

RIO, 6 (H.) — O dr. Mario Bello, director geral dos Telegraphos, bem como os srs. David Le Masson e Joaquim Laranja, respectivamente, chefe do gabinete e estação central, estiveram toda a noite de sabbado e domingo na sala de apparelhos, providenciando no sentido de controlar as mensagens recebidas, scientificando do teor das mesmas o ministro Victor Konder.

Os revoltosos contavam certo com a victoria da mashorca na Capital da Republica

RIO, 6 (H.) — Segundo está averiguado, o eixo do plano revolucionario deveria ser a Capital da Republica. Os sediciosos do Sul e de Minas Geraes contavam certo que os elementos de que dispunham no Rio, fariam ahi rebentar a intentona. Victoriosa esta, esperavam os revolucionarios que o exercito confraternisaria com elles. Mas a policia do Rio prendeu todos os conspiradores. A armada ficou fiel ao Governo. Todos os corpos do exercito se collocaram promptamente ao lado do Governo Federal. De modo que o plano engendrado falhou por completo . . .

Chamada de reservistas

RIO, 6 (H.) — O presidente da Republica acaba de assignar na pasta da Guerra o decreto que convoca os reservistas de primeira e segunda categorias até 30 annos.

O decreto é baseado no artigo 2.o alinea B, da lei 5.742 de 28 de Novembro de 1929. Este acto do poder executivo tomou o numero 19.531.

AS DESPESAS COM A MANUTENÇÃO DA ORDEM PUBLICA

RIO, 6 (A.) — O presidente da Republica assignou hoje, á tarde, o decreto sanccionando a resolução legislativa que autorisa o governo a fazer operações de credito até 100 mil contos, para occorrer ás despesas com a manutenção da ordem publica.

OFFICIAES QUE SE APRESENTAM AO DEPARTAMENTO DA GUERRA

RIO, 6 (H.) — Apresentaram-se ao Departamento Geral da Guerra mais os seguintes officiaes: coronel João Ferreira Johnson, tenente-coronel Francisco José Pinto, majores Raul Pedreira, Antonio Alves Fernandes Tavora, dr. Cesario Corrêa de Almeida, José da Silva Barbosa, dr. Antonio de Castro Pinto, capitães Bento Ribeiro Carneiro Monteiro, Pady de Freitas Amaral, Ismal P. Escobar, Alexandre P. Temporal, Severino M. Silva, Boanerges Marques, Carlos C. Miragaia, Thimoteo Fernandes Machado, primeiros tenentes Sylla da Silva Soares, dr. Luiz L. Miranda, João A. Montarroios, Melchiades da Silva Tavares, Humberto M. Barbosa Amorim, Oswaldo Maury Mayer, dr. Sergio Porto Junior, Felippe Muller, segundos tenentes Eolo Moraes, Theodorico A. Carvalho, Milton R. Vieira, Nadyr T. Cabral, Julio Costa, Antonio J. Araujo Filho e Augusto H. M. Almeida Olivier.

OFFICIAES QUE ESTÃO SENDO CHAMADOS, SOB PENA DE SEREM CONSIDERADOS DESERTORES

RIO, 6 (H.) — Estão sendo chamados ao Departamento da Guerra, sob pena de serem considerados desertores, os officiaes seguintes: Major de cavallaria Christovam de Castro Barcellos, capitão aviador Carlos Saldanha da Gama Chevalier, primeiros tenentes de infantaria Olympio Maynardi, Nelson de Mello, Augusto Maynard Gomes e Palconière da Cunha, todos addidos no referido Departamento.

TENENTE-CORONEL DECLARADO AUSENTE PELO MINISTERIO DA GUERRA

RIO, 6 (H.) — Pelo Ministerio da Guerra foi declarado ausente o tenente-coronel Aristarcho Pessôa.

PARA ONDE DEVE SER DIRIGIDA A CORRESPONDENCIA AOS OFFICIAES DA ARMADA

RIO, 6 (H.) — De ordem do estado maior da Armada, a correspondencia destinada aos officiaes e sub-officiaes, embarcados nos navios da esquadra, deverá ser remettida á divisão de communicação do mesmo estado maior, que se encarregará de lhe dar o conveniente destino.

AS FORÇAS POLICIAES DO ESTADO DO RIO A' DISPOSIÇÃO DO MINISTERIO DA GUERRA

RIO, 6 (H.) — O Ministro da Guerra recebeu o seguinte officio do dr. Manoel Duarte, presidente do Estado do Rio de Janeiro:

"Tendo sido declarado o estado de sitio em varios pontos do territorio nacional, inclusive no Estado do Rio de Janeiro, onde terão de effectuar-se operações militares, renovo a v. excia. a communicação de que a força militar do Estado está inteiramente ao dispor do Ministerio da Guerra para cooperar com a tropa do exercito em tudo quanto fôr necessario. Para esse fim, o commandante da força, coronel Antonio Bricio Grilhon se apresentará a v. excia., de quem receberá as precisas instrucções".

O ministro da Guerra acceitou esse offerecimento e ordenou que aquella força ficasse á disposição da 1.a Região Militar.

O OFFICIAL DE GABINETE DO MINISTRO DA JUSTIÇA SOLICITOU EXONERAÇÃO

RIO, 6 (Havas) — O dr. Annibal Machado, que desde o inicio deste Governo vinha servindo como official de gabinete do Ministro da Justiça, exonerou-se desse cargo. Em carta que endereçou ao dr. Vianna do Castello, aquelle seu ex-auxiliar declara que tomou essa resolução por fazer parte do Governo de Minas Geraes, um de seus irmãos. Refere-se o missivista ao dr. Chrystiano Machado, secretario da Segurança do Estado de Minas.

A ASSOCIAÇÃO COMMERCIAL DO RIO HYPOTHECA SOLIDARIEDADE AO SR. WASHINGTON LUIS

RIO, 6 (Havas) — Esteve reunida hoje, extraordinariamente, a directoria da Associação Commercial, tendo resolvido enviar uma moção de solidariedade ao presidente da Republica, redigida nos seguintes termos.:

Exmo. Sr. dr. Washington Luis Pereira de Souza — DD. presidente da Republica. — Temos a honra de passar ás mãos de V. Exa. a seguinte moção, approvada hoje unanimemente, em reunião dos directores da Associação Commercial do Rio de Janeiro:

"A Associação Commercial do Rio de Janeiro, interpretando os sentimentos das classes conservadoras manifesta a sua solidariedade aos poderes constituidos da Republica, esperando do patriotismo dos brasileiros a volta ao regimen de paz em bem dos interesses supremos do paiz".

Reiteramos a v. exa. os nossos mais expressivos protestos de alta estima e especial consideração. (a.a.) E. Pereira Carneiro, presidente; Affonso Vizeu, presidente honorario".

Em seguida foi designada uma commissão composta dos srs. Conde Pereira Carneiro, Eduardo Silva Araujo, A. Bandeira, Costa Pires e Eugenio Gondin, para fazer entrega da referida moção ao presidente da Republica, no Palacio do Cattete.

Ao despedir-se do chefe do Estado, a commissão declarou que a Associação Commercial ia dirigir uma circular ao commercio relativa á venda de generos de primeira necessidade.

A circular é a seguinte:

"A Associação Commercial do Rio de Janeiro, em face da situação anormal que o paiz atravessa, appella, no interesse geral, para o commercio desta praça, pedindo com insistencia, não sejam augmentados os preços dos generos alimenticios. E' um sacrificio que ha de passar, porquanto é de esperar que tal anormalidade não perdure por longo tempo. Por outro lado, aconselha ao commercio evitar fornecer aos seus freguezes habituaes quantidades superiores ás que usualmente costuma adquirir".

REINA PAZ NO AMAZONAS

RIO, 6 (Havas) —Os senadores Ephigenio de Salles e Aristides Rocha e deputado Monteiro de Souza receberam hontem o seguinte telegramma:

"Confirmando radio transmittido madrugada hoje informa reina aqui completa ordem. Acabo telegraphar presidente Republica assegurando nossa maior solidariedade. — Durval Porto".

HA COMPLETA PAZ EM ALAGOAS

RIO, 6 (H.) — O senador Clementino do Monte, recebeu hontem do governador de Alagôas, telegramma communicando que o Estado se encontra em completa paz.

A VIDA E' NORMAL EM TODO O ESTADO DA BAHIA

S. SALVADOR, 6 (A.) — A vida em todo o Estado é normal.

Nesta capital, os bancos, o commercio, as industrias, as escolas superiores e os collegios estão funccionando.

O fornecimento de energia electrica foi restabelecido.

O chefe de policia, como executor do sitio, tem tomado medidas acautelladoras para a manutenção da ordem.

NO ESPIRITO SANTO NÃO SE VERIFICOU PERTURBAÇÃO DE ESPECIE ALGUMA

VICTORIA, 6 (A. B.) — O presidente do Estado, sr. Aristeu Aguiar, recebeu hoje uma communicação do presidente Washington Luis, na qual o chefe da nação informava a respeito da situação do paiz e das medidas tomadas pelo governo da Republica, na defesa da ordem.

Immediatamente foram affixados boletins tranquillisando a população e dando-lhe a segurança da absoluta calma reinante na Capital Federal.

Autoridades federaes que se declaram prestigiadas pelo povo e por todos os elementos prestigiosos do Espirito Santo, accrescentam que, em todos os municipios do interior, como nesta cidade, não se verificou, até hoje, perturbação de especie alguma e que o governo prestará todo o auxilio material e moral, ao governo da Republica.

Cabographamos estas informações, ás 18,25 horas.

O DECRETO DECLARANDO EM ESTADO DE SITIO TODO O BRASIL

RIO, 6 (A. B.) — O decreto, hontem assignado pelo chefe da nação e referendado pelo ministro da Justiça alargando a todo o paiz as medidas de excepção votadas pelo Congresso, está assim redigido:

"Decreto n. 19.350, de 5 de Outubro de 1930.

Declara em estado de sitio todo o territorio da Republica, até 31 de dezembro do corrente anno. — O presidente da Republica dos Estados Unidos do Brasil usando da autorisação que lhe confere o decreto legislativo n. 5.808, de 4 de outubro corrente, resolve extender a todo o territorio da Republica, até 31 de dezembro de 1930 estado de sitio declarado pelo referido decreto.

Rio de Janeiro, 5 de outubro de 1930, 109.o da Independencia e 42.o da Republica. Washington Luis P. de Souza, Augusto Vianna do Castello".

AS NOTICIAS DOS ESTADOS CONFLAGRADOS

RIO, 6 (H.) — As noticias dos Estados conflagrados são poucas e desencontradas. Os boatos fervilharam durante o dia, na maioria originados de radios emittidos pelos revolucionarios e captados por estações clandestinas.

De certo só se sabe que o governo está apparelhando todos os elementos para o restabelecimento da ordem, o que, espera, se verificará com presteza.

A' ultima hora soube-se que se passam tambem factos anormaes em Pernambuco, para onde estão a caminho varias unidades da esquadra.

Ao Palacio do Cattete continuam a chegar durante todo o dia e á noite, telegrammas de solidariedade de todos os pontos do paiz.

Um radio dos revoltosos captado pelo Ministerio da Guerra

RIO, 6 (H.) — O Gabinete do Ministro da Guerra offereceu á imprensa o seguinte radio dos revoltosos captado pela electrificação:

"Companhia sargento...Ordenança a força sob méu commando ao chegar naquella cidade foi recebida á bala, tendo... recusado não tivemos baixa... Sem... Seg.... Pag... lemos.

Pontos entradas aqui estão guarnecidas especialmente estrada de rodagem p. alegre...Wande continua preso quartel 8.o Regimento...Preso... prendel-os.

Aguarde instrucções que póde vir via officio (a) tenente Cravo.

Agora vou descançar aqui mesmo até duas horas nada de novo ahi? Acabam de chegar dois soldados do 8.o"

Em beneficio do restabelecimento da ordem e da paz

NOTA PATRIOTICA DIRIGIDA PELO MINISTRO DA JUSTIÇA AO POVO BRASILEIRO

RIO, 6 (A.) — (Urgente) — Recebemos do Gabinete do sr. Ministro da Justiça a seguinte nota:

"No momento actual, as classes armadas — exercito, marinha e policia militar do Districto Federal, as policias da grande maioria dos Estados, as organizações de patriotas — mantêm-se rigorosamente fieis ao poder constitucional da Republica, ante o golpe desferido pelos governos dos estados de Minas Geraes e do Rio Grande do Sul contra a União.

Amparado por ellas, dentro da disciplina e no cumprimento do dever militar, e ainda pelo apoio de todas as classes sociaes, sem distincção, e pela opinião publica, está o governo tambem cumprindo o seu dever.

As medidas tomadas, o estado de sitio e outras, já decretadas, e as providencias que se põem em execução para o completo abastecimento da cidade do Rio de Janeiro, revelam o proposito firme em que se acha o Governo Federal de restabelecer e assegurar rapidamente a ordem e tranquillidade do paiz.

No pequeno espaço do seu mandato, que termina dentro de 28 dias, defende o governo o povo brasileiro contra o crime innominavel que a todos espanta.

Em defesa do restabelecimento da paz e da ordem, que o povo brasileiro deseja e quer, o governo empregará todos os recursos e a maxima energia, dentro dos limites da lei.

E' isso o que exige a honra nacional e é isso que o Governo Federal fará a bem da integridade da Patria.

Póde pois, o povo brasileiro confiar, com segurança, na estabilidade das instituições republicanas e na grandeza do Brasil unido".

Em Santos

A CENSURA A' IMPRENSA

SANTOS, 6 — Hoje, á tarde, estiveram no gabinete do dr. Aguinaldo Góes, delegado regional de policia, os directores dos jornaes locaes, que foram notificados, por aquella autoridade, de ter sido estabelecida rigorosa censura á imprensa, sendo, então, pelos presentes, combinado o melhor meio de ser a medida executada.

Os jornaes que hoje circularam já foram censurados.

MEDIDAS DE VIGILANCIA

SANTOS, 6 — O dr. Aguinaldo Góes, delegado regional, tem estado, ininterruptamente, á frente da Delegacia Regional, onde tambem têm permanecido as demais autoridades.

Aquelle delegado determinou rigorosas medidas de vigilancia. A cidade permanece em absoluta tranquillidade, confiante na acção energica e patriotica do governo contra os perturbadores da ordem e contra os falsos patriotas, fomentadores, por despeito, vaidades e torpe politiquice, da anarchia e da desordem.

A cidade, no emtanto, como dissemos, está em completa tranquillidade, segura da acção firme dos poderes constituidos.

Para todas as pessoas que tiverem necessidade de viajar, a policia fornece "salvo-conducto", ten-

(Continúa na 3.a pag.)

EDIÇÃO DE HOJE 18 PAGINAS

Folha da Manhã

Directores: RUBENS DO AMARAL, LUIS AMARAL — PROPRIEDADE DA EMPRESA "FOLHA DA MANHÃ" LTDA. — Director-superintendente: OCTAVIANO ALVES DE LIMA

Anno VII | Rua do Carmo, 7 e 7-A, Tel. 2-7181 (Rêde interna) | S. PAULO — Terça-feira, 22 de Setembro de 1931 | End. Tel. — "FOLHA", Caixa Postal, 2.900 | N. 2.174

O PARLAMENTO BRITANNICO VOTOU HONTEM A SUPPRESSÃO DO PADRÃO OURO

O GOVERNO INGLEZ EXPÕE AO MUNDO OS MOTIVOS DA SUA INESPERADA DECISÃO

RIO, 21 (A. B.) — O governo de S. M. Britannica distribuiu á imprensa londrina a seguinte nota:

"Depois de ter conferenciado com o Banco da Inglaterra, o governo de S. M. Britannica decidiu ter-se tornado necessario suspender durante algum tempo a execução da sub-secção "dois" da lei do padrão ouro de 1925, que obriga o Banco a vender ouro a um prazo fixo.

Nesse sentido uma lei será immediatamente apresentada e é intenção do governo de S. M. Britannica pedir a approvação do parlamento em todas as suas discussões na segunda-feira, 21 de setembro. Nesse interim, o Banco da Inglaterra foi autorizado a agir de accôrdo com a acção do Parlamento.

Os motivos que originaram esta decisão são os seguintes: a partir de meiados de julho ultimo, fundos em valor superior a mais de 200 milhões de libras foram retirados da reserva em ouro e moedas estrangeiras pertencentes ao Banco da Inglaterra, uma parte por meio de um credito de 50 milhões e 500.000 libras que vence dentro em breve, conseguido pelo Banco da Inglaterra de Nova York e Paris, e em parte por meio de creditos francezes e americanos, alcançando o total de 80 milhões de libras recentemente obtidas pelo governo. Durante os ultimos poucos dias, retiradas de contas estrangeiras augmentaram de tal maneira que o governo de S. M. Britannica se viu obrigado a tomar a supra mencionada decisão.

Esta decisão, naturalmente, não affectará as obrigações do governo de S. M. Britannica ou as do Banco da Inglaterra que são pagaveis em moeda estrangeira.

A reserva ouro do Banco da Inglaterra sôbe a cerca de 130 milhões de libras, tomando em consideração as contingencias que possam ter de ser encaradas, não é aconselhavel permittir que essa reserva possa mais tarde vir a ser reduzida.

Não haverá interrupção dos negocios bancarios costumeiros. O Banco abrir-se-á como de habito para conveniencia de seus clientes e não ha motivos em virtude do qual as transacções em esterlinos possam ser de qualquer maneira affectadas.

Ficou estabelecido que a Bolsa não abrirá segunda-feira, dia em que o parlamento está approvando a legislação necessaria. Isto, no emtanto, não terá interferencia ou ajuste dos negocios correntes na Bolsa, que continuarão a ser feitos de accôrdo com as normas usuaes.

O governo de S. M. Britannica não tem motivos para acreditar que as difficuldades presentes sejam devidas em qualquer extensão substancial á exportação de capital por subditos inglezes. Sem duvida alguma a massa das retiradas tem sido feitas por contas estrangeiras. O governo no emtanto, deseja repetir brevemente o conselho dado pelo chanceller do erario de que qualquer subdito inglez que augmentar a tensão sobre o cambio comprando por si proprio titulos estrangeiros ou ajudando a outras a fazer tal cousa, está deliberadamente contribuindo para difficuldade do paiz. Os Bancos tomaram o compromisso de cooperar na restricção das compras feitas por subditos inglezes do cambio estrangeiro excepto aquellas requeridas por necessidades actuaes de commercio ou para fazer face aos contractos existentes, e caso medidas posteriores sejam aconselhadas, o governo de S. M. Britannica não exitará em tomal-as.

O governo de S. M. Britannica tomou esta decisão com a maior relutancia, mas durante os ultimos dias os mercados estrangeiros internacionaes ficaram desmoralizados e estiveram liquidando creditos em esterlinos sem tomar em consideração o valor intrinseco dos mesmos creditos. Nessas circumstancias não houve outra alternativa de proteger a posição financeira deste paiz pelos unicos meios ao nosso alcance.

O governo de S. M. Britannica está providenciando para equilibrar o orçamento e a situação geral do paiz é bôa. Esta situação deve ser mantida. Uma coisa é abandonar o padrão ouro com um orçamento desequilibrado e uma inflacção sem controle, e coisa inteiramente differente é tomar essas medidas não por causa das difficuldades financeiras externas do paiz, mas por causa das excessivas retiradas do capital emprestado.

Os recursos definitivos deste paiz são enormes e não ha duvida de que as difficuldades presentes de cambio são apenas temporarias".

SNOWDEN FALA AO MUNDO PELO RADIO E DEFINE A NOVA SITUAÇÃO INGLEZA

Ha no seu discurso um appello á cooperação internacional para solução da crise mundial

(Serviço especial da U. P. exclusivo para a "Folha da Manhã")

LONDRES, 21 (U. P.) — Philipp Snowden chanceler do Thesouro da Grã Bretanha falou hoje á noite pelo radio, explicando ao mundo os motivos que determinaram seu paiz a suspender o padrão ouro e mostrando ao mesmo tempo de que modo a Inglaterra se adaptará financeiramente á nova legislação, que remove a fixação preço do ouro, mas que não impede a sua importação e exportação e não affecta mesmo as obrigações estrangeiras do paiz. A allocução do titular da Pasta do Thesouro, em alguns dos seus topicos mais importantes, assim se refere ao grave problema: — "O decreto estabelece a suspensão, a menos e até que S. M. decida de outra forma do dispositivo do acto de 1925, que exige do Banco da Inglaterra a venda de ouro a preço fixo. A terceira clausula autoriza o Thesouro a tomar as medidas que julgue de efficiencia na questão do cambio e nas difficuldades da suspensão do padrão ouro".

"O decreto não impõe restricções na importação ou exportação do ouro ou no transito livre do ouro collocado no Banco da Inglaterra pelos governos estrangeiros ou pelos bancos centraes.

Além disso, as obrigações em moeda estrangeira continuarão a ser satisfeitas pontualmente".

Depois de historiar as retiradas de ouro de Londres, Snowden declarou que no sabbado o Banco da Inglaterra informou o presidente do Conselho, sr. Macdonald, de que os creditos obtidos da França e dos Estados Unidos achavam-se praticamente esgotados. Os capitaes estrangeiros, ainda em Londres, excediam o ouro dos bancos e assim sendo o governo decidiu que seria contrario aos interesses nacionaes permittir novas sahidas de ouro. Isso beneficiaria aquelles que tivessem menos confiança na libra esterlina, á expensas daquelles que mantivessem seu saldo em Londres. Os bancos sondariam meios de se evitarem as acquisições ou as conversões, que não fossem de accôrdo com requerimentos de honorabilidade comprovada, e os bancos estrangeiros em Londres cooperavam nesse sentido.

Não obstante, o governo estava tomando as necessarias providencias para apoiar e fortalecer a acção voluntaria necessaria dos bancos. Passando ao aspecto geral da situação, o chanceller do "Exchequer" disse: "A distribuição desigual das reservas de ouro do mundo é de ha muito objecto de attento exame por parte do governo britannico e do Banco da Inglaterra e isso teria dado origem a uma conferencia, mas era claro que tal proposição não seria bem recebida por outras potencias e assim sendo, destinada a um fracasso. A presente crise, poderia, talvez, ter demonstrado a necessidade premente de uma acção conjunta e que o governo britannico teria deixado passar a opportunidade de discutir esse problema.

A posição da Grã Bretanha era honrosa. Tanto no que diz respeito á satisfação de obrigações contrahidas, como de auxiliar a reconstrucção e se falharmos nesse proposito é que os encargos eram demasiadamente pesados. Não me parece que outros paizes pudessem desmerecer os esforços effectuados pela Inglaterra. Exportamos para a America, durante a guerra e logo após, um total de ouro equivalente a 322 milhões de libras, afim de nos libertarmos de nossas obrigações. Destinamos fundos consideraveis ás amortizações de nossas dividas de guerra aos Estados Unidos e de accôrdo com os entendimentos realizados pagamos 285 milhões de libras, representando approximadamente, 30 °|°, a essa data, da amortização. Conquanto a divida britannica para com os Estados Unidos, representasse apenas 41 °|° do total das dividas de guerra aos Estados Unidos, nossos pagamentos representam 83 °|° do pagamento total recebido pelos norte-americanos. Quanto ao emprestimo de guerra francez, feito pelo governo britannico, montava na data do "funding" a 600.000.000 milhões de libras, sobre as quaes os inglezes pagaram taxas de juros no valor approximado de 3 milhões de libras annuaes.

Hoje, a França e os Estados Unidos adquiriram 3|4 partes de

(Conclue na 2.ª pagina, col. 1)

A CORÔA DEU O SEU ASSENTIMENTO A ESSA MEDIDA, COM UMA URGENCIA QUE REVELA A GRAVIDADE DA SITUAÇÃO

A CONVOCAÇÃO DA CAMARA DOS "LORDS"

LONDRES, 21 (U. P.) — Foi publicada uma communicação governamental nos seguintes termos: "O "lord" Chanceller, considerando que o interesse publico exige uma reunião immediata da Camara dos Lordes, convoca essa casa do Parlamento para reunir-se esta tarde".

O INICIO DOS TRABALHOS DA CAMARA DOS COMMUNS

LONDRES, 21 (U. P.) — A Camara dos Communs occupou-se, immediatamente depois da abertura da sessão, do projecto de lei apresentado pelo ministro das Finanças, sr. Snowden, suspendendo o padrão ouro, sem esperar que uma commissão especial o examinasse previamente e desse parecer sobre o mesmo.

O texto, segundo fora confirmado officialmente, fixa em 6 mezes o prazo da suspensão do padrão ouro.

O sr. Arthur Henderson, lider da opposição trabalhista, declarou que o seu grupo não combateria a suspensão do padrão ouro, desde que o governo desse uma resposta satisfactoria a certas perguntas que seriam feitas sobre os meios de dar execução ao projecto.

FALA O CHANCELLER DO THESOURO

LONDRES, 21 (U. P.) — Falando na Camara dos Communs, o chanceller do Thesouro, sr. Snowden, declarou o seguinte:

"O governo certamente não perderá nenhuma opportunidade".

A seguir o sr. Snowden disse que seria urgente convocar uma conferencia internacional afim de estudar a distribuição desigual do estoque mundial de ouro".

A PRIMEIRA DISCUSSÃO

LONDRES, 21 (U. P.) — A Camara dos Communs, ás 8 horas da noite, por votação symbolica, approvou o projecto de suppressão do padrão ouro, que foi lido formalmente para primeira discussão.

275 VOTOS CONTRA 112 NO SEGUNDO TURNO

LONDRES, 21 (U. P.) — A Camara dos Communs approvou por 275 votos contra 112, em segunda discussão, a suspensão do padrão ouro.

O PROJECTO APPROVADO PELOS COMMUNS E PELOS LORDES

LONDRES, 21 (U. P.) — A Camara dos Communs approvou por votação symbolica, em terceira discussão, o projecto de suspensão do padrão ouro.

A Camara dos Lordes que havia examinado o projecto, simultaneamente, approvou-o rapidamente nas tres discussões.

O ASSENTIMENTO DA COROA

LONDRES, 21 (U. P.) — O projecto de suspensão do padrão ouro, nas Camaras, acaba de transformar-se em lei, com o assentimento do rei Jorge V.

A MEMORAVEL SESSÃO DA CAMARA DOS COMMUNS EM QUE SE VOTOU A SUPPRESSÃO DO PADRÃO OURO DA INGLATERRA

Londres acompanhou com dramatico interesse o desenrolar dos successos e as noticias da repercussão da crise ingleza nos demais paizes do mundo

(Serviço especial da U. P. exclusivo para a "Folha da Manhã")

LONDRES, 21 (U. P.) — A Grã Bretanha atravessou hoje um dos grandes dias da sua historia financeira, só comparavel pelo nervosismo e até no temperamento fleugmatico da raça se fazia notar intensamente as horas dramaticas da crise de 1911 ou aos momentos trepidantes do fim de julho de 1914. Poucas vezes o londrino

SNOWDEN

terá assistido ao espectaculo da cessação virtual das transacções cambiarias, do funcionamento vagaroso dos bancos e da reunião apressada das Camaras Legislativas afim de dar o seu assentimento legal ao decreto já assignado pelo governo suspendendo o padrão ouro.

A reunião da Camara dos Communs deixava transparecer no semblante dos seus membros sobretudo na bancada do governo, a grande preoccupação de todos os espiritos, dando ao ambiente um ar de gravidade que os proprios deputados adversarios do gabinete não podiam disfarçar. O primeiro ministro Macdonald pouco depois de haver chegado á sua residencia em Downing Street 10, por volta das 11 horas da manhã enviou uma nota á imprensa na qual affirmava que o gabinete havia attingido ao pleno equilibrio orçamentario segundo os planos que haviam presidido a organização do projecto de lei de economia approvado na semana passada. Essa declaração foi reiterada pelo chefe do governo na Camara dos Communs no inicio da sessão de hoje.

Pouco depois tomava a palavra o chanceller do Thesouro, sr. Snowden, que apresentou á Camara Baixa o projecto de lei já constante de um decreto governamental hontem assignado, suspendendo o padrão ouro. Ao mesmo tempo o sr. Snowden pronunciou uma ligeira allocução justificando a medida tomada pelo governo e dizendo que ella se fazia necessaria em vista da retirada de ouro que se verificava desde ha dois mezes accrescentando que ficavam, no entanto, inteiramente livres a importação e exportação do ouro na Inglaterra. O chefe do Thesouro britannico desmentiu as noticias correntes de que o governo decidira realizar a conversão compulsoria dos titulos do emprestimo de guerra, mantendo no assumpto as suas resoluções anteriores no sentido de que a conversão se faria voluntariamente nos termos da lei de economia. Entre as justificativas allegadas pelo chanceller do Thesouro para a resolução que estava constituindo objecto da consideração do Parlamento estava o facto de haver recebido, elle, pela manhã uma carta do Banco da Inglaterra, em que os directores desse estabelecimento lhe informavam que os creditos recentemente abertos pelo Banco de França e pelo Banco de Reserva Federal dos Estados Unidos ao primeiro dos Bancos inglezes já se achavam praticamente exhaustos ao mesmo tempo que urgia uma medida governamental no sentido de alliviar todos os Bancos das obrigações resultantes do padrão ouro.

As palavras do chanceller do Thesouro foram ouvidas com grande attenção por parte da Camara dos Communs. Não se ouviu um [illegible] das bancadas dissid[illegible] opposicionistas.

Sabe-se, por informação dada officialmente, que o texto da lei que ordena a suspensão do padrão ouro estabelece para a sua vigencia o prazo de apenaz um semestre.

Após haver falado o sr. Snowden, levantou-se para falar em nome das opposições da Camara dos Communs, o antigo ministro do Exterior, sr. Arthur Henderson, pertencente ás fileiras trabalhistas e que dissentiu quando o primeiro ministro Macdonald achou que a situação de emergencia do Reino exigia a dissolução do ministerio partidario para formar em seu lugar um governo de colligação nacional. O sr. Henderson pronunciou um discurso muito curto no qual affirmou que os trabalhistas não fariam opposição á suspensão do padrão ouro constante do projecto ali em apreço, desde que o governo pudesse responder satisfatoriamente a certas questões relativas ao methodo segundo o qual essa suspensão será feita. O sr. Henderson foi igualmente ouvido em silencio, considerando-se que a pequena restricção opposta por elle ao projecto representava apenas o seu dever partidario de opposicionista, não tendo portanto maior significação.

A' medida que se desenrolavam os acontecimentos da Camara dos Communs, nos circulos commerciaes fervilhavam os commentarios sobre a nova ordem de cousas creadas no paiz, com a resolução do governo. A crença geral é a de que a suspensão do padrão ouro virá augmentar o commercio em geral, ao mesmo tempo que collocará o cambio inglez numa base mais verdadeira. As noticias de que as bolsas estrangeiras haviam decidido suspender virtualmente as suas operações, hoje, provocaram grande interesse nos circulos bancarios, sendo unanime o pensamento de que a situação se normalizará dentro de 24 horas.

Causou grande contentamento aqui a informação procedente de Nova York de que os titulos bri-

MACDONALD

tannicos haviam conseguido manter-se firmes, na Bolsa, e de que a libra esterlina, que soffrera no começo do dia um forte baque na sua cotação, firmara-se para o fim da tarde, cotando-se no encerramento quasi ao preço do encerramento de sabbado. Essa melhora foi recebida como um signal de que os americanos não perderam a confiança da situação da Grã Bretanha, o que, se fôr imitado na França, sustentará a posição da libra, durante os dias difficeis que ella está atravessando.

Espera-se que ainda esta noite o rei Jorge approve o projecto de suspensão do padrão ouro, que passou nas duas Camaras, pois a commissão real já deu o seu parecer favoravel a respeito.

Acreditava-se tambem, nos circulos da Bolsa, que esse estabelecimento, que passou o dia fechado por ordem do governo, se manterá inactivo amanhã tambem. Devido á ausencia de taxas officiaes, realizaram-se muito poucos negocios estrangeiros. Isso mesmo em bases méramente de tentativa. A taxa não official da cotação da libra foi na medida de 4 doliares e 25 centavos.

A' noite, como derradeira repercussão dos acontecimentos do dia, o ministro do Thesouro, sr. Philipp Snowden, pronunciou pelo radio um longo discurso em que explicou ao povo britannico os motivos da suspensão do padrão ouro e quaes os seus provaveis effeitos favoraveis sobre a economia geral do paiz.

A TRAGEDIA DA LIBRA

RUBENS DO AMARAL

A tragedia da libra, que levou a Inglaterra á supressão do padrão-ouro, não é, apesar da grandeza formidavel do acontecimento, que abalou o mundo, mais do que um episodio da bancarrota da economia occidental que nasceu da paz de Versalhes. Os grandes homens do após-guerra foram muito pequenos para a tarefa, que se propuzeram, de reorganizar o mundo, ou cégava-os o odio que os canhões semearam durante um quinquennio de batalhas, fogo e morte. Ou, ainda, por maiores que fossem ficariam mesmo abaixo da hora em que a humanidade se encaminhou para novos rumos depois de haver esgotado a sua fé nos systemas que a levaram ao morticinio e á fallencia falhando como regime politico, como processo economico e como justiça social. Desde os dias terriveis de Serajevo até a sessão de hontem da Camara dos Communs, tudo é um unico cyclone, que sacode os povos, soterra os seus estadistas e ameaça, não já os imperios que se foram ou os imperios que ainda estão de pé, mas, nas suas expressões actuaes, a propria civilização occidental.

*

Ha a inquietação politica. Ha, mais perigosa, a inquietação social. Procurem, porém, as suas causas e encontral-as-ão, mais profundas e mais intensas, na inquietação economica. Aos vencidos, esmagou-os o temor do seu resurgimento militar, que seria a consequencia fatal do seu resurgimento industrial, commercial e financeiro. Aos vencedores, esmagou-os, mais do que o peso da guerra, o erro da paz baseada na destruição do inimigo, levada a effeito no desconhecimento da existencia de um organismo universal que não sobreviveria á amputação e á gangrena de alguns dos seus principaes orgãos. A Allemanha, impondo á Russia a paz de Brest-Litowsky, deu a victoria a Lenine sobre Kerensky. Os alliados, por sua vez, impondo-lhe a paz de Versalhes, levaram-n-a á ruina, de que agora soffrem os contra-golpes. Fala-se em Londres na convocação duma conferencia economica internacional. Será o remedio, contanto que nella se reparem os erros e as iniquidades que estão minando o Occidente.

*

Se a conferencia internacional se reunir para proclamar uma nova paz diplomatica, terá feito muito porque permittirá a abertura da éra do desarmamento, que só por si alliviará enormemente os orçamentos das grandes potencias mundiaes. Mas será apenas um pequeno passo, de effeitos precarios, se se ficar por ahi. Porque, não basta que os povos se declarem amigos, mesmo que o declarem sinceramente e ás negociações dos diplomatas se siga a desmobilização dos espiritos. E' preciso que sejam realmente amigos, além do terreno dos discursos, dos jornaes e até das manifestações populares de cordialidade e affecto. A amizade real se concretizará na reciprocidade de interesses, para que cada povo lucre e se alegre com a felicidade do vizinho. E a esse ponto só chegaremos quando os homens, tendo comprehendido que o falso egoismo os leva á catastrophe em companhia das suas victimas, abolirem as barreiras alfandegarias que os dividem mais ferozmente do que quantas fortalezas construissem nas fronteiras, povoadas de soldados e ouriçadas de canhões.

*

Ouvimos no Brasil, agora que a consciencia nacional desperta contra a servidão industrial, que o mundo, ao contrario do que desejavamos e prégamos, marcha para o proteccionismo. Tem marchado, effectivamente. Desde 1918 que as nações não fazem outra coisa senão levantar muralhas contra o commercio internacional, cada qual querendo bastar-se a si mesma ou, o que é ainda mais insensato, cada qual querendo vender mais do que compra, como se tivessemos compradores fóra do planeta... Mas é exactamente porque o mundo marcha para o proteccionismo que marcha para a bancarrota. O que o sr. José Maria Whitaker tentou realizar aqui, — seja dito para sua attenuante, — tentaram-n'o outros estadistas na Europa e na America. Um a um, pensaram todos em salvar-se á custa dos demais. O que aconteceu, porém, foi que, quando iam ainda em meio da sua tarefa, a construcção se esboroou, ruindo neste momento a maior columna da economia européa, na hora justa em que acceitava o doido desafio universal para a adopção da politica proteccionista. Para que a Inglaterra soffresse, nem precisou adoptal-a: desmoronou aos effeitos da existencia della nos paizes que dantes eram clientes da sua industria e da sua finança.

*

Não diremos que foi só o proteccionismo, como doença mundial, que atacou a Inglaterra e a venceu. O isolamento da Russia, com seus cento e cincoenta milhões de habitantes; as agitações anti-britannicas da Africa e da Asia; a eterna guerra civil da China, que perturba todo o Extremo Oriente, — ahi estão causas tambem poderosas. Mas, não se contestará que, sem a loucura proteccionista que se apoderou da Europa depois da guerra e que ultimamente teve a sua terrivel propagação aos Estados Unidos, outra muito melhor seria a situação da Grã Bretanha, que nasceu e prosperou sob o livre cambio, num mundo que a tinha, mais do que agora, por padrão. E porque isso não se póde contestar, esperemos que, quando todos os demais povos tiverem soffrido a derrocada que hoje flagella a Inglaterra, um novo periodo se inaugure na historia da humanidade. Da conferencia internacional que se projecta sahirá talvez a união aduaneira da Europa. E isso valerá pela suppressão universal das alfandegas, que o homem creou para sua desgraça e os acontecimentos destruirão para sua felicidade.

O GOVERNO DE MOSCOU VAE INTERVIR NO CONFLICTO ENTRE A CHINA E O JAPÃO

Estão recebendo reforços preventivos as tropas do "exercito vermelho", na Siberia Oriental

(Serviço especial da U. P. exclusivo para a "Folha da Manhã")

RIGA, 21 (U. P.) — O sr. Karachan, vice-commissario dos negocios Estrangeiros da União das Republicas Socialistas dos Soviets, communicou hoje aos embaixadores do Japão e da China em Moscou que o governo de Kremlin não poderia ser indifferente ao presente conflicto da Mandchuria. O governo do Conselho dos Commissarios do Povo deu ordem ao commissario da Guerra, sr. K. E. Voroshilov para que siga immediatamente pelo Transiberiano, com destino ao Extremo Oriente, afim de tomar conhecimento da situação no proprio terreno das hostilidades. Ao mesmo tempo, as tropas do exercito vermelho, na Siberia Oriental, estão recebendo continuos reforços para a eventualidade de um conflicto.

DESCARRILAMENTO SUSPEITO NO TRANSIBERIANO

PEKIN, 21 (U. P.) — Os despachos procedentes de Kharbin annunciam o descarrilamento de um trem de passageiros da estrada de ferro Transiberiana.

Annuncia-se que esse desastre tem relações com as noticias divulgadas nos circulos chinezes de que o Exercito Vermelho se prepara para invadir a Mandchuria.

Directores: RUBENS DO AMARAL / LUIS AMARAL

Folha da Manhã

PROPRIEDADE DA EMPRESA "FOLHA DA MANHÃ" LTDA.

Director-superintendente: OCTAVIANO ALVES DE LIMA

Anno VII | Rua do Carmo, 7 e 7-A Tel. 2-7181 (Rêde interna) | S. PAULO — Sabbado, 3 de Outubro de 1931 | End. Tel. — "FOLHA" Caixa Postal, 2.900 | N. 2.184

OCCORRE HOJE O PRIMEIRO ANNIVERSARIO DO INICIO DA REVOLUÇÃO VICTORIOSA

A LAVOURA CONTRA A REFORMA DO CONSELHO NACIONAL DO CAFÉ

UMA COMMISSÃO DO CONSELHO EXECUTIVO FOI AO RIO ENTENDER-SE COM O CHEFE DA NAÇÃO

O Conselho Executivo da Commissão Central para Organização da Lavoura telegraphou, como é notorio, ao sr. presidente da Republica, pedindo a revogação do decreto 20.405, de 16 de setembro ultimo, que transformou o Conselho Nacional de Café, creado e mantido pela lavoura caféeira, em méra dependencia do Ministerio da Fazenda. Esse telegramma, amplamente divulgado, provocou a solidariedade das setenta e uma associações de lavradores existentes no interior e ligadas ao Conselho Executivo que telegrapharam, directamente, ao sr. presidente da Republica nesse mesmo sentido. Essas associações telegrapharam, tambem, ao Conselho Executivo, pedindo redobrasse de esforços no sentido de conseguir a revogação do lamentavel decreto.

Dando cumprimento ao pedido das associações, o Conselho Executivo deliberou organizar uma commissão que, no Rio, procurará avistar-se com o sr. presidente da Republica, a quem apresentará, defendendo-o oralmente, um estudo do decreto decepcionante, comparando-o com as clausulas do convenio dos Estados caféeiros e com o decreto 23.003, de 16 de maio, que nacionalizou o Conselho dos Estados Caféeiros, dando-lhe o nome de Conselho Nacional de Café. Essa commissão exporá, tambem, ao chefe da Nação qual a situação em que se encontra a lavoura e levará documentação ampla e demonstrativa da arregimentação a que se está procedendo em S. Paulo, onde lavradores, representando, já, mais da metade dos caféeiros existentes, constituiram setenta e uma associações de classe, sendo que dentro de poucos dias outras muitas estarão fundadas.

Aproveitando-se da sua estadia no Rio, a commissão entender-se-á com o Conselho Nacional de Café no sentido de ser posto em execução projecto a elle apresentado pelo Conselho Executivo, tendente a apressar a eliminação dos excessos de café nocivos, — projecto esse que o Conselho approvou, conforme foi ha já alguns dias noticiado.

A commissão a que nos referimos embarcou hontem no "Cruzeiro do Sul" e está assim constituida: Gustavo Avelino Corrêa, Cesar Pirajá, Fernando Netto, João Silveira Prado, Virgilio Aguiar, Octaviano Alves de Lima, Armando Pamplona, Mucio Whtaker, José Procopio Ferraz e Martinho da Silva Prado.

Chefiada pelo cel. João Alberto, chegará hoje á Capital do paiz a grande Commissão da Lavoura

RIO, 2 — (Da nossa succursal — Pelo telephone) — Os jornaes de hoje se occupam da vinda ao Rio da Commissão de Lavradores paulistas que pleitearão a reforma do decreto que tirou autonomia ao Conselho Nacional de Café.

Tratando do assumpto, "A Noite" escreve:

"Chega de São Paulo, numerosa commissão de representantes da Lavoura Paulista que vem conferenciar com o chefe do governo e com o ministro da Fazenda a respeito do recente decreto que tirou a autonomia ao Conselho Nacional de Café.

Da commissão fazem parte algumas das mais importantes figuras da lavoura de São Paulo que, como tem sido noticiado é contraria áquella lei".

O CORONEL JOÃO ALBERTO TAMBEM E' ESPERADO

O "Diario da Noite" adeanta que o coronel João Alberto, ex-interventor de São Paulo, virá acompanhando a grande commissão da lavoura paulista que é esperada amanhã e salienta que se presta real importancia a este facto.

A COMMISSÃO SEGUIU NO "CRUZEIRO DO SUL"

RIO, 2 (A. B.) — E' esperada qui, amanhã, pelo "Cruzeiro do Sul", a commissão da lavoura paulista, chefiada pelo sr. João Alberto e que vem conferenciar com o sr. Getulio Vargas, chefe do governo provisorio.

O SR. WHITAKER NÃO ABANDONARÁ O CARGO

O ministro da Fazenda manda desmentir, por seu secretario, os boatos que corriam a respeito

(SERVIÇO ESPECIAL DA "FOLHA DA MANHÃ")

RIO, 2 — (Da nossa succursal — Pelo telephone) — O "Globo" publica em segunda edição:

"Correram hoje pela manhã os mais insistentes boatos de que o sr. José Maria Whitaker abandonará a pasta da Fazenda, tendo nesse sentido enviado uma carta ao chefe do governo provisorio, na qual expunha o seu ponto-de-vista politico e as razões que o forçavam a deixar o alto posto em que vem servindo desde o inicio do actual governo. Um jornal de S. Paulo, chegou mesmo a inserir a noticia, dando como certa a sahida de s. exa.

Tanto quanto nos foi possivel apurar, muito embora os boatos se avolumem, o sr. José Maria Whitaker não tivera nenhuma conferencia com o sr. Getulio Vargas nestas ultimas 24 horas, nem enviára a s. exa. nenhuma carta.

Em todos os ministerios, na Prefeitura e na Chefatura de Policia, affirmava-se não ter nenhum fundamento a noticia e o proprio ministro da Fazenda, por intermedio do seu secretario particular, dr. Ascoli, mandava-nos o seguinte recado, pouco depois das 15 horas:

— "Diga ao representante d'"O Globo", lamentando de prompto não poder recebel-o pessoalmente, em virtude de meus affazeres, que a noticia carece de fundamento, podendo, pois desmentil-a categoricamente".

Um "furo" da "A Manha" repercute em S. Paulo e acaba sendo tido como noticia sensacional

(SERVIÇO ESPECIAL DA "FOLHA DA MANHÃ")

RIO, 2 (Da nossa succursal — Pelo telephone) — Hoje pela manhã a cidade deliciou-se com o "furo" formidavel do popular quintaferino, que sáe ás sexta-feiras, "A Manha", sobre a demissão do ministro da Fazenda...

E esta a noticia:

"ULTIMA HORA: PEDIU DEMISSÃO O MINISTRO DA FAZENDA — A' hora em que encerravamos os trabalhos da presente edição, o sr. Duque de Itararé recebia uma carta expressiva em que o sr. José Maria Whitaker lhe solicitava a devida permissão para enviar ao sr. G. Tullio Vargas o pedido de demissão do cargo de ministro da Fazenda da Republica Nova.

Nessa missiva o sr. José Maria dava como encerrada a sua missão na pasta das Finanças, pois declarava que, tendo mandado todo o dinheiro do paiz para os inglezes e americanos, nada mais tinha a fazer.

Não havendo mais massa encephalica para gerir, nem possibilidades de arranjal-a, apresentava seu pedido de demissão, que era irrevogavel e sugeria ao mesmo tempo a extincção da pasta, por inutil.

O sr. Duque de Itararé encaminhou essa carta para o sr. G. Tullio Vargas, aconselhando-o a acceitar o pedido do sr. Zé Maria".

A INFORMAÇÃO DO D.O.P.

O sr. Salles Filho, director do Departamento Official de Publicidade, hoje pela manhã, em palestra no Ministerio da Justiça, com-

(Conclue na 3.ª pagina, columna 1)

A DATA, ASSUMINDO UMA GRANDE SINGNIFICAÇÃO NA REPUBLICA NOVA, VAE SER COMMEMORADA SOLENNEMENTE EM TODO O PAIZ

A GRANDE SESSÃO CIVICA DO THEATRO MUNICIPAL

RIO, 2 (A. B.) — Amanhã, ás 15 horas, no Theatro Municipal, realizar-se-á a grande reunião commemorativa do inicio da revolução. A' mesma comparecerá o sr. Getulio Vargas com suas casas civil e militar. Tambem estarão presentes todos os ministros de Estado, officiaes de terra e mar, assim como as pessoas que tiverem obtido convites especiaes, distribuidos para evitar a super-lotação do theatro. Para os que não puderem entrar e desejem ouvir a palavra dos oradores representantes da Marinha e do Exercito, bem como o discurso do sr. Getulio Vargas, haverá alto-falantes nas paredes externas do theatro.

O PONTO, HOJE, E' FACULTATIVO

RIO, 2 (A. B.) — O chefe do governo provisorio mandou, hoje, transmittir ordem ás repartições publicas para que fosse obedecido o ponto facultativo, amanhã.

OS BANCOS OBEDECERÃO O HORARIO DOS SABBADOS

RIO, 2 (A. B.) — Apesar de o governo ter determinado que, amanhã, fosse o ponto facultativo, os bancos abrirão como de costume até o meio dia, ou até ás 11 horas, pois nesse hora, o relogio passará a marcar 12 horas.

EM PORTO ALEGRE

PORTO ALEGRE, 2 (A. B.) — Em commemoração á passagem do

SR. JOÃO PESSOA

primeiro anniversario da revolução brasileira, realizam-se amanhã, aqui, innumeras festas que promettem revestir-se de grande brilhantismo.

Todos os matutinos darão edições especiaes.

O "Estado do Rio Grande" circulará com uma edição de 32 paginas.

EM BELLO HORIZONTE

BELLO HORIZONTE, 2 (A. B.) — O governo do Estado commemorará a data de amanhã com uma missa solenne na cathedral, ás 10 horas da manhã. A' essa solennidade, que terá como celebrante mons. Rodrigues, comparecerá o sr. Olegario Maciel, todos os secretarios de Estado, o com-

SR. GETULIO VARGAS

mandante e officialidade de 12.o R. I. e dos batalhões policiaes.

Em todos os grupos e escolas isoladas, o governo ordenou que se fizessem commemorações, devendo os professores explicar aos alumnos a alta significação do dia 3 de outubro, para a historia do Estado e do paiz.

A tarde, no palacio da Liberdade, os voluntarios dos batalhões patrioticos organizados por occasião do movimento revolucionario entregarão ao sr. Olegario Maciel uma moção do solidariedade. Este acto será solenne e terá a assistencia das autoridades do Estado.

GENERAL TASSO FRAGOSO

TELEGRAMMAS DO SR. OSWALDO ARANHA AOS PROCERES REVOLUCINARIOS GAUCHOS

RIO, 2 (A. B.) — O sr. Oswaldo Aranha transmittiu, hoje, os seguintes telegrammas:

"Mauricio Cardoso — "Hotel Brasil" — São Lourenço — O dia de hoje, mais do que o inicio da revolução, marca o remate victorioso da intransigencia dos esforços de alguns homens inabalaveis na fé revolucionaria. Fostes um dos maiores destes e, para mim, pessoalmente, o maior pelo conselho, pela assistencia e pela decisão. Receba um abraço extensivo a d. Maria. (a.) Oswaldo Aranha".

"General Flores da Cunha — Porto Alegre — Saudo-te e ao Rio Grande no dia em que tu' e todos os riograndenses coroaram-se de louros na memoravel arrancada de 3 de outubro. Peço-te que sejas o meu interprete junto ao povo que honras e diriges, transmittindo-lhes as saudações de minha admiração e da minha saudade. (a.) Oswaldo Aranha".

"Dr. Borges de Medeiros — Cachoeira — No dia em que todo o Brasil commemora o primeiro anniversario da revolução, sinto-me no dever de saudar o chefe do

CORONEL JOÃO ALBERTO

meu partido aquelle a cuja serena e reflectida reflexão e mais autoridade deve o movimento do Rio Grande a maior parte da sua unanimidade e do seu fulgor. (a.) Oswaldo Aranha".

NO ESPIRITO SANTO

VICTORIA, 2 (A. B.) — O interventor João Eley designou o sr. José Lindenberg, ex-secretario do Estado, para representar o Espirito Santo nas commemorações de 3 de outubro, na capital da Republica.

O QUE PENSAM OS LIDERES DA REVOLUÇÃO

PARA O SR. OSWALDO ARANHA "TODOS OS DIAS DEVEM SER 3 E 24 DE OUTUBRO, DOIS DIAS DE FÉ E BRAVURA, ALVORADA DE CIVISMO"

(SERVIÇO ESPECIAL DA "FOLHA DA MANHÃ")

RIO, 2 (Da nossa succursal — Pelo telephone) — O "Globo" aproveitou a vespera da Revolução para fazer uma curiosa e opportuna "enquete".

Ouviu os proceres do movimento que se commemora, collecionando respostas sempre valiosas, algumas vezes interessantissimas, outras vezes cheias de pittoresco imprevisto...

O GENERAL TASSO FRAGOSO E A DISCIPLINA

A primeira entrevista da série, foi a do general Tasso Fragoso. E o brilhante militar, que até na opinião insuspeita de seu collega, o ex-ministro Sezefredo dos Passos, é o mais verboso official de nosso Exercito, o chefe do movimento em que as forças armadas, recusando-se a receber as ordens do Cattete, deram ganho de causa á revolução, recusou-se a falar, allegando a disciplina...

O HOMEM QUE APRESSOU A HORA...

O ministro José Americo que, se ainda não tivesse assegurado a popularidade, a conquistava agora, como o "homem que adiantou a hora", comparece a seguir: E diz uma phrase que talvez a censura não deixasse um simples jornalista escrever...

— "No primeiro anniversario da Revolução, já é tempo de esquecermos o que os vencidos fizeram para perguntarmos o que temos feito".

MAURICIO DE LACERDA ESTA' ESPERANDO...

Mauricio de Lacerda teve uma resposta que o proprio leitor interpretará:

— "O anniversario da revolução? — Mas não foi a 3! Foi a 24 de outubro. Só então lhe direi o que penso. A 3 eu era deputado, a 15 prisioneiros e a 24 aprisionavamos — o povo e a tropa, — o presidente no Guanabara. Portanto, para os cariocas, só a 24 se commemora alguma cousa... E, assim peço-lhe como o padre Antonio Vieira, o perdão que elle rogava a uma senhora, em longa missiva, por não ter sido mais curto, mais breve ainda...

PARA O DR. PEDRO ERNESTO A REVOLUÇÃO ESTA' CORRESPONDENDO...

O dr. Pedro Ernesto, que foi logo após a victoria da revolução escolhido para director da Assistencia Hospitalar, onde, aliás, fez magnifica figura e acaba de ser nomeado interventor do Districto, cargo em que se empossará amanhã, assim se pronuncia:

— "A revolução está correspondendo plenamente todos os sacrificios e esperancas. Era impossivel corrigir, em um anno, erros de quasi meio seculo. Os principios pregados e defendidos pelos revolucionarios desde 1922, estão sendo mantidos com o fim de alcançar a maxima finalidade do ideal por que combateram todos e tombaram muitos. A esses, o nosso preito de saudade e o compromisso de cada vez mais honrar a sua memoria".

A OPINIÃO DO GENERAL GOES MONTEIRO

O general Goes Monteiro, que a revolução acabou de revelar como um mestre de estrategia, está se revelando agora um escriba feroz. "Recordeman" das entrevistas, redactor do formoso manifesto dos militares, eil-o que define o regime vencido para depois opinar sobre a orientação a seguir:

— "O 3 de outubro foi feito para melhorar a vida do povo brasileiro. Estavamos nas garras de um regime oligarchico, vivendo uma vida incrivel. O nosso systema politico, antigo, não existia para servir as necessidades nacionaes, mas as explorava e se valia dellas, dos sacrificios que ellas faziam, para se manter no poder. Acabou-se esse regime. Foi posto

(Conclue na 4.ª pagina, columna 6)

OS CARRASCOS DA REVOLUÇÃO

RUBENS DO AMARAL

Quem deu a victoria á Revolução, contra o sr. Washington Luis, foi a crise economico-financeira que atormentou os ultimos mezes do governo oligarchico. Erguera-se contra elle a Alliança Liberal, com o officialismo de Minas, Rio Grande e Parahyba, apoiado pelas opposições dos demais Estados. Por sua vez, pondo-se a serviço das forças subversivas, o presidente e seus asseclas não deixavam passar dia em que não commettessem um desatino, pelo menos, para incutir na alma do povo a convicção de que não havia outro remedio senão o appello ás armas. O assalto a Minas, bloqueada como um paiz inimigo; a devastação da Parahyba pelo deflagrar da guerra civil; o massacre da verdade eleitoral nos reconhecimentos da representação mineira e parahybana, tudo enchera, até a bocca, as medidas da paciencia popular. Sobreveio como um raio o assassinio de João Pessôa e a Revolução estalou. Mas teria estalado, teria vencido, sem que marchassem na sua vanguarda, como um parque de tanks, os milhões de saccas que se desvalorizaram nos reguladores e cuja desvalorização arruinou S. Paulo e o Brasil?

*

Logo nos derradeiros dias de outubro, nossa convicção era que a Revolução sobreviveria ao peccado original se soubesse resolver a crise do café, resolvendo portanto a crise economico-financeira que desbaratara a riqueza publica e particular do Paiz. Logicamente, obortaria, como um simples episodio militar, se, depois de haver vencido as oligarchias colligadas, se deixasse vencer pela herança de fallencia e ruinas que o velho regime lhe legára, como uma tribu batida que ingerisse curare para envenenar, no banquete symbolico, a tribu inimiga que a houvesse derrotado. Dahi a confiança que sempre mantivemos e que procurámos incutir á lavoura paulista: o café não seria abandonado porque o seu abandono seria a bancarrota de S. Paulo, a bancarrota do Brasil e a bancarrota da Revolução. Vimos, realmente, que o governo João Alberto tudo conseguiu do governo federal, desde a compra dos estoques até a eliminação das sobras, contrariando orientações firmadas no Rio de Janeiro em choque com a acção paulista. Apenas, onde era preciso acudir com a pressa de um carro de bombeiros, o centro se movimentava com a lentidão de um carro de bois...

*

Não foi mais feliz, nem mais rapida, a politica financeira da União. Para amparar o cambio, elevou as tarifas aduaneiras a rigores prohibitivos, visando impedir a importação; mas, conseguido o seu desiderato, baixaram as rendas federaes, que se baseiam nas alfandegas, empurrando-nos mais depressa para a moratoria forçada. Para manter o credito, teimou em cumprir as obrigações da divida externa; mas, com isso não fez mais do que aviltar as taxas cambiaes que, a certa altura, impossibilitaram as remessas para o exterior. Para apparentar uma situação de ficticia convalescença, decretou preços para a moeda estrangeira; mas desse absurdo resultou que cessaram as nossas exportações, com o que mais se desvalorizou o mil-réis. Assim, cada medida tomada para apagar o incendio correspondeu a um jacto de petroleo atirado ás chammas, intensificando-lhe a furia destruidora E o primeiro anniversario da Revolução se commemora sob perspectivas de angustias que põem um terrivel ponto de interrogação no dia de amanhã.

*

A culpa dos revolucionarios, porém, é apenas indirecta. Os erros que ahi apontamos não são propriamente seus. São dos homens que, não tendo renovado a sua mentalidade, levaram para o governo os antigos systemas que já haviam falhado na pratica de quarenta annos e que, portanto, deviam ter sido substituidos por outros, provavelmente melhores. Aos revolucionarios fica, sim, a responsabilidade da escolha que fizeram e da fraqueza com que a conservaram. O seu engano justifica-se: foi de todos nós, que lhes apontamos o messias, para nosso mal. Mas não se justifica a sua tolerancia, pois que a ella é que devemos a manutenção de um estado de coisas funesto ao Brasil e á Revolução. Os reaccionarios, que se agarram ao poder, apesar de toda a opposição que contra a sua presença se levanta, não comprehendem que são demais nos postos de governo em que desservem aos interesses publicos, compromettendo a obra revolucionaria. Devia haver, entretanto, quem tivesse autoridade e decisão para lhes dizer que não devem continuar a sabotar as esperanças que floriram em outubro de 1930 e emmurchecem em outubro de 1931.

*

A rigor, a Revolução ainda não começou. Um anno se escôou em apalpadelas, hesitações, descaminhos, sob as astuciosas infiltrações dos elementos dos velhos tempos que se immiscuiram entre os revolucionarios para lhes desviar os rumos, sacrificando-lhes os ideaes. Doravante, sim, vamos verificar se a Republica Nova é capaz de formular um programma proprio, se esse programma é certo e se tem quem o execute. Só depois dessa experiencia será licito um julgamento de conjunto. Antes della, iniquamente condemnariamos, na Revolução, a influencia dos seus inimigos, que se metteram de dentro, como a lagarta rosea na maçã do algodão ou o stephanoderes na baga do café. Faça-se o expurgo primeiro. A seguir, e só então, dêmos o balanço nos meritos e demeritos de uma era que já começou chronologicamente, mas ainda não chegou politica ou administrativamente. Por enquanto, a verdade é que os revolucionarios carregam as culpas de um fracasso que é peccado, não delles, mas dos reaccionarios que desvirtuaram a Revolução.

FOI DECRETADA A "HORA DO VERÃO"

Devem ser avançados de uma hora, hoje ás onze horas todos os relogios existentes no Brasil

RIO, 2 (A. B.) — Foi assignado, hoje, pelo chefe do governo provisorio o decreto n. 20.466, que institue a "Hora do Verão" e que está assim concebido:

"Considerando que a hora de economia de luz, no verão, póde ser adoptada com grande proveito para o erario publico:

considerando que a pratica desta medida, já universal, traz igualmente grandes beneficios ao publico, em consequencia da natural economia da luz artificial;

considerando que a execução dessa providencia consiste apenas em avançar de uma hora os ponteiros dos relogios;

Decreta:

Art. unico — Fica adoptada, em todo o territorio nacional, a hora de economia da luz, no periodo de 3 de outubro a 31 de março.

Paragrapho unico — Todos os relogios do Brasil deverão ser avançados, de 1 hora, ás 11 horas (hora legal) do dia 3 de outubro, e assim devem ser mantidos até ás 24 horas do dia 31 de março (quando voltará a prevalecer a hora legal)".

A EXTINCÇÃO DO MINISTERIO DA EDUCAÇÃO

O DOP desmente que a noticia seja verdadeira

RIO, 2 (A. B.) — O Departamento Official de Publicidade distribuiu hoje o seguinte communicado:

"E' destituida de qualquer fundamento a noticia de que o governo cogita de uma reforma no ministerio de Educação e Saude Publica, afim de fundil-o com o da Justiça e Negocios Interiores".

FOLHA DA MANHA

DIRECTOR-SUPERINTENDENTE: OCTAVIANO ALVES DE LIMA — PROPRIEDADE DA EMPRESA "FOLHA DA MANHÃ" LTDA. — DIRECTOR-GERENTE: DIOGENES DE LEMOS AZEVEDO

ANNO VIII | RUA DO CARMO, 7 e 7-A TEL. 2-7181 (REDE INTERNA) | S. PAULO — TERÇA-FEIRA, 12 DE JULHO DE 1932 | END. TELEGR. — "FOLHA" CAIXA POSTAL, 2.900 | N. 2.422

A MARCHA TRIUMPHAL DO MOVIMENTO CONSTITUCIONALIZADOR

A VANGUARDA CONSTITUCIONALISTA ATTINGIU CRUZEIRO NA MANHÃ DE HONTEM — O DR. PEDRO DE TOLEDO ACCLAMADO GOVERNADOR DO ESTADO, APÓS HAVER RENUNCIADO Á INTERVENTORIA — O ENTHUSIASMO DA POPULAÇÃO PAULISTA -- A MOCIDADE ALISTA-SE EM MASSA — AS FORÇAS DE MATTO GROSSO EM CAMINHO PARA S. PAULO — CHEGA HOJE ÁS 8 HORAS O GEN. BERTHOLDO KLINGER, DESEMBARCANDO NA ESTAÇÃO DA LUZ

A decisão do governo dictatorial, reformando administrativamente o general Bertholdo Klinger, commandante da Circumscripção Militar de Matto Grosso, serviu para apressar a irrupção do movimento civil e militar que neste momento empolga São Paulo.

O movimento foi julgado indispensavel diante do desgoverno que a dictadura, que só buscava prolongar-se, vinha mantendo o paiz.

Preparada ha algum tempo, a articulação entre os diversos nucleos militares e civis ia se processando reservada e lentamente. Os mais influentes lideres do Exercito, da Força Publica e dos partidos politicos paulistas preparavam o ambiente e tornavam-n-o propicio ao lançamento da semente que haveria de fazer germinar a revolução constitucionalista. O general Isidoro Dias Lopes, apoiado francamente pelo governo do Estado, sustentado, por sua vez pela Frente-Unica, contava, desde logo com a totalidade da milicia estadual e com toda a guarnição do Exercito. Em Matto Grosso, os entendimentos eram feitos com o general Klinger, que tinha a seu favor a tropa sob seu commando e os elementos da policia do Estado. Nos outros Estados, Minas e Rio Grande, os elementos da Frente-Unica constitucionalista tomaram a si a tarefa de fazer a propaganda do movimento.

QUANDO DEVIA IRROMPER A REVOLUÇÃO

Assim processados os preparativos para a revolução, estava o seu irrompimento marcado para o dia 14 deste mez, quando deveria ser dado o signal convencionado.

A attitude tomada pelo chefe do governo provisorio, porém, reformando e mandando substituir immediatamente o general Bertholdo Klinger, no commando da circumscripção de Matto Grosso, fez com que, em uma reunião havida entre os chefes da Frente-Unica paulista e alguns militares, na residencia do dr. Barbosa Ferraz, á rua Sergipe n.° 37, fosse tomada a deliberação de serem os acontecimentos precipitados para que se evitasse uma possivel dispersão de forças.

A DECLARAÇÃO DO MOVIMENTO CONSTITUCIONALISTA

Foi neste ambiente que os chefes militares, os commandantes de todos os corpos de forças federaes e estaduaes foram convocados para a reunião realizada no sabbado, ás 12 horas, no quartel general provisorio, installado á rua Conselheiro Chrispiniano, com a presença do coronel Euclydes de Figueiredo que havia chegado momentos antes da Capital do paiz.

E, nessa reunião memoravel, presidida, como todas as outras preparatorias, pelo general Isidoro Dias Lopes, todos, excepção do commandante de Quitaúna, immediatamente substituido, foram accordes em dar inicio, immediatamente, á revolta constitucionalizadora, tendo, toda a officialidade, o commandante Salgado inclusivé, sahido para coordenar as forças sob seus commandos, afim de que todas pudessem entrar em actividade ainda naquelle dia.

O coronel Euclydes de Figueiredo assumiu no mesmo instante o commando da 2.a Região Militar, nomeando o coronel Palimercio de Rezende para chefe do estado-maior e o coronel Kingelhoefer para commandante do sector, e, logo a seguir, assignou, juntamente com o general Isidoro, um appello ao povo paulista em que declaravam haver assumido as supremas responsabilidades do commando das forças revolucionarias e pediam que todos os secundasse na acção de manter a ordem e a disciplina entre o povo, appello esse que publicamos em a nossa edição de domingo.

A RENUNCIA DO INTERVENTOR PEDRO DE TOLEDO

O embaixador Pedro de Toledo telegraphou então, ao sr. Getulio Vargas, depondo em suas mãos a investidura que havia recebido de seu delegado em São Paulo, declarando-se francamente ao lado dos paulistas que se levantavam num movimento geral de autonomia. No dia seguinte todos os elementos politicos militares e populares o proclamavam governador de São Paulo.

A PRIMEIRA NOITE DA REVOLUÇÃO

A' noite, depois das 21 horas, a cidade começou a conhecer as primeiras noticias sobre o movimento. E o povo procurava, nas immediações do Quartel General e dos Correios e Telegraphos, já a essa hora tomados pela Força Publica e pelo Exercito, conhecer a intensidade da reacção paulista.

Dahi a pouco as tropas da Cavallaria da Força Publica e do 4.° B. C. appareciam, convenientemente equipadas e armadas, para dar a todos a certeza de que era um facto real, a revolução paulista contra a dictadura e pela restauração immediata da ordem juridica sem a qual, povo algum civilizado póde viver.

UM ASPECTO DA MULTIDÃO QUE SE COMPRIMIA EM FRENTE AO PALACIO, NA OCCASIÃO EM QUE O SR. PEDRO DE TOLEDO FOI ACCLAMADO GOVERNADOR DO ESTADO

O SR. PEDRO DE TOLEDO RENUNCIA Á INTERVENTORIA, SENDO ACCLAMADO GOVERNADOR DO ESTADO

O SEU TELEGRAMMA AO SR. GETULIO VARGAS — A ACTA DA ACCLAMAÇÃO E A CERIMONIA DA POSSE — O GOVERNO NÃO SOFFREU ALTERAÇÃO —TELEGRAMMAS DE FELICITAÇÕES

Logo após o movimento constitucionalista, que empolgou a população toda, o embaixador Pedro de Toledo transmittiu ao sr. Getulio Vargas o seguinte telegramma:

"Dr. Getulio Vargas, chefe do governo provisorio — Rio. — Esgotados todos os meios que ao meu alcance estiveram para evitar o movimento que acaba de verificar-se na guarnição desta Região, ao qual adheriu o povo paulista, não me foi possivel caminhar ao revés dos sentimentos do meu Estado. Impossibilitado de continuar a cumprir o mandato que v. exa. houve por bem me conferir e que sempre procurei honrar, olhos fitos no interesse de São Paulo e do Brasil, venho renunciar ao cargo de interventor. Nesta situação de facto os chefes militares do movimento revolucionario constitucionalista ficaram com a delicada missão de manter a mais perfeita ordem e disciplina em todo o Estado. Vejo dest'arte terminada a missão de paz que tentei realizar e constituiu a maxima preoccupação do meu governo. Agradeço a v. exa. as attenções que me dispensou e a que correspondi quanto em mim esteve. Neste transe sem par da nossa historia dirijo um appello a todos os meus compatricios para que se irmanem afim de restabelecer o regime de paz e de ordem que o nosso paiz reclama para a sua reconstrucção economica e politica.

Sirvo-me do ensejo para reiterar a v. exa. o testemunho do meu mais profundo respeito. — (a.) *Pedro de Toledo*".

A acclamação do governador do Estado

Domingo mesmo, o embaixador Pedro de Toledo foi acclamado governador do Estado.

No Palacio do Governo foi assignada a presente acta de acclamação:

"Aos dez dias do mez de julho de mil novecentos e trinta e dois, no Palacio do Governo do Estado de S. Paulo, presentes o general Isidoro Dias Lopes, chefe das forças Constitucionalistas; coronel Euclydes de Figueiredo, commandante da Segunda Região Militar; coronel Julio Marcondes Salgado, commandante da Força Publica; dr. Costa Manso, presidente do Tribunal de Justiça; dr. Waldemar Ferreira, secretario da Justiça e Segurança Publica; dr. Rodrigues Alves Sobrinho, secretario da Educação e Saude Publica; dr F. E. da Fonseca Telles, secretario da Viação e Obras Publicas; dr. Francisco da Cunha Junqueira, secretario da Agricultura, Industria e Commercio; dr. Paulo de Moraes Barros, secretario da Fazenda; dr. Goffredo da Silva Telles, prefeito da Capital; dr. Joaquim de Sampaio Vidal, director do Departamento de Administração Municipal; dr. Antonio de Paula Salles, presidente do Partido Republicano Paulista; dr. Francisco Morato, presidente do Partido Democratico; Carlos de Souza Nazareth, presidente da Associação Commercial; dr. Luiz Americo de Freitas, presidente do Instituto de Café; Forças do Exercito e da Milicia estadual; representantes de todas as classes sociaes de São Paulo e incalculavel multidão que enchia literalmente a praça João Pessoa e ruas adjacentes, na maior manifestação de civismo a que São Paulo tem assistido até a presente data, foi acclamado Governador do Estado o sr. embaixador Pedro de Toledo, a quem o povo paulista deferiu solenne compromisso de dirigir os seus destinos na actual phase da vida brasileira. Para constar lavrou-se esta acta, que será assignada pelos presentes. — São Paulo, 10 de julho de 1932. — (a. a.) Pedro de Toledo, general Isidoro Dias Lopes, coronel Euclydes Figueiredo, Coronel Julio Marcondes Salgado, Costa Manso, Waldemar Ferreira, Rodrigues Alves Sobrinho, F. E. da Fonseca Telles, Francisco da Cunha Junqueira, Paulo de Moraes Barros, Goffredo da Silva Telles, Joaquim Sampaio Vidal, Antonio de Padua Salles, Francisco Morato, Carlos de Souza Nazareth, Luiz Americo de Freitas. Seguem-se muitas outras assignaturas de pessoas de grande representação social e politica, cujos nomes daremos opportunamente".

A cerimonia da posse

A posse de s. exa., como governador do Estado, deu-se ás 15 horas de domingo, no Palacio da Cidade, numa solennidade que assumiu fóros de grandiosa e por entre o enthusiasmo vibrante do povo, que, em massa compacta, se comprimia na praça em frente ao Palacio e nas ruas adjacentes.

S. exa. deixou a sua residencia ás 14.15 horas, dirigindo-se aos Campos Elyseos.

Ahi, uma verdadeira multidão esperava o illustre paulista. Dos Campos Elyseos s. exa. dirigiu-se ao Palacio da Cidade.

A's 14 e meia horas, grande era a massa popular que enchia a praça João Pessôa. Das janellas dos edificios que contornam a praça, verdadeira multidão aguardava a chegada do dr. Pedro de Toledo. Senhoras carregavam braçadas de flores á espera do governador do Estado. Notava-se um estado febril em todos. Verdadeiro enthusiasmo que não perdia a menor vasa para se manifestar ruidosamente.

CHEGA O REGIMENTO DE CAVALLARIA

A's 14,40 horas, deu entrada na praça o Regimento de Cavallaria da Força Publica, tendo á frente a banda de cornetas e, em seguida, o Tte. cel. Azarias, cercado pela officialidade. Seguiram os varios esquadrões que perfizeram o effectivo total do regimento, recebido com enthusiasticos vivas pela multidão. O regimento, na espectativa, formou junto á Secretaria da Justiça.

PASSAM AS "BANDEIRAS PAULISTAS"

Nesse interim procedendo da rua do Carmo despontam as "bandeiras paulistas" as phalanges dos paulistas que se alistaram para combater.

Abria o imponente cortejo a bandeira paulista ladeada por duas bandeiras nacionaes. O capitão Pietcher commanda as centurias que marcham cadenciadamente arrancando applausos, enquanto chovem flores em quantidade. São centenas de rapazes, homens e ate velhos que desfilam de cenho carregado, rythmando o passo com uma cadencia puramente militar.

DESFILAM AS FORÇAS DE INFANTARIA

Faltam 10 minutos para 15 horas. Começam desfilar os Batalhões da Força Publica, que são acclamadissimos. Contornam o obelisco da praça João Pessôa e seguem pelo viaducto, formando fileiras.

CHEGA O DR. PEDRO DE TOLEDO

A's 15 horas em ponto, pela rua Padre Anchieta, desponta um esquadrão de lanceiros em grande uniforme. Cerca o automovel onde viaja o dr. Pedro de Toledo. O povo rompe em grandes vivas, enquanto a Banda da Força Publica entoa o hymno nacional. O Regimento de Cavallaria apresenta as armas, assim como os demais batalhões da milicia Estadual. Flores são atiradas sobre o automovel do dr. Pedro de Toledo e os vivas tornam-se ensurdecedores. Da sacada da Chefia de Policia, o dr. Thyrso Martins e todas as demais autoridades policiaes, cumprimentam o novo presidente que, commovido, saúda o povo. O espectaculo é imponente. Os clarins da cavallaria rompem numa fanfarra militar.

Em outros automoveis, seguiam-no os secretarios de Estado, membros da Frente Unica, presidente da Associação Commercial e representantes de outras associações.

No salão nobre, o sr. Waldemar Ferreira, em nome do general Isidoro e das forças congregadas, acclamou governador de S. Paulo, o sr. Pedro de Toledo.

Palmas e mais palmas cobriram as suas palavras.

O ACTO DA POSSE

Presentes os commandantes das forças do Exercito e Força Publica, secretarios e demais autoridades, o dr. Waldemar Ferreira, secretario de Justiça empossa o dr. Pedro de Toledo, presidente do Estado de S. Paulo com essas palavras: **"Em nome do sr. general Isidoro Dias Lopes, chefe das forças armadas do Exercito e Força Publica, é dada posse ao presidente do Estado de São Paulo, dr. Pedro de Toledo".**

VIVAS A S. PAULO E AO BRASIL

O dr. Paulo de Moraes Barros ergue um viva enthusiastico a São Paulo, ao Brasil, ás forças do Exer-

UM AVIÃO CONSTITUCIONALISTA VÔOU SOBRE O RIO DE JANEIRO

Regressou da sua missão o aviador constitucionalista Mourão de Oliveira, que vôou, hontem, sobre a Capital da Republica onde atirou os jornaes de São Paulo e boletins de informações a proposito do movimento irrompido neste Estado.

O bravo aviador regressou a esta Capital sem nenhum incidente, não tendo encontrado o menor embaraço durante todo o desempenho de sua missão.

— Chega-nos a noticia de que outro bravo official aviador, João Baumgardt, praticou com exito a mesma proeza, voando sobre o Rio de Janeiro.

"São Paulo accorre ao appello do Brasil com o Brasil e pelo Brasil! A Nação inteira reclama o regime da ordem e da lei: Alteando tal bandeira a victoria da causa constitucionalista representa a victoria da propria nacionalidade".

(Palavras do governador PEDRO DE TOLEDO á "Folha da Manhã" quando falou ao nosso representante, no Palacio dos Campos Elyseos)

FOLHA DA MANHÃ

PROPRIEDADE DA EMPR... "FOLHA DA MANHÃ" LTDA. — Director-Gerente: DIOGENES DE LEMOS AZEVEDO

ANNO X | Rua do Carmo, 7 e 7-A TEL. 2-7181 (REDE INTERNA) | S. PAULO — QUARTA-FEIRA, 18 DE JULHO DE 1934 | END. TELEGR. "FOLHAS" CAIXA POSTAL, 2.900 | N. 3.060

O SR. GETULIO VARGAS FOI ELEITO PARA A PRESIDENCIA CONSTITUCIONAL DO BRASIL

O resultado final deu ao candidato official 175votos contra 59 alcançados pelo sr. Borges de Medeiros — Outros nomes menos votados, entre os quaes o do gen. Góes Monteiro, com 4 votos apenas — Não foi ainda marcada a sessão solenne para posse do presidente eleito para o quatriennio 1934-1938 — A conspiração da Legião "5 de Julho" visava um attentado contra a constituinte e outro contra o palacio São Joaquim

O GOVERNO NORTE-AMERICANO MOSTRA-SE PREOCCUPADO COM O MOVIMENTO GREVISTA DE SÃO FRANCISCO DA CALIFORNIA

Annuncia-se a substituição do commandante das tropas bolivianas que operam no Chaco — Foi encontrada copiosa munição de guerra na antiga séde da embaixada estadunidense em Havana — Passaram por Lisboa os despojos da sra. Washington Luis — O adiamento das conversaçõe s preliminares navaes

VOTO DA BANCADA PAULISTA

RIO, 17 (Da nossa succursal — Pelo telephone) — Faltando 13 inutos para as 19 horas de hoje, o presidente da Assembléa Nacional Constituinte proclamou o sr Getulio Vargas eleito primeiro presidente da Republica, no novo periodo constitucional. Entre os 59 votos que suffragaram o candidato da opposição, estavam os da bancada paulista.

Com o testemunho, pois, do facto consummado, affirmamos que bancada paulista soube, mais uma vez, honrar o seu mandato e aduzir, com fidelidade, o pensamento do povo que a elegeu. O seu to foi, em verdade, o voto do povo de São Paulo. Prova-o a cohe que caracterizou esse seu pronunciamento: representantes do P. , do P. R. P., da facção dissidente da Federação dos Voluntarios, Liga Eleitoral Catholica e das classes conservadoras, todos votam juntos, manifestando-se accordes e, assim, dividindo, nobremente os louros da victoria moral e as responsabilidades da attitude.

Os deputados de São Paulo souberam, desde o inicio dos trabalhos parlamentares, sustentar uma linha de conducta capaz de honrar a memoria dos nossos heroes de 32. Elles não quizeram transformar as sepulturas da revolução constitucionalista em degrau de accesso ao pinaculo das gloriolas da popularidade facil. Comprehenderam, desde logo, que era necessario elevar bem alto os principios de que eram a sua trincheira na Assemblea, e, pairando acima do confusionismo das explorações, reconquistar para São Paulo o prestigio moral de que o quizeram despojar. Foi por isso que a bancada paulista se tornou á grande resistencia a todas as tentativas que visam desmoralizar a Assembléa e retardar a reconstitucionalização, viessem de que lado viessem.

E' possivel que, se houvessem trilhado outro caminho, maior tivesse sido a colheita de applausos, nos dias que passaram. Mas, não menos certo que não teriamos retornado ao regime da lei e saberiamos honrar os moços que morreram para que a lei voltasse a ser a suprema razão.

A ultima etapa foi vencida. A legenda que o povo paulista ergueu 3 de maio, para combater a occupação militar, teve a sorte miraculosa de guiar, até o fim, os seus deputados. Eleitos "por S. Paulo Unido", entraram na Assembléa, sob palmas, "por S. Paulo Unido" e hoje, votaram, ainda sob palmas, "por S. Paulo Unido".

A constancia dessa união, que impôz ao paiz inteiro uma genuflexão diante do nosso grande Estado, deve valer tambem para a nossa gente, como um ensinamento inesquecivel. Porque os deputados souberam honrar o seu mandato até o fim, todos elles, sem que se a mencionar um só nome, porque todos merecem a mesma referencia. Já agora nenhum paulista lhes póde negar justiça!

A eleição do primeiro presidente da Segunda Republica

O resultado final registou a victoria da candidato official por grande maioria — Os votos obtidos pelo sr. Borges de Medeiros — Declarações de votos da minoria trabalhista e do sr. Minuano de Moura — As diversas phases da votação e os trabalhos da apuração — Homenagem prestada ao presidente da Assembléa — Discursos dos srs. Sampaio Correia e J. C. Macedo Soares — Resposta do sr. Antonio Carlos — Telegrammas recebidos pela bancada paulista

RIO, 17 — (Da nossa succursal — Pelo telephone) — A sessão da Assembléa de hoje foi iniciada com a presença de 196 deputados, encontrando-se o recinto, as galerias, e tribunas completamente cheios. Nas tribunas e galerias entre os espectadores, viam-se senhoras, senhoritas e alguns membros do corpo diplomatico estrangeiro.

O sr. Antonio Carlos assume a presidencia e declara aberta a sessão mandando, em seguida, ler a acta da sessão anterior, que foi sem debates approvada.

O sr. Antonio Carlos lê, em seguida, um requerimento extendendo os votos de louvor hontem concedidos ao presidente da commissão dos 26, sr. Carlos Maximiliano. Esse requerimento é approvado sob forte salva de palmas.

O sr. Soares Filho pede a palavra pela ordem e solicita que esses votos de louvor se extendam ao sr. Levi Carneiro.

O sr. Fernando Magalhães pede que elles sejam tambem extensivos aos funccionarios da Assembléa, que tão dedicados se mostraram durante a elaboração constitucional. As homenagens foram approvadas, como as demais, sob forte salva de palmas.

O sr. Nogueira Penido, propôz fossem prestadas identicas manifestações de louvor aos demais membros da mesa, ao pessoal da imprensa nacional e ao secretario da commissão dos 26, sr. Mario Alves. Os novos requerimentos tiveram approvação identica aos anteriormente approvados.

FALA O SR. VASCO DE TOLEDO

Pede a palavra pela ordem, o sr. Vasco de Toledo, lider da minoria trabalhista, que lê a seguinte declaração de voto:

"Coherentes com a attitude independente que sempre temos mantido nesta Assembléa, e tendo em consideração o motivo da presente sessão, declaramos que não póde interessar aos trabalhadores do Brasil, espoliados e opprimidos sob o actual regime, a eleição para presidente da Republica. Por mais digno que seja como cidadão e tenha as melhores intenções para com o proletariado, não ha candidato que possa, sob o actual regime, satisfazer plenamente o programma de reivindicações fundamentaes das massas trabalhadoras.

Sob a dominação do capitalismo, todo e qualquer governo outra cousa não representa senão o comité executivo dos interesses e aspirações das classes dominantes.

Apoiar esta ou aquella corrente da politica burgueza no presupposto de que se possa defender assim os interesses e as aspirações do proletariado, é contribuir, directa ou indirectamente, consciente ou inconscientemente, para mantel-o sob o jugo do capitalismo. Por isso não damos o nosso voto nem ao sr. Getulio Vargas nem ao dr. Borges de Medeiros, nem a qualquer outro candidato. Tambem não votamos em branco.

Para testemunhar a nossa fidelidade ao mandato que nos foi confiado, e para que os trabalhadores do Brasil não se illudam com o canto das sereias da politica burgueza — reaffirmamos mais uma vez, neste momento, a nossa independencia, retirando-nos demonstrativamente deste recinto, depois de proclamar bem alto que a emancipação dos trabalhadores só poderá ser obra dos proprios trabalhadores!

Sala das sessões, 17 de julho de 1934. — (aa) Vasco de Toledo, João Vitaca e Waldemar Reykdal."

DISCORDANDO DO DEPUTADO CLASSISTA

O sr. Antonio Rodrigues de Souza, tambem da bancada trabalhista, pede a palavra pela ordem, para discordar do ponto de vista do sr. Vasco de Toledo e, em seguida, tambem o sr. Martins e Silva, pede a palavra para secundar as do seu collega e desautorizar quanto á sua pessôa, a declaração do sr. Vasco de Toledo.

INICIO DA ELEIÇÃO

Passa o presidente a annunciar a ordem do dia e communica que estão á disposição dos deputados, os enveloppes para a eleição e dita as normas que deverão orientar o pleito, accrescentando que sendo voto secreto as cedulas não poderão ser manuscriptas. Convida logo depois os srs. Mauricio Cardoso e J. J. Seabra para auxiliarem a mesa no trabalho da eleição que vae ser iniciada. A assistencia e o plenario applaudem a decisão do sr. Antonio Carlos que passa a examinar as urnas e do alto da mesa, mostra-a em todos os sentidos.

A chamada é iniciada ás 14 horas e 40 minutos, sob a maior anciedade dos presentes.

COMO VOTAVAM OS DEPUTADOS

Cada deputado, á medida que era chamado, munia-se de um envelope rubricado, pelo secretario e dirigia-se á cabine, onde collocava a sua cedula dentro da subcaixa rubricada encaminhando-se para a mesa, lado esquerdo, junto ao 4.o secretario, lançava a cedula na urna e assignava o livro especial para tal fim.

HOMENAGEM AOS JORNALISTAS

Antes de se iniciar as votações, pede a palavra, pela ordem, o sr. Marques dos Reis, que pronuncia o seguinte discurso:

"Sr. presidente. Os votos de louvor, as manifestações de applausos que se fazem sentir aqui, tendo por fundamento o substractum, o proprio sentimento de justiça que domina esta casa, não poderão ficar completos se ao mesmo tempo a Assembléa não se manifestar reconhecida e grata á collaboração clarividente e solicita, diuturna da bancada da imprensa em nosso recinto.

Trabalhando comnosco, lado a lado, quaes deputados honorarios, os representantes da imprensa foram bem a voz e o pensamento vigilante da nação brasileira. Delegados da opinião publica, como nós elles aqui estiveram dignificando a tradição gloriosa da imprensa e da cultura do Brasil.

Peço que, a esta bancada de nossos de nossa confiança e que daestenda tambem o nosso voto de reconhecimento, de nossos applausos de de nossa confiança e que daqui por diante não haverá descontinuidade nessa vigilia permanente em bem da grandeza da patria".

O PRIMEIRO VOTO NA URNA

Foi o sr. Antonio Carlos o primeiro a depositar o seu voto na urna e que passando a presidencia ao sr. Thomaz Lobo, se encaminhou para a cabine indevassavel. Uma salva de palmas estrugiu no recinto. Seguiram-se os demais membros da mesa. Depois de todos os membros da mesa votarem, o presidente declara que vae dar preferencia a 4 deputados, que se acham no recinto, porem em virtude de seu estado de saude, não podem esperar. Esses deputados são os srs. Cunha Vasconcellos, Buarque Nazareth, Polycarpo Viotti e Mario Caiado, que são immediatamente chamados para depositar os seus votos na urna.

O SR. RODRIGUES ALVES SUBSTITUE O DEPUTADO SEABRA

O sr. J. J. Seabra, depois de depositar a sua cedula na urna, pede licença para se retirar do recinto. Então o sr. Antonio Carlos convida o sr. Rodrigues Alves para substituir o representante bahiano, no que accede aquelle deputado paulista.

HOMENAGEM A' BANCADA PAULISTA

Na occasião em que era chamada a bancada paulista, a assistencia a distinguiu com repetidas salvas de palmas. Os representantes de S. Paulo, deixam, um a um, á medida que são chamados, os seus votos na urna. Mas, a manifestação do plenario augmenta quando chega a vez dos srs. Alcantara Machado e José Carlos de Macedo Soares e Cincinato Braga. As palmas são mais prolongadas e se repetem por alguns instantes.

O VOTO DA DRA. CARLOTA DE QUEIROZ

Ao chegar a vez da dra. Carlota Pereira de Queiroz, os applausos se tornam mais intensos e generalizados. Innumeras senhoras e senhoritas batem repetidas palmas, no que são acompanhadas pelo plenario, tribunas e galerias e até a bancada da imprensa.

CONCLUSÃO DAS VOTAÇÕES

As votações terminaram ás 17,30 minutos, sendo o ultimo a depositar o seu voto na urna o sr. Nogueira Penido, representante dos funccionarios publicos.

O sr. Antonio Carlos annuncia, então, o termino das votações e declara que vão ser retiradas da urna as respectivas cedulas, para a apuração.

UMA DECLARAÇÃO DE VOTO DO SR. MINUANO DE MOURA

O sr. Minuano de Moura, opposicionista do Rio Grande do Sul, péde a palavra pela ordem e envia á mesa uma declaração de voto, expondo as razões por que o seu partido não consentia que elle votasse no candidato da maioria. Essa declaração é a seguinte:

"Sr. presidente — Partidario e pregador do sigillo impenetravel do voto, como medida salutar da pacifica manifestação do pensamento, não vou por isso, incoerentemente, revelar o suffragio que se me impõe secreto. Mas a minha singular situação de solitario representante de um grande partido, neste excepcional epilogo da vida da Constituinte do paiz, obriga-me a uma revelação que a historia do meu partido não poderia deixar dormitante, no recinto indevassavel do escrutinio. Não sou aqui um mandatario que escolhe, mas uma collectividade que opina. Não é um deputado que vota, mas um Partido que delibera. E delibera na exacta conformidade de suas virtudes, por demais assignaladas, na primasia do seu civismo e na nobreza de suas attitudes. Os homens não estão em causa já que, para nós, apenas valem pelas idéas que esposam e pelos principios que sustentam. E a prova disso démos ao abandonar as culminancias do poder ao homem que, só pela solidariedade sem limites que lhe emprestamos, fizemol-o afortunado chefe victorioso de uma grande campanha para commungarmos na planicie com esses outros a quem bravamente combatemos na hora em que, em empolgante attitude e despido das galas do poder, será padrão de honra de sua terra. Votamos contra uma situação de facto, que condemnamos por não ter nenhuma affinidade aos principios vitaes do nosso idealismo que iria, na vida publica, desde a necessaria reorganização de methodos e costumes, até á plena restituição do paiz ao dominio de si mesmo.

Assim, a nossa attitude de hoje muito mais se computa pelo que negamos do que pelo que pudémos dar. A quem démos sangue e vida, hoje não podemos dar siquer o voto. Embora essa urna não contenha para nós segredo algum, porém não admittindo o impossivel quando encaramos a imagem sagrada da patria, não nos desalenta, por isso, a possibilidade que o homem das urnas retome o homem das armas; que o presidente salve o dictador. E, na espectativa de tão patrioticos desejos, nós, os Libertadores, dispostos, como sempre, a todos o sacrificios, lá, no extremo sul, continuaremos postados, sendo o que sempre fomos: batalhadores impreteritos da regeneração nacional, sentinella avançada das liberdades opprimidas, e mais o que queremos ser: filhos de uma ditosa terra, soldados de uma grande patria."

AS CEDULAS RETIRADAS DAS URNAS

Retiradas as cedulas das urnas, o sr. Antonio Carlos annuncia ter verificado que nellas estavam 245 cedulas o textualmente:

— "Attenção, vou dar inicio á apuração das cedulas".

A Assembléa entra em profundo silencio, ansiosa pelo inicio das apurações.

O sr. Antonio Carlos, com voz firme e pausada, começa então a annunciar os candidatos votados, enquanto dois secretarios repetiam o numero de votos, que ia, cada um, obtendo.

A primeira chapa lida foi com o nome do sr. Getulio Dornelles Vargas.

A assistencia bate palmas.

Quando o sr. Antonio Carlos lê a primeira chapa com os dizeres: Para presidente da Republica dos Estados Unidos do Brasil, Antonio Augusto Borges de Medeiros, agricultor — irrompe prolongada salva de palmas e grande manifestação das galerias e tribunas.

Proseguem-se, assim, as apurações até quando o sr. Antonio Carlos annuncia a cedula que em nome do sr. Getulio Vargas perfaz o numero de 128 votos, ouvindo-se novas palmas.

(Conclue na 2.ª pag., col. 3)

Os fins do attentado preparado pela Legião "5 de Julho"

FORAM EFFECTUADAS MAIS DE 50 PRISÕES — DECLARAÇÕES DO CAPITÃO FELINTHO MULLER, CHEFE DE POLICIA DO DISTRICTO FEDERAL

RIO, 17 (H.) — O chefe de policia conferenciou hoje com o sr. ...unes Maciel, ministro da Justiça.

...sahida declarou aos reporteres que o interpellaram que, opportunamente, quando tudo estiver apurado, enviará á imprensa relato completo dos factos ligados á conspiração da Legião 5 de Julho hontem descoberta.

Declarou que foram encontradas na séde daquella agremiação 80 granadas, além de material para fabricação de bombas. Além dos officiaes dirigentes daquella associação, haviam sido presos Antonio de Souza e outros elementos menos conhecidos.

Adiantou, mais, que era intenção dos participantes do "complot" fazer explodir bombas no recinto da Constituinte e que a que a policia apurára, mais, que pretendiam collocar outros petardos no Palacio S. Joaquim, residencia do cardeal d. Sebastião Leme, devido a terem sido vencedoras as emendas religiosas na Constituição.

O chefe de policia repelliu energicamente a versão, que qualificou de estranha, segundo a qual o "complot" da Legião 5 de Julho fôra inventado pela policia e taxou-a de absurda.

O NUMERO DE PRISÕES EFFECTUADAS

RIO, 17 (H.) — Segundo a imprensa vespertina, as prisões effectuadas por effeito das diligencias que se realizaram na Legião 5 de Julho eram calculadas em mais de 50, achando-se todos os presos incommunicaveis na Policia Central.

O chefe de policia, capitão Felinto Muller, após uma conferencia que teve hoje com o ministro da Justiça, falou alguns momentos com os representantes da imprensa, dizendo-lhes que opportunamente, quando tudo estiver apurado, enviará á imprensa um relato completo dos factos.

Referiu, em seguida, que foram encontradas 80 granadas de mão na séde daquelle clube, além de material para fabricação de bombas. Mencionou, entre os presos, além de officiaes dirigentes da Legião, Antonio de Souza e outras pessoas menos conhecidas.

O capitão Felinto Muller repelliu a versão propalada, de que esse "complot" teria sido "inventado" pela policia.

Ha um anno e meio que sou chefe de policia — lembra — e não "inventei" nenhuma conspiração. Não seria agora, quando vou deixar aquelle cargo, agora que todos nós estamos de alma grande e todos desejam ordem e paz para o Brasil, que iria "inventar" uma...

O "O Globo" publica a seguinte noticia: "As prisões foram innumeras. Turmas de investigadores percorreram os trens, nas diversas estações iniciaes, e guarneceram tambem as barcas, effectuando prisões dos passageiros julgados suspeitos. Cerca de 40 pessoas foram levadas, assim, á Policia Central, de onde partiam, a cada momento, os "tintureiros".

O ministro da Fazenda annulla a determinação tomada pela Alfandega de Santos

PORTO ALEGRE, 17 (H) — O Centro da Industria Fabril-riograndense endereçou ao ministro da Fazenda telegramma de protesto contra a apprehensão pelos fiscaes no porto de ...os de mercadorias despachadas ...varios vapores, sobre a allegação ...ue as estampilhas nos talões de ...não estavam devidamente inutilizadas.

O sr. Oswaldo Aranha ordenou a entrega dos artigos apprehendidos ás ...s prejudicadas.

Nomeação do secretario da Reitoria da Universidade de São Paulo

RIO, 17 (H.) — Por decreto assignado na pasta da Educação foi nomeado o sub-secretario addido da Faculdade de Direito de São Paulo, em disponibilidade, Aureliano Amaral, para secretario da reitoria da Universidade desta Capital.

Organização do Conselho de Administração do Ministerio da Guerra

RIO, 17 (H.) — O Conselho de Administração creado no gabinete do ministro da Guerra ficou assim constituido: presidente, coronel Francisco José Pinto; chefe do gabinete, relator, tenente-coronel Gustavo Cordeiro de Farias; thesoureiro, capitão do quadro de administração Luiz Carlos Valdez, e almoxarife-secretario, um funccionario da Secretaria da Guerra.

Visitas de despedidas ao sr. Oswaldo Aranha

RIO, 17 (H.) — Os directores da Associação Commercial estiveram hoje no Ministerio da Fazenda, em visita de despedidas ao sr. Oswaldo Aranha, que vae deixar aquella pasta. Saudado pelo sr. Araujo Maia, o ministro Oswaldo Aranha respondeu, agradecendo, em breves palavras. Disse que ainda esperava ter a satisfação de apresentar ao seu substituto a directoria da Associação Commercial, para lhe pedir que continue a olhar o commercio com a mesma sympathia e as mesmas attenções.

O pagamento das quotas estipuladas no regimento da Faculdade de Medicina para os seus docentes

APO'S TER SIDO DECIDIDA A DECLARAÇÃO DA GRE'VE, OS INTERESSADOS RESOLVERAM REUNIR-SE NOVAMENTE PARA ESTUDAR MELHOR O ASSUMPTO

RIO, 17 (H.) — Os docentes da Faculdade de Medicina realizaram esta noite nova reunião para assentar medidas sobre a attitude da directoria e do conselho technico da Faculdade em referencia ao pagamento das quotas estipuladas no regimento, a favor dos alludidos professores. O presidente da sessão communicou que o professor Leitão da Cunha, novo director da Faculdade, lhe promettera providenciar, logo que entre em exercicio, para serem attendidas as reclamações dos docentes. Foi então deliberado aguardar a acção do novo director da Faculdade designada uma commissão para interceder junto ao novo director quando necessario.

Em seguida um membro da delegação do Directorio Academico presente á reunião, communicou que os estudantes de medicina tinham resolvido declarar-se em gréve a partir de amanhã, em demonstrações de solidariedade com os livre-docentes e de protesto contra a nomeação de pessoas extranhas ao corpo de docentes e seu concurso para cathedraticos da Faculdade. Sobre o assumpto falaram diversos oradores, que enalteceram a attitude dos estudantes e protestaram contra o acto do governo. Por proposta do professor Evandro Chagas, ficou deliberado enviar-se uma representação ao ministro da Educação, protestando contra as referidas nomeações consideradas lesivas aos direitos dos livre-docentes.

Em seguida foi muito debatida uma proposta no sentido dos docentes se declararem em gréve, solidariamente com os estudantes.

A discussão tornou-se por vezes tumultuosa. Finalmente ficou resolvido adiar a discussão desta proposta para nova reunião que se realizará amanhã.

A SITUAÇÃO DO CAFÉ NACIONAL

Após uma nova quéda do nosso principal producto o mercado volta a funccionar com os preços dos ultimos dias

RIO, 17 (H.) — "A Noite" publica a seguinte nota sobre a situação do café:

"Desde sabbado que aqui e no exterior sobretudo em Nova York ... a bocca pequena o boato de que o governo tinha emittido ou emittir segundo uns um milhão e meio de contos e segundo outros um [illegible] ...ntos.

Apes [illegible] ...dente fantasia — tanto assim que não nos demos ao [illegible] a desmentir — correu o boato em varios circulos ...ntrib [illegible] ...azer baixar os preços do café.

Hoje ás p[illegible] horas da tarde, diante da insistencia dos pedidos de info[illegible] ...e vinham de Nova York, foi enviado para ali desme[illegible]

A praça [illegible] ...ás, já havia reagido contra a tendencia baixista tanto [illegible] ...s preços subiram na bolsa da manhã e na tarde [illegible] mais fechando o mercado firme.

Em Sa[illegible] ...lo conservou-se calmo todo o dia, havendo ...mente [illegible] ...ços.

Em Nov[illegible] ...rcado conservara-se calmo todo o dia e no ...mento [illegible] ...a de 1 a 5 pontos para Santos, e de 1 a ...ntos para [illegible]

INSTALLOU-SE O CONSELHO SUPERIOR ADMINISTRATIVO DA FAZENDA

Os discursos dos srs. Oswaldo Aranha e Paulo Ramos, ministro da Fazenda e director da Despesa do Ministerio da Fazenda

RIO, 17 (H) — Installou-se hoje, no Ministerio da Fazenda, o Conselho Superior Administrativo da Fazenda, em reunião presidida pelo ministro Oswaldo Aranha e da qual participaram os srs. Belene de Almeida, director geral da Fazenda Nacional, Angelo Bevilacqua, director do Expediente e do Pessoal; Paulo Martins, das Rendas Internas; Paulo Ramos, das Despezas; Rezende Silva, das despesas aduaneiras; Julia Peçanha, do Dominio da União; Gonçalves Mello, procurador geral da Fazenda; Léo de Affonseca, da Estatistica, Economia e Finanças; Marques de Oliveirda, contador da Republica, e João Bello de Mello, secretario da Fazenda.

O sr. Oswaldo Aranha, ao inaugurar os trabalhos, declarou que, antes de deixar a pasta da Fazenda, resolvera instituir esse orgão consultivo, visando uma cooperação coordenada entre as diversas repartições, de modo que não surgissem divergencias possiveis na continuidade dos diversos trabalhos que deverão ser conduzidos, num ambiente de harmonia e actividade, para que resultem productivos e de accôrdo com os interesses do paiz.

Outra funcção do oCnselho, segundo as palavras do ministro, é classificar os funccionarios que, por diversas razões, fazem ju's á promoção.

— "Quando aqui entrei — concluiu o ministro — encontrei o ambiente de prevenções, mas me despi de todas ellas e fiz tambem com que cada qual eliminasse as que particularmente guardavam com relação aos outros. Nenhuma obra é fecunda se em torno della não se reunem a boa vontade e a perfeita cooperação dos que se dispuzerem a realizal-a".

Em seguida, falou o sr. Paulo Ramos, director da Despeza do Ministerio da Fazenda e que, em nome dos seus collegas de Conselho, agradeceu as referencias feitas pelo ministro, cujos actos e orientação seguida na Fazenda elogiou.

Já o sr. Oswaldo Aranha ia encerrar a reunião, quando lhe foi solicitada a palavra. Tratava-se de um ex-funccionario do Thesouro, victima, disse, de uma grande injustiça, por ter sido julgado em processo, sem o direito de defesa.

— O senhor não foi ouvido? perguntou o ministro.

O funccionario affirmou que não, e o ministro tomou então o seu nome, numa tira de papel, declarando:

— O senhor será ouvido!

Em seguida, foi encerrada a sessão.

AMANHÃ, NA "FOLHA DA MANHÃ":

CONTRA A DISSOLUÇÃO

(NOSSA COLLABORAÇÃO EXCLUSIVA)

Artigo de Bertrand Nogaro

(Ex-ministro da França)

MORGAN, PREMIO NOBEL DE BIOLOGIA

(COPYRIGHT DA COMPANHIA EDITORA NACIONAL)

Artigo de Octavio Domingues

PROPRIEDADE DA EMPRESA "FOLHA DA MANHÃ" LTDA. — Director-Gerente: DIOGENES DE LEMOS AZEVEDO

FOLHA DA MANHÃ

ANNO XI | Rua do Carmo, 7 e 7-A — TEL. 2-7181 (REDE INTERNA) | S. PAULO — TERÇA-FEIRA, 26 DE NOVEMBRO DE 1935 | CAIXA POSTAL 3.900 — END. TELEGR. "FOLHAS" | N. 3.583

Movimento subversivo em Pernambuco e no Rio Grande do Norte

Foi approvada pelo Congresso a decretação do estado de sitio, por trinta dias, em todo o territorio nacional — O governo federal envia aviões e navios de guerra para combater os rebeldes — Natal acha-se em poder dos sublevados — Os sediciosos de Recife concentraram-se na Villa Militar de Soccorro, onde são acossados pelas forças federaes — Reina calma nos demais Estados

O Rio Grande do Norte agitado por um movimento subversivo de caracter extremista

A sedição teve o apoio do 21.° B. C. aquartelado em Natal — Foi deposto o governador Raphael Fernandes — Os rebeldes estão sendo tenazmente combatidos pelas forças legaes

RIO, 25 (H.) — Segundo noticias recebidas nesta capital e que transmittimos com todas as reservas, teria havido um movimento subversivo em Natal. As informações adiantavam que o 21.° B. C. cujos sub-officiaes ter-se-iam sublevado estaria tiroteando com a policia. Corria, ademais, que o movimento se extendia a mais de um Estado. Era attribuido ao movimento caracter extremista.

O deputado José Augusto, recebeu um telegramma contendo informações mais ou menos naquelle sentido.

PROVIDENCIAS DO GOVERNO FEDERAL

RIO, 25 (Da nossa succursal — pelo telephone) — Ao governador interino de Pernambuco foi enviado pelo presidente da Republica, o seguinte telegramma:

"Accuso o recebimento de vosso telegramma, communicando-me a revolta de parte do 29 B. C., que deve ser repellida com a maxima energia. Estão seguindo todos os recursos afim de ser jugulado o movimento, que deve ficar circumscripto a essa capital e a Natal. Seguiram recursos de Alagoas e Parahyba, além de esquadrilha de aviação e de dois cruzadores. Cordiaes saudações, (a) Getulio Vargas.

DESDE SABBADO ACHAVAM-SE CORTADAS AS LIGAÇÕES TELEGRAPHICAS DE NATAL COM RIO

RIO, 25 (Da nossa succursal — pelo telephone) — Desde antehontem, pela madrugada, que estão cortadas as communicações telegraphicas com Natal. Sabe-se da eclosão do movimento revolucionario e que a cidade estaria dominada pelos sediciosos, através de um telegramma passado pelo prefeito de Macahyba, localidade não muito distante da capital rio-grandense do Norte.

Dahi, é natural que o governo esteja deposto. Onde se encontrará, porem, o sr. Raphael Fernandes, governador do Estado?

Ha versões de que s. s. tenha conseguido galgar o interior do Estado, refugiando-se em localidade que não dispõe de telegrapho. Outros admittem a hypothese de que elle esteja nomisiado num "aviso" de guerra mexicano, ora naquelle porto. Ha ainda uma versão de que teria sido sacrificado o governador potyguar.

O GOVERNADOR POTYGUAR A BORDO DE UM VASO DE GUERRA ESTRANGEIRO

RIO, 25 (Da nossa succursal — pelo telephone) — Estamos seguramente informados de que o governador Raphael Fernandes encontra-se a bordo de uma canhoneira mexicana, que está no porto de Natal.

E' A TERCEIRA VEZ QUE SE REVOLTA O 21.o B. C. NOS ULTIMOS QUATRO ANNOS

RIO, 25 (Da nossa succursal — pelo telephone) — O 21.° B. C., que ora está aquartelado no Rio Grande do Norte, é a terceira vez que se subleva nestes quatro annos. A primeira foi no Recife, em 31, quando estava ali aquartelado. Dirigido pelo sr. Pedro Calado, que visava depor o sr. Lima Cavalcanti, alliou-se a alguns officiaes e praças, sublevando o batalhão e tendo sacrificado o seu commandante de então.

Transferido para Natal, em 34, tomou parte no movimento contra o sr. Mario Camara, chefiado pelo major Pompilio. Agora, segundo consta, está sublevado novamente.

O COMMANDANTE DA FORÇA REVOLTADA COMMANDA A REACÇÃO

RIO, 25 (Da nossa succursal — pelo telephone) — O commandante do 21.° B. C., conseguiu deixar o quartel sublevado, indo commandar a força policial, com ou-

(Conclue na 2.ª pagina)

As ultimas informações segundo um communicado do Chefe de Policia carioca

RIO, 25 — (Da nossa succursal — pelo telephone) — A policia enviou á imprensa, o seguinte communicado:

— "De accordo com as ultimas informações aqui recebidas é a seguinte a situação actual referente aos acontecimentos que se registam no Norte:

Em Pernambuco, tendo chegado dos Estados vizinhos os recursos solicitados, os factos se destinam a uma rapida volta á tranquillidade. Batidos ali, no bairro de Afogados, os amotinados se refugiam no bairro de Soccorro, onde estão sendo batidos pelas tropas do governo.

Recife mantem completa ligação com a capital da Republica.

Continua a remessa de auxilios solicitados pelo governo daquelle Estado.

Ainda não foram restabelecidas as ligações telegraphicas com Natal. Nos demais Estados, tanto do Norte como do Sul do paiz reina completa ordem".

O governador do Rio Grande do Norte acha-se a bordo de uma canhoneira mexicana

RIO, 25 — (Da nossa succursal — pelo telephone) — A proposito do governador do Rio Grande do Norte, sr. Raphael Fernandes, sobre cujo paradeiro as noticias eram desencontradas, acaba de se ter uma noticia certa com a confirmação da legação do Mexico de que o governador potyguar se encontra a bordo de uma canhoneira mexicana, que se encontrava no porto de Natal ha varios dias.

Os deputados constitucionalistas reiteram sua solidariedade ao governo central

Visita ao sr. Getulio Vargas e ministros Macedo Soares e Vicente Ráo

RIO, 25 — (Da nossa succursal — pelo telephone) — Depois da sessão da Camara, a bancada do Partido Constitucionalista de S. Paulo foi incorporada ao palacio Guanabara, tendo sido recebida pelo presidente da Republica, hypothecando-lhe solidariedade. Depois de palestrarem com o sr. Getulio Vargas, retiraram-se os deputados peceistas com o lider Cardoso de Mello Netto, indo á residencia dos srs. Vicente Ráo, ministro da Justiça, e J. C. Macedo Soares, ministro do Exterior, com o mesmo objectivo. Com ambos os titulares a bancada entreteve tambem animada conversação.

GUARNECIDOS POR TROPAS DO EXERCITO OS TUNNEIS DA CENTRAL DO BRASIL

RIO, 25 (Da nossa succursal — pelo telephone) — Forças federaes guarnecem todos os tunneis da Central do Brasil, nas linhas de São Paulo e Minas Geraes.

DEVIDO AO MAU TEMPO, O GENERAL RABELLO PERNOITOU NA BAHIA

RIO, 25 — (Da nossa succursal — pelo telephone) — Devido ao mau tempo, o general Manoel Rabello pernoitará hoje na Bahia, não proseguindo a viagem de avião.

A SUBLEVAÇÃO EM PERNAMBUCO EM VESPERAS DE SER DOMINADA PELAS FORÇAS LEGAES

Os rebeldes, que pretendiam apoderar-se de Recife, dividiram-se, em duas columnas, rumando uma para Afogados e outra para Olinda — As tropas do governo apertam o cerco dos sediciosos, que batem em retirada

RIO, 25 (H.) — Segundo informações prestadas na Central de Policia, o movimento sedicioso de Recife ter-se-ia iniciado em soccorro, na Villa Militar. Dali, os sublevados tomaram a direcção do campo de Imbura, onde estão os "hangars" da Air France. Desse campo rumaram para Afogados, e dahi para o campo de Jiquiá Bocapunga. A seguir, dirigiram-se para o Largo da Paz, na localidade de Siqueira Campos, antiga Campina do Bode, proximo a Recife. Ahi, tiveram elles os primeiros contactos com as forças legaes. Dividiram-se, então, indo uma parte para Afogados e outra deslocos, etc. Para isso, estiveram eldos revoltosos era entrar em Recife, tomar conta das estações e guarnecer estabelecimentos publicos, etc. Para isso, estivream elles nas localidades "Villa Paulista" e "Parahyba", onde pretenderam cortar as ligações com Recife, de que estavam distantes 15 a 20 minutos de marcha.

DEPOIS DE 22 HORAS DE COMBATE, OS REBELDES CEDEM TERRENO, RETIRANDO-SE PARA A VILLA MILITAR

RIO, 25 (H.) — O Presidente da Republica recebeu o seguinte telegramma, transmittido ás 6 horas de hoje de Recife:

"Após 22 horas de combate, no logar da Paz, entrada da cidade pelo bairro de Afogados, os rebeldes começaram a ceder terreno, entrando em franca retirada para a Villa Militar de Soccorro, onde se organisaram defensivamente.

A esta hora, apresta-se para partir para o novo local de combate a tropa federal do 22.° B. C. chegada da Parahyba. Tenho a satisfação de communicar a v. exc. o alto espirito de disciplina e heroismo da nossa Brigada Militar, cuja moral é excellente. Aguardamos as providencias indicadas nos telegrammas de v. exc. esperando ao meio-dia de hoje a chegada do general Rabello. A Policia está iniciando agora rigorosa batida aos elementos communistas que infestam a cidade. Julgo indispensavel, para completo exito das medidas que estamos tomando em beneficio da ordem legal, a decretação do estado de sitio. Attenciosas saudações. — (a) Andrade Bezerra, governador interino de Pernambuco".

CONTINU'A CERRADO O ATAQUE AOS SEDICIOSOS

RIO, 25 (Da nossa succursal — pelo telephone) — O director regional dos Telegraphos de Recife passou para esta Capital, o seguinte despacho:

"Continu'a cerrado o ataque das forças daqui junto aos reforços vindos de Parahyba e Alagoas, fazendo os rebeldes recuarem. Esperamos que em pouco tempo os teremos dispersados, pois já começou a debandada em grupos armados. A situação continua boa. O povo da capital, a maior parte, está alheio ao movimento e uma pequena parte, em numero bem representativo se tem apresentado ao governo, pegando em armas ao lado das forças legaes. Reina enthusiasmo nesse sentido, havendo offerecimento espontaneo de vehiculos para serem aproveitados no transporte de tropas para o campo de acção".

OS REBELDES SE ACHAM CERCADOS NA VILLA MILITAR DE SOCCORRO

RIO, 25 (Da nossa succursal — pelo telephone) — As ultimas informações adiantam que as tropas governistas apertam o cerco dos revolucionarios pernambucanos, comprimindo-os na Villa Militar de Soccorro.

Os aviões já chegaram ao Recife e preparam-se para dar o primeiro combate aos amotinados.

A QUEM ESTA' ENTREGUE A CHEFIA DO MOVIMENTO

RIO, 25 (Da nossa succursal — pelo telephone) — Segundo consta, chefia o movimento em Pernambuco, o capitão Aloisio Moura.

O SECRETARIO DA JUSTIÇA DE PERNAMBUCO FOI RECOLHIDO AO QUARTEL GENERAL DA POLICIA

RIO, 25 (H.) — Como informamos, logo que se verificou o movimento subversivo em Pernambuco, o capitão Marvino Reis, chefe interino da policia do Estado, prendeu o sr. N. Moraes Coutinho, secretario da Justiça daquelle Estado.

Esta medida foi tomada em face da attitude desse titular do governo estadual e das suspeitas que recahiram sobre sua pessoa.

O sr. Moraes Coutinho foi recolhido ao quartel general da Policia, onde ainda se encontra.

TAMBEM TERIA DETIDO O SECRETARIO DO INTERIOR

RIO, 25 (H.) — As ultimas informações aqui recebidas do Norte, dizem que a luta prosegue em Pernambuco e no Rio Grande do Norte.

O Secretario do Interior de Pernambuco teria sido detido.

O movimento sedicioso seria chefiado pelo Tenente Lamartine.

Os jornaes dão curso á versão de que o movimento constituiria um protesto contra a tentativa de penetração dos integralistas no Norte do paiz.

A ESTAÇÃO DE OLINDA ESTA' EM PODER DOS REVOLTOSOS

RIO, 25 (H.) — "O Globo" diz que a policia captou um radio da estação de Olinda que está em poder dos revoltosos, dizendo "O Brasil, de norte a sul, está em nosso poder. Viva Luiz Carlos Prestes".

INFORMAÇAO DE QUE O GOVERNO SE ACHA VICTORIOSO

RIO, 25 (Da nossa succursal — pelo telephone) — o sr. Mario Carneiro, ex-ministro interino da Agricultura, recebeu de seu filho, Paulo Carneiro, um dos secretarios do governo pernambucano, ora em Recife, o seguinte telegramma:

"Governo victorioso. Situação calma".

O primeiro communicado da Chefia de Policia do Rio sobre os acontecimentos extremistas do Norte

RIO, 25 (Da nossa succursal Via Western) — A chefia de Policia distribuiu á imprensa o seguinte communicado:

"Na noite de 23 verificou-se uma sublevação de caracter extremista no 21.o B. C., aquartelado em Natal, tendo sido aprisionados varios officiaes.

As forças fieis ao governo offereceram tenaz resistencia aos amotinados, que conseguiram afinal occupar a cidade.

Em Pernambuco sublevou-se parte do 29.o B. C. Elementos civis communistas, occuparam a cidade de Olinda, que foi logo a seguir, retomada por tropas da policia militar, tendo sido capturados os chefes.

Por informações que estamos recebendo de Recife, verifica-se que parte do 29.o B. C., fiel ao governo, e a policia militar, combatem os amotinados no bairro de Afogados. A cidade está em calma. As estações de "broadcasting" ali estão irradiando normalmente os seus programmas. A população se mantem ao lado do governo.

Foram já tomadas energicas providencias tendo seguido para Pernambuco forças dos Estados vizinhos, uma esquadrilha de aviões e vasos de guerra.

O governo está apparelhado para reprimir qualquer desordem ou sublevação, contando para tanto com as forças de terra e mar e o apoio do povo brasileiro".

DECRETADO O ESTADO DE SITIO, PARA TODO O PAIZ, POR 30 DIAS

REUNE-SE O MINISTERIO — A MENSAGEM DO PRESIDENTE DA REPUBLICA A' CAMARA DOS DEPUTADOS — APÓS LONGOS DEBATES, A MAIORIA AUTORIZA A DECRETAÇÃO DO ESTADO DE SITIO — A MINORIA FAZ RESTRICÇÕES, DESEJANDO A LIMITAÇÃO DA MEDIDA AOS ESTADOS CONFLAGRADOS

A reunião do ministerio

RIO, 25 (H.) — A reunião do Ministerio convocada para as 11 horas pelo Presidente da Republica terminou cerca de meio dia e foi o facto culminante da movimentada manhã de hoje.

Alem de todos os ministros, compareceram ao Cattete o sr. Antonio Carlos e o chefe de policia do Districto Federal, os quaes assistiram aos trabalhos presididos pelo sr. Getulio Vargas. Na reunião foi longamente examinada a situação do paiz, tendo ficado decidida a remessa da mensagem presidencial ao Congresso, pedindo a decretação do estado de sitio.

O primeiro acontecimento de importancia da tarde foi a reunião dos lideres, a que esteve presente o sr. João Simplicio, que approvou o requerimento pedindo urgencia para a votação do estado de sitio em nome da bancada do Rio Grande do Sul.

A minoria reuniu-se por sua vez, tendo resolvido, depois de debates, que approvaria a medida pelo prazo de trinta dias e extensiva apenas aos Estados conflagrados.

A mensagem residencial, entregue á Commissão de Justiça da Camara, foi approvada e remettida ao plenario.

A mensagem do presidente da Republica ao Legislativo

RIO, 26 (Da nossa succursal — pelo telephone) — E' o seguinte o teôr da mensagem do Poder Executivo ao Poder Legislativo, solicitando o estado de sitio:

"Exmos. srs. membros do Poder Legislativo. — Graves perturbações da ordem publica occorreram, na noite de 23 para 24 deste mez, no nordeste do paiz, em razão de uma insurreição armada nos Estados do Rio Grande do Norte e Pernambuco, co minequivoca finalidade politica.

Que movimento de tal natureza entre nós se processava bem o conhecem os dignissimos representantes da Nação, pelas informações que o governo teve ensejo de ministrar-lhes, quando se viu na necessidade de determinar o fechamento de organizações extremistas, precisamente por julgar haver descoberto a trama.

Assim é que, trabalhadas por elementos estranhos, as forças de um batalhão do Exercito aquarteladas na capital do Rio Grande do Norte, se sublevaram na noite de 23, atacando as que ficaram fieis ao governo, e occupando a cidade,, tomada de surpresa.

Em Pernambuco, elementos civis, igualmente extremistas, provocaram uma perturbação da ordem na cidade de Olinda, sendo, entretanto, atacados e submettidos pelas forças policiaes do Estado.

Ao mesmo tempo, manifestou-se a insurreição de parte do 29.° B. C., aquartelado nos arredores de Recife, travando-se novamente combate com as demais forças do governo.

A irrupção desses movimentos, simultaneamente em tres pontos differentes dos dois Estados nordestinos, evidencia a execução de planos previamente delineados e conjugados.

Não se trata de uma insurreição a mão armada, com intuitos exclusivamente politicos, insuflada e dirigida por esta ou aquella corrente partidaria, para assenhorear-se do governo daquelles dois Estados.

Resolvido estava o caso politico do Rio Grande do Norte, pelo empossamento do seu governador eleito pela Assembléa Constituinte, ao qual vem o governo federal, como lhe cumpria, prestando toda a assistencia para o prestigio das autoridades constituidas, na fórma da lei. Nenhum caso se debatia em Pernambuco, de ha muito inteiramente constitucionalizado e em plena paz.

A insurreição que acaba de irromper, affirmo-o ao Poder Legislativo, diante de seguros elementos politicos, em reiteradas investigações, tem outra finalidade, pois que intenta, por processos violentos, subverter, não somente a ordem politica, senão tambem a ordem social, mudando a fórma de governo estabelecida pela Constituição da Republica e a sua ideologia, politica, social e economica.

Tem, por isso mesmo, articulações em outros pontos do territorio nacional.

Não obstante estar o governo provido de meios para debellar a insurreição armada, cujos surtos se manifestaram nos Estados do Rio Grande do Norte e Pernambuco, e que poderão ainda manifestar-se em outros Estados, carece elle de maior amplitude de acção para combater os extremistas já insurrectos ou que venham a insurgir-se contra as instituições basicas do paiz.

Pelo que preceitua o artigo 125 da Constituição, o Poder Legislativo poderá, "na emergencia de insurreição armada", autorizar o presidente da Republica a declarar o estado de sitio, em qualquer parte do territorio nacional, observando-se o disposto nos numeros e paragraphos daquelle mesmo artigo.

Que insurreição armada emergiu com a finalidade de subverter a ordem publica e social, por meios violentos, afim de implantar-se um regime extremista, não ha duvidar.

Carece o governo, nesse instante, de todos os meios para que não periclite a segurança da Republica, ameaçada por elementos de perturbação, organizados e já em acção violenta.

Solicito, pois, seja autorizado a declarar em estado de sitio o territorio nacional pelo prazo de 60 dias. — Rio de Janeiro, 25 de novembro de 1935 — (a.) Getulio Vargas".

A Camara autoriza a decretação do estado de sitio

RIO, 25 (Da nossa succursal — pelo telephone) — A sessão de hoje da Camara foi aberta pelo sr. Antonio Carlos, estando presentes 125 deputados. Era uma presença numerosa que, poucas vezes se verificara. Os deputados accudiam, num instante excepcional, a prestigiar o governo constituido da Republica.

Concluida a leitura da acta, o primeiro secretario, sr. Pereira Lyra leu a mensagem do presidente da Republica dando conta

(Conclue na 2.ª pagina)

Estão sendo fiscalizadas as estradas de rodagem Rio-São Paulo e Rio-Petropolis

RIO, 25 — (Da nossa succursal — pelo telephone) — A policia desta capital, como medida preventiva, mandou fiscalizar, por turmas de investigadores, as estradas de rodagem Rio-S. Paulo e Rio-Petropolis.

DUAS ESQUADRILHAS DE AVIAÇÃO SEGUIRAM PARA O NORTE DO PAIZ

Caso os rebeldes não se rendam serão bombardeadas as suas posições

RIO, 25 — (Da nossa succursal — pelo telephone) — Partiram desta capital, para o Norte, duas esquadrilhas de aviação, uma do Exercito, outra da Marinha. Essas esquadrilhas levam ordens de, caso os revolucionarios não se rendam, bombardear as suas posições.

DESASTRE COM UM DOS APPARELHOS EM VICTORIA

RIO, 25 (H.) — Como noticiamos, seguiu para o Norte, uma esquadrilha de aviões da Marinha, composta de apparelhos da 1.a Divisão de Esclarecimento e Bombardeio. Um destes aviões, o que era pilotado pelo 2.o tenente da Reserva Aérea, Benedicto Pereira da Silva, ao chegar em Victoria, ás 15 horas, soffreu um pequeno desastre, cahindo ao solo. Motivou o desastre ter o apparelho, em vôo baixo, batido num fio. Não houve accidente pessoal.

CONFIRMADA A NOTICIA DO DESASTRE

RIO, 25 (H.) — Está confirmada a noticia publicada nos jornaes da tarde do desastre de aviação de Victoria com um dos aviões da esquadrilha Savaget.

Acham-se de promptidão todos os corpos do Exercito e da Policia na Capital Federal

RIO, 24 (H.) — As ultimas noticias colhidas nesta capital sobre situação, dizem que haveria promptidão de sub-unidades em todos corpos da Policia e do Exercito.

Director-superintendente OCTAVIANO ALVES DE LIMA

FOLHA DA MANHÃ

Propriedade da Empresa "FOLHA DA MANHÃ" LIMITADA

Director-gerente DIOGENES DE LEMOS AZEVEDO

ANNO XII | RUA DO CARMO, 7 E 7-A TELEPHONE 2-7181 (REDE INTERNA) | S. PAULO — SEXTA-FEIRA, 2 DE OUTUBRO DE 1936 | CAIXA POSTAL 2.900 ENDEREÇO TELEGRAPHICO: "FOLHAS" | N.º 3.848

O General Franco assumiu o commando das forças rebeldes

O vapor hespanhol "Cabo de Santo Antonio" foi impedido pelas autoridades uruguayas de atracar no porto de Montevidéo — Reiniciaram-se as sessões legislativas das Côrtes Hespanholas — As forças insurrectas desencadearam vigoroso ataque contra os governamentaes, no sector de Siguenza

REUNIRAM-SE HONTEM AS CÔRTES HESPANHOLAS

Foi approvado um voto de confiança no governo presidido pelo sr. Azaña — Canhões anti-aéreos foram postados nas immediações do parlamento, na previsão de possiveis bombardeios

MADRID, 1 (H) — Reuniram-se as Côrtes Hespanholas, sendo a sessão aberta, ás 10 horas, sob a presidencia do sr. Martinez Barrios.

Na bancada governamental achavam-se os srs. Largo Caballero, presidente do Conselho, os ministros da Guerra, da Marinha, das Communicações, da Justiça, do Interior, do Trabalho, das Obras Publicas, o ministro sem pasta sr. Irujo, representante dos catholicos e nacionalistas bascos, e o sr. Giral, representante da esquerda republicana.

Na tribuna destinada ao Corpo Diplomatico acreditado na Capital hespanhola viam-se diversos representantes consulares, entre os quaes o embaixador da União Sovietica.

Durante a sessão, que durou pouco tempo, o sr. Barrios declarou que as Côrtes se reuniam de accordo com o preceito constitucional e dispensava-se de narrar os factos dolorosos que eram do conhecimento de todos os deputados, accrescentando, por fim que ali se encontrava o novo gabinete afim de receber o voto de confiança do parlamento.

"Se elle mereceu, — declarou Martinez Barrios — podelo dar esse voto sinceramente."

A Camara approvou o voto de confiança requerido e, em seguida, foi approvada a autonomia das provincias bascas, de accordo com a concessão feita á Catalunha.

A seguir a Camara resolveu adiar os seus trabalhos para o dia 1 de dezembro sendo então suspensa a sessão.

APPROVADO UM VOTO DE CONFIANÇA NO GOVERNO

MADRID, 1 (U. P.) — As Côrtes reuniram-se ás 10 horas de hoje e votaram uma moção de solidariedade ao governo.

Os Estatutos Bascos foram approvados por acclamação e as sessões da Constituinte foram suspensas até primeiro de dezembro.

CONCESSÃO DE AUTONOMIA A'S PROVINCIAS BASCAS

MADRID, 1 (H.) — As Côrtes approvaram por unanimidade a concessão de autonomia ás provincias bascas.

FIM DE SE EVITAREM BOMBARDEIOS DOS AVIÕES REBELDES, NÃO FOI NOTICIADA A HORA DA SESSÃO DAS CORTES

MADRID, 1 (U. P.) — Cumprindo os requisitos constitucionaes, não obstante o facto de a milicia de Madrid estar empenhada em combates renhidos á distancia de apenas uma hora da capital, o gabinete chefiado pelo sr. Largo Caballero compareceu esta manhã perante as Côrtes.

Onze minsitros tomaram assento nas cadeiras cobertas de setim azul, que se destinam aos membros do governo. Dois outros ministros, o do trabalho e o da Lavoura, encontram-se neste momento em Barcelona. O ministro dos Negocios Estrangeiros está em viagem de Genebra.

O sr. Largo Caballero, vestido de traje preto, de passeio, camisa branca e gravata negra, em signal de luto pelo fallecimento da esposa, parecia sereno, embora um pouco abatido. O sr. Martinez Barrios ostentava sua tranquillidade habitual. Entre o publico presente nas galerias, viam-se numerosos operarios. O sr. Marcel Rosenberg, embaixador dos Soviets, acompanhado de dois auxiliares, atravessou a rua, vindo de seu aposento, no Palace Hotel, e tomou assento na tribuna diplomatica. Era o unico representante de um governo estrangeiro, que estava presente á sessão. O numero de jornalistas hespanhoes fôra limitado e apenas um ou outro correspondente estrangeiro era visivel no recinto, destinado aos representantes da imprensa. Havia poucos guardas no edificio. Fóra, viam-se os guardas de assalto, os membros da guarda nacional republicana e outros armados de fuzis. Voando alto, quasi invisiveis, faziam evoluções 4 aeroplanos legalistas. Na praça Neptuno e nos predios das immediações da séde do Congresso tinham sido dispostos canhões anti-aereos, apontando para o céo e attentos a qualquer perspectiva de um raide inimigo. As Cortes, de conformidade com a constituição da Republica, deverão reunir-se no primeiro dia util do mez de outubro. Foi o que se fez. Apenas as sessões se realizam normalmente ás 16 horas, e, desta vez, com o proposito de impedir que os rebeldes ponham em pratica algum projecto possivel de ataque aereo contra o congresso e contra os deputados da Frente Popular, ficou decidido que a sessão seria realizada ás 10 horas da manhã.

A imprensa foi expressamente prohibida de mencionar a hora da sessão parlamentar e os despachos dos correspondentes da imprensa estrangeira tambem foram censurados nesse ponto.

A SESSÃO DUROU APENAS MEIA HORA

MADRID, 1 (H) — Na sessão das Côrtes hoje realizada, os chefes dos differentes grupos parlamentares annunciaram que era com enthusiasmo que votavam a moção de confiança no governo.

O nacionalista basco, sr. Aguirre, declarou:

"Somos profundamente christãos, mas estamos com o povo, pois delle sahimos. O paiz basco está de pé, para a luta contra o fascismo".

O sr. Santalo, representante da Esquerda catalã, disse:

"O governo tem nossa confiança plena e sem condições, afim de vencer o fascismo, e organizar a republica dos trabalhadores".

O sr. Diaz affirmou que "a classe nefasta dos fascistas" seria vencida e que os fascistas não eram nem patriotas, nem hespanhoes."

O sr. Albornoz, da Esquerda Republicana, declarou que dava o seu voto sem hesitação, tanto mais quando o chefe do governo falara em nome do liberalismo hespanhol, sem qualquer allusão extremista.

O sr. Pedro Rico, alcaide de Madrid, em seguida, apresentou a ordem do dia de confiança, que comporta a concessão e plenos poderes.

A moção de confiança foi votada entre acclamações.

O presidente pediu que fosse adoptado o processo de urgencia para a approvação do estatuto basco e da lei de finanças. Os dois projectos foram igualmente votados.

A Camara encerrou os trabalhos a 1 hora e 12, tendo a sessão durado apenas meia hora.

PROSEGUE SEM INTERRUPÇÃO O AVANÇO DOS INSURRECTOS EM DIRECÇÃO A' CAPITAL

JACA, 1 (H) — A estação de radio local annuncia que o avanço das tropas insurrectas em direcção a Madrid prosegue sem interrupção e que a situação das provincias que ainda se encontram em poder dos governistas é dificilima, sobretudo no que concerne á subsistencia.

O posto governamental, pelo radio de Gijon, annunciou que actualmente só se podia fazer uma refeição por dia.

Os legalistas que cercavam Oviedo procuravam entrar em contacto com a população, por intermedio dos elementos sympathicos, afim de obter pão, de que careciam completamente.

SERÃO INTERROGADOS OS FUNCCIONARIOS PUBLICOS QUE NÃO PARTIRAM PARA O "FRONT"

MADRID, 1 (U. P.) — Os funccionarios publicos, que constituem uma grande parte da população masculina da classe media, republicana liberal, — deverão submetter-se a um interrogatorio embaraçoso, antes de serem reintegrados, nos seus commodos empregos. O governo de Madrid quer saber agora por quaes motivos não partiram para o "front" e continuaram sentados, em seus tamboretes dos varios ministerios. Assim, pela primeira vez, a "classe do funccionalismo publico" será chamada a abandonar suas posições, de traz das quaes varias gerações de "auxiliares civis do governo" souberam conservar seus empregos, a despeito das revoluções e das mudanças de regime. Um ministro socialista declarou nestes dias: — "Já não ha lugar em Madrid para os neutros", reportando-se, não aos estrangeiros por cuja segurança o governo de Madrid insiste em responder, mas, sim, ao grande numero de funccionarios, que começa a duvidar qual das duas facções em luta levará as palmas da victoria.

O BANCO DO BRASIL VAE FINANCIAR O CAFE' PAULISTA, NO INTERIOR

RIO, 1 (Da nossa succursal — pelo telephone) — Estamos seguramente informados de que o Banco do Brasil, dentro de breves dias, iniciará em amplos moldes, em termos muito mais favoraveis do que anteriormente, o financiamento de café, no interior desse Estado.

Estão apenas sendo tomadas as medidas necessarias para que esse credito seja extendido em condições uniformes ás diversas zonas cafeeiras, afim de permittir aos lavradores a obtenção dos recursos de que carecem para attender aos pagamentos do serviço de custeio deste anno.

AS FORÇAS REVOLUCIONARIAS MANTEM COMPLETO DOMINIO SOBRE TOLEDO

Entrincheirados no Seminario local cincoenta governamentaes suicidaram-se para não cahirem em poder dos insurrectos, que os cercavam — Scenas dolorosas registam-se na cidade devastada pela guerra

SAINT JEAN DE LUZ, 1 (Do enviado especial da "Agencia Havas") — Segundo um radio captado de Toledo, 50 governamentaes entrincheirados no seminario daquella cidade oppõem desesperada resistencia aos ataques nacionalistas, ha 4 dias.

O edificio do Seminario está cercado por todos os lados, pelo fogo intenso das metralhadoras dos nacionalistas, e torna-se impossivel uma retirada.

Os sitiados, até aqui, se recusaram a se render. Entre os mesmos, se encontram algumas mulheres e crianças, esposas ou filhos de militantes da Frente Popular.

Por esta razão, o general Varella teria envidado esforços para obter a rendição, independente de bombardeio. Um capitão e um subtenente, que se encontravam entre os milicianos, foram mortos quando pretendiam fugir. Seus corpos, crivados de balas, se encontram expostos na entrada do Seminario, numa casa em que se abrigam nacionalistas. — *Paul Chatean.*

SUICIDIO IMPRESSIONANTE

TOLEDO, 1 (U. P.) — Gritando "Viva la muerte!", quarenta anarchistas, encerrados no seminario, realizaram um espectacular suicidio em massa. Após beberem grande quantidade de "anizete", incendiaram o edificio e se deixaram queimar vivos.

Assim contou-me o general José Varella, commandante da columna junto á qual me encontro.

Approximei-me do edificio incendiado, do qual se elevavam columnas de fumo, de centenas de pés. No interior, viam-se ricos brocardos, pinturas, obras de arte e cortinas de velludo incendiadas. O caracteristico cheiro de carne queimada recordava-me, a todo instante, que lá havia os corpos dos 40 suicidas, carbonizando-se.

Os anarchistas occultaram-se, quando os nacionalistas entraram em Toledo, no seminario, velho edificio de 3 andares á beira do Tejo. Mas a luta travada nas ruas de Toledo, separou-os dos companheiros, cortando-lhes todas as possibilidades de retirada. Ahi ficaram, pois, até serem descobertos pelas tropas nacionalistas na noite de terça feira.

O general Varella accrescentou que milhares de anarchistas morreram no hospital San Juan, tambem queimados vivos. Encontravam-se elles no hospital, quando foi circumdado pelas tropas insurrectas e incendiado, após violento canhoneio.

Os anarchistas não quiseram abandonar a resistencia, e pereceram todos carbonizados.

O general Varella affirmou que entre os inimigos capturados, foram descobertos 15 communistas russos.

CONTINU'A A REMOÇÃO DOS CADAVERES DE SOB AS RUINAS DO ALCAZAR

LISBOA, 1 (U. P.) — O correspondente do "Seculo", nesta capital, no fronte de Toledo, entrevistou hoje o coronel Moscardo, que descreve como homem alto, fragil de compleição e olhar brilhante e exaltado, possuidor de uma voz profunda e energica.

Falando a respeito do sitio do Alcazar, Moscardo declarou:

"Por vezes tivemos suspeitas de revoltas em nossas fileiras, ou pelo menos de algumas defecções, mas a verdade é que todos se portaram como bons hespanhoes.

Homens, mulheres e creanças expunham-se aos tiroteios intensos, mas sobre todos elles pairava o espirito da Hespanha. Os legalistas recorreram a todos os meios para forçar nossa rendição. Sua violencia transfigurava-se em triumphos para o Alcazar, nos combates de um contra duzentos. Todos cumpriram uma missão patriotica, empenhados que estavam em impedir a profanação da velha fortaleza pelas hordas do soldados extremistas — Só em uma occasião eu senti que o cumprimento do dever pesava demasiado sobre os meus hombros — accrescentou. E os seus olhos encheram-se de lagrimas.

Pensava certamente em seu filho, que foi executado pelos legalistas.

Entre as ruinas fumegantes do Alcazar os trabalhadores municipaes ainda encontram, aqui e alli, corpos de homens, mulheres e creanças.

Os caminhões carregam os corpos para o hospital, onde os legalistas abandonaram 500 mortos.

O cheiro resultante dahi é horrivel e invade toda a cidade. Contam-se em toda parte historias allucinantes e sinistras. Muitos habitantes de Toledo, que regressaram hoje á cidade, não encontraram suas casas, que tinham sido destruidas.

Produziram-se scenas patheticas e dolorosas por esse motivo. Mais de 25 mil pessoas estão em situa-

(Conclue na 4.ª pagina)

SERIOS CONFLICTOS TER-SE-IAM REGISTADO NA CIDADE DE BILBA'O

Centenas de mulheres promoveram ruidosa manifestação contra o regime de terror estabelecido pelos anarchistas — As forças rebeldes continuam em seu avanço na provincia de Biscaya

DA FRONTEIRA FRANCO HESPANHOLA, 1 (U. P.) — Constou aqui hoje que em Bilbáo, capital basca, óra sitiada pelos rebeldes da frente norte, irromperam sérias desordens, quando os nacionalistas euskares se ergueram contra o regime de terror estabelecido pelos anarchistas das forças governamentaes. Numerosos combates nas ruas travaram-se, segundo essas noticias, em seguida aos esforços realizados pelos anarchistas membros da F. A. I. (Federação Anarchista Iberica), e da C. N. T. (Confederação Nacional de Trabalho), no sentido de abafarem a manifestação realizada por algumas centenas de mulheres, que se juntaram no Arsenal, ás margens do rio Nervion e se puzeram a gritar: "Rendam-se e salvem as nossas vidas. Não queremos mais uma guerra de exterminação do paiz".

Pouco antes disso, 125 extremistas, precipitando-se em automoveis que ostentavam a bandeira vermelha, com a insignia da foice e martello, atravez das ruas estreitas da cidade, invadiram uma igreja do XV Seculo, junto á Praça do Mercado e agarraram um padre, que falava a numerosas mulheres em favor da rendição da cidade. O padre, ancião fraco e de cabellos grisalhos, foi aggredido a golpes de culatra pelos communistas e arrastado á sacristia, onde foi despido e novamente espancado.

Em seguida, com a sua pesada cruz de prata pendente sobre o corpo esqualido, o sacerdote foi obrigado a sahir pelas ruas, carregando a bandeira communista, atravez da Praça do Mercado, repleta de gente, impellido pelos soldados.

Os homens e mulheres, que se encontravam na praça, não continham os gestos de piedade pelo padre. Chegando este ao fim da praça, foi jogado a ponta-pés no rio, de onde o salvaram alguns devotos, logo á partida dos anarchistas.

Antes de deixar o templo, os anarchistas profanaram o altar da Virgem Santissima, collocando-a em posição sacrilega, junto á imagem do Senhor crucificado. Em sua marcha através da Praça do Mercado, os communistas exclamavam, aos gritos, para o povo, que o padre era um trahidor, porque rezava pela libertação da cidade e fomentava a agitação do povo, em favor da capitulação de Bilbáo, diante dos atacantes legalistas.

Duas horas depois, numerosas mulheres, em um total entre 300 e 400, juntaram-se no Arenal, onde os edificios apresentam numerosos signaes dos bombardeios, quasi diariamente praticados pelos aeroplanos insurrectos.

Foi ali que as surpreenderam os extremistas armados, em automoveis, investindo sobre os manifestantes e ferindo e matando numerosas mulheres, segundo os informes recebidos na região da fronteira.

As metralhadoras apontavam ameaçadoras para as mulheres, muitas das quaes carregavam crianças, mas não foram disparados tiros. Varias centenas de nacionalistas bascos, auxiliados por patrulhas de guardas civis, que quasi diariamente tinham pendencias com os esquerdistas, arremessaram-se a um dos passeios mais agradaveis da cidade, sobre o qual se elevam as torres da igreja de San Nicolas de Bari.

Travou-se então uma luta corporal. Os anarchistas foram expellidos dos automoveis para a praça e registaram-se muitas mortes.

Mulheres corriam precipitadamente, procurando abrigar-se e finalmente os anarchistas cessaram o fogo, retirando-se da scena dos conflictos.

Mais tarde, estes ainda eram caçados a tiros, das portas e janellas dos "boulevards" desertos, pelos bascos e guardas civis.

Não foi possivel conhecer-se nenhum dado preciso acerca do numero de mortos. Diz-se, no entanto, que perto de 50 anarchistas foram presos por ordem do deputado basco De La Torre, que se apoderou do governo da cidade, após o desapparecimento do governador civil, e mandados para o carcere. Serão julgados por um tribunal, e provavelmente executados.

Varios anarchistas foram publicamente executados ha tres dias por ordem de La Torre. Apesar dos insistentes appellos, em prol da rendição da cidade, que jamais capitulou durante 600 annos de sua turbulenta historia, as forças do general Emilio Molla atacam-na vigorosamente de Leste e de Sul.

Os insurrectos, depois de se apoderarem de Motrico, cidade situada na provincia de Byscaia, ao litoral, atacaram as regiões proximas de Andorra, a uma distancia de cerca de 40 milhas de Bilbáo. Ali se encontram as principaes linhas de defesa da capital de Byscaia. Informações correntes nos circulos rebeldes dizem que o inimigo parece ter recebido novas provisões de granadas de mão de fabrico russo, alem de fuzis em grande numero.

Hoje surgiram 4 grandes aviões rebeldes sobre Bilbáo e a população correu para os abrigos improvizados e que se destinam á população civil. Mas os aeroplanos passaram apenas sobre a cidade, dirigindo-se a Portugalete, onde estão ancorados o couraçado legalista "Jayme 1" e dois cruzadores leves, em seguida a alguns ataques ao longo da costa e bombardeios esporadicos das posições dos extremistas.

Os vasos de guerra do governo estão fóra da zona internacional. — (a) Everett Holles".

OS INSURRECTOS TOMARAM O PORTO DE ONDARROAL

SAINT JEAN DE LUZ, 1 (Do enviado especial da "Agencia Havas") — Os nacionalistas, proseguindo a acção contra Bilbáo, tomaram Ondarroal, pequeno porto cantabrico, onde os governamentaes se tinham entrincheirado.

Estes ultimos abandonaram importante material de guerra.

As tropas do general Molla continuam a avançar na direcção de Lequetico, para onde recuaram os milicianos.

Em Bilbáo, occorreram varios incidentes entre os guardas civis, os nacionalistas bascos e elementos anarchistas.

Prosegue o bombardeio aéreo da cidade. Numerosos habitantes refugiaram-se em Santander, onde o reabastecimento ed viveres é muito difficil e cuja distribuição é feita pelo systema de rações, ha já varios dias. O exodo tornará ainda mais criticas as condições de vida naquella cidade.

O general Molla esteve hontem em San Sebastian, onde foi recebido pelas autoridades civis e militares. Na Frente das Asturias, as tropas da Galicia occuparam o importante centro metallurgico de Trubia, após violento bombardeio de artilharia.

A occupação de Trubia, situada ha 13 kilometros de Oviedo, prepara a libertação desta ultima cidade. — Paul Chateau.

Navios hespanhóes impedidos de atracar em Montevidéo

Os passageiros destinados áquella capital foram desembarcados por intermedio de uma corveta uruguaya

MONTEVIDE'O, 1 (U. P.) — As autoridades não permittiram que o navio hespanhol Cabo de Santo Antonio entrasse no porto. Os passageiros que se destinavam a Montevidéo foram desembarcados por intermedio da corveta uruguaya "Lavalleja".

Esses passageiros informaram que o commandante do "Cabo de Santo Antonio" está preso a bordo da sua propria nave.

O VAPOR HESPANHOL FOI VISITADO PELA POLICIA DE IMMIGRAÇÃO E INVESTIGAÇÕES

MONTEVIDE'O, 1 (H.) — O vapor "Cabo de Santo Antonio", que está fundeado fóra do porto, foi visitado pela policia de immigração e investigações".

A correspondencia e 26 passageiros do navio foram trazidos a terra por um rebocador.

TAMBEM O "CABO DE SANTO AGOSTINHO" NÃO RECEBEU PERMISSÃO PARA ATRACAR

MONTEVIDE'O, 1 (U. P.) — Chegou ao porto desta capital o vapor "Cabo de Santo Agostinho", porém, até este momento as autoridades portuarias não lhe deram permissão para atracar ás docas.

O capitão do dito vapor nomeou um agente que não foi reconhecido pelas autoridades, porém, espera-se que até ser encontrado um agente idoneo, não será permittido ao navio entrar no porto.

O "CABO SAN ANTONIO" CHEGOU A BUENOS AIRES

BUENOS AIRES, 1 (U. P.) — As autoriddes maritimas foram a bordo de um rebocador, ao ponto onde se encontra o cargueiro "Cabo "San Antonio", na entrada do porto e viram no mastro a bandeira hespanhola. O commandante do navio apresentou os papeis em perfeita ordem e pediu autorização para ancorar no porto de Buenos Aires, onde esperará as ulteriores decisões das autoridades sanitarias e portuarias, sobre os futuros movimentos do vapor.

A EMPRESA A QUE PERTENCE O "CABO SAN ANTONIO" CONSIDERA-O "NAVIO PIRATA"

BUENOS AIRES, 1 (U. P.) — O prefeito geral maritimo commissionou o prefeito do Rio da Prata, capitão de fragata Mathias Lopez, para transladar-se ao ponto do pharol de Recalada, onde se encontra detido o vapor "Cabo San Antonio", declarando navio pirata", pelos seus representantes nesta capital.

Ao mesmo tempo, partiram membros de uma commissão sanitaria e do departamento de immigração para a eventualidade de que haja passageiros para desembarcar. O ministro da Marinha tomou todas as precauções que o caso requer.

Os representantes da companhia de navegação "Ybarra" formularam legalmente um protesto, manifestando que a referida empre-

(Conclue na 4.ª pagina)

Columna governista derrotada na Serra de Credos

BURGOS, 1 (U. P.) — No passe de Arrebata Capas, na serra de Credos, travou-se violento combate entre quinhentos milicianos governistas e uma columna de insurrectos, tendo os soldados fieis a Madrid abandonado as suas posições, deixando no campo da luta dez caminhões carregados com armamentos e munições.

O general Franco assumiu o commando das forças revolucionarias

A transmissão dos poderes, que competiam ao general Cabanellas, effectuou-se hontem, em Burgos

BURGOS, 1 (U. P.) — Em solenne cerimonia realizada esta manhã, o general Cabanellas transmittiu os poderes do commando militar ao general Franco. A cerimonia effectuou-se no palacio do governo.

DECLARAÇÕES DO GENERAL FRANCO

BURGOS, 1 (U. P.) — O general Francisco Franco, falando do terraço da "Commandancia", a milhares de pessoas, apinhadas na praça, declarou que o exercito não defende o capitalismo, — mas combate pelo povo da Hespanha e para os trabalhadores. O general Franco disse textualmente: — "Os trabalhadores terão todos os direitos, mas devem tambem recordar-se de quaes são os seus deveres."

Vantagens obtidas pelas forças rebeldes no sector de Siguenza

O forte de San Cristobal e o Monte Miron teriam cahido em poder dos insurrectos

HENDAYA, 1 (U. P.) — As forças revolucionarias commandadas pelo general Molla parecem ter obtido vantagens no sector de Siguenza, porquanto, apoiadas pela aviação e artilharia, consta que ellas hoje se apoderaram de Monte Miron e do forte San Cristobal, que são fortificações da cidade de Siguenza.

Relata-se que as forças legalistas foram postas em fuga e os rebeldes annunciam que se assenhorearam da via ferrea, que liga Siguenza a Madrid.

Nesta luta, os rebeldes tomaram grandes [illegible] de material de guerra, assim como um carro blindado, enquanto os legalistas responderam com bombardeio aereo, que causou apenas pequenos prejuizos. Noticias do circulo legalista informam que elles conseguiram bons resultados no ataque que [illegible] em Eibar, causando serias perdas, porquanto o inimigo foi surprehendido com a violencia do ataque. — (a) Harrison Larroche.

Director-Superintendente: OCTAVIANO ALVES DE LIMA

FOLHA DA MANHÃ

Propriedade da Empresa "FOLHA DA MANHÃ" LIMITADA

Director-Gerente: DIOGENES DE LEMOS AZEVEDO

ANNO XIII | RUA DO CARMO, 7 E 7-A TELEPHONE 2-7181 (REDE INTERNA) | S. PAULO — QUINTA-FEIRA, 11 DE NOVEMBRO DE 1937 | CAIXA POSTAL 2.900 ENDEREÇO TELEGRAPHICO: "FOLHAS" | N. 4.191

Promulgada hontem nova Constituição para o paiz

Além do fechamento do Senado, da Camara dos Deputados, das Assembléas Legislativas estaduaes e Camara Municipaes, foram estabelecidas outras medidas destinadas a assegurar a tranquillidade e a ordem no territorio da Republica

Foram dissolvidas a Camara, o Senado e todas as Assembléas Estaduaes e Camaras Municipaes

O presidente Getulio Vargas revogou a Carta Magna de 34 promulgando uma nova Constituição para o paiz — O novo Estatuto mantem a forma republicana federativa e a autonomia dos Estados — Communicados dos ministerios da Justiça e da Guerra e da chefia de policia.

RIO, 10 (H) — Urgente — O Ministerio da Justiça forneceu á imprensa a seguinte nota:

"Regressando da reunião realizada hoje de manhã, no Palacio Guanabara, o ministro da Justiça declarou aos representantes da imprensa acreditados junto a seu gabinete que acabava de ser promulgada a nova Constituição Republicana, que ainda hoje será publicada.

Ipso facto, acham-se dissolvidos o Senado e a Camara Federal bem como as Assembléas Legislativas e Camaras Municipaes.

A's oito horas da noite, o presidente da Republica falará á Nação pelo radio"

CIRCULAR DO MINISTRO DA GUERRA

RIO, 10 — (Da nossa succursal — Pelo telephone) — O ministro da Guerra dirigiu hoje aos commandantes das Regiões Militares o seguinte telegramma-circular:

"Acaba de ser decretada nova Constituição Federal, assignada pelo presidente da Republica e todo o Ministerio e que entrará em vigor immediatamente.

Segue uma proclamação dirigida ao Exercito pelo ministro da Guerra. Reina absoluta calma em todo o paiz. (Assig.) Eurico Gaspar Dutra, ministro da Guerra".

A NOTA DA CHEFIA DE POLICIA DO DISTRICTO FEDERAL

RIO, 10 — (Da nossa succursal — pelo telephone) — Recebemos do gabinete do [illegible] policia a seguinte nota:

"A nova Constituição foi promulgada. A transformação se operou de modo pacifi[illegible] por fim assegurar a paz á nação. A Constituição será submettida a plebiscito na[illegible] nova Constituição assegura, de modo mais completo, a autoridade da União e arma[illegible] no de meios normaes de defesa da ordem. Haverá Parlamento e um Conselho Con[illegible] Economia Nacional. São garantidos todos os direitos e contratos".

OS GOVERNADORES, COM EXCEPÇÃO DOS [illegible] E PERNAMBUCO, SE SOLIDARIZARAM [illegible] O PRESIDENTE DA REPUBLICA

[illegible]lcanti e Juracy Magalhães abandonaram o governo, sendo [illegible]ectivamente, pelos coroneis Villa Nova e Francisco Dantas — A ordem permanece inalterada naquelles Estados

[illegible] nossa succursal [illegible] — O sr. Getu[illegible] [illegible]ente da Republi[illegible] [illegible]ivulgação das me[illegible] [illegible] pratica durante o [illegible] recebendo despa[illegible] [illegible]micos dos governado[illegible] [illegible] manifestaram solida[illegible] [illegible] exa na actual emer[illegible]

[illegible] o sr. Getulio Vargas re[illegible] despachos telegraphicos de [illegible] governadores, com exce[illegible] penas dos da Bahia e Per[illegible]uco

[illegible]EL AZAMBUJA VILLA NO[illegible]A ASSUME O GOVERNO DE PERNAMBUCO

RIO, 10 — (Da nossa succursal — pelo telephone) — Despacho de Recife informa que acaba de abandonar o governo o sr. Lima Cavalcanti, tendo assumido a chefia do Executivo estadual o cel. Azambuja Villa Nova, commandante da VII Região Militar. A noticia causou, como era natural, grande sensação em toda a capital pernambucana.

A calma continua inalterada. As forças militares mantem-se de promptidão. Deixando o governo o sr. Lima Cavalcanti retirou-se para a sua residencia.

DEIXOU O GOVERNO BAHIANO O SR. JURACY MAGALHAES

RIO, 10 — (Da nossa succursal pelo telephone) — Informam da Bahia que o sr. Juracy Magalhães, pouco depois de terem sido conhecidas ali as noticias da dissolução da Camara e do Senado e a proclamação da nova Constituição, deixou o governo.

Assumiu o cargo o cel. Francisco Dantas, um dos executores do estado de guerra na Bahia.

O cel. Dantas, continuam as informações em questão, se encontra em palacio, conferenciando com altas autoridades civis e militares, tomando todas as providencias que a situação impõe.

"PODE PERNAMBUCO CONFIAR PLENAMENTE NA ACÇÃO DO NOVO GOVERNO"

RECIFE, 10 (H.) — O dr. Andrade Bezerra, secretario da Justiça, dirigiu a seguinte proclamação, em nome do novo governo: "Devidamente autorizado pelo coronel interventor, quero affirmar á população do Estado e a todas as suas classes, que o governo será inflexivel na manutenção da ordem publica, não permittindo perseguições sobre qualquer pretexto ou por motivo de natureza politica. A preoccupação exclusiva do governo, na hora grave que a nação atravessa, é restabelecer a confiança publica, permittindo surto normal e progressista da vida do Estado e todas as suas manifestações de ordem economica, financeira, administrativa, social e politica. Póde a população de Pernambuco confiar plenamente na acção do governo que agora inicia seu trabalho dominado pelos impulsos do mais sadio e constructor patriotismo".

Depois de tomar posse da secretaria da Justiça, o dr. Andrade Bezerra declarou ao "Jornal de Recife": "Neste momento todos os cidadãos devem estar mobilizados a serviço da patria. So por isso, e no interesse de servir Pernambuco accedi á prova de confiança que me deu o coronel interventor, acceitando o cargo de secretario da Justiça do seu governo.

Antes de deixar o governo, o sr. Lima Cavalcanti exonerou os delegados da capital, o director da Casa de Detenção, os secretarios de Estado, os officiaes de gabinete, o prefeito de Recife e outros funccionarios.

O coronel Rodolpho Figueiredo, secretario da Segurança Publica, declarou aos jornalistas que manteria a ordem e faria cumprir a lei acima de tudo.

DECLARAÇÕES DO CEL. AZAMBUJA VILLA NOVA

RECIFE, 10 (H.) — O coronel Azambuja Villa Nova declarou que o novo governo tem em mira unicamente a grandeza do Brasil. Não alimenta prevenção nenhuma, nem odio contra quem quer que seja. Sentir-se-á feliz se puder melhorar a triste situação economica que o Estado atravessa e desfazer as brumas que a intriga e o odio lançaram no seio do povo pernambucano especialmente em Recife, de modo que a alegria e os laços de amizade tornem a "veneza brasileira" uma das mais encantadoras cidades do mundo.

VAE AO RIO O EX-GOVERNADOR LIMA CAVALCANTI

RECIFE, 10 (H.) — O sr. Carlos de Lima Cavalcanti obteve permissão para seguir para o Rio amanhã, acompanhado de sua familia.

O PADRE ARRUDA CAMARA ABSTEM-SE DE COMMENTAR A SITUAÇÃO

RECIFE, 10 (H.) — A um dos redactores do "Jornal de Recife" que o procuraram entrevistar, o deputado pe. Arruda Camara declarou que, tendo combatido o governo Lima Cavalcanti, desde o momento em que este deixara o governo abstinha-se de fazer qualquer apreciação sobre o facto.

A situação do Brasil focalizada pelo presidente Getulio Vargas

Falando hontem pelo radio, ao povo brasileiro, o chefe da Nação aborda, sob um prisma critico, as questões politicas e economicas de maior relevancia, expondo as razões que levaram o Executivo a reformar a Carta Magna

RIO, 10 (H.) — Foram as seguintes as palavras dirigidas pelo presidente Getulio Vargas á nação, ás 20 horas de hoje pelo microphone do Departamento Nacional de Propaganda e irradiadas por toda a rêde nacional de emissoras:

O DISCURSO DO PRESIDENTE GETULIO VARGAS

"A' nação. O homem de Estado, quando as circumstancias impõem uma decisão excepcional, de amplas repercussões e profundos effeitos na vida do paiz, acima das deliberações ordinarias da actividade governamental, não pode fugir ao dever de tomal-a, assumindo, perante a sua consciencia e a consciencia dos seus concidadãos, as responsabilidades inherentes á alta funcção que lhe foi delegada pela confiança nacional.

A investidura na suprema direcção dos negocios publicos não envolve, apenas, a obrigação de cuidar e prever as necessidades immediatas e communs da administração. As exigencias do momento historico e as solicitações do interesse collectivo reclamam, por vezes, imperiosamente, a adopção de medidas que affectam os presuppostos e convenções do regime, os proprios quadros institucionaes, os processos e methodos de governo.

Por certo, essa situação especialissima, só se caracteriza, sob aspectos graves e decisivos, nos periodos de profunda perturbação politica, economica e social.

A contingencia de tal ordem chegamos infelizmente, como resultante de acontecimentos conhecidos, estranhos á acção governamental que não os provocou nem dispunha de meios adequados para evital-os ou remover-lhes as funestas consequencias.

Oriundo de um movimento revolucionario de amplitude nacional e mantido pelo poder constituinte da nação, o governo continuou no periodo legal, a tarefa encetada de restauração economica e financeira, e, fiel ás convenções do regime, procurou crear, pelo alheiamento ás competições partidarias, uma atmosphera de serenidade e confiança, propicia ao desenvolvimento das instituições democraticas.

A FUNCÇÃO DOS PARTIDOS POLITICOS

Enquanto assim procedia na esphera estrictamente politica aperfeiçoava a obra de justiça social a que se votára desde o seu advento, pondo em pratica um programma isento de perturbações e capaz de attender ás justas reivindicações das classes trabalhadoras, de preferencia ás concernentes ás garantias elementares de estabilidade e segurança economica, sem as quaes não pode o individuo tornar-se util á collectividade e compartilhar dos beneficios da civilização.

Contrastando com as directrizes governamentaes, inspiradas sempre no sentido constructivo e propulsor das actividades geraes, os quadros politicos permaneciam adstrictos aos simples processos de alliciamento eleitoral.

Tanto os velhos partidos, como os novos em que os velhos se transformaram sob novos rotulos, nada exprimiam ideologicamente mantendo-se á sombra de ambições pessoaes ou de predominios localistas, a serviço de grupos empenhados na partilha dos despojos e nas combinações opportunistas em torno de objectivos subalternos.

A verdadeira funcção dos partidos politicos, que consiste em dar expressão e reduzir a principios de governo as aspirações e necessidades collectivas, orientando e disciplinando as correntes de opinião, essa, de ha muito, não a exercem os nossos agrupamentos partidarios tradicionaes. O facto é sobremodo symptomatico se lembrarmos que da sua actividade depende o bom funccionamento de todo systema baseado na livre concorrencia de opiniões e interesses.

O INDIFFERENTISMO DOS NOSSOS POLITICOS

Para comprovar a pobreza e desorganização da nossa vida politica, nos moldes em que se vem processando, ahi está o problema da successão presidencial, transformado em irrisoria competição de grupos, obrigados a operar, pelo suborno e pelas promessas demagogicas, diante do completo desinteresse e total indifferença das forças vivas da nação. Chefes de governos locaes, capitaneando desassocegos e opportunismos, transformaram-se, de um dia para outro, á revelia da vontade popular, em centros de decisão politica, cada qual decretando uma candidatura, como se a vida do paiz na sua significação collectiva, fosse simples convencionalismo destinado a legitimar as ambições do caudilhismo provinciano.

Nos periodos de crise, como o que atravessamos, a democracia de partidos, em lugar de offerecer segura opportunidade de crescimento e de progresso dentro das garantias essenciaes á vida e á condição humana, subverte a hierarchia, ameaça a unidade patria e põe em perigo a existencia da nação, extremando as competições e accendendo o facho da discordia civil.

Accresce ainda notar que, alarmados pela atoarda dos agitadores profissionaes e diante da complexidade da lucta politica os homens que não vivem della, mas do seu trabalho deixam os partidos entregues aos que vivem delles, abstendo-se de participar da vida publica, que só poderia beneficiar-se com a intervenção dos elementos de ordem e de acção constructora.

O suffragio universal passa, assim a ser instrumento dos mais audazes e mascara que mal dissimula o conluio dos appetites pessoaes e de corrilhos. Resulta dahi não ser a economia nacional organizada que influe ou prepondera nas decisões governamentaes, mas as forças economicas de caracter privado, insinuadas no poder e delle se servindo em prejuizo dos legitimos interesses da communidade.

UMA AMEAÇA QUE APRESENTAVA AO PAIZ SOB O ROTULO DE ELEIÇÕES

Quando os partidos tinham objectivos de caracter meramente politico, como a extensão de franquias constitucionaes e reivindicações semelhantes as suas agitações ainda podiam processar-se á superficie da vida social, sem perturbar as actividades do trabalho e da producção. Hoje, porem, quando a influencia e o controle do Estado, sobre a economia, tendem a crescer, a competição politica tem por objectivo o dominio das forças economicas e a perspectiva da luta civil, que espia a todo momento os regimes dependentes das fluctuações partidarias, é substituida pela perspectiva incomparavelmente mais sombria da luta de classes.

Em taes circumstancias, a capacidade de resistencia do regime desapparece e a disputa pacifica das urnas é transportada para o campo da turbulencia aggressiva e dos choques armados.

E' desta situação perigosa que nos vamos approximando. A inercia do quadro politico tradicional e a degenerescencia dos partidos em clans facciosos são factores que levam, necessariamente a armar o problema politico, não em termos democraticos, mas em termos de violencia e de guerra social.

Os preparativos eleitoraes foram substituidos, em alguns Estados, pelos preparativos militares, aggravando os prejuizos que já vinha soffrendo a nação, em consequencia da incerteza e instabilidade creadas pela agitação facciosa. O caudilhismo regional, dissimulado sob apparencias de organização partidaria, armava-se para impor á nação as suas decisões, constituindo-se, assim, em ameaça ostensiva á unidade nacional.

ORGANIZAÇÕES PARTIDARIAS CONTRA O REGIME

Por outro lado, as novas formações partidarias, surgidas em todo mundo por sua propria natureza refractarias aos processos democraticos, offerecem perigo immediato para as instituições exigindo, de maneira urgente e proporcional á virulencia dos antagonismos, o reforço do poder central. Isto mesmo já se evidenciou por occasião do golpe extremista de 1935, quando o Poder Legislativo foi compellido a emendar a constituição e a instituir o estado de guerra que, depois de vigorar mais de um anno, teve de ser restabelecido por solicitação das forças armadas, em virtude do recrudescimento do surto communista, favorecido pelo ambiente turvo dos comicios e da caça ao eleitorado.

A consciencia das nossas responsabilidades indicava imperativamente o dever de restaurar a autoridade nacional pondo termo a essa condição anomala da nossa existencia politica, que poderá conduzir-nos á desintegração, como resultado final dos choques de tendencias inconciliaveis e do predominio dos particularismos de ordem local.

O ESTADO DE GUERRA COMO CONDIÇÃO NORMAL PARA A VIDA DO PAIZ

Collocada entre as ameaças caudilhescas e o perigo das formações per-

(Conclue na 2.ª pagina)

Conferenciaram longamente o ex-lider da Camara e o presidente da Republica

RIO, 10 (H.) — Esteve hoje em demorada conferencia com o presidente da Republica, no palacio do Cattete, o sr. Carlos Luz, lider da extincta Camara dos Deputados.

DECRETADA A INTERVENÇÃO FEDERAL NO ESTADO DO RIO

Para exercer as funcções de interventor foi designado o commandante Amaral Peixoto

RIO, 10 (H.) — O presidente da Republica decretou a intervenção federal no Estado do Rio, nomeando interventor naquelle Estado o commandante Ernani do Amaral Peixoto.

A posse do interventor do Estado do Rio está marcada para amanhã, ás 11 horas, no Ministerio da Justiça.

O commandante Amaral Peixoto iniciará amanhã ás 15 horas, no palacio do Ingá, as suas funcções.

Foi escolhido para secretario da Justiça de seu governo o sr. Horacio de Carvalho.

Demittiu-se o corpo ministerial afim de facilitar a acção do governo

RIO, 10 (H.) — Como era natural, e é de habito em taes occasiões, todos os ministros apresentaram demissão, afim de deixar o presidente da Republica á vontade para fazer, quando o julgar conveniente, a reorganização do ministerio.

Será instituido o Conselho de Imprensa que superintenderá o serviço politico dos jornaes

Afim de estudar as directrizes do novo orgão, o ministro da Justiça conferenciou hontem com directores das empresas jornalisticas

RIO, 10 (Da nossa succursal, pelo telephone) — A convite do ministro da Justiça, realizou-se hoje, sob a presidencia do sr. Francisco Campos, uma reunião de directores de jornaes. O sr. Francisco Campos, de inicio, declarou aos presentes que iria distribuir as copias da nova Constituição Federal que estavam sendo revistas cuidadosamente em outras dependencias do ministerio. Em seguida communicou aos jornalistas que o governo, desejando continuar a manter com a imprensa, cujo concurso muito estimava, as melhores relações, lembrava a constituição de um Conselho de Imprensa formado por jornalistas, para uma perfeita articulação com o governo e melhor controle do exame da situação politica. Todos os assumptos que merecerem especiaes cuidados para a sua divulgação serão estudados pelo conselho de imprensa, de accordo com a orientação do governo atraves do titular da pasta politica.

Varias sugestões foram feitas por alguns dos jornalistas presentes, sendo, em principio, acceita a proposta do sr. Francisco Campos. Os directores de jornaes deverão se reunir amanhã á tarde, na A. B. I., para combinarem uma formula de pôr em pratica a medida e, então, será dada sciencia do que fôr deliberado ao ministro da Justiça.

DECLARAÇÕES DO MINISTRO DA JUSTIÇA

RIO, 10 (H) — Terminada a reunião dos jornalistas, o ministro da Justiça, falando á "Noite", sobre a nova constituição, teve as seguintes palavras:

"Começou hoje uma nova era para o Brasil. Acontecimentos como os de hoje não se discutem; desenvolvem-se nas suas consequencias. O dever de todo cidadão não é o de procurar obstruir a acção do governo com palavras vãs. O que está feito, está feito. Não se trata de voltar atrás, mas de ir para a frente, ao encontro do Brasil".

NOSSAS PAGINAS ESPECIAES

Devido ao accumulo de materia destinada á presente edição da "Folha da Manhã", deixamos de publicar hoje as nossas paginas especiaes "ONDAS E ANTENNAS" e "SUPPLEMENTO MEDICO", que reapparecerão na proxima semana.

FOLHA DA MANHÃ

Superintendente: OCTAVIANO ALVES DE LIMA | Propriedade da Empresa "FOLHA DA MANHÃ" LIMITADA | Director-Gerente: DIOGENES DE LEMOS AZEVEDO

ANNO XIII | RUA DO CARMO, 7 E 7-A TELEPHONE 2-7181 (REDE INTERNA) | S. PAULO — TERÇA-FEIRA, 15 DE MARÇO DE 1938 | CAIXA POSTAL 2.900 ENDEREÇO TELEGRAPHICO: "FOLHAS" | N. 4.295

O chanceller Hitler annexou a Austria á Allemanha

O "FUEHRER" VIVAMENTE ACCLAMADO EM VIENNA — O SR. MIKLAS RENUNCIOU A PRESIDENCIA DA REPUBLICA FEDERADA, SENDO SUBSTITUIDO PELO CHANCELLER SEYSS INQUART — ACHAM-SE DE PROMPTIDÃO AS TROPAS FRANCEZAS DA LINHA MAGINOT

O SR. MIKLAS RENUNCIOU A PRESIDENCIA DA AUSTRIA

O CHANCELLER SEYSS INQUART ASSUMIU AS FUNCÇÕES DE PRESIDENTE — CERCA DE QUARENTA MIL SOLDADOS ALLEMÃES PENETRARAM EM TERRITORIO AUSTRIACO

VIENNA, 13 (U. P.) — Acaba de renunciar a presidencia da Republica o sr. Wilhelm Miklas, sendo substituido immediatamente pelo sr. Seyss Inquart.

AS FUNCÇÕES DE PRESIDENTE TRANSFERIDAS AO CHANCELLER INQUART

VIENNA, 14 (U. P.) — Foi hoje dado á publicidade o seguinte communicado official:

"O presidente Wilhelm Miklas demittiu-se do cargo por meio de uma carta escripta a 13 do corrente. De conformidade com o paragrapho 1.o do artigo 77 da Constituição de 1934, as suas funcções são transferidas ao chanceller Seyss Inquart".

40 MIL ALLEMÃES ENTRARAM NA AUSTRIA

BERLIM, 13 (H) — O effectivo das tropas allemãs que penetraram na Austria é avaliado em Berlim em 40 mil homens, no minimo.

1.500 HOMENS DO EXERCITO ALLEMÃO EM VIENNA

VIENNA, 14 (U. P.) — Até hontem á noite já se encontravam em Vienna 1.500 homens do Exercito allemão, aquartelados nos quarteis do Exercito e da antiga "Heimwehr". Mil homens ficaram aquartelados na Escola de Cadetes e 400 em Enzerdordf.

Em outras cidades foram requisitados escolas e hospitaes para abrigar tropas allemãs.

O correspondente da United Press em Linz calcula que se encontram naquella cidade 3.000 homens da Reichswher, 500 policiaes, 400 homens do Regimento pessoal do sr. Hitler e 50 homens dos seus "guardas negros" particulares.

DEPURAÇÃO NAS REPARTIÇÕES PUBLICAS

VIENNA, 14 (H) — A Bolsa de Valores, que deixou de funccionar, ficará fechada até nova ordem.

Começou desde já a depuração dos elementos judeus nas repartições publicas.

Grande numero de funccionarios israelitas foram substituidos esta manhã por membros do Partido Nazista.

DEMISSÃO DE JUIZES E PROCURADORES DE ORIGEM ISRAELITA

VIENNA, 14 (H.) — Um decreto do ministro da Justiça demitte todos os juizes e procuradores que tenham origem israelita.

APPELLO AOS CATHOLICOS AUSTRIACOS

VIENNA, 13 (H.) — O cardeal Innitzer dirigiu um appello aos catholicos austriacos, declarando principalmente que todas as ordens das autoridades devem ser seguidas voluntariamente e de bom grado.

SEVERAS MEDIDAS PARA EVITAR A EVASÃO DE CAPITAES DA AUSTRIA

VIENNA, 14 (H.) — Importantes medidas foram tomadas no sentido de evitar a evasão dos capitaes e as perturbações nos mercados financeiro e monetario. As operações com o estrangeiro foram submettidas a regras severissimas. As operações internas foram, da mesma forma, regulamentadas severamente.

As retiradas bancarias não podem ultrapassar 1.000 shillings por semana. Para os depositos effectuados depois de 13 de março, o direito de livre movimentação não soffreu nenhum limite.

Os institutos bancarios e de credito podem effectuar pagamentos em especie, além de 1.000 shillings, para pagamento de salarios, aposentadorias e pensões, premios de seguros, etc., mas necessitam exhibir provas de que são urgentes esses pagamentos.

As ordens de pagamento foram limitadas. Os depositos feitos nos bancos ou nas caixas economicas podem servir para a compra de titulos, mas estes terão que ficar depositados em institutos de credito.

O direito de venda de titulos foi tambem regulamentado. O producto das vendas não deve ser pago á vista. O total dos seguros vencidos não pode ser pago senão á razão de 500 shillings semanalmente.

Os devedores que, em consequencia das medidas tomadas, não puderem satisfazer suas obrigações, não poderão incorrer em nenhuma sancção legal.

As infracções ás medidas tomadas hoje são passiveis de multa de 100 shillings no maximo e de prisão até um anno. As tentativas de infracção são igualmente passiveis de punições.

SCHUSCHNIGG NA HUNGRIA

VIENNA, 13 (H.) — Segundo informações aqui recebidas, o sr. Schuschnigg chegou á Hungria.

PRESO O GOVERNADOR DA BAIXA AUSTRIA

VIENNA, 14 (U. P.) — O sr. Josef Heither, governador da Baixa Austria, acaba de ser preso.

NOVO BURGO-MESTRE DE VIENNA

VIENNA, 14 (H.) — O dr. Neubachel foi nomeado pelo chanceller Inquart...

(Conclue na pagina 6)

CENTENAS DE JUDEUS AUSTRIACOS SERIAMENTE AMEAÇADOS PELO NAZISMO

O Comité Executivo do Congresso Judaico Mundial solicita á Liga das Nações que impeça que os israelitas sejam expulsos da Austria

GENEBRA, 14 (U. P.) — O comité executivo do Congresso Judaico Mundial enviou hoje um appello á Liga das Nações, solicitando que seja tomada uma providencia immediata, para defender centenas de judeus austriacos, contra a perseguição nazista. Assignado pelo rabbi americano, Stephen Suisse, o appello, que solicita medidas urgentes para impedir que os judeus sejam expulsos da Austria, passa tambem em revista as perseguições e soffrimentos de que os judeus têm sido victimas na Allemanha, no territorio do Sarre, na Alta Silesia e na Cidade Livre de Dantzig.

O appello diz, em parte: — "Por meio deste fazemos um solenne appello ao Conselho da Liga, afim de chamar sua attenção para o tragico destino que, em consequencia dos ultimos acontecimentos politicos, aguarda centenas de milhares de judeus da Austria, muitos dos quaes pertencem á elite não só austriaca, como tambem do mundo scientifico, literario, artistico e economico da Europa.

Depois de terem assistido até agora ás perseguições soffridas pelos seus irmãos da Allemanha, no territorio do Sarre, da Alta Silesia e da Cidade Livre de Dantzig, e tendo tido permissão de viver livremente naquelle paiz que, durante seculos, constituiu a sua residencia, elles se encontram agora á mercê da barbaridade medieval, resuscitada pelo nacional-socialismo, em todos os paizes em que predomina. Os judeus têm direitos especificados, que lhe foram garantidos pelo Tratado de Saint Germain. O Conselho da Liga é garantidor desses direitos de cidadania e dignidade, concedidos a seres humanos. Levantamos a nossa voz, appellando não só para a Liga, como tambem para as nações civilizadas e para a opinião publica mundial".

HITLER ACCLAMADO ENTHUSIASTICAMENTE A' SUA CHEGADA A VIENNA

O "fuehrer" fala ao povo — "Juramos que, aconteça o que acontecer, ninguem quebrará a unidade do Reich allemão, tal como hoje existe"

VIENNA, 14 (H.) — Todas as repartições publicas, escriptorios, lojas, fabricas e usinas receberam ordem de fechar as portas, a partir das 11 horas.

A medida visa permittir aos empregados e funccionarios comparecerem á chegada de Hitler.

HITLER ACCLAMADO PELA MULTIDÃO

VIENNA, 14 (H.) — Uma multidão immensa faz ala á passagem do sr. Hitler, ao longo do trajecto de Schoenbrunn, até o Hotel Imperial, onde o "fuehrer" desce. Diante da Opera, a multidão apinhada é contida com grande esforço pelos destacamentos das secções de assalto. A monotonia da longa espera é interrompida pelos discursos pronunciados pelo radio e pelo espectaculo incessante das tropas que desfilam e dos aviões que cruzam o céu em todos os sentidos. Ao meio dia, numerosos espectadores — os mais fanaticos — já se encontravam de pé nas calçadas e nos passeios, aguardando a chegada do "fuehrer" de todos os allemães.

A's 17 horas, o cortejo do sr. Adolf Hitler é assignalado nas immediações de Vienna. A's 17 horas e 5 minutos, uma duzia de carros blindados, armados de metralhadoras, apparecem na praça, precedendo o automovel em que o "fuehrer" faz a sua entrada triumphal na capital austriaca. Um clamor immenso sobe da multidão, que não se cansa de bradar "Heil Hitler!". De pé, ao lado do "chauffeur", o "fuehrer", que veste o uniforme kaki da milicia nazista, sauda com a mão extendida.

O cortejo chega ao Hotel Imperial, entre acclamações.

Minutos depois, o "fuehrer" apparece novamente na sacada do edificio, saudado por novas acclamações de "Heil Hitler!" "Heil o nosso "fuehrer".

Durante 40 minutos, o chanceller Hitler, que exhibe sobre o peito a Cruz de Ferro e a insignia do partido, permanece na sacada, ouvindo os applausos da multidão. A's 18 horas e 30, o "fuehrer" retira-se.

O ENTHUSIASMO POPULAR

VIENNA, 14 (U P) — A's 18.25 minutos, já refeito das fadigas da viagem, o chanceller Hitler reappareceu em uma das sacadas do hotel, saudou a multidão e tentou falar, não o conseguindo, em virtude do estrondo das acclamações, que reboavam. Depois de agradecer por alguns minutos, com acenos retirou-se para os seus aposentos, onde recebeu a visita de saudação dos lideres austriacos. Uma irradiação proclamou: — "Não ha necessidade de aguardar o plebiscito. A nação falou hoje".

Em seguida, com a voz entrecortada pelo pranto, o "speaker" declarou: "Camaradas, o "fuehrer" está comnosco". E não póde continuar, em virtude da commoção que o empolgou.

Os espectadores mais arrojados galgavam os postes de illuminação e as grades dos edificios publicos, emquanto até os enfermos, em camisas e pijamas, abandonavam o leito e vinham para as janellas, saudar o "fuehrer". A multidão insistia em permanecer em frente ao hotel, entoando canções patrioticas e muitos derramavam lagrimas de commoção. Entre a multidão, notavam-se operarios do antigo districto extremista de Simmering.

Populares carregam pelas ruas um grande retrato do chanceller, ornado de flores naturaes. Por occasião da chegada, oito carros blindados precederam o automovel do sr. Hitler. A guarda de honra allemã e austriaca, formada em ala, baixou as bandeiras quando o "fuehrer" passou.

HITLER FALA AO POVO

VIENNA, 14 (H) — A's 18 e 45 minutos, o "fuehrer" Adolf Hitler fez da sacada do Hotel Imperial a seguinte declaração:

"Camaradas allemães! O que vós experimentaes eu tambem o senti profundamente, nestes ultimos 5 dias!

Encontramo-nos actualmente no começo de uma nova phase na historia do nosso paiz. Os vossos sentimentos não foram unicamente os de dois milhões de habitantes de Vienna, mas os de um povo de 75 milhões de homens. Juramos que, aconteça o que acontecer, ninguem quebrará ou desmembrará a unidade do Reich allemão, tal como hoje existe. Nem as ameaças, nem a violencia, nem as afflicções poderão romper esse juramento. Quero que todos os ouçam, de Colonia a Hamburgo e de Hamburgo a Vienna!"

Iniciaram-se as manobras da marinha americana

SAN PEDRO, (California), 14 (H.) — As grandes manobras navaes iniciam-se esta manhã sob a direcção do almirante Bloch, commandante em chefe da frota.

Nas manobras tomarão parte mais de 160 unidades, 500 aviões e hydro-aviões, 3.000 officiaes e 55.000 marinheiros.

O maior segredo cerca as manobras, nas quaes não foram admittidos jornalistas nem photographos. A phase inicial será constituida por um ataque á costa do Pacifico.

As manobras se prolongarão até fins de abril, e comportarão o ataque e defesa de um grupo de ilhas do Pacifico.

Tropas francezas de promptidão na linha Maginot

A invasão da Austria constituiu uma surpresa para o sr. Mussolini — A resposta do "duce" ao telegramma que lhe enviou o "fuehrer"

PARIS, 13 (H.) — "Le Matin" annuncia em telegramma de Nancy que as tropas que occupam as obras fortificadas da linha Maginot estão de promptidão a partir de hoje.

Nas outras guarnições foram supprimidas todas as licenças.

O SR. MUSSOLINI FOI TOMADO DE SURPRESA

ROMA, 14 (U. P.) — Os diplomatas estrangeiros passando em revista os acontecimentos destas ultimas semanas, chegaram quasi unanimemente á conclusão de que o sr. Benito Mussolini, embora alliado do sr. Adolph Hitler e do chanceller Schuschnigg, foi tomado de surpreza com relação aos acontecimentos da Austria, como o foram os demais estadistas da Europa.

A RESPOSTA DE MUSSOLINI A HITLER

ROMA, 14 (U. P.) — O chefe do governo, sr. Benito Mussolini, respondeu telegraphicamente ao chanceller Hitler, pelo seu telegramma de Linz.

Nessa resposta o sr. Mussolini diz: "Minha attitude foi determinada pela amizade entre as duas nossas nações, consagrada pelo eixo Roma-Berlim".

MUSSOLINI EM INTENSA ACTIVIDADE

ROMA, 14 (U. P.) — O sr. Benito Mussolini tem permanecido continuamente na sua mesa de trabalho, recebendo de hora em hora as noticias sobre a situação e certamente idealizando os meios de coadunar a sua politica externa com o desenrolar dos acontecimentos e com a extensão da fronteira allemã até o territorio italiano, bem como a presença de tropas allemãs no Brenner.

Os circulos fascistas não escondem o seu resentimento diante deste facto e mostraram-se particularmente irritados, quando certa estação de radio austriaca transmittiu uma noticia na qual dizia que o sr. Benito Mussolini iria devolver á Austria o Tyrol do sul, adjudicado á Italia pelo Tratado de Versalhes.

Em caracter particular, alguns fascistas influentes disseram á "United Press" que pegariam em armas, se os nazistas pretendessem retomar essa provincia.

Officialmente, todavia, o governo italiano está fazendo o melhor que póde para enfrentar a situação, a qual pelo seu inesperado, deixou o povo e o governo desnorteados e confundidos. Chega-se a recear que o periodo das "surprezas de Hitler" ainda não passou, porque embora a sua carta ao "duce" saliente cuidadosamente que as fronteiras actuaes com a França e a Italia são definitivas, não fala nas demais fronteiras da Allemanha, e a esse respeito os italianos são levados a pensar na Checoslovaquia.

A SITUAÇÃO NA FRONTEIRA AUSTRO-SLOVENA

LUBLIANA (Jugoslavia), 13 (H.) — O "Slevon", orgão do sr. Korochetz, ministro do Interior, publica as seguintes noticias da fronteira austro-slovena:

"Tropas allemãs já appareceram em Villech. Os allemães de Maribzu não escondem a sua alegria pela reviravolta na politica da Austria e chegam até a proferir ameaças em publico, dizendo que Belgrado deverá tomar em consideração os acontecimentos do outro lado da fronteira e combater o sr. Korochetz pela sua politica na Slovenia, onde é contrario á compra de propriedades slovenas pelos allemães. Enquanto que a fronteira da Styria ainda está mais ou menos livre, a da Corynthia fechou-se automaticamente. Entre os viajantes chegados hontem pela estrada de ferro Jugoslavia, não se encontra um só sloveno da Corynthia. No entanto, alguns camponezes atravessaram a fronteira nas montanhas e relatam violencias praticadas pelos hitleristas contra os slovenos".

HITLER TEM O SENTIDO DAS OPPORTUNIDADES

WASHINGTON, 13 (H.) — O "Washington Post" publica um artigo sobre os acontecimentos da Austria, no qual diz que "a escolha da occasião é a propria essencia da arte de governar e que, neste sentido de opportunidades, o sr. Hitler justifica o seu titulo de "fuehrer".

Todos os jornaes desta capital esperam a reacção da Grã-Bretanha e da França, da qual dependerá a do governo dos Estados Unidos.

O GOVERNO CHECOSLOVACO ESTA' TRANQUILLO

PRAGA, 14 (H.) — O Ministro da Defesa Nacional da Checoslovaquia pronunciou momentoso discurso no qual accentuou:

"Não é a primeira vez que a vitalidade do nosso Estado e a situação resultante dos accôrdos, que occupa na constellação politica européa, constituem efficaz garantia da nossa segurança.

Com sincera satisfação estou habilitado a vos informar que ninguem pensa nem de longe em ameaçar de qualquer maneira a nossa segurança.

Declaro isto deante das ultimas declarações officiaes que nos foram feitas nesse sentido e de que tomamos a necessaria nota".

DEMONSTRAÇÕES HOSTIS AO REICH, EM WASHINGTON

WASHINGTON, 14 (U. P.) — Tres homens e uma mulher, pertencentes á "Liga dos Jovens Socialistas", foram presos hoje, por terem feito demonstrações hostis deante da embaixada germanica.

Repercutem na Camara dos Communs os acontecimentos da Austria

"Factos como este, destruindo o equilibrio na Europa Central, não somente geram a inquietação politica, como tambem compromettem seriamente o programma de restauração economica", declara o sr. Chamberlain

LONDRES, 14 (H.) — O discurso hoje pronunciado pelo sr. Chamberlain, na Camara dos Communs, despertou extraordinario interesse. O recinto, as tribunas e as galerias estavam repletas. Os deputados e o pubblico acompanharam com grande attenção todo o discurso, do qual muitas passagens foram saudadas por applausos calorosos.

O primeiro ministro começou evocando o accordo de Berchtesgaden e observando que o mesmo se baseava sobre a independencia da Austria. Salientou que a convocação do plebiscito tinha sido mal acolhida pelo governo do Reich. A situação havia attingido o paroxismo na manhã de 11 do corrente, quando foi apresentado ao chanceller federal da Austria o "ultimatum" exigindo o abandono do plebiscito e fazendo outras exigencias. O sr. Schuschnigg tinha recusado, mas propuzera organizar mais tarde o plebiscito com listas regulares.

O sr. Chamberlain declara então:

"O chanceller Schuschnigg teria ido mais longe e não se recusaria a outorgar a faculdade ao eleitorado de se declarar contra a manutenção da sua pessoa, na presidencia do Conselho, mesmo pronunciando-se a favor da independencia da Austria. Com isso o sr. Schuschnigg queria provar que não fazia a consulta á nação uma questão de prestigio pessoal. Mais tarde, sentindo a ameaça de guerra civil e a possibilidade de uma invasão, o chanceller cedeu á pressão de dois de seus ministros e consentiu em annullar o plebiscito, sob a condição de que os nazistas não prejudicariam a tranquillidade do paiz. Tudo indica que a offerta do chanceller foi transmittida á Allemanha, mas foi julgada insufficiente e em resposta, os dois ministros pediram a renuncia do chanceller e a sua substituição pelo sr. Seiss Inquart. Foi concedido ao chanceller um prazo até as 16 horas e 30 e, ao mesmo tempo, o sr. Schuschnigg foi informado de que se a sua resposta não fosse satisfactoria, ás 17 horas as tropas do Reich invadiriam o territorio austriaco".

O primeiro ministro Chamberlain recorda os termos em que estava concebido o "ultimatum" do Reich, que exigia, alem da substituição do sr. Schuschnigg pelo sr. Seiss Inquart, a formação de um gabinete nazista, a autorização para os membros da Legião Austriaca de regressarem á Austria, onde lhes seria confiada a manutenção da ordem em Vienna, a readmissão de todos os membros do partido nazista. A resposta exigida era para as 18 horas e 30 de Greenwich. O primeiro ministro recorda, ainda, a allocução que o chanceller Schuschnigg pronunciou pelo radio, annunciando que cedia diante da força, allude á entrada das tropas allemãs na Austria e declara:

"O governo de Sua Majestade acompanhou com a maior attenção o desenrolar dos acontecimentos. No dia 10 de março o ministro das Relações Exteriores avistou-se com o sr. Joachim von Ribbentrop e lhe dirigiu as mais sérias advertencias, ácerca da situação da Austria e do que parecia ser a politica do governo allemão a esse respeito. Naquella occasião, Lord Halifax declarou ao sr. von Ribbentrop, que attribuia a maior importancia a que fossem adoptadas todas as medidas necessarias para assegurar que o plebiscito austriaco se realizasse sem intervenções nem intimidações".

(Conclue na pagina

Rejeitado o pedido de clemencia para os conspiradores russos

MOSCOU, 14 (U. P.) — O Conselho Supremo da União Sovietica rejeitou os appellos de clemencia, para 17 dos 18 réus condemnados á morte, no domingo pela manhã. Não se fez menção a Rosengoltz.

PROCLAMADO O "ANSCHLUSS"

Hitler assume o commando em chefe do exercito austriaco — Será pedida a retirada dos representantes estrangeiros em Vienna

VIENNA, 13 (H.) — O governo austriaco proclamou solennemente o "Anschluss".

O plebiscito a esse respeito realizar-se-á no dia 10 de abril proximo.

TEXTO DOS DECRETOS DE HITLER

VIENNA, 13 (H.) — Eis o texto dos decretos promulgados pelo sr. Hitler:

"O "fuehrer" chanceller, commandante em chefe do exercito decide:

1.o — O governo federal austriaco resolveu a reunião da Austria com o Reich allemão. O governo do Reich reconheceu esta resolução pelas leis hoje promulgadas.

2.o — Baseado nisso, resolvo: o exercito federal austriaco passa hoje a ser commandado por mim, como parte integrante do exercito allemão.

3.o — Designo o general von Bock, commandante do 7.o exercito, commandante do exercito allemão nas fronteiras da Austria.

4.o — Todos os membros do antigo exercito federal austriaco deverão immediatamente prestar juramento á minha pessoa, na qualidade de seu commandante supremo. O general von Bock fica encarregado de expedir immediatamente as ordens necessarias para esse fim.

Outro decreto datado de 13 de março, em Linz, diz:

"1.o — Encarrego o chefe de districto Burckel (Palatinado) de reorganizar o Partido Nacional-Socialista da Austria.

2.o — O chefe de districto Burckel, na qualidade de chefe do Partido Nacional Socialista da Austria, fica encarregado da preparação do plebiscito.

3.o — Confiro ao chefe de districto Burckel plenos poderes para tomar ou ordenar todas as medidas necessarias á execução do mandato que lhe foi confiado".

UMA UNICA IGREJA

VIENNA, 14 (H.) — A Igreja Evangelica Austriaca foi annexada á Igreja Evangelica do Reich.

SERA' SOLICITADA A RETIRADA DOS REPRESENTANTES DIPLOMATICOS DE VIENNA

BERLIM, 14 (U. P.) — Foi officialmente annunciado que o ministro das Relações Exteriores, sr. von Ribbentrop, partiu desta capital de avião com destino a Vienna, afim de conferenciar com o chanceller Hitler sobre uma nota que, se acredita, a Allemanha enviará, dentro do mais curto prazo, ás potencias estrangeiras, solicitando que as mesmas retirem de Vienna seus representantes diplomaticos.

DEIXARA' A CAPITAL AUSTRIACA O EMBAIXADOR INGLEZ

LONDRES, 14 (U. P.) — O "Foreign Office" informa que o ministro britannico na Austria, sr. Charles Michael, deixará Vienna.

NOVO MAPPA DO REICH

BERLIM, 14 (H.) — Os vespertinos de toda a Allemanha publicam esta tarde o mappa do novo Reich, do qual desappareceu a fronteira com a Austria. Os jornaes frisam que a Allemanha possue agora mais tres visinhos territoriaes: a Italia, a Jugoslavia e a Hungria. Segundo informa a imprensa, o Reich conta agora 73 milhões de habitantes. O Danubio tornou-se o maior rio da Allemanha, e o "Grossglockner" com os seus 3.798 metros, o pico mais elevado do Reich.

A imprensa salienta finalmente que o Exercito do Reich ficou accrescido de 100.000 homens que compunham o Exercito Federal austriaco.

O CONSUL AUSTRIACO EM VALPARAISO RECUSA-SE A HASTEAR A BANDEIRA "SWASTICA"

RIO, 14 (Da nossa succursal — pelo telephone) — Informa um despacho proveniente de Valparaizo que o consul da Austria naquella cidade, general Emerich Kovacs, se recusou a cumprir a ordem transmittida pelo ministro de seu paiz nesta capital, sr. Antonio Reqscoek, no sentido de fazer hastear a bandeira da cruz swastica no edificio do consulado. Accrescenta a noticia que, por esse motivo, o general Kovacs apresentou o pedido de demissão.

Para esclarecer esse facto, um reporter d' "O Globo" esteve, hoje, na legação da Austria, procurando falar ao ministro Antonio

(Conclue na pagina 6)

FOLHA DA MANHÃ

Director-Superintendente: OCTAVIANO ALVES DE LIMA | Propriedade da Empresa "FOLHA DA MANHÃ" LIMITADA | Director-Gerente: DIOGENES DE LEMOS AZEVEDO

ANNO XIII | RUA DO CARMO, 7 E 7-A TELEPHONE 2-7181 (REDE INTERNA) | S. PAULO — QUINTA-FEIRA, 12 DE MAIO DE 1938 | CAIXA POSTAL 2.900 ENDEREÇO TELEGRAPHICO: "FOLHAS" | N. 4.344

Subjugado audacioso golpe integralista no Rio

Os sediciosos tomaram, de inicio, o Ministerio da Marinha e atacaram violentamente o palacio Guanabara — Energica actuação do presidente da Republica — O ministro da Guerra fere-se ligeiramente na campanha contra os insurrectos — Avalia-se em 15 o numero de mortos e de 20 o de feridos — Cerca de 500 prisões effectuadas — A acção repressiva foi promptamente organizada, conseguindo rapidamente abafar o movimento

O TRIBUNAL DE SEGURANÇA FOI CONVOCADO EXTRAORDINARIAMENTE DEVENDO, AINDA HOJE, LAVRAR A SENTENÇA CONTRA OS PRINCIPAES RESPONSAVEIS PELA INTENTONA

Como se desenrolaram os acontecimentos da madrugada de hontem no Rio

RIO, 11 — Da nossa succursal — pelo telephone) — Perdura ainda no espirito da população a violenta impressão de surpreza e estupor que lhe deixaram as primeiras noticias da irrupção, nesta capital, ás primeiras horas da madrugada de hoje, de um movimento insurreccional, promovido por elementos integralistas.

Com o correr do dia, divulgando-se de hora em hora os detalhes do movimento, mais e mais augmentavam a surpreza e o estupor, se bem que as noticias do prompto e completo esmagamento da rebellião por parte das forças leaes ao governo viessem restituir á cidade o socego tão inesperadamente interrompido.

Os primeiros signaes de que alguma coisa de anormal estava acontecendo, teve-os a população ao verificar logo cedo que faltavam bondes, trens, omnibus, barcas, etc. para a conducção habitual de quantos se dirigiam para o trabalho.

Mas que seria? Como é natural, os boatos fervilhavam. Todavia, pouco a pouco, os factos iam sendo conhecidos e divulgados.

Tratava-se de um levante integralista.

A intentona tivera inicio pouco depois de uma da madrugada, quando bandos esparsos de adeptos do sigma percorrendo de automovel diversos pontos da cidade, lançavam bombas e davam tiros, afim de provocar a confusão.

Um dos grupos dirigiu-se para

(Conclue na 2.ª pag.)

OS MORTOS E FERIDOS NOS GRAVES ACONTECIMENTOS NO DISTRICTO FEDERAL

Ambulancias cheias de cadaveres conduzidos ao necroterio — Seria grave o estado do principe João de Bragança, ferido a bala

Chegada de forças do Exercito ao Arsenal de Marinha — A' direita, fuzileiros navaes dando guarda ao edificio, depois de retomado e revistando os marujos que nelle ingressavam

RIO, 11 — (Da nossa succursal — pelo telephone) — Ao estalar o movimento subversivo a Delegacia de Ordem Politica e Social, entre as primeiras providencias tomadas, mandou os investigadores Sandoval Bordallo e A. Bittencourt fazerem um reconhecimento no Ministerio da Marinha, que, segundo constava, estava sendo assaltado por marinheiros integralistas. Chegando á frente do Ministerio, esses policiaes foram abordados pela guarda, sendo conduzidos para o porão. Ali, ao declararem sua qualidade e a missão que levavam, pois julgavam estar tratando com a guarda do Ministerio, foram immediatamente alvejados á queima-roupa por descargas de metralhadoras.

O investigador Sandoval Bordallo tombou varado de balas, tendo seu corpo desapparecido. Seu companheiro, gravemente ferido e sangrando dados os diversos ferimentos que recebeu, chegou ao Posto Central da Assistencia, onde veio a fallecer.

FERIDOS RECOLHIDOS AO HOSPITAL CENTRAL DA MARINHA

RIO, 11 (Da nossa succursal - pelo telephone) — Foram recolhidos ao Hospital Central da Marinha, por haverem recebido ferimentos, quando procuravam dominar os rebeldes que atacaram o Ministerio da Marinha, o tenente do Regimento Naval Washington Braga, o cabo Helio do Amaral e os soldados José Manglo Sobrinho, Arlindo José da Silva, João Bernardo Rodrigues.

(Conclue na 3.ª pag.)

Postas á disposição do Exercito as milicias estaduaes de S. Paulo e Minas

Regressaram á sua base as tropas enviadas da Villa Militar

RIO, 11 (Da nossa succursal — pelo telephone) — O governo de Minas por á disposição do commandante da IV Região Militar, general Lucio Esteves, a Força Publica mineira, tendo feito o governo de São Paulo a mesma coisa.

— Tendo partido da Villa Militar dois trens especiaes conduzindo tropas do Exercito, por ordem do ministro da Guerra, assim que chegaram em D. Pedro II ás 7 horas e 35 minutos, tiveram ordem de regressar immediatamente á sua séde.

Modernissimo apparelhamento bellico possuiam os integralistas

Verdadeiro arsenal foi encontrado na casa do sr. Plinio Salgado — Bombas de grande poder destruidor foram fabricadas pelos proprios revoltosos

RIO, 11 (Da nossa succursal — pelo telephone) — Os integralistas possuiam armas modernissimas e carregavam granadas incendiarias, bombas de dynamite e parabelluns, ultimo typo.

A CASA DO SR. PLINIO SALGADO TRANSFORMADA EM ARSENAL DE GUERRA

RIO, 11 (Da nossa succursal — pelo telephone) — Na casa da avenida Niemeyer, onde estivera refugiado o sr. Plinio Salgado a policia encontrou grande quantidade de armas e munições.

BOMBAS DE DYNAMITE APPREENDIDAS EM UM AUTOMOVEL DE PRAÇA

RIO, 11 (Da nossa succursal — pelo telephone) — Um carro de praça corria esta madrugada pela praça Quinze, quando forças armadas lhe sustaram a marcha, no momento em que atravessava a praça, rumo á rua Sete. Varejado seu interior, foram encontradas diversas bombas de dynamite. O motorista foi detido immediatamete e levado, assim como o automovel, para a Policia Central.

INTEGRALISTAS PRESOS COM ARMAS E MUNIÇÕES

RIO, 11 (Da nossa succursal — pelo telephone) — O commissario Brenno Alves conduziu para a Policia Central um grupo de integralistas que foram presos quando conduziam armas e granadas de mão.

DETIDO QUANDO CONDUZIA MUNIÇÕES

RIO, 11 (Da nossa succursal — pelo telephone) — Foi preso no centro da cidade, transportando grande quantidade de munição, o commerciante integralista João Darec.

OS INTEGRALISTAS FABRICAVAM MUNIÇÕES

— Numa batida operada pela policia, na casa da avenida Niemeyer numero 520, foi ahi descoberta verdadeira e completa fabrica de munições, que era dirigida pelos integralistas Heitor Martins Neves e Antonio Carneo.

O Exercito não participou da mashorca

RIO, 11 — (Da succursal — pelo telephone) — Durante os acontecimentos desta madrugada, nenhuma unidade do Exercito esteve envolvida por adhesão aos sediciosos. Todos, ao contrario, estiveram cohesas.

O edificio do Arsenal de Marinha, que esteve em poder dos sediciosos

DESMENTE-SE A PRISÃO DO GEN. KLINGER

AQUELLE MILITAR NENHUMA PARTICIPAÇÃO TEVE NOS ULTIMOS ACONTECIMENTOS

RIO, 11 (Da nossa succursal — pelo telephone) — Noticia-se, de accordo com dados colhidos no gabinete do ministro da Guerra, que não foi preso o general Bertholdo Klinger, contra o qual não existe qualquer suspeição de participação, mesmo remota, no levante desta madrugada.

O PRESIDENTE GETULIO VARGAS COLLABOROU NA DEFESA DO PALACIO GUANABARA

ANTES DA CHEGADA DAS FORÇAS LEAES, OS ATACANTES FORAM RECEBIDOS A METRALHADORA — HOUVE DEZ MORTOS NA LUTA TRAVADA EM TORNO DA RESIDENCIA PRESIDENCIAL

RIO, 11 (Da nossa succursal — pelo telephone) — Por occasião do assalto ao palacio Guanabara, as pessoas que ali se achavam foram surpreendidas por uma saraivada de balas, tendo reagido com uma metralhadora, que fizeram funccionar contra os assaltantes. Chegam então novos reforços e a luta prosegue, generalizando-se.

Conta o sr. Raphael Teixeira que, em meio á confusão, divisou, no saguão, o vulto do presidente Getulio Vargas e uma pessoa de sua familia, sendo que o ministro da Guerra dirigia pessoalmente a luta, com bravura e sangue frio impressionante.

O SR. GETULIO VARGAS TEVE ACÇÃO DIRECTA NA DEFESA

RIO, 11 (Da nossa succursal — pelo telephone) — Segundo informações que obtivemos, o presidente Getulio Vargas teve acção directa na defesa do Palacio Guanabara, s. exa. formou, no parque, ao lado da guarda fiel ao governo.

AS FORÇAS QUE ACORRERAM AO PALACIO GUANABARA

RIO, 11 (Da nossa succursal — pelo telephone) — Segundo apuramos as medidas adoptadas para evitar que o Palacio Guanabara fosse invadido foram rapidas e radicaes. O cel. João Alberto com suas forças conseguiu fazer juncção com as forças sob o commando do coronel Cordeiro de Farias, impedindo o ataque ao referido Palacio. Nesta occasião as citadas forças, reunindo-se aos elementos do capitão Baptista e do commandante da Policia Especial que teve a auxilial-os o delegado Dulcidio Gonçalves entraram no Palacio da Guanabara fazendo um circulo ao redor da residencia presidencial e impedindo ao mesmo tempo os ataques. O Guanabara ficou assim sob a vigilancia das forças fieis ao governo.

DEZ MORTOS

RIO, 11 (H.) — Na luta travada no Palacio Guanabara, houve dez mortos.

FERIDOS 36 ELEMENTOS DA GUARDA DO PALACIO

RIO, 11 (Da nossa succursal — pelo telephone) — O tenente Julio Barbosa, commandante da guarnição do palacio Guanabara, e que induziu seus camaradas a não resistirem aos integralistas fardados de fuzileiros navaes, que assaltaram aquelle palacio, ao contrario do que se noticiou, nem esta preso nem foi fuzilado. Conseg

(Conclue na 2.ª pag.)

Afim de provocar panico, os rebeldes lançavam a esmo bombas incendiarias pela cidade

Dois edificios presa das chammas

RIO, 11 (Da nossa succursal — Pelo telephone) — Os integralistas, munidos de bombas incendiarias, atiravam-nas por onde passavam, causando, assim, além do panico, varios incendios.

O PRIMEIRO PREDIO INCENDIADO FOI O N.º 11 DA RUA SETE

RIO, 11 (Da nossa succursal — Pelo telephone) — A trama tenebrosa começou por incendios em diversos locaes. O primeiro predio incendiado pelos integralistas foi o de numero 11 da rua Sete, no qual as cham[illegible]ram a subir pouco de [illegible] noite.

INCENDIADO [illegible] O NA PRAÇA [illegible]

RIO, 11 (D[illegible]rsal — Pelo teleph[illegible]bem na praça da F[illegible]ediciosos, consoante [illegible] criminoso, atacaram [illegible]o numero 79, que [illegible]mente destruido. [illegible] accorreram ao trab[illegible]ção debaixo do tiro[illegible].

O palacio Guanabara, onde se verificaram os principaes combates na madrugada de hontem

Director-Superintedente:
OCTAVIANO ALVES DE LIMA

FOLHA DA MANHÃ

Propriedade da Empresa
"FOLHA DA MANHÃ LIMITADA

Director-Gerente
DIOGENES DE LEMOS AZEVEDO

ANNO XIV | RUA DO CARMO, 7 e 7-A TELEPHONE 2-7181 (REDE INTERNA) | S. PAULO — QUINTA-FEIRA, 16 DE MARÇO DE 1939 | CAIXA POSTAL, 2.900 ENDEREÇO TELEGRAPHICO: "FOLHAS" | N. 4.605

As tropas allemãs occupam a Bohemia e a Moravia

A população checa, visivelmente consternada, assiste, sem resistencia, á invasão do seu territorio — Hitler chegou a Praga, logo após a entrada das forças do Reich na cidade — Sob o dominio da Hungria toda a Ukrania Carpathica — A Rumania e a Jugoslavia previnem-se, na eventualidade de novos acontecimentos

PRAGA, 15 (U. P.) — A Europa Central, de após guerra, soffreu hoje violenta alteração no seu mappa, porquanto tropas allemãs e hungaras investiram sobre o territorio que foi a Checoslovaquia, em uma corrida dramatica, pelo dominio dos tres novos Estados, surgidos hontem, quasi sem derrame de sangue da recente republica checa, que teve apenas 20 annos de existencia.

Ao desmoronar-se a velha ordem da Europa Oriental, em virtude da resolução do "Fuehrer" Adolf Hitler, de proseguir em sua "drang nach osten", era mais ou menos certo, ao anoitecer de hoje, que os seguintes acontecimentos, desenrolados nas ultimas 24 horas, constituirão a base do novo "statu quo" balkanico:

RESUMO DOS ULTIMOS ACONTECIMENTOS

1.o — A Allemanha exigiu o protectorado sobre as velhas provincias austriacas da Bohemia e da Moravia, e tropas germanicas, auxiliadas por unidades motorizadas e aviões de bombardeio, occuparam as referidas regiões checas, após um "ultimatum" de Berlim, declarando que qualquer resistencia por parte dos checos faria com que a intervenção allemã "se tornasse brutal até o extremo".

2.o — Tropas hungaras invadiram a Ruthenia, a antiga provincia checa, ha muito cobiçada por Budapest, e estabeleceram uma fronteira commum com a Polonia. O governo de Budapest enviou um "ultimatum" ás autoridades da Ukrania Carpathica, exigindo a rendição de toda a provincia, até ás 20 horas de hoje.

3.o — Tanto as tropas allemãs, como as forças hungaras penetraram na Slovaquia, que proclamou hontem a sua independencia da republica checa.

4.o — O governo da Polonia reconheceu o novo Estado independente da Slovaquia, ao mesmo tempo que foram officialmente desmentidas as noticias, segundo as quaes tropas polonezas haviam penetrado no territorio slovaco.

5.o — O chanceller Adolf Hitler, em companhia do general von Keittel e dos srs. von Ribbentropp, Himmler e Dietrich, partiu de Berlim, pela manhã, em trem especial, e a agencia officiosa "D. N. B." annunciou que elle se reuniria ao exercito germanico de occupação da Bohemia, em direcção á Praga.

6.o — Na Camara dos Pares, em Londres, o visconde de Halifax, titular do "Foreign Office" censurou implicitamente a ultima manobra do Reich, declarando que, pela primeira vez, a Allemanha realizou a occupação militar de um territorio, cuja população nenhuma ligação racial possue com aquelle paiz.

(Conclue na pagina 3)

Nomeado "gouleiter" da Bohemia o sr. Conrado Heinlein

DECISÕES DO GRANDE ESTADO MAIOR DE PRAGA

PRAGA, 15 (H) — As autoridades allemãs publicam o communicado seguinte assignado pelo Grande Estado Maior de Praga:

"Como chefe do Poder Executivo na Bohemia, decreto: 1.o — O sr. Conrado Henlein é nomeado commissario do Reich e "gauleiter". Terá pois sob sua jurisdicção toda a administração, inclusive as administrações de Praga. 2.o — Toda a administração publica continua a trabalhar como anteriormente, especialmente a policial, os correios, as estradas de ferro e outros estabelecimentos publicos; 3.o — A vida economica deve continuar a desenvolver-se sem ser perturbada. Que todos fiquem no seu lugar e continuem a trabalhar. 4.o — E' de toda necessidade obedecer aos decretos das administrações militares e dos funccionarios da administração civil, que trabalham debaixo das minhas ordens. Que todos obedeçam a estas ordens e concorram assim para o bem de todos. Feito em Praga, no Grande Quartel General, no dia 15 de março de 1939. (a) Commandante em chefe do Grupo de Exercitos — Blasconvitz".

Seria remodelado o gabinete britannico

LONDRES, 15 (H.) — Os circulos parlamentares prevêm a recomposição do gabinete em consequencia da infracção pela Allemanha do accordo de Munich. Pensa-se que os srs. Eden e Duff Cooper, poderão entrar novamente para o gabinete. A mesma previsão, entretanto, não é feita em relação ao sr. Winston Churchill.

"A Checoslovaquia deixa de existir"

O chanceller Hitler dirige uma proclamação ao povo germanico — Ordem do dia ás forças de occupação

BERLIM, 15 (H.) — O "fuehrer" dirigiu a seguinte proclamação ao povo allemão: "Ha poucos mezes, a Allemanha se viu forçada a tomar, sob sua protecção, os allemães que viviam em grupos compactos, para preserval-os do intoleravel regime de terror então reinante na Checoslovaquia. Os mesmos acontecimentos acabam de se repetir, durante as ultimas semanas, de forma mais incisiva. Reagindo contra taes attentados, á liberdade de vida, esses grupos ethnicos se separaram de Praga. Isso significa que a Checoslovaquia deixa de existir. Desde domingo, esses selvagens se excederam na pratica de todos os excessos, dos quaes foram victimas innumeros allemães. A todo momento, crescem, em numero, os appellos ao nosso auxilio, de parte dos perseguidos. De varios sitios povoados por allemães, que a nossa magnanimidade consentiu que ficassem em poder da Checoslovaquia, começou o exodo das massas de refugiados, que procuram abrigo no Reich, trazendo todos os haveres que podem transportar. A perpetuação de tal estado de cousas seria a destruição da ordem nos territorios onde a Allemanha tem vitaes interesses e que pertencem ao Reich, ha mais de mil annos. Para afastar definitivamente essa ameaça contra a paz, para crear condições necessarias de resturação e uma nova ordem nesses territorios, decidi que as tropas allemãs penetrem na Bohemia e na Moravia. Os bandos de terroristas checos serão desarmados, a vida de todos os que se acham ameaçados será protegida e dessa forma serão asseguradas as condições necessarias á introducção de um regulamento fundamental, conforme ao sentido historico e ás praticas millenares do povo allemão e do povo checo. Berlim, 15 de março de 1939. (a) Adolf Hitler".

ORDEM DO DIA DO "FUEHRER"

BERLIM, 15 (H.) — E' o seguinte o texto da ordem do dia dirigido ao exercito, pelo chanceller e "fuehrer" Adolf Hitler:

"A Checoslovaquia acha-se em decomposição.

"Na Bohemia e na Moravia, reina terror intoleravel contra os allemães.

"Por isso, parte das formações do exercito allemão e das forças aereas allemãs entrarão em territorio checo, afim de garantir a segurança, a vida e os bens de todos os habitantes desse territorio.

"Espero que cada soldado se comporte, no territorio que vae ser occupado, não como inimigo, mas como portador da vontade do governo do Reich, de instaurar na Republica checa uma ordem de cousas supportavel.

"Mas, onde quer que seja opposta qualquer resistencia, esta resistencia deverá ser quebrada por todos os meios.

"Tende sempre em mente que pisaes o solo checo na qualidade de representantes da Grande Allemanha".

A proclamação é assignada pelo "fuehrer" e commandante supremo do exercito, Adolf Hitler".

AVIÕES JAPONEZES BOMBARDEIAM ITCHANG

Numerosas pessoas mortas — Destruida a escola da Missão Americana

TCHUNG-KING, 15 (H.) — A "Central News" informa que 100 civis foram mortos por occasião do bombardeio levado hontem a effeito pela aviação japoneza no porto de Itchang, no Yangtsé. Em Sian, capital de Chansi, mais de 80 pessoas foram egualmente mortas em consequencia do bombardeio de aviões japonezes.

DESTRUIDA A ESCOLA DA MISSÃO AMERICANA

CHANGAI, 15 (H.) — A Agencia Reuter annuncia que durante o bombardeio de Ichang morreram numerosas pessoas e a Escola da Missão Americana foi destruida.

A Rumania e a Jugoslavia adoptam medidas de precaução

Chamadas ás armas seis classes da reserva rumena — O governo de Belgrado discute os acontecimentos verificados na Checoslovaquia

BUCAREST, 15 (U. P.) — Soube-se que seis classes da reserva foram chamadas ás armas, afim de occupar a região oeste da Renania, como medida de precaução.

GRANDE ACTIVIDADE POLITICA EM BUCAREST

BUCAREST, 15 (H) — Durante as primeiras horas da noite de hontem reinou nesta capital grande actividade politica relacionada com os acontecimentos da Checoslovaquia.

O rei Carol teve importante entrevista com o sr. Gafencu. O presidente do conselho Cainescu esteve varias vezes no Ministerio dos Negocios Estrangeiros.

O sr. Gafencu conferenciou igualmente com o ministro da França, sr. Adrien Tierry, e com o ministro da Allemanha, sr. Wilhelm Fabricius.

A Rumania não pretende oppor-se á acção exercida na Checoslovaquia, mas está decidida a assumir posição em todas as questões que possam comprometter a segurança no momento presente e no futuro.

Com esse objectivo o governo rumeno teria consentido em participar com a Polonia e a Hungria de uma acção commum na Ukrania Carpathica.

A referida acção visava:

1.o — recuperar as aldeias rumenas da Ukrania Sub-Carpathica; 2.o — compensar o prejuizo estrategico resultante para a Rumania da extensão para nordeste de sua fronteira com a Hungria.

Consta que se chegou a um accordo nesse sentido entre Varsovia, Bucarest e Budapest.

NUMEROSOS REFUGIADOS UKRANIANOS APRESENTAM-SE NA FRONTEIRA RUMENA

BUCAREST, 15 (H) — São em numero consideravel os refugiados da Ukrania Sub-Carpathica que se apresentaram na fronteira rumena.

Como até agora não tenha sido tomada nenhuma decisão a seu respeito, foram conservados por enquanto nos postos da fronteira.

A policia rumena ignora se entre os refugiados se encontram certas personalidades, principalmente monsenhor Volosin que, ao que constava, tinha fugido para a Rumania.

NOTICIA DESMENTIDA

BUCAREST, 15 (H) — As informações publicadas no estrangeiro asseguram que as tropas rumaicas occuparam varias aldeias da Ukrania Sub-Carpathica.

A's 10 horas da manhã affirmava-se officialmente que nenhum soldado rumaico tinha transposto as fronteiras entre a Rumania e a Checoslovaquia.

Accrescenta-se que o estado maior está preparado para fazer frente a toda eventualidade.

O GABINETE JUGOSLAVO ESTUDA A SITUAÇÃO

BELGRADO, 15 (U. P.) — Em sua reunião effectuada ao meio dia de hoje, o gabinete jugoslavo discutiu, principalmente, os acontecimentos que vem de se verificar na Checoslovaquia, tendo decidido adoptar medidas de precaução, na fronteira do norte, na eventualidade de que venham surgir novos acontecimentos, dentro de vinte e quatro horas.

Regressam á Hespanha numerosos refugiados

Valencia violentamente bombardeada pela aviação nacionalista — Embarca para Burgos o marechal Petain

BAYONNE, 15 (H.) — Pela fronteira de Irun, regressaram á Hespanha 3.700 refugiados que se dirigem para a região nacionalista.

VICTIMAS DO BOMBARDEIO DE VALENCIA

VALENCIA, 15 (U. P.) — Em consequencia de um bombardeio levado a effeito pela aviação nacionalista sobre a zona portuaria desta cidade, á meia noite de hontem, 22 pessoas perderam a vida, ficando 40 outras gravemente feridas.

PROMOVIDO O CORONEL CASADO

MADRID, 15 (H.) — O Conselho Nacional de Defesa annullou, por decreto de hoje a promoção ao posto de tenente-geral do general Vicente Rojo Sluch e a promoção ao posto de general, do coronel Casado.

DEIXOU PARIS O MARECHAL PETAIN

PARIS, 15 (H.) — O marechal Petain, novo embaixador da França na Hespanha, deixou Paris ás 20 horas e 30 com destino a S. Sebastian, em companhia do general de brigada Vauthier, chefe do estado maior.

Importantes nomeações feitas pelo Papa

CIDADE DO VATICANO, 15 (H.) — O Papa fez uma série de importantes nomeações.

O cardeal Tedeschini foi promovido arcipreste de S. Pedro; o cardeal Pizzardo, prefeito da Congregação dos Seminaristas, e o cardeal Massini, presidente da Commissão Pontifical de interpretação authentica do Direito Canonico. Monsenhor Arboiro Mella foi confirmado no cargo de Mestre de Camera. Foram tambem confirmados nas funcções de camareiros secretos monsenhores Callori Benini, Toraldo e Nassari Rocca.

Agitadores nazistas presos em Philadelphia

PHILADELPHIA, 15 (H.) — Foram presos 13 agitadores nazistas, entre os quaes o de nome Ryan, chefe do "German Americabund". As prisões foram effectuadas no momento em que os accusados sahiam da reunião do comité de "Tolerancia Racial e Religiosa", depois de terem invadido a sala onde se realizava uma reunião, interrompendo o orador por varias vezes e distribuindo pamphletos anti-semitas. A invasão da sala provocou grave conflicto.

A Grã Bretanha considera-se desligada de qualquer compromisso assumido para com a Checoslovaquia

"Desde que a Slovaquia proclamou a sua independencia, a situação soffreu uma alteração radical" — O Banco da Inglaterra sustará o pagamento do emprestimo de dez milhões de libras, concedido ao governo de Praga — Declaração ministerial lida hontem perante parlamento britannico

LONDRES, 15 (U. P.) — O sr. Chamberlain, na Camara dos Communs, e lord Halifax, na Camara dos Pares, leram hoje uma declaração ministerial em termos mais ou menos identicos, a respeito da situação da Checoslovaquia, dizendo: "A 10 de março, o presidente da Republica da Checoslovaquia destituiu certos membros do governo slovaco, inclusive o primeiro ministro, sr. Tiso, allegando que certas facções do governo slovaco não haviam mostrado sufficiente resistencia ás actividades subversivas, e, que, portanto, se achavam ameaçados os interesses federaes do Estado.

A 11 de março, foi nomeado um novo governo slovaco, sob a presidencia do primeiro ministro, sr. Karol Sidor, ex-representante slovaco no governo central de Praga.

O sr. Tiso dirigiu um appello ao sr. Hitler e recebeu um convite official para ir a Berlim.

Realizou uma entrevista com o sr. Hitler, a 13 de março, depois do que regressou a Bratislava e assistiu á sessão especial da Dieta slovaca, que havia sido convocada para 14 de março.

Ao fim dessa sessão, foi proclamada a independencia do Estado da Slovaquia, com a approvação da Dieta.

Constituiu-se um novo governo, sob a presidencia do sr. Tiso, incluindo o sr. Sidor.

Hontem á tarde, o presidente da Republica da Checoslovaquia e o ministro das Relações Exteriores partiram para Berlim.

Ali, realizaram uma entrevista com os srs. Hitler e Ribbentrop, ao fim da qual firmaram um communicado que foi dado á publicidade.

O communicado dizia que havia sido examinada nitidamente a situação creada em consequencia dos acontecimentos que se desenrolaram na ultima semana, dentro do que até então havia sido territorio da Checoslovaquia.

Os dois lados externaram a mutua convicção de que o objectivo de todos os esforços nessa parte da Europa Central deveria ser a salvaguarda da ordem e da paz.

O presidente da Checoslovaquia declarou que, para poder servir a esse proposito e assegurar uma pacificação final, collocava o destino do povo e do paiz checo, confiantemente, nas mãos do Reich allemão.

O sr. Hitler acceitou essa declaração e manifestou a sua resolução de pôr o povo checo sob o protectorado do Reich allemão, e garantiu o desenvolvimento autonomo da vida nacional checa, de accôrdo com as suas caracteristicas particulares.

A occupação da Bohemia, pelas forças militares allemãs, se iniciou ás 6 horas da manhã de hoje.

O povo checo havia recebido ordens de seu governo de não offerecer resistencia.

O presidente da Checoslovaquia regressou a Praga. O sr. Hitler expediu ordens esta manhã, ás forças armadas da Allemanha, no sentido de que um destacamento militar cruzasse a fronteira da Checoslovaquia, afim de assumir o controle imparcial e resguardar a segurança e propriedade de todos os habitantes do paiz.

Accrescentou que todo o soldado allemão deveria considerar-se não um inimigo, e, sim, um representante do governo allemão. Onde se offerecesse resistencia á marcha, essa resistencia deveria ser quebrada por todos os meios que se tivessem ao alcance. Ao demais, as forças armadas deveriam recordar que pisavam o territorio como representantes da Grande Allemanha.

A INVASÃO DA RUTHENIA PELOS HUNGAROS

Entretanto, no dia 14 de março, como consequencia dos incidentes fronteiriços da Ruthenia e Hungria, tropas hungaras atravessaram a fronteira e occuparam uma aldeia checa.

Immediatamente, o governo hungaro enviou um "ultimatum" a Praga, exigindo, entre outras cousas, a retirada das tropas checas da Ruthenia e que se puzessem em liberdade os prisioneiros de nacionalidade hungara.

O "ultimatum" expirou esta manhã, não se tendo recebido noticias de como se desenvolve a situação.

(Conclue na pagina 4)

Homenageado em Roma o cardeal Leme

ROMA, 15 (H.) — O cardeal D. Sebastião Leme recebeu hoje mais uma homenagem da alta sociedade romana. O deputado Rennavaria e a senhora Rennavaria offereceram em sua honra um almoço a que assistiram entre outras personalidades o marechal Badoglio e a senhora Badoglio, o presidente da Academia da Italia e a senhora Luigi Federzoni, o embaixador Souza Dantas, duqueza Laurenza, dama do palacio da rainha; o encarregado de Negocios do Brasil junto ao Vaticano e a senhora Galvão Bueno, o encarregado de Negocios junto ao Quirinal e a senhora Souza Quartim, o sr. Mello e Souza, o padre Leme e o dr. e a senhora Sylvio Medici.

Contrario á convocação de uma conferencia de desarmamento o povo norte-americano

NOVA YORK, 15 (H.) — A maioria do publico americano é contraria á convocação de uma conferencia internacional de desarmamento. O "Instituto da Opinião Publica" publicou um questionario, indagando: "Sois favoraveis á convocação de uma conferencia entre as grandes potencias, para a reducção dos exercitos e das marinhas de guerra?" A essa pergunta 43 o|o das respostas eram affirmativas e 57 o|o negativas.

O Brasil prepara-se para desempenhar no hemispherio sul o papel que legitimamente lhe cabe

A imprensa portugueza commenta favoravelmente o accôrdo brasileiro-norte-americano

LISBOA, 15 (H.) — O accordo entre o Brasil e os Estados Unidos é objecto de commentarios de toda a imprensa.

O "Commercio do Porto" escreve: "O recente accordo economico-financeiro entre o Brasil e os Estados Unidos já está dando fructos na esphera militar e naval. A pujante republica sul-americana, enorme repositorio em que se accumula um potencial formidavel e immensas riquezas, prepara-se assim para desempenhar no hemispherio sul o papel que legitimamente lhe cabe. Taes perspectivas são objecto de regosijo para os portuguezes. A grandeza e a prosperidade do Brasil são tão agradaveis a nós como as do nosso proprio paiz."

O "Primeiro de Janeiro" lembra as palavras do presidente Roosevelt ao Congresso: "Existem outros methodos além da guerra para fazer comprehender ao aggressor os sentimentos do povo americano", e accrescenta: "O accordo em questão visa precisamente contrabalançar a expansão commercial de certos Estados européus que praticam methodos de concorrencia considerados irregulares pela maior nação da America, depois dos Estados Unidos".

Director-Superintendente
OCTAVIANO ALVES DE LIMA

FOLHA DA MANHÃ

Propriedade da Empresa
"FOLHA DA MANHÃ" LIMITADA

Director-Gerente:
DIOGENES DE LEMOS AZEVEDO

ANNO XIV | RUA DO CARMO, 7 e 7-A TELEPHONE 2-7181 (RÊDE INTERNA) | S. PAULO — QUARTA-FEIRA, 29 DE MARÇO DE 1939 | CAIXA POSTAL, 2.900 ENDEREÇO TELEGRAPHICO: "FOLHAS" | N. 4.616

Os nacionalistas entraram victoriosos em Madrid

VIVAMENTE ACCLAMADAS AS TROPAS DO GENERAL FRANCO — O EXERCITO REPUBLICANO DO CENTRO RENDEU-SE INCONDICIONALMENTE — CHEGARAM A VALENCIA OS MEMBROS DO CONSELHO NACIONAL DE DEFESA — CONSIDERA-SE VIRTUALMENTE TERMINADA A GUERRA NA HESPANHA

MADRID, 28 (U. P.) — A rendição desta capital, na manhã de hoje, após dois annos e oito mezes de resistencia heroica, constituiu o ultimo capitulo da tremenda guerra que ensanguentou o solo hespanhol, enlutando quasi todos os seus lares e dizimando boa parte de sua população.

Volta assim a unificar-se a Hespanha sob a antiga e gloriosa bandeira nacional, e tudo leva a crer que o generalissimo Francisco Franco, depois de haver desfraldado aqui o pavilhão auri-rubro, com a victoria completa de suas armas, extenderá tambem o estandarte alvinitente da paz e do perdão, procurando reunir todos os hespanhóes no regaço amoroso da mãe-patria.

Attendendo ao pedido do sr. Mussolini, formulado por intermedio do general Gambara, quando, ha pouco, visitou o general Franco, o chefe nacionalista concedeu ás tropas italianas a honra de encabeçar a marcha das forças que entraram em Madrid ás 13 horas e completaram a occupação, technicamente, ás 15 horas. Conquanto as tropas nacionalistas não tivessem tempo de occupar todas as posições da cidade, em tão curto prazo, não encontraram resistencia e, por isso, o occucapço póde ser tida por terminada áquella hora. Foi officialmente annunciado que tomaram parte na entrada de Madrid 200 mil homens de todas as armas, sob o commando supremo do proprio general Franco.

DUROU MAIS DE DOIS ANNOS O CERCO DE MADRID

O cerco desta capital durou exactamente dois annos, 4 mezes e 24 dias, e terminou sem o derramamento de uma só gotta de sangue, depois das mais crueis provações, heroicamente supportadas por sua população, em prol da causa que defendia.

O CORONEL PRADA ANNUNCIA A RENDIÇÃO DA CIDADE

A's 11 horas o coronel Prada, secretario do Conselho de Defesa, annunciou a rendição da cidade mediante uma breve communicação radio-telephonica.

Logo depois, ao microphone da "Radio Union", o sr. Julian Bestero pronunciou a seguinte allocução:

"Medrilenos! Chegou o momento de acabar com o prolongamento desta crise, que tanto affilge a nossa querida Hespanha, para evitar-se maior derramamento de sangue.

O problema militar está liquidado.

O regime politico que, até agora, nos governava, mudará inteiramente, dentro em breve, com a entrada das tropas do general Franco nesta Capital.

Continuarei em meu posto para o bem estar de todos os hespanhóes. Oxalá todos os hespanhóes da zona legalista compreendam a gravidade do momento e tomem a mesma resolução que eu e o coronel Prada acabamos de adoptar. Peço a todos que permaneçam tranquillos e serenos neste momento, acceitando a rendição como o melhor meio de salvação publica.

Sei bem que muitos madrilenos applaudem a forma pela qual acabámos de nos render e espero que todos procederão como honrados cidadãos hespanhóes, sem tomar attitudes que possam molestar aos que em breve entrarão em Madrid. Viva a Hespanha!"

ENTREGA DAS FORÇAS AEREAS REPUBLICANAS AOS NACIONALISTAS

Hontem, á noite, a Junta de Defesa havia feito entrega das forças aereas republicanas aos nacionalistas, e os membros do Conselho haviam dirigido um appello á população para que se mantivesse calma e confiasse no mesmo Conselho, que se organizará com o objectivo de pôr fim á guerra, o mais breve possivel, sem derramamento de sangue.

Como uma antecipação dos acontecimentos de hoje, já hontem, confraternizavam nas linhas proximas de Madrid os combatentes republicanos e nacionalistas. Nos sectores de Carabitas e Usera, ha dias que vinham trocando viveres e cigarros, esquecidos dos longos mezes em que se atacaram com tanta intensidade.

OS SOLDADOS GOVERNISTAS ABANDONAM SUAS TRINCHEIRAS

Durante a noite se foi desintegrando gradualmente a linha central republicana. Não houve luta, pois, os soldados republicanos abandonavam as suas trincheiras e bases de artilharia e metralhadoras, dirigindo-se para os pontos mais a leste de Madrid, deixando-a quasi sem defesa.

GENERALISSIMO FRANCISCO FRANCO

A's primeiras horas da manhã de hoje, procurando sondar as posições republicanas, os nacionalistas dispararam alguns tiros de morteiro, e como o fogo não fosse respondido, o commando ordenou o avanço cauteloso.

Quinze minutos depois que o general Prado annunciou pelo radio a rendição da cidade, voltou ao microphone para solicitar aos habitantes que collocassem bandeiras brancas na fachada de suas casas, como um signal ás forças nacionalistas de que não encontrariam resistencia.

A NOTICIA DA RENDIÇÃO FOI BEM RECEBIDA PELO POVO

A noticia da rendição foi recebida com um verdadeiro desafogo pela população civil, que já se certificára de que estava sendo inutil o seu sacrificio e de que as privações seriam cada vez mais crueis.

Na alegria que repentinamente se espalhou pela cidade, póde-se vêr que o povo desejava ardentemente a paz e a volta á normalidade.

Entrementes, os elementos phalangistas, conhecidos pela designação geral de "5.a columna", fizeram seu apparecimento em publico, exteriorizando com expansões ruidosas o enthusiasmo de que se achavam possuidos. Occupando automoveis que levavam bandeiras hespanholas, italianas e allemãs, esses elementos percorreram as principaes ruas da cidade, fazendo calorosa demonstração nacionalista.

Os raros policiaes que ainda podiam ser vistos pelas ruas foram desapparecendo aos poucos, sem contar reprimir as expansões dos phalangistas, e alguns chegaram mesmo a adherir ás manifestações.

HASTEADA A BANDEIRA BRANCA NO "CIRCULO DE LA PRENSA"

Quasi ao mesmo tempo, apparecia

(Conclúe na pagina 3)

SATISFEITO O EX-REI AFFONSO XIII

ROMA, 28 (U. P.) — Falando ao correspondente da "United Press", ao ter conhecimento da quéda de Madrid, assim se expressou o ex-soberano hespanhol, Affonso XIII:

— "Fiquei muito satisfeito com a noticia da rendição de Madrid, porque esse facto significa que em breve voltará a reinar paz na Hespanha.

Constituido o novo gabinete lituano

KAUNAS, 28 (H.) — Acaba de ser organizado o novo gabinete. O presidente da Republica declarou que se trata de um gabinete de unidade e de trabalho. O novo governo está assim constituido: presidente do Conselho — Cerius; vice-presidente — Bizauskas; Estrangeiros — Urbsys; Interior — general Skucas; Defesa — general Mustikis; Finanças — general Sutkis; Justiça — Temassitis Populise; Educação — Bistras; Agricultura — Krikscicunas Populise; Communicações — Germanos.

O novo governo fará ás 18 horas a primeira declaração á Dieta.

Contra o accôrdo commercial indo-britannico

A decisão tomada pela Assembléa Legislativa hindú

LONDRES, 28 (H) — A Agencia Reuter recebeu um telegramma de Delhi annunciando que a Assembléa Legislativa recusou approvar o accordo commercial indo-britannico. A decisão foi tomada por 59 votos contra 47.

Deixou de existir o governo republicano

O coronel Capatel no commando militar de Madrid — Hasteada a bandeira nacionalista na séde do governo civil — Libertação de presos politicos

MADRID, 28 (H) — O dia de hoje assignala a terminação da guerra. O governo republicano deixou de existir. Dentro em pouco começarão as tropas nacionalistas a percorrer as ruas de Madrid. Os madrilenos, tomados de verdadeiro delirio dão vivas á Hespanha e numerosos vehiculos percorrem as ruas carregados de gente que, de braços estendidos, saudam a multidão. A [illegible] com que o povo esperava a terminação das hostilidades tornou-se patente esta manhã. Alguns membros do Conselho Nacional de Defesa, entre elles o sr. Besteiro, dirigiram pelo radio á população um appello para que se mantenha calma, declarando acabado o calvario dos madrilenos. No alto dos edificios officiaes foram levantadas bandeiras brancas que a multidão concentrada nas praças, acclama.

COMMANDANTE MILITAR DE MADRID

MADRID, 28 (U. P.) — As tropas nacionalistas penetram em Madrid.

A 18.a brigada da 1.a divisão, que guarnecia a Cidade Universitaria, entrou em primeiro lugar, sob o commando do coronel Capatel.

O general Franco designou esse official superior para exercer provisoriamente as funcções de commandante militar da capital.

Nas ruas da cidade baixa, a multidão delirante agglomera-se, acclamando as tropas e cantando hymnos patrioticos.

Os politicos que se refugiaram nas embaixadas e legações deixaram seus asylos e confundiram-se com a massa popular.

Reina enthusiasmo indescriptivel por toda a parte.

A verdadeira bandeira hespanhola voltou a fluctuar nos edificios publicos, nos estabelecimentos commerciaes e em milhares de residencias particulares.

EVACUAÇÃO DAS EMBAIXADAS ESTRANGEIROS

MADRID, 28 (H) — Os phalangistas realizaram grandes manifestações durante a evacuação das embaixadas estrangeiras, principalmente quando se retiraram os refugiados da embaixada chilena e da legação do Panamá.

Logo que as tropas chegaram ás immediações daquelles edificios, foi hasteada a bandeira nacionalista e os refugiados sahiram em meio a grandes acclamações da multidão.

LIBERTADOS OS PRESOS POLITICOS

MADRID, 28 (H.) — Os poucos presos politicos que ainda se encontravam encarcerados em Madrid foram postos em liberdade. Varios phalangistas chegados á capital com esse proposito trataram desde logo de libertar os prisioneiros que, na maioria, são jovens phalangistas que ao serem libertados vestiram os uniformes da phalange.

Os edificios onde se achavam recolhidos estão agora guardados pelos que ha pouco eram objecto de vigilancia dos republicanos. Os jovens phalangistas são delirantemente acclamados pela multidão quando passam pelas ruas da cidade.

HASTEADA A BANDEIRA NACIONALISTA NA SEDE DO GOVERNO CIVIL

MADRID, 28 (H.) — A's 21 horas e 20 minutos foi hasteada a bandeira nacionalista no mastro central do edificio do governo civil. Pouco depois, ao lado desse pavilhão, foi arvorada a bandeira branca. Todos os edificios publicos dentro em poucos minutos ostentavam as duas bandeiras, ao lado uma da outra. De meio dia até 13 horas, uma esquadrilha nacionalista voou sobre a cidade a pequena altura, sendo vivamente acclamada pelo povo que enchia as ruas da cidade.

O CORONEL CASADO RETIRA-SE DA CAPITAL

MADRID, 28 (H.) — A União Radio annunciou ás 9 horas da manhã: "O exercito do Centro rendeu-se aos nacionalistas. Nas ruas da capital, ha verdadeiras explosões de alegria pela terminação proxima da guerra. Nas janellas começavam a apparecer mantilhas e bandeiras nacionalistas. Numerosos transeuntes percorrem as ruas em caminhões e vehiculos de toda a especie. Levantam o braço e gritam: "Arriba Hespanha".

O coronel Casado deixou a capital onde apenas permanece o sr. Julian Besteiro. Não se assignala nenhum accidente".

Interrompidas as negociações de paz entre a Hungria e a Slovaquia

A delegação slovaca partiu para Bratislava, afim de submetter ao seu governo varias propostas hungaras — Continuam os combates de artilharia na fronteira

BRATISLAVA, 28 (H) — Realizou-se hontem a primeira reunião da commissão mista hungaro-slovaca, para demarcação das fronteiras. A delegação slovaca recusou-se a entabolar negociações definitivas, enquanto as tropas hungaras permanecerem nas regiões occupadas.

O presidente da delegação slovaca, sr. Zrskowec, telephonou ao Ministerio dos Negocios Estrangeiros, declarando que a delegação sob sua presidencia está resolvida a tratar do assumpto baseada em tres pontos: primeiro, a demarcação das fronteiras; segundo, as reparações pelos damnos causados pela invasão e terceiro, a apuração de responsabilidades.

VARIAS PROPOSTAS APRESENTADAS PELA HUNGRIA

BUDAPEST, 28 (H) — O governo hungaro apresentou varias propostas, durante a sessão da commissão mista para demarcação das fronteiras entre a Slovaquia e a Ruthenia. Os delegados slovacos partiram em seguida para Bratislava afim de submetterem essas propostas ao governo e receberem as necessarias instrucções. As negociações deverão proseguir dentro de poucos dias.

MINISTRO DA SLOVAQUIA NA HUNGRIA

BRATISLAVA, 28 (H) — O governo slovaco pediu ao governo de Budapest o beneplacito para a nomeação do sr. P. Millec, ex-addido de imprensa á legação slovaca na mesma capital, para o cargo de ministro da Slovaquia na Hungria.

VIOLAÇÃO DAS FRONTEIRAS HUNGARAS

BUDAPEST, 28 (H) — A Agencia Telegraphica Hungara communica: "As tropas slovacas violaram, hontem de manhã, varias vezes, as fronteiras, e á tarde a artilharia slovaca abriu fogo sobre varios pontos da região de Kiskolon.

A artilharia hungara respondeu e obrigou a artilharia adversaria a cessar fogo.

Esta manhã, das 2 ás 4 horas e meia, as forças slovacas atacaram uma patrulha hungara na communa de Bunkoss, mas foram rechassadas por destacamentos hungaros.

A's 10 e 45, a artilharia abriu novo fogo contra Bankoss, onde duas casas foram destruidas. A calma estava restabelecida ás 11 horas.

Assignado entre a Argentina e o Reich um accordo economico

Sessenta e cinco locomotivas e vagões serão entregues ao governo de Buenos Aires em troca de cem mil toneladas de trigo

BUENOS AIRES, 28 (H.) — Apesar da reserva mantida, a Agencia Havas póde informar que a chancellaria assignou um accordo com a Allemanha para uma transacção no valor de 14 milhões de pesos.

A Allemanha fornecerá vagões-leitos e 64 locomotivas, enquanto que a Argentina entregará ao Reich 100.000 toneladas de trigo no prazo de 6 mezes, assim como outros cereaes e lã.

CONFIRMADA A NOTICIA

BUENOS AIRES, 28 (H.) — O Ministro do Exterior informou officialmente que tinha sido realizado o accordo para tróca de trigo por porductos industriaes allemães nas condições já noticiadas pela Agencia Havas.

ESTIMADOS EM 14 MILHÕES DE MARCOS O VALOR DA TRANSACÇÃO

BERLIM, 28 (H.) — O "Deutsche Nachrichten Buero" de accordo com informações recebidas de Buenos Aires, annuncia que o chanceller José Maria Cantilo e o encarregado de negocios da Allemanha assignaram um accordo economico no valor de 14 milhões de marcos.

Até ao nivel dessa importancia, a Allemanha entregará á Argentina 65 locomotivas e vagões; e em troca, comprará 100.000 toneladas de trigo argentino.

As entregas deverão ser effectuadas dentro de seis mezes.

O sr. Daladier definirá hoje a attitude da França com referencia ás reivindicações italianas

Aguardado com vivo interesse na Italia o discurso do chefe do governo francez — Os circulos fascistas observam, com a maior attenção, os effeitos causados na Europa pelas ultimas palavras do "Duce"

ROMA, 28 (H.) — A opinião publica italiana aguarda com vivo interesse o proximo discurso do sr. Edouard Daladier, por estar convencida de que o chefe do governo francez não deixará de precisar a posição de Paris, com relação aos varios problemas levantados officialmente pela Italia.

No momento actual os circulos dirigentes romanos acompanham com toda a attenção as reacções das grandes capitaes, determinadas pelo ultimo discurso do "duce". A approvação total por parte de Berlim foi recebida naturalmente com o maior agrado. A impressão em Londres é, por sua vez, considerada favoravel, em conjunto, embora os observadores politicos italianos não acreditem que o gabinete londrino tome a iniciativa de aconselhar a França a negociar com Roma, tanto mais quanto, nesse caso, a França poderia tambem apresentar reivindicações relativamente á Grã-Bretanha e não das menores, a começar pela instituição do serviço militar obrigatorio no Reino Unido.

Existe, outrosim, na Grã-Bretanha, uma corrente absolutamente contraria á idéa de ser feita toda e qualquer concessão á Italia.

Os circulos italianos pretendem que as reacções da França se caracterizem pela falta completa de compreensão das realidades politicas e affirmam que a Italia é credora da França, a qual deve liquidar o debito para conseguir a amizade da Italia, á semelhança do que a Grã-Bretanha fez com a cessão de Djubaland.

As espheras dirigentes italianas fingem esquecer a quitação "por saldo de todas as contas", passada pela Italia á França, em janeiro de 1935. Esses accordos não são mais julgados validos pela Italia, que os denunciou e considera caducos.

Certos interpretes do pensamento do regime argumentam que a installação da França na Syria rompeu o equilibrio Mediterraneo, o qual deve ser restabelecido.

Outros observadores politicos desenvolvem o pensamento do sr. Mussolini de que o "Mediterraneo constitue espaço vital para a Italia", embora os dirigentes romanos não interpretem a preeminencia italiana como regime de monopolio, mas apenas como justificativa de uma reparação mais justa de interesses e de influencias nas posições adquiridas.

A these fascista é de a Italia, na qualidade de grande potencia imperial, ter direito a reclamar a revisão das posições no Mediterraneo, segundo os "principios do equilibrio e da justiça".

E como esses principos tem triumphado alhures, não poderiam ser desconhecidos com relação ao Mediterraneo. Em outras palavras não ha motivo para recusar á Italia, no Mediterraneo, as satisfações que o governo de Roma estima legitimas, desde que foram acceitas as revisões das posições na Europa Central em beneficio da Allemanha.

"Fóra de todas as outras considerações — escreve o "Messaggero" — as reivindicações italia-

(Conclúe na pagina 3)

Agitação no seio das populações arabes

GREVE EM JAFFA E HAIFFA — FOI SUSPENSO TODO O TRAFEGO NAS RODOVIAS

JAFFA, 28 (H) — A noticia da morte do chefe rebelde Abder Rahim Hadj Mahomed, em recente encontro, causou a mais viva emoção no seio das populações arabes. Em Jaffa foi declarada a gréve, em signal de luta. Abder Rahim regressara ultimamente de Londres, afim de organizar os seus bandos que operam desde o começo da rebellião anti-semita. O movimento paredista estendeu-se a varias localidades da região ao norte de Haiffa e a esta mesma cidade, onde todos os estabelecimentos commerciaes cerraram as portas. Foi suspenso todo o trafego nas rodovias.

Os Estados Unidos construirão couraçados de 45.000 toneladas

WASHINGTON, 28 (U. P.) — O presidente Roosevelt approvou a construcção de couraçados de 45.000 toneladas.

FOLHA DA MANHÃ

Director-Superintendente: OCTAVIANO ALVES DE LIMA | Propriedade da Empresa "FOLHA DA MANHÃ" LIMITADA | Director-Gerente: DIOGENES DE LEMOS AZEVEDO

ANNO XIV | RUA DO CARMO, 7 e 7-A TELEPHONE 2-7181 (REDE INTERNA) | S. PAULO — SEXTA-FEIRA, 21 DE ABRIL DE 1939 | CAIXA POSTAL, 3.900 ENDEREÇO TELEGRAPHICO: "FOLHAS" | N. 4.635

A França, Inglaterra e Russia concertam um pacto defensivo

O Reich convoca novas classes de reservistas — Reduzidas aos seus effectivos normaes as guarnições hespanholas na fronteira franceza — A Jugoslavia estaria tendendo para um entendimento com os paizes totalitarios — Mussolini declara que a politica do eixo Roma-Berlim se inspira na paz e na collaboração

Dr. Adhemar de Barros

A commissão abaixo assignada tem a honra de convidar os amigos e admiradores do Exmo. Snr. Dr. Adhemar de Barros, dignissimo Interventor Federal neste Estado, para assistirem a missa que será celebrada na Basilica de São Bento, amanhã, dia 22 do corrente, ás 9 horas, em acção de graças pela passagem do anniversario natalicio do illustre Paulista.

A COMMISSÃO

LUDGERO DA CUNHA MOTTA
OCTAVIANO ALVES DE LIMA
OCTAVIO DE CARVALHO
FERNANDO DE ALMEIDA PRADO
MIGUEL COUTINHO
JOSE' CARLOS PEREIRA DE SOUZA

Convocação de reservistas no Reich

Chamadas ás armas a classe de 1920 e a metade da de 1919 — Inquietação causada pela resolução do governo germanico

BERLIM, 20 (U. P.) — O governo allemão convocou a classe militar de 1920 e praticamente a metade da classe de 1919.

Essas medidas, em que pesem as tranquillizadoras declarações do Reich, causam certa inquietude internacional, não sómente devido á gravidade da situação européa, como tambem porque coincidem com as mais espectaculares demonstrações de poderio militar, realizadas na Allemanha, por motivo do anniversario do chanceller Hitler.

Ao explicar a causa da convocação, o ministro da Guerra informou que assim havia disposto, em razão do exame medico dos conscriptos. Com effeito, as autoridades militares ordenaram que voltem a ser submettidos a exame medico muitos cidadãos pertencentes a certas classes as quaes haviam sido declarados, com antecedencia "provisoriamente inaptos para o serviço militar", de accordo com a antiga regulamentação, que não foi modificada, desde que voltou a ser implantada no Reich a obrigatoriedade do serviço militar.

Sabe-se, em consequencia disso, que, com essa ordem, o Ministerio da Guerra deseja realizar um exame menos apurado dos jovens que têm de fazer o serviço militar.

Quanto ás demonstrações de força, estas estão sendo organizadas como as maiores jamais realizadas, perante o povo allemão, pois intervêm, nas mesmas, 40 milhões de homens, armados com todas as armas conhecidas, além dos esquadrões motorizado e enorme quantidade de aviões de bombardeio.

A Italia não tem propositos aggressivos

Falando no Capitolio, ao inaugurar o inicio das obras da Exposição Universal de Roma, Mussolini responde indirectamente ás propostas do presidente Roosevelt — Repercussão das palavras do chefe do governo de Roma

ROMA, 20 (H) — No discurso que pronunciou no Capitolio na occasião em que falou da Exposição de 1942, discurso esse que constitue uma especie de resposta á mensagem do presidente Roosevelt, o sr. Mussolini declarou que a Italia não tenciona, de maneira nenhuma, atacar quem quer que seja. E accrescentou:

"Quer se veja ou não nestas palavras uma resposta á famosa mensagem eu não podia deixar de aproveitar a occasião que se me offerece para affirmar mais uma vez que a politica de Roma e do

(Conclúe na pagina 3)

Base naval turca no Mar de Marmará

As obras serão executadas por industriaes allemães

ANKARA, 20 (U. P.) — O governo turco concluiu um contracto com um grupo de industriaes e capitalistas allemães, na importancia de 2.250.000 libras esterlinas, para construcção de uma base naval modernissima em Gueljuk, no golfo Ismid, no Mar de Marmará.

A INGLATERRA, FRANÇA E RUSSIA INICIAM ENTENDIMENTOS PARA UM PACTO DE AUXILIO MUTUO

A conclusão dessa alliança defensiva uniria os paizes signatarios na mais poderosa colligação registrada pela historia, devendo ficar as democracias completamente senhoras dos mares

PARIS, 20 (U. P.) — Emquanto o chefe do governo italiano, sr. Benito Mussolini, e o ministro das Relações Exteriores francez, sr. Georges Bonnet, proclamavam hoje os desejos de paz de seus respectivos paizes, os governos da França e Grã Bretanha enviaram ao commissario das Relações Exteriores da Russia, sr. Maxim Litvinoff, por intermedio dos embaixadores sovieticos em Paris e Londres, srs. Suritz e Maisky, respectivamente, detalhadas propostas para a effectivação de um pacto militar tripartite, isto é, que uniria os tres paizes em questão, numa triplice alliança, quasi identica á de 1914, afim de cercar os Estados totalitarios com a mais poderosa colligação militar que a historia registrou até agora.

Acredita-se que, antes de findar esta semana, o sr. Maxim Litvinoff decidirá se a Russia entrará ou não na alliança das democracias occidentaes, ou ainda se manterá a exigencia de que os Es-

(Conclúe na pagina 3)

A Bulgaria pretende permanecerá neutra

SOFIA, 20 (H) — O ministro de Estrangeiros sr. Kiossenaconoff declarou perante a commissão de Negocios Estrangeiros que a Bulgaria não assignou nenhum accordo com qualquer paiz e pretende observar uma politica de absoluta neutralidade, mas que todavia faria todos os esforços para que fossem restabelecidas as fronteiras de 1913, por meio de accordos pacificos. Só depois desse facto se tornar realidade o governo pensaria em ingressar na "entente" balkanica.

Zarpou para o Pacifico parte da esquadra norte-americana

Cerca de sessenta vasos de guerra permanecem no Atlantico

NORFOLK, 20 (U. P.) — Cento e vinte vasos de guerra norte-americanos, tendo á frente os cruzadores "Boise" e "Milwankee", zarparam rapidos e silenciosamente, ás 6,35 horas da manhã de hoje, rumo á zona do Canal do Panamá, de onde seguirão com destino ao Oceano Pacifico.

NUMEROSAS BELLONAVES PERMANECEM NO ATLANTICO

NORFOLK, 20 (U. P.) — Espera-se que a frota americana que zarpou hoje chegue á zona de operações normaes do Pacifico dentro de uns dez dias.

A esquadra compõe-se de cinco couraçados, cruzadores, porta-aviões, "destroyers" e caça-minas.

No Atlantico permanece uma frota de cerca de sessenta navios.

REVOGADA UMA DECISÃO DO DEPARTAMENTO DA MARINHA

WASHINGTON, 20 (H.) — A maioria dos navios da esquadra americana deixou hoje, Hampton Roads com destino ás bases do Pacifico.

A esquadra provavelmente atravessará o Canal do Panamá dentro de 5 ou 6 dias.

Lembra-se a proposito que no dia 15 o Departamento da Marinha annullou, por motivos ainda desconhecidos, o projecto anterior segundo o qual toda a esquadra fundeava em Nova York por occasião da abertura da Exposição Internacional, depois dos importantes manobras que se realizariam no mar das Caraibas.

SUPPLICANDO A PROTECÇÃO DIVINA PARA A HUMANIDADE

O Papa recommenda aos catholicos do mundo que dediquem as suas preces de maio á Virgem Maria, para que interceda em favor da paz

CIDADE DO VATICANO, 20 (U. P.) — O Santo Padre, Pio XII, dirigiu hoje uma Carta Pastoral ao secretario de Estado, cardeal Maglione, recommendando aos catholicos de todo o mundo, e mnumero de mais de 330 milhões, que dediquem suas preces durante o mez de maio á Virgem Maria, supplicando a paz para a Humanidade.

O Soberano Pontifice solicita em sua carta uma "cruzada de corações", de todos os catholicos, especialmente as crianças, impetrando da Divina Providencia o afastamento da guerra.

A Pastoral, redigida em latim, diz: "Vós, que tão estrictamente nos ajudaes a governar, a Igreja Catholica, bem sabeis quão ardentemente desejamos invocar a Deus para que encaminhe as almas aos sentimentos de justiça e caridade, afim de que a tão anhelada paz christã seja profunda e permanentemente consolidada entre todas as nações e povos, hoje tão agitados e preoccupados".

Depois de recordar que, logo que foi elevado ao throno pontificio, exhortou todas as nações e seus governos a preservar a paz, e proseguiu:

"Estando proximo o mez de maio, o mez em que todos os fieis elevam preces á Santa Virgem, temos satisfação em mostrar o mais vivo desejo, de que, sobretudo nesse periodo, se façam preces publicas em todas as dioceses e parochias para a supplica indicada. Especialmente ás crianças, na primeira floração da vida, devem participar dessa cruzada de preces.

Como poderia a Mão Celestial deixar de excitar tantas vezes nossas supplicas, implorando a paz para os cidadãos, povos e nações?".

Como pódem deixar de ser acceitas as preces, se ás dos anjos se misturam ás das crianças, anjos da terra?

As crianças de todas as cidades e villas, e até das menores aldeias, devem participar da cruzada de orações.

Dessa fórma, poder-se-á esperar que todos os rancores se applaquem, que voltem os animos a apaziguar-se, que se releguem as discordias entre os povos, que venha melhor tempo para a Humanidade, sob os auspicios da Santa Virgem.

Grave incidente entre cidadãos polonezes e allemães, em Dantzig

BERLIM, 20 (H.) — A Agencia "Deutsche Nachrichten Buero" publica o seguinte telegramma de Dantzig:

"As reacções continuas dos polonezes contra os allemães provocaram hoje um drama sangrento.

Um bando de energumenos polonezes atacou, durante a noite, a casa de campo de Obowen, no districto de Graudenz, apedrejando violentamente o edificio.

O mobiliario foi inteiramente destruido.

Os polonezes tentaram aggredir o proprietario, um allemão de nome Foester, que ameaçou defender-se a tiros se os assaltantes insistissem.

Os polonezes procuraram invadir a casa e os proprietarios, em legitima defesa, fizeram fogo sobre os criminosos.

Sete polonezes ficaram feridos e um cahiu morto.

Toda a familia Foester, inclusive os creados da casa, foram presos.

Ignora-se para onde foram transportados".

A imprensa de Belgrado manifesta sympathia pelas potencias do eixo

Todos os esforços tendem a convencer a opinião publica da excellencia das relações entre a Jugoslavia e os Estados totalitarios

BELGRADO, 20 (H.) — Sahindo pela segunda vez da absoluta reserva que guarda ha mezes diante a situação internacional — a primeira vez foi para elogiar o discurso de Mussolini de 27 de março — a imprensa jugoslava salienta hoje as boas disposições manifestadas pelas potencias do eixo a respeito da Jugoslavia.

Os jornaes põem em relevo as palavras de amizade dirigidas hontem á Jugoslavia, pelo sr. Hitler, durante a entrega das credenciaes do novo ministro em Berlim, sr. Ivo Andritch, e, por outro lado, realçam a passagem referente á Jugoslavia do discurso que o sr. Mussolini proferiu hontem do Palacio de Veneza, por occasião da visita do ministro da Hungria na Italia, sr. Staenen.

Todos os esforços tendem, pois, a convencer a opinião publica da excellencia das relações entre a Jugoslavia e os Estados totalitarios e da ausencia de qualquer perigo proximo.

Sabe-se qqe o ministro dos Negocios Estrangeiros, sr. Markovitch, deve encontrar-se em Veneza no dia 22 do corrente com o Conde Ciano e que, em principios de maio proximo, começarão em Berlim as negociações commerciaes jugoslava-allemãs.

PACTO DE NÃO-AGGRESSÃO HUNGARO-JUGOSLAVO

ROMA, 20 (U. P.) — Soube-se, em circulos diplomaticos locaes, que a Hungria decidiu propor um pacto de não-aggressão á Jugoslavia, se o governo de Belgrado adherir ao pacto anti-Komintern.

TERMINARAM AS CONVERSAÇÕES ITALO-HUNGARAS

ROMA, 20 (H.) — O presidente do Conselho da Hungria, sr. Teleky e o ministro dos Negocios Estrangeiros, sr. Czaky, deixaram hoje á noite Roma de regresso a Budapest.

Dissidio entre o governo e os circulos financeiros norte-americanos

O PRESIDENTE ROOSEVELT NÃO CONCORDA SEJA ALTERADA A POLITICA TRIBUTARIA DO PAIZ

WASHINGTON, 20 (U. P.) — O presidente Roosevelt, segundo as noticias que circulam nos meios financeiros, não concorda com as sugestões feitas no sentido de ser alterada a politica tributaria do paiz, com a base de apaziguamento e solução do dissidio que existe entre o governo e Wall Street

Os planos propostos representariam uma reducção de 250 milhões de dollares da renda accrescida do Thesouro.

Promovem a revisão das leis relativas aos impostos a Associação Nacional dos Manufactureiros e a Camara de Commercio dos Estados Unidos.

Um porta-voz dos homens de negocios declarou, hoje, que a eliminação de certas taxas estimularia a iniciativa particular, augmentaria as operações financeiras e o Thesouro obteria uma renda mais elevada que a arrecadada com as actuaes contribuições.

O sr. Roosevelt, por occasião da conferencia habitual com os representantes da imprensa, declarou categoricamente que qualquer reducção das taxas que pesam sobre os negocios deverá ser contrabalançada com novos impostos.

O presidente declarou aos jornalistas que o presidente da Commissão de Finanças do Senado, sr. Pat Harrison, tinha concordado em que a revisão deve comprehender um augmento de certos impostos para cobrir o "deficit" determinado pela reducção de outros.

Das declarações do presidente Roosevelt, podem ser tiradas as seguintes conclusões:

1.o — O sr. Roosevelt prohibiu aos membros do gabinete interessados na revisão da lei de taxas, que, acceitem qualquer compromisso nesse sentido, em nome da administração.

2.o — Os negociantes que reclamam a revisão reconciliaram-se com o facto de que o sr. Roosevelt não trocará as arrecadações effectivas que o governo agora recebe pelas problematicas que possam offerecer outros impostos ainda não creados, ou pelo eventual desenvolvimento das operações financeiras causado pela reducção das taxas actuaes.

Os peritos consideram que o total de 250 milhões de dollares constitue calculo muito razoavel da perda que o Thesouro experimentaria se fossem reduzidas ou supprimidas certas taxas que pagam os interessados em transacções financeiras e commerciaes.

Entrementes, o secretario do Thesouro, sr. Morgenthau, activa os preparativos para pedir ao Congresso que autorize o augmento da divida nacional, ao total de 50 bilhões de dollares, [illegible] 5 bilhões de dollares mais que a quantia autorizada na lei actualmente em vigor.

Conferidos plenos poderes ao governo lithuano

VARSOVIA, 20 (H.) — Noticias de Kaunas annunciam que o Conselho de Ministros da Lituania approvou a lei sobre o "Estado de Circumstancias excepcionaes" que acaba de ser proclamado pelo presidente da Republica. Foram conferidos poderes amplos ao ministro do Interior.

"SE A VOZ DE ROOSEVELT FOSSE OUVIDA, DESAPPARECERIAM OS TEMORES IMMEDIATOS"

O sr. Bonnet, ministro das Relações Exteriores da França, reaffirma a approvação do seu paiz ás palavras do presidente americano

PARIS, 20 (U. P.) — O ministro das Relações Exteriores, sr. Georges Bonnet, pronunciou hoje um discurso por occasião de um almoço realizado no Clube Norte Americano.

O chefe do "Quai d'Orsay" elogiou a recente mensagem do presidente Roosevelt e declarou: "A voz de vosso presidente ergueu-se novamente porque a Europa se encontra em um estado de tensão, cuja gravidade ninguem põe em duvida. Milhões de homens foram mobilizados, navios de guerra patrulham os mares e a angustia do povo augmenta, em um mundo onde Roosevelt viu surgir uma grande confusão.

O vosso presidente prestou verdadeiro serviço ao applicar a esta situação, cheia de perigos, a desejada luz de sua intelligencia.

Se a sua voz fosse ouvida desappareceriam os temores immediatos".

O sr. Bonnet lembrou que a França tinha manifestado sua approvação á mensagem, e accrescentou: "A nossa politica tem por objectivo manter a dignidade da nação e de seus homens. A França é forte e está certa disso.

Nunca lhe faltou coração e comprehende que a violencia complica os problemas que tenta resolver".

CONSULTA DE HITLER AOS PEQUENOS PAIZES

PARIS, 20 (H.) — O governo do Reich solicitou por intermedio dos seus representantes diplomaticos aos ministerios de Estrangeiros dos pequenos paizes designados na mensagem do sr. Roosevelt que informassem se sua independencia estava ameaçada pela Allemanha e se appellaram para a intervenção do presidente dos Estados Unidos. Como os paizes visinhos difficilmente poderão responder affirmativamente, é provavel que o chanceller Hitler em sua resposta ao sr. Roosevelt se prevaleça das declarações desses governos para affirmar que os paizes citados não estão absolutamente ameaçados pela Allemanha e nunca appellaram para a intervenção dos Estados Unidos.

Demittiu-se o chefe do governo australiano

LONDRES, 20 (H.) — Telegramma de Gamberra para a Agencia Reuter annuncia que sir Earle Page resignou as funcções de primeiro ministro da Australia e que o governador geral encarregou o sr. Menzies de formar gabinete.

O novo chefe cd partido Unido esperava constituir o ministerio a tempo dos novos ministros poderem prestar juramento na segunda-feira.

Director-Superintendente: OCTAVIANO ALVES DE LIMA

FOLHA DA MANHÃ

Propriedade da Empresa "FOLHA DA MANHÃ" LIMITADA

Director-Gerente: DIOGENES DE LEMOS AZEVEDO

ANNO XV | RUA DO CARMO, 7 e 7-A TELEPHONE 2-7181 (REDE INTERNA) | S. PAULO — SABBADO, 2 DE SETEMBRO DE 1939 | CAIXA POSTAL, [illegible] ENDEREÇO TELEGRAPHICO: "FOLHAS" | N. 4.750

França e Inglaterra dirigem um "ultimatum" ao Reich

Exigida a immediata retirada das forças allemãs da Polonia — Os governos de Londres e Paris decretam a mobilização geral — A Italia manter-se-á alheia ao conflicto — Proseguem os combates em toda a fronteira polono-germanica — Frustradas diversas tentativas da aviação allemã para bombardear Varsovia — Numerosos aerodromos polonezes destruidos pelos apparelhos teutos

O CANADÁ APOIARÁ A GRÃ-BRETANHA

Convocado para o proximo dia 7 o Parlamento para participar a decisão do governo

OTTAWA, 1 (U. P.) — Depois da reunião de emergencia do gabinete, o primeiro ministro Mackenzie King convocou o Parlamento para o dia 7 de setembro.

O primeiro ministro declarou que se a Grã Bretanha fôr envolvida no conflicto surgido na Europa, o Canadá estava prompto para lutar com ella, e accrescentou:

"E' agora apparente que são inuteis os esforços para conservar a paz na Europa. No caso do Reino Unido se ver envolvido numa guerra para resistir á aggressão, o governo do Canadá resolveu que assim que se reunir o Parlamento, pedirá a necessaria autorização para considerar de fórma objectiva o apoio do Canadá á Grã Bretanha. Entretanto, o governo continuará tomando as medidas necessarias para a defesa do Canadá.

Em impetuosa offensiva, as tropas germanicas invadem o territorio da Polonia

Simultaneamente com as forças terrestres, a aviação teuta bombardeia numeros as cidades — A guerra generaliza-se a toda a fronteira — Aviões do Reich realizaram quatro tentativas para bombardear Varsovia, sendo repellidos pelas baterias anti-aéreas — Povoações allemãs visadas pelos apparelhos inimigos — Segundo o governo polonez, em consequencia de um ataque aéreo allemão, pereceram mulheres e crianças, que se encontravam em um trem de foragidos — Travam-se renhidos combates, verificando-se elevado numero de baixas

PARIS, 1 (U. P.) — Urgente — A embaixada poloneza nesta capital communicou officialmente que o exercito allemão invadiu a Polonia em quatro differentes pontos.

COMMUNICADO DO MINISTERIO DAS RELAÇÕES EXTERIORES DA POLONIA

VARSOVIA, 1 (U. P.) — Urgente — O Ministerio das Relações Exteriores expediu o seguinte communicado:

"Pouco depois das 7 horas da manhã os allemães iniciaram a acção militar em differentes pontos da fronteira. Isso significa indubitavelmente, uma aggressão da Allemanha contra a Polonia.

A acção militar continua a desenvolver-se".

A AVIAÇÃO ALLEMÃ ENTROU EM ACÇÃO A'S 4 HORAS E MEIA

VARSOVIA, 1 (U. P.) — Urgente — Fontes autorizadas informam que

(Conclúe na pagina 4)

Neutralidade das nações americanas

Importante reunião realizada na chancellaria argentina

BUENOS AIRES, 1 (U. P.) — Representantes diplomaticos de todos os paizes americanos reuniram-se no ministerio do Exterior, a convite do chanceller José Maria Cantilo, tendo, pelo espaço de 40 minutos, discutido a posição de cada dos seus respectivos paizes, em face da guerra entre a Allemanha e a Polonia e da imminente conflagração de toda a Europa.

Depreende-se que dessa breve troca de pontos de vista, constatou-se a coincidencia do desejo de restringir as hostilidades tanto quanto possivel á Europa, assim como a disposição dos paizes americanos de agirem conjunctamente, em quaesquer medidas que venham a ser adoptadas.

Pouco depois da reunião, o ministerio do Exterior distribuiu um communicado em que diz que a reunião foi feita de accordo com os principios ennunciados na "Declaração de Lima" sendo, durante a mesma, discutida a possibilidade de adoptar uma attitude commum de neutralidade e outras medidas que a situação possa exigir.

"Serei o primeiro soldado do Reich allemão"

O discurso do chanceller Adolph Hitler, no Reichstag, na manhã de hontem

BERLIM, 1 (U. P.) — Sem trajar o seu uniforme de costume, o chanceller Adolph Hitler apresentou-se ao Reichstag envergando o uniforme cinzento de campanha, sem outras condecorações, além da cruz de ferro.

Todas as dependencias do Reichstag estavam repletas. O Corpo diplomatico acreditado em Berlim compareceu totalmente, inclusive os embaixadores da Inglaterra, Italia e Japão. O embaixador dos Estados Unidos foi representado pelo primeiro secretario da embaixada.

Em frente ao Reichstag foram postados destacamentos da guarda pessoal do "fuehrer" e pelotões da Milicia nazista.

ABERTURA DA SESSÃO PELO MARECHAL GOERING

BERLIM, 1 (U. P.) — Urgente — O marechal Herman Goering presidente do Reichstag, abriu a sessão ás 10.10 horas.

INTERDICTADAS A' CIRCULAÇÃO AS RUAS PROXIMAS A WILHELMSTRASS

BERLIM, 1 (H.) — As ruas proximas a Wilhelmstrasse estão interdictadas á circulação, desde 9 horas da manhã. Os agentes de policia não consentem que ninguem se approxime, salvo as pessoas que tragam cartões especialmente fornecidos pelas secretarias do Reich. Nas calçadas, formações especiaes estão postadas em fila. Diante do edificio do Reichstag está postada uma companhia de carros de assalto afim de prestar homenagens ao chanceller Hitler. O desfile de carros e automoveis em que chegam os membros do corpo diplomatico e deputados, teve inicio ás 8,30 horas.

Entre os diplomatas que chegam notam-se o embaixador da Italia, Bernardo Attolico e o ministro da Bulgaria. São esses os primeiros a entrarem. Grande multidão assiste com curiosidade mas sem demonstrar enthusiasmo, a todo o movimento. Pouco depois chega o general Keippel, commandante em chefe do exercito, e os srs. von Neurath, Goebbels e Draler.

O TEXTO DO DISCURSO

"Só pude convocar-vos na madrugada de hoje, ás 3 horas, graças á organização modelar que permittiu attenderdes tão promptamente á convocação.

Ha muitos ausentes neste recinto, mas os que não se acha-

(Conclúe na pagina 2)

Cambiaes sobre mercadorias em navios retidos não pagarão juros de móra

RIO, 1 (Da nossa succursal) — Por medida tomada, hoje, pelo governo brasileiro, todo o exportador que tiver mercadorias em navios retidos, estrangeiros ou nacionaes, não pagará juros de móra sobre as respectivas cambiaes.

A Italia não se envolverá nas operações militares

DIVULGADAS AS RESOLUÇÕES TOMADAS NA REUNIÃO DO CONSELHO DE MINISTROS — A IMPRENSA DO PAIZ ADOPTA UM TOM DE EXPECTATIVA ANTE OS ACTUAES ACONTECIMENTOS

ROMA, 1 (U. P.) — E' o seguinte o texto do communicado official dado á publicidade pelo Conselho de Ministros:

"O Conselho de Ministros reuniu-se ás 15 horas, sob a presidencia do "Duce". O sr. Medice Del Bascello, sub-secretario de Estado, serviu como secretario. O Conselho de Ministros, depois de examinar a situação européa em suas relações com o conflicto germano-polonez, cuja origem remonta ao Tratado de Versalhes, e depois de tomar nota de todos os documentos apresentados pelo ministro das Relações Exteriores, que demonstram serem as medidas tomadas pelo "Duce" capazes de assegurar a paz européa baseada na justiça, approva plenamente as medidas militares adoptadas até agora. Approva tambem as medidas de caracter economico e social determinadas pelos graves acontecimentos que affectam a vida européa. ;Declara e annuncia ao povo que a Italia não tomará a iniciativa nas operações militares. Elogia o povo italiano pela disciplina e tranquillidade de que tem dado provas".

COMMENTARIOS DA IMPRENSA ROMANA

ROMA, 1 (U. P.) — A imprensa adopta um tom de espectativa ante os graves acontecimentos do momento, embora approve a attitude allemã e censure a Inglaterra e a Polonia, pelo conflicto.

O discurso do chanceller Hitler no Reichstag foi publicado em primeira pagina e transmittido pelo radio a toda a Italia.

"Il Messagero", embora sendo matutino, tirou uma edição ao meio-dia, estampando um grande titulo que dizia:

"Guerra entre a Allemanha e a Polonia".

"Il Piccolo" expressa:

"Levantou-se o panno. Começou o drama. O conflicto que se preparou está maduro. Serão sacrificados milhões de homens, por causa de 400.000 habitantes de Dantzig? Todos sabem que a guerra se faz pela supremacia britannica. Não ha discussões, desta vez, sobre as responsabilidades da guerra".

TELEGRAMMA DO "FUEHRER" A MUSSOLINI

ROMA, 1 (T. O.) — (Urgente) — Officialmente declara-se que o "Fuehrer" dirigiu ao sr. Mussolini o seguinte telegramma:

"Agradeço-lhe cordialmente o auxilio diplomatico e politico que

(Conclúe na pagina 3)

Rescindido o auxilio militar da Italia

ROMA, 1 (U. P.) — URGENTE — O chanceller Adolf Hitler enviou um telegramma ao chefe do governo italiano, Benito Mussolini, communicando-lhe que não necessitava do auxilio militar da Italia, na presente crise, e, ao mesmo tempo, agradece ao "duce" pelos seus recentes esforços politicos e diplomaticos no sentido de evitar uma conflagração geral.

EXIGIDA A IMMEDIATA RETIRADA DAS TROPAS ALLEMÃS DO TERRITORIO POLONEZ

FRANÇA E INGLATERRA DIRIGEM UM VERDADEIRO "ULTIMATUM" AO REICH — O GOVERNO BRITANNICO NÃO RECONHECE A ANNEXAÇÃO DE DANTZIG

BERLIM, 1 (U. P.) — Confirma-se que os embaixadores da França e da Grã Bretanha estiveram no ministerio das Relações Exteriores e apresentaram notas, exigindo a retirada immediata de todas as forças allemãs do territorio polonez.

Os dois embaixadores neste momento ainda se encontram aqui, mas tudo indica que ambos deixarão Berlim amanhã.

SERÃO POSTAS EM EXECUÇÃO AS GARANTIAS PROMETTIDAS A' POLONIA

PARIS, 1 (U. P.) — Urgente — Noticia-se officialmente que a França fez uma "demarche" similar a do governo britannico, enviando uma nota á Allemanha, na qual declara que serão postas em execução as garantias promettidas á Polonia, se as tropas germanicas não forem retiradas de territorio polonez.

ENTRARA' IMMEDIATAMENTE EM VIGOR A ALLIANÇA ANGLO-POLONEZA

LONDRES, 1 (U. P.) — O titular do "Foreign Office", lord Halifax, declarou ao embaixador da Polonia nesta capital que a alliança anglo-poloneza entrará immediatamente em vigor.

LONDRES NÃO CONSIDERA VALIDO O DECRETO QUE ANNEXOU DANTZIG AO REICH

LONDRES, 1 (U. P.) — Urgente — Informa-se de fonte autorizada que o governo britannico não considera valido o decreto promulgado pelo lider nazista de Dantzig, Albert Foster, incorporando a Cidade Livre ao Reich.

RECEBE ORDENS PARA DEIXAR BERLIM O EMBAIXADOR LIPSKI

PARIS, 1 (H.) — O sr. Lipski, embaixador da Polonia em Berlim, acaba de receber ordens de seu governo para deixar o Reich, passando seus interesses politicos na Allemanha, a serem geridos pela legação da Suecia.

SEVERAS CRITICAS A' INGLATERRA E A' FRANÇA

BERLIM, 1 (T. O.) — Os circulos politicos desta capital dirigem severas criticas á Inglaterra e á França e externam a opinião de que a primeira, com a sua actuação, não desejou realmente realizar uma politica de mediação, frizando, ao mesmo tempo, as grandes vantagens que advirão da amizade da Italia, União Sovietica e dos paizes do sudeste europeu para com a Allemanha, supprindo-a de materias primas e viveres necessarios.

ESPERA-SE PARA HOJE UMA DECISÃO DE LONDRES E PARIS

WASHINGTON, 1 (U. P.) — Um alto funccionario do governo americano manifestou a opinião de que a França e a Grã Bretanha declararão guerra á Allemanha, amanhã.

A GRÃ BRETANHA ACCUSADA DE NAÇÃO AGGRESSORA

BERLIM, 1 (U. P.) — Urgente — A Agencia officiosa allemã está divulgando um communicado no qual accusa a Grã Bretanha de nação aggressora e de "dezejar a guerra européa".

Prohibido aos allemães ouvirem as radios emissoras estrangeiras

BERLIM, 1 (T. O.) — Communica-se officialmente que o chanceller Hitler baixou um decreto prohibindo a todos os allemães ouvirem as radio-emissoras estrangeiras e estabelecendo varias medidas punitivas para os contraventores.

Cruzadores inglezes patrulham o Atlantico

RIO, 1 (H.) — Sabe-se que o Almirantado inglez antes de ser declarada a guerra, apresentou ao governo brasileiro as justificativas de que o cruzador inglez "Ajax" se encontrava em aguas brasileiras.

Informa-se que o referido Almirantado communicou ao governo brasileiro que virão mais dois cruzadores britannicos para patrulharem as costas do Atlantico.

Diz-se ainda que ficarão retidos em portos brasileiros varios navios allemães.

Director-Superintendente:
OCTAVIANO ALVES DE LIMA

FOLHA DA MANHÃ

Propriedade da Empresa
"FOLHA DA MANHÃ" LIMITADA

Director-Gerente:
DIOGENES DE LEMOS AZEVEDO

ANNO XV | RUA DO CARMO, 7 e 7-A TELEPHONE 2-7181 (RÊDE INTERNA) | S. PAULO — SABBADO, 23 DE SETEMBRO DE 1939 | CAIXA POSTAL, 2.900 ENDEREÇO TELEGRAPHICO: "FOLHAS" | N. 4.768

Annexada á Russia quasi a metade do territorio polonez

Concertada entre o Reich e a União Sovietica a partilha do paiz invadido — Soviets constituidos em cidades da Polonia — Parcialmente destruida pelos bombardeios aéreos, Varsovia continúa a sua tenaz resistencia — Noticia-se que as tropas teutas já soffreram 150.000 baixas, desde o inicio das operações

BERLIM, 22 (U. P.) — Ficou consummada hoje a desapparição da Polonia, com as fronteiras que tinha antes de sua invasão pelos exercitos nazistas e sovietico, ao annunciar-se, officialmente, nesta capital, que os governos do Reich e da União Sovietica haviam chegado a um accordo, quanto á linha de demarcação que separará as forças de ambos os paizes, no territorio conquistado. A fronteira politica definitiva, entre as duas nações, que repartiram entre si o sólo da Polonia, será determinada mais tarde, mediante negociações.

Este accôrdo foi concertado quando, todavia, ainda lutam desesperadamente grupos isolados de tropas polonezas, cuja resistencia é vencida paulatinamente por seus dois poderosos inimigos.

De conformidade com essa linha de demarcação, a União Sovietica ficará com quasi a metade da Polonia, inclusive as importantes cidades de Bialystock, Brest-Litovsk, Lublin, Lemberg e Vilna.

Officialmente, foi annunciado que os governos nazistas e sovietico haviam concordado em que a linha de demarcação entre seus respectivos territorios conquistados estabelecerá no curso dos rios Pisia, Narew, Vistula e San com a probabilidade de que, dentro desses territorios fique tambem incluida Varsovia, uma vez que terminem as negociações para fixar-se definitivamente a fronteira politica, o que se dará, aliás, dentro de uma semana.

Effectivamente, no momento, a questão está sendo considerada em Moscou, por delegações de ambos os paizes.

Por essa linha de demarcação, a Russia obterá approximadamente a metade do territorio polonez, determinado pelo Tratado de Versalhes, deixando em poder da Allemanha a zona ao oeste do Vistula, que era russa antes da guerra mundial.

Em compensação, os Soviets annexarão quasi toda a Galicia, que pertenceu á Austria, até 1918.

Sobre a linha de demarcação as estações radio-diffusora allemãs informaram o seguinte:

"O rio Pisia é tributario do Narew e corre desde Johnesburg, na Prussia Oriental, para o sul, para deitar suas aguas nos mares, em Novorobod. O rio Narew foi a principal linha de defesa dos russos durante a guerra mundial. Une-se ao Vistula ao norte de Varsovia. Com o Vistula, fórma parte da linha de demarcação, e Varsovia se acha á margem esquerda desse rio, pelo que a referida capital estará, em consequencia, do lado allemão da linha divisoria.

O rio San, que tem suas nascentes nos Carpathos, se une ao Vistula proximo de Sandomierz. A fortaleza de Przemysl é situada sobre o rio San. O rio San banha, na Galicia, o chamado triangulo de Sandomierz, onde os polonezes desenvolveram, nos ultimos annos, sua industria de armamentos, que ficará do lado allemão da linha demarcatoria".

A referida linha de demarcação não constitue provavelmente a fronteira politica definitiva entre a Allemanha e a Russia, embora se acredite que, com a retirada dos allemães para o Vistula, o limite não será traçado, para o oeste, muito além da linha de demarcação.

(Conclúe na pagina 3)

Hitler transferiu o seu quartel-general para as proximidades de Varsovia

BERLIM, 22 (U. P.) — O chanceller Adolph Hitler transferiu o seu quartel-general de Dantzig para o campo de operações do exercito do norte, que marchou sobre Varsovia e actualmente cerca essa cidade.

PARTIU PARA MOSCOU O MINISTRO DO EXTERIOR DA TURQUIA

Antes de embarcar o sr. Serajoglu exaltou a amizade do seu paiz para com a França, Grã-Bretanha e a União Sovietica

STAMBUL, 22 (U. P.) — O ministro das Relações Exteriores da Turquia, sr. Chukru Sarajoglu, diversos altos funccionarios e o enviado sovietico, sr. Tarantieff, embarcaram hoje, neste porto, com destino á Odessa, de onde seguirão para Moscou, em visita official que durará 10 dias.

A REPUBLICA TURCA E' AMIGA DA FRANÇA, DA INGLATERRA E DOS SOVIETS

ANKARA, 22 (H.) — Antes de partir hontem para Moscou, o ministro dos Negocios Estrangeiros, sr. Saradjoglu, declarou em entrevista á Agencia Havas:

"Conheceis a cordialidade das nossas relações com os soviets. Essa viagem permittirá retribuir visitas officiaes feitas á Turquia e attender a amistoso convite do governo sovietico. Será uma reaffirmação da amisade que une ha 20 annos os dois paizes.

"As relações da Turquia com a França e a Grã Bretanha — accrescentou o ministro — tambem são do vosso conhecimento. A Republica da Turquia prosegue na politica que se traçou no tocante ás suas relações com as potencias occidentaes. O communicado do grupo parlamentar do partido do povo é bastante explicito para mostrar mais uma vez o sentido dessa politica, tal como foi definida a 11 do corrente, pelo presidente do Conselho, sr. Refik Saydam".

VIOLADA A NEUTRALIDADE DA SUISSA

Aviões allemães voam sobre o cantão de Schaffhausen

ZURICH, 22 (U. P.) — A's 16,40 horas varios aviões allemães voaram a pouca altura e a grande velocidade sobre o cantão de Schaffhausen.

Immediatamente as baterias anti-aéreas entraram em acção, porém, sem resultado.

QUEDA DE UM APPARELHO GERMANICO NA SUECIA

STOCKOLMO, 22 (U. P.) — Um hydro-avião allemão, cahiu, hoje, em territorio sueco, ficando muito avariado. Os destroços do avião foram levados para Ystad, tendo sido internados seus tripulantes.

A HOLLANDA TERIA ORDENADO A INUNDAÇÃO PARCIAL DAS SUAS FRONTEIRAS COM A ALLEMANHA

O governo bátavo effectiva dessa fórma medidas acauteladoras de eventual invasão germanica — Desmentido da Belgica sobre a destruição de diques — Consolidam-se as relações grego-italianas e anglo-turcas

AMSTERDAM, 22 (U. P.) — Apesar de cumprir a Hollanda os seus deveres de nação absolutamente neutra, no actual conflicto continental, augmenta, todos os dias, no paiz, a impressão e o temor de que os Paizes Baixos sejam arrastados a participar da catastrophe, pois se considera que somente uma grande sorte poderia evitar esse triste destino.

Os hollandezes declaram que a guerra economica que os alliados estão levando a effeito contra a Allemanha faz com que a neutralidade da Hollanda, para com as potencias em luta, se torne cada vez mais difficil.

Outros incidentes que são considerados como origem de constante perigo para a paz da nação, são os frequentes vôos dos aviões britannicos e allemães sobre o territorio do paiz.

Ha poucos dias uma patrulha aérea hollandeza obrigou um avião allemão a descer em sólo batavo.

Pouco a pouco os hollandezes vão se firmando na hypothese de ter que lutar para defender a sua neutralidade.

O PODERIO MILITAR DA HOLLANDA

Essa firme determinação reflecte-se no facto de que a população, "naturalmente neutra", de um paiz de oito milhões e 500.000 habitantes teve mobilizados 650.000 soldados, cujo custo se eleva a 500 milhões de "guilderes", exercito esse que se mantem em todas as fronteiras.

Os hollandezes combinam seu espirito nacional de manter a sua independencia, se necessario fôr, mediante a luta, com seus obstaculos naturaes, taes como suas terras baixas e pantanosas, que eliminam virtualmente o uso de "tanks" de guerra, de carros motorizados e de canhões pesados.

Os hollandezes tambem podem abrir os seus diques e inundar as terras baixas de seus territorios e minarem, por outro lado, os caminhos e pontes, e até os bosques, que estão ao longo das fronteiras. Acredita-se que a Hollanda possue, presentemente, mil aviões de primeira linha, com alto rendimento, e 40 submarinos, sendo talvez, a Hollanda, a unica nação que jamais perdeu um submarino por accidente.

Os armamentos usados pelo exercito hollandez são do typo mais moderno e foram adquiridos principalmente na Inglaterra, nos Estados Unidos e Suecia, e, em menor quantidade, na Allemanha. Ha quatro mezes foi officialmente annunciado que o governo fizera construir 42 fortes e casamatas na fronteira com a Allemanha, porém, nas ultimas semanas, os observadores, contaram, admirados, mais de 1.200 casamatas nesta região.

A Hollanda estaria em condições de mobilizar mais de 1.600.000 homens, dos quaes pelo menos um milhão estão adextrados para prestar serviços na frente de batalha.

O alto commando hollandez é considerado excellente e os officiaes do exercito sabem que, em caso de invasão pelo lado leste, a França, a Inglaterra e a Belgica estarão ao seu lado.

TERIA SIDO EFFECTIVADA A INUNDAÇÃO PARCIAL DAS FRONTEIRAS BATAVO-ALLEMÃS

PARIS, 22 (U. P.) — A Hollanda e a Belgica contrabalançaram a ameaça das tropas allemãs e das concentrações de aeroplanos em Aix-la-Chapelle, com a inundação parcial — seu principal recurso decisivo. Ambas as nações depositam maior confiança nessas enormes barreiras aquaticas do que nos pactos internacionaes para deter o invasor.

As operações preliminares desse systema defensivo foram dispendiosas, porque a agua do mar que se utiliza para esse fim, inunda totalmente as localidades que já foram evacuadas, ha algum tempo, em bôa parte da Belgica e num sector da provincia de Utrecht, na Hollanda.

A abertura voluntaria dos diques tende a augmentar a segurança nacional, em vista das concentrações allemãs no occidente e não obedece a nenhuma ameaça directa de invasão.

A EXPERIENCIA DA GUERRA MUNDIAL

A segurança que proporcionou as

(Conclúe na pagina 2)

O NOVO GABINETE RUMENO DARÁ CONTINUAÇÃO A' POLITICA DO DR. CALINESCU

Intensificada a campanha contra os remanescentes da "Guarda de Ferro" — Executados publicamente os assassinos do ex-1.º ministro — A repercussão do tragico acontecimento — Russos e allemães disputam a hegemonia sobre a Rumania

BUCAREST, 22 (U. P.) — O novo gabinete, organizado em vista do assassinio do sr. Armando Galinescu, é o seguinte:

Presidente do Conselho — general George Argeshanu.

Ministro do Interior — general Gabriel Marinescu.

Ministro da Defesa Nacional — general Ilouis.

Ministro da Marinha — general Pablo Teodorescu.

Ministro do Abastecimento — professor V. Slavescu.

Ministro das Obras Publicas e Communicações — sr. Miguel Chelmegreanu.

Ministro das Relações Exteriores — Gregorio Gafencu.

Ministro da Justiça — sr. Victor Iamandi.

Ministro da Fazenda — sr. D. Constantinescu.

Ministro da Economia Nacional — sr. I. Bojoulu.

Ministro do Trabalho — Miguel Ralea.

Ministro da Saude Publica — general Marinescu.

Ministro da Educação — professor Pedro Andrei.

Ministro das Minorias — professor Sylvio Dragomir.

Ministro dos Cultos e Bellas Artes — sr. N. Zigri.

Ministro da Agricultura — professor Cornadianu.

Ministro do Patrimonio Publico — sr. Trajano Pop.

SEVERAS MEDIDAS PARA O COMBATE AOS REMANESCENTES DA "GUARDA DE FERRO"

BUCAREST, 22 (U. P.) — O novo Gabinete rumeno, chefiado por um extremado inimigo dos nazistas, general George Argeshanu, que substituiu seu intimo amigo, Armando Galinescu, adoptou hoje severas medidas para destruir os remanescentes da organização nazista denominada "Guarda de Ferro".

TEVE DOLOROSA REPERCUSSÃO O ASSASSINIO DO SR. GALINESCU

O assassinio do sr. Armando Galinescu occorrido hontem commoveu o paiz inteiro, mais que qualquer outro dos crimes politicos commettidos anteriormente, porque se produziu em momento em que a existencia nacional póde depender da actuação dos chefes do governo.

O sr. Galinescu gozava de geral sympathia e admiração, sendo respeitado em toda a nação pela fórma adequada com que ia transpondo as barreiras da delicada situação rumena frente á guerra européa e a pressão constantemente exercida pelos nazistas allemães, que pretendem conseguir accesso aos formidaveis recursos naturaes com que conta a Rumania, afim de abastecer os exercito do Reich.

SOLUÇÃO DE CONTINUIDADE A' POLITICA DO SR. GALINESCU

O general Argeshanu conferenciou hoje com os lideres do governo, adoptando as medidas necessarias para continuar a obra politica do sr. Galinescu. Em que pese as seguranças dadas hontem pelo governo de que não haveriam complicações internacionaes, motivadas pelo assassinio a sangue frio, do primeiro ministro, nota-se em todo o paiz uma pesada atmosphera de expectativa e tensão.

Uma das primeiras resoluções do sr. Argeshanu foi intensificar em toda a nação a perseguição dos integrantes da "Guarda de Ferro", coisa aliás que se vinha realizando methodicamente antes da morte do sr. Galinescu.

PRISÃO DE LIDERES DA "GUARDA DE FERRO"

Nos circulos rumenos informa-se que quasi todos os chefes rumenos da citada organização foram detidos pela policia, esperando-se que o mesmo se faça mais tarde com os restantes lideres, que serão enviados para os campos de concentração.

Os observadores politicos acreditam que os membros da "Guarda de Ferro" não podiam ter escolhido pior momento para levar a cabo o seu attentado, qualificado como um acto de "vingança pessoal" pela morte de Cornelius Kelea Codreanu, chefe supremo dessa organização, morto pela policia a 30 de novembro do anno passado.

A NEUTRALIDADE DA RUMANIA

Até agora a Rumania seguiu uma politica de extricta neutralidade, não obstante se encontrar bem proxima das hostilidades entre a Polonia, Russia e Allemanha.

(Conclúe na pagina 3)

Teve consideravel repercussão a mensagem do presidente Roosevelt

Os senadores isolacionistas mantêm-se intransigentes, a despeito do ambiente de profunda sympathia suscitada em todos os circulos politicos e sociaes pela mensagem presidencial — Tida como certa a victoria parlamentar do governo na proxima sessão do Senado para discussão da proposta de revisão da lei de neutralidade — Satisfação em Londres e Paris

WASHINGTON, 22 (De Raoul Roussy — da Agencia Havas) — Os observadores estão de accordo em reconhecer que as primeiras reacções conhecidas da opinião publica, a proposito do discurso do presidente Roosevelt, evidenciam que os argumentos presidenciaes, favoraveis ao levantamento do embargo de armas, foram apresentados por forma tal que lhe asseguram um maximo de successo.

O discurso foi inteiramente baseado na presumpção de que o actual embargo fazer perigar a neutralidade americana. Ora a unanimidade da opinião nos Estados Unidos quer evitar, a qualquer preço, que o paiz se veja arrastado á guerra, sejam quaes forem as sympathias que possam desfructar um ou outro grupo de belligerantes.

A these defendida pelo sr. Roosevelt é que, para alcançar este objectivo, é necessario voltar ao regime do Direito Internacional classico, que evidenciou a sua justeza em 130 annos da historia americana, completando-o, porém, com certas medidas que assegurarão maior garantia contra o risco de complicações com os belligerantes.

Essas novas medidas comprehendem especialmente o restabelecimento da clausula "cash and carry"; prohibição aos cidadãos americanos de viajar em navios pertencentes aos belligerantes; demarcação pelo poder executivo de zonas consideradas perigosas para a navegação americana e manutenção ou ampliação das actuaes restricções referentes á concessão de emprestimos aos belligerantes.

Embora o discurso fosse pronunciado num tom moderado, e não tivesse mencionado qualquer paiz, o presidente recordou as suas anteriores predicções prophetizando, a partir de janeiro, que a politica de aggressão e de força existente no mundo desde 1931 e que não cessava de se accentuar, conduziria fatalmente á guerra.

O sr. Roosevelt não occultou o seu verdadeiro pensamento no que se refere ao aggressor e ás suas victimas, mas fez sentir que os interesses dos Estados Unidos exigiam, acima de tudo, a manutenção da paz na America e que esta era a sua preoccupação dominante.

O presidente Roosevelt foi fortemente applaudido ao declarar que não pretendia, no momento, solicitar qualquer accrescimo aos poderes de que dispõe em virtude do "national emergency act" de 1917.

Implicitamente desaconselhou a prorogação da actual sessão do Congresso, até janeiro proximo, no entanto, suggeriu que os lideres dos dois partidos permaneçam em Washington até essa época para aconselhal-o.

A impressão dominante sobre o discurso do sr. Roosevelt é que o presidente respondeu, de antemão, á maioria dos argumentos isolacionistas e que as possibilidades de sua victoria no Congresso foram consideravelmente augmentadas.

DECLARAÇÕES DO SR. CORDELL HULL A' IMPRENSA

WASHINGTON, 22 (H.) — O secretario de Estado sr. Cordell Hull, falando aos jornalistas indicou as razões juridicas que autorizam, em face das presentes hostilidades europeas, a alteração pleiteada pelo governo sobre a neutralidade americana.

"E' sabido que os belligerantes alteram os seus regulamentos methodos, pratica e politica durante as hostilidades — declarou o sr. Hull. Quanto aos direitos dos neutros, elles têm augmentado no decorrer da historia.

Se os neutros fossem obrigados a fixar a sua politica antes do inicio da guerra, antes portanto de se verificarem certas circumstancias que se não podem prever, limitando-se rigidamente a essa politica durante todo o desenrolar das hostilidades, ao passo que os belligerantes podem adoptar a

(Conclúe na pagina 2)

CHEGARAM Á INGLATERRA OS PRIMEIROS PRISIONEIROS ALLEMÃES

Recolhidos a um campo de concentração diversos officiaes germanicos — O duque de Gloucester encontra-se junto ás forças expedicionarias que operam na França — Enthusiasmo em Chyppre pelo recrutamento de marinheiros

LONDRES, 22 (H.) — Os primeiros prisioneiros allemães chegaram na Inglaterra.

INTERNADOS EM CAMPOS DE CONCENTRAÇÃO

LONDRES, 22 (H.) — O Ministerio de Informações communica:

"Certo numero de officiaes germanicos prisioneiros chegou hontem na Grã Bretanha sendo immediatamente recolhidos num campo de concentração.

"Outros prisioneiros allemães foram conduzidos para diversos campos.

"Não se verificaram demonstrações. Os prisioneiros sorriram quando, de um pequeno grupo de pessoas presentes á sua chegada, uma senhora, dirigindo-se a um prisioneiro, exclamou: "Falta de sorte, meu velho", respondendo então o prisioneiro: "Não é questão falta de sorte, assim. Não?".

O DUQUE DE GLOUCESTER NA FRANÇA

LONDRES, 22 (H.) — Annuncia-se officialmente que o Duque de Gloucester assumiu o seu posto nas forças expedicionarias que operam na França.

PRIMEIRO RECRUTAMENTO PARA A MARINHA BRITANNICA EM CHYPPRE

LONDRES, 22 (H.) — O Ministerio das Informações annuncia que reina grande satisfação entre a população de Chyppre pelo facto de poder collaborar, pela primeira vez, para completar os effectivos da marinha britannica.

Espera-se que o numero de recrutas ultrapasse em muito as necessidades actuaes.

A questão referente ao augmento dos effectivos a recrutar será brevemente estudada.

O Brasil vae adquirir carvão nos Estados Unidos

WASHINGTON, 22 (H.) — Não podendo continuar a comprar carvão do Reich e da Grã Bretanha por motivo da situação europea, o Brasil, segundo se affirma nos circulos brasileiros substituirá estes mercados augmentando suas compras nos Estados Unidos.

O commandante Celestino, director da agencia do Lloyd Brasileiro em Nova York recebeu instrucções do Rio de Janeiro no sentido de tratar dessas compras.

O Brasil importa normalmente cerca de um milhão e meio de toneladas de carvão por anno.

SUBMARINOS ESTRANGEIROS AVISTADOS NAS COSTAS DOS E. UNIDOS

A noticia foi vehiculada pelo presidente Roosevelt, que negou-se a revelar sua procedencia, bem como a nacionalidade dos submersiveis

WASHINGTON, 22 (U. P.) — O presidente Roosevelt informou hoje aos jornalistas que dois submarinos, pertencentes a uma potencia estrangeira, haviam sido vistos navegando nas proximidades do territorio do Alaska e da Nova Escocia.

O presidente disse ser impossivel revelar a fonte de onde proviera essa informação, e, ao lhe perguntarem sobre a nacionalidade dos submarinos, respondeu:

"Talvez fossem suissos". Um dos jornalistas indicou ao presidente a possibilidade dos mesmos serem canadenses, ao que o sr. Roosevelt disse: "Se eu fosse boliviano, ou, quiçá, afganes".

Durante a reunião o presidente disse que neste caso era applicavel a sua definição das aguas territoriaes da nação, feita na semana passada, na qual mostrava que as aguas territoriaes podem extender-se desde a costa até qualquer logar onde os interesses do paiz exigirem, e que os submarinos em questão estavam sufficientemente proximos dos Estados Unidos, para affectar os interesses da nação.

Os jornalistas recordaram as informações procedentes de Boston, sobre a viagem realizada hontem pelo "destroyer" "Leary", cuja tripulação que se encontrava licenciada teve de se apresentar a bordo, com toda a urgencia. O "destroyer" "Leary" regressou ao porto de partida varias horas depois, sem que os seus officiaes tivessem sido informados sobre o objectivo da viagem.

Ao mesmo tempo foi divulgada a noticia de que nos logares onde haviam sido vistos os submarinos, os aviões e os navios guarda-costas vigiam constantemente.

Director-Superintendente: OCTAVIANO ALVES DE LIMA

FOLHA DA MANHÃ

Propriedade da Empresa "FOLHA DA MANHÃ" LIMITADA

Director-Gerente: DIOGENES DE LEMOS AZEVEDO

ANNO XV | RUA DO CARMO, 7 e 7-A TELEPHONE 2-7181 (RÊDE INTERNA) | S. PAULO — SABBADO, 30 DE SETEMBRO DE 1939 | CAIXA POSTAL, 2.900 ENDEREÇO TELEGRAPHICO: "FOLHAS" | N. 4.774

Concluido o pacto germano-russo de delimitação de fronteiras e consolidação de amizade

Annuncia-se estar imminente uma declaração conjunta das duas potencias propondo negociações immediatas de paz — Os circulos officiaes de Londres declaram que a Grã-Bretanha não se intimidará com as ameaças nazi-sovieticas, mas proseguirá na campanha militar contra o Reich até completo desbaratamento do hitlerismo e consequente reconstituição do Estado polonez — Julga-se pouco viavel uma cooperação militar mais estreita entre Moscou e Berlim — Outros telegrammas

MOSCOU, 29 (U. P.) — Os estadistas da Allemanha nazista e da Russia Sovietica, potencias alliadas contra as democracias occidentaes, contemplam hoje com satisfação seu ultimo movimento diplomatico e esperam a reacção da França e da Grã Bretanha á sua velada ameaça de que a paz seja restabelecida immediatamente na Europa, os dois paizes lhes imporão uma actuação militar conjunta.

A petição da Allemanha e da Russia de que se conclua uma paz immediata, contida no tratado de amizade e no accôrdo estabelecendo as mutuas fronteiras, que foram firmados esta manhã pelos ministros das Relações Exteriores de ambos os paizes, foi repetida por Von Ribbentrop, ao tomar o avião que o levou de regresso a Berlim.

O sr. Von Ribbentrop emittiu uma declaração no momento de despedir-se, evidentemente dirigida aos povos da França e da Grã Bretanha, na qual disse:

"A amizade da Allemanha e dos Soviets foi agora estabelecida de maneira concludente. Ambos os paizes nunca permittirão a intervenção de uma terceira potencia nos assumptos na Europa Oriental. As duas nações desejam que a paz seja restaurada e que a França e que a Grã Bretanha abandonem a esteril luta contra a Allemanha. Entretanto, se os traficantes da guerra desses paizes, mantêm sua influencia, a Allemanha e a União farão o que devem fazer".

Os accôrdos entre a Russia e a Allemanha foram firmados depois de dois dias de quasi constantes conversações. O commissario das Relações Exteriores, sr. Molotov, e o sr. Von Ribbentrop, durante a ultima reunião estiveram conferenciando desde a uma hora, até ás 5 de hoje.

Depois de haver feito a primeira refeição, o ministro do Exterior allemão recebeu o embaixador da Italia, sr. Augusto Rosso, a quem informou dos resultados das conversações.

O sr. Von Ribbentrop visitou depois a Exposição de Agricultura, acompanhado do sr. Potenkim e do embaixador allemão, sr. Schulenburg.

Depois de visitar a exposição, Von Ribbentrop se dirigiu ao aerodromo, uma companhia de aviadores lhe rendeu homenagem, apresentando armas, respondendo o ministro allemão com a saudação nazista. No aerodromo, se encontravam os membros da embaixada italiana, em traje de gala, que fizeram a saudação fascista ao se despedirem de Ribbentrop. Uma banda de musica executou uma marcha militar, enquanto o avião "Condor" realizava a decollagem.

SATISFAÇÃO EM MOSCOU

MOSCOU, 29 (U. P.) — O publico em geral, embora algo desorientado pela noticia da assignatura do pacto germano-sovietico, parece respirar hoje com maior liberdade que os cidadãos das potencias occidentaes, ou aquellas das nações neutras que, possivelmente, se verão envolvidos no actual conflicto europeu.

Quasi desde a revolução o povo da Russia tem-se visto submettido a poderosa propaganda, no sentido de que as nações capitalistas se achavam unidas para desenvolver luta de vida ou de morte contra a União Sovietica. Já a Allemanha, desde que o nazismo subiu ao poder, era symbolisada como o berço da aggressão capitalista, que se dirigiria contra a Russia.

Agora, entretanto, com a assignatura do tratado germano-sovietico, o publico parece ter-se convencido que desapparecida a ameaça allemã, a União Sovietica está relativamente em paz. Este sentimento foi robustecido pelo facto de achar-se agora a Russia com maior influencia no Baltico, como nos Balkans, embora a occupação e a sovietisação da Polonia Oriental tenha feito resurgir a esperança de uma revolução mundial.

Ideologicamente, as autoridades russas não acharam maior difficuldade em explicar ao povo a brusca mudança experimentada pela sua politica exterior.

A PROPAGANDA SOVIETICA CONTRA A INGLATERRA

O governo de Moscou, por meio de coordenada propaganda realizada pela imprensa e pelo radio, como tambem as grandes reuniões das massas, deu a entender ao povo que fôra a Grã Bretanha, sempre sua mortal inimiga, a nação que incitára a Allemanha a lutar contra a União Sovietica

A velha phrase de Stalin, de que a Russia "não tirará as castanhas do fogo para que os outros as comam", constitue agora uma parte do catecismo diario dos russos. A esse respeito, cabe assignalar-se tal expressão que é illustrativa da actual attitude dos russos. Os russos dizem e, provavelmente o acreditam que, quando o ministro das Relações Exteriores da Allemanha, sr. von Ribbentrop, fez sua primeira visita a Moscou, em um dos aviões que o acompanhavam trazia apparelhos de som, que continham a conversação entre Hitler e o sr. Henderson, na qual o segundo incitava os nazistas contra a União dos Soviets.

Além disso, apresentava-se a Grã Bretanha como uma [illegible] artigo do "Pravda" "devem ser separadas as colonias e libertados os paizes que della dependem, para convertel-os em nações livres".

As noticias que se publicam na imprensa a respeito da luta na frente occidental, embora algo atrazadas augmentam a fé que se tem na chefia de Stalin. Os russos não acreditam

(Conclúe na pagina 3)

Ratificado o pacto russo-estoniano

O teôr do importante documento — Os circulos politicos de Moscou asseguram que a U. R. S. S. conseguiu o controle absoluto do Mar Baltico — Sob a influencia sovietica os paizes escandinavos

MOSCOU, 29 (U. P.) — A Agencia Tass informa que o "Presidium" Supremo da U. R. S. S. ratificou o pacto russo-estoniano de auxilio mutuo e commercio.

INTEGRA DO PACTO RUSSO-ESTONIANO

MOSCOU, 29 (H.) — A Agencia Tass divulga o pacto de assistencia mutua entre a U. R. S. S. e a Estonia cujo texto é o seguinte:

"O Presidium do Soviet Supremo da U. R. S. S., como uma das partes, e o presidente da Republica da Estonia como a outra, visando o desenvolvimento das relações de amizade estabelecidas pelo Tratado de Paz de 2 de janeiro de 1920, fundadas na existencia independente dos dois Estados e na não ingerencia de uma das partes nos negocios internos da outra, e considerando que o tratado de paz de 2 de janeiro de 1920 e o pacto de não-aggressão e solução pacifica de todos os conflictos de 4 de abril de 1932, continuam sendo a base solida das obrigações e relações reciprocas, convencidas de que está no interesse das duas partes definir as condições exactas da garantia e segurança mutua, julgaram necessario a conclusão do seguinte pacto de assistencia mutua, designando para tal fim, como plenipotenciarios o sr. Molotoff pelo Presidium do Soviet Supremo da U. R. S. S., e o sr. Karl Selter, ministro do Exterior, pelo presidente da Republica da Estonia, que concordaram sobre os seguintes pontos:

"Artigo primeiro — As duas partes contratantes se compromettem a prestar-se mutuamente assistencia, inclusive assistencia militar, no caso de que as fronteiras maritimas das partes contratantes no Mar Baltico, ou as fronteiras terrestres, sejam objecto de um ataque directo, ou ameaça de ataque, através o territorio da Lettonia, por parte de qualquer grande potencia européa.

"Artigo segundo — A U. R. S. S. se compromette a prestar auxilio em condições vantajosas, ao exercito estoniano, em materia de armamento e material de guerra.

"Artigo terceiro — A Republica da Estonia reserva á União Sovietica o direito de manter nas ilhas estonianas de Saareamar (Osel), Hiiumaa (Dago) e na cidade de Baldiski (porto no Baltico) bases maritimas militares, e aerodromos mediante pagamento de um preço razoavel. As localizações exactas e os limites definitivos serão fixados mediante accordo mutuo. Para assegurar a protecção das bases maritimas e dos aerodromos, a U. R. S. S. tem o direito de manter, por sua propria conta, nos sectores destinados ás bases, um numero definido de forças sovieticas terrestres e aereas cujos effectivos maximos serão determinados por uma convenção especial.

"Artigo quarto — As duas partes contractantes se compromettem a não concluir qualquer alliança e a não participar de qualquer colligação dirigida contra uma das partes contractantes.

"Artigo quinto — A realização do presente pacto não attingirá de modo algum os direitos de soberania de ambas as partes contractantes, sobretudo a seu systema economico e sua estructura estatal.

Os sectores reservados ás bases e aerodromos citados no artigo terceiro permanecerão territorio da Republica da Estonia.

"Artigo sexto — O presente pacto entrará em vigor no momento de serem trocados os instrumentos de ratificação. A troca desses instrumentos terá lugar em Tallin dentro de seis dias, a contar do dia em que for assignado o presente pacto. O pacto terá uma duração de dez annos e se uma das partes contractantes não julgar necessario denuncial-o um anno antes de seu termino, será automaticamente renovado por mais cinco annos.

"Artigo setimo — O presente pacto foi feito em duas vias, redigidas em russo e em estoniano, em Moscou no dia 28 de setembro de 1939, sendo assignado pelos srs. Molotoff e Selter".

O accordo commercial prevê um augmento das trocas entre a Estonia e a U.R.S.S. de quatro vezes e meia, e fixa num total de trinta e nove milhões de coroas a cifra geral dos negocios entre os dois Estados.

A U.R.S.S. reserva-se na Republica da Estonia o trafego de mercadorias por via ferrea, maritima e fluvial, vindas de Mourmansk, Soroka e portos do mar Negro. O accordo prevê igualmente um grande augmento no transito de mercadorias sovieticas pelos portos de leste.

A RUSSIA FICARIA COM O CONTROLE ABSOLUTO DO BALTICO

MOSCOU, 29 (U. P.) — Em circulos diplomaticos desta capital considera-se que a União das Republicas Socialistas Sovieticas, com a conclusão do pacto de auxilio mutuo com a Estonia, que lhe permitte estabelecer bases navaes e aerodromos em territorio estoniano, assegurou virtualmente seu dominio no Mar Baltico.

Assignala-se que, de accôrdo com as clausulas do pacto concluido entre as duas nações, a Russia obteria a fiscalisação das entradas no golfo do Riga e no da Finlandia, o que constitue factor de grande importancia estrategica, para o dominio do Mar Baltico. Além disso, assignala-se que o pacto russo-estoniano não sómente representa um perigo para as outras pequenas nações do Baltico, como tambem para os paizes escandinavos.

A ALLEMANHA NÃO TERIA FEITO OBJECÇÕES

STOCKOLMO, 29 (H.) — De accôrdo com informações chegadas ao jornal "Tidningen", o governo russo tinha exigido a installação de guarnições sovieticas em varios pontos da Estonia, mas finalmente conformara-se com a manutenção de vinte e cinco mil soldados nas ilhas Osel e Dago.

A esse proposito o correspondente do "Svenska Dagbladet" declara que a Allemanha não se oppoz ás exigencias russas, allegando que o pacto de não-aggressão teuto-estoniano não póde ser applicado nesse caso.

O mesmo correspondente declara ter sabido de fonte segura que a Russia exigiu certo controle na Lettonia, bem como a cessão da Bessarabia, o controle dos Dardanellos e a annullação do tratado anglo-turco.

(Conclúe na pagina 3)

Aviões britannicos atacam as forças navaes allemãs nas proximidades de Heligoland

Após rapido combate, cinco apparelhos inglezes teriam sido abatidos — Alarma em Paris, na manhã de hontem

BERLIM, 29 (H.) — O "Deutsche Nachrichten Buero" annuncia:

"O alto commando germanico communica:

"Seis aviões britannicos de combate atacaram, na manhã de hoje, sem resultado algum, as forças navaes germanicas perto da ilha de Heligoland.

Os aviões germanicos de caça lhes barraram o caminho quando do seu vôo de volta para o oeste.

Realisou-se rapido combate em que cinco aviões britannicos, abatidos, cahiram no mar".

ALARMA EM PARIS

PARIS, 29 (H.) — Urgente — Foi dado alarma nesta cidade ás 11 horas e vinte e cinco minutos.

UM AVIÃO GERMANICO DE RECONHECIMENTO VÔA SOBRE A CIDADE

PARIS, 29 (H.) — O alarme contra ataque aéreo, que se verificou esta manhã nesta capital, foi motivado por um avião allemão de reconhecimento, que vôou sobre Paris a grande altitude.

Logo que foi dado o signal a população, com a maior calma, procurou executar as prescripções aconselhadas pelas autoridades.

Varios automoveis da Prefeitura de Policia percorreram as ruas, transportando grandes cartazes em que se lia: "Ninguem deve permanecer nas ruas. Todos deverão se recolher aos abrigos".

O REICH PRETENDERIA EMPREGAR EM GRANDE ESCALA AS SUAS FORÇAS AEREAS

ROMA, 29 (H.) — Os jornaes publicam com [illegible] do enviado especial da Agencia Stefani, segundo o qual de informações "colhidas em bôas fontes" se podia deduzir que o alto commando allemão não tomaria nenhuma iniciativa na frente occidental. O Reich de outro lado, pretendia empregar em grande escala as suas forças aéreas, confiando-lhes a missão de "resolver muitos problemas militares e politicos".

O enviado especial da agencia noticiosa italiana accentua, aliás, que a Allemanha, aproveitando a experiencia adquirida na guerra, tem aperfeiçoado novos typos de aviões e de bombas.

Ha muito tempo, segundo o correspondente, esses novos apparelhos allemães estariam vôando sobre a Inglaterra, e só por uma questão de ordem humanitaria teriam sido poupados até agora as populações civis da Grã-Bretanha.

"Mas — prosegue o enviado especial — é de opinião geral na Allemanha que a aviação germanica lançará [illegible] mico britannico e que o alto commando do Reich está realisando activamente grandes preparativos nesse sentido".

NOTICIA DESMENTIDA

LONDRES 29 (H.) — Fontes de informações autorizadas desmentem a noticia publicada esta manhã segundo a qual uma esquadrilha de aviões de bombardeio tentou hontem effectuar um reide sobre a Escocia.

NENHUMA OFFERTA DE PAZ SERÁ ACCEITA PELA INGLATERRA E FRANÇA, SE NÃO FÔR RESTABELECIDA A SOBERANIA DA POLONIA

Recebida com hostilidade em Londres e Paris a noticia de que o Reich formulará uma "ultima proposta", para resolver o conflicto — O sr. Neville Chamberlain fará, na proxima segunda-feira, uma declaração na Camara dos Communs — A iniciativa allemã para um entendimento com as democracias, apoiada pela União Sovitica, visaria levar as democracias a acceitar o facto consummado da occupação do territorio polonez

BERLIM, 29 (U. P.) — Os altos circulos nazistas desta capital manifestam a opinião de que, dentro das proximas 24 horas, será enviada uma ultima proposta de paz á França e á Inglaterra.

NENHUMA OFFERTA DE PAZ SERÁ ACCEITA, SE NÃO FOR RESTABELECIDA A SOBERANIA DA POLONIA

PARIS, 29 (U. P.) — Os srs. Daladier, Gamelin, Leger e Champetier estudaram o texto do accordo russo-allemão, entrando, a seguir, em entendimentos a respeito com o governo britannico.

Nos circulos officiaes, insiste-se em que os alliados repellirão as offertas de paz e todo o accordo que não tenha como condição prévia o restabelecimento da soberania da Polonia.

DECLARAÇÃO DO SR. CHAMBERLAIN NA CAMARA DOS COMMUNS

LONDRES 29 (H) — O sr. Neville Chamberlain fará, na proxima segunda-feira, na Camara dos Communs, uma declaração a respeito das propostas germano-sovieticas annunciadas hoje.

O REICH E A UNIÃO SOVIETICA PROPORIAM A PAZ POR INTERMEDIO DE UM PAIZ NEUTRO

BERLIM, 29 (U. P.) — A Allemanha está convencida de que, depois da assignatura do novo accordo entre o Reich e o governo dos Soviets, verificada a noite pasada, a continuação da guerra, ou o advento da paz na Europa, dependem da Inglaterra e da França.

Depois dos acontecimentos occorridos á noite de hontem em Moscou, sobre os quaes forneceu amplo communicado o Ministerio das Relações Exteriores e que nos circulos diplomaticos se consideram de extraordinaria importancia, aguarda-se a attitude que assumam as potencias alliadas, ante um facto que os nazistas e os communistas, unidos, apresentem como consumado.

O sr. Adolf Hitler regressou hoje a Berlim, com o fim de esperar o que se considera que será a resposta franco-britannica.

O sr. Hitler, que se encontrava em Wilhelmshafen, parece que alimenta a esperança de que as potencias occidentaes procedam de modo favoravel ás pretenções do Reich, ante o accordo russo-germanico, que é considerado como uma offerta de paz.

Diz-se que o chanceller nazistas está disposto a esperar até segunda-feira antes de pôr em pratica o estipulado sobre "consultas com a Russia, afim de resolver as medidas que ambos os paizes devem adoptar", se a França e a Grã Bretanha se negarem a suspender as hostilidades contra o Reich.

A's 17,28 horas de hoje, chegou tambem, procedente de Moscou, de onde sahiu de avião ás 12 horas e 30 minutos o ministro do Exterior, barão von Ribbentrop, depois de haver assignado na capital russa o accordo russo-germanico sobre a divisão da Polonia.

Acredita-se que von Ribbentrop, immediatamente depois de sua chegada, se dirigio á Chancellaria, para se avistar com Hitler, a quem teria dado conta de sua missão.

Nos circulos officiaes, não se revelou ainda de que maneira se realizarão os "esforços communs", com a Russia, para se pôr fim á guerra, porem se affirma que, se a Inglaterra não ceder á pressão russo-germanica, se arriscará á derrota.

Em Berlim, recebeu-se o accordo com Moscou como um dos maiores exitos da diplomacia allemã.

Em primeiro lugar, poz fim á controversia existente sobre as fronteiras, concedendo á Allemanha maior extensão de territorio do que o assignalado na primeira demarcação, pois inclue as cidades de Varsovia e de Lublim; segundo, porque estipula o desenvolvimento das trocas commerciaes entre os dois paizes, com o que a Allemanha obterá materias primas e outros productos, de que necessitava com grande urgencia; terceiro, mais importante, porque se conseguiu que a Russia consinta em realizar novas negociações, no caso de que a Inglaterra e a França recusem pôr fim ás hostilidades.

O Ministerio das Relações Exteriores da Allemanha annunciou a assignatura do accordo entre o Reich e os Soviets por meio de um communicado, no qual manifestou que von Ribbentrop e o commissario das Relações Exteriores da Russia tinham firmado á noite passada um accordo pelo qual ambos os paizes regulavam todas as questões que havia surgido com a dissolução do Estado polonez, creando dessa maneira uma base solida para a paz européa.

Accrescenta-se no communicado que os dois governos farão mutuos esforços e, se fôr necessario, appellarão para os outros paizes amigos, para conseguirem seus propositos de paz, com a maior brevidade possivel.

O communicado indica, de maneira destacada, que o accordo firmado não affecta as ideologias de ambos os paizes, que as consideram "fundamentaes para seus dois povos", com o que parece que procuram evitar o conflicto ideologico que se antepunha ás relações de amizade entre a Allemanha e a Russia, isto é, entre o nazismo e o communismo.

Em geral, o communicado dá a impressão de que se creou uma poderosa união politica entre o Reich e a União Sovietica, com o fim de terminar de modo absoluto, no oeste da Europa, dando como liquidado definitivamente, o Estado polonez, e impedindo a intervenção de terceiras potencias, no assumpto que ambas as nações signatarias consideram de sua exclusiva competencia.

A imprensa se faz éco desses sentimentos. Em fontes neutras fazem-se conjecturas sobre o novo accordo, dizendo-se que a Allemanha e a Russia farão uma proposta conjuncta á Inglaterra e á França, num esforço para pôr fim á guerra, ou farão com que algum paiz neutro, possivelmente a Italia, faça uma proposta de paz directa.

Pelo menos até agora, não se tem indicação exacta de qual serão os meios para se pôr em pratica a parte do accordo, que se refere ás consultas para as medidas necessarias que se tomarão, no caso de que a Inglaterra e a França prefiram continuar a guerra.

Nos circulos diplomaticos allemães, sustenta-se que, se o Reich não se assegurou um auxilio directo da Russia, ao menos é evidente que os governos de Moscou e Berlim estão cooperando estreitamente unidos, com o fim commum de pôr termo á guerra, de uma maneira ou de outra. Nos meios berlinenses empresta-se grande importancia á supposta conversação telephonica que o embaixador norte-americano em Paris, sr. William Bullitt, e o embaixador dos Estados Unidos na Polonia, sr. Dibble, o qual tambem se encontra na capital franceza, mantiveram com Washington. Espera-se, tambem, a intervenção dos Estados Unidos em favor da paz.

TRIUMPHOU O PLANO SOVIETICO DE DOMINIO NOS BALKANS

LONDRES, 29 (de Pierre Maillaud, da Agencia Havas) — Em vista das propostas de paz feitas por Berlim, com o apoio do Kremlin, é licito — embora ainda não haja nenhuma reacção official — imaginar qual venha a ser a attitude da Grã Bretanha, com a simples evocação dos fins da declaração de guerra, taes como foram definidos principalmente na sessão de 17 docorrente, perante a Camara dos Communs, pelo primeiro ministro, sr. Chamberlain, e que se acham presentes a todos os espiritos da Grã Bretanha.

A guerra foi empreendida porque, depois dos attentados commettidos contra varios Estados, a Polonia, por sua vez, viu-se ameaçada de destruição, por methodos de força, e porque as duas grandes potencias occidentaes estavam decididas a pôr termo ao emprego da violencia na Europa.

Em taes condições, a alliança germano-sovietica e o proprio desapparecimento do Estado polonez não podem supprimir o problema, que o conflicto actual visa precisamente resolver e, pelo contrario, a eliminação da Polonia torna a questão mais digna de ser definitivamente liquidada.

Tal é o sentimento dos circulos diplomaticos britannicos que reagem antes que o governo haja tornado conhecida officialmente a sua posição.

Para a attitude a ser adoptada pelo gabinete de Londres, é fora de duvida que a consideração primordial será a que se acha mencionada acima e que tem sido manifestada claramente, por todos os oradores [illegible] da Grã Bretanha.

(Conclúe na pagina 3)

VENDA AVULSA
Número do dia, $500
Aos domingos, $600

FOLHA DA MANHÃ

UMA SEÇÃO
10 PÁGINAS

Diretor-Superintendente: OCTAVIANO ALVES DE LIMA — Propriedade da Empresa "FOLHA DA MANHÃ" LIMITADA — Diretor-Gerente: DIOGENES DE LEMOS AZEVEDO

ANO XVIII || RUA DO CARMO, 35 e 39 TELEFONE, 2-7181 (REDE INTERNA) || S. Paulo – Sábado, 8 de Agosto de 1942 || CAIXA POSTAL, 2 900 ENDEREÇO TELEGRÁFICO: "FOLHAS" || N. 5 648

Iminente a Campanha de Desobediência Civil na India

O Partido do Congresso Autorizou o "Mahatma" Gandhi a Desencadear o Movimento pela Independência dos Indús

Milhares de Pessoas Assistem á Reunião de Bombaim — Pedido o Apoio de Roosevelt, Chang-Cai-Chec e do Embaixador Maisky á Libertação do País

BOMBAIM, 7 (R.) — O Partido do Congresso realizou hoje a sua importante reunião, para debate da resolução concitando os ingleses a abandonarem a India.

Os trabalhos foram realizados no ângulo "Pandal", que cobre uma área de 3 mil pés quadrados.

Muito antes de ser iniciada a sessão, grande multidão ingressou no "Pandal".

Os ingressos e a admissão ao mesmo, cujos preços oscilaram entre 15 shillings a 37 libras e 10 shillings, foram esgotados dois dias antes da sessão. Centenas de homens e mulheres não puderam adquirí-los por preço algum.

A compacta multidão apinhada no interior e do lado de fora do edifício, conhecido por aquele nome de "Pandal", prorrompia em aclamações e aplausos ensurdecedores, de tempos a tempos, quando chegava algum lider proeminente do Partido do Congresso, para tomar parte na histórica sessão.

Ouviam-se continuadamente gritos de "Gandhi, ki jeit", que significa: "Viva Gandhi". Esses gritos se prolongaram por vários minutos, quando o "mahatma" apareceu e encaminhou-se à plataforma, afim de nela tomar o seu lugar. Em meio das formidaveis aclamações, Gandhi parecia mais magro e fragil, embora caminhasse perfeitamente senhor de si e confiante.

Ao encontrar-se na plataforma, o "mahatma" permaneceu de pé por um instante, com um amplo sorriso, e agradeceu os aplausos da assistência. Logo em seguida, um banda de música tocou o hino nacional indú e, depois de um coro feminino ter entoado uma série de cânticos, foram iniciados os trabalhos.

Alto-falantes colocados à frente do "Pandal" permitiram que a multidão, postada do lado de fora, pudesse acompanhar o desenrolar da sessão.

PROVIDÊNCIAS DO GOVERNO DA INDIA PARA ENFRENTAR O MOVIMENTO

BOMBAIM, 7 (R.) — O governo da India está tomando as providências para enfrentar um dos primeiros movimentos que, segundo parece, Gandhi ordenará como parte da sua resistência passiva em massa, com o objetivo de obrigar a Grã-Bretanha a estabelecer um governo nacional independente.

Uma ordem baixada de acordo com a lei de defesa da India, na noite de hoje, proibiu o fechamento de qualquer estabelecimento comercial que venda gêneros de primeira necessidade, por ocasião do "Hartal", que constituiu uma das armas preferidas do Congresso, anteriormente.

A notícia dessa providência do governo correu poucas horas depois do discurso de Gandhi no Congresso Pá-Indú.

O LIDER JINNAH OPÕE-SE AS PROPOSTAS

BOMBAIM, 7 (R.) — O lider muçulmano Jinnah reiterou na noite de hoje sua oposição às propostas do Partido do Congresso da India, classificando-as de "fantásticas".

EMENDA APRESENTADA PELOS MEMBROS COMUNISTAS DO COMITÊ DO CONGRESSO

BOMBAIM, 7 (R.) — Os membros comunistas do Comitê do Congresso Pá-Indú vão apresentar uma emenda à resolução intitulada "Abandonai a India", pedindo um sério esforço para formar a frente única com a Liga Muçulmana.

A emenda solicita dos dois partidos a união de todos os grupos politicos da India, afim de conseguir o mais amplo apoio para o pedido de um "governo nacional provisório, que deverá organizar a resistência armada ao agressor, em cooperação com os exercitos das nações unidas".

O documento frisa que é necessário demonstrar às nações unidas que o povo indú está unido. O Congresso e a Liga Muçulmana — diz — deveriam tomar a iniciativa de lançar uma campanha para a mobilização em massa do país e pedir a transferência imediata do poder.

DEZ MIL PESSOAS PRESENTES À REUNIÃO

BOMBAIM, 7 (R.) — A solene reunião do Comitê do Congresso Pá-Indú, destinada a ratificar a resolução "ingleses, abandonem a India", foi

(Conclue na página 2)

GANDI

"A Chegada dos Japoneses á Índia Significará o Fim da China e Talvez da Rússia", Declara o "Mahatma" Gandhi

Falando na Reunião do Comitê do Congresso, o Lider Indiano Disse Não Desejar Ser Instrumento da Derrota Daqueles Paises — Declarações de Nehru

BOMBAIM, 7 (R.) — Eis a seguir os trechos principais do discurso pronunciado pelo "mahatma" Gandhi na reunião do Congresso Pá-Indú:

"Há pessoas que teem um ódio cordial pelos britânicos. Ouvi dizer que estão desgostosos com eles. O comum do povo não estabelece diferença entre os britânicos e a forma imperialista do seu governo. Para essas pessoas as duas coisas são uma só. Há gente tambem que não se incomoda com a chegada dos japoneses. Para eles, talvez, isso significaria uma mudança de dono. Pensar assim é, todavia, coisa perigosa que deve desaparecer nesta hora crucial. Se ficássemos imoveis e não representássemos nosso papel cometeriamos um erro.

A LIBERDADE DA INDIA NÃO PODE CAIR DO CÉU

Não é proposta muito feliz que os britânicos e norte-americanos façam a guerra e que nos limitemos apenas a fornecer ajuda monetária, de bom ou de mau grado. Mas poderemos mostrar nosso real valor quando chegar a hora da nossa luta. Então, até as crianças mostrarão bravura. Obteremos pela luta nossa liberdade, que não pode cair do céu. Sei perfeitamente que os britânicos terão de nos dar a liberdade quando tivermos feito sacrificios suficientes e provado nossa força. Devemos apagar de nossos corações o ódio pelos britânicos. Em meu coração, pelo menos, não existe tal ódio. Não preciso frisar que sou hoje mais dos ingleses do que nunca. A razão disto é que, neste momento, eles estão em dificuldades. Minha amizade exige que lhes advirta de seus erros. Como me encontro em posição diferente da em que eles se acham, posso-lhes assinalar as faltas cometidas. Estão à beira do poço e prestes a nele cair. Portanto, mesmo se quiserem cortar-me as mãos, minha amizade exige que tente tirá-los do poço. Esta atitude pode provocar riso em muita gente, mas, mesmo assim, proclamo que é verdadeira. No momento em que vou abrir a frente mais ampla de minha vida, não posso alimentar no coração ódio pelos britânicos.

A esperança de que, por se encontrarem em dificuldades os devia empurrar é completamente alheia à minha mente e nunca a encontrareis nela. É possivel que no momento de despeito possam fazer coisas que vos provoquem. Contudo, não deveis usar da violência. Se tais coisas acontecerem podeis estar seguros de que, no lugar onde estiver, não estarei com vida. Se não compreenderdes isto é melhor que rejeiteis esta resolução. Vosso crédito ganhará. Como posso condenar-vos por coisas que não compreendeis?

OS BRITANICOS NÃO SÃO COVARDES

Há porem um principio de luta que tendes de adotar. Não acrediteis nunca — como jamais acreditei — que os britânicos vão fracassar. Não os considero uma nação de covardes. Sei que, antes de aceitar a derrota, todas as almas britânicas serão sacrificadas. Mas, sim, podem ser expulsos e deixar-nos no mesmo estado em que deixaram os povos da Birmânia, Malaia e outros lugares, com a idéia de reconquistarem o território perdido. Essa pode ser sua estratégia militar, mas, supondo que abandonarem a India, que será do nosso país? A chegada dos japoneses significará o fim da China e talvez da Rússia tambem. Neste assunto Canditi Nehrú é meu mestre. Não quero ser instrumento da derrota chinesa, nem da Rússia. Se isso acontecesse odiar-me-ia a mim próprio. Sabeis de meu desejo de marchar com rapidez. Mas talvez não marche com a rapidez que desejais. Dizem que Sarda Patel declarou que a campanha póde acabar numa semana. Eu não tenho pressa. Se acabasse numa semana seria um milagre e, se isso acontecesse, significaria a dissolução da vontade britânica.

Pode ser que a sensatez apareça no coração dos britânicos, e compreendam que seria erro encarcerar todos aqueles que querem lutar para eles. Pode ser que mudem as opiniões de Jinnah. Depois de tudo, há de pensar que os que estão lutando são filhos da terra e, se ficassem quietos, de que lhes serviria o Parkistan!

A não-violência é uma arma incomparavel que pode ajudar todo mundo. Não ignoro que foi pouco o que obtivemos por esse meio, mas se acontecerem mudanças acreditarei ser o resultado de nosso trabalho nestes últimos 22 anos e que Deus nos ajudou a introduzí-los. Quando proclamo o leme de "Abandonai a India", o povo indú, que começava a se sentir desiludido, pode pensar que apresento uma coisa nova. Se quereis verdadeira liberdade tereis de vos unir e essa união criará uma democracia verdadeira — que nunca foi conhecida nem procurada".

COMO GANDHI COMPREENDE A DEMOCRACIA

"Li muito sobre a Revolução Fran-

(Conclue na 2.a página)

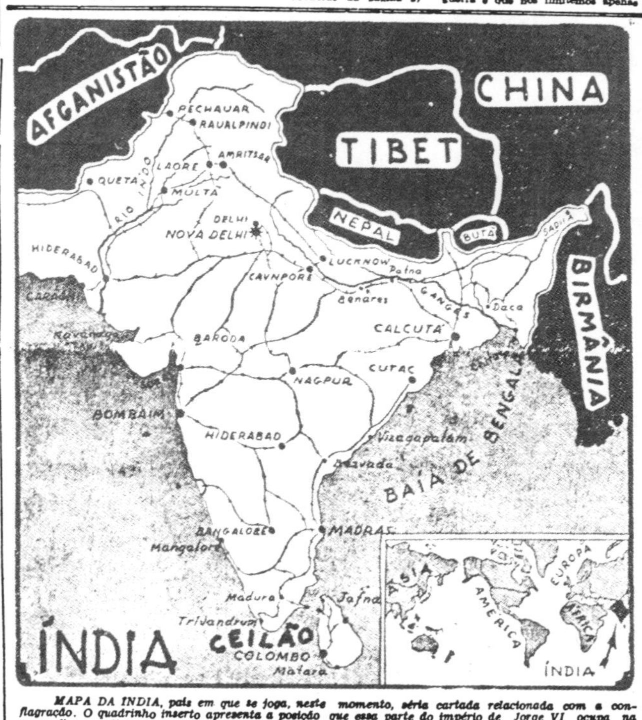

MAPA DA INDIA, país em que se joga, neste momento, séria cartada relacionada com a conflagração. O quadrinho inserto apresenta a posição que essa parte do império de Jorge VI ocupa na geografia mundial. Para esclarecimentos sobre o que agora vai pela terra de Gandhi, leia-se a nota de "O Momento Internacional", intitulada "India, problema sem mais tempo de ser resolvido", que a "Folha da Manhã" publica na quarta página desta edição.

OS EE. UU. VÃO CONSTRUIR QUINHENTOS AVIÕES DE CARGA PARA COMBATER A AMEAÇA SUBMARINA

O Departamento da Produção Cogita Reservar a Produção de Alcool Somente para Fins Militares

WASHINGTON, 7 (U. P.) — URGENTE — O sr. Donald Nelson, diretor da produção bélica, declarou que foi aprovada a proposta do construtor de barcos Henry Kaiser para a construção de 500 aviões de carga de 70 toneladas, como meio de vencer a ameaça submarina.

SERIA PROIBIDO O FABRICO DE BEBIDAS ALCOÓLICAS

CHICAGO, 7 (U. P.) — O correspondente do "Chicago Sun", em Washington, informou que o Departamento da Produção cogita proibir a fabricação de bebidas alcoólicas, a partir do dia 1.o de novembro próximo.

Ao que parece, a referida medida destina-se a economizar o alcool necessário para a produção da borracha sintética, pólvora sem fumaça e outros produtos de guerra.

TODAS AS DISTILARIAS FABRICARÃO ALCOOL INDUSTRIAL

WASHINGTON, 7 (U. P.) — Acredita-se que o Departamento de Produção Bélica proibirá dentro em breve a produção de alcool distilado e determinará a utilização de todas as distilarias para a fabricação de alcool industrial, afim de assegurar o abastecimento desse elemento para fins militares.

SENTENÇA CONTRA OITO SABOTADORES ALEMÃES

WASHINGTON, 7 (U. P.) — Acredita-se que o presidente Roosevelt revelará amanhã à imprensa a sentença aplicada aos oito sabotadores alemães, que chegaram ilegalmente aos Estados Unidos, a bordo de submarinos do "eixo".

SEMANA DE PREVENÇÃO CONTRA INCÊNDIOS

WASHINGTON, 7 (H. T.) — O presidente Roosevelt declarou hoje que a semana a iniciar-se a quatro de outubro vindouro será chamada a semana de prevenção contra incêndio. Salientando que qualquer perda de vida se relaciona com a produção, o presidente, em mensagem à nação, declara ainda o seguinte: "Quando todas as máquinas funcionam no máximo de sua capacidade produtora, quando novos trabalhadores trabalham com instrumentos incomuns; quando os agentes de nossos inimigos estão procurando prejudicar-nos por todos os meios possiveis, torna-se essencial que a prevenção contra o incêndio destruidor seja colocada sob o mais rigoroso controle, afim de que a vitória seja obtida no prazo mais breve".

SOBRE O CONGRESSO DAS "TRADE UNIONS"

LONDRES, 7 (R.) — "Sir" Walter Citrine, presidente do Congresso das "Trade Unions", declarou que este não deseja se ver envolvido em quaisquer controvérsias relativas à Comissão Tradeunionista Norte-Americana.

O Congresso das "Trade Unions" recebe com bom agrado a colaboração das organizações industriais norte-americanas e das confrarias de trabalhadores das estradas de ferro dos Estados Unidos, mas acredita ser assunto inteiramente de competência da Federação do Trabalho dos Estados Unidos decidir-se sobre a comissão que deve representar aquelas entidades americanas durante o Congresso a realizar-se na Inglaterra.

"Sir" Walter Citrine exprimiu, ao mesmo tempo, a esperança de que a Federação do Trabalho Norte-Americana tudo fará para conseguir uma representação completa das classes operárias dos Estados Unidos.

PREOCUPADO O "EIXO" COM O AFLUXO DOS DIPLOMATAS DAS POTÊNCIAS ALIADAS A MOSCOU

Preparo do Público Alemão para o Advento da Segunda Frente – Séria Advertência aos Holandeses

LONDRES, 7 (R.) — Nos círculos politicos diz-se que a espectativa em que se debatem as potências do "eixo", em face da coordenação de guerra das nações unidas, foi naturalmente espicaçada pelas últimas noticias, segundo as quais "sir" Achibald Kerr e o almirante William Stanley, respectivamente embaixadores inglês e norte-americano na Rússia, chegaram a Moscou, bem como de que o major-general Follet Bradley, da aviação americana, se encontra na capital soviética no desempenho de missão especial. Alem disso, o sr. Lawrence Steinhardt, embaixador dos Estados Unidos em Ancara, partiu para a capital russa, onde se encontram tambem o ministro da França Combatente, sr. Garreau, e o general Steffansen, da legação norueguesa.

As potências do "eixo" estão convencidas de que esse intenso movimento de diplomatas, tendo como ponto de referência a capital soviética, é o prelúdio de acontecimentos de grande significação, enquanto certos circulos cheios de esperança mas sem convicção, afirmam que esse afluxo de diplomatas à Moscou resulta da atuação de desespero dos exércitos russos, outros inclinam-se a acreditar que se trata antes da questão da segunda frente.

A imprensa da França ocupada, controlada pelos alemães, está comentando e especulando o assunto com ampla liberdade, o que, possivelmente tem em vista o preparo do público alemão para o advento da segunda frente. Aliás, extratos dos comentários franceses são reproduzidos pelos jornais nazistas, pondo a questão da segunda frente em primeira plana. Em Londres, porem, segundo a "Reuter's" pode informar com segurança, não há até agora nenhum comentário autorizado e nem mesmo especulações sobre a relevante questão.

ADVERTÊNCIA A POPULAÇÃO HOLANDESA

ESTOCOLMO, 7 (H. T.) — Segundo os correspondentes dos jornais suecos em Berlim o comandante das tropas alemãs que guarnecem os Paises Baixos, lançou uma séria advertência à população holandesa, para o caso em que as tropas inimigas tentassem um desembarque na costa desse país. "Cada pessoa deve saber — declarou o comandante alemão — que arrisca a sua vida se manifestar a menor tentativa que seja de emprestar sua ajuda ao inimigo. Em caso de desembarque, cada um deve ficar em casa e descer aos subterrâneos, se se verificarem alarmes aéreos. Os que sairem pelos seus arredores, deverão ser imediatamente fuzilados".

Por outro lado, as autoridades alemãs na Holanda ordenaram que, durante a semana de 10 a 13 de agosto, seja proibida a posse de pombos correio, com exceção dos que teem um anel na pata e que devem ser entregues aos prefeitos das comunas. Os donos desses pombos deverão fornecer, antes do dia 8 de setembro, às autoridades alemãs, uma informação detalhada indicando o total de pombos sob sua guarda.

Admite-se em Londres que os Acontecimentos da Índia Sobreelevam Todas as Preocupações do Governo Britanico

O "News Chronicle" Recomenda Todos os Esforços Possiveis, no Sentido de Ser Evitado um Desastre para a Causa Defendida pelas Nações Unidas

LONDRES, 7 (R.) — Os correspondentes politicos e diplomáticos já adotaram uma fórmula que é sempre empregada quando os acontecimentos caminham para uma crise. A fórmula em questão reapareceu nesta semana na imprensa britânica e seus termos dizem simplesmente o seguinte, para o caso da India: "Os desenvolvimentos na India estão sendo acompanhados de perto em Londres".

Assim, efetivamente, os acontecimentos da India estão sendo encarados nesta capital com interesse que parece sobreelevar todas as demais ansiedades e preocupações do governo britânico nestes criticos meses de guerra. Trata-se do oneroso e desagradavel dever de proteger a India contra um pequeno grupo de indús, que parece disposto a conseguir o próprio ideal de liberdade, mesmo, se necessário for, às expensas do resto do mundo. Isto é o que pode significar a aprovação, pelo conselho do trabalho do Congresso Pá-Indú, reunido em Bombain, de resoluções que darão poderes e autoridades ao "mahatma" Gandhi para chefiar pessoalmente uma campanha popular de desobediência civil, se as exigências daquele partido, para a retirada imediata do governo britânico da India, não forem atendidas. Estas providências, no momento atual, só podem ter um resultado: um caos politico e uma desordem civil, que tornariam impossivel para os povos indús, britânicos, americano e as forças das nações unidas defender a India eficientemente contra uma invasão japonesa.

Permitir que a India caia em poder dos japoneses, seria abrir uma grande brecha na estratégia da defesa das nações unidas contra os agressores do "eixo". O dominio pelos japoneses dos pontos estratégicos da India viria preparar caminho para um contacto direto por terra entre os extremos europeu e asiático do "eixo". E se pudessem ser estabelecidas comunicações, então matérias primas ganhas pelos japoneses nos territórios conquistados do Oriente poderiam afluir para as fábricas alemãs no ocidente e daí retornar ao Japão, sob a forma de aviões, peças de artilharia e tanques, num volume que as fábricas japonesas são incapazes de produzir atualmente.

Assim, já não se trata mais da simples obrigação da Grã-Bretanha de defender seus próprios interesses na India ou mesmo de defender o povo indú. O curso tomado pela guerra nos oito meses que se seguiram à entrada do Japão no conflito veio dar à Grã-Bretanha maiores obrigações para com um bilião de pessoas das nações unidas que combatem com os britânicos pela liberdade do mundo.

Atender às exigências dos lideres do Partido do Congresso agora seria abrir as portas da India aos japoneses e trair, assim, toda a causa das nações unidas. Mas, qual alternativa pode existir diante das exigências do "mahatma" Gandhi? Este e outros lideres do Congresso declaram que, será um movimento de desobediência civil, sob a direção do "mahatma". Isso poderia significar a interferência muito possivel da violência contra o trabalho do governo indú, o que poderia ainda por sua vez significar interferência de todos os modos possiveis nos esforços de guerra e no preparativo para a defesa da India. Poderiam ser convocadas greves em fábricas de munição e outras indústrias de guerra; poderia ser recusada a mão de obra às autoridades civis e militares para a construção de aeródromos e de outras obras de defesa; o transporte de tropas e abastecimentos poderia ser retardado ou paralisado.

Aliás, o próprio "mahatma" Gandhi tem descrito os resultados da desobediência civil como equivalente a rebelião aberta". Se tal atitude fosse proposta por qualquer corpo politico da própria Grã-Bretanha, dos Estados Unidos, da Rússia, da China ou de qualquer outra nação, só se poderia aplicar-lhe uma definição traduzida nos termos de "dar auxilio e conforto ao inimigo". Conforto, a politica de certos lideres indús, já está dando ao "eixo", o que aliás transparece de maneira inequivoca na propaganda japonesa e alemã que aplaudem com vigor a politica do "mahatma Gandhi e encorajam o Congresso no desencadeamento da sua ação. O auxilio que o fato pode dar ao "eixo" é inconcebivel na sua capacidade de causar mal. Entrementes, o Congresso se acha reunido para deliberar. Ainda há porem tempo para que prevaleçam opiniões mais bem avisadas e para que o "mahatma" Gandhi mude de idéia e para que o conselho dos trabalhos do Congresso se compenetre da gravidade da situação.

Em Londres e em Nova Delhi, bem como por toda a India, os homens de boa vontade estão fazendo tremendos esforços para evitar a tragédia, alimentando firmemente esperanças de que ela possa ser evitada. — (a.) Edward Montgomery.

TODOS OS ESFORÇOS POSSIVEIS PARA EVITAR UM DESASTRE

LONDRES, 7 (U. P.) — O jornal "News Chronicle" num comentário estampado em sua edição de hoje sobre a situação indú, recomenda que se faça todo o possivel para evitar um desastre. O articulista da folha londrina acrescenta: "Não nos devemos enganar. A menos que se consiga uma solução de último momento, o que acontecer assinalará um verdadeiro desastre tanto para a causa das nações unidas como para as relações futuras entre a Grã Bretanha e a India".

O "News Chronicle" opina em seu editorial, que a resolução adotada pelo Congresso Nacional Pá-Indú é "um documento altaneiro inspirado numa crença sincera. Sob muitos aspectos é bom, porem, infelizmente não se ajusta com as necessidades indispensaveis da defesa britânica, na hora mais critica de nossa História".

VENDA AVULSA
Número do dia, $500
Aos domingos, $600

FOLHA DA MANHÃ

DUAS SEÇÕES
22 PÁGINAS

Diretor-Superintendente: OCTAVIANO ALVES DE LIMA — Propriedade da Empresa "FOLHA DA MANHÃ" LIMITADA — Diretor-Gerente: DIOGENES DE LEMOS AZEVEDO

ANO XVIII || RUA DO CARMO, 35 e 39 — TELEFONE, 2-7181 (REDE INTERNA) || S. Paulo – Domingo, 23 de Agosto de 1942 || CAIXA POSTAL, 2900 — ENDEREÇO TELEGRÁFICO: "FOLHAS" || N. 5 661

O Brasil, em Face dos Atentados Contra sua Soberania, Reconhece o Estado de Guerra com a Itália e Alemanha

Ministro OSWALDO ARANHA

RIO, 22 (Da nossa sucursal — pelo telefone) — A reunião ministerial foi realizada no Palácio Guanabara das 15 h 30 às 16 h 45. Após a reunião, a secretaria da presidência da República distribuiu por intermédio do DIP a seguinte nota: "O sr. presidente da República reuniu hoje o ministério, tendo comparecido todos os ministros. Diante da comprovação de atos de guerra contra a nossa soberania foi reconhecida a situação de beligerância entre o Brasil e as nações agressoras — Alemanha e Itália. Em consequência, expediram-se, por via diplomática, as devidas comunicações àqueles dois paises. Examinaram-se em seguida diversas providências atinentes à situação, ficando os ministros incumbidos de preparar os atos necessários. Resolveu ainda o sr. presidente da República que o Ministério, daquí por diante, se reuna semanalmente para acertar outras medidas exigidas pelas circunstâncias.

A Decisão do Governo Brasileiro Foi Comunicada aos Paises Agressores e a Todas as Repúblicas Americanas

"Não Há Como Negar que Alemanha e Itália Praticaram Contra o Brasil Atos de Guerra, Criando a Situação de Beligerancia" Diz a Nota Oficial

A COMUNICAÇÃO OFICIAL AOS AGRESSORES

RIO, 22 (Da nossa sucursal — pelo telefone) — O governo brasileiro fez chegar ao conhecimento dos governos do Reich e da Itália, a seguinte comunicação:

1 — "A orientação pacifista da política internacional do Brasil manteve-o até agora afastado do conflito em que se debatem quasi todas as nações, inclusive deste hemisfério.

2 — Apesar das declarações de solidariedade americana, votadas na 8.a Conferência Internacional de Lima e na 1.a, 2.a e 3.a Reuniões de Ministros das Relações Exteriores das Repúblicas Americanas, efetuadas, respectivamente, no Panamá, em 1939, em Havana em 1940 e no Rio de Janeiro em 1942, não variou o governo brasileiro de atitude, embora houvesse sido insolitamente agredido o território dos Estados Unidos da América, por forças do Japão, seguindo-se estado de guerra entre aquela república irmã e o império agressor, Alemanha e Itália.

3 — Entretanto, a declaração XV da 2.a daquelas reuniões, consagrada pelos votos de todos os Estados da América estabeleceu: "Que todo atentado a um estado não-americano contra a integridade ou a inviolabilidade do território e contra a soberania ou independência política de um estado americano será considerada como um ato de agressão contra os estados que assinaram essa declaração.

4 — Consequentemente, o atentado contra a integridade do território e a soberania dos Estados Unidos deveria ser considerado como ato de agressão ao Brasil, determinando a nossa participação no conflito e a simples declaração de solidariedade com o agredido, seguida algum tempo depois da interrupção das relações diplomáticas com os Estados agressores.

5 — Sem consideração para com essa atitude pacífica, do Brasil, e sob o pretexto de que precisava fazer guerra total à grande nação americana, a Alemanha atacou e afundou, sem prévio aviso, diversas unidades navais mercantes brasileiras, que faziam o comércio navegando dentro dos limites do "Mar Continental", fixados na declaração XV do Panamá.

6 — A esses atos de hostili-

(Conclue na página 3)

Ministro GASPAR DUTRA

O Uruguai Manifestará Incondicional Apoio ao Brasil, Dispensando-lhe Tratamento de Nação Não-Beligerante

Categóricas Afirmações do Chanceler Guani — Comunicada aos Governos Sul-Americanos a Declaração de Beligerancia com o Reich e a Itália

MONTEVIDÉU, 22 (U. P.) — Ao meio dia, o embaixador brasileiro, sr. Baptista Luzardo, comunicou ao presidente Baldomir que o governo brasileiro havia declarado o estado de beligerância com a Alemanha e Itália.

PROFUNDA EMOÇÃO EM MONTEVIDÉU

MONTEVIDÉU, 22 (R.) — O ministro do Exterior do Uruguai, sr. Guani, estava almoçando na embaixada brasileira com os guardas-marinha do navio-escola "Almirante Saldanha", quando teve noticia da atitude do Brasil.

Em meio a maior emoção, declarou o sr. Guani que os ataques alemães contra a navegação brasileira eram ações de barbária, merecedores de severo castigo, quando chegar a hora de liquidar as contas.

A notícia sobre a atitude do Brasil causou profunda emoção em Montevidéu.

DECLARAÇÕES DO EMBAIXADOR BAPTISTA LUZARDO

MONTEVIDÉU, 22 (U. P.) — Falando à "United Press", o embaixador Baptista Luzardo assinalou que a posição do governo brasileiro, contra a Alemanha e a Itália, deve ser interpretada no sentido de que o Brasil não levará a guerra, ao menos por enquanto, para fora de seu território e costas.

Acrescentou que o Brasil tomou essa medida, em vista das agressões de que foi alvo por parte da Alemanha, e que, porisso, se declarou o estado de beligerância com a Alemanha e a Itália, pelo que adotará represálias e tomará verdadeiras medidas de estado de guerra, na frente interna.

O URUGUAI DISPENSARA' AO BRASIL TRATAMENTO DE PAIS NÃO BELIGERANTE

MONTEVIDÉU, 22 (U. P.) — URGENTE — O chanceler Alberto Guani, declarou, esta noite, à "United Press", que a primeira medida que adotará o Uruguai será ditar uma resolução de solidariedade com o Brasil, como o fizera oportunamente, no caso dos Estados Unidos, o que implicará o tratamento de país não beligerante à vizinha República, que lhe permitirá fazer uso das bases e porto uruguaios.

COMUNICAÇÃO AO GOVERNO ARGENTINO

BUENOS AIRES, 22 (R.) — O Ministério do Exterior recebeu da embaixada brasileira uma comunicação dando conta de que o governo do Brasil resolvera declarar a existência do estado de guerra com a Alemanha e a Itália.

Afora isso, a chancelaria argentina nada mais teve o dizer sobre o assunto.

O GOVERNO ARGENTINO ESTUDA A RESPOSTA À NOTA BRASILEIRA

BUENOS AIRES, 22 (R.) — O ministro das Relações Exteriores da Argentina declarou, hoje, aos representantes da imprensa que o governo de seu país estava estudando a nota do governo brasileiro sobre o estado de beligerância, afim de preparar a resposta que seria enviada ao governo brasileiro.

A MOÇÃO DE SOLIDARIEDADE COM O BRASIL APROVADA PELO PARLAMENTO ARGENTINO

BUENOS AIRES, 22 (U. P.) — Em sua edição de hoje, "La Nacion" insere um artigo no qual declara:

"As duas Câmaras expressaram a solidariedade de nosso país para com o Brasil, nas ingratas circunstâncias em que o colocou a agressão estrangeira. Esse pronunciamento unânime reflete a emoção do povo e corresponde a deveres mais claros na hora presente, cuja suprema gravidade tornaria inescusavel qualquer atitude, que importasse em desconhecer a transcendência dos princípios do Direito Internacional, em detrimento da América.

"O continente inteiro compreendeu que os últimos ataques contra a navegação brasileira superaram todos os precedentes e criaram a exigência de reconsiderar as posições que, até agora, tinham podido parecer aceitaveis.

"Não poderia permanecer em silêncio a palavra dos representantes do povo argentino. Os dois ramos do poder legislativo a pronunciaram com serena firmeza e isso dará a todos os povos irmãos a sensação da clara lealdade, com que participamos dos ideais comuns e da seriedade com que encaramos a defesa dos comuns interesses".

Sr. GETULIO VARGAS

na luta pela defesa de sua soberania nacional.

"A Primeira Nação Sul-Americana a Romper Relações com o "Eixo", Foi Tambem a Primeira a Declarar-lhe Guerra"

A Decisão Tomada Ontem pelo Governo Brasileiro Não Causou Surpresa aos Círculos Norte-americanos — Favoravel Repercussão na Capital Britanica

WASHINGTON, 22 (R.) — A ação do Brasil era esperada nesta capital.

As recentes declarações feitas pelo presidente Vargas e pelo sr. Oswaldo Aranha, ministro das Relações Exteriores, indicavam que o governo brasileiro não estava disposto a sofrer novas perdas marítimas sem tomar certas providências de carater enérgico, que tornariam ainda mais eficazes as medidas ora em vigor ao longo da costa americana do Atlântico, medidas que forçaram os submarinos germânicos e os corsários a atuar mais ao sul, do que resultou o aumento do número de navios brasileiros afundados.

Por motivos de ordem material, não pode ser imediatamente aplicado no litoral sul-americano o sistema de comboios.

A entrada do Brasil na guerra será de maior valor para os aliados por dois motivos:

1) — O efeito que essa decisão do Brasil produzirá sobre as demais nações sul-americanas, sobretudo na Argentina; e

2) — A sua posição geográfica.

Natal dista apenas 1 600 milhas de Dacar, que é o trampolim do serviço aéreo da África. Natal, por sua vez, é o trampolim do transporte de aviões para a África, que já está funcionando através do Atlântico rumo ao Oriente Médio.

Com sua decisão de hoje, o Brasil, a primeira nação sul-americana a romper as relações com o "eixo", foi tambem a primeira a declarar-lhe guerra.

A decisão brasileira não constitue surpresa nos Estados Unidos, dada a inflexivel atitude democrática do presidente Vargas e do sr. Oswaldo Aranha. Aliás, a posição decidida assumida por aquele país, contra as violações de sua neutralidade pelos corsários do "eixo" fazia com que os círculos bem informados desta capital acreditassem que o Brasil declararia guerra inevitavelmente.

Três meses depois da última declaração de guerra ocorrida no hemisfério ocidental — o México — o Brasil torna-se a décima primeira nação latino-americana que se reune às nações unidas em guerra contra o "eixo".

Hoje, os olhos dos Estados Unidos estão voltados para o sul e, em consequência da decisão brasileira, dirigem-se ainda mais para o sul, até a Argentina e o Chile, as duas únicas nações sul-americanas que não romperam relações com a Itália e a Alemanha.

Embora não possa ser efetuada uma proteção completa aos comboios, sem que haja uma atitude beligerante eficaz, sente-se, geralmente, nesta capital, que, a despeito da atitude do Chile e da Argentina, a entrada do Brasil ao lado das nações unidas é um prenúncio de que o sistema de comboio de navios mercantes que transporta o material bélico vital às costas sul-americanas ameaçadas, será realizado na medida do possivel.

SATISFAÇÃO EM LONDRES

LONDRES, 22 (De Guy Betani, da Reuter's) — Afora a sua contribuição de ordem militar, o Brasil dará um poderoso apoio à causa aliada em vista de sua preciosa situação estratégica e dos seus vastos recursos.

A declaração de guerra do governo brasileiro ao "eixo" foi recebida com a mais profunda satisfação em Londres. O fato foi imediatamente comunicado pela embaixada do Brasil ao secretário do Exterior, sr. Anthony Eden, e aos membros mais destacados do governo britânico.

O povo britânico foi informado pelo rádio de que mais um grande país da América se unirá à sua causa. Nos círculos autorizados de Londres a informação não causou surpresa, pois já era esperada em vista da caraterística determinação do Brasil de não permitir que a sua honra fosse maculada. Observa-se que a atitude do Brasil terá, de certo, a maior influência sobre as demais repúblicas irmãs do continente sul-americano.

Sob a chefia do presidente Vargas, o Brasil sempre comprovou, de maneira vigorosa, a sua atitude desassombrada em face de qualquer provocação ou ameaça do "eixo". Os meios autorizados recordam que o Brasil sempre foi considerado pela Alemanha como uma colônia ideal, cujos vastos recursos seriam explorados em benefício do "Herrenvolk" germânico.

Acrescentam que, sob a chefia do presidente Vargas, o Brasil nunca cedeu ante qualquer ameaça contra a sua independência e que nesse período tem observado um grande progresso, assimilando grande número de colonos de várias nacionalidades.

Em face disso, avulta de maneira particular o vigor e os recursos com que o presidente Vargas agiu contra as organizações do "eixo", evitando que as mesmas ocasionassem qualquer movimento perigoso.

Com a maior gratidão, as nações unidas tiveram à sua disposição todos os enormes recursos naturais brasileiros. O Brasil é o maior produtor de café do mundo, sendo tambem muito rico em carvão e bauxita de onde se obtem o aluminio. Suas jazidas carboníferas descobertas até agora são avaliadas em quasi 50 milhões de toneladas.

A borracha amazônica é a melhor do mundo e tambem são os maiores do mundo os seus recursos madeireiros.

As forças armadas do Brasil com-

(Conclue na página 3)

"A Decisão do Brasil Acrescenta Poder e Força Material aos Exércitos da Liberdade" — Declara Roosevelt

O Presidente dos EE. UU. e o sr. Cordell Hull Dirigem-se, em Mensagens, aos srs. Getulio Vargas e Oswaldo Aranha — A Repercussão Naquele País

WASHINGTON, 22 (U. P.) — O presidente Roosevelt foi oficialmente informado da medida adotada pelo governo brasileiro contra a Alemanha e Itália, logo depois que o embaixador brasileiro visitou o Departamento de Estado, para fazer a comunicação. O secretário da presidência, sr. Stefan Larly declarou: o presidente Roosevelt acaba de ser oficialmente notificado de que o Brasil declarou o estado de guerra com a Alemanha e Itália. No momento, está redigindo um telegrama, que será enviado imediatamente ao presidente Vargas.

ROOSEVELT DIRIGE-SE EM MENSAGEM AO PRESIDENTE GETULIO VARGAS

WASHINGTON, 22 (R.) — (URGENTISSIMO) — É o seguinte o texto da mensagem do presidente Roosevelt, que acaba de ser enviada ao presidente do Brasil, sr. Getulio Vargas:

"Fui informado de que o Brasil reconheceu hoje o estado de guerra existente entre o Brasil, de um lado, e a Alemanha e a Itália, de outro. Em nome do governo e do povo dos Estados Unidos, manifesto a v. exa. a profunda emoção com que essa ação foi recebida neste país. Esta decisão solene alinha, ainda mais firmemente, o povo do Brasil ao lado dos povos dignos do mundo, na luta impiedosa contra as potências sem leis e vorazes do "eixo", e acrescenta poder e força material aos exércitos da liberdade.

Como irmãos de armas, os nossos soldados e marinheiros acrescentarão uma nova página na história da amizade, da confiança e da cooperação que, desde os primeiros dias das suas independências, marcaram as relações entre o seu e o meu país.

A ação hoje adotada pelo governo de v. exa. apressou a vinda da vitória inevitavel da liberdade sobre a opressão, da religião cristã sobre as forças do mal e das sombras.

Envio-vos os meus cumprimentos mais calorosos e a expressão da minha mais completa confiança no exito da causa comum".

MENSAGEM DO SR. CORDELL HULL AO MINISTRO OSWALDO ARANHA

RIO, 22 — [illegible] sr. Cordell Hull, secretário d[illegible] dos Estados Unidos da Am[illegible], enviou ao sr. Oswaldo Aranha, ministro das Relações Exteriores, o seguinte telegrama:

"Recebi uma nota do embaixador do Brasil em Washington, informando-me de que o governo do Brasil reconhece que um estado de guerra existe entre o Brasil, de um lado, e a Alemanha e a Itália, do outro. O povo dos Estados Unidos da América sauda o povo do Brasil, como irmão de armas, pela sua grande resolução e indómita coragem ao assumir uma posição inequívoca ao lado das forças que lutam pela defesa da liberdade das nações livres do mundo. Hoje, foi infligido um duro golpe, não só moral como militar, às potências do "eixo", quando uma grande nação pacífica e respeitadora da lei foi levada por atos não provocados, de impiedosa crueldade, a tomar armas em defesa própria. Não constitue surpresa para meus compatriotas ter a valorosa nação brasileira escolhido os riscos e agruras das batalhas, ao ser atingida nos seus direitos e na sua soberania. O ato das potências do "eixo", atacando o seu grande país e o povo brasileiro, é mais uma demonstração de que essas potências hão de atacar qualquer nação pacífica, sempre que, assim fazendo, sirvam aos seus apetites de conquista do mundo, desdenhando os princípios de humanidade e do Direito Internacional. Alem disso, tal ato vem imprimir maior relevo ao princípio básico sobre o qual repousa a solidariedade das Repúblicas americanas, isto é, que um ataque a uma delas constitue agressão a todas. O mesmo perigo ameaça, hoje em dias, as 21 Repúblicas americanas. Unidos, os nossos dois paises enfrentarão o futuro com serena confiança e ânimo forte. É com prazer que renovo a v. exa. os protestos da minha alta e pessoal estima. (a.) — Cordell Hull, secretário de Estado dos Estados Unidos da América".

SAUDAÇÃO DO ENCARREGADO DOS NEGÓCIOS DOS ESTADOS UNIDOS AO POVO BRASILEIRO

RIO, 22 — O sr. John F. Simons, encarregado dos Negócios dos Estados Unidos no Rio de Janeiro, dirigiu a seguinte mensagem ao povo brasileiro:

"Sinto-me honrado com o previlégio de enviar uma mensagem ao povo brasileiro. Sei que o sr. embaixador Caffery, agora em viagem dos Estados Unidos para o Brasil, desejaria participar desta mensagem, que reflete os sentimentos unânimes do povo do meu país, ao dar boas vindas ao Brasil, nossos tradicionais amigos, como nosso aliado na luta contra as malévolas e odiosas forças do "eixo".

Ao memo tempo, todos os meus compatriotas estão abalados e horrorizados com a selvageria dos submarinos do "eixo" contra embarcações brasileiras, que navegam nas costas do Brasil, em suas pacíficas e normais ocupações. Toda a nossa simpatia se estende outrossim, às famílias enlutadas daqueles que pereceram ao serviço dessa grande e pacífica nação.

Como todos nós que amamos a paz e a liberdade, o Brasil soube responder a esses horriveis ataques contra a sua soberania, dando uma forte e ressonante resposta aos responsaveis pela guerra. Essa declaração de guerra é um solene empreendimento de extensivas consequências, cuja resolução foi tomada depois de cuidadosa deliberação e com o apoio unânime dos cidadãos brasileiros. Este ato trará nova coragem e conforto aos povos de todas as nações unidas, empenhadas nesta vasta luta pela Justiça.

Estamos certos de que esta luta pode ter somente um resultado. A nossa causa é justa e a vitória será nossa".

A COMUNICAÇÃO OFICIAL FEITA PELO EMBAIXADOR PEREIRA DE SOUSA AO GOVERNO NORTE-AMERICANO

WASHINGTON, 22 (U. P.) — (URGENTE) — O embaixador Carlos Martins Pereira de Sousa, ao chegar ao Departamento de Estado, para comunicar que seu país havia declarado o estado de beligerância contra a Alemanha e a Itália, visitou, em primeiro lugar, o sr. Sumner Welles e, depois, manteve uma entrevista com o sr. Cordell Hull. Minutos depois, o sr. Pereira de Sousa declarou aos jor-

(Conclue na página 3)

A ENTREGA DA NOTA OFICIAL AOS REPRESENTANTES DA SUIÇA E DA ESPANHA

RIO, 22 — Pouco antes do meio-dia de hoje, foram chamados ao Itamaratí o ministro da Suiça e o embaixador da Espanha. O ministro Straversini e o embaixador Fernandez Cuesta, na qualidade de representantes dos interesses, respectivamente, de alemães e italianos, avistaram-se com o chanceler Oswaldo Aranha. Foi rápida a entrevista. Ambos receberam das mãos do chanceler brasileiro a nota oficial em que o nosso país reconhecia o estado de guerra imposto pela Alemanha e pela Itália.

AS FORÇAS BRASILEIRAS DEVERÃO SER CONCENTRADAS NO NORDESTE

WASHINGTON, 22 (R.) — URGENTE — O general brasileiro Amaro Bittencourt acaba de declarar que o Brasil deve concentrar suas forças armadas na parte norte-oriental do país, afim de repelir qualquer possivel invasão.

FOLHA DA MANHÃ

Diretor-Superintendente: OCTAVIANO ALVES DE LIMA — Propriedade da Empresa "FOLHA DA MANHÃ" LIMITADA — Diretor-Gerente: DIOGENES DE LEMOS AZEVEDO

UMA SEÇÃO 12 PÁGINAS

ANO XVIII — RUA DO CARMO, 35 e 39 — TELEFONE, 2-7181 (REDE INTERNA) — S. Paulo – Terça-feira, 1 de Setembro de 1942 — CAIXA POSTAL, 2 900 — ENDEREÇO TELEGRÁFICO: "FOLHAS" — N. 5 668

Declarado em Estado de Guerra o Território Nacional

FIXADAS NORMAS PARA AS ENTIDADES SINDICAIS NA VIGÊNCIA DO ESTADO DE GUERRA NO PAÍS

Não se Poderão Filiar a Quaisquer Movimentos, Mesmo Cívicos — Outras Obrigações Estabelecidas

RIO, 31 — Estabelecendo normas para as entidades sindicais, enquanto durar o estado de guerra, o chefe do governo assinou o seguinte decreto-lei:

"Art. 1.o — As entidades sindicais de qualquer grau, e quer sejam representativas de categorias económicas, de categorias profissionais ou de profissões liberais, na conformidade do postulado estatutário previsto na alinea "e" do parágrafo 1.o, do artigo 8.o, do decreto-lei n. 1 402, de 5 de julho de 1939, colaborarão, permanentemente, com os poderes públicos, enquanto durar o estado de guerra;

a) — no desenvolvimento da conciência cívica nacional, pela realização de conferências para os respectivos associados e pela celebração dos episódios gloriosos da Pátria;

b) — no estudo dos problemas interessando a economia nacional e diretamente relacionados com as categorias ou profissões representadas;

c) — nos planos de mobilização económica, coligindo e arquivando informações com o devido sigilo, afim de serem utilizadas pelas autoridades competentes;

d) — na divulgação de instruções e na efetivação de manobras e operações concernentes à defesa passiva anti-aérea;

e) — na propaganda do serviço militar e na divulgação de editais, expedidos pelas autoridades competentes, relativas à convocação das reservas e à mobilização das forças armadas.

Art. 2.o — As assembléias gerais ou as reuniões dos Conselhos de representantes das entidades sindicais só serão permitidas quando da petição com que forem requeridas as autoridades competentes do Ministério do Trabalho, constarem, de modo explícito, os fins da respectiva convocação.

Art. 3.o — As entidades sindicais não se poderão filiar a qualquer movimento, mesmo de carater cívico, sem prévio consentimento das autoridades competentes do Ministério do Trabalho.

Art. 4.o — Os delegados regionais e o Departamento Estadual do Trabalho de S. Paulo enviarão mensalmente ao Departamento Nacional do Trabalho um relatório das ocorrências sindicais que se verificarem nas entidades com sede dentro dos limites das respectivas jurisdições.

Art. 5.o — As entidades sindicais atenderão, prontamente, às requisições formuladas pela Seção de Segurança Nacional do Ministério do Trabalho, referentes à mobilização económica.

Art. 6.o — As entidades sindicais de empregadores e de empregados manterão recíproca correspondência e articulação constante, no sentido de imprimirem um solucionamento conciliatório a todos os dissídios, decorrentes de contrato de trabalho, que surjam entre elementos integrantes das respectivas categorias representadas.

Art. 7.o — Os empregadores não poderão, sob o pretexto de estado de guerra, impedir ou restringir os direitos sindicais, regulados em lei, dos respectivos empregados.

Art. 8.o — Os súditos dos paises com que o país esteja em estado de guerra e enquanto durar essa situação, sofrerão as seguintes restrições nos seus direitos sindicais:

a) — terão suspensos os direitos eleitorais;

b) — não poderão comparecer às assembléias ou reuniões sindicais;

c) — não poderão frequentar a sede social das entidades sindicais.

Art. 9.o — Os diretores das entidades sindicais devem cientificar, sob pena de destituição, às autoridades competentes do Ministério do Trabalho todos os fatos que venham ao seu conhecimento, atentatórios da segurança nacional.

Art. 10.o — As entidades sindicais de empregadores promoverão uma campanha no sentido do aperfeiçoamento e da racionalização dos equipamentos e dos métodos industriais, velando, outrosim, com o pensamento no bem público, que não se verifique exploração de alta de preços ou de açambarcamento de produtos, eliminando dos respectivos quadros sociais os responsaveis e denunciando-os aos poderes competentes.

Art. 11 — Os sindicatos de empregados desenvolverão todas as diligências tendentes a criar no espírito dos seus associados uma mentalidade de devotamento à Pátria, pela consideração de que todos os esforços consagrados ao trabalho assíduo e eficiente resultarão na maior defesa da nacionalidade.

Art. 12 — Pelas infrações do presente decreto-lei, sem prejuizo da ação criminal que couber, serão aplicadas as penalidades previstas no decreto-lei 1 402, de 5 de julho de 1939.

Art. 13 — Esta lei entrará em execução na data de sua publicação.

Art. 14 — Revogam-se as disposições em contrário".

Em Face do Decreto Assinado pelo Chefe do Governo Deixam de Vigorar Várias Partes da Constituição Federal

Entre os Parágrafos Suspensos, Figuram os da Irretroatividade das Leis Penais e Manifestação do Pensamento — Poderes Conferidos ao Chefe da Nação

RIO, 31 — Declarando o estado de guerra, em todo o território nacional, o presidente da República assinou o seguinte decreto-lei:

"Artigo 1.o — E' declarado o estado de guerra em todo o território nacional.

Artigo 2.o — Na vigência do estado de guerra deixam de vigorar desde já, as seguintes partes da Constituição: artigo 122, n.os 2, 6, 8, 9, 10, 11, 14 e 16.

Artigo 122, n.o 13, no que diz respeito à irretroatividade da lei penal.

Artigo 122, n.o 15, no que concerne ao direito de manifestação de pensamento;

artigo 136, final da alínea;

artigo 137;

artigo 138;

artigo 156, letras "c" e "h";

artigo 175, primeira parte, no que concerne ao curso do prazo.

Parágrafo único — Ressalvados os atos decorrentes de delegação para a execução do estado de emergência declarado no artigo 166 da Constituição, só o presidente da República tem o poder de, diretamente, ou por delegação expressa, praticar atos fundados nesta lei.

Artigo 3.o — O presente decreto-lei entrará em vigor na data de sua publicação, revogadas as disposições em contrário".

ASSINADO PELO CHEFE DO GOVERNO DECRETO FACULTANDO AUMENTO NAS HORAS DE TRABALHO

Fixada a Duração Normal de Dez Horas — Obrigatória a Autorização do Ministério do Trabalho

RIO, 21 — Facultando a prorrogação da duração do trabalho nas empresas que interessem à produção e à defesa nacionais, o presidente da República assinou o seguinte decreto-lei:

"Considerando que o estado de beligerância em que se encontra o Brasil impõe à produção o máximo de seu rendimento, afim de que possam ser atendidas as necessidades internas de consumo, bem como as que interessam à defesa nacional;

considerando que, em face da grave situação a que a nação foi levada pela ação de inimigos externos se impõe a todas as classes sua quota de sacrificio para atendimento dos superiores interesses do país;

considerando que o trabalhador brasileiro jamais regateou à pátria sua colaboração eficiente e dedicada e que nos momentos mais graves tem demonstrado sua estreita solidariedade com o governo;

considerando que dos próprios trabalhadores teem partido patrióticos e nobilitantes apelos para que lhes seja facultada a prestação de serviços por tempo maior do que aquele permitido na lei em indústrias e empresas que interessam à produção e à defesa nacional,

DECRETA:

Art. 1.o — Mediante prévia autorização do ministro do Trabalho, poderá ser permitido, nas empresas de serviços públicos ou que interessem à produção e à defesa nacional, o trabalho com a duração normal de 10 horas.

Parágrafo 1.o — O trabalho nas horas que excederem de 8 será remunerado com salário acrescido pelo menos de 20% sobre a remuneração das horas normais.

Parágrafo 2.o — Nas atividades insalubres quaisquer autorizações para prorrogação normal do trabalho até o máximo de 10 horas serão precedidas de audiências das autoridades em matéria de higiene de trabalho.

Parágrafo 3.o — Ocorrendo necessidade imperiosa, poderá a duração do trabalho exceder do limite fixado nesta lei, seja para fazer face a motivo de força maior, seja para atender à realização ou conclusão de serviços inadiaveis, cuja inexecução possa acarretar prejuizo manifesto, ficando as empresas ou empregadores, em tais casos, sujeitos aos deveres a que se referem os parágrafos 1.o e 2.o do artigo 4.o do decreto-lei n.o 2 308, de 13 de junho de 1940.

Art. 2.o — Nas empresas de serviços públicos ou que interessem à produção e à defesa nacional, mediante prévia autorização do Ministério do Trabalho, poderá ser facultado o trabalho contínuo, assegurando-se aos empregados, entretanto, o descanso semanal, mediante escala de revezamento.

Art. 3.o — Ficam mantidos, no que não contrariem o presente decreto-lei, os dispositivos do decreto-lei 2 308, de 13 de junho de 1940.

Art. 4.o — O presente decreto-lei entra em vigor na data de sua publicação, revogadas as disposições em contrário".

As Tropas Soviéticas Contra-atacam Violentamente nas Frentes de Batalha de Rzev, Stalingrado e do Cáucaso

Fracassam as Tentativas Alemãs Visando Conquistar a Grande Cidade do Volga — Dez Transportes com Tropas Germanicas Afundados no Mar Negro

MOSCOU, 31 (U. P.) — Durante as últimas 48 horas, a emissora local e os despachos militares não noticiaram modificações de importância em nenhuma das três frentes da vasta batalha da Russia: Stalingrado, Rzev e o norte do Cáucaso.

Assinala-se entretanto, que isso não significa diminuição do vigor da luta.

Ao que se informa, as regiões soviéticas notavelmente reforçadas, vão arrebatando a iniciativa à "Wehrmacht", em cada uma das frentes, sobretudo a noroeste de Stalingrado.

Nas grandes batalhas de elementos mecanizados, travadas nessa frente, todos os ataques do "eixo" foram repelidos e em inúmeros setores os russos desfecharam sangrentos contra-ataques, reconquistando várias aldeias.

Após o fracasso de seu plano inicial para a conquista de Stalingrado, por ambos os flancos, os alemães reagruparam seus exércitos e redobraram o assalto por noroeste e sudoeste. A noroeste, o marechal von Bock reforçou suas tropas, porem, todas as [illegible] por meio de intensos e violentos contra-ataques, estão a ponto de conseguir seu objetivo, que é cercar e destruir a sua ponta-de-lança.

Russos e alemães mandam reforços, apressadamente, para esse setor, pois, se em algum ponto se há de decidir a batalha pela posse de Stalingrado, será ali precisamente. Na oscilante maré da batalha, os russos vão obtendo, gradualmente, [illegible], e obrigam o inimigo a retroceder cada [illegible]. O [illegible] acometida alemã foi violentamente atacado pelos russos desde o seu baluarte, na margem do braço setentrional do cotovelo do Don, onde avançaram e estão ameaçando as comunicações dos alemães.

A sudoeste de Stalingrado, e a noroeste de Cotelnicovo, na ferrovia Stalingrado-Crasnodar, a luta, que ontem parecia perder intensidade, voltou a recobrar toda a sua violência, pois, as forças inimigas se lançaram mais uma vez ao ataque, depois de reagrupadas, com o objetivo aparente de aliviar a pressão soviética sobre seu flanco setentrional.

Ao que até agora se sabe, os nazistas não conseguiram avançar e não ha nesta capital confirmação das alegações alemãs segundo as quais suas forças tenham chegado a um ponto que dista apenas 25 quilómetros de Stalingrado, o que as colocaria nas imediações de Crasnoarmeisc e, de fato, sobre o Volga, na parte meridional da grande cidade. Os russos não admitiram, em nenhum momento, que os alemães tenham chegado a esse ponto do Volga.

Quanto a Rzev, os despachos recebidos dizem que os russos manteem sua lenta, porem inalteravel pressão sobre a [illegible] cidade, em que os alemães fortificaram, casa por casa, combatendo-se em sangrentas lutas de rua. A ofensiva vai cobrando impulso ao longo dos 115 quilómetros de frente.

Os soviéticos recuperaram várias outras localidades e prosseguiram em sua arremetida para oeste, depois de forçarem a travessia de uma barreira. E' de notar que os alemães admitem que os russos conseguiram realizar alguns avanços, nos setores da frente central.

Segundo os despachos militares, o inimigo reuniu várias unidades blindadas de infantaria, em certo ponto da frente, com a intenção de romper as linhas russas e criar, ao mesmo tempo, um movimento de distração.

Um forte contra-ataque soviético, porem, habilmente conduzido, conseguiu derrotar as forças inimigas, duas vezes superiores em tanques e três em homens. Tanto ao norte, quanto ao sul, a cavalaria cossaca forma a vanguarda dos ataques russos.

Uma carga desses cavalarianos repeliu um ataque blindado inimigo, destruindo 12 máquinas. A força aérea soviética continua prestando valiosa proteção às forças terrestres. As operações em massa da aviação soviética obrigaram a "Luftwaffe" a não comparecer em vários setores. Em uma dessas operações, ao que se informa, foram destruidos 51 de um grupo de 80 bombardeadores inimigos.

Alem disso, a aviação soviética causou danos de importância em um aeródromo do inimigo.

Em ensanguentado solo, ao norte do Cáucaso, os defensores conteem os alemães em todas as partes. As duas zonas de maior importância são as de Crasnodar-Novorossisc e Procladnaia-Mozdoc. Na primeira, próxima da costa do mar Negro, os nazistas procuram, evidentemente, desfechar uma investida contra a base naval de Novorossisc, com um desembarque de forças procedentes da peninsula de Querch, mas todas as tentativas para isso foram até agora repelidas. Em uma operação destinada a proteger os campos petroliferos de Grozny, os russos contiveram firmemente os alemães na região de Procladnaia-Mozdoc. Muitas aldeias foram recuperadas.

DEZ TRANSPORTES ALEMÃES DESTRUIDOS

MOSCOU, 31 (R.) — Os alemães tentaram desembarcar num ponto da costa do Mar Negro, sábado, numa operação que foi desfechada de Querch, mas as defesas costeiras russas destruiram a força de desembarque, não permitindo que nem um único navio lançasse ferro.

Foram afundados nada menos de 10 transportes de tropas.

DERROTADAS AS FORÇAS ITALIANAS NO SETOR DE CLETSCAIA

MOSCOU 31 (R.) — No momento em que von Bock, cujos exércitos foram detidos diante de Stalingrado, reiniciava seu assalto contra a grande cidade do Volga, Timochenco desfechou um violento ataque contra a ala esquerda alemã, na grande curva do rio Don.

O último comunicado publicado por Moscou anuncia que os russos derrotaram as tropas italianas que defendiam as posições inimigas no setor de Cletscaia, a cerca de 50 milhas na retaguarda da ponta-de-lança das divisões blindadas germânicas.

Os soldados do "duce" perderam 33 canhões de campanha e mais uma quantidade enorme de munições, metralhadoras e outros materiais de guerra.

Em sua ofensiva contra Rhzev, o general Zucov capturou mais três outras posições fortificadas.

COMO O "PRAVDA" COMENTA A SITUAÇÃO

MOSCOU, 31 (R.) — Stalingrado continua mantida, contra toda a fúria de que Hitler pode dispor e, em alguns pontos, seus defensores ganharam terreno. Mil e oitocentos milhas ao norte, o exército vermelho está ainda avançando a noroeste de Moscou, fazendo progresso por meio de violentos entrechoques, travados casa por casa, nos suburbios de Rzev. São estes os fatos supremos da luta russo-germânica, hoje, conforme o jornal "Pravda" os comenta: "O exército vermelho deve paralisar o inimigo no sul, a qualquer preço, e repeli-lo incessantemente no ocidente. Paralisar o inimigo, agora, e cercá-lo no sul, significa vitória. Nas proximidades do Volga e perto das montanhas do Cáucaso, os alemães devem encontrar a morte".

O avanço nazista tem sido detido durante o decorrer das ultimas 72 horas, não somente nos setores criticos, diante de Stalingrado, como através de todo o sul, na direção do Mar Negro.

A noroeste da Cidade do Aço, os russos detiveram o inimigo e continuaram em operações ativas no flanco setentrional da cunha nazista, de cujas pontas está sendo martelado. Em alguns setores, o exército vermelho retomou a iniciativa do inimigo por meio de repetidos contra-ataques.

UM CONJUNTO FORTIFICADO QUE PODERÁ DETER O AVANÇO ALEMÃO, SEGUNDO COMUNICADO DE BERLIM

BERLIM, 31 (H. T.) — Um comunicado alemão, sobre as operações em Stalingrado declara que as centenas de "boukers" (tanques mergulhados na terra) e as posições de fogo de flanco constituem o verdadeiro e importante conjunto fortificado, que pode conter o avanço alemão".

MAPA DO MUNDO, [illegible] assinalados em preto os países [illegible] que se acham em luta contra o nazi-nipo-fascismo. Este mapa mostra a verdade segundo a qual as democracias ainda levam enormes vantagens, em terra, em gente, em posições e em recursos, sobre o "eixo", a despeito do que poderia fazer crer a enganosa aparência de certas vitórias totalitárias. Para esclarecimentos leia-se a nota de "O Momento Internacional", intitulada "Completam-se hoje três anos de guerra mundial", que a "Folha da Manhã" publica na quarta página desta edição.

Submarino alemão avariado em águas da Colômbia

BOGOTA', 31 (U. P.) — O Ministério da Guerra confirmou as noticias sobre um encontro entre um submarino alemão e aviões-patrulha norte-americanos, em frente à baía de Taganga — proximidades de Santa Maria.

Segundo a informação oficial, o submersivel, na última vez que foi avistado, navegava deixando atrás de si largas manchas de óleo.

Goebbels chegou a Veneza

BERNA, 31 (R.) — Despachos de Roma revelam que chegou a Veneza o dr. Goebbels, ministro da Propaganda do Reich, afim de assistir à inauguração da exposição internacional de arte cinematográfica.

Conferências realizadas por Serrano Suner

MADRI, 31 (R.) — Revela-se que o sr. Serrano Suner, ministro do Exterior da Espanha, conferenciou sucessivamente com os embaixadores alemão, americano e português, [illegible]

S. A. INSTITUTO TERAPEUTICOS REUNIDOS LABOFARMA

AOS SEUS AMIGOS E CLIENTES

Associando-se às grandes solenidades do IV Congresso Eucarístico Nacional, avisa que permanecerão fechadas as suas fábricas nos dias 4 e 5 de Setembro, afim de que todos os seus operários e funcionários, sem prejuizo de seus vencimentos, compareçam àquelas imponentes manifestações cívico-religiosas.

S. Paulo, 1.o de Setembro de 1942

A DIRETORIA

VENDA AVULSA
Número do dia, $500
Aos domingos, $600

FOLHA DA MANHÃ

Diretor-Superintendente: OCTAVIANO ALVES DE LIMA

Propriedade da Empresa "FOLHA DA MANHÃ" LIMITADA

Diretor-Gerente: DIOGENES DE LEMOS AZEVEDO

UMA SEÇÃO
12 PÁGINAS

ANO XVIII || RUA DO CARMO, 35 e 39 TELEFONE, 2-7181 (REDE INTERNA) || S. Paulo – Terça-feira, 6 de Outubro de 1942 || CAIXA POSTAL, 2 900 ENDEREÇO TELEGRÁFICO: "FOLHAS" || N. 5 698

Instituido o Cruzeiro Como Unidade Monetária Nacional

Foi Aprovado na Última Reunião do Ministério o Plano Financeiro para Atender á Situação Criada pela Guerra

Autorizada a Emissão de "Obrigações de Guerra" no Valor de Três Milhões de Contos – Suspensas as Obras Públicas Adiaveis – Outras Decisões Tomadas

RIO, 5 (Da nossa sucursal — pelo telefone) — Comunica-nos o D. I. P.:

"Na reunião do Ministério, hoje realizada, o ministro da Fazenda expôs o plano financeiro para atender à situação criada pela guerra, sendo aprovadas as medidas consubstanciadas nos seguintes decretos-leis:

I — Autorizando a emissão de obrigações de guerra, na importância de 3 milhões de contos;

II — autorizando o ministro da Fazenda a emitir letras do Tesouro, no valor de 1 milhão de contos;

III — restringindo a faculdade emissora do Tesouro e ampliando as atribuições da Carteira de Redesconto;

IV — instituindo o Cruzeiro como unidade monetária brasileira;

V — criando a Comissão de Defesa Económica;

VI — derrogando disposição contida no artigo 2.o, do decreto-lei 4 166, de 11 de março de 1942.

Resolveu-se rever todo o plano de obras públicas, devendo o ministro da Fazenda apresentar ao presidente da República, no mais breve prazo, o plano de obras em execução, afim de ser determinada a suspensão daquelas julgadas adiaveis.

No próximo orçamento não será incluida verba para qualquer obra nova. As que forem consideradas imprecindiveis aos fins de segurança, serão realizadas com os recursos especiais destinados ao financiamento da guerra.

Não cogita o governo de outras medidas especiais destinadas a aumentar os seus recursos".

As Tropas Soviéticas Realizam Novos Avanços, em Poderosos Contra-ataques ao Norte e ao Sul de Stalingrado

A Prolongada Resistência das Forças Russas Teria Feito Fracassar os Planos Alemães de Desfechar Uma Dupla Ofensiva Contra Moscou e Bacú

MOSCOU, 5 (U. P.) — Segundo despachos hoje recebidos, a artilharia e os tanques alemães conseguiram fazer os russos recuar num dos bairros industriais de Stalingrado, mediante poderosos ataques em massa. Mas, em outros setores da mesma frente, os defensores se mantiveram firmes e as tropas do marechal Timochenco lançaram fortes contra-ataques ao norte e ao sul de Stalingrado, conseguindo novas vantagens territoriais.

Mais de 1 000 tanques e dezenas de unidades blindadas da infantaria nazista intensificaram a sua pressão sobre toda a zona de batalha, tentando mais uma vez romper as linhas russas, o que quasi conseguiram na parte meridional da frente de Stalingrado.

Os incessantes contra-ataques russos fizeram sentir intensamente os seus efeitos contra as fortes colunas blindadas dos exércitos alemães, internando-se profundamente numa das zonas de combate. Em alguns setores, os golpes russos conseguiram fazer o inimigo retroceder, anunciando-se que os alemães foram expulsos de 6 ruas. Chega, pelo menos, a 83 o número de tanques inimigos destruidos nas últimas 24 horas.

Sabe-se que, até agora, a resistência oferecida em Stalingrado desbaratou os planos estratégicos do inimigo, que queria conseguir um rápido esmagamento da cidade, para empreender em seguida uma dupla investida contra Moscou e Bacu.

As escassas informações hoje recebidas de Stalingrado dizem que não houve importantes alterações na situação e que os russos se manteem firmes, apesar dos incessantes ataques inimigos.

Não obstante, foi dirigido aos defensores da cidade o seguinte apelo: "A batalha de Stalingrado torna-se cada dia mais feroz. A atenção de todo o país está concentrada sobre vós. A pátria pede que suporteis todas as provas, por mais dificeis que sejam. Conservai Stalingrado a qualquer custo".

Ao noroeste e sudoeste da cidade, os russos, com os seus contra-ataques, conseguiram novos progressos, porquanto penetraram mais profundamente nos flancos alemães, nas zonas de Cletscaia, a 120 quilómetros ao oeste de Stalingrado. Dentro do cotovelo do rio Don, a saliente introduzida em terreno conservado pelo inimigo tambem se aprofundou em direção ao coração do sistema de suas comunicações. Os despachos da frente do Cáucaso oriental dizem que o inimigo abandonou os seus ataques em grande escala na zona de Mosdoc e que as suas operações se limitam agora a tentativas para apoderar-se de um ponto habitado, contra o qual desfechou 6 ataques.

De outras frentes, chegaram noticias que se referem a diversas atividades. Assinalaram-se violentos encontros aéreos travados no decorrer dos últimos três dias, nas imediações de Leningrado, assegurando-se que neste periodo as forças russas destruiram 48 máquinas inimigas.

Por sua parte, a "Luftwaffe" martela sistematicamente as posições russas nas zonas de Leningrado e Soniavinj, empregando tais preparações para uma ofensiva contra a antiga capital da Rússia. Não se sabe se já foram iniciadas as operações terrestres, embora se tenha informado, há três dias, que os alemães concentravam as suas forças para desfechar um assalto contra Leningrado.

Os despachos de hoje anunciam que, de acordo com tais preparativos, está iminente um ataque contra aquela cidade do norte da Rússia.

NÃO HA' SINAIS DE ENFRAQUECIMENTO DA RESISTENCIA RUSSA

ESTOCOLMO, 5 (Da A. F. I., para a Reuters) — A ausência de acontecimentos no "front" de Stalingrado é interpretada hoje nos meios militares neutros como francamente desfavoravel às forças alemãs.

As noticias alemãs chegadas a esta capital, na manhã de hoje, fazem somente vagas alusões a progressos nos arrabaldes do norte da cidade e à captura de pontos fortificados nos bairros industriais.

Os alemães prepararão um último esforço, que lhes permita, no fim desta semana, publicar o comunicado prometido por Hitler? O recebimento de reforços importantes e um esforço, ultrapassando o que tem sido feito pelo comando alemão, há 67 dias, e a tomada de assalto parecem ainda bastante improvaveis.

A resistência russa, que centenas de tanques e explosivos em massa não conseguiram reduzir, está longe de dar sinais de esgotamento e, antes, parece mais fortalecida.

Se os alemães tivessem conseguido isolar a grande cidade e impedir a chegada constante, senão de grandes reforços, pelo menos de grupos de auxilios, um último golpe teria feito desmoronar o edificio da defesa, esgotada pelo formidavel martelar des-

(Conclue na página 2)

Anunciada a perda do submarino norte-americano "Grunion"

O SUBMERSIVEL AFUNDADO NO PACIFICO FORA CONSTRUIDO ESTE ANO E DESLOCAVA 1 523 TONELADAS

WASHINGTON, 5 (U. P.) — URGENTE — O ministério da Marinha comunicou a perda na zona do Pacifico do submarino "Grunion".

CARATERISTICAS DO SUBMERSIVEL NORTE-AMERICANO

WASHINGTON, 5 (R.) — O submarino norte-americano "Grunion", cuja perda acaba de ser anunciada oficialmente, era um barco de 1 523 toneladas, armado com um canhão de 3 polegadas, várias metralhadoras e 10 tubos lança-torpedos. Era um dos submersiveis lançados ao mar ultimamente pelos estaleiros dos Estados Unidos. Sua quilha fora batida ainda em março último. Tinha uma tripulação composta de 65 homens, sob as ordens do comandante Mannert Lincoln Abele.

MAPA DO TEATRO DA GUERRA TEUTO-RUSSA, vendo-se assinaladas, com as respectivas datas, as linhas do degelo do inverno do país de Stalin. As datas correspondem a médias observadas durante vários anos consecutivos. Essas datas indicam, em consequência, o tempo depois do qual as iniciativas alemãs poderão ser tomadas novamente a peito, após o transcurso do próximo inverno. O quadrinho inserto apresenta a posição que o setor cartografado ocupa na geografia mundial. Para esclarecimentos, leia-se a nota de "O Momento Internacional", intitulada "Frente russa e inverno", que a "Folha da Manhã" publica na sexta página desta edição.

Stalin Reclama a Abertura da Segunda Frente, Declarando Insuficiente o Auxílio dos Paises Aliados á Rússia

Contestadas em Londres e Washington as Afirmações do Chefe do Governo Russo Sobre a Ajuda aos Soviéticos — Comentários do sr. Sumner Welles

MOSCOU, 5 (R.) — Respondendo a uma interrogação de um jornalista americano, sobre a segunda frente, o sr. Stalin declarou que "o assunto ocupa um lugar de primeira importância na situação".

Interrogado depois sobre até que ponto se fizera sentir o auxilio aliado à União Soviética, se este auxilio fora eficiente e o que poderia ser feito para ampliá-lo, respondeu o chefe do governo russo que, "comparado com o auxilio prestado pela Rússia aos aliados, foi de pouca eficiência até agora". E acrescentou: "Apenas uma coisa é preciso: que os aliados cumpram inteiramente suas obrigações e em tempo".

DECLARAÇÕES DO SR. STALIN

MOSCOU, 5 (H. T.) — "Diga aos americanos que necessitamos de todo o material que nos possam enviar e que ficaremos muito reconhecidos. Desejaria, entretanto, que fosse bem conhecida a situação exata, para que ninguem possa ter a impressão de que a América assumira, em relação a nós, a posição de protetora" — esse é um dos trechos do artigo escrito, em Moscou, para o jornal americano "Life", no dia 2 deste mês, pelo sr. Wendell Willkie, logo após ter sido recebido pelo sr. Stalin e reproduzindo palavras do chefe do governo soviético.

Os jornais russos chamam especialmente a atenção para o fato de que o sr. Stalin advertiu os americanos de que a União Soviética está longe de se acreditar devedora às nações unidas, porque estas lhe teem fornecido algum auxilio material. Alem disso, Stalin reiterou formalmente seu pedido para a abertura da segunda frente, o mais rapidamente possivel, acrescentando: "Para os espiritos resolutos, os obstáculos que parecem intransponiveis muitas vezes não o são".

O sr. Willkie acrescenta que Stalin falou "com colossal força de persuasão, muita eloquência, não voltando nunca ao mesmo assunto, mas abordando muitos outros, de forma que, quando terminou, nada mais havia a dizer".

CONFERENCIARAM OS SRS. LITVINOFF E WELLES

WASHINGTON, 5 (R.) — "Não se discutiu acerca do segundo "front" — declarou o sr. Litvinoff, ao deixar a conferência de meia hora com o sr. Sumner Welles, no Departamento de Estado, acrescentando que alí fora por solicitação do sub-secretário de Estado, apenas trocando informes sobre a situação.

RESPOSTA DO SR. SUMNER WELLES

WASHINGTON, 5 (R.) — Comentando o último pedido formulado por Stalin, para que fosse aberta uma segunda frente na Europa, o sr. Sumner Welles, sub-secretário de Estado, declarou hoje aos representantes da imprensa que lera as afirmativas do lider russo com a maior atenção.

Acrescentou que era quasi desnecessário repetir — pois tantas vezes fora acentuado — que a orientação do governo dos Estados Unidos visa conceder aos exércitos russos todo o auxilio possivel, material ou fisico. Esse auxilio — afirmou o sr. Sumner Welles — estava sendo fornecido à Rússia na maior extensão possivel.

"OS INGLESES FAZEM TUDO QUE LHES É POSSIVEL PARA AUXILIAR OS RUSSOS

KILMARNOC, 5 (H. T.) — O ministro das Informações britânico, sr. Bracken, em discurso pronunciado nesta cidade, declarou que os ingleses fazem tudo que lhes é possivel para auxiliar rapidamente o exército russo.

"Posso dar-vos essa garantia, posso assegurar-vos que sei o que afirmo — acrescentou o ministro das Informações.

NÃO HA DESENTENDIMENTO ENTRE STALIN, CHURCHILL E ROOSEVELT

S. LUIZ (Missuri), 5 (R.) — Aludindo às declarações feitas por Stalin, relativamente à abertura de uma segunda frente, lorde embaixador da Grã Bretanha nos Estados Unidos, afirmou que não havia qualquer desentendimento entre Stalin, Churchill e Roosevelt.

COMENTARIOS DA IMPRENSA NORTE-AMERICANA

NOVA YORK, 5 (U. P.) — Os jornais norte-americanos, comentando as declarações de Stalin, afirmam que a abertura da segunda frente de luta contra Hitler não pode ser o resultado de qualquer pressão e deve ser resolvida pelos comandos militares aliados. Declaram ainda os jornais novaiorquinos que, de acordo com a declaração do chefe do governo russo, os aliados assumiram compromissos que ainda não cumpriram. Tais compromissos são desconhecidos, acreditando-se, entretanto, que um deles seja a abertura da segunda frente.

"OS ALIADOS ENTREGARAM A RÚSSIA MAIOR QUANTIDADE DE MATERIAL BÉLICO QUE A PROMETIDA"

NOVA YORK, 5 (U. P.) — O "New York Times", tecendo comentários em torno das declarações de Stalin, a respeito do estabelecimento da segunda frente e ajuda recebida pela Rússia dos aliados, declara:

"Stalin diz, sem embargos, que os aliados incorreram em compromissos que ainda não cumpriram. Sua mensagem é dirigida em primeiro lugar aos norte-americanos e tem por fim fazer um apelo ao povo, passando por cima dos governantes. Não é possivel saber precisamente qual a obrigação que assumiram Washington e Londres, afim de auxiliar a Rússia, porem, é notório que se entregaram materiais bélicos e outros abastecimentos, transportados com grande sacrificio para os aliados, em maior quantidade que a prometida. Nada do que diz Stalin pode ter maior influência em seus aliados que a própria decisão dos mesmos de atacar antes que "termine este ano"".

O "New York Herald", por seu turno, diz: "Stalin considera relativamente ineficaz a atual ajuda aliada e atribue ainda importância primordial ao estabelecimento de uma segunda frente. Adotou-se a decisão de abrir essa frente, faltando apenas fixar o momento, porem, isso é uma das coisas que não podem ser feitas sob pressão".

OS RUSSOS NÃO CONSIDERAM SUFICIENTE O AUXÍLIO PRESTADO PELA INGLATERRA E ESTADOS UNIDOS

LONDRES, 5 (U. P.) — A imprensa britânica não teceu grandes comentários acerca da entrevista ontem concedida à imprensa estrangeira acreditada na capital soviética. Segundo os jornais britânicos, a declaração de Stalin vem confirmar a comunicação do sr. Churchill de que os russos não achavam suficiente o auxilio concedido pela Grã-Bretanha e os Estados Unidos.

VERSÃO OFICIAL DA DECLARAÇÃO DE STALIN IRRADIADA NA ALEMANHA

LONDRES, 5 (R.) — URGENTE — Em repetidas irradiações em russo e noutras linguas, a emissora de Moscou deu destaque, fora de comum, às importantes declarações de Stalin sobre a abertura da segunda frente.

A referida declaração, ao ser irradiada, foi precedida de comentários especiais, para polarizar a atenção dos ouvintes. Aliás, ela foi irradiada pela primeira vez antes do boletim noticioso e do comunicado de guerra da meia noite de ontem, fato que ocorre somente por ocasião de um fato ou noticia de suma importância.

O povo alemão, por sua vez, ouviu a declaração de Stalin por parte de três fontes: a) através da rádio de Moscou; b) em lingua alemã, no serviço do Reich; e c) pela B. B. C., esta manhã.

A declaração através do rádio germânico foi uma versão especial do dr. Goebbels, para consumo interno, e manobra típica da propaganda nazista. Ela diz que Stalin se queixa de que o auxilio anglo-americano é ineficiente, mas omite a referência à segunda-frente.

Cinco japoneses no governo do Havaí

HONOLULU', 5 (U. P.) — Cinco dos sete candidatos da raça japonesa que se apresentaram às eleições de Havaí conseguiram a vitória sobre os candidatos havaianos brancos e de ascendência chinesa. Um deles foi eleito secretário do Comando de Havaí e os outros para membros da Câmara dos Representantes pelo distrito de Cauei.

Goering Declara que o Exército Alemão Será Alimentado, Mesmo á Custa de Privações dos Paises Conquistados

O Ministro do Ar do Reich Confessa que os Russos Queimaram Tudo que Poderia Servir de Alimento — Preparando o Povo para o Próximo Inverno

ZURICH, 4 (R) — "O povo alemão vem antes que todos os outros povos no que se refere à alimentação. Todo o exército alemão é alimentado pelos paises conquistados", tal foi a declaração especial do marechal Goering, em uma reunião do Partido Nazista, realizada ontem no Palácio dos Esportes, para a celebração da festa de ação de graças pelas colheitas.

Abrindo a solenidade, o ministro da Agricultura, sr. Backe, prestou homenagem ao sr. Goering, como o homem a quem está afeto o plano de quatro anos e que salvaguardará as reservas alimentares alemãs. Declarou que "Deus não poupou suas bençãos" e acrescentou que este ano a alimentação da Alemanha estaria assegurada.

Admitiu mais o ministro da Agricultura alemã que o último e rigoroso inverno destruira a maior parte das safras e que o trabalho da lavoura tivera de ser duplicado, sob condições de guerra.

Por sua vez, o sr. Goering, que falou em seguida, confessou que "o povo alemão está envolvido na mais dificil guerra e que a única divisa era trabalho e combate e novamente trabalho e combate". Agradeceu ao Todo Poderoso, "que os abençoará nos campos de batalha e de trabalho", e prosseguiu dizendo que "esta safra é um sucesso e muito melhor do que poderiam ter esperado quando um terceiro e consecutivo rigoroso inverno fora mais frio do que era esperado".

Continuando, disse: "Quando assumi a direção do plano de quatro anos, tinhamos idéia do bloqueio da última guerra, que fora tão vivido e terrivel para ser ignorado. Acumulamos amplos estoques, porem, as duas primeiras colheitas foram pobres. Nossos estoques se esvairam e, mesmo quando a terceira colheita se nos acenava tão má, fiz tudo quanto foi possivel para evitar o racionamento, porem, não houve outra solução. Não somente tivemos que nos preocupar relativamente ao pão, mas houve tambem o problema das batatas.

O sistema de transporte aumentava nossas preocupações, visto como tinhamos de, constantemente, suprir forças no "front" oriental. Os problemas, entretanto, foram resolvidos e jamais se repetirão.

Os territórios conquistados são os mais ferteis da Europa. A maior parte do que se propalou, quanto à seriedade da situação alimenticia, nos paises ocupados, foi simplesmente propaganda. Eu estou firmemente resolvido e, enquanto não desejasse ver as populações dos paises ocupados sofrerem fome e privação, se pelas medidas aplicadas pelo inimigo tais privações se tornarem inevitaveis, elas de forma alguma afetarão o povo alemão.

Os trabalhadores alemães e os agricultores alemães serão alimentados melhor que quaisquer outros. O camponês na Alemanha segue para a luta deixando seu trabalho à sua mulher; as crianças auxiliam-na, logo que se tornam capazes de o fazer.

Não deveria haver dificuldades na alimentação na Alemanha, porem, existem mais de 6 milhões de trabalhadores estrangeiros em nosso país e mais de 5 milhões de prisioneiros de guerra, que teem de ser abastecidos.

Agora que o futuro se apresenta mais claro, a ração de carne será aumentada de mais 50 gramas nas áreas ameaçadas pelos bombardeios".

A seguir, anunciou Goering a distribuição dos "pacotes de alimento do fuehrer", a serem entregues a todos os soldados germânicos que atravessassem a fronteira para gozar um periodo de férias, e acrescentou:

"A colheita de batatas este ano é a melhor e a maior já realizada na Alemanha. Passamos os tempos das maiores dificuldades no que se refere a situação alimentar. De hoje em diante, essa situação se tornará cada vez melhor. Os russos queimaram tudo; por outro lado, é a melhor parte dos territórios a que tomamos aos russos. Aqui e acolá, um homem fraquejou e tropeçou na armadilha dos regulamentos; porem, onde existe a sabotagem contra os sentimentos do povo, todas as medidas foram tomadas. Necessitamos materiais, assim como viveres. Eu peço ao povo alemão que tenha em mente as dificuldades para se obter o carvão e que não temos bastante para desperdicio".

Referindo-se aos Estados Unidos, Goering disse: "A fachada daquele país está decorada e luzenta, mas, se olhais para traz, vê-lo-eis à beira da ruina. Isso o sr. Roosevelt mesmo sabe".

Mencionou, depois, o sr. Goering os reides da aviação aliada sobre o território alemão, dizendo: "Parei todo o esforço humano afim de aliviar os sofrimentos do povo nos territórios incursionados e evitar os reides por meio de uma ativa defesa. Ninguem deve esquecer, porem, que a "Luftwaffe" se encontra concentrada presentemente no leste e que não podemos, por enquanto, responder com o mesmo rigor, como o desejariamos, embora o inimigo esteja pagando caro pelos seus ataques. Se o sr. Churchill disse que fará reides de mil bombardeadores, eu devo dizer que, até agora, nenhum reide de mil bombardeadores foi realizado e que os britânicos perderam tanto que restringiram consideravelmente o número dos aparelhos que incursionam sobre o Reich.

As defesa anti-aéreas serão melhoradas e os caças noturnos que, presentemente, estão estacionados em algumas partes apenas da Alemanha, gradualmente, serão distribuidos por todo o Reich.

Afigura-se-me terrivel não poder vingar-me com a mesma força, cada vez que se verifica um reide britânico. E' duro para o povo alemão suportar, mas ele sabe que está ajudando a manter um "front".

Muitas vezes imaginamos como será possivel aos nossos inimigos cumprirem suas promessas de vencer a guerra. Sua primeira tentativa para o segundo "front" foi um aborto, mas talvez haja outro, nove meses depois.

Eu sou dos últimos a desprezar o armamento americano. Tecnicamente, os americanos teem feito coisas colossais, mas não se pode simultaneamente levantar um exército de milhões e triplicar o número de trabalhadores industriais.

Quando chegou o inverno de 1942, foram muitos os que não puderam suportá-lo e tiveram que regressar à pátria. Agora, mais uma vez, teremos de enfrentar o inverno na Rússia. Este inverno tambem não será facil, mas preparamo-nos para ele.

Vós lestes o que sucederia às nos-

(Conclue na página 2)

Comemorado em Portugal mais um aniversário da República

LISBOA, 5 (R.) — A data de hoje está sendo observada como feriado nacional em todo o território português, afim de comemorar mais um aniversário da proclamação da República.

Assim, os próprios jornais deixaram hoje de circular.

FOLHA DA MANHÃ

DIRETORES:
OCTAVIANO ALVES DE LIMA, DIOGENES DE LEMOS AZEVEDO e GUILHERME DE ALMEIDA

ANO XIX || RUA DO CARMO, 35 e 39 TELEFONE, 2-7181 (REDE INTERNA) || S. PAULO — QUINTA-FEIRA, 9 DE SETEMBRO DE 1943 || CAIXA POSTAL, 2 900 ENDEREÇO TELEGRÁFICO: "FOLHAS" || N. 5982

A ITÁLIA RENDEU-SE INCONDICIONALMENTE AOS ALIADOS

Não foi o povo italiano que caiu, ontem, vencido. Foi o regime fascista, cuja peçonha envenenava ainda a Itália, não obstante a tardia queda de Mussolini.

O povo italiano, entregue a si mesmo, pelos seus orgãos de governo e de opinião, jamais teria ligado seus destinos aos do Reich hitlerista, principalmente na sua sanguinária aventura contra o mundo e contra a civilização. O fascismo, porem, suprimira todas as expressões das idéias e dos sentimentos da nação, que assim se viu escravizada à vontade, ao arbitrio, às loucuras de um único homem. E foi porisso que a Itália cometeu a covardia, agora castigada, da declaração de guerra à França agonizante sob as armas alemãs.

Mussolini foi-se, cumprindo a sina dos "parvenus" meteóricos. O fascismo entrou em dissolução, como uma camorra à aproximação da polícia, no caso chefiada por Eisenhower. Mas o tóxico já havia operado suas devastações e a Itália não tinha mais remédio. Tombou, à simples aproximação do inimigo, derrotada por si mesma, na perda de vitalidade que foi o preço de vinte anos de ditadura mussoliniana.

O povo inglês, por exemplo, quando enfrentou o invasor, sabia que lutava pela sua liberdade, pelo seu direito à dignidade humana, pela civilização ocidental que a civilização britânica agigantava. O povo italiano lutaria pelo que? Pela permanência da opressão que o desvirilizava, deformando-lhe o espírito e esmagando-lhe o coração? Impossivel!

No fundo, cada cidadão italiano era um rebelado contra Mussolini e contra o fascismo. Bateu-se, para salvar a honra nacional, mas desejando afinal a libertação, ainda que com a derrota. Uma derrota é uma ferida que se cura, e a Itália curará a sua, graças ao poder de recuperação que lhe dará um novo "risorgimento". O fascismo, porem, era uma chaga crónica, que só cedeu ao cautério do ferro e fogo da guerra que Mussolini providencialmente provocou.

O dia de ontem parecerá um dia de luto para a Itália. Transformar-se-á, entretanto, na aurora de uma nova era, que se abrirá para novos e melhores tempos, sob os signos da paz e da liberdade, num mundo tambem novo e melhor, nascido da vitória das democracias.

CAPITULAÇAO DA ITÁLIA

Q. G. ALIADO NO NORTE DA ÁFRICA, 8 (R.) — Anuncia-se que a Itália capitulou.

CONCEDIDO O ARMISTÍCIO

NOVA YORK, 8 (U. P.) — URGENTE — O general Eisenhower acaba de conceder o armistício aos italianos.

RENDIÇÃO INCONDICIONAL DAS FORÇAS ITALIANAS

LONDRES, 8 (R.) — Foi oficialmente anunciado que as forças italianas renderam-se incondicionalmente.

O ARMISTÍCIO ENTROU EM VIGOR

Q. G. ALIADO EM ARGEL, 8 (U. P.) — URGENTE — O armistício com a Itália entrou em vigor precisamente às 1 h 30 da tarde (hora do Rio de Janeiro).

CESSARAM AS HOSTILIDADES CONTRA A ITÁLIA

ARGEL, 8 (U. P.) — URGENTE — O general Eisenhower acaba de informar que cessaram hoje as hostilidades entre a Itália e as nações unidas.

O armistício, assinado no dia 3 do corrente, começou a vigorar na tarde de ontem

Em proclamação ao povo, Badoglio reconhece a impossibilidade de continuar a guerra contra as nações unidas

AS CONDIÇÕES DE RENDIÇÃO FORAM APROVADAS PELA GRÃ-BRETANHA, ESTADOS UNIDOS E RÚSSIA

Q. G. ALIADO EM ARGEL, 8 (U. P.) — URGENTE — O general Eisenhower acaba de informar que as condições de rendição da Itália foram aprovadas pela Grã-Bretanha, Estados Unidos e Rússia.

A ASSINATURA DO ARMISTÍCIO VERIFICOU-SE A 3 DE SETEMBRO

Q. G. ALIADO EM ARGEL, 8 (U. P.) — URGENTE — O armistício com a Itália foi assinado no dia 3 de setembro, no quartel general aliado na Sicília. As conferências que terminaram com a rendição foram iniciadas por uma consulta do marechal Badoglio, feita há várias semanas.

CORTADAS AS COMUNICAÇÕES TELEFÔNICAS ENTRE BERLIM E A ITÁLIA

ZURICH, 8 (R.) — A rádio ultramarina alemã anunciou hoje à noite que todas as comunicações telefônicas entre Berlim e a Itália foram cortadas.

PROCLAMAÇÃO DO MARECHAL BADOGLIO AO POVO ITALIANO

Q. G. ALIADO EM ARGEL, 8 (U. P.) — URGENTE — O marechal Badoglio acaba de lançar uma proclamação ao povo, anunciando que o governo da Itália reconheceu a impossibilidade de continuar a guerra. Com o fim de impedir novos prejuizos à nação, solicitou o armistício às nações unidas, o qual lhe foi concedido. O marechal Badoglio acrescenta, entretanto, que a Itália resistirá se for atacada por outros países.

A ITALIA DECLARARIA GUERRA À ALEMANHA

LONDRES, 8 (U. P.) — URGENTE — Nos círculos diplomáticos locais, informa-se que a proclamação do marechal Badoglio significa que a Itália declarará guerra à Alemanha, se os alemães resistirem às tropas aliadas na Itália.

A SITUAÇÃO DAS FORÇAS ALIADAS NA ITÁLIA, AO SER ASSINADO O ARMISTÍCIO

ARGEL, 8 (R.) — No momento em que foi assinado o armistício com a Itália, era a seguinte a situação das forças aliadas na frente italiana: ao longo da costa da Calábria, os aliados haviam avançado numa distância de cerca de 30 quilómetros, tendo alcançado o rio Petrade, ao norte de Palmi, e ao sul haviam feito um avanço de cerca de 16 quilómetros, a leste de Melito, não obstante as demolições feitas pelo inimigo, para retardar o avanço aliado.

EISENHOWER ENCONTROU-SE COM BADOGLIO EM TERRITÓRIO ITALIANO

ARGEL, 8 (R.) — URGENTE — O general Eisenhower esteve na Itália no domingo passado, tendo viajado de avião, afim de se encontrar com o marechal Badoglio, com o qual concertou os últimos detalhes da rendição incondicional. Essa notícia foi veiculada pela emissora local.

VÁRIAS PERSONALIDADES ITALIANAS CHEGARAM HA' 15 DIAS AO AERÓDROMO DE PALERMO

Q. G. ALIADO NO NORTE DA ÁFRICA, 8 (R.) — Pode-se revelar agora que um importante personagem italiano, ou vários personagens, chegaram ao aeródromo de Palermo, há precisamente 15 dias, afim de tratar do armistício.

O avião, provavelmente um "Junker" chegou da direção do mar e aterrou no aeródromo, sem nenhuma interferência. Imediatamente após a aterragem, o aeroplano foi completamente camuflado, ficando no aeródromo durante vários dias.

BADOGLIO SERIA DESTITUIDO PELO REI

Q. G. ALIADO NA ÁFRICA DO NORTE, 8 (R.) — URGENTE — Há possibilidade de que Badoglio seja destituido pelo rei Victor Emanuel.

O ENCONTRO ENTRE OS REPRESENTANTES ALIADOS E ITALIANOS VERIFICOU-SE EM TERRITÓRIO NEUTRO

NOVA YORK, 8 (R.) — Uma irradiação especial de Argel, após a proclamação do general Eisenhower, diz que o armistício foi assinado no dia 3 de setembro, ficando acertado que o fato somente seria divulgado na ocasião mais favoravel para os aliados. Este momento chegou agora.

A irradiação, aludindo às negociações que levaram a termo o armistício, acentua o seguinte:

"Há algumas semanas, o governo italiano procurou os governos britânico e americano, afim de concluir o armistício. O encontro foi acertado e verificou-se em território neutro. Então, foi reafirmado aos italianos que eles deveriam render-se incondicionalmente. Sob esta base, o representante do comandante-chefe aliado ficou com poderes para comunicar às autoridades militares italianas as condições que teriam de cumprir.

Uma das cláusulas estipula que o governo italiano cumprirá as condições políticas, económicas e financeiras dos aliados, a serem impostas posteriormente.

Novos encontros foram acertados e realizaram-se na Sicília.

O armistício foi assinado no Quartel General avançado no dia 3 do corrente, mas ficou acertado com os representantes italianos que somente seria divulgado no momento mais favoravel para os aliados, devendo ser simultaneamente anunciado de ambos os lados. Este momento chegou agora.

A possibilidade de um movimento alemão, no sentido de se anteceder à divulgação do armistício pelo governo italiano, foi discutida durante as negociações. Para enfrentar essa eventualidade, concordou-se que um representante italiano, oficial superior, não regressaria a Roma. Encontra-se ele agora na Sicília. Ademais, o marechal Badoglio enviou o texto de sua proclamação ao Q. G. aliado".

Tropas americanas desembarcaram em diversos pontos da Itália

ANCORARAM EM NÁPOLES BELONAVES DA ESQUADRA ESTADUNIDENSE

ESTOCOLMO, 8 (R.) — Tropas americanas desembarcaram em Gênova, Nápoles e na Sardenha, anuncia o correspondente do "Svenska Dagbladet" na fronteira italiana.

DESEMBARQUES EM OUTROS PONTOS DA ITÁLIA

ESTOCOLMO, 8 (R.) — Tropas aliadas desembarcaram em Gaeta, Civitá Vecchia e Pizza — anunciam informações da fronteira italiana para os jornais desta capital, que asseveram que as fontes de informação são "absolutamente dignas de crédito".

BELONAVES AMERICANAS ANCORARAM EM GÊNOVA

BERNA, 8 (U. P.) — Informações da fronteira italiana anunciam que algumas unidades da esquadra norte-americana ancoraram no porto de Gênova, nas últimas horas desta tarde.

ORDENADO AOS NAVIOS ITALIANOS QUE SE DIRIJAM COM URGÊNCIA PARA PORTOS ALIADOS

AS RECOMENDAÇÕES DO ALMIRANTE CUNNINGHAM VISAM ACAUTELAR INTERESSES FUTUROS DA ITÁLIA

ARGEL, 8 (R.) — A emissora de Argel transmitiu o seguinte apelo feito pelo almirante "sir" Andrew Cunningham aos marinheiros italianos:

"Marinheiros da Armada Italiana e da Marinha Mercante:

Vosso país cessou as hostilidades contra as nações unidas. As forças armadas alemãs são agora abertamente hostis ao povo italiano, a quem tantas vezes traíram. Elas pretendem apossar-se dos vossos navios, de que tem urgente necessidade. Esses navios terão de colaborar no transporte de alimentos para a Itália. Vossos navios de guerra terão de colaborar na proteção desses transportes contra os ataques alemães.

Em consequência, no deveis afundar vossos navios, nem permitir que eles sejam capturados. As forças das nações unidas estão à espera para receber-vos e acolher-vos. Salvai vossos navios seguindo as determinações seguintes em nome das nações unidas.

Navios que se encontram no Mediterrâneo: segui para lugar a salvo da interferência das forças armadas alemãs; saí, se puderdes, para o norte da África ou para Gibraltar, para Sicília ou Malta, para Haifa ou Alexandria, onde esperareis o desenrolar dos acontecimentos.

Navios que se encontram no Mar Negro: segui para os portos russos, se não tiverdes abastecimento para isso, segui para os portos neutros.

Quando encontrardes forças das nações unidas, deveis identificar-vos, de dia, içando uma grande bandeira negra ou azul no mastro principal e com um grande circulo no tombadilho para ser avistado pelos aviões. A noite, os navios devem usar luzes de navegação e sistema de letras "Ga".

Segui cuidadosamente todas as instruções das forças das nações unidas. Estas vos são dadas em beneficio de vossa segurança.

Marinheiros Mercantes:

Se conservardes intactos vossos navios e, depois de satisfeitos os desejos das nações unidas, desejardes cooperar lealmente com elas, tereis novos encargos no mar em vossos navios italianos. Aqueles, dentre vós, que estiveram no Mar Negro ou no mar Egeu e não puderem escapar dos alemães, que agora são vossos inimigos, não deverão deixar que seus navios caiam nas mãos deles. Em último recurso, devereis afundá-los ou danificá-los, contanto que não caiam em poder dos alemães, que os empregarão contra a Itália.

Os navios que desejarem agir de acordo com esta mensagem poderão confirmar seu salvo-conduto, chamando Malta, Argel ou Alexandria, na frequência de 500 quilociclos".

ESTIMATIVA SOBRE AS UNIDADES ATUAIS DA MARINHA ITALIANA

Q. G. ALIADO EM ARGEL, 8 (U. P.) — Sobre o estado atual da armada de guerra e da frota mercante italianas, este quartel general deu a conhecer o seguinte comunicado:

"Apesar de severas perdas, a armada italiana conta ainda com número consideravel de navios, constantes de 7 couraçados, 3 porta-aviões em construção, 2 cruzadores pesados avariados, 9 cruzadores leves e outros dois quasi terminados; uns 25 destróieres, perto de 60 submarinos e um consideravel número de unidades menores, inclusive lanchas torpedeiras, navios de escolta e caça-minas.

Os italianos haviam se especializado sempre nas embarcações a motor, leves e rápidas, tais como as torpedeiras britânicas e norte-americanas MTD e PT.

As perdas que experimentou durante a guerra, com exclusão dos navios que foram avariados ou voltaram ao serviço, alcançam a 5 cruzadores pesados, 7 cruzadores leves, 35 destróieres e vários torpedeiros, alem de grande número de submarinos e muitas embarcações leves.

Com respeito à marinha mercante, quando a Itália entrou na guerra em junho de 1940, dispunha no Mediterrâneo de recursos que representavam uns dois milhões de toneladas. Mediante apresamentos ou novas construções, obteve-se outro milhão de toneladas. Sua navegação sofreu continuas perdas ao procurar apoiar o envio de abastecimentos para as forças do "eixo" no norte da África. Mais de um milhão e meio de toneladas jazem agora no fundo do "Mare Nostrum", postos a pique pelas unidades de superficie, pelos submarinos e pela aviação dos aliados.

Depois de mais de três anos de guerra, os navios da marinha italiana que permanecem no Mediterrâneo, são aproximadamente, em 300 navios, com um milhão e quinhentas mil toneladas brutas. Esta frota mercante é composta por uns 60 navios de passageiros com umas 500 mil toneladas, inclusive os transatlânticos de luxo "Rex" e "Conti di Savoia"; cerca de 25 navios de carga com 700 000 toneladas; 60 petroleiros, com 300 000 toneladas e grande número de embarcações de cabotagem, barcaças, caiques e barcos de pesca".

Bombardeados os subúrbios de Roma

ZURICH, 8 (R.) — "Frascati e outras localidades dos subúrbios de Roma foram bombardeadas hoje à tarde" — acaba de informar a Agência Stefani.

Divulgação oficial na Inglaterra da rendição da Itália

LONDRES, 8 (R.) — Na residência oficial do primeiro ministro em Down Street n. 10, foi afixada, esta tarde, a seguinte declaração:

"O general Eisenhower, na qualidade de comandante-chefe das forças aliadas, anunciou de Alger, às primeiras horas desta tarde, a rendição incondicional do governo italiano.

As nações unidas reconhecem nesse acontecimento mais um indício seguro de fraqueza das forças do "eixo".

O armistício é um instrumento estritamente militar, que foi assinado exclusivamente por autoridades militares, não incluindo termos políticos, financeiros e económicos, os quais serão impostos à Itália mais tarde.

Alem do mais, é evidente que a atual situação não permite a divulgação pública do conteudo de um documento militar assinado nessas circunstâncias.

Não se propõe, pois, a modificação da data da reunião do Parlamento, mas o primeiro ministro espera estar em condições de fazer uma declaração completa sobre os progressos da guerra em geral quando o Parlamento se renir novamente".

OS ESTADOS UNIDOS RECUSAM-SE A FORNECER ARMAS E MUNIÇÕES À REPÚBLICA ARGENTINA

Em nota ao chanceler Storni, Hull acusa aquele país de não cumprir os compromissos inter-americanos — Renunciariam vários ministros argentinos

WASHINGTON, 8 (R.) — O secretário de Estado, sr. Cordell Hull, rejeitou o pedido da Argentina, no sentio de ser favorecida pela ajuda do "Land and Lease66.

A NOTA DE CORDELL HULL AO CHANCELER STORNI

WASHINGTON, 7 (U. P.) — E' a seguinte o texto da nota do secretário de Estado, sr. Cordell Hull, ao vice-almirante Storni, chanceler da Argentina:

"Está em meu poder a vossa comunicação de 5 de agosto, em que v. exa. me inteirou da situação do novo governo argentino, estabelecido em consequência do movimento militar de 4 de junho e que se refere, principalmente, à posição internacional da Argentina.

Notei que a carta de v. exa. tem plena aprovação do presidente da República Argentina e me foi grato levar ao conhecimento do presidente Roosevelt os pontos de vista nela expostos.

E' motivo de profunda satisfação saber, pela declaração de v. exa., que o povo argentino se sente indissoluvelmente vinculado aos demais povos deste continente e arraigado às origens democráticas. Essa manifestação será cordialmente acolhida pelos cidadãos dos Estados Unidos que, à custa de tremendos sacrifícios de vidas e recursos, se encontram empenhados em uma guerra para que perdurem os princípios que v. exa. com tanta eloquencia expôs.

Estou certo de que ela será acolhida com o mesmo espírito pelos povos das demais repúblicas do hemisfério, que adotaram medidas essenciais para a defesa do nosso continente contra a ameaça que, por felicidade, está hoje em vias de conjurar-se, graças ao esforço conjunto que os homens amantes da liberdade, em todas as partes, realizam.

Não obstante, meu governo e o povo dos Estados Unidos se viram obrigados, muito a meu pesar, a chegar à conclusão de que os indubitaveis sentimentos do povo argentino não foram resguardados pela ação que os compromissos livremente assumidos pelo seu governo exigiam, em solidariedade com os governos das outras repúblicas americanas.

OS COMPROMISSOS DE SOLIDARIEDADE DAS NAÇÕES DA AMÉRICA

V. exa., naturalmente, conhece bem os referidos compromissos. No que diz respeito ao atual conflito mundial, se baseia na resolução 15.a, adotada pelos ministros de Relações Exteriores das repúblicas americanas, em julho de 1940, em Havana. Essa resolução dispõe que todo atentado por parte de um Estado não americano, contra a integridade ou a violabilidade do território, a soberania ou a independência política de um Estado americano será considerado como um ato de agressão contra os Estados que assinaram essa declaração.

O ato de agressão previsto nessa declaração ocorreu em 7 de dezembro de 1941 e, em janeiro de 1942, os ministros das Relações Exteriores das repúblicas americanas se reuniram no Rio de Janeiro, para considerar as medidas que deviam adotar para a defesa comum. Adotou-se uma resolução recomendando a ruptura das relações diplomáticas com o Japão, Alemanha e Itália. A fraseologia dessa resolução foi objeto de prolongadas deliberações e o texto finalmente acordado compreendeu todos os pontos de vista expostos pelo governo argentino.

Acredito ser conveniente citar a resolução na íntegra: "Ruptura das relações diplomáticas: 1.o — As Repúblicas Americanas reafirmaram sua declaração de considerar todo o ato de agressão de um Estado extra-continental, contra uma delas, como ato de agressão contra todas, por constituir uma ameaça imediata à liberdade e independência da América. 2.o — As Repúblicas Americanas reafirmam sua completa solidariedade e sua determinação de cooperar para a sua proteção recíproca, até que os efeitos da presente agressão ao continente tenham desaparecido. 3.o — As Repúblicas Americanas, continuando os procedimentos estabelecidos por suas próprias leis e dentro da posição e circunstâncias de cada país no atual conflito continental, recomendam a ruptura de suas relações diplomáticas com o Japão, Alemanha e Itália, por haver o primeiro desses países agredido e os outros dois declarado guerra a um país americano. 4.o — As Repúblicas Americanas declaram, finalmente, que, antes de restabelecer as relações a que se refere o parágrafo anterior, se consultarão entre si, afim de que sua resolução tenha carater solidário".

Excetuando a Argentina, todas as repúblicas americanas romperam suas relações diplomáticas com o Japão, Alemanha e Itália, e das 21 repúblicas, 13 se acham em guerra com as potências do "eixo".

A quinta resolução, adotada no Rio de Janeiro pela reunião de consultas dos ministros das Relações Exteriores, estipulou, por acordo unânime, a adoção imediata de quaisquer outras medidas que fossem necessárias para suspender, durante o estado de emergência existente no hemisfério, todo intercâmbio comercial e financeiro direto ou indireto entre o hemisfério ocidental e as nações signatárias do pacto tríplice e os territórios por elas dominados.

(Conclue na página seguinte)

Declaração oficial emitida pelo general Eisenhower

LONDRES, 8 (R.) — E' a seguinte a declaração oficial sobre a rendição da Itália, emitida pelo general Eisenhower, em nome do Quartel General Aliado no norte da África:

"O governo italiano autorizou a rendição incondicional de todas as suas forças armadas.

Na qualidade de comandante-chefe das forças aliadas, eu, o general Dwight Eisenhower concedi o armistício militar nos termos que foram aprovados pelo Reino Unido, Estados Unidos e União das Repúblicas Soviéticas Socialistas.

Tal atitude foi tomada em defesa de todos os interesses das nações unidas.

O governo italiano comprometeu-se a ceder a todas as exigências sem quaisquer reservas.

O armistício foi assinado por mim, na qualidade de representante aliado, e por um representante do marechal Badoglio e entra em vigor imediatamente. As hostilidades entre as forças armadas das nações unidas e as da Itália cessaram imediatamente.

Todos os italianos que agirem para expulsar o agressor alemão do solo italiano terão a assistencia e o apoio das nações unidas".

Mensagem do mal. Badoglio ao povo italiano

ZURICH, 8 (R.) — URGENTE — O marechal Badoglio, anunciando a rendição da Itália, acaba de divulgar a seguinte proclamação:

"O governo italiano, reconhecendo a impossibilidade de prosseguir na luta desigual contra o imenso poderio do inimigo, e com o objetivo de evitar maiores danos para a nação, solicitou armistício ao general Eisenhower, comandante supremo das forças das nações unidas que invadiram a Itália.

O armistício foi aceito.

Nessas condições, as forças italianas, daqui por diante, cessarão quaisquer hostilidades contra as forças anglo-americanas, onde quer que estejam".

FOLHA DA MANHÃ
Propriedade da Empresa
FOLHA DA MANHA Ltda.
EDIÇÃO DE HOJE
22 PAGINAS

SUMARIO

O TEMPO
Lua cheia amanhã
TEMPERATURA DA VÉSPERA
Máxima — 20°,6 Mínima — 10°,0

FOLHA DA MANHÃ

Diretores:
OCTAVIANO ALVES DE LIMA e GUILHERME DE ALMEIDA

JUNHO 6 TERÇA-FEIRA — Santa Paulina — 1826 - Falece o primeiro Visconde da Cachoeira.

ANO XIX || RUA DO CARMO, 35 e 39 TELEFONE: 2-7181 (REDE INTERNA) || S. PAULO — TERÇA-FEIRA, 6 DE JUNHO DE 1944 || ENDEREÇO TELEGRAFICO: "FOLHAS" CAIXA POSTAL 79-B || N. 6204

NOTÍCIAS DE FONTE ALEMÃ ANUNCIAM QUE OS ALIADOS INICIARAM AS OPERAÇÕES DE INVASÃO DA EUROPA

Violento bombardeio do pôrto do Havre – Paraquedistas descem na embocadura do Sena

Navios de guerra alemães procuram impedir o desembarque dos expedicionários – Nenhuma confirmação dos aliados

ZURICH, 6 (R.) — Urgentíssimo — A agência noticiosa alemã Transoceam anuncia que começou a invasão.

ATACANDO O HAVRE

ZURICH, 6 (R.) — Urgentíssimo — A agência alemã de notícias informa que o pôrto do Havre está sendo atacado por fôrças aliadas.

AS FÔRÇAS NAVAIS GERMÂNICAS ATACAM BARCAÇAS ALIADAS

ZURICH, 6 (R.) — Urgentíssimo — Fôrças navais germânicas atacam barcaças aliadas ao lado do Havre — anuncia a agência de notícias alemã.

PARAQUEDISTAS ALIADOS DESCEM NA EMBOCADURA DO SENA

ZURICH, 6 (R.) — Urgentíssimo — A agência alemã Transoceam, informa que: "A invasão começou com um desembarque de tropas paraquedistas aliadas na embocadura do rio Sena, na França".

PROCURAM IMPEDIR A INVASÃO

LONDRES, 6 (U. P.) — Urgente — A agência alemã Transoceam informa que navios de guerra alemães combatem contra navios aliados para impedir a invasão do pôrto do Havre, O pôrto francês do Havre encontra-se na desembocadura do Sena a 24 quilômetros ao sul da costa inglêsa. Nesta Capital são 4 horas e 50 minutos e ainda não há confirmação da notícia.

VIOLENTAMENTE BOMBARDEADO

LONDRES, 6 (U. P.) — Urgente — A Transoceam informa que o pôrto do Havre está sendo violentamente bombardeado por navios de guerra e aviões.

NENHUMA NOTICIAS EM WASHINGTON

WASHINGTON, 6 (U. P.) — Urgente — O Departamento de guerra informa que nos Estados Unidos não há notícias da informação alemã sôbre o início das operações de invasão da Europa ocidental.

NUMEROSOS PARAQUEDISTAS LANÇADOS NAS IMEDIAÇÕES DA PENINSULA DE COTENTIN

ZURICH, 6 (R.) — Urgente — A agência alemã Transoceam declarou o seguinte: "As primeiras horas da manhã de hoje poderosas barcaças de desembarque e navios de guerra ligeiros foram avistados na área entre a embocadura do Sena e a costa leste da Normandia. Ao mesmo tempo, paraquedistas foram lançados de numerosos aviões nas proximidades do norte da península de Cotentin. Acredita-se que os paraquedistas tenham como tarefa capturar aeródromos, a fim de facilitar o lançamento de outros paraquedistas.

CALAIS E DUNQUERQUE VIOLENTAMENTE ATACADAS

ZURICH, 6 (R.) — Urgente — Completando suas informações anteriores a agência noticiosa alemã Transoceam declarou o seguinte: "Simultâneamente com o desembarque de tropas transportadas por aviação na área do estuário do Sena, poderosas formações de bombardeadores atacaram Calais e Dunquerque. As defesas aéreas germânicas entraram imediatamente em ação. Até agora não se registrou qualquer desembarque de tropas aliadas naqueles pontos.

"CHEGOU O DIA D..."

LONDRES, 6 (R.) — Urgente — A estação de rádio de Calais controlada pelos alemães, acaba de anunciar o seguinte: "O dia D chegou".

EM GRANDE ATIVIDADE AS DEFESAS ANTI-AÉREAS ALEMÃS

LONDRES, 6 (U. P.) — Urgente — A rádio de Berlim informa que grandes formações de bombardeadores aliados atacaram a zona de Calais e Dunquerque e que as defesas anti-aéreas alemãs estão muito ativas.

NENHUMA INFORMAÇAO DEU A RADIO DE PARIS

LONDRES, 6 (U. P.) — Urgente — A rádio de Paris, às 6 h 45 desta manhã, difundiu um boletim noticioso que nada declarava sôbre a invasão da França.

NADA HOUVE DE NOVO

LONDRES, 6 (U. P.) — Urgente — O Ministério da Segurança informa que durante a noite nada houve de novo.

INSTRUÇÕES DA "B. B. C." AOS HOLANDESES

LONDRES, 6 (U. P.) — Urgente — A "B. B. C." enviou uma mensagem urgente do Alto Comando aliado à Holanda, dando instruções no sentido de que todos os cidadãos que estejam até 35 quilômetros da costa, se retirem imediatamente para suas casas.

A mesma coisa deverão fazer os que estiverem perto das vias ferroviárias e estradas.

ADVERTÊNCIA AOS FRANCESES

LONDRES, 6 (R.) — Urgente — Um oficial do Estado Maior do Supremo Comando da Fôrça Expedicionária aliada dirigiu esta manhã, através do rádio, uma advertência a todos os franceses residentes numa área da costa, dizendo textualmente o seguinte: "Muita coisa pode depender agora da rapidez com que agirdes".

INSTRUÇÕES DA RADIO BRITANICA AOS FRANCESES

LONDRES, 6 (U. P.) — A "B. B. C." transmitiu um boletim especial do Alto Comando aliado ao povo francês, declarando:

"Iniciou-se uma nova fase da ofensiva aérea. Boletins especiais serão lançados na França, advertindo aos habitantes das cidades e aldeias que estas serão invadidas. O aviso será dado oficialmente com uma hora de antecedência".

PRIMEIRO RÁDIO-JORNAL TRANSMITIDO NA MADRUGADA DE HOJE

As 2 horas e 43 minutos da madrugada de hoje, a PRA-5, Rádio São Paulo, das Emissoras Unidas, iniciou, em período extraordinário da redação da "Folha da Manhã" a transmissão das primeiras notícias de procedência alemã, ainda não confirmadas por fontes aliadas, sôbre a invasão do continente europeu, pelas fôrças aliadas.

Todo o serviço telegráfico fornecido pelas agências "Reuters" e "United Press", até o momento de encerrarmos a presente edição foram irradiados ininterruptamente por essa emissora, que em colaboração com a "Folha da Manhã" soube assim corresponder à confiança e prestígio que desfruta em nosso Estado.

CONFIRMA-SE OFICIALMENTE

LONDRES, 6 (R.) — URGENTISSIMO — Confirma-se oficialmente que tropas aliadas desembarcaram na costa setentrional da França.

ATRAVESSANDO O TIBRE, OS ALIADOS PERSEGUEM OS ALEMÃES EM FUGA

Anuncia-se que violenta luta foi travada nos distritos de Roma – Várias localidades peninsulares ocupadas

NAPOLES, 5 (U. P.) — As fôrças do 5.o Exército, comandadas pelo general Clark, completaram hoje a ocupação total de Roma e, sem perda de tempo, continuaram em sua avassaladora ofensiva para o norte, perseguindo implacàvelmente as legiões nazistas que fogem em completa desordem, rumo a novas linhas defensivas, situadas, ao que se calcula, a umas 150 milhas ao norte da Capital italiana.

COMUNICADO OFICIAL GERMANICO SÔBRE A EVACUAÇÃO DE ROMA

ZURICH, 5 (R.) — A agência oficial germânica, citando um comunicado ontem distribuido pelo Q. G. de Hitler, confirma o abandono de Roma, pelos alemães, mas assegura que os alemães continuarão lutando na Itália.

É o seguinte o texto desta comunicação oficial da agência germânica:

"Como a linha de frente, durante a atual luta na Itália, se aproximava gradativamente, e cada vez mais da cidade de Roma, surgiu o perigo de que a Cidade Eterna, um dos mais velhos e notaveis centros culturais do mundo, fosse diretamente envolvida no presente conflito.

Por essa razão, o chanceler Hitler ordenou que as tropas [illegible] se retirassem para noroeste de Roma, a fim de evitar a destruição da Cidade Eterna. No entanto, a luta na Itália será continuada com [illegible] terminação pelas tropas alemãs, visando quebrar o impeto dos ataques e forjar a vitória final para a Alemanha e seus aliados.

As medidas necessárias para uma oportuna vitória alemã estão sendo tomadas em intima colaboração com a Itália fascista e outras Nações Aliadas do "eixo".

O ano da invasão trará aos inimigos da Alemanha uma derrota aniquiladora, no momento mais decisivo".

LOCALIDADES ITALIANAS LIBERTADAS PELOS ALIADOS

NAPOLES, 5 (U. P.) — O comunicado sôbre as atividades terrestres das tropas aliadas, emitido hoje, indica que as localidades de Palestrina, Figrie, Pagliano e Cavaguarcino foram libertadas do inimigo. A nota também assinala que o total dos prisioneiros, feitos pelas tropas aliadas, a partir do inicio da atual ofensiva, excede de vinte mil homens.

TRAVARAM-SE VIOLENTAS BATALHAS NOS DISTRITOS ORIENTAIS DE ROMA

ESTOCOLMO, 5 (R.) — A D. N. B. disse hoje que ferozes batalhas entre tropas germânicas e tanques americanos foram travadas nos distritos orientais de Roma, até as últimas horas da tarde de ontem.

Acrescentou a agência nazista que as pontes do Tibre não foram feitas [illegible] pelas tropas alemãs retirantes.

A retirada germânica foi feita pelas linhas de retaguarda que lhes foram designadas de acôrdo com planos, sem qualquer interferência do inimigo. A agência concluiu dizendo que a nordeste de Roma as linhas nazistas de defesa foram retiradas para mais favoráveis posições em tôda a parte, a despeito da forte pressão inimiga.

RETIRAM-SE OS NAZISTAS

NAPOLES, 5 (U. P.) — As tropas nazistas estão se retirando para o noroeste da Itália.

REINICIO DA MARCHA DOS ALIADOS EM DIREÇÃO DOS APENINOS

LONDRES, 5 (R.) — Desde as primeiras horas da tarde de ontem Roma está em poder das tropas aliadas.

A ocupação da Capital italiana não significa um fim, mas um meio, pois está claro que os exércitos aliados não pretendem fazer alto na Cidade Eterna, nem Roma apresenta um objetivo militar.

A captura da velha cidade foi antes um acontecimento de ordem psicológica e moral, do que propriamente militar, pois que os aliados visam essencialmente a destruição completa das fôrças militares alemãs, seja na Itália, na França, na Rússia, ou dentro da própria Alemanha.

Os exércitos da libertação não demorarão em Roma senão o tempo necessário para reiniciar sua marcha vitoriosa em direção aos Apeninos, no encalço das derrotadas e desmoralizadas hostes alemãs.

Já de Roma chega a notícia de que [illegible]

(Conclui na 2.a página)

OS COMANDANTES DA INVASÃO — Vemos na foto, a partir da esquerda: General Bernard L. Montgomery, comandante das fôrças britânicas de desembarque; General Dwight D. Eisenhower, comandante-chefe das fôrças aliadas de invasão; Marechal do Ar "Sir" Arthur Tedder, sucessor de Eisenhower no mais alto posto das armas das Nações Unidas. — (B.N.S.)

ÚLTIMAS NOTICIAS

ZURICH, 6 (R.) — Urgentíssimo — Segundo a agência alemã Transocean já estão sendo travados renhidos combates com as fôrças aliadas de invasão. Diz a agência que êsses combates se travam no interior do território francês, na área de Caen, na Normândia francesa.

LONDRES, 6 (U. P.) — Urgente — A rádio de Berlim informa que paraquedistas aliados desceram numa aldeia da costa francesa, perto da costa da Bélgica.

LONDRES, 6 (U. P.) — Urgente — A agência Transocean informa pela rádio de Berlim que paraquedistas anglo-norte-americanos desceram no extremo setentrional da península da Normândia.

LONDRES, 6 (U. P.) — Urgente — A Columbia Broadcasting System informa que os alemães estão transmitindo notícias de que os aliados desembarcam tropas na zona da desembocadura do rio Somme, a 140 quilômetros ao norte da costa francesa.

Contudo, em nenhuma fonte aliada se tem qualquer informação a respeito.

NOVA YORK, 6 (U. P.) — Urgente — O escritório de informações de guerra que havia prometido dar tôdas as facilidades aos correspondentes e jornalistas em geral, quando se iniciasse a invasão, não deu a conhecer nenhuma notícia que confirme as declarações da rádio de Berlim sôbre o ataque aero-naval aliado à costa francesa.

LONDRES, 6 (U. P.) — Urgente — As 7 h 30 da manhã a DNB repetiu através da rádio de Berlim todo o noticiário que informava sôbre as tentativas aliadas de invasão.

SEGUNDO CLICHÊ

A QUEDA DE ROMA ENCONTRA OS ALIADOS PRONTOS PARA A INVASÃO

Roosevelt fala sôbre o importante acontecimento — As Nações Unidas auxiliarão a reconstrução da Itália

WASHINGTON, 5 (R) — O presidente Roosevelt, em alocução dirigida ao país esta noite pelo rádio, disse o seguinte:

"Seria imprudente que déssemos excessiva importância mental, à ocupação militar de Roma. A Alemanha sofreu grandes perdas, porém não suficientemente grandes para que pudessem provocar ou determinar seu desmoronamento. Teremos que atravessar um período dos maiores esforços e ferozes lutas antes de penetrarmos no interior da própria Alemanha. A vitória final ainda está um tanto afastada, porém a distância que dela nos separa será coberta em seu devido tempo e disso podeis estar certos. Não obstante, a prova será difícil e custosa".

O presidente comemorou a queda de Roma com as palavras: "Uma ganha e duas por jogar", porém, ao mesmo tempo, fez a seguinte advertência:

"A Alemanha não foi castigada até o ponto em que não lhe restem fôrças para reiniciar a conquista do mundo em outra geração. As nações unidas estão decididas a fazer com que no futuro não haja uma cidade, nem sequer uma raça, que se acredite capaz de dominar o mundo inteiro.

Os exércitos anglo-norte-americanos que sustentaram o pêso principal da batalha, levaram em seus flancos os próprios vizinhos da América, os bravos canadenses. Os valentes neo-zelandeses do distante Pacífico sul, os corajosos franceses e marroquinos, os sul-africanos, os poloneses, os indianos, todos êles lutaram conosco nas sangrentas batalhas dos arredores de Roma.

Também os italianos, renunciando a sua associação com o eixo, associação que jamais desejaram, enviaram suas tropas para que se unissem às nossas, nas batalhas contra os invasores de seu solo.

As igrejas e relíquias de Roma têm sido o símbolo visível da fé e decisão dos primitivos santos e mártires que morreram para que [illegible] nações unidas. Também é significativo que Roma tenha sido libertada pelas fôrças armadas de muitas nações. A perspectiva da libertação de Roma significou bastante para que Hitler e seus generais lutassem desesperadamente e com grandes perdas de homens e material e não menores sacrifícios para sua ameaçada frente oriental e sua frente ocidental.

Não lhes devemos agradecer pelo fato de Roma não haver sofrido as devastações que os alemães causaram a Nápoles e outras cidades italianas.

Os generais aliados manobraram com tal decisão que os alemães tiveram tempo suficiente para levar a cabo destruições em Roma, enquanto suas fôrças corriam graves riscos.

Mas Roma é muito mais que um simples objetivo militar. Desde os dias anteriores aos Césares, Roma se ergueu como um símbolo de autoridade. Roma era então a República. Roma foi o Império. Roma foi a Igreja Católica e Roma foi a Capital da Itália unificada. Mais tarde, por desgraça, Roma se transformou na sede do fascismo.

Durante um quarto de século, o povo italiano esteve escravizado e degradado pelo regime que Mussolini lhe impunha de Roma. Sua libertação causará profunda emoção no norte da Itália, onde o povo continua dominado e ameaçado pelos tiranos nazistas e seus lacaios fascistas.

Nossa vitória vem na magnífica ocasião em que nossas fôrças estão prontas a desfechar o assalto contra a Europa ocidental e enquanto outros exércitos de soldados nazistas aguardam nervosamente nosso assalto e os nossos bravos aliados russos continuam fazendo sentir-se seu pêso cada vez maior. Do ponto de vista estritamente militar, há tempos que conseguimos alcançar certos objetivos principais em nossa campanha italiana, tais como o domínio das rotas marítimas do Mediterrâneo, para encurtar nossas linhas de combate e abastecimento e a ocupação dos aeródromos de Foggia, dos quais assestamos rudes golpes contra o continente.

Seria imprudente sobrestimar a importância militar da captura de Roma. Ainda temos de [illegible] um grande período de esforços e rude luta, antes que possamos penetrar na própria Alemanha. Os alemães vieram se retirando milhares de quilômetros todo o caminho, desde as portas do Cairo, através da Líbia, Tunísia, Sicília e Itália meridional. Sofreram grandes perdas mas não bastante grandes para ocasionar uma derrocada. A Alemanha não foi ainda obrigada a render-se. A Alemanha ainda não foi leva-

(Conclui na 2.a página)

FOLHA DA MANHÃ
Propriedade da Emprêsa
FOLHA DA MANHÃ LTDA.

EDIÇÃO DE HOJE 20 PAGINAS

SUMÁRIO

O TEMPO
Quarto crescente a 21
TEMPERATURA DA VÉSPERA
Máxima — 27,2 Mínima — 13,2

FOLHA DA MANHÃ

Diretores:
OCTAVIANO ALVES DE LIMA • GUILHERME DE ALMEIDA

DOMINGO
15
OUTUBRO

Santa Tereza
1854 — Pedro F. de Oliveira é nomeado comandante das fôrças navais brasileiras no Prata.

ANO XX || RUA DO CARMO, 35 e 39 TELEFONE: 2-7181 (RÊDE INTERNA) || S. PAULO — DOMINGO, 15 DE OUTUBRO DE 1944 || CAIXA POSTAL 79-B ENDEREÇO TELEGRAFICO: "FOLHAS" || N. 6313

CONTINGENTES BRASILEIROS DE INFANTARIA, ARTILHARIA E UNIDADES AÉREAS DESEMBARCAM NA ITÁLIA OCIDENTAL

RIO, 14 (A. N.) — Comunicanos o Ministério da Guera, por intermédio da Agência Nacional: "O último contingente de tropas que deixou o Brasil, em dias de setembro p. p., destinado a integrar a Fôrça Expedicionária Brasileira, chegou a um pôrto da Itália, no dia 6 do corrente, em perfeitas condições".

MILHARES DE SOLDADOS BRASILEIROS

Q. G. ALIADO NA ITÁLIA, 14 (R.) — Informa-se que o novo e grande contingente de tropas brasileiras, que acaba de chegar a um pôrto italiano, é integrado por milhares de soldados.

Incluem-se entre essas fôrças destacamentos de infantaria, artilharia, engenharia, fôrça aérea, polícia militar, intendência e outras tropas.

VIAGEM REALIZOU-SE SEM INCIDENTES

NUM PÔRTO DA ITÁLIA, 14 — Retardado — (INS) — O tenente-coronel John Torney, oficial de ligação norte-americano de maior antiguidade que acompanhou o segundo contingente da Fôrça Expedicionária Brasileira, declarou que as tropas brasileiras o haviam impressionado pela sua disciplina e surpreendente estado moral.

"Os brasileiros foram os soldados mais disciplinados com os quais viajei através do Atlântico". — disse êle.

"Os soldados brasileiros divertiram-se durante a viagem, cantando e organizando jogos. E' um verdadeiro espetáculo digno de ouvir-se o das tropas brasileiras, cantando "God Bless América" (Deus salve a América), em ritmo de samba".

A viagem realizou-se sem incidentes, sendo postos em fuga pelos navios de escôlta os submarinos que tentaram se aproximar. No último dia de viagem, um navio de comboio escapou por um triz de uma mina alemã.

O próprio general Clark deu as boas vindas às tropas brasileiras que vinham para as fileiras do 5.o Exército.

Decorreu sem incidentes a viagem — Causa magnífica impressão o preparo dos soldados

Comandadas as tropas pelos generais Cordeiro de Farias e Falconieri da Cunha — Ocupada a cidade de Coreglia

UNIDADES DA FAB, INFANTARIA E ARTILHARIA

DE UM PÔRTO DA ITÁLIA OCIDENTAL, 14 (U. P.) — Um grande contingente de tropas Expedicionárias Brasileiras desembarcou aqui na quarta e quinta-feiras. O novo contingente inclui unidades das fôrças aéreas e das armas de infantaria e artilharia, além de formações sanitárias.

As fôrças brasileiras chegaram às águas italianas num comboio poderosamente escoltado e atingiram o ponto final de destino numa longa linha de barcos "L. C. I.", que abriram caminho através dos destroços do pôrto.

EXCELENTEMENTE TREINADOS NA UTILIZAÇÃO DAS MODERNAS ARMAS DE GUERRA

ROMA, 14 (R.) — Tropas brasileiras veteranas, que fizeram avançar para o norte o flanco esquerdo do 5.o Exército, através do remanescente da linha Gótica, encontravam-se no cais, aclamando entusiasticamente os novos contingentes brasileiros que acabavam de chegar do Brasil.

Os novos reforços brasileiros estão altamente treinados na utilização das modernas armas de guerra.

COMANDAM OS NOVOS CONTINGENTES OS GENERAIS CORDEIRO DE FARIAS E FALCONIERI DA CUNHA

DE UM PÔRTO DA ITÁLIA OCIDENTAL, 14 (U. P.) — O general João Baptista Mascarenhas de Moraes, comandante-chefe das F. E. B., veio a êste pôrto, a fim de assistir ao desembarque do segundo contingente das tropas brasileiras. Quando a longa fila de barcos "L. C. I." conduzia os soldados para terra, o general Mascarenhas de Moraes tomou um avião e sobrevoou as embarcações. Depois disto, o general regressou ao pôrto e foi a bordo de um dos barcos, onde saudou os generais Oswaldo Cordeiro de Farias e Olympio Falconieri da Cunha, comandantes do segundo contingente.

O primeiro expedicionário brasileiro a descer a escada de bordo foi o sargento Luiz Leal, natural de São Paulo, o qual pisou o solo italiano, precisamente às duas horas e trinta minutos da tarde.

Os soldados brasileiros conduziam grandes volumes, entre os quais havia barracas de campanha. Alguns traziam violões e outros instrumentos de música.

No cais, havia cinco enfermeiras brasileiras do hospital desta cidade e numerosos soldados dos primeiros contingentes que aqui já se encontravam. Os recém-chegados foram recebidos com grandes manifestações de alegria pelos seus camaradas. Havia muitos abraços entre velhos conhecidos do Brasil, que tornaram a se encontrar em solo europeu.

O desembarque começou na quarta-feira à tarde, sob um sol brilhante, e prosseguiu até à noite, tendo sido completado na quinta-feira pela manhã.

CAUSAM ÓTIMA IMPRESSÃO A DISPOSIÇÃO E DISCIPLINA DOS BRASILEIROS

DE UM PÔRTO DA ITÁLIA OCIDENTAL, 14 (U. P.) — Oficiais das unidades de escôlta norte-americanas, que protegeram o comboio do segundo contingente das fôrças expedicionárias brasileiras, manifestaram a sua admiração, pelo exemplar comportamento dos soldados a bordo dos navios e pela esplêndida disciplina reinante.

Um oficial norte-americano declarou ao correspondente da United Press: "A conduta dos brasileiros na viagem foi simplesmente excelente. Todos êles mostram-se dispostos e desejosos de surrar os nazistas".

A travessia marítima foi feita sem o menor incidente e o oficial norte-americano prosseguiu nas suas declarações, dizendo:

"Estou pessoalmente muito bem impressionado pela disposição e disciplina dos brasileiros. Êles desembarcaram e tomaram lugar nos caminhões como veteranos que já tivessem feito isto muitas vêzes. Tudo se processou com precisão matemática. Não houve a menor confusão".

O ponto onde os brasileiros desembarcaram era um dos esteios da antiga linha defensiva alemã. Em numerosos lugares, foram colocados cartazes em português com os dizeres "Cuidado: minas." A fim de que os recém-chegados se acatuelassem contra muitas das armadilhas e minas terrestres deixadas pelos nazistas.

PASSARÃO POR UM CURTO PERÍODO DE TREINAMENTO

ROMA, 14 (INS) — O quartel general do 5.o Exército norte-americano declarou que as tropas brasileiras que chegaram recentemente à Itália passarão por um período de curto treinamento intensivo, antes de serem mandadas para as linhas de frente, para combater juntamente com outras unidades da Fôrça Expedicionária Brasileira.

O general Cordeiro de Farias declarou que os brasileiros se encontram em excelentes condições.

"Estamos ansiosos para entrar em combate, logo que se torne possível. O moral dos nossos soldados é excelente"

OS EXERCICIOS RELIZADOS PELAS TROPAS BRASILEIRAS ANTES DE EMBARCAR PARA A EUROPA

RIO, 14 (Da nossa sucursal) — Pouco antes de embarcar para a Europa, onde acaba de chegar, o segundo contingente da F. E. B. recebeu a visita da reportagem de um vespertino carioca. Os visitantes foram encontrar os bravos rapazes no exercício realístico, no campo do Gericinó, sob o comando do general Oswaldo Cordeiro de Farias. O tema — concentração de tôda a artilharia divisionária sôbre determinado ponto, para a sua tomada posterior — foi brilhantemente desenvolvido por milhares de soldados e dezenas de oficiais.

— "Ótimo". Com esta palavra, o general Cordeiro de Farias demonstrava a sua satisfação ao general Olympio Falconieri e ao coronel Caiado de Castro, pelo êxito do "avanço" vitorioso em Gericinó, das tropas sob o seu comando.

O coronel Caiado de Castro, comandante do Regimento Sampaio, fazia tôdas as manhãs o seguinte: reunia os seus comandados e lhes dirigia a palavra através do microfone: "Bom dia, meus camaradas!" De milhares de peitos a resposta pulava densa, forte, feita de fogo e aço: "Bom dia, meu comandante". E êste: "Raspem a cabeça que a cobra está fumando!"

Tradução: cortem o cabelo (tipo cadete) por que estamos em vésperas de embarcar.

Hoje, no "front", quando se disser: "A cobra está fumando!" já sabe: o canhão atirou, trava-se a luta, começou a guerra de verdade.

O grande "slogan" guerreiro — frase que será incorporada ao folclore — nasceu no Regimento Sampaio. E hoje é repetida pelo general Clark e por todos os exércitos aliados na península italiana.

CERCADO DO MAIOR SIGILO O EMBARQUE DAS TROPAS EXPEDICIONÁRIAS

RIO, 14 (Da nossa sucursal) — Sòmente agora foram divulgadas as primeiras fotografias do embarque do segundo escalão da Fôrça Expedicionária Brasileira, que acaba de chegar a um pôrto da Itália. Como aconteceu na primeira vez, a viagem das nossas tropas realizou-se com a mais absoluta e necessária discreção. Os soldados chegavam ao cais transportados em comboios e ali recebiam as últimas instruções, encaminhando-se para bordo, onde cada qual tinha o seu lugar prèviamente designado. O embarque realizado à noite processou-se na maior ordem possível, muito contribuindo para isso o espírito de disciplina da tropa. Como já o fizera por ocasião do embarque das primeiras tropas, o presidente Getulio Vargas foi pessoalmente levar as suas despedidas e o estímulo de sua palavra aos bravos soldados da pátria. A tropa recebeu igualmente a visita de d. Jayme de Barros Camara, arcebispo do Rio de Janeiro. Na

(Conclui na página 2)

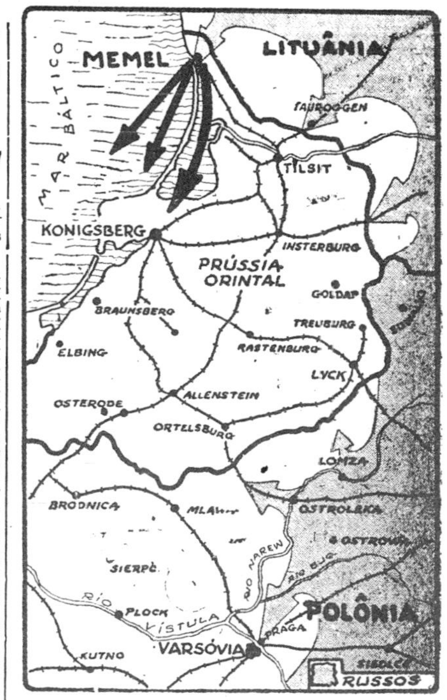

MAPA DE UM SETOR DA FRENTE ORIENTAL EUROPEIA — Os exércitos russos, que já haviam arrancado a Estônia ao domínio nazista, acabam de libertar também a Letônia. Além disto, partindo de Memel, já encetaram o ataque à Prússia Oriental, o que quer dizer que a Alemanha já está sendo ferida em seu território também pelo oriente. A propósito da libertação da Letônia, leia-se a nota de "O Momento Internacional", intitulada "Letônia, Rússia e política extra CARTA DO ATLANTICO", que a "Folha da Manhã" publica na oitava página desta edição.

ATENAS E O PÔRTO DO PIREU OCUPADOS PELOS BRITÂNICOS

CAPTURADA A LOCALIDADE DE DELVINE, NA ALBÂNIA — RENDEU-SE A GUARNIÇÃO ALEMÃ DE CORFU

Q. G. ALIADO NO MEDITERRANEO, 14 (R.) — A emissora de Atenas irradiou às últimas horas da tarde de hoje o seguinte comunicado especial:

"Hoje, dia 14 de outubro de 1944, as tropas britânicas, ocuparam Atenas e o pôrto do Pireu".

TEXTO DO COMUNICADO ESPECIAL DO Q. G. ALIADO NO MEDITERRANEO

Q. G. ALIADO NO MEDITERRANEO, 14 (R.) — É o seguinte o texto na integra do comunicado especial distribuido às primeiras horas da noite de hoje pelo Supremo Comando Aliado no Mediterrâneo:

"Hoje, dia 14 de outubro de 1944, as tropas britânicas ocuparam Atenas e o pôrto do Pireu.

A ocupação foi executada por tropas gregas e britânicas, transportadas, desembarcadas e apoiadas por navios da Real Esquadra Britânica e da Esquadra Grega.

Tropas aerotransportadas britânicas foram transportadas em aviões militares dos Estados Unidos, tendo desempenhado papel saliente na operação.

A libertação de Atenas foi consideràvelmente facilitada por operações preliminares executadas no mar Egeu, por uma fôrça mista de cruzadores, porta-aviões e destróieres da Real Esquadra Britânica, operando sob o comando do contra-almirante Towbridge, e mais tarde sob o comando do comodoro G. N. Oliver, e também pela ação das Fôrças Terrestres do Adriático, sob o comando do brigadeiro Davy, no Peloponeso e da Fôrça Aliada dos Bálcãs, sob o comando do vice-marechal de aeronáutica Elliot.

A retirada das guarnições alemãs das ilhas do mar Egeu por via aérea, também foi seriamente prejudicada pelos ataques desencadeados com êxito pelos aviões da 15.a Fôrça Aérea norte-americana aos aeródromos alemães na Grécia.

O general "sir" Henry Maitland Wilson, supremo comandante aliado, nomeou o tenente-general Scobie, comandante das fôrças terrestres aliadas na Grécia.

As fôrças navais empenhadas na operação estão sob o comando do contra-almirante Mannfield e o comodoro Harcourth Smith comanda as fôrça aéreas aliadas na Grécia".

OCUPADA A LOCALIDADE DE DELVINE

Q. G. ALIADO NO MEDITERRANEO, 14 (R.) — Informações oficiais revelam que as fôrças patriotas, que vêm cooperando eficientemente com os aliados na Albânia, ocuparam a localidade de Delvine.

CANHONEADA A ILHA DE ACHAIA

ROMA, 14 (U. P.) — O comando naval aliado informa que o cruzador "Colombo", da Marinha de guerra britânica, canhoneou às primeiras horas do dia 12 de outubro às baterias inimigas da ilha de Achaia, no gôlfo de Salônica, na Grécia.

RENDEU-SE A GUARNIÇÃO ALEMÃ DE CORFU

ROMA, 14 (U. P.) — A guarnição alemã da ilha de Corfu acaba de se render.

FUGIU A MAIOR PARTE DA GUARNIÇÃO

ROMA, 14 (U. P.) — As tropas britânicas desembarcaram na ilha de Corfu depois que pilotos da "RAF" avistaram bandeiras brancas tremulando por tôda a ilha. Os britânicos quando desembarcaram verificaram que a maior parte da guarnição alemã já havia fugido. Restavam apenas 60 alemães, na ponta nordeste da ilha, os quais se renderam.

FOLHA DA MANHÃ

Propriedade da Emprêsa FOLHA DA MANHA LTDA.

EDIÇÃO DE HOJE 46 PAGINAS

SUMARIO

NOVOS PREÇOS DE ASSINATURAS DOS MATUTINOS

Em virtude das crescentes dificuldades na importação do papel, que já causaram a redução do número de páginas e o aumento das tabelas de publicidade, os matutinos paulistas "Estado de S. Paulo", "Diário de S. Paulo", "Correio Paulistano" e "Folha da Manhã", declaram que a partir de 1.º de julho o preço das assinaturas passará a ser o seguinte:

INTERIOR

ANO CR$ 120,00, SEMESTRE CR$ 70,00, TRIMESTRE CR$ 40,00

CAPITAL

ANO CR$ 150,00, SEMESTRE CR$ 85,00, TRIMESTRE CR$ 50,00

Outrossim declaram que doravante não mais poderão conceder as chamadas "bonificações aos assinantes" ou "bonificações de fim de ano", que consistiam na remessa dos jornais desde a tomada das assinaturas e antes de entrarem as mesmas em vigor.

São Paulo, 12 de junho de 1944.

"ESTADO DE SÃO PAULO"
"DIARIO DE SÃO PAULO"
"CORREIO PAULISTANO"
"FOLHA DA MANHÃ"

PROSSEGUEM OS ENTENDIMENTOS ANGLO-RUSSO-POLONESES EM MOSCOU

Profundas divergências entre o Conselho de Lublin e o Govêrno exilado dificultam o êxito das conversações

MOSCOU, 14 (R.) — Na entrevista entre o marechal Stalin, o "premier" Churchill e o "premier" polonês Mikolajczyk, os srs. Molotov, Anthony Eden e o embaixador norte-americano Harriman, estiveram tambem presentes.

A reunião realizou-se no Kremelin. Rápidos desenvolvimentos estão sendo esperados como consequência dessa reunião, se bem que até agora não tenha havido contato entre Mikolajczyk e os representantes do Comitê Nacional de Libertação polonês.

Observadores locais bem informados não comentaram até agora o teor das conversações mantidas por Mikolajczyk e já se sabe que o próprio "premier" polonês não deseja fazer atualmente qualquer declaração pública.

CONFERÊNCIA DE CHURCHILL E EDEN COM OS MINISTROS POLONESES

MOSCOU, 14 (R.) — Os srs. Churchill e Eden e o embaixador britânico, sr. Archibald Clark Kerr, conferenciaram com o primeiro ministro polonês, sr. Stanilaslaw Mikolajczyk, o ministro do Exterior polonês, sr. Romer, e o presidente do Conselho de Estado polonês, professor Orabsky, durante cêrca de duas horas e meia, na manhã de hoje.

Acredita-se que haverá novo encontro hoje, entre as mesmas personalidades.

NENHUM DESACÔRDO FUNDAMENTAL ENTRE CHURCHILL E STALIN SÔBRE A QUESTÃO POLONESA

MOSCOU, 14 (R.) - Acredita-se nos círculos competentes desta capital não haver nenhum desacôrdo fundamental entre o marechal Stalin e o primeiro ministro inglês, sr. Winston Churchill, no que diz respeito à questão polonesa. O abismo entre o govêrno polonês de Londres e o Conselho de Lublin permanece profundo. Quaisquer pontes que venham a ser construídas sôbre êle deverão ser das mais sólidas, se é que podem ser duradouras.

Os srs. Churchill, Eden e o embaixador britânico em Moscou, "sir" Archibald Clark Kerr, conferenciaram com o primeiro ministro polonês, sr. Stanislaw Mikolajczyk, com o ministro das Relações Exteriores da Polônia, sr. Tadeusz Romer, e com o prof. Grabisk, membro do Conselho Nacional Polonês de Londres, por mais de duas horas e meia, na manhã de hoje.

O terreno está sendo preparado para uma reunião entre o sr. Mikolajczyk e os representantes do Conselho Polonês de Lublin. Não se acredita, porém, que já esteja à vista qualquer solução para o problema, mas, sem dúvida alguma o processo de um acôrdo já foi iniciado. As divergências de pontos de vista entre o govêrno polonês de Londres e o Conselho Polonês de Lublin permanecem.

AS DIVERGÊNCIAS ENTRE O GOVERNO POLONES DE LONDRES E O CONSELHO DE LUBLIN

MOSCOU, 14 (U. P.) — Os altos círculos diplomáticos são de opinião de que a solução do problema polonês ainda não foi encontrada, apesar dos esforços de Churchill, Stalin e Mikolaczyk.

Na reunião de hoje, que se prolongou por duas horas e meia, tambem tomaram parte o sr. Anthony Eden, o embaxiador britânico Clark, o ministro das Relações Exteriores da Polônia, Tadenaz Romer, e o representante da Assembléia Nacional Polonesa, Stanislaw Grabski.

Diz se que os acontecimentos ocorridos desde a última visita de Mikolaczyk a Moscou acentuaram marcadamente as dificuldades para um entendimento entre os grupos de Lublin e de Londres.

O grupo de Lublin contempla com severidade as responsabilidades pelo sangrento levante de Varsóvia e deixou bem explicito que os culpados serão acusados de morte de milhares de poloneses, que perderam suas vidas durante a revolta. Os componentes do grupo de Lublin afirmam que a responsabilidade cabe a agentes do grupo de Londres.

Diz-se que Churchill e Stalin se empenham para que ambas as facções cheguem a um acôrdo. Ambos os estadistas afiramaram repetidas vezes que são partidários de uma Polônia forte e independente, que mantenha relações amistosas com a União Soviética.

Por outra parte, os elementos do govêrno polonês exilado de Londres encontram-se diante de uma situação que não pode ser ignorada, isto é, que o Conselho de Lublin já está administrando as zonas libertadas da Polônia, tem o apoio de um poderoso exército e está impondo ràpidamente sua autoridades.

Por outro lado, um acôrdo auxiliaria o Conselho de Lublin porque facilitaria suas relações com o mundo exterior, principalmente com os Estados Unidos e a Grã-Bretanha. Atualmente, por exemplo, as zonas administradas pelo Conselho de Lublin contam a ajuda das Nações Unidas, porém, não têem direito à assistência de empréstimos e arrendamentos.

REGRESSA À ITÁLIA O GENERAL GASPAR DUTRA

LONDRES, 14 (R.) — O ministro da Guerra do Brasil, general Eurico Gaspar Dutra, deixou Londres, hoje, de regresso à Itália.

Ao embarque do ilustre visitante compareceram o embaixador brasileiro, sr. Moniz de Aragão, os adidos militar e de aeronáutica brasileiros, e diversos representantes do Ministério da Guerra da Grã-Bretanha.

Conferência nacional do café em Bogotá

BOGOTA', 14 (R.) — A conferência nacional do café reunida nesta Capital encerrou os seus trabalhos ontem, depois de ter tratado dos principais problemas dos negócios de café no exterior e tendo chegado à conclusão de que os atuais preços não estão em relação com o custo da produção.

O TEMPO

Previsão até às 14 horas de hoje: Tempo: instável, com chuvas e trovoadas. Temperatura: estável. Ventos: variáveis, com rajadas de frescas a muito frescas. Temperatura da véspera: máxima, 27.8; mínima, 15.2.

FOLHA DA MANHÃ

Diretores: OCTAVIANO ALVES DE LIMA e GUILHERME DE ALMEIDA

MARÇO 2 SEXTA-FEIRA — QUARTO MINGUANTE, A 7

S. SIMPLÍCIO, Papa — 1866 — Abaixo de Humaitá é repelida uma abordagem paraguaia.

ANO XX || RUA DO CARMO, 35 e 39 — TELEFONE: 2-7181 (RÊDE INTERNA) || S. PAULO — SEXTA-FEIRA, 2 DE MARÇO DE 1945 || CAIXA POSTAL 79-B — ENDEREÇO TELEGRÁFICO "FOLHAS" || N. 642-

COMPLETADOS NA CONFERÊNCIA DA CRIMÉIA OS PLANOS MILITARES PARA O ANIQUILAMENTO FINAL DA ALEMANHA

Roosevelt declara que nunca as potências aliadas estiveram tão intimamente unidas

Em discurso no Congresso, o presidente dos Estados Unidos relata os resultados da reunião dos três líderes

WASHINGTON, 1 (R.) — E' o seguinte o texto do relatório do presidente Roosevelt, sôbre a Conferência da Criméia, apresentado pessoalmente hoje ao Congresso, em sessão conjunta:

"E' bom estar de volta à pátria. Foi uma longa jornada. Espero que todos concordem em que foi uma jornada útil. Falando com tôda a franqueza, a questão de se saber se ela foi inteiramente útil, ou não, está em grande parte nas vossas mãos, pois que, a não ser que todos vós, no recinto do Congresso dos Estados Unidos, com o apoio do povo americano, concorram nas decisões alcançadas em Yalta, dando-lhes o vosso apoio ativo, aquela reunião não terá produzido resultados duradouros.

Essa é a razão pela qual aqui me apresento, perante vós, o mais ràpidamente possível, após o meu regresso. Desejo fazer um relatório pessoal a vós e ao mesmo tempo ao povo dos Estados Unidos. Numerosos meses de trabalho árduo estão à frente de todos nós, e gostaria de sentir que, quando fôr lançada a última pedra da estrutura da paz internacional, esta terá sido obra em benefício da qual todos nós, da América, trabalhamos com determinação e altruìsticamente. Retorno desta jornada, que me levou a 7 mil milhas de distância da Casa Branca, tranquilizado e inspirado. Os Roosevelts não são, como podeis pensar, avessos às viagens. Muito pelo contrário. Por mais distante que estivesse, mantive-me sempre continuamente informado do andamento dos negócios dos Estados Unidos. O milagre moderno das comunicações rápidas fêz com que êste mundo se tornasse muito pequeno, e devemos ter sempre isso em mente, quando pensarmos ou falarmos de relações internacionais.

Recebi durante minha jornada uma verdadeira torrente de telegramas de Washington e, exceto quando o silêncio do rádio era necessário por motivos de segurança, pude enviar continuamente os meus telegramas a qualquer parte do mundo e, como é natural, em caso de grave emergência, poderíamos até mesmo ter quebrado a regra da segurança".

OS DOIS OBJETIVOS DA CONFERÊNCIA DA CRIMÉIA

"Venho da Conferência da Criméia com a firme crença de que tivemos um bom princípio na estrada que conduz à paz mundial. Na Conferência da Criméia, tínhamos dois propósitos primordiais: o primeiro era levar a derrota à Alemanha, com a maior rapidez possível, e com a menor perda possível de soldados aliados. Esse objetivo está sendo agora visado com as maiores fôrças disponíveis. O exército e o povo alemães estão sentindo cada vez mais o poder crescente dos nossos combatentes e dos exércitos aliados. Cada hora nos dá novo orgulho, em resultado do avanço heróico das nossas tropas sôbre o solo alemão, marchando para se unir ao heróico exército russo.

O segundo propósito consistia em continuar na construção dos fundamentos do acôrdo internacional, que trará a ordem e a segurança após o caos da guerra, e que poderá proporcionar garantias de uma paz duradoura às nações do mundo. Também na direção dêsse objetivo tremendos esforços estão sendo feitos. Em Teerã, há mais de um ano, foram apresentados grandes planos militares pelos chefes de Estado Maior das três mais poderosas nações. Entre os líderes civis aliados presentes em Teerã, verificou-se apenas a troca de pontos de vista e expressões de opinião. Não houve acordos políticos e, aliás, não se tentou estabelecer nenhum. Na Conferência da Criméia, porém, verificou-se ter chegado o momento de estudar casos específicos no terreno político. Assinalaram-se de todos os lados, nessa conferência, esforços entusiásticos para atingir um acôrdo. Desde a época da Conferência de Teerã desenvolveu-se entre todos nós maiores facilidades para negociações uns com os outros, o que augura a duradoura futura paz do mundo.

Jamais oscilei na minha crença de que um acôrdo para assegurar a paz mundial e a segurança internacional pode ser alcançado. O lapso de tempo, entre Teerã e Yalta, sem uma conferência de representantes civis das três maiores potências, provou ser por demais longo, pois foi de 14 meses. Durante êsse longo período, os problemas locais puderam tornar-se agudos em regiões como na Polônia, na Grécia, na Itália e na Iugoslávia. Por essa razão, decidimos em Yalta que, mesmo que as circunstâncias tornassem impossível aos chefes de Estado dos três governos reunirem-se mais a miúdo no futuro, faríamos tudo ao nosso alcance, para que houvesse contatos pessoais mais frequentes para a troca de pontos de vista. De acôrdo com essa divisão, ficou determinada a reunião periódica dos ministros do Exterior da Inglaterra, Rússia e Estados Unidos, em intervalos de 3 ou 4 meses. Estou certo de que, com essa nova medida, não se repetirão os incidentes que êste inverno perturbaram os amigos da colaboração mundial.

PRESIDENTE ROOSEVELT

Quando nos reunimos em Yalta, além de lançarmos os fundamentos dos nossos planos estratégicos e táticos para a vitória militar completa e final sôbre a Alemanha, estudamos também numerosos problemas de consequências políticas de primordial importância. Em primeiro lugar, havia os problemas da ocupação e contrôle da Alemanha, após a vitória, a destruição completa de seu poder militar e a garantia de que nem o nazismo e nem o militarismo prussiano poderiam renascer e tornar a ameaçar a civilização mundial.

Em segundo lugar, havia o apaziguamento de pequenas divergências que ainda permaneciam entre nós, no que concerne à organização de segurança internacional, após a conferência de Dumbarton Oaks.

Em terceiro lugar, havia alguns problemas políticos e econômicos comuns a tôdas as regiões que haviam sido ou seriam libertadas dos nazistas.

Em quarto lugar, havia os problemas especiais criados pela Polônia e Iugoslávia".

NUNCA AS POTÊNCIAS ALIADAS ESTIVERAM TÃO INTIMAMENTE UNIDAS

"Vários dias foram dispendidos nas discussões desses momentosos assuntos, e, de nossa parte, argumentamos livre e francamente à mesa da conferência. Ao final das discussões, surgiu um acôrdo unânime sôbre todos os pontos. E mesmo mais importante do que um acôrdo de palavras, posso dizer que alcançamos a unidade de pensamento e a maneira de prosseguirmos de mãos dadas. Era esperança de Hitler que não chegássemos a um acordo, que uma ligeira fenda surgisse na sólida muralha da unidade aliada, fenda que lhe daria e aos seus "gangsters" uma última esperança de escapar ao seu destino justo. Esse foi o objetivo que a máquina de propaganda alemã visou alcançar nestes últimos meses. Mas, Hitler fracassou. Jamais, em ocasião alguma, as grandes potências aliadas estiveram tão intimamente unidas, não só nos seus objetivos de guerra, como também nos seus objetivos de paz. E elas estão determinadas a continuar unidas e com tôdas as nações amantes da paz, para que o ideal de uma paz mundial duradoura se transforme numa realidade.

Os chefes de Estado Maior da Rússia, da Inglaterra e dos Estados Unidos realizaram reuniões diárias uns com os outros e conferenciaram frequentemente com o marechal Stalin, com o primeiro ministro inglês, sr. Winston Churchill, e comigo, sôbre o problema da coordenação dos esforços estratégicos e táticos de tôdas as fôrças aliadas. Nessa tarefa, completaram seus planos para o aniquilamento final da Alemanha.

Por ocasião da Conferência de Teerã, a frente russa estava tão afastada das frentes britânica e americana que, embora certa cooperação estratégica de longo alcance fôsse possível, não era permitido às nações aliadas realizar uma coordenação diária tática. Mas, as tropas russas cruzaram agora a Polônia e estão combatendo no solo oriental da Alemanha; as tropas britânicas e americanas encontram-se agora em solo alemão, junto ao Reno, na frente ocidental. Hoje, a situação é diferente. Uma ligação tática mais íntima tornou-se possível e, na conferência da Criméia, esta ligação foi realizada.

Foram tomadas as providências para um intercâmbio diário de informações entre os exércitos sob o comando do general Eisenhower e o dos marechais soviéticos, na frente oriental, e ainda entre os exércitos aliados na Itália, sem que essas informações precisem obrigatòriamente passar pelos chefes de Estado Maior em Washington e Londres, como no passado.

Já foi possível ver-se um resultado dêsse intercâmbio de informações, no recente bombardeio por aviões americanos e inglêses, de pontos que estão diretamente relacionados com o avanço russo sôbre Ber-

(Conclui na página 2)

PERON SERIA CANDIDATO À PRESIDÊNCIA DA ARGENTINA

EXIGIDO O LEVANTAMENTO DO ESTADO DE SITIO NO PAIS — A ATITUDE DOS ELEMENTOS RADICAIS

BUENOS AIRES, 1 (Por Armando Cosani, correspondente da "United Press") — A candidatura do coronel Peron aguarda apenas a aprovação formal de seus partidários, acreditando-se que a mesma seja lançada após a suspensão do estado de sítio, esperada para futuro próximo.

Revelou-se que alguns dos grupos partidários de Peron exigem o levantamento do estado de sítio o mais urgentemente possível a fim de apressar o início da luta eleitoral.

Entrementes, espera-se, de um momento para outro, o anunciado manifesto dos dirigentes radicais com mais de 1.500 assinaturas de elementos anticolaboracionistas, que também pedem o levantamento do estado de sítio e a volta ao regime constitucional.

Os partidários da candidatura de Peron comentam abertamente que as massas populares estão constituídas em partes iguais por radicais e peronistas.

Os elementos radicais dirigidos por Forja, que apoiam Peron, repelem a idéia de que estejam apoiando Peron pròpriamente dito.

Sustentam que querem converter Peron ao seu radicalismo e erguem a bandeira doutrinária de "radicalizar a revolução e revolucionar o radicalismo".

Excetuando-se os conservadores que continuam ostensivamente inativos, os demais partidos publicam seus pontos de vista e programas nos jornais e revistas. Mantêm o debate entre si, às vêzes de forma violenta.

O diário socialista "La Vanguardia" qualifica os forjistas de nazi-paludistas, solicitando eleições imediatas e que o govêrno entregue o mando supremo, ao que parece muito pouco provável.

O coronel Peron, em suas mais recentes declarações, afirmou que os socialistas o atacam porque quando na secretaria do Trabalho lhes arrancou a clientela.

"La Vanguardia", inspirando-se nos ideais eleitorais do Brasil, afirma que quem foi ditador não pode ser presidente.

Enquanto os partidos tradicionais, inclusive os socialistas, elaboram a ação, em oposição ao govêrno, Forja recolheu a luva, juntamente com outros grupos e inclusive com os restos dos nacionalistas pró-"eixo", como os representados pela "Nova Argentina" — diário que substituiu o suspenso "Momento Argentino" que, em seu último editorial, classificou o govêrno atual de "genuinamente democrático".

Acredita-se que o ambiente político mudará quando fôr levantado o estado de sítio, permitindo debates políticos livres.

O homem da rua espera com a tradicional indiferença dos últimos anos o desenvolvimento dos acontecimentos, comparecendo e aplaudindo Peron nas concentrações.

No entanto, os veteranos da política argentina sugerem aguardar mais um pouco antes de emitir opiniões definitivas sôbre as eleições até ser conhecido o estatuto que, segundo consta, já está pronto, aguardando divulgação

A nomeação de Wallace para a Secretaria de Comércio dos Estados Unidos

WASHINGTON, 1 (U. P.) — O Senado aprovou a nomeação de Henry Wallace para o cargo de secretário de Comércio.

AUTORIZADO A FAZER EMPRÉSTIMOS

WASHINGTON, 1 (U. P.) — O novo secretário do Comércio dos Estados Unidos, sr. Henry Wallace, conseguiu 56 votos contra 32 no Senado no tocante ao projeto que autoriza ao secretário de Comércio fazer empréstimos como administrador federal. O senador Albert Hawkes, representante republicano de Nova Jersey, declarou que considerava a nomeação de Henry Wallace como uma manobra política ilegal. O líder democrático Lieser Hill declarou que Wallace era um dos maiores protetores da indústria norte-americana, acrescentando que o novo secretário de Comércio acredita com entusiasmo na dinâmica expansão da capacidade norte-americana de produção.

OCUPADO O GRANDE CENTRO INDUSTRIAL TEUTO DE MUNCHEN-GLADBACH

Capturada a cidade natal de Goebbels — Aproxima-se de Colônia o 9.° Exército — Penetraram em Trier os aliados

PARIS, 1 (R.) — As tropas americanas ocuparam o grande centro de Munchen-Gladbach, no caminho de Dusseldorf.

As fôrças americanas também entraram em Rheydt, cidade natal do ministro nazista Goebbels.

MUNCHEN-GLADBACH FICA A 25 QUILÔMETROS DE DUSSELDORF

PARIS, 1 (R.) — A cidade de Munchen-Gladbach foi conquistada por elementos da 29.a divisão do 9.o Exército dos Estados Unidos.

As pontas de lança aliadas, que precederam o avanço do grosso das fôrças aliadas e entraram em Munchen-Gladbach, foram formadas por tropas do 1.o, 2.o e 3.o batalhões do 177.o Regimento.

A cidade foi pois, pròpriamente, tomada ao anoitecer de hoje, pelo grosso das fôrças americanas.

Munchen-Gladbach, centro manufatureiro de tecidos, está situada a 25 quilômetros a oeste de Dusseldorf e possuia antes da guerra uma população de 127.000 habitantes.

Está imediatamente ao norte de Rheydt, cidade natal de Goebbels onde, segundo outros telegramas, as fôrças americanas também penetraram.

Munchen-Gladbach, situada nas proximidades ocidentais dos grandes centros industriais de Dusseldorf Duisburg e Essen, foi o "pivot" de uma linha de defesa alemã entre a frente de batalha pròpriamente dita e o Reno.

A resistência encontrada pelas fôrças aliadas em Munchen-Gladbach foi moderada, em relação ao seu tamanho pois a cidade foi limpa de soldados inimigos, com rapidez extraordinária.

As tropas norte-americanas tiveram de enfrentar, porém, fogo considerável por parte de franco-atiradores, que se utilizaram de metralhadoras. Foi assinalado também dentro da cidade fogo de certa violência, de canhões de autopropulsão e de tanques.

O AVANÇO SÔBRE COLÔNIA

NOVA YORK, 1 (R.) — "Segundo os últimos informes, as tropas norte-americanas se encontram agora a seis quilômetros e meio de Colônia" — anuncia uma emissora local.

NAS IMEDIAÇÕES DA CIDADE OS TANQUES ALIADOS

LONDRES, 1 (R) — "Tanques aliados chegaram às imediações de Colônia" — declara o rádio alemão.

PENETRARAM EM TRIER OS ALIADOS

Q. G. DO III EXÉRCITO AMERICANO, 1 (R.) — Os elementos avançados da 10.a divisão blindada americana informam ter entrado nos subúrbios de Trier.

DIVERSAS LOCALIDADES CAPTURADAS

SUPREMO Q. G. ALIADO, 1 (R.) — Anuncia-se oficialmente que as fôrças aliadas avançaram até o rio Kuil, conquistando as localidades de Rohl, Sulm e Idenheim.

Os aliados conquistaram também Irral e Kelenesburg, 11 quilômetros a noroeste de Treves.

UMA DAS CIDADES MAIS ANTIGAS DA ALEMANHA

LONDRES, 1 (R.) — Trier ou Treves, que os aliados invadiram, é, com Augsburg, a mais velha cidade da Alemanha.

Está sôbre o rio Mosela, entre duas cadeias de montanha, na junção de importantes linhas férreas entre Colônia e Sarrebrucken, Strasbourg e Basilia e entre Berlim e o oeste. E' centro de peregrinação católica devido à relíquia da Sagrada Mortalha, que foi ofertada à sua Catedral pela Imperatriz Helena, mãe do imperador romano Constantino.

A Mortalha apresenta uma mancha negra de sangue pisado, que se acredita ser de Sangue de Cristo.

A mais importante indústria de Trier é a vinhateira, sendo famosos mundialmente seus vinhos; também tem fábricas de fumo e teares de lã.

Sua maior importância reside no fato de ser centro obrigatório do tráfego entre as regiões industriais do Sarre e Lorena.

AVANÇAM AS FÔRÇAS ALIADAS QUE CRUZARAM O PRUEM

SUPREMO Q. G. ALIADO, 1 (R.) — Infoma-se oficialmente que elementos blindados aliados, após terem cruzado o rio Pruem, a sudoeste da cidade do mesmo nome, conquistaram as localidades de Pronsfeld, Lenebaech e Merlscheid.

Masweiler, na mesma frente, foi também conquistada pelos aliados.

MESSERBILLIG EM PODER DOS ALIADOS

SUPREMO Q. G. ALIADO, 1 (R.) — Segundo revelam informações oficiais, encontram-se agora em poder das fôrças aliadas a localidade de Messerbillig, situada na junção dos rios Sarre e Mosa.

CONFERENCIARAM OS COMANDANTES ALIADOS

Q. G. DO GENERAL MONTGOMERY, 1 (R.) — Comandantes britânicos e norte-americanos encontraram-se hoje na Holanda.

O general Eisenhower, o marechal Montgomery, o general Omar Bradley e o tenente-general William Simpson reunidos no Q. G. de Montgomery, tomaram provàvelmente, decisões de maior importância para a batalha do Reno e para a "destruição de todos os alemães a oeste do rio".

A batalha está se desenvolvendo ao sul, além das previsões, e no norte se desenrola também de maneira plenamente satisfatória, continuando o Exército do general Cirar a investir contra as poderosas linhas inimigas, procurando rompê-las.

O objetivo, pelo menos aparente, da visita do supremo comandante aliado ao Q. G. de Montgomery, foi impor a oficiais britânicos e canadenses condecorações americanas.

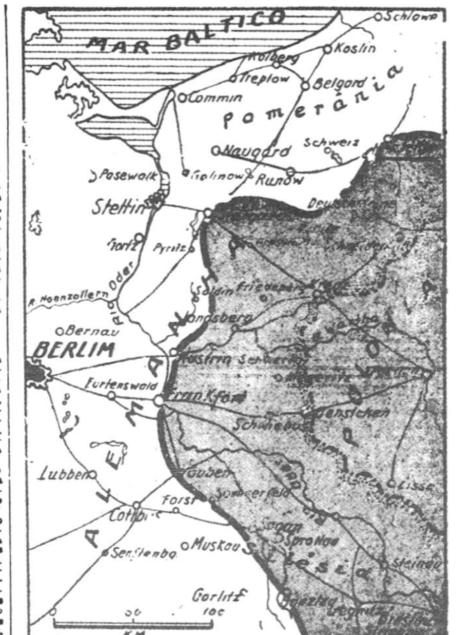

O AVANÇO RUSSO EM DIREÇÃO AO BALTICO — Prosseguindo em sua ofensiva para isolar Dantzig e a Pomerânia do Reich, as tropas de Rokossovsky ocuparam, anteontem, Neu Stettin, assinalada no mapa acima

FAZEM JUNÇÃO O 1.o E 2.o EXÉRCITO DA RÚSSIA BRANCA

CONQUISTADO PELAS FÔRÇAS SOVIÉTICAS O ENTRONCAMENTO DE FLOETENSTEIN, NA POMERÂNIA

MOSCOU, 1 (U. P.) — Os exércitos das 1.a e 2.a frentes da Rússia Branca fizeram junção no curso de um ataque de grandes proporções sôbre Stetin.

Simultaneamente, parece que as tropas do marechal Zhukov reiniciaram sua ofensiva contra Berlim, entre Frankfurt e Koestrin, onde os soviéticos se acham a 49 quilômetros da Capital alemã.

O comunicado soviético não menciona, especificadamente, os setores de Stetin ou Berlim, porém anuncia a conquista do entroncamento de Floetenstein, na Pomerânia, a 32 quilômetros a noroeste de Neustettin, bem como a ocupação de outros dez quarteirões de edifícios em Breslau e dois nos subúrbios da cidade.

Foram, também, conquistadas várias localidades durante a batalha pela posse do baluarte checo de Svolen.

Na Pomerânia, as fôrças do marechal Rokossousky avançaram até situar-se à vista do entroncamento ferroviário de Koestrin, no Báltico, dando, assim, um passo mais para completar o cêrco em tôrno dos exércitos nazistas que lutam ao norte.

Quando se fechar o cêrco, 200 a 300 mil fascistas alemães terão que se render ou ser aniquilados, podendo ainda tentar uma evacuação perigosa pelo mar.

As fôrças mecanizadas do marechal Rokossousky estabeleceram junção com as tropas do marechal Zhukov em Arneswald, a 71 quilômetros de Stetin, estando agora os dois exércitos travando sangrentas batalhas, especialmente em direção a Pyritz, 35 quilômetros a sudeste de Stetin.

Segundo informações da frente, continua a violenta batalha do Oder e Neisse, estendendo-se para o sul do setor de Koestrin até Georlitz, na Baixa Silésia.

A batalha mais violenta da Prússia Oriental continua sendo travada em Koenigsberg, onde as tropas do exército vermelho estão apertando o cêrco do remanescente das 25 divisões nazistas, que tinham a seu cargo a defesa daquela província alemã.

O QUE INFORMA A RADIO DE BERLIM

LONDRES, 1 (U. P.) — A rádio de Berlim afirma que pontas-de-lança do segundo exército da Rússia Branca chegaram à zona de Pollnow, na Pomerânia. Essa localidade fica a apenas 35 quilômetros da costa do Mar Báltico, e a vinte e sete quilômetros da última estrada de ferro que ainda resta aos nazistas na área de Dantzig, no nordeste da Alemanha.

Assim, parece tratar-se de uma manobra destinada a isolar os cem mil nazistas que guarnecem aquela região.

REINICIADA A OFENSIVA RUSSA NA FRENTE DO ODER

LONDRES, 1 (U. P.) — O comentarista da rádio de Berlim, coronel Ernst von Hammer anunciou que os russos reiniciaram a ofensiva na frente do rio Oder, paralisada há algum tempo. Segundo o informante nazista, os russos tentaram romper as linhas nazistas em Frankfurt sôbre o Oder, 53 quilômetros a leste de Berlim, bem como em Koestrin. Ambas as tentativas, segundo o comentarista germânico, fracassaram. Admite, no entanto, que a luta aumentou de intensidade ao longo de tôda a frente, que se estende de Frankfurt até os pântanos a nordeste de Berlim.

FOLHA DA MANHÃ

Propriedade da Emprêsa FOLHA DA MANHÃ LTDA.

ASSINATURAS	
CAPITAL	
Anual	Cr$ 180,00
Semestral	Cr$ 85,00
Trimestral	Cr$ 50,00
INTERIOR	
Anual	Cr$ 120,00
Semestral	Cr$ 70,00
Trimestral	Cr$ 40,00
NÚMEROS AVULSOS	
Dias úteis	Cr$ [illegible]
Domingos	Cr$ 0,50
Atrasados	Cr$ [illegible]

Remessa de correspondência e numerário dirigida à Emprêsa FOLHA DA MANHÃ LTDA.

EDIÇÃO DE HOJE 18 PAGINAS

SUMÁRIO

O TEMPO

Previsão até às 14 horas de hoje: Tempo: instável, com chuvas. Temperatura: estável. Ventos: variáveis frescos. Temperatura da véspera: máxima, 24.5; mínima, 17.0.

FOLHA DA MANHÃ

Diretores:
ALCIDES RIBEIRO MEIRELES E JOSÉ NABANTINO RAMOS

ABRIL
13
SEXTA-FEIRA
AMANHÃ, LUA NOVA

SANTO HERMENEGILDO mártir
—
1825 — Execução dos patriotas em Pernambuco.

ANO XX || RUA DO CARMO, 35 e 39 TELEFONE: 2-7181 (RÊDE INTERNA) || S. PAULO — SEXTA-FEIRA, 13 DE ABRIL DE 1945 || CAIXA POSTAL 79-B ENDEREÇO TELEGRÁFICO "FOLHAS" || N. 6459

FALECEU NA TARDE DE ONTEM, VITIMADO POR UM DERRAME CEREBRAL, O PRESIDENTE FRANKLIN ROOSEVELT

Franklin Delano Roosevelt nasceu com altos destinos. Chegou à presidência da República dos Estados Unidos exatamente no pico da crise mundial que Herbert Hoover concorreu para provocar, com a sua imperdoável política protecionista, e não soube remediar, na sua mediania de homem de negócios alçado à posição de estadista. No alto pôsto, colheu o História para condutor, não apenas do povo norte-americano, mas de tôda a humanidade, na luta contra Hitler e o hitlerismo, que tentou afogar o mundo na escravidão e o afogou em sangue.

Bastaria o "New Deal" para a glória de Roosevelt. Quando êle assumiu o govêrno, o mundo era um caos após uma catástrofe. Porque quanto maior é a nau, maior é a tormenta, quem mais sofria, entre todos os países da terra, eram os Estados Unidos, que jaziam sepultados sob os escombros das bancarrotas na ronda do desemprêgo de milhões e milhões de homens sem lar e sem pão. A indústria em colapso, a agricultura moribunda, o comércio arruinado. Um espetáculo que parecia um fim de civilização, na decadência súbita de uma nação que caiu do mais alto fastígio à mais penosa miséria.

Foi quando Roosevelt, preservando as instituições políticas, sociais e econômicas vigentes, sem abalar a sociedade constituída, empreendeu uma tarefa de Hércules, na temerosa reorganização da vida norte-americana, desde os seus fundamentos. Encontrou, lá dentro, a mais rude e obstinada oposição. Fora, descrenças que o combatiam ou que dêle se riam, crivando-o de sarcasmos. Interêsses contrariados, rotinas rompidas, planos contraditórios, conflitos de classes, tudo se antepôs no seu caminho. E a tudo Roosevelt enfrentou com um bom humor que era a couraça da sua fortaleza de ânimo. Sem violar um só direito, sem ferir uma só liberdade, legalmente, soube lutar e soube vencer. O que os Estados Unidos voltaram a ser, a êle se deve em grande parte, apesar de esquecimentos que não tardaram a sobrevir em ingratidões que não embaçam os seus méritos perante a História.

Quando Hitler, tendo Mussolini por escudeiro, se lançou aos preparativos da grande aventura que ameaçou aniquilar a humanidade e acabou aniquilando a Alemanha, foi Roosevelt a voz que mais forte e mais clara soou, em advertências que não foram ouvidas. Ainda as direitas britânicas e francesas corriam para Munich, na esperança de acalmar a fera com a carne da Checoslováquia, e assim nas outras horas graves do mundo, a palavra do grande presidente se erguia para condenar as ditaduras de rapina, que jamais ouviram uma palavra sua de simpatia, nem sequer de vago assentimento. Nos dias trágicos da França, a que se seguiram os dias trágicos da Grã-Bretanha, não se recolheu prudente ou amedrontado à neutralidade, que seriam covardias ou conivências. Pôs quanto lhe era possível os arsenais estadunidenses à disposição das democracias contra o "eixo" enquanto conduzia o seu povo a atitudes mais decididas na luta que não se travava entre potências européias, mas entre a opressão e a liberdade.

Veio afinal o provocação de Pearl Harbor. Os Estados Unidos foram arrastados à guerra. Roosevelt apareceu então em tôda a sua grandeza, como o grande líder do seu povo e dos seus aliados. A criação da indústria bélica maior e mais eficiente que já houve, exércitos que derrotam ao mesmo tempo a Alemanha na Europa e o Japão na Ásia, esquadras que dominam todos os oceanos, aviões que escurecem os céus, auxílios decisivos à Grã-Bretanda e à URSS, ajuda o todos os países aliados, eis a obra realizada, em curtos anos, pelo povo norte-americano sob o comando de Franklin Roosevelt.

Mas o destino, que lhe havia proporcionado gloriosos ensejos, negou-lhe a melhor satisfação. Não pôde Roosevelt assistir à Vitória, com a tomada de Berlim e a rendição da Alemanha. Cerrou os olhos justamente quando os seus soldados, os soldados que êle armou para o triunfo, estão quase à vista da Capital do Reich.

Só lhe faltou, entretanto, ouvir o pedido de armistício, isto é, a concretização, digamos a documentação oficial da derrota da Alemanha. A derrota em si, essa já está consumada. Roosevelt há de ter morrido tranquilo quanto ao futuro dos Estados Unidos e da humanidade, que venceram a guerra para que nos libertássemos dos perigos e das ignomínias da escravidão, graças em grande parte à sua sabedoria administrativa e ao seu gênio político.

WASHINGTON, 12 (U. P.) — Faleceu, esta tarde, o presidente da República dos Estados Unidos da América, Franklin Delano Roosevelt.

O DESENLACE OCORREU EM WARM SPRINGS

WASHINGTON, 12 (U. P.) — O sr. Stephen T. Eearly, secretário da Casa Branca, anunciou que o presidente Franklin Delano Roosevelt faleceu, esta tarde, em Warm Springs, Estado da Geórgia.

VITIMADO POR UM DERRAME CEREBRAL

WARM SPRINGS, 12 (U. P.) — A notícia do passamento do presidente Roosevelt foi dada pelo secretário William D. Hasselt, o qual convocou os correspondentes das três agências telegráficas, que haviam acompanhado o presidente durante a sua viagem, e disse:

"Tenho o triste dever de vos informar que o presidente faleceu às 3 horas e 35 minutos da tarde de hoje, em consequência de um derrame cerebral".

O desenlace ocorreu às 15 h 35, em Warm Springs — Reunião do secretariado americano

Realiza-se sábado, em Hyde Park, o sepultamento — Os últimos momentos de vida do chefe do govêrno dos E. U. A.

APENAS DUAS PESSOAS SE ENCONTRAVAM EM CASA DO PRESIDENTE

WASHINGTON, 12 (R.) — O presidente Roosevelt faleceu em seu dormitório, do pequeno bangalô branco, situado no alto de um outeiro, coberto de pinheirais, que visitava desde há vinte anos, para se tratar de paralisia infantil que o acometeu em 1921.

Acredita-se que sòmente duas pessoas estavam em casa, quando do desenlace. São elas a senhorita Laura Delano e a senhorita Margaret Sucheley, que se incumbiam dos arranjos caseiros durante suas breves visitas a Warm Springs.

Ao anoitecer de hoje, os membros do govêrno dos Estados Unidos começaram a chegar de diferentes pontos do território americano, para a sessão de emergência convocada imediatamente após a Casa Branca ter tido conhecimento oficial do desenlace. Os primeiros a chegar foram a senhora Francis Perkins, secretária do Trabalho, e Harold Ickes, secretário do Interior. O pavilhão americano, que flutuava no mastro central da Casa Branca, foi retirado.

A SENHORA ROOSEVELT PARTIU DE AVIÃO PARA WARM SPRINGS

WASHINGTON, 12 (R.) — A senhora Franklin Delano Roosevelt seguiu de avião para Warm Springs, imediatamente após a notícia do falecimento de seu espôso.

COMUNICADO DA CASA BRANCA

WASHINGTON, 12 (R.) — A Casa Branca divulgou o seguinte comunicado, a respeito do falecimento do presidente Roosevelt:

"O vice presidente da República, sr. Truman, já foi notificado do falecimento do presidente Roosevelt, na tarde de hoje, tendo sido imediatamente chamado à Casa Branca e informado pessoalmente do desenlace, pela senhora Roosevelt.

O secretário de Estado, sr. Stettinius, também foi igualmente notificado.

O govêrno norte-americano foi convocado para uma reunião extraordinária".

(Conclui na página 2)

ROOSEVELT

ASSUME A PRESIDÊNCIA DOS E. U. A. O SR. HARRY S. TRUMAN

NÃO HOUVE MODIFICAÇÕES NO GABINETE — SERÃO OBSERVADAS AS DIRETRIZES DE ROOSEVELT

WASHINGTON, 12 (U. P.) — O sr. Harry S. Truman acaba de prestar juramento, como 32.o presidente dos Estados Unidos.

A CERIMÔNIA DO JURAMENTO

WASHINGTON, 12 (R.) — Logo após a chegada à Casa Branca do ministro presidente da Suprema Côrte, dr. Harlan Stone, realizou-se a cerimônia do juramento do vice-presidente da República, sr. Truman, como presidente dos Estados Unidos, em substituição a Franklin Delano Roosevelt, cujo passamento se verificou na tarde de hoje.

O sr. Truman torna-se assim, o trigésimo segundo presidente dos Estados Unidos, e seu mandato teve início hoje, precisamente às 7 horas e 9 minutos (hora de guerra de leste) ou sejam, 23 horas e nove minutos pelo meridiano de Greenwich, e 20 horas e 9 minutos pelo meridiano do Rio de Janeiro.

SEGUIRÁ AS DIRETRIZES DE ROOSEVELT

WASHINGTON, 12 (U. P.) — São estas as primeiras declarações feitas pelo novo presidente dos Estados Unidos, sr. Harry S. Truman:

"A minha tarefa consiste em seguir as diretrizes do govêrno de Roosevelt, e agir como penso que êle agiria. Por êste motivo, acabo de solicitar ao Gabinete que continue comigo".

REUNIÃO DO GABINETE

WASHINGTON, 12 (U. P.) — Acaba de reunir-se em sessão de emergência, o secretariado do govêrno dos Estados Unidos da América do Norte, sob a presidência do sr. Harry S. Truman.

DADOS BIOGRÁFICOS DO NOVO PRESIDENTE

WASHINGTON, 12 (R.) — O senador Harry Truman, que agora é o presidente interino dos Estados Unidos, ganhou as eleições para a vice-presidência na disputa do pleito em que concorreu com o sr. Henry Wallace, nas últimas eleições presidenciais.

Natural de Missouri, Truman completará 61 anos no mês próximo.

Em 1935 foi eleito senador e seguiu para Washington, para desempenhar o mandato, durante o qual apoiou o programa do "New Deal". Foi reeleito senador em 1940.

Como presidente do Comitê de Defesa e Investigações do Senado, estudou as despesas governamentais relativas ao esfôrço de guerra. Seu comitê ficou conhecido pela maneira honesta e completa no desempenho de suas funções.

Truman é um homem retraído, mas loquaz, quando necessário.

Quando foi para Washisgton, pela primeira vez, disse.

"Não sou socialista. Sou apenas um rapaz da fazenda".

Casou-se com miss Bass Wallace, em 1919, e tem uma filha.

"CUMPRIU SEU DEVER ATÉ O FIM"

WASHINGTON, 12 (R.) — Os quatro filhos do presidente Roosevelt, que se acham em serviço ativo, foram informados do passamento de seu progenitor, pela senhora Roosevelt, que lhes enviou a seguinte mensagem:

"O presidente dos Estados Unidos dormiu, para sempre, na tarde de hoje. Cumpriu seu dever até o fim, como desejaria fazê-lo. Deus os abençoe a todos. Com todo amor. (assinado) Mamãe".

OS ÚLTIMOS MOMENTOS DO PRESIDENTE ROOSEVELT EM WARM SPRINGS

Durante a estada na pequena cidade, e até instantes antes de morrer, o ilustre extinto conservara o bom humor

WASHINGTON, 12 (U. P.) — A propósito do falecimento do presidente Roosevelt, foram divulgados, hoje, os seguintes pormenores sôbre os seus últimos dias:

Roosevelt, que há pouco tempo completou 63 anos de idade, havia passado duas semanas de relativo sossêgo em Warm Springs.

Em nenhum momento se teve indício de que o presidente se achava enfêrmo, a não ser o fato de haver o presidente faltado aos seus exercícios diários de natação, na piscina de Warm Springs, onde, há cêrca de vinte anos, começou a batalha contra os efeitos da paralisia infantil.

Desde a sua chegada nesta localidade, o presidente Roosevelt passeava quase diàriamente em seu automóvel, e mantinha-se em constante comunicação com Washington, mediante o telefone, e por comunicações oficiais que lhe eram trazidas todos os dias, por via aérea.

No dia 5 de abril último, o presidente Roosevelt conversou longamente com o presidente das Filipinas, sr. Sergio Osmena, a quem declarou que depositava plena confiança na independência das Filipinas, a qual, na sua opinião, seria restabelecida muito antes de 4 de julho de 1946, data fixada pelo Congresso, na lei correspondente.

Na conferência com o sr. Osmena, Roosevelt reafirmou sua inquebrantável decisão de que o Japão e todos os seus territórios deveriam ficar sob absoluta fiscalização e vigilância dos aliados, por tempo indefinido, depois de terminada a guerra.

Essa conferência com Osmena foi a última vez que os correspondentes de três agências noticiosas tiveram a oportunidade de ver o presidente em conversa com políticos.

Nesse dia, 5 de abril, o presidente Roosevelt demonstrava excelente humor e conversava com grande animação, sentado ao lado de sua mesa coberta de papéis. Roosevelt pilheriava com os jornalistas, enquanto brincava com a sua piteira. Observou-se que Roosevelt tinha a peie bronzeada pelo sol, porém o seu rosto demonstrava aspecto de grande abatimento, e êle tossia ligeiramente, enquanto falava com o presidente Osmena.

Não obstante apresentar o presidente Roosevelt alguns indícios de indisposição, nada fazia crer que es-

(Conclui na página 2)

NÃO SERÁ ADIADA A CONFERÊNCIA DE S. FRANCISCO

WASHINGTON, 12 (U. P.) — O Departamento de Estado anunciou que a Conferência das Nações Unidas em S. Francisco não será adiada por motivo da morte do presidente Roosevelt, devendo instalar-se portanto, na data pré-fixada.

Nesse sentido, o presidente Truman informou o chanceler Stettinius.

ERA O SÍMBOLO DO PODERIO E DA GENEROSIDADE DOS E. U. A.

A VERTIGINOSA CARREIRA POLITICA DE ROOSEVELT E SUA ATUAÇÃO EM PROL DA PAZ MUNDIAL

WASHINGTON, 12 (U. P.) — O presidente Franklin Delano Roosevelt, que faleceu hoje, em Warm Springs, havia se sobreposto aos efeitos da paralisia infantil, e de algumas derrotas políticas, para chegar a ser presidente dos Estados Unidos, em quatro períodos.

Foi um dos governantes mais poderosos do mundo, tanto na guerra como na paz.

Os pobres e os desocupados, dos Estados Unidos, consideravam-no como salvador do "homem esquecido". Seu nome era conhecido em todo o mundo.

Durante a segunda guerra mundial foi o símbolo do poderio e da generosidade dos Estados Unidos. Neste conflito, Roosevelt era comandante-chefe das Fôrças Armadas Norte-Americanas, as mais poderosas com que contaram o país.

Seus enérgicos esforços contra a grave crise econômica por que passaram os Estados Unidos, desde 1929, até pouco antes do começo da guerra, foram empalidecidos pela sua atuação durante as viagens ao Cairo, Teerã, Casablanca, Criméia, e as importantes conferências com os demais chefes aliados, quase ao alcance dos aviões inimigos.

Roosevelt nasceu em 30 de janeiro de 1882. No começo de sua carreira política uniu-se a Wilson, apoiando a candidatura dêste à presidência da república. Wilson nomeou-o subsecretário da Marinha. Ao fim da primeira guerra mundial, Roosevelt foi enérgico defensor da Sociedade das Nações e da participação dos Estados Unidos nessa organização internacional.

Em 1924, quando estava em férias, Roosevelt foi atacado de paralisia infantil, ficando sem movimentos desde a cintura até os pés. Por espaço de quatro anos lutou contra a enfermidade, com o apoio constante de sua espôsa e seus amigos, conseguindo, finalmente, vencer a doença. Suas pernas ficaram paralisadas, porém seu espírito e suas energias vivificaram-se.

Poucas coisas satisfaziam-no tanto como quebrar um precedente. Antes que qualquer outro, Roosevelt ocupou a presidência dos Estados Unidos por mais de dois períodos. Chegou mesmo a ser eleito para o quarto período. Foi o primeiro presidente que saiu do país em tempo de guerra, e o primeiro que viajou de avião.

Tanto na paz como na guerra Roosevelt era homem de ação e de luta. Tinha verdadeiro prazer em ser um governante sumamente ativo durante a guerra, de que foi um dos máximos dirigentes, e durante a qual efetuou perigosas viagens, através de mares e continentes, para preparar os planos estratégicos aliados com Churchill, Stalin e Chiang Kai-Shek.

Os dois últimos anos de seu segundo período presidencial foram, para os Estados Unidos, um período básico de transição da paz para a guerra.

Esta guerra, que se estendeu à Ásia, obrigou-o a adiar os objetivos sociais de sua política interna, subordinando-os a esforços tendentes a manter a neutralidade dos Estados Unidos, preparar o país para a eventualidade da guerra e ajudar as nações amantes da paz, que já haviam sido agredidas pelos Estados totalitários: a Alemanha, Itália e Japão.

Os alemães haviam invadido a Polônia em 1939, depois que Roosevelt dirigiu inúteis exortações ao Reich e à Itália, a fim de que procurassem uma solução pacífica e construtiva para as controvérsias existentes.

O povo dos Estados Unidos elegeu-o primeiro, mandatário pela terceira vez e, na primavera dêsse ano, foi estabelecida a conscrição militar obrigatória, que jamais havia existido no país, em tempos de paz.

Em outubro os departamentos de recrutamento, instalados em todo o país, já haviam registrado milhões de homens.

Depois da eleição, o presidente cedeu à Grã-Bretanha 50 destróieres norte-americanos da guerra anterior, para a batalha do Atlântico contra submarinos alemães.

Os Estados Unidos receberam, em troca, pelo espaço de 99 anos, vários pontos pertencentes à Grã-Bretanha, no hemisfério ocidental, para estabelecer bases defensivas, militares e navais.

Na primavera de 1941 o Congresso aprovou a lei de empréstimos e arrendamentos, proposta pelo govêrno de Roosevelt, lei que, antes da entrada dos Estados Unidos na guerra, ajudou consideràvelmente a Grã-Bretanha e a União Soviética a defenderem-se com eficiência contra inimigo em superioridade de condições.

Entre as numerosas viagens que fêz, antes que a guerra irrompesse, Roosevelt visitou Buenos Aires, em novembro de 1936, onde inaugurou a Conferência Interamericana de Consolidação da Paz.

Durante seus quatros períodos presidenciais reforçou constantemente as relações dos Estados Unidos com os países latino-americanos, mediante a política de boa vizinhança.

Em 1937, 1938 e 1939, quando sôbre a Europa pesava a ameaça de uma nova conflagração, o presidente Roosevelt jamais vacilou em lançar na balança todo o prestígio dos Estados Unidos, à procura da paz. Quando se iniciaram as hostilidades, no Velho Mundo, dedicou todos os seus esforços para manter os Estados Unidos fora da guerra, bem como o resto da América.

Durante as repetidas crises internacionais que precederam o conflito europeu, o presidente Roosevelt empregou todos os recursos diplomáticos possíveis para evitar a catástrofe, exortando Hitler e Mussolini a garantir a paz no continente, no mínimo pelo espaço de dez anos.

Roosevelt chamou a Washington o embaixador norte-americano, em Berlim, para manifestar o desgôsto

(Conclui na página 2)

FOLHA DA MANHÃ

Propriedade da Empresa
FOLHA DA MANHÃ LTDA.

ASSINATURAS	
CAPITAL	
Anual	Cr$ 150,00
Semestral	Cr$ 85,00
Trimestral	Cr$ 50,00
INTERIOR	
Anual	Cr$ 130,00
Semestral	Cr$ 70,00
Trimestral	Cr$ 40,00
NÚMEROS AVULSOS	
Dias úteis	Cr$ 0,50
Domingos	Cr$ 0,60
Atrasados	Cr$ 1,00

Remessa de correspondência e numerário dirigida à Empresa FOLHA DA MANHÃ LTDA.

EDIÇÃO DE HOJE 14 PÁGINAS

SUMÁRIO

O TEMPO

Previsão até às 14 horas de hoje: Tempo: nublado, e nebulosidade aumentando com nevoeiro. Temperatura: estável. Ventos: em geral, de sueste a nordeste, com rajadas frescas. Temperatura da véspera: máxima, 26,0; mínima, 12,6.

FOLHA DA MANHÃ

Diretores: ALCIDES RIBEIRO MEIRELES E JOSÉ NABANTINO RAMOS

ABRIL 26 QUINTA-FEIRA — LUA CHEIA A 28

SANTO CLETO, Papa e mártir — 1500 — Cabral manda celebrar missa no Ilhéu da Baía.

ANO XX || RUA DO CARMO, 35 e 39 — TELEFONE: 2-7181 (RÊDE INTERNA) || S. PAULO — QUINTA-FEIRA, 26 DE ABRIL DE 1945 || CAIXA POSTAL 79-B — ENDEREÇO TELEGRÁFICO "FOLHAS" || N. 6 470

INAUGUROU-SE ONTEM, SOLENEMENTE, EM S. FRANCISCO DA CALIFÓRNIA, A CONFERÊNCIA DAS NAÇÕES UNIDAS

Quarenta e seis países iniciam os debates sôbre o plano de paz de Dumbarton Oaks

Diversas emendas apresentadas – Stettinius salienta, em discurso, a necessidade da união duradoura entre os povos

A COOPERAÇÃO ENTRE AS NAÇÕES É ESSENCIAL PARA A PAZ DO MUNDO

Veemente apêlo de Truman aos congressistas — "A responsabilidade dos grandes Estados é servir e não dominar"

JUNÇÃO ENTRE AS FÔRÇAS AMERICANAS E INGLÊSAS NO ELBA

ENCURRALADOS OS TEUTOS ENTRE OS EXÉRCITOS AMERICANOS E RUSSOS — A BATALHA DE BREMEN

FAZENDO JUNÇÃO A NOROESTE DE POTSDAM, OS SOVIÉTICOS COMPLETARAM O CÊRCO DE BERLIM

Prossegue encarniçada a batalha nas ruas da Capital alemã, travando-se renhidas lutas corpo a corpo – Transposto o rio Elba pelas tropas russas

INVESTEM AS TROPAS DE PATTON NO INTERIOR DA BAVIERA

O 3.o EXÉRCITO A 25 KM DA FRONTEIRA AUSTRÍACA — CRUZADO O RIO ALTMUHL PELOS AMERICANOS

FOLHA DA MANHÃ — Propriedade da Emprêsa FOLHA DA MANHÃ LTDA.

EDIÇÃO DE HOJE 16 PÁGINAS

O TEMPO

Previsão até às 14 horas de hoje: Tempo: nublado, no interior e nublado com nebulosidade aumentando, sujeito a chuvas no litoral e serra. Temperatura: em ascensão de dia e estável à noite. Ventos: de nordeste a sueste, com rajadas frescas: Temperatura da véspera: máxima, 24,3; mínima, 13,8.

FOLHA DA MANHÃ

Diretores: ALCIDES RIBEIRO MEIRELES E JOSÉ NABANTINO RAMOS

ABRIL 28 SÁBADO — HOJE LUA CHEIA

SÃO PAULO DA CRUZ, fundador — 1838 — Nasce na Bahia o almirante Jerônimo Gonçalves.

ANO XX | RUA DO CARMO, 25 e 39 — TELEFONE: 2-7181 (REDE INTERNA) | S. PAULO — SÁBADO, 28 DE ABRIL DE 1945 | ENDEREÇO TELEGRAFICO, "FOLHAS" — CAIXA POSTAL 79-B | N. 6 472

EFETUARAM JUNÇÃO NA ÁREA DE TORGAU, NA ALEMANHA CENTRAL, AS FÔRÇAS RUSSAS E ANGLO-AMERICANAS

Churchill, Stalin e Truman, em mensagens, saúdam seus exércitos pelo histórico feito

Ordem do dia do general Omar Bradley – O primeiro contato entre um pelotão soviético e tropas estadunidenses

LONDRES, 27 (R.) — Anuncia-se oficialmente que foi realizada a junção das fôrças russas e americanas na frente de guerra da Alemanha ocidental.

NA REGIÃO DE TORGAU

LONDRES, 27 (U. P.) — Anuncia-se oficialmente que as fôrças anglo-norte-americanas e russas estabeleceram contato na Alemanha central, na área de Torgau.

DIVULGADAS SIMULTANEAMENTE AS DECLARAÇÕES OFICIAIS DE CHURCHILL E STALIN

LONDRES, 27 (R.) — Foram divulgadas simultaneamente em Londres e em Moscou declarações oficiais do primeiro ministro Churchill e do marechal Stalin, confirmando a junção das fôrças americanas e russas na frente de guerra germânica.

Em Washington, também o fato foi oficialmente confirmado através de uma declaração governamental.

A importante operação de junção deve ser decisiva no curso dos futuros acontecimentos militares, que levarão o Reich ao colapso final.

MENSAGENS DE CHURCHILL, STALIN E TRUMAN

LONDRES, 27 (R.) — As notícias da junção entre as fôrças aliadas ocidentais e as fôrças aliadas orientais seguiram-se mensagens do primeiro ministro Winston Churchill, do marechal Stalin, chefe do govêrno da Rússia, e do sr. Harry Truman, presidente dos Estados Unidos, divulgadas simultaneamente nesta Capital, em Moscou e em Washington.

A MENSAGEM DE CHURCHILL

"Após uma longa jornada de sofrimentos e vitórias, através de terras e mares, e em meio às batalhas mais sangrentas, os exércitos dos grandes aliados atravessaram a Alemanha e uniram-se-lhe as mãos.

Sua tarefa será agora a destruição de todos os remanescentes militares alemães, que possam oferecer resistência, o aniquilamento do poder nazista e a subjugação do Reich de Hitler.

Para essas tarefas existem disponíveis poderosas fôrças e unimo-nos em verdadeira e vitoriosa camaradagem e com a inflexível resolução de realizar nosso dever, custe o que custar. Marchemos, pois, para a frente, contra o inimigo".

STALIN SAÚDA OS EXÉRCITOS ALIADOS

"Em nome do govêrno soviético, dirijo-me a vós, comandantes e homens do Exército russo e dos exércitos dos nossos aliados ocidentais.

Os exércitos vitoriosos das potências aliadas, que travam a guerra da libertação da Europa, desbarataram as fôrças alemãs e fizeram junção no território da Alemanha. Agora, nossa tarefa e nosso dever consistem em completar a destruição do inimigo, forçando-o a depor suas armas e a aceitar a rendição incondicional. O exército russo realizará essa tarefa até o fim, e cumprirá seu dever para com os povos das nações amantes da paz e para com o nosso próprio povo.

Saúdo, pois, as valorosas tropas dos nossos aliados que agora se encontram no território da Alemanha, ombro a ombro com as tropas soviéticas, imbuídas da mais completa determinação de executar seu dever até o fim".

PALAVRAS DO PRESIDENTE TRUMAN

"Os exércitos anglo-americanos, sob o comando do general Eisenhower, uniram-se às fôrças soviéticas onde pretenderam, isto é, no coração da Alemanha nazista. O inimigo teve suas fôrças cortadas em dois. Esta não é, porém, a hora da vitória final na Europa, mas essa hora aproxima-se cada vez mais. É a hora pela qual o povo americano, o povo britânico e o povo soviético sofreram e lutaram por tanto tempo.

A união das nossas armas no coração da Alemanha tem uma significação para o mundo, significação que êle não deixará passar despercebida. Significa, primeiro, que se desvaneceu a última e vã esperança de Hitler e de seus adeptos.

A frente comum e a causa comum das potências aliadas nesta guerra, contra a tirania e a desumanidade, foram demonstradas por fatos depois de demonstradas por muito tempo, na determinação de todos os seus elementos. Nada pode enfraquecer ou dividir o objetivo comum dos nossos exércitos veteranos, de prosseguir no seu propósito vitorioso até o triunfo final aliado na Alemanha.

A segunda junção das nossas fôrças, neste momento, indica-nos e a todo o mundo, que a colaboração das nossas nações, na causa da paz e da liberdade, é uma colaboração eficaz que pode sobrepujar as maiores dificuldades da mais extensa campanha da história militar do mundo e obter êxito.

As nações que podem elaborar planos e lutar juntas ombro a ombro, em face de obstáculos como a distância, os idiomas diversos e as comunicações, que sobrepujamos, podem viver juntas e podem trabalhar juntas, no árduo labor da organização do mundo para a paz futura.

Finalmente, esta grande vitória das armas e da estratégia aliadas é uma homenagem à coragem e à determinação de Franklin Delano Roosevelt, que não há palavras capazes de expressá-las. E isso só poderia ter sido realizado pela persistência e coragem dos marinheiros, soldados e aviadores das Nações aliadas.

Mas, até que os nossos inimigos tenham sido finalmente subjugados na Europa e no Pacífico, não deverá haver relaxamento algum do esfôrço na frente interna, em apoio dos nossos heróicos soldados, marinheiros e aviadores, pois que, como todos sabem não haverá pausa nas frentes de batalha".

ORDEM DO DIA DO MARECHAL STALIN

MOSCOU, 27 (R.) — Em ordem do dia divulgada esta tarde, o marechal Stalin anunciou a junção das tropas do Exército russo e das fôrças norte-americanas.

Sua ordem do dia foi dirigida ao comando da 1.a Frente Ucraniana e é a seguinte:

"As tropas da 1.a Frente Ucraniana e as tropas britânicas e norte-americanas, por meio de golpes desencadeados de leste e de oeste, cortaram a frente das tropas alemãs e no dia 25 de abril de 1945, às 16 horas e 30 minutos fizeram junção no centro da Alemanha, na região da cidade de Torgau.

As tropas alemãs no norte da Alemanha foram assim isoladas das tropas alemãs na Alemanha meridional.

Para assinalar essa vitória e em honra dêsse histórico acontecimento hoje, dia 27 de abril de 1945, às 19 horas (hora de Moscou), Moscou, capital da nossa Pátria, saudará em nome da nação as valentes tropas da 1.a Frente Ucraniana e dos nossos aliados britânicos e norte-americanos, com uma salva de 24 tiros disparados por 324 canhões.

Salve a vitória dos povos amantes da paz, sôbre a Alemanha".

(Conclui na página 2)

ATIVIDADES DE PILOTOS BRASILEIROS NA ITÁLIA

ROMA, 27 (U. P.) — Apesar do tempo desfavorável, os pilotos da "Fôrça Aérea Brasileira" estiveram em grande atividade e, pilotando aviões "Thunderbolt", atacaram as comunicações nazistas no norte da Itália, especialmente nas áreas próximas a Turim e Milão.

PENETRARAM NA ÁUSTRIA AS FÔRÇAS DO GENERAL PATTON

INVESTE O 3.o EXÉRCITO EM TERRITÓRIO TCHECO — OS BRITÂNICOS NOS SUBÚRBIOS DE HAMBURGO

PARIS, 27 (U. P.) — As tropas norte-americanas do general Patton invadiram a Áustria.

PENETRARAM EM GEGENBACH

COM O III EXÉRCITO AMERICANO, 27 (R.) — A fronteira austríaca foi cruzada pela 11.a divisão blindada, 8 quilômetros ao sul da junção das fronteiras tcheca-alemã e austríaca.

Outras fôrças blindadas de Patton penetraram em Gegenbach, quilômetro e meio a oeste da fronteira austríaca e nove quilômetros e meio ao sul da junção das três fronteiras nacionais.

AVANÇA O 3.o EXÉRCITO EM TERRITÓRIO DA TCHECOSLOVÁQUIA

COM O III EXÉRCITO AMERICANO, 27 (R.) — As tropas de infantaria do general Patton avançaram nove quilômetros e meio para o interior da Tchecoslováquia, atingindo um ponto 3 quilômetros ao norte de Eger, centro de agitação dos alemães sudetos em 1938, após terem capturado essa cidade ontem.

INVESTINDO NA DIREÇÃO DE LINZ

PARIS, 27 (U. P.) — Uma das divisões componentes do 3.o exército norte-americano mudou de rumo na marcha sôbre Berchtesgaden e tomou a direção de Linz, aparentemente visando seguir o vale do Danúbio para então, cercar Berchtesgaden pelo leste e estabelecer junção com os russos. Despachos da frente dizem que os alemães, tomados completamente de surpresa, não dispararam um só tiro, quando as colunas de tanques dessa divisão, cruzaram a fronteira da Áustria. Ao longo das estradas e nas aldeias por onde passam os veículos motorizados americanos, a população olha sombriamente e incrédula, como que denotando não poder conceber a possibilidade de que os aliados já pudessem ter penetrado tão profundamente no Reich. Nessa região não apareceu nenhum franco-atirador, embora, o terreno coberto de florestas se prestasse muito bem para isso.

A 25 MILHAS DE MUNICH

PARIS, 27 (U. P.) — As fôrças do 3.o Exército norte-americano, que penetraram no território da Áustria, chegaram a um ponto situado a 25 milhas de Munich, berço do regime nazista agora agonizante.

REGENSBURGO OCUPADA

LONDRES, 27 (U. P.) — Informa-se, oficialmente, que as fôrças do 3.o Exército dos Estados Unidos ocuparam a cidade de Regensburgo, às 15 horas de hoje, hora européia.

ATINGIDOS OS SUBÚRBIOS MERIDIONAIS DE HAMBURGO

LONDRES, 27 (U. P.) — A rádio de Bruxelas informou que fôrças britânicas chegaram aos subúrbios meridionais de Hamburgo.

DEZESSEIS SUBMARINOS E UM DESTROIER CAPTURADOS EM BREMEN

BREMEN, 27 (R.) — Dezesseis submarinos e um destróier alemão foram capturados pelas fôrças britânicas, em Bremen.

Entre os prisioneiros feitos, encontram-se o comandante da guarnição de Bremen, major-general Werner Ziber, um vice-almirante, 100 oficiais e várias centenas de soldados da "SS".

Trinta mil trabalhadores estrangeiros, entre os quais cêrca de ... 100.000 prisioneiros de guerra franceses, que viviam em 12 campos, estão prontos a iniciar o trabalho para pôr em ordem as instalações portuárias.

LIETFURT CONQUISTADA

SUPREMO Q. G. ALIADO, 27 (R.) — Anuncia-se oficialmente que as fôrças aliadas conquistaram Lietfurt e penetraram em Fiehstadt e Incolstadt.

CAPTURADO PELOS ALIADOS O TREM PARTICULAR DO MARECHAL KESSELRING

COM O EXÉRCITO DOS ESTADOS UNIDOS, 27 (U. P.) — O trem particular do marechal Kesselring, composto de quinze carros foi capturado no centro ferroviário de Cham, sessenta e cinco quilômetros a oeste da fronteira austríaca.

O oficial encarregado do comboio disse que o mesmo se dirigia para Regensburg, onde devia embarcar o marechal Kesselring. Disse, entretanto, não saber se o alto chefe nazista se encontrava ainda em Regensburg, que caiu esta tarde em poder dos norte-americanos.

ENTREGOU-SE AOS ALIADOS O GENERAL KURT DITTMAR

PARIS, 27 (U. P.) — Informa-se que o famoso comentarista nazista, major-general Kurt Dittmar, entregou-se às fôrças do 9.o Exército norte-americano em Magdeburgo, aonde chegou às 1 h 30 da manhã de quarta-feira última.

Interrogado por um oficial norte-americano, Dittmar declarou que Hitler se nega a abandonar a capital da Alemanha.

DECLARAÇÕES ACÊRCA DE HITLER

LONDRES, 27 (U. P.) — Kurt von Dittmar, porta-voz do comando alemão, que se entregou aos aliados em Magdeburgo, disse que Hitler ainda está na capital alemã, e que será morto ou suicidar-se-á.

Acrescentou que Von Brauchitsch, Guderiam ou Rundstedt, encarregar-se-á do govêrno alemão, e pedirá a paz imediatamente, praticamente sem condições.

IMINENTE A COMPLETA OCUPAÇÃO DE BERLIM PELAS TROPAS RUSSAS

Capturadas três quartas partes da Capital alemã – Investem os soviéticos de três direções sôbre a área central

LONDRES, 27 (U. P.) — Três quartas partes de Berlim, ou seja, 40 distritos, já se acham firmemente em poder dos russos.

Despachos aqui recebidos dizem que os alemães estão recuando para a área do Jardim Zoológico, para a resistência final. De um modo geral, a linha de defesa nazista é formada agora pela estrada de ferro circular, que envolve a parte interna de Berlim.

A rádio de Hamburgo, por sua vez, informou que unidades soviéticas haviam penetrado até ao chamado "grosser stern", que atravessa o Jardim Zoológico. Outra "ponta de lança" russa teria alcançado, pelo menos temporariamente, a praça Potsdamer, que constitui o centro geográfico de Berlim.

ATINGIDOS PELOS RUSSOS OS LIMITES MERIDIONAIS DA CIDADE

LONDRES, 27 (U. P.) — A rádio alemã informou que os russos chegaram aos limites meridionais do centro de Berlim e "que a situação se agravou ainda mais".

A SETECENTOS METROS DA PORTA DE BRANDENBURGO

LONDRES, 27 (U. P.) — A emissora de Moscou anuncia que as tropas russas se encontram a 700 metros apenas da porta de Brandenburgo.

CONCENTRAÇÃO DA ARTILHARIA PARA O ASSALTO FINAL

MOSCOU, 27 (R.) — Os canhões russos estão sendo concentrados para o assalto geral ao centro de Berlim.

IMINENTE O COLAPSO ALEMÃO

MOSCOU, 27 (R.) — A batalha de Berlim chegou a uma fase em que mais uma penetração soviética, em massa, até a Unter den Linden, significará o colapso da defesa da Capital alemã.

OCUPADO O EDIFICIO DO REICHSBANK

MOSCOU, 27 (U. P.) — A rádio local anuncia que as tropas soviéticas em Berlim ocuparam o edifício do Reichsbank.

IRROMPERAM NO MAIOR DISTRITO OPERÁRIO BERLINENSE

MOSCOU, 27 (R.) — Anuncia-se que o Exército soviético irrompeu em Mosbit, o maior distrito operário de Berlim, vizinho a Tiergenten, a maior prisão existente na Capital do Reich, e situada no noroeste da cidade.

Êsse grande avanço foi conseguido pelas tropas do marechal Zukhov, após um rápido avanço desde Biemenstadt, conquistada ontem à noite.

A LUTA NO METROPOLITANO

MOSCOU, 27 (R.) — Foi anunciado oficialmente que tropas soviéticas capturaram Daslen e seis estações subterrâneas do Metropolitano, na parte sudoeste da Capital alemã.

CONFIRMADA A OCUPAÇÃO DO AERÓDROMO DE TEMPELHOFF

MOSCOU, 27 (R.) — Foi oficialmente confirmada nesta Capital a notícia de que as fôrças do exército vermelho conquistaram o aeródromo de Tempelhoff, na parte sul de Berlim.

A FÔRÇA AÉREA RUSSA SÔBRE BERLIM

MOSCOU, 27 (R.) — Anuncia-se que a fôrça aérea russa está começando a bombardear as barricadas de Berlim, enquanto os "Stormoviks" voam ao longo das ruas, lançando contra elas o fogo de suas metralhadoras e canhões. Centenas de minúsculos bombardeadores soviéticos, do tipo frequentemente pilotado por mulheres, juntaram-se ao ataque contra os pôstos defendidos pelos alemães.

A SITUAÇÃO DAS MULHERES E CRIANÇAS

PARIS, 27 (U. P.) — Segundo a rádio desta Capital, cêrca de um milhão de mulheres e crianças estão refugiadas nos bairros entre Schoenberg e o Jardim Zoológico.

O núncio, apostólico pediu às duas partes beligerantes uma trégua para a evacuação dêsses infelizes, mas seu pedido foi rejeitado pelos nazistas.

RATHENOW, SPANDAU E POTSDAM CONQUISTADAS

MOSCOU, 27 (U. P.) — O marechal Stalin anunciou, em ordem do dia, que as fôrças do primeiro exército da Russia Branca capturaram os distritos berlinenses de Rathenow, Spandau e Potsdam. A ordem do dia foi dirigida ao marechal Zukhov, e diz:

"Tropas da primeira frente da Rússia Branca, prosseguindo na ofensiva, capturaram, hoje as localidades de Rathenow, Spandau e Potsdam, importantes centros de comunicações e poderosas bases defensivas nazistas na Alemanha central".

Prosseguindo, o marechal Stalin ordena que sejam dadas 20 salvas de 224 canhões em honra às fôrças sob o comando de 15 oficiais generais.

WITTEMBERG EM PODER DOS RUSSOS

MOSCOU, 27 (U. P.) — O marechal Stalin anunciou, numa terceira ordem do dia, que as fôrças russas, sob o comando do marechal Koniev, capturaram a cidade de Wittemberg.

CAPTURADAS PRENZLAU E ANGERMUENDE

MOSCOU, 27 (U. P.) — O marechal Stalin emitiu, hoje, uma segunda ordem do dia, a qual diz:

"Fôrças do segundo exército da Rússia Branca, prosseguindo na ofensiva, capturaram, hoje, as cidades de Prenzlau e Angermuende, importantes posições defensivas alemãs na Pomerânia ocidental".

Prosseguindo, o marechal Stalin ordena que sejam dadas, em honra às fôrças vitoriosas, 20 salvas de 124 canhões. As tropas atuaram sob o comando de 23 generais.

LIBERTAÇÃO INCONDICIONAL DE INTERNADOS CIVIS NA ALEMANHA

PARIS, 27 (R.) — O jornal parisiense "Liberation" escreve que o vice-presidente da Cruz Vermelha Internacional declarou ao sr. Henri Fresnay, ministro francês para Prisioneiros e Deportados, que, a Alemanha vai liberar incondicionalmente todos os civis internados. Entre os que serão libertados por êsse acôrdo, negociado pela Cruz Vermelha, incluir-se-á, ao que se informa, o sr. Leon Blum, socialista francês e primeiro ministro no govêrno da "Frente Popular" em 1936 e 1937, Edouard Daladier, primeiro ministro francês até a queda da França em 1940.

CONTINUARÃO BRASILEIRAS AS BASES CEDIDAS AOS E. U. A.

DISCURSO PRONUNCIADO PELO EMBAIXADOR LEÃO VELOSO NA CONFERÊNCIA DE SÃO FRANCISCO

S. FRANCISCO, 28 (R.) — As bases navais e aéreas brasileiras postas à disposição dos E. U. A., "serão e continuarão a ser brasileiras" — declarou hoje em discurso que pronunciou na sessão plenária da Conferência de Organização Internacional, o chefe da delegação brasileira, sr. Pedro Leão Veloso.

Discursando em inglês, o sr. Leão Veloso prestou homenagem ao presidente Roosevelt, dizendo: "Êle falou por todos nós quando disse que na futura organização jurídica do mundo não deveria haver tentativas para criação de supra-Estado, possuindo sua própria autoridade de policiamento. Em sua lúcida concepção do novo sistema de paz e segurança, desaparecem as decisões entre grandes e pequenas nações, de forma que os esforços de tôdas sejam unidos para um só objetivo, porque as nações que são hoje consideradas pequenas podem ser grandes e ricas amanhã".

"E, portanto, no que toca aos direitos políticos, a começar pelos da soberania, que devemos estabelecer os fundamentos de nosso sistema como foi reconhecido por todos os oradores da sessão de ontem".

"O sr. Molotov, contudo, indagou em seu discurso, até que ponto as nações amantes da paz estariam dispostas a renunciar as suas prerrogativas e direitos em benefício da eficiência da futura organização mundial. Nação que sempre teve repugnância de empregar a fôrça para solução do desacôrdo entre os povos e que sempre pleiteou as soluções morais e jurídicas, o Brasil nunca hesitou quando ferido em sua soberania ou em virtude de obrigações internacionais em assumir as responsabilidades e encargos da guerra.

Nós atiramos no atual conflito os recursos à nossa disposição e demos o exemplo de suprema lealdade e confiança quando colocamos à disposição de nosso grande aliado, os Estados Unidos, as bases aéreas e navais de onde suas fôrças e nossas fôrças operaram para expelir os corsários inimigos do Atlântico sul e afastar a ameaça submarina, garantindo a segurança do material de guerra remetido para o norte da África e Egito.

"Não pode haver dúvida que isso representou considerável avanço no terreno da cooperação militar entre nações, em detrimento da clássica concepção do exercício da soberania, desde que aquelas bases colocadas à serviço da causa comum serão e continuarão sendo brasileiras.

"No caso de um novo conflito, em face do progresso do armamento moderno e pela fatalidade de nossa situação geográfica, estamos destinados a transformarmo-nos no campo de batalha. Expostos desta maneira à agressão de uma potência extra-continental, constituímos a defesa avançada do continente no Atlântico sul, dentro do raio de ação de operações navais e aéreas".

"Houve ocasião, no passado, em que as nações estavam resguardadas da destruição, dos crimes e das monstruosidades da guerra.

Os princípios tradicionais e as fatalidades geográficas nos impelem, portanto, a impedir a guerra e desejar uma sólida organização de um sistema definitivo de segurança para a eficiência do qual dedicamos todos os nossos recursos na paz e na guerra, sem pedir recompensa e sem medir sacrifícios".

GÊNOVA, A ÚLTIMA GRANDE BASE NAVAL ALEMÃ NO MEDITERRÂNEO, OCUPADA PELO 5.o EXÉRCITO

Piacenza e Levignano em poder dos aliados — Tropas francesas capturaram a cidade de Ventimiglia — Aprisionadas diversas personalidades fascistas

Q. G. ALIADO NA ITÁLIA, 27 (R.) — As fôrças aliadas entraram em Gênova.

TROPAS DO 5.o EXÉRCITO OCUPARAM GÊNOVA

ROMA, 27 (U. P.) — Tropas do 5.o Exército entraram, hoje, em Gênova, última grande base naval alemã no Mediterrâneo, que já havia sido em grande parte ocupada pelos guerrilheiros italianos.

RENDERAM-SE AS FÔRÇAS NAVAIS ALEMÃS

ROMA, 27 (R.) — "As unidades navais alemãs, no pôrto de Gênova, renderam-se" — declarou, esta madrugada, a rádio "Gênova Livre".

ATUAÇÃO DOS OPERÁRIOS E ESTUDANTES

ROMA, 27 (U. P.) — A rádio "Gênova Livre" comunica que o pôrto de Gênova foi libertado por 4.000 trabalhadores e estudantes, que formavam duas divisões denominadas "Bisagano" e "Garibaldi".

PIACENZA CAPTURADA PELO 5.o EXÉRCITO

ROMA, 27 (U. P.) — Nestas últimas 24 horas, as fôrças norte-americanas do 5.o Exército, realizaram espetacular avanço de 40 milhas, e capturaram Piacenza, a 35 milhas apenas de Milão.

Essas fôrças encontram-se agora no sopé dos Alpes, a 90 milhas da fronteira austríaca.

LEVIGNANO CONQUISTADA

Q. G. ALIADO NA ITÁLIA, 27 (R.) — As tropas aliadas capturaram Levignano, no rio Adige, 25 quilômetros abaixo de Verona, e 46 quilômetros a sudoeste de Padua.

AS PORTAS DE BRESCIA

ROMA, 27 (R.) — A rádio livre de Milão anuncia que as tropas aliadas estão às portas de Brescia, importante cidade industrial, e grande junção rodoferroviária, 80 quilômetros a leste de Milão.

MONZA TERIA SIDO LIBERTADA PELOS GUERRILHEIROS

ROMA, 27 (R.) — A emissora local anuncia que os "partisans" italianos libertaram Monza, cidade de cêrca de 50.000 habitantes, situada a 16 quilômetros de Milão.

Acrescentou, a emissora, que em Gênova foram internados 1.500 prisioneiros alemães.

DESINTEGRAÇÃO DAS FÔRÇAS ALEMÃS NA ITÁLIA

Q. G. ALIADO NA ITÁLIA, 27 (R.) — Gênova caiu, e os aliados já atravessaram o Adige, o segundo rio em importância da Itália, em muitos pontos.

Segundo tudo indica, a fôrça alemã que defende o norte da Itália está em estado de desintegração.

A captura de Gênova indica um avanço de mais de 50 milhas ao longo da costa ocidental italiana pelas tropas do 5.o Exército, que capturaram Spezzia na têrça-feira última.

Q. G. ALIADO NA ITÁLIA, 27 (R.) — As fôrças francesas cruzaram a fronteira ítalo-francesa, em vários pontos.

VENTIMIGLIA OCUPADA PELOS FRANCESES

Q. G. ALIADO NA ITÁLIA, 27 (R.) — As fôrças francesas tomaram a cidade de Ventimiglia, na Riviera Italiana.

LIBERTADO O DEPARTAMENTO DOS ALPES MARÍTIMOS

PARIS, 27 (U. P.) — Informa-se oficialmente, que as tropas francesas capturaram Ventimiglia, atingindo Bordighera, depois de libertar completamente o Departamento dos Alpes Marítimos, com a conquista de Saorgue e Fontana.

ATINGIDAS AS GARGANTAS DE COL DI TENDA

PARIS, 27 (R.) — A emissora desta Capital irradiou hoje, uma comunicação do Ministério da Guerra, anunciando que as tropas francesas, depois de libertarem completamente o Departamento dos Alpes Marítimos, haviam atingido as gargantas de Col di Tenda, na Itália, a 32 quilômetros ao norte de Mentone.

As fôrças alemãs estão se retirando ao longo de tôda a frente, entre outra garganta ao norte de Col di Tenda, e o Mediterrâneo.

CARDONA ESTARIA COMANDANDO OS GUERRILHEIROS

LONDRES, 27 (U. P.) — Notícias de Roma, para a "Exchange Telegraph", afirmam que tôdas as atividades dos patriotas italianos, na região setentrional da Itália, estão sendo dirigidas pelo general Cardona, que tem o seu Q. G. instalado na cidade de Milão.

A SITUAÇÃO NO NOROESTE DA ITÁLIA

ROMA, 27 (R.) — A rádio de Milão deu hoje o seguinte quadro da situação, no noroeste da Itália:

Gênova, Novara, Vareza, Gallarate, Legnano, Busto, Arsizio, Parma, Reggio e Piacenza estão firmemente em poder dos patriotas. Arona, Varallo, Vercelle foram libertadas do jugo alemão pelos patriotas.

As tropas aliadas, que avançam ao longo de sua linha, dentro de pouco tempo envolverão Milão e Veneza.

Parma e Reggio, ambas ao sul do rio Pó, na principal rodovia de Milão até a costa oriental, foram conquistadas ontem, pelo 5.o Exército. Piacenza fica no ponto em que essa grande autopista de Milão cruza o Pó, 50 quilômetros a sudeste de Milão".

CAPTURADOS MUSSOLINI, PAVOLINI E FARINACCI

ZURICH 27 (R.) — Confirma-se, oficialmente, em Milão, a notícia de que os srs. Mussolini, Pavolini e Farinacci foram presos na localidade de Nesso, no distrito do lago de Como — segundo informa a agência telegráfica suíça.

APRISIONADO O MARECHAL GRAZZIANI

ROMA, 27 (R.) — A emissora de

(Conclui na página 2).

AOS NOSSOS LEITORES E AOS SRS. ANUNCIANTES

A "Folha da Manhã" e a "Folha da Noite", ante a expansão crescente da sua tiragem e a rigidez das nossas cotas de papel, estavam em risco de reduzir a sua circulação ou o seu número de páginas. A primeira solução prejudicaria os srs. anunciantes; a segunda, os nossos leitores.

Preferimos terceiro caminho, que representa um sacrifício do ponto de vista econômico: vamos reduzir proporcionalmente o espaço destinado à matéria paga, de modo a não comprimir o destinado á matéria de redação.

Aos nossos prezados clientes rogamos, pois, que se antecipem na hora da entrega dos seus originais de anúncios e outras publicidades, pois que o recebimento se encerrará, diàriamente, tão depressa esteja preenchido o espaço reservado à matéria paga.

DE GAULLE INSISTE EM MANTER A OCUPAÇÃO DE STUTTGART

PARIS, 27 (R.) — Em sua reunião de hoje o gabinete francês aprovou a recusa do general De Gaulle ao pedido do govêrno militar norte-americano na Alemanha, para que as tropas francesas, que agora ocupam Stuttgart, abandonem a cidade em favor das tropas norte-americanas. O gabinete francês emitiu um comunicado aprovando "a manutenção em Stuttgart do govêrno militar francês até a conclusão de acôrdo entre os governos francês e aliado definindo os limites da zona francesa de ocupação na Alemanha.

FOLHA DA MANHÃ

Propriedade da Emprêsa FOLHA DA MANHÃ LTDA.

ASSINATURAS	
CAPITAL	
Anual	Cr$ 150,00
Semestral	Cr$ 85,00
Trimestral	Cr$ 50,00
INTERIOR	
Anual	Cr$ 120,00
Semestral	Cr$ 70,00
Trimestral	Cr$ 40,00
NÚMEROS AVULSOS	
Dias úteis	Cr$ 0,50
Domingos	Cr$ 0,60
Atrasados	Cr$ 1,00

Remessa de correspondência e numerário dirigida à Emprêsa FOLHA DA MANHÃ LTDA.

EDIÇÃO DE HOJE 14 PAGINAS

SUMARIO

O TEMPO
TEMPERATURA DA VÉSPERA:
Máxima — 21,9 Mínima — 10,0

FOLHA DA MANHÃ

Diretores:
ALCIDES RIBEIRO MEIRELES E JOSÉ NABANTINO RAMOS

MAIO
8
TERÇA-FEIRA
LUA NOVA A 13

AP. DE S. MIGUEL
1850 — Nasce em Itu o célebre pintor Almeida Júnior.

ANO XX || RUA DO CARMO, 33 e 39 TELEFONE: 2-7181 (REDE INTERNA) || S. PAULO — TERÇA-FEIRA, 8 DE MAIO DE 1945 || CAIXA POSTAL 79-B ENDEREÇO TELEGRÁFICO: "FOLHAS" || N. 6 479

RENDERAM-SE INCONDICIONALMENTE AOS EXÉRCITOS ALIADOS AS FÔRÇAS GERMÂNICAS DE TERRA, MAR E AR

ASSINADA NO Q G DO GENERAL EISENHOWER A CAPITULAÇÃO

DOENITZ ORDENA A CESSAÇÃO DAS HOSTILIDADES — PROCLAMAÇÃO DE VON KROSIGK AO POVO ALEMÃO

RHEINS, 7 (R.) — As autoridades aliadas anunciaram oficialmente a rendição incondicional da Alemanha.

ORDENADA PELO ALMIRANTE DOENITZ A RENDIÇÃO INCONDICIONAL

LONDRES, 7 (R.) — O almirante Doenitz ordenou a rendição incondicional de tôdas as fôrças combatentes alemãs — anunciou a emissora de Flensburg.

ORDEM DE CESSAR FOGO

LONDRES, 7 (R.) — A rádio de Flensburg, controlada pelos alemães, confirmou esta manhã a notícia de que o novo "fuehrer" alemão Doenitz tinha ordenado a todos os nazistas que cessem tôda e quaisquer atividades.

A ordem de cessação do fogo foi dada também a todos os comandantes de submarinos.

FOI ASSINADA EM RHEINS A RENDIÇÃO

NOVA YORK, 7 (R.) — A emissora de Nova York anuncia que a rendição incondicional da Alemanha, assinada em Rheins, foi subscrita pelo general Smith, chefe do Estado Maior do general Eisenhower, pelo general Ivan Susloparoff, em nome da União Soviética, e pelo general Francis Sevez, em nome da França.

NO Q. G. DE EISENHOWER

RHEINS, 7 (R.) — A rendição total alemã verificou-se precisamente às duas horas e quarenta e um minutos, hora de Paris, numa pequena escola, que é o Q. G. do general Eisenhower, comandante-chefe das fôrças aliadas.

O REPRESENTANTE DO REICH

RHEINS, 7 (R.) — O documento da rendição total alemã foi assinado em nome da Alemanha pelo coronel-general Gustav Jodl, novo chefe do Estado Maior do Exército germânico.

PROCLAMAÇÃO DO CONDE VON KROSIGK AO POVO GERMÂNICO

LONDRES, 7 (R.) — Foi a seguinte, na íntegra, a proclamação em que o ministro do Exterior do Reich, conde Schwerin von Krosigk, anunciou a capitulação total das fôrças alemãs, dirigida ao povo germânico, através da emissora de Flensburg:

"Homens e mulheres da Alemanha! O Alto Comando das fôrças armadas alemãs, por ordem do grande almirante Doenitz, determinou a rendição incondicional de tôdas as fôrças combatentes alemãs.

Como principal ministro do Reich, que o almirante Doenitz nomeou para realizar as conversações de guerra, volto-me neste momento trágico da nossa história à nação alemã. Após uma luta heróica de quase seis anos de incomparável dureza, a Alemanha sucumbiu ao poder esmagador de seus inimigos.

Continuar a guerra seria derramamento inútil de sangue e uma desintegração inútil. O govêrno, que tem o sentido da responsabilidade pelo futuro da sua nação, viu-se obrigado a agir, por motivo do colapso de tôdas as fôrças físicas e materiais, e a exigir ao inimigo a cessação das hostilidades.

Foi a mais nobre tarefa do almirante Doenitz e do govêrno que o apoiou, após os terríveis sacrifícios que a guerra exigiu, isto é, salvar, na última fase da guerra, a vida do maior número possível de seus compatriotas.

Que a guerra não tenha terminado imediata e simultaneamente, a oeste e a leste, pode ser explicado por esta razão exclusivamente. Pomos, assim, um têrmo a esta mais grave hora da nação alemã e do Reich.

Nesta hora tão grave para a nação germânica e para o seu Reich, curvamos-nos em reverência aos nossos mortos nesta guerra. Seus sacrifícios impõem-nos as maiores obrigações. Nossa simpatia estende-se, acima de tudo, aos feridos e inválidos e a todos aquêles a quem êste conflito infligiu golpes tão sérios. Nenhum de nós deve ter qualquer ilusão sôbre a severidade dos têrmos que serão impostos ao povo alemão pelos seus inimigos.

Devemos agora enfrentar o nosso destino com calma e sem fazer perguntas. Ninguém pode ter quaisquer dúvidas de que o futuro será difícil para cada um de nós e exigirá de todos os maiores sacrifícios, em tôdas as esferas da vida. Devemos aceitar êste fardo e cumprir lealmente as obrigações que acabamos de assumir. Mas não devemos desesperar e cair na resignação muda.

Mais uma vez, devemos iniciar nossa longa jornada ao longo da senda de um futuro negro. Do colapso do passado, reservemos e salvemos uma coisa: a união. As idéias de comunhão nacional, nos anos da guerra, encontraram a mais alta expressão no espírito de

(Conclui na página 2)

RECUSA-SE À RENDIÇÃO O COMANDANTE ALEMÃO EM PRAGA

A RESISTENCIA DAS FÔRÇAS GERMÂNICAS NA BOÊMIA-MORÁVIA PROSSEGUIRÁ CONTRA OS RUSSOS

LONDRES, 7 (R.) — E' o seguinte o texto da proclamação irradiada hoje pela emissora de Praga, em poder das fôrças alemãs:

"O alto comando das fôrças alemãs na Boêmia-Morávia faz a seguinte e importante declaração:

A notícia irradiada ao meio-dia de hoje, por uma emissora inimiga de Flensburg, que se diz ser alemã, dizendo que o govêrno do Reich capitulou incondicionalmente à União Soviética e às potências aliadas ocidentais, não corresponde à realidade dos fatos. Trata-se claramente de uma propaganda inimiga, visando quebrar a vontade das nossas fôrças em resistir. O govêrno do Reich cessou a luta apenas contra as potências ocidentais. Na nossa região, a luta continuará, até que os alemães do leste sejam salvos dos bolchevistas e até que consigam abrir caminho em direção à pátria, ou rumo ao ocidente".

OS REBELDES SERÃO DECLARADOS FORA DA LEI

LONDRES, 7 (U. P.) — O fato de rádio de Praga negar-se a reconhecer a capitulação da Alemanha, anunciada oficialmente pelo ministro do Exterior, conde Schwerin von Krosigk, no que se refere à frente russa, surge como mera rebeldia de um grupo de recalcitrantes, que se recusam a obedecer à ordem de rendição dada pelo alto comando germânico.

Se êste grupo persistir no seu propósito, êle será provavelmente declarado "fora da lei", logo que a proclamação conjunta das Nações Aliadas seja divulgada.

A 12 QUILÔMETROS DE PRAGA OS TANQUES AMERICANOS

LONDRES, 7 (R.) — Ainda hoje, à meia-noite, a guerra continua na Europa: na Tchecoslováquia.

A última irradiação da rádio de Praga, controlada pelos alemães, informou que o marechal Ferdinand von Schoerner, comandante das tropas germânicas na Boêmia-Morávia, não reconhecia a capitulação geral anunciada pelo almirante Doenitz.

Mas, pouco depois, a rádio de Praga, controlada pelos patriotas, precisou que os tanques americanos estavam a pouco mais de 12 quilômetros da capital tcheca.

Numa mensagem recebida pelos meios tchecoslovacos desta capital, depois da publicação da notícia da capitulação alemã, indicou-se que os aviões da "Luftwaffe" estavam ainda bombardeando os centros de Praga, particularmente ao redor do edifício da estação de rádio dos patriotas e que dura luta estava se travando nas ruas.

O Conselho Nacional Tchecoslovaco lançou um apêlo aos aliados para que acudam quanto antes e particularmente com aviões.

A famosa 4.a divisão blindada do general Patton, que efetuou um reide espetacular através da França, em 1944, está marchando a tôda velocidade para auxiliar os patriotas tchecos, com duas poderosas colunas, segundo telegrafou o correspondente de guerra da "Reuters" com o 3.o Exército norte-americano.

A aludida mensagem também anunciou que o exército vermelho ocupara o importante centro de Olomouc, a 190 quilômetros a leste de Praga, e o desencadeamento de nova ofensiva soviética em direção à Boêmia, cujas bases de partida escalaram-se na Saxônia, nos setores de Dresden e Chemnitz.

Os círculos tchecoslovacos londrinos receberam outra mensagem de Praga, assinalando movimentos de tropas inimigas em direção à capital, na área de Melnik, a 37 quilômetros ao norte de Praga e ao distrito de Banesov, a 60 quilômetros ao sul.

(Conclui na página 2)

PROTESTO DO JAPÃO CONTRA A VIOLAÇÃO PELO REICH DO PACTO TRÍPLICE

LONDRES, 7 (R.) — Segundo informa a "Agência Domei", o ministro do Exterior do Japão, Togo, em entrevista coletiva concedida à imprensa de Tokio, formulou enérgico protesto contra a "flagrante violação", por parte da Alemanha, do pacto tríplice.

O JAPÃO CONSIDERA-SE LIVRE DE COMPROMISSOS COM O REICH

NOVA YORK, 7 (R.) — A Agência Domei transmitiu uma nota, que foi aqui captada, dizendo que o protesto do ministro das Relações Exteriores, Shingenori Togo, contra a rendição dos exércitos alemães, representa a manifestação do ponto de vista do Japão quanto a estas rendições, consideradas como violação das cláusulas do pacto tripartite.

Isso não constitui, todavia — diz a agência — nenhuma indicação, de parte do Japão, relativamente à paz.

Ao que parece, porém, o Império japonês já agora se considera com liberdade de ação, ao que se comenta aqui.

SÃO PAULO FESTEJA A VITÓRIA — Ao serem conhecidas as notícias sôbre a rendição incondicional do Reich, tôda a população de São Paulo saiu às ruas, festejando estrepitosamente a vitória. As manifestações populares atingiram seu auge, à tarde, quando se realizou grande comício e passeata no centro da cidade. O flagrante acima, apanhado na praça da Sé, mostra parte da imensa mole humana, calculada em cêrca de 80 mil pessoas, que participou do entusiástico e patriótico "meeting".

FESTEJADO EM TODOS OS PAÍSES LIVRES, COM RUIDOSAS MANIFESTAÇÕES POPULARES, O TÉRMINO DA GUERRA NA EUROPA

Mensagem de paz irradiada pelo Vaticano — Comemorada em Londres, com demonstrações de indescritível entusiasmo, a vitória das Nações Unidas — Declarações do embaixador Leão Veloso

LONDRES, 7 (R.) — Em todo o mundo a notícia da rendição alemã foi celebrada hoje.

Eis uma relação das informações recebidas pelos cabos da "Reuters", sôbre como o mundo recebeu a grande nova.

Estocolmo — "Avalanches de confetis invadiram a cidade, flutuando pelos ares e encobrindo a Avenida de Drottninggaten, principal artéria da Capital sueca. Inúmeras pessoas rasgaram papéis e jornais em pedacinhos, projetando-os das janelas com gritos de alegria. Bandeiras sueca, norueguesa, dinamarquesa, britânica, americana e russa, foram içadas por tôda parte. Colunas de refugiados noruegueses e dinamarqueses percorreram às ruas, arvorando suas côres nacionais e gritando: "A guerra acabou!".

Nova York — "Milhares de alto-falantes instalados em todos os arranha-céus, proclamaram o que a cidade estava proclamando. "Maior do que em 1918". Milhões de pessoas impediam completamente o tráfego. As ruas estão crivadas de milhões de confetis e papéis. Todos os telefones estão mudos e o tráfego impossibilitado. Os vapores e os rebocadores, ancorados ou navegando no rio Hudson, tocaram constantemente suas sirenes e numerosos aviões sobrevoam a cidade, aumentando, com seu roncar, o ruído ensurdecedor que irrompia da multidão."

Chicago — "Quase todo o trabalho parou e tôda a população celebrou o acontecimento, no meio do barulho das sirenes das fábricas e do repique dos sinos das igrejas."

São Francisco — "A Conferência e a cidade celebraram o acontecimento quase na hora do almôço, mas foi oficialmente declarado que os trabalhos da Conferência iam prosseguir, durante a tarde."

Paris — "A multidão apinhou-se em frente dos edifícios dos grandes jornais, ouvindo os alto-falantes anunciarem a capitulação. Os vespertinos forneceram notícias sôbre a rendição em letras garrafais, porém, o público, depois do susto provocado pelos informes prematuros, está aguardando a proclamação oficial, pois cada qual pensa que isso poderá vir de um momento para outro. Os parisienses aguardam o sinal das sirenes e dos sinos antes de se entregarem à expansão popular. Os jornaleiros estão sendo assaltados, enquanto os fotógrafos, trepados nas árvores dos "boulevardes", estão filmando os movimentos da multidão."

Berna — "O govêrno suíço reuniu-se ao receber a notícia, porém, decidiu não fazer nenhuma comunicação ao público, antes de receber a confirmação oficial."

Roma — "As sirenes soaram na cidade, enquanto os sinos das igrejas, inclusive os de San Pedro, tocaram repetidas vêzes. As tropas inglêsas e americanas começaram a levar a efeito manifestações ruidosas.

O sr. Ivanoe Bonomi, "premier" italiano, declarou hoje, à noite, à agência "Reuters":

"O povo italiano sente-se feliz pelo fato de que o fim da guerra o encontre ao lado dos aliados. A Itália hoje, como em 1918, está lado a lado com as grandes democracias vitoriosas contra o imperialismo alemão e por êsse motivo nossa alegria é completa. Agora devemos colaborar para a construção de uma paz duradoura".

Cairo — "A notícia coincidiu com o dia de Sham El Nessim, que no Egito antigo era dia feriado, em regozijo pela celebração da primavera. Quase todo o povo saiu à rua, enquanto nenhum jornal aparecerá, tanto hoje como amanhã, embora os editores estejam tentando contratar impressores, para publicarem edições sôbre os festejos".

Viena — "Os austríacos ouviram a notícia, que foi repetida 4 vêzes em seguida pela estação austríaca controlada pelos aliados".

Johannesburg (Transvaal) — "Tôda a União Sul-Africana começou a celebrar imediatamente o acontecimento. As bandeiras foram içadas por tôda parte, soldados foram colocados prontos para disparar, a fim de saudarem a proclamação oficial. Numerosos jornais do interior publicaram edições especiais. Os jornaleiros foram assaltados por uma multidão excitada, que lhes arrancou os jornais. Os pronto-socorros da polícia foram chamados em vários lugares da cidade".

Vaticano — "A rádio do Vaticano

(Conclui na página 2)

RENDIÇÃO DOS REMANESCENTES GERMÂNICOS NA NORUEGA

ORDEM DO DIA DO GENERAL BOEHME ANUNCIANDO AOS SEUS COMANDADOS A CAPITULAÇÃO DO REICH

COPENHAGUE, 7 (R.) — Capitularam as fôrças alemãs da Noruega.

ORDEM DO DIA DO GEN. BOEHME

LONDRES, 7 (R.) — A rádio de Oslo transmitiu, hoje, a seguinte ordem do dia do general Boehme, comandante-chefe alemão na Noruega:

"Soldados da Noruega. O conde von Krosigk anunciou a rendição incondicional de tôdas as fôrças alemãs. Sei que essa mensagem é duro golpe para nós. Estamos resistindo aqui na Noruega, sem sermos derrotados e tão fortes como antes. Nenhum inimigo ousou atacar-nos. No entanto, devemos curvar-nos às imposições de nossos inimigos, em benefício de tôda a causa alemã. Confiamos em que, de agora em diante, negociaremos com homens que respeitem a honra dos soldados. Esperamos que os noruegueses demonstrem para com o soldado alemão a mesma atitude que sempre tiveram. Quanto a vós, meus camaradas, espero que vos portareis de maneira exemplar, que mesmo o mais renhido inimigo não possa senão apreciar. Cerrai os dentes. Mantende a disciplina e a ordem. Sêde obedientes ao vosso superior. Continuai sendo o que fostes, soldados alemães decentes, que amam seu povo e sua pátria, mais que qualquer outra coisa do mundo".

RENDIÇÃO DA FROTA DE SUBMARINOS DA NORUEGA

LONDRES, 7 (R.) — Acredita-se que de 200 a 300 submarinos alemães renderam-se às potências aliadas ocidentais, nos "fjords" da Noruega.

Calcula-se que a aviação alemã, em território norueguês, seja composta de 300 a 400 aviões, na sua maioria de caça.

RETIRADA DOS ALEMÃES

ESTOCOLMO, 7 (R.) — Um locutor norte-americano, falando pela emissora desta cidade, anunciou que se espera que cêrca de 250.000 soldados alemães se reunam nos portos da Noruega, para aguardar transportes para a Alemanha, em navios comandados pelos britânicos.

"Entretanto — disse o mesmo locutor — haverá muito tiroteio, antes que todos os alemães tenham abandonado a Noruega. Os elementos da "Gestapo" e os jovens noruegueses "quislings" tentarão provocar conflitos, à última hora, tal como idêntica organização fêz na Dinamarca".

CONSAGRADA A DATA DE HOJE COMO O "DIA DA VITÓRIA" ALIADA

Um comunicado anglo-russo-americano anunciará a rendição alemã — Jorge VI, Truman e Churchill falarão pelo rádio

LONDRES, 7 (R.) — Embora a guerra esteja terminada, não haverá notícia oficial a respeito, senão amanhã à tarde, quando o Parlamento se reunirá, e o primeiro ministro Churchill talvez divulgue a notícia em primeiro lugar, na Câmara dos Comuns.

O atraso da divulgação da notícia do dia "V" é motivado por um acôrdo feito entre Churchill, Truman e Stalin, no sentido de que a notícia seja dada simultâneamente em Londres, Washington e Moscou.

A NOTA OFICIAL ANGLO-RUSSO-AMERICANA

LONDRES, 7 (U. P.) — O Ministério de Informações anuncia oficialmente:

"A nota oficial conjunta dos Estados Unidos, União Soviética e Grã-Bretanha, sôbre a rendição incondicional das fôrças de terra, mar e ar, da Alemanha, será divulgada ao mundo pelo primeiro ministro, sr. Winston Churchill, amanhã, dia 8 de maio, às 10 horas (hora do Rio de Janeiro).

Em vista dêsse fato, amanhã, têrça-feira, dia 8 de maio de 1945, será considerado o "Dia da Vitória" na Europa e, portanto, feriado. Tambem o dia seguinte, 9 de maio, será considerado feriado.

O rei da Inglaterra, Sua Majestade Jorge VI, falará amanhã às 14 horas (hora do Rio de Janeiro), pelo rádio, anunciando aos povos do Império Britânico e da Comunidade Britânica a vitória das Nações Unidas.

O Parlamento efetuará uma reunião amanhã, a fim de celebrar o "Dia da Vitória".

O PRESIDENTE TRUMAN FALARÁ PELO RÁDIO

WASHINGTON, 7 (U. P.) — A Casa Branca informou que, baseando-se em notícias já recebidas, o presidente Truman pensa falar amanhã, pelo rádio, para todo o país, às 10 horas da manhã, (hora do Rio).

A secretaria de imprensa da Casa Branca acrescentou que, se não se registrarem acontecimentos imprevistos, o presidente Truman receberá os jornalistas às 9 h 30 (hora do Rio), para fornecer-lhes, em confiança, o texto da declaração que irá fazer.

Alguns círculos presumem que será a notícia do "Dia V".

NOTA DO PRESIDENTE TRUMAN À IMPRENSA

WASHINGTON, 7 (R.) — E' o seguinte o texto da declaração feita hoje pelo presidente Truman a respeito da rendição das fôrças alemãs:

"Concordei com os governos de Londres e de Moscou em não divulgar qualquer notícia referente à rendição das fôrças inimigas da Europa, ou em qualquer outra parte, até que uma simultânea declaração possa ser feita pelos três governos. Até então nada existe que vos possa ou queira vos dizer".

DOENITZ ORDENA QUE OS NAVIOS ALEMÃES CESSEM OS ATOS DE GUERRA

ESTOCOLMO, 7 (R.) — A rádio alemã transmitiu a seguinte mensagem especial dirigida pelo almirante Doenitz a todos os navios alemães:

"As tripulações de todos os navios que trazem a bandeira da marinha mercante alemã ou a bandeira de serviço do Estado, devem abster-se de quaisquer atos de guerra nos portos e águas afetados pela trégua. Ficam proibidos de afundar os navios ou de torná-los imprestáveis, destruindo suas instalações ou parte de seu maquinismo. As tripulações devem permanecer a bordo dos navios".

FOLHA DA MANHÃ
Propriedade da Emprêsa
FOLHA DA MANHÃ LTDA.

ASSINATURAS		
CAPITAL		
Anual	Cr$	150.00
Semestral	Cr$	85.00
Trimestral	Cr$	50.00
INTERIOR		
Anual	Cr$	120.00
Semestral	Cr$	70.00
Trimestral	Cr$	40.00
NÚMEROS AVULSOS		
Dias úteis	Cr$	0.50
Domingos	Cr$	0.80
Atrasados	Cr$	1.00

Remessa de correspondência e numerário dirigida à Emprêsa FOLHA DA MANHÃ LTDA.

EDIÇÃO DE HOJE
10 PAGINAS
SUMÁRIO

O TEMPO
Previsão até as 14 horas de hoje: Tempo: bom, com nebulosidade. Temperatura: estável. Ventos: de sudoeste a nordeste, frescos a muito frescos. Temperatura da véspera: máxima, 25,0; mínima, 12,7.

FOLHA DA MANHÃ

Diretor-presidente ALCIDES RIBEIRO MEIRELES — JOSÉ NABANTINO RAMOS Diretor-superintendente — Diretor-tesoureiro CLOVIS M. DE QUEIROGA

TERÇA-FEIRA 7 AGÔSTO — LUA NOVA A 9 — SÃO CAETANO, Fundador — 1661 — Prisão e deportação do visconde de Guiana.

ANO XXI | RUA DO CARMO, 35 e 39 — TELEFONE: 2-7181 (RÊDE INTERNA) || S. PAULO — TERÇA-FEIRA, 7 DE AGÔSTO DE 1945 || ENDEREÇO TELEGRAFICO: "FOLHAS" CAIXA POSTAL 79-B | N. 6554

REVELADA NOS E. U. A. E INGLATERRA A INVENÇÃO DA ARMA DE MAIOR PODER DESTRUIDOR DE TÔDA A GUERRA

PESQUISAS QUE PRECEDERAM AO EMPRÊGO DA "BOMBA ATÔMICA"

DECLARAÇÕES DO SECRETÁRIO DA GUERRA DOS ESTADOS UNIDOS — COOPERAÇÃO CIENTÍFICA INTERALIADA

WASHINGTON, 6 (U. P.) — São as seguintes as declarações do sr. Stimson, secretário da Guerra dos Estados Unidos, sôbre o emprêgo da bomba atômica contra o Japão:

"O emprêgo da bomba atômica contra o Japão, é a culminação de anos de hercúleos esforços da ciência e da indústria, em estreita cooperação com as autoridades militares.

Este feito, que se concretizou com a participação de milhares de pessoas, que empenhavam o máximo de suas energias e o mais alto espírito patriótico, representa provàvelmente o maior êxito de toda a história, graças à coordenação dos esforços da ciência da indústria, do trabalho e das fôrças militares.

A nova arma militar tem uma potência explosiva verdadeiramente assombrosa. E' evidente que a sua posse pelos Estados Unidos, mesmo na fase atual, é uma grande ajuda para abreviar a guerra contra o Japão.

A longa serie de pesquisas que nos conduziram à bomba atômica, iniciou-se em princípios do século, com a descoberta dos princípios da radioatividade. Até 1939 se trabalhou, em todo o mundo, para tal fim, especialmente nos Estados Unidos, França, Alemanha, Reino Unido, Itália e Dinamarca.

Não sabemos em que terreno estão os trabalhos nos demais países, porém, estamos convencidos de que o Japão não está em condições de utilizar a bomba atômica nesta guerra.

Ao começar esta guerra, tornou-se evidente que dentro em breve seria encontrado um meio para se utilizar a energia atômica com propósitos bélicosos. Restava saber qual a nação que controlaria a descoberta, utilizando-a em benefício próprio.

Um dos maiores cientistas da Dinamarca, dr. Neils Bohr, detentor de um prêmio "Nobel", foi pôsto fora do alcance dos nazistas, quando êstes ocuparam sua pátria e, mais tarde, auxiliou-nos na criação da bomba atômica.

Um grupo de homens de ciência da Grã-Bretanha, que havia realizado investigações em tôrno do problema, foi transferido para os Estados Unidos, em fins de 1943, e, desde então, participou da criação dêsse engenho.

Em fins de 1939, chamou-se a atenção do falecido presidente Roosevelt para a possibilidade de se utilizar a energia atômica com propósitos militares. O presidente nomeou uma comissão para estudar o problema. As investigações que, até então haviam sido realizadas em caráter limitado, passaram a ter maior amplitude, devido aos fundos colocados à disposição da comissão, pelo Departamento da Marinha.

Quando estava para terminar o ano de 1941, decidiu-se dar o maior incremento possível às investigações, e o projeto foi confiado a um grupo de cientistas norte-americanos, inclusive o dr. Vannevar Ush, diretor do Departamento de Investigações Científicas, o qual passou a ser o informante direto do presidente, a respeito.

Em junho de 1942, um grupo, do qual faziam parte Henry Wallace, Stimson, o general George C. Marshall, o dr. James B. Conant e o dr. Bush, recomendou que os trabalhos fôssem ativados e que a tarefa se transferisse para o Departamento da Guerra.

"Em vista da grande premência de tempo, iniciou-se em dezembro de 1942 a construção da fábrica, numa escala jamais vista. A decisão de levantar o edifício da fábrica numa ocasião tão adiantada, certamente foi objeto de crítica. Porém, como estávamos em guerra, corremos o risco, e acertamos. Mais tarde, novas fábricas foram construídas.

Em agôsto de 1943 os planos já haviam chegado a tal ponto, que se de-

(Conclui na pág. seguinte)

AMEAÇADO O JAPÃO DE DESTRUIÇÃO COMPLETA PELA "BOMBA ATÔMICA"

Fruto de longas e pacientes pesquisas a sensacional descoberta — Lançado sôbre Hiroshima o violento explosivo

WASHINGTON, 6 (U. P.) — O presidente Truman informou que os Estados Unidos gastaram dois biliões de dólares na "maior campanha científica da história", obtendo, em compensação, um enorme êxito com a invenção da "bomba atômica", que foi lançada domingo último contra a base militar nipônica de Hiroshima.

A referida bomba tem um poder maior do que vinte toneladas de TNT e duas mil vêzes o poder explosivo da bomba britânica "Grand slam" considerada a maior bomba utilizada na história da guerra.

Em sua declaração, o primeiro magistrado norte-americano diz que o novo projetil inicia "uma era revolucionária no poder destruidor" e que, no período culminante da construção, intervieram cento e vinte e cinco mil pessoas. "A fôrça da qual o sol obtem sua potência foi isolada para ser lançada contra os que desencadearam a guerra no Extremo Oriente".

E' o seguinte o texto da declaração do presidente Truman:

"Faz dezesseis horas que um avião norte-americano lançou uma bomba sôbre Hiroshima, importante base militar japonêsa. Essa bomba tinha mais potência do que vinte toneladas de TNT (tri-nitro-tolueno). Tinha duas mil vezes mais o poder destruidor de "Grand slam" britânica, que é a maior bomba utilizada até agora na história da guerra.

Os japonêses começaram a guerra pelo ar em Pearl Harbor. Já se lhe pagou com juros. E isso ainda não chegou ao fim. Com esta bomba, acrescentamos um novo e revolucionário aumento no poder destruidor para completar o poderio crescente de nossas fôrças armadas. Em sua forma atual, essas bombas já estão sendo fabricadas e aperfeiçoam-se para se tornarem ainda mais poderosas.

Trata-se de uma "bomba atômica". Sujeitou-se a potência básica do universo. A fôrça da qual o sol obtem sua potência foi isolada, para ser lançada contra os que desencadearam a guerra no Extremo Oriente.

Antes de 1939, os homens de ciência haviam chegado à conclusão de que era, teoricamente, possível pôr em liberdade a energia atômica. Porém, ninguém conhecia a forma prática de fazê-lo. Em 1942, soubemos, não obstante, que os alemães trabalhavam febrilmente a fim de encontrar um meio de juntar a fôrça atômica às demais máquinas bélicas, com as quais pensavam escravizar o mundo. Porém, fracassaram. Devemos agradecer à Providência que os alemães tenham inventado a "V-1" e "V-2" tarde e em quantidade limitadas e agradecer, ainda mais, que não pudessem obter a "bomba atômica".

A batalha de laboratórios representou terríveis riscos para nós, tanto quanto as batalhas do ar, terra e mar. Mas, agora, ganhamos a batalha dos laboratórios, como ganhamos as demais batalhas.

No começo de 1940, antes de Pearl Harbor, os Estados Unidos e a Grã-Bretanha realizaram um intercâmbio de conhecimentos científicos úteis à guerra, e, dêsse acôrdo, conseguimos preciosa ajuda para nossas vitórias.

De acôrdo com essa norma geral, começaram as investigações da "bomba atômica". Os homens de ciência norte-americanos e britânicos empenharam-se com os alemães na corrida das descobertas.

Os Estados Unidos contavam com grande quantidade de preeminentes homens de ciência, nos diversos ramos do conhecimento humano exigidos. Dispunham de enormes recursos industriais e financeiros, necessários para levar avante o projeto e podiam se dedicar a êle, sem se incomodarem com os obstáculos de outras tarefas vitais da guerra.

Nos Estados Unidos prosseguiram os trabalhos de laboratório e nas fábricas, os quais estavam apreciàvelmente adiantados e estariam fora do alcance dos bombardeios inimigos, enquanto que, então, a Grã Bretanha estava exposta a constantes ataques aéreos e ainda ameaçada pela possibilidade de invasão. Por essas razões, o primeiro-ministro Churchill e o presidente Rosevelt estabeleceram que era aconselhavel levar a cabo o propósito dos cérebros científicos de com duas grandes fábricas e muitos estabelecimentos menores empenhados na produção do poder atômico.

Durante o momento culminante da construção, a mão de obra chegou a cento e vinte e cinco mil pessoas e agora trabalham nas fábricas mais de sessenta e cinco mil. Poucos sabem o que têm estado fabricando. Vêem grandes quantidades de materiais que entram e não vêem sair nada destas fábricas, pois que o tamanho da carga explosiva é extraordinàriamente pequeno.

Gastamos dois biliões de dólares na maior campanha científica da História... E a ganhamos.

Porém, a maior maravilha disso tudo não está nas proporções da emprêsa em, seu segrêdo ou no seu custo, mas, sim, na consecução do propósito dos cérebros científicos de juntar as peças de conhecimento infinitamente complexas possuídas por muitos homens nos diferentes campos da ciência, até conseguir um pleno utilizável. E não menos maravilhosa é a capacidade da indústria para desenhar e da mão de obra para executar máquinas e métodos a fim de conseguir coisas não alcançadas até agora, para que o fruto de tantos cérebros se concretizasse de forma física e atuasse na forma esperada.

Tanto a ciência como a indústria trabalharam sob a direção do Exército dos Estados Unidos, que conseguiu um êxito único ao levar a cabo um problema tão diverso no progresso da ciência, num tão extraordinàriamente curto período de tempo. E' duvidoso que se tenha conseguido uma combinação semelhante em outra parte do mundo. O que se obteve representa o maior empreendimento da ciência organizada na história. Foi realizado sob o império das circunstâncias e com todo o êxito.

Estamos agora preparados para fazer desaparecer, com mais rapidez e mais completamente, até a última emprêsa de produção que possam ter os japonêses, em terra, em qualquer cidade. Destruiremos seus diques, suas fábricas e seus meios de comunicações. Que não fique dúvida de que destruiremos completamente a potencialidade bélica do Japão.

O ultimato de 26 de julho, emitido em Potsdam, destinava-se a livrar o povo japonês da completa destruição. Seus governantes rejeitaram prontamente o ultimato. Se não aceitarem agora nossas condições, deverão preparar-se para uma chuva de destruição pelo ar, como nunca se viu na terra. Atrás dêsses ataques aéreos, seguirão fôrças marítimas e terrestres em tal quantidade e poderio como nunca se viu, e com a habilidade combativa que os japonêses já conhecem.

O secretário da Guerra, que se manteve em contato pessoal com tôdas as fases do projeto, dará imedia-

(Conclui na pág. seguinte)

A COOPERAÇÃO BRITÂNICA NA INVENÇÃO DA "BOMBA ATÔMICA"

A CIÊNCIA ANGLO-AMERICANA VENCEU O ESFÔRÇO GERMÂNICO, NA "BATALHA DOS LABORATÓRIOS"

LONDRES, 6 (R.) — O primeiro-ministro Clement Attlee, em declaração divulgada por Dowing Street n. 10, anunciou o seguinte:

"O problema da libertação da energia por processo atômico foi resolvido e uma bomba atômica foi lançada sôbre o Japão, pela fôrça aérea norte-americana. O presidente Truman e o sr. Stimson descreveram a natureza e as vastas consequências desta nova descoberta. Torna-se agora necessária alguma informação sôbre o papel que a Grã-Bretanha desempenhou nos notáveis progressos científicos que agora começaram a frutificar. Antes da mudança de govêrno, Churchill havia preparado a seguinte declaração, que agora divulgo da maneira como foi por êle escrita:

"No ano de 1939, tornara-se amplamente reconhecido entre os cientistas que a libertação da energia por processo atômico era uma possibilidade. No entanto, os problemas que restavam ainda a resolver, antes dessa possibilidade ser transformada em realização prática, eram múltiplos e imensos. Poucos cientistas teriam naquela época tentado prognosticar que a bomba atômica podia estar preparada para uso em 1945. Apesar disso, porém, as potencialidades do projeto eram tão grandes, que o govêrno de Sua Majestade considerou acertado que fôssem realizadas pesquisas, apesar das numerosas necessidades de potencial humano científico. Nessa fase, as pesquisas foram realizadas principalmente em nossas universidades — especialmente em Oxford, Cambridge, Londres (Colégio Imperial), Liverpool e Birmingham. Na época da formação do govêrno de coalisão, a responsabilidade de coordenar o trabalho e fazê-lo progredir recaía sôbre o Ministério da Produção Aeronáutica, aconselhado por um comitê de eminentes cientistas, sob a presidência de "sir" George Thomson. Ao mesmo tempo, de acôrdo com os arranjos gerais então em vigor, para a cooperação das informações científicas, houve completo intercâmbio de idéias entre os cientistas que realizavam êsse trabalho no Reino Unido e nos Estados Unidos. Conseguiu-se tal progresso que, no verão de 1941, o comitê de "sir" George Thomson pôde anunciar que, em sua opinião, havia razoável probabilidade de a bomba-atômica poder ser produzida antes do fim da guerra. Em fins de agôsto de 1941, lorde Cherwell, cuja tarefa era manter-me informado de todos êsses e outros desenvolvimentos técnicos, comunicou-me o substancial progresso que estava sendo feito. A responsabilidade geral pela pesquisa científica, realizada sob a direção dos vários comités técnicos, recaía então sôbre o lorde presidente do Conselho, "sir" John Anderson. Os chefes do Estado Maior recomendaram uma ação imediata com a máxima prioridade e foi decidido criar, dentro do Departamento de Pesquisas Científicas e Industriais, uma divisão especial para dirigir os trabalhos e a "Imperial Chemical Industries Limited" concordou em ceder pessoal para encarregar-se dessa diretoria. Quando "sir" John Anderson tornou-se chanceler do Erário, pedi-lhe para continuar a supervisionar êsse trabalho, para o qual tinha especiais qualidades. Para aconselhá-lo, havia sido criado um Conselho Consultivo. Subordinado a Ackers, havia um comitê técnico, composto originalmente por "sir" James Chadwick, professor Peiaris e drs. Halhan, Simon e Slade. Mais tarde, passaram também a fazer parte do mesmo "sir" Charles Darwin e os professôres Cockcroft, Oliphant e Feather.

Em 11 de outubro de 1941, foi sugerido que quaisquer esforços poderiam ser coordenados com utilidade. Em resultado, todos os esforços britânicos e americanos foram conju-

(Conclui na pág. seguinte)

PÉTAIN PROPUSERA À ALEMANHA A COOPERAÇÃO MILITAR DA FRANÇA

O promotor André Mornet comprova a acusação feita ao marechal — Os depoimentos de ontem na Côrte de Paris

PARIS, 6 (R.) — A 13.a sessão da Côrte de Justiça da França, que julga o marechal Pétain, teve início hoje, com a leitura de um telegrama do sr. Pierre Werrilon, membro da delegação da França à Conferência de São Francisco, e antigo adido à embaixada da França em Madrid, onde o marechal Pétain exerceu as funções de embaixador.

O telegrama de sr. Werilion é longo e seu autor, em um trecho, diz o seguinte: "No interêsse da justiça e da honra da França, sinto-me no dever de aqui depor, sob juramento, a perfeita lealdade e patriotismo do marechal Pétain".

DEPOIMENTO DO GENERAL LACAILLE

Acalorados debates verificaram-se em seguida, entre o juiz presidente, sr. Mongibeaux, e o advogado da defesa, durante o depoimento da primeira testemunha, general Henri Lacaille de 50 anos de idade, que foi chefe do Estado-Maior francês na Indochina Francesa, até fins de 1939.

O general Lacaille, que se apresentou em trajes civis, declarou que no dia 10 de maio de 1940 a França só possuía 460 tanques contra 15 000 tanques alemães.

Minutos após haver o general Lacaille iniciado seu depoimento, o juiz presidente, sr. Mongibeaux, interrompeu-o e lembrou à defesa que o Código francês dá à Côrte o direito de limitar ou anular o depoimento que julgasse não relevante ou que pudesse, sem motivos justos, prolongar os trabalhos.

O advogado da defesa, sr. Fernand Payen, interveio para protestar, dizendo que durante os trabalhos precedentes as testemunhas da acusação tiveram permissão para responder às perguntas formuladas pelos membros do júri. O juiz presidente replicou que não tinha objeção alguma em ouvir o depoimento do general Lacaille, mas que deveria lembrá-lo de que se tratava do julgamento do marechal Pétain, e que qualquer assunto irrelevante, não deveria ser introduzido nos trabalhos. O general Lacaille prosseguiu, depois, no seu depoimento, até que o marechal Pétain se mostrou cansado e desinteressado. Sentado em sua cadeira especial, com as mãos cruzadas sôbre o joelho, êle ouviu o general Lacaille depor, relembrando as circunstâncias das negociações franco-alemãs.

O general Lacaille declarou que o general Huntzinger, presidente da comissão francesa de armistício, encorajou a distribuição clandestina de armas, sem dúvida alguma com o consentimento do marechal Pétain.

Referindo-se aos contatos entre Vichy e o govêrno britânico em janeiro de 1941, o general Lacaille declarou que o coronel Groussard, inspetor geral da Polícia de Segurança Nacional, seguiu para a Inglaterra em nome do marechal Pétain, sendo nessa ocasião informado, pelos srs. Winston Churchill e Anthony Eden, do seguinte:

"Estamos temporàriamente separados. Portanto, façamos um ao outro o menor mal possível."

Antes de Lacaille haver terminado o seu depoimento, declarou que o coronel Groussard se avistara em Londres, com Churchill, e conferenciara duas vêzes com Eden, procurando obter modificação no bloqueio e moderação na campanha da "B. B. C." contra o marechal Pétain.

Os trabalhos foram, então, suspensos às 15,20 horas (hora de Paris).

A ATITUDE DE PÉTAIN EM FAVOR DOS "MAQUIS"

Reiniciados os trabalhos o príncipe Xavier de Bourbon ocupou o banco das testemunhas. Ao penetrar no recinto da Côrte, o príncipe Xavier de Bourbon curvou-se respeitosamente diante do marechal Pétain, provocando murmúrio de indignação no recinto da Côrte.

O depoente começou por dizer que ouvia mal, em virtude de sua estada no campo de concentração de Dachau. Alto, magro e trajando terno cinzento, o príncipe Xavier de Bourbon disse que tinha 120 "maquis" sob seu comando.

"Os comunistas não eram os únicos "maquis" — declarou o príncipe Xavier de Bourbon — pois também numerosos nobres franceses faziam parte da organização. O marechal Pétain interveio, tôdas as vêzes que lhe fôra possível, para impedir a execução de sentenças de morte impostas aos "maquis". Êle viu 320 homens enforcados em Dachau, mas nenhum de nós em Dachau, teve, em qualquer ocasião, uma palavra de censura ao marechal Pétain, pois que êle, por suas

(Conclui na pág. seguinte)

O JAPÃO AMEAÇADO DE INVASÃO — As bases das Filipinas, Okinawa, Iwo Jima e Marianas estão sendo abastecidas de tropas, aviões, navios de guerra e suprimentos para as próximas batalhas nas ilhas de Kyushu, Shikoku e Honshu. Em nosso mapa focalizamos as bases aliadas de invasão e a zona marítima controlada pelas belonaves das Nações Unidas.

ESTIMATIVAS SÔBRE AS SAFRAS DE ALGODÃO BRASILEIRO

WASHINGTON, 6 (U. P.) — O serviço de predições de safras do Departamento da Agricultura, anunciou que a safra de algodão de 1944/45, no sul do Brasil, será inferior à colheita recorde do ano anterior, de 2.136.000 fardos. Disse que, segundo cálculos particulares, as estimativas para a safra dêste ano variam entre 800.000 e 1.050.000 fardos de 478 libras. Atribui o decréscimo da safra à sêca que se manifestou na época do plantio e às chuvas, que sòmente se manifestaram na época da colheita.

Quanto à safra do algodão, no norte do Brasil, é calculada em 450.000 fardos, o que permitiria esperar-se uma safra entre ...... 1.250.000 e 1.500.000 fardos, contra 2.725.000 fardos produzidos na safra anterior.

Informa, ainda, que as exportações de algodão brasileiro, nos primeiros cinco meses de 1945, ascenderam a 141.900 fardos contra 250.000 exportados no mesmo período de 1944. A Grã-Bretanha adquiriu cêrca de 70% da exportação de 1945, quando em 1944 comprou 68% nesses primeiros cinco meses.

Revela, ainda, que os preços cotados em São Paulo, para o tipo 5, se mantiveram, desde maio, ao nível de 14.82 cents por libra, o que representa quase 5 cents abaixo dos preços para exportação do algodão norte-americano para qualidade semelhante ao tipo 5, de São Paulo. Pondera, entretanto, que o impôsto de exportação no Brasil e as despesas de transporte etc. reduziram essa diferença para menos de 2 cents por libra, acrescentando que a "recente alta dos preços no Brasil" diminuiu a diferença, ainda mais, chegando mesma agora a ser de apenas 1 cent por libra.

PROCLAMAÇÕES DE EISENHOWER E MONTGOMERY À POPULAÇÃO ALEMÃ

Os aliados pretendem evitar que a Alemanha jamais ameace a paz mundial — Liberdade política ao povo germanico

Q. G. DAS FÔRÇAS AMERICANAS NA EUROPA, 6 (R.) — O general Eisenhower anunciou esta noite, ao povo alemão, que sua capacidade de travar guerras será destruída, e o concitou a reconstruir sua vida em bases democratas e a reentrar na família das nações. Numa irradiação dirigida aos alemães, o comandante norte-americano disse o seguinte:

"Apesar de tôdas as dificuldades, não tereis de enfrentar um futuro sem esperanças. Quase três meses transcorreram desde a derrota final da Alemanha. Durante êsse período, dedicamo-nos a afastar os nazistas das posições de destaque na vida alemã. Restabelecemos também a lei e a ordem e tomamos muitas medidas para estabelecer os alicerces de onde podereis realizar agora os melhores esforços para diminuir o problema que tereis de enfrentar no próximo inverno.

Nosso programa de desnazificação progrediu suficientemente, de tal forma, que agora é oportuno falar-vos sôbre nossos planos para a ocupação da zona norte-americana da Alemanha, planos que coincidem plenamente com a política resolvida na recente Conferência dos líderes aliados em Potsdam. Após duas guerras, em 25 anos, pretendemos evitar que a Alemanha jamais torne ameaçar a paz do mundo. O nazismo e o militarismo estão sendo extirpados em tôdas suas formas. Os criminosos de guerra estão sendo julgados e punidos como merecem. A Alemanha está completamente desarmada, mas nosso objetivo não é apenas negativo. Auxiliaremos o povo alemão a reconstruir sua vida, em bases democráticas. Vossos tribunais e escolas estão sendo reabertos, assim que podem ser libertados da influência nazista. A justiça e a educação, baseadas nos verdadeiros princípios liberais, serão apoiadas vigorosamente. Já estais publicando vossos jornais, elegendo administradores comerciais para vos representar e servindo nos grupos consultivos do govêrno militar. Outras medidas semelhantes serão ainda realizadas. Tereis permissão de constituir uniões locais e de realizar atividades políticas locais. Para êsse objetivo, poderão ser realizadas reuniões, sujeitas à aprovação do governo militar aliado local. O objetivo inicial das uniões trabalhistas e dos partidos políticos deve ser auxiliar as medidas que se tornam necessárias agora, como preparativo para o próximo inverno.

A plena liberdade de formar uniões trabalhistas e de se dedicar às atividades políticas democráticas será estendida ràpidamente às áreas em que demonstrardes disposição para o exercício sadio dêsses privilégios.

Vossas próprias ações determinarão a época da eliminação das restrições restantes. Os próximos meses serão um período de prova. Serão duros. Todos os sinais indicam escassez de alimentos, combustíveis, casas e transporte. São essas as consequências de uma guerra de agressão. No entanto, tendes o poder de reduzir essas dificuldades, trabalhando firmemente e auxiliando uns aos outros. As perspectivas de colheita são boas, mas, para tornar tal coisa certa, é preciso que os habitantes das cidades trabalhem nas fazendas. Não haverá carvão disponível para aquecer as casas neste inverno. Nos próximos meses, deveis cortar e juntar nas florestas lenha suficiente para satisfazer as necessidades essenciais. A questão de casas é o terceiro problema maior vosso. Enquanto o tempo ainda permite, as casas danificadas devem ser reparadas, a fim de fornecer o máximo abrigo possível neste inverno, utilizando-se o material salvo e madeira cortada nas florestas até a maior escala possível.

A solução dêsses problemas depende de vosso trabalho. O govêrno militar estabeleceu autoridades civis alemãs em muitos setores, a fim de permitir que vos auxilieis a vós próprios, até a época de escolherdes vosso govêrno. Já cedi transporte militar para auxiliar a evitar que se perca a colheita nos campos. Os membros de meu comando têm agora permissão de estabelecer convosco relações públicas normais. Desta forma, poderemos entender melhor os problemas que teremos de enfrentar nos próximos meses.

Podeis redimir-vos tanto em vosso país, como aos olhos do mundo, por meio dos vossos próprios esforços. Está realmente em vosso poder criar uma linha democrática sadia na Alemanha e juntar-vos à família das nações.

Para conseguir isto, deveis mostrar que abandonastes para sempre o mi-

(Conclui na pág. seguinte)

AVANÇO ATRAVÉS DE UMA REFINARIA DE PETRÓLEO EM BORNEU — Soldados australianos, pertencentes à 7.a Divisão de Infantaria, avançam através de uma refinaria de petróleo da "Royal Dutch Shell Oil", perto de Balikpapan, em Bornéu em operações de limpeza contra o Japão. Ao fundo pode-se ver a fumaça inflamada subindo dos depósitos. (I.N.P.)

EDIÇÃO DE HOJE — 24 PÁGINAS — 2 SEÇÕES

O TEMPO
Previsão até às 14 horas de hoje: Tempo: bom com nebulosidade variável, e nevoeiro. Temperatura: em elevação. Ventos: variáveis, frescos. Temperatura da véspera: máxima, 28,1; mínima, 16,2.

FOLHA DA MANHÃ

ALCIDES RIBEIRO MEIRELES, Diretor-presidente — JOSÉ NABANTINO RAMOS, Diretor-superintendente — CLOVIS M. DE QUEIROGA, Diretor técnico

OUTUBRO
30
TÊRÇA-FEIRA
HOJE QUARTO MINGUANTE

S. MARCELO CENTURIÃO, mártir
1893 — Morre em Braunschweig, o Dr. E. Blumenau.

ANO XXI || RUA DO CARMO, 35 e 39 TELEFONE: 2-7181 (RÊDE INTERNA) || S. PAULO — TÊRÇA-FEIRA, 30 DE OUTUBRO DE 1945 || CAIXA POSTAL 79-B ENDERÊÇO TELEGRÁFICO: "FOLHAS" || N. 6 625

RENUNCIOU O SR. GETÚLIO VARGAS

ASSUMIRÁ O GOVÊRNO DO PAÍS O MINISTRO JOSÉ LINHARES

Serão exercidos pelos Presidentes dos Tribunais Eleitorais os Governos nos Estados — A situação política

Gen. Góis Monteiro

RIO, 29 (Da nossa sucursal) — O Sr. Getúlio Vargas acaba de renunciar.

Assumirá o Govêrno o Ministro José Linhares, Presidente do Superior Tribunal Eleitoral.

Nos Estados assumirão as funções atualmente exercidas pelos interventores federais, os Presidentes dos Tribunais Regionais Eleitorais.

CANCELADAS TÔDAS AS LICENÇAS NO EXÉRCITO

RIO, 29 (Da nossa sucursal) — O General Valentim Benício da Silva, Comandante da 1.a Região Militar, fêz divulgar uma proclamação que foi irradiada por tôdas emissoras locais, ordenando a todos os oficiais que servem na guarnição desta Capital, para que se apresentem às suas unidades com urgência. Sabia-se que tôdas as licenças de trânsito de oficiais haviam sido canceladas.

GUARDADO POR FÔRÇAS DO EXÉRCITO O EDIFÍCIO DOS CORREIOS E TELÉGRAFOS

RIO, 29 (Da nossa sucursal) — As emprêsas telegráficas estrangeiras e nacionais, estão funcionando sob a garantia de fôrças armadas do Exército. Também o edifício dos Correios e Telégrafos tem suas dependências guardadas por fôrças embaladas.

CERRARAM SUAS PORTAS OS CAFÉS E RESTAURANTES DA AVENIDA RIO BRANCO

RIO, 29 (Da nossa sucursal) — A vida da cidade, principalmente no centro, conservou-se mais ou menos normal, até cêrca das 23 h 30, quando começaram a passar pela Avenida Rio Branco as tropas do Exército. A essa hora, aproximadamente, os cafés e restaurantes, que habitualmente conservam suas portas abertas até mais tarde, cerraram-nas, com receio de depredações.

Todavia, não nos havia chegado, até o momento em que redigíamos esta nota, nenhuma notícia de tumultos.

OCUPADO MILITARMENTE O PALÁCIO TIRADENTES

RIO, 29 (Da nossa sucursal) — Desde a manhã que a cidade se enchera de rumores, alguns alarmantes mesmo, que aludiam a um movimento armado, que tivera início na Vila Militar, logo sendo subjugado, tendo muitas pessoas se recolhido às suas casas e tomado precauções especiais, tal como a de munir-se de conservas em lata, e outras providências. Não obstante, no centro urbano, a não ser "choques" da Polícia Especial, que, de quando em quando, deixavam o quartel do morro do Sto. Antônio, com o guincho agudo das suas sirenes, não se notava nada de anormal. Sabia-se, apenas, que os comandantes dos fortes existentes em Copacabana haviam tomado providências extraordinárias, extendendo as guardas dos respectivos estabelecimentos militares aos cruzamentos estratégicos das ruas. Medidas idênticas haviam sido tomadas pelos comandantes de outras unidades com sede em outros lugares, como no bairro de S. Francisco Xavier, onde tem sua sede a tropa motorizada, nos antigos terrenos do Derby Clube. Isto até as primeiras horas da noite.

Passado algum tempo, todavia, não tendo sido irradiada a "Hora do Brasil", como habitualmente, a reportagem da Sucursal das "Folhas" procurou apurar o que havia a respeito, sabendo, então, que o edifício da Câmara dos Deputados, o Palácio "Tiradentes", que está sendo remodelado, e onde será instalado o futuro Parlamento, fôra ocupado, antes das 19 h 30, por um contingente de tropas do Exército, comandado por um major. Êste, depois de dispor seus soldados, deu ordens terminantes para que não fôsse permitida, nem a entrada, nem a saída de pessoa alguma. Não dera, a respeito dessa atitude, nenhum esclarecimento aos funcionários da Secretaria da Câmara, que ali trabalhavam na ocasião.

O Palácio Guanabara, residência oficial do Chefe da Nação, desde a tarde, que se acha com a guarda reforçada.

A' noite, muitos caminhões da Polícia Especial ali chegaram, postando-se em tôdas as ruas que circundam o Palácio, cheias de policiais.

As famílias foram convidadas a se retirarem das portas e a se recolherem ao interior de suas residências. As instalações do Fluminense Futebol Clube também foram ocupadas por fôrças daquela Polícia.

NOTA EMITIDA PELO GENERAL GÓIS MONTEIRO

RIO, 29 (Da nossa sucursal) — Após a reunião dos generais no Palácio da Guerra, que se prolongou desde a tarde até depois das 24 horas, foi distribuída à imprensa, para divulgação, a seguinte nota oficial:

"O General Pedro Aurélio de Góis Monteiro, em nome das classes armadas, declara que o Exmo. Sr. Presidente da República, diante dos últimos acontecimentos políticos, se afastara do Govêrno, transmitindo o poder ao Presidente do Supremo Tribunal Federal.

O Sr. Presidente fará uma proclamação ao povo brasileiro, concorrendo com a sua renúncia de alto patriotismo para que a ordem pública não sofra solução de continuidade e se mantenha inalterado o prestígio do Brasil. (a) P. Gois."

Ministro José Linhares

REINA A ORDEM EM TODO O PAÍS

RIO, 29 (Da nossa sucursal) — Em declarações feitas aos jornalistas ao deixar o edifício do Ministério da Guerra o General Osvaldo Cordeiro de Farias disse que reinava ordem e tranquilidade em todo o Território Nacional.

NO PALACIO DOS CAMPOS ELISEOS

O Sr. Sebastião Nogueira de Lima, que foi ao Rio para tomar posse do cargo de Interventor Federal em São Paulo, comunicou-se, cêrca das 20 horas, com o Sr. Fernando Costa, em telefonema do Hotel Serrador, onde se acha hospedado. Falando com o Sr. Fernando Costa, o Sr. Sebastião Nogueira de Lima pôs S. Exa. ao corrente dos fatos que se passavam na Capital do País e que culminaram com a renúncia do Sr. Getúlio Vargas do cargo de primeiro magistrado da Nação.

Mais tarde, por volta das 22 horas, o Sr. Sebastião Nogueira de Lima novamente se comunicava com o Palácio dos Campos Elíseos, fornecendo ao Sr. Fernando Costa outros informes sôbre os acontecimentos no Rio de Janeiro.

OUTRAS COMUNICAÇÕES

O Sr. Sílvio de Campos também foi informado dos acontecimentos do Rio de Ja-

(Conclui na pág. 23)

Sr. Getúlio Vargas

A REUNIÃO DOS GENERAIS DO EXÉRCITO NO MINISTÉRIO DA GUERRA

Oposição dos Chefes Militares à nomeação do Cel. Benjamim Vargas — A tensão reinante na Capital da República

RIO, 29 (Da nossa sucursal) — A meia noite, os generais ainda conferenciavam no Gabinete do Ministério da Guerra sôbre a situação, nada tendo, até essa hora, transpirado sôbre as decisões tomadas.

A RESOLUÇÃO DOS CHEFES MILITARES

RIO, 29 (Da nossa sucursal) — A versão que conseguimos obter, em círculos oficiais, ou pelo menos semioficiais, dos acontecimentos que se estão desenrolando, é a seguinte:

A nomeação do Coronel Benjamim Vargas, para substituto do tamento de Segurança Pública Federal, não foi bem aceita pelas Fôrças Armadas.

O General Góis Monteiro, em nome do Exército teria convidado os responsáveis pela alta administração do País a revogarem-na. Respondida negativamente esta espécie de ultimato, o General Góis Monteiro apresentou sua demissão da Pasta da Guerra.

O Ministro Agamenon Magalhães, da Justiça, foi convidado a conferenciar com os Generais que se achavam reunidos no Q. G., as 19 horas, e para ali partiu no automóvel de seu Ministério. As 21 horas, quando redigíamos esta nota, o titular da Pasta da Justiça não havia regressado nem à sua residência, nem ao Ministério, parecendo que continuavam os entendimentos.

Procura-se saber quem pode, efetivamente, falar em nome do Exército, constando que o General Góis Monteiro é quem melhores credenciais oferece para isso. O General Dutra também estêve presente ao Ministério da Guerra, desde as primeiras horas da tarde.

O SR. JOÃO ALBERTO NOVAMENTE NA CHEFIA DE POLICIA

RIO, 29 (Da nossa sucursal) — A situação era, cêrca da meia-noite, ainda confusa. Corriam insistentes rumores de que o Coronel Benjamin Vargas, irmão do Presidente da República e cuja nomeação para a Chefia de Polícia havia determinado a agitação presente, encontrava-se prêso e que o Coronel Dulcídio Cardoso, Chefe do Gabinete do Ministério da Aeronáutica, havia assumido a Chefatura de Polícia. Logo a seguir, obtínhamos, em parte, confirmação da notícia. O Sr. João Alberto, cêrca das 23 h 30, chegava à Chefatura de Polícia, acompanhado do Coronel Dulcídio Cardoso. Esperava-se a emissão de uma nota oficial, a respeito. Os repórteres encontravam-se na antesala da Chefia, esperando ser recebidos.

O Sr. Benjamin Vargas ali não se achava.

Logo depois, os srs. João Alberto e Dulcídio Cardoso deixavam o Gabinete do Chefe e foram interpelados, ambos, pelos jornalistas. Nessa ocasião, o Sr. João Alberto declarou que continuaria na Chefia de Polícia, tendo tornado sem efeito o ato que indicava para aquêle cargo o Sr. Benjamim Vargas. O Coronel Dulcídio Cardoso seria o novo Chefe da Delegacia de Ordem Política e Social. Ambos seguiriam dali para o Palácio Guanabara onde se encontrava o Ministro Agamenon Magalhães, conferenciando com o Sr. Getulio Vargas. Na volta, o Coronel Dulcídio Cardoso daria uma entrevista coletiva à imprensa.

O MOVIMENTO NA SEDE DA U. D. N.

RIO, 29 (Da nossa sucursal) — Cêrca das 23 horas, a situação permanecia ainda tensa, sendo inacreditável a onda de boatos que se registravam nas ruas.

As notícias mais controvertidas circulavam no centro urbano, nada se podendo garantir quanto à veracidade das mesmas. A sede da UDN, até tarde da noite permanecia aberta e, repleta de correligionários do Brigadeiro Eduardo Gomes. Até a madrugada ali permaneceram, entre outros, o Sr. Virgílio de Melo Franco e dirigentes da Legião Cívica 5 de Julho. Em vão, tentamos obter declarações de qualquer dêles. Mostravam-se apenas muito animados, se bem que algo nervosos.

No Palácio Guanabara, a "Folha da Manhã" colhe as impressões após a renúncia do Presidente

RIO, 29 (Da nossa sucursal) — Pouco depois da meia noite, conseguimos chegar ao Palácio Guanabara e subir até à Secretaria da Presidência, acompanhados pelo Chefe da Segurança do Guanabara.

Nesse momento, o Ministro da Fazenda retirava-se para sua residência e tivemos oportunidade de interrogá-lo. Disse o Sr. Sousa Costa que, depois dos entendimentos havidos com os representantes das fôrças armadas, ficara assentado que o Presidente e o seu Ministério renunciariam amanhã, passando o Govêrno ao Ministro do Supremo Tribunal José Linhares, Presidente do Tribunal Eleitoral.

Em seguida, o Sr. Sousa Costa, despedindo-se, acrescentou:

— "O Sr. Getúlio deixará o Govêrno amanhã, mas, dentro de três dias, já terão saudades dêle."

Cinco minutos mais tarde, saíam em automóveis fechados, os Srs. Luís Vergara e André Carrazoni. Em outro carro, os Ministros da Agricultura e da Justiça.

A multidão que se aglomerava em frente ao Palácio, tentou vaiar o Ministro Agamenon Magalhães, sendo impedida pela Polícia.

No Palácio encontravam-se, rodeando o Sr. Getúlio, os membros de sua Casa Militar, pessoas da família e coestaduanos.

No jardim do Guanabara havia numerosos policiais e soldados da Polícia Especial.

E' possível que, ainda esta madrugada, seja entregue à imprensa uma nota do Govêrno, explicando os fatos.

Não se sabe ainda a hora da posse do Ministro José Linhares.

Não há ministros presos.

Nenhum jornalista entrou em Palácio durante os acontecimentos.

DOS MAIS INTENSOS O MOVIMENTO VERIFICADO ONTEM NO MINISTÉRIO DA GUERRA

CONFERENCIARAM COM O GENERAL GÓIS MONTEIRO OS CANDIDATOS À PRESIDÊNCIA DA REPÚBLICA

RIO, 29 (Da nossa sucursal) — No Ministério da Guerra notava-se ontem, grande agitação. O General Góis Monteiro recebera em audiências consecutivas o General Eurico Dutra, candidato do P. S. D. à presidência da República, vários Generais que se encontram presentemente nesta Capital, fechando-se com êles em conferência no seu gabinete. Os jornalistas encontravam-se na sala da imprensa quando se afirmava ter-se registrado um movimento armado na Vila Militar, onde têm sede numerosas unidades da guarnição desta Capital. Esperava-se para qualquer momento uma nota a respeito da reunião, quando ali entrou o Brigadeiro Eduardo Gomes. O General Eurico Dutra, que já ali estivera por duas vêzes, saira, e voltara. Em dado momento, todavia, soube-se que estavam reunidos no gabinete do Ministro, vários Generais, o General Dutra e o Brigadeiro Eduardo Gomes, prolongando-se a reunião por muito tempo.

As 17 horas, aproximadamente, começou a correr a notícia de que o General Góis Monteiro acabava de solicitar sua demissão. Procurando informes no gabinete do Ministro, alguns jornalistas foram cientificados de que de fato o General Góis Monteiro havia pedido sua demissão, em caráter irrevogável. Todavia, os jornalistas insistiam em obter um comunicado sôbre a reunião, sendo notificados, finalmente, de que não seria mais fornecida nenhuma nota oficial sôbre a situação.

Quando se acenderam as primeiras luzes, tropas do Exército, algumas da guarda do Quartel General, à disposição da 1.a Região Militar, deixaram o Palácio da Guerra, situado na Praça da República, tomando as primeiras, rumo ignorado. Iam as primeiras, armadas com fuzis e metralhadoras, conduzindo cartucheiras. Logo outras sairam, também, à rua, tomando posição defronte ao Palácio da Guerra, estendendo-se por todo campo de Santana e imediações. Os soldados, recebendo instruções dos oficiais, cavaram abrigos individuais nos jardins do parque, colocando os fuzis sôbre montículos de terra. Também havia soldados na estação D. Pedro II da Central do Brasil, onde se viam caminhões de campanha com as respectivas guarnições. Enquanto isso patrulhas volantes comandadas por sargentos e cabos percorriam as imediações passando na calçada fronteira ao Q. G. do Corpo de Bombeiros e Ruas 21 de Abril, Senado e dos Inválidos, próximo à Polícia Civil.

A certa altura verificou-se um borborinho entre os que esperavam condução do lado da Praça da República registrando-se nessa ocasião dois disparos espaçados, que atingiram um cavalheiro que passava com duas senhoras.

Um dos disparos alcançou o salto do sapato de uma das senhoras, destroçando-o. Outro alcançou a perna do cavalheiro que as acompanhava e que caiu ao solo, tendo sido levado à assistência que fica nas imediações. Soubemos ali, tratar-se do segundo-tenente da reserva do Benedito Antônio Pereira dos Santos, de 28 anos, solteiro, domiciliado à Rua Paulo de Frontin n. 20.

O projétil atravessou-lhe a perna. Depois de medicado, foi removido para a sua residência.

Entrementes, na sala da imprensa do Ministério da Guerra, depois dessa ocorrência os jornalistas, bem como civis que se encontravam no Palácio da Praça da República, foram convidados a deixar o edifício, não mais lhes sendo permitido retornar.

Em consequência, afiançava-se que o General Góis Monteiro, que, como já mencionamos se demitira, havia sido feito prisioneiro. Esta versão, entretanto, era tida como insubsistente em círculos responsáveis, sendo que a registramos unicamente como detalhe da situação confusa que aqui se registrara.

A REPERCUSSÃO DOS ACONTECIMENTOS

RIO, 29 (Da nossa sucursal) — A's 23 h 30 de ontem, a "National Broadcasting Company", de Nova Iorque, interrompeu suas transmissões regulamentares para anunciar, com caráter urgente, a notícia de que a Embaixada dos Estados Unidos, no Rio de Janeiro, havia ordenado a todos os oficiais e praças norte-americanos que se retirassem das ruas da Capital brasileira. A "N. B. C." acrescentou que havia sido ferido, na Praça da República, um oficial brasileiro.

Aquela emissora de Nova Iorque noticiou, também, que estavam cortadas tôdas as comunicações telefônicas e telegráficas entre Buenos Aires e o Rio de Janeiro, bem como que o Quartel General do Rio (possivelmente uma referência ao Ministério da Guerra), estava cercado por ordem do Sr. Getúlio Vargas.

Finalmente, a "N. B. C." anunciou que o General Góis Monteiro havia deixado o cargo de Ministro da Guerra, tendo sido substituído pelo General Renato Paquet.

REPERCUSSÃO EM BUENOS AIRES

RIO, 29 (Da nossa sucursal) — A "Rádio Explendid", de Buenos Aires, interrompeu suas transmissões, pouco antes da meia-noite de ontem, para divulgar um telegrama do Rio noticiando que o Sr. Getúlio Vargas havia renunciado à presidência da República.

AO POVO DE SÃO PAULO

"O Comandante da 2.a R. M., General Amaro Soares Bitencourt, dirigiu ontem a seguinte mensagem ao povo paulista:

"Em face dos graves acontecimentos que estão se desenrolando na Capital Federal, o Comandante da 2.a Região Militar, solidário com os compromissos tomados em nome do Exército pelo General Góis Monteiro, e, em prévio acôrdo com a Aeronáutica e Fôrça Policial do Estado de São Paulo, avisa o povo que se mantenha tranquilo e confiante na ação das autoridades militares, que só visam o bem-estar e os interêsses supremos da Nação, pois serão tomadas medidas à altura para reprimir energicamente quaisquer tentativas que se opuserem à sua ação.

São Paulo, 29 de outubro de 1945.

GENERAL AMARO SOARES BITENCOURT,
Comandante da 2.a R. M."

PROCLAMAÇÃO AO EXÉRCITO

O General Góis Monteiro dirigiu ontem a seguinte proclamação ao Exército:

"O General Góis Monteiro, em nome das classes armadas, declara que o Sr. Presidente da República, diante dos últimos acontecimentos e para evitar maior inquietação por motivos políticos se afastará do Govêrno, transmitindo o poder ao Presidente do Supremo Tribunal Federal.

O Sr. Presidente fará uma proclamação ao povo brasileiro concorrendo com sua renúncia e alto patriotismo para que a ordem pública não sofra solução de continuidade e se mantenha inalterável o prestígio do Brasil.

(a) P. GÓIS MONTEIRO,
Ministro da Guerra."

EDIÇÃO DE HOJE
24 PÁGINAS — 2 CADERNOS

FOLHA DA MANHÃ

ALCIDES RIBEIRO MEIRELES — Diretor-Presidente
JOSÉ NABANTINO RAMOS — Diretor-Superintendente
CLOVIS M. DE QUEIROGA — Diretor-Tesoureiro

ATIVIDADES INDUSTRIAIS
(Na edição de amanhã)

ANO XXI — TELEFONE: 2-7181 (REDE INTERNA) RUA DO CARMO 35 e 39 — S. PAULO — QUINTA-FEIRA, 31 DE JANEIRO DE 1946 — ENDEREÇO TELEGRÁFICO "FOLHAS" CAIXA POSTAL 79-B — NÚMERO 6700

REINTEGRA-SE O BRASIL NA ORDEM LEGAL COM A POSSE DO GENERAL EURICO GASPAR DUTRA

Com a presença de altas autoridades e missões especiais estrangeiras, a cerimônia será realizada no Palácio Tiradentes – Decretado feriado nacional

RIO, 30 (Da nossa sucursal) — A sessão especial do Tribunal Eleitoral para a posse do General Eurico Dutra na Presidência da República será amanhã às 14 horas, no Palácio Tiradentes. Aberta a sessão e anunciada a presença do candidato diplomado no recinto, o Presidente do Tribunal, Ministro Waldemar Falcão, designará dois membros do T. S. E. para conduzir o General Eurico Dutra à mesa e em seguida, comunicará que vai dar posse ao General Eurico Dutra, que se levantará para ler o compromisso de praxe:

"Prometo manter e cumprir com perfeita lealdade a Constituição Federal, observar as leis do País, promover o bem geral do Brasil, sustentar-lhe a União, a Integridade e a Independência".

Terminada a leitura do compromisso, o Presidente do Tribunal declarará empossado o General Eurico Dutra, assinando-se após o respectivo têrmo.

O Presidente empossado retirar-se-á, em seguida, dirigindo-se para o Palácio do Catete.

PROGRAMA DAS SOLENIDADES

RIO, 30 (Da nossa sucursal) — A posse do General Eurico Gaspar Dutra na Presidência da República obedecerá ao seguinte cerimonial:

Amanhã às 13 h 45, o Presidente eleito, trajando grande uniforme, tendo à sua esquerda o Presidente do Supremo Tribunal Federal e em frente, o Secretário da sua Presidência, o Chefe de seu Gabinete Militar, dirigir-se-á, de sua residência, em carro de Estado, ao Palácio Tiradentes, para a cerimônia da posse. O carro será precedido por batedores do Batalhão de Guardas e escoltado por um esquadrão de "Dragões da Independência".

Às 14 h 40, prestado o compromisso, deixará o novo Presidente da República o Palácio do Congresso, dirigindo-se, na mesma companhia e ordem, para o Palácio do Catete, onde S. Exa. será aguardado à porta principal pelo Presidente cujo mandato findou, acompanhado do seu Ministério, dos membros da Secretaria da Presidência e do Gabinete Militar. Estarão, também, presentes os demais elementos das Casas Civil e Militar do novo Presidente.

Trocados os primeiros cumprimentos, subirão todos para o Salão de Honra, onde o Presidente empossado receberá do seu antecessor a faixa presidencial. Depois, S. Exa., em companhia do Secretário da Presidência, Oficiais e Auxiliares de Gabinete, Chefe e Subchefe do seu Gabinete Militar e Ajudantes-de-Ordens, levará até a porta principal do Palácio, o Presidente cuja mandato terminou e que será acompanhado à sua residência pelo Chefe do Gabinete Militar e por um Oficial de Gabinete ou Ajudante-de-Ordens da presidência inaugurada.

Depois da transmissão, lavrar-se-ão os decretos de nomeações dos Ministros de Estado, do Secretário da Presidência, dos Oficiais e Auxiliares de Gabinete, do Chefe e Subchefe do Gabinete Militar e Ajudantes-de-Ordens, que, no Salão de Despacho serão apresentados à assinatura do Presidente da República.

O primeiro decreto a ser assinado é o de nomeação do Ministro da Justiça e Negócios Interiores que, por sua vez, referendará os dos outros Ministros de Estado, do Secretário da Presidência, dos Oficiais e Auxiliares de Gabinete. Os decretos de nomeação do Chefe, Subchefe do Gabinete Militar e Ajudante-de-Ordens, serão referendados pelos Ministros da Guerra, da Marinha ou da Aeronáutica, conforme se tratar de oficiais de terra, de mar ou da aviação.

A cerimônia no Palácio do Catete será assistida pelo Presidente do Supremo Tribunal, Ministros de Estado, Gabinetes Civil e Militar dos dois Presidentes, Oficiais Generais, do Exército, Marinha e Aeronáutica.

Terminada essa cerimônia, o Presidente da República, das 16 às 17 horas, receberá os cumprimentos dos representantes eleitos da Nação, Magistratura, das Fôrça Armadas e altas autoridades da República.

Às 18 horas, o Presidente da República receberá as Missões Especiais à sua posse e o Corpo Diplomático estrangeiro acreditado junto ao Govêrno brasileiro.

Os Ministros da Justiça e Negócios Interiores e das Relações Exteriores comunicarão imediatamente a posse do Presidente da República, respectivamente, aos Interventores nos Estados e Governadores dos Territórios Federais, assim como as nossas Missões Diplomáticas.

O traje para essas solenidades será uniforme ou casaca.

BANQUETE E RECEPÇÃO NO ITAMARATI

O futuro Presidente da República oferecerá, no dia seguinte à sua posse, no Palácio Itamarati, às 20 horas, um banquete aos Chefes das Missões Especiais e Permanentes.

Em seguida, às 22 h 30 dará uma recepção às Missões Especiais, Corpo Diplomático, altas autoridades e sociedade.

O traje será casaca ou uniforme com condecorações.

No dia 2 de fevereiro, realizar-se-á um "week-end" em Petrópolis e dia 3 às 15 horas haverá corridas no Jóquei Clube, em homenagem às Missões Especiais.

RECEPÇÃO NA EMBAIXADA ARGENTINA

Às 19 horas do dia 3, na Embaixada Argentina, dará uma recepção o Vice-Presidente daquele País, Embaixador Especial à posse do General Gaspar Dutra.

"GARDEN PARTY" NO GÁVEA GOLF

O Prefeito do Distrito Federal oferecerá no dia 4 de fevereiro, às 16 horas, no Gávea Golf, um "garden party" às Missões Especiais, Corpo Diplomático, autoridades e sociedade carioca. O traje será de passeio ou verão.

INSTALAÇAO DA ASSEMBLEIA NACIONAL CONSTITUINTE

No dia 5 de fevereiro, às 14 horas, realizar-se-á a instalação da Assembléia Nacional Constituinte, sob a Presidência do Presidente do Superior Tribunal Eleitoral. O traje será fraque e cartola.

RECEPÇÃO NO PALACIO DO EXÉRCITO

Às 19 horas, realizar-se-á, no Palácio do Exército, uma recepção dada pelo Ministro da Guerra.

O traje será fraque e cartola.

ALMÔÇO NO PALACIO DO COMERCIO

No dia 3 de fevereiro, às 12 horas, realizar-se-á no Palácio do Comércio, o almôço oferecido pelo Presidente da Associação Comercial, às Missões Especiais.

O traje será de passeio ou verão.

FERIADO NACIONAL O DIA DE HOJE

RIO, 30 (Da nossa sucursal) — O Presidente da República assinou hoje o seguinte decreto:

"Artigo 1.o — E' decretado feriado nacional o dia 31 de janeiro de 1946 em comemoração da posse do Presidente da República dos Estados Unidos do Brasil eleito a 2 de dezembro de 1945.

Artigo 2.o — Esta lei entra em vigor na data de sua publicação, revogadas as disposições em contrário."

TRANSFERIDO PARA A RESERVA DO EXÉRCITO O GEN. GASPAR DUTRA

RIO, 30 (Da nossa sucursal) — O Chefe da Nação assinou ontem um decreto passando para a reserva do Exército o General Eurico Dutra e mandando acrescentar aos seus vencimentos tantas vêzes 5 por cento do respectivo soldo, quantos forem os anos de serviços excedentes de 40.

A CERIMONIA DA APRESENTAÇAO DE CREDENCIAIS PELOS EMBAIXADORES ESPECIAIS

RIO, 30 (Da nossa sucursal) — Realizou-se hoje à tarde, no Palácio do Catete, a cerimônia da apresentação de credenciais dos chefes das missões especiais à posse do General Eurico Gaspar Dutra, ao Presidente José Linhares.

Ao ato, que se revestiu de solenidade, estêve presente o Ministro das Relações Exteriores, Embaixador Pedro Leão Veloso, além do pessoal do Itamarati e oficiais brasileiros postos à disposição das Embaixadas extraordinárias, bem como membros dos Gabinetes Civil e Militar da Presidência.

À medida que chegavam ao Palácio do Catete, as missões especiais eram encaminhadas ao salão amarelo, onde ficaram reunidas, até o instante em que foram introduzidas, na ordem de procedência, pelo introdutor diplomático Tompsom Flores, ao salão de honra, onde as aguardava o Presidente José Linhares, acompanhado do Ministro do Exterior.

Monsenhor Fernando Cento, Núncio Apostólico de Buenos Aires, e Embaixador especial em Santa Fé, foi o primeiro a entregar suas credenciais ao Chefe do Govêrno. Em seguida, o Sr. Fiorello La Guardia, Embaixador especial dos Estados Unidos, acompanhado do Embaixador Berle Junior, que depositou em mãos do Presidente José Linhares as suas credenciais.

As demais Embaixadas foram introduzidas para a cerimônia na seguinte ordem:

Dr. Pablo Campos Ortiz, Embaixador especial do México; República Dominicana, Dr. Ortega Frier; Colômbia, Sr. Eduardo Fernandes Bodero; Panamá, Sr. Ofilio Hazera; Argentina, General-de-Divisão João Pistarine; Suécia, Sr. Ragnar Kunlin; Chile, Sr. Raul Morales Beltrane; Países Baixos, Lkein Molekamp; Onduras, Sr. Julian Lopes Pinida; Irã, Sr. Yadoller Azodi; Líbano, Sr. Joussf El Sauda; Portugal, Sr. Pedro Teotônio Pereira; Grã-Bretanha, Almirante "Sir" James Somerville; Espanha, Sr. Pedro Garcia Conti; Canadá, General Mac Naughton; Uruguai, Dr. José Serrato; Turquia, Sr. Seviki Alaan; Cuba, Mister Miguel Soares Fernandez; Peru, Sr. Luiz Fernan Sisneros; França, General François D'Astier de La Vigerie; Paraguai, General Vicente Machuca; Egito, Sr. M. Waghuih Rostum Bey; Itália, Sr. Mário Augusto Martini; Grécia, Sr. Cristo Diamantopulos; Venezuela, Sr. Manuel Polido Mendes; China, Sr. Cheng Tien Koo; Equador, Luís Antônió Peneherrera; Bolívia, Sr. Alberto Mendonza Lopes; Dinamarca, Sr O. de Sabestad; Bélgica, Sr. Barão Kaevyn de Maerandá; Suiça, Sr. Eduard Feer; Síria, Sr. Tufic Jazigf; Letônia, Sr. Vilis Tamsons; Finlândia, Sr. Einio Valicangas; Austrália, Sr. Louis Richard Mac Gregor; Noruega, Sr. Sigurd S. Kifngenierg.

Tanto à chegada, como à saída das Embaixadas especiais, uma companhia do Batalhão de Guardas, postada em frente ao Palácio do Catete prestou as honras de estilo.

TOMARA' POSSE AMANHA O SR. CARLOS LUZ

RIO, 30 (Da nossa sucursal) — O Sr. Carlos Luz, que tomará posse depois de amanhã à tarde no Catete, no cargo de Ministro da Justiça, escolheu para Chefe de seu Gabinete o Sr. Hugo Meira Lima.

Alto funcionário da Caixa Econômica, o Sr. Meira Lima é filho do Coronel Artur de Meira Lima tendo já exercido diversas funções públicas. Na ocasião da transmissão do cargo, que se verificará às 10 horas, o Sr. Sampaio Dória pronunciará um discurso.

NO DIA DE SUA POSSE O SR. GASTÃO VIDIGAL LERA' SEU PROGRAMA

RIO, 30 (Da nossa sucursal) — O Sr. Gastão Vidigal, futuro Ministro da Fazenda, estêve na noite de ontem em visita ao General Eurico Gaspar Dutra, Presidente eleito da República, em sua residência.

Abordado por um reporter, o político de São Paulo declarou:

"Minhas palavras só poderão ser de otimismo e confiança na nova era que se vai iniciar na vida brasileira com o Govêrno do General Eurico Dutra. Que Deus o ajude a cumprir a sua missão de reintegrar o Brasil na posse de si mesmo." Acrescentou que tornaria público o seu programa, no discurso de posse, nada querendo dizer a perguntas sôbre os problemas atinentes à sua Pasta. "Só depois da posse, prometo que me submeterei a uma sabatina com a imprensa, respondendo a tudo o que me perguntarem."

O Sr. Gastão Vidigal tomará posse no Ministério da Fazenda no próximo dia 2 de fevereiro, às primeiras horas da manhã.

SERIA CONSERVADO NA PRESIDÊNCIA DO BANCO DO BRASIL O SR. GUILHERME SILVEIRA

RIO, 30 (Da nossa sucursal) — Fala-se, com insistência, nesta Capital, que o Sr. Agamenon Magalhães não mais irá para a presidência do Banco do Brasil, no Govêrno Dutra. Sôbre o assunto, diz o seguinte, um jornal de hoje:

"O caso é que o General diz precisar dos serviços do Sr. Agamenon, na Constituinte e conservará à frente do nosso principal instituto de crédito o Sr. Guilherme da Silveira.

O digno titular já exerceu as funções na Presidência do Sr Washington Luis, sendo chamado para exercê-la novamente no Govêrno do Sr. José Linhares. Continuará, desta for-

(Conclui na 5.a pág.)

General Eurico Gaspar Dutra, Presidente da República

Sr. Carlos Luz

General Góis Monteiro

Sr. João Neves da Fontoura

Sr. Otacílio Negrão de Lima

OPÕE-SE A RÚSSIA AO EXAME DO CASO DO IRÃ NO CONSELHO DE SEGURANÇA

Retirada a questão da ordem do dia – Confirmada a nomeação do Sr. Trygve Lie para Secretário-Geral da O. N. U.

LONDRES, 30 (U. P.) — A União Soviética procurou pôr têrmo às discussões do Conselho de Segurança sôbre sua questão com o Irã e provocou, com isso, enérgica oposição por parte dos Estados Unidos e Inglaterra. O Ministro das Relações Exteriores Bevin acusou os soviéticos de violarem o pacto triplice de 1942, que garante a soberania do Irã.

O chefe da Delegação soviética, por sua vez, Sr. Andrei Vishinsky, repeliu, categoricamente o pedido do Delegado iraniano Taquizadeh, ao Conselho de Segurança, para que prossiga no exame da controvérsia russo-iraniana.

Taquizadeh disse que o Irã estava disposto a negociar, como o haviam sugerido os russos, segunda-feira última, porém, unicamente com a condição de que o Conselho de Segurança conservasse sua jurisdição sôbre o caso.

Vishinsky replicou: "Se o Govêrno iraniano deseja real e sinceramente negociações diretas, estamos dispostos a aceitar. Porém, colocar as negociações sob a autoridade do Conselho de Segurança transformaria aquilo numa ficção. Não".

Informou-se, autorizadamente, que os Estados Unidos se oporão com tôda energia a qualquer tendência para fazer com que o Conselho de Segurança se mantenha alheio, com respeito à pendência russo-iraniana, mesmo no caso em que se iniciem negociações diretas entre Moscou e Teerã.

Os norte-americanos são de parecer de que, agora que a atenção do Conselho de Segurança se voltou para a pendência russo-iraniana, êle deve manter, pelo menos, certa autoridade com respeito à mesma e ter a certeza de que lhe serão fornecidas informações sôbre o desenvolvimento das negociações, no caso de as mesmas se reiniciarem.

Taquizadeh, ao dirigir a palavra ao Conselho de Segurança, quando se iniciou a terceira sessão dedicada ao pleito com a Rússia, reiterou que êste órgão devia manter tal assunto sob sua jurisdição, a todo custo. O Delegado iraniano desmentiu as afirmações soviéticas de que o Irã e a Rússia já haviam realizado negociações sôbre suas divergências, anteriormente. Disse que a informação russa se baseava na troca de notas, porém, os iranianos não consideram isso "negociações diretas".

Vishinsky insistiu em que o texto da nota iraniana de 1.o de dezembro corroborava a afirmação soviética de que se haviam realizado negociações diretas. Em seguida, ao referir-se à recusa russa de permitir a passagem das tropas do Govêrno iraniano, enviadas para o Azerbaidjan, Vishinsky declarou: "Quais eram as circunstâncias que aconselhavam a remessa de tropas iranianas para o norte? Foi por motivo da presença de tropas soviéticas ali? Não, porque as tropas russas não intervinham e os acontecimentos no Azerbaidjã não tinham ligação alguma com a presença das tropas soviéticas".

O Delegado russo afirmou que a causa das dificuldades no norte do Irã "era o desejo de autonomia dos habitantes do Azerbaidjã".

O Sr. Vishinsky prosseguiu:

"O protesto do Alto Comando soviético contra o movimento de tropas iranianas foi feito por que já existiam suficientes fôrças iranianas para restabelecer a ordem em qualquer provincia. Mas, as fôrças do Irã tiveram vários incidentes com as tropas soviéticas."

Disse o orador que o Irã desejava que o Conselho de Segurança exercesse contrôle sôbre as negociações diretas e acrescentou: "Eu rejeito tal possibilidade. Seria contrário à dignidade do Govêrno soviético assim proceder. Seria contrário à dignidade de qualquer Govêrno e seria contrário mesmo ao Conselho, proceder dessa forma. Se o Irã não está jogando com palavras, a única solução seria realizar negociações bilaterais."

Nessa altura, interveio o Sr. Bevin, que fêz eloquente apêlo à União Soviética, no sentido de que insistisse em que o Conselho de Segurança deixasse de considerar a pendência russo-iraniana, permitindo, assim, que a Rússia e o Irã decidissem a questão, em negociações bilaterais. O Delegado norte-americano, Sr. Edward Stettinius, apoiou a proposta do Sr. Bevin, tendo perguntado: "Não pode, por acaso, o Conselho de Segurança deixar que a Rússia e o Irã tratem da questão, informando ao mesmo tempo, ao Conselho sôbre o andamento das negociações? Contudo, não acredito que o fato de ser mantido tal assunto na ordem do dia do Conselho, enquanto se realizem as negociações, possa ser incompatível com a Carta das Nações Unidas, com a dignidade dos litigantes ou com a dignidade do Conselho."

O Sr. Ernest Bevin expressou que a verdadeira questão era a de saber se a soberania iraniana havia sido violada, conforme os têrmos do tratado triplice. O Sr. Bevin sustentou o ponto de vista de que o Irã tinha o pleno direito de enviar tropas para Azerbaidjã quando a provincia se rebelou e declarou a sua autonomia. Acrescentou que "o Sr. Vishinsky declarara que o Alto Comando soviético deteve essas tropas. Então, sôbre o que negociar? O que há a decidir?"

Bevin leu o artigo do pacto triplice, pelo qual se mantém intacta a soberania do Irã, mesmo no caso de que a Rússia e a Grã-Bretanha enviem tropas que não sejam consideradas como fôrças militares de ocupação.

"Entramos em território iraniano — disse Bevin — para travar uma guerra, e temos o dever, ainda maior que o estipulado no tratado, não só de preservar a integridade do País, como de devolvê-la intacta na data estabelecida."

Ao referir-se à afirmação soviética, de que a entrada das fôrças de segurança iranianas, em Azerbaidjaã, pôs em perigo os depósitos petrolíferos de Baku, o Sr. Bevin expressou:

"Não posso imaginar que as fôr-

(Conclui na pág. seguinte)

SUBMETIDO AO CONGRESSO DOS E. U. A. O ACÔRDO FINANCEIRO ANGLO-IANQUE

Em mensagem, Truman salienta a necessidade de nova política monetária de após-guerra entre as Nações Unidas

WASHINGTON, 30 (R.) — O Presidente dos Estados Unidos, Sr. Harry S. Truman, em sua mensagem ao Congresso, recomendando a ratificação dos empréstimos concedidos à Inglaterra, declarou o seguinte:

"Tenho a mais sincera esperança de que o Congresso ratificará o acôrdo financeiro anglo-norte-americano, tão ràpidamente quanto o permita um estudo cuidadoso das leis necessárias. A Inglaterra necessita dêsse crédito e o necessita imediatamente.

Não é supérfluo dizer-se que êsse acôrdo constituirá a base das relações econômicas anglo-norte-americanas, nestes próximos anos. A ratificação do acôrdo terá influência decisiva no comércio internacional de todo o mundo. Prestará assistência à Inglaterra na sua tarefa de enfrentar o esperado minúsculo deficit, na sua balança de pagamento, nos próximos seis anos, e permitirá a ela adquirir, em todo o mundo, os suprimentos de alimentos e matérias-primas, essenciais à vida e ao trabalho do povo britânico. Ao mesmo tempo, conservará aberto o mercado para os excedentes das mercadorias norte-americanas que são, em geral, exportadas para a Inglaterra. Esses são objetivos imediatos e importantes que serão alcançados com a concessão dêsses créditos."

Salientando que os mais importantes benefícios do empréstimo, no que concerne aos Estados Unidos, resultariam dos seus objetivos em longo prazo, o Presidente Truman declarou:

"Seu mais importante propósito, no nosso ponto de vista, é provocar a remoção da fiscalização de emergência, exercida pela Inglaterra sôbre suas transações internacionais, muito mais ràpidamente do que o exige o acôrdo de Bretton Woods.

O acôrdo financeiro anglo-norte-americano permitirá à Inglaterra, através do relaxamento imediato das restrições cambiais e das discriminações, movimentar-se lado a lado com os Estados Unidos, na direção do objetivo comum do comércio mundial ampliado, o que significa a expansão da produção, do consumo e do emprêgo e a elevação dos padrões de vida em tôda a parte."

Chamando a atenção do Congresso para a cláusula existente no acôrdo, que isentaria a Inglaterra do pagamento de juros em qualquer ano em que a Grã-Bretanha verifique não ter saldo adequado em dólares, o Presidente Truman afirmou:

"Não é para nós vantagem fazer pressão quanto ao pagamento de juros, quando êsse pagamento é impossível, e forçar uma falha e o desmoronamento das relações econômicas internacionais. Além do mais, orientar os benefícios que, por certo, resultarão dêste estímulo no terreno do comércio anglo-norte-americano, surgirão, ainda, outros benefícios resultantes da capacidade de outras nações de relaxar suas restrições, uma vez que a Grã-Bretanha tenha aberto o caminho. O acôrdo financeiro anglo-norte-americano também torna possível à Grã-Bretanha dar apoio completo às propostas formuladas quanto ao comércio e ao emprêgo mundiais, e que os Estados Unidos apresentaram recentemente, como base das discussões internacionais das Nações Unidas. Todos nós temos perfeito conhecimento dos perigos inerentes à rivalidade econômica e à guerra econômica sem restrições. Esses perigos podem ser eliminados por uma firme resolução de nosso país e da Inglaterra, em prosseguir no trabalho que foi tão bem iniciado.

O acôrdo financeiro anglo-norte-americano significa que, ao invés de uma controvérsia econômica entre dois países, as regras prudentes do acôrdo de Bretton Woods serão plenamente materializadas mais cedo do que acreditarmos possível, quando o Congresso ratificou aquêle acôrdo.

Por todos êsses motivos, encareço ao Congresso a necessidade de agir prontamente para ratificar o acôrdo financeiro anglo-norte-americano."

A mensagem do Presidente Truman é de 1.700 palavras, e teve como prefácio a recapitulação da história do progresso dos Estados Unidos, no terreno da cooperação econômica internacional, quando o Presidente Truman declarou:

"Tôdas essas providências conduzir-nos-ão pela estrada da segurança e da prosperidade mundiais. Elas não nos devem cegar, porém, quanto ao trabalho que não foi executado, impedindo-nos, de outra parte, de executarmos o trabalho que está à nossa frente. Em resultado da guerra, a Grã-Bretanha deverá continuar ainda, por longo período, a aplicação da fiscalização financeira de emergência, a não ser que obtenha capitais adicionais com que operar. E' chegado o momento de criar uma política monetária e financeira de após-guerra, para as Nações Unidas. E' chegado o momento de tomar as providências necessárias para permitir, à Grã-Bretanha que se movimente conosco, na direção da abolição imediata de tôdas as restrições econômicas e financeiras existentes."

FOLHA DA MANHÃ

Índice das Seções:

O TEMPO
Previsão até às 14 horas de hoje: TEMPO. — Bom, com nebulosidade variavel. — TEMPERATURA: — Estavel, noite fria. — VENTOS: — De norte a este. — TEMPERATURA DA VESPERA: — Maxima, 17,0; minima, 3,4.

FOLHA DA MANHÃ

ALCIDES RIBEIRO MEIRELES, *Diretor-Presidente* — JOSÉ NABANTINO RAMOS, *Diretor-Superintendente* — CLOVIS M. DE QUEIROGA, *Diretor-Tesoureiro*

EDIÇÃO DE HOJE
20 PAGINAS — 2 CADERNOS
VIDA AGRICOLA
(Na edição de hoje)

ANO XXI — TELEFONE: 2-7181 (REDE INTERNA) RUA DO CARMO, 35 e 39 — S. PAULO — QUARTA-FEIRA, 5 DE JUNHO DE 1946 — ENDEREÇO TELEGRAFICO: "FOLHAS" CAIXA POSTAL 79-B — NUMERO 6803

FOI SOLENEMENTE EMPOSSADO ONTEM NO CARGO DE PRIMEIRO MANDATARIO DA REPUBLICA ARGENTINA O BRIGADEIRO-GENERAL JUAN DOMINGO PERÓN

CONSTITUIDO O MINISTERIO — DISCURSO DO NOVO PRESIDENTE — A POLITICA INTERNA E EXTERNA DO GOVERNO ARGENTINO

BUENOS AIRES, 4 (AFP) — Todo o povo da Republica compareceu às cerimonias de transmissão do mandato presidencial que se realizaram hoje e que alcançaram proporções jamais registradas na historia, por ocasião da posse de qualquer primeiro mandatario da nação argentina.

A ampla avenida de Mayo, pela qual passou o automovel presidencial conduzindo o general Perón, depois de prestar juramento perante a Assembléia Legislativa reunida em Congresso Nacional, para a Casa Rosada, estava engalanada com bandeiras e escudos argentinos, dando a impressão de que o país festejava um acontecimento de cunho nacional.

À entrada da praça de Mayo, foi colocado um arco monumental com duas grandes bandeiras argentinas cruzadas e um enorme cartaz onde se lia: "4 de junho", à guisa de estandarte comemorativo de mais um aniversario do governo revolucionario.

No palacio presidencial, no Salão Branco, foi erguida a tribuna, na qual ocupou o seu lugar o presidente Farrell, para fazer entrega do bastão presidencial ao novo presidente Perón.

O salão estava profusamente adornado com bandeiras argentinas. A mesma ornamentação notava-se nos corredores do palacio. Desde às 7 horas da manhã não foi permitida a entrada de pessoa alguma no palacio, ocupado por tropas do exercito e da armada.

Consoante o decreto baixado pelo poder executivo, as forças armadas da nação renderam as honras correspondentes aos novos mandatarios, realizando-se espetaculares revista e desfile militares.

Feito o juramento de praxe, no Palacio do Congresso, os novos mandatarios dirigiram-se à Casa do Governo, escoltados pelo Regimento de Granadeiros a Cavalo "General San Martin". Depois, o presidente passou em revista as tropas formadas pelas ruas Rivadavia, Saenz Peña, avenida de Mayo e Bolivia.

A partir das 11 h 45, foi interrompido o trafego de veiculos e as ruas foram ocupadas pelas tropas. Desde 12 h 45, foi tambem proibido o transito de pedestres, que só podiam passar pelas cercanias. Essas providencias causaram, aliás, geral estranheza.

O presidente Perón, acompanhado do vice-presidente Quijano, compareceu, primeiro, às 12 horas, ao Congresso, prestando o juramento de praxe. Depois, realizou-se a cerimonia de transmissão do mandato no Palacio do Governo, durante o qual o general Farrell entregou as insignias do poder ao general Perón, investindo-o, assim, no cargo de presidente da nação.

Depois dessa cerimonia, os presidentes dirigiram-se para a tribuna presidencial, levantada à entrada da Casa do Governo, em frente ao qual forças armadas desfilaram, rendendo as honras de estilo.

A seguir, os membros das embaixadas especiais foram apresentados ao novo mandatario.

GEN. PERÓN

Após o desfile das forças armadas e da policia federal, foram permitidas demonstrações populares sob a fiscalização de um comissario de policia.

O DISCURSO DO PRESIDENTE PERÓN

BUENOS AIRES, 4 (R.) — Precisamente às 12 horas e 40 minutos (hora local), o brigadeiro-general Peron penetrou no edificio do Congresso e prestou o seguinte juramento:

"Eu, Juan Domingo Perón, juro por Deus, Nosso Pai, e sobre esta Biblia Sagrada, cumprir com lealdade e patriotismo os deveres de presidente da nação e observar e fazer observar fielmente, com a ajuda de Deus, a Constituição da Argentina."

Quando o brigadeiro-general Perón terminou seu juramento, prolongados aplausos se fizeram ouvir.

Em seguida, o sr. Hortencio Quijano prestou seu juramento, como vice-presidente, e os dois novos mandatarios da Argentina abraçaram-se sob nova salva de palmas.

Depois de o sr. Quijano ser empossado como presidente do Senado, o brigadeiro-general Perón dirigiu a palavra à Camara dos Deputados e Senado, reunidos em sessão conjunta.

Disse sentir-se orgulhoso por ter sido eleito presidente da Republica, pela vontade daqueles que repeliram a intervenção estrangeira, e acrescentou:

"Sinto-me orgulhoso acima de tudo, por ter participado do acordar da consciencia civica da Nação, que empreendeu a tarefa de promover a justiça social para todos aqueles que vivem sobre o solo argentino."

Em seguida, o brigadeiro-general Perón referiu-se às forças ocultas que se opunham aos direitos dos operarios e disse que muitas vezes se vira perturbado, no passado, porque nada se fizera nesse terreno.

"Mas, não tive de esperar muito tempo — acrescentou o orador — pois que, em cada rancho e em cada distrito operario encontrei "peones" humildes e trabalhadores, que sabiam se erguer em defesa da patria e da justiça. A vitoria do povo argentino brilhou, para surgir aos olhos daqueles que ignoravam realmente, ou pretendiam ignorar a vontade do povo e que criaram um falso conceito da vida. A justiça voltará a reinar em todos os lares argentinos. Todavia, devo advertir-vos de que a justiça social não será aplicada em detrimento de outros direitos sociais. A justiça não deve ser conseguida por meios vingativos."

Referindo-se ao seu programa politico, o orador declarou:

"Hoje, regressamos à normalidade politica. Acima de tudo, insisto em que a Constituição seja respeitada. No que diz respeito à politica interna, insisto em que a nossa cultura tradicional seja mantida paralelamente à melhora da situação economica de todos os cidadãos.

"Quanto à politica externa, insisto na manutenção da nossa soberania e no cumprimento absoluto dos nossos compromissos internacionais.

"Como presidente, permanecerei fiel aos meus antecedentes e respeitarei a vontade popular, procurando, ao mesmo tempo, a felicidade de toda a nação. Não deixarei de procurar a melhora social do povo. O capital particular não será molestado, enquanto não fôr convertido em instrumento de opressão.

"Não nos devemos esquecer de que o nosso flanco mais vulneravel é a dependencia de nossa patria de certos países estrangeiros, quanto às suas importações. Devemos explorar ao maximo os nossos recursos natu-

(Conclui na pag. seguinte)

DECIDIDO O BRASIL A AUMENTAR E MODERNIZAR A SUA FROTA DE GUERRA

NOVA YORK, 4 (U. P.) — Chegou, hoje, a esta cidade, procedente de Washington, o ministro da Marinha do Brasil, vice-almirante Dodsworth Martins.

Logo depois da sua chegada ao hotel, o ministro brasileiro foi entrevistado pelos jornalistas nova-yorkinos. Com a melhor boa vontade, o titular brasileiro pôs-se à disposição dos jornalistas, pronto a responder às suas perguntas.

Inicialmente, o vice-almirante Dodsworth Martins foi interrogado a respeito da sua impressão sobre os Estados Unidos, tendo-se confessado magnificamente impressionado sobre tudo o que lhe foi dado ver.

A seguir, os jornalistas passaram a interrogá-lo sobre outros assuntos. Em meio da entrevista, veio à baila o projeto brasileiro de aumentar as forças navais do país.

Afirmou que o Brasil não permitirá o estacionamento das suas forças navais. Deseja aumentar e modernizar a sua esquadra. O vice-almirante negou-se, porem, a especificar qual os tipos de navios de guerra que serão construidos e quando serão incorporados à frota. Declarou que ainda não se decidira a criação de uma Aviação Naval, mas revelou que "toda a marinha será reestruturada, a fim de ser adaptada à situação atual".

Acrescentou que o hemisferio ocidental não deve temer a marinha brasileira: "Nós desejamos torná-la forte, mas desejamos criar uma arma que seja eficiente para cooperar na manutenção da paz mundial."

Mais adiante, disse que o Brasil aprova e está desejoso de cooperar por todos os meios ao seu alcance, no projeto de defesa interamericana que está sendo estudado pelo Congresso norte-americano.

Interrogado sobre as experiencias com as bombas atomicas, que os norte-americanos levarão a efeito no atol de Biquini, disse que aguarda os seus resultados com grande interesse, e acrescentou: "O Brasil tem grandes jazidas de torio, elemento radioativo." Negou-se a revelar qual a localização exata dessas jazidas, limitando-se a declarar que estão na "costa central".

Disse que a exploração de tais jazidas está sendo atualmente controlada pelo governo e que assim continuará.

O vice-almirante Martins pretende partir para o Rio de Janeiro no proximo dia 9, a bordo do avião que o almirante Nimitz colocou à sua disposição.

Durante a sua estada nesta cidade, o ministro brasileiro pretende visitar as instalações do estaleiro de Nova York.

TORNA-SE CADA VEZ MAIS NITIDA A VITORIA DO PARTIDO DEMOCRATA CRISTÃO NA ITALIA

FIRMA-SE A MAIORIA REPUBLICANA NAS PROVINCIAS SETENTRIONAIS — NO SUL É ACENTUADA A VANTAGEM DA MONARQUIA

ROMA, 4 (U. P.) — "Publicaremos, dentro de horas, uma edição extraordinaria anunciando que a Italia é uma republica" — declarou à "United Press" um redator do jornal socialista "Avanti".

Até às 18 horas de hoje, o Ministerio da Propaganda havia dado às redações dos jornais e agencias telegraficas os seguintes resultados extra-oficiais:

Republica .. .. 5.369.155 votos
Monarquia .. .. 4.400.145 votos

Contudo, resultados incompletos, procedentes de Napoles, dão a Humberto II a vantagem de oito por um. Segundo informações dignas de credito, os resultados, até ao momento, em Napoles, são os seguintes:

Monarquia .. .. 446.000 votos
Republica .. .. .. 57 403 votos

"O rei Humberto partirá imediatamente para o exilio, se o escrutinio do plebiscito continuar como até agora, revelando marcada inclinação do eleitorado para a republica" — revelou à "United Press" Enzio Salvaggi, conhecido lider monarquista.

A unica esperança de Humberto, segundo esferas politicas, é que as apurações das regiões meridionais, nitidamente republicanas, estão quase terminadas, e que restam ainda por apurar cerca de 50% dos votos da região meridional do país, que é francamente monarquista.

Nas eleições para a Assembléia Nacional, continua em primeiro lugar o Partido Democrata Cristão, de tendencia moderada, presidido pelo atual primeiro-ministro, sr. De Gasperi. Portanto, se triunfar a republica, acredita-se que De Gasperi será o chefe do seu primeiro governo.

Os comunistas ocupam o terceiro posto e, ao que parece, tal fato é consequencia do discurso pronunciado pelo Papa Pio XII no ultimo sabado, solicitando ao povo que votasse contra os comunistas.

A plataforma do partido Democrata Cristão é quase socialista em suas promessas de reforma agraria, divisão dos grandes latifundios e moderada nacionalização das industrias.

Contudo, favorece a continuação de concordata com a igreja Catolica e mantem uma atitude equidistante com respeito aos anglo-norte-americanos e sovieticos.

O Partido Democrata Cristão é considerado como situado à direita do centro, apesar dos seus projetos socialistas. Acredita-se que dois terços dos seus partidarios são republicanos. — EDWARD MURRAY

A MARCHA DO REFERENDO

ROMA, 4 (U. P.) — O Partido Democrata Cristão, liderado pelo sr. Alcide De Gasperi, atual primeiro-ministro, continua vencendo nas eleições e tudo indica que será o partido mais forte da Italia, enquanto a sorte da monarquia permanece obscura.

Os resultados oficiais, correspondentes a mais de 5 milhões dos 28 milhões de eleitores registrados, indicam que os democratas-cristãos estão muito à frente quer dos socialistas ou comunistas, que levam uma desvantagem de 20 por cento.

O norte da Italia votou fortemente pela Republica. O sul, menos industrial e mais conservador, manifestou-se com maior vigor pela permanencia do rei Humberto II. A decisão final sobre a monarquia parece que está com os cinco milhões de eleitores da Italia central, inclusive Roma e Florença, cujas tendencias são incertas.

DE GASPERI

A VOTAÇÃO DOS PARTIDARIOS DE TROTSKI

ROMA, 4 (A. F. P.) — O trotskismo fez a sua aparição na Italia sob a denominação partidaria de "comunismo internacional". Os seus candidatos obtiveram alguns milhares de votos no Piemonte, na provincia de Coni, na Sicilia e na provincia de Catanzaro. Os trotskistas, entretanto, não conseguiram numero suficiente de votos para conquistar uma cadeira na Assembléia Constituinte.

DECLARAÇÕES DE TOGLIATTI

ROMA, 4 (A. F. P.) — URGENTE — "Tinhamos um só objetivo: conseguir a republica. Conseguimo-la e nosso programa está realizado", declarou hoje à tarde o sr. Palmiro Togliatti, chefe do Partido Comunista.

(Conclui na pag. seguinte)

DEPENDE DA U. R. S. S. A PAZ INTERNACIONAL

Bevin afirma que só haverá segurança com a ampla participação sovietica nos acordos europeus — O problema de Trieste

LONDRES, 4 (AFP) — O sr. Ernest Bevin, chanceler britanico, falando perante a Camara dos Comuns sobre as questões internacionais, proclamou sua adesão inalteravel à formula de Litvinov: "A paz é indivisivel", e afirmou que o objetivo fundamental da politica exterior britanica é fazer que a O.N.U. funcione eficazmente.

"Somente se a Russia participar, em toda a sua amplitude, dos acordos europeus, poder-se-á ter a garantia de uma paz permanente da Europa" — disse o sr. Bevin.

Deplorou, entretanto, tudo o que dizem ou escrevem os publicistas sovieticos, que pretendem que unicamente o metodo russo represente a democracia e que outros sistemas sejam fascistas ou "cripto-fascistas".

Afirmou que esse é um dos mais serios obstaculos à paz.

O sr. Bevin acredita que adotar o metodo sovietico na Inglaterra seria retroceder. Relembrando sua oferta a Stalin, no sentido de ampliar para 50 anos o tratado de aliança anglo-sovietico, lamentou que essa oferta não tenha sido, na epoca propria, levada a serio. Mas continua a crer, com bastante confiança, que um dia será aceita, e diz que, enquanto for ministro do Exterior da Inglaterra, continuará seus esforços nesse sentido, malgrado as ironias de que é alvo.

"Se não quisermos a guerra total, devemos obter a paz total" — exclamou Bevin, que continuou: "Mas, para isso, é preciso que cada um pro-

[illegible]

...so partiu dos ingleses e norte-americanos. Os russos não tentaram ir ao encontro desse compromisso, pelo qual nenhum cidadão de lingua eslovena permaneceria na Italia, mas, em troca, mais de 500 mil italianos ficariam na Iugoslavia. "Não posso me convencer da conveniencia de Trieste ser entregue à Iugoslavia. Trieste deve ser um porto internacional e não um pião internacional no taboleiro de xadrez da politica."

O sr. Bevin lamenta que, nesse particular, a Russia pareça ter desistido de um acordo quadruplano para a internacionalização de Trieste, que foi considerado em Londres, no mês de setembro ultimo. Espera que haja novas oportunidades de entendimento, quando da proxima reunião, em Paris. Mas declara, desde já, que não poderá ceder em nome do governo britanico, com respeito àquela parte vital da Europa Central.

Prosseguindo, o sr. Bevin declara-se favoravel à transferencia do Sarre à França, mas considera que o problema deveria ser tratado em con-

(Conclui na pag. seguinte)

A FORMAÇÃO DO NOVO MINISTERIO FRANCÊS

Dispostos os socialistas a apoiar o nome de Bidault para a chefia do governo — Resultados do pleito para a Constituinte

PARIS, 4 (U. P.) — Depois de todos um dia dedicado às conversações de carater politico, entre os dirigentes dos partidos politicos mais importantes da França, apareceu o candidato com as maiores possibilidades de ocupar o cargo de chefe do governo. Trata-se de Georges Bidault, chefe do Partido Popular Catolico.

O atual chefe do governo, sr. Felix Gouin, convocou uma reunião ministerial para quarta-feira, pela manhã, a fim de dar tempo aos chefes dos partidos politicos para as conferencias sobre a formação do novo governo.

A nova Assembléia reunir-se-á pela primeira vez a 11 de junho. Haverá necessidade de numerosas gestões para se conseguir terminar a lista do novo governo antes do dia 15 do corrente, quando reiniciarão as suas conferencias nesta capital os ministros do Exterior das quatro potencias.

O Partido Popular Catolico, que é atualmente o partido mais poderoso da França, solicitará que o sr. Bidault seja nomeado chefe de governo.

Daniel Meyer, secretario do Partido Socialista, expressou que a sua facção politica não se oporá a tal indicação e recomendou a formação de um governo de coalisão nacional, integrado pelos três partidos majoritarios: Socialista, Popular e Comunista.

Indica-se que, com o retorno de Edouard Herriot às lides politicas, talvez a União Republicana resolva fazer parte do novo gabinete, que se comporia, então, de representantes de quatro partidos, sendo possivel que Herriot ocupe um cargo ministerial.

Acredita-se, contudo, que os populares diminuirão as suas exigencias, durante as negociações, consentindo em que um politico como Gouin ou Vicent Auriol seja o chefe do governo, a fim de evitar o rompimento entre os partidos.

A comissão executiva do Partido Popular reuniu-se ontem à

(Conclui na pag. seguinte)

O que aconteceu realmente na Conferencia de Paris

Pierre VAN PAASSEN
(Eminente escritor politico e jornalista holando-americano)

(Exclusividade do "S. G. D. L." para a "Folha da Manhã" no Estado de São Paulo)

PARIS, — Junho — Não se pode dizer que todos os correspondentes que aqui estiveram, tanto os correspondentes usuais como os correspondentes espe-

[illegible]

...legas, depois de verem baldados os seus esforços para conseguir uma noticia com aparencia de alguma noticia, sentavam-se à uma mesa e datilografavam rapidamente uma noticia com aparencia de verdade.

Este recurso para informar os seus jornais sequiosos, não seria tão enormemente desonesto e prejudicial se os despachos assim enviados assumissem uma posição de certa neutralidade. O grave, entretanto, estava no fato de que tais despachos imaginavam a existencia de profundas e

[illegible]

...gar a um acordo no decorrer dos trabalhos. Tais correspondentes viviam cercados pelos fantasmas das divergencias, o que tinha como resultado que somente enxergavam as divergencias e eram incapazes de ver e compreender os acordos importantes alcançados no decorrer das conversações. Os acordos ficavam sepultados sob um mar imaginario de divergencias. Sem dificuldades, chegou-se a um acordo sobre muitos problemas importantes, tais como a devolução da Transilvania à Rumania, as fronteiras da Rumania com os paises vizinhos, as

[illegible]

...uma intransigencia e falta de boa vontade generalizada de todas as delegações. Assim, a delegação norte-americana destacou-se frequentemente pelo seu trabalho de pioneira na discussão de muitos problemas, sendo de salientar a boa vontade de Mr. Byrnes. No entanto, devemos dizer que algumas vezes Mr. Byrnes foi intransigente no que diz respeito à solução de diversos problemas. O essencial, aí, para um correspondente, consistia em não afirmar que Mr. Byrnes era sistematicamente intransigente ou que sistematicamente agia

[illegible]

...ços no sentido de resolver outros problemas. Um correspondente não pode ter preconceitos nacionais. No entanto, nossos colegas britanicos destacaram-se pela inclinação constante de enviar despachos em que só favorecessem a delegação britanica, por mais que isto faltasse à mais elementar verdade do que estava acontecendo.

Os resultados destas falsas atitudes de um grande numero de correspondentes foram os piores possiveis. Já antes de se iniciar a Conferencia, existia no mundo uma atmosfera de "fracasso" dos trabalhos. Depois, à medida que estes avançavam, mais contraditorias e alarmantes se tornavam as noticias divulgadas por alguns correspondentes. A coisa chegou a tal ponto que, a 10 de maio, o presidente Truman se viu na necessidade de fazer uma energica declaração, na qual desmentia o fracasso da Conferen-

[illegible]

FOLHA DA MANHÃ
NOTICIAS NOVAS EM FOLHA

Indice das Seções:

O TEMPO
Previsão ate as 14 horas de hoje
TEMPO — Instavel, com chuvas — TEMPERATURA — Estavel; da vespera: maxima, 16,3; minima, 13,2 — VENTOS — Do sul a este.

FOLHA DA MANHÃ

ALCIDES RIBEIRO MEIRELES, Diretor-Presidente — JOSE' NABANTINO RAMOS, Diretor-Superintendente — CLOVIS M. DE QUEIROGA, Diretor-Tesoureiro

EDIÇÃO DE HOJE
18 PAGINAS — 2 CADERNOS

ANO XXII — ENDEREÇO TELEGRAFICO "FOLHAS" CAIXA POSTAL 79-B — SÃO PAULO — QUARTA-FEIRA, 18 DE SETEMBRO DE 1946 — TELEFONE 2-7181 (REDE INTERNA) RUA DO CARMO 35 e 39 — NUMERO 6891

SERÁ PROMULGADA HOJE A CONSTITUIÇÃO BRASILEIRA

ANUNCIA-SE QUE O PRESIDENTE DA REPUBLICA FALARÁ À NAÇÃO SOBRE O ACONTECIMENTO

A cerimonia da promulgação se realizará às 15 h 30

Manifestam-se sobre a nova Carta Constitucional os ministros de Estado, o presidente e o lider da maioria da Assembléia Nacional e o cardeal-arcebispo do Rio de Janeiro

RIO, 17 (Da nossa sucursal) — O plenario da Assembléia Nacional Constituinte, tendo aprovado hoje, às 12 h 55, o texto definitivo da Carta Constitucional, e às 13 h 10 o das "Disposições Transitorias", promulgará amanhã a quinta Constituição da Nação Brasileira.

Em sessão solene a realizar-se às 15 h 30, na sala de sessões do Palacio Tiradentes, onde funcionou a Assembléia e funcionará, daqui por diante, a Camara dos Deputados, sob a presidencia do senador Fernando de Melo Viana, a Assembléia Nacional declarará promulgada a Constituição dos Estados Unidos do Brasil, restaurando, assim, em sua plenitude, sob o regime representativo, a Federação e a Republica.

Estarão presentes os convidados especiais, altas autoridades civis, militares e eclesiasticas, corpo diplomatico e pessoas gradas.

Conforme o programa organizado, que revestirá o ato de toda solenidade, frente à mesa da presidencia da Assembléia ficarão postados três cadetes da Aeronautica, três do Exercito e três da Marinha, empunhando um deles o pavilhão nacional e formando os demais o corpo de guarda da bandeira.

Por ocasião do ato da promulgação, a Orquestra Sinfonica Brasileira executará o Hino Nacional, momento em que a bandeira será erguida para receber a continencia.

Do lado de fora do Palacio Tiradentes formarão o Batalhão de Guardas e os Dragões da Independencia, em uniforme de gala. Aviões da FAB sobrevoarão o edificio, nesse instante.

Após ser a Constituição assinada pelo senador Melo Viana, que pronunciará algumas palavras, e depois por todos os constituintes, o presidente da Assembléia, os representantes e os lideres dos partidos politicos levarão a comunicação oficial ao presidente da Republica de que a Carta Magna foi promulgada.

O general Eurico Gaspar Dutra, que os estará aguardando no Palacio Guanabara, em companhia de todo o seu ministerio e dos membros das Casas Civil e Militar da Presidencia, deverá, segundo se anuncia, dirigir a palavra à Nação, saudando-a no momento em que reentra no regime da legalidade.

OPINIÕES SOBRE A NOVA CONSTITUIÇÃO BRASILEIRA

Abordado pelos jornalistas sobre a promulgação da nova Constituição do Brasil, o senador Nereu Ramos, lider da maioria na Assembléia assim se expressou:

— "Estou em que a Constituição que será promulgada corresponde à media da opinião brasileira."

O senador Fernando de Melo Viana, presidente da Assembléia Nacional Constituinte, fez a seguinte referencia à lei magna do país:

— "Louvo a Constituição, que já não mais é mera expectativa mas, ao contrario, objetiva realidade, que assim há de perdurar por muito tempo."

Foram as seguintes as palavras do ministro da Educação, sr. Souza Campos:

— "E' uma felicidade para o Brasil a existencia de uma Constituição democraticamente elaborada e cuja aplicação se inicia sob o governo de um grande brasileiro, o general Eurico Gaspar Dutra".

O major-brigadeiro Armando Trompowsky, ministro da Aeronautica, disse:

— "A promulgação da Carta Magna é motivo de jubilo para o povo brasileiro, por isso que representa o cumprimento da promessa do atual governo de reintegrar o país nas verdadeiras normas democraticas. Há, portanto que confiar em sua ação leal e honesta e nas realizações dos ideais por que lutamos na guerra, da qual participou com a bravura e eficiencia conhecida e Força Aerea Brasileira."

Declarou o almirante Dodsworth Martins, ministro da Marinha:

— "Uma das grandes aspirações do povo brasileiro, senão a maior, foi a de reger-se por uma lei basica de fundo democratico. Pela democracia bateram-se na ultima guerra todos os cidadãos brasileiros, na sua esfera de ação, e a Marinha deu por ela todo o seu esforço; seus marinheiros, do grumete ao almirante, pelejaram com todo o ardor pela democracia. A vida constitucional, segundo os seus principios, trará a liberdade nacional para que todo cidadão possa ser livre e feliz. A Assembléia Constituinte, correspondendo aos anseios do povo brasileiro, não poupou sacrificios para, com presteza, dar ao Brasil a sua Constituição, calcada na tradição que nos legaram os grandes vultos da nossa historia"

Do general Canrobert Pereira da Costa, ministro da Guerra, ouviu a reportagem:

(Conclui na pag. seguinte)

Decretada a lei marcial em todo o territorio nacional grego

Dispõe-se o governo a adotar energicas medidas contra os elementos terroristas

ATAQUES À FRONTEIRA HELENICA

ATENAS, 17 (AFP) — Foi decretada a lei marcial em todo o país.

INTENSAS OPERAÇÕES MILITARES

ATENAS, 17 (AFP) — Ao decretar a lei marcial, o Conselho de Ministros decidiu, tambem, promover intensas operações militares, visando limpar o territorio grego dos terroristas.

Os generais do segundo e terceiro corpos de comando foram convocados a se unirem às suas unidades munidos de detalhadas instruções, a fim de iniciar imediatamente o combate aos terroristas.

O governo decidiu tomar outras medidas de emergencia, a fim de enfrentar a situação interna que se apresenta grave, em consequencia dos repetidos atentados terroristas. Essas medidas deverão ser, porem, aprovadas pelo primeiro-ministro, sr. Tsaldaris, que é esperado nesta capital na proxima quinta-feira, à noite.

COMUNICADO DO GOVERNO

ATENAS, 17 (AFP) — O governo grego publicou o seguinte comunicado:

"O Conselho de Ministros examinou atentamente a situação criada pela atividade subversiva dos bandos irregulares, que têm sido perseguidos, ao mesmo tempo que deportados os que os ajudam e abastecem.

O governo deixou de recorrer a outras medidas, na esperança de que arrefecesse a atividade antinacional. Agora, porem, o Conselho decidiu agir energicamente, secundando o povo, que luta admiravelmente pelos direitos da nação e confia na Conferencia da Paz sem temer a atividade e a provocação inimiga."

FECHADO O PARTIDO COMUNISTA

ATENAS, 17 (R.) — Por decisão das autoridades judiciais, o Partido Comunista grego foi fechado nesta capital e presas 30 pessoas encontradas no recinto.

COMUNISTAS IUGOSLAVOS PENETRAM NA GRECIA

ATENAS, 17 (AFP) — Um bando de 200 comunistas iugoslavos invadiu a fronteira grega, nas proximidades de Monte Belles.

Os invasores estavam munidos de armamentos sovieticos — segundo as noticias aqui recebidas.

Um camponês grego foi morto.

TAMBEM OS ALBANESES

ATENAS, 17 (AFP) — Bandos irregulares de albaneses abriram fogo contra três postos fronteiriços gregos.

Os soldados gregos repeliram o ataque. O fato ocorreu exatamente quando se anunciava a invasão da Grecia, noutro ponto, por comunistas iugoslavos.

AVISO

As "Folhas" avisam aos seus amigos e leitores que, em virtude da marcada escassez de papel, agravada ultimamente pela greve dos maritimos nos E. U. A., são forçadas a restringir parte de suas colaborações e de sua publicidade, a fim de reduzir ao minimo o sacrificio do noticiario geral. Esperando que os leitores compreendam essa situação de emergencia, as "Folhas" não pouparão esforços para restabelecer o mais breve possivel as suas seções.

No decurso dos nossos 124 anos de nação independente, entra hoje em vigor a quinta Constituição brasileira. E vale a pena rememorar o que foram, na essencia, as nossas leis fundamentais anteriores, para verificarmos, diante delas, o lugar que cabe à Constituição que hoje será promulgada.

*

A primeira Assembléia Constituinte reuniu-se em 1823, convocada por d. Pedro I. Um grupo de juristas, chefiado por Antonio Carlos, redigiu o projeto de Constituição. Adveio, entretanto, seria desinteligencia entre Sua Alteza Real e a Assembléia, dando em resultado a dissolução desta, a 12 de novembro de 1823. Novo decreto criou um Conselho de Estado com a incumbencia de redigir segundo projeto de Constituição, destinado a ser discutido por outra assembléia. Mas novas perturbações havidas no país levaram d. Pedro I a transformar esse 2.o projeto em Constituição, por força da sua propria autoridade e independentemente de votação dos representantes do povo. Tivemos, assim, a 25 de março de 1824, a Constituição do Imperio. Jurisconsultos da epoca consideraram-na "a mais bela e perfeita Constituição monarquica daquele tempo". Sob a influencia das idéias de Benjamin Constant, estabelecia quatro poderes: o Legislativo, o Moderador, o Executivo e o Judiciario. Exceto o Poder Moderador, que era exercido pelo imperador, os três outros tinham, nas linhas gerais, as mesmas caracteristicas com que ainda hoje existem. Estabelecia-se, dessa maneira, o classico equilibrio de poderes e se assegurava "a inviolabilidade dos direitos civis e politicos".

Mas o imperador abdicou em 1831, sobreveio a Regencia, e a Camara dos Deputados baixou, em 12 de agosto de 1834, o Ato Adicional que reformava a Constituição. Essa reforma, todavia, não resolveu o conflito, então existente, entre aqueles que defendiam e combatiam a descentralização e, por isso, não teve o merito de tranquilizar o país.

*

Advindo a Republica, foi a Constituinte convocada em 21 de dezembro de 1899 e incumbido Rangel Pestana de reunir, em um só trabalho, os diversos projetos de Constituição republicana então existentes. Depois de amplos debates, a Assembléia promulgou a nova Constituição, em 24 de fevereiro de 1891. Adotara como modelo a Constituição norte-americana, estabelecendo o regime representativo e a Republica Federativa. Instituia como orgãos da soberania nacional o Legislativo, o Executivo e o Judiciario, "harmonicos e independentes entre si". Essa Constituição sofreu apenas uma reforma, em 1925, em pontos não substanciais. Entre eles estava a limitação do habeas-corpus à liberdade de locomoção, e o poder, que ficou atribuido ao Governo, de "expulsar do territorio nacional os estrangeiros perigosos à ordem publica ou nocivos aos interesses da Republica".

Discutiu-se muito, durante a vigencia dessa Constituição, se ela atendia às necessidades brasileiras. Para uns, ela não nos servia, porque era copia do que se fizera em outras terras. E para outros, ela se baseava, dentre os mais, em "três principios cardiais, integrados no sentimento politico do país, tais como a forma republicana, o regime federativo e o presidencialismo". Sem entrar nesse tormentoso debate, observamos, apenas, que, durante a sua vigencia, não tivemos a independencia e o equilibrio de poderes essenciais a um regime liberal. O país não estava maduro para a democracia. O Legislativo abdicou, ordinariamente, de suas prerrogativas, transformando-se num poder docil às injunções do Executivo, que se hipertrofiava segundo o temperamento mais ou menos absorvente dos Chefes de Estado. O proprio Judiciario, mais de uma vez, claudicou, sob a pressão de forças estranhas. Não tivemos, jamais, honestidade eleitoral, porque a fraude campeava nas eleições e só se diplomavam os candidatos que o governo desejava. Tudo isso, evidentemente, contra a letra e o espirito da Constituição, que eram magnificos, mas desatendidos na pratica.

*

A revolução de 1930 desmontou toda a maquina politica brasileira. Depois de hesitações, e a isso impelido pela opinião nacional, despertada pela Revolução Paulista de 1932, o governo provisorio nomeou uma comissão para elaborar o anteprojeto da Constituição e mandou realizar eleições a 3 de maio de 1933. A Assembléia Nacional instalou-se em 15 de novembro desse mesmo ano e, de-

(Conclui na pag. seguinte)

H. Wallace denuncia a tendencia guerreira da politica americana

Em carta a Truman, pede o secretario do Comercio que se modifique essa orientação

GRAVE AMEAÇA DE UMA GUERRA ATOMICA MUNDIAL

NOVA YORK, 17 — (R.) — Em carta datada de 23 de julho e hoje publicada pelo Departamento do Comercio dos Estados Unidos, o sr. Henry Wallace pediu ao presidente Truman que tomasse medidas para que fosse posto um paradeiro às novas tendencias isolacionistas e guerreiras dos Estados Unidos. Essa carta é mais um ponto na controversia entre o sr. Wallace, o presidente Truman e o secretario de Estado, sr. James Byrnes.

Numa carta de 3.000 palavras, dando seus pontos de vista a respeito da politica exterior, o sr. Wallace disse ao presidente Truman:

"E' desejavel que, tanto quanto possivel, consigamos unidade na frente interna, a respeito de nossas relações internacionais. Mas essa unidade, baseada na criação de conflitos no exterior, seria não só falsa, como tambem desastrosa. Há razões para se temer que, em nossos ansiosos esforços para conseguir uma unidade bipartidaria neste país, nos tenhamos encaminhado muito para o isolacionismo, mascarado de realismo, nos assuntos internacionais."

Referindo-se à posição do Departamento de Estado a respeito da internacionalização e do desarmamento do Danubio ou dos Dardanelos, o sr. Wallace escreveu:

"Ficariamos horrorizados e enraivecidos por qualquer contra-proposta russa, que envolvesse tambem a internacionalização e o desarmamento do canal de Suez, ou do canal do Panamá. Devemos reconhecer que para os russos parece haver situação identica."

Criticando os "homens militares e os realistas por conta propria", o sr. Wallace perguntou:

"Como interpretam os outros paises as ações americanas desde o dia "V-J" — coisas concretas como 13 bilhões de dolares para as experiencias atomicas em Biquini, feitas pelos Departamentos da Guerra e da Marinha; a produção continuada de bombas atomicas; o plano para armar a America Latina com nossas armas e os esforços para conseguirmos bases aereas espalhadas pela metade do globo, e das quais a outra metade do globo pode ser bombardeada?

"Essas ações significarão, para o resto do mundo, que estamos apenas falando da boca para fora, na mesa da Conferencia da Paz."

O sr. Wallace interpretou o plano Baruch para o controle da energia atomica, como significando que:

"Estamos dizendo aos russos que se eles forem "bons meninos", depois de certo tempo poderemos transmitir-lhes, e a outras nações, nossos conhecimentos sobre a energia atomica. A insistencia de nossa parte, para que o jogo seja feito à nossa maneira, nos levará apenas a um "impasse". Os russos redobrarão seus esforços para manufaturarem bombas atomicas e tambem decidirão expandir sua "zona de segurança, numa maneira grave.

"A despeito de nossas palavras contra isso, os esforços russos para desenvolverem uma zona de segurança na Europa Oriental e no Oriente Medio são "troco miudo", do ponto de vista de poderio militar, em comparação com nossas bases na Groenlandia, em Oquinawa e em outros lugares a milhares de milhas de nossas praias. Podemos sentir-nos com muito direito, se nos recusarmos a modificar nosso plano, e os russos se recusarem a aceitá-lo, mas isso significa apenas uma coisa: a corrida para o armamento atomico se desenvolve a toda velocidade."

Avisando que "uma guerra com a Russia significaria uma catastrofe para toda a humanidade", o sr. Wallace disse ao presidente Truman: "Deveriamos procurar uma resposta honesta para a pergunta: quais são os fatores que fazem que a Russia não confie em nós? E tambem para esta: que fatores nos levam a desconfiar da Russia? Do ponto de vista russo, a concessão do emprestimo à Inglaterra, e a falta de resultados tangiveis a respeito de seu pedido de emprestimo para a reabilitação poderão ser consideradas como outra prova do fortalecimento do bloco anti-sovietico. Os russos, obviamente, se vêem a si proprios lutando pela existencia, num mundo que lhes é hostil. Devemos reconhecer que o mundo mudou, e que agora só pode existir "um mundo só" se os Estados Unidos e a Russia encontrarem a maneira de viverem juntos. Deveriamos acolher o ponto de vista segundo o qual se concederia à Russia o direito de acreditar ser essencial à sua propria segurança, como pre-requisito para a concepção da paz e para a cooperação na construção da ordem mundial. Deveriamos estar preparados para julgar os seus pedidos em relação ao que nós proprios e os britanicos insistimos como sendo essencial à nossa segurança respectiva. Deveriamos est[illegible] mesmo com risco de sermos chamados de "apaziguadores [illegible] dar com razoaveis garantias russas de segurança. Não deveriamos insistir mais sobre a questão do veto em relação à energia atomica. Deveriamos preparar-nos para negociar um tratado, que estabelecesse uma serie definida de acontecimentos, para o estabelecimento do controle internacional e o desenvolvimento da energia atomica. Deveriamos fazer esforços para anular o medo irracional da Russia, que está sendo sistematicamente criado no publico americano por certos individuos e publicações. Os russos, obviamente, vêem-se lutando pela sua existencia num mundo hostil. Não deveriamos agir como se tambem nos sentissemos ameaçados no mundo de hoje. Somos, por uma grande margem, a nação mais poderosa do mundo. Qualquer palavra de nossa parte, a respeito da necessidade de fortalecermos ainda mais nossas defesas, está destinada a parecer hipocrita às outras nações. Deveriamos tambem estar preparados para encetar discussões economicas, sem pedir aos russos que concordem antecipadamente com a discussão de uma serie de concessões politico-economicas, que lhes parecem dificeis e não relacionadas."

Noutro trecho de sua carta, o sr. Wallace disse ao presidente Truman: "Vós já vos haveis claramente dessassociado, e o povo norte-americano das expressões de apoio anti-sovietico ao emprestimo britanico. Se pudessemos ter seguido vossa declaração, ao assinar a lei de emprestimo à Inglaterra, com um emprestimo à Russia, em bases comerciais e em termos financeiros semelhantes, acredito que isso teria demonstrado claramente que este país não está tentando usar seus recursos economicos no jogo de politica de poderio."

A carta tornou publico que o sr. Wallace havia, no começo do ano, advogado que se enviasse a Moscou uma missão norte-americana, com o proposito de traçar uma proposta "para a reconstrução russa e a colaboração com a Russia no desenvolvimento industrial e economico de areas que são de interesse comum tal como o Oriente Medio. Mesmo nossa propria segurança não poderá ser preservada por meios militares, num mundo de armas atomicas. O unico tipo de segurança que poderá ser mantida por nossas proprias forças militares é aquele descrito por um militar, perante a comissão senatorial de energia atomica: segurança contra uma invasão, depois que todas as nossas cidades, e talvez uns 40 milhões de nossa população urbana, tenham sido destruidos por armas atomicas. Não essa a especie de segurança pela qual nosso povo e o das Nações Unidas estão lutando. Uma liderança progressiva, de acordo com as linhas sugeridas acima, represen-

(Conclui na pagina seguinte)

Constituintes de São Paulo falam sobre a Constituição

Declarações dos srs. Costa Neto, José Armando de Afonseca, Ataliba Nogueira, Jorge Amado, Caires de Brito, Plinio Barreto, Marcondes Filho, Campos Vergal e Altino Arantes

RIO, 17 (Da nossa sucursal) — A proposito da promulgação, amanhã, da Constituição brasileira, fizemos rapida enquete entre elementos paulistas dos varios partidos e correntes representados na Assembléia Nacional Constituinte, obtendo as declarações abaixo transcritas.

DEPUTADO BENEDITO COSTA NETO

O deputado Benedito Costa Neto, lider da bancada pessedista de São Paulo e relator-geral da Constituição, disse o seguinte:

"A Constituição que se promulgará amanhã, traduz dum modo fiel as aspirações do povo brasileiro. O trabalho dos constituintes de 1946, que estudei em conjunto e detalhadamente, representa um esforço notavel, ao qual a posteridade fará a devida justiça."

DEPUTADO JOSE' ARMANDO DE AFONSECA

Foram as seguintes as palavras do deputado José Armando de Afonseca, da representação pessedista:

"A Constituição de 1946, elaborada em sete meses, é o resultado de um grande esforço que todos os constituintes, principalmente da grande Comissão dos 37, desenvolveram no sentido de dar ao povo brasileiro o seu estatuto, tendo norteado o espirito dos representantes do povo, sobretudo, servir superiormente o Brasil."

DEPUTADO ATALIBA NOGUEIRA

O deputado Ataliba Nogueira, ainda da bancada pessedista, prestou-nos esta declaração:

"A reintegração da ordem constitucional, no Brasil, significa a restauração do direito, da paz, da tranquilidade, do progresso nacional. Sim, significa tudo isso; porem, não apenas pela simples presença da Constituição, mas pela pratica sincera dos seus preceitos, pela aplicação dos seus principios, pelo devotado amor à Patria de quantos têm responsabilidade, por terem recebido o mandato popular ou exercerem cargos de administração.

"Com a mente voltada para a grandeza do Brasil, é para São Paulo que dirijo as minhas palavras, como mandatario do seu povo laborioso."

DEPUTADOS JORGE AMADO E MILTON CAIRES DE BRITO

Os deputados Jorge Amado e Milton Caires de Brito, ambos da bancada comunista e representantes de São Paulo, disseram-nos o seguinte:

"Não sendo evidentemente ainda a Constituição reclamada pelo povo brasileiro, a nova Carta Magna, no entanto, representa, sem duvida, um passo adiante no caminho da democracia. Ficamos finalmente livres do monstrengo de 37. Agora, o que nos cumpre, é aplicar a nova Carta e defender a sua existencia."

DEPUTADO PLINIO BARRETO

O deputado Plinio Barreto, da bancada udenista, distinguiu-nos com estas palavras:

"Com todos os seus defeitos — extensão excessiva, numero extraordinario de preceitos de lei ordinaria, demasia de palavras — a Constituição não desonra a Assembléia. Representa o maximo que o espirito democratico poderia alcançar num Parlamento em que, escandalosamente, se viam como representantes da Nação, o ex-di-

(Conclui na pag. seguinte)

Recepção oferecida pelo sr. João Neves na capital da Inglaterra

Saudando o sr. Attlee, o titular do Itamarati exalta a amizade anglo-brasileira

REMINISCENCIAS HISTORICAS

LONDRES, 17 (AFP) — Foi hoje oferecida uma recepção na embaixada do Brasil pelo ministro João Neves da Fontoura. Essa reunião teve a presença do corpo diplomatico desta capital.

Entre as demais pessoas presentes, assinalavam-se: o primeiro-ministro "sir" Clement Attlee e senhora; o ministro do Exterior, sr. Ernest Bevin e sra.; lorde e lady Stafford Cripps; sr. e sra. Morrison; sr. Hoare Belisha; sra. Neville Chamberlain; sr. Amery, ex-ministro da India; lorde prefeito de Londres e senhora; lorde prefeito de Westminster; visconde e viscondesssa Camrose; "sir" Thomas Cocke, presidente da Sociedade Anglo-Brasileira, e muitas outras personalidades.

A recepção decorreu num ambiente de grande cordialidade, tendo o sr. João Neves da Fontoura pronunciado um discurso, que causou viva impressão.

O DISCURSO DO SR. JOAO NEVES

LONDRES, 17 (AFP) — Foi o seguinte o discurso pronunciado pelo ministro do Exterior do Brasil, sr. João Neves da Fontoura por ocasião da recepção que ofereceu hoje na embaixada do seu país nesta capital:

"Senhor primeiro-ministro. Começo por agradecer a v. ex. a honra que meu deu, vindo sentar-se a esta mesa para celebrar comigo e os nossos amigos aqui presentes a estima e a admiração que o Brasil, desde longa data, consagra à Grã-Bretanha. As palavras de estima e admiração não contentariam completamente a minha consciencia democratica de homem publico, nem os deveres de cargo que tenho a honra de exercer em meu país, se eu, ao mesmo tempo, não relembrasse alguns fatos da nossa vida comum.

Bastar-me-ia mencionar a cooperação de lorde Cockrane, na formação da Marinha de Guerra brasileira, e o importante papel de Canning, nos acontecimentos de que resultou, em 1822, a nossa independencia politica, para tornar evidentes as justas razões do reconhecimento do nosso povo em relação à nação britanica.

"Não deixarei ainda de mencionar, o que me é sumamente agradavel, que o mais velho tratado de amizade e aliança, assinado pela Inglaterra, o tratdo com Portugal, que traz a marca de seis seculos, foi renovado no Rio

(Conclui na pag. seguinte)

FOLHA DA MANHÃ

Indice das Seções:

HOJE: 46 PAGINAS 4 CADERNOS

O TEMPO Previsão até às 14 horas de hoje: Nublado, com nebulosidade. Ventos, de nordeste a sueste, frescos. Temperatura, estavel; da vespera: maxima, 27,0; minima, 16,2. ☽ a 5.

FOLHA DA MANHÃ

Alcides Ribeiro Meireles, Diretor-Presidente — José Nabantino Ramos, Diretor-Superintendente — Clovis M. de Queiroga, Diretor-Tesoureiro — J. Batista Ramos, Redator-Chefe

ANO XXIII ★ SÃO PAULO — DOMINGO, 30 DE NOVEMBRO DE 1947 ★ N.º 7 259

1.o CADERNO 14 PAGINAS

APROVOU A ASSEMBLÉIA GERAL DA ONU O PLANO DE DIVISÃO DA PALESTINA EM ESTADOS ARABE E JUDEU

A PROPOSITO DOS ARTIGOS DE JAMES BYRNES — *No 18.o artigo da serie "Falando com franqueza", que publicaremos terça-feira proxima, James Byrnes nos fala, em termos gerais, da politica sovietica, que não se sabe ao certo se visa à conquista de segurança ou na realidade à expansão territorial. O cliché acima nos mostra o então secretario de Estado norte-americano defendendo as pequenas nações, na sessão de 27 de março do Conselho de Segurança da O.N.U., quando se cuidava de admitir o Irã, ao que a União Sovietica se opunha.*

ATÉ 1.º DE AGOSTO PROXIMO, SERÃO RETIRADAS DA TERRA SANTA TODAS AS TROPAS INGLESAS — JERUSALEM CONSIDERADA "CIDADE INTERNACIONAL"

REJEITADO À ULTIMA HORA UM PROJETO APRESENTADO PELO DELEGADO DO LIBANO

A GRÃ-BRETANHA NÃO PARTICIPOU DA VOTAÇÃO

FLUSHING MEADOWS, 29 (UP) — A sessão plenaria da Assembléia Geral das Nações Unidas acaba de aprovar, por 33 votos contra 13 e 10 abstenções, o plano de divisão da Palestina, proposto pela União Sovietica e Estados Unidos.

Imediatamente após a votação, o delegado britanico, "sir" Alexander Cadogan, pediu às Nações Unidas que se mantenham em contacto com a Grã-Bretanha, para solucionar a questão da retirada das suas tropas da Terra Santa.

Em seguida, fez uso da palavra o representante da Arabia Saudita, principe Feisal, que condenou a decisão das Nações Unidas, declarando que fôra destruida a Carta da ONU e que o seu país não se considerava obrigado a aceitar tal decisão.

O PROJETO DOS ESTADOS ARABES

FLUSHING MEADOWS, 29 (R) — Tiveram inicio pouco depois das 16 horas os trabalhos da Assembléia Geral das Nações Unidas.

O recinto apresentou-se repleto, não podendo os delegados ocultar a tensão reinante. Uma atmosfera pesada dominava o ambiente, observando-se nervosismo, não apenas entre os delegados presentes, mas tambem na galeria destinada ao publico e à imprensa.

O presidente, sr. Osvaldo Aranha, declarou abertos os trabalhos, dando a palavra ao sr. Camille Chamoun, delegado do Libano".

O sr. Chamoun apresentou à Assembléia Geral, em nome dos Estados arabes, um plano de seis pontos para a federalização da Palestina, "como uma formula intermediaria entre as duas partes antagonicas".

"Declaro solenemente a esta Assembléia — disse o sr. Chamoun — que, durante todo o transcorrer desses debates, não foi feito movimento algum de aproximação das delegações arabes, para tentar qualquer formula de conciliação. Hoje, como anteriormente, estamos prontos para estudar e discutir qualquer proposta conciliatoria, que ofereça uma solução justa e razoavel para o problema da Palestina. Assim faremos, sem fraqueza e com a maior boa vontade, pois julgamos que o objetivo da nossa organização não é recomendar soluções que possam somente ser executadas pela força ou pela ameaça de força, mas adequadas, aceitaveis a ambas as partes, por serem objetivas e equitativas.

"Desejariamos ter apresentado imediatamente um plano mais pormenorizado e mais completo, que pudesse servir de base para novas recomendações desta Assembléia. Infelizmente, isto não foi possivel nas poucas horas que mediaram entre a reunião de ontem e a de hoje. Contudo, podemos apresentar, neste momento, os seguintes principios gerais, que podem servir de formula provisoria entre as duas teses distintas e antagonicas, já do conhecimento da Assembléia: 1.o — Será criado o Estado Federal Independente da Palestina, antes do dia 1.o de agosto de 1948; 2.o — Serão criados os cantões arabe e judeu, cada um deles com o seu governo provincial; 3.o — As fronteiras desses cantões serão fixadas de modo a que cada um deles inclua a minoria mais restrita possivel, de arabes e judeus; 4.o — Uma Assembléia Constituin-

(Conclui na pag. 13 deste cad.)

Exposição de Laski na Conferencia dos Partidos Socialistas

ANTUERPIA, 29 (AFP) — O primeiro dia dos trabalhos da conferencia socialista foi principalmente marcado pelo relatorio sobre a paz, apresentado pelo sr. Harold Laski, da Grã-Bretanha. O representante do "Labour Party" salientou a necessidade de se refazer a unidade na Europa, de acordo com a linha democratica.

"A Alemanha — declarou Laski — não deve ser dividida em duas e deve ser transformada numa democracia, administrando-se a si propria, mas de modo a não constituir um perigo para os vizinhos."

À exposição do sr. Harold Laski seguiu-se uma troca de pontos de vista "objetiva e cordial", segundo um comunicado publicado, sobre as divergencias que existem entre certos partidos, principalmente relativas aos regimes internos de algumas democracias, causas e riscos de guerra, diretivas para uma ação socialista comum e sobre a interpretação a ser dada, no quadro politico, às propostas do general Marshall.

Foi decidido que a subcomissão, composta dos delegados da França, Grã-Bretanha, Belgica, Holanda, Tchecoslovaquia, Polonia, paises escandinavos e Suiça se reuna para elaborar um projeto de constituição.

Noticia-se, enfim, que só os partidos socialistas da Belgica e da França são partidarios da reconstituição da Internacional. Os demais delegados, embora estando de acordo, em principio, consideram conveniente adiar-se essa questão para data ulterior.

RESOLUÇÕES DA CONFERENCIA

ANTUERPIA, 29 (AFP) — A Conferencia Internacional Socialista, que acaba de eleger o sr. Louis de Brouckere como seu presidente, considerou, unanimemente, que não está qualificada para interferir na situação interna do Partido Socialista Italiano.

O sr. Saragat, presidente do Partido Socialista Dissidente, apresentará à conferencia uma consulta relativa à situação de seu partido e do Partido Socialista Italiano, cujo presidente é o sr. Lenin.

Todavia, a conferencia aceitou, que à margem da sessão regular, os delegados estudem com o sr. Saragat o seu ponto de vista e se esforcem por esclarecer a situação, sem que a responsabilidade da conferencia fique comprometida.

O Partido Democrata Radical da India e o Partido Socialista Indu foram convidados a participar da reunião como observadores.

Publicada ontem nova enciclica do Papa Pio XII

VATICANO, 29 (AFP) — Sua Santidade o Papa publicou hoje no "Osservatore Romano" nova enciclica, intitulada: "Mediator Dei".

Trata-se de importante mensagem papal, que constitui a continuação da enciclica precedente, sob o titulo "Mistici Corporis", que diz respeito à doutrina e prescrições liturgicas.

A NOVA ENCICLICA

VATICANO, 29 (AFP) — A enciclica do Papa, publicada hoje no "Osservatore Romano", se compõe de quatro partes, das quais a primeira trata da natureza, origem e progressos da liturgia; a segunda, consagrada ao culto eucaristico; a terceira, refere-se ao oficio divino e ao ano liturgico e a quarta, finalmente, contem diretivas aos bispos sobre o exercicio do culto.

No texto que precede as quatro partes da enciclica o Papa insiste sobre o dever da Igreja de zelar para que o exercicio do culto não se afaste das origens cristãs.

"Com efeito — assinala o Papa — se, por um lado, constatamos com magua que em algumas regiões o estudo e a consciencia liturgica são por vezes insuficientes ou nulos, por outro lado notamos com apreensão que certas pessoas são sedentas de novidades e se afastam do caminho da verdadeira e sã doutrina. Opõem, frequentemente, à intenção e ao desejo de uma renovação liturgica, principios que, na teoria e na pratica, comprometem esta causa sã, contaminando-a com erros referentes à fé catolica e à doutrina ascetica. A pureza da fé e da moral deve ser a norma eucaristica desta disciplina sagrada, que precisa conformar-se aos ensinamentos da Igreja."

Depois de afirmar que, embora a atual enciclica trate sobretudo da liturgia latina, o que não significa que o Papa tenha menos estima e afeição pela Igreja Oriental, o Santo Padre acrescenta: "Todos os cristãos devem ouvir com docilidade a voz do Pai comum, o qual deseja ardentemente que todos os fiéis estreitamente ligados a ele aproximem-se do altar da Igreja, professando a mesma fé, obedecendo à mesma lei e participando do mesmo sacrificio, com uma só vontade e um só objetivo.

"Depois de uma guerra longa e cruel, que dividiu os povos pela rivalidade e pela carnificina, os homens de boa vontade se esforçam [illegible] estabelecer a concordia, nas melhores condições possive[illegible]mos, todavia, que nenhum desejo e nenhuma iniciativa é neste sentido mais eficaz do que uma oração fervorosa, e um grande zelo religioso, dos quais precisam estar animados todos os cristãos, a fim de que aceitem a mesma verdade com o espirito aberto, e a fim de que obedeçam docilmente aos legitimos pastores no exercicio do culto a Deus, constituindo-se numa verdadeira comunidade fraternal."

REGRESSOU AO VATICANO

CIDADE DO VATICANO, 29 (AFP) — Procedente de Castel Gandolfo, chegou hoje ao Vaticano o Papa Pio XII. O Santo Padre tinha seguido para sua residencia de verão nos fins de julho, voltando a Roma apenas para assistir à cerimonia de beatificação do veneravel Delanoue, no dia 9 do corrente.

CONTINUAM AS DIVERGENCIAS NA REUNIÃO DE CHANCELERES

SUSCITA ACALORADAS DISCUSSÕES O PROBLEMA DO GOVERNO CENTRAL ALEMÃO — BIDAULT OPÕE-SE TERMINANTEMENTE À TESE FORMULADA POR MOLOTOV

A PARTICIPAÇÃO DA ALBANIA NA ELABORAÇÃO DO TRATADO DE PAZ — ATITUDE DE MARSHALL

LONDRES, 29 (UP) — Ao cabo de três horas de sessão, os chanceleres das quatro grandes potencias nenhum progresso tiveram no que diz respeito ao procedimento para a elaboração do tratado de paz com a Alemanha. Decidiram, porem, permitir que o novo Estado do Paquistá participe da futura conferencia sobre o tratado de paz.

Todavia, os chanceleres não conseguiram entrar em acordo sobre a admissão da Albania.

As discussões mais acaloradas, entre os ministros, giraram em torno da exigencia de Molotov de organizar um governo para a Alemanha antes da realização da Conferencia da Paz.

Marshall declarou, a proposito, que confiava em que se criasse um governo para a Alemanha antes da conferencia. Opôs-se, porem, tenazmente a fazer uma cousa dependente da outra, isto é, suspender os preparativos da conferencia até que encontrasse uma forma de governo satisfatoria.

A certa altura das discussões, Molotov acusou as potencias ocidentais de estarem planejando o estabelecimento de um governo autonomo no ocidente da Alemanha. Advertiu que, se for criado um governo semelhante em Francoforte, ou em outra parte qualquer, isso não apresentará uma solução de paz para a Alemanha.

O chanceler russo disse ainda que tal governo seria bom para duas zônas, mas jamais poderia falar em nome da Alemanha. O sr. Bidault mostrou-se ainda mais intransigente que Marshall ao opor-se à proposta sovietica. Em sua opinião, a criação de um poder central daria em resultado o prevalecimento da Alemanha em tudo o que disser respeito à paz.

Bidault, manifestando-se disposto a considerar as negociações destinadas a elaborar o tratado com a Alemanha, deixou claro que não apoiará nada que se relacione com o futuro governo alemão.

A reunião de hoje foi a mais acalorada, apesar do acordo estabelecido, aliás de somenos importancia. A sessão começou com longa discussão entre os anglo-norte-americanos e russos sobre a questão da Albania.

Molotov reiterou seus argumentos em favor da participação da Albania na Conferencia de Paz e citou declarações anglo-norte-americanas, em que se apontava aquele país como aliado durante a guerra.

Marshall se opôs aos desejos do chanceler russo, alegando que o atual governo albanês, alem de se recusar a reconhecer obrigações internacionais, nunca declarou guerra à Alemanha.

O sr. Ernest Bevin sugeriu, finalmente, que os chanceleres reservassem suas opiniões sobre a Albania para uma discussão privada, a ser realizada mais tarde. Ficou decidido, no decurso da reunião, que se inclua o Estado do Paquistá como participante da futura conferencia de paz com a Alemanha. Com grande surpresa, Molotov aceitou a sugestão.

Marshall encerrou a reunião com uma breve declaração sobre a politica dos Estados Unidos em relação ao futuro governo da Alemanha. Disse que seu país considera de importancia, tanto a imediata conferencia da paz, como a criação de um governo alemão.

As divergencias entre Carmona e Salazar

LONDRES, 29 (UP) — Viajantes procedentes de Portugal declararam que foi feita uma reaproximação politica entre o presidente Carmona e o "prémier" Salazar, eliminando-se as divergencias que ameaçaram provocar a resignação do chefe de Estado. A reconciliação foi feita antes de Salazar visitar Carmona, no seu aniversario natalicio, domingo ultimo. O perigo de golpe de Estado, que parecia iminente, agora foi afastado. Salazar continuará como primeiro-ministro. O presidente Carmona continua enfermo.

Schumann pede excepcionais poderes para enfrentar a crise

Tumultuosa reunião da Assembléia francesa — Considerado iminente um acordo para a volta dos grevistas ao trabalho

OCUPADOS OS ORGÃOS COMUNISTAS "CE SOIR" E "L'HUMANITÉ"

PARIS, 29 (AFP) — "Para salvar a Republica e a liberdade do trabalho", o governo do sr. Schumann apresentou hoje à Assembléia Nacional Francesa o conjunto de três projetos de lei visando a revestir a autoridade do Estado da força necessaria para reprimir as agitações e proporcionar-lhe recursos que lhe permitam atender a serios encargos governamentais, em face das reivindicações dos servidores publicos.

A sessão começou sob grande tensão, às 10 h 30. Houve, porem, uma tacita tregua entre todas as bancadas, quando Herriot, tomando a palavra, traçou o elogio funebre do general Leclerc, de quem disse "que foi um desses heróis legendarios, que sempre surgiram na França em todas as horas cruciantes da nossa historia." Todos os deputados ouviram de pé a alocução do sr. Herriot. Em seguida, o sr. Teitgen se associou, em nome do governo, às homenagens prestadas a Leclerc. Foi aprovado, por unanimidade um decreto, no qual se declara que "o general Leclerc que conduziu seus soldados vitoriosos do Tchad a Alençon, Estrasburgo e Paris, honrou a patria".

Depois do silencio solene que reinava na Assembléia, passou a dominar no recinto forte agitação, ao abrir o presidente Herriot os debates sobre os projetos do governo. Justificando-os, o sr. Schumann fala em primeiro lugar. "O governo quer reforçar a ordem contra os atos de destruição e violencia em tempos de greve" — proclama, inicialmente.

Os comunistas protestam. A Assembléia torna-se tempestuosa. Da bancada comunista, alguem denuncia que o governo quer voltar à legislação do Segundo Imperio.

O chefe do gabinete, energico, dirigindo-se aos comunistas, declara, gritando: "Se chegmos a isso, o culpado é o vosso partido". E, já então, explicando-se para a maioria, o sr. Schumann diz: "Os textos apresentados à Assembléia darão ao governo apenas a possibilidade de agir contra os sabotadores e contra os que tolhem a liberdade do trabalho".

Prosseguindo, o primeiro-ministro afirma que "é urgente que o país torne a encontrar a tranquilidade e a segurança. Se o movimento grevista continuasse, após o dia 1.o de dezembro, seria a ruina da moeda e dos trabalhadores".

O presidente do Conselho, constantemente aparteado, mal consegue se fazer ouvir. Vai, porem, até o fim da sua breve explicação e, terminando, rende homenagem aos "trabalhadores e organizações sindicais, que demonstram grande coragem, resistindo às intoleraveis pressões".

A sessão foi então suspensa, sendo reaberta às 14 horas, sempre sob a mesma atmosfera de tensão e apreensões. O reinicio dos trabalhos foi marcado por um grave incidente. Tendo o sr. Schumann declarado, na sessão matinal, que dois deputados comunistas se encontravam no interior de uma das usinas em greve, um deles telegrafou ao presidente Herriot, desmentindo a afirmação do chefe do governo. A leitura do telegrama, feita pelo presidente, os representantes comunistas gritam, a uma voz: "mentiroso", "mentiroso". Deputados de outras bancadas replicam. A confusão chega ao ponto culminante.

Quando se restabelece a calma, o relator da Comissão de Justiça, sr. Grimaud, do M.R.P., anuncia que o relatorio sobre os projetos do governo "não estava pronto". Os comunistas se agitam de novo e o sr. Herriot observa, voltando-se para a sua bancada: "Chamais a isto maneiras republicanas?" O tumulto aumenta. O sr. Grimaud acrescenta que a Comissão de Defesa Nacional estava preparada, no entanto, para apresentar mais tarde seu relatorio. A sessão é suspensa, até às 16 horas. Os deputados não deixam, porem, o hemiciclo. Viva discussão se trava, principalmente entre um parlamentar socialista e outro comunista, os quais chegam a atracar-se, sendo prontamente separados. Numa atmosfera de grande balburdia, os trabalhos foram reencetados às 16 horas. A Assembléia toma conhecimento do relatorio da Comissão de Defesa Nacional, que, por 24 votos contra 13, aprova os artigos relativos à convocação de 80 mil reservistas, que devem ser colocados à disposição do Ministerio do Interior.

A leitura do documento é interrompida quando se chega a esse ponto. O sr. Croizat, comunista, exclama: "Os trabalhadores têm fome. Quanto custará esse projeto?" Ha varias interrupções causadas pelos apartes dos comunistas, enquanto que os outros grupos aplaudem o relatorio. A palavra é concedida ao comunista Florimond Bonte, o qual declara que os projetos governamentais "são dignos de Napoleão III ou de Carlos X". Cita a opinião do arcebispo de Paris, sobre a legitimidade do direito de greve. "Hoje — exclama o sr. Bonté — o sr. Schumann deveria ser acusado pela interpretação abusiva que deu ao texto legislativo concernente à defesa nacional e pela verdadeira violação da Constituição que está cometendo". Segundo o orador, a solução é procurar a conciliação, atendendo às justas reivindicações operarias. Concluiu evocando "os soldados da 17.a linha, que se recusaram, outrora, a atirar sobre os grevistas". Houve, então, na Assembléia, um incidente dos mais comicos: os comunistas entoaram a canção intitulada "Os soldados da 17.a linha", composta no dia posterior ao da revolta dos camponeses, em 1907. Todos os outros deputados responderam cantando "A Marselhesa", terminando os comunistas por se associarem àqueles. Tudo parecia terminado, quando os comunistas passaram a outra canção revolucionaria, o "Canto da partida". O sr. Herriot, no entanto, pôs termo a esse imprevisto "intermezzo" vocal, suspendendo a sessão para o restabelecimento da ordem.

Reiniciados os trabalhos, os comunistas solicitaram urgencia para a discussão do projeto governamental objeto do parecer da Comissão de Defesa Nacional. Inicia-se, então, o escrutinio sobre o requerimento de urgencia, sendo a sessão novamente suspensa.

O pedido de urgencia foi concedido por 247 votos contra 94. No entanto, a bancada comunista pediu novo escrutinio. Este foi favoravel ao pedido, e a Assembléia suspendeu os seus trabalhos às 21 horas.

OS PODERES ESPECIAIS

PARIS, 29 (AFP) — São dos mais drasticos os poderes especiais que o governo pediu hoje à Assembléia Nacional Francesa.

O projeto concede ao governo poderes excepcionais para enfrentar a situação. No seu principal dispositivo, dá ao primeiro-ministro a faculdade de convocar às fileiras até 80 mil reservistas, para a manutenção da ordem em qualquer parte e em todas as circunstancias.

O projeto prevê essencialmente: a) medidas penais de repressão aos atos de sabotagem; b) prisão de 6 meses a 5 anos e multa de 1 000 a 5 000 francos, para todo aquele que, por meio de ameaças, falsas promessas, violencias, obstrução ou manobras fraudulentas, tentar cessar o trabalho ou manter a sua cessação e, ainda, cometer atentado ao livre exercicio da industria ou trabalho; c) tais penas serão duplicadas quando ao atentado à liberdade de industria ou de trabalho se acrescentar o porto de armas ou a violação de domicilio, ou quando resultar de manobras concertadas. O mesmo ocorrerá quando for acompanhado de qualquer ato, visando a inutilizar maquinas, impedir o funcionamento normal de um serviço ou empresa, ou deter a marcha de quaisquer empreendimentos de interesse publico; d) serão punidos como cumplices desses delitos os que, por meio de discursos, propostas, ameaças, impressos, cartazes, "placards" ou boletins, tiverem aconselhado, provocado ou aprovado atos repreensiveis; e) todo funcionario, agente, empregado ou operario de Estado, de uma coletividade local, estabelecimento ou serviço publico, empresa nacionalizada ou de interesse publico, autor ou cumplice de atos repreensiveis, poderá ser detido e exonerado sumariamente.

Observa-se que jamais um governo se muniu de tantos poderes quanto os que acabam de ser pedidos à Assembléia.

(Conclui na pag. 13 deste cad.)

Foi restaurada a ordem na provincia de Milão

OS TRABALHADORES REINICIARAM AS ATIVIDADES — A SITUAÇÃO POLITICA EM TODA A ITALIA

ROMA, 29 (R) — A greve geral, que paralisou durante algumas horas a vida da cidade de Milão, foi suspensa hoje. Os trabalhadores se retiraram do edificio da Municipalidade.

A cidade retornou à normalidade, depois de uma noite de discussões entre os delegados da comissão de cidadãos, dos organizadores da greve, das autoridades municipais, do governo e do comando militar local.

Anuncia-se oficialmente que o prefeito de Milão, sr. Ettore Troilo, cuja anunciada exoneração pelo Ministerio do Interior foi a causa de todos os acontecimentos, permanecerá em seu posto durante alguns dias.

Um despacho de Milão, retardado devido à interrupção das comunicações, foi recebido às primeiras horas. Descrevendo os acontecimentos ocorridos ontem, diz essa mensagem:

"Assim que a noticia da substituição do sr. Troilo por outro prefeito se espalhou, delegações de organizações operarias esquerdistas e centro-esquerdistas, de ex-combatentes, de antigos "partiggiani" e outras entidades democraticas dirigiram-se à residencia oficial do prefeito para expressar-lhe simpatia e solidariedade. Declararam essas delegações que estavam dispostas a se opor à decisão do governo.

"Uma vez dentro do edificio, os manifestantes recusaram-se a retirar-se, declarando que estavam dispostos a lá permanecerem até que Roma desse garantias de que o prefeito continuaria em seu cargo. A prefeitura foi então ocupada por uma forte guarda de trabalhadores e ex-"partiggiani". Todas as ruas que levavam ao predio foram bloqueadas com caminhões e cercas de arame farpado.

"O prefeito revelou, posteriormente, que ele proprio havia solicitado sua exoneração.

"Na cidade se encontrava o general Capizzi, comandante militar da area de Milão, que recebera ordens do governo para assumir toda a autoridade civil e militar na provincia. Essas ordens haviam sido dadas pelo governo na crença de que o posto do sr. Troilo havia sido usurpado pelos delegados da comissão de cidadãos e que o prefeito fôra aprisionado. Verificando não ser esse o caso, o general Capizzi telefonara a Roma e explicou a situação, evitando assim a declaração da lei marcial na cidade. Reina calma em Milão e não se registraram desordens."

O NOVO PREFEITO DE MILÃO

ROMA, 29 (UP) — O governo italiano nomeou Vincenzo Ciotola, elemento não partidario, prefeito de Turim, para suceder a Ettore Troilo, cuja demissão provocou as demonstrações de Milão.

PROIBIDA UMA MANIFESTAÇAO EM TRIESTE

ROMA, 29 (AFP) — O governo militar aliado do territorio livre de Trieste proibiu uma manifestação que os comunistas pretendiam realizar domingo, em comemoração ao dia da paz.

"Cominform" do Extremo Oriente

NANQUIM, 29 (R) — Segundo noticias de fontes bem informadas, de Changchun, recebidas hoje nesta cidade, foi criado, na cidade de Harbin, na Manchuria dominada pelos comunistas, o "Cominform" do Extremo Oriente. Compareceram à conferencia da criação da entidade delegações da União Sovietica, Mongolia Exterior, Coréia e China.

Os delegados japoneses não conseguiram os vistos necessarios nos seus passaportes, muito embora prisioneiros de guerra niponicos, já comunistas antes da conflagração tivessem permissão para participar da conferencia, mas não como delegados.

Segundo as mesmas informações, os problemas discutidos na reunião foram o estabelecimento do "Cominform" para o Extremo Oriente, a cooperação mutua entre os paises em luta por sua autonomia e a perpetuação da revolução comunista.

HOJE: 18 PAGINAS 2 CADERNOS

O TEMPO Previsão até às 14 horas de hoje: Instavel, com chuvas esparsas. Ventos variaveis, com rajadas frescas. Temperatura estavel; da vespera: maxima, 25,0; minima 17,2. depois de amanhã.

FOLHA DA MANHÃ

Alcides Ribeiro Meireles, Diretor-Presidente — José Nabantino Ramos, Diretor-Superintendente — Clovis M. de Queiroga, Diretor-Tesoureiro — J. Batista Ramos, Redator-Chefe

ANO XXIII ★ SÃO PAULO — SABADO, 31 DE JANEIRO DE 1948 ★ N.º 7 310

ASSASSINADO ONTEM O "MAHATMA" GANDI, APOSTOLO DA NÃO-VIOLENCIA

O LIDER HINDU FOI ALVEJADO A TIROS NO JARDIM DE SUA RESIDENCIA — PRESO E IDENTIFICADO O AUTOR DO ATENTADO

APELO DE "PANDIT" NERU AO POVO - GRAVES CONFLITOS EM BOMBAIM

NOVA DELI, 30 (R) — O "mahatma" Gandi faleceu, vitima de um atentado.

CONFIRMADA A NOTICIA

NOVA DELI, 30 (R) — A emissora da India confirmou a noticia da morte do "mahatma" Gandi, vitima de um atentado no momento em que se dirigia para um comicio de oração.

O ASSASSINO

NOVA DELI, 30 (R) — Anuncia-se oficialmente que o assassino do "mahatma" Gandi foi identificado como sendo Nathuram Vinayak Gode, de 36 anos de idade, um "maharatha" hindu.

PORMENORES DOS ACONTECIMENTOS

NOVA DELI, 30 (UP) — Monandas Gandi, chefe espiritual da India, foi assassinado hoje por um extremista hindu, cujo ato criminoso mergulhou a India em luto e profunda consternação. Ao mesmo tempo o pavor de acontecimentos imprevisiveis domina a população. Como que por encanto, irromperam imediatamente novos conflitos em Bombaim.

O ancião, a que fôra dado pelo povo o titulo de "Grande Alma da India", contava 78 anos de idade. Expirou ele às 17 h 45, com a cabeça no regaço de Mani, sua neta de dezesseis anos.

Meia hora antes, um hindu fanatico, que disse chamar-se Ram Naturam, havia disparado três tiros, com um revolver de pequeno calibre, contra o corpo fragil de Gandi.

Foi morto nos suntuosos jardins do solar de Birla, na presença de mil dos seus partidarios, e no momento em que o "mahatma" os conduzia a um pequeno templo, onde costumava fazer suas orações da tarde.

Trajando, como sempre, o seu alvo "dhoti", e apoiando-se em solido cajado, já se encontrava a poucos passos do templo quando o assassino fez fogo. A primeira bala penetrou na parte superior da coxa direita. A segunda, no abdomem, e a terceira no torax.

O "mahatma" cambaleou e logo depois caiu ao solo, colocando a mão direita na testa, gesto caracteristico hindu de perdão ao seu assassino.

O criminoso tentou suicidar-se, disparando o quarto projetil na cabeça, mas a bala apenas raspou o couro cabeludo ocasionando uma lesão superficial.

O assassino esperara que Gandi se aproximasse do caminho do jardim que conduz ao templo. Postara-se de pé, com as mãos juntas, no conhecido gesto hindu de saudação. Trazia porem, um pequeno revolver, com o qual cometeu o crime.

Os disparos soaram como foguetes de crianças e passaram alguns segundos, antes que os devotos de Gandi soubessem o que havia acontecido. Em seguida, lançaram-se sobre o assassino e tê-lo-iam linchado, não fôra a intervenção de policiais armados com fuzis e baionetas.

Poucos instantes antes de ser baleado, Gandi dissera: "Chegou a concretizar-se".

Logo após a ocorrencia, o "mahatma" foi conduzido para o interior da residencia de Birla e colocado sobre um canapé, com a cabeça sobre o regaço de sua neta Mani. Poucos minutos depois, a jovem disse ao inconsolavel grupo de pessoas presentes, entre as quais se encontrava o primeiro-ministro Neru: "O "Dapi" (pai) acabou".

Mani sentou-se à maneira indiana, ao lado do cadaver do homem que havia dedicado toda a sua vida à causa da paz e da humanidade, e começou a recitar versiculos do "Bhagavth Gita".

A triste noticia espalhou-se rapidamente por toda a India. Minutos depois de haver sido anunciada em Bombaim a morte de Gandi tiveram inicio violentos conflitos entre hindus e muçulmanos.

Uma mulher muçulmana, presa de panico, traduziu o pensamento de milhares de pessoas, ao exclamar: "Que Deus nos ajude."

Em Nova Deli, ao anoitecer, o povo começou a dirigir-se para a mansão de Birla, para ver seu "santo" pela ultima vez.

Milhares e milhares de pessoas percorriam as ruas silenciosas, e ao chegar em frente a residencia de Gandi começavam a chorar. Alguns tentaram pular o muro, mas foram impedidos pela policia. No interior da casa, o pesar era intenso. Hindus, muçulmanos e "siks" ali se encontravam.

Soube-se que o corpo de Gandi conforme desejo manifestado pelo proprio "mahatma" será cremado amanhã, às 11 horas, às margens do rio sagrado, Jumna, tributario do Ganges.

Poucos instantes antes de deixar a residencia de Birla, a fim de se encaminhar para o templo, Gandi palestrou alguns minutos com o vice-primeiro-ministro da India, Sardar Patel, considerado como o homem que domina o Congresso Panindu.

Sardar Patel havia resolvido acompanhar o "mahatma" até ao templo, mas, na entrada do jardim, recebeu um chamado e regressou à casa, enquanto Gandi caminhava só, à frente de seus correligionarios.

Sardar Patel, Neru e outros chefes hindus choraram quando trouxeram o corpo inanimado de Gandi para o interior de sua residencia. Poucos momentos depois chegou o governador do Dominio da India, lorde Mountbatten. Muitas pessoas formaram um circulo silencioso em torno do cadaver enquanto Mani recitava os versiculos do "Bhagavth Gita".

Ao anoitecer a triste noticia já havia chegado a todos os bairros da cidade. Foi transmitida pelo radio. Afixaram-se tambem placardes de jornais, revelando o acontecimento. A população, tanto dos bairros miseraveis como das zonas aristocraticas, foi tomada de profundo pesar. Começou então a marcha da multidão para a residencia de Birla. Junto aos muros que a circundam foram colocados policiais com baionetas caladas para manterem a ordem e impedir que a maré humana penetrasse na residencia.

Apesar da vigilancia, algumas pessoas conseguiram escalar o muro e penetrar no palacio. O espetaculo era impressionante. Milhares e milhares de pessoas, entre as quais se viam membros da casta dos intocaveis, mendigos, leprosos, miseraveis, potentados e mulheres da aristocracia, cheias de jóias. Ninguem, todavia, atentava para essas diferenças de classe diante do tragico fim que tivera seu chefe espiritual e politico.

Esqueceram-se tambem as diferenças religiosas, pois tanto os hindus, como os muçulmanos e "siks" choravam a morte da "Grande Alma da India".

DISCURSO DE NERU

Enquanto a triste nova se difundia por toda a nação, juntamente com as informações de que haviam irrompido novos disturbios em Bombaim, Neru falou pelo radio ao povo, exortando-o a pôr fim "às mesquinhas divergencias" e levar avante a missão de paz pela qual Gandi dera a vida.

Acrescentou que o "mahatma" jamais havia prestado ao seu país serviços maiores que nos ultimos quatro meses, durante os quais, com o seu jejum, resolveu um dos pontos mais perigosos da controversia com o Paquistã.

"Foi — disse Neru — o "Pai da Nação", no verdadeiro sentido da palavra. Milhões e milhões de hindus choram porque a luz se extinguiu. O golpe é terrivel. Todavia, devemos realizar a missão que ele nos confiou e cumprir o mandato que nos conferiu."

Patel, que esteve frequentemente em divergencia com Gandi, falou tambem pelo radio, para dizer que a India tem agora a sagrada missão de cumprir o ideal de paz de Gandi.

Neru, depois de regressar à casa de Birla, sofreu um desmaio, no momento em que dirigia a palavra à multidão comprimida diante da residencia. Policiais ampararam-no no momento em que proferia as seguintes palavras:

"O querido pai não existe mais. Não choremos. Tratemos de cumprir os ideais que nos apontou durante sua vida."

A multidão, cada vez mais numerosa, insistia em ver o corpo do "mahatma".

Presa de devoção sem limites, o povo suplicou que lhe deixasse ver Gandi pela ultima vez.

Foi então que se abriram as janelas e em um dos balcões foi exposto o corpo, sentado numa cadeira.

A multidão estremeceu de dôr e tentou avançar, para ficar mais perto do balcão. Um refletor eletrico iluminou o rosto bronzeado de Gandi. Seus olhos estavam fechados e sua expressão era de paz. A roupa branca apresentava, porem, manchas de sangue.

A neta do "mahatma" juntou as mãos do extinto, achegando-as ao rosto como ultimo gesto de benção ao povo. Na rua, a mole humana chorava e expressava em voz baixa a profunda dôr que sentia.

Cerca de meia-noite, nas ruas da cidade, habitualmente desertas, viam-se verdadeiras torrentes humanas, que iam e vinham da casa de Birla.

O publico assediava os vendedores dos jornais para comprar os exemplares de "The Statesman" e "The Hindustan Times", que haviam publicado a noticia com uma tarja, em sinal de luto.

Lorde Mountbatten, ao abandonar a residencia de Birla, disse, meneando a cabeça: "É uma tragedia para o mundo."

Entrementes, a multidão continuava junto aos muros da residencia, esforçando-se por penetrar na casa, e a policia fazia esforços inauditos para impedi-lo. Momentos após, não obstante os pedidos do ministro de Alimentos Jairamdas Daulatram, cerca de duzentas pessoas romperam os cordões da policia e entraram na residencia. Essa atitude nada tinha de irreverente; o povo queria ver pela ultima vez o homem a quem tanto amava.

EM BOMBAIM

Segundo despachos de Bombaim, irromperam violentos e sangrentos conflitos na cidade, poucos minutos após ser conhecida a noticia da morte de Gandi.

Nos primeiros momentos dos disturbios, as autoridades haviam recolhido seis cadaveres nas ruas, enquanto 26 pessoas apunhaladas eram conduzidas, em estado grave, aos hospitais. Os motins irromperam em três bairros da cidade, todos eles conhecidos como baluartes do movimento extremista hindu, do grupo chamado "Mahasava". Em poucos momentos os suburbios de Goipitisa, Nagpada e Girgaum estavam transformados em verdadeiro inferno. Os extremistas jamais cooperaram com o "mahatma" nos seus esforços para conseguir a harmonia entre hindus e muçulmanos.

Os disturbios tomaram vulto cada vez maior e, em Kaldabovi, em pleno centro de Bombaim, os estabelecimentos comerciais muçulmanos foram assaltados pela multidão enfurecida. Todo o comercio da cidade cerrou as portas. Em varias ruas, lutam hindus e muçulmanos, e na zona do mercado, a policia começou a disparar armas de fogo contra a multidão.

Às 23 horas, a chefia de policia informou que os animos haviam serenados um pouco, mas que toda a policia estava de prontidão, na previsão de acontecimentos mais graves.

AS ULTIMAS PALAVRAS DE GANDI

NOVA DELI, 30 (AFP) — "Hey Ram! Hey Ram!" — adeus! adeus! — estas foram as ultimas palavras pronunciadas por Gandi, antes de expirar, vinte minutos após ter sido alvejado.

Os despojos do "mahatma" encontram-se agora no pequeno quarto em que morava há cerca de três anos, na luxuosa residencia do milionario Birla. O aposento se encontra em quase completa obscuridade. Seus filhos, suas netas, membros de seu "achram", ministros e fiéis companheiros de luta velam o corpo do "mahatma" e queimam bastões de incenso.

Os funerais serão realizados amanhã, às 15 h 30.

PRESSENTIU A MORTE

NOVA DELI, 30 (UP) — O "mahatma" Gandi pressentiu sua morte ontem à noite e na manhã de hoje.

Antes de deitar-se ontem, Gandi disse à sua neta Mani: "Este mundo é estranho. Quanto tempo pode alguem participar do jogo"? Ao levantar-se esta manhã, chamou seu velho ajudante Bishan e disse-lhe: "Traga-me todas as minhas cartas importantes. Devo respondê-las hoje, porque talvez não haja outro amanhã".

(Conclue na 3a pag.)

O evangelho de Gandi

"A consistencia não é a menor das virtudes que podem ser atribuidas ao grande lider, cujo aniversario todo o país e muita gente no estrangeiro comemora hoje — disse Rajkumari Amrit Kaur, ministro da Saude do governo da India, numa irradiação por motivo da passagem do 78.º aniversario do "mahatma" Gandi, a 4 de outubro do ano passado.

"Se os que têm estudado com cuidado os seus primeiros escritos à guisa de autobiografia — Satyagraha na Africa do Sul, Hind Swaraj etc., e mais tarde os seus artigos na "Jovem India" — prosseguiu o ministro da Saude — os comparassem com a riqueza de seus escritos mais recentes em Harijan e os seus sermões publicos diarios, não poderiam deixar de espantar-se diante do progresso gradual, mas firme, que ele fez tanto intelectual como espiritualmente, num terreno que é tão especial e tão peculiarmente seu. Não só ele declara cada dia que a sua fé na não-violencia é mais forte do que nunca, mas para aqueles que, como eu, têm tido a incomparavel boa sorte de viver com ele e servi-lo, transparece de suas proprias ações diarias quão longe para trás deixou mesmo aqueles que proclamam ter compreendido a sua filosofia de vida.

"A Verdade é Deus, diz Gandi, e não se pode encontrar a Verdade sem Ahimsa, ou, ele diria mesmo, a não ser através de Ahimsa. Eles são os dois lados da mesma moeda."

OS MANDAMENTOS DE GANDI

Rajkumari expõe a seguir, comentando-os, os mandamentos do "mahatma" Gandi, que abaixo transcrevemos:

Não furtarás. Mas, não só não furtarás e não roubarás. Tambem não gastarás mais contigo do que necessitas. Tampouco perderás tempo com coisas inuteis, que podem ser aplicadas ao trabalho. Todo desperdicio é furto. Comer sem trabalhar é roubo.

Desprezarás os bens terrenos. Põe a ti mesmo e a todos os teus bens a serviço da humanidade, porque o homem deve considerar tudo quanto possui como um depositario de Deus.

Serás continente. A continencia é o maximo da renuncia. O ideal do casamento é a união espiritual através da união fisica. O amor humano que ele encarna deve ser compreendido como um degrau que conduz ao amor divino ou universal. A "Brahmacharya" de Gandi significa absoluto controle sobre todos os sentidos e libertação quanto à sensualidade, em pensamento, palavras e ações. A natural atração entre o homem e a mulher é a mesma afinidade existente entre irmão e irmã, mãe e filho ou pai e filha. E' o que sustenta o mundo.

(Conclue na 3a pag.)

AMPLA REPERCUSSÃO DO ASSASSINIO DE GANDI

PROFUNDA CONSTERNAÇÃO NOS E.U.A. E NA GRÃ-BRETANHA — MENSAGENS DO PRESIDENTE TRUMAN E DO REI JORGE VI AO POVO INDIANO

MOÇÃO DE CONDOLENCIAS AO GOVERNO DA INDIA APROVADA PELO PARLAMENTO DA FRANÇA

WASHINGTON, 30 (R) — Por motivo da morte do "mahatma" Gandi, o presidente Truman divulgou hoje um comunicado, no qual declara, entre outras coisas, o seguinte:

"O "mahatma" Gandi foi um grande nacionalista indiano e, ao mesmo tempo, um grande lider de estatura internacional. Foi e é reverenciado pelo povo da India e sua influencia fez-se sentir não apenas nos assuntos do governo, mas tambem no reino do espirito.

"Infelizmente, o "mahatma" Gandi não viveu para testemunhar a concretização dos ideais pelos quais lutou. Entretanto, sua vida e sua obra serão, no porvir, o maior monumento que poderia erigir-se em sua memoria. Sua luta altruista pela melhoria das condições do povo indiano perdurará, estou certo, como exemplo aos lideres desse país, muitos dos quais são seus discipulos.

"Sei que não apenas o povo da India, mas tambem todos os povos da terra serão inspirados pelo seu sacrificio e trabalharão com maior vigor para a conquista da fraternidade e da paz que o "mahatma" Gandi simbolizava.

"Entre os norte-americanos observa-se a tendencia de comparar a morte de Gandi com o assassinio do presidente Lincoln, numa epoca em que aquele estadista norte-americano se empenhava em cicatrizar as feridas abertas na União Americana pela guerra civil."

CONDOLENCIAS DO PRESIDENTE TRUMAN

WASHINGTON, 30 (UP) — O presidente Truman telegrafou a lorde Mountbatten, governador-geral da India, apresentando suas profundas condolencias pela morte de Gandi.

"Envio ao governo e ao povo da India meus sinceros pesames. Como mestre e dirigente, a influencia de Gandi pesou não somente na India, mas em todo o mundo, e sua morte causou profundo pesar.

"Outro gigante da humanidade sucumbe pela causa da fraternidade e da paz. Sei que os povos da Asia serão inspirados pela sua tragica morte a lutar com maior determinação para concretizar os ideais de cooperação e confiança comum pelos quais o "mahatma" deu sua vida."

O secretario de Estado, general Marshall, por sua vez, apresentou pesames ao "pandit" Neru e manifestou-lhe, por telegrama, que o povo norte-americano está tambem aflito, pois "Gandi fôra o porta-voz da consciencia da humanidade".

COMUNICADO DE "DOWNING STREET"

LONDRES, 30 (AFP) — "A noticia da morte tragica do "mahatma" Gandi chegou ao governo de s. majestade como um verdadeiro choque", são as primeiras palavras do comunicado publicado esta tarde pelo "Downing Strett".

"O "mahatma" — prossegue o comunicado — foi, como chefe espiritual e moral, um exemplo poderoso nestes tempos de perturbação e conflitos. A Grã-Bretanha compartilha da grande dor da India. O governo do Reino Unido confia firmemente em que o exemplo de Gandi será seguido e que sua influencia moral continue a guiar os homens no caminho da paz."

PESAR DOS SOBERANOS BRITANICOS

LONDRES, 30 (AFP) — O rei da Inglaterra enviou ao governador geral da India, lorde Mountbatten, a seguinte mensagem: "A rainha e eu proprio, profundamente emocionados pela morte de Gandi, pedimos-vos exprimirdes ao povo indiano nossos sinceros pesames pela perda irreparavel que atingiu esse povo e toda a humanidade. (a) Jorge VI."

MENSAGEM DE ATTLEE AO "PANDIT" NERU

LONDRES, 30 (AFP) — O sr. Clement Attlee enviou a "pandit" Neru, primeiro ministro da India, o seguinte telegrama:

"A noticia da morte violenta do "mahatma" Gandi acaba de chegar ao meu conhecimento. Os pormenores são ainda desconhecidos. Em nome do governo, do rei e no meu proprio, exprimo-vos assim como aos vossos colegas, a nossa profunda desolação por essa tragedia. Estamos todos profundamente consternados pela desaparição do grande servidor da humanidade."

PROFUNDA EMOÇÃO NA ONU

NOVA YORK, 30 (AFP) — As bandeiras das 57 Nações Unidas, permanentemente hasteadas à entrada principal dos edificios de Lake Success, foram colocadas a meio pau, em sinal de luto pela morte do "mahatma" Gandi.

Numerosas personalidades fizeram declarações a proposito do tragico fim do lider indiano.

O secretario-geral interino da ONU, sr. Byron Price, enviou um telegrama de condolencias ao governo e ao povo da India.

A emoção provocada na sede da ONU pelo assassinio de Gandi foi profunda, pois a tragedia se verificou precisamente no momento em que o Conselho de Segurança procura resolver a pendencia entre os Dominios da India e do Paquistã, e Gandi expôs a sua vida para consolidar a amizade entre indianos e muçulmanos.

HOMENAGEM DA FRANÇA

PARIS, 30 (AFP) — A Assembléia Nacional aprovou uma resolução expressando as condolencias da França pela morte de Gandi. Com exceção dos comunistas, todos os representantes ouviram de pé a leitura desta resolução, cujo texto é o seguinte:

"No momento em que a morte tragica de Gandi mergulha na aflição todas as nações e todos os homens devotados aos valores espirituais, a Assembléia Nacional dirige ao governo e ao povo da India a expressão de sua profunda condolencia. Gandi honrou a amizade da França e seu exemplo deve ensinar a todos os homens que o amor é mais fórte que o odio."

DECLARAÇÕES DE BIDAULT

PARIS, 30 (AFP) — O chanceler Georges Bidault declarou o seguinte, a proposito da morte do "mahatma" Gandi: "O mundo recebeu hoje uma das noticias mais tristes de nossa epoca. Aquele que há ainda alguns dias mostrara que a firmeza moral e o espirito de renuncia podem vencer o odio e a ambição, acaba de desaparecer, golpeado por um fanatico. O pesar pela sua morte não se limitará ao seu povo, mas será partilhado por todos aqueles que acreditam na possibilidade de um fraternal entendimento entre os homens.

"Gandi deu o exemplo de luta obstinada pela implantação do amor entre os homens, sem distinções de raças ou religiões. A França, na noite de hoje, meditará sobre a morte desse grande homem, vitima da violencia que ele sempre combateu. Possa o seu exemplo completar a obra de sua vida."

REPERCUSSÃO NA BOLSA DE LONDRES

LONDRES, 30 (AFP) — A noticia do assassinio de Gandi foi recebida com inquietação na Bolsa desta capital. Os valores indianos acusaram imediatamente baixas sensiveis. A "Calcuta Trams" sofreu uma baixa de 2 "shollings" a 36 e a "Calcuta Electric" de 2 "shillings".

CERIMONIA "IN MEMORIAM" DE GANDI

LONDRES, 30 (AFP) — A primeira cerimonia em memoria de Gandi, realizou-se esta tarde na biblioteca da "Indian House", sede do alto comissariado da India.

Nessa mesma sala, decorada com uma cena da vida de Buda, cerca de 300 indianos se aglomeraram em torno de uma grande mesa, no meio da qual se expunha num cavalete o retrato do "mahatma" envolto com a bandeira da India. Ao lado do retrato havia duas lampadas funerarias, e, na frente, um vaso de flores. Dos incensarios desprendia-se uma fumaça aromatica. A assistencia mantinha-se em silencio profundo, interrompido, às vezes, por soluços.

O sr. Krishna Maenon, alto comissario, um dos pioneiros da independencia indiana, chegou, enfim, e pronunciou, com voz pausada, a seguinte oração:

"Este é o momento mais triste de nossa epoca. Se tivessemos seguido o seu ensinamento, ele não teria tombado vitima desse crime. O mundo está abalado. (A voz do alto comissario fez-se mais forte). Devemos consagrar o resto de nossa vida para tentar concretizar os ideais que pregou com o seu exemplo."

Em seguida, visivelmente emocionado, o sr. Krishna Maenon, desculpou-se: "Não posso mais falar-vos."

Cobrindo o rosto com as mãos, o alto comissario retirou-se, depois, da sala. Os assistentes permaneceram silenciosos, com as faces marejadas de lagrimas. Instantes depois, começaram a desfilar diante do retrato de Gandi, antes de deixar o recinto.

DECLARAÇÕES DE PERSONALIDADES BRITANICAS

LONDRES, 30 (AFP) — "Sinto-me profundamente desconcertado diante desse crime perverso", declarou o ex-premier Winston Churchill ao ter conhecimento da morte de Gandi.

"Sir" Stafford Cripps, chanceler do Erario, assim se manifestou:

"Essa perda é tão dolorosa quanto é certo que ocorre em momento critico. Ela será deplorada por todos quantos procuram uma solução pacifica para as dificuldades mundiais, pois Gandi era o maior chefe espiritual de nossa epoca."

Lorde Halifax, que foi vice-rei das Indias, de 1926 a 1931, assim se exprimiu:

"A noticia da morte de Gandi representa uma grande tragedia para a India. Nenhum homem procurou servir a sua patria com maior devotamento."

O arcebispo de Canterbury, doutor Fisher, declarou:

"Associo-me ao pesar da India pela morte de Gandi. O "mahatma" consagrou toda a sua vida para desviar os homens da violencia e conduzi-los para a paz e a fraternidade. O fanatismo e o odio fizeram-no, agora, martir de sua causa."

O arcebispo de Westminster, cardeal Griffin, declarou:

"Senti-me profundamente emocionado ao saber da morte de Gandi, cujos esforços para manter a ordem nos dois novos Dominios eram universalmente conhecidos e aprovados pelas nações pacificas. Oxalá que o Paquistã e a India saibam inspirar-se nesse amor pela paz, que sacrificou ao "mahatma" para resolver os seus problemas."

COMENTARIOS DE SHAW

LONDRES, 30 (AFP) — O famoso filosofo e dramaturgo irlandês, Bernard Shaw, assim se manifestou diante do assassinio de Gandi: "Isto mostra como perigoso ser muito bom."

A ASSEMBLÉIA FRANCESA APROVA A LIBERAÇÃO DO COMERCIO DO OURO

INCIDENTE PROVOCADO POR UM DEPUTADO DA BANCADA COMUNISTA DURANTE A SESSÃO — O RECOLHIMENTO DAS NOTAS DE CINCO MIL FRANCOS

DEBATES EM TORNO DO PLANO MARSHALL — DECLARAÇÕES DO MINISTRO DAS FINANÇAS

PARIS, 30 (AFP) — A Assembléia Nacional francesa aprovou, por 324 votos contra 226, o projeto de lei do governo que introduz modificações no regime das trocas de divisas e cria o mercado livre de divisas e de ouro.

A SESSÃO DA ASSEMBLÉIA

PARIS, 30 (AFP) — Logo após o inicio da sessão da tarde, da Assembléia Nacional, registrou-se um incidente, em virtude da intervenção do sr. Edmond Barrachin, do Partido Republicano da Liberdade, que afirmou terem os ministros modificado seu voto, durante a discussão de uma emenda ao projeto de lei sobre o recolhimento das notas de 5.000 francos. O sr. Gabriel Citerne, comunista, e os de sua bancada associaram-se ao protesto formulado a respeito pelo deputado. O sr. Citerne declarou que esses "cambalachos" não provocavam surpresa, pois a Assembléia não permitira que os comunistas tivessem representantes na mesa.

Em seguida, o presidente Herriot comunicou à casa o assassinio do "mahatma" Gandi. Em improviso, o sr. Lambert, deputado pelas Indias Francesas, evocou a figura de Gandi, qualificando-o de "homem pertencente a toda a humanidade, e cujo exemplo nos permite ainda acreditar nas forças espirituais, na paz e na fraternidade dos povos".

O sr. André Marie, ministro da Justiça declarou, por sua vez, em nome do governo, que "este fato exige, que os franceses se coloquem ao lado da India".

Foi depois aprovada a proposta de homenagem a Gandi, apresentada por alguns deputados. Decidiu-se tambem transmitir à India as condolencias do Parlamento Francês. Os comunistas votaram contra a proposta.

O presidente Herriot comunicou em seguida à Assembléia a demissão do sr. Louis Nogueres da presidencia da Alta Corte de Justiça, em virtude de não poder aceitar decisão do processo Marquet proferida sem a presença dos jurados comunistas, que se retiraram do recinto em meio aos debates. O sr. Vairimont, comunista, aproveitou a oportunidade para reclamar maior rigor para com os traidores. "Deviam ser castigados e no entanto se lhes dá cada vez maior liberdade", denunciou o deputado comunista, que acrescentou: "Escandalosas decisões foram proferidas".

"Não contem conosco para facilitar-lhes a tarefa", concluiu o sr. Vairimont.

Decidiu-se depois submeter à Comissão de Justiça a questão da demissão do presidente da Alta Corte.

A seguir, a Assembléia passou a examinar o projeto de lei que regulamenta as operações de cambio e moeda e institui o mercado livre do ouro. O projeto foi adotado sem grandes debates, por 324 votos contra 226.

Os debates foram marcados principalmente pela intervenção do sr. Jacques Duclos, lider comunista, e pela resposta que lhe deu o ministro das Finanças, sr. René Mayer.

O lider comunista afirmou que no final de contas se desfizeram as oposições no seio da maioria, "porque o odio ao comunismo atinge as raias de um carater morbido". Denunciou tambem "a docilidade do governo francês para com Washington". "Paris tornar-se-á o Monte Carlo americano. Duvido que o auxilio ianque seja gratuito. Prevejo que o Plano Mayer provocará a perda de confiança na moeda francesa."

A pedido do sr. Jacques Duclos, o sr. René Mayer assegurou então, formalmente, que nenhuma medida será tomada contra as notas de 1.000 francos. O sr. Florimond Bonte, comunista, exclamou:

"Não é possivel acreditar na palavra do sr. René Mayer."

O sr. Duclos concluiu seu discurso, denunciando a aliança entre a terceira força e o partido do general De Gaulle: "Beija-se hoje um amor passageiro. Lembrem que um dia a nação lhes pedirá contas."

Passou-se então à discussão dos artigos do projeto governamental, que foram sucessivamente aprovados, notadamente o artigo 2, que restabelece o mercado livre do ouro.

Depois de se ter votado o conjunto do projeto, a sessão foi levantada e adiada para a proxima terça-feira, às 15 horas.

RECOLHIMENTO DAS CEDULAS DE 5 MIL FRANCOS

PARIS, 30 (AFP) — O Conselho da Republica aprovou o decreto que determina a retirada da circulação, das cedulas de cinco mil francos.

REABERTOS OS BANCOS

PARIS, 30 (AFP) — Os bancos reabriram na tarde de hoje, realizando todas as suas operações normalmente.

As bolsas de Paris e das provincias abrirão suas portas amanhã excepcionalmente.

Recrutamento de imigrantes

GENEBRA, 30 (AFP) — Foi iniciado o recrutamento de imigrantes, entre as pessoas deslocadas, pelas missões pertencentes aos seguintes países: Australia, Belgica, Brasil, Canadá, Africa do Sul, Chile, França, Holanda, Peru, Reino Unido, Suiça e Venezuela.

O programa estabelecido pela comissão preparatoria da Organização Internacional dos Refugiados prevê a transferencia, até 30 de junho, de 234.453 pessoas para os países acima mencionados, bem como para a Argentina, Bolivia, Colombia, Equador, Paraguai, Marrocos e Tunisia.

No transcurso do segundo semestre de 47, o Canadá, a Grã-Bretanha e os Estados Unidos receberam respectivamente, 7.342, 40.000 e 30.000 imigrantes.

HOJE: 18 PAGINAS 2 CADERNOS

O TEMPO — Previsão até às 14 horas de hoje: Nublado. Ventos de sueste a nordeste, moderados. Temperatura em elevação; da vespera: maxima, 27,0; minima, 14,9. ☾ amanhã.

FOLHA DA MANHÃ

Alcides Ribeiro Meireles — Diretor-Presidente | José Nabantino Ramos — Diretor-Superintendente | Clovis M. de Queiroga — Diretor-Comercial | J. Batista Ramos — Redator-Chefe

ANO XXIII ★ SÃO PAULO — SABADO, 15 DE MAIO DE 1948 ★ N.º 7 397

PROCLAMADO O ESTADO DE ISRAEL

A PROCLAMAÇÃO DA NOVA REPUBLICA

TELAVIVE, 14 (UP) — A proclamação da Republica de Israel inicia-se com as seguintes palavras:

[...]

A proclamação concita os judeus de todo o mundo a auxiliarem a nova Republica, "na grande luta para a realização do sonho de mais de vinte gerações: a redenção de Israel". Termina dizendo: "E com fé em Deus, colocamos as nossas firmas sobre esta declaração, nesta primeira sessão do Conselho Provisorio do Estado, na cidade de Telavive, nesta vespera do "Sabbath", quinto dia do Yvar do ano de 5708 — 14 de maio de 1948."

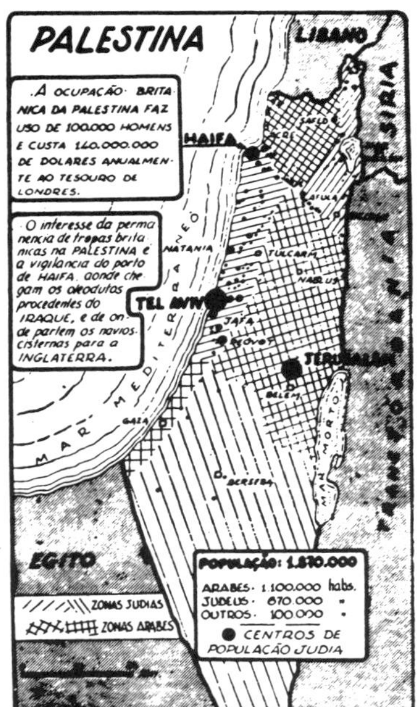

O ESTADO JUDEU — Após dois mil anos, durante os quais errou por todos os continentes da Terra e sofreu perseguições de toda ordem, o povo judeu consegue novamente organizar-se em Estado. Às 10 horas da manhã de ontem, na moderna e vibrante cidade de Telavive, concretizou-se, em solenidade publica, o velho e tão longamente acariciado sonho.

Constituido por força de uma decisão da Organização das Nações Unidas, o novo Estado é o resultado de uma luta pertinaz, que os israelitas sustentaram contra tudo e contra todos, e na qual demonstraram uma tenacidade invencivel.

Ao que se depreende, porem, do noticiario das varias agencias telegraficas, a luta dos judeus pela instituição do "lar judaico" não findará aí. Mal surge, e já a nova nação tem que se defender dos ataques de poderosas forças arabes, que investem contra ela. Do resultado dessa nova luta, mais renhida do que as anteriores, dependerá a sobrevivencia da Republica de Israel.

No clichê acima, estão indicados os limites do novo Estado.

SOLENEMENTE DECLARADA EM TELAVIVE A INDEPENDENCIA DA NAÇÃO JUDAICA

CONSTITUIDO O GABINETE SOB A PRESIDENCIA DO SR. DAVI BEN-GURION — A ELEIÇÃO DO PARLAMENTO E DO PRESIDENTE DA REPUBLICA — PARTIDA DO ALTO COMISSARIO BRITANICO

OS EUA FORAM O PRIMEIRO PAÍS A RECONHECER O NOVO GOVERNO DA TERRA SANTA — A ATITUDE DA INGLATERRA

TELAVIVE, 14 (UP) — Foi proclamado, às 16 horas de hoje, o Estado Nacional Judeu da Palestina.

A SOLENIDADE DA PROCLAMAÇÃO

TELAVIVE, 14 (UP) — Às dezesseis horas do quinto dia Yvar, de 5.708, foi proclamada a Republica de Israel, o novo Estado Nacional Judeu da Palestina, concretizando-se um sonho de quase dois mil anos, quando, nos edificios publicos de Telavive, era içada a bandeira azul e branca com a estrela aurea de Davi.

Cinco horas e cinquenta e dois minutos após ter o alto comissario da Grã-Bretanha, "Sir" Alan Cunningham, anunciado, com uma antecedencia de catorze horas, a terminação do mandato britanico, Davi Ben-Gurion e seus colegas do Conselho Judaico proclamaram, em historico documento, o nascimento da Republica de Israel, que juraram defender até à morte.

A solenidade da proclamação teve lugar no Museu de Telavive, localizado no "boulevard" Rotschild, e o documento foi lido perante uma assembléia de quatrocentos destacados lideres sionistas, por Davi Ben-Gurion, que vê coroada de exito a sua luta de quatro decadas, em prol da instituição do Estado Sionista.

Enquanto, nas imediações do Museu, o povo irrompia em ruidosas manifestações de jubilo, ao longo de todo o "boulevard" Rotschild, quase todos os componentes da Assembléia Judaica choravam de emoção.

Davi Ben-Gurion será o primeiro presidente da Republica de Israel e, tambem, o ministro da Defesa Nacional do gabinete, constituido de treze ministros.

Como um simbolo de mau presagio e de que a nova Republica não nasceu sob o signo da paz, aviões de caça da Hagana voavam em circulos sobre o Museu de Telavive, enquanto era proclamado o novo Estado Sionista.

TELAVIVE, 14 (AFP) — O sr. Ben Gurion, em proclamação oficial, em nome do novo Estado de Israel, anunciou a anulação do Livro Branco britanico relativo à Palestina.

Ao mesmo tempo, a proclamação anuncia que foram declaradas nulas todas as leis do governo mandatario britanico sobre a imigração judaica para a Palestina.

A ELEIÇÃO DO PARLAMENTO E DO PRIMEIRO PRESIDENTE

[...]

... dos membros do governo provisorio do Estado judaico, publicada hoje, é a seguinte: Primeiro ministro e ministro da Defesa — Ben Gurion; ministro do Exterior — Moshe Shertok; Interior — Gruenbaum; Finanças — Kaplan; Assuntos Arabes — Shitreet; Justiça — Rosenbluth; Comunicações — Remez; Trabalho — Bentov; Negocios Religiosos — Fishman; Comercio e Industria — Bernstein; Imigração — Shapira.

DECLARAÇÃO DE DAVI BEN GURION

TELAVIVE, 14 (UP) — Momentos depois de proclamar a Republica de Israel, Davi Ben Gurion, judeu de origem polonesa, de 62 anos de idade e chefe provisorio do governo, prestou à "United Press" as suas primeiras declarações.

Abordado pelo correspondente, o velho batalhador da causa sionista, ainda visivelmente emocionado pela cerimonia a que acabava de presidir, disse apenas: "Esperamos dois mil anos por este ato. Levamos apenas meia hora para consumá-lo".

A cerimonia da proclamação da Republica de Israel foi precedida pelo hino nacional judaico "Hatikva", entoado por todos os presentes. Ben Gurion leu o documento com voz firme, porem ao chegar ao trecho onde diz: "... Estabelecemos o Estado de Israel", o rabino Fishman ergueu-se e disse em voz alta: "Graças, Senhor, por este grande dia." Todos os presentes se levantaram e começaram a orar, o que obrigou Ben Gurion a suspender momentaneamente a leitura da proclamação. Esta foi transmitida a todos os recantos da Palestina pelo radio.

[...]

ORDENADO PELO GOVERNO EGIPCIO O INICIO DA INVASÃO DA TERRA SANTA

Anuncia-se que dois batalhões já teriam atravessado a fronteira – Lei marcial na Siria e no Iraque – Nova proclamação do rei Abdullah

[...]

... clarou, hoje, o principe Seifelislam Abdullah, delegado junto à Liga Arabe.

Prosseguindo em suas declarações, o principe acrescentou: "Os negocios internos do Iemen não o impedirão de cumprir o seu dever para com o mundo arabe."

PROCLAMAÇÃO DO REI ABDULLAH

CAIRO, 14 (AFP) — "Considero que o fim do mandato britanico anula toda as promessas feitas aos judeus pela Declaração Balfour" — afirma o rei Abdullah, da Transjordania, numa proclamação que constitui uma resposta ao estabelecimento do Estado judaico na Palestina.

"Declaro que os judeus não têm mais qualquer direito à Palestina. Não tendo dado resposta às minhas propostas anteriores, nenhum privilegio de autonomia local lhes será doravante concedido. Reitero minha promessa de que os palestinos decidirão livremente sobre o seu destino" — conclui a proclamação.

VIOLENTA LUTA EM JERUSALEM

TELAVIVE, 14 (UP) — Noticias de origem judaica dizem que a Hagana ocupou o predio da "Assicurazioni Generali", no centro da Cidade Santa. A luta tornou-se decisiva ao meio dia quando a Hagana e a Irgun se uniram em ...

(Conclui na pag seguinte)

Concedido desquite à condessa Crespi

[...]

RECEBIDA COM SURPRESA NA ONU A DECISÃO DOS ESTADOS UNIDOS

OS DELEGADOS ARABES NÃO QUISERAM ACREDITAR QUE A NOTICIA FOSSE VERDADEIRA — SATISFAÇÃO DOS REPRESENTANTES JUDEUS

DECLARAÇÕES DO SR. ANDREI GROMICO — IMPRESSÃO CAUSADA NA CAPITAL DA SUECIA

[...]

... fiantes o julgamento da historia, embora nada possa ser feito para evitar as consequencias de um fato consumado. O fim do mandato dará, pelo menos aos arabes, a possibilidade que nunca tiveram, até agora, de resistir aos invasores, face a face, e sem intervenção de uma potencia estrangeira que sempre os protegeu."

(Conclui na pag. seguinte)

HOJE: 18 PAGINAS 2 CADERNOS

O TEMPO — Previsão até às 14 horas de hoje: Instavel, com chuvas. Ventos do quadrante sul, com rajadas frescas. Temperatura em declinio; da vespera: maxima, 20,0; minima, 14,0. amanhã.

FOLHA DA MANHÃ

PROPRIEDADE DA EMPRESA "FOLHA DA MANHÃ" S. A.

ANO XXIV ★ SÃO PAULO — QUINTA-FEIRA, 12 DE MAIO DE 1949 ★ N.º 7 700

BERLIM: TRANSITO LIVRE!

Truman

São vistos nesta foto, tomada no escritorio da O.N.U., em Nova York, da esquerda para a direita: Alexander Cadogan, do Reino Unido; Yakov Malik, viceministro do Exterior da União Sovietica; Philip C. Jessup, representante dos Estados Unidos; e Jean Chauvel, representante permanente da França na O.N.U. (Foto A.P.L.A.)

Os primeiros oito navios para o porto de Rotterdam, na Holanda, deixaram recentemente os portos de Duisburg-Ruhrorter, ao longo do Reno. Todas essas embarcações estavam carregadas de carvão e ferro. Em conjunto, foram fornecidos vinte passaportes aos tripulantes dos navios, cada um valido apenas para uma viagem. A foto mostra-nos o "Hugo Stinnes 12", o primeiro navio a reiniciar o trafego comercial ao longo do Reno, na sua viagem para a Holanda. (Foto A.P.L.A.)

Stalin

O substituto de Clay

WASHINGTON, 11 (A. F. P.) — O Estado-Maior do Exercito dos Estados Unidos comunicou hoje que o general Huebner substituirá o general Lucius Clay nas funções de comandante-chefe das forças de ocupação na Alemanha. O general Huebner exercia o cargo de adjunto e chefe do Estado-Maior do general Clay.

Dia 18 o julgamento do mandado de segurança em favor de Prestes

RIO, 11 (Sucursal) — Aguardava-se para hoje a decisão do Supremo Tribunal Federal a respeito dos mandados de segurança impetrados pelo senador Luís Carlos Prestes e demais parlamentares comunistas, que, atingidos pela lei n.o 211, tiveram seus mandatos cassados. Entretanto, aberta a sessão plena, apenas foi lido pelo ministro Hahneman Guimarães o relatorio do feito, o qual será publicado no Diario da Justiça, por tratar-se de materia constitucional.

Por decisão do S.T.F., proceder-se-á ao julgamento do feito, no proximo dia 18, em sessão ordinaria.

CONFIRMA O T. R. E. a eleição do prefeito de Itapolis

ITAPOLIS, 11 (Correspondente — pelo telefone) — O Tribunal Regional Eleitoral, em decisão de hoje, resolveu, por unanimidade, negar provimento ao recurso interposto por elementos do P. S. D. e U. D. N. contra a junta apuradora local, que proclamou prefeito o sr. Antonio Vessoni e vereadores os srs. Manuel Venceslau Regis e Pedro Cerelli. A Justiça Eleitoral reconheceu a lisura do pleito e dos trabalhos de apuração, que foram presididos pelo sr. Mario Aguiar.

Suspenso o bloqueio da antiga capital alemã

LEVANTADAS SIMULTANEAMENTE TODAS AS MEDIDAS DE RESTRIÇÃO IMPOSTAS PELAS POTENCIAS OCIDENTAIS

BERLIM, 12 (A.F.P.) — Foi suspenso o bloqueio sovietico, à zero hora, tempo local, em Berlim. Em dois minutos, o levantamento das medidas restritivas estava completado.

O contrabloqueio das potencias ocidentais tambem cessou simultaneamente.

Decorre normalmente a vida na região.

Dificuldade à ultima hora

HELMSTEDT, 12 (A. F. P.) — Surgiu uma dificuldade de ultima hora entre as autoridades russas e ocidentais. A conferencia realizada a esse respeito, que durou ontem das 10 às 21 horas, terminou, entretanto, por um acordo, estipulando que os trens procedentes das zonas ocidentais seriam puxados por locomotivas da zona sovietica, a começar da estação fronteiriça de Helmstedt. Essa exigencia foi imposta pelas autoridades sovieticas como condição para o reinicio do trafego.

As autoridades britanicas aceitaram-na, mas anunciaram que formulariam um protesto, em nome das três potencias ocidentais.

Prevê o acordo concluido, alem disso, que dezessete trens correrão diariamente para Berlim. Antes do inicio do bloqueio, corriam de 22 a 25 trens por dia. O motivo da diminuição do numero de comboios seria o aumento da circulação na zona sovietica, o que teria como resultado sobrecarregar as linhas ferroviarias.

Entre os dezessete trens que correrão para Berlim, deverão figurar dois expressos por dia, em vez de cinco, como acontecia antes do bloqueio.

A REMOÇÃO DAS BARREIRAS

HELMSTEDT, 12 (A. F. P.) — Quatrocentos jornalistas e representantes de agencias e jornais do mundo inteiro assistiram, do posto de controle da Grã-Bretanha, em Helmstedt, sobre a linha de demarcação entre as zonas inglesa e russa, ao levantamento do bloqueio e do contrabloqueio, operação que estava terminada aos dois minutos de hoje, com a supressão de todas as barreiras sovieticas e britanicas.

Numerosos jornalistas estrangeiros chegaram ao local em automoveis, para realizar uma corrida nas ruas até há pouco interditas de Berlim, mas, as autoridades britanicas frustraram o seu desejo. Com efeito, foi determinado pelos oficiais ingleses que a passagem dos primeiros veiculos se fizesse sob a forma de comboio, precedido de carros militares. Os funcionarios russos, postados do outro lado das barreiras, que até à zero hora mantiveram sob controle, imperturbaveis, não criaram nenhuma dificuldade à passagem imediata dos veiculos, uma vez chegada a meia-noite.

O primeiro comboio a cruzar a fronteira

BERLIM, 12 (U. P.) — Exatamente um minuto depois da meia-noite, foi levantado o bloqueio de Berlim, com a entrada do primeiro comboio ferroviario procedente da Alemanha ocidental, seguido de varios outros, completamente carregados de alimentos e combustiveis.

Simultaneamente, os aliados ocidentais suspenderam seu contrabloqueio, conforme fôra estabelecido em Nova York, ficando, dessa forma, inteiramente livre o transito entre a Alemanha oriental e ocidental.

O primeiro comboio a entrar em Berlim compunha-se de cinco vagões, trazendo cerca de

(Conclui na pag. seguinte)

Esperado nesta capital o sr. Novelli Junior

O sr. Novelli Junior, que realiza presentemente uma excursão às cidades da Alta Paulista, é esperado amanhã em São Paulo.

O vicegovernador do Estado, segundo informações transmitidas por proceres pessedistas, pouco se demorará nesta capital, pois rumará para o Rio após presidir a uma reunião da bancada estadual do seu partido, a fim de assistir ao embarque do general Dutra para os Estados Unidos.

Inquietação na Iugoslavia

LONDRES, 11 (A. F. P.) — O marechal Tito decidiu enviar com urgencia uma nota secreta de advertencia às potencias ocidentais, exprimindo o receio de que, na Conferencia dos Chanceleres, em Paris, a Russia tente obter liberdade de ação nos Balcãs, fazendo, em troca, concessões na Alemanha — anuncia o correspondente em Berna do "Daily Graphic".

Por isso mesmo, o jornalista acrescenta que a noticia do levantamento do bloqueio em Berlim foi acolhida com inquietação em Belgrado.

FORTALEZA sem agua

RIO, 11 (Sucursal) — Informa-se de Fortaleza que, devido às inundações e consequente ruptura da linha adutora do Guaiuba, aquela capital está sem agua.

Varios carros cuidam da distribuição de agua entre os habitantes, inclusive em colegios e casas de habitação coletiva.

O governador ordenou varias providencias para evitar o fechamento de escolas e colegios e nomeou uma comissão para sistematizar o plano de socorro às vitimas.

NEREU RAMOS ASSUME AMANHÃ A PRESIDENCIA DA REPUBLICA

RIO, 11 (Sucursal) — O sr. Cirilo Junior, presidente da Camara dos Deputados, deu conhecimento hoje a seus pares do seguinte telegrama que recebera do cel. Henrique Coutinho, da casa civil do presidente da Republica:

"Tenho a honra de comunicar a v. ex. que o exmo. sr. general de Exercito Eurico Gaspar Dutra, presidente da Republica, devidamente autorizado pelo Congresso Nacional, se ausentará do país, a 15 do corrente, em visita oficial aos Estados Unidos da America do Norte.

"De acordo com o artigo 79 da Constituição Federal, assumirá o exercicio s. ex. o sr. Nereu Ramos, vicepresidente da Republica.

"O ato de transmissão temporaria do poder realizar-se-á no Palacio do Catete, no proximo dia 13, às 10 horas, com a presença dos srs. presidente da Camara dos Deputados, vicepresidente do Senado Federal, presidente do Supremo Tribunal Federal, ministros de Estado e membros dos gabinetes civil e militar".

Barreto Pinto

VAI DECIDIR A CAMARA SE O SEU CASO É DE PERDA DE MANDATO

Agita o plenario a publicação das Memorias do representante trabalhista

RIO, 11 (Sucursal) — O Palacio Tiradentes esteve hoje agitado com o caso da publicação das Memorias de Barreto Pinto por um vespertino carioca.

A Camara considerou a dita publicação incompativel com o decoro parlamentar, tendo, por isso, convocado uma reunião conjunta da mesa e dos lideres para deliberar sobre o caso.

Após a reunião, o sr. Cirilo Junior informou aos jornalistas que fora aprovada uma sugestão do sr. Hermes Lima para que a Camara se reuna em sessão secreta, na proxima sexta-feira, a fim de decidir se o caso em que se envolveu o sr. Barreto Pinto é ou não de cassação de mandato, conforme preceitua o § 2.o, do artigo 48, da Constituição, que reza:

"Perderá, igualmente, o mandato o deputado ou senador cujo procedimento seja reputado, pelo voto de dois terços dos membros de sua Camara, incompativel com o decoro parlamentar".

Nessa sessão, o sr. Barreto Pinto poderá fazer a sua defesa, sendo permitido o uso da palavra a outros representantes.

Contrariando os seus habitos, o sr. Barreto Pinto não compareceu à sessão de hoje.

MENSAGEM DO SR. GETULIO VARGAS AOS TRABALHADORES DE SÃO PAULO

Datada do dia 7 do corrente mês, foi ontem distribuida à imprensa a seguinte mensagem, dirigida pelo senador Getulio Vargas aos trabalhadores de São Paulo:

"AOS TRABALHADORES DE SÃO PAULO:

"O Partido Trabalhista Brasileiro, pelo seu programa, tradições e atração na vida politica brasileira, tem por dever a defesa dos interesses e das aspirações do proletariado da nossa patria.

"E' preciso que ele cumpra esse dever para ser digno do seu nome. E nessa convicção aproveito a visita do nosso companheiro Roberto Alves, para, por seu intermedio, enviar minhas saudações aos trabalhadores de São Paulo. a) Getulio Vargas."

PROMULGADA ONTEM A LEI QUE FIXA A REPRESENTAÇÃO DO VICE-GOVERNADOR DO ESTADO

O sr. Brasilio Machado Neto, presidente da Assembléia Legislativa, promulgou ontem a seguinte lei, que tomou o n.o 281:

"Artigo 1.o — E' fixada em Cr$ 18.000,00 mensais a representação do vicegovernador do Estado.

Artigo 2.o — A fim de ocorrer à despesa com a execução desta lei no corrente exercicio, fica aberto, na Secretaria da Fazenda, um credito especial de Cr$ 162.000,00.

Paragrafo unico — O valor do credito de que trata este artigo será coberto com os recursos provenientes do produto de operações de credito que a Secretaria da Fazenda é autorizada a realizar."

O projeto ora transformado em lei foi, como se sabe, apresentado pela bancada estadual do P.S.D. Após ser aprovado pelo legislativo, subiu à sanção do governador. O chefe do executivo bandeirante, todavia, nem o sancionou nem vetou, deixando transcorrer os dez dias fixados para tanto pela Constituição.

ALARGAMENTO DA BITOLA DA REDE MINEIRA DE VIAÇÃO

RIO, 11 (Sucursal) — Informa-se que foram reiniciadas as obras de alargamento da bitola da Rede Mineira de Viação, trabalho que vem sendo tentado há 36 anos. Concluida essa tarefa, a eletrificação do trecho Belo Horizonte-Divinopolis e a ligação de Três Corações a Pouso Alegre tornarão possivel a viagem entre a capital e o sul de Minas em onze horas, em lugar de 35, que atualmente se gastam nesse percurso.

FOLHA DA MANHÃ

HOJE: 18 PAGINAS 2 CADERNOS

O TEMPO Previsão até às 14 horas de hoje: Bom, com nebulosidade. Ventos do quadrante leste, fracos. Temperatura estavel; da vespera: maxima, 23,0; minima, 15,0.

FOLHA DA MANHÃ

PROPRIEDADE DA EMPRESA "FOLHA DA MANHÃ" S. A.

ANO XXIV ★ SÃO PAULO — QUARTA-FEIRA, 25 DE MAIO DE 1949 ★ N.º 7 711

Ocupam Changai as tropas de Mao-Tsé-Tung

NOTICIARIO NA ULTIMA PAGINA DESTE CADERNO

A ESTADA DO GEN. DUTRA NOS ESTADOS UNIDOS — Aparecem no clichê ao alto, à esquerda, o presidente Dutra, tendo a seu lado o sr. Truman, quando, no aeroporto de Washington, passava em revista a guarda de honra constituida de elementos representativos de todas as forças armadas dos E.U.A.; ao centro, o chefe da nação brasileira no recinto da Camara dos Representantes, no momento em que dirigia a palavra aos congressistas ianques; à direita, o cortejo de ambos os presidentes, ao atravessar a ponte monumental de Arlington, a caminho do palacio do governo de Columbia, para as cerimonias de boas-vindas da cidade de Washington ao gen. Dutra; ao lado, flagrante tomado no Aeroporto Nacional da capital dos E.U.A. (Fotos U.S.I.S.)

Afirma o presidente Dutra que o Brasil não pretende importar armas dos E. U. A.

Regressará ao Rio sexta-feira o chefe do governo

NOVA YORK, 24 (U. P.) — O presidente do Brasil, general Eurico Gaspar Dutra, em seu ultimo dia de permanencia em Nova York, concedeu hoje uma entrevista coletiva à imprensa, em que declarou não acreditar ser necessario que as nações latino-americanas recebessem armas dos Estados Unidos no momento atual.

O presidente Dutra recebeu os representantes da imprensa no "Waldorf Astoria" e respondeu a todas as perguntas que lhe foram formuladas, expressando, ao mesmo tempo, seus agradecimentos pelas atenções recebidas durante sua visita aos Estados Unidos. Preliminarmente, declarou que, a seu ver, havia certas diferenças basicas entre o Pacto do Atlantico e o Tratado de Defesa Interamericana do Rio de Janeiro. A esse respeito, disse:

— "O Pacto do Atlantico Norte foi estabelecido por motivos especificos e possui caracteristicas francamente estrategicas, enquanto que o Tratado do Rio de Janeiro corresponde a outro pensamento e é um simples acordo pacifico, entre povos igualmente amantes da paz".

Interrogado sobre se acreditava que as nações deste hemisferio deveriam receber ajuda efetiva em armas, da mesma forma que as signatarias do Pacto do Atlantico, o entrevistado afirmou: "O Brasil não solicitou armas. Não quer armas e eu creio ser desnecessario que as nações deste continente recebam auxilio militar enquanto se constrói a paz".

Referindo-se ao papel da imprensa nas relações entre os povos, o presidente do Brasil declarou: "Sempre se concedeu à imprensa grande importancia e isto explica porque inclui, em minha delegação, representantes de toda a imprensa do Brasil. Entre os jornalistas que viajam comigo, encontram-se representantes de todas regiões do país e de todos os setores politicos. Isto demonstra minha atitude perante a imprensa, a qual tem sido sempre aberta e direta".

A seguir, expressou a profunda impressão que lhe havia produzido sua viagem, e acrescentou: "Desde que cheguei a Cayo Hueso, tenho sido alvo das mais altas manifestações de apreço e simpatia, as quais quero agradecer em nome do meu país e no meu proprio". Fez um relato das homenagens de que havia sido alvo em Washington e da grata impressão que lhe havia causado a visita ao presidente Truman, "com quem ratifiquei uma amizade duradoura, entre simples cidadãos dos nossos países e como chefes de governo".

"As homenagens populares e a presença da enorme multidão causaram-me profunda emoção. Tanto em Washington como em Nova York, pude comprovar a hospitalidade do povo dos Estados Unidos e a simpatia para com o Brasil, o que tem uma grande significação".

O presidente ressaltou seus agradecimentos ao prefeito de Nova York, sr. William O'Dwyer, pela recepção de ontem, dizendo: "As boas-vindas que me deu a cidade de Nova York, tão elogiosamente expressadas pelo prefeito William O'Dywer, encheram-me de satisfação. Alem disso, as honras tributadas pelas universidades locais serão um motivo de orgulho para mim. Quero expressar, por meio da imprensa, meus sinceros agradecimentos a todos os cidadãos norte-americanos pela grandiosa recepção que me proporcionaram e da qual guardarei a mais viva recordação".

Ao terminar sua entrevista, o presidente Eurico Gaspar Dutra dirigiu-se para seus aposentos, no "Waldorf Astoria". Ali, recebeu alguns visitantes, entre os quais o secretario-geral da O.N.U., sr. Trygve Lie, que em seguida o levou para inspecionar as obras dos edificios da organização internacional, em construção, prestando-lhe todas as informações sobre os diversos escritorios e seções que ali funcionarão.

Em seguida, dirigiu-se à Universidade de Nova York, onde, em solene cerimonia, recebeu o titulo de doutor "honoris causa". O vice-diretor, do estabelecimento, sr. Harold Ovoorhis, em breve discurso, mencionou os meritos do presidente Dutra, como estadista. Respondendo, disse o chefe do governo brasileiro: "Aceito esta honra mais como um tributo a meu povo que como resultado de meus proprios meritos pessoais". Referiu-se, depois, ao papel que desempenha o educador no progresso da civilização, enaltecendo-lhe seus esforços.

Após essa cerimonia, o general Dutra dirigiu-se ao bairro financeiro, onde participou de um almoço oferecido em sua honra pela "Internacional Telephone and Telegraph". Posteriormente, compareceu a uma recepção que lhe foi oferecida pelo sr. J. Watson, presidente da "International Business Machine", e senhora.

A noite, o consul-geral do Brasil homenageou-o com um ban-

(Conclui na pag. seguinte)

APROVA A ASSEMBLÉIA EM SEGUNDA DISCUSSÃO O SUBSTITUTIVO AO PROJETO DE LEI N.o 707

EM FRUTAL

Juiz de Direito mata, a tiros, o delegado de Policia

ASSASSINADO TAMBEM O SARGENTO DO DESTACAMENTO POLICIAL - TENSA A SITUAÇÃO

FRUTAL, 24 (De Narciso Antonio Junior, correspondente regional das Folhas em Barretos) — Esta cidade do Triangulo Mineiro foi palco, ontem à noite, de sangrenta tragedia, cujos acontecimentos repercutem ainda em toda a região. O juiz de Direito da comarca, sr. Secundo Avelino Peito, matou a tiros de revolver o 1.o ten. José Fernando do Carmo, delegado de Policia, e o sargento Plinio Carrilo, comandante do destacamento policial da cidade, tendo ainda ferido gravemente outro miliciano.

O fato assumiu proporções alarmantes, mormente porque os crimes foram perpetrados na propria residencia do juiz.

Segundo pudemos apurar no proprio local da tragedia, trata-se de uma emboscada preparada por aquela autoridade judiciaria, que atraiu à sua casa as vitimas para, de modo traiçoeiro, abatê-las.

O fato prende-se ao recente afastamento do sr. Secundo Peito e a questões politicas. O conflito, que se desenrolou entre as 22 e 23 horas, teve como desfecho o assassinio do delegado e do comandante do destacamento. O juiz, acompanha-

(Conclui na pag. seguinte)

TUDO INDICA QUE O SR. CORREIA E CASTRO NÃO VAI DEIXAR O MINISTERIO DA FAZENDA

S. ex. continua a merecer a confiança do presidente Dutra — O "populismo" em Minas

Reportagem de Osvaldo COSTA

RIO, 24 — Tudo indica que o sr. Correia e Castro não deixará a pasta da Fazenda. Primeiro, porque não pediu demissão. Segundo, porque é ele a pessoa naturalmente incumbida de completar as negociações para o grande emprestimo que o governo brasileiro, há mais de um ano, está tentando obter nos Estados Unidos, negociações que iniciou quando aqui esteve o sr. Snyder, secretario do Tesouro norte-americano, e que, segundo parece, serão levadas a bom termo. Esse emprestimo era, primitivamente, de trezentos milhões de dolares. Fala-se, agora, no dobro dessa quantia. O sr. Sousa Costa teria convencido os amigos ianques, por meio da missão Abbink, de que esse é o minimo de que o Brasil necessita, no momento, para aparelhar tecnicamente a sua economia, desenvolver a sua corrente de comercio com os Estados Unidos e, por tabela, sanear as suas finanças e satisfazer pontualmente seus compromissos externos.

O caso dos atrasados comerciais está sendo estudado à parte. A comissão de industriais e negociantes paulistas que esteve aqui, tratando da lei de licença previa, sugeriu que o governo tomasse emprestados dos norte-americanos 165 milhões de dolares, a fim de regularizar a situação. O sr. Correia e Castro não concordou, porem, com a sugestão. Foi, então, proposta uma nova formula: os importadores brasileiros depositariam em cruzeiros, no Banco do Brasil, as importancias correspondentes às encomendas que fizessem e o banco se encarregaria das remessas. Essa formula teria sido aceita, em principio, pelo ministro da Fazenda.

Em terceiro lugar, não há duvida de que o sr. Correia e Castro continua a merecer a confiança do presidente Dutra, que dela ainda agora lhe está dando provas inequivocas, como o

(Conclui na pag. seguinte)

Propõe-se a concessão de auxilio à população de Maceió — Debates em torno da criação de hospitais regionais

Depois de discutir a materia durante varios dias, a Assembléia Legislativa deliberou ontem sobre o projeto de lei n.o 707, que isenta do imposto de vendas e consignações as cooperativas e os produtores agricolas, aprovando, em segunda discussão, o substitutivo apresentado pelo sr. Lincoln Feliciano.

Todos os artigos da proposição foram aprovados em votação simbolica, com exceção do 3.o, de cuja votação o sr. Lino de Matos requereu verificação. O resultado confirmou a decisão original, por 34 votos contra 5.

Está assim redigido o substitutivo aprovado:

"Artigo 1.o — Ficam isentas do imposto sobre vendas e consignações as primeiras consignações de produtos de agricultura e da criação, quando efetuadas pelos proprios produtores, desde que tais produtos não tenham sido manufaturados, semimanufaturados ou transformados por qualquer processo industrial e desde que venham a ser objeto de operação em relação à qual o Estado possa receber o imposto sobre vendas e consignações.

Artigo 2.o — Fica revigorado o artigo 24, do decreto-lei n.o 11.800, de 31 de dezembro de 1940.

Artigo 3.o — Fica revogado o artigo 28, da lei n.o 185, de 13 de novembro de 1948.

Artigo 4.o — Todos os que intervierem em operações isentas do imposto sobre vendas e consignações ficam obrigados a cumprir as exigencias legais e regulamentares pertinentes à fiscalização do tributo.

Artigo 5.o — O poder executivo expedirá, dentro de trinta dias, regulamento para a execução da presente lei.

Artigo 6.o — Esta lei entrará em vigor na data de sua publicação, retroagindo os seus beneficios às consignações contratadas desde 1.o de janeiro de 1949".

CRIAÇÃO DE HOSPITAL REGIONAL

Na ordem do dia, é anunciada a votação do projeto de lei n.o 54, do sr. Sanches Segura, que cria um hospital regional de propriedade e administração do Estado, a ser instalado em Mirassol. Em segunda discussão fora aprovado um substitutivo do sr. Solon Varginha, pelo qual o hospital seria instalado em São José do Rio Preto e não em Mirassol, devendo portanto a votação da materia em terceira discussão centralizar-se sobre esse substitutivo.

Para encaminhar a votação, vai à tribuna o sr. Valentim Amaral, que condena o substitutivo, por lhe parecer inconveniente a alteração feita no projeto original quanto à localização do nosocomio. Protesta tambem contra as numerosas emendas apresentadas por outros parlamentares com a finalidade de estender a diversas cidades do interior os beneficios da criação de hospitais oficiais.

Da tribuna, o sr. Osni Silveira concorda com as considerações do sr. Valentim Amaral e pondera que todas as emendas que visam criar estabelecimentos hospitalares em outras cidades do interior são subscritas por deputados que não estão em oposição declarada ao governo do Estado.

(Conclui na 3.a pag.)

NOVELLI JR. CHEGA HOJE

RIO, 23 (Sucursal) — Seguiu hoje para São Paulo, pelo Cruzeiro do Sul, o sr. Novelli Junior, vicegovernador desse Estado. Ao embarque de s. ex., compareceram, entre outros, os deputados Plinio Cavalcanti, Benedito Costa Neto, Antonio Feliciano, Maciel de Castro, Alves Palma e João Gomes Martins.

Poucos minutos antes da partida do trem, a reportagem das Folhas ouviu o sr. Novelli Junior a respeito da politica paulista. S. ex. reafirmou que irá reorganizar as forças pessedistas no interior do Estado.

— Que diz v. ex. sobre a candidatura Prestes Maia? Terá o apoio do P. S. D.?

O sr. Novelli não quis dar a sua opinião. Contudo, respondeu:

— O meu partido, o P. S. D., dará a ultima palavra.

Despedindo-se do reporter, informou que a sua vida agora tem sido de constantes viagens do Rio para São Paulo e viceversa. Vai fixar residencia no Estado do qual é vicegovernador, pois, responsavel pela politica pessedista no interior, não pode estar afastado no momento em que todos os setores se reestruturam para enfrentar o problema da sucessão.

PAIRA SOBRE MACEIÓ A AMEAÇA DE EPIDEMIAS

VACINAÇÃO INTENSA NOS BAIRROS MAIS ATINGIDOS DA CIDADE — NOVAS E PESADAS CHUVAS EM TODO O ESTADO

RIO, 24 — Telegramas procedentes de Maceió informam que é precario o estado sanitario da cidade. As aguas começaram a baixar, mas toda a população está sob ameaça constante de um surto de tifo, paratifo e malaria. O Departamento Estadual de Saude está promovendo intensa campanha nos bairros mais atingidos, particularmente Poço, Mangabeiras, Ponta da Terra e Pontal da Barra, para a vacinação intensiva de toda a população.

NOVAS CHUVAS EM TODO O ESTADO

Telegrama de Maceió informa que pesadas chuvas cairam novamente durante a noite nesta capital e em todo o Estado. A população de Maceió foi informada ontem de que outra gigantesca tromba dagua avançava na direção da cidade. Um navio americano, que navegava proximo à costa, apitou prolongadamente a fim de despertar a cidade adormecida, dando-lhe aviso do novo perigo que sobre ela marchava. Felizmente, a tromba se desviou.

AMEAÇA RUIR O FAROL MACEIO'

As autoridades navais ordenaram, a remoção da aparelhagem do farol ante o perigo de desabamento da coluna de alvenaria, com 26 metros de altura, sobre uma base de dez metros de profundidade. Só os aparelhos de luz que se acham montados sobre uma torre de cimento armado pesam 1.200 quilos. Engenheiros estão estudando meios de evitar o desmoronamento que, se ocorrer, arrastará o farol e a casa do faroleiro, ocasionando desastre de grandes proporções.

TRABALHO DE REMOÇÃO DOS ESCOMBROS

A turma de remoção de escombros, efetuando escavações na rua Barão de Atalaia, que se acha ainda coberta por uma caudal de quatro metros de espessura de lama e destroços, encontrou um cadaver putrefato, irreconhecivel. Essa e outras turmas trabalham desprotegidas de luvas e mascaras, no meio de mau cheio insuportavel.

Durante todo o dia cairam chuvas leves, não havendo, felizmente, novos desastres. Dificil ainda é o trabalho de remoção de escombros, a fim de minorar a precaria situação da cidade.

CRITICAS AS AUTORIDADES

Os jornais locais referem-se acrimoniosamente às autoridades, atribuindo os motivos que determinaram a catastrofe à deficiencia dos meios de escoamento das aguas pluviais, a precariedade das sarjetas de Maceió e bem assim à falta de valetas nas encostas do morro, por onde a agua invade a cidade. O maior libelo da opinião publica é contra os poderes federais por não atenderem a pedidos do governo do Estado, do prefeito e das repartições federais sobre a necessidade de serem construidos diques de proteção aos cursos dagua, muralhas para guarnecer os morros e barreiras e aterros em partes baixas e alagadiças. Esses apelos ao governo federal foram feitos varias vezes pela capitania do porto e por outras autoridades. Sabe-se que o capitão Alvaro Ca-

(Conclui na pag. seguinte)

As comemorações do aniversario da Republica italiana

WASHINGTON, 24 (U. P.) — A Organização de Defesa Nacional anunciou que o general Mark Clark, comandante do distrito de San Francisco, representará o Exercito norte-americano nas cerimonias do aniversario de fundação da Republica Italiana, em 1946, e da libertação de Roma, em 1944, as quais se realizarão na proxima semana, na capital italiana.

O general Mark Clark, que partirá na proxima sexta-feira, em avião militar, será acompanhado de sua esposa e do capitão da reserva naval Michael Musmano, que foi seu ajudante de campo na Italia, durante a guerra.

ABANDONARAM A CONFEDERAÇÃO GERAL DO TRABALHO

ROMA, 24 (A. F. P.) — Por 67 votos contra sete e seis abstenções, os delegados sindicais de todas as seções do Partido Socialista dos Trabalhadores Italianos (Partido Socialista Minoritario, liderado pelo sr. Giuseppe Saragat) decidiram abandonar a Confederação Geral do Trabalho.

FOLHA DA MANHÃ

ARTIGOS & EDITORIAIS DESTA EDIÇÃO

EDIÇÃO DE HOJE 2 CADERNOS | NOTICIARIO GERAL

FOLHA DA MANHÃ

PROPRIEDADE DA EMPRESA "FOLHA DA MANHÃ" S.A.

ANO XXVI ★ SÃO PAULO — SABADO, 1.º DE JULHO DE 1950 ★ N.º 8.053

INDICE DESTE CADERNO

TRUMAN AUTORIZA O EXERCITO DOS ESTADOS UNIDOS A ENTRAR EM AÇÃO AO LADO DA CORÉIA MERIDIONAL

Primeiras fotografias da guerra entre a Coréia do Norte e a Coréia Meridional

Estas são as primeiras fotografias chegadas da Coréia, para onde se voltam hoje as atenções de todo o mundo, em vista da gravidade dos acontecimentos que ali se desenrolam. Os Estados Unidos, como se sabe, dispuseram-se a prestar todo o auxilio ao governo da Coréia do Sul, enviando armamentos e instrutores para auxiliar a repelir a invasão. No flagrante à esquerda, vê-se um oficial norte-americano mostrando o funcionamento da "bazooka" aos componentes de um regimento estacionado em Pusan; ao centro, dois elementos da policia coreana, sem uniforme e com apenas um rifle, poucos cartuchos e uma granada de mão, guarnecendo um setor da frente, logo após o desencadeamento do ataque; e à direita, quatro soldados da Coréia do Norte, que desertaram e passaram a integrar as fileiras sulinas. Estas fotografias foram trazidas da frente por Ray Richards, correspondente especial do International News Service.

Forças norte-americanas partem de bases secretas japonesas com destino à zona de guerra – De prontidão todas as tropas ianques no Extremo Oriente

WASHINGTON, 30 (R.) — O Presidente Truman acaba de autorizar o Exercito dos Estados Unidos a entrar em ação na Coréia.

Segundo a ordem anterior da Casa Branca apenas as forças aeronavais norte-americanas tinham instruções para participar da luta naquela região.

ORDENADO O BLOQUEIO DA COSTA DA CORÉIA

WASHINGTON, 30 (R.) — O presidente Truman ordenou a entrada de tropas de terra na guerra da Coréia e autorizou a força aerea a atacar objetivos militares na Coréia do Norte. Determinou tambem o bloqueio naval de toda a costa coreana.

O general Mac Arthur, comandante das forças norte-americanas que apóiam os defensores coreanos do sul, anunciou que o efetivo das forças de ocupação dos Estados Unidos no Japão é de 124.000 homens, mas que apenas uma parte desse total seria destacada para a luta na Coréia.

O presidente disse que Mac Arthur fora autorizado a empregar "certas unidades de terra de apoio".

O chefe do executivo declarou que as decisões estavam em conformidade com a resolução do Conselho de Segurança das Nações Unidas, relativo ao apoio à Coréia do Sul, em sua resistencia aos invasores comunistas e em seu esforço no sentido de restabelecer a paz no territorio coreano.

TEXTO DA RESOLUÇÃO

WASHINGTON, 30 (R.) — E' o seguinte o texto do comunicado divulgado pela Casa Branca, após a reunião que o presidente Truman manteve com membros do gabinete, chefes do Estado-Maior Conjunto, funcionarios do Setor de Segurança e líderes con-

(Conclui na 3.a pag. deste cad.)

Ultima hora

SUVON CAPTURADA PELOS COMUNISTAS

TAEJON, 1.o (U.P.) — Suvon caiu em poder dos comunistas, anuncia-se nesta capital.

CONQUISTADO O AEROPORTO

TAEJON, 1.o (U.P.) — As forças coreanas setentrionais capturaram o aeroporto de Suvon, anuncia-se nesta cidade.

Pede Henri Queuille um voto de confiança à Assembléia Nacional

ADOTA O "PREMIER" DESIGNADO O PLANO SCHUMAN COMO PRINCIPAL ITEM DE SEU PROGRAMA

PARIS, 30 (R.) — Henri Queuille, escolhido para organizar o novo governo, adotou o Plano Schuman como o principal item do seu programa, ao solicitar hoje à Assembléia Nacional um voto de confiança, investindo-o de poderes para tentar o gabinete.

Queuille lançou um apelo em favor de uma tregua na luta partidaria e preconizou a união nacional, que "dará maior vigor à feliz iniciativa do sr. Robert Schuman, a qual está destinada a nos trazer maior harmonia na Europa".

Referindo-se à guerra na Coréia e à situação internacional "subitamente piorada", o primeiro-ministro designado disse que "vivemos em um mundo onde os valores morais têm sido e estão sendo rudemente espezinhados, mas pela primeira vez está sendo aplicado o principio da segurança coletiva."

"Todas as democracias marcharão ombro a ombro com os Estados Unidos e a Grã-Bretanha em seus esforços no sentido de assegurar o triunfo das forças que estão em guerra. Esta é a melhor garantia para o futuro do mundo civilizado."

Os principais pontos do programa de Queuille são: concessões para os funcionarios publicos e ex-combatentes, manutenção de um orçamento equilibrado, e facilidades maiores de credito para a industria.

Deu a entender que o seu governo seria favoravel a uma modificação do sistema eleitoral e apresentaria uma lei, até outubro, que "possibilitaria aos franceses decidir-se claramente pela Republica e contra o poder pessoal e contra a chamada democracia popular".

Disse que a Constituição precisava ser reformada, insinuando o aumento de poderes para a Camara de Deputados.

Queuille advertiu tambem que as eleições "estão perto".

MODIFICAÇÃO GERAL NO SECRETARIADO

Deixaram ontem seus cargos os srs. Cesar Vergueiro, Lucas Garcez e José João Abdala — Afastam-se hoje os srs. Moura Resende e cel. Herbert Maia de Vasconcelos

A fim de se desincompatibilizarem para se candidatarem a outros cargos, deixaram ontem suas pastas os secretarios da Justiça, sr. Cesar Lacerda de Vergueiro; da Viação e Obras Publicas, sr. Lucas Garcez; e do Trabalho, Industria e Comercio, sr. José João Abdala. Hoje, às 9 horas, deixarão tambem seus cargos os secretarios da Saude Publica e Assistencia Social, cel. Herbert Maia de Vasconcelos, e Educação, sr. Moura Resende.

Para as secretarias da Saude e do Trabalho foram nomeados, respectivamente, os srs. Milton Peña e José Barone Mercadante. Quanto às pastas da Justiça, Educação e Viação e Obras Publicas, estuda ainda o governador a escolha de titulares, sabendo-se que s. ex. pretende deslocar para a segunda o sr. Pereira Barreto, atual secretario da Agricultura.

A posse dos titulares já indicados deverá realizar-se segunda-feira proxima. Até lá, responderão pelo expediente das secretarias da Justiça, Viação, Trabalho e Educação respectivamente, os srs. Romeu Ferraz, Francisco Gayotto, Angelo Zanini e Ari Albuquerque.

Permanecerão em seus cargos os srs. Edgar Pereira Barreto, que, posteriormente, deverá passar para a Secretaria da Educação; Sinesio Rocha, secretario do Governo, e Pacheco Fernandes, secretario da Fazenda.

INSTITUTO DE PREVIDENCIA E REITORIA

Para o Instituto de Previdencia do Estado, na vaga do sr. Erlindo Salzano, candidato a vicegovernador pelo P.S.P., foi indicado o sr. Armando Gomes.

Quanto à Reitoria da Universidade de São Paulo não foi escolhido ainda o substituto do prof. Miguel Reale.

TRANSMISSÃO DO CARGO DE SECRETARIO DO TRABALHO

Realizou-se ontem, às 18 h 30, a solenidade de transmissão da pasta do Trabalho, Industria e Comercio ao sr. Angelo Zanini, diretor-geral da Secretaria.

Falaram o sr. José João Abdala, secretario demissionario, o sr. Felix Ribas, chefe de gabinete do ex-titular, e o sr. Angelo Zanini.

OS DECRETOS DE EXONERAÇÃO E NOMEAÇÃO

O "Diario Oficial" deve publicar hoje o decreto ontem assinado pelo governador Ademar de Barros, que concede exoneração aos seguintes secretarios do governo: da Viação e Obras Publicas, sr. Lucas Nogueira Garcez; da Justiça e Interior, sr. Cesar Lacerda de Vergueiro; da Educação, sr. José de Moura Resende; do Trabalho, Industria e Comercio, sr. Jose João Abdala; e da Saude Publica e Assistencia Social, cel. Herbert Maia de Vasconcelos.

Pelo mesmo ato, o chefe do executivo nomeia o sr. Milton Peña para a Secretaria da Saude, e o sr. José Barone Mercadante, para a do Trabalho, designando ainda os srs. Francisco Gayotto, José Romeu Ferraz e Ari Albuquerque, respectivamente, para responderem pelo expediente das secretarias da Viação, da Justiça e da Educação.

O decreto concede tambem exoneração ao prof. Miguel Reale, do cargo de reitor da Universidade de São Paulo, e ao sr. Erlindo Salzano, do cargo de presidente do Instituto de Previdencia do Estado de São Paulo.

Regressou ontem o governador

Viajando em seu avião particular, regressou ontem do Rio o governador Ademar de Barros.

Proibidos de circular 24 jornais comunistas japoneses

TOQUIO, 30 (U. P.) — Ontem à noite foi decretada a suspensão temporaria de 24 jornais comunistas japoneses.

CRISTIANO MACHADO TRAÇA AS DIRETRIZES IDEOLOGICAS DE UMA POLITICA TRABALHISTA

Discurso pronunciado pelo candidato pessedista no encerramento da Convenção do P.S.T.

RIO, 30 (Sucursal) — Com a [illegible] do sr. Cristiano Machado [illegible] candidatura à presidencia da Republica foi homologada [illegible] trabalhistas, encerrada [illegible] à noite, no Palacio Tiradentes, a convenção do P.S.T. Presidiu a reunião o senhor Vitorino Freire, que pronunciou um discurso, traçando a linha de conduta do seu partido na atual campanha politica. O apoio ao nome do sr. Cristiano Machado — disse — era uma resultante logica do apoio que o P.S.T. sempre emprestara ao governo do presidente Eurico Dutra.

FALA O SR. CRISTIANO MACHADO

Em seu discurso, o sr. Cristiano Machado estabeleceu o paralelo dos programas do P.S.T. e do P.S.D., que defendiam a respeito da organização do trabalho os mesmos principios ideologicos, os quais passou a resumir, enumerando-os um a um:

Garantia de estabilidade no trabalho em termos justos; fixação de salarios que assegurem a vida digna; necessidade do saneamento dos locais onde se desenvolve atividade produtiva; segurança do regime higienico; assistencia ao trabalhador e de um modo especial à gestante, como ainda ao desempregado; participação no lucro das empresas, planificação e efetivação do seguro social em termos amplos e muitas outras modalidades de amparo eficaz.

(Conclui na pagina seguinte)

PREVISÃO DO TEMPO

Até às 14 horas de hoje

Bom, passando a instavel com chuvas e trovoadas. Ventos de noroeste a sudoeste, com rajadas frescas. Temperatura elevada, entrando a seguir em declinio; da vespera: maxima, 24.2; minima 10,4.

Minguante a 8.

(Do Inst. Reg. de Meteorologia).

Efetivar-se-á no plano economico a ajuda do Brasil à Coréia Meridional

Nenhuma resolução de ordem militar foi adotada

RIO, 30 (Sucursal) — Diante dos ultimos acontecimentos na Asia, o Brasil apenas poderá, de comum acordo com as Nações Unidas, oferecer auxilio economico às forças da Coréia do Sul.

A reportagem apurou igualmente que nenhuma resolução de ordem militar foi tomada. Desmente-se, dessa forma, a noticia que circulou hoje, anunciando o envio de tropas brasileiras para a Coréia.

EDIÇÃO DE HOJE 2 CADERNOS

NOTICIARIO GERAL

FOLHA DA MANHÃ

PROPRIEDADE DA EMPRESA "FOLHA DA MANHÃ" S.A.

ANO XXVI ★ SÃO PAULO — QUINTA-FEIRA, 1.º DE FEVEREIRO DE 1951 ★ N.º 8.234

INDICE DESTE CADERNO

O sr. Getulio Vargas, tendo ao lado o sr. Melo Viana, presta perante o Congresso o juramento constitucional; à direita, flagrante da solenidade de transmissão do cargo no Catete, vendo-se o presidente Dutra ao proferir seu discurso.

"ELEITO A 3 DE OUTUBRO COMO O CANDIDATO DO POVO ASPIRO E ESPERO GOVERNAR COMO O PRESIDENTE DO POVO"

"Serei fiel ao mandato, às responsabilidades e aos deveres que me impusestes" - afirma em discurso, após sua posse, o sr. Getulio Vargas

"TEMOS DIANTE DE NÓS UMA IMENSA TAREFA DE RECUPERAÇÃO E CONSOLIDAÇÃO" — O NOVO CHEFE DO EXECUTIVO EXPÕE AS DIRETRIZES BASICAS DE SEU GOVERNO

RIO, 31 (Sucursal) — Após ser empossado nas funções de presite da Republica perante o Congresso Nacional, o sr. Getulio Vargas das escadarias do Palacio Tiradentes proferiu o seguinte discurso:

"Brasileiros! Ao deixar o recinto do Congresso Nacional, onde, ao lado do ilustre vicepresidente da Republica, sr. Café Filho, meu companheiro de campanha e de governo, prestei o compromisso legal de servir ao Brasil, às suas instituições livres e aos seus interesses supremos, o meu primeiro desejo foi dirigir-me ao povo para participar do seu contentamento e comungar das suas esperanças. Eleito a 3 de outubro como o candidato do povo, aspiro e espero governar como o presidente do povo."

A campanha eleitoral

"Ordenastes e eu obedeci. Deus é testemunha das minhas reluctancias intimas em participar de uma campanha que pudesse agravar os vossos sofrimentos e fomentar discordias e animosidades entre os brasileiros.

Não temia os riscos, os onus e as vicissitudes da luta politica, nem me enfraqueciam o animo as ameaças e as provocações diretas ou veladas. Mesmo assim não me decidi a disputar o pleito, sem antes esgotar todos os recursos de conciliação e harmonia das forças politicas. O insucesso dos meus esforços e o malogro das minhas esperanças não abriram outro horizonte que não fosse o da luta, que procuramos manter em termos de isenção e elevação. Os profetas de calamidades, como aves agoureiras, andaram anunciando a aproximação das horas de cataclisma. Outros, como falsos pastores, pretendiam assumir uma especie de curatela da opinião popular, porque ainda não estavamos amadurecidos e preparados para os prelios civicos e os embates ideologicos que fortalecem e vivificam o exercicio e a pratica da democracia."

Exemplo de maturidade politica

"Os seus prognosticos lugubres e as suas previsões funestas não se confirmaram. A eleição de 3 de outubro desmentiu os seus presagios e tambem os argumentos engendrados, que apenas escondiam os receios de uma competição livre, que permitisse ao povo exprimir a escolha e a preferencia. A ordem não foi perturbada. Os poderes publicos permaneceram nos limites constitucionais e não precisaram extravasar para os recursos das medidas de exceção. A nação não interrompeu o ritmo de seus trabalhos e atividades. O governo federal, os orgãos da magistrutura e as Forças Armadas merecem louvores pela sua contribuição para a lisura, a liberdade e a tranquilidade da propaganda e do pleito. Os profissionais da desordem, os conspiradores impenitentes e os inimigos da paz social não encontraram ambiente propicio para a aventura, o terror, a violencia ou a demagogia. O povo brasileiro ofereceu um exemplo vivo de maturidade politica, cultura civica e aprimoramento coletivo. Não reagiu às provocações nem se deixou emaranhar nas ciladas da traição. Não se deixou vencer pelo engodo das promessas ou pelas tentações da corrupção. Não perdeu, por um só momento, a calma, a confiança, as virtudes da fé e a convicção serena de que o voto depositado nas urnas seria contado e respeitado. Não valeriam contra a sua vontade nem prevaleceriam contra a sua decisão os sofismas, as maquinações, as intrugisses, as chicanas e as rabulices juridicas dos que andaram tentando fraudar e perverter a limpidez e a legitimidade dos mandatos, oriundos de uma eleição reconhecida e proclamada como a mais livre e honesta da nossa historia republicana. Aos partidos, aliados ou adversarios, e aos ilustres candidatos que disputaram comigo os sufragios e as preferencias do povo, quero deixar registrado o testemunho da minha admiração e respeito pela elevação, dignidade e cortesia com que se conduziram, honrando os padrões e as conquistas da nossa civilização politica."

Crença nas virtudes do povo

"A eleição de 3 de outubro não representa para mim apenas a designação da estima publica ou o coroamento duma carreira devotada aos interesses, às aspirações e ao serviço da comunidade nacional e das populações ignoradas e esquecidas. Eu a recolhi como um julgamento e com a força dum veredicto irrecorrivel. Ao deixar o governo, o apodo, as invectivas e a calunia fizeram de mim o objeto e a vitima do odio e da injustiça. Malsinaram atos, intenções e propositos e desfiguraram a verdade ao sabor das suas prevenções e malignidades. Nunca ditei uma palavra de amargor e sufoquei sempre as penas e as magoas que me causavam a furia e a impiedade das suas setas envenenadas. As mensagens de solidariedade, as palavras de conforto, as numerosas provas de gratidão e bondade partidas da gente anonima e obscura, e que chegaram diariamente ao meu retiro, tiveram o efeito de um balsamo consolador e ao mesmo tempo reavivaram a crença nas virtudes do povo brasileiro e no dever que me competia de continuar pugnando pelos seus direitos e pelas suas causas.

"A minha candidatura não nasceu, por isso, das injunções da politica ou das combinações dos partidos. Ela veio diretamente do povo, dos seus apelos e dos seus clamores. Por isso vos escolhi, intrepido e valoroso povo carioca, para serdes o interprete da minha imensa gratidão. Serei fiel ao mandato, às responsabilidades e aos deveres que me impusestes, numa alentadora renovação de apoio e confiança."

O direito da necessidade

"Não venho semear ilusões, nem deveis esperar de mim os prodigios e os milagres dum messianismo retardatario. Não vos aceno com a idade da plenitude e da abundancia, como um fabricante de sortilegios. Não vos quero enganar com projetos ambiciosos e programas grandiosos, imaginativos e irrealizaveis. Tendes direito a uma vida melhor e a uma participação gradual e equitativa nos produtos do trabalho, na comunhão da riqueza e nos frutos e beneficios do progresso, do conforto e das amenidades da existencia. A todos, sem exceções odiosas e discriminações irritantes, devem ser assegurados a igualdade das oportunidades, o acesso das facilidades educacionais, a participação efetiva nos conselhos da administração publica, a remuneração compensadora do trabalho, os cuidados e os desvelos do Estado nas horas de infortunio, a segurança economica, o bem-estar coletivo e a justiça social.

"A economia popular, fruto do trabalho, será defendida e protegida. E' ao proprio povo, em primeiro lugar, que cabe a vigilancia do mais sagrado dos direitos, que é o direito da necessidade. Os especuladores dos lucros ilicitos, os exploradores da pobreza, os mercadores da miseria alheia ficam advertidos de que a lei não os cerca de imunidades nem a justiça popular reconhece os seus foros de impunidade.

"O governo não é uma entidade abstrata, um instrumento de coersão ou uma força extrinseca da comunidade nacional. Não é um agente de partidos grupos, classes ou interesses. E' a propria imagem refletida da patria na soma das suas aspirações e no conjunto das suas afinidades e lealdades. E' a emanação do povo e, como tal, o servo da sua vontade, o provedor das suas necessidades, a força humanizada e sensivel que preside às relações e ao desenvolvimento da sua vida social no sentido da cooperação e da harmonia das classes e dos interesses."

Tarefa de recuperação e consolidação

"Brasileiros!

"A jornada eleitoral foi encerrada e podeis estar orgulhosos da pagina de gloria com que enriquecestes os anais da nossa vida politica. Precisamos agora amortecer as paixões, esquecer os dissabores, aplacar os espiritos e apagar as cicatrizes da batalha. Temos diante de nós uma imensa tarefa de recuperação e consolidação a realizar e para ela, sem exclusões partidarias, convoco a boa vontade, a inteligencia e o patriotismo dos brasileiros. Estou certo da vossa ajuda e conto com a vossa cooperação, porque assim estaremos servindo não ao efemero do governo, mas à perenidade, à perpetuidade e à grandeza da nação brasileira."

O NOVO MINISTERIO

Ficou assim constituido o Ministerio do sr. Getulio Vargas:

Agricultura — João Cleofas
Educação — Simões Filho
Fazenda — Horacio Lafer
Viação — Sousa Lima
Trabalho — Danton Coelho
Marinha — Renato de Almeida Guilobel
Guerra — Newton Estilac Leal
Aeronautica — Nero Moura
Exterior — João Neves
Justiça — Francisco Negrão de Lima
Casa Militar — General Ciro do Espirito Santo Cardoso
Casa Civil — Lourival Fontes
Chefe de Policia — General Ciro Riopardense Rezende
Banco do Brasil — Ricardo Jafet

O ex-presidente Dutra deixa o Palacio do Catete

O GENERAL DUTRA, AO TRANSMITIR O GOVERNO:

"O regime democratico está definitivamente enraizado na consciencia nacional

Discurso proferido pelo ex-presidente, ao entregar a faixa presidencial ao sr. Getulio Vargas

RIO, 31 (Sucursal) — No momento de entregar a faixa presidencial ao sr. Getulio Vargas, o general Eurico Gaspar Dutra pronunciou as seguintes palavras:

"Sr. presidente da Republica:

"Com a proclamação, pela Justiça Eleitoral, do resultado do pleito de 3 de outubro e com a posse perante o Congresso Nacional — incumbe-me transmitir a v.ex., na data prefixada pela Constituição, a altissima investidura de presidente da Republica dos Estados Unidos do Brasil.

"Dou grato desempenho a esse imperativo constitucional, com a certeza do dever cumprido e na convicção de que o regime democratico está definitivamente enraizado na consciencia nacional, consoante a nossa tradição secular de livre governo representativo.

"Não posso deixar de assinalar as circunstancias historicas dentro das quais este ato é realizado: usufruimos interna e externamente os beneficios da paz; a representação popular manifesta-se na plenitude das suas prerrogativas; o poder judiciario exerce a sua nobre missão com autoridade e segurança; os Estados da Federação respeitam e estimam os liames da União e contam com a sua assistencia; floresce a vida municipal, reforçadas as bases da sua autonomia; as forças armadas, conscientes e disciplinadas, estão devotadamente entregues aos seus deveres: a defesa da patria e a garantia aos poderes constitucionais, à lei e à ordem.

"A produção industrial basica alcançou sensivel progressão; o comercio se expande e intensifica, havendo artigos da nossa exportação firmado preços realmente remuneradores do trabalho nacional; a agricultura se lança pelo caminho da racionalização e da mecanização, marcando etapas significativas para o nosso alto abastecimento; melhoram os indices sanitarios e de alfabetização da nossa gente com as campanhas empreendidas, de ambito nacional; mantem-se a paridade do cruzeiro e representam para nós motivo de ufania o nosso credito externo e a pontual satisfação dos nossos compromissos no exterior; e apesar das dificuldades financeiras que nos saltearam, algo de substancial foi obtido em materia de vias de transporte, empenhando-se ainda o país em obras publicas de vulto excepcional, como as do Vale do São Francisco e as destinadas a assegurar o nosso abastecimento em combustiveis liquidos e o aproveitamento das riquezas petroliferas, que são nossas.

"Devem-se tais realizações às virtudes coletivas do nosso povo, ao seu senso de ordem, que ensejou cinco anos de paz, sem sobressaltos nem anormalidades, sob a rigida observancia do regime democratico instituido.

"Ao transmitir a v. ex., sr. presidente da Republica, as funções de primeiro magistrado da nação, formulo votos sinceros pelo exito do quinquenio presidencial hoje iniciado, que há de contar com a sua notoria experiencia, com a sua reconhecida cultura e com o seu clarividente espirito publico.

"E, de todo o coração e a todos os brasileiros, desejo bem-estar crescente, união e tranquilidade."

Encerra-se a primeira legislatura da Assembléia estadual

Discurso proferido pelo sr. Brasilio Machado Neto no termino dos trabalhos

Encerrou-se ontem a primeira legislatura do poder legislativo estadual.

A cerimonia do encerramento realizou-se depois da sessão solene em que foram empossados o governador e o vice-governador do Estado. Concluida a solenidade de posse, os trabalhos foram suspensos a fim de ser redigida a ata que deveria ser aprovada ainda na mesma sessão.

Reiniciados os trabalhos, meia hora mais tarde, foi lida e aprovada a ata da sessão.

Pedindo a palavra, em seguida, o sr. Ulisses Guimarães, lider da bancada do P.S.D., discorre sobre as atividades da Assembléia durante sua primeira legislatura, acentuando as dificuldades com que lutaram os parlamentares para bem desempenhar sua missão, particularmente por atuarem em um periodo de transição, logo em seguida ao restabelecimento da democracia no país. Elogia tambem a atuação das mesas que dirigiram os destinos da Assembléia durante seus quatro anos de atividades e agradece a colaboração dada pelos funcionarios, jornalista e todos quantos cooperaram nos trabalhos do legislativo. No mesmo sentido falam depois os srs. Pereira Lopes, Cassio Ciampolini e Silvio Pereira, lideres das bancadas da U.D.N., P.T.B. e P.T.N., respectivamente.

Por ultimo, fala o presidente Brasilio Machado que com as seguintes palavras declara encerrada a primeira legislatura da Assembléia:

— "Neste instante singular da vida politica de nossa terra, em que encerram suas atividades os deputados que aqui representaram o povo de São Paulo nestes ultimos quatro anos, queremos agradecer sinceramente as generosas palavras que acabam de ser a nós dirigidas, bem como aos nossos companheiros componentes da mesa. Queremos tambem estender esse sentimento aos senhores deputados, pela colaboração valiosa que sempre nos deram, aos senhores funcionarios desta casa, pela cooperação eficiente oferecida aos nossos trabalhos, e aos senhores representantes da imprensa falada e escrita que exerceram sempre com espirito superior a sua importante missão nesta Assembléia. Queremos tambem apresentar, de modo especial, nosso cordial reconhecimento aos nossos companheiros de mesa pela leal e superior cooperação que nos deram para o desempenho de nosso elevado cargo.

"Levantamos o nosso pensamento até Deus e formulamos os nossos mais ardentes votos pela grandeza continua de São Paulo e do Brasil e pelo imperio eterno do regime democratico em nossa estremecida patria.

"Está encerrada a sessão e, com ela a primeira legislatura da Assembléia Legislativa de São Paulo."

Encerrada a primeira legislatura a Assembléia somente voltará a funcionar ordinariamente a 14 de março proximo, quando se iniciará a sessão legislativa ordinaria de 1951.

PRESTAM JURAMENTO PERANTE O CONGRESSO OS SRS. GETULIO VARGAS E CAFÉ FILHO

A solenidade de posse, realizada ontem à tarde no Palacio Tiradentes — O presidente dirige a palavra ao povo

RIO, 31 (Sucursal) — Conquanto rapida, a cerimonia da posse dos srs. Getulio Vargas e Café Filho foi inegavelmente um belo espetaculo. O recinto da Camara dos Deputados faria lembrar uma noite de gala do Teatro Municipal, não tivesse a maioria dos parlamentares quebrado o protocolo, comparecendo em traje de passeio. Mas as primeiras filas das bancadas, tomadas pelos diplomatas, muitos deles ostentando fardões e uniformes vistosos, davam uma nota alegre e até mesmo pitoresca, em certos casos, ao ambiente. Lindamente ornamentado com flores e fortemente iluminado, o recinto da Camara de ordinario apresentando um aspecto severo, era hoje um espetaculo maravilhoso para os olhos. As tribunas e galerias, repletas de autoridades, de figuras exponenciais de todas as classes, contava tambem com a presença de inumeras senhoras e senhoritas. Numa das tribunas de honra viam-se as senhoras Café Filho, Nereu Ramos e Melo Viana.

Muito antes da hora marcada para a cerimonia, o recinto estava quase inteiramente tomado. Os deputados João Cleofas e Horacio Lafer, ao chegarem, foram alvo de todas as atenções, recebendo cumprimentos de seus pares, pela escolha com que foram distinguidos para as pastas da Agricultura e da Fazenda.

Às 15 horas, o sr. Melo Viana assume a presidencia, participando tambem da mesa os srs. ministro Laudo de Camargo, presidente do Supremo Tribunal Federal; Nereu Ramos, vicepresidente da Republica; Cirilo Junior, presidente da Camara, e senadores Georgino Avelino e João Vilasboas. O vicepresidente do Senado declara aberta a sessão, e convida os senadores Ivo de Aquino, Ferreira de Sousa, Marcondes Filho, Atilio Vivaqua, Francisco Galotti e Mozart Lago, bem como os deputados Acurcio Torres, Benedito Valadares, Gurgel do Amaral, Campos Vergal, Artur Bernardes e Soares Filho para, em comissão, introduzirem no recinto os srs. Getulio Vargas e Café Filho, que já se encontravam na casa. Interrompida a sessão por alguns instantes, penetram no recinto, sob entusiasticos aplausos, o presidente e o vicepresidente eleitos. Depois de atravessarem o plenario, dirigem-se ambos à mesa, onde tomam assento. Antes de sentar, o sr. Getulio Vargas fica alguns instantes de pé, agradecendo com ligeiros acenos de cabeça os aplausos que lhe são dirigidos. O sr. Melo Viana anuncia:

— "Na forma da Constituição e do regimento comum a ambas as casas do Congresso, que disciplina esta sessão, os srs. Getulio Vargas e Café Filho vão prestar o compromisso constitucional para os cargos de presidente e vicepresidente da Republica."

O sr. Getulio Vargas levanta-se e a sua fisionomia torna-se grave. Toma o exemplar da Constituição e do regimento, hesita um instante à procura do texto e passa a ler o compromisso com voz pausada e solene:

"Prometo manter, defender e cumprir a Constituição da Republica." São as primeiras palavras do presidente eleito que, ao terminar a leitura do compromisso, é vibrantemente aplaudido por toda a sala, de pé. A seguir, cabe ao sr. Café Filho ler o seu compromisso, o que tambem faz com voz pausada e firme, assim iniciando a leitura:

"Prometo exercer o cargo de vicepresidente da Republica com dedicação e lealdade, cumprir as leis, etc."

Novos aplausos, com intensidade igual à dos primeiros, reboam na sala.

Fala novamente o sr. Melo Viana, dizendo:

— "Em nome do Congresso Nacional, declaro empossados s.exs., os srs. Getulio Vargas e João Café Filho, nos cargos de presidente e vicepresidente da Republica, com os meus votos pessoais e os de toda a nação para que sejam felizes no desempenho de seus mandatos."

O sr. Melo Viana e os demais membros da mesa cumprimentam os srs. Getulio Vargas e Café Filho. O presidente dirige-se à escadaria do Palacio Tiradentes, onde o aguarda enorme massa popular, que se espraia pelas ruas vizinhas, 1.o de Março, Assembléia, São José, Misericordia e Esplanada do Castelo.

Em frente ao edificio da Camara está postado um piquete de cavalaria dos Dragões da Independencia e varias companhias do Batalhão de Guardas circundam todo o edificio. Na Esplanada do Castelo há tropa da Marinha. Ao aparecer o presidente Vargas, que devido à inclemencia do sol se abriga sob o toldo colocado no alto da escadaria do palacio, a mole humana, que se comprime há varias horas, suportando o calor de um dia de verão carioca, prorrompe em formidavel ovação, que se prolonga por varios minutos. O presidente sorri e acena para a multidão. Feito silencio, o presidente Vargas inicia sua oração, cujo texto damos noutro local, sendo frequentemente interrompido pelos aplausos da multidão entusiasmada.

Terminado o discurso, o presidente é conduzido a um carro oficial. Dificilmente consegue a policia abrir passagem entre a massa humana. Afinal, desvencilha-se o auto da multidão e o piquete dos Dragões coloca-se imediatamente após o carro, procurando o povo acompanhar o cortejo, que se move lentamente em direção à avenida Rio Branco, sob os intensos aplausos da massa popular postada em todo o percurso do automovel presidencial.

Na pag. 4 deste caderno, noticiario da cerimonia de transmissão do cargo no Catete.

DIRIGE-SE AO POVO PAULISTA O NOVO GOVERNADOR DO ESTADO

Discurso do sr. Lucas Nogueira Garcez na solene de transmissão do cargo

No ato de transmissão do cargo de governador do Estado, no Palacio dos Campos Elisios, o sr. Lucas Nogueira Garcez pronunciou o seguinte discurso:

"Acabo de prestar perante os representantes do povo paulista o mais solene compromisso que um filho de Piratininga pode assumir — o de desempenhar com lealdade as funções de governador do Estado de São Paulo. Há alguns minutos, fui empossado como o responsavel supremo pela segurança, bem-estar e prosperidade de nove milhões de brasileiros. Elevando o meu pensamento a Deus, Todo-Poderoso, e pondo toda a minha fé nos destinos de São Paulo, empregarei o maximo de minhas forças para não deslustrar a tradição dos eminentes paulistas que estiveram à testa do governo do Estado.

"Foi-me reservada a honra insigne de suceder ao dr. Ademar de Barros. Ainda é cedo para se avaliar, em sua verdadeira grandeza, a enorme soma de serviços que meu antecessor prestou ao Estado. Dia virá, e sem tardança — sr. dr. Ademar de Barros — em que os seus descendentes, ao estudarem os fatos da Historia do Brasil, orgulhar-se-ão de v. ex. pelo desassombro de suas atitudes e pela sua inexcedivel coragem moral. Quando se escrever a historia dos tormentosos dias do seu governo, a figura de v. ex. avultará como defensor da autonomia e do bem-estar do nosso povo. As gerações futuras serão gratas a v. ex. pelas obras publicas que em tão grande numero e tão uteis foram realizadas. As crianças, os enfermos, os desamparados da sorte não olvidarão o seu nome nem o de sua esposa a exma. sra. da. Leonor Mendes de Barros, pela copiosa messe de beneficios de ambos recebidos.

"Os aplausos e o carinho dos paulistanos acompanharão v. ex. dentro de alguns minutos, quando deixar este palacio para se recolher à sua residencia. Esse carinho e esses aplausos são o prenuncio do julgamento da Historia.

"Quero externar as minhas homenagens ao sr. presidente da Republica, o exmo. sr. dr. Getulio Vargas, que, neste mesmo instante, cercado pela confiança do

(Conclui na 3.a pag. deste cad.)

PREVISÃO DO TEMPO

Até às 14 horas de hoje

Bom, com nebulosidade e trovoadas. Ventos variaveis, frescos. Temperatura elevada; da vespera: maxima, 29,2; minima, 14,6.

(Do Inst. Reg. de Meteorologia.)

EDIÇÃO DE HOJE 2 CADERNOS

NOTICIARIO GERAL

FOLHA DA MANHÃ

PROPRIEDADE DA EMPRESA "FOLHA DA MANHÃ" S.A.

ANO XXVIII ★ São Paulo — Quarta-feira, 30 de julho de 1952 ★ N.º 8.692

INDICE DESTE CADERNO

O atleta norte-americano Dam Iness quando estabelecia em Helsinque novo recorde olimpico de lançamento do disco. (I.N.P.)

CAUSAM VIVA APREENSÃO NOS E.U.A. OS DISCOS VOADORES

Em estado de alerta permanente todos os aerodromos da costa leste – Estranho aparecimento de objetos não identificados sobre Washington

GARANTEM AS AUTORIDADES QUE NADA ESCONDEM AO POVO

WASHINGTON, 29 (A.F.P.) — Foi dada ordem de alerta permanente a todos os aerodromos militares da costa leste dos Estados Unidos, em virtude do aparecimento, por varias vezes, de objetos não identificados sobre Washington. Os caças a jacto do comando aereo deverão permanecer prontos para qualquer eventualidade, durante as 24 horas do dia, e alçar voo logo que os aparelhos de radar assinalarem a presença de algum objeto estranho nas proximidades da capital americana.

Enquanto que o "Times Herald" publica, na primeira pagina, com titulo berrante em oito colunas, a noticia da perseguição infrutifera, por caças ianques, de "estranhos clarões surgidos no céu, sabado ultimo", os jornais de ontem fazem os mais variados comentarios nesse sentido. Alguns falam mesmo em "veiculos interplanetarios". O sr. Allan Pyneck, da Universidade de Chicago, não chega a essa conclusão, mas se declara convencido da materialidade de maior parte dos fenomenos assinalados. Outro cientista acha que se trata de engenhos experimentados pelo Exercito e pela Marinha americanos, "que deveriam deixar de mofar do mundo". E' curioso, acrescenta ele, que os relatorios sobre os discos voadores provenham, em grande parte, de Washington, ou de centros de experiencias atomicas do Novo Mexico.

De um modo geral, o ceticismo com que os jornias acolheram, há apenas um mês, as "historias sobre discos voadores", deu lugar a um interesse do qual não está excluida a apreensão.

Aumento de vencimentos para o funcionalismo estadual

Ainda nesta semana a remessa da mensagem do Executivo à Assembléia Legislativa.

(Noticia em Administração e Ensino, no caderno seguinte).

Objetos volantes nos céus de Washington

WASHINGTON, 29 (A.F.P.) — Os "ecrans" de radar da região de Washington assinalaram, nas primeiras horas de hoje, numerosos objetos volantes nos céus desta capital. Entretanto, nenhuma observação visual foi feita desses fenomenos. Um aparelho de transporte, dirigido para um ponto onde havia sido observado um desses objetos, procurou, inutilmente, durante varias horas, sem nada perceber. Nenhum dos aviões de caça a jacto, mantidos em estado de alerta, se movimentou.

Os objetos volantes pareciam deslocar-se, segundo os "ecrans" do radar, a uma velocidade variando de 150 a duzentos quilometros horarios. A Aeronautica adiantou que fará uma comunicação à imprensa sobre os discos voadores.

Interpretações dadas aos fenomenos

WASHINGTON, 29 (A.F.P.) — A aparição de objetos não identificados no céu desta capital continua sendo objeto de numerosos comentarios da parte dos jornais.

Um oficial superior da Marinha desmentiu que os fenomenos registrados tenham relação com certas experiencias secretas efetuadas pelo Comando americano, conforme rumores que circularam persistentemente.

"Talvez, acrescentou ele, estejamos na presença dos fantasmas do Nansie Shoto."

O militar referia-se aos fenomenos registrados pelo radar, quando da batalha de Oquinawa, em 1945, e mais precisamente ao largo de Nansie Shoto, e que haviam determinado um numero consideravel de "alertas gerais" e de telefonemas entre todos os postos de comando do Pacifico.

Os fantasmas de Nansie Shoto, embora se tenham tornado celebres, jamais foram explicados. Atribui-se os fenomenos a voos de gaivotas interceptados pelo radar ou, ainda, a interferencias magneticas criadas por um grande numero de aparelhos, operando na mesma região. A mesma autoridade exprimiu a opinião de que "o grande uso da televisão, durante as duas convenções politicas de Chicago, é talvez responsavel pelos fenomenos assinalados na semana passada na região de Washington".

Por seu lado, um porta-voz da Aviação americana declarou o seguinte: "Desejaria, inicialmente, garantir, àqueles que ainda duvidam, que nada lhes escondemos. Se o Exercito ou a Marinha, ou a Comissão de Energia Atomica, efetuassem experiencias que tivessem qualquer relação com os fenomenos assinalados, nós o saberiamos, em vista da coordenação que existe, necessariamente, entre os serviços da defesa e tudo o que se refere à segurança dos Estados Unidos, pela qual somos responsaveis. Ignoramos as causas dos fenomenos assinalados, mas estamos convencidos de que eles não constituem uma ameaça para o nosso país. Não podemos, evidentemente, pretender, de maneira inequivoca, que não se trata de visitantes vindos de outro planeta ou de um país estrangeiro, mas acreditamos que se trata de fenomenos fisicos que, no estado atual da ciencia, somos incapazes de explicar."

Visões ou realidade?

NOVA YORK, 29 (U.P.) — O fato de o Comando da Força Aerea dos Estados Unidos haver tentado alcançar e dar caça aos objetos que foram captados pelo sistema de radar de Washington, provocou uma verdadeira epidemia de visões de "discos voadores" nas cidades e localidades, de costa à costa deste país.

De todos os rincões, receberam-se informações de pessoas que viram passar pelos ares objetos brilhantes e velocissimos, porem, como sempre, ninguem pôde verificar com segurança, de que se tratava, sendo que as descrições variam de pessoa a pessoa. A policia, a Força Aerea e os departamentos meteorologicos estão ocupadas em atender a chamados telefonicos de pessoas que afirmam ter avistado discos, ou que desejam informações ou explicações sobre o fenomeno, ou ainda simplesmente para expressar o temor de que algo assombroso está para ocorrer.

Em Filadelfia, o dr. Levitt, diretor do planetario "Fels", declarou que os objetos avistados no espaço "são simplesmente uma ilusão de otica". Levitt expressou-se de acordo com o dr. Menzel, de Harvard, que, em recente artigo jornalistico, declarou que as mesmas condições que causam a ilusão de otica podem provocar tal ilusão no radar e na televisão. Opinou que os objetos captados pelo sistema de radar de Washington podem

(Conclui na 3.ª pagina deste caderno)

MILHARES DE PESSOAS DESFILAM NOITE E DIA DIANTE DOS DESPOJOS DE EVA PERÓN

CONTINUARÁ O CORPO DA PRIMEIRA DAMA DA ARGENTINA EXPOSTO POR TEMPO INDETERMINADO NO MINISTERIO DO TRABALHO — MANIFESTAÇÕES DE PESAR

BUENOS AIRES, 29 (U.P.) — Verdadeiro mar humano encobre todo o distrito central da capital, desde o cais do rio da Prata, na Avenida Colón, até o edificio do Congresso, a quinze quarteirões de distancia.

E' a multidão que ainda espera poder passar diante do esquife de Eva Perón, no edificio do Ministerio do Trabalho para render-lhe sua ultima homenagem. Calcula-se que até o meio-dia de hoje cerca de trezentas mil pessoas tenham passado diante da camara ardente. Às 18 horas avaliava-se em mais de um milhão as que ainda aguardavam em longas filas, que avançavam lentamente, o momento de tributar homenagem à extinta.

Enquanto isso, em todo o país, em cada municipio, em cada igreja, todas as unidades basicas ou assembléias do Partido Peronista, ergueram camaras ardentes, geralmente com um grande retrato da sra. Eva Perón adornado pelas cores da Argentina enlutadas e colocado entre cirios. Ao pé dele depositam-se flores.

À meia-noite, terminará a suspensão geral de atividades que vigora, desde a noite de sabado, em todo o país. Hoje, foi permitida a reabertura de alguns armazens. Amanhã, começarão novamente a funcionar as repartições publicas, os bancos, os colegios, os teatros e os cinemas.

A multidão continua desfilando esta noite, porem agora com maior ordem, diante da camara ardente no Ministerio do Trabalho. Soldados no Exercito, policiais e bombeiros, ajudados por tropas da Marinha e da Força Aerea vêm exercendo severa vigilancia para que não se repitam os atropelos de domingo ultimo.

A multidão é atualmente maior do que no domingo, quando houve quatro mortos a lamentar e mais de três mil feridos, devido aos efeitos da aglomeração. Do interior do país chegam em trens, onibus e caminhões ou mesmo a pé, centenas de pessoas para tributar homenagens a Eva Perón. A cena diante dos escritorios da "United Press", na avenida Belgrano, proximo da avenida Colón, é quase inacreditavel. Há mais de 48 horas desfilam milhares de pessoas, que avançam lentamente e suportam frio, vento e chuva, trovoada e relampagos, sem esmorecer na vontade de ir prestar sua ultima reverencia aos restos mortais da primeira dama da Argentina.

PERMANECERÃO MAIS ALGUNS DIAS NO MINISTERIO DO TRABALHO OS DESPOJOS DE EVA PERÓN

BUENOS AIRES, 29 (A.F.P.) — Desde hoje, à tarde, um apelo do ministro do Trabalho é repetido, sem cessar, pela emissora argentina, diante da afluencia extraordinaria dos que procuram desfilar diante do ataude de Eva Perón. "Não vos apresseis. Os despojos de Eva Perón permanecerão expostos na camara ardente, dez ou vinte dias, todo o tempo que for necessario, para que todo o povo os veja."

Não obstante o frio, longas filas de populares se dirigem lentamente na direção da camara mortuaria, orientadas pelo Exercito e pela policia. Dia e noite, a despeito da inclemencia do tempo e as longas horas de expectativa, todos penetram alguns instantes, para passar pelo catafalco onde repousa Eva Perón.

O espetaculo foi impressionante, principalmente no começo da noite de hoje, quando varios cortejos, conduzindo tochas, chegaram ao Ministerio do Trabalho.

Não obstante tudo esteja em boa ordem, os postos de socorro continuam muito procurados. Durante a noite passada, 130 pessoas foram socorridas no interior do Ministerio do Trabalho.

A Fundação Eva Perón distribui gratuitamente viveres e sanduiches, nas filas, e bebidas quentes para as crianças. Hoje, varias delegações de escolares, com aventais brancos e fitas negras, desfilaram diante do Ministerio do Trabalho.

MISSA POR ALMA DA SRA. EVA PERÓN EM CARACAS

CARACAS, 29 (A.F.P.) — Funcionarios diplomaticos e cidadãos da Argentina assistiram a uma missa celebrada nesta capital por intenção da alma de Eva Perón, na Catedral Metropolitana.

MENSAGEM DO IMPERADOR DO JAPÃO

TOQUIO, 29 (U.P.) — O imperador do Japão enviou mensagem de condolencias ao presidente da Argentina, pela morte da sra. Eva Perón.

PESAMES DO DECANO DO SACRO COLEGIO

CIDADE DO VATICANO, 29 (U.P.) — O cardeal Eugenio Tisserant, decano do Sacro Colegio, enviou uma mensagem de pesames ao embaixador da Argentina junto à Santa Sé, Carlos Maria Oliva Velez, por motivo do passamento da sra. Eva Perón. Nesse documento, rende tributo à primeira dama argentina, recordando "seus continuos esforços por aliviar as miserias daqueles que têm de combater os golpes da vida".

LUTO NACIONAL NA BOLIVIA

LA PAZ, 29 (U.P.) — O governo decretou luto nacional, no dia de hoje, pelo falecimento da sra. Eva Perón. Não funcionaram as repartições e os escritorios particulares.

Considerado culpado o general Grow

FORT MEAD, Maryland, 29 (A.F.P.) — O Tribunal Militar, reunido nesta cidade, reconheceu o general Robert Grow culpado por haver registrado informações secretas em seu diario pessoal, o qual lhe foi furtado por agentes sovieticos.

TRUMAN E STEVENSON recebem as aclamações dos delegados à Convenção do Partido Democrata, logo após a escolha do governador de Illinois para candidato à presidencia dos Estados Unidos. Stevenson, como se sabe, contava com as simpatias do presidente. (I.N.P.)

INICIA-SE NA CAMARA FEDERAL O DEBATE REFERENTE À DENUNCIA FORMULADA CONTRA O SR. HORACIO LAFER

Manifesta-se pela improcedencia das acusações o sr. Gustavo Capanema — Considerações do sr. Aliomar Baleeiro — Inquerito sobre o racionamento de eletricidade em São Paulo e no Rio

RIO, 29 (Sucursal) — A Camara dos Deputados iniciou o debate em torno do parecer da comissão especial que apreciou a denuncia formulada pelo deputado Muniz Falcão contra o ministro da Fazenda, sr. Horacio Lafer, por crime de responsabilidade.

Atendendo ao que dispõe a lei que disciplina a aplicação do "impeachment", a mesa incluiu a materia em primeiro lugar na ordem do dia, preterindo, inclusive, os projetos em regime de urgencia.

Por extensão, o sr. Nereu Ramos suprimiu tambem a parte da sessão destinada às explicações pessoais, a fim de que a discussão da materia não sofresse nenhuma interrupção.

Sobre o assunto, falaram os srs. Gustavo Capanema e Aliomar Baleeiro. O representante pessedista ocupou a tribuna por mais de uma hora e meia, analisando os problemas constitucionais suscitados pelo parecer do sr. Daniel de Carvalho. O deputado Aliomar Baleeiro ficou apenas no introito. A seu proprio pedido, a sessão não foi prorrogada, ficando-lhe o restante do tempo reservado para a sessão seguinte. Alem desses dois deputados, estava inscrito apenas o sr. Antonio Maria Correia.

CONSIDERAÇÕES DO LIDER

No inicio das suas considerações, o sr. Gustavo Capanema tratou longa e minuciosamente do instituto do "impeachment" no do regime presidencial, acentuando que ele se integrava naquelas medidas de freios e contra-pesos que regula o funcionamento dos três poderes. Acha o lider da maioria que este dispositico constitucional não se deve constituir apenas "em artilharia pesada para casos sensacionais". Ao contrario, entende que sua aplicação deve estar condicionada apenas à existencia de motivos que comprovem a inidoneidade e à incompatibilidade do presidente da Republica ou dos ministros de Estado com o cargo que ocupam.

Entretanto, o orador, adiante, ponderou que, do ponto de vista dogmatico, a situação é muito diversa. Pelos dispositivos constitucionais, a Camara não tem competencia para julgar o ministro de Estado em crimes não conexos com o do presidente da Republica.

A Carta Magna estabelece que, nesses casos, o julgamento será feito pelo Supremo Tribunal Federal. A Camara, pelo art. 52 da atual Constituição, só pode acusar os ministros nos crimes conexos. Assim, entende o sr. Gustavo Capanema que, embora a melhor doutrina seja diversa, a lei de responsabilidade é inconstitucional.

Noutro topico de sua longa oração, o lider da maioria discute a possibilidade de a Camara deixar de tomar conhecimento da denuncia com fundamento na inconstitucionalidade da lei, como pretende o relator da materia, sr. Daniel de Carvalho. Diverge neste ponto do parecer, afirmando que "somente o Poder Judiciario pode deixar de aplicar uma lei por vicio de inconstitucionalidade".

Julga assim infundada a tese do relator de que, no caso em apreço, a Camara passaria a funcionar como um verdadeiro tribunal de acusação.

Debate longamente esta tese com os srs. Aliomar Baleeiro, Nestor Duarte e Artur Santos, insistindo no seu ponto de vista, isto é, de que a Camara continua a ser um orgão de representação politica; não perde suas caracteristicas de camara baixa do Congresso Nacional.

Combate ainda o sr. Gustavo Capanema considerações do deputado Daniel de Carvalho, que sustentava a inconstitucionalidade do art. 13 da lei de responsabilidade. Este dispositivo legal capitula como crime a falta de resposta dos ministros de Estado a requerimentos de informações, sejam estes formulados por um deputado ou senador, sejam de autoria das proprias camaras legislativas. O lider da maioria acha perfeitamente acertado e constitucional o art. 13 da lei.

Quanto ao merito, julga o orador que o sr. Horacio Lafer não incorreu em crime de responsabilidade, uma vez que enviou as informações dentro do prazo previsto pelo regimento interno da Camara, nem prestou informações capciosas ou incompletas, pois fez acompanhar sua resposta do original do proprio inquerito administrativo que motivou o requerimento.

UM INCIDENTE

A certa altura, o sr. Muniz Falcão, autor da denuncia, afirma que a co-

(Conclui na 3.ª pagina deste caderno)

Concordam os parlamentaristas ortodoxos com certas restrições à dissolução do Congresso

Acolhidas emendas nesse sentido dos srs. Nestor Duarte e Vieira de Melo — Nova etapa no encaminhamento da questão

RIO, 29 (Pelo telefone) — Uma nova etapa da questão parlamentarista se abriu hoje com a aprovação, pelos chamados parlamentaristas ortodoxos, de duas emendas apresentadas pelos srs. Nestor Duarte e Vieira de Melo. As emendas foram apreciadas numa reunião realizada às 10 horas, na biblioteca do Palacio Tiradentes, e servirão de base para os entendimentos que se processarão numa nova reunião, convocada para amanhã, e que deverá contar com a presença de todos os parlamentaristas da Camara.

Embora se tenha assentado em principio, depois de vivos debates, que o grupo ortodoxo não abrirá mão da dissolução do Congresso, resolveu-se restringir as possibilidades de dissolução a duas apenas, podendo-se chegar, como maximo de transigencia, a eliminar uma delas.

Foi a muito custo que o sr. Raul Pila cedeu, tendo chegado um momento nos debates em que os esforços conciliadores pareciam condenados, pois o presidente do Partido Libertador, em tom patetico, afirmou que preferia a derrota pura e simples de sua emenda a vê-la aprovada com mutilação que iria comprometer a experiencia parlamentarista e causar maiores decepções ao povo.

Carlos CASTELO BRANCO

PRELIMINAR DECIDIDA

Para recuperar o fio dos debates, o sr. Osvaldo Orico propôs que se votasse uma preliminar: se o grupo ortodoxo podia abrir mão da dissolução do Congresso ou não. Por unanimidade, foi aceita a tese de que, em hipotese nenhuma, se concordará com a tese heterodoxa do sr. Baleeiro, que pretende eliminar as possibilidades de dissolução.

Foram postas a votos a seguir as duas emendas apresentadas: a do sr. Nestor Duarte, que cria apenas um caso de dissolução — quando houver impasse — submetendo-a à previa autorização do Senado; e a do sr. Vieira de Melo, que estabelece um outro caso de dissolução, quando for a mesma requerida pelo Conselho de Ministros, após o segundo ano de legislatura e ouvido o Senado.

Duas emendas secundarias, de autoria do sr. Nestor Duarte, foram igualmente aprovadas: a primeira estabelece a providencia consequente à dissolução, ou seja a nomeação pelo presidente da Republica de um conselho provisorio, e a segunda proibe que a Camara seja dissolvida em consequencia dos votos de desconfiança que opuser aos conselhos de ministros que provocaram a dissolução anterior.

Por proposta do senador Aloisio de Carvalho, decidiu-se tambem que o grupo ortodoxo poderá abrir mão do caso de dissolução previsto pela emenda Vieira de Melo, o que não acontecerá com relação à emenda Nestor Duarte.

Compareceram à reunião ortodoxa, alem dos srs. Raul Pila e José Augusto, os senadores Aloisio de Carvalho, Ferreira de Sousa, Matias Olimpio, Camilo Mercio e Alfredo Simch, e os deputados Nestor Duarte, Vieira de Melo, Coelho de Sousa, Rui Santos, Osvaldo Orico, Amando Fontes e Antonio Balbino.

A LIDERANÇA DA U.D.N.

O grupo colaboracionista da U.D.N. está resistindo em abandonar a luta contra o sr. Afonso Arinos, ao mesmo tempo em que defende publicamente a tese de qque somente a unanimidade do partido poderá indicar um lider. — "Não é possivel que se imponha um lider a um deputado que seja" — disse-nos hoje um destacado procer do colaboracionismo udenista, numa indicação de que, em plena retirada, os opositores do sr. Afonso Arinos procuram uma solução que impeça a ascensão do coordenador da "terceira força" ao comando da bancada udenista no Palacio Tiradentes.

A impressão dos meios udenistas é a de que chegará o momento em que a ala colaboracionista oferecerá apoio a qualquer nome, desde que não seja o do sr. Afonso Arinos, cuja derrota é considerada vital para a propria sobrevivencia do grupo comprometido na aproximação com o Catete.

INSCRITO JOSE' BONIFACIO

O deputado José Bonifacio está inscrito para falar no grande expediente da sessão da Camara dos Deputados, devendo ocupar a tribuna dentro de dois ou três dias. Quatro oradores estão inscritos na sua frente, os srs. José Augusto, Artur Araujo, Armando Falcão e Epilogo de Campos. O deputado udenista tenta, no entanto, obter do sr. Falcão que lhe ceda a vez, convencido que está da urgente necessidade de dar publicidade ao inquerito sobre o Banco do Brasil.

O sr. José Bonifacio não lerá da tribuna os documentos em seu poder, mas fará sobre os mesmos uma ampla apreciação e requererá à mesa que o texto do relatorio da comissão Miguel Teixeira seja transcrito no "Diario do Congresso" como parte integrante do seu discurso.

Continuam os ataques dos comunistas chineses a Macau

HONG KONG, 29 (U.P.) — Os comunistas chineses desfecharam uma campanha contra Macau, exigindo a devolução da pequena colonia portuguesa e sua integração ao territorio da China — dizem informações aqui chegadas.

LUTA NA FRONTEIRA

HONG KONG, 30 (U.P.) — Guardas portugueses e comunistas chineses travaram uma luta que durou cerca de uma hora, na fronteira da colonia de Macau, segundo informações recebidas hoje aqui.

Este é o ultimo dos incidentes que surgiram em consequencia da campanha de intimidação dos comunistas, os quais exigem que a pequena colonia, há seculos portuguesa, seja colocado sob o dominio dos chineses.

As informações recebidas, não dão pormenores da refrega.

APELO AO EXERCITO DA CHINA COMUNISTA

HONG KONG, 29 (U.P.) — Informações de fonte chinesa de Macau dizem que o jornal comunista do distrito de Chingsham publicou um editorial em que diz: "Recuperemos Macau e afastemos os imperialistas americanos e portugueses da China."

Jornais chineses tambem fazem um apelo ao Exercito da China Comunista, para "marchar sobre Macau e libertar o oprimido povo chinês que ali se encontra".

REFORÇOS CHINESES

HONG KONG, 29 (U.P.) — Fontes bem informadas dizem que o governo comunista chinês enviou um regimento do 4.o Exercito de Campanha, para reforçar a guarnição destacada nos arredores de Macau. A tropa partiu de Cantão.

Não se confirma a descoberta de novos poços de petroleo na Bahia

RIO, 29 (Sucursal) — "Não houve nada de extraordinario, pois isso não passa de um trabalho de mera rotina" — disse hoje à FOLHA DA MANHÃ o eng. Plinio Catanhede, presidente do Conselho Nacional do Petroleo, a proposito de noticias sobre a descoberta de três poços — dois de petroleo e um de gás — em Itaparica, no Reconcavo baiano.

— "O campo já era conhecido — prosseguiu — pois tinha sido detidamente estudado e esses não são os primeiros poços, como naturalmente não serão os ultimos.

"O campo de Itaparica, situado no municipio do mesmo nome, na Bahia, foi descoberto em 1942. Possui atualmente 20 poços de oleo, seis de gás e seis secos. Segundo elementos fornecidos à reportagem pelo C.N.P., Itaparica tem uma reserva de 3.545.000 barris de oleo e 280.000.000 de metros cubicos de gás, já tendo produzido 67.014 barris. Atualmente está em condições de produzir 500 barris por dia. Itaparica é um dos nove campos em plena exploração na Bahia.

Satisfeito o sr. Capanema com o resultado dos entendimentos promovidos em torno do petroleo

De pleno acordo o lider da maioria com algumas objeções no caso das refinarias — Nem vencidos nem vencedores na questão — Em harmonia o P.S.P.

RIO, 29 (Pelo telefone) — O sr. Gustavo Capanema declarou-nos hoje que os entendimentos em torno do petroleo "estão indo muito bem", já havendo chegado praticamente à sua etapa final, uma vez que o unico ponto ainda objeto de conversações é o que se refere às refinarias. E' preciso, entretanto, considerar que, da parte do lider da maioria, não existem, quanto a esse ponto, objeções de principios, mesmo porque ele está de pleno acordo com os que acham, ao contrario do sr. Romulo de Almeida, que a outorga de futuras concessões é incompativel com o carater monopolista que se vai atribuir à Petrobrás. Tudo gira, pois, em torno das "atuais concessões", ou seja do meio de firmar aquele monopolio com a menor soma de onus para o Estado.

— "Como você vê — disse-nos o representante mineiro — estou diante apenas de uma dificuldade tecnica, se é que há dificuldade."

O sr. Gustavo está achando muita graça nas intrigas que certos jornais vêm fazendo a respeito do acordo. Este, segundo tais jornais, que de resto nunca morreram de amores pelo chefe do governo, significaria para o sr. Getulio Vargas uma derrota, ao mesmo tempo que uma vitoria para o general Dutra e para a corrente nacionalista liderada pelo general Estillac Leal. E por isso cuidam de meter em brios o presidente, incitando-o a voltar atrás nas demarches que realiza junto aos partidos por intermedio de seu lider na Camara.

Na opinião do sr. Gustavo Capanema, que não lhe dá maior importancia, trata-se de uma intriga ingenua e simploria. — "Conheço bem o presidente — observou-nos — para saber o que estou fazendo." Um entendimento amplo subentende, com efeito, a inexistencia de vencidos e vencedores. Quando governo e oposições chegam a um acordo honesto na solução de um problema fundamental para a emancipação economica do país, como é, sem duvida, o da exploração de nossas reservas petroliferas, isso não quer dizer que houve recuo de parte a parte, ou triunfo de um sobre outro, mas que ambos, ouvindo a voz do bom senso, souberam levar na devida conta o interesse geral, isto é, agiram com isenção, objetividade e espirito publico, o que só lhes faz honra.

— "O presidente tambem está achando graça nessas intrigas", acrescentou o lider da maioria, que ainda nos chamou a atenção para o seguinte: os entendimentos não datam de agora, mas começaram logo no dia imediato ao da chegada da mensagem do governo à Camara. Desde esse momento, o sr. Gustavo Capanema procurou ouvir os deputados dos varios partidos, de modo a poder transmitir ao chefe do governo uma impressão real sobre o projeto de sua iniciativa. Desde logo, verificou que a tese monopolista refletia o pensamento medio dos representantes do povo. Não teve duvida, assim, em aprofundar as conversações até chegar à proposta que fez de uma formula conciliatoria, capaz de contentar a todos. — "Por isso mesmo — disse-nos ele — abstive-me de ir à tribuna para falar sobre o assunto, pois logo verifiquei a possibilidade de chegar-se a um acordo plenamente satisfatorio dentro da tese monopolista". Ao fazer-nos essas declarações, preparava-se o lider para uma conferencia com os srs. Amando Fontes e Eusebio Rocha. O encontro foi, entretanto, adiado para depois de amanhã.

Disse-nos o sr. Manhães Barreto que iria hoje, à noite, ao Catete, a fim de conversar com o sr. Getulio Vargas sobre o assunto do petroleo. O sr. Manhães Barreto, como se sabe, é um dos que mais vêm resistindo na questão das refinarias.

TUDO AZUL NO P.S.P.

A bancada do P.S.P. reuniu-se hoje, em grande estilo, sob a presidencia do sr. Erlindo Salzano, que veio de São Paulo especialmente para nela tomar parte. Agravara-se a situação nestas ultimas 24 horas, com a renuncia tambem do lider Deodoro de Mendonça, motivo pelo qual foi julgada necessaria a presença aqui do vice-governador de São Paulo, tida e havida como suficiente para, por si só, contornar as dificuldades que porventura surgissem.

Osvaldo COSTA

Na reunião de hoje, falaram os srs. Paulo Lauro, Arnaldo Cerdeira e Deodoro de Mendonça. Referiu-se o primeiro às queixas que tem recebido de alguns companheiros sobre a falta de coordenação dos trabalhos da bancada, o segundo à necessidade desses trabalhos se processarem com metodo e em bases democraticas e o terceiro ao caso da indicação do sr. Castilho Cabral para membro da delegação brasileira à Conferencia Interparlamentar de Berna. A indicação fora de autoria e exclusiva responsabilidade da mesa da Camara, que a fizera pelo fato de o sr. Castilho Cabral e o senador João Vilasboas terem sido os unicos brasileiros eleitos para o conselho diretor da conferencia de 1952. A presença do representante paulista no conclave de Berna tornava-se, portanto, indispensavel, pois do contrario, o Brasil perderia aquela posição. A explicação do sr. Deodoro de Mendonça foi julgada amplamente satisfatoria. E tanto mais o foi quanto ficou evidenciado que a iniciativa não partira dele, mas da propria mesa da Camara. O sr. Arnaldo Cerdeira frisou, aliás, no seu "speech", que não estava levantando questões de ordem pessoal, muito menos em relação ao seu colega de bancada, a quem muito prezava. Queria, sim, que, daqui por diante, houvesse maior articulação entre a liderança e a bancada, para melhor ordenação dos trabalhos do grupo parlamentar pessepista, com o que todos concordaram, assentando que a bancada passaria a reunir-se regularmente todas as segundas e quintas-feiras e tambem, extraordinariamente, quando fosse o caso. Por fim, foi aprovada a seguinte nota, a ser distribuida à imprensa:

"A bancada federal do P.S.P. reuniu-se hoje sob a presidencia do respectivo lider, sr. Deodoro de Mendonça, tratando de varios assuntos em foco no Congresso e na politica nacional e reiterando sua plena e unanime confiança ao lider referido e aos sublideres, deputados Paulo Lauro e Arnaldo Cerdeira.

"Tomando conhecimento da designação do deputado Carlos Castilho Cabral para integrar a delegação do Congresso brasileiro que tomará parte na Conferencia Interparlamentar de Berne, em agosto proximo, resolveu, por unanimidade, congratular-se com o sr. presidente da Camara, pelo acerto da escolha, que atende tambem à eleição anterior daquele ilustre deputado para o conselho diretor da conferencia do corrente ano.

"Foi debatido ainda o projeto e emendas da Petrobrás e dos recursos financeiros para esta entidade, o do cambio livre, sindicalização, etc.

"A todos foram transmitidas as saudações do sr. Ademar de Barros, chefe do P.S.P., atualmente na Europa."

PREVISÃO DO TEMPO

(Previsão até às 14 horas)

Bom, com nebulosidade. Nevoeiro. Ventos de norte a leste, moderados. Temperatura em elevação; da vespera: maxima, 25,7; minima, 9,3.

(Do Inst. Reg. de Meteorologia)

"CONSIDERAMOS INJUSTA E DESNECESSARIA A OCUPAÇÃO DE FATO A QUE ESTÁ SUBMETIDA ATÉ HOJE A AUSTRIA"

Discurso pronunciado pelo chanceler João Neves da Fontoura por ocasião do banquete oferecido ontem ao ministro Karl Gruber

RIO, 29 (Sucursal) — O sr. João Neves da Fontoura, ministro das Relações Exteriores, e senhora, ofereceram esta noite, no Itamarati, um banquete em homenagem ao sr. Karl Gruber, ministro dos Negocios Estrangeiros da Austria, e senhora.

Durante o agape, o chanceler João Neves pronunciou o seguinte discurso:

"Sr. ministro.

"Menos de três semanas volvidas sobre a visita do eminente secretario de Estado dos Estados Unidos da America, de novo aqui nos reunimos para festejar com as mesmas galas e a mesma cordial simpatia o chanceler da Republica Federal da Austria.

"Esta homenagem não se endereça só ao homem de governo exercendo uma das mais graves funções publicas numa das mais sobressaltadas horas da historia do seu e dos outros povos do Ocidente.

"Não há como desconhecer que a pratica do poder nesta curva da historia é apenas uma das formas de penitencia cristã. Por si só não engrandece realmente o titular sobretudo se este não dispõe de previos e maiores diplomas: a confiança dos concidadãos e mesmo o respeito dos demais cidadãos do mundo livre.

"Embora aparentemente distanciados do velho cenario europeu os brasileiros conhecem os esforços de v. exa. para que a mal restaurada independencia de sua gloriosa patria não torne a perecer. Sabemos que a esse ideal v. exa. consagrou metade de sua vida desde o inconformismo militante oposto a violencia do "...cheuss" até quando empunhou o fuzil de guerrilheiro [illegible] revolta das massas do Tirol contra o invasor nazista. Ainda não era o politico; era o patriota [illegible] vida publica nos dias sem segurança que transcorreram entre 1941 e 1945. Depois, a ditadura, ainda não terminada, com a sua constante presença no campo internacional, para a execução da promessa em torno da qual se uniram os dois grandes partidos que governam a Austria: a de restituir ao Estado a plenitude de sua soberania.

"Missão não há mais bela. Ela reclama a um tempo a intrepidez do homem de guerra, a visão do politico a sagacidade do diplomata.

"Não recorrerei a meias palavras para dizer-lhe, nesta oportunidade, em nome do governo e do povo brasileiros, que consideramos injusta e desnecessaria a ocupação de fato a que está submetido até hoje — sete anos passados sobre a vitoria — o país que foi, como v. exa. acertadamente o classificou, "a primeira vitima do nazismo".

"A invariavel tradição da politica externa do Brasil, nossa fidelidade aos preceitos da autodeterminação dos povos, nosso respeito pela independencia das outras nações, o espirito cristão da nossa gente — tudo nos leva a condenar o adiamento sem prazo da assinatura de um Tratado de Garantias, cujas linhas fundamentais estão corretamente esboçadas desde 1947. E isso tambem porque a Austria não foi considerada país inimigo, porque o processo de redemocratização está há muito concluido, assim como a estabilidade politica interna assegurada, do mesmo passo que a recuperação economica transparece dos balanços de comercio e de pagamentos.

"Desta forma, sr. ministro, sua patria é apenas vitima da fatalidade geografica. Ela despertou ontem a cobiça hitlerista e hoje está incluida no complexo estrategico do conquistador euro-asiatico, que retem os bosques de Viena e os campos do Burgenland, como trunfo do perigoso jogo de penetração militar no Ocidente.

"O desejo de colaborarmos com seu país traduziu-se logo em 1947 no restabelecimento de nossa tradicional legação em Viena. Reiniciou-se pouco depois a corrente imigratoria para o Brasil, desenvolvendo-se no ano subsequente o intercambio comercial. Abrimos assim as nossas portas aos homens e aos produtos austriacos, e nenhuma restrição impusemos alem das comuns às exportações brasileiras para o incipiente mercado comprador da Austria. Já no ano passado elevamos a cifra do comercio reciproco à soma de 31 milhões de dolares. Cabendo-nos trilhar juntos os demorados caminhos da complementação economica admito sem otimismo que possamos levar nossas trocas, em breve, a um nivel de 18 milhões para cada lado. Se a Austria encontra do nosso lado materias-primas e elementos indispensaveis à sua atividade fabril, está por outro lado habilitada a cooperar para nossa industrialização, com o fornecimento de bens de produção, com o concurso de sua adiantada tecnica, mediante a transferencia para aqui de certas de suas empresas já existentes ou a instalação de empreendimentos originais.

"Falemos agora, sr. ministro, de uma tocante lembrança sentimental que uniu no passado os nossos dois

(Conclui na 3.ª pagina deste caderno)

Novos tremores de terra na California

LOS ANGELES (California), 29 (U.P.) — Três ligeiros abalos sismicos se registraram na parte meridional da California. Não houve dano na região de Los Angeles, porem o Departamento de Bombeiros disse que haviam ocorrido varios incendios.

TRÊS MORTOS NUM DESASTRE DE AVIAÇÃO EM MINAS

BELO HORIZONTE, 29 (ASAPRESS) — Precipitou-se ao solo entre as cidades mineiras de Alvinopolis, Mariana e Barra Longa, um avião "Beechcraft" Bonanza, da O.M.T.A.

O aparelho sinistrado viajava com destino a Belo Horizonte, conduzindo três passageiros. O piloto e dois passageiros pereceram no acidente, salvando-se o estudante Carlos Alberto Renault, filho do sr. Abgar Renault, ex-secretario da Educação de Minas Gerais.

Os mortos foram o piloto Miguel Jacinto dos Santos, natural de Maceió, o medico Sebastião Fontes, residente no Rio de Janeiro, e a jovem medica Ivone Marcondes dos Reis, residente em Ponte Nova.

Aos Nossos Assinantes

Para assegurar a regularidade na entrega da FOLHA DA MANHÃ, solicitamos aos assinantes da capital a gentileza de comunicarem aos telefones abaixo os atrasos ou faltas do jornal:

DIAS DE SEMANA — Tel. 52-7906, das 8 h 30 às 12 e das 14 às 18 horas, com os srs. Jaime e Careaga.

DOMINGO — Tels. 52-7500 e 52-1073, das 7 às 12 horas, com o sr. Jaime.

EDIÇÃO DE HOJE 2 CADERNOS | ASSUNTOS GERAIS

FOLHA DA MANHÃ

PROPRIEDADE DA EMPRESA "FOLHA DA MANHÃ" S.A.

ANO XXVIII ★ São Paulo — Sexta-feira, 6 de março de 1953 ★ N.º 8.877

INDICE DESTE CADERNO

VOCÊ CERTAMENTE VAI VOTAR

Os que não votarem, porem, estarão sujeitos:

1) A processo;

2) A multa de cem a mil cruzeiros;

3) A grandes dificuldades para obter novo titulo eleitoral.

(Nesta edição, momentosa entrevista do presidente do T.R.E., desembargador Alcides Ferrari, uma verdadeira advertencia aos abstencionistas).

Condolencias de Eisenhower

WASHINGTON, 6 (A.F.P.) — Texto da mensagem do presidente Eisenhower ao governo sovietico:

"O governo dos Estados Unidos dirige suas condolencias oficiais ao governo da União das Republicas Socialistas Sovieticas por ocasião da morte do generalissimo Stalin, primeiro-ministro da União Sovietica.

Foi James Hagerty, secretario de Imprensa do presidente, que lhe comunicou a noticia às 20 h 25. Eisenhower acabara de jantar.

O presidente ditou, imediatamente, a mensagem que foi telefonada a Dulles, que se encontrava, então, na Embaixada Britanica. Segundo Hagerty, a mensagem já foi transmitida ao encarregado de Negocios americanos em Moscou.

O generalissimo, em quatro flagrantes: 1) recente fotografia oficial; 2) com Churchill e Roosevelt, numa fotografia historica (Conferencia de Ialta); 3) em 1.o de maio de 1952, em Moscou, recebendo de uma menina uma braçada de flores; 4) com sua filha Svetlana, num flagrante de 1945.

MORREU STALIN

Proclamação ao povo sovietico — "Deixou de pulsar o coração do camarada e inspirado continuador da vontade de Lenine"

EXPOSIÇÃO DOS DESPOJOS NO PALACIO DOS SINDICATOS

PARIS, 5 (A.F.P.) — Stalin faleceu às 9 h 50 (hora de Moscou) — anunciou um comunicado irradiado pela emissora sovietica.

Proclamação

MOSCOU, 5 (U.P. e A.F.P.) — A emissora de Moscou, ao dar a noticia da morte de Stalin, irradiou a seguinte proclamação:

"Do Comitê Central do Partido Comunista da União Sovietica, o Conselho de Ministros da U.R.S.S. e o Presidium do Conselho Supremo da U.R.S.S., a todos os membros do partido, a todos os trabalhadores da União Sovietica:

"Queridos camaradas e amigos: o Comitê Central do Partido Comunista, o Conselho de Ministros da U.R.S.S. e o Presidium do Conselho Supremo da U.R.S.S. anunciam, com profundo pesar, ao partido e a todos os trabalhadores da União Sovietica, que, a cinco de março, às 21 h 50, faleceu, depois de grave enfermidade, o presidente do Conselho de Ministros e secretario-geral do Comitê Central do Partido Comunista, Josef Vassariononovich Stalin.

"Deixou de pulsar o coração do camarada e inspirado continuador da vontade de Lenine, o sabio dirigente e mestre do Partido Comunista e do povo sovietico, Josef Vassarionovich Stalin.

"O nome de Stalin é infinitamente caro ao povo sovietico e aos trabalhadores do mundo inteiro.

"Juntamente com Lenine, o camarada Stalin criou o poderoso partido do comunismo, desenvolveu-o e forjou-o. Juntamente com Lenine, o camarada Stalin foi o inspirador e dirigente da grande revolução de outubro, fundador do primeiro Estado socialista do mundo.

"Ao prosseguir a imortal causa de Lenine, o camarada Stalin conduziu o povo sovietico à vitoria mundial do socialismo em nossa patria. Levou nosso país à vitoria sobre o fascismo na segunda guerra mundial, que trouxe uma modificação radical de toda a estrutura internacional. O camarada Stalin deu ao Partido e ao povo inteiro um grande e lucido programa de construção do comunismo na U.R.S.S.

"A noticia da morte do camarada Stalin causará profunda dor aos corações dos trabalhadores, dos granjeiros coletivos, dos intelectuais e de todos os operarios de nossa patria, assim como aos corações de todos os combatentes de nosso glorioso Exercito, Marinha e Força Aerea, aos corações de milhares de trabalhadores de todos os paises do mundo.

"Nestes dias dolorosos, todos os povos de nosso país cerram, ainda mais estreitamente, suas fileiras na familia unida sob a direção experiente do Partido Comunista, criada e educada por Lenine e Stalin. O povo sovietico tem confiança e está cheio de um amor ardente para com o seu Partido Comunista, porque ele sabe que a lei essencial de toda a atividade do Partido é servir os interesses do povo.

"Os operarios, "kolkosianos", os intelectuais sovieticos de nosso país, estão conscientes da politica de nosso partido, que corresponde aos interesses vitais dos trabalhadores, e que visa à consolidação ulterior de nossa patria socialista.

"A justeza dessa politica conduziu os trabalhadores de nosso país dos Sovietes às vitorias historicas do socialismo.

"Inspirados por esta politica, os povos da U.R.S.S., sob a direção do Partido, marcham, resolutamente, para a frente, para novos exitos na edificação socialista em nosso país.

"Os trabalhadores de nosso país sabem que a melhoria ulterior do bem-estar da população, a satisfação maxima das necessidades sempre crescentes, culturais e materiais de toda a sociedade, têm sido sempre e são o objeto de um desejo particular do Partido.

ASSUMIRIA CONSEQUENCIAS IMPREVISIVEIS A LUTA PELO PODER NA UNIÃO SOVIETICA

A imediata sucessão do generalissimo, nas multiplas funções que exercia, se processaria, entretanto, segundo as normas preestabelecidas

PARIS, 5 (A.F.P.) — Quais serão as consequencias imediatas da morte do generalissimo Stalin? Na expectativa de precisões oficiais, pode-se, desde já, afirmar que a sua substituição, nas diversas funções que ocupava, se efetuará de acordo com as normas preestabelecidas, sem prejulgar as medidas extraordinarias que poderiam ser eventualmente tomadas.

Repercute na Camara Federal o desaparecimento de Stalin

Recebida a noticia no decorrer da sessão noturna de ontem — Falam às FOLHAS varios parlamentares

Haverá luta pelo poder — afirma Kerensky

Vishinsky viajará hoje para Moscou

QUESTÃO FECHADA PARA O P.S.D. A RECONDUÇÃO DE NEREU RAMOS

Expressiva manifestação de apoio, no partido majoritario, ao atual presidente da Camara

Carlos CASTELO BRANCO

O FIM DE UMA EXISTENCIA EXTREMAMENTE AGITADA

Preso e deportado numerosas vezes, Stalin desenvolveu grande atividade nas lutas revolucionarias em que se empenharam os marxistas

Stalin nasceu em 1879, em Gori, a esse tempo pequena aldeia perdida no territorio da Georgia. Sua mãe chamava-se Catarina, e seu pai, Vissarion Djougachvili, natural de Didi-Lilo, exercia o oficio de sapateiro, numa fabrica de calçados de Tiflis.

Fez o curso primario em sua terra natal. Ingressou, a seguir, no Seminario de Tiflis, que era então um "viveiro de idéias". Estudava, às escondidas, livros de Ciencias Naturais e de Sociologia. Ousou mesmo fundar um circulo, onde se debatiam as idéias marxistas, que empolgavam a "intelligentzia" russa. Expulso do seminario, ingressou, em 1898, na organização de Tiflis do Partido Operario Social-Democrata, secção russa da Segunda Internacional. Começou, então, a sua vida de "revolucionario profissional".

Grave advertencia feita na Camara Federal a proposito do desenvolvimento da Africa

O sr. Carmelo D'Agostini considera uma ameaça aos paises sul-americanos a politica dos E.U.A. em relação àquele continente — Emendas ao projeto de inatividade dos militares

Aprova a Camara dos Deputados a ratificação do acordo militar entre o Brasil e os E.U.A.

141 VOTOS CONTRA 43, O RESULTADO DA VOTAÇÃO — REGIME DE URGENCIA PARA A APRECIAÇÃO DA MATERIA NO SENADO

Colisão de navios ao largo da costa inglesa

QUER COMPRAR UM IMOVEL SEM SAIR DE CASA?

Procure a formula de ouro para realizar um bom negocio na 4.a pagina do caderno seguinte

EDIÇÃO DE HOJE 2 CADERNOS

ASSUNTOS GERAIS

FOLHA DA MANHÃ

PROPRIEDADE DA EMPRESA "FOLHA DA MANHÃ" S.A.

ANO XXVIII ★ São Paulo — Sabado, 20 de junho de 1953 ★ N.º 8.966

INDICE DESTE CADERNO

"SEI QUE A EXECUÇÃO DE DOIS SERES HUMANOS É UM FATO GRAVE. POREM, MUITO MAIS GRAVE É PENSAR EM MILHÕES DE PESSOAS CUJA MORTE PODERIA TALVEZ SER ATRIBUIDA DIRETAMENTE AO QUE FIZERAM ESTES ESPIÕES." — *(Do presidente Eisenhower, ao negar clemencia ao casal Rosenberg).*

GRAVE INCIDENTE NA ASSEMBLÉIA LEGISLATIVA

Grave incidente ocorreu ontem na Assembléia Legislativa entre a sra. Conceição Santamaria e o sr. Juvenal Sayon, quando esse deputado levantava acusações a respeito de um projeto da representante trabalhista sobre a criação de cem cargos de fiscais de renda. A presidencia da mesa suspendeu os trabalhos, à vista do tumulto verificado, e, posteriormente, convocou uma sessão secreta para segunda-feira, na qual serão examinados os acontecimentos ontem registrados no plenario. (Noticiario na 3.a pag. deste caderno)

EXECUTADOS OS ROSENBERG

Julius e Ethel morreram ontem à noite na cadeira eletrica, em Sing Sing

ULTIMOS E DESESPERADOS ESFORÇOS PARA SALVAR OS CONDENADOS

A CORTE SUPREMA SUSPENDEU O "SURSIS" E O PRESIDENTE EISENHOWER NEGOU A CLEMENCIA — RECUSADO UM APELO DE ETHEL EM FAVOR DO MARIDO — AS ULTIMAS HORAS DOS SENTENCIADOS — NÃO PRONUNCIARAM UMA PALAVRA POR OCASIÃO DA EXECUÇÃO

Julius

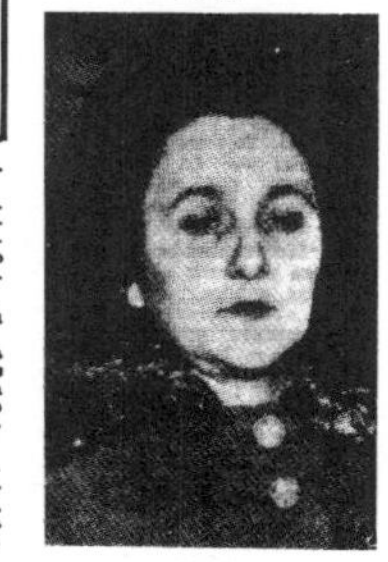

Ethel

A grande tragedia teve ontem o seu epilogo: os Rosenberg pagaram na cadeira eletrica, como espiões, o crime de terem revelado à União Sovietica o segredo da bomba atomica. Segundo observou o juiz Kaufman em 1951, ao anunciar aos acusados a sentença de morte, foi essa revelação que permitiu à Russia fabricar a terrivel arma dez anos antes do que tinham previsto os mais eminentes sabios norte-americanos. "Considero o crime de vocês — acentuou então aquele magistrado — pior do que o homicidio. O assassino faz somente uma vitima. Ajudando os russos a fabricarem a bomba atomica, vocês já deram causa, na minha opinião, à guerra da Coréia e a todas as perdas humanas que daí resultam. Com essa traição, vocês modificaram o curso da Historia em prejuizo da propria patria."

Fazendo executar a sentença, a justiça norte-americana foi inexoravel, como inexoravel foi o presidente Eisenhower deixando de beneficiar os acusados com o ato de clemencia. Seriam realmente beneficiados? É o problema que se discute. Morrendo na cadeira eletrica, talvez se tenha apenas antecipado — "talvez", porque fora da prisão muita coisa poderia ter-lhes acontecido, como a tantos outros mortais — um fato que inevitavelmente a todos ocorre por qualquer outra forma. Ao contrario, continuando a viver, eles não se transformariam, como já se transformaram, em martires das perniciosas idéias que abraçaram com fanatismo.

Posto de lado o aspecto hediondo da traição à patria — o que para os comunistas só tem importancia quando se trata da Russia — venceram os Rosenberg uma dupla batalha: a da competição internacional pela posse da bomba atomica e a da incompreensão politica dos adversarios, que não souberam sobrepor às paixões momentaneas o interesse de não se permitir que os comunistas, como afilhados da morte de seus proprios correligionarios, tenham doravante mais dois instrumentos de agitação e propaganda. Os senhores do Kremlin devem estar exultantes.

Como disse Saint-Just ao acusar Danton, "existe algo de terrivel no amor sagrado da patria". Foi certamente o que levou o presidente Eisenhower a mostrar-se inabalavel diante dos milhares de apelos que lhe foram dirigidos. Assim procede o patriota, não o politico. No caso dos Rosenberg, ambas as qualidades poderiam, aliás, ter-se combinado magnificamente, de modo que se fizesse justiça e se defendessem com mais eficacia os interesses politicos dos Estados Unidos e do mundo livre. E' a unica restrição que se pode fazer — unica, mas bastante grave — à maneira por que nesse drama se conduziram os dirigentes da grande republica do norte. Quanto ao mais, em obediencia à lei e de acordo tambem com a etica em vigor na civilização dos nossos dias — tudo inteiramente certo e a tempo.

SING SING, 19 (U.P.) — Foram executados os Rosenberg.

A ELETROCUSSÃO

SING SING, 19 (A.F.P.) — Julius e Ethel Rosenberg, condenados à morte por espionagem atomica, foram executados na cadeira eletrica, esta noite, na prisão de Sing Sing.

Julius foi o primeiro a subir à cadeira eletrica, e recebeu o primeiro choque às 20 h 04 (hora local de sexta-feira) e foi considerado morto às 20 h 06 e 3/4. Ethel subiu à cadeira às 20 h 11 minutos, e os medicos presentes declararam sua morte às 20 h 16.

Para executar Julius foram necessarias 3 descargas sucessivas, e 5 para Ethel.

NÃO PRONUNCIARAM UMA PALAVRA

NOVA YORK, 19 (A.F.P.) — Os dois condenados subiram à cadeira eletrica impassiveis, e não pronunciaram uma unica palavra.

Na sala onde se desenrolou a execução, encontravam-se 4 bancos, reservados geralmente aos jornalistas, cujo numero, para essa execução federal, tinha sido fixado em 3. Os bancos faziam frente à cadeira eletrica, à direita da qual uma porta de aço com o pequeno guichê de vidro dava para um corredor, pelo qual chegaram os condenados.

Um guarda estava diante da porta, e abriu-a à chegada de Julius Rosenberg. À esquerda da cadeira eletrica se encontrava o quarto fechado por uma porta, reservado ao carrasco encarregado de desfechar o contacto eletrico.

Alem dos três jornalistas estavam presentes, na qualidade de testemunhas da execução, o oficial da policia federal U.P.S. Marshall e o diretor da prisão Wilfred Denno, dois medicos encarregados de constatar o falecimento dos condenados, e o rabino Irving Koslow, que acompanhou Julius e Ethel, até a cadeira eletrica, ficando a 3 metros da mesma, durante a execução.

Julius foi o primeiro a entrar, o rosto impassivel, busto erecto, avançando lentamente atrás do rabino. O aparelho de eletrocução lhe foi então colocado sobre a cabeça e seus braços e pernas foram ligados com correias de couro. Na perna esquerda sua calça havia sido cortada para permitir um contato direto do fio com a epiderme.

A primeira descarga eletrica, marcada com um silvo. Julius Rosenberg pareceu dar um salto sobre a cadeira eletrica. Seus pulsos entumesceram. Seu peito se abalou. E, consoante o tecnico da corrente, ele vergou-se. À segunda descarga pareceu restabelecê-lo. Após a terceira, o corpo vergou-se novamente e o carrasco saiu então da sala.

Os dois medicos se aproximaram para o exame e constataram a morte. Julius Rosenberg, que até os ultimos momentos ostentava bigodes, tinha sido barbeado para a execução.

A seguir, o corpo foi colocado em uma mesa rolante pelos guardas e levado para o necroterio.

Cinco minutos mais tarde, Ethel Rosenberg entrou, por sua vez, acompanhada do rabino. Os cabelos negros cortados curtos, mas não rentes, os labios contraidos, estava com um vestido verde, ramado.

Entrando, e antes de subir para a cadeira, ela se deteve bruscamente, e depois adiantou-se para a sra. Evans, guardiã da prisão, a quem tomou pela mão e beijou.

O capacete foi colocado em sua cabeça, capacete que descia até o queixo. Depois ela foi ligada à cadeira eletrica como seu marido, pelos braços e pernas, e tambem segura abaixo dos seios, por uma tira de pano suplementar.

Na primeira descarga eletrica, um ligeiro fio de fumo cinza, semelhante à fumaça de cigarro, se elevou do capacete. As mãos de Ethel bruscamente crisparam e, como seu marido, ela foi sacudida por um sobresalto. Somente depois de quinta descarga, é que ela foi considerada morta pelos dois medicos presentes.

A noticia da execução do casal Rosenberg foi acolhida com uma indiferença geral por parte dos assistentes que estavam atrás das barragens policiais, à beira da prisão de Sing Sing.

A DESCRIÇÃO DA "UNITED PRESS"

SING SING, 19 (U.P.) — A morte do casal Rosenberg ocorreu ao cabo de um dia de numerosas gestões e esforços de carater juridico para salvar-lhe a vida. O ultimo destes ocorreu poucas horas antes da execução. Enquanto os condenados conversavam tranquilamente na prisão, com uma grade entre eles, o Tribunal Supremo dos Estados Unidos rechaçou quatro desesperados esforços de ultima hora para o adiamento da execução.

Pouco mais de uma hora antes da execução, o principal advogado dos condenados foi impedido de entrar à Casa Branca, para fazer uma petição pessoal ao presidente Eisenhower.

Os Rosenberg, pais de dois filhos — Miguel, de dez anos, e Roberto, de seis — faleceram somente poucos minutos depois de um de seus advogados ter feito uma dramatica petição de adiamento ao juiz que os condenou à cadeira eletrica.

As 19 h 15 horas, o advogado visitou o juiz Kaufman, rogando-lhe que adiasse a execução por uma hora, para poder argumentar em favor dos condenados.

As 19,30 horas, a Casa Branca anunciou que o presidente Eisenhower havia lido uma carta da senhora Rosenberg pedindo clemencia. Disse o presidente que a carta não fazia nenhuma alteração ao caso.

As 19,50 horas, Kaufman rechaçou a ultima petição de adiamento.

Então, enquanto o sol depositava seus ultimos raios do dia sobre as grades da prisão, os Rosenberg foram conduzidos à camara da morte, onde outro casal foi executado por assassinato em 1928.

Dez testemunhas oficiais da execução chegaram à camara de eletrocutação às 20 horas e um minuto, pouco depois, um guarda abriu uma porta situada a uns três metros da

(Conclui na pagina seguinte)

PRESTAM JURAMENTO OS MEMBROS DO MINISTERIO REPUBLICANO NO EGITO

Abolido o reinado da dinastia de Mohammed Ali — Não será alterada a politica externa do Cairo

CAIRO, 19 (U.P.) — Prestaram juramento perante o presidente Mohammed Naguib os membros do primeiro governo republicano do Egito. A cerimonia efetuou-se no Palacio de Abdin, no qual viveu o ex-rei Faruk, ultimo dos monarcas egipcios.

Com a monarquia cairam tambem varios de seus simbolos, entre estes o hino nacional, composto por Verdi, e a bandeira, a qual será substituida pela vermelha, branca e negra do Movimento de Libertação.

A tomada de juramento dos membros de seu governo foi o primeiro ato oficial que Naguib executou, na qualidade de presidente da Republica.

Ao chegar ao palacio, Naguib passou revista a uma guarda de honra e logo depois se dirigiu ao salão-nobre, onde recebeu os membros de seu governo.

PRIMEIRO GABINETE DA REPUBLICA

CAIRO, 19 (A.F.P.) — E' a seguinte, a constituição do primeiro gabinete da Republica: Soliman Hafez, vice-presidente do Conselho e Interior; Mohamed Fouad Galal, Orientação Nacional; Hosni, Justiça; Nourredine Tarraf, Higiene; Mahmoud El Kabbani, Instrução Publica; Cheikh Hassan El Nakour, Comunicações Religiosas; Mahmoud Fawzi, Relações Exteriores; Helmi Baghai Badawi, Comercio; Abdel Razak Sidki, Agricultura; Moustapha Ammar, Relações Sociais.

Anuncia-se, oficialmente, que o comandante Abdel Hakim Amer, ajudante de campo do general Mohammed Naguib, que acaba de ser nomeado comandante-chefe das forças armadas, foi promovido a major-general. Esta é a primeira promoção feita entre os oficiais do Comitê Revolucionario, desde o movimento que derrubou o rei Faruk, em 23 de julho de 1952.

VEREDICTO POPULAR DENTRO DE TRÊS ANOS

CAIRO, 19 (A.F.P.) — A radio local interrompeu suas emissões alguns minutos antes da meia noite de ontem, para que a população ouvisse a proclamação do Comitê Revolucionario. O general Mohammed Naguib, pessoalmente, fez a leitura ao microfone. A proclamação anuncia:

"O reinado da dinastia de Mohammed Ali, no Egito, está definitiva-

(Conclui na pagina seguinte)

DESAPROVAÇÃO — Violentas manifestações contrarias ao armisticio, tal como está planejado, vêm agitando a Coréia do Sul. O cliché mostra jovens de Seoul, chorando e gritando frases contra o acordo de tregua. (I.N.P.)

As autoridades comunistas envidam esforços para pôr termo à greve na Alemanha Oriental

Mobilização de trabalhadores — Continua paralisado o trafego na zona russa de Berlim — Descontentamento popular na Turingia e Saxonia

BERLIM, 19 (U.P.) — As autoridades da zona oriental da Alemanha começaram a mobilizar os trabalhadores, num desesperado esforço para pôr fim à greve que já dura três dias. Ao mesmo tempo, iniciou-se ativa campanha de propaganda, para induzir os trabalhadores a retornarem a seus postos.

Segundo as noticias que chegam aos setores ocidentais, estão sendo presos todos os organizadores da manifestação de protesto da ultima quarta-feira, a qual degenerou em sangrentas alterações da ordem.

As autoridades comunistas pediram ao povo para que denuncie os dirigentes da greve, "a fim de que a policia os castigue como eles merecem".

ADMITEM OS COMUNISTAS AS PERTURBAÇÕES DA ORDEM

BERLIM, 19 (U.P.) — As autoridades comunistas admitiram, finalmente, que no setor oriental de Berlim e na zona russa de ocupação os operarios haviam provocado alterações de ordem sangrentas, em sua atitude de protesto contra o governo.

O orgão oficial dos comunistas da zona sovietica, "Neues Deutschland", admite num editorial, que, varias cidades estiveram praticamente paralisadas devido a uma greve geral. Mas, imediatamente, aduz que "os operarios começaram a regressar a seus postos".

PARALISADO O TRAFEGO EM BERLIM ORIENTAL

BERLIM, 19 (A.F.P.) — O trafego na rede eletrica urbana de Berlim Oriental continua paralisado. No setor sovietico os trens circulam em apenas algumas linhas.

SOB COMANDO SOVIETICO A ALEMANHA ORIENTAL

BERLIM, 19 (A.F.P.) — Segundo informações provenientes de varias fontes, o estado de exceção teria sido proclamado não somente em Berlim, mas, tambem, em tôda a zona sovietica. A autoridade efetiva estaria nas mãos do comando sovietico.

De fonte sovietica ou alemã oriental nenhuma comunicação oficial foi divulgada a esse respeito. Entretanto, consta que em grandes cidades da Turingia e da Saxonia o descontentamento popular é geral, tendo assumido, em varias localidades, formas violentas.

DEMARCHE DAS AUTORIDADES OCIDENTAIS

BERLIM, 19 (A.F.P.) — Os comandantes militares ocidentais fizeram, hoje uma demarche pessoal junto ao general Dibrova, comandante militar sovietico, para pedir-lhe que adie novas execuções, e restabeleça o mais depressa possivel uma situação normal e livres comunicações no interior da cidade.

A demarche dos comandantes foi feita a pedido do prof. Ernst Reuter, prefeito de Berlim.

INTERCESSÃO DO BISPO DIBELIUS

BERLIM, 19 (A.F.P.) — Otto Dibelius, presidente da Igreja Evangelica da Alemanha, bispo de Berlim e de Bandenburg, pediu ao embaixador Vladimir Semionov, alto comissario sovietico, para que levasse em consideração as aspirações legitimas dos trabalhadores.

AUMENTO DOS EFETIVOS DA POLICIA NAS FRONTEIRAS

BONN, 19 (A.F.P.) — O Bundestag autorizou o governo federal a elevar de dez mil para vinte mil homens os efetivos da policia nas fronteiras.

Uma resolução nesse sentido foi adotada, esta manhã, por 228 votos contra 147 e oito abstenções.

SAQUEADA A SEDE DO PARTIDO SOCIALISTA-COMUNISTA

BERLIM, 19 (A.F.P.) — A sede do Partido Socialista-Comunista em Berlim-Steglita, no setor americano, foi saqueada, hoje, por desconhecidos que fugiram, em seguida.

"DEIXEM QUEIMAR!"

DUISBURGO, 19 (A.F.P.) — Um desconhecido incendiou as dependencias do Partido Comunista, nesta cidade, depois de haver lançado um galão de gasolina através de uma vidraça. Os bombeiros conseguiram dominar as chamas mas numerosos documentos foram queimados.

Os curiosos que se concentraram nas proximidades, desaprovaram a intervenção dos bombeiros, gritando: "Deixem queimar!"

REUNE-SE O CONSELHO DE MINISTROS DA ALEMANHA ORIENTAL

BERLIM, 19 (A.F.P.) — O Conselho de Ministros da Republica Democratica reuniu-se hoje. O presidente Otto Grotewohl saudou Otto Nuschke, vice-presidente do Conselho, "por sua atitude resoluta durante as horas em que se encontrou entre os bandidos ocidentais".

TERIAM SIDO INCENDIADAS AS USINAS DE GASOLINA DE LEUNA E DE ZEITZ

BERLIM, 19 (A.F.P.) — A informação segundo a qual as grandes usinas de gasolina sintetica e de produtos quimicos de Leuna, perto de Merseburgo, estão em fogo, chegou a certos jornalistas de Berlim, através de um telefonema anonimo. É evidentemente impossivel obter confirmação. Sabe-se, todavia, que na usina Leuna, que ocupa mais de vinte mil operarios, o descontentamento é extremo. No começo deste ano, os operarios resistiram durante muito tempo à assinatura do contrato coletivo.

De outra parte, na usina de gasolina sintetica de Zeitz, no Saxe, há cerca de quinze dias verificou-se uma verdadeira revolta dos operarios contra os sindicatos de orientação comunista e o Partido Socialista-Comunista. Essa informação foi dada pelo jornal socialista-comunista de Leipzig, "Leipziger Volkszeitung", o qual publicou uma nota acusando os funcionarios sindicais e do Partido de "não terem convencido os operarios que protestavam contra as condições desumanas de trabalho".

"NÃO TEM RAIZES O COMUNISMO NA ZONA SOVIETICA", DECLARA REUTER

BERLIM, 19 (A.F.P.) — "Os acontecimentos de Berlim provaram que

(Conclui na pagina seguinte)

Exigencias aos correspondentes de imprensa estrangeira na Argentina

Deverão apresentar credenciais às companhias telegraficas — Segundo um jornal chileno existem quatro mil presos politicos naquele país

BUENOS AIRES, 19 (U.P.) — As agencias noticiosas e os correspondentes estrangeiros foram notificados pelas companhias telegraficas de que, no futuro, todo correspondente deverá levar pessoalmente seus despachos de imprensa até os escritorios das mesmas e apresentar suas credenciais concedidas pela Subsecretaria de Informações e Imprensa.

Os gerentes das companhias telegraficas manifestaram que assim interpretavam as instruções contidas numa carta datada de 15 do corrente, enviada por Antonio Navatta, diretor de Telecomunicações, na qual se lhes recordava o decreto numero 24.509, de 1944, que proibe aos correspondentes estrangeiros desempenhar suas funções sem as credenciais citadas.

Navatta tambem pedia às companhias que expedissem ordens no sentido de que os remetentes de telegramas de imprensa devem apresentar suas credenciais no momento de entregar cada despacho e que os empregados que os recebam devem anotar claramente o nome do remetente e o numero de sua credencial em cada mensagem.

As credenciais da maioria dos correspondentes não foram renovadas desde 1948, e outros carecem delas por completo. As duas agencias noticiosas norte-americanas, que no curso do ultimo mês solicitaram credenciais para alguns membros de seu pessoal, tanto permanentes como temporarios, receberam a seguinte resposta: "A entrega de credenciais está paralisada. Sugere-se deixar para melhor oportunidade a consideração do presente pedido."

Os representantes de varias agencias pediram ontem, ao meio-dia, ao subsecretario de informações e Imprensa, que interviesse e este lhes assegurou que livraria o assunto à Direção de Telecomunicações.

Contudo, as companhias telegraficas acentuaram que se mantem de pé sua interpretação das instruções de Navatta.

Até o momento, as agencias e os correspondentes enviam seus despachos por teletipo ou mensageiro, apondo ao pé dos mesmos a assinatura e o numero da credencial do remetente.

SOLUÇÃO

BUENOS AIRES, 19 (U.P.) — Foi encontrada uma solução para a situação do pessoal das agencias noticiosas e correspondentes estrangeiros, diante da nova obrigação de apresentar pessoalmente seus despachos nas empresas de comunicações.

O sr. Antonio Navatta, diretor de Telecomunicações, autorizou as empresas de radio a manter registros de pessoas autorizadas para despachar telegramas de imprensa ao exterior. Nesses registros, serão anotados o nome completo do correspondente, sua residencia, seus documentos de identidade, o numero de sua credencial emitida pela subsecretaria de informações da presidencia da Republica e a assinatura do correspondente.

QUATRO MIL PRISIONEIROS POLITICOS

SANTIAGO DO CHILE, 19 (U.P.) — O diario "La Union", de Valparaizo, publicou hoje uma lista de 4.000 prisioneiros politicos, que se encontram nos carceres argentinos. "La Union" informa que a lista foi obtida da edição que se edita em Montevidéu, do diario "La Vanguardia", periodico independente da Argentina, a cuja publicação o governo de Buenos Aires pôs fim.

DA ATITUDE DOS COMUNISTAS, HOJE, EM PAN MUN JON, DEPENDERÁ A CONCLUSÃO DO TRATADO DE PAZ NA CORÉIA

Propuseram os sino-coreanos uma nova conferencia plenaria, a fim de ser examinada "importante questão" — Eisenhower responsabiliza Rhee pela soltura dos prisioneiros

PAN MUN JON, 19 (U.P.) — Os comunistas propuseram para amanhã, às 11 horas da manhã, uma reunião das delegações principais do armisticio, quando os aliados se defrontarão com um possivel violento protesto pela decisão do presidente sul-coreano Syngman Rhee, de libertar os prisioneiros de guerra anti-comunistas.

Já ontem, a emissora de Pequim acusou os Estados Unidos de "convencia" com os sul-coreanos, na libertação dos prisioneiros, e os funcionarios das Nações Unidas temem que a decisão de Rhee possa motivar o retardamento indefinido da suspensão das hostilidades.

Para a reunião de amanhã, prevalecem duas alternativas: ou os comunistas aceitam e firmam a redação final do acordo de armisticio, ou pedem que, como passo previo para sua aceitação, os aliados devem recapturar os prisioneiros anti-comunistas libertados.

Todos os pormenores complementares do acordo haviam sido resolvidos ontem, antes que Syngman Rhee desse ordens para a libertação de 25.000 prisioneiros em Pusã.

Se se aprovar o texto final, o documento será firmado pelo general norte-americano Mark Clark, como chefe das forças das Nações Unidas; pelo primeiro-ministro norte-coreano Kim Il Sung e pelo general Pen-Ten Huai, na qualidade de chefe das forças chinesas.

"IMPORTANTE QUESTÃO"

TOQUIO, 19 (A.F.P.) — A radio de Pequim anunciou, no curso da noite, que o principal delegado comunista em Pan Mun Jon, o general Nam Il, apresentará "uma importante questão a discutir", na sessão plenaria de amanhã.

CONJECTURAS

MUNSÃ, 19 (A.F.P.) — Nos meios oficiais do comando das Nações Unidas recusa-se comentar a proposta dos comunistas, para realização de uma sessão da conferencia de armisticio, amanhã. Entretanto, presume-se, em Munsã, que os sino-coreanos tencionam entregar aos delegados aliados um protesto contra a libertação dos prisioneiros coreanos anticomunistas, pelo presidente Syngman Rhee.

Por outro lado, uma emissão de uma estação de radio de um país do leste europeu, ouvida em Munsã, ontem à noite, sugeria que os comunistas poderiam propor uma suspensão das negociações de armisticio, até que todos os evadidos tivessem sido capturados pelas Nações Unidas.

EISENHOWER RESPONSABILIZA O PRESIDENTE SYNGMAN RHEE

WASHINGTON, 19 (U.P.) — Varios membros do Congresso foram informados hoje de que Eisenhower, comunicou ao presidente da Coréia do Sul, sr. Syngman Rhee, que o considera diretamente responsavel pela libertação coletiva dos prisioneiros de guerra norte-coreanos.

Outras fontes manifestam que o presidente Eisenhower exigiu a Rhee, por meio de uma nota concebida em termos energicos, que proporcione garantias por escrito de que as forças da Coréia do Sul acatarão as condições do armisticio que for celebrado.

Informa-se que o secretario de Estado, sr. John Foster Dulles, numa reunião que teve anteriormente com membros das Subcomissões de Relações Exteriores do Senado e da Camara dos Representantes, que se encarregam dos assuntos do Extremo Oriente, manifestou-se muito preocupado com a possibilidade de a delegação comunista do armisticio valer-se do incidente da libertação dos prisioneiros, como pretexto para adiar as negociações.

O Departamento de Estado recusou-se a proporcionar pormenores sobre a reunião e manifestou unicamente que o secretario de Estado havia informado os presentes acerca dos acontecimentos das ultimas 48 horas. Todavia, em fontes chegadas ao Congresso, sabe-se que Eisenhower comunicou, em tom bastante energico, ao presidente Rhee, que os Estados Unidos esperam que a Coréia do Sul recapturará o maior numero possivel dos prisioneiros postos em liberdade. Os circulos diplomaticos reconhecem particularmente, contudo, que isso constituirá uma tarefa impossivel, mesmo que o proprio presidente Rhee estivesse disposto a cumpri-la.

O secretario de Estado, sr. Foster Dulles, teve tambem uma conferencia secreta com os embaixadores dos paises livres que lutam na Coréia, a qual se seguiu à que teve com os membros do Congresso. A Casa Branca negou-se, igualmente, a dar pormenores sobre essa segunda reunião, mas entende-se que nela se tratou do mesmo assunto.

Outras fontes explicaram que Eisenhower pediu a Rhee garantias de cooperação por escrito, uma vez que esta seria a unica forma em que tanto a Suecia, como a Suiça e a India consentiriam em fazer parte da Comissão de Poderes Neutros para a repatriação de prisioneiros. Segundo os informantes, os governos dos referidos paises manifestaram claramente, durante as ultimas vinte e quatro horas, que devem contar, com certeza absoluta, que os sul-coreanos acatarão as condições do armisticio. Diz-se que os Estados Unidos lhes asseguraram que os prisioneiros se acham sob a autoridade do comando das Nações Unidas, não obstante a ação do presidente Rhee.

CARTA DE RHEE A EISENHOWER

SEUL, 19 (A.F.P.) — "Contanto que uma das partes em litigio (Coréia ou Estados Unidos) não intervenha nas questões da outra, elas poderão manter cordiais relações entre si" — declarou o presidente Singman Rhee, numa carta endereçada ao presidente Eisenhower. Acrescenta o presidente que, pessoalmente, não crê que os comunistas aceitem qualquer especie de conferencia, o que jamais fizeram no campo da batalha.

Syngman Rhee relembra, no inicio de sua missiva, que a finalidade frequentemente afirmada pelos Estados Unidos e pela ONU, em diversas oportunidades, era o estabelecimento de uma Coréia unificada, independente e democratica, e tambem o merecido castigo dos agressores. Lamenta o lider sul-coreano que as forças comunistas tenham se revelado mais fortes do que realmente pareciam, e que as Nações Unidas tenham esquecido o fim inicial de sua intervenção na Coréia. Afirma o presidente que não mais se fala de unificar a Coréia pela guerra, ou do castigo dos agressores, e que a situação atual nada mais é do que uma "fraqueza manifesta" por parte dos aliados. Declara, ainda, que a oferta generosa de uma ajuda economica e militar era muito apreciada pelo povo coreano, salientando, porem, que tal oferta não poderia ser aceita, em virtude dessa sentença de morte para a Coréia.

A seguir, Syngman Rhee informa o presidente Eisenhower da "situação dificil que os sul-coreanos têm de enfrentar, considerando o fato que eles devem participar da luta, juntamente com a ONU, como em tudo aquilo que dela resulte, com "grandes perdas de homens e material, e de destruições de toda a especie". Por fim, adverte o presidente sul-coreano que a conclusão de um armisticio representaria um perigo eventual para o mundo inteiro, incluindo os Estados Unidos. Deplora Syngman Rhee que tenham sido os conselhos de pacificação os principais fatores da mudança da opinião norte-americana sobre o armisticio. Quaisquer que sejam os termos do armisticio — assevera o presidente sul-coreano — estes ajudariam os comunistas a aumentar o seu potencial ofensivo e lhes permitiriam dominar toda a Asia. Conclui Rhee: "Nós confiamos em vossa sabia administração para pôr termo à crise atual."

MAIS PRISIONEIROS LIBERTADOS PELOS SUL-COREANOS

SEUL, 19 (A.F.P.) — De acordo com as primeiras informações chegadas a esta cidade, os guardas sul-coreanos libertaram esta manhã 1.400 prisioneiros do campo de Koyong. A Policia Militar norte-americana inutilmente tentou intervir. Quarenta prisioneiros teriam sido mortos ou feridos e outros quarenta teriam sido recapturados. Por outro lado, os guardas sul-coreanos abriram as portas do campo de Yonchon, situado a uns trinta quilometros ao leste de Taegu e libertaram 4.000 prisioneiros.

URGENTE

Suspendem os comunistas os preparativos para o armisticio

PAN MUN JON, 20 (sabado) (U.P.) — Os delegados comunistas suspenderam ontem seus preparativos para a assinatura do armisticio, como consequencia da libertação de prisioneiros norte-coreanos pela Republica da Coréia, segundo se revelou esta noite.

EDIÇÃO DE HOJE 2 CADERNOS | ASSUNTOS GERAIS

FOLHA DA MANHÃ

PROPRIEDADE DA EMPRESA "FOLHA DA MANHA" S.A.

ANO XXIX ★ Sao Paulo — Sabado, 8 de maio de 1954 ★ N.º 9.238

CAIU APÓS VINTE HORAS DE LUTA A FORTALEZA DE DIEN BIEN PHU

NESTA EDIÇÃO

"Seu" deputado cumpriu o que prometeu e trabalhou pelo bem publico? Reeleja-o. Se ele o decepcionou, escolha um candidato melhor. Para isso, aliste-se hoje mesmo ou, se já é eleitor, vá buscar seu titulo antigo (que voltou a ter valor) no T.R.E. — Rua do Seminario, 61.

Catastrofe na Guanabara

Na madrugada de ontem, como a FOLHA DA MANHA registrou na edição anterior em nota de ultima hora, verificou-se uma catastrofe na ilha de Braço Forte, no Rio. Sobre o desastre, damos noutro local pormenorizado noticiario. A gravura fixa um flagrante do combate ao fogo.

Ainda resistia esta madrugada o posto de "Isabelle", ao sul do baluarte — Declaração do primeiro-ministro Laniel perante a Assembléia Nacional Francesa

INALTERADA A POSIÇÃO DA FRANÇA EM GENEBRA

PARIS, 7 (ANSA) — O presidente do conselho, Laniel, anunciou esta tarde, à assembléia nacional, que a fortaleza de Dien Bien Phu caiu, esta manhã, em poder das forças comunistas.

Ainda resiste, sob as ordens do coronel Laland, o posto "Isabelle", ao sul do nucleo principal da fortaleza.

Final de vinte horas de combates

PARIS, 7 (A.F.P.) — Foi as 15 h 35 que o sr. Joseph Laniel, presidente do Conselho, anunciou à Assembléia Nacional que o reduto central de Dien Bien Phu caira, ao fim de vinte horas de combates.

Entretanto, o centro de resistencia "Isabelle", situado a quatro quilometros ao sul do dispositivo central, continua firme ainda.

Não será modificada a politica francesa em Genebra

PARIS, 7 (ANSA) — O Conselho de Ministros francês reuniu-se esta tarde, às 17 horas, logo depois da suspensão dos trabalhos da Assembléia Nacional suspensão essa que foi decidida em sinal de luto pela queda da posição central da fortaleza de Dien Bien Phu. No decorrer de sua dramatica declaração à Assembléia, o primeiro-ministro Laniel, afirmou que a queda de Dien Bien Phu não acarretará qualquer modificação na atitude da delegação francesa à Conferencia de Genebra.

A declaração do "premier"

PARIS, 7 (A.F.P.) — E o seguinte o texto integral da declaração que o sr. Joseph Laniel, presidente do Conselho, fez esta tarde na Assembléia Nacional:

O governo acaba de saber que o reduto central de Dien Bien Phu caiu, depois de 20 horas de violentos combates ininterruptos. O centro de resistencia "Isabelle" continua se mantendo. O adversario quis, antes da abertura da Conferencia de Genebra sobre a Indochina, obter a queda de Dien Bien Phu. Ele acreditou poder, assim, dar um golpe decisivo no moral da França.

"A boa vontade e à vontade de paz dos franceses, prosseguiu o presidente do Conselho, ele respondeu, sacrificando milhares de seus proprios soldados, para fazer sucumbir diante desse numero os heróis que há 55 dias constituiam a admiração do mundo."

"Diante desse revés, que não pode atingir a gloria imortal dos defensores de Dien Bien Phu, a França terá a reação viril de uma grande nação. Ela pensará inicialmente nos soldados do Corpo Expedicionario na Indochina. As disposições necessarias estão em curso para que a força do Corpo Expedicionario não seja diminuida. Ela confirmará a seus delegados em Genebra suas instruções, sem admitir que a queda de Dien Bien Phu provoque o menor desvio na linha que ela se propõe seguir. Toda a regulamentação deverá compreender as condições necessarias à salvaguarda das tropas da União Francesa, à liberdade dos povos cuja independencia ela protege e o direito de eles escolherem o seu destino.

"Enfim, a França lembrará a seus aliados que, durante sete anos, o Exercito da União Francesa não deixou de proteger uma das regiões nevralgicas do Continente Asiatico e que, assim agindo, ela defendeu os interesses de todos."

"Alem disso, concluiu o sr. Laniel, a França inteira se associará à angustia das familias dos combatentes de Dien Bien Phu. O seu heroismo se elevou a tais alturas, que a consciencia universal deveria ditar ao adversario, em favor dos feridos e daqueles aos quais a coragem dá o direito às honras da guerra, as decisões que contribuirão mais do que tudo à criação de um clima que facilite o restabelecimento da paz."

Reação dos parlamentares

PARIS, 7 (A.F.P.) — O rumor da queda do centro principal de Dien Bien Phu já se espalhara pelos corredores da Assembléia Nacional, no momento em que o presidente do Conselho tomou a palavra. Assim desde que o sr. Laniel — cuja declaração fora anunciada — subiu à tribuna, todos os deputados se levantaram de seus bancos para ouvi-lo, com exceção dos comunistas.

No fim da tarde, aprovava-se geralmente, nos meios parlamentares, a passagem da declaração do sr. Laniel, indicando que esse acontecimento não poderia modificar as instruções dadas à delegação francesa em Genebra, assim como o apelo à resolução "viril" da nação.

A ultima mensagem

PARIS, 7 (A.F.P.) — "Eles se acham a alguns metros... infiltram-se por toda a parte"... Tais foram as ultimas palavras do general De Castries, transmitidas pela radiofonia e captadas em Hanói. Fez-se depois silencio e nenhuma noticia chegou da fortaleza, literalmente submergida por um inimigo superior, esmagadoramente, em numero.

A invasão

HANÓI, 7 (U.P.) — Segundo informações extraoficiais, a batalha final, de Dien Bien Phu foi travada num pequeno circulo de menos de mil metros de diametro, no qual se degladiavam, em selvagem luta, nove mil defensores e vinte mil atacantes.

A ultima noticia que se tem do general De Castries dizia que ele foi visto inclinado sobre seus mapas no ultimo reduto, no centro da propria fortaleza, enquanto, regimento após outro, os rebeldes se lançavam ao assalto, gritando: "Viva Ho Chi Minh por mil anos. Morra o francês, morra."

"Não nos renderemos"

PARIS, 7 (A.F.P.) — Segundo as ultimas noticias recebidas da Indochina, eis os termos da ultima comunicação do general De Castries ao comando francês de Hanói: "Após vinte horas de um combate sem interrupção, indo até ao corpo a corpo, o inimigo está infiltrado em todo o reduto central. Faltam-nos munições. A resistencia vai ser submergida. Os soldados do Vietminh não se encontram a mais do que alguns metros do posto de radio do qual eu vos falo. Eu dou ordens para que se opere o maximo de destruições. Nós não nos renderemos."

O posto silenciou depois dessas ultimas palavras."

Silencio dos comunistas — Ignorada a sorte de De Castries

LONDRES, 7 (U.P.) — Todo o mundo livre espera esta noite, com apreensão, as noticias sobre a sorte dos defensores de Dien Bien Phu, porem, os unicos que podem informar — os comunistas — se mantêm silenciosos.

A agencia de informações comunista "Nova China", porta-voz dos rebeldes vietminitas, somente comuni-

(Conclui na pagina seguinte)

Laniel

URGENTE

CAIU, PARECE, O ULTIMO CENTRO DE RESISTENCIA

SAIGON, 8 (A.F.P.) — O Vietminh lançou, à meia-noite, um assalto geral contra o ultimo posto, o de "Isabelle".

NAO RESPONDEM

SAIGON, 8 (A.F.P. e U.P.) — O ultimo centro de resistencia, situado a 4 km ao sul do posto de comando de Dien Bien Phu, não responde mais.

Teme-se que tenha caido em poder dos rebeldes.

A 1 h 50 de hoje, o posto anunciou: "Já não posso continuar comunicando-me com vocês." E silenciou.

"A RESISTENCIA TORNOU-SE IMPOSSIVEL"

SAIGON, 8 (A.F.P.) — O general De Castries dirigiu-se, pelo radiotelefone, a Hanói, declarando: "O reduto central do campo entrincheirado vai ser dominado. A resistencia tornou-se impossivel." Após ter dirigido essa mensagem, o general De Castries destruiu sua estação emissora. Desde então, nenhuma outra noticia chegou do posto de comando de Dien Bien Phu, nem de qualquer outro posto do reduto central.

GENERAL DE CASTRIES
Sorte ignorada

"Esta batalha ficará sempre como simbolo da resistencia do mundo livre à agressão"

Eisenhower louva em mensagem a bravura dos defensores de Dien Bien Phu — Convocado o Conselho de Segurança dos E.U.A. — Emoção na Inglaterra

WASHINGTON, 7 (U.P.) — O presidente Eisenhower disse hoje, numa carta dirigida ao presidente da França, sr. René Coty, que a heroica luta em defesa de Bien Dien Phu ficará para sempre como simbolo da determinação do mundo livre de resistir à agressão.

E' a seguinte a nota enviada por Eisenhower ao presidente da França:

"O mundo livre inspirou-se no heroismo e resistencia da valente guarnição de Dien Bien Phu. Sua devoção e a qualidade de sua resistencia foram tão grandes que essa batalha ficará para sempre como simbolo da determinação do mundo livre de resistir à agressão ditatorial e manter o seu direito de autodeterminação.

"A França sofreu derrotas temporarias, porem, sempre triunfou no final para continuar sendo um dos guias do mundo. Os que lutaram, morreram ou se feriram em Dien Bien Phu devem saber que o sacrificio de suas vidas não foi em vão; que o mundo livre continuará sendo fiel às causas pelas quais lutaram tão nobremente."

CONVOCADO O CONSELHO DE SEGURANÇA DOS E.U.A.

WASHINGTON, 7 (A.F.P.) — O presidente Eisenhower convocou o Conselho Nacional de Segurança para uma reunião extraordinaria amanhã, às 12 h 15.

FINALIDADE DA REUNIAO

WASHINGTON, 7 (A.F.P.) — Respondendo às questões apresentadas pelos jornalistas, o porta-voz da Casa Branca declarou ignorar se a reunião extraordinaria do Conselho Nacional de Segurança, amanhã, havia sido convocada para estudar a situação na Indochina, diante da queda de Dien Bien Phu.

Para os observadores parece certo, todavia, que a situação indochinesa será examinada pelo Conselho.

OPINIAO DO SENADOR BRIDGES

WASHINGTON, 7 (A.F.P.) — O senador republicano de "New Hampshire, sr. Styles Bridges, presidente da Comissão Senatorial dos Creditos, declarou à imprensa que a queda de Dien Bien Phu indicava "a que ponto a situação é critica e exige uma ação positiva e comum", no Sudeste Asiatico. "Chegou o momento de nossos aliados e nossos supostos aliados, prosseguiu o senador, estarem presentes ao apelo e cessarem de discutir".

O senador acrescentou que a primeira tarefa dos Estados Unidos era verificar o que os outros paises do mundo livre estavam dispostos a fazer. "Se nada fizerem, disse o senador, os Estados Unidos deverão realizar seu proprio programa".

EMOÇAO EM LONDRES

LONDRES, 7 (A.F.P.) — A queda de Dien Bien Phu foi acolhida em Londres com profunda emoção. Os meios oficiais rendem vibrante homenagem ao heroismo dos defensores da fortaleza e salientam a importancia dessa fase da luta na Indochina. Considera-se que o inimigo pagou muito caro por essa vitoria.

O general De Castries e seus homens salvaram o Laos, ocupando o adversario até a estação das chuvas e colocando o Delta ao abrigo de toda ação maciça.

COMUNICADO DE CHURCHILL

LONDRES, 7 (ANSA) — Numa declaração oficial, divulgada na noite de hoje pelo governo britanico, o primeiro-ministro Churchill manifesta sua admiração em face da heróica resistencia dos defensores de Dien Bien Phu, que "desperta simpatia e comoção em todo o mundo britanico".

O comunicado conclui referindo-se às "melhores tradições do Exercito francês" e acentuando que o que aconteceu em Dien Bien Phu representa um exemplo.

NOTA DE ANTHONY EDEN

GENEBRA, 7 (ANSA) — O chanceler britanico Eden, logo depois de haver recebido a noticia da capitulação de Dien Bien Phu, procedeu à leitura de um comunicado à imprensa, em que manifesta sua admiração pelo "magnifico heroismo e desprendimento dos defensores de Dien Bien Phu".

O FRACASSO DA "INTERVENÇAO DIRETA" NORTE-AMERICANA

LONDRES, 7 (U.P.) — A queda de Dien Bien Phu ressaltou, esta noite, com amargura, o terminante "não" da Grã-Bretanha, ao pedido de ajuda feito pela França para salvar o baluarte.

O ministro das Relações Exteriores, Anthony Eden, prestou sincero tributo, em Genebra, aos defensores de Dien Bien Phu, ao expressar sua "admiração sem limites pelo esplendido heroismo" dos que lutaram e finalmente cairam naquele vale de lama da Indochina.

Mas, em Paris, as amargas palavras do presidente do Conselho, Joseph Laniel, recordaram aquele dramatico fim de semana de abril, quando os estadistas ocidentais, em Londres e Washington, se viram ante a decisão de correr em ajuda a Dien Bien Phu e arriscar-se a uma guerra. A decisão foi negativa.

"A França deve dizer agora a seus aliados que, durante sete anos, a deixaram sozinha para defender seus interesses comuns na Indochina", manifestou Laniel na Assembléia francesa, em Paris. Todos os rumores estão de acordo agora em afirmar que o chanceler francês, Georges Bidault, pediu ajuda — provavelmente intervenção aerea para salvar Dien Bien Phu, quando se reuniu com o secretario de Estado norte-americano, John Foster Dulles, em Paris, a 24 de abril. Nessa mesma noite, Eden voltou a Londres para consultar o primeiro-ministro britanico, Sir Winston Churchill, e ambos convocaram uma reunião extraordinaria do gabinete para o dia seguinte — domingo, pela manhã, com os chefes do Estado-Maior das forças britanicas. Eden deu a resposta britanica a Bidault em uma breve e secreta entrevista mantida no aeroporto de Paris. Em seguida, foi a Genebra para informar Dulles.

Em circulos dignos de credito, diz-se que o presidente Eisenhower, ao conhecer a decisão britanica, resolveu não solicitar ao Congresso a necessaria autorização para intervir na guerra.

TELEGRAMA DE SCELBA A LANIEL

ROMA, 7 (ANSA) — O presidente do Conselho Italiano, sr Mario Scelba enviou ao primeiro-ministro francês Laniel o seguinte telegrama: "O governo e a Nação italianos dirigem, comovidos e admirados, seu pensamento aos heroicos defensores de Dien Bien Phu, que se sacrificaram por aqueles altos ideais, que são apanagio comum dos povos livres. O exemplo de sua demorada e valorosa resistencia não pode deixar de reforçar nossa firme determinação de agir contra qualquer agressão que ameace a independencia dos povos e os direitos fundamentais da humanidade. Permita-me acrescentar a esse sentimento a expressão de minha mais sincera e profunda simpatia."

O chanceler Piccioni, por seu lado, enviou uma mensagem de solidariedade ao seu colega francês Bidault.

(Conclui na pagina seguinte)

CONTINUAM ESCASSAS AS NOTICIAS SOBRE O GOLPE REVOLUCIONARIO NO PARAGUAI

Informa-se que a nova Junta de Governo aceitou a demissão do presidente Chávez, designando para seu sucessor o general Alfredo Stroener — Teria sido restabelecida a ordem no país

BUENOS AIRES, 7 (U.P.) — Continua impenetravel o enigma sobre a situação interna do Paraguai, apesar de haver o circuito radiotelegrafico de Assunção restabelecido o serviço normal.

As circunstancias indicam que deve ter sido implantado o estado de sitio no Paraguai. Daí a censura rigorosa que se verifica nos despachos.

CHAVEZ ESTARIA PRESO

BUENOS AIRES, 7 (U.P.) — Viajantes chegados, esta noite, por via aerea, de Assunção, manifestaram que o presidente Chavez foi deposto e que se acha na prisão. Acrescentaram que o comandante-chefe do Exercito, general Alfred Stroener, aparentemente domina a situação, mas que um grupo de militares do campo rebelde continua em armas.

O GENERAL STROENER SERIA O SUCESSOR DE CHÁVEZ

POSADAS, Argentina, 7 (U.P.) — Informações de Assunção dizem que a Assembléia Nacional paraguaia se reunirá de um momento para outro, a fim de considerar a renuncia do presidente Chávez e a proclamação, como seu sucessor, do general Alfredo Stroener, comandante-chefe do Exercito.

COMUNICADO DO COMANDANTE-CHEFE DAS FORÇAS ARMADAS

ASSUNÇAO, 7 (U.P.) — Os jornais da manhã, que reapareceram hoje, divulgaram um comunicado do comandante-chefe das forças armadas, no qual este anuncia que foi restabelecida a ordem na 1.a Divisão de Cavalaria e voltou a imperar a normalidade no país.

Publicam os jornais comunicados assinados pelo novo chefe de policia, tenente-coronel Mario Ortega, bem como artigos em memoria do chefe de policia anterior, dr. Roberto Petit, tragicamente morto durante os ultimos acontecimentos.

REAPARECIMENTO DOS JORNAIS

ASSUNÇAO, 7 (A.F.P.) — Os jornais reapareceram hoje publicando um comunicado do comando militar e chefe de policia, comandante Mario Ortega, anunciando que a ordem fora restabelecida em todos os lugares e convidando a população a reiniciar as atividades habituais. O diario "Union" consagra um artigo necrologico a Robert Petit, chefe de policia, morto no decorrer dos acontecimentos e cujos funerais foram realizados em calma. As escolas foram reabertas normalmente.

O embaixador do Paraguai na Argentina, chamado para fazer parte da nova Junta do Governo, é o sr. Juan Chavez, parente do sr. Federico Chavez, presidente da Republica até a revolta militar.

APELO DA CONFEDERAÇAO PARAGUAIA DOS TRABALHADORES

BUENOS AIRES, 7 (U.P.) — O boletim de noticias "Reporter Esso", transmitido pelo radio de Assunção e captado nesta capital, continha um apelo da Confederação Paraguaia de Trabalhadores, que convida os operarios a reiniciarem seus trabalhos.

O apelo dizia: "Tendo-se restabelecido a normalidade em todo o país, a Confederação Paraguaia de Trabalhadores convida a todos os trabalhadores paraguaios a reiniciar os seus trabalhos normais, comparecendo aos seus postos. (assinado) Valentin Lopez, secretario-geral".

Esse apelo indica que houve uma greve geral no Paraguai.

A FORMAÇAO DA JUNTA DE GOVERNO

BUENOS AIRES, 7 (A.F.P.) — Segundo viajantes de um avião argentino que deixou a capital paraguaia, ontem à tarde, um acordo provisorio teria intervindo entre os partidos que subiram no Paraguai, pela formação de uma Junta de Governo, compreendendo quatro militares e quatro civis.

Segundo os mesmos viajantes, o sr. Federico Chávez, presidente da Republica anteriormente ao levante militar de cinco do corrente, faria parte desta Junta na qualidade de ministro da Guerra.

MEMBROS DA JUNTA DO GOVERNO

ASSUNÇAO 7 (A.F.P.) — A Junta do Governo convidou os embaixadores do Paraguai em Madri, Buenos Aires e Lima para que regressem imediatamente a Assunção, a fim de assumir as funções daquela junta.

COMO SE TERIA INICIADO O MOVIMENTO

BUENOS AIRES, 7 (A.F.P.) — Segundo viajantes chegados de Assunção, quinze pessoas teriam sido mortas durante os acontecimentos que marcaram a rebelião do regimento de cavalaria da capital contra o governo. Segundo uma testemunha ocular, um grupo de militares abriu fogo na noite de 4 do corrente contra a guarda da chefatura de policia, da qual se apoderou rapidamente. O chefe da policia, Robert Petit, foi abatido pouco depois por um oficial. Foram ouvidos tiros durante a noite e na manhã seguinte.

De São Paulo a Nova York de bicicleta

LIMA, 7 (A.P.P.) — Tentando ligar em bicicleta São Paulo, no Brasil, com Nova York, chegou a Lima o brasileiro Lucarmo Samari de Morin, o qual saiu da capital paulista dia 22 de dezembro de 1953. Com uma carga de 45 quilos de equipamento, o esportista, na segunda-feira, prosseguirá viagem para o norte.

ACUSADOS OS COMUNISTAS DE CRIAREM OBSTACULOS ÀS CONVERSAÇÕES DE PAZ

Deverão iniciar-se hoje, em Genebra, as conversações das 9 delegações sobre o problema da Indochina

GENEBRA, 7 (U.P.) — O Ocidente acusou hoje a União Sovietica e a China comunista, de haverem criado obstaculos ao inicio das conversações de paz na Indochina, dando tempo a que os comunistas conquistassem a fortaleza de Dien Bien Phu.

Plenamente apoiada pelos Estados Unidos e Grã-Bretanha, a França responsabilizou diretamente os "socios do Vietminh" por não haver sido celebrada uma tregua humanitaria para evacuar os 1.200 defensores feridos de Dien Bien Phu.

— "No momento em que o porta-voz sovietico parecia deplorar a situação em Dien Bien Phu, tinha já a informação sobre a sorte final dessa guarnição" — denunciou Georges Bidault, ministro das Relações Exteriores francês, numa energica declaração.

Para redigi-la, Bidault não compareceu à sessão, realizada hoje pela Conferencia do Extremo Oriente. Permaneceu em sua residencia empenhado em tal tarefa, depois de haver recebido, pelo telefone, do sr. Joseph Laniel, presidente do Conselho de Ministros da França, a infausta noticia da queda de Dien Bien Phu.

Durante duas horas, reuniram-se, esta tarde, as 19 delegações para deliberar sobre o problema coreano. Os representantes das Filipinas, Nova Zelandia, [illegible] Colombia insistiram com o [illegible]to ocidental de que a melhor forma de unificar a Coréia é [illegible]do eleições fiscalizadas pelas Nações Unidas.

A sessão finalizou sem que se chegasse a decisão alguma sobre quando começará a fase indochinesa da conferencia. Vyacheslav Molotov, o ministro das Relações Exteriores sovietico, que hoje ocupou a presidencia, declarou que tal fase podia começar amanhã.

Justamente quando se recebiam as informações de que se extinguia a resistencia francesa, a União Sovietica acusou a França de haver recusado a tregua humanitaria e responsabilizou esse país, juntamente com os Estados Unidos e a Grã-Bretanha, pela demora em iniciar as conversações de paz na Indochina.

O sr. Leonid Ilyachev, chefe de imprensa da delegação sovietica, convocou os correspondentes para uma conferencia, a fim de manifestar que devia negar as versões de que a China havia rechaçado, ontem, um plano francês, para deter temporariamente a luta em Dien Bien Phu, e efetuar a retirada dos feridos. Negando-se a responder porque falava em nome da China, afirmou que os Estados Unidos, a França e a Grã-Bretanha haviam aceito começar hoje as conversações de paz indochinesa, mas que depois [illegible]

Por sua vez, o porta-voz da delegação chinesa, sr. Huang Hua, declarou que os franceses haviam manifestado aos chineses, quarta-feira à noite, que não seria "conveniente" para eles negociar diretamente com os vietminitas e, assim sendo, solicitavam os bons oficios chineses.

— "A China lhes fez ver claramente que se encontra já em Genebra uma delegação do Viet-Minh e que, por conseguinte, em Genebra podiam começar as negociações".

Replicando às asseverações comunistas, o sr. Bidault declarou:

— "A abertura da Confernecia sobre a Indochina foi demorada principalmente por questões de procedimento, apresentadas pelos socios do Vietminh. A noticia final de Dien Bien Phu confirma que o lado comunista aguardava o resultado da batalha, antes de permitir o inicio da Conferencia, de modo que não houvesse necessidade de responder à questão dramatica da tregua humanitaria".

Ao receber a noticia da queda da fortaleza no Viet-Nam, o sr. Bidault chorou. Uma a uma, as delegações ocidentais emitiram declarações de elogio à valentia e heroismo dos soldados franceses, vietnamitas e de outras partes que defenderam sua posição. O chefe da delegação norte-americana, sr. Walter Bedell Smith, salientou que a defesa de Dien Bien Phu é uma mostra da "virilidade francesa".

OPINIOES EMITIDAS PELO REPRESENTANTE PILIPINO

GENEBRA, 7 (A.F.P.) — Num discurso, pronunciado na reunião plenaria da conferencia de Genebra, esta tarde, o sr. Carlos P. Garcia, chefe da delegação das Filipinas, declarou que seu país tinha assumido o compromisso de pôr em pratica as resoluções das Nações Unidas e suas recomendações, tendo em vista uma resolução pacifica da questão coreana.

A seguir, exprimiu o seu pesar, dado que a proposta do delegado norte-coreano, general Nam Il, acha-se em contradição com as soluções encaradas pelas Nações Unidas e exprimiu a esperança de que esta tomada de posição não representasse a ultima palavra do governo da Coréia do Norte.

O sr. Garcia elevou a sua voz notadamente contra a reivindicação norte-coreana, tendente a fazer participar "organizações democraticas e sociais" na Comissão eleitoral das eleições previstas para a Coreia, sublinhando que é precisamemnte um desacordo sobre a interpretação desses termos que provocou o malogro dos trabalhos da Comissão Mista, que deverá aplicar os termos dos acordos de Moscou de dezembro de 1945. [illegible]

(Conclui na pagina seguinte)

Recepção ao major-brigadeiro Mascarenhas em Washington

WASHINGTON, 7 (U.P.) — A Junta Interamericana de Defesa celebrou hoje uma sesão especial para receber o major-brigadeiro Aljamar Mascarenhas, chefe do Estado-Maior da Força Aérea Brasileira, que visita os Estados Unidos como convidado da Força Aérea Norte-Americana. [illegible] Alabama, e Eglin, na Florida.

Rejeitam as três potencias ocidentais a proposta sovietica de adesão à NATO

"É inutil fazer ressaltar o carater absolutamente irreal de tal sugestão" — declara a nota ontem enviada a Moscou

MOSCOU, 7 (A.F.P.) — As três embaixados ocidentais fizeram entregar, hoje, por mensageiros, a resposta ocidental à nota sovietica de 31 de março ultimo ao Ministerio das Relações Exteriores da U.R.S.S. Essa nota pedia a adesão da U.R.S.S. na OTAN.

A RESPOSTA OCIDENTAL

PARIS, 7 (A.F.P.) — A resposta ocidental à nota sovietica de 31 de março ultimo rejeita o Plano de Segurança Européia que havia sido apresentado pelo sr. Molotov, quando da Conferencia de Berlim, e novamente proposto na nota da U.R.S.S. de 31 de março.

"Nessa sugestão, declarou a resposta ocidental, o governo sovietico não tenta suprimir as causas reais da tensão na Europa. Em lugar de o fazer, ele propõe um novo tratado de segurança coletiva, que é abertamente baseado na neutralização e na manutenção da divisão da Alemanha e conserva, como está, o estreito controle politico, economico e militar que o governo sovietico exerce sobre os paises da Europa Oriental.

"A insegurança e a divisão na Europa só podem assim ser prolongadas. Mesmo emendadas de maneira a permitir a participação dos Estados Unidos, essas propostas não fornecem nenhuma base para uma segurança verdadeira.

A resposta ocidental, em seguida, observou que o Plano Sovietico de Segurança Européia "tenderia inevitavelmente a arruinar a autoridade das Nações Unidas."

A resposta dos três rejeita, em seguida, a proposta da U.R.S.S. de aderir à Organização do Tratado do Atlantico.

"E' inutil, diz ela, fazer ressaltar o carater absolutamente irreal de tal sugestão."

A resposta, de outra parte, declara que "o metodo mais seguro, mais eficaz, de resolver o problema da contribuição da Alemanha à defesa, consiste numa forma de associação que, por sua propria natureza, interditaria à Alemanha qualquer ação invidiual armada."

Sugere, enfim, que a "U.R.S.S. daria provas concretas de sua boa vontade, se ligando-se aos governos da França, Estados Unidos e Inglaterra, a fim de resolver a questão austriaca, o problema alemão e concluir, rapidamente, um acordo sobre o desarmamento geral progressivo, equilibrado e controlado, que deveria prever notadamente a proibição das armas atomicas, de pesquizar a solução dos problemas mais urgentes no Extremo Oriente, quando da Conferencia de Genebra e adotar, no seio das Nações Unidas, uma atitude concordante com os principios da Carta, permitindo, assim, às Nações Unidas, realizar a sua missão como organização de Segurança Coletiva".

Sobre o problema da Comunidade Européia de Defesa, a nota declara que a divisão da Europa foi provocada pelo governo sovietico e notadamente por sua recusa de encarar a reunificação da Alemanha na base de eleições livres.

"Não parece possivel, em tais circunstancias, deixar sem defesa a propria Republica Federal Alemã, principalmente porque, conforme confissão dos proprios dirigentes da Alemanha Oriental, esta possui forças armadas substanciais. O governo francês considera que o metodo mais seguro e mais eficaz de resolver o problema da contribuição da Alemanha à defesa consiste numa forma de associação que, por sua propria natureza, lhe interditaria qualquer ação individual armada."

Em conclusão, a nota salienta a urgente necessidade de melhorar as relações entre os Estados e garantir a sua segurança mutua. Ela sugere, consequentemente, que o governo sovietico dê provas concretas de sua boa vontade, reunindo-se aos governos francês, britanico e americano, a fim de: a — procurar uma solução rapida da questão austriaca; b — procurar uma solução duradoura e aceitavel do problema alemão; c — concluir rapidamente um acordo sobre o desarmamento geral, progressivo, equilibrado e controlado, prevendo notadamente a interdição das armas atomicas e de destruição maciça, assim como o controle da energia atomica; d — procurar a solução dos problemas mais urgentes no Extremo Oriente quando da Conferencia de Genebra; e — adotar no seio da ONU uma atitude conforme os principios da Carta e permitir, assim, à ONU realizar a sua missão como organização de segurança coletiva.

O CAMPEÃO mundial de todos os pesos, Rocky Marciano, brinca com o filhinho de 17 meses, no seu campo de treinamento, onde se prepara para a luta do dia 17 de junho proximo, em Nova York, com Ezzard Charles. (I.N.P.)

EDIÇÃO DE HOJE 6 CADERNOS

ASSUNTOS GERAIS

FOLHA DA MANHÃ

PROPRIEDADE DA EMPRESA "FOLHA DA MANHÃ" S.A.

ANO XXX ★ São Paulo — Domingo, 25 de julho de 1954 ★ N.º 9.305

INDICE DESTE CADERNO

NESTA EDIÇÃO:

Não perca mais tempo: aliste-se amanhã mesmo, ou, se já é eleitor, vá buscar seu titulo antigo (que voltou a ter valor) no T.R.E. — Rua do Seminario, 61.

VOCÊ SO' TEM 9 DIAS UTEIS PARA SE ALISTAR!

A U.R.S.S. PROPÕE ÀS POTENCIAS OCIDENTAIS NOVA DISCUSSÃO SOBRE OS PROBLEMAS EUROPEUS

Marta Rocha em segundo lugar no concurso de Miss Universo

A despeito do favoritismo da representante brasileira, mantido até os ultimos instantes, foi eleita Miss Universo Lilian Stevenson (E.U.A.), uma universitaria loura de 21 anos — Marta recusa um contrato no cinema — Felicitações das FOLHAS à princesa de beleza

Marta

Favorita até os ultimos instantes, Marta Rocha, Miss Brasil, alcançou anteontem em Long Beach o segundo lugar no Concurso de Miss Universo, levantado pela norte-americana Mirian Stevenson, uma universitaria de 21 anos, loira.

A noticia do magnifico resultado obtido pela representante do Brasil, uma das cinco finalistas selecionadas entre dezenas de concorrentes, só foi conhecida ontem pela madrugada em São Paulo e teve imediata e ampla repercussão, por seu significado. Consagrada universalmente como uma das expoentes da beleza e da graça da juventude feminina, Marta Rocha tem hoje o seu nome projetado em todo o mundo, para alegria de quantos no Brasil — e eramos todos — acompanhavam profundamente interessados o desenvolvimento da competição.

As FOLHAS, nesta hora de jubilo, sentem-se tambem felizes por terem tido o privilegio de movimentar, com o "Diario Carioca" e outros jornais, através de uma iniciativa de nosso vespertino FOLHA DA NOITE, o empolgante certame que valeu pela consagração da mulher brasileira, tão dignamente representada por Marta.

Os resultados

LONG BEACH (California), 24 (A.P.P.) — Miss Estados Unidos, Miriam Steveson, foi designada Miss Universo de 1954.

Marta Rocha, Miss Brasil, conquistou o segundo lugar, tornando-se assim a primeira dama de honra de Miss Universo. A terceira colocada é Miss Hong-Kong, Virginia June Lee. Miss Alemanha, Resina Ernst, e Miss Suecia, Ragnhilo Glausson, foram classificadas respectivamente em quarto e quinto lugares.

As cinco foram finalistas.

As representantes da Argentina, do Chile, da Costa Rica, do Uruguai, do Peru, da França, da Grecia, da Italia, da Noruega, do Panamá e das Filipinas haviam chegado até as semifinais.

Favorita até o ultimo instante

LONG BEACH, California, 24 (U.P.) — O triunfo da representante dos Estados Unidos, que ganhou o titulo de Miss Estados Unidos no concurso nacional norte-americano a que compareceu como representante do Estado da Carolina do Sul, constituiu uma surpresa.

A favorita até o ultimo instante era a representante do Brasil.

Na opinião dos juizes, Marta Rocha era a mais formosa do concurso... depois da norte-americana.

Os onze juizes, entre os quais se encontravam as atrizes do cinema Piper Laurie e Suzan Ball, o jornalista Earl Wilson e o maquilador Bud Westmore, estiveram de acordo em que Miriam Stevenson devia ser proclamada "Miss Universo" porque suas medidas fisicas, voz, personalidade e postura eram melhores que as de suas adversarias.

"Miss Universo" tem olhos azuis, 1,65 de altura e pesa 55 quilos; busto, 90 centimetros; cintura, 60; e quadris, 90.

Miss Estados Unidos (tipo "completamente norte-americano de beleza", o que lhe valeu o titulo) derrotou 33 concorrentes que chegaram em busca do cobiçado titulo, de todas as partes do mundo.

Unicamente paises que se encontram fora da cortina de ferro participaram no concurso.

"Estou emocionada. Não posso crer" — disse a jovem vencedora. "Isto é o mais maravilhoso que me podia ter ocorrido. Dou graças a todos com todo o coração."

A multidão aplaudiu com entusiasmo as formosas concorrentes quando compareceram no cenario do "Auditorio Municipal" desta cidade de 350.000 habitantes sobre a costa do Pacifico. Não havia um só lugar vago nos 4.500 do recinto e todos os espectadores aguentaram sem queixar-se o calor, apesar de que fora fazia frio.

Em terceiro lugar foi classificada "Miss Hong Kong", Virginia June Lee, de 20 anos, e 63-58-88 centimetros de busto cintura e quadris; em quarto, Miss Alemanha, Regina Ernst, de 18 anos, e 90-60-82 centimetros; em quinto, Miss Suecia, Ragnhild Clausson, de 19 anos, e 90-53-90 centimetros.

Os premios ganhos por Miss Universo são quase os mesmos que obteve ao conquistar, quarta-feira, o titulo de Miss Estados Unidos: um automovel conversivel de 4.000 dolares, um contrato de seis semanas a 250 dolares por semana com a produtora cinematografica Universal International e outros mais, avaliados em oito mil dolares, alem do que venha a receber por dar seu nome para o anuncio de produtos comerciais.

"Miss Brasil" deixou a cena chorando. Seu representante, sr.

(Conclui na 4.a pag. deste caderno)

As felicitações do "Diario Carioca"

Em data de ontem, as FOLHAS receberam do sr. Pompeu de Sousa, do "Diario Carioca", o seguinte telegrama:

"Transmito-lhes em nome do "Diario Carioca" meu caloroso abraço de congratulações pela vitoria do brilhante e impecavel concurso que junto realizamos para escolha da representante maxima da beleza brasileira, consagrada agora universalmente."

Ao sr. Pompeu de Sousa, as FOLHAS passaram em resposta o telegrama a seguir reproduzido:

"Sensibilizados com suas amaveis felicitações, queremos tambem manifestar-lhe profunda satisfação pelo feliz desfecho do nosso concurso, com a consagração de Marta Rocha, digna representante das moças do Brasil."

As FOLHAS a Marta Rocha

Na manhã de ontem, a direção e a redação das FOLHAS enviaram a Marta Rocha o seguinte telegrama:

"O Brasil inteiro acompanhou, com ansiosa emoção, o desenvolvimento do concurso em que iriam defrontar-se as mais belas jovens do mundo. Agora, quando a formosura, a graça e a elegancia da mulher de nossa terra são reconhecidas de forma tão significativa, é grato aos diretores e redatores das FOLHAS, que no ambito nacional tiveram ativa participação no certame, render homenagem à nossa representante e enviar-lhe as mais calorosas felicitações."

Enviamos ainda, por motivo do exito do concurso agora brilhantemente encerrado, telegramas de congratulações a Universal Filmes do Brasil, "Universal International Pictures" e "The Miss Universe Beauty Pageant", organizadora do certame.

Charlie Chaplin visitaria a China Comunista

GENEBRA, 24 (A.F.P.) — O jornal "A Voz Operaria" faz-se eco de informações, segundo as quais Charlie Chaplin faria, no proximo ano, com sua esposa Ona Chaplin, uma viagem à China Comunista, respondendo, assim, a um convite do sr. Chu En Lai.

A idéia dessa viagem teria nascido no transcurso do jantar oferecido pelo ministro do Exterior a Charlie Chaplin. No curso desse jantar, do qual participaram quatro cineastas chineses e uma jovem atriz da Mongolia, Charlie Chaplin, diz o jornal, se interessou particularmente pelo papel do cinema na China Popular.

Ao fim da refeição, foi projetado o filme "Os das Estepes".

Há três semanas, Chaplin fez projetar "Limelight" e "As Luzes da Cidade", em Genebra, em homenagem aos membros da delegação chinesa.

Eleição do presidente da Republica da Colombia

BOGOTA, 24 (U.P.) — O presidente da Colombia, general Gustavo Rojas Pinilla, convocou a Assembléia Nacional Constituinte para o proximo dia 27, com o proposito de eleger o presidente da Republica e de "considerar os assuntos que o governo julgar adequado submeter a seu estudo".

Operado um dos irmãos Marx

SANTA MONICA (California), 24 (A.P.P.) — Um dos três irmãos Marx, Harpo, o mudo, foi operado ontem de uma afecção renal, no Hospital Saint John. Esta manhã, seu estado de saude era dado como sendo satisfatorio.

•Entregue a nota sovietica nesse sentido aos embaixadores dos Estados Unidos, da Grã-Bretanha e da França em Moscou — Solicitada a participação da China Comunista na projetada conferencia

CONSULTAS ENTRE WASHINGTON, LONDRES E PARIS

PARIS, 24 (U.P.) — Em nota entregue hoje, a União Sovietica propôs aos "três grandes" do Ocidente a realização de uma conferencia sobre os problemas europeus. Transcendeu, esta noite, que os representantes diplomaticos dos Estados Unidos, França e Grã-Bretanha, em Moscou, foram chamados ao Ministerio do Exterior, hoje, onde se lhes entregou as notas respectivas. Embora não se tenha revelado o conteudo, acredita-se que faz referencia ao sistema de segurança européia, que os comunistas querem, em lugar do projetado Exército das seis nações do oeste.

Um informante do Ministerio do Exterior da França declarou que a sugestão da União Sovietica se refere a uma conferencia sobre "os problemas da paz européia".

A questão de uma reunião sobre a segurança européia foi apresentada varias vezes, durante as conversações secretas de Genebra. Diz-se que, nelas, Walter Bedell-Smith assinalou que o governo de Washington não ficaria muito entusiasmado com uma nova reunião com os comunistas, em tão breve lapso de tempo.

O presidente do Conselho, Pierre Mendès-France, passa o fim de semana fora de Paris, porem, de imediato, foi notificado da nota russa, cujo texto não havia sido recebido ainda de Moscou.

As notas de hoje foram entregues pelo chanceler Molotov ao encarregado de negocios francês, Jean Leroy; ao embaixador britanico, Sir William Hayter, e ao encarregado de negocios norte-americano, Walter N. Walmsley.

As notas dizem que o governo sovietico "propõe", com o fim de trocar opiniões sobre a questão do estabelecimento de um sistema coletivo de segurança na Europa, a convocação de uma conferencia, nos proximos meses, a todos os Estados europeus que desejem tomar parte na mesma e tambem ao governo dos Estados Unidos.

"O governo russo considera desejavel que a Republica do Povo chinês envie observadores a essa conferencia."

Afirma a nota que os participantes da reunião deveriam ter oportunidade de "não só de fazer conhecer sua atitude a despeito das propostas do governo sovietico, como tambem de apresentar suas proprias propostas sobre a questão do estabelecimento de um sistema de segurança coletiva na Europa".

Expressa, em seguida, novamente, a oposição sovietica à N.A.T.O., classificando-a de "grupo militar agressivo", e diz que a omissão do governo russo no sistema da N.A.T.O. é "uma clara prova da sua agressividade na N.A.T.O. em relação à União Sovietica".

O documento nega mais adiante, que a participação da Russia na N.A.T.O. possa ser utilizada pelos sovieticos — tal como diz a nota dos ocidentais de 7 de maio — para "vetar todas suas decisões" e para "arruinar" a organização.

Os russos, em suas notas identicas de hoje, afirmam que "o artificialismo e a falta de base de tais conclusões é evidente, uma vez que a União Sovietica não pretende desempenhar um papel especial, em comparação com os outros participantes desse tratado".

Frisa novamente "o perigo especial" que representa para a Europa a Comunidade Européia de Defesa, e, em seguida, trata da alternativa proposta pelos sovieticos, de concertar um tratado pan-europeu em lugar da Comunidade.

"Tanto a Republica democratica alemã como a Republica Federal Alemã podem participar desse tratado e, depois da unificação da Alemanha, o Estado germanico unido poderá ser parte contratante do mesmo."

Consultas entre as potencias ocidentais

WASHINGTON, 24 (A.P.P.) — O convite do governo sovietico aos três aliados ocidentais, para participarem de uma conferencia sobre a segurança européia, em que a China Comunista seria representada por observadores, foi recebido com a maior

(Conclui na 4.a pag. deste caderno)

Resposta à ultima nota ocidental

PARIS, 24 (A.P.P.) — A nota sovietica, que foi entregue esta tarde aos representantes francês, inglês e norte-americano em Moscou, constituiria, ao que se presume, uma resposta à nota ocidental de 7 de maio de 1954. Nessa nota, os três haviam rejeitado o plano Molotov de 31 de março de 1954, propondo a organização da segurança coletiva européia e a entrada eventual da União Sovietica na N.A.T.O.

Representação da China Comunista

WASHINGTON, 24 (A.P.P.) — A nota sovietica, entregue hoje aos representantes das três potencias ocidentais em Moscou, propõe que a China Comunista seja representada, por observadores, na conferencia sobre os problemas europeus sugerida pelo governo russo.

Informação da emissora de Moscou

VIENA, 24 (ANSA) — A radio de Moscou informa, em emissão captada nesta capital, que os representantes diplomaticos dos Estados Unidos, da Grã-Bretanha e da França receberam, hoje, no Ministerio das Relações Exteriores, uma nota do governo da União Sovietica, propondo a reunião de uma conferencia internacional, que deveria examinar os problemas europeus que aguardam solução.

A radio de Moscou indica que o objetivo principal da conferencia deveria ser a organização de um sistema de segurança coletiva na Europa.

O governo da Republica Popular Chinesa, indica, ainda, a radio de Moscou, deveria ser representado na conferencia por um observador.

A nota sovietica

MOSCOU, 24 (U.P.) — A Russia propôs, esta noite, a realização de uma nova conferencia internacional para debater a questão da segurança européia, frisando que tal reunião deveria realizar-se "nos proximos meses".

Moscou sugeriu tambem que a China Comunista envie observadores à conferencia.

A proposta foi feita em notas de igual teôr entregues esta tarde pelo ministro do Exterior V. M. Molotov aos embaixadores da França, Grã-Bretanha e dos Estados Unidos.

A 31 de março a Russia propôs, em uma ação diplomatica posteriormente repelida pelo Ocidente, que lhe fosse permitido unir-se à Organização do Tratado do Atlantico Norte (N.A.T.O.) e, ao mesmo tempo, participar no estabelecimento de um novo sistema europeu de segurança. Os sovieticos convidaram especialmente os Estados Unidos a participar desse sistema. Essa proposta foi rejeitada pelos ocidentais a 7 de maio.

OCUPADAS PELOS "LIBERTADORES" HINDUS CINCO ALDEIAS EM TERRITORIO PORTUGUÊS

Instala-se em Dadra o "governo livre", que se propõe a pedir a incorporação da zona "libertada" à União Indiana — Francis Mascarenhas, comandante supremo

BOMBAIM, 24 (A.F.P.) — Outras quatro aldeias do territorio português de Goa foram "libertadas", ontem, por voluntarios nacionalistas vindo de Dadra. Trata-se de Redemus, Talo Pheria, Yagudadia e Diera, todas situadas na região de Nagar Haveli. A policia portuguesa teria oposto fraca resistencia. O numero dos habitantes das aldeias ocupadas pelos nacionalistas eleva-se a cerca de 3.500.

Por outro lado, o Partido Comunista dos Estados de Cujerat lançou um apelo em favor do alistamento de voluntarios para a "libertação" dos enclaves portugueses.

"GOVERNO LIVRE DE DADRA"

BOMBAIM, 24 (A.F.P.) — Depois da ocupação das cinco aldeias situadas em territorio português, informa-se, hoje, que "o governo livre de Dadra", formado logo depois da entrada dos voluntarios, permitiu o estabelecimento de um governo autonomo local, constituido de seis pessoas, que respondem em nome de "panchayat". Foram os habitantes das cinco aldeias, que são em numero de cerca de 3.500, que decidiram formar esse novo governo, ao qual incumbiram o poder politico, bem como a responsabilidade da administração e da manutenção da ordem. O primeiro problema que estuda atualmente a nova administração diz respeito à procura de fontes de renda, porque se diz que as cinco aldeias isoladas, que acabam de ser "libertadas", não dispõem senão de pequenos recursos.

Anuncia-se, por outro lado, que 19 antigos policiais portugueses, entre os quais se encontra Francisco Xavier, que abriu fogo contra os voluntarios, se encontram atualmente na prisão, em Dadra.

Finalmente, segundo informações chegadas a Bombaim, a venda e a distribuição de jornais indianos, relatando as noticias sobre o movimento de libertação na India, foram interditadas pelo governo português.

O NOVO COMANDANTE SUPREMO

BOMBAIM, 24 (U.P.) — Uma frente unida de voluntarios da vizinha colonia portuguesa de Goa estabeleceu, ontem, sexta-feira, um "governo azad (livre) em Dadra" no territorio de Damão, por motivo da libertação do regime português de outras quatro aldeias.

O presidente da Frente Nacional de Goa, Francis Mascarenhas, proclamou-se "comandante supremo das forças azad".

Acredita-se que em breve Mascarenhas solicitará do primeiro-ministro indiano, sr. Jawaharlal Nehru, a fusão da zona de Dadra e das outras quadro aldeias à União Indiana.

A proclamação do novo governo "azad" verificou-se ontem à noite no quartel de Dadra, onde Mascarenhas retirou da parede o retrato de Oliveira Salazar e descerrou um do "mahatma" Gandhi, em meio das aclamações da população.

GARANTIAS PEDIDAS PELA INDIA

NOVA DELI, 24 (A.P.P.) — O governo indiano entregou hoje uma nota à legação de Portugal em Nova Deli, na qual pede a garantia de que os presos goenses e indianos, recentemente detidos pelas autoridades portuguesas, não sejam maltratados ou levados para fora de Goa.

EDIÇÃO DE HOJE 2 CADERNOS

ASSUNTOS GERAIS

FOLHA DA MANHÃ

PROPRIEDADE DA EMPRESA "FOLHA DA MANHÃ" S.A.

ANO XXX ★ São Paulo — Quarta-feira, 25 de agosto de 1954 ★ N.º 9.331

O PRESIDENTE CAFÉ FILHO ORGANIZA O NOVO GOVERNO

Presidente Café Filho

O novo chefe do Executivo pretende formar um ministerio de coalizão — Eduardo Gomes na Aeronautica, Zenobio na Guerra e Guilhobel na Marinha

EM PLENO EXERCICIO DA PRESIDENCIA O SUCESSOR DO SR. GETULIO VARGAS

RIO, 24 (Sucursal) — O sr. Café Filho já está no pleno exercicio da presidencia da Republica, de acordo com o que estipula o preceito constitucional, não havendo solenidade de posse.

Primeira declaração do novo presidente

RIO, 24 (Sucursal) URGENTE — Logo após a morte do sr. Getulio Vargas, o sr. Café Filho, vice-presidente, assumiu a presidencia da Republica, tendo nessa ocasião declarado:

"Não há palavras que possam descrever a minha emoção neste momento. A noticia do gesto de extremo desespero do eminente presidente da Republica atingiu-me como um raio.

"Toda a nação há de estar, como eu, profundamente traumatizada por essa tragedia sem precedentes em nossa historia. Jamais pensei em ter de assumir a presidencia do meu país por força de um imperativo constitucional, em condições de um cunho doloroso tão chocante.

"Todo o Brasil deve pôr de lado nesta hora terrivel, quaisquer sentimentos politicos e pessoais para prestar ao dr. Getulio Vargas as homenagens postumas de que ele é credor, pelos altos e inestimaveis serviços que prestou à Patria.

"S. exa. não precisava recorrer a atitude tão extrema, que toda a nação deve deplorar com a mais profunda consternação.

"Dirigindo neste momento tão penoso as minhas palavras à nação, faço-o com a alma suspensa.

Antes de quaisquer outras manifestações de minha parte quero desde logo assumir o compromisso de empenhar todas as minhas forças para dar aos humildes a proteção que foi sempre a preocupação extrema do presidente Getulio Vargas".

Falando à imprensa

RIO, 24 (Sucursal) — As primeiras palavras do presidente Café aos representantes da imprensa, foram as seguintes:

"No momento tão tragico para a vida brasileira, quando na manhã de hoje assumi a presidencia da Republica, tenho vivido um dia de grandes emoções. Mas as emoções da tragedia que viveu o Brasil estão sendo compensadas pelo encontro com a imprensa, com os jornalistas. Eu sou, na presidencia da Republica, um jornalista. Eu voltarei ainda a encontrar-me com todos os senhores".

Apelo ao povo

RIO, 24 (Sucursal) — Recebemos:

"O gabinete da presidencia da Republica declara que serão asseguradas todas as liberdades para que o povo possa externar a sua emoção; perfeitamente natural em face do terrivel e lamentavel episodio que está abalando a nação.

"O governo absolutamente não estranha a manifestação do sentimento popular neste momento, nem recorrerá a qualquer medida de violencia.

"Ao mesmo tempo apela para que sejam evitados excessos que, embora de algum modo compreensiveis, poderão acarretar dificuldades.

"Neste momento o governo espera da população carioca e do povo brasileiro em geral, sem sacrificios da justa manifestação de pesar nacional, o necessario espirito de compreensão e equilibrio, a fim de que a nação possa retomar o ritmo de suas atividades normais."

Numerosas visitas

RIO, 24 (Sucursal) — O presidente Café Filho recebeu numerosas visitas durante todo o dia e parte da noite de hoje tendo comparecido ao palacio das Laranjeiras com essa finalidade o general Canrobert e o chefe de policia.

DECIDIU A CAMARA DOS DEPUTADOS SUSPENDER POR TRÊS DIAS CONSECUTIVOS SEUS TRABALHOS

Usaram da palavra na sessão de ontem os representantes dos varios partidos — "Getulio Vargas: vida marcada pelo ideal, morte marcada pela honra" — Retirou-se do plenario a bancada do P.T.B. durante o discurso do sr. Afonso Arinos — Homenagem ao ex-presidente

RIO, 24 (Sucursal) — Dedicada a memoria do sr. Getulio Vargas, a sessão de hoje da Camara dos Deputados decidiu suspender seus trabalhos por três dias consecutivos, depois de ouvir a palavra de oradores de quase todos os partidos sobre os acontecimentos politicos que conduziram o presidente da Republica ao gesto desta madrugada, como é do dominio publico.

O sr. José Augusto, na presidencia da Camara, abrindo os trabalhos, assim falou e propôs:

"E' com a mais profunda, sincera e dolorosa emoção que cumpro o dever de comunicar à Camara dos srs. deputados o tragico desaparecimento hoje do sr. Getulio Dorneles Vargas, presidente da Republica dos Estados Unidos do Brasil.

"Por certo dentro de poucos minutos representantes das varias correntes politicas com [illegible] desses agrupamentos partidarios — pesar, de resto, de toda nação brasileira.

"A mesa vai sugerir, como de praxe em casos tão dolorosos, a designação de uma comissão, que será composta de todos os membros da mesa e dos lideres de partidos, para acompanhar os restos mortais do sr. Getulio Vargas; que se suspendam durante três dias as sessões da Camara e se dedique toda a de hoje a homenagear o presidente extinto.

"Dou a palavra de inicio ao nobre lider da maioria sr. Gustavo Capanema".

Discursou então o sr. Capanema:

"Sr. presidente. Não é este o momento proprio para tratar da vida do presidente Getulio Vargas. Essa vida foi marcada pelo ideal. Conheci de perto o grande presidente; conheci a sua inteligencia profunda, larga e sutil, inteligencia de politico como nunca vi tão grande, capaz de discernir as melhores soluções nos momentos mais intrincados; capaz de divisar no plano dos interesses do país as soluções salvadoras; capaz de encontrar em todas as circunstancias politicas, em que estivesse em jogo a honra, o destino, a felicidade da nação, o rumo popular ou o rumo historico, o rumo verdadeiramente cheio de sabedoria. Ele tinha essa inteligencia alta e notavel. Conheci-lhe de perto o coração. Nunca vi no seu semblante em nenhuma circunstancia a menor sombra de rancor, de odio, de antipatia, de aborrecimento para quem quer que fosse.

"Nesta hora, sr. presidente, não cabe falar da vida do presidente Getulio Vargas. Delineio, quase que por um dever protocolar, apenas esses traços fundamentais de tão fulgurante personalidade.

"Do que neste momento devo falar é da morte de Getulio Vargas. Se a sua vida foi marcada pelo ideal a sua morte foi marcada pela honra. Isto é o que deve ver neste doloroso momento o povo brasileiro. O presidente Getulio Vargas morreu pela sua honra. Assisti nestes ultimos dias a todo o drama da sua alma. Desde aquela madrugada tenebrosa em que sucumbiu o major Rubens Vaz e em que um jornalista do nosso país foi atingido na sua liberdade, desde aquela tragica madrugada o presidente não perdeu a inquietação e o sofrimento. Disse-me a certa altura dos acontecimentos que os seus maiores inimigos já eram os autores do atentado da rua Toneleiros. O presidente porfiou a partir dos primeiros momentos para que os criminosos fossem punidos. Quis assumir pela maneira mais energica e positiva a posição de vingador. Pouco se lhe dava que os delinquentes estivessem aqui ou ali. Pouco lhe importava que a suspeita recaisse sobre este ou aquele. O que lhe importava era que os criminosos fossem descobertos e a furia da justiça sobre eles recaisse. Ele precisava defender a presidencia da Republica de quaisquer suspeitas, colocando-a a serviço da justiça.

"Com o decorrer dos dias a crise politica se desenhou e foi-se agravando. Não era só o atentado miseravel, não era só a tentativa de homicidio e o homicidio executado que se atiravam ao rosto do chefe da nação. Surgiu um cortejo de miserias que foram envenenando a opinião publica. O presidente sentia já agora uma necessidade maior de defender a dignidade da presidencia.

"Outro dia, desta tribuna, referi-me a um conceito que tem maior cabimento nesta oportunidade. Lembrei a lição de Bossuet, segundo a qual o Monarca do Mundo, a Divina Providencia, quando confere a um governante o poder de governar, está como que entregando-lhe uma comissão particular. Quem governa está com uma comissão da Divina Providencia. Quem governa há, portanto, de ter no governo um tal sentimento de dignidade que se levante e se enfureça e se arme e tome a atitude mais energica e vingativa contra os autores de crimes nefandos, principalmente contra aqueles que enxovalham a honra e o prestigio do governo. Vi o presidente nestes dias preocupado exclusivamente com este dado do problema, preocupado com a defesa da dignidade da presidencia.

"Ainda ontem, quando às duas horas de hoje conversavamos pela ultima vez, disse-me ele que a questão de ficar no governo lhe parecia secundaria. A questão estava em defender a sua honra. Ele disse então: "Foi a atitude final de Pedro I: defender a honra." Ele prosseguiu: Preciso defender principalmente a minha honra. Não posso sair daqui enxovalhado. Não posso sair daqui desonrado. Não posso sair daqui com a pecha de condescendente ou vinculado com o furto e o homicidio. Não posso sair daqui com desonra. Tenho de aqui ficar enquanto for necessario para a defesa do meu nome."

"Insistiu muito neste ponto. Dou a minha palavra de honra, invoco mesmo o testemunho da Divina Providencia que estou relatando a verdade do nosso ultimo encontro. Não sei como as coisas se desenrolaram nos ultimos momentos. Até agora, conversa aqui, conversa ali, não pude ainda construir o historico dos acontecimentos da madrugada e da manhã de hoje, mas posso tirar uma conclusão ineluta vel: o presidente sacrificou-se pela

(Conclui na 3.a pag. deste caderno)

Vitimada por um colapso cardiaco a irmã da sra. Darci Vargas

RIO, 24 (Sucursal) — Da. Alda Sarmanho, irmã da sra. Darci Sarmanho Vargas, ao receber a noticia da tragica morte do sr. Getulio Vargas, não resistiu ao choque, falecendo vitima de um colapso cardiaco.

Da. Alda Sarmanho é irmã tambem do embaixador Valder Sarmanho, presidente do Banco Nacional de Desenvolvimento Economico. Da. Alda faleceu no Rio Grande do Sul.

A CARTA DE VARGAS

RIO, 24 (Sucursal) — O sr. Getulio Vargas deixou a seguinte carta:

"Mais uma vez, as forças e os interesses contra o povo coordenaram-se novamente e se desencadeiam sobre mim.

"Não me acusam, insultam; não me combatem, caluniam — e não me dão o direito de defesa. Precisam sufocar a minha voz e impedir a minha ação, para que eu não continue a defender, como sempre defendi, o povo e principalmente os humildes. Sigo o destino que me é imposto. Depois de decenios de dominio e espoliação dos grupos economicos e financeiros internacionais, fiz-me chefe de uma revolução e venci. Iniciei o trabalho de libertação e instaurei o regime de liberdade social. Tive de renunciar. Voltei ao governo nos braços do povo. A campanha subterranea dos grupos internacionais aliou-se à dos grupos nacionais revoltados contra o regime de garantia do trabalho. A lei de lucros extraordinarios foi detida no Congresso. Contra a Justiça da revisão do salario-minimo se desencadearam os odios. Quis criar a liberdade nacional na potencialização das nossas riquezas através da Petrobrás, mal começa esta a funcionar, a onda de agitação se avoluma. A Eletrobrás foi obstaculada até o desespero. Não querem que o trabalhador seja livre. Não querem que o povo seja independente.

"Assumi o governo dentro da espiral inflacionaria que destruia os valores de trabalho. Os lucros das empresas estrangeiras alcançavam até 500% ao ano. Nas declarações de valores do que importavamos existiam fraudes constatadas de mais de 100 milhões de dolares por ano. Veio a crise do café, valorizou-se o nosso principal produto. Tentamos defender seu preço e a resposta foi uma violenta pressão sobre a nossa economia, a ponto de sermos obrigados a ceder.

"Tenho lutado mês a mês, dia a dia, hora a hora, resistindo a uma pressão constante, incessante, tudo suportando em silencio, tudo esquecendo, renunciando a mim mesmo, para defender o povo que agora se queda desamparado. Nada mais vos posso dar a não ser meu sangue. Se as aves de rapina querem o sangue de alguem, querem continuar sugando o povo brasileiro, eu ofereço em holocausto a minha vida. Escolho este meio de estar sempre ao vosso lado. Quando a fome bater à vossa porta, sentireis em vosso peito a energia para a luta por vós e vossos filhos. Quando vos vilipendiarem, sentireis no meu pensamento a força para a reação. Meu sacrificio vos manterá unidos e meu nome será a vossa bandeira de luta. Cada gota de meu sangue será uma chama imortal na vossa consciencia e manterá a vibração sagrada para a resistencia. Ao odio respondo com o perdão. E os que pensam que me derrotaram respondo com a minha vitoria. Era escravo do povo e hoje me liberto para a vida eterna. Mas esse povo de quem fui escravo não mais será escravo de ninguem. Meu sacrificio ficará para sempre em sua alma e meu sangue terá o preço do seu resgate.

"Lutei contra a espoliação do Brasil. Lutei contra a espoliação do povo. Tenho lutado de peito aberto. O odio, as infamias, a calunia não abateram meu animo. Eu vos dei a minha vida. Agora ofereço a minha morte. Nada receio. Serenamente dou o primeiro [illegible] no caminho da eternidade e saio da vida para entrar na historia."

Luto oficial por oito dias

RIO, 24 (Sucursal) — O presidente Café Filho assinou o seguinte decreto:

"Art. 1.o — E' decretado luto oficial por oito dias, em sinal de pesar pelo falecimento do presidente da Republica, dr. Getulio Dorneles Vargas.

"Art. 2.o — O presente decreto entra em vigor na data de sua publicação, revogadas as disposições em contrario."

PONTO FACULTATIVO NAS REPARTIÇÕES FEDERAIS

RIO, 24 (Sucursal) — O presidente Café Filho resolveu estabelecer ponto facultativo amanhã nas repartições federais, orgãos autarquicos e sociedades de economia mista.

INICIAM-SE OS ENTENDIMENTOS PARA A CONSTITUIÇÃO DO NOVO MINISTERIO

Recusou o sr. Nereu Ramos o convite para a pasta da Justiça — Convidado para o cargo o sr. Seabra Fagundes — Permanecerão os ministros da Guerra e da Marinha

Osvaldo COSTA

RIO, 24 (Pelo telefone) — Ao regressar, às 13 horas, de uma viagem a Santa Catarina, o sr. Nereu Ramos dirigiu-se imediatamente ao gabinete da presidencia da Camara, onde encontrou um convite do sr. Café Filho, para um encontro urgente no Palacio das Laranjeiras. O sr. Nereu Ramos dirigiu-se incontinenti a esse local, onde passou a conferenciar com o novo chefe da nação, com quem depois almoçou, em companhia dos senadores Artur Bernardes Filho e Ivo de Aquino, e do sr. Elmano Cardim, diretor do "Jornal do Comercio". Após o almoço prosseguiu a conferencia entre os dois presidentes, o da Republica e o da Camara. O sr. Café Filho fez um apelo ao sr. Nereu Ramos para que aceitasse a pasta da Justiça, por ele considerada, conforme disse, da maxima importancia, no momento, dada a gravidade e a complexidade da situação politica. O titular da Justiça era o primeiro em quem se queria fixar, justamente por essas razões, o presidente da Camara era a pessoa naturalmente indicada para o posto, por seu prestigio proprio e sua grande autoridade moral. Observou-lhe o sr. Nereu Ramos que não podia, de forma alguma, aceitar o convite, pois tinha assumido compromisso com seus companheiros de representação, e assim não poderia abandonar o cargo que eles lhe haviam confiado. Deles havia recebido um mandato e o cumpriria até o fim. Insistiu o sr. Café Filho em demovê-lo dessa atitude, mas o sr. Nereu Ramos se man-

(Conclui na pagina seguinte)

Compungido, o sr. Lourival Fontes, chefe da Casa Civil do Catete, exibe aos jornalistas o bilhete contendo as ultimas palavras escritas pelo sr. Getulio Vargas

GRAVES AGITAÇÕES POPULARES NO RIO GRANDE DO SUL

Depredação de jornais e sedes de partidos politicos — Um morto e varios feridos num choque entre forças do Exercito e o povo — Assume o controle da situação o comandante da Zona Militar

(TEXTO NA PAGINA SEGUINTE)

Presidente Getulio Vargas

Pesar dos bancarios pela morte do presidente Vargas

O 5.o Congresso nacional dos bancarios, reunido nesta capital, distribuiu ontem à imprensa a seguinte nota:

"Os bancarios brasileiros, reunidos em seu V Congresso nacional, em São Paulo, manifestando-se sobre os acontecimentos que se verificaram no país, tornam publico o seu pesar pelo desaparecimento do sr. Getulio Vargas, presidente da Republica, e suspendendo os trabalhos no dia de hoje, declaram-se ao lado do povo contra golpes de qualquer procedencia e em defesa das liberdades e direitos garantidos pela constituição."

Zenobio: "Estou tranquilo com minha consciencia"

RIO, 24 (Sucursal) — "A situação — disse o general Zenobio da Costa — era a mais grave. Estava disposto a defender os principios constitucionais custasse o que custasse até o proprio sacrificio. Entretanto varios camaradas apelaram para os meus sentimentos cristãos e, melhor refletindo, achei que não deveria dividir os meus camaradas do Exercito, da Marinha e da Aeronautica e, muito mais do que isso, derramar sangue. Estou tranquilo com a minha consciencia porque agi com espirito cristão e com patriotismo. Tenho a certeza que cumpri o meu dever. A tropa na mais perfeita ordem e disciplina estava pronta para entrar em ação em defesa da nossa Constituição e da ordem publica."

A TRAGEDIA QUE EMOCIONA O BRASIL

SUICIDA-SE NO PALACIO DO CATETE O PRESIDENTE GETULIO VARGAS

Escreveu um breve bilhete e matou-se com um tiro no coração — Os ultimos momentos do chefe do governo — Trasladação do corpo, hoje, para São Borja — A familia dispensa honras oficiais

RIO, 24 (Sucursal) — O presidente Getulio Vargas suicidou-se com um tiro no coração, às 8 h 35 de hoje, quando se encontrava nos seus aposentos, no 3.o andar do palacio do Catete. O general Caiado de Castro, que se achava nas proximidades, correu para os aposentos presidenciais e, ao deparar com o corpo ensanguentado do sr. Getulio Vargas, deu alguns passos e desfaleceu. A primeira pessoa da familia do presidente a acudir foi o deputado Lutero Vargas, que encontrou o pai agonizante. Logo depois entrava o sr. Osvaldo Aranha, o primeiro ministro a chegar depois do ato de desespero do chefe da nação. O presidente Vargas ainda agonizava, ao ser solicitada, com a maxima urgencia, uma ambulancia. Quando, porem, esta chegava ao palacio, o sr. Getulio Vargas já havia expirado. Seu semblante estava sereno. Ao morrer ele esboçara um leve sorriso.

ESCREVEU UM BILHETE E DESFECHOU O TIRO

O presidente da Republica usou para matar-se uma pistola automatica, calibre 22. Segurou a arma com a mão esquerda e puxou o gatilho com a direita, segundo se presume. Até às 8 h 10, o sr. Getulio Vargas sempre esteve acompanhado de varias pessoas, inclusive o general Caiado de Castro. Depois disso, durante alguns minutos em que ficou sozinho em seus aposentos, apanhou o revolver, escreveu um curto bilhete e desfechou o tiro, morrendo quase instantaneamente.

Quem constatou o obito do sr. Getulio Vargas, com um tiro no coração, foi o medico Rodolfo Samuel Perissé Moreira, que se dirigiu para o Catete na ambulancia n.o 155. O presidente trajava na ocasião pijama listrado, marron e branco, com o monograma G.V. no bolso superior esquerdo. Suas vestes estavam rasgadas à altura do peito, em virtude da ansia com que procuraram prestar os primeiros socorros.

O BILHETE

Alem da carta que publicamos noutro local, o presidente Vargas deixou um curto bilhete, redigido nestes termos: "À sanha dos meus inimigos, deixo o legado de minha morte. Sinto não ter feito pelos humildes tudo aquilo que eu desejava fazer."

ANTES DO SUICIDIO

Pouco antes do suicidio do sr. Getulio Vargas, o chefe da Casa Civil da presidencia da Republica, sr. Lourival Fontes, disse à reportagem que "a situação era normal e toda a crise tinha sido superada, em face da decisão do presidente em licenciar-se".

— "Tudo está calmo", acrescentou o sr. Lourival Fontes, sem saber que menos de duas horas depois o palacio do Catete seria sacudido pela impressionante tragedia.

Os parentes mais proximos do presidente, inclusive a sra. Darci Vargas, de uma janela do andar superior, espiavam o patio, vendo um movimento desusado que ia dentro do palacio.

A sra. Alzira Vargas do Amaral Peixoto tambem esteve na janela e, da mesma forma, acompanhava os passos dos oficiais do Exercito e civis que pelo patio esperavam o amanhecer.

Pouco depois, um tiro seco ecoou nos aposentos privados do sr. Getulio Vargas. Uma bala no coração lhe tinha tirado a vida. Horas antes uma nota distribuida pela presidencia da Republica dizia, no seu ultimo paragrafo:

"Em caso contrario, persistirá inabalavel o seu proposito de defender as suas prerrogativas constitucionais, com o sacrificio, se necessario, de sua propria vida."

DESOLAÇÃO NO CATETE

A noticia do suicidio do presidente, sucedeu-se grande confusão no palacio do Catete. O ambiente sofreu brusca transmudação. Todas as pessoas choravam e lastimavam a um só tempo. Viam-se homens e senhoras correndo pelas escadas. O ambiente era dos mais tragicos e dificil de ser descrito. Eram lembradas as palavras do presidente, ainda durante a reunião ministerial, poucas horas antes. A certa altura, dissera ele, após ouvir demoradamente os presentes: — "Já que os senhores não decidem, eu vou decidir. Desde que a situação se mantenha calma, eu pedirei uma licença. Entretanto, se os rebeldes vierem até a porta do Catete, só me levarão daqui morto."

As sras. Darci Vargas e Alzira Vargas encontravam-se no palacio do Catete em estado de prostração e desespero. Necessitaram dos socorros de diversos medicos. A esposa do chefe da nação dizia ter pressentido o desfecho do drama do seu marido. Estava ele nervoso e a cada momento repetia: — "Não renunciarei. Somente morto deixarei o Catete." Por isso, da. Darci Vargas acompanhava o esposo por toda a parte. Entretanto, aproveitara-se ele de um instante de descuido para pôr termo à vida. Da. Darci correra e abraçara-lhe o corpo, exclamando em prantos: — "Getulio, por que fizeste isso?" Tambem o deputado Lutero Vargas abraçara o corpo do pai agonizante.

Quando de sua chegada ao Catete, com lagrimas nos olhos, o sr. Osvaldo Aranha gritara pateticamente: — "Abusaram demais da bondade desse homem..." Depois, emocionadissimo, em palestra com a reportagem, evocou os momentos mais agudos da agitação desta madrugada, ocasião em que o sr. Getulio Vargas declarou: — "Daqui não sairá um presidente, mas um cadaver."

ULTIMOS MOMENTOS

Os ultimos momentos de vida do presidente da Republica podem ser fixados a partir do instante em que terminou a reunião ministerial, realizada pela madrugada, no palacio do Catete. Essa reunião prolongou-se até às 3 h 30. O presidente manteve-se, então, em contacto com autoridades, parentes e amigos presentes no palacio. Cerca das 5 h 30, entregue então à imprensa uma nota oficial da secretaria da presidencia da Republica, em cujos termos o chefe da nação se dispunha a entrar em licença, o sr. Getulio Vargas recolheu-se aos seus aposentos. Tudo indica, porem, que tenha continuado em contacto com pessoas de sua familia, conforme, aliás, as declarações da sra. Darci Vargas, após o suicidio. A ultima pessoa a falar com o presidente da Republica, pelo que se informa, foi o seu mordomo, sr. João Zaratini. Declarou o mordomo à reportagem que, cerca das 8 h 20, penetrou nos aposentos presidenciais, encontrando o sr. Getulio Vargas de pijama. Nessa ocasião, o chefe do governo lhe dissera que se retirasse, pois precisava dormir mais um pouco. O sr. Zaratini dirigiu-se para o balcão dos fundos e minutos após ouviu o disparo. Correu então para os aposentos do sr. Getulio Vargas e o encontrou caido no solo. Amparou-o e o colocou sobre o leito. Imediatamente, foram providenciados os socorros da Assistencia, mas nada pôde ser feito, pois s. exa. expirava pouco depois, com a fisionomia tranquila.

EXAME SUPERFICIAL DO CADAVER

Cerca das 9 h 40, chegava ao Catete a pericia da policia para proceder ao exame do cadaver do sr. Getulio Vargas. No mesmo instante, davam entrada na residencia presidencial o ministro do Trabalho, sr. Hugo de Faria; o sr. Augusto do Amaral Peixoto, o ministro José Americo, o senador Domingos Velasco e o sr. [illegible] Viana. Como entrara, chorando, retirou-se tambem, momentos após, o sr. Maciel Filho.

O corpo do presidente Vargas não foi autopsiado. O medico legista Seve Neto, auxiliando os peritos do Departamento Federal de Segurança Publica, fez apenas um exame superficial, tendo constatado que o tiro foi desfechado encostado à roupa, na região pré-cordial esquerda, junto ao mamilo. O projetil ficou preso à flor da pele, na região costal. O legista constatou que havia sido aplicada uma compressa de algodão ao ferimento, com o proposito de estancar o sangue.

(Conclui na 6.a pagina deste cad.)

URGENTE

NOVOS MINISTROS

Informações de ultima hora do Rio adiantam que foi nomeado ministro da Justiça, o sr. Seabra Fagundes, presidente da Ordem dos Advogados do Brasil e consultor geral da Republica no governo Dutra. Dá-se tambem como preenchida a pasta do Trabalho, confiada ao cel Alencastro Guimarães.

Finalmente, informa-se que a Casa Militar do presidente Café Filho será chefiada pelo general Juarez Tavora.

EDIÇÃO DE HOJE 2 CADERNOS	ASSUNTOS GERAIS

FOLHA DA MANHÃ

PROPRIEDADE DA EMPRESA "FOLHA DA MANHÃ" S.A.

ANO XXXI ★ São Paulo — Sabado, 12 de novembro de 1955 ★ N.º 9.696

INDICE DESTE CADERNO

NESTA EDIÇÃO:

NOSSA OPINIÃO

No chamado "caso dos Chevrolets", o réu está absolvido do crime que lhe foi imputado, mas não está absolvido da gravissima imoralidade que praticou, pagando com dinheiro do Banco do Estado os automoveis que recebeu e só se lembrando de restituí-lo muitos anos depois, quando já acusado de peculato. (Editorial na 4.a pag.)

NEREU RAMOS NA PRESIDENCIA DA REPUBLICA

Nereu Ramos

Novos ministros: Lott, na Guerra; Alves Seco na Aeronautica; Camara Junior na Marinha; e Meneses Pimentel na Justiça

"Peço a Deus que me ilumine nesta hora e que me indique o caminho da pacificação da familia brasileira", declara o vice-presidente do Senado — Desconhecido o paradeiro do sr. Prado Kelly

A BORDO DO "TAMANDARÉ", O SR. CARLOS LUZ

RIO (FOLHAS) — Acompanhado do general Teixeira Lott, da comissão de lideres da Camara Federal, parlamentares e jornalistas, o senador Nereu Ramos chegou ao palacio do Catete por volta das 18 h 30 de ontem, depois de ter conferenciado anteriormente com o ministro da Guerra.

Um grande numero de reporteres e fotografos aguardava o momento da posse do novo presidente da Republica, mas essa cerimonia não foi assistida pela imprensa, pois se deu no gabinete presidencial, enquanto os jornalistas e outros parlamentares aguardavam a entrada, pela antecamara, do sr. Nereu Ramos e sua comitiva.

Minutos depois, abria-se a porta do gabinete e o novo presidente da Republica, interpelado pelos reporteres, fez a sua primeira declaração ao povo brasileiro.

Visivelmente emocionado e tendo ao seu lado os generais Teixeira Lott, Zenobio da Costa, Angelo Mendes de Morais, marechal Mascarenhas de Morais e o brigadeiro Alves Seco, novo ministro da Aeronautica, o sr. Nereu Ramos pronunciou esta pequena oração:

— "Aqui estou para a posse, para cumprir uma decisão da Camara e do Senado.

"Tive a honra de ser escolhido pelos meus pares para assumir a presidencia da Republica, restabelecendo assim a ordem legal. Cumpro o meu dever de brasileiro e peço a Deus que me ilumine nessa hora e me indique o caminho da pacificação da familia brasileira."

Todos os presentes aplaudiram as palavras do sr. Nereu Ramos, que foi, a seguir, cumprimentado pelos lideres de partidos.

FALA O GENERAL TEIXEIRA LOTT

As palavras do ministro da Guerra foram simples. Mostrando absoluta calma, deixando no entanto transparecer um pouco seu cansaço, o general Lott declarou:

— "A Constituição foi respeitada e restabelecida a legalidade. Com a união de todos os brasileiros, superaremos a crise e encontraremos o caminho da paz e da tranquilidade. O Exercito cumpriu o seu dever."

MENSAGEM A SÃO PAULO

A reportagem das FOLHAS ouviu o general Teixeira Lott, que aproveitou a ocasião para enviar uma mensagem ao povo paulista, publicada à parte.

NOVOS MINISTROS

RIO (FOLHAS) — O general Henrique Teixeira Lott foi nomeado ministro da Guerra pelo sr. Nereu Ramos, vice-presidente do Senado, que foi investido na presidencia da Republica por decisão da maioria do Congresso. Tomou posse às 20 horas no salão Mourisco do Palacio do Catete. Tambem tomaram posse na ocasião os srs. Francisco Meneses Pimentel, no Ministerio da Justiça; o almirante de esquadra Alves Camara Junior, no Ministerio da Marinha; e o brigadeiro Alves Seco na Aeronautica. Foi mantido o ministro do Trabalho, sr. Alencastro Guimarães.

O sr. Mario Camara, ministro da Fazenda, trabalhou ontem em seu gabinete, apesar da gravidade da situação politica e militar. Permaneceram em suas residencias, durante todo o dia de ontem, os srs. Raul Fernandes, ministro das Relações Exteriores, Marcondes Ferraz, ministro da Viação, e Candido Mota Filho, ministro da Educação.

Não há noticias definitivas sobre o paradeiro do sr. Prado Kelly, ministro da Justiça do sr. Carlos Luz. Uma informação que circulou pela manhã de ontem dava-o como preso por ordem do general Teixeira Lott.

A sra. Prado Kelly declarou-nos às 23 h 30 de ontem que ignorava o paradeiro do seu marido. Quando lhe perguntamos em nome das FOLHAS, respondeu-nos com a seguinte indagação:

— "Mas, ele não está em São Paulo?"

Lott

Disse-nos que o seu marido saira de casa ontem de madrugada e não voltara até aquele momento.

(Conclui na pagina seguinte)

COMO SE PODERÁ JUSTIFICAR A ATITUDE DE LOTT

Do ponto de vista formal, o general Teixeira Lott violou a disciplina militar e a propria Constituição, ao se rebelar contra a decisão do presidente Carlos Luz, de não punir o coronel Jurandir Mamede. O seu manifesto, seguido do movimento de tropas, prisões e ocupações, concretizou nitidamente um desrespeito ao Executivo. Mas a situação já será outra, se todo esse movimento formalmente ilegal for capaz de proporcionar à Nação um bem mais alto, que é prevenir o golpe contra a Constituição, que já estava em andamento, e assegurar a continuidade da vida nacional dentro dessa mesma Constituição, com a consequencia logica de dar posse aos eleitos no pleito de 3 de outubro. Neste caso, a violação da letra da lei estará plenamente justificada, porque o que interessa é o respeito ao seu espirito, que está na essencia dessa mesma legalidade e não apenas nos seus aspectos externos.

A ascenção do sr. Carlos Luz à presidencia deu, desde logo, a impressão de que s. exa. talvez não mantivesse a mesma orientação do sr. Café Filho, que era a de acatamento à Justiça Eleitoral, no caso das eleições. A recusa, logo manifestada, de punir o coronel Mamede, notoriamente golpista e infrator da disciplina militar, veio reforçar essa expectativa. A nomeação, a seguir, do general Fiuza de Castro, para o Ministerio da Guerra, foi então recebida, nos circulos politicos e militares, como o primeiro passo para a efetivação do golpe, uma vez que eram bem conhecidas as tendencias, nesse sentido, do ilustre militar. Esses fatos nos autorizam a receber a atuação do general Lott, ao menos provisoriamente, como eliminação preventiva das possibilidades de golpe.

Se o general Lott conseguir dominar a situação e restabelecer imediatamente as franquias constitucionais, o seu pecado contra a lei estará dirimido e poderá mesmo transformar-se em autentico ato de coragem e patriotismo. Teremos tido apenas um eclipse da legalidade, logo sucedido pela restauração democratica.

Se, pelo contrario, levar o povo brasileiro a sofrer outra ditadura, com novos senhores a desgoverná-lo, humilhá-lo e prejudicá-lo, o general Lott será apenas um fraco ou um caudilho a mais, na dolorosa historia de pronunciamentos militares dos paises centro e sul-americanos. Nos proximos dias veremos em qual dessas posições ele figurará na historia do Brasil.

A necessidade, que proclamamos, de dar-se posse aos eleitos, não implica em nenhuma concessão a estes, em nenhuma mudança da opinião que sobre eles formulamos antes do pleito. O sr. Kubitschek continua sendo para nós o homem de quem pouco se poderá esperar, pelos seus maus compromissos com grupos economicos e pela sofrivel administração que fez em Minas. E o sr. Goulart ainda é o malfado inventor da republica sindicalista, de tão triste memoria, e um dos maiores responsaveis pelo cruel desastre de agosto de 1954. Mas a verdade é que foram eleitos pelo povo e a eleição deve ser respeitada. Sabiamos, de antemão, que nenhum dos candidatos obteria maioria absoluta de sufragios e que qualquer deles receberia com agrado a votação dos comunistas, porque em face da Constituição não é necessaria a maioria absoluta e os comunistas têm direito de voto. Rasgar-lhes agora o mandato, sob esses pretextos, é manifesta desonestidade. É anular uma eleição aceita por todos os partidos antes de 3 de outubro, quando cada um tinha a esperança de ganhar. É desacreditar o valor dos pleitos e com isso agravar ainda mais as tristes condições de nossa pobre democracia.

Os acontecimentos de ontem são profundamente lamentaveis. Mas se a crise passar rapidamente e a Constituição retornar ao seu pedestal, como se espera, terão sido um mal proveitoso, por virem dissipar, num instante, a penosa expectativa em que a Nação viveria os proximos meses, de golpes e contragolpes. Praza aos Céus que isso aconteça.

Trincheiras, metralhadoras e canhões na cidade

BATERIAS ANTIAEREAS SOBRE UM EDIFICIO — METRALHADORAS LEVES E PESADAS — EM PÉ DE GUERRA O PARQUE D. PEDRO II — TEMEROSA A POPULAÇÃO — RUAS DESERTAS — TRINCHEIRAS PERTO DO QUARTEL GENERAL DA 2.ª REGIÃO MILITAR

Tropas do Exercito ocuparam, na tarde de ontem, posições estrategicas junto a quarteis e à sede da 2.a Região Militar, escavando trincheiras, as quais foram guarnecidas por canhões, metralhadoras pesadas ou leves e fuzis.

Os componentes do contingente do 2.o Grupo de Canhões Automaticos Antiaereos Pesados, cavaram pequenas trincheiras em diversos pontos do Parque D. Pedro II, os quais estão guarnecidos por metralhadoras pesadas e leves. Em outros pontos desse logradouro, mais libertos de vegetação, foram instaladas baterias antiaereas, as quais às ultimas horas da tarde estavam sendo camufladas.

NERVOSISMO

Ao longo do parque, ontem percorrido pela reportagem, o ambiente era de nervosismo. Populares que por ali passavam casualmente não encontravam resposta para suas perguntas, mesmo porque era proibido parar na area tomada pelo Grupo.

O mesmo se passava com os soldados e alguns oficiais subalternos, os quais se limitavam a cumprir as ordens recebidas do comando, sem saber, ao certo o que deveriam realizar dali por diante.

O trabalho dos pracinhas estendeu-se tarde a fora, tendo sido feita ligação de radio entre todas as trincheiras. As ordens eram cumpridas mecanicamente. Um oficial, abordado pela reportagem, solicitou noticias da situação, pois desta só conhecia o aspecto inicial. Adiantou que o comando cumpriria ordens do general Tasso de Oliveira Tinoco, comandante da 2.a Divisão de Infantaria e Guarnição de São Paulo. No entanto, após conversar com outros oficiais, a reportagem das FOLHAS teve a impressão de que o ponto de vista do comandante não encontra clima de unidade na tropa.

Uma trincheira é escavada nas proximidades do Quartel-General da 2.a Região Militar, na confluencia das ruas Conselheiro Brotero e General Olimpio da Silveira

O 2.o Grupo de Canhões Automaticos Pesados ocupou, não só os pontos chave do parque, como tambem o novo edificio da Secretaria da Fazenda, que se encontra em termino de construção. Nesse predio foi instalada uma bateria antiaerea de grande poder, bem como varias metralhadoras do mesmo tipo.

Todas as ruas que dão acesso ao Parque D. Pedro II estão fortemente guarnecidas. Barracas foram armadas, pois os soldados não abandonarão seus postos, durante as 24 horas do dia.

REFORÇOS

O Quartel-General da 2.a Região Militar, por seu turno, recebeu reforços, na tarde de ontem e iniciou a abertura de trincheiras na rua Conselheiro Brotero, onde está sediado, esquina com a avenida Gal. Olimpio da Silveira.

Os paralelipipedos foram retirados em toda a extensão de largura da primeira via publica e amontoados à frente das trincheiras, a guisa de barricadas.

Todas as vias publicas que dão acesso à 2.a Região Militar tiveram o trafego interditado, estando fortemente guardadas por soldados armados de metralhadoras.

Está, pois proibido o trafego de veiculos nas ruas Brigadeiro Galvão, João de Barros, Conselheiro Brotero e Camaragibe. Os moradores locais estão bastante assustados com o acontecimento, pois o movimento de militares, ali, aumentou extraordinariamente.

No centro da cidade, o clima era ontem de intranquilidade e receio. As ruas Boa Vista, da Quitanda e Alvares Penteado, em horarios de usual movimento, estavam quase que desertas, à tarde. Milicianos da Força Publica, de fuzis embalados e baionetas caladas guardavam os edificios bancarios, bem como os edificios publicos, sedes de consulados, etc.

A PRESENÇA DA AVIAÇÃO

Ontem à tarde uma esquadrilha de aviões a jato sobrevoou a cidade, contribuindo para sobressaltar a população. Tais aviões devem ter levantado voo de Cumbica, eis que a base de Galeão, no Rio, se achava cercada pelas tropas do Exercito, com armas anti-aereas, o que tornava praticamente impossivel o levantamento de voo.

O predio da Secretaria da Fazenda, em fase final de construção, foi ocupado pelo Exercito. Note-se a metralhadora assestada.

URGENTE

PRESO O GEN. TINOCO

Informação do Q.G. da Zona Militar do Centro: Falconieri senhor da situação

O general Tasso Tinoco apresentou-se esta madrugada (1 h 30) ao Q.G. da Zona Militar do Centro e passou o comando da 2.a Divisão de Infantaria ao general Costa e Silva, recolhendo-se a seguir à sua residencia, preso, à ordem do general Falconieri da Cunha.

Isso sucedeu esta madrugada durante a reunião convocada pelo general Falconieri da Cunha, da qual participaram varias altas patentes do Exercito. A reunião terminou à 1 h 30. O general Costa e Silva ocupava até o momento o comando da guarnição de Caçapava e chegara ontem à noite a São Paulo, acompanhando o general Olimpio Falconieri da Cunha.

Finda a reunião, o general Falconieri seguiu para Quitauna, onde deveria reunir-se com outros oficiais para importante reunião.

As FOLHAS foram ainda informadas no Q.G. de que o general Falconieri está com absoluto controle das forças do Exercito da Zona do Centro, que abrange os Estados de São Paulo e Mato Grosso, e que o general Lott controla todas as forças do país.

O porta-voz do general Falconieri acrescentou ainda que a Aeronautica, em São Paulo, é a unica que ainda apresenta algumas dissenções, mas "ao que parece nada graves."

"Esperamos que amanhã, tudo tenha voltado à normalidade", declarou.

O Brigadeiro teria seguido para o exterior

RIO (FOLHAS) — Segundo informações de fontes ligadas ao Ministerio da Guerra, o governador Janio Quadros comunicou ontem à noite, em contacto telefonico com o Catete, que o brigadeiro Eduardo Gomes deixara o territorio paulista. Por outro lado informações não controladas mas que se supõe oriundas do Ministerio da Guerra, indicavam que o ex-titular da Aeronautica havia rumado para o estrangeiro.

A POSIÇÃO DO GOVERNO DE SÃO PAULO EM FACE DOS ULTIMOS ACONTECIMENTOS

Informa-se que o sr. Janio Quadros hipotecou solidariedade ao governo Nereu Ramos — Sucessivas reuniões nos Campos Elisios e na Assembléia Legislativa

Informa-se do Rio que o sr. Cirilo Junior conversou ontem à noite com o deputado Vitor Issler, um dos articuladores civis da revolução, declarando-lhe que o sr. Janio Quadros se decidira a aceitar a decisão do Congresso Nacional, que destituiu o sr. Carlos Luz, e a apoiar o novo governo.

A proposito dessa informação, que recebemos na madrugada de hoje de nossa sucursal no Rio, é interessante assinalar que ontem, à noite, o governador Janio Quadros interrompeu por 20 minutos a reunião do secretariado, a fim de receber a visita do cardeal-arcebispo de São Paulo. D. Carlos Carmelo fora aos Campos Elisios a fim de desincumbir-se de missão que lhe solicitara o general Lott, ou seja a de fazer novo apelo ao governador do Estado, para que apoiasse o governo chefiado pelo sr. Nereu Ramos.

REUNIÃO NOS CAMPOS ELISIOS, DE MADRUGADA

São Paulo soube dos acontecimentos de ontem no Rio e que culminaram com a elevação do sr. Nereu Ramos à presidencia da Republica, logo pela manhã, através de edições especiais de jornais e de noticiario radiofonico. Contudo, no setor oficial, antes das cinco horas da manhã já a movimentação era grande. Com efeito, o governador Janio Quadros reuniu, na madrugada de ontem, o secretariado paulista. Cientificado pelo chefe de sua Casa Militar, em seus aposentos, por volta das 5 horas da manhã, da gravidade da situação no Rio, o chefe do Executivo paulista entrou pessoalmente em contato com os secretarios paulistas, solicitando-lhes que fossem imediatamente para os Campos Elisios. O primeiro a comparecer foi o general Honorato Pradel, que durante toda a noite estivera em seu gabinete de trabalho, no Palacio da Policia. O encontro entre o sr. Janio Quadros e o seu secretariado teve a duração de cerca de 30 minutos. Por volta das 6 horas da manhã, os secretarios deixaram o gabinete do governador, dirigindo-se para seus respectivos gabinetes, onde deveriam permanecer a postos durante todo o dia de ontem, a fim de tomarem todas as providencias que se fizessem necessarias para a manutenção da ordem e a regularidade dos serviços.

POSIÇÃO DO GOVERNO PAULISTA

Após a reunião, a chefia da Casa Civil dos Campos Elisios distribuiu o seguinte comunicado:

— "O governador do Estado comunica ao povo que é completa a ordem na capital e no interior, funcionando normalmente as repartições publicas e mantidas as atividades do comercio e da industria. O governador está em contacto com as autoridades militares da Zona Aerea e do Exercito e absolutamente empenhado em assegurar a Constituição, o respeito às leis e à paz publica, não sendo toleradas manifestações nas ruas ou quaisquer atos de incitamento à subversão e à desordem."

REUNIÕES SUCESSIVAS DA ASSEMBLÉIA

A Assembléia Legislativa, por seu lado, realizou, ontem, reuniões sucessivas, a partir das 10 horas. Por volta das 11 h 30 de ontem, o presidente do Legislativo paulista, deputado Franco Montoro, dirigiu-se aos Campos Elisios, onde conferenciou com o governador Janio Quadros. Ao retornar ao Palacio Nove de Julho, às 11 h 45, o presidente da Assembléia reuniu os lideres de bancada, dando-lhes conhecimento da palestra que manteve com o governador. A seguir, teve inicio a sessão extraordinaria que fora convocada especialmente para examinar a situação politica nacional. Durante todo o dia de ontem os deputados permaneceram no Palacio Nove de Julho, realizando constantes reuniões na sala da presidencia e mantendo contactos com a capital do pais.

INTERDITADO O PALACIO DOS CAMPOS ELISIOS

Como medida preventiva, na manhã de ontem, o Palacio dos Campos Elisios foi interditado por elementos da Força Publica e da Guarda Civil, desviando-se tambem o transito de veiculos.

VISITA DE JANIO A TINOCO

O governador Janio Quadros deixou ontem de manhã o seu gabinete pelo espaço, aproximadamente, de quarenta minutos, sem que ninguem se apercebesse de sua saida. Foi visto, entretanto, quando regressava ao palacio, às 11 h 30, em companhia de um oficial de sua Casa Militar. Apurou a reportagem das FOLHAS que o chefe do Executivo paulista esteve na 2.a Divisão de Infantaria, em conferencia com o gen. Tasso Tinoco, que acabara de lançar, conjuntamente com o brig. Ivo Borges, uma proclamação de solidariedade ao sr. Carlos Luz.

A PROCLAMAÇÃO

É a seguinte a proclamação daqueles chefes militares:

"O major brigadeiro comandante da 4.a Zona Aerea e o general de Divisão

(Conclui na pagina seguinte)

A MARCHA DOS ACONTECIMENTOS DE ONTEM NA CAPITAL DO PAÍS

Ocupação do Catete e proclamação de Lott — Solidariedade ao movimento liderado pelo ministro da Guerra — O Almirantado acata a decisão do Legislativo — Prisão de generais

RIO (FOLHAS) — A demissão do general Henrique Teixeira Lott, imposta pelo sr. Carlos Luz, veio precipitar a crise politico-militar e culminou com o movimento das tropas do Exercito que levaram novamente à pasta da Guerra aquele general. A cidade foi então, na manhã de ontem, surpreendida pelo movimento de tropas e, à medida que o tempo corria, surgiam novas informações sobre acontecimentos.

A atitude do sr. Carlos Luz foi considerada uma ofensa aos brios do Exercito e o general Lott, contando com a maioria da oficialidade, pôde dominar facilmente a situação na capital do país.

Ao saber da disposição do Exercito em repor no seu posto o ministro da Guerra, o brigadeiro Eduardo Gomes convocou todos os oficiais da Aeronautica a reassumir os seus postos. O Brigadeiro foi visto às 4 horas, deixando o Ministerio da Guerra. Logo mais, às 5 h 30, oito jipes, dez caminhões e uma ambulancia entraram no palacio do Catete.

A seguir, era divulgada uma nota do ministro da Guerra, nos seguintes termos:

"Tendo em vista a solução dada pelo presidente Carlos Luz ao caso do coronel Mamede, os chefes do Exercito, julgando-o ato de positiva provocação aos brios do Exercito, que viu postergados os principios de disciplina, decidiu credenciar-me como interprete dos anseios do Exercito, objetivando o retorno aos quadros normais ao regime constitucional vigente. Acreditamos na solidariedade dos companheiros da Marinha e Aeronautica e apelamos para os governadores dos Estados, solicitando seu apoio a esta atitude."

COMUNICADO DO GABINETE MILITAR DO CATETE

O gabinete militar da presidencia da Republica distribuiu na manhã de ontem o seguinte comunicado:

"Por determinação do general Teixeira Lott, elementos do Batalhão de Guardas ocuparam o palacio do Catete. Mais tarde o Batalhão de Guardas, sob a ordem do seu comandante, ocupou a area do palacio, inclusive praças e ruas adjacentes e, até o momento, guarnece a sede do governo. Ao se dirigir ao gabinete militar, o major Borges, com instruções do general Lott, autorizou os oficiais que ali se encontravam a se apresentarem ao Ministerio da Guerra. Cerca de 4 horas chegaram ao palacio o marechal Mascarenhas de Morais e os generais Brainer, Floriano Peixoto Keller e Maurell que, em nome do ministro da Guerra, general Lott, instruiram os oficiais-generais e coronéis que ali ainda permaneciam a se apresentarem no Ministerio da Guerra, no que foram atendidos."

Desde às primeiras horas da madrugada de ontem se encontram detidos no Ministerio da Guerra, o general Alvaro Fiuza de Castro, o coronel Meneses Cortes e alguns outros oficiais. Tambem foi detido o general Etchegoyen.

A POSIÇÃO DA AERONAUTICA E DA MARINHA

Um pronunciamento dos ex-ministros da Aeronautica e Marinha, respectivamente brigadeiro Eduardo Gomes e almirante Amorim do Vale, depois da proclamação do general Lott, vinha agravar a situação. O texto daquele documento era o seguinte:

— "Os ministros da Marinha e Aeronautica, face ao atentado que acaba de ser perpetrado contra a autoridade legitima e suprema do presidente da Republica, se manterão inabalavelmente fiéis e obedientes ao presidente Carlos Luz, comandante em chefe das Forças Armadas e consideram ilegal o gesto dos companheiros transviados, que, pretextando uma inexistente e inconcebivel desconsideração ao glorioso Exercito Nacional, tão tragicamente ameaça a paz da familia

(Conclui na pagina seguinte)

CAMARA E SENADO APROVAM A DESIGNAÇÃO DE NEREU RAMOS PARA O CARGO DE PRESIDENTE DA REPUBLICA

Termos da moção votada ontem em ambas as casas do Congresso Nacional — Dramaticos debates em torno dos ultimos acontecimentos — Manifestações dos lideres do P.S.D. e U.D.N.

RIO (FOLHAS) — Anunciava-se ontem que a Camara Federal se reuniria na madrugada, às 4 horas, convocada extraordinariamente pelo sr. Flores da Cunha. Horas depois, sabia-se que a reunião fora transferida, sucessivamente, para as 8 e 10 horas. O palacio Tiradentes estava guarnecido por tropas militares, com soldados armados de metralhadoras em todas as entradas. Nos elevadores, exigia-se, de maneira rigorosa, a identificação dos jornalistas.

Em lugar da sessão normal houve, no entanto, uma reunião secreta dos lideres e vice-lideres. A principio, noticiou-se que a U.D.N. não atenderia à convocação, por julgá-la ilegal. O unico deputado udenista que se encontrava no recinto era o sr. Adail Barreto, que na sessão anterior pronunciara um discurso contra as soluções ilegais, lembrando o golpe de 1937.

Perfilhavam as noticias nos corredores e no plenario, informando-se que jornais, estações de radio e algumas repartições estavam militarmente ocupados.

Aberta a sessão, às 11 h 10, o sr. Flores da Cunha declarava que a convocara extraordinariamente, a requerimento de varios lideres partidarios, mas antes reunira os lideres e sublideres, para tomar deliberações. Em seguida, leu oficio em que o sr. Carlos Luz, a bordo de um navio de guerra em aguas territoriais brasileiras, comunicava ao presidente da Camara dos Deputados que continuava no exercicio das funções constitucionais.

Lido esse telegrama, a minoria prorrompeu em vibrantes aplausos, havendo reação correspondente da maioria. O plenario estava lotado, ocupadas todas as tribunas laterais. Ocorreu, então, um dos maiores tumultos da nossa historia legislativa, no momento em que o sr. João Agripino pediu a palavra para levantar uma questão de ordem. Por mais que soassem, com a maior energia, os timpanos, a atoarda perdurava, ensurdecedora, até que o sr. Flores da Cunha declarou, em termos peremptorios, que manteria, custasse o que custasse, a ordem dos trabalhos.

Finalmente, para conter a maioria, usou da palavra o sr. Gustavo Capanema. Num veemente apelo, concitou seus liderados a respeitarem a livre manifestação do pensamento da minoria. Salientou que o momento exigia homens valentes e a verdadeira valentia consistia em dominar os impulsos de violencia.

Depois de agradecer, o sr. Afonso Arinos pediu à minoria que assumisse a atitude aconselhada pelo sr. Capanema, para que depois deste pudesse falar num ambiente de ordem necessario aos debates.

A QUESTÃO DE ORDEM

Formulou uma questão de ordem o sr. João Agripino. Lembrou que todos tinham conhecimento das responsabilidades que recaiam, no momento, sobre os parlamentares e afirmou que o ministro Teixeira Lott assumira o Ministerio da Guerra, depois de exonerado, tentando depor o presidente da Republica em exercicio. Em face disso, indagava o sr. Flores da Cunha se realmente dele partira a iniciativa de requisitar tropas do Exercito para o policiamento da casa. Isso implicava, ao seu ver, em coação aos membros da minoria. Tratava-se de forças rebeldes e não tinha orador certeza de que houvesse competencia, por parte da mesa, para convocá-las nas presentes circunstancias.

— "A requisição dos soldados — acrescentou — não tem sentido, ou tem o sentido do desprestigio do Congresso Nacional. Até ontem, fomos acusados de pregar o golpe. Hoje assistimos ao desfecho de um golpe. Aos membros da maioria, decerto, não faltaram garantias, mas a nós, quem assegurará a livre manifestação da nossa vontade?"

Em seguida, interpelou o sr. Flores da Cunha sobre se era verdade que s. exa. hipotecara solidariedade ao general Lott e em nome de quem o fez; se reconhecia a ilegalidade da situação, o que somente honraria o presidente da Camara, ou, ao contrario, ficava com a rebeldia contra o presidente legalmente constituido, o sr. Carlos Luz. Tudo isso foi dito com particular veemencia, conservando, porem, o orador um perfeito dominio na tribuna, mesmo quando crivado de apartes exaltados.

A resposta do sr. Flores da Cunha não veio logo. Antes, o sr. Fernando Ferrari, em nome do P.T.B., subiu à tribuna, para afiançar que, de inicio, seria ali defendido o direito da minoria expressar-se livremente. Pelo regimento interno, o presidente da casa tinha o direito de requisitar forças especiais, em casos de necessidade.

Efetivamente, explicou logo depois o sr. Flores da Cunha, ao tomar conhecimento da situação, requisitara força do Exercito, mas pela manhã, atendendo a pedido do sr. Afonso Arinos, mandara retirar das dependencias do palacio Tiradentes essas mesmas tropas.

Quanto à visita que fizera ao general Lott, não fora em nome da Camara, mas em seu nome pessoal, por estar, ao mesmo tempo, solidario com ele e entender que o ministro da Guerra encarnava a legalidade.

Em resposta às criticas pessoais do sr. Agripino e aos azedos apartes do sr. Adauto Cardoso, declarou que não fora eleito vice-presidente da Camara pelos votos da U.D.N., devendo seu proprio mandato mais a afeições pessoais do que à solidariedade da Camara e abandonaria definitivamente a U.D.N.

Calorosa salva de palmas acolheu a declaração do sr. Flores da Cunha e o ambiente continuou mais tenso no plenario.

INCIDENTE COM BALEEIRO

Foi dada a palavra ao lider da maioria, sr. Gustavo Capanema. Renovando constante profissão de fé juridica, o representante mineiro acentuou, de inicio, que há uma força muito mais poderosa que a das armas: a força do direito. Se na verdade o sr. Carlos Luz, como presidente da Republica, era o comandante supremo das Forças Armadas, não era menos certo

(Conclui na 4.a pagina)

RENDEU-SE AO EXERCITO A BASE AEREA DO GALEÃO

RIO (FOLHAS) — A Base Aerea do Galeão rendeu-se, na noite passada, às tropas do Exercito que cercavam desde a madrugada de ontem.

Estas tropas eram formadas por um regimento de obuzes 105, o 2.o Batalhão de Infantaria Blindada e o 1.o e o 2.o Batalhão de Carros de Combate, sob o comando do general Segadas Viana.

O 13.o Regimento de Infantaria da Aeronautica havia cavado trincheiras para a resistencia.

Na base havia alguns aviões de bombardeio leve, do tipo B-25, já obsoletos, alguns aparelhos de transporte do tipo C-47, alem de aviões do Correio Aereo Nacional, tido "Beechcraft".

O general Segadas Viana tinha perfeito comando de vista sobre a Base Aerea, pois os seus petrechos pesados e a artilharia antiaerea haviam sido concentrados na ilha do Fundão.

As 17 horas o general Segadas Viana instalou o seu Estado Maior num posto de gasolina, a meio caminho entre o terreno ocupado pelo Exercito e o que a Aeronautica ocupava. Enviou mensagem convidando o brigadeiro Perdigão, comandante da Base, para uma conferencia. Veio o brigadeiro e, depois de parlamentar, decidiu mandar que a tropa da Aeronautica guardasse as suas armas. As praças que moram na ilha do Governador receberam permissão para ir para as suas casas.

A tropa do Exercito continua ocupando a ilha do Governador no momento em que enviamos esta noticia. Serão mudados esta madrugada os comandos das Bases de Santa Cruz e Galeão. Os oficiais da confiança do brigadeiro Eduardo Gomes serão substituidos por oficiais da confiança do brigadeiro Alves Seco.

RETIRADAS AS MINAS DA PONTE

RIO (FOLHAS) — A ponte que liga a ilha do Governador ao continente havia sido minada por ordem do Comando da Base do Galeão, à semelhança do que ocorreu por ocasião de 24 de agosto de 1954. Depois que o brigadeiro Perdigão se rendeu às forças blindadas que o general Segadas Viana comanda, as cargas de trotil foram retiradas.

EDIÇÃO DE HOJE **2** CADERNOS

ASSUNTOS GERAIS

FOLHA DA MANHÃ

PROPRIEDADE DA EMPRESA "FOLHA DA MANHÃ" S.A.

ANO XXXI ★ São Paulo — Quarta-feira, 16 de novembro de 1955 ★ N.º 9.699

INDICE DESTE CADERNO

NESTA EDIÇÃO:

NOSSA OPINIÃO

O sr. Janio Quadros deve reconhecer como legal o novo governo da União; mas não é obrigado a aderir a eles. Não se justifica, portanto, nenhuma pressão contra o governador, com o objetivo de afastá-lo. Essa pressão afronta o cargo que ocupa, a legalidade e os altos interesses do Estado e do país. — (Editorial na 4.a pag.).

O GEN. LOTT: "NADA MAIS ME RESTAVA FAZER, SENÃO CORTAR PELA BASE A CONSPIRAÇÃO QUE SE ORGANIZARA"

O MOVIMENTO DO DIA 11 IMPEDIU, DECLARA SEU CHEFE, A DISSOLUÇÃO DO CONGRESSO, A INTERVENÇÃO NO JUDICIARIO E A DITADURA MILITAR

O ministro da Guerra aponta como conspiradores Carlos Lacerda, o brigadeiro Eduardo Gomes, o almirante Amorim do Vale, o coronel Mamede e o ex-presidente Carlos Luz — O papel, agora, das Forças Armadas: apoiar o presidente e o Congresso e fazer respeitar as decisões da Justiça

"PELA EXPERIENCIA HISTORICA, SABEMOS O DESASTRE QUE REPRESENTA UMA DITADURA"

RIO (FOLHAS) — O general Teixeira Lott, ministro da Guerra, concedeu ontem sensacional entrevista à agencia noticiosa norte-americana "United Press", que a transmitiu para o exterior, alem de divulgá-la pelo radio nesta capital.

Eis o texto da reportagem da "United Press", cedida às FOLHAS:

"Com um revolver calibre 45 à cintura e a Constituição em punho, o ministro da Guerra, general Teixeira Lott, disse hoje à "United Press" que teria faltado ao seu dever se não houvesse cortado pela raiz a conspiração contra as instituições.

Falando à reportagem da United Press em seu gabinete, no Ministerio da Guerra, o general Lott fez uma exposição de 35 minutos sobre os acontecimentos que conduziram ao 11 de Novembro, quando o Exercito interveio com um contra-golpe preventivo, sem derramamento de sangue, em defesa da Constituição.

Em sua exposição, o ministro da Guerra disse que pesou as consequencias de conformidade com a conspiração em marcha. E verificou que para a nação os resultados seriam tão maleficos que ele faltaria ao seu dever como chefe de um dos três ramos das Forças Armadas. E neste instante, abrindo a Constituição, observou que nos termos do art. 177 da Carta Fundamental às Forças Armadas cabe a garantia dos poderes constitucionais, a lei, a ordem.

— "E foi o que fizemos" — acrescentou.

A uma pergunta respondeu o general Teixeira Lott que o deputado Carlos Lacerda, escudado em suas imunidades parlamentares, foi um dos cabeças da conspiração truncada.

Entre os chefes militares, apontou o ex-ministro da Aeronautica, o brigadeiro Eduardo Gomes, o ex-ministro da Marinha, almirante Amorim do Vale; o coronel Jurandir Bizarria Mamede, e outros. Frizou que o sr. Carlos Luz deve ser incluido entre os conspiradores por suas atitudes à testa do governo, inclusive provocando a renuncia do ministro da Guerra, apesar de saber que este era um dos objetivos dos conspiradores.

Sobre as penalidades que poderiam ser aplicadas aos acusados de conspirar contra as instituições, o ministro da Guerra disse que era um problema que fugia à sua alçada. O general Lott disse que muito lhe custou decidir a lançar-se à ação decisiva da madrugada de 11 de novembro. Falou de sua preocupação de não defender a legalidade com um ato ilegal, externada ao comandante da Zona Militar Leste, general Odilo Denis, e já na cama, depois de pesar os prós e os contras numa estafante analise da situação e de suas responsabilidades perante seus companheiros de farda e a nação, falou por um telefone de campanha ao general Denis, cuja casa vizinha à sua estava profusamente iluminada. O general Lott disse então ao comandante da Zona Militar Leste que estava decidido a agir.

"E nesse momento o general Denis me disse que acabara de discutir o problema com outros chefes militares e chegaram todos à mesma conclusão: agir".

E prosseguiu o general Lott:

"Minutos depois estavamos no Ministerio da Guerra. Era pouco mais de uma hora da madrugada. Entramos imediatamente em contacto com os comandantes de todas as zonas militares do país. A unica dificuldade poderia surgir em São Paulo, cujas tropas estavam sob o comando do general Tasso Tinoco. O general Falconieri da Cunha partiu para São Paulo, enquanto faziamos convergir sobre o Estado as tropas de Minas Gerais, Mato Grosso e Paraná. Quando o general Tasso Tinoco acordou pela manhã, tinha ao seu lado apenas um grupo de reconhecimento... O brigadeiro Eduardo Gomes quando percebeu que no Rio nada mais podia fazer, voou para São Paulo. Mas lá, pouco depois, sentia que a ação rapida do Exercito fora total. Em todo país. E regressou ao Rio."

O general Teixeira Lott disse que tinha pleno conhecimento das intenções dos conspiradores de dissolver o Congresso, intervir no Poder Judiciario e colocar à frente do Executivo um chefe militar. "Intenções, aliás, divulgadas nos artigos do sr. Carlos Lacerda."

"Ora — prosseguiu o general Lott — pela experiencia historica sabemos o desastre que representa uma ditadura. A revolução de 30 que preconizava apenas algumas modificações no Executivo, a supressão temporaria do Legislativo, mas respeitando-se integralmente o Poder Judiciario, conduziu depois de tantas peripecias ao desfecho tragico de 24 de agosto. Isto quando viviamos uma fase da historia em que os nossos problemas politicos, economicos e sociais eram muito mais simples: Hoje, dada a magnitude e a complexidade dos nossos problemas, uma ditadura conduziria simplesmente a uma situação anarquica. Assim, ante as conclusões a que cheguei depois de pesar as duas soluções, nada mais me restava fazer senão cortar pela base a conspiração que se organizara".

Os ajudantes de ordem do general Lott, capitães Wilson Grossman e Stoeckel Pinto entraram sugestivamente no gabinete. O ministro da Guerra tinha uma reunião no Catete. Mas o reporter ainda perguntou: "Qual será agora o papel das Forças Armadas, eliminado que está o perigo de um golpe contra as instituições?"

"Dar apoio ao presidente da Republica e ao Congresso, e fazer respeitar os julgados da Justiça" — terminou o general Teixeira Lott.

Lacerda viajaria para os Estados Unidos

RIO (FOLHAS) — O sr. Gabriel Landa, embaixador de Cuba, esteve no Ministerio das Relações Exteriores a fim de comunicar ao secretario-geral, embaixador Camilo de Oliveira, haver concedido asilo ao deputado Carlos Lacerda.

O embaixador Landa é o mais antigo membro do corpo diplomatico. O sr. Lacerda, ao que se informa, permanece naquela embaixada e estaria inclinado a viajar para os Estados Unidos.

Bob Hope pretende filmar na União Sovietica

HOLLYWOOD (A.F.P.) — O comediante norte-americano Bob Hope solicitou um visto para se dirigir à Uniã Sovietica. Ele tem a intenção de realizar numerosos filmes, com a participação, se possivel, de artistas sovieticos.

Em liberdade oficiais da Aeronautica

RIO (FOLHAS) — Por ordem do brigadeiro Alves Seco, ministro da Aeronautica, foram postos em liberdade todos os oficiais da FAB que estiveram em São Paulo atendendo ao chamamento do brigadeiro Eduardo Gomes para opor resistencia ao movimento de 11 de novembro.

ANIMAÇÃO E ALEGRIA NA FESTA DO JORNALEIRO — Superou toda a expectativa a tradicional Festa do Jornaleiro, que as FOLHAS, como vêm fazendo há anos, ofereceram ontem, no Teatro São Paulo, aos anonimos e dedicados colaboradores da imprensa. Os jornaleiros e suas familias viveram horas de agradavel entretenimento, marcadas pela animação e a alegria. À petizada, distribuiram-se guloseimas e brinquedos. Depois, houve o "show" artistico, no qual desfilaram consagrados artistas da Radio Nacional. No clichê, ao alto, Rago e seu regional, a cujo cargo ficaram os acompanhamentos musicais, e embaixo a numerosa assistencia que vibrou com a festa oferecida pelas FOLHAS.

SOLIDARIA COM O GOVERNO DE ARAMBURU A JUNTA CONSULTIVA INTERPARTIDARIA

Malogrou o movimento de greve geral decretado pela C.G.T. argentina — Os sindicatos livres manifestaram-se contra a ordem da entidade peronista — Efetuadas numerosas prisões em La Plata

BUENOS AIRES (A.F.P.) — A Junta Consultiva Nacional, composta de representantes dos partidos Radical, Democrata-Cristão, Socialista, Democrata Progressista e Democrata (conservador) reafirma, em um comunicado, sua colaboração com o governo provisorio para a realização de uma politica tendente a restaurar a vida institucional do país e assegurar o regime de liberdade e justiça social.

A Junta reafirma, tambem, sua solidariedade aos trabalhadores e os previne contra "as manobras daqueles que desejam servir-se deles com designios antidemocraticos".

MALOGRO DA C.G.T.

BUENOS AIRES (A.F.P.) — A greve geral decretada pela C.G.T. não foi efetivada senão em algumas zonas do suburbio industrial. Em Avellaneda e San Martin, onde a abstenção ao trabalho é de cerca de 50 por cento nos entrepostos frigorificos e estabelecimentos metalurgicos, destacamentos militares e carros blindados armados de metralhadoras patrulham as ruas.

As fabricas estão guardadas por tropas. Na capital e nas grandes cidades do interior, principalmente em Rosario e em Córdoba, a situação é normal. Em algumas empresas, é fraca a abstenção ao trabalho.

OS SINDICATOS LIVRES CONTRA A C.G.T. PERONISTA

BUENOS AIRES (A.F.P.) — Em consequencia da ordem de greve geral lançada pela C.G.T., o governo tomou severas disposições para manter a ordem e garantir a liberdade do trabalho. Importantes destacamentos de tropas, dotados de tanques e metralhadoras, tomaram posição diante das estações, na zona portuaria e sobretudo no suburbio industrial. Piquetes montam guarda principalmente nos entrepostos frigorificos e grandes usinas de Avellaneda, no suburbio da capital.

Não dispondo a C.G.T. de radio, nem de orgão de imprensa, depois que o governo Lonardi destacou controladores, munidos de plenos poderes, junto aos jornais dos dirigentes da central operaria, a ordem de greve foi transmitida verbalmente por delegados sindicais que reconhecem a autoridade da C.G.T. e por meio de boletins. Os sindicatos, que se uniram ao sindicalismo livre, divulgaram comunicados exortando os trabalhadores a não aderirem ao movimento grevista, ao qual a C.G.T. deseja dar carater de protesto contra o fato de que o governo apóia o sindicalismo livre e deixou ocupar as sedes de varias organizações sindicais por elementos hostis às autoridades cegetistas eleitas sob o regime deposto.

NOVO MINISTRO DO TRABALHO

BUENOS AIRES (A.F.P.) — A Pasta do Trabalho foi oferecida ao sr. Raul Migone, que foi consul argentino no Canadá e tambem re-

(Conclui na pagina seguinte)

Define-se o governador: "São Paulo passa a manter com a União todas as relações e os contactos de direito"

"Isso não é e nem será adesão", acentua o sr. Janio Quadros — Ninguem o diminuirá no cargo, declara ainda o chefe do Executivo paulista

Ontem à noite, a Casa Civil do governador do Estado convocou a imprensa para distribuir a mensagem em que o sr. Janio Quadros se define em face da presente situação nacional. Nesse documento, que a seguir publicamos na integra, o chefe do Executivo paulista informa que só reconheceu como legal o governo instituido a 11 de novembro, depois de haver recebido do sr. Carlos Luz a comunicação de sua renuncia à presidencia da Camara dos Deputados.

E' a seguinte a mensagem do sr. Janio Quadros:

"Ao povo de São Paulo.

"E' da minha obrigação, após os acontecimentos verificados na capital do país, dirigir-me a todos. Amigos ou desafetos, companheiros ou opositores, a ninguem excetuo desta palavra, proferida em ensejo solene.

"Ainda ontem, saia em campanha com uma das grandes figuras da patria: um general que é soldado, um soldado que é general; um militar que é paisano, um civil que veste farda; alguem puro, inflexivel, aspero, que o poder do dinheiro, dos interesses subalternos e o da maquina dos sobas partidarios, no vasto e bruto interior, puderam derrotar. A campanha erigia-se em cruzada — a revolução pelo voto(caminho para a continuidade das instituições — e nela coloquei todo o meu empenho, e todo o meu patrimonio, que eram o ideal e a saude, esta, posteriormente, no entender de alguns, abalada de forma irreparavel. Não me desagradam os resultados. Deitou-se, de municipio a municipio, uma gigantesca sementeira, que ainda nos alimentará no futuro. Ademais, segui com multidões animadas dos mais alevantados anelos e do mais aceso patriotismo e, assim, lucrei, menos para mim do que para a minha familia e para os meus deveres, aperfeiçoando-me na jornada."

POSIÇÃO DO GOVERNADOR EM FACE DA COMUNICAÇÃO DE LOTT

"Há pouco, era cientificado, na calada da noite, da ocorrencia de um movimento armado. As noticias pareciam as mais alarmantes e contraditorias, apenas ressaltando certo, e é o que releva, que o presidente e varios de seus ministros, depois de ameaçados na sua incolumidade, haviam-se recolhido a bordo de um baso de guerra. Na manhã desse dia, fui distinguido com um radiograma do general Teixeira Lott, justificando aquela posição militar e solicitando a solidariedade do governador de São Paulo. Sem pronunciar-me, aguardei o desenrolar dos fatos na firme disposição de manter a mais rigorosa obediencia à Constituição e à lei, conduta, aliás, ratificada pelos secretarios paulistas. Ao fim da tarde, já ouvia eu, ainda na-

(Conclui na pagina seguinte)

Nova vacina contra a poliomielite será aplicada no Brasil

PARIS (A.F.P.) — O dr. Albert Sabin, professor da Universidade de Cincinatti, vacinará contra a poliomielite importante grupo de população no Brasil, na proxima primavera. Ele deu essa noticia em entrevista à imprensa, no Instituto Pasteur. Explicou longamente o processo de produção de sua vacina, que é diferente da vacina Salk. Sua tecnica consiste em atenuar o virus por passagens sucessivas em chimpanzés. Alguns voluntarios norte-americanos já foram imunizados com essa vacina.

Nega-se a União Sovietica a suspender a remessa de armas aos paises arabes

Nenhum progresso surtiram as negociações sobre o Oriente Medio efetuadas à margem da Conferencia de Genebra

GENEBRA (A.F.P.) — As conversações que os três ministros ocidentais das Relações Exteriores mantiveram entre si, à margem da conferencia de Genebra, sobre o Oriente Medio, do mesmo modo que as havidas sobre o mesmo assunto com o sr. Molotov, não deram resultados importantes. A posição das quatro potencias não variou e praticamente o problema continua na mesma. O balanço dessas conversações assim pode ser traçado:

1) Nem o sr. Moshe Sharett, por ocasião de sua estada em Genebra, nem os três ministros ocidentais, obtiveram a promessa, mesmo vaga, de que a U.R.S.S. e seus satelites suspenderiam ou diminuiriam os fornecimentos de armas aos paises arabes. Todas as fontes de informação concordam em declarar que o sr. Molotov usou, junto a cada um de seus interlocutores, do argumento classico: a Tchecoslovaquia, como a U.R.S.S. e qualquer país independente, tem a faculdade de vender armas a quem bem lhe pareça. A Tchecoslovaquia, em 1948, vendeu armamentos a Israel. Hoje, ela os vende aos arabes. Todo protesto, a esse respeito, é superfluo.

O sr. Molotov tambem teria dado a entender que, de seus interlocutores ocidentais o desejarem, ele estará pronto a discutir a questão dos fornecimentos de armas aos paises estrangeiros e a do estabelecimento de bases militares ocidentais no Oriente. O ministro sovietico, alem disso, levantou perante a conferencia o problema da liberdade de comunicação nos estreitos e canais, aludindo assim à renovação da convenção de Montreux, sobre a navegação no Bosforo e nos Dardanelos, que expira em julho proximo, e provavelmente tambem ao regime de navegação em vigor no canal de Suez. Essas duas questões estão estreitamente ligadas ao problema do Oriente Medio, e os observadores julgam, geralmente, que não é por esse caminho que a União Sovietica se prepara para examiná-lo.

2) Os ocidentais não modificarão sua atitude a respeito dos paises arabes e de Israel. Prodigalizaram e continuam a prodigalizar conselhos de apaziguamento a ambos os lados e em particular por intermedio do marechal Tito e do general Franco. No entanto, nada farão que possa conduzir a uma corrida aos armamentos no Oriente.

O Egito e a zona que agora chamam de "Southern Tier" (em oposição ao "Northern Tier", que engloba os paises do Pacto de Bagdá), assim como Israel, poderão receber dos Estados Unidos certas quantidades de armas, mas de maneira que não se rompa o equilibrio de forças. Para os paises signatarios do pacto de Bagdá, a questão se apresenta diferentemente, porque a Grã-Bretanha parece resolvida a nele se estabelecer, ao mesmo tempo, um "cordão sanitario" contra a U.R.S.S. e uma zona de influencia britanica, solidamente armados.

Aliás, em geral, não se julga que Israel esteja disposto a desencadear agora uma guerra preventiva. E, se a situação reinante no Oriente Medio não deixa de causar cuidados, tambem não é julgada inquietante para o futuro imediato.

Julga-se, sobretudo do lado britanico, que com habilidade será possivel não só atrair para o campo ocidental os paises arabes que neste momento se afastam, mas tambem impedir Israel e os arabes de desencadear um conflito. Em todo caso, não se deseja fazer escolha alguma.

Os Estados Unidos continuam a julgar que ainda não se deve perder toda a esperança de obter a adesão de todos os paises arabes ao bloco ocidental e nada desejam fazer que possa comprometer essa possibilidade. Por motivos de politica interna, eles desejam controlar Israel.

Não se alimentam ilusões quanto à possibilidade de que, em futuro proximo, se chegue a uma solução geral nessa região, e menos ainda se espera ver Israel aceitar modificações territoriais em seu detrimento, como o sugeriu "Sir" Anthony Eden em recente discurso no "Guild Hall".

3) A diplomacia ocidental continua a considerar que não é desejavel a convocação de uma conferencia sobre o Oriente Medio e que, se a situação continuar a piorar, o Conselho de Segurança será suficiente para tomar as decisões adequadas. Reunir tal conferencia, a seu ver, seria reconhecer o direito da União Sovietica de participar da direção dessa região, o que se deseja retardar o mais possivel. — André Clat.

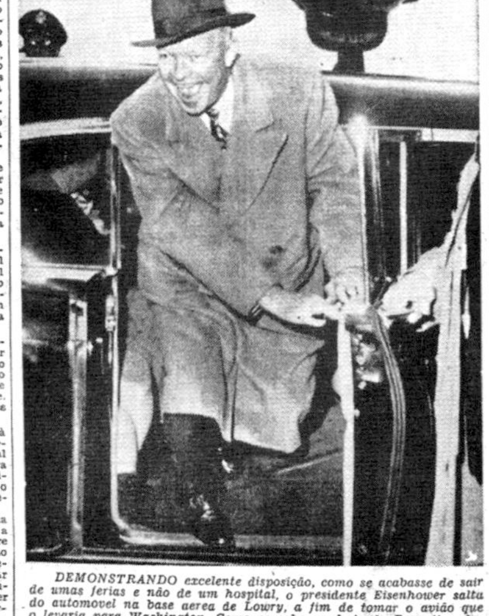

DEMONSTRANDO excelente disposição, como se acabasse de sair de umas ferias e não de um hospital, o presidente Eisenhower salta do automovel na base aerea de Lowry, a fim de tomar o avião que o levaria para Washington. Como se sabe, o chefe do Executivo dos Estados Unidos permaneceu 48 dias no Hospital Militar de Fitzsimons, para recobrar-se de um ataque cardiaco. (I.N.P.)

SÃO PAULO ESTEVE NA IMINENCIA DE TRANSFORMAR-SE EM CAMPO DE LUTA

Os acontecimentos que se desenrolaram nos bastidores, durante as horas dramaticas vividas do dia 11 à manhã do dia 12 — Ação das altas patentes militares que se encontravam na capital

São Paulo viveu horas dramaticas, do dia 11 ultimo à manhã do dia 12, pois tudo indicava que os principais acontecimentos militares, iniciados com a ação do gen. Teixeira Lott, teriam como palco nossa capital. A ida do gen. Falconieri da Cunha ao Vale do Paraiba em busca de reforços, a vinda do brigadeiro Eduardo Gomes à nossa capital, bem como a possivel vinda do então presidente Carlos Luz com parte do seu Ministerio para o nosso Estado, davam a entender que no caso de um choque armado, ele se travaria aqui em São Paulo.

Todos esses acontecimentos, somados ao intenso movimento de tropas na cidade, policiamento ostensivo e abertura de trincheiras, lançaram a semente do desassossego no seio da população, que não sabia, ao certo, o que se passava por trás dos bastidores militares. Vamos narrar o que, realmente, aconteceu.

OS FATOS

Como é sabido, o gen. Olimpio Falconieri, comandante da Zona Militar Centro, que congrega as tropas dos Estados de São Paulo e Mato Grosso, emprestou seu apoio à ação militar do gen. Teixeira Lott, iniciada na madrugada do dia 11, e que tendo base em diversos fatos culminou com a negativa do sr. Carlos Luz de punir o coronel Mamede, que havia feito um discurso o qual quebrara a hierarquia militar.

O gen. Stenio Caio de Albuquerque, comandante da 2.a Região Militar, após conferenciar com varios oficiais superiores, conseguiu apoio de numerosas unidades do Exercito Nacional ao gen. Falconieri. Teve aí inicio uma serie de fatos de relevante valor, que passaremos a enumerar.

Na madrugada do dia 11, o gen. Olimpio Falconieri da Cunha e o gen. Tasso de Oliveira Tinoco encontravam-se na Capital da Republica, tendo o ultimo rumado imediatamente para São Paulo, de avião, enquanto o gen. Falconieri, de automovel, tambem se dirigia para nossa capital, percorrendo, todavia, as unidades do Exercito sedeadas no Vale do Paraiba. Saiu o gen. Falconieri do Rio às 5 horas, chegando a Quitauna somente às 21 h 30.

Já às 6 h 45, enquanto o gen. Falconieri entrava em contacto pessoal com os comandantes das unidades de Resende, Caçapava e Lorena, o gen. Teixeira Lott expedia um radio-circular, a todos os comandantes de grandes unidades do Exercito, cujo texto integral é o seguinte: "Relativamente à solução presidencial dada ao caso do coronel Mamede, julgada pelos chefes do Exercito desta capital, com o comandante da Zona Militar Centro aqui presente, como ato de positiva provocação, decidi procurar restabelecer a aplicação dos preceitos disciplinares, objetivando impedir que se desagregue por falta de coesão o Exercito. As guarnições do Rio, Minas e São Paulo estão solidarias (a.) Gen. Lott, ministro da Guerra."

EM SÃO PAULO

Já em São Paulo, o gen. Tasso de Oliveira Tinoco, comandante da 2.a Divisão de Infantaria e da guarnição de São Paulo, entrou em contacto com o gen. Stenio Caio de Albuquerque Lima, comandante da 2.a Região Militar; com o gen. Valdemar Levi Cardoso, chefe do Estado-Maior da Zona Militar Centro; e com o brigadeiro Ivo Borges, comandante da 4.a Zona Aerea, a fim de auscultar-lhes a opinião, bem como firmar a posição do Exercito e da Aeronautica em São Paulo, em virtude dos ultimos acontecimentos.

Os generais Stenio Caio de Albuquerque Lima e Valdemar Levi Cardoso deixaram o quartel-general da 2.a Divisão de Infantaria, sem tornarem publicos seus pontos de vista.

Antes dessa reunião, o gen. Lott expedira outro radio-circular no qual comunicava aos seus subordinados que o presidente do Supremo Tribunal Federal, bem como os presidentes da Camara Federal dos Deputados e do Senado se haviam declarado solidarios com o movimento iniciado por aquele militar. Noticiava ainda, o radio, que a totalidade dos oficiais-generais da guarnição do Rio, bem como o comandante da Zona Militar Centro e Zona Militar Norte e o comandante da 5.a Divisão de Infantaria, haviam-se manifestado solidarios. Finalizava o gen. Lott dizendo que o Legislativo iria reunir-se a fim de encaminhar solução legal definitiva para a situação.

O gen. Tasso Tinoco, por seu turno, havia conferenciado tambem com o governador Janio Quadros, com o gen. Honorato Pradel e com o chefe do Escritorio de Compras da Marinha em São Paulo, comandante Helcio Auler.

Após essa serie de conferencias, o gen. Tasso Tinoco e o brigadeiro Ivo Borges publicaram uma nota oficial na qual definiam a posição do Exercito e da Aeronautica em face da situação. E' o seguinte seu texto: "O brigadeiro Ivo Borges e o general de divisão comandante da 2.a Divisão de Infantaria e Guarnição de São Paulo, dirigem-se ao povo e aos seus comandados, no sentido de manifestarem seu apoio à Constituição e às leis do país, recebendo e acatando ordens do presidente Carlos Luz, através dos seus ministros militares. Quartel-General em São Paulo, em 11 de novembro de 1955. (a) major-brigadeiro Ivo Borges — gen. de Divisão Tasso de Oliveira Tinoco."

Os generais Stenio Caio de Albuquerque Lima e Valdemar Levi; por seu turno, tão logo deixaram o quartel-general da 2.a Divisão de Infantaria, dirigiram-se a diversas unidades de tropa da capital e do interior, a fim de conseguir adesões ao movimento iniciado pelo ministro da Guer-

(Conclui na pagina 3)

A OCUPAÇÃO DA PREFEITURA CARIOCA NO DIA 11

RIO (FOLHAS) — O gabinete do ministro da Guerra informou ontem à imprensa que na manhã de 11 do corrente, ao ter o general Teixeira Lott conhecimento de que o Palacio Guanabara, sede da Prefeitura do Distrito Federal, se achava abandonado, determinou ao general Mendes de Morais, conhecedor dos problemas municipais, que tomasse posição naquele posto, e que aí aguardasse novas instruções.

Essa informação vem desmentir rumores segundo os quais o general Angelo Mendes de Morais teria ocupado a Prefeitura por resolução propria, e que por isso fora advertido pelo general Lott.

NÃO PRETENDE OBTER SUA NOMEAÇÃO PARA A PREFEITURA

O general Mendes de Morais, interrogado ontem pela reportagem, declarou que não têm fundamento os rumores de que pretendesse obter sua nomeação para a Prefeitura do Distrito Federal. Acrescentou que em nenhuma hipotese poderia aceitar esse posto, visto estar voltado unicamente para as suas atividades no Exercito. Perguntado se sabia quem seria o substituto do sr. Alim Pedro, informou o general Mendes de Morais que não tinha qualquer informação a respeito, mas acreditava que um dos mais habilitados para exercer esse posto era o prof. Clovis Monteiro, antigo secretario da Educação da Prefeitura, ao tempo de sua gestão.

A reportagem ouviu tambem o prof. Clovis Monteiro, que se declarou surpreendido com as declarações do general Mendes de Morais, uma vez que nenhum convite lhe fora feito até então. Alem disso, o assunto estava fora de qualquer cogitação de sua parte, atribuindo as referencias do ex-prefeito ao seu nome a uma prova de reconhecimento pelos serviços que prestara à sua administração.

Quanto ao sr. Alim Pedro, apesar do convite feito pelo sr. Nereu Ramos, continua mantendo a disposição de não retirar o pedido de exoneração por ele feito em carater irrevogavel.

PROCLAMA A U.D.N. SEU PROPOSITO DE OFERECER RESISTENCIA À SITUAÇÃO IMPLANTADA NO BRASIL

Manifesto aprovado pelo Diretorio Nacional da agremiação e divulgado ontem pelo sr. Milton Campos — Conclamação aos udenistas

RIO (FOLHAS) — Reuniu-se ontem, à tarde, o Diretorio Nacional da U.D.N., com a presença da sua bancada no Senado e na Camara, para analisar a situação nacional. Depois de ampla troca de impressões, deliberou-se autorizar o sr. Milton Campos a divulgar um manifesto à nação, que define os rumos do partido em face da situação resultante do movimento de 11 de novembro.

À noite, o presidente da U.D.N. leu, pelo radio, o referido documento, cujo teor é o seguinte:

"A União Democratica Nacional, pelo seu Diretorio, hoje reunido, com a assistencia de suas bancadas no Senado e na Camara dos Deputados, resolveu dirigir-se à nação e, particularmente, aos seus correligionarios de todo o país, para fixar sua atitude e definir sua orientação na grave conjuntura politica em que nos encontramos.

"A U.D.N. não tem senão que prosseguir na linha de sua tradição, que se tem caracterizado pela luta incessante em prol do ideal democratico e do regime da verdadeira legalidade constitucional. Por isso mesmo, cumpre-lhe combater com decisão e denodo as irrupções do espirito subversivo que muitas vezes se manifestam entre nós e que acabam de ter, no momento de 11 de novembro, uma de suas revelações. Não podemos, sob pena de perder o que constitui a nossa razão de ser, deixar passar sem o nosso mais veemente protesto e a nossa mais vigorosa oposição o golpe desferido contra as nossas instituições constitucionais."

"REBELDIA CONTRA A AUTORIDADE"

"Estamos, em ultima analise, em face de um poder que procura revestir-se da legalidade, mas que está assinalado pela rebeldia contra a autoridade legitimamente constituida no exercicio normal da sua competencia, e não seriamos dignos das nossas aspirações originarias e dos compromissos do nosso passado de lutas se, por um momento sequer, nos conformassemos com os resultados da sedição e da indisciplina.

"Daí a atitude das bancadas da U.D.N. na Camara e no Senado, tomando posição, desde a primeira hora, na defesa da legalidade democratica. Levantamo-nos contra a proposta, afinal vitoriosa, da maioria parlamentar, que destituiu a autoridade legitima do sr. Carlos Luz, em pleno exercicio do governo, nos termos dos mandatos constitucionais. E, ao lado da assistencia e da solidariedade dadas ao presidente deposto pela força, temos pelejado, como continuaremos pelejando, contra o risco de se irem aos poucos eliminando as franquias constitucionais, cuja reconquista foi amplamente, plenamente obtida com a nossa devotada contribuição, pelas forças democraticas do país, que graças a Deus nunca desertaram as trincheiras do seu dever. Foi assim que, na tribuna parlamentar, nossos lideres e representantes, desde logo, se ergueram contra os desmandos da maioria facciosa e em defesa das liberdades publicas, especialmente os direitos da imprensa livre, escrita e falada, que estava em risco e chegaram a ser eliminados pela censura, e em defesa ainda das imunidades parlamentares, sem as quais não pode existir o regime representativo."

COMPROMISSOS DEMOCRATICOS

"Sabemos que, para tentar diminuir a autoridade politica e moral do nosso combate, urdem-se conspirações contra nós, desde reformas regimentais que nos arrebatam posições e oportunidades, até a difusão de noticias falsas, que nos coloquem em situação diversa daquela que verdadeiramente é nossa. Eramos "golpistas" potenciais, dizem os que se revelaram golpistas efetivos, e ainda nos atribuem planos que só podem existir na malicia dos que precisam da inverdade para nos comprometer junto da opinião publica, que é uma das mais solides bases de nossa força.

"A constancia da nossa conduta e a lealdade dos nossos compromissos democraticos serão, porem, a nossa inexpugnavel fortaleza. Continuaremos a cumprir o nosso destino de defesa e aprimoramento das instituições politicas nacionais e, no momento somos, com os elementos que caminham conosco no mesmo rumo, a oposição, isto é, a força de contraste necessaria a um regime politico civilizado, porque sem ela não há que falar em democracia. Para muitos, poderia ser penoso esse dever atual. Não para nós, que não escolhemos posição comoda na missão civica que nos compete e que temos sabido realizar com devotamento e desinteresse.

"Não nos cabe responsabilidade nas dissensões e nas ameaças de desagre-

(Conclui na pagina seguinte)

Admissão de novos membros na ONU

NAÇÕES UNIDAS (A.F.P.) — A delegação norte-americana pediu hoje ao presidente do Conselho de Segurança que convoque esse organismo para breve, a fim de examinar a questão da admissão de novos membros na ONU.

EDIÇÃO DE HOJE 2 CADERNOS

ASSUNTOS GERAIS

FOLHA DA MANHÃ

PROPRIEDADE DA EMPRESA "FOLHA DA MANHÃ" S.A.

ANO XXXII ✶ São Paulo — Sexta-feira, 9 de novembro de 1956 ✶ N.º 9.981

INDICE DESTE CADERNO

NESTA EDIÇÃO:

NOSSA OPINIAO

O adiamento do pleito municipal vem proporcionar aos partidos uma nova oportunidade para que se evite o lamentavel espetaculo da ultima eleição na capital paulista, com a abstenção maciça do eleitorado. Agora ainda há tempo para que se lancem candidatos realmente dignos e capazes e que se procure conquistar para eles as simpatias populares. (Editorial — 4.a pag.).

MOSCOU PEDE A RETIRADA IMEDIATA DAS TROPAS ESTRANGEIRAS DO EGITO

ULTIMA HORA

Resposta de Bulganin à mensagem de Eisenhower

PARIS, 9 sexta-feira (A.F.P.) — Segundo a Agencia Tass, o marechal Bulganin, respondendo à mensagem de Eisenhower de 4 do corrente, afirmou que "a retirada das tropas sovieticas da Hungria é da competencia exclusiva dos governos hungaro e sovietico".

Inglaterra e França negam-se, porem, a ordenar o recuo — Prevê-se que a U.R.S.S. opor-se-á ao envio de uma Força Internacional ao territorio egipcio, alegando "perigos de ocupação"

A POLITICA DE EDEN NO ORIENTE MEDIO AMEAÇA CINDIR O SEU GOVERNO

PARIS, 8 (A.F.P.) — "Todas as tropas estrangeiras devem ser retiradas sem demora do Egito. Os interesses vitais do Egito exigem-no", declarou, hoje, a emissora de Moscou, em um comentario sobre os trabalhos da Assembléia Geral da ONU, relativa à questão egipcia.

"Sem isso, acrescentou a emissora sovietica, uma paz estavel não pode ser garantida no Oriente Medio."

Posição sovietica em face da questão egipcia

MOSCOU, 8 (A.F.P.) — "A resposta sovietica à ultima mensagem dos srs. Mollet e Eden está pronta", declarou ontem à noite um alto funcionario do Ministerio do Exterior da U.R.S.S., durante a recepção oferecida no Kremlin, por motivo do 39.o aniversario da Revolução de Outubro. Outro representante do mesmo Ministerio declarou, entretanto, alguns instantes depois, que essa resposta não estava inteiramente redigida. Observou-se que todos os membros do Praesidium do partido se retiraram, logo depois da saida dos diplomatas presentes no Kremlin, quando a festa ia no auge, aparentemente para examinar o projeto de resposta aos governos francês e britanico. Os srs. Gromico e Zorine juntaram-se ao grupo. Ambos são ministros adjuntos dos Assuntos Estrangeiros.

O governo de Moscou, acredita-se, seria contrario ao emprego de uma Força Internacional de Policia no Egito, em virtude dos "perigos de ocupação" que esta representaria.

Durante a recepção, o sr. Kruchtchev salientou a ausencia de todos os diplomatas cujos paises são membros da OTAN: "Eu gostaria de conversar aqui com outros embaixadores, principalmente os da França, da Grã-Bretanha e dos Estados Unidos, declarou ele, a um diplomata representante de um pais neutro. Mas que fazer, já que eles estão ausentes?" E, dirigindo-se, momentos depois, a um diplomata asiatico, acrescentou: "Que a França e a Grã-Bretanha colham aquilo que semearam. Elas provocaram perdas humanas e danos materiais elevados, grangeando, assim, o odio do mundo arabe por mil anos, pelo menos".

Durante o dia, o sr. Chepilov conferenciou demoradamente com o sr. Miochounovitch, embaixador da Iugoslavia, que, por sua vez, conferenciou durante uma hora com o sr. Kruchtchev.

"Os governos britanico e francês irão até o fim"

LONDRES, 8 (A.F.P.) — Em carta ao candidato conservador à eleição parcial de Chester, Cheshire, "Sir" Anthony Eden explicou que os governo britanico e francês irão até o fim, na tarefa que empreenderam, até o dia em que chegarem ao Egito as tropas da ONU.

"A intervenção anglo-francesa, declarou o primeiro-ministro, tem por objetivo paralisar as hostilidades de tal maneira que não sejam reiniciadas, e tentar proporcionar uma paz duradoura ao Oriente Medio. Se as Nações Unidas se encarregarem dessa tarefa, nós nos congratularemos por esse fato. Mas, na expectativa da chegada das tropas da ONU, nós e os franceses devemos prosseguir nossa tarefa". Se não agirmos rapidamente e com resolução, prosseguiu, trairiamos o povo britanico e a causa da paz"

"Para prevenir uma guerra de grande envergadura, é preciso ter a coragem de agir de uma maneira eficaz e rapida. A historia de nossa epoca demonstra que as consequencias de tal falta de coragem são horriveis".

Crise no gabinete britanico

LONDRES, 8 (A.F.P.) — Sir Anthony Eden não ordenou a cessação do fogo, no dia 6, senão após ter recebido uma especie de ultimato de varios de seus ministros, acredita o jornal vespertino "The Star" que anuncia em manchete: "O gabinete se divide".

Segundo esse jornal liberal, que faz campanha contra a intervenção no Egito, varios colegas do primeiro-ministro teriam intimado este a ordenar a cessação do fogo durante a reunião do gabinete, anteontem, a qual durou quatro horas e teria sido, segundo os parlamentares, a mais tumultuosa que Sir Anthony Eden tenha presidido.

Esses rumores, relatados pelo "The Star", circulam igualmente nos corredores da Camara. Os ministros "rebeldes" seriam o sr. R. A. Butler, lider da Camara, lorde do Selo Privado Sir Walter Monckton, tesoureiro-pagador geral, e o sr. Heathcot Amory, ministro da Agricultura.

O primeiro-ministro teria, ao contrario, o apoio total de lorde Salisbury; dos srs. Selwyn Lloyd, minis-

(Conclui na pagina seguinte)

NA HUNGRIA ENSANGUENTADA — Estas fotos fixam dois aspectos da dramatica luta pela liberdade na Hungria: à esquerda, quando Budapeste ainda estava em poder dos patriotas, dois deles contemplam os estragos causados a um edificio, aparecendo ainda um tanque sovietico avariado; à direita, num dos ultimos flagrantes recebidos da capital magiar, vêem-se numerosas unidades blindadas russas num dos pontos-chave da cidade, tomando posição para esmagar a ferro e fogo a heróica resistencia popular. (I.N.P.)

CONTINUA A RESISTENCIA DOS INSURRETOS HUNGAROS

Quarteirões inteiros estariam ardendo em Budapeste — Ultimato aos revoltosos — Janos Kadar declara que os russos devem deixar o país, mas após o restabelecimento da ordem

PARIS, 8 (A.F.P.) — A radio de Budapeste anuncia que os combates de rua foram reiniciados em Budapeste.

A SITUAÇÃO NA CAPITAL MAGIAR

VIENA, 8 (A.F.P.) — "Budapeste está em inferno" — esse o refrão do relato que fez ao correspondente da Agencia "France-Presse" um intelectual hungaro que ontem deixou a capital da Hungria, conseguindo chegar a territorio austriaco.

"Casas inteiras estão em chamas, disse. Não há agua, nem gás, nem eletricidade. Os generos alimenticios praticamente desapareceram da praça. Nos locais onde os insurretos continuam entricheirados são atacados pela infantaria sovietica, com lança-chamas, enquanto a artilharia dispara obuses fosforescentes".

Prosseguindo, disse: "é composta de mongóis a maior parte das tropas sovieticas. Pelas ruas, amontoam-se os cadaveres. Não é possivel removê-los. Como tambem não se pode remover os feridos. Em certas zonas da cidade, onde os revoltosos ainda mantêm posições, os russos somente conseguem fazer avançar seus tanques movimentando-os em grupos. Com efeito, os engenhos blindados isolados são atacados e os insurretos tentam incendiá-los. Os combatentes hungaros dizem-se decididos a lutar até o fim. "Aliás — acrescentou o fugitivo — é a unica coisa que lhes resta a fazer.

"Há 24 horas os sovieticos — prossegue o entrevistado — fazem a "limpeza" das ilhotas de resistencia, com o concurso de suas tropas de infantaria, que têm por missão apoderar-se das casas que ainda abriguem revoltosos, e, se necessario, de uma em uma."

Em seu relato, confirma o fugitivo as emissões de radio de certos centros de resistencia: o ultimo reduto dos insurretos "não pode acreditar" que o Ocidente os abandone ao seu desespero, nem que as Nações Unidas deixem de intervir de uma forma qualquer no caso da Hungria.

Durante seu trajeto de Budapeste para o ocidente, declarou o entrevistado ter sabido que a pequena cidade de Szombathely foi asperamente disputada entre hungaros e russos. Segundo afirmou, ela teria trocado já oito vezes de mãos.

PAVOROSOS INCENDIOS EM BUDAPESTE

VIENA, 8 (ANSA) — Noticias procedentes da Hungria informam que quarteirões inteiros de Budapeste estão ardendo em chamas.

Não se conhecem as zonas nas quais irromperam esses incendios.

TERIA SIDO ATINGIDA POR BOMBAS INCENDIARIAS A EMBAIXADA DOS E.U.A.

VIENA, 8 (ANSA) — Na tarde de hoje correram nesta capital rumores de que a embaixada dos Estados Unidos em Budapeste foi atingida por bombas incendiarias. No edificio teria irrompido pavoroso incendio. Faltam, entretanto, confirmações. Como se sabe, na embaixada norte-americana teria encontrado asilo o cardeal Mindszenty.

RESISTEM OS REVOLUCIONARIOS

VIENA, 8 (U.P.) Os revolucionarios hungaros ofereciam combate, hoje, aos tanques e tropas sovieticas no bosque de Komlo, ao norte de Pecs, e em zonas das montanhas Mecsek, onde estão as principais jazidas de uranio e de carvão do país. Tambem continuavam a resistencia em Budapeste.

Os proprios comunistas apresentaram esse quadro e, referindo-se à batalha de Budapeste, assinalaram que se a maior parte da capital está em calma, em alguns setores prossegue a luta.

A noticia foi divulgada pela radioemissora de Budapeste, que reiniciou hoje suas transmissões já em mãos comunistas. Durante os quatro dias anteriores, os comunistas haviam feito suas transmissões pelo radio de uma estação de emergencia em Szolnok, sede central do governo do primeiro-ministro Janos Kadar.

Não se ouviu, em troca, a radioemissora revolucionaria de Rakoczi, de Dunapetele. O silencio dura já mais de 24 horas. Isso faz presumir que a grande cidade industrial ao sul de Budapeste foi esmagada pelo ataque em grande escala que, com tanques, aviões de combate e bombardeiros desfecharam, ontem, os sovieticos.

NOVO ULTIMATO AOS INSURRETOS

PARIS, 8 (A.F.P.) — A Radio de Budapeste anunciou que o governo hungaro lançou um novo apelo aos insurretos, pedindo-lhes que entreguem as armas às autoridades sovieticas.

"A partir do meio-dia de 9 de novembro, toda pessoa que for encontrada com armas nas mãos será levada à barra do Tribunal Militar", acrescenta a radio.

CAI EM PODER DOS RUSSOS HEYGESHALOM

NICKELSDORF (Austria), 8 (A.F.P.) — O posto-fronteira hungaro de Heygeshalom, em poder de cerca de quarenta insurretos, isolados desde domingo do resto da Hungria por barragens de tanques sovieticos, caiu, ao fim da tarde de hoje, em virtude de um ataque das forças blindadas russas apoiadas por elementos da Policia do Estado.

A guarnição hungara, após uma breve resistencia, passou para a Austria, onde foi desarmada pelos soldados austriacos.

RENOVAM-SE OS APELOS DOS HUNGAROS

MUNIQUE, 8 (A.F.P.) — Uma mensagem de um emissor secreto dos insurretos hungaros, captada ontem às 23 horas, pela radio da "Europa Livre" em Munique, e por diversos postos alemães, anuncia que os combates continuam em Budapeste, no 8.o distrito, nos Faubourgs Kobaya e Kelenford, assim como em certas localidades do grande suburbio de Budapeste, notadamente em Peste e Pesterzsebet.

A população civil abastece os combatentes com generos alimenticios, mas as reservas da capital durarão uma semana ou mais. O elã e o entusiasmo dos combatentes da liberdade são maiores que nunca. O que os ameaça é o esgotamento fisico.

"Pedimos ao ocidente, solicitamos ao presidente Eisenhower, a Sir Anthony Eden e aos dirigentes de todos os povos livres dar-nos com urgencia uma ajuda ativa. Não nos contentamos com palavras e promessas, intervenham. Ajam, antes que seja tarde demais. Que Deus nos proteja. Ajudai-nos a salvar nossa querida patria. Pedimos transmitir nossa mensagem à ONU."

HAMMARSKJOELD PEDE AUTORIZAÇÃO PARA A IDA DE OBSERVADORES DA ONU À HUNGRIA

NAÇÕES UNIDAS, 8 (A.F.P.) — O sr. Dag Hammarskjoeld, secretario-geral da ONU, pediu hoje ao governo Janos Kadar, que permita a

(Conclui na pagina seguinte)

Aumento de 35% em media, a vigorar a partir de 25 de janeiro de 1957

Será enviado hoje à Assembléia Legislativa o projeto de reajustamento do funcionalismo

O Executivo não recorrerá ao aumento do imposto de vendas e consignações para atender à despesa, que totaliza 3 bilhões e 850 milhões de cruzeiros — Equiparação de todas as carreiras de nivel universitario — Majoração de 50% para a magistratura e o Ministerio Publico — Serão beneficiados os componentes da Força Publica, Guarda Civil e os extranumerarios

O governador Janio Quadros anunciou ontem aos deputados situacionistas, durante uma reunião-almoço realizada no Palacio dos Campos Elisios, que enviará hoje à Assembléia Legislativa mensagem acompanhada do projeto de lei que reajusta os vencimentos do funcionalismo publico estadual. Comunicou ainda que esse reajustamento reclamará recursos, para o proximo exercicio, no montante de 3 bilhões e 850 milhões de cruzeiros, devendo entrar em vigor somente no dia 25 de janeiro do proximo ano. Isso em virtude de, com as emendas apresentadas e aprovadas, na Assembléia Legislativa, introduzindo no orçamento do proximo ano novos gastos, a despesa orçamentaria ter sido aumentada em 250 milhões de cruzeiros. Foi, assim, reduzido o superavit de um bilhão de cruzeiros, destinado a cobrir parte dos recursos exigidos para o atendimento das reivindicações do funcionalismo. Dessa forma, a majoração de vencimentos só poderá entrar em vigor naquela data, a fim de reduzir o montante das exigencias de numerario, pois se passasse a vigorar no dia 1.o de janeiro (conforme está sendo esperado e o proprio governador havia anunciado), o governo seria obrigado a lançar mão de outro recurso a fim de atender ao acrescimo de despesa. Esse recurso seria o aumento do imposto de vendas e consignações, sem o que o orçamento para 1957 se tornaria deficitario, anulando assim toda a politica de compressão de despesa que o Executivo vem aplicando.

SALARIO-FAMILIA DE 300 CRUZEIROS

Anunciou ainda o governador que o salario-familia passará de cem cruzeiros para trezentos cruzeiros, aumento que só entrará em vigor no dia 1.o de julho, por aquela mesma razão, isto é, se fosse concedido a partir de 25 de janeiro, seria aumentada a despesa e para cobri-la haveria necessidade de se procurar outra medida, o aumento de impostos.

Acrescentou que para atender ao aumento nas bases propostas pelo Departamento Estadual de Administração, as quais importam em despesas de 3 bilhões e 850 milhões de cruzeiros, o governo vai reduzir algumas despesas previstas no orçamento, num total de cerca de 400 milhões de cruzeiros. O restante, isto é, 2 bilhões e 436 milhões de cruzeiros, advirão dos resultados que serão obtidos dos projetos enviados há dias à Assembléia, referentes à reforma do sistema de cobrança do imposto de vendas e consignações, à alteração do imposto do selo, às modificações do aparelho arrecadador e à reestruturação da Contabilidade do Estado.

AS BASES DO AUMENTO

Os jornalistas não tiveram acesso à reunião, que teve a duração de cerca de duas horas. Todavia, em contacto com os deputados que dela participaram, pudemos conseguir uma serie de informações sobre as bases do aumento, que tambem foram anunciadas na reunião em suas linhas gerais, pelo governador. A media em geral, segundo aquelas informações é de 35%. A magistratura e o Ministerio Publico terão aumento de 50% sobre os atuais vencimentos. O magisterio terá, alem do aumento resultante dos novos valores dos padrões, mais a elevação de uma letra, bem como o aumento das gratificações de magisterio e das aulas extraordinarias. Os delegados de policia, por sua vez, alem do aumento normal, terão igualmente mais uma letra. Os chefes de seção serão tambem beneficiados.

As carreiras universitarias (dentista, biologista, farmaceutico, quimico, tecnologica, zootecnista, etc.) que estão em situação inferior relativamente às carreiras dos medicos, engenheiros, engenheiros-agronomos e veterinarios, serão equiparadas a estas.

Os secretarios de Estado, que atualmente percebem cerca de 21 mil cruzeiros, serão aumentados para cerca de 41 mil cruzeiros.

O aumento atingirá os componentes da Força Publica, Guarda Civil e tambem os extranumerarios do Estado.

SUGESTÕES DO SECRETARIO DA FAZENDA

Durante a reunião de ontem, nos Campos Elisios, o prof. Carvalho Pinto, secretario da Fazenda, procedeu à leitura de um circunstanciado relatorio sobre o reajustamento, na parte referente aos recursos financeiros, relatorio esse que encaminhou há dias ao governador Janio Quadros. Nesse documento, declara que para cobrir os 400 milhões de cruzeiros que faltariam para atingir os 3 bilhões e 850 milhões de cruzeiros destinados ao reajustamento, duas hipoteses haveria: redução da despesa orçamentaria (a que foi aprovada pelo governador) ou elevação do imposto de vendas e consignações, pela qual não "teria duvida em optar, certo de que a mesma melhor atenderia aos interesses da coletividade, poupando-lhe a supressão ou redução de assistencia ou de serviços publicos de que instantemente necessita". Propôs que se consignasse uma "ligeira elevação da atual alicota do imposto de vendas e consignações, de 3,41125% para 3,7%, como formula apta não só a corrigir a apontada insuficiencia da receita, como a acobertar a administração contra os riscos já referidos e a proporcionar, ainda, um mais satisfatorio atendimento das necessidades publicas ligadas aos setores da cultura superior, da educação, das obras e da saude publica".

DESPACHO DO GOVERNADOR

O governador, despachando essa representação do titular da Fazenda, afirmou estar inteiramente de acordo com os conceitos ali emitidos, acrescentando:

"Não parece, porem, conveniente, a esta altura, procurar a majoração do imposto de venda e consignações."

E acrescentou:

"Proceda-se, pois, ao reajustamento dos vencimentos e salarios dos servidores, nos termos do estudo do D.E.A. Esse reajustamento far-se-á através de terriveis sacrificios do governo, e nos rigidos termos da proposta. Contudo, dependerá, ainda, para a execução, das varias mensagens já encaminhadas à egregia Assembléia, e do interesse, imediato, dessa Secretaria (da Fazenda)."

Diz ainda o governador, em seu despacho, que "o equilibrio orçamentario é ponto de honra do qual não abre mão v. exa. (prof. Carvalho Pinto), nem eu, tampouco. Permita-me, afinal, louvá-lo, publicamente".

Somente inferior à de Roosevelt em 1936 a nova vitoria do presidente Eisenhower

Mais ativos os democratas — Maioria democrata no Senado — Paz, progresso e prosperidade — Solução pacifica da crise internacional — Moscou cumprimenta Eisenhower

NOVA YORK, 8 (A.F.P.) — O verdadeiro triunfo eleitoral pessoal que o presidente Eisenhower acaba de obter não será inferior, sem duvida, quando os resultados definitivos da apuração do pleito presidencial forem conhecidos, senão ao obtido por Franklin Roosevelt em 1936. De fato, o sr. Eisenhower ganha em 41 Estados cujo numero de votos no Colegio Eleitoral é de 457, e sua maioria, no tocante aos votos dados pelo sufragio universal direto parece dever avizinhar-se de 9.000.000. Somente seis Estados do extremo sul do pais mais o Missouri a cavaleiro da linha imaginaria de demarcação entre o norte e o sul estadunidenses, permaneceram fiéis à tradição democrata. No entanto, a popularidade pessoal do sr. Eisenhower mais uma vez demonstrou — como já acontecera nas eleições legislativas de 1952 — que o leitor norte-americano diferencia o atual chefe do governo de seu partido. Essa popularidade não conseguiu na verdade, fazer com que um suficiente numero de candidatos republicanos à Camara dos Representantes e ao Senado fossem levados ao sucesso na trilha do presidente. E' extremamente raro na historia dos Estados Unidos que, num ano de eleição presidencial, pelo menos uma das duas casas do Congresso deixe de ser eleita com uma maioria do mesmo partido do presidente eleito.

Para um exemplo em contrario é preciso remontarmos a 1848, ano em que o sr. Zachary Taylor, antigo general do exercito norte-americano foi eleito na chapa do partido republicano, mas ao qual os eleitores impuseram uma Camara e um Senado de maioria democrata. Durante a recente campanha eleitoral, o presidente Eisenhower por varias vezes exortou o eleitorado a lhe dar um Congresso republicano, em suas duas Casas argumentando que parlamentares de seu partido uma vez na maioria, o ajudariam a garantir a aprovação de seu programa legislativo. Os motivos pelos quais os candidatos à Camara e ao Senado não obtiveram a maioria, talvez se expliquem pelo fato de que, tanto no ambito nacional como no ambito local as organizações democratas são mais ativas que as dos republicanos e estão em contacto mais frequente e mais familiar com os eleitores das circunscrições, onde continuamente fazem campanha em prol de seus candidatos. Alem disso, o Partido Democrata continua a ser incontestavelmente, o partido do norte-americano medio como o prova o numero daqueles que figuram na lista desse partido quando, algumas semanas antes das eleições, eles se fazem inscrever a fim de poder exercer seu direito de voto.

A Camara saída das ultimas eleições de 1954 se compunha de 231 democratas e de 201 republicanos, alem de apresentar 3 cadeiras vagas. 104 desses deputados representavam o "solido sul", região onde a simples designação como candidato democrata às eleições preliminares equivale a um mandato. Ontem à noite, os democratas tinham garantidas 222 cadeiras, e os republicanos 197, não estando ainda decidida a sorte das 15 outras cadeiras. Se a maioria democrata parece ser "confortavel" na Camara dos Representantes, ela até ontem era pouco elevada no Senado: 49 mandatos contra 46. Porem, as camaras de maioria democrata que o eleitorado norte-americano acaba de eleger, de modo algum representarão um grande entrave para o presidente Eisenhower. Pois é frequente vermos democratas conservadores atravessar a linha do partido e votar com seus colegas republicanos na Camara e no Senado (a) — Albert Roccha

PROGRAMA DO FUTURO GOVERNO

WASHINGTON, 8 (A.F.P.) — Reeleito sob o lema de "Paz, Progresso e Prosperidade", tenciona o presidente Eisenhower tudo empreender, durante o seu segundo mandato na Casa Branca, para conseguir alcançar esses três objetivos, sempre se inspirando, como no passado, em sua filosofia do "meio termo", isto é, numa prudente moderação. A partir de agora, desembaraçado das preocupações eleitorais que nestes ultimos meses o paralisavam um pouco, o governo Eisenhower poderá dedicar-se à solução dos grandes problemas que se acham na origem da crise in-

(Conclui na pagina 5)

Conferencia Mundial de partidos democratas-cristãos

PARIS, 8 (A.F.P.) — A primeira conferencia mundial reunindo os partidos democratas-cristãos e sindicatos cristãos da Europa Ocidental, da Europa Central e America Latina, foi iniciada esta manhã em Paris, sob a presidencia do sr. A. E. de Schrywer, presidente das "Novas Equipes Internacionais". Depois de pedir este aos congressistas um minuto de silencio à memoria daqueles que, na Polonia como na Hungria, tombaram para defender a liberdade, o sr. Pierre Pflimlin, presidente do Movimento Republicano Popular, definiu os objetivos da conferencia. Denuncia o orador "as ilusões de uma distensão ilusoria, alardeada após a morte de Stalim", e afirma que "o regime sovietico mostrou, desta vez sem contestação, sua verdadeira fisionomia de inimigo da liberdade humana". Insiste ainda sobre a necessidade de construir-se a Europa em acordo com as outras familias espirituais, não restaurando disciplinas economicas e sociais obsoletas, mas construindo um regime de justiça e de liberdade".

Após as alocuções dos representantes da União das Mulheres, da União Internacional dos Jovens Democratas Cristãos e do sr. Gaston Tessier, presidente da Confederação Internacional dos Trabalhadores Cristãos, o sr. Robert Schuman, ex-presidente do Conselho francês, intervem como presidente do Movimento Europeu. "Mais vale realizar alguma coisa de imperfeito do que prosseguir a estagnação" no que concerne à construção da Europa, disse este ultimo. Em nome dos representantes da America Latina, o sr. Eduardo Frei Montalvu (Chile) saudou os representantes da Europa Central e rendeu homenagem aos combatentes da liberdade na Hungria. Depois, afirmou que a participação dos cristãos na politica não deve limitar-se à filosofia e ao pensamento. "Eles devem participar no advento da democracia, e não limitar-se ao plano economico, mas trabalhar mais ainda no plano social."

Em estado de alarma unidades navais norte-americanas

WASHINGTON, 8 (ANSA) — Anuncia-se oficialmente nesta capital que algumas unidades da frota naval de guerra norte-americana do Atlantico e do Pacifico foram postas em estado de alarma.

O CHEFE DO GOVERNO, ANUNCIANDO O ENVIO DO CONTINGENTE MILITAR AO EGITO:

"A NOSSA PARTICIPAÇÃO EFETIVA NA ATUAL CONJUNTURA É UMA OBRIGAÇÃO DO BRASIL"

"Somos uma nação consciente, para quem os compromissos assumidos não perdem valor quando ou porque impõem sacrificios ou constituem riscos" — Apoio à causa da liberdade e da paz

RIO, 8 (FOLHAS) — Acentuando que "o governo está seguindo os acontecimentos mundiais com a maior atenção e todas as providencias estão sendo tomadas para que não haja surpresas", o presidente da Republica disse hoje, através de "A Voz do Brasil", que "somos uma nação consciente, para quem os compromissos assumidos não perdem valor quando ou porque impõem sacrificios ou constituem riscos". Foram as seguintes, na integra, as palavras dirigidas à nação pelo presidente da Republica, a proposito da grave conjuntura internacional e da posição que o Brasil acaba de assumir:

"Não poderia neste grave momento que o mundo atravessa deixar de falar com sinceridade aos brasileiros. A situação internacional reclama de fato um pronunciamento em que a posição de nosso país e seus rumos em face dos acontecimentos presentes e futuros fiquem bem definidos e nitidos.

"Em virtude das obrigações decorrentes de nosso desenvolvimento material e da posição que alcançamos no mundo com a coerente linha de conduta moral sempre mantida pela nossa politica exterior, não podemos dispensar-nos de arcar com as responsabilidades que nos cabem todas as vezes que estão em jogo os altos interesses da comunidade humana e da civilização a que pertencemos.

"Somos uma nação consciente, para quem os compromissos assumidos não perdem valor quando ou porque impõem sacrificios ou constituem riscos. Esses compromissos se tornam tão mais dignos de respeito sempre que importam em consequencias serias e efetivas. E' o que ocorre neste momento."

OBRIGAÇÃO DO BRASIL

"A nação toda já está informada de que o governo acaba de enviar ao Poder Legislativo mensagem solicitando o seu pronunciamento e autorização para o envio de um contingente militar que, com as forças dos demais paises componentes da Organização das Nações Unidas, ajudará a manter a paz na zona critica do Canal de Suez. As nossas exemplares Forças Armadas, representadas pelos ministros militares e pelo chefe do Estado-Maior, estiveram sempre presentes às deliberações do governo e com elas estão totalmente identificadas, como acontece todas as vezes em que há uma razão nobre e uma missão patriotica a cumprir.

"A nossa participação efetiva na atual conjuntura, que tanto preocupa a todos os que possuem a justa noção de não haver nenhuma perspectiva de felicidade admissivel neste mundo sem a coexistencia pacifica dos povos, é uma obrigação do Brasil, é tambem uma demonstração de nossa maturidade, que nos impede de estarmos ausentes de todos os acontecimentos que põem a prova a civilização de que somos parte integrante.

"Quero neste momento em que se decide o nosso país a corresponder às suas obrigações com a Organização das Nações Unidas, deixar bem claro que esse ato é tomado com pleno e amadurecido conhecimento das consequencias que ele implica. Estamos informados e seguros das responsabilidades praticas que assumimos agora na defesa de nosso ideal na politica internacional, que é ao

(Conclui na pagina seguinte)

EM MENSAGEM AO CONGRESSO O GOVERNO PEDE A APROVAÇÃO DO ENVIO DE TROPAS AO EGITO

Exposição dos motivos que levaram nosso país a acatar a decisão da ONU — Finalidades da Policia Internacional

RIO, 8 (FOLHAS) — O presidente da Republica enviou mensagem ao Congresso Nacional, acompanhada de exposição de motivos do ministro das Relações Exteriores, relativa ao cumprimento, por parte do Brasil, da solução aprovada a 7 de novembro, pela qual a Assembléia Geral das Nações Unidas cria uma Força Internacional de Emergencia, para o fim de assegurar o restabelecimento da Paz no Oriente Medio, e solicita de todos os Estados membros da Organização que prestem ajuda necessaria ao comando das Nações Unidas para o desempenho de suas funções, inclusive as providencias indispensaveis à passagem de contingentes militares pelos respectivos territorios.

EXPOSIÇÃO DOS INCIDENTES NA ZONA DO CANAL

A mensagem presidencial ao Congresso, que foi entregue pessoalmente pelo chefe da Casa Civil da Presidencia da Republica, sr. Vitor Nunes Leal, ao presidente da Camara dos Deputados, hoje à noite, historia os incidentes havidos na região de Suez e a convocação urgente do Conselho de Segurança das Nações Unidas para o exame da grave situação decorrente daquelas hostilidades.

Em 4 de novembro ultimo a assembléia geral de emergencia aprovou, com voto favoravel do Brasil, um projeto de resolução pelo qual solicitou ao secretario-geral da ONU apresentar, dentro de 48 horas, um plano para a organização de uma força internacional para, em nome e por autoridade das Nações Unidas, policiar a região do Canal e vigiar os limites entre Israel e os Estados Arabes, a fim de impedir a reabertura das hostilidades.

Acrescenta a mensagem que varios governos manifestaram imediatamente ao secretario-geral o proposito de contribuir com contingentes para a Força Internacional, estando entre os primeiros o Canadá, autor da proposta de sua criação, e a Colombia, unico país sulamericano que

(Conclui na pagina seguinte)

Quer conhecer as FOLHAS?

Se o leitor ou leitora deseja conhecer as FOLHAS, sua redação, oficinas e demais instalações, inscreva-se pelo telefone 51-9171, ramal 41, para uma demorada visita em horario de 18, 19, 20 e 21 horas, à sua escolha, em qualquer dia entre segunda e sexta-feira.

A visita, que durará cerca de 2 horas, da publicidade às oficinas, com escala em todas as seções, poderá dar-lhe idéia bem aproximada de todas as fases da elaboração do jornal, a partir da coleta e preparação da noticia até a impressão e a distribuição ao publico.

EDIÇÃO DE HOJE 8 CADERNOS — ASSUNTOS GERAIS

FOLHA DA MANHÃ

PROPRIEDADE DA EMPRESA "FOLHA DA MANHÃ" S.A.

ANO XXXIII ★ São Paulo — Domingo, 6 de outubro de 1957 ★ N.º 10.261

INDICE DESTE CADERNO

CONSIDERADO O LANÇAMENTO DO SATELITE DA TERRA COMO O PRIMEIRO PASSO PARA A CONQUISTA DA LUA

NESTA EDIÇÃO:

1) O ANUNCIADO caderno de ASSUNTOS IMOBILIARIOS, com materia redacional e anuncios rigorosamente classificados.

2) LETRAS, artes, divulgação cientifica em "Atualidades e Comentarios".

3) JAN COSTA, o colunista internacional, apresentando "O Mundo em Marcha" — (8.a pag.- "Assuntos Gerais").

4) A COLABORAÇÃO dominical de Tristão de Ataide — (6.a pag.-"Assuntos Gerais").

5) VIDA ESPORTIVA, todo um caderno só para esportes e turfe.

NOSSA OPINIAO

Anuncia-se nova licença do sr. Janio Quadros do governo para repouso. Esses afastamentos repetidos do chefe do Executivo só podem ocasionar transtornos para a administração, mormente num governo com as caracteristicas do atual, a ponto de sugerirem a colocação de problema do afastamento definitivo do atual ocupante dos Campos Elisios. (Editorial — 6.a pag.)

PODERÁ DURAR DE 2 A 30 DIAS O SATELITE ARTIFICIAL RUSSO

MESMO ASSIM A EXPERIENCIA TRARÁ PRECIOSAS INFORMAÇÕES CIENTIFICAS

PARIS, 5 (A.F.P.) — O satelite artificial sovietico, que desde ontem gravita em torno da Terra, prosseguirá seu trajeto durante um periodo que, segundo os proprios cientistas sovieticos, poderá variar de 2 a 30 dias. Depois disso, diminuindo sua velocidade e passando a atração da Terra a dominar sobre sua força centrifuga, a "luazinha" cairá nas camadas mais densas da atmosfera, onde se desagregará sob a ação das forças de atrito e do calor provocado.

Embora destinado a uma destruição proxima, o satelite sovietico nem por isso deixará de dar preciosas informações aos cientistas que estão atualmente ocupados em seguir sua trajetoria e em interpretar as mensagens de radio que ele envia à Terra.

Pela observação otica e em função dos movimentos do satelite em sua orbita, novos dados poderão inicialmente ser obtidos sobre a densidade do ar nas camadas interplanetares ainda inexploradas. A duração da vida do proprio satelite, que dependerá naturalmente das forças de detenção que sobre ele atuam, deveria tambem, a esse respeito, ser rica de informações. As "irregularidades que se renovarão periodicamente na orbita deveriam tambem permitir determinar a repartição das massas terrestres e, por dedução, fornecer talvez novos dados sobre a geologia de nosso globo.

NOVOS DADOS A CIENCIA

Finalmente, por calculos geodesicos, verificações poderão ser efetuadas e precisões poderão ser fornecidas quanto aos dados atuais relativos às noções de longitude e de latitude.

Os satelites arficiais, contudo, são capazes de trazer, um dia, muitas outras informações pela interpretação das mensagens de radio que transmitem em codigo os dados dos diferentes aparelhos de medida que puderam ser instalados no proprio satelite.

Nenhuma informação foi ainda dada sobre os aparelhos de medida que se encontram a bordo do primeiro satelite sovietico. É logico pensar que, para uma primeira tentativa, essa aparelhagem interna foi voluntariamente limitada em sua complixidade. As mensagens de radio retransmitidas não podem, aliás, ser interpretadas senão pelos cientistas sovieticos que são os unicos que possuem o codigo.

Um dia, porem, se ainda não fôr o caso, essas mensagens de radio trarão dados preciosos sobre fenomenos atmosfericos e cosmicos que são dificilmente constataveis da Terra: questões de magnetismo, de temperatura, de pressão, quantidade das particulas meteoriticas que penetram regularmente, em quantidade aparentemente variavel, na atmosfera terrestre, e cujas dimensões são da ordem de alguns centesimos de milimetro, emissões de raios ultra-violetas pelo sol, mas interrompidas antes de chegarem até nós, raios cosmicos, etc.

Por fim, e talvez mais importante do que tudo, um satelite artificial equipado com instrumentos apropriados poderia fornecer "por observação", dados continuos sobre o estado meteorologico na superficie do globo terrestre: a previsão do tempo, tão essencial para as atividades humanas, ficaria resolvida.

DECLARAÇÕES DE CIENTISTAS BRITANICOS

LONDRES, 5 (A.F.P.) — "Foi um primeiro passo concreto para as viagens interplanetarias" — declarou o sr. Kenneth Gatland, vice-presidente da Sociedade Interplanetaria Britanica e especialista em engenhos teleguiados, referindo-se ao satelite artificial sovietico. "Se o satelite sovietico pôde ser lançado com um foguete de três corpos, um unico corpo suplementar bastaria para enviá-lo até a Lua" — acrescentou o sr. Gatland.

Por outro lado, o vice-presidente da Sociedade Interplanetaria Britanica esclareceu que o foguete sovietico deve ter 70% da energia que permitiria a um corpo fugir à gravitação terrestre. Segundo ele, o satelite norte-americano, que não pesa mais do que uma dezena de quilos, será de lançamento muito mais facil.

Por sua vez, o sr. Lowell, professor de radio-astronomia na Universidade de Manchester, declarou: "Segundo informações que possuimos, os norte-americanos não estarão em condições de lançar um satelite antes da proxima primavera. O lançamento do satelite sovietico surpreendeu os meios britanicos, pois, embora não nos ocupemos na construção de um satelite, estavamos preparando um programa de vigilancia, por radio-telescopio, dos satelites sovietico e norte-americano. Fomos apanhados de surpresa e não estaremos preparados antes de alguns meses".

REPERCUSSÃO EM PARIS

PARIS, 5 (A.F.P.) — "Esse magnifico exito veio mais depressa do que esperava, e nós não deixaremos de felicitar calorosamente os tecnicos que souberam resolver as grandes dificuldades que se erguiam para fazer o engenho atingir a velocidade critica" — declarou o sr. Lejay, presidente do Comitê Nacional Francês para o Ano Geofisico Internacional.

Falando das aplicações imediatas da experiencia, o presidente do Comitê Francês ressaltou o estudo dos raios cosmicos e do campo magnetico terrestre, assim como o estudo do meio no qual o satelite evolui.

De seu lado, o professor Danjon, diretor do Observatorio de Paris, declarou ao representante da "France-Presse" que o acontecimento "marcará epoca", acrescentando que o Observatorio de Paris somente poderia observar o satelite quando tiver dados sobre sua trajetoria.

CURIOSIDADE EM LONDRES

LONDRES, 5 (A.F.P.) — "Vocês se esquecem de que hoje é sabado. Não há ninguem para fazer a menor observação" — responde uma telefonista indignada aos curiosos que chamam "New Observatory" para ter informações sobre a passagem do satelite artificial sovietico. Se bem que dotado das instalações mais modernas, "New Observatory" não trabalha mais que cinco dias por semana. Os curiosos britanicos não tiveram melhor sorte junto ao observatorio de Greenwich, que se declarou incompetente para esse genero de observação.

Assim, se bem que o lançamento do satelite sovietico tenha sido anunciado às 22 h 20 de ontem à noite, os serviços de escuta da B.B.C. parecem ser os unicos até o presente, na Grã-Bretanha, a ter captado os sinais emitidos pela Lua artificial.

Esperam os cientistas russos atingir esse objetivo dentro de alguns anos — Ressaltado o acontecimento como «uma vitoria do regime sovietico» — Pequena repercussão em Moscou

ENALTECIDO TSIULKOVSKY COMO PRECURSOR DOS VOOS SIDERAIS

MOSCOU, 5 (U.P.) — Os cientistas sovieticos que deram inicio, ontem, à era dos voos espaciais, determinaram para "dentro de alguns anos" a consecução de seu objetivo: atingir a lua. Com efeito, a radio do Kremlin, em transmissão interna, mas dirigida tambem com onda especial para o Ocidente, referiu-se ao lançamento do satelite dizendo que foi "uma vitoria do regime sovietico", concentrando-se, depois, nos fatos do futuro relacionados com a conquista do espaço sideral.

Segundo a emissora, o professor Kirill Stanyukovitch, perito em aviões a jato e membro da Comissão Interdepartamental de Comunicações Interplanetarias, declarou que o lançamento desse satelite constitui somente o primeiro passo visando o objetivo de se atingir a lua. "Pode-se dizer, com toda confiança, que dentro de alguns anos, os voos à lua com instrumentos orientadores serão uma realidade como agora o é o lançamento do primeiro satelite artificial".

Suas observações encontraram eco em seu colega Alexander Ananov, que acentuou que "num futuro muito proximo" serão construidos projeteis para atingir a Lua. Acrescentou que é, na realidade, mais dificil lançar um satelite que gira a quase 30.000 quilometros por hora em torno da terra, do que chegar à Lua. Adiantou que os russos, com sua vantagem sobre os norte-americanos, projetariam à Lua foguetes conduzindo animais, no momento em que os ianques estivessem apenas fazendo suas primeiras provas com projeteis destinados a chegar a Lua.

Enaltecido Tsiulkovsky

MOSCOU, 5 (U.P.) — Os sovieticos enaltecem com grande entusiasmo Konstantin Tsiulkovsky, um visionario do seculo XIX, quase desconhecido no Ocidente, como o pai dos voos siderais. Segundo os russos, todos progressos no campo dos foguetes e das viagens interplanetarias se baseiam em principios estabelecidos por Tsiulkovsky há sessenta anos, antes, portanto, que os irmãos Wright fizessem voar pela primeira vez seu avião, em Kitty Hawk.

Os indicios de que os russos tinham o proposito de lançar um satelite surgiram no dia 17 de setembro, primeiro centenario do nascimento de Tsiulkovsky. Uma serie de artigos de homens de ciencia sovieticos em comemoração ao centenario teve por base o tema de que "o assalto ao universo começou".

V. Glushkov, membro da Academia de Ciencias da União Sovietica, disse que "o envio de satelites seria a melhor homenagem de aniversario que poderiamos demonstrar a Tsiulkovsky no decorrer do Ano Geofisico Internacional". O major-general V. A. Semenov, professor de tecnologia, declarou que as "idéias aparentemente fantasticas" de Tsiulkovsky tornaram possivel a era do voo interplanetario.

Detalhes sobre o satelite

Hoje, a radio sovietica teve todo seu tempo preenchido com detalhes e informações sobre o satelite, dizendo que este gira em torno da terra e faz uma revolução completa em uma hora, 36 minutos e dois segundos, de acordo com os calculos. Sua velocidade poderia ser melhor apreciada pelo anuncio feito por Moscou às 12h30 (hora dos Estados Unidos) e segundo o qual, naquele momento, o satelite se encontrava sobre a cidade de Detroit. Um minuto depois, segundo os russos, o satelite iria passar sobre Washington.

Afirmou, igualmente, a emissora, que hoje, a 1 h 46, (hora de Moscou) o satelite, um globo brilhante, de superficie metalica, apenas duas vezes maior que uma bola de basquetebol, havia dado já seis vezes e meia a volta à terra.

Ininterruptamente, os observadores cientificos e os amadores de radio têm ouvido em seus receptores o sinal enviado pelo satelite. Em alguns pontos, os sinais são fracos, porem, em outros, atingem os repectores fortemente. São recebidos na terra em micro-ondas com frequencias de 20.005 e 40,002 megaciclos.

Ignora-se com segurança quanto tempo permanecerá em sua orbita o satelite. Alguns acreditam que será de duas a três semanas; outros, pensam em alguns anos. Quando, porem, diminuir sua velocidade e penetrar na atmosfera terrestre, o tremendo calor desenvolvido pela fricção volatizará o satelite.

"Brilhante vitoria"

MOSCOU, 5 (A.F.P.) — "E uma brilhante vitoria que acaba de obter a União Sovietica, que dá assim uma preciosa contribuição ao tesouro cientifico e cultural do mundo", declara hoje a radio de Moscou comentando o lançamento do satelite artificial. "Quantas vezes já os norte-americanos se mostraram ceticos ante as realizações sovieticas, prossegue a radio de Moscou. "Eles pretendiam ser os primeiros cientistas do mundo e proclamavam que seriam necessarios 20 a 25 anos para que a U.R.S.S. alcançasse os Estados Unidos. E eis que uma após outra as realizações sovieticas acabam de contradizê-los; a primeira bomba "A", o TU-104, etc.

Enfim, a radio de Moscou considera que é ao regime sovietico que a U.R.S.S. deve esses exitos.

Repercussão em Moscou

MOSCOU, 5 (A.F.P.) — A população moscovita não teve conhecimento do lançamento do primeiro satelite artificial na U.R.S.S. senão às primeiras horas da manhã, através da imprensa, que publicou a noticia sob o titulo laconico dos comunicados da agencia "Tass". Esse comunicado foi, com efeito, difundido pela agencia quando se fazia noite em Moscou e a diferença de horario ajudou o exterior, que teve assim o privilegio de se informar do acontecimento antes dos russos.

Até o momento, nenhum pormenor foi fornecido em Moscou relativamente ao lugar do lançamento e os nomes dos tecnicos que conceberam e construiram o satelite. Malgrado a surpresa provocada pela noticia, os artigos aparecidos ultimamente na imprensa russa deixavam prever que o satelite seria lançado logo. Anteontem, o jornal "Russia Sovietica" anunciava o estabelecimento de bases de observação, enquanto que o ultimo boletim da Academia de Ciencias publicava precisões tecnicas, alguns detalhes →

Aspecto (sem proporção) de como será o satelite norte-americano do tipo MOUSE

O SATELITE ARTIFICIAL É UMA DAS MAIORES REALIZAÇÕES DO ANO GEOFISICO INTERNACIONAL

ANTECIPAM-SE OS RUSSOS NO LANÇAMENTO DO PRECIOSO INSTRUMENTO DE PESQUISA — COMO NASCEU O PROJETO — SEUS OBJETIVOS — UMA SERIE DE FOTOGRAFIAS ESCLARECEDORAS — (Reportagem na ultima pagina deste caderno)

ULTIMA HORA

Captados em São Paulo os sinais do satelite

Quando encerravamos o expediente desta edição, eramos informados de que a equipe que trabalha no Observatorio sob a orientação de seu diretor, o prof. Abrão de Morais, havia obtido exito em seus esforços no sentido de captar as emissões do satelite artificial lançado anteontem. Por três vezes foram ouvidos sinais, em transmissões que duraram cerca de dez minutos, em sua fase de intensidade maxima. A frequencia através da qual se fez a recepção foi a de 20.005 quilociclos. Segundo nos esclareceu o prof. Abrão de Morais, não é possivel por ora, no Observatorio, captar as transmissões na frequencia de 40 megaciclos, a que fazem referencia os telegramas procedentes de Moscou — isso devido ao fato de os receptores comuns não alcançarem essa frequencia. Já estão sendo feitas porem as necessarias adaptações — acrescentou — para possibilitar a recepção em 40 megaciclos.

Ainda segundo o diretor do Observatorio, os sinais emitidos parecem provir de um transmissor poderoso.

A equipe que vem trabalhando com o prof. Abrão de Morais compõe-se dos profs. Luís de Queirós Orsini e Helio Guerra Vieira, da Escola Politecnica, e Silvio Ferraz de Melo, do proprio Observatorio.

EISENHOWER: NÃO CONSTITUIU SURPRESA PARA OS E.U.A. O LANÇAMENTO DO SATELITE RUSSO

Esforçam-se os cientistas ianques para determinar o curso exato do engenho — Opinião de alguns senadores norte-americanos: "Golpe para o mundo livre"

WASHINGTON, 5 (A.F.P.) — O lançamento, pela União Sovietica, de um satelite artificial não foi uma surpresa para os Estados Unidos. Ele constitui, naturalmente, um acontecimento de grande interesse cientifico e deveria contribuir de uma maneira ampla para aumentar os conhecimentos cientificos que todos os paises procuram obter no quadro do Ano Geofisico Internacional — declarou, em substancia, o porta-voz do presidente Eisenhower.

ESFORÇAM-SE OS CIENTISTAS IANQUES

WASHINGTON, 5 (U.P.) — Os cientistas trabalharam, hoje, extraordinariamente, esforçando-se para determinar o curso exato do satelite lançado ontem pelos russos.

Os encarregados do "Projeto Vanguard", o satelite que os Estados Unidos lançarão no proximo ano, estão interessados em determinar a orbita, altitude, velocidade e tamanho da lua artificial.

Walter McDonald, oficial de informações do Laboratorio Naval de Investigações, declarou que a obtenção dessas informações auxiliaria os cientistas a precisar o peso do satelite, assunto sobre o qual se alimentam duvidas. Os russos dizem que pesa 83,6 quilogramas. Para colocá-lo na orbita com esse peso — dizem os cientistas norte-americanos — seria necessario um foguete de poder extraordinario.

O ponto de onde se procura seguir o curso do satelite recebe as informações por um complexo sistema de teletipos de estações das Americas do Norte e do Sul, que seguem a lua sovietica com um sistema denominado "Minitrack". Essas estações de observação foram instaladas para seguir o satelite dos Estados Unidos, que emitirá sinais em 108 megaciclos. Os russos tornaram inuteis os postos "Minitrack", já que seu satelite emite sinais de 20 e 40 megaciclos. McDonald adiantou que os tecnicos do Laboratorio trabalharão toda a noite para modificar o equipamento de forma a poder seguir o curso do satelite. Os aparelhos adaptados estão sendo remetidos à mais proxima estação "Minitrack", em Blosson Point, Maryland, onde serão instalados. Modificações similares serão feitas nos postos "Minitrack" de San Diego, California, e Fort Stewart, Georgia.

McDonald adiantou que seu departamento está sobrecarregado com chamados telefonicos e telegramas procedentes de todas as partes do país, originarios de amadores que dizem haver captado os sinais do satelite.

"GRANDE REALIZAÇÃO"

NOVA YORK, 5 (A.F.P.) — O dr. Fred L. Whipple, diretor do Observatorio de Astrofisica do "Smithsonian Institute", declarou em Cambridge (Massachusetts), que o lançamento do primeiro satelite artificial pelos sovieticos não dava a estes ultimos uma vantagem militar "como tal", mas "permitia apreciar o potencial russo no dominio dos foguetes". "E' — disse — uma grande realização."

Segundo o sr. Alan Hynek, subdiretor, o satelite pareceria um aparelho a reação voando a alta altitude. Sua velocidade seria "de um quarto de grau por segundo".

Em Detroit, um industrial declarou que esse exito sovietico "deveria fazer-nos compreender que o que vem da Russia não é necessariamente um blefe".

Enfim, varios amadores de radio assinalaram haver captado os sinais do satelite durante a noite.

"PEDAÇO DE FERRO QUE QUALQUER UM PODERIA LANÇAR"

NOVA YORK, 5 (A.F.P.) — Entrevistado na televisão, o contra-almirante Rawson Bennett, chefe das operações navais, declarou ontem à noite que o satelite artificial sovietico não era "senão um pedaço de ferro que qualquer um poderia lançar". O almirante não vê nenhuma razão para duvidar da veracidade da noticia sovietica, mas acredita que se exagera o peso do satelite.

"GOLPE PARA O MUNDO LIVRE"

WASHINGTON, 5 (U.P.) — Na opinião de alguns senadores, o lançamento do satelite artificial da terra pela Russia, ontem, "constitui um golpe para todo o mundo livre".

O democrata Henry Jackson afirmou que os efeitos no futuro desse acontecimento seriam "uma intensificação da "guerra fria", em que a Russia atirará com mais força que nunca o peso de seu poderio".

Acrescentou que, embora o satelite, em si, pudesse não ter implicações militares imediatas, "poderá ser a base do desenvolvimento de algumas aplicações militares no futuro".

O democrata Stuart Symington e o republicano Styles Bridges fizeram-se eco da afirmação de Jackson, de que o setelite russo "é um golpe devastador para o prestigio cientifico, industrial e tecnico dos Estados Unidos no mundo".

Bridges disse que "não há motivo para um alarme histerico", mas acrescentou que a Russia já mostrou claramente que se "propõe valer-se de sua vantagem cientifica com o proposito de dominar o mundo".

Symington manifestou que o anuncio russo "não é senão mais outra prova da crescente superioridade comunista no importantissimo campo dos projeteis".

O democrata Richard Russell declarou que o lançamento confirmava a afirmação russa de que dominam no campo dos projeteis balisticos intercontinentais. "Do ponto de vista militar" — acrescentou — "coloca-nos diante de um perigo novo e aterrador".

AS VIAGENS INTERPLANETARIAS

WASHINGTON, 5 (U.P.) — Os cientistas norte-americanos afirmam que, apesar do triunfo conseguido pela Russia no lançamento do primeiro satelite artificial da terra, o ser humano se encontra, todavia, há muitos anos distanciado da realização do sonho de viajar entre os planetas. Reconhece-se que os russos deram, definitivamente, o primeiro passo nesse sentido, porem, ao mesmo tempo, ressaltam os grandes obstaculos que se terão de vencer.

Entusiasmados com seu triunfo, os russos já falam em enviar um foguete à Lua dentro de alguns anos. Um deles chegou a vaticinar que dentro de doze meses seria lançado um foguete que atingiria a Lua, conduzindo alguns animais. Entretanto, os cientistas recordam diversos fatores que se opõem, no momento, a semelhante plano.

O consumo do combustivel, por exemplo, pode servir de base. Calcula-se que para alcançar 900 quilometros da superficie, impulsionando um satelite com somente 83 quilos de peso, foi necessaria uma quantidade fabulosa de combustivel, já que o foguete impulsor deve ter pesado cerca de 83.000 quilos. Calcule-se, portanto, qual o gasto necessario para se atingir a Lua, que se encontra a 385.000 quilometros de distancia.

Vem, a seguir, o problema da velocidade necessaria para sair-se fora da força gravitacional da terra. O homem, dificilmente, poderia suportar, sem riscos para sua saude, a colossal gravitação terrestre, aumentada pela aceleração.

E, por ultimo, admitindo-se que se tenha sobrepujado esses obstaculos, resta a questão do retorno.

Pelos motivos expostos, as autoridades norte-americanas julgam ser um tanto precipitado falar-se de viagens interplanetarias a curto prazo. Afirmam que o satelite lançado ontem está em relação a essas viagens da mesma forma que um homem, querendo ir de Nova York a Chicago, fique percorrendo apenas a parte interna daquela cidade. (a.) Robert Serling.

Chegou ontem a São Paulo Miss Universo de 1957

Grande comparecimento de populares para aguardar o desembarque de Gladys Zender, que veio acompanhada de Miss Brasil — Ficará até sabado nesta capital

Chegou ontem a São Paulo, pouco antes do meio-dia, Gladys Zender, a peruana detentora do titulo de Miss Universo de 1957, que estava acompanhada de sua mãe e de Teresinha Morango, a Miss Brasil colocada em segundo lugar no ultimo concurso de Long Beach. Marcada a chegada para as 11 horas, já às 10 era grande o numero de populares que se aglomeravam no aeroporto de Congonhas para aguardar o desembarque. Miss Universo foi recebida pelo consul peruano, sr. Luiz Sanchez-Concha e esposa, tendo a consulesa oferecido a Gladys Zender um ramo de flores. Sempre distribuindo sorrisos, a rainha mundial de beleza caminhou em seguida rumo ao auto que a conduziria ao hotel, sempre acompanhada de Miss Brasil. Devido ao alvoroço estabelecido entre a multidão, não pôde realizar-se a entrevista coletiva programada, a qual ficou transferida para a noite, no hotel Jaraguá. A estada de Miss Universo nesta capital prolongar-se-á até sabado proximo.

PROGRAMA

Hoje, às 13 horas, será oferecido a Miss Universo um almoço no restaurante do Joquei Clube, em Cidade Jardim. Para as 22 h 30 está programada uma visita ao canal 7, T.V.-Recorde, quando Gladys Zender se apresentará aos tele-espectadores. O programa de amanhã compreende: almoço no hotel; às 15 horas, visita a um magazine da cidade; às 18 horas, regresso ao hotel; às 21 horas, Miss Universo estará presente ao concerto de piano em que se exibirá Iara Bernette, com orquestra sob a condução do maestro Sousa Lima, em espetaculo patrocinado pelo Departamento Municipal de Cultura.

O EX-VICE-PRESIDENTE DJILAS FOI CONDENADO A MAIS 7 ANOS

SREMSKA MITROVICA, 5 (A.F.P. e U.P.) — O Tribunal Departamental de Sremska Mitrovica condenou Milovan Djilas, ex-lider do Partido Comunista Iugoslavo e ex-presidente da Assembléia Nacional, a sete anos de prisão, com acumulo de penas anteriores, o que eleva a nove anos a pena a que foi condenado. Djilas foi considerado culpado de propaganda contra a Iugoslavia. O Tribunal manteve, quase na integra, a acusação contra Djilas e, considerou que ele escreveu e publicou seu livro "A Nova Classe" com a intenção de servir à propaganda contra a Iugoslavia.

É a terceira vez que Djilas é declarado culpado de publicar artigos contra o regime. Ainda tem que cumprir dois anos por uma condenação anterior, de maneira que deverá permanecer nove anos na prisão. A condenação podia, contudo, ter sido de 20 anos. O juri durou dois dias. Djilas se manteve de pé enquanto se procedia à leitura da sentença no Tribunal deste pequeno povoado. Tambem se encontrava presente a sua esposa, Stefania.

O Tribunal declarou que Djilas cometeu o delito de "propaganda hostil" contra a base socialista do Estado e a ordem social, a capacidade defensiva e os interesses de politica exterior da Iugoslavia. Alem disso, o Tribunal concluiu todas as condecorações nacionais anteriormente conferidas a Djilas, afirmando que devido a seus delitos é "indigno" de possui-las.

EDIÇÃO DE HOJE 2 CADERNOS | ASSUNTOS GERAIS

FOLHA DA MANHÃ

1.ª edição das FOLHAS — 6 horas

ANO XXXIV ★ São Paulo — Terça-feira, 1.º de julho de 1958 ★ N.º 10.484

INDICE DESTE CADERNO

EXCEPCIONAIS HOMENAGENS DO POVO E DAS AUTORIDADES SERÃO PRESTADAS AOS CAMPEÕES MUNDIAIS DE FUTEBOL

NESTA EDIÇÃO:

NOSSA OPINIÃO

O povo brasileiro solidariza-se na alegria pela grande vitoria do esporte que o empolga incomparavelmente. O extraordinario feito do futebol nacional, que não pode ser subestimado, como fator positivo que é, encerra uma lição que deve aproveitar a todas as nossas outras atividades, inclusive as mais conspicuas. — ("A vitoria como fator de alegria e expressão do progresso popular" — 6.a pag. — "Assuntos Gerais").

Previsão do tempo

Fornecida pelo Instituto Regional de Meteorologia, valida até as 24 horas de hoje, em todo o Estado de São Paulo:

TEMPO bom, com nevoeiro pela manhã.

VENTOS de norte, fracos.

TEMPERATURA estavel. Ontem: maxima, 24,8; minima, 8,9.

(Pormenores sobre o tempo, na pagina 3 de Assuntos Especializados)

Nesta radiofoto da U.P.I. aparece, já de posse da Taça Jules Rimet (nas mãos de Bellini, ao centro), a equipe que conquistou para o Brasil o titulo que a cronica mundial especializada afirma ser merecido há vinte anos. O jubilo do povo brasileiro extravasou no clamor que se ergueu nas ruas de todas as cidades do país e por algumas horas chegou a reviver o carnaval pitoresco, com improvisadas alegorias e manifestações a que não faltaram musicas populares, especialmente compostas para festejar o evento. (Amplo noticiario nas paginas 12, 13 e 14 e editorial na pag. 6 deste caderno)

Assegurada por Fanfani a aprovação de sua investidura na Camara italiana

ROMA, 30 (A.F.P.) — O presidente do Conselho designado, sr. Amintore Fanfani, secretario-geral do Partido Democrata-Cristão, está certo, agora, de ter sua investidura assegurada na Camara, depois de sua decisão de se abster do voto.

O sr. Fanfani dispõe exatamente de 295 votos favoraveis, representando a maioria absoluta dos votantes: 272 democratas-cristãos (não votando o presidente da Camara), 22 socialistas-democraticos e 1 deputado do movimento «Comunidade».

No Senado, democratas-cristãos e socialistas-democraticos reunem 128 votos, isto é, exatamente a maioria absoluta necessaria.

Na realidade, o escrutinio da Camara dará, provavelmente, um resultado diferente daquele a que se chega por meio de um «calculo no papel» pelo fato de que haverá abstenções inevitaveis e outras eventuais, mas, em geral, concorda-se, nos meios politicos em admitir que o sr. Fanfani será investido.

ABSTENÇÃO DO P.R.I.

ROMA, 30 (U.P.I.) — O Partido Republicano Italiano ordenou hoje a seus parlamentares absterem-se de votar a favor do primeiro ministro designado Amintore Fanfani e seu gabinete de coligação.

Essa esperada resolução do Partido Republicano é uma boa noticia para Fanfani, que está procurando formar novo governo desde a semana passada. As abstenções dos republicanos representam sete votos menos que o total da coligação democrata-cristão.

É provavel que Fanfani informe amanhã ao presidente Giovanni Gronchi de que aceita o mandato de formar novo gabinete.

PORTUGAL AMORDAÇADO — IV

Heróis mudos tombam diariamente nas masmorras de Caxias e Aljube

O campo de concentração de Bié — Como age a "gestapo" portuguesa — Regime da delacão, do medo e da tortura — Ficou 32 dias preso, sem culpa formada — Quando há prisão perpetua, sem que a lei o determine — Regime policial diabolico

PARIS, junho, 1958 (Domingos DE LUCCA JUNIOR, correspondente das FOLHAS — via Panair) — Um dia, e esperemos que esse dia não tarde, conheceremos pormenorizadamente os dramas que se desenrolaram e que se desenrolam no interior das masmorras portuguesas de Forte de Caxias, Aljube, Peniche e do campo de concentração de Bié, na Angola (onde estão presos os homens que ousaram levantar a voz pela liberdade de Goa).

O povo português vive hoje num autentico regime de terror. E' preciso manter contacto com ele, é necessario ouvi-lo, é indispensavel perceber que os olhos de um homem do campo ficam marejados, quando ele nos narra os 32 dias de suplicios que passou, incomunicavel, em Caxias e Aljube, sem culpa formada, e de onde saiu, após ter apanhado, quase que diariamente, e sofrer vexames terriveis.

DELAÇÃO

O regime imperante na ditadura portuguesa, hoje em dia, é o da delação. Quando não se simpatiza com uma pessoa, basta apanhar um lapis e um pedaço de papel e escrever, por exemplo: "O sr. João da Silva fala mal do regime. Insultou o excelentissimo doutor Oliveira Salazar, ontem, e pertence a uma sociedade secreta". De preferencia, dizer que o acusado é comunista: facilita a rapidez da prisão.

Feito isso, envia-se a carta, mesmo sem assinatura, para a sede da Policia Internacional de Defesa do Estado — PIDE — mais conhecida em Portugal pela alcunha de "a gestapo portuguesa".

A PIDE não discute, não contemporiza. Prende, encarcera, violenta, bate, tortura e em alguns casos, mata. Ela tem poderes para tal. Por essa razão, tem o pomposo nome de "defesa do Estado", que tudo lhe permite, tudo lhe perdoa.

Esses poderes, digamos a bem da verdade, lhe são conferidos por força de textos legais, como, por exemplo, os decretos-lei que enfeixam as medidas de segurança, que permitem à policia prender para averiguações por prazo indeterminado.

As leis de segurança não só cuidam dos aspectos politicos mas deixam valvulas perigosas, que permitem a pratica de numerosas arbitrariedades. Basta um individuo ser considerado "perigoso" para que seja internado num →→

As masmorras andam lotadas de heróis, que lutam pela liberdade de Portugal

COMUNICADO DO GABINETE DO MINISTRO DA DEFESA NACIONAL

Do Gabinete do ministro da Defesa Nacional, recebemos o seguinte comunicado:

O sr. ministro da Defesa Nacional, usando da faculdade que lhe confere o artigo 44.º do Estatuto aprovado pelo decreto-lei n.º 36 304, de 24 de Maio de 1947, mandou cancelar a autorização que concedia ao sr. general Humberto da Silva Delgado desempenhar o cargo de director-geral da Aeronautica Civil no Ministerio das Comunicações. Por efeito desta determinação, aquele oficial-general apresentou-se no Subsecretariado de Estado da Aeronáutica.

Não será novidade para ninguem se o gen. Delgado for encarcerado como elemento perigoso, enquadrado nas leis de segurança...

COM A PRESENÇA DA UNIÃO SOVIETICA, INICIA-SE HOJE A REUNIÃO DE GENEBRA

Presentes tambem as delegações dos E.U.A., Grã-Bretanha, França, Canadá, Polonia, Tchecoslovaquia e Romenia — Adotado pelo Senado ianque o projeto que emenda a Lei Mac Mahon

GENEBRA, 30 (A.F.P.) — A União Sovietica comunicou que participaria da conferencia sobre o controle das experiencias nucleares que deve ter inicio amanhã em Genebra. A delegação dos paises do Leste (União Sovietica, Polonia, Tchecoslovaquia e Romania) estará no Palacio das Nações às 14 horas G.M.T.

A esse proposito, a delegação de peritos sovieticos confirmou oficialmente esta noite ao sr. Spinelli, diretor-geral do Departamento Europeu das Nações Unidas, que ela participará da conferencia Leste-Oeste sobre o controle das experiencias nucleares.

A sessão de abertura da conferencia, da qual participam do lado ocidental os E.U.A., a França, a Grã-Bretanha e o Canadá, será presidida pelo sr. Spinelli, que fará uso da palavra nessa ocasião.

O inicio da sessão será publico.

Declarações de delegados sovietico e ianque

"Consideramos que a conferencia sobre o controle das experiencias nucleares, que terá inicio amanhã à tarde no Palacio das Nações, é da mais alta importancia — declarou à imprensa o professor Feodorov, membro da delegação sovietica. Acreditamos que será possivel encontrar uma linguagem comum com nossos colegas ocidentais e que nosso modesto trabalho tecnico ajudará nossos respectivos governos a tomar medidas para prevenir as experiencias nucleares, reduzir a tensão internacional e contribuir, assim, para a consolidação da paz do mundo.

De seu lado, o professor James Fisk, chefe da delegação norte-americana, declarou: "Estou certo, eu tambem, que encontraremos uma linguagem comum. Os problemas tecnicos diante dos quais nos encontramos são dificeis e merecem toda nossa atenção. Mas nossas duas delegações os focalizarão, certamente, dentro do melhor espirito. Espero que os resultados aos quais chegaremos darão aos nossos respectivos governos uma base tecnica em vista de importantes decisões que terão de tomar ulteriormente."

Respondendo a uma pergunta, o professor Fisk declarou que a iniciativa da entrevista que os cientistas sovieticos tiveram hoje com seus colegas norte-americanos foi tomada pelas duas delegações.

Os dois principais sabios atomistas britanicos, Sir John Cockcroft e Sir William Penney, chegaram ontem a Genebra. Sir John Cockcroft é diretor do estabelecimento de pesquisas de Harwell e Sir William Penney, encarregado das experiencias atomicas britanica no dominio militar.

Outrossim, um primeiro grupo de sete especialistas sovieticos, designados pelo governo de Moscou para participar da conferencia, chegou ontem.

Esse grupo compreende notadamente os sabios E. K. Feodorov e Samion Tsarapkim, chefe do Departamento das Organizações Internacionais do Ministerio das Relações Exteriores.

Satisfação em Londres

LONDRES, 30 (A.F.P.) — A decisão sovietica de participar dos trabalhos de peritos da conferencia, que se inicia amanhã em Genebra, foi recebida em Londres com satisfação.

Esta foi externada, em consequencia das declarações feitas hoje, em Genebra, pelo professor E. Feodorov, chefe da delegação sovietica, em um comunicado publicado pelo Foreign Office.

"O governo britanico — declara esse comunicado — acolhe com satisfação a declaração do delegado sovietico, da qual resulta que o grupo sovietico está pronto para participar das conversações cientificas e tecnicas".

Composição da delegação sovietica

MOSCOU, 30 (A.F.P.) — Somente hoje às 18 horas G.M.T., e sem fazer qualquer comentario, é que a agencia "Tass" anunciou a partida dos peritos sovieticos às conversações tecnicas de Genebra.

Segundo a "Tass", a composição completa da delegação sovietica é a seguinte:

Professor E. K. Feodorov, membro correspondente da Academia de Ciencias da U.R.S.S.; academicos N. N. Semenov e I. E. Tamm; sr. A. Sadovsky, membro correspondente da Academia de Ciencias da U.R.S.S.; professor C. I. Leipunsky; srs. S. I. Pasetchkin e K. E. Cubkin, da Academia de Ciencias, bem como o sr. Semion Tsarapikin, chefe do Departamento das Relações Exteriores do Ministerio Sovietico de Relações Exteriores.

Emenda à Lei Mac Mahon

WASHINGTON, 30 (A.F.P.) — O Senado adotou hoje o projeto de lei que emenda a Lei Mac Mahon a fim de permitir aos Estados Unidos partilhar seus segredos atomicos com nações amigas.

Conferencia anual sobre a fisica das altas energias

GENEBRA, 30 (A.F.P.) — Numerosos cientistas de diversos paises participam da Conferencia Anual sobre a Fisica das Altas Energias que se abriu esta manhã no Instituto de Fisica de Genebra.

Essa conferencia permitirá aos fisicos proceder a uma troca de informações sobre as propriedades fundamentais do nucleo atomico. Relatorios serão apresentados sobre a estrutura do nucleon; o nucleon e suas interações com os mesons PI, os fotons, os nucleons; as idéias teoricas fundamentais; a produção e interação de particulas estranhas, etc...

Entre os fisicos que participam da conferencia, figuram cientistas de renome mundial, tais como o sr. J. R. Oppenheimer (Estados Unidos), os professores Leprince e Ringuet (França), P. M. Blackett (Reino Unido), Hideki Yukav (Japão), E. Amaldi (Italia), W. Heisenberg (Republica Federal Alemã), P. Scherrer (Suiça) e os titulares do Premio Nobel de Fisica de 1957, o sr. C. N. Yang e o sr. T. D. Lee.

Os seguintes paises estão representados na Conferencia: Australia, Austria, Belgica, Brasil, Canadá, Dinamarca, Estados Unidos, França, Grecia, Hungria, India, Irlanda, Israel, Italia, Japão, Noruega, Holanda, Polonia, Republica Federal Alemã, Republica Popular da China, Suecia, Suiça e Tchecoslovaquia.

Alasca, novo Estado norte-americano

WASHINGTON, 30 (U.P.I.) — O territorio do Alasca converteu-se hoje de fato no quadragesimo-nono Estado da União norte-americana, ao aprovar o Senado o projeto de lei respectivo.

Resposta do Chile sobre a iniciativa do presidente Kubitschek

SANTIAGO DO CHILE, 30 (U.P.I.) — O Chile considera que não há "motivo valido" para novas reuniões interamericanas "se não nos reunirmos para estudar soluções de ordem social e economica". Assim informa um comunicado da Chancelaria chilena, em que se transcreve a resposta do Chile à consulta da Chancelaria brasileira sobre a iniciativa do presidente Kubitschek, que escreveu ao presidente Eisenhower para sugerir sejam reexaminadas as relações entre os paises do hemisferio.

O comunicado informa que o Brasil apresentou memorando à Chancelaria chilena, juntamente com copia da carta do sr. Juscelino Kubitschek ao sr. Eisenhower. A resposta do Chile afirma que "os aspectos juridicos e politicos do sistema americano alcançaram maturidade", mas considera que "existe urgencia" para tratar de problemas economicos e sociais.

O comunicado expressa tambem satisfação pela iniciativa brasileira e transcreve o texto da resposta chilena, que diz, em sua parte inicial: A comunidade americana criou um sistema solidario para a defesa comum e a preservação da paz. Seria necessario agora ampliar esse sistema para o campo economico, a fim de fazer que a ajuda reciproca seja completa e eficaz. Tudo o que interessa no aspecto interno ou internacional a uma nação americana interessa e preocupa a todas.

Prorrogado o alistamento eleitoral sem multa

RIO, 30 (FOLHAS) — O presidente da Republica sancionou hoje a lei do Congresso Nacional que prorroga o alistamento eleitoral sem multa até o dia 24 de julho.

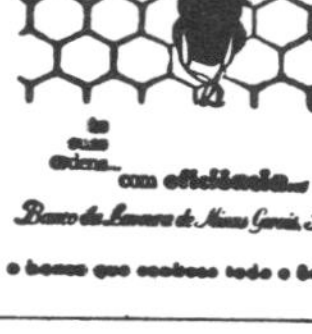

EDIÇÃO DE HOJE 3 CADERNOS | ASSUNTOS GERAIS

FOLHA DA MANHÃ

1.ª edição das FOLHAS — 6 horas

ANO XXXIV ★ São Paulo — Sabado, 3 de janeiro de 1959 ★ N.º 10.642

INDICE DESTE CADERNO

NESTA EDIÇÃO:

NOSSA OPINIÃO

E' melancolico o balanço da atuação da Camara Municipal no ano que passou. Esquecidos ou paralisados problemas fundamentais da cidade, o que sobretudo absorveu a atenção dos vereadores foi a discussão de casos politicos. Nas eleições deste 1959, o eleitorado paulistano deve ter presente a atuação de cada um dos edis, para não revalidar os mandatos daqueles que não se mostraram dignos deles. — ("A responsabilidade dos vereadores" — 4.a pag. — "Assuntos Gerais").

Previsão do tempo

Fornecida pelo Instituto Regional de Meteorologia, valida até as 24 horas de hoje, para todo o Estado de São Paulo:

TEMPO instavel, melhorando no fim do periodo.

VENTOS de sul a leste, fracos.

TEMPERATURA estavel. Ontem: maxima, 28,2; minima, 17,4.

(Pormenores sobre o tempo, na pagina 3 de Assuntos Especializados).

Cientista atomico morre vitima das radiações

LOS ALAMOS (Novo Mexico), 2 (A.F.P.) — Pela terceira vez desde 1945, um funcionario do Laboratorio Cientifico de Los Alamos perde a vida em consequencia das radiações.

O sr. Cecil **Kelly**, de 38 anos de idade, faleceu ontem em consequencia dos efeitos das radiações que absorveu na quarta-feira ultima, enquanto trabalhava na preparação de um processo de extração de plutonio.

Antes de morrer, o sr. Kelly declarou aos medicos que a unica coisa que havia observado foi um clarão azul que o ofuscou, no momento em que se preparava para manobrar um reservatorio de aço.

Os medicos do laboratorio haviam projetado fazer uma transfusão de medula ossea, pois a vitima a teve destruida por uma força de mais de mil roentgens.

O papa: "Bom ano, bom ano a todos"

CIDADE DO VATICANO, 2 (A.F.P.) — «Bom ano, bom ano a todos» — disse o papa, ontem, aparecendo a uma das janelas de seu apartamento para responder às aclamações da multidão que se tinha concentrado na praça de São Pedro. João XXIII concedeu a benção aos fiéis.

RADIO DE MOSCOU: A U.R.S.S. LANÇOU FOGUETE À LUA

HAVANA — Elementos rebeldes atacam edificios publicos. (Radiofoto U.P.I.)

ENTRADA TRIUNFAL DAS FORÇAS REBELDES NA CAPITAL DE CUBA

Esperada para hoje a chegada a Havana de Fidel Castro e Manuel Urrutia, este escolhido pela Frente Civico-Revolucionaria para a presidencia provisoria — O lider do "Movimento 26 de Julho": "Traido o plano de tomada pacifica do poder, agora é que começa a revolução; renunciem os nomeados por Piedra" — Saques, incendios, greve e mortos

HAVANA, 2 (U.P.I.) — As forças rebeldes entraram, hoje, triunfalmente nesta capital e selaram sua vitoria com a debelação do ultimo foco de resistencia das forças leais ao governo de Fulgencio Batista.

Os vivas da população às tropas rebeldes procedentes do interior do país e um combate que se prolongou por duas horas na parte baixa de Havana, constituiram o marco da vanguarda das tropas rebeldes que determinaram a fuga do gen. Fulgencio Batista.

Os saques e os incendios continuam na cidade pelo segundo dia consecutivo. Entretanto, a maior parte dos atos de violencia é dirigida contra as residencias e escritorios de colaboradores do antigo presidente.

A radio Nacional, a serviço dos revoltosos, anunciou que o lider Fidel Castro falaria ao povo. **Espera-se que o chefe rebelde chegue amanhã a esta capital, juntamente com o presidente provisorio, sr. Manuel Urrutia, escolhido pela Frente Civico-Revolucionaria para desempenhar, provisoriamente, a primeira magistratura do país.**

A Frente Civico-Revolucionaria é constituida de todos os partidos e organizações que combateram o ditador Batista.

O cel. Ramon Barquin, libertado ontem da prisão da ilha de Pinos, onde cumpria pena por conspirar contra o gen. Batista, em 1955, assumiu o comando do Exercito, colocando as Forças Armadas à disposição de Fidel Castro.

Os cubanos exilados começaram a chegar hoje a esta capital. Em um dos aviões enviados pelos rebeldes a Miami retornou o ex-presidente Carlos Prio Socarras. Os aviões rebeldes são os unicos a operar no aeroporto internacional. Todos os voos comerciais foram cancelados.

A greve geral determinada ontem pelos rebeldes mantem paralisada a capital de Cuba. Os hospedes nos hotéis somente podiam obter café e sanduiches. A Embaixada norte-americana encetou negociações para a evacuação de 12 mil norte-americanos, alem de cogitar da preparação de transportes aereos.

MARCHA SOBRE HAVANA

Outras forças rebeldes concentram-se em outros pontos da ilha para a marcha sobre Havana. Uma coluna sob o comando do major Camilo Cienfuegos, lugar-tenente de Fidel Castro que desembarcou na costa meridional de Oriente, em dezembro de 1956, encontra-se na provincia de Matanzas aguardando ordens de empreender a marcha.

Circulos dignos de todo o credito afirmaram que o grosso das tropas rebeldes estabeleceu seu quartel-general na localidade de El Cotorro nas proximidades de Havana, aparentemente com o fito de aguardar a chegada de Fidel Castro, o que deverá ocorrer durante o dia de amanhã.

O comandante Barquin, por sua vez, determinou a ida de um avião a Santiago de Cuba, capital da provincia de Oriente, onde ontem chegou Fidel Castro entre ovações do povo.

Simpatizantes recalcitrantes do gen. Batista, aparentemente colaboradores do ex-senador Rolando Masferrer, entrincheiraram-se em um edificio da parte baixa de Havana e que abarca todo um quarteirão. Uma força composta de 200 milicianos rebeldes, apoiados por carros-patrulha da Policia local empreenderam ataque ao predio. Apesar do intenso tiroteio, centenas de espectadores reuniram-se nas proximidades para presenciar o combate.

Outros pontos da capital foram, igualmente, cenario de tiroteios. O Hospital Calixto Garcia, que recebeu numerosos feridos, fez um apelo para que se doasse sangue.

TIROTEIOS E SAQUES

Verdadeiras turbas saquearam o cassino de oficiais em Marinao, onde o gen. Batista presidiu a numerosas festas, incendiando a seguir o edificio. A residencia do ex-ministro da Presidencia, sr. Andrés Domingo Morales Del Castillo, foi saqueada e incendiada tambem.

Tropas de Fidel Castro ocuparam, oficialmente, o palacio presidencial.

Outros exaltados saquearam o jornal de lingua inglesa «Havana Post», partidario do extinto governo. A «Associated Press» tem seus escritorios localizados no mesmo edificio, tendo seus correspondentes George Kauffman e Larry Allen, sido presos. **Todavia, foram postos em liberdade logo apos serem interrogados.**

Grupos de soldados, usando braçadeiras do «Movimento 26 de Julho», percorreram as ruas da capital. Alguns dos homens de Fidel Castro usam o uniforme cor oliva que caracterizou os revoltosos no interior; outros, usam trajes civis. Todos, porem, encontram-se bem armados.

No bairro suburbano de Miramar, a residencia de uma das filhas do gen. Batista foi saqueada. Igualmente, a casa do major Cosme Varas, piloto que conduziu o gen. Batista e sua esposa para o exilio, foi incendiada.

O lugar-tenente de Fidel Castro, Armando Hart, que ontem libertado da ilha de Pinos, informou que a guarnição na ilha apóia abertamente o lider rebelde vitorioso.

MEDIDAS CONTRA CANTILLO

Há indicios de que os rebeldes, provavelmente, tomarão medidas contra o gen. Eulogio Cantillo, que assumiu a presidencia da Junta quando o gen. Batista empreendeu a fuga com sua familia e colaboradores. A emissora rebelde acusou o gen. Cantillo de trair o movimento de Fidel Castro, deixando o gen. Batista sair do país.

O magistrado Carlos Manuel Piedra, decano do Supremo Tribunal, que ontem prestou juramento como presidente provisorio, não parece apresentar nenhum obstaculo à escolha do sr. Urrutia como primeiro magistrado do país. Ressaltou ele que apenas assumiu o cargo porque assim o exige a Constituição.

Lideres operarios rebeldes reuniram-se no palacio dos trabalhadores para formular planos. Tudo parece indicar que o movimento operario apóia abertamente Fidel Castro.

Despachos procedentes de Santiago, principal cidade da provincia de Oriente e um dos primeiros objetivos de Fidel Castro em sua luta contra o general Batista, afirmam nele reinar o franco entusiasmo.

Delirantemente aclamado como herói em Santiago de Cuba, disse Fidel Castro: «O Caminho foi longo e penoso, porem, chegamos».

MORTOS E FERIDOS

HAVANA, 2 (U.P.I.) — O numero de mortos nesta capital durante as ultimas 24 horas atinge, mais ou menos, 50 e, o de feridos, 125 — segundo calculos feitos pela «United Press International».

Esses calculos baseiam-se nos dados obtidos por telefone nos pronto-socorros da cidade.

Nessas cifras não se encontram incluidas as vitimas do hospital de emergencia Calixto Garcia, que havia pedido a doação de sangue para os feridos ali internados.

FALA FIDEL CASTRO

HAVANA, 2 (A.F.P.-U.P.I.) — Falando de Santiago de Cuba, Fidel Castro declarou, durante uma alocução difundida pelo radio que o plano da tomada do poder pacificamente foi traido e que «é agora que a revolução começa». Acusou, igualmente, o general Cantillo de ter maus propositos.

Fidel Castro afirmou tambem ter confiança em que até amanhã todos os postos militares da ilha receberão suas ordens diretamente do presidente Urrutia.

Disse tambem que um dos primeiros atos de Urrutia ao chegar a Havana será designar chefes do Exercito, da Marinha e da Policia Nacional e salientou que toda nomeação feita por Carlos Manuel Piedra, que ascendeu à presidencia depois da queda do presidente Batista, é completamente nula e sem valor.

Urrutia é agora a autoridade maxima da Republica — disse — e ele — Castro — não é mais do que um simples cidadão a serviço do povo.

Fidel Castro disse que objetava a Piedra como presidente, principalmente porque ninguem o quer e não poderia exercer autoridade em nenhum sentido.

Um magistrado da Corte Suprema — segundo disse Fidel Castro — não pode ser presidente da Republica, pois nunca houve justiça em Cuba.

Acrescentou, a seguir, que é melhor que renunciassem os nomeados por Piedra, antes de que os rebeldes os fizessem renunciar.

Fidel Castro assinalou que seu movimento não havia derrubado um ditador para a seguir permitir que se impusesse outro ao povo.

Declarou ainda que todos os culpados de crimes de guerra serão punidos inapelavelmente.

Disse tambem que se na Republica Dominicana se chegasse a estabelecer um centro de atividades contra o governo do generalissimo Trujillo, este não duraria muito tempo, pois o povo dominicano aprendeu dos rebeldes cubanos como se derruba uma ditadura.

Acrescentou que os dominicanos têm agora um novo solo em Cuba quando tiverem de ser desterrados.

GREVE GERAL

HAVANA, 2 (U.P.I.) — Dez mil operarios, membros de sindicatos trabalhistas não comunistas, ouviram esta noite seus lideres que lhes dirigiram apelos em uma grande concentração no sentido de prosseguirem com a greve geral até a obtenção de seus objetivos.

NADA NO RIO

RIO, 2 (FOLHAS) — Continuamos em nossa posição à espera de que a situação se esclareça, o que pode acontecer ainda esta noite ou amanhã pela manhã — disse-nos hoje o encarregado de Negocios da Embaixada de Cuba, sr. Francisco Domingues.

Por outro lado, ao contrario que aconteceu ontem, a Embaixada de Cuba esteve pouco movimentada no dia de hoje. Lá compareceram somente alguns poucos exilados, amigos dos funcionarios e representantes diplomaticos de outras embaixadas latino-americanas em busca de informações. No entanto, até às 9 horas nada de oficial havia recebido o secretario Domingues.

HAVANA — Milicianos do "Movimento 26 de Julho" obrigam-se atrás de pilares durante o tiroteio com cerca de 200 policias. (Radiofoto U.P.I.)

Comunicado da emissora sovietica: a ultima etapa do engenho (1.472 quilos sem combustivel e com instrumentos) pode atingir velocidade cosmica de 11,2 quilometros por segundo — Deverá chegar à região lunar aproximadamente às 7 horas de amanhã — Haverá criação de um "cometa artificial" de sodio — Captados os sinais

JÁ ATINGIU 100.000 KM DE ALTITUDE

MOSCOU, 2 (A.F.P.-U.P.I.) — Um foguete sovietico foi lançado em direção à Lua — anunciou a radio de Moscou.

O foguete compõe-se de dois estagios e segue a trajetoria prevista — acrescentou aquela emissora.

O anuncio dizia que o foguete fôra lançado «à Lua». Não precisava se havia planos para que estabelecesse uma orbita ao redor da Lua como se planejou no caso dos lançamentos norte-americanos que não tiveram exito em fins do ano passado.

A tentativa sovietica de disparar um foguete à Lua foi predita em uma emissão radiofonica de fim de ano da radio de Moscou em principios desta semana, que disse que 1959 veria «ainda maiores progressos no campo de foguetes interplanetarios e «sputniks».

Comunicado

E' o seguinte o comunicado da radio de Moscou:

«Quando a 4 de outubro de 1957 o primeiro satelite artificial do mundo foi lançado com exito, e outros satelites foram lançados com exito depois, de acordo com o programa do Ano Geofisico Internacional, obteve-se pela primeira vez uma velocidade cosmica de 8 quilometros por segundo. Como resultado do novo trabalho criador dos cientistas, projetistas, engenheiros e operarios sovieticos, foi criado agora um foguete de varias etapas, cujo ultimo estagio pode atingir uma velocidade cosmica de 11,2 quilometros por segundo, tornando possiveis os voos interplanetarios.

"A 2 de janeiro de 1959, um foguete cosmico foi lançado à Lua na União Sovietica. O foguete cosmico de varias etapas foi lançado de acordo com o programa sobre a trajetoria de seu movimento em direção à Lua. Segundo os dados preliminares, a ultima etapa do foguete recebeu a requerida segunda velocidade cosmica. Continuando seu avanço, o foguete cruzou a fronteira oriental da União Sovietica, passou sobre as ilhas Havaí e continua movendo-se sobre o oceano Pacifico afastando-se rapidamente da Terra.

"As 3 h 10 de Moscou de 3 de janeiro, o foguete cosmico que se move para a Lua passará sobre a parte sul de Sumatra a uma distancia de cerca de ... 110.000 quilometros da Terra. Segundo os calculos preliminares, que se estão fazendo mais precisos pela observação direta, o foguete cosmico chegará à região da Lua aproximadamente às 7 horas de 4 de janeiro de 1959.

"A ultima etapa do foguete cosmico, que pesa 1.472 quilos sem combustivel, está equipada com uma capsula especial em cujo interior vão instrumentos de medição para realizar as seguintes observações cientificas:

"1 — Determinação do campo magnetico da Lua;

"2 — Estudo da intensidade e as variações de intensidade dos raios cosmicos fora do campo magnetico da Terra;

"3 — Registro dos fotons da radiação cosmica;

"4 — Analise das radiações cosmicas na região lunar;

"5 — Estudo sobre a distribuição de nucleos pesados na radiação cosmica;

"6 — Estudos dos componentes gasosos da materia interplanetaria;

"7 — Estudo da radiação solar corpuscular; e

"8 — Estudo da erosão meteoritica".

"Cometa artificial"

«Informa a agencia "Tass" que, para acompanhar a trajetoria do segundo estagio do foguete cosmico, foi instalado a bordo um radiemissor que envia sinais de uma duração entre 0,8 e 1,6 segundos, em 19.997 e 19.995 megaciclos. Por outro lado, um segundo radiotransmissor trabalha em 19.993 megaciclos, enviando sinais de duração variavel entre 0,5 e 0,9 segundos.

SINAIS DO FOGUETE LUNAR SOVIETICO GRAVADOS ONTEM À NOITE NO BRASIL

RIO, 2 (FOLHAS) — Prevendo que os trabalhos do Observatorio Nacional se prolongarão até as primeiras horas da madrugada de amanhã, devido a observações que farão durante esta noite, procurando localizar o foguete cosmico sovietico na constelação da Virgem, o astronomo Ronaldo Mourão declarou às FOLHAS que toda a equipe do Observatorio estava já a par do acontecimento e que o vice-diretor, Muniz Barreto, estava para chegar a qualquer momento, para comandar as observações telescopicas.

— "Embora as informações ainda sejam muito reduzidas — acrescentou o astronomo — faremos todo o esforço necessario para localizar o foguete cosmico que leva o destino da Lua; e, se a visibilidade nos for favoravel, talvez possamos vê-lo por volta das duas horas da madrugada."

CAPTADOS OS SINAIS

A estação radiotransmissora da Radional acaba de informar à reportagem das FOLHAS que captou os sinais emitidos pelo foguete lunar da União Sovietica. A Radio Jornal do Brasil, por seu turno, em colaboração com a Radional, conseguiu gravar, por volta das 21 h 30, os primeiros sinais do poderoso foguete, que são mais fortes e nitidos que os dos "sputniks" anteriores.

A equipe da Radional que captou o "bip-bip-bip" do novo satelite em 19.999 megaciclos, estava constituida pelos tecnicos Osvaldo Genal, Ivã Pedro de Resende, Fernando Brandão, Angelo Angelo e Guilherme Costa.

POUSO NA LUA

Instado pela reportagem das FOLHAS a manifestar-se sobre o lançamento do foguete lunar sovietico, o brigadeiro João Mendes da Silva, da Escola Superior de Guerra, e um grande estudioso da materia, declarou:

"Acredito que os sovieticos tenham obtido um engenho capaz de pousar diretamente na lua, ou de circundá-la para pousar logo em seguida. Tudo isso está dentro da expectativa daqueles que vêm acompanhando com o maior interesse o progresso tecnico e cientifico da U.R.S.S. e dos Estados Unidos."

— "O mais importante — continuou o brigadeiro João Mendes — para o exito da tentativa, é conseguir uma velocidade de .... 40.000 km/h, que libertará o foguete da gravitação do nosso planeta e tambem fará com que o engenho siga a trajetoria certa e precisa, de modo a cair na orbita lunar. Qualquer erro, por diminuto que seja, acarretaria o fracasso da tentativa."

E arremata:

— "De qualquer forma, o programa de conquista do espaço conta realizações cada vez mais positivas, em meio a todas as incertezas e insucessos naturais. Não tenho duvida em afirmar que, em 1959, novos sucessos impulsionarão a conquista do espaço."

NÃO SABIA DE NADA

Cerca das 23 horas, o almirante Pena Boto, abordado pela reportagem das FOLHAS, declarou-se surpreendido com a noticia.

— "Os jornais da tarde nada disseram, não é verdade?" — perguntou o almirante.

E, ante a resposta afirmativa do reporter, acentuou que voltaria a se manifestar mais tarde, quando estivesse inteirado de maiores detalhes.

RESPOSTA

O prof. João Cristovão Cardoso, presidente do Conselho Nacional de Pesquisas, abordado pela reportagem das FOLHAS sobre o novo feito da tecnologia sovietica, declarou:

— "Prefiro esperar mais um pouco para manifestar-me com mais precisão sobre a experiencia dos russos. Digo, apenas, que este lançamento do foguete lunar sovietico é uma autentica resposta ao ultimo foguete dos Estados Unidos, que teve grande repercussão em todo o mundo."

O sr. Otacilio Cunha, presidente da Comissão Nacional de Energia Nuclear, observou:

— "Tomei conhecimento da noticia através do radio. Acho que ainda é cedo para qualquer pronunciamento, e prefiro aguardar maiores detalhes sobre o foguete lunar da União Sovietica."

"ISSO E' "SHOW" SOVIETICO"

O ex-presidente da Comissão de energia Atomica, general Bernardino de Matos, foi outro que falou às FOLHAS sobre a tentativa sovietica de pôr um satelite em torno da lua.

Foram estas as suas palavras:

"Recebo sempre com as devidas reservas as noticias vindas da U.R.S.S. Acontece que eles estão "estomagados" com o ultimo sucesso dos norte-americanos e procuram fazer seu "show" de qualquer maneira. Mas, como a ciencia não é privilegio de ninguem, os russos podem obter exito nesse lançamento."

Captados os sinais em São Paulo

«Os sinais do foguete cosmico sovietico foram captados nesta capital hoje a partir de 0 h 58, fracos a principio, medios a 1 h 02, fortes a 1 h 15, quase iguais ao emitidos pelo «Sputnik I» — informou à reportagem das FOLHAS o sr. Roberto Isnard, diretor do Departamento de Radio da Sociedade Interplanetaria Brasileira.

Em mensagem a Vorochilov, Eisenhower acusa a U.R.S.S. de não haver provado desejar a "coexistencia pacifica"

GETTYSBURG (Pensilvania), 2 (A.F.P.) — O presidente Eisenhower declarou, ontem, que é extremamente importante, para os Estados Unidos, que os sovieticos cheguem a uma regulamentação pacifica do problema de Berlim. Respondendo a uma mensagem de Ano Novo do presidente Vorochilov, da U.R.S.S., o presidente Eisenhower agradeceu os votos formulados e manifestou a esperança de que os sovieticos «possam agir de conformidade com os sentimentos contidos em sua mensagem de Ano Novo».

O sr. Vorochilov havia manifestado a opinião de que medidas decisivas para pôr termo «ao perigo de uma nova guerra» deveriam ser tomadas em 1959.

O presidente Eisenhower, por sua vez, declarou: «Parece-nos extremamente importante, no momento atual, a aplicação dos sentimentos contidos em vossa mensagem à situação de Berlim. A esse proposito, não posso me impedir de vos lembrar as intenções declaradas por vosso governo em relação ao povo de Berlim. Em minha opinião, elas não estão de acordo com vossas aspirações e esperanças de coexistencias pacifica».

Deverá chegar amanhã a Nova Iorque o vice-presidente Anastás Mikoyan

WASHINGTON, 2 (A.F.P.) — O sr. Anastás Mikoyan, vice-presidente do Conselho Sovietico, chegará a Nova Iorque domingo pela manhã às 11 h 15 GMT, anunciou a companhia de aviação escandinava que, em um dos seus aviões, transportará o lider sovietico.

REUNIÃO EISENHOWER-KRUCHTCHEV

LONDRES, 2 (U.P.I.) — Os diplomatas comunistas dizem hoje que o vice-primeiro ministro sovietico Anastás Mikoyan tem a esperança de promover uma reunião entre o presidente Eisenhower e o primeiro-ministro sovietico, Nikita Kruchtchev, como possivel preludio a uma nova conferencia de chefes de governo das grandes potencias.

Os funcionarios comunistas sugerem que Mikoyan leve a Washington uma especie de plano de paz «extraoficial».

Jornalista português levou três dias para obter visto no consulado brasileiro

LISBOA, 2 (A.F.P.) — "O "Diario de Lisboa" publica hoje uma nota comentando o fato de que um jornalista português levou três dias para obter um visto no consulado brasileiro, e ainda foi obrigado a fazer exame medico, enquanto que o visto para o Mexico, Venezuela e Estados Unidos foi dado muito mais rapidamente e não houve a exigencia do exame medico. Escreve o jornal: "Temos com o Brasil não só um tratado de amizade e consulta (inoperante), mas tambem um acordo cultural (que tambem se mostra inutil). Apregoamos todos os dias a necessidade de um intercambio cada vez mais efetivo e cada vez mais intimo, e quando nos dispomos a realizar os votos que formulamos temos de esperar três dias, sofrer um exame medico e pagar duzentos e cinquenta escudos para que nos seja concedido um visto de entrada nesse país. Para favorecer o desejado intercambio de jornalistas e homens de letras entre os dois paises irmãos, não se pode dizer em boa verdade que seja um incentivo animador."

Barcos de pesca mexicanos atacados por aviões da Guatemala no Pacifico

CIDADE DO VATICANO, 2 (A.F.P.) — Anuncia-se oficialmente que aviões da força aerea da Guatemala atacaram a metralhadora três barcos de pesca «piratas», em aguas territoriais do Pacifico, iniciando-se a «Operação Drake», ordenada pelo presidente Miguel Ydigoras Fuentes para defender as riquezas maritimas nacionais.

ERAM MEXICANOS

MEXICO, 2 (A.F.P.) — Se a Guatemala não apresentar excusas nas proximas 24 horas pelo matralhamento de barcos de pesca méxicanos, o Mexico deverá romper as relações diplomaticas com seu vizinho, e «exercer represalias energicas», declarou o sr. Rodolfo Brena Torres, presidente da Grande Comissão do Senado, que falava ao vespertino «Ultimas Noticias».

MORTOS E FERIDOS

MEXICO, 2 (U.P.I.) — O ministro do Exterior do Mexico aguarda um relatorio oficial das pastas da Marinha e da Justiça sobre o ataque realizado por dois aviões guatemaltecos contra quatro barcos de pesca, diante da costa da Guatemala e do qual resultaram dois mortos e sete feridos.

O presidente da Guatemala, gen. Miguel Ydigoras Fuentes, havia advertido que todos os barcos estrangeiros surpreendidos pescando em aguas territoriais da Guatemala seriam atacados e afundados.

COMPLETO MISTERIO ENVOLVE AINDA O PARADEIRO DO "PEQUENO MUNDO"

LONDRES, 2 (U.P.I.) — O Pequeno Mundo que conduz em sua barquinha quatro tripulantes ingleses sobre o Atlantico, manteve, hoje, seu silencio, pelo decimo-quinto dia consecutivo.

Em Londres, um porta-voz da comissão que organizou o voo confirmou que o limite de tempo para a travessia já expirou, tendo o balão sido avistado pela ultima vez no dia 14 de dezembro ultimo. Acrescentou não serem verdadeiros os rumores de que a barquinha houvesse sido avistada no mar em local não distante das Antilhas. Ela fora simplesmente confundida com um pequeno barco que se encontrava naquelas paragens.

A façanha do Pequeno Mundo teve inicio no dia 12 de dezembro, em Tenerife. Pouco depois a emissora que ele conduzia deixou de funcionar.

Não se alimentam temores, todavia, sobre a segurança dos tripulantes do globo e isso porque o equipamento de radio ajustado na parte exterior da barquinha poderia ter sido avariado durante a elevação dificil da esfera.

Os três homens e a mulher que se encontram no interior da barca não são vistos desde que a tripulação do petroleiro alemão «Berha» informou estarem sobrevoando uma zona situada a 480 quilometros do local da ascensão, no norte da Africa.

A partir de então, todos os navios navegando nas proximidades das antilhas foram avisados para se manterem alerta para a localização do globo e seus passageiros.

O citado porta-voz aduziu que, embora o «Pequeno Mundo» descesse no Atlantico, a pequena barca poderia permanecer facilmente flutuando no oceano, pois fora desenhada por um perito em navegação a vela.

Interrogado sobre se o prolongado silencio significava algum perigo para os passageiros, disse: «Sinceramente, não posso dizer isso. Sabe-se que os aeronautas conduzem suficientes rações para um periodo de dois meses».

Os quatro tripulantes — Arnold Eiloart, de 51 anos, e seu filho Timothy, de 21; Colin Mauhrien de 32, e sua esposa, Rosemary, de 30, são marinheiros experimentados.

Na Assembléia o projeto de aumento do funcionalismo estadual

(Texto integral da proposição na pag. 7 do 1.o caderno)

1ª EDIÇÃO

FOLHA DA MANHÃ ★

FOLHA DE S. PAULO - 4 HORAS

ANO XXXV ★ São Paulo — Sabado, 5 de dezembro de 1959 ★ N.º 10.928

PREVISÃO DO TEMPO

(Fornecida pelo Instituto Regional de Meteorologia e valida até as 24 horas de hoje para todo o Estado de São Paulo).

TEMPO instavel com chuva.
VENTOS de sul. fracos.
TEMPERATURA em declinio. Ontem: maxima, 26,3; minima, 17.8.

(Pormenores na 11.a pag. — 1.o cad.)

JK ANUNCIA O FIM DA REBELIÃO E PROMETE PUNIR OS CULPADOS

NESTA EDIÇÃO

Pecuaria

Grupo de tecnicos do DPA realiza estudos sobre pecuaria na região do pantanal mato-grossense (Noticias transmitidas pelo enviado especial da FOLHA DE S. PAULO na pag. 11 — 1.o cad.)

Poluição atmosferica

A Associação Brasileira de Quimica vem realizando reuniões destinadas ao exame do problema da poluição atmosferica em São Paulo. No debate de anteontem, o primeiro da serie, mostrou-se que não só causas artificiais, como tambem causas naturais (desenvolvimento industrial em fundos de vales) concorrem para agravar o problema. (Pag. 6 — 1.o cad.)

Barreto tem chance contra o campeão mundial

O invicto meio-medio brasileiro lutará esta noite, no ginasio do Ibirapuera, contra o famoso Don Lee Jordan. — (Pag. 6 — 2.o cad.)

NOSSA OPINIÃO

Nem anistia, nem toleraneia. Precisam ser exemplarmente punidos os oficiais rebeldes que se atreveram a reeditar o triste episodio de Jacareacanga. — ("Contra o Brasil" — 3.a pag. — 1.o cad.).

Eisenhower em Roma — *O presidente Eisenhower (à direita) e o chefe de Estado italiano, sr. Giovanni Gronchi sob guarda-chuvas: chovia torrencialmente quando o primeiro mandatario norte-americano chegou ontem à Roma, primeira escala de sua viagem de paz pela Europa, Asia e Africa. Ontem mesmo os dois presidentes mantiveram sua primeira entrevista politica. (Noticiario na página seguinte)*

ATÉ O DIA 9 DEVERÁ SER ASSINADO O ACORDO BRASIL-URSS

MOSCOU, 4 (De Constantino IANNI, enviado especial da FOLHA DE S. PAULO — via Radiobrás) — Tem-se como certo que o acordo comercial entre a União Sovietica e o Brasil será assinado até o proximo dia 9.

As negociações da missão comercial brasileira com as autoridades sovieticas prosseguem satisfatoriamente, trocando-se minutas sobre acordos de pagamentos, enquanto os grupos de trabalho analisam pormenores dos respectivos setores. O grupo do petroleo aprofunda a analise que vem fazendo dos dados sobre equipamentos, devendo seus integrantes visitar os campos petroliferos da URSS.

Os contatos entre os representantes brasileiros e sovieticos tornaram-se mais frequentes e informais, efetuando-se reuniões inclusive no hotel onde se encontra instalada nossa delegação.

Assunto basico: café

Embora se admita que o volume global do acordo a ser elaborado inicialmente atinja algumas dezenas de milhões de dolares, afirma-se que o limite dependerá fundamentalmente das quantidades de café que a URSS possa adquirir anualmente. Dessa maneira, a compra de café constitui a base, do ponto de vista quantitativo, das transações globais.

Representantes ocidentais em Moscou

Consideravel numero de homens de negocio do Ocidente, notadamente da Alemanha, da Italia e do Japão, encontram-se em Moscou presentemente, cuidando de transações comerciais.

Uma só firma italiana está montando aqui três fabricas completas de fibras de nailon. Soubemos tambem, de vendas de café efetuadas aqui por firma não cafeeira de Milão.

O feriado de amanhã e mais o domingo serão aproveitados pelos membros da missão para visitas gerais, inclusive à Exposição Industrial Permanente.

No momento, tem-se como certo que o acordo comercial será assinado até o proximo dia 9.

Visita às instalações petroliferas

MOSCOU, 5 (AFP) — Foi adiada para a proxima segunda-feira a entrevista que deveria realizar-se entre o sr. Edmundo Barbosa da Silva, chefe da delegação comercial brasileira, e o sr. Niolais Petrolitchevx, ministro do Comercio Exterior da URSS — segundo se anunciou. ontem, junto à delegação do Brasil.

O grupo de trabalho do petroleo da delegação brasileira segue amanhã em visita às instalações petroliferas localizadas ao sul dos Montes Urais.

NOVO CONSUL JAPONES EM SÃO PAULO — Para substituir o sr. Koishi Suzuki, que por 2 anos exerceu o cargo de consul-geral do Japão em nossa capital e que regressou há poucos dias a seu país, chegou ontem a São Paulo, por via aerea, procedente do Rio de Janeiro, acompanhado de sua esposa e filhas, o sr. Takashi Ishii, que exercia o cargo de conselheiro da Embaixada do Japão no Rio de Janeiro. O novo consul-geral foi recebido em Congonhas por funcionarios do Consulado em São Paulo e por grande numero de elementos da colonia niponica radicada em nossa capital. O sr. Takashi Ishii, que se encontrava na Embaixada japonesa no Rio de Janeiro há 2 anos, hoje mesmo iniciará suas atividades em São Paulo não estando marcada qualquer cerimonia de posse. No cliché, o novo consul japonês, por ocasião do seu desembarque no aeroporto de Congonhas.

Em Buenos Aires o "Constellation" sequestrado

Em discurso transmitido na noite de ontem por todas as emissoras do país, ligadas em cadeia com o programa «A Voz do Brasil», o presidente da Republica anunciou à nação o malogro da tentativa de subversão da ordem, levada a cabo por um reduzido grupo de oficiais da Aeronautica e do Exercito.

O chefe do governo disse notadamente que a administração nacional não está disposta a conferir ao rumoroso episodio importancia maior do que merece. Por outro lado, deixou bem claro que aos culpados serão aplicadas as penas previstas no proprio codigo da disciplina militar.

À tarde, telegramas de Buenos Aires transmitiam uma noticia que causou natural sensação no país: o «Constellation» apresado em voo pelos sublevados e levado para Aragarças acabava de aterrar no aeroporto internacional da capital argentina. Horas depois, era igualmente conhecida a noticia de que o governo da vizinha Republica concedera asilo a dois rebeldes que viajavam no aparelho — um major aviador e um engenheiro civil. O sr. Remy Archer, preso e feito refem pelos rebelados, achava-se entre os ocupantes da aeronave.

A proposito da evolução dos acontecimentos que ora chegam ao fim, apresentamos pormenorizada reportagem na ultima pagina deste caderno.

Tem-se como iminente a solução do caso Janio

O governador Carvalho Pinto declarou que para breves dias terá novidades completas e definitivas sobre a renuncia do sr. Janio Quadros. Ontem, como emissario do governador, seguia para o Rio o sr. Bonifacio Coutinho, portando a proposta de novos termos para a desistencia da renuncia do ex-governador de São Paulo, para ser assinada pela UDN. Marcada reunião a proposta foi discutida e aceita, assinando-a o sr. Magalhães Pinto. O emissario paulista encaminhou-a posteriormente ao sr. Raul Pila que tambem a assinou. De retorno a São Paulo o sr. Bonifacio Coutinho levou ao governador a missiva. Interrogado pela imprensa o secretario da Agricultura declarou terem os entendimentos se processado de maneira "surpreendentemente feliz", e afirmou ter a UDN, em sua reunião, decidido manter a candidatura Leandro Maciel, à vice-presidencia. O documento já fôra assinado anteriormente pelos srs. Queirós Filho e Emilio Carlos. (Noticiario na 3.a pag. deste caderno)

A Inglaterra lançou três foguetes

LONDRES, 4 (AFP) — Três foguetes britanicos "Skylark" foram lançados em 36 horas — de 30 de novembro a 1.o de dezembro — do centro de ensaios de Woomera, na Australia, anunciou o Ministerio da Aviação. Os engenhos, lançados por motivo da semana de pesquisa espacial organizada pelo "Gospar" (Comitê Internacional para as Pesquisas no Espaço), atingiram, como fora previsto, uma altitude de 144 km.

Pedida a antecipação das eleições para o dia 2

RIO, 4 (FOLHA DE S. PAULO) — O sr. Charles Edgard Muritz, presidente da Confederação Nacional do Comercio, fez entrega hoje, ao presidente do Tribunal Superior Eleitoral, ministro Nelson Hungria, de um memorial em que declara, interpretar o pensamento do comercio do país, solicita seja fixada a data das proximas eleições presidenciais para 2 de outubro de 1960, e não a 3 do mesmo mês, conforme vem acontecendo, desde a promulgação da Constituição de 1946.

Entre as razões alegadas, diz o memorial que, «sendo o dia 2 domingo, a realização da eleição nesse dia seria altamente aproveitavel para a economia nacional, para todas as atividades que se exercem no país e para o maior comparecimento às urnas. Isto porque — frisa — a eleição, se realizada no dia 2 e não no dia 3, poderá influir decisivamente na redução da abstenção, já que, processada no dia 3, a sequencia domingo e segunda-feira poderá ser motivo para os menos dotados de espirito civico se aproveitarem dela para excursões, caçadas, pescarias etc.; no dia 3, a eleição obrigará a paralisação de todas as atividades, com evidentes prejuizos para o ritmo de trabalho; obrigará ao pagamento de um dia de salario, em todo o país, se a contra prestação do serviço, representando o dispendio de fabulosa importancia inelutavelmente imputada ao custo das utilidades; e, finalmente, se realizada no dia 2, a eleição importaria no regresso à tradição de efetuarmos nossas eleições sempre aos domingos.

O ROYAL BALLET EM SÃO PAULO

LONDRES, 4 (UPI) — O Royal Ballet sairá de Londres a 11 de março em extensa excursão pela America Latina. Será o primeiro conjunto de balé britanico que se apresenta na America Latina.

O Royal Ballet, sob os auspicios do Conselho Britanico, se apresentará no Mexico, Caracas, Lima, Santiago, Rio de Janeiro, São Paulo e Buenos Aires.

Liberada a carne bovina de primeira

O governo federal anunciou ontem a solução adotada para o problema do abastecimento de carne bovina. A formula escolhida foi a que libera o produto de primeira e mantem o tabelamento para o de segunda (Noticiario na pag. 9 — 1.o cad.).

MARISCHKA FALECEU

VIENA, 4 (AFP) — Hubert Marischka, o mais celebre ator e diretor de operetas vienenses destes ultimos 50 anos, faleceu, esta manhã, na capital austriaca, com a idade de 78 anos.

Condenado o fabricante do talco

BORDEUS, 4 (AFP) — O farmaceutico Casnave, fabricante do talco para crianças "Baumol", cuja utilização causara há alguns anos a morte de uma centena de bebês, foi condenado hoje a 18 meses de prisão com sursis, a uma multa de 200.000 francos, bem como ao pagamento de danos e reparação bastante elevados.

O aumento para os servidores municipais

— "Está-se estudando na Secretaria das Finanças e, possivelmente, dentro de uma semana deverá ser enviado à Camara Municipal, projeto que visa ao aumento de salarios dos servidores municipais" — essa foi a mensagem que o prefeito Ademar de Barros enviou, através de seu representante, sr. Silvio Pereira, a mais de mil servidores municipais que ontem estiveram reunidos em assembléia geral, realizada no auditorio da Biblioteca Municipal. Pleiteiam os servidores municipais um aumento de 60%, no padrão inicial e de 32%, no padrão final.

Estiveram presentes à reunião os srs. Cantidio Sampaio, vice-prefeito do Municipio; Manuel Figueiredo Ferraz, secretario de Educação e Cultura da Prefeitura; e Paulo Paulista de Ulhoa, representante do secretario dos Negocios Internos e Juridicos da Prefeitura.

Registrada a candidatura Maciel

RIO, 4 (FOLHA DE S. PAULO) — O Tribunal Superior Eleitoral, em sessão de hoje, deferiu o pedido do registro da candidatura do sr. Leandro Maciel à vice-presidencia da Republica, formulado pela UDN. O candidato udenista é o segundo a ser registrado, para concorrer a esse posto, no pleito presidencial de outubro proximo. O primeiro foi o sr. Fernando Ferrari, sob a legenda do PDC. Nessa ordem os nomes de ambos serão inscritos na cedula unica.

Decidiu o TSE conceder ao Tribunal Regional de São Paulo, a quantia de 2 milhões e 700 mil cruzeiros para cobertura de despesas com as eleições municipais de 4 de outubro ultimo.

D. Salomão Ferraz

D. Salomão Ferraz converte-se ao catolicismo

O bispo d. Salomão Ferraz, mentor da Ordem Geral de Santo André e fundador da Igreja Catolica Livre do Brasil, em dias da semana passada foi acolhido pela Igreja Catolica Romana, com as mesmas prerrogativas de que gozava dentro de sua Igreja. fundada em 1936. No proximo dia 8, às 8 h 30, na Casa Imaculada Conceição, na av. Nazaré, 470 em solenidade a ser oficiada pelo cardeal-arcebispo de São Paulo, d. Carlos Carmelo de Vasconcelos Mota, o novo bispo do Vaticano. que conta 80 anos de idade. deverá prestar juramento da sua nova condição.

Negros ameaçam brancas

NOVA YORK, 4 (AFP) — Dois negros que, sob a ameaça de facas, obrigaram duas jovens brancas a subir num automovel que haviam roubado, foram detidos ontem à noite em Nova York. Foram encarcerados sob a inculpação de sequestro, violação e banditismo.

OS EUA LANÇARAM AO ESPAÇO UM MACACO: PROJETO MERCURY

WASHINGTON, 4 (UPI-AFP) — Foi lançado hoje ao espaço em um foguete, a uma altura de 88.495 metros sobre o Atlantico, um macaco de pouco mais de 3 quilos, 30 meses de idade, chamado "Sam", (iniciais da "School of Aviation Medicine", onde nasceu e foi instruido) em uma prova coroada de exito do dispositivo de escape que os futuros astronautas utilizarão.

A capsula de escape que levou o macaco até essa altura foi recolhida por uma unidade de busca da Armada, porem não foi aberta em seguida.

A recuperação da capsula foi feita poucas horas depois de que o "Sam" foi lançado ao espaço na ilha Wallops, Estado de Virginia, por cientistas da Direção Nacional de Aeronautica e Espaço (NASA).

A demora em retirar o macaco da capsula foi devida a que não havia medico nenhum a bordo do destróier "Borie", que a recolheu do mar.

A capsula foi colocada a bordo de um barco às 14 h 15 (hora local). Sem demora, foi retirado o "Biopack". recipiente de 45 quilos de peso dentro do qual se encontrava encerrado hermeticamente o macaco.

Como em outro. barco da unidade de resgate, o "Fort Mandam" há medico. confia-se em trasladar a capsula a essa nave. nave.

Não se sabe quando será feito o transbordo porque o mar está bastante agitado. As autoridades disseram que o macaco tem suficiente oxigenio para 48 horas.

O "Sam". macaco de 30 meses. foi lançado ao espaço às 11 h 14 da manhã (hora local), em uma capsula como a que colocará em orbita os pilotos do espaço cosmico que se preparam conforme o Programa Mercury de satelites tripulados.

Quando a capsula chegou a uma altura de cerca de 32.000 metros, incendiou-se um foguete de escape colocado em uma torre de 4,20 metros.

O poderoso foguete de escape, que gera um impulso de uns 24.000 quilos, desprendeu a capsula do foguete impulsor a uma velocidade de 600 metros por segundo.

A capsula e a torre subiram até uns 88.000 metros, onde a torre foi desprendida por um dispositivo de tempo especial.

Minutos depois, a capsula desceu sobre o Atlantico em um para-quedas e tocou a agua a 200 milhas da costa.

O lançamento foi feito com um foguete "Little Joe".

SÃO E SALVO

WASHINGTON, 4 (UPI) - A direção Nacional de Astronautica e Espaço (NASA) informou que o macaco "rhesus" encontrava-se em otimo estado — "vivinho e pulando" — depois de ter sido recuperado do Atlantico e retirado do recipiente hermetico em que fez a viagem.

A NASA acrescentou que "Sam". "parece estar perfeitamente normal e está comendo e bebendo" depois de sua viagem espacial.

Outros elementos vivos

Alem do macaco, a cabina contem elementos vivos tais como celulas de nervos de rato e culturas de bacterias e certos vegetais, farinha de trigo e cevada.

A experiencia tem por objetivo principal verificar o funcionamento do dispositivo destinado a permitir à capsula destacar-se do foguete. Mas o proprio macaco foi munido de numerosos aparelhos de medições destinados a estudar suas reações durante a viagem. Um destes é um aparelho chamado «Ocularmotor», que se assemelha a um par de oculos e que é destinado a recolher as descargas eletricas dos musculos oculares para enviá-las a outro aparelho, grafador este. e que permitirá medir os efeitos de desorientação que poderia sofrer o animal. Aparelhos destinados a medir as pulsações do coração e a atividade respiratoria do macaco foram igualmente previstos. O animal foi igualmente levado a pressionar uma pequena alavanca cada vez que uma luz se acende.

Espera-se, assim, poder estudar com mais precisão o estado de suas reações durante o tempo de aceleração ou de desceleração ou durante os momentos em que flutuara livremente em decorrencia da ausencia de gravidade.

A cabina mede cerca de três metros de altura e pesa uma tonelada. Essas dimensões são exatamente as mesmas que as do aparelho que deve servir ao lançamento dos futuros «argonautas do espaço» do projeto «Mercury». O foguete experimental «Little Joe» utilizado hoje compõe-se de dois grupos de quatro foguetes cada um.

A cabina possui um sistema de socorro: trata-se de um foguete auxiliar que se ascende automaticamente em caso de pane no sistema propulsor da partida e que envia a três ou quatro quilometros no ar a cabina, que cai, então, sobre a terra, ligada ao seu para-quedas. Se o lançamento decorre sem incidentes, o foguete de socorro é automaticamente largado.

O macaco que ocupava hoje a cabina é um «rhesus» educado e treinado na Escola de Medicina da Aviação, na Base Aerea de Brooks, no Texas.

Não somente a alimentação em oxigenio necessario foi prevista para a vida do animal, mas ainda um sistema de aquecimento destinado a manter a temperatura num grau normal. Um sistema de eliminação da umidade e emanações toxicas, bem como um ventilador, são igualmente previstos.

O macaco «Sam»

ILHAS WALLOPS, Virginia — Nesta foto liberada pela NASA o sr. Lynn Brown, da Universidade do Texas, examina o macaco "Sam" antes de ser colocado na capsula que o enviou ao espaço (Radiofoto UPI)

1ª EDIÇÃO

FOLHA DE S. PAULO ★

FOLHA DA MANHÃ - 4 HORAS

ANO XXXV ★ São Paulo — Sexta-feira, 1.º de janeiro de 1960 ★ N.º 10.950

PREVISÃO DO TEMPO

(Fornecida pelo Instituto Regional de Meteorologia e valida até as 24 horas de hoje para todo o Estado de São Paulo)
TEMPO instavel com trovoadas no litoral e serras.
VENTOS do quadrante norte, frescos com rajadas.
TEMPERATURA em elevação. Ontem: maxima, 25,3; minima, 17,8.
(Pormenores na 7.a pag. — 1.o cad.)

DETER A INFLAÇÃO, O OBJETIVO DO GOVERNO NO ANO QUE COMEÇA

NESTA EDIÇÃO

Café para a Argentina

Registra-se queda vertical nas exportações de café do Brasil para a Argentina. (Pag. 6 — 1.o cad.)

Condenado a 25 anos de reclusão

Um dos autores do crime do Brooklin, que em março do ano passado abalou a opinião publica, foi ontem condenado a 25 anos de reclusão. A Justiça agiu com severidade no caso, em correspondencia com a gravidade do crime, no qual perdeu a vida a sra. Odete Simões Torino. (Pag. 4 — 1.o cad.)

Bananas no mercado italiano

Bananicultores paulistas procuram organizar-se para iniciar a exportação sistematica da musacea ao mercado italiano. (Pag. 6 — 1.o cad.)

Central termica nucleo-eletrica

A primeira central termeletrica nuclear deverá ser instalada no Rio de Janeiro. Decreto baixado pelo presidente da Republica criou a Superintendencia do Projeto Mambocaba, que deverá coordenar e executar todas as medidas para a instalação de central eletrica desse tipo na bacia do rio Mambocaba, no Rio de Janeiro. (Pag. 5 — 1.o cad.)

Posse da nova Edilidade

Em solenidade marcada para às 13 horas de hoje, será instalada a nova Camara Municipal. A luta pela presidencia prosseguia ontem, sem favorito. (Pag. 3 — 1.o cad.)

FOLHA DE S. PAULO

"Somos, efetivamente, a FOLHA DE S. PAULO, porque em São Paulo se edita nosso jornal e a São Paulo se consagra. Sem eiva regionalista, todavia, antes com a preocupação de servir ao Brasil, que é a unica maneira de defender eficazmente os interesses do Estado e do país. Essa a razão do "slogan" que a partir de hoje figura sob o titulo destas colunas: "Um jornal a serviço do Brasil". — (Do editorial "Um só nome para os nossos três jornais" — 3.a pag. — 1.o cad.).

A SITUAÇÃO EM LAOS

VIENTIANE, 31 (AFP) — O comunicado do Estado-Maior das forças armadas laocianas, transmitido às 17 h 38 locais, pela radio de Vientiane, declara principalmente:

"No quadro de sua missão que é a de garantir e manter a ordem e a segurança, as forças armadas levam ao conhecimento da população que tomam todas suas disposições para fazer face à situação na expectativa de que um novo governo legalmente constituido seja instalado. Elas convidam a população a permanecer em calma e a abster-se de qualquer ato suscetivel de agravar a situação já explosiva."

Esse comunicado é assinado pelo chefe do Estado-Maior da Defesa Nacional, general Southone Pathammavong.

Às 19 h 30 locais, a radio divulgou um segundo comunicado do Estado-Maior do Exercito, assinado desta vez pelo general de brigada Phoumi Nosavan (N.R. da AFP: — lider dos "ativistas" do Exercito, que parece ter desempenhado, nos recentes acontecimentos, um papel de primeiro plano)

Esse comunicado declara que "os generais Sing Rathannavong, Ouane Rathikoun, Amkha Soukhavong e Phoumi Nosavan visitaram o soberano, o qual lhes pediu que redobrassem seus esforços para manter a ordem e a segurança. Todos os generais presentes garantiram ao soberano seu zelo e sua indefectivel dedicação".

NOVOS DIRIGENTES DO TRIBUNAL DE JUSTIÇA — *Em cerimonia realizada ontem, às 10 h 30, no 5.o andar do Palacio da Justiça, foram empossados nos cargos de presidente, 1.o e 2.o vice-presidentes e corregedor-geral da Justiça, respectivamente, os desembargadores Pedro Rodovalho Marcondes Chaves, Joaquim de Silos Cintra, Alberto de Oliveira Lima e Samuel Francisco Mourão. O clichê fixa um aspecto da reunião, vendo-se ao fundo a mesa que dirigiu os trabalhos. Em seu discurso de posse, o desembargador Pedro Chaves emitiu conceitos de alta significação, tanto para o Judiciario como para a coletividade. Publicamo-lo na integra, à pag. 4 do 1.o caderno, juntamente com o noticiario da solenidade de posse.*

Visita de Ike ao Brasil e à URSS

Aguarda-se o anuncio oficial da visita do presidente Eisenhower à America Latina. Essa viagem de boa-vontade, que deverá limitar-se a quatro paises — Brasil, Argentino, Chile e Uruguai — é agora tida como quase certeza pelos meios diplomaticos latino-americanos em Washington.

Por outro lado, em sua mensagem de Ano Novo, o secretario de Estado Herter anunciou que o chefe da Casa Branca "projeta retribuir a visita que o sr. Kruchev efetuou aos EUA, indo à URSS provavelmente no mês de junho proximo". (Noticiario completo na pagina seguinte)

Crise no gabinete da RAU

CAIRO, 31 (UPI) — O presidente da Republica Arabe Unida, Gamal Abdel Nasser, anunciou a noite passada haver aceito as renuncias de quatro ministros sirios.

Os demissionarios são: Akram El Hourani, vice-presidente da Republica; Salah Hedine El Bitar, ministro de Cultura e Orientação Nacional; Mustafa Hamdoun, ministro regional da Siria encarregado da reforma agraria, e Abdelghani Kanout, ministro de Assuntos Sociais da Siria. El Hourani era ao mesmo tempo ministro da Justiça.

Essas demissões puseram termo à aliança que havia entre Nasser e o partido sirio Baath (Socialista), ao qual se deveu, em maior medida, a decisão da Siria de constituir a Republica Arabe Unida com o Egito.

Por ora, ignora-se os futuros substitutos dos demissionarios.

Os politicos mais conservadores da Siria são inimigos severos dos dirigentes do Partido Baath, o qual era presidido por El Hourani antes da constituição da Republica.

El Bitar foi outrora ministro das Relações Exteriores da extinta Republica da Siria.

Nos circulos competentes, comenta-se que, com essas demissões, o Partido Baath deixa de estar representado no governo da Republica Arabe Unida que inicialmente possuia cinco ministros baathistas. O quinto, Adnan El Malky, desempenhava a pasta de Cultura e Orientação Nacional e renunciou no outono passado.

O FERIADO DE HOJE

Hoje, dia 1.o de janeiro, é feriado nacional por força do que dispõe o artigo 1.o da lei federal n.o 662 de 1949. Salvo as exceções legais, o trabalho é proibido em todo o territorio nacional. E por isso permanecerão fechados: repartições publicas federais, estaduais e municipais, escolas, cartorios (exceto os de Registro Civil), juizos, tribunais, bolsas, estabelecimentos comerciais, industriais e bancarios.

Segundo comunicado do Sindicato dos Bancos do Estado de São Paulo, os estabelecimentos bancarios abrirão amanhã para o publico apenas para cobrança de titulos e visto de cheques.

A 2.a e a 3.a edições da FOLHA DE S. PAULO não circularão hoje.

A 1.a edição da FOLHA DE S. PAULO não circulará amanhã.

FOLHAS INFORMAÇÕES não dará expediente hoje.

REPERCUSSÃO DA INSTRUÇÃO 192 DA SUMOC

Autoridades governamentais exprimiram à reportagem da FOLHA DE S. PAULO que a instrução 192 da SUMOC baixada anteontem, deverá, entre outros efeitos, permitir ao Banco do Brasil maior controle sobre o mercado de cambio livre, agora acrescido de um movimento equivalente a 200 milhões de dolares anuais. Acredita-se, por outro lado, que não serão prejudicadas as exportações de algodão e açucar, em decorrencia da medida, enquanto extensa relação de produtos fica beneficiada. Nos circulos do Comercio a instrução 192 foi bem recebida, mantendo as entidades deste setor, da industria e da agricultura, estudos sobre o assunto para posteriores manifestações. (Noticiario completo na pag. 6 do 1.o cad.)

Tratados Brasil-Mexico

MEXICO, 31 (UPI) — (De Jaime Plenn) — Serão assinados um tratado comercial e outro cultural entre o Mexico e o Brasil durante a visita que fará em janeiro ao Rio de Janeiro o primeiro mandatario mexicano, sr Adolfo Lopez Mateos.

Ainda que não se fez anuncio oficial nenhum sobre o assunto por parte do governo mexicano, fontes brasileiras revelaram que se preparam os documentos de maneira que Lopez Mateos possa firmá-los durante sua estada no Brasil, de 19 a 24 de janeiro proximo.

O novo adido comercial brasileiro nesta capital, o medico Lutero Vargas, filho do falecido presidente Getulio Vargas, confirmou as noticias nesse sentido em uma entrevista à imprensa.

«Serão de inestimavel valor os acordos comerciais que seguramente serão assinados por ocasião da visita ao Brasil do presidente do Mexico» — manifestou o sr. Lutero Vargas.

Acrescentou que o Brasil espera comprar petroleo e enxofre do Mexico, e que poderia vender-lhe produtos farmaceuticos, artigos plasticos e jipes.

Brasileira entre as debutantes em Nova York

NOVA YORK, 31 (UPI) — Entre as representantes latino-americanas, que foram apresentadas a noite passada no quinto baile anual das debutantes, que teve lugar no Hotel Astor, como parte das festas sociais de fim de ano, figurou a senhorita Gilda Maria Ferreira, filha do casal Julieta Pereira Estrela-Eugenio Ferreira Filho, do Rio de Janeiro. A sra. Pereira Estrela é membro do pessoal do Consulado do Brasil em Nova York.

Senhoritas de vinte e dois paises e das principais cidades dos Estados Unidos participaram do baile de apresentação que foi realizado com fins de beneficencia.

Os embaixadores nas Nações Unidas da maioria dos paises representados e consules acreditados em Nova York foram convidados de honra.

Cadetes da Academia de West Point e da de Annapolis atuaram como acompanhantes de honra das debutantes.

ANO POLITICO INDIANO: A AGRESSÃO CHINESA

NOVA DELI, 31 (AFP — Por Fleix Naggar) — O ano que termina terá sido certamente um dos mais importantes desde a proclamação da independencia. Cronologicamente, devem ser citados quatro fatos importantes:

1) — Pela primeira vez no mundo, um governo comunista, que veio ao poder por vias legais e democraticas, foi expulso do poder pela agitação popular: trata-se do governo do Estado indiano de Kerala; 2) — A agressão chinesa contra a India e a ameaça da China sobre os pequenos Estados himalaios limitrofes do Tibete; 3) — A melhora consideravel das relações entre a India e o Paquistão; 4) — Enfim, a visita do presidente Eisenhower.

Sem subestimar a importancia deste ultimo acontecimento, contudo, a agressão chinesa deve ser considerada como o fato mais importante do ano, tanto por suas repercussões internas como por suas consequencias externas. Ela provocou o desabamento das concepções idealistas do sr. Nehru, relativas a uma Asia unida e fraternal e arruinou os cinco principios de coexistencia dos quais se fazia paladina. Ela obriga a India a rearmar-se, comprometendo, consequentemente, seu desenvolvimento economico.

A melhora das relações com o Paquistão é, numa larga medida, uma consequencia da agressão chinesa: os dois paises que resultaram do imperio britanico das Indias não podem escapar à solidariedade de seu destino, diante da ameaça que vem do norte.

A India vai procurar agora desenvolver seu potencial industrial, "porque a força não reside unicamente nas armas". Garante o sr. Nehru. A expansão chinesa não deixa, de resto, de alterar as relações com Moscou, se bem que a URSS queira permanecer neutra no litigio indo-chinês.

Seja como for, esse abcêsso na fronteira norte tende a supurar ainda por muito tempo.

JK CONVIDOU STROESSNER A VISITAR O BRASIL

ASSUNÇAO, 31 (UPI) — O presidente do Brasil, Juscelino Kubitschek, convidou o primeiro mandatario paraguaio, general Alfred Stroessner, a visitar Brasilia, a futura capital do vizinho país, por ocasião de sua inauguração.

O convite foi transmitido pelo marechal Zenobio da Costa, embaixador do Brasil em Assunção.

JK DENUNCIA AÇÃO SUBVERSIVA E DECLARA-SE PRONTO PARA REPRIMI-LA

RIO, 31 (FOLHA DE S. PAULO) — O presidente da Republica anunciou que o ano que se inicia será dedicado a recuperar o valor da moeda, deter a inflação e equilibrar as despesas publicas, sem prejuizo das medidas necessarias ao desenvolvimento nacional. Ao fazer essa afirmação, em mensagem de Ano Novo que dirigiu ao povo brasileiro, o presidente Juscelino Kubitschek afirmou que 1959 foi "um ano crucial e decisivo", para sua administração, e enumerou uma por uma as realizações que considera mais importantes em seu governo. Dizendo que "esse Brasil já não é o Brasil de 4 anos atrás", afirmou que o país está mais bem preparado para enfrentar os inumeros problemas desta epoca e que "as metas estão por ser atingidas em breve".

Aludiu a um plano organico para a reação da economia continental contra o subdesenvolvimento ao anunciar que a OPA se transformará numa realidade. Ainda sobre as relações externas do país, disse que iniciamos promissoramente contatos de natureza comerciais com a União Sovietica e revigoramos a tradicional amizade com os Estados Unidos.

Proclamou o sr. Juscelino Kubitschek que o governo se preocupou em recuperar os setores basicos da produção exportavel, destacando o recorde de venda do café, a produção do petroleo e a redução do deficit orçamentario.

Sobre a situação politico-social, asseverou que "chegou a hora em que não mais se justifica tolerancia para com os promotores da desordem". Citou os mais recentes movimentos grevistas como parte de um plano de agitação de ambito nacional e anunciou que o governo sabe da existencia e está preparado para reprimir uma ação subversiva com que se pretenderia paralisar a vida da nação nos proximos dois meses. — (Texto da mensagem na ult. pag. — 1.o cad.).

Ano Novo e guerra argelina na ordem do dia de Challe

ARGEL, 31 (AFP) «A rebelião viu deslocar-se suas melhores tropas sob vossos golpes» — declara principalmente o general Maurice Challe, comandante-chefe na Argelia, na ordem do dia que dirigiu ao ensejo do Ano Novo às forças colocadas sob suas ordens.

Depois de frisar que a rebelião, «à falta de poder ganhar pelas armas, se refugia num terrorismo cego», acrescenta o general: «Como deslocamos os katibas (unidades rebeldes), dominaremos o terrorismo, continuaremos nossa obra de proteção. Acentuaremos a pacificação».

Em sua conclusão, o general declara que a situação dos rebeldes «se degradou» no plano internacional e acrescenta: «Conscientes de nosso valor e de nossa força, conscientes de nossa fé na missão humana da França, iremos ainda para a frente a fim de que as comunidades da Argelia possam trabalhar e prosperar na paz francesa».

Combate em curso

ARGEL, 31 (AFP) — Informa-se de fonte não oficial que um combate está em curso perto de Frenda, ao sudeste do Departamento de Orã. A operação teve inicio com forças importantes em consequencia de uma emboscada na qual um medico foi morto anteontem.

CONFLITO NO RIO: ESTUDANTES CONTRA POLICIAS

RIO, 31 (FOLHA DE S. PAULO) — Conflito de grandes proporções eclodiu hoje, no Restaurante Central dos Estudantes, na Ponta do Calabouços, entre dezenas de jovens e choques da Policia Militar e do Departamento de Policia Politica e Social. Sairam feridos 4 estudantes, dois dos quais em estado grave, imediatamente internados no Hospital Sousa Aguiar. Poucas horas depois, propalava-se haver morrido um dos jovens, tendo até mesmo os estudantes exibido faixa de luto e cartazes referentes ao fato. Permanecem, entretanto, duvidas a respeito desse falecimento.

Motivou o conflito a elevação, sem consulta ou entendimento previo, do preço das refeições.

Cumbica substitui o Galeão

Segundo se informa, aviões «Caravelle» e «Comet», de linhas internacionais de passageiros, a partir de abril vindouro passarão a operar nas pistas da Base Aerea de Cumbica (2.300 metros) em virtude de se encontrarem em reforma (serão aumentadas de 2.250 para 3.300 metros) as do Galeão. Consoante apurou a reportagem, aliás, aviões «Comet 4» da BOAC, embora em carater precario, já estão operando na Base referida, em virtude de não terem margem de segurança para aterrar nas pistas de Congonhas (1.800 metros), usadas no entanto normalmente pelos «Caravelles», de menor envergadura. A BOAC que fez o voo inaugural recentemente, usando aquela base, deverá prosseguir operando ali até poder transferir seu ponto de pouso para o Aeroporto Internacional de Viracopos, em construção na cidade de Campinas.

Confirmando-se o uso da Base Aerea de Cumbica para campo de pouso das aeronaves internacionais, caberá às empresas de aviação a que os aviões pertencem providenciar condução rodoviaria até Congonhas e aerea, em aviões menores, até o Rio, para os passageiros. Somente a partir de 1.o de julho, quando ficarem prontas as pistas reformadas do Galeão, o transtorno será superado, tudo voltando à normalidade.

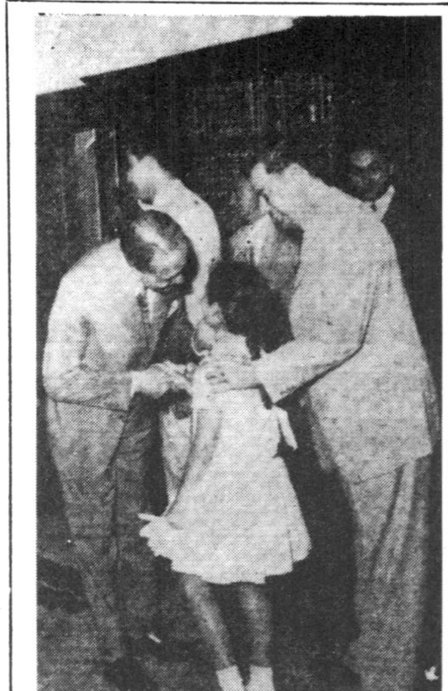

Cumprimentos para o governador — *O governador Carvalho Pinto recebeu, na manhã de ontem, centenas de autoridades e populares que lhe foram levar os votos de um feliz Ano Novo. Na foto uma menina cumprimenta o chefe do Executivo acompanhada do deputado Abreu Sodré. S. exa. endereçou mensagem aos novos prefeitos, vice e vereadores, que tomam posse hoje em cerca de 180 municipios. (Noticiario na pag. 3 do 1.o cad.)*

Transportes mais caros desde hoje

A partir da zero hora de hoje passaram a vigorar as tarifas majoradas das empresas particulares de transporte coletivo urbano e as de passageiros (inclusive suburbios) da EF Santos a Jundiaí e da Cia. Paulista de Estrada de Ferro.

Esses aumentos foram postos em vigor numa mesma data, por mera coincidencia. As novas tarifas da EF Santos a Jundiaí deveriam ter vigencia a contar de 1.o de dezembro ultimo, o que só não deu por motivos de ordem tecnica, conforme alegação da administração da ferrovia.

As tarifas das empresas particulares de onibus foram aumentadas de Cr$ 1,00 para as passagens de até Cr$ 4,50, e de Cr$ 2,00 para as de Cr$ 5,00 ou mais. Quanto às majorações de tarifas das empresas ferroviarias, foram de 40% para a EF Santos a Jundiaí e de 6% para a Cia. Paulista.

De um modo geral, portanto, houve aumento de preço nos transportes coletivos, tanto urbanos quanto ferroviarios. A Central do Brasil, com exceção das passagens de suburbio, já havia aumentado suas tarifas no dia 15 de dezembro ultimo, na mesma percentagem do atual aumento da EF Santos a Jundiaí, que pertence, como ela, à Rede Ferroviaria Federal.

No proximo dia 3 tambem serão aumentadas as tarifas da CMTC, conforme decisão de ontem do prefeito, de que damos noticia na ultima pag. deste caderno.

RUMORES DE REVOLUÇÃO EM CUBA

HAVANA, 31 (AFP) — Entre persistentes rumores de que em principios do ano haverá um movimento contrarevolucionario, mediante uma invasão do estrangeiro, Fidel Castro anunciou oficialmente hoje, que celebrará o primeiro aniversario do triunfo da revolução contra a ditadura de Batista em Havana e não na provincia de Oriente, como anteriormente se previa.

Ninguem sabe ao certo porque Fidel Castro cancelou sua anunciada viagem a Manzanillo, na provincia de Oriente. Durante as ultimas semanas, o proprio Fidel, assim como seu irmão Raul Castro consideraram publicamente como "inevitavel" a invasão armada de Cuba, prevendo que ela poderia ocorrer em principios do ano de 1960.

Alude arrasa refugio nos Alpes Franceses

GAB, 31 (AFP) — Um gigantesco alude arrasou completamente o refugio de Olan, situado a 2.350 metros de altitude, na parte meridional dos Alpes Franceses, e construido em 1957.

Dois observadores do Clube Alpino Francês, que sobrevoaram hoje em avião o local do refugio, puderam verificar que não restava mais deste ultimo senão uma porção insignificante. O material de construção que servira para a edificação, da unidade, bem como o material depositado no refugio, foram dispersados pelo alude ao longo das falesias rochosas.

O filho de Irene Jodar terá um pai

FREJUS, 31 (AFP) — O drama particular de Irene Jodar, a "noiva de Frejus", consecutivo à terrivel catastrofe da represa de Malpasset, vai receber uma solução humana graças à promulgação de uma nova lei francesa.

A nova lei, especialmente votada pelo Parlamento, permitirá, com efeito, à jovem Irene contrair matrimonio "post mortem" com o que foi seu prometido, André Carpa, morto na catastrofe.

Esse caso era tanto mais emotivo quanto a enlutada Irene vai ser mãe e que o casal de noivos havia cumprido todos os requisitos relativos ao casamento, uns dias antes do rompimento da represa que arrassou a região de Frejus.

Irene Jodar continua recebendo centenas de cartas procedentes de diversos paises do mundo. Todos os seus correspondentes escrevem palavras de alento, tratando de animá-la em sua penosa situação.

A jovem o que mais preocupa é o futuro material do filhinho que vai dar à luz. Ela assegura que seu desejo de celebrar esse matrimonio postumo obedece unicamente a seu anelo de que o filho de André Carpa leve o nome de seu pai.

Gronchi em Courmayeur

AOSTA, 31 (AFP) — Cortada por uma enorme avalancha desde a noite de terça-feira para quarta-feira, a estrada que liga Saint Didier à estação de esportes de inverno de Courmayeur, que permaneceu isolada durante todo o dia de ontem, foi desimpedida esta manhã depois de 24 horas de esforços nesse sentido.

Uma vez aberta ao trafego a referida rodovia, o sr Giovanni Gronchi, presidente da Republica Italiana, alcançou de automovel Courmayeur, onde passará as festas de fim de ano em companhia de sua esposa e de seus dois filhos.

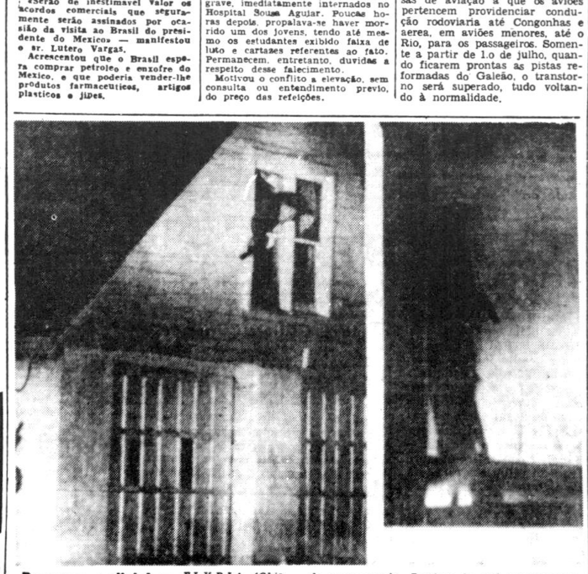

Romance policial — *ELYRIA (Ohio, EUA) — As fotos mostram a luta de morte entre policias e um ex-internado debil-mental, que os enfrentou durante oito horas, a tiros de rifle. À esquerda, Richard Seekins, pintor de casas sexagenario, abre fogo de uma janela superior, contra um investigador armado, que procura abrigo atras de uma parede. Bombas de gás lacrimogeneo forçaram Seekins a abandonar sua casa, fugindo para o telhado de um galpão anexo, donde continuou atirando (à direita) sendo afinal abatido. A luta começou quando os investigadores tentaram deter o pintor, ante as queixas dos vizinhos, de que teria ameaçado dois deles com uma espingarda. (Foto UPI)*

O progresso, no Brasil, ainda está localizado na estreita faixa do litoral. O "miolo" do país permanece até hoje inexplorado. Levar a capital da Republica para Goiás é dar inicio ao povoamento e à integração da região central do Brasil no ritmo de progresso do litoral. (Da edição da FOLHA DA MANHÃ de 4 de fevereiro de 1953)

1ª EDIÇÃO **FOLHA DE S. PAULO** ★

FOLHA DA MANHÃ - 3 HORAS

ANO XXXV ★ São Paulo — Quinta-feira, 21 de abril de 1960 ★ N.º 11.042

PREVISÃO DO TEMPO

(Fornecida pelo Instituto Regional de Meteorologia e valida até as 24 horas de hoje para todo o Estado de São Paulo)
TEMPO nublado.
VENTOS do quadrante sul, fracos.
TEMPERATURA em declinio. (Não foram fornecidas a maxima e a minima de ontem)
(Pormenores na pag. 23 — 1.o cad.)

Brasilia converte-se em capital

Isto é Brasilia, a cidade que hoje se transforma na capital do país. Depois de quase duzentos anos de sonhos, surge uma legenda de gloria para o Brasil

O feriado nacional de hoje

Hoje, 21 de abril, dia de Tiradentes, será feriado nacional por força do que dispõe o artigo 3.o da lei n.o 1.266 de 1950. Salvo as exceções legais, o trabalho será proibido em todo o territorio nacional. Por isso permanecerão fechados: repartições publicas federais, estaduais e municipais, escolas, cartorios (exceto os de Registro Civil), juizos e tribunais, bolsas, estabelecimentos comerciais, industriais e bancarios.

Por outro lado, o chefe da nação resolveu considerar facultativo o ponto nas repartições federais e autarquicas, amanhã, por motivo dos festejos comemorativos da mudança da capital do país.

A 3.a Edição da FOLHA DE S. PAULO não circulará hoje.

A 2.a Edição circulará normalmente.

FOLHAS INFORMAÇÕES dará expediente normal.

O TRT DECIDE: 6 HORAS PARA AS TELEFONISTAS

O TRT decidiu conceder às telefonistas de São Paulo jornada de 6 horas de trabalho, em julgamento que se realizou ontem. Entretanto, apurou a reportagem que a CTB recorrerá da decisão. (Pag. 14 — 1.o cad.).

ATACADO UM QUARTEL CUBANO

HAVANA, 20 (AFP) — Um pequeno quartel militar situado a vinte km da capital foi atacado esta manhã a tiros por três desconhecidos, que escaparam ilesos. Os guardas revidaram ao ataque dos agressores, que fugiram a pé. Os militares consideram que os que atacaram queriam tomar as armas guardadas no fortim.

Em Santiago de Cuba, foram detidas quatro pessoas, entre elas uma menina de treze anos, acusadas de contato com o chamado "Movimento de Recuperação Revolucionaria". Em sua casa, foram encontradas algumas armas, munições e proclamações dirigidas ao povo explicando a finalidade do referido movimento, que quer resguardar a revolução de "mãos comunistas". Outras detenções foram efetuadas em Matanzas, sob a acusação de tentativa de incendio de um teatro e de sabotagem da colheita açucareira.

Faleceu uma irmã do ultimo tzar

LONDRES, 20 (AFP) — Aos 85 anos de idade, faleceu hoje, no Palacio de Hampton Court, desta capital, a grã-duquesa Xenia, da Russia, irmã do ultimo tzar Nicolau II.

O PAPA ABENÇOA BRASILIA

CIDADE DO VATICANO, 21 (UPI) — O papa João XXIII elogiou hoje a criação da nova capital do Brasil como "uma pedra milenar na gloriosa historia" da grande nação latino-americana, ao mesmo tempo que enviou, pelo radio, em lingua portuguesa, mensagem especial ao Brasil por motivo da inauguração de Brasilia. Invocou a ajuda de Deus para tornar "ainda mais poderosa, maior e mais livre a nação, à luz do evangelho e dos ensinamentos da Igreja, contra tudo que possa solapar sua força, afetar sua grandeza e reduzir sua liberdade".

Integra

A seguir o texto da mensagem papal:

"Aos queridos filhos do grande e nobre Brasil.

"E' com o maior jubilo para o nosso coração de pai comum que aproveitamos a oportunidade da inauguração da nova capital do Brasil para dirigirmos ao seu laborioso e generoso povo a nossa palavra de benção e de augurio.

"Muito nos agrada saber que em tão solenes celebrações, em que tomamos parte na pessoa de nosso legado, sobressaem as cerimonias de carater religioso, para invocar de Deus novas bençãos e favores sobre a nação inteira.

"Da Bahia de Todos os Santos, a Piratininga e ao Rio de Janeiro, sob o impulso do exemplo sempre vivo de Nobrega e Anchieta, e encorajado pelas proezas heroicas das "Bandeiras do Sul" e das "Jornadas do Norte", o Brasil, pelo arrojo de seu presidente, assenta os arraiais de sua nova capital num Planalto Central de seu imenso e rico territorio, qual vigilante atalaia sobre os destinos da nação.

"Brasilia há de constituir assim um marco milenar na historia já gloriosa das terras de Santa Cruz, abrindo novos sulcos de amor, de esperança e de progresso entre a sua gente que, unida na mesma fé e lingua, se tornará apta às maiores empresas.

"Pedimos a Deus que, continuando a derramar a fartura das suas graças, faça do Brasil uma nação cada vez mais forte, grande e livre, à luz do Evangelho e dos ensinamentos da Igreja, contra tudo aquilo que lhe possa minar a força, comprometer a grandeza e diminuir a liberdade.

"Com estes sentimentos e votos ao querido povo brasileiro, hoje espiritualmente reunido com seu episcopado e clero, e particularmente ao exmo. sr. presidente da Republica, a todas as autoridades, bem como aos tecnicos e operarios que contribuiram com as suas fadigas para a realização de tão grandiosa obra, concedemos de todo o coração a nossa especial benção apostolica."

Instalada a Assembléia da Guanabara

RIO, 21 (FOLHA DE S. PAULO) — Exatamente ao primeiro minuto de hoje, sob intenso espocar de foguetes, toques de buzina e apitos de sereias, o vereador Celso Lisboa, presidente da Camara Municipal do antigo Distrito Federal, premiu o timpano da meza, assinalando o inicio da primeira sessão da Assembléia Legislativa do Estado da Guanabara. Declarou-a instalada e conferiu a seus pares o titulo de deputados estaduais.

NOSSA OPINIÃO

Com a alegria de quem vê realizada uma aspiração alimentada pelo povo brasileiro durante quase dois seculos e de quem vê essa idéia executada com largueza de vistas, a FOLHA DE S. PAULO não tem duvida em afirmar que, com o acontecimento historico de hoje — inauguração de Brasilia — se inicia para o nosso país nova e decisiva etapa da sua vida de povo livre. Como defensor — mesmo antes que a idéia ressurgisse por iniciativa do atual chefe da nação — da mudança da capital, este jornal, que varias vezes tem divergido do atual governo da Republica, não lhe pode negar o mais entusiastico aplauso na hora em que torna efetiva essa velha aspiração da nacionalidade. ("Brasilia e o Brasil" — 3.a pag. — 1.o cad.).

*

A instalação da capital em Brasilia virá permitir novas e mais solidas bases para o desenvolvimento do Oeste brasileiro. Não se trata apenas de uma possibilidade. Os dados sobre o desenvolvimento goiano nos ultimos anos, sob o estimulo da "era de Brasilia", mostram que o que se prevê, em escala maior, já está acontecendo. — ("Brasilia e o desenvolvimento do Oeste" -- Pag. 20 — 1.o cad.).

Sete anos depois — É velha de mais de sete anos a "manchetinha" que encima a primeira pagina das edições da FOLHA DE S. PAULO nesta alvorada de um novo Brasil. E' velha e tem uma historia breve, mas, para os desta casa, imperecivelmente significativa. Pois esse texto, na simplicidade de seus dizeres, marca o inicio de ardua, extensa e nunca interrompida campanha de imprensa, exercida através de todos os meios de ação jornalistica, em favor da interiorização da capital da Republica. Iniciamo-la em fevereiro de 1953, continuamo-la, incessantemente, ao longo destes sete anos, e a sustentaremos enquanto for preciso, a partir de hoje com novos objetivos, como é evidente. Ao apresentarmos aos leitores a miniatura de uma primeira pagina a seu modo historica, nossa satisfação cresce ante a certeza de que o humilde orgulho de havermos contribuido em nosso campo de trabalho para a efetivação de um sonho secular da nacionalidade se confunde e como que se dilui na alegria sem dimensão que hoje toma conta do coração dos brasileiros.

Movimento armado na Venezuela

Um movimento armado eclodiu ontem na Venezuela, onde uma guarnição militar estacionada em San Cristobal, na Provincia de Tachira, proximo à fronteira da Colombia, se rebelou, sob o comando de Castro Leon e do ten.-cel. Oscar Tamayo, contra o governo de Romulo Betancourt. — (Noticiario na pagina seguinte).

SORAIA EM MADRI

MADRID, 20 (AFP) — Chegou hoje a Madri, procedente de Francfort, por via aerea, a princesa Soraia, ex-imperatriz da Persia. Depois de permanecer alguns dias na capital, Soraia continuará viagem para Sevilha.

Brasilia, a mais moderna cidade do mundo, converte-se na manhã deste dia 21 de abril de 1960 na capital do Brasil. A solenidade culminante das festas organizadas para celebrar, com adequada grandiosidade, o episodio historico que a nação vive, emocionada e renovada em suas esperanças, está prevista para as 9 h 30: a instalação simultanea dos três Poderes da Republica.

O presidente da Republica fechou o Palacio do Catete ontem e transferiu-se para a nova sede do governo nacional, o Palacio da Alvorada. A entrega das chaves da cidade ao chefe do governo e seu construtor, realizada ontem à tarde em meio a incomparavel vibração popular, foi o ato inicial das celebrações que ora ressoam na imprensa e na opinião publica internacional. (Do Extremo Oriente vem um telegrama: grande diario japonês diz que a inauguração de Brasilia é o acontecimento do ano).

O sr. Juscelino Kubitschek, falando em seguida ao sr. Israel Pinheiro, primeiro prefeito da nova capital, exprimiu a gratidão do país ao trabalho humilde e sem descanso de todos os candangos.

Entre os hospedes de Brasilia, destaca-se o cardeal Cerejeira, unico convidado do governo federal. O legado pontificio celebrou missa campal em ação de graças, iniciada precisamente às 23 h 55.

Das solenidades ontem iniciadas e que se prolongarão por dias, o leitor encontrará amplos informes na presente edição, em que se reserva todo um caderno para o noticiario do nascimento da nova capital brasileira. O assunto é ainda objeto de informações e fotografias adicionais na "Folha Ilustrada".

Assuntos Diversos

Necrologia	4	Administração	10
Justiça	7	Trabalhismo	10
Medicina	7	Notas Policiais	11
Engenharia	8	Economia e Finanças	12
Magisterio	10	Cotações	13

1ª EDIÇÃO

FOLHA DE S. PAULO

FOLHA DA MANHÃ - 2 HORAS

ANO XXXVI ★ São Paulo — Quinta-feira, 10 de novembro de 1960 ★ N.º 11.216

PREVISÃO DO TEMPO

(Fornecida pelo Instituto Regional de Meteorologia e valida até as 24 horas de hoje para todo o Estado de São Paulo)
TEMPO nublado com possivel instabilidade à tarde.
VENTOS variaveis, de fracos a moderados.
TEMPERATURA estavel. Ontem: maxima, 28,4; minima, 17.
(Pormenores na 13.a pag. — 1.o cad.)

JOHN KENNEDY FALA COM EXCLUSIVIDADE À FSP: "PRECISAMOS CONSTRUIR UMA AMERICA MAIS FORTE"

NESTA EDIÇÃO

No final o Concurso de Palavras

Quarenta e sete concorrentes conseguiram relacionar 385 palavras (o numero maximo) com as letras do nome FOLHA DE S. PAULO. Com a selação dos inscritos, chega à etapa final o concurso que este jornal instituiu. Os 47 acertadores serão agora submetidos a sorteio, do qual sairão os vencedores do concurso. (Ult. pag. deste cad.)

Auxilio dos EUA à agricultura paulista

Ao partir para os Estados Unidos, o sr. Coutinho Nogueira declarou que leva planos concretos de interesse da lavoura e que permitirão àquele país demonstrar por meio de atos a sua boa vontade em relação ao nosso país. — (13.a pag. deste caderno)

Compra de cafés despolpados

A' Sociedade Rural Brasileira oficiou ao ministro da Fazenda e presidente do IBC, solicitando o inicio das compras de cafés despolpados que se encontram nos portos, nos termos de recente resolução da Junta da autarquia cafeeira. — (12.a pag. deste caderno)

Retorno da cronista

De volta de viagem à Russia, China e outros países, a cronista Helena Silveira já retomou sua colaboração na FOLHA DE S. PAULO. Na edição de hoje, assina a cronica intitulada "Praga, uma noite". — (2.a pag. — FOLHA ILUSTRADA)

NOSSA OPINIÃO

Lamente-se a atitude dos grevistas, cuja ansia de melhoria de vencimentos é compreensivel, mas que não souberam escolher a maneira adequada nem a epoca oportuna para procurar fazê-la valer. E lamente-se sobretudo a demagogia das elites dirigentes, que fomentou essa situação. ("Consequencias da demagogia" — 2.a pag. deste caderno).

REUNIÃO HOJE NO RIO: POSSIVEL O ESTADO DE SITIO

BRASILIA, 9 (FSP) — Todos os lideres dos partidos politicos no Congresso Nacional foram convocados na noite de hoje, pelo presidente Juscelino Kubitschek, para uma reunião, amanhã cedo, no Palacio das Laranjeiras, no Rio de Janeiro. O "Viscount" presidencial decolará às 6 horas, conduzindo os lideres da maioria e da oposição.

Nessa reunião será debatida a conveniencia da adoção do estado de sitio. O deputado Artur Virgilio, lider do PTB, antecipou que se baterá com todas as suas forças contra a adoção daquela medida. O lider da oposição, sr. João Agripino, declarou que comparecerá à reunião; estarão presentes tambem os três ministros militares e os do Trabalho, Justiça e Viação.

Adianta-se que o presidente da Republica apresentará um pormenorizado relatorio da situação em todo o país, concluindo por solicitar o apoio do Congresso para a sua mensagem que propõe o estado de sitio.

Chamado o presidente da Camara

BRASILIA, 10 (FSP) — As primeiras horas da madrugada de hoje, a mesa da Camara Federal decidiu telegrafar ao sr. Ranieri Mazzilli, concitando-o a abreviar sua estada nos EUA, tendo em vista a situação no país. O sr. Ranieri Mazzilli, segundo informações prestadas à reportagem, deverá desembarcar no Rio, sabado ou domingo proximos.

JK vai inaugurar reator atomico

RIO, 9 (FSP) — O presidente da Republica deverá inaugurar amanhã, na Universidade de Minas Gerais, em Belo Horizonte, um reator atomico, unico no genero que controla automaticamente sua propria segurança.

John Kennedy ao ser entrevistado por nosso correspondente especial

"Uma nova geração toma posição em meu país"

NOVA YORK, 9 (De Louis Wiznitzer, correspondente especial da FSP) — O mais jovem presidente da historia dos Estados Unidos, John Kennedy, sucede ao mais velho, Dwight Eisenhower. Sua indicação pela Convenção do Partido Democrata e sua eleição pelo povo norte-americano seguiram ritmos relampagos e deram o sinal de uma destas grandes reações de que o povo ianque tem o segredo, depois dos periodos de inercia. A personalidade magnetica de Kennedy entusiasmou o publico em todas as partes do país e lembrou os tempos de Roosevelt. A nação respondeu ao seu apelo para «novas fronteiras». Roosevelt reagiu a Pearl Harbour e Kennedy é a resposta americana ao «Sputnik», a determinação dos americanos de não ficarem atrás na tecnologia moderna e na competição com os sovieticos quando se tratar de auxiliar os povos subdesenvolvidos.

Em entrevista exclusiva à FOLHA DE S. PAULO, Kennedy disse:

— "Devemos prestar auxilio muito maior aos povos subdesenvolvidos da America Latina, da Africa, da Asia, impedindo os comunistas de criarem o caos e a confusão nessas regiões. Devemos ajudar esses paises a conquistarem não apenas a sua independencia politica como tambem a economica. Vamos ajudar a India na realização do seu plano quinquenal, para que ela possa competir com a China na liderança economica da Asia. Precisamos reatar relações com os nossos amigos latino-americanos, tornarmo-nos vizinhos de verdade, providenciar ajuda financeira e tecnica em grande escala, talvez através da Operação Pan-americana proposta pelo presidente Kubitschek. Precisamos concluir acordos com o proposito de estabilizar os preços, estreitar as relações comerciais e possibilitar convertibilidade monetaria."

Uma solução para Berlim

"Precisamos — continuou Kennedy — convencer as novas nações africanas de que não precisam ir à Russia para receber auxilio, conselhos e amizade. Precisamos mandar para a Africa peritos, tecnicos, professores, para formar engenheiros, africanos que, por sua vez, poderão construir as fabricas de que carecem. Precisamos deixar clara a nossa determinação de defender Berlim e, ao mesmo tempo, buscar soluções gerais para o problema alemão, o problema europeu, dentro dos quais o problema de Berlim poderá ser solucionado. O nosso alvo é uma Berlim livre, dentro de uma Alemanha unida, dentro de uma Europa com menos tensão e menos armamentos. Em relação à Europa Oriental — aduziu — precisamos seguir uma politica mais flexivel, mais realista do que nos ultimos oito anos."

America mais forte

E concluiu:

"Não adianta aconselhar revolta aos povos oprimidos para depois não os ajudar. E' necessario estabelecer novos planos, praticos, para o desarmamento e o controle dos armamentos. O governo, nestes ultimos anos, não quis preocupar-se seriamente com esses problemas nem oferecer soluções novas, originais. Precisamos, enfim, construir uma America mais forte, da qual, em ultima analise, dependerá a defesa do mundo livre. Precisamos aumentar muito nosso esforço cientifico (em todas as direções), melhorar o nosso sistema de educação, estabilizar a nossa economia e, ao mesmo tempo, promover o seu crescimento. Vamos deixar de confundir luxo com força nacional, conforto com saudade. Vamos fazer realmente frente aos problemas — urgentes, enormes — da nossa epoca. O povo americano está à altura dessa tarefa e pode suportar a verdade e o esforço. Os anos vindouros serão historicos. Uma nova geração está tomando posição no meu país. Ela será digna dos altos ideais do mundo livre e providenciará o tipo de liderança que dela se espera."

Kennedy assegurou sua vitoria às 11 horas (Brasilia)

WASHINGTON, 9 (UPI) — John Fitzgerald Kennedy, em uma renhida etapa final das eleições, derrotou Richard M. Nixon para converter-se no primeiro catolico e no primeiro filho do Seculo XX que conquista a presidencia dos Estados Unidos.

O senador democrata de 43 anos, natural de Massachusetts, assegurou o triunfo pouco depois das 9 horas da manhã (14 horas GMT, 11 horas Brasilia) ao adjudicar-se os importantes 32 votos de compromissarios do Estado natal de Nixon, California, vencendo-o inclusive em seu proprio condado, o de Los Angeles.

Kennedy tomou a dianteira nas primeiras horas de ontem à noite, porem durante a madrugada e às primeiras horas de hoje, a incerteza na California e alguns outros Estados puseram em duvida o resultado final da campanha presidencial.

Maioria democrata

O Partido Democrata obteve novamente a maioria nas duas Camaras do Congresso.

No pleito para a escolha de governadores estaduais, os democratas elegeram 15 e os republicanos 9; ainda não se conhecem os resultados em 3 Estados.

Na luta pela presidencia, Kennedy tem vantagem de menos de 500.000 votos sobre um total apurado de mais de 60 milhões, porem tem assegurados 338 votos no colegio eleitoral contra 185 de Nixon. O minimo para chegar à Casa Branca é de 269.

Para a Camara dos Representantes, de 437 membros, 256 democratas e 172 republicanos já foram eleitos; todavia, para 9 cadeiras ainda não há definição. Os democratas levam vantagem na disputa de quatro, os republicanos têm possibilidade de conquistar as restantes. Segundo se espera, a Camara deverá compor-se de 260 democratas e 177 republicanos (20 republicanos mais que na Camara anterior).

Na renovação de 34 das cadeiras do Senado, triunfaram 20 democratas e 13 republicanos, ficando uma indecisa, acredita-se que o novo Senado terá 64 democratas e 56 republicanos (dois republicanos mais que no Senado anterior).

AVIÕES IANQUES SOBREVOAM NAVIO SOVIETICO

MOSCOU, 9 (AFP) — Aviões militares norte-americanos sobrevoaram varias vezes o navio sovietico «Vitias», destinado a trabalhos e observações cientificas, quando se achava no Oceano Indico — anuncia hoje a Agencia Tass. Segundo a referida fonte, os voos ocorreram no dia sete de novembro.

Eisenhower decepcionado

WASHINGTON, 9 (AFP) — Por Pierre Duval — O golfe será, como sempre, a distração do presidente Eisenhower nestes dias após as eleições. Para praticar seu passatempo favorito, o presidente saiu hoje de Washington às 18 horas GMT, para passar quinze dias em Augusta, Georgia.

O presidente estava profundamente decepcionado com o resultado das eleições, já que confiava muito em sua propria intervenção em favor de Nixon para decidir os milhões de eleitores necessarios a votar no vice-presidente. Eisenhower estava certo de seu exito.

Ao levantar-se esta manhã, leu em um jornal nova-yorkino tradicionalmente republicano e que fez campanha a favor de Nixon, a vitoria de Kennedy. O embaixador dos Estados Unidos em Portugal, Burke Elbrik, que viu o presidente à primeira hora da manhã, manifestou que "Eisenhower não era hoje um homem feliz", segundo se afirma em Hyannis Port, onde Kennedy aguardou o resultado do pleito. O presidente eleito poderia ir repousar mais alguns dias em uma cidade da Florida, Estado vizinho da Georgia.

Dai se supor que Kennedy irá entrevistar-se com Eisenhower em Augusta para estabelecer um contato oficial com o chefe da administração atual. Não há mais que um passo para concretização dessa iniciativa, passo que os observadores já deram, acrescentando, todavia, que Kennedy esperará que as paixões eleitorais se tenham dissipado antes de efetivá-lo.

«Grande satisfação»

"Sua valente e ardua campanha para fazer triunfar o principio desta administração faz com que o governo sinta uma grande satisfação por tê-lo tido ao seu lado durante os ultimos oito anos. Sua amizade será sempre cara ao meu coração. Meus melhores desejos a Pat e a você, pelo esclarecido trabalho realizado em favor de uma administração util". Esse é o texto do telegrama que o presidente Eisenhower enviou ao vice-presidente Nixon, derrotado nas eleições de ontem.

Truman satisfeito

INDEPENDENCE, Missouri, 9 (AFP) — O ex-presidente Truman manifestou hoje sua satisfação pela "grande vitoria" do senador Kennedy e de seu companheiro de chapa, Lyndon Johnson, senador por Texas e isto significa — disse — que o proximo governo norte-americano retomará "o programa estabelecido por Roosevelt em 1933, para o beneficio e o bem-estar social do homem da rua", programa que "os republicanos não tiveram o bom-senso de continuar".

Usuarios aguardam, na plataforma central da estação da Luz, o embarque para localidades servidas por trens de suburbio. Seis composições foram ontem postas em trafego pela ferrovia, tripuladas por funcionarios superiores.

Prossegue a greve; relações tensas entre PSD e PTB por divergencia sobre a parede

A greve dos ferroviarios, portuarios e maritimos, durante o dia de ontem, sofreu algumas alterações: adesões de outras categorias em alguns Estados, circulação, em carater precario, de alguns trens da Leopoldina e Santos a Jundiaí e normalização do trabalho nas oficinas da Central do Brasil em São Paulo. Esta ultima ferrovia, por sua vez, continua seu ritmo normal de trabalho, garantida pela policia e tropas do Exercito.

Os grevistas, reunidos em assembléia, no Rio, decidiram prosseguir o movimento e convocar nova reunião para hoje, às 17 horas.

Por outro lado, continuou ontem, no Rio e em Brasilia, a movimentação de politicos e ministros, visando dar solução ao movimento. Em Brasilia, acentuou-se a divergencia entre PSD e PTB, por causa do movimento paredista. O projeto de paridade de vencimentos (pivô da greve) não foi votado ontem; é possivel que o seja hoje.

Quanto à propalada decretação de estado de sitio, um porta-voz do Palacio do Planalto informou que essa decisão será tomada só se os acontecimentos se agravarem.

No Rio, um dirigente sindical foi agredido quando tentava impedir a circulação de um trem da Leopoldina, e, em Santos, dois navios foram ocupados pela Marinha. (Noticiario nas pags. 2 e 6)

NOVA ERA DE BOA-VIZINHANÇA, PROCLAMA A IMPRENSA DA AL

BUENOS AIRES, 9 (UPI) — A America Latina recebeu hoje com jubilo a eleição do senador John F. Kennedy como presidente dos Estados Unidos.

A reação imediata da imprensa latino-americana foi a de que a vitoria do jovem senador por Massachusetts era pressagio de uma nova era de "boa-vizinhança".

Nunca talvez desde os tempos de Franklin D. Roosevelt havia demonstrado a imprensa latino-americana tanto interesse em uma eleição presidencial norte-americana como nesta.

A imprensa mexicana elogiou a eleição como "uma demonstração exemplar de verdadeira democracia" que assegurava "não só boa-vizinhança, como tambem boa amizade" entre os Estados Unidos e seus vizinhos do Sul.

No Chile, o ministro do Exterior, German Vergara Donoso, declarou que a noticia do triunfo de Kennedy era "sumamente grata" para seu país.

Na Colombia, o presidente Alberto Lleras Camargo enviou uma mensagem de felicitações a Kennedy, manifestando-lhe que suas promessas de "estabelecer uma vigorosa cooperação" com a America Latina haviam sido recebidas com "entusiasmo e otimismo" pelos povos desta parte do Hemisferio. Lleras Camargo convidou tambem o presidente-eleito a visitar a Colombia.

O Peru expressou "grande satisfação" pela vitoria de Kennedy. Antes das eleições, a opinião publica peruana já havia manifestado predileção pelo candidato democrata, considerando-o "representativo do espirito do ex-presidente Roosevelt" e sua politica de boa-vontade.

Na Argentina, a Embaixada dos Estados Unidos recebeu inumeras chamadas telefonicas de cidadãos que queriam elogiar a ordem e o resultado do pleito. As emissoras de radio e televisão interromperam com frequencia seus programas para transmitir os resultados.

Jornais como "La Prensa" e outros destacados orgãos da imprensa argentina lançaram edições extras quase hora após hora, para publicar os ultimos resultados.

ENTREVISTA DO SR. BATISTA RAMOS

O sr. Batista Ramos, ex-ministro do Trabalho, reuniu ontem os jornalistas na sede da ABI, para uma entrevista coletiva. Na oportunidade, o dep. federal Batista Ramos expôs os motivos de sua saida do Ministerio, e teceu ainda considerações sobre a atual efervescencia trabalhista. A integra da entrevista do sr. Batista Ramos será publicada em nossa 2.a edição.

Queda nas reservas-ouro dos EUA

WASHINGTON, 9 (AFP) — No momento em que o senador Kennedy acaba de ganhar as eleições presidenciais, o balanço diario publicado pelo tesouro reflete uma diminuição de 216 milhões de dolares em dois dias nas reservas dos Estados Unidos, com isso o total das perdas registradas por este país durante os ultimos três meses atinge a 900 milhões de dolares.

Essa baixa excepcional de 216 milhões de dolares, que teve lugar quinta e sexta-feira da semana passada, deve-se em parte à compra de 116 milhões de dolares-ouro por parte da França, que utilizou-a para reembolsar o Fundo Monetario Internacional.

Os proximos 4 anos serão dificeis para os EUA, diz Kennedy

HYANNIS, 9 (AFP) — John Kennedy aceitou oficialmente a presidencia dos Estados Unidos. "Apelarei para a lealdade e a experiencia de Nixon e Eisenhower", disse ele, em sua primeira declaração oficial de aceitação da presidencia, que se realizou às 19 horas (GMT).

A solenidade teve lugar no auditorio da pequena estação maritima de Hyannis, Massachusetts, a três quilometros de sua residencia de verão, situada defronte ao mar, de onde acompanhou o desenvolvimento das eleições.

Kennedy chegou acompanhado de uma caravana precedida por forte guarda de policia motorizada. Com a cabeça descoberta, traje cinza, o presidente eleito chegou rodeado de todos os principais membros de sua familia. Com passo esportivo subiu à tribuna do vasto salão, no qual trezentos jornalistas, fotografos e cinegrafistas o aguardavam.

Discurso em familia

Ao lado do presidente, encontravam-se seu pai e esposa, embaixadores em Londres. Estavam presentes igualmente seus dois irmãos menores — Robert e Edward — importantes artifices do exito eleitoral, bem como suas três irmãs — Eunice, Pat e Jean — que o acompanharam durante toda a sua viagem de campanha de 80 mil quilometros.

O presidente Kennedy pronunciou discurso totalmente improvisado. "Dentro de 24 horas — disse — comunicarei ao país as formulas de aproximação que estabelecerei com os chefes da administração atual".

A composição de seu gabinete ministerial não será anunciada antes de 24 de novembro, quando se celebra o dia de ação de graças.

Kennedy vai agora repousar alguns dias. Não indicou onde passará essas ferias. "Os quatro proximos anos serão dificeis para o país" — declarou o presidente eleito, que em toda sua campanha eleitoral sublinhou sempre a necessidade de um esforço e de sacrificios maiores para recobrar o prestigio hoje em declinio — segundo ele — dos Estados Unidos.

"Os interesses a longo prazo dos Estados Unidos — acrescentou — constituirão uma de minhas principais preocupações."

Depois de indicar que "será exigido do país um esforço nacional supremo", Kennedy agradeceu a seus colaboradores na campanha eleitoral, dizendo-lhes que "continuará recorrendo a seus serviços".

Nixon telegrafa a Kennedy

LOS ANGELES, 9 (UPI) — O vice-presidente Richard Nixon enviou hoje ao senador John F. Kennedy o tradicional telegrama, reconhecendo sua vitoria nas eleições presidenciais.

A declaração de Nixon foi lida por seu secretario de imprensa, Herbert Kein. Dizia:

"Quero repetir mediante este telegrama minhas felicitações e melhores votos que fiz chegar por intermedio da televisão esta madrugada. Sei que conto com o apoio unido de todos os norte-americanos para conduzir esta nação na causa da paz e da liberdade durante os proximos quatro anos."

Telegrama de Ike

WASHINGTON, 9 (AFP) — "Minhas felicitações pela vitoria eleitoral que você acaba de conquistar", diz o telegrama de Eisenhower enviado a Kennedy às 18 horas (GMT). "Enviar-lhe-ei brevemente um telegrama mais detalhado — acrescenta a mensagem — com sugestões sobre certas medidas que você poderia considerar, ao preparar-se para assumir em janeiro as responsabilidades da Presidencia."

Destituido Jacomet

PARIS, 9 (AFP) — Por Pierre Yerles — O governo francês tomou hoje uma decisão cujas consequencias poderiam influir no clima de crise «argelina» provocado pelos discurso pronunciado no dia 4 de novembro ultimo pelo presidente da Republica, general De Gaulle. Com efeito, o Conselho de Ministros, reunido esta manhã, decidiu destituir o secretario-geral da Argelia, André Jacomet, menos de 48 horas depois de ter este apresentado sua renuncia para protestar contra as declarações do presidente da Republica.

Proibida passeata em Brasilia

BRASILIA, 9 (FSP) — A chefia de Policia de Brasilia, em nota distribuida esta noite, informa que proibiu a realização da passeata marcada para amanhã pelo Sindicato dos Trabalhadores na Industria da Construção e do Mobiliario, como medida preparatoria da greve fixada para 0 hora de sexta-feira, com o objetivo de forçar o governo a fazer a revisão dos niveis do salario minimo na nova capital. A nota esclarece que, caso os lideres sindicais insistam na realização da passeata, esta será dissolvida. Nesse sentido, avisos dirigidos "aos lideres sindicais e aos trabalhadores" foram difundidos pela radio local, pertencente ao governo.

Futura 1.a dama

A sra. Jacqueline Kennedy, esposa do presidente eleito dos Estados Unidos diante da maquina de escrever por ela utilizada em Washington para redigir sua coluna semanal "Esposa de Candidato". Sua colaboração era distribuida a jornais do país inteiro, pelo Comitê Nacional Democrata. (Foto USIS)

A posição do governo diante das greves

No momento em que encerravamos a presente edição, estavam reunidos no Palacio das Laranjeiras os ministros de Estado com o presidente da Republica, para definir a posição do governo em face da greve dos maritimos, portuarios e ferroviarios.

Janio, em mensagem à nação, diz que seu governo será rude e aspero

(PAG. 5)

1ª EDIÇÃO

FOLHA DE S. PAULO ★

Um jornal a serviço do Brasil

ANO XXXVI ★ São Paulo — Quarta-feira, 1.º de fevereiro de 1961 ★ N.º 11.287

PREVISÃO DO TEMPO

(Fornecida pelo Instituto Regional de Meteorologia e valida até as 24 horas de hoje para todo o Estado de São Paulo)
TEMPO bom com nevoeiro pela manhã.
VENTOS de norte a este, moderados.
TEMPERATURA em elevação. Ontem: maxima, 30; minima, 16,1.
(Pormenores na 11.a pag.-1.o cad.)

FESTAS E LAGRIMAS EM BRASILIA NA POSSE DE JANIO E DESPEDIDA DE JK

Já com a faixa, Janio, acompanhado pelo ex-presidente, acena para o povo. Ao lado, o vice-presidente João Goulart

BRASILIA, 31 (FSP) — Em cerimonia pela primeira vez na historia republicana realizada ao ar livre, o sr. Janio Quadros recebeu hoje, precisamente às 12 h 20, a faixa presidencial, que lhe foi imposta pelo sr. Juscelino Kubitschek.

Cessadas as chuvas, Brasilia viveu duas festas simultaneas: a chegada de JQ e a despedida de JK, ambos insistentemente homenageados e ovacionados pelo povo.

Primeiro presidente a empossar-se em Brasilia, o sr. Janio Quadros apresentou-se nas três cerimonias oficiais (e depois na recepção) elegantemente trajado, envergando a casaca, exigida pelo protocolo, com muita propriedade.

JQ falou três vezes: no Tribunal Superior Eleitoral, onde recebeu o diploma; depois, no parlatorio do Palacio do Planalto, onde recebeu a faixa das mãos de Kubitschek; e à noite pela "A voz do Brasil", numa saudação ao povo brasileiro, retransmitida por todas as emissoras radiofonicas do país.

JK falou duas vezes: quando passou a faixa ao seu sucessor, durante apenas 3 minutos; depois, quando recebeu uma tocante manifestação ao embarcar, no aeroporto com destino a Paris, juntamente com a sua familia. Esta foi, aliás, a cerimonia mais emocionante de quantas se realizaram hoje na capital do país. Ali, poucos dos presentes, puderam conter as lagrimas.

A chegada de JQ e a partida de JK — duas festas de sentido contrario — tiveram muitas coisas contraditorias, tambem: chuva e sol, risos e lagrimas, casacas e macacões, cartolas e bonés; mas houve mais: engarrafamento de transito (fato nunca visto nas vastissimas avenidas brasilienses), discursos, salvas de tiros. Mas, acima de tudo, dando a nota marcante ao acontecimento, os sorrisos dos que saudavam, contrastando com as lagrimas dos que se despediam. — (Ampla reportagem neste caderno).

A emoção tomou conta dos populares, que carregaram, nos ombros o ex-presidente, que teve uma carinhosa despedida

Posse de Janio é "alvorada" para diario de Lisboa

LISBOA, 31 (AFP) — Com o titulo "Alvorada", o "Diario da Manhã" dedica o seu artigo de fundo à cerimonia de hoje, em Brasilia: "Deixa a presidencia um homem de grande prestigio, amigo do coração, e ainda há poucos meses aclamado em Portugal numa das maiores manifestações que foram feitas a alguem neste país. No momento em que este estadista de comunicativa simpatia e atividade trepidante vai repousar, os portugueses não podem deixar de lhe repetir esta homenagem bem merecida".

"Sucede-lhe um chefe politico respeitado e com renome adquirido em funções anteriores. Alem disso, como é obvio num presidente do Brasil, é um amigo de Portugal".

O jornal recorda a entrevista concedida já há algum tempo por Janio Quadros a jornalistas do Porto, na qual o presidente preconizou a intensificação das relações entre brasileiros e portugueses, englobando Angola e Moçambique. Cita uma passagem desta entrevista, para dizer que o presidente Janio definiu com ela, "claramente" o sentido da unidade de entendimento dos dois povos, que é uma constante historica: "imperativo de ordem moral e exigencia dos mais altos interesses dos dois povos".

Comentarios na Argentina

BUENOS AIRES, 31 (AFP) — Toda a imprensa argentina dedica hoje longos comentarios à mudança de governo no Brasil e destaca tanto a personalidade do presidente cujo mandato expirou, Juscelino Kubitschek, como a daquele que assumirá hoje suas funções, Janio Quadros.

O diario «La Nacion» diz que Janio Quadros assumirá o poder no momento em que o país está em plena evolução. «Mas tantas coisas, assinala o jornal, não puderam ser feitas sem um forte processo inflacionario, cujas consequencias estão sendo suportadas pelo país. Dominá-lo deverá ser uma das maiores preocupações da nova administração», diz ainda o jornal.

Entrevista Kennedy-JQ

WASHINGTON, 31 (UPI) — Um porta-voz da Casa Branca declarou que se adiou, no momento, os planos para uma entrevista entre os presidentes Janio Quadros e John Kennedy.

Pierre Salinger, secretario de Imprensa, declarou que se havia decidido, «de momento, adiar semelhante reunião».

Frondizi enaltece a obra de JK

BUENOS AIRES, 31 (AFP) — O presidente da Argentina, Arturo Frondizi, remeteu uma nota ao sr. Juscelino Kubitschek na qual se refere ao discurso pronunciado por este, ao ensejo da inauguração da ponte internacional que une este país com o Paraguai.

«O discurso pronunciado por v. exa. na Foz do Iguaçu, ao inaugurar este aparato da tecnologia moderna que é a ponte internacional que une seu grande país com a nação irmã do Paraguai, disse Frondizi, tem a significação de um verdadeiro marco nas relações internacionais».

Frondizi assinala ainda que «ao defender as teses substanciais de que entre nós o desenvolvimento do país irmão é garantia do desenvolvimento dos outros mais, v. exa. deu uma prova a mais de que na America Latina não tem cabimento a idéia de predominio de nenhum país sobre os demais». Ao mesmo tempo, sublinha: «v. exa. formulou, com grande felicidade, o que sempre foi caracteristico da politica exterior da Argentina, e volta a ratificar a nobreza deste movimento o qual, com o nome de Operação Pan-Americana, mereceu nosso apoio e de toda a America.»

KENNEDY CUMPRIMENTA JQ

WASHINGTON, 31 (AFP) — O presidente John Kennedy enviou hoje uma mensagem de felicitação ao novo presidente dos Estados Unidos do Brasil, Janio Quadros. O chefe do Executivo norte-americano lembrou em sua mensagem ao presidente Quadros que, uma vez em cada vinte anos, as cerimonias de inauguração presidenciais do Brasil e dos Estados Unidos se realizam com alguns dias de diferença.

«Hoje, diz o presidente Kennedy, assumimos pesados encargos para os quais fomos eleitos por nossos concidadãos. Cada um de nós tem no presente a pesada responsabilidade de dirigir os assuntos de uma nação democratica fundada nos ideais cristãos e que aspiram ao duplo objetivo da paz e de melhorar a condição humana.

«Desejo sinceramente, senhor presidente, consolidar a esperança de cooperação, de estima mutua que sempre marcou as relações entre nossos dois paises. Com este espirito atuaremos em conjunto com vistas a da novo vigor às republicas americanas, reconhecendo a amplitude do objetivo a que fazemos face e confiados na herança que compartilhamos.»

Interesse em Paris

PARIS, 31 (AFP) — A troca de governo que se efetuará hoje no Brasil desperta o maior interesse na imprensa parisiense. Assim por exemplo, o prestigioso vespertino "Le Monde" consagra seu editorial sobre o assunto e, entre outros artigos, publica uma noticia, sobre o novo presidente, intitulada: "O impulsivo e desconcertante Janio Quadros".

Em seu editorial, "Le Monde" estima que "a situação que Quadros e sua equipe herdaram é, sem duvida, bastante diferente da analise completamente otimista que fez o presidente Kubitschek há alguns dias". O articulista recorda, a seguir, a situação economica do Brasil, que, afirma, "deve pagar agora a aventura do desenvolvimento do País".

O artigo dedicado a Quadros retrata-o como "um bom paulista, um pragmatico que põe em primeiro lugar a eficacia, um impulsivo de reações imprevisiveis que é, ao mesmo tempo, um administrador rigoroso".

Contudo, adverte o jornal trata-se de uma personalidade muito complexa e "os eleitores que nele votaram em outubro ultimo perguntam-se hoje sobre seu paradoxal futuro presidente".

30 anos de prisão para os americanos presos em Cuba

HAVANA, 31 (AFP) — Trinta anos de prisão foi a pena infligida aos seis norte-americanos para os quais o promotor havia pedido a pena de morte no Tribunal Militar de Havana, anuncia-se oficialmente.

Repercussão do discurso Kennedy

HAVANA, 31 (UPI) — A energia denuncia formulada pelo presidente dos Estados Unidos, John F. Kennedy, dos esforços do comunismo para obter o controle sobre as revoluções nacionalistas da America Latina provocou irritação e aborrecimento nos meios oficiais do governo cubano.

Com efeito, em fontes oficiais, afirma-se que os altos funcionarios do governo de Fidel Castro abandonaram praticamente as esperanças que abrigavam de que o novo governo de Washington modificaria a politica mantida pelo anterior em relação a Cuba, em virtude da aparente intenção de Kennedy de continuar alentando os «contra-revolucionarios»

Atitude reservada

Embora se tenha sabido que os funcionarios mencionados se encolerizaram particularmente ao ler as informações de imprensa sobre o discurso a respeito do «estado da União», pronunciado ontem em Washington pelo novo primeiro mandatario norte-americano, a reação oficial caracterizou-se até agora mais por um tom de pesar, que pelas intensas manifestações publicas e governamentais com que se costumava reagir às decisões do governo de Eisenhower.

Os observadores diplomaticos opinam que o regime de Castro, consciente da mais moderada atitude mantida pela União Sovietica em relação a Washington espera, aparentemente, conhecer a posição de Moscou, antes de pronunciar-se publicamente sobre o novo governo norte-americano.

O jornal governamental «Revolucion» informou sobre o discurso de Kennedy em um artigo encabeçado pelo titulo: «Kennedy anuncia um plano contra Cuba».

«Conspiração contra Cuba»

O jornal repetiu uma versão de «Prensa Latina» sobre o discurso, segundo a qual o presidente dos Estados Unidos havia «anunciado ao Congresso a existencia de uma conspiração de governos americanos contra Cuba». Essa alegação fundou-se na promessa feita por Kennedy de libertar a America da «dominação e da tirania estrangeiras».

NESTA EDIÇÃO

NOSSA OPINIÃO

A nação apresenta-se ao novo presidente, de um lado, plenamente receptiva às medidas que se fazem necessarias para mantê-la em seu processo de desenvolvimento e, de outro, particularmente carente de uma serie de providencias que visem sanar-lhe as falhas.

Entre os problemas com que o sr. Janio Quadros terá que se haver, avultam o da inflação, o da situação social e o da divida externa. ("Nem sangue nem lagrimas" — 3.a pag.)

Alkmin vai replicar ao discurso de JQ

BRASILIA, 31 (FSP) — Lideres do grupo majoritario na Camara reuniram-se hoje na residencia do deputado José Maria Alkmim, para ouvir pelo radio o primeiro discurso oficial do presidente Janio Quadros e preparar a resposta. Ficou decidido que o antigo lider da maioria e ex-ministro da Fazenda no governo Kubitschek falará amanhã na Camara, contestando os principais topicos do discurso presidencial. Da reunião participaram o lider Abelardo Jurema e os srs. Neiva Moreira (PSP), Fernando Santana (PTB), Armando Carneiro (PSD), alem do anfitrião e de outros parlamentares.

Convocação do Congresso

Já se pode afirmar tambem que o sr. Abelardo Jurema encaminhará à mesa da Camara o requerimento pedindo a prorrogação da atual convocação extraordinaria do Congresso a fim de que não haja recesso. Os principais proceres da maioria consideram essa medida como "absolutamente indispensavel para manter o Congresso atento neste inicio de governo e prevenir qualquer surpresa desagradavel". O requerimento já tem mais de 150 assinaturas, numero superior ao exigido pelo regimento.

O "Santa Maria" aportará hoje em Recife

PARIS, 31 (AFP) — O desembarque dos passageiros do navio "Santa Maria" deve ocorrer — segundo a Marinha brasileira — amanhã, quarta-feira, provavelmente pela manhã e em Recife.

O novo governo brasileiro reuniu-se para estudar o assunto do navio rebelde português, que será, pois, a primeira questão que encontrou em seu caminho. O general Humberto Delgado, chefe da oposição ao governo de Salazar, saiu para Recife a fim de receber o capitão Galvão.

O presidente Janio Quadros já recebeu um radiograma do capitão Galvão, anunciando-lhe que o navio sob seu comando penetraria em aguas territoriais brasileiras. O novo chanceler do Brasil, sr. Afonso Arinos, teria, ao que parece, informado o embaixador norte-americano, John Moors Cabot, de que um prazo de 24 horas seria concedido ao navio para abastecer-se livremente no porto brasileiro de Recife.

Por outra parte, terminaram as entrevistas realizadas entre o capitão Galvão e o contra-almirante Allen Smith, comandante da esquadra norte-americana das Caraibas. A conversação durou três horas. Ao regressar a bordo do contratorpedeiro "Gearing", o almirante declarou que a situação "não estava tão definitivamente clara como teriam desejado os interessados...". (Noticiario na pag. seguinte: "As negociações entre Galvão e Allen não produziram os resultados esperados")

POSSIVEL VISITA DE JK À ESPANHA

MADRI, 31 (UPI) — O ex-presidente do Brasil, Juscelino Kubitschek provavelmente visite a Espanha ao final de sua viagem de dois meses pela Europa, segundo um porta-voz da Embaixada do Brasil.

O porta-voz disse que Kubitschek viajará em avião para Paris.

E' muito provavel que visite esse país antes de regressar à patria», disse o porta-voz. Kubitschek fez uma visita oficial à Espanha em 1955.

Na cabina de comando, entre oficiais rebeldes, o cap. Galvão (de camisa e gravata) palestrou com o contra-almirante Allen Smith, da Marinha norte-americana. (Foto obtida pelo nosso enviado especial, atualmente a bordo do "Santa Maria")

Crise no governo de Israel: Ben Gurion renunciou

TELAVIVE, 31 (UPI) — David Ben Gurion, primeiro-ministro de Israel, apresentou esta noite sua renuncia a esse cargo, assim como ao de ministro da Defesa.

Ben Gurion, de 74 anos, chefiou o governo de Israel, com somente uma curta interrupção, desde a fundação do Estado de Israel, em 1948.

Ben Gurion entregou sua renuncia ao presidente Isaac Ben Zvi, como consequencia das divergencias com seus colegas do Partido Mapai sobre o «Caso Lavon».

O primeiro-ministro renunciou a seu cargo em sinal de protesto porque o Partido não aceitou sua exigencia de que o ex-ministro da Defesa, Pinhas Lavon fosse substituido como secretario geral da federação Istiql .

Os detalhes do «Caso Lavon» jamais foram dados à publicidade aqui, porem fontes autorizadas dizem que se trata de uma frustrada operação de agentes de Inteligencia sob as ordens do ex-ministro da Defesa Lavon, contra o Egito, em 1954.

PAIS DE ALMEIDA: "O EXIMBANK RECUSOU PRAZO DE 20 ANOS PARA PAGAMENTO DAS DIVIDAS DO BRASIL"

Ao transmitir hoje, ao sr. Clemente Mariani, o cargo de ministro da Fazenda, o sr. Sebastião Pais de Almeida pronunciou rapido discurso, após o qual entregou um relatorio circunstanciado da situação economico-financeira do país. "O Brasil sofreu sensivel transformação em todo o seu sistema economico-social — disse o sr. Pais de Almeida. Dificuldades cronicas foram vencidas, algumas permanecem e outras decorrentes do mesmo passo gigantesco que o Brasil deu no sentido do seu futuro, surgiram para desafiar os homens publicos desta terra. Programas foram traçados e executados com os resultados que a ausencia quase total de auxilio financeiro externo permitiu alcançar."

No seu relatorio, revela o sr. Pais de Almeida a recusa, por parte do EXIMBANK, em aceitar um esquema de pagamento de nossas dividas de 345 milhões de dolares no prazo de 20 anos, a partir de 1959, alem do não atendimento de um novo emprestimo de 60 milhões para fazer face ao deficit cambial. — (Ult. pag.)

Os EUA lançam chipanzé ao espaço e recuperam-no vivo

(2.a PAG.)

1ª EDIÇÃO

FOLHA DE S. PAULO ★

Um jornal a serviço do Brasil

ANO XL ★ São Paulo — Quinta-feira, 13 de abril de 1961 ★ N.º 11.628

PREVISÃO DO TEMPO

(Fornecida pelo Instituto Regional de Meteorologia e valida até as 24 horas de hoje para todo o Estado de São Paulo)

TEMPO instavel com chuvas e trovoadas esparsas.

VENTOS de sul a leste, de fracos a moderados, com rajadas ocasionais.

TEMPERATURA em declinio. Ontem: maxima, 31; minima, 18.

(Pormenores na 13.a pag.-1.o cad.)

VENCIDO O COSMOS: A URSS LANÇA O PRIMEIRO ASTRONAUTA AO ESPAÇO

MOSCOU, 12 (UPI) — A União Sovietica pôs hoje em orbita uma nave espacial com um aviador de 27 anos a bordo, que em seguida voltou são e salvo à Terra.

O primeiro-ministro sovietico, Nikita Kruchev, qualificou a façanha de «exemplo de valor, galhardia e heroismo», e as ruas de Moscou converteram-se em cenario de uma demonstração de jubilo sem paralelo desde o dia em que terminou a guerra na Europa, há 16 anos.

O major Yuri Gagarin esteve no ar pelo espaço de uma hora e quarenta e oito minutos, segundo fontes bem informadas. Quando regressou à Terra, em ponto não revelado da União Sovietica, Gagarin disse que não sofreu «lesões ou contusões».

A Tass disse que a astronave «Oriente» esteve 89 minutos e 1 segundo em orbita da Terra, com o que indicou que realizou uma volta completa. Calcula-se que se necessitaram outros 20 minutos na subida e descida. Estima-se que em seu ponto de maior elevação a nave deve haver alcançado uns 340 quilometros sobre a Terra.

Felicitações de Kruchev

Kruchev enviou por telefone uma mensagem de felicitação a Gagarin do centro de veraneio de Sochi, no mar Negro, onde se encontra de ferias, e disse que esperava vê-lo em Moscou. Acredita-se que Gagarin, que tem dois filhos, chegará aqui amanhã.

O governo sovietico e o Comitê Central do Partido Comunista prontamente emitiram uma declaração na qual elogiam a proeza e fazem um apelo à cessação da corrida armamentista e "ao desarmamento universal e completo sob estrito controle internacional".

Alegria popular

As multidões invadiram as ruas ao conhecer-se a noticia. As escolas, fabricas e escritorios fecharam suas portas e os estudantes e trabalhadores se somaram aos manifestantes que já estavam nas ruas.

A Radio Moscou interrompeu sua programação habitual e transmitiu canções patrioticas interrompidas com boletins com as ultimas noticias da viagem ao espaço. — (Amplo noticiario na pag. seguinte)

O PIONEIRO DO COSMOS

MOSCOU — Eis o maj. Yuri Gagarin, da Força Aerea sovietica, o primeiro homem a explorar o espaço como tripulante de um satelite artificial. (Radiofoto UPI, especial para a FOLHA DE S. PAULO)

"Contemplo a Terra. A visibilidade é boa"

MOSCOU, 12 (AFP) — A voz de Yuri Gagarin, energica embora ensurdecida por interferencias que pareciam sublinhar o isolamento do cosmonauta sovietico, foi retransmitida pela radio de Moscou às 16 horas (GMT).

Sua primeira frase foi: «Contemplo a Terra. A visibilidade é boa. Ouço-os muito bem.»

Nos contatos posteriores, Yuri Gagarin disse: «O voo continua bem, contemplo a Terra. A visibilidade é boa. . . Posso ver tudo. . . Certo espaço está coberto de nuvens. Depois: «Prossigo meu voo. Tudo é normal, tudo funciona perfeitamente.»

A ultima mensagem retransmitida pela radio de Moscou expressava: «Sinto-me bem, de excelente moral. Continuo meu voo. Tudo vai bem, a maquina funciona normalmente.»

Por outra parte, segundo uma reportagem do enviado especial do diario «Izvestia», que recebeu o primeiro astronauta ao seu retorno à Terra, a velocidade da nave cosmica ao passar sobre a America do Sul era de 8 km por segundo, e sua altura de cerca de 200 quilometros.

Quando voltou à Terra, após abandonar sua cela cosmica, Gagarin descreveu as visões captadas em sua viagem dizendo: «O céu é escuro, muito escuro, e a Terra azulada. Vê-se tudo muito bem.»

Gagarin foi levado depois, em helicoptero, a uma pequena povoação onde recebeu um chamado telefonico de Nikita Kruchev, o qual havia desejado felicitá-lo diretamente.

Segundo a reportagem do «Izvestia», parece que Gagarin aterrou no lugar previsto diante do helicoptero que o esperava, com um medico a bordo. Trajava uma roupa cor azul celeste e um capacete de voo. Quando saiu da capsula espacial, beijou a todos os que estavam diante do helicoptero, e seus olhos brilhavam como se refletissem a luz das estrelas, finaliza o enviado especial do «Izvestia».

Rumores

O rumor de «uma experiencia cosmica com um homem a bordo de um satelite» começou a circular nos meios jornalisticos de Moscou desde sexta-feira. Os dias seguintes transcorreram sem novidades, a tal ponto que os observadores pensaram que o rumor devia ser atribuido simplesmente a um excesso de imaginação.

Segunda-feira, bruscamente, reapareceu o rumor. A insolita espera, registrada por todos os observadores nos meios jornalisticos sovieticos, o fato de que as salas de redação e os estudios de televisão se achassem em estado de alerta permanente, fizeram pensar que desta vez a «coisa era certa».

Contudo, à meia-noite indicou-se que podiam suspender-se todos os preparativos. Tratava-se de um falso alarma.

O subito anuncio, esta manhã, em Moscou, de que a experiencia estava em pleno desenvolvimento, causou na capital sovietica uma impressão indescritivel. Imediatamente, os observadores compreenderam o ocorrido: a prova estava pronta desde sexta-feira.

Os cientistas da União Sovietica tinha suficiente confiança no exito da tentativa para ter dado, desde o principio, o maximo de publicidade a todos os preparativos. Contudo, por razões ainda desconhecidas, a tentativa foi adiada, primeiro até segunda-feira e depois até a hora H de quarta-feira.

A radio sovietica anunciou esta noticia sensacional, que marca uma data memoravel na historia do mundo, através da voz do locutor das grandes ocasiões, Yuri Levitan. O comunicado foi difundido a partir das 7 horas (GMT), ininterruptamente, e neste momento (12 horas GMT), 200 milhões de sovieticos continuam juntos a seus aparelhos ouvindo as emissões especiais da radio que dão novos detalhes sobre a experiencia.

A emissora moscovita transmite muitas entrevistas realizadas com populares sobre o voo cosmico. Todas as declarações coincidem em assinalar que Yuri Gagarin é um herói nacional. Esta manhã, uma cidade na Moldavia, Kichinev, deu seu nome a uma avenida principal.

Entrementes, a televisão sovietica difundiu por volta do meio-dia (GMT) duas novas canções à gloria dos voos cosmicos. Eis a letra de uma das canções:

«Gloria a Vós, Gigantes da Ciencia,
Gloria, Gloria, Gloria,
Gloria a Vós, Mãos Trabalhadoras.
Foste o Primeiro a Penetrar no Cosmos:
Gloria a Ti, Pais dos Audaciosos,
Gloria, Gloria, Gloria».

«Missão cumprida»

MOSCOU, 12 (AFP) — «Missão cumprida», foram as primeiras palavras que o major Gagarin dirigiu a Kruchev depois de agradecer-lhe sua mensagem de felicitação. «Tenho o prazer de comunicar-lhe o exito do primeiro voo espacial», acrescentou.

Foi a agencia Tass que divulgou a conversação telefonica entre o chefe do governo sovietico, Nikita Kruchev, e o primeiro cosmonauta Gagarin, pouco depois de sua aterragem.

«Com vossa façanha — respondeu Kruchev — cobristes de gloria nossa patria, destes provas de valor e de heroismo ao cumprir uma tarefa de tanta responsabilidade. Este exito vos imortaliza, pois sois o primeiro homem que penetrou no cosmos.»

Em seguida, ao responder a Kruchev sobre diversas perguntas relacionadas com o voo espacial, Gagarin disse: «Sinto-me perfeitamente bem. Todos os aparelhos da nave cosmica funcionaram perfeitamente. Durante o voo, via a Terra: mares, montanhas, grandes cidades. Os bosques e os rios tambem eram visiveis.»

NESTA EDIÇÃO

Contribuintes do IPESP receberão carnês

Vão acabar as filas que todos os meses se formam nos guichês do IPESP, por ocasião do recolhimento das prestações referentes à aquisição da casa propria. Os interessados vão receber um carnê semelhante ao adotado nas casas que vendem a credito e os pagamentos poderão ser feitos em qualquer agencia da Caixa Economica do Estado. (Pag. 10).

Criação da Eletrobrás

A Camara Federal aprovou, ontem, em redação final, o projeto que autoriza o Poder Executivo a criar a Eletrobrás. A proposição, que já recebeu emendas do Senado, sobe agora à sanção do presidente da Republica. — (Pag. 3).

Imposto predial não recai sobre casas do IPESP

Foi ontem concedida segurança contra a cobrança, pela Prefeitura, do imposto predial sobre casas adquiridas por funcionarios publicos através de financiamento do IPESP. Essa cobrança, nunca feita anteriormente, por inconstitucional, teve inicio este ano. (Pag 7).

Sonegação do imposto de vendas

Conforme levantamento efetuado pela Secretaria da Fazenda, a sonegação do imposto de vendas e consignações no comercio de carnes teria atingido, no ano passado, cifra superior a 2.5 bilhões de cruzeiros. O titular daquela pasta recomendou urgencia nas investigações que se fazem para apurar responsabilidades. — (Pag. 12).

Problemas do leite

Prosseguiu ontem a Reunião Latino-americana sobre Problemas do Leite e Laticinios. Debateram-se aspectos da aplicação do leite na dieta humana e os referentes a enfermidades provocadas pelo leite. — (Pag. 12).

Notas Esportivas

1) Corintians vs. Botafogo e Santos vs. Vasco, os jogos de hoje na fase final do Rio-São Paulo.
2) Adiada «sine die» a luta Eder Jofre vs. «Sugar» Ray.
3) O futebol moderno pode ser a causa da escassez de goleiros. FOLHA ILUSTRADA.

NOSSA OPINIÃO

O desenvolvimento das regiões atrasadas ou semi-atrasadas é tarefa demasiadamente grave, extensa e de interesse geral, para que onere um unico país. Como todas as nações industrializadas se beneficiaram desse atraso e vão beneficiar-se ainda com a prosperidade que essas regiões alcancem, é preciso que tambem seja coletiva a luta destinada a criar a nova situação. — "Mãos à obra" — pag. 3)

Medidas de JQ para apoiar a agricultura

Num longo memorando dirigido ao presidente do Banco do Brasil, o sr. Janio Quadros determinou as primeiras providencias para a concretização da politica de financiamento e amparo à agricultura, anunciada no ultimo discurso presidencial.

O memorando presidencial, reune em onze itens o apoio que o BB deverá dar aos agricultores, determina em seu final que as sugestões nele contidas sejam devolvidas, juntamente com as medidas adotadas pelo banco, num prazo de 30 dias. (pag. 12)

DE VOLTA AO LAR

MOSCOU — O astronauta sovietico Yuri Gagarin, em companhia de sua mulher e de sua filha, descansa em seu lar, poucas horas após ter feito a primeira exploração humana do cosmos. (Radiofoto UPI)

ENCARECIDO NA REUNIÃO DO BID MAIOR VOLUME DE CREDITO A LONGO PRAZO

RIO, 12 (FSP) — Realizou-se hoje, no Copacabana Palace, mais uma sessão plenaria da segunda assembléia de governadores do Banco Interamericano de Desenvolvimento.

A sessão teve inicio às 10 horas, presidida pelo sr. Otavio Gouveia de Bulhões, na ausencia do min. Clemente Mariani, atual presidente da Assembléia, que foi a Brasilia, juntamente com o sr. Douglas Dillon, avistar-se com o sr. Janio Quadros, para entendimentos a respeito da ajuda financeira dos Estados Unidos ao Brasil.

Discursaram os governadores do Mexico, sr. Antonio Ortiz Mena; do Chile, sr. Manuel Casanueva; do Brasil, sr. Otavio Gouveia de Bulhões; do Urugual, sr. Carlos Clulow; do Peru, sr. Hipolito Larrabure Price.

O delegado do Mexico, iniciando os trabalhos, encareceu a necessidade de maior volume de credito a longo e medio prazo disponivel na America Latina. Disse que os prazos nem sempre são adequados ao tempo requerido para que se gerem os frutos necessarios com o projeto em que se incorporam os bens e serviços financiados, o que tem ocasionado cargas pesadas sobre a capacidade dos paises latino-americanos, ainda quando se trate de planos economicamente viaveis. Prosseguindo, afirmou que os mercados privados de capital não se têm desenvolvido sempre na proporção das necessidades de fomento economico, por isso que os bancos de fomento e outras instituições de credito especializadas criadas em nossos paises, vieram encontrar no BID novo apoio financeiro, assim como um meio de intercambio valioso de conhecimentos e de experiencia. «E' de esperar-se — acrescentou — que o BID possa dispor para esses organismos de fundos privados de diversas fontes que estão dispostas a entrar no mercado internacional, a taxas mais moderadas, o que possibilitará creditos em forma expedita e barata, adaptada às necessidades particulares dos organismos nacionais, permitindo maior flexibilidade nos estabelecimentos dos termos de pagamentos.»

Reforma agraria

O delegado do Chile, em longo discurso, salientou a necessidade de se proceder e planejar uma reforma agraria nos paises latino-americanos, mas sem as distorsões e os erros das que já foram postas em execução em alguns paises, que não têm logrado resultados satisfatorios. Discorreu sobre os graves problemas que afligem os povos do Continente, que precisam ser enfrentados e solucionados, pois vêm dando margens a inquietação social de consequencias imprevisiveis. Quanto ao seu país, afirmou que a situação economica do Chile é normal, mantendo a estabilidade monetaria e financeira.

Ação suplementar

Em prosseguimento aos trabalhos da sessão plenaria falou o governador do Peru, sr. Hipolito Larrabure Price, frisando que a ação do BID há de ser a de suplementar a dos capitais locais que possam estar disponiveis, na medida em que estes sejam insuficientes para impulsionar o desenvolvimento economico. Entretanto — prosseguiu — "há de se tomar em conta o fato de que as injeções de capital possam ser absorvidas pelo aumento de produção, a fim de que não seja prejudicada a estabilidade e as balanças de pagamentos".

Afirmou que o Peru obteve exito nos seus programas de estabilidade, sendo que nesse país, firme na adoção das politicas mais convenientes de liberdade de comercio e de cambio, não há restrições ao comercio internacional nem ao movimento de capitais. Acrescentou que a moeda peruana é plenamente conversivel e que o Peru assumiu totalmente as obrigações que impõe o artigo 8.o do convenio constitutivo do Fundo Monetario Internacional; contudo, como outros paises, o Peru carece de recursos para acelerar o seu desenvolvimento economico, necessitando, para isso, da ajuda externa.

Sessão de hoje

RIO, 12 (FSP) — Em cumprimento ao programa da segunda assembléia de governadores do Banco Interamericano de Desenvolvimento, será realizada amanhã, com inicio marcado para às 10 horas, a quarta sessão plenaria do conclave. Estão inscritos para falar os delegados do Panamá, Costa Rica, Argentina, Nicaragua, Guatemala, Equador e Haiti.

Minas tambem quer ajuda

RIO, 12 (FSP) — O sr. Magalhães Pinto, governador do Estado de Minas Gerais, esteve hoje no Copacabana Palace durante a sessão plenaria da assembléia de governadores do BID.

Ouvido pela reportagem, disse o chefe do Executivo mineiro que submeterá ao banco varios projetos visando o desenvolvimento economico de Minas Gerais, referentes a energia eletrica, agua etc. (Outras noticias sobre a reunião do BID na pag. 10)

Ajuda ao Brasil: prevê-se ampla reunião em Paris

PARIS, 12 (AFP) — O embaixador Roberto Campos, encarregado de uma missão economica na Europa pelo presidente Quadros, depois de visitar a Italia e a Holanda, encontra-se em Londres, de onde seguirá para a Alemanha e Belgica, voltando a Paris no dia 25 ou 26 do corrente.

Por ocasião de sua segunda visita a Paris, o embaixador do Brasil na França, sr. Alves de Sousa, oferecerá, em sua honra, no dia 28, um almoço, ao qual estarão presentes os representantes dos orgãos economicos oficiais de 10 paises que o embaixador visitou durante sua estada na Europa, assim como os presidentes dos estabelecimentos bancarios desses paises.

Declara-se nos circulos brasileiros de Paris, que é muito provavel que o ministro das Finanças francês, sr. Baumgartner, aproveite a presença em Paris de todas essas personalidades economicas, para presidir a uma reunião dos representantes dos diversos organismos oficiais dos referidos paises, em que serão ouvidos pronunciamentos sobre uma cooperação economica eventual de todos esses paises com o Brasil.

Teria morrido o primeiro astronauta

LONDRES, 12 (AFP) — O comandante Yuri Gagarin seria o segundo "homem sovietico do espaço", segundo o jornal londrino "The Daily Sketch" (conservador).

O primeiro astronauta sovietico, segundo o referido jornal, seria Gennady Mikhailov, que não conseguiu regressar vivo à terra.

"Gagarin permaneceu realmente no espaço entre as 7.07 e as 8.55 da manhã de quarta-feira, enquanto o mundo inteiro estava à escuta da radiodifusão sovietica e em Moscou perguntavam se ainda estava vivo para poder contar a aventura." E o jornal responde em seguida: "Isto é impossivel, consideram os observadores. Assim, o que parece é que a URSS fez uma repetição do primeiro drama — uma mentira no ar — cinco dias depois de ter-se realmente produzido".

O exodo de craques de futebol

Problema atualissimo do futebol nacional, a exportação de craques para o estrangeiro, principalmente para a Argentina, tem causado enorme preocupação, a ponto até de motivar um "bilhetinho" do presidente Janio Quadros ao Conselho Nacional de Desportos. Sobre o assunto, a FOLHA ILUSTRADA divulga hoje, (pag. 3), trabalho analisando as causas do problema, suas consequencias e os remedios que ele reclama.

A FSP promove o I Salão da Infancia sob os auspicios da Secretaria da Educacão

O I Salão da Infancia, promoção da FOLHA DE S. PAULO, entrou ontem em fase de realizacão, após reunião mantida no gabinete do Secretario da Educação, sr. Luciano de Carvalho, que, por motivo de doenca, se fez representar no ato pelo chefe do seu gabinete, sr. Chopin Tavares de Lima. A iniciativa de nosso jornal, que visa estimular e desenvolver os dotes naturais dos alunos de escolas primarias, será realizada sob os auspicios da Secretaria da Educação, que já determinou ao sr. Otacilio Alves de Almeida, chefe do Servico do Ensino Primario, ampla colaboração entre aquele orgão e este jornal. Na ocasião, ressaltou o sr. Chopin Tavares de Lima que a oportunidade da realização do I Salão da Infancia ressalta ainda mais pelo estimulo e amparo que o governador Carvalho Pinto determinou que se desse, especialmente, ao ensino primario no corrente ano. Por outro lado, declarou o sr. Otacilio Alves de Almeida que esta promoção poderá atingir 1 milhão e 300 mil criancas do Estado, o que virá representar um estimulo sem igual para os trabalhos pedagogicos que vêm sendo desenvolvidos pelo professorado primario. O I Salão da Infancia terá a duração de 3 semanas, com programacão que abrange concursos de harmonica, violão, canto orfeonico, poesia, pintura, desenho, alem de exibicões de teatro, balé e cinema infantil. Simultaneamente, serão realizadas conferencias para pais e mestres, versando sobre assuntos pedagogicos. O regulamento definitivo, ora em elaboração, será publicado na proxima semana. À reunião realizada anteontem (foto), estiveram presentes os srs. Chopin Tavares de Lima, Otacilio Alves de Almeida, Nelson Cunha Azevedo, diretor da Divisão de Relacões Publicas da SE e o sr. Luis Antonio Serafico, oficial de gabinete, alem do sr. Alexandre Djukitch e da. Maria Camila Cardoso, da FOLHA DE S. PAULO.

Regulamentação da Revisão Agraria

Amanhã, às 12 horas, em cerimonia que será realizada no Palacio dos Campos Elisios, o governador Carvalho Pinto assinará a regulamentação da Lei de Revisão Agraria. Deverão comparecer todos os secretarios de Estado, alem de grande numero de autoridades municipais.

Dillon fala hoje a jornalistas

RIO, 12 (FSP) — O secretario do Tesouro dos Estados Unidos, sr. Douglas Dillon, concederá amanhã, na Embaixada norte-americana, entrevista coletiva à imprensa, em que abordará a questão da cooperação financeira entre o Brasil e os Estados Unidos, bem como os trabalhos da II Reunião da Assembléia dos Governadores do Banco Interamericano de Desenvolvimento.

JQ CUMPRIMENTA KRUCHEV PELO EXITO SOVIETICO

BRASILIA, 12 (FSP) — O presidente Janio Quadros, ao tomar conhecimento do feito dos cientistas sovieticos, enviou ao sr. Nikita Kruchev a seguinte mensagem:

"Em nome do governo do Brasil e no de seu povo, e em meu nome pessoal, desejo saudar v. exa. e os cientistas sovieticos pelo envio de um astronauta em orbita ao redor da Terra, feito extraordinario, destinado a rasgar para o homem e para o progresso novos e ilimitados horizontes. Transmita v. exa. ao povo russo nossos sinceros cumprimentos e votos de felicidade."

Felicitações de Kennedy

WASHINGTON, 12 (AFP) — O presidente Kennedy enviou hoje ao primeiro-ministro sovietico, Nikita Kruchev, um telegrama em que felicita a URSS por sua nova proeza cosmica, e faz votos pela cooperação entre os Estados Unidos e União Sovietica na conquista do espaço.

O telegrama diz:

"O povo dos Estados Unidos compartilha com o da URSS a satisfação pelo voo pleno de exito do astronauta na primeira aventura do homem no espaço Felicitamos v. exa. e aos cientistas e engenheiros sovieticos que tornaram possivel essa proeza. Desejo, sinceramente, que na busca continua de conhecimentos do espaço estratosferico, nossas nações possam trabalhar juntas pelo maior bem da humanidade.

Repercussão nos EUA

WASHINGTON, 12 (AFP) — O mundo politico e cientifico norte-americano considera a viagem do astronauta sovietico como um acontecimento da maior importancia, embora não tenha constituido uma grande surpresa em razão da insistencia com que se falou nos ultimos dias da iminencia da façanha espacial sovietica. Os dirigentes politicos já calculam, não sem certa amargura, a imensa repercussão do acontecimento historico de hoje, sobretudo nas nações neutras. Os cientistas dos Estados Unidos, por sua parte, reconhecem que estão muito distantes de dispor dos meios gigantescos e da vasta experiencia dos sovieticos. Calcula-se que terão de passar oito ou nove meses para que os Estados Unidos possam igualar a proeza sovietica de hoje.

Fala Lowell

LONDRES, 12 (AFP) — "É a maior façanha cientifica da historia da humanidade", declarou esta manhã Sir Bernard Lowell, diretor do observatorio britanico de Jodrel Bank, ao ser informado da ultima vitoria sovietica na conquista do espaço.

Lacerda ameaça renunciar — Intensa movimentação em Brasilia e no Rio

Ler na pag. 3

1ª EDIÇÃO

FOLHA DE S. PAULO ★

Um jornal a serviço do Brasil

ANO XL ★ São Paulo — Domingo, 20 de agosto de 1961 ★ N.º 11.757

Assuntos Diversos

PREVISÃO DO TEMPO

(Fornecida pelo Instituto Regional de Meteorologia e valida até as 24 horas de hoje para todo o Estado de São Paulo)
TEMPO nublado.
VENTOS de sul a leste, fracos.
TEMPERATURA estavel. Ontem: maxima 22,7; minima 11,1.

MOSCOU REJEITA OS PROTESTOS DOS ALIADOS SOBRE A CRISE DE BERLIM

MOSCOU, 19 (UPI) — A União Sovietica anunciou hoje que havia «rejeitado categoricamente» os protestos dos aliados ocidentais pelo fechamento da fronteira entre as zonas ocidental e oriental de Berlim.

As notas de protesto dos aliados, pela atitude dos comunistas alemães em Berlim, foram entregues ao Kremlin na ultima quinta-feira. A resposta da União Sovietica foi entregue ontem, tão somente 24 horas depois.

A rapidez da resposta sovietica causou sensação. Os observadores em Moscou não recordam nenhum outro caso de uma troca formal de notas tão rapida entre o Kremlin e as potencias ocidentais.

A resposta sovietica reitera a anterior posição da URSS de que o regime comunista da Alemanha Oriental procedeu como governo de um "Estado soberano" para proteger suas fronteiras e que o realizado pelos alemães orientais não é assunto que diga respeito a outros governos.

Em sua resposta de 2.500 palavras ao governo dos Estados Unidos, similar às entregues aos governos da Grã-Bretanha e da França, a União Sovietica acusa as potencias ocidentais e a Alemanha Ocidental de responsaveis pelas condições que obrigaram o governo comunista da Alemanha Oriental a fechar a fronteira em Berlim, no domingo passado.

Pleno apoio

A nota sovietica diz que o Kremlin, "compreende e apóia plenamente" o fechamento "temporario" da fronteira, ordenado pelo governo comunista alemão.

"Como já foi dito, as medidas adotadas pelo governo da Republica Democratica Alemã são temporarias — diz a nota dirigida aos Estados Unidos. O governo sovietico acentuou repetidas vezes que a concretização de um tratado de paz com a Alemanha e a normalização, sobre essas bases, da situação na zona ocidental de Berlim, não inflingirão os interesses de quaisquer das partes e contribuirão para a causa da paz e da boa vontade."

Uma boa parte da resposta sovietica está dedicada a reafirmar que a zona ocidental de Berlim procura "fechar o caminho às atividades subversivas empreendidas, da zona ocidental, contra a Republica Democratica Alemã e os demais paises da comunidade socialista".

"O regime das fronteiras estatais é questão interna de qualquer Estado e sua solução não requer o reconhecimento ou a aprovação de outros governos", acrescenta. **(Outros telegramas na pag. seguinte: "Divulgada na Alemanha carta secreta de Brandt a Kennedy).**

Janio fala à FSP:

1 - Guevara
2 - Punta del Este
3 - Café
4 - Visita à URSS
5 - Berlim
6 - Sucessão
7 - Salario minimo

Pag. 3 deste cad.

Estuda-se o problema do Manicomio

PAG. 5 — ASSUNTOS DIVERSOS — I

Ciro Caires com media de 164 quilometros

PAG. 6 — ASSUNTOS DIVERSOS — II

Cursos de Medicina na Cidade Universitaria

PAG. 6 — ASSUNTOS DIVERSOS — I

Deve agravar-se o abastecimento de carne

PAG. 2 — ECONOMIA e FINANÇAS

Comercio com os paises socialistas

PAG. 5 — ECONOMIA e FINANÇAS

Importação de gado da Asia e Africa

PAG. 10 — ECONOMIA e FINANÇAS

NOSSA OPINIÃO

A ausencia da assinatura de representante de Cuba na "Carta de Punta Del Este" não causou surpresa. O documento visa, em ultima analise, combater o comunismo, e o país que se transformou em "cabeça de ponte" sovietica na America não poderia, logicamente, prestigiá-lo. — ("Cuba de fora" — Pag. 4)

Regressou o presidente do Banco do Brasil

Regressou ontem da Europa (na foto, ao desembarcar em Congonhas) o presidente do Banco do Brasil, sr. João Batista Leopoldo Figueiredo, que assinou em Paris os documentos referentes ao credito de 110 milhões de dolares concedido por 56 bancos de 8 paises. A reportagem, declarou o sr. Figueiredo que os meios financeiros europeus vêem com simpatia e confiança as novas diretrizes da politica economica brasileira.

Ult. pag. deste cad.

5 mortos em tremor de terra no Japão

TOQUIO, 19 (AFP-UPI) — Cinco mortos, 4 desaparecidos e 32 feridos é o resultado do primeiro balanço do terremoto que se produziu hoje no centro do Japão, na região de Niigata e Fukvi.

Segundo noticias extra-oficiais chegadas a esta capital, um operario morreu instantaneamente quando foi alcançado por pedras do dique em construção em Honsu central. Outras 2 pessoas morreram em iguais circunstancias, na zona costeira do Japão setentrional.

Dois estudantes que escalavam uma montanha foram mortos, tambem atingidos por pedras que caiam dos Alpes Japoneses. O tremor causou danos em linhas ferroviarias e de comunicações.

Registrado em Moscou

A agencia Tass anunciou que o tremor de terra com 8 graus de intensidade, e epicentro no Japão, foi registrado pela estação sismografica de Moscou.

Sismo no Peru

AREQUIPA, Peru, 19 (AFP-UPI) — Um tremor de longa duração abalou esta cidade pouco depois da meia-noite, felizmente sem que provocasse vitimas nem danos. Durante 3 minutos, a cidade foi objeto de um leve, porem continuo tremor, com o consequente alarma da população.

Nos ultimos anos, Arequipa, segunda cidade do Peru, tem sido muito castigada por tremores de terra.

Em Ciudad Trujillo

CIUDAD TRUJILO, 19 (UPI) — As 9 h 50 desta manhã sentiu-se aqui um forte tremor de terra durante 10 segundos. Ate o momento não há noticias de vitimas pessoais ou danos materiais.

"As façanhas do proximo cosmonauta da URSS superarão as precedentes"

MOSCOU, 19 (UPI-AFP) — O terceiro cosmonauta sovietico será um homem solteiro e realizará "façanhas maiores" do que as de seus dois antecessores, segundo declarou, hoje, o cosmonauta n.o 2, major German Titov.

No primeiro capitulo de suas memorias, publicadas pelo "Pravda", Titov disse que o proximo cosmonauta sovietico "é um solteiro de cabeça assombrosamente fria e de uma vontade de ferro".

Tanto Titov quanto o primeiro cosmonauta, Yuri Gagarin, são casados.

Segundo o "Pravda", tanto Gagarin quanto Titov acreditam que as mulheres tambem podem ser cosmonautas.

O "Pravda" disse que, quando Titov e Gagarin visitaram as instalações onde foram construidas suas naves siderais, se lhes perguntou se as mulheres poderiam fazer o mesmo que eles.

"A opinião geral é a de que sim" — responderam.

Preparou-se com Titov

O cosmonauta n.o 3, preparou-se junto comigo para o voo cosmico do "Vostok II" — declarou ainda Titov nas paginas do "Pravda".

Titov revela ainda que o misterioso "Astronauta n.o 3" assistiu recentemente a uma reunião de que participaram, ele proprio e os construtores do "Vostok II".

"Não há nenhuma duvida — assegurou Titov — de que este homem superará, em muito, o que fizemos Gagarin e eu. Foi designado para substituir-me, eventualmente, em meu voo do mês de agosto, como eu proprio deveria substituir Gagarin se houvesse sido necessario."

Referindo-se à "ultima noite inesquecivel em que ceiamos juntos", disse: "Eramos quatro: meu suplente — "cosmonauta n.o 3" — dois medicos e eu.

"Comemos bastante, porem à base de tubos, e tratamos dos mais diversos assuntos, embora o menos possivel do futuro. Depois do "banquete" recebemos a visita do chefe-construtor do "Vostok II". Eu e o "cosmonauta n.o 3" passeamos durante um quarto de hora. E assim recebemos as ultimas instruções."

Reunião com os construtores do «Vostok II»

Titov reuniu-se hoje com os investigadores, engenheiros e operarios que construiram a nave cosmica "Vostok II".

A reunião foi efetuada em presença do major Gagarin, anunciou a radio sovietica, sem precisar o lugar.

Kennedy sugere entrevista com Betancourt

CARACAS, 19 (AFP) — A possibilidade de uma proxima entrevista pessoal com o presidente Betancourt é sugerida pelo presidente dos Estados Unidos, John Kennedy, numa carta enviada ultimamente ao chefe de Estado venezuelano, para agradecer-lhe o envio do livro «Dois Anos de Governo Democratico», que resume o trabalho do atual regime constitucional da Venezuela nesse lapso de tempo. Na missiva, Kennedy diz: «Tenho a esperança de que num futuro não remoto teremos oportunidade para uma reunião pessoal».

«Estou ansioso por conversar com v. exa. amplamente acerca dos melhores modos e meios de promover a causa da liberdade e a justiça social nas Americas», conclui o mandatario norte-americano.

Desmentidas as notas divulgadas em Punta del Este

MEXICO, 19 (UPI) — O embaixador da Venezuela nesta capital, Carlos Ramirez Mcgregor, negou qualquer importancia aos documentos secretos norte-americanos revelados na Conferencia Economica e Social Interamericana pelo ministro de Industrias de Cuba, Ernesto Guevara.

Esses documentos mencionavam a Venezuela e assinalavam a possibilidade de uma ruptura entre esse país e Cuba.

O representante diplomatico venezuelano disse que "se Guevara e os elementos reacionarios dos Estados Unidos crêem que poderão ganhar algo mediante uma ruptura entre a Venezuela e Cuba, são vitimas de um erro. Posso assegurar que meu governo fará todos os esforços possiveis para evitar tal situação".

Esta declaração foi feita por Macgregor em uma entrevista à imprensa. Acrescentou que "o presidente Betancourt declarou claramente que não aceitará a intervenção das grandes potencias nem das pequenas".

Os documentos a que fez alusão Guevara, roubados da Embaixada norte-americana em Caracas, foram confirmados como autenticos por funcionarios dos Estados Unidos, que disseram que se trata na realidade de "memoranda" preparados por funcionarios de hierarquia menor e que não são documentos oficiais de politica norte-americana.

Recepção festiva

BERLIM OCIDENTAL — Uma multidão cerca o vice-presidente dos EUA, Lyndon Johnson (de braço erguido), que ora visita Berlim Ocidental.

Eder manteve o titulo: nocauteado Ramon Arias

O campeão mundial de pesos-galo, Eder Jofre, conservou a coroa ontem, em Caracas, superando o venezuelano Ramon Arias por nocaute tecnico no 7.o assalto.

O desfecho do combate verificou-se aos 2 minutos e 31 segundos desse "round", quando o brasileiro atirou o desafiante à lona, em duas oportunidades. Em vista das más condições fisicas do seu pupilo, o tecnico venezuelano atirou a toalha ao ringue, em sinal de desistencia.

A partir do terceiro assalto foi flagrante a superioridade de Jofrinho, que trabalhou em longa e meia distancia. Arias ameaçou seriamente o campeão no segundo assalto, atingindo-o com um "uppercut" de direita, na ponta do queixo. Jofrinho acusou o golpe, mas se recompôs no intervalo, para o assalto seguinte. Mais tecnico, veloz e utilizando sua forte pancada, o titular dos galos foi minando o desafiante com golpes ao corpo e sequencias de ganchos á cabeça, até decidir o combate no setimo assalto.

Na pesagem efetuada ao meio-dia de ontem, em Caracas, Eder acusou 53 kg 500, contra 52 do venezuelano.

JANIO CONDECORA GUEVARA

Após conferenciar com o sr. Janio Quadros, o ministro cubano "Che" Guevara foi condecorado ontem (foto) pelo presidente da Republica com a Grã Cruz da Ordem Nacional do Cruzeiro do Sul. A outorga da condecoração, aliás, está suscitando criticas ao presidente da Republica, contribuindo inclusive, pelo que se adianta, para a crise politica de que é figura central o sr. Carlos [illegible] entrevista à imprensa, [illegible] falou sobre a posição assumida pelo Brasil em Montevidéu. "Foi sem duvida o maior fator para que Cuba fosse tratada na Conferencia de Punta Del Este como país americano". Manifestou tambem "o testemunho do agradecimento do governo cubano pela posição do Brasil". Depois de ter almoçado com o prefeito de Brasilia, Guevara partiu rumo a Havana ontem, às 16 horas.

PAG. 4

JQ manda prender a tripulação do jato "Paris"

BRASILIA, 19 (FSP) — O presidente Janio Quadros determinou a prisão dos tripulantes do jato "Paris" que transportou, há dias, uma bailarina de São Paulo para Londrina. Embora o Ministerio da Aeronautica, em nota oficial, tenha explicado o fato, o chefe do governo enviou hoje ao gen. Pedro Geraldo o seguinte memorando: "De minha ordem determine a s. exa. o ministro da Aeronautica fazer prender, por três dias, toda a tripulação do jato que levou uma bailarina a Londrina. A prisão deve ser feita hoje".

II Encontros Intelectuais começa hoje

Com sessões plenarias na Biblioteca Municipal, às 9 e às 14 horas, inicia-se hoje o II Encontros Intelectuais, que reunirá representantes de diversos paises, inclusive da URSS, Alemanha, EUA, França, Noruega e Mexico. O representante da UNESCO, prof. Alfred Metraux, já se encontra em São Paulo. Nos Encontros serão estudadas as origens do Homem Americano.

Ult. pag. deste cad.

Missão na Africa

RODESIA DO NORTE — O assessor do presidente Kennedy para assuntos africanos, Mennen Williams, tenta tocar um xilofone nativo durante uma visita a esta cidade. Williams percorre varios paises africanos, estando incluido no seu roteiro Moçambique, onde colonos europeus preparam manifestações antinorte-americanas. (Radiofoto UPI)

Frondizi anuncia ter sido alvo de atentado

BUENOS AIRES, 19 (AFP) — Ante o surpreendente anuncio feito ontem à noite pelo presidente da Republica Arturo Frondizi, em meio da mensagem dirigida a todo o país, no sentido de que se havia tentado contra sua vida, os jornalistas procuraram por todos os meios estabelecer como e quando se quis levar a cabo o atentado.

Assim, foram consultados todos os meios de segurança, e se bem que confirmassem, não deram maiores detalhes.

Entretanto, transpirou que a Policia teria realizado uma investigação relacionada com um suposto atentado que se tentou cometer contra o chefe de Estado por ocasião da viagem, por via aerea, que realizou a 5 do corrente à Provincia de Missiones, de onde regressou no dia seguinte. Desconhece-se como se ia perpetrar esse atentado e quais seriam seus autores.

(2.a pag.: "Energica advertencia de Frondizi aos comunistas")

2,8 bilhões para Minas Gerais

RIO, 19 (FSP) — O sr. Roberto Resende, representante do governo de Minas Gerais à reunião de Punta Del Este, que acaba de regressar de Montevidéu, informou que o Banco Interamericano de Desenvolvimento acaba de conceder ao seu Estado um emprestimo de 2,8 bilhões de cruzeiros. Essa importancia destina-se à execução do plano de emergencia de Saude Publica do governo Magalhães Pinto.

Os EUA lançarão nesta semana um manequim ao espaço

WASHINGTON, 19 (AFP) — No começo da proxima semana, um foguete «Atlas» tentará colocar, em orbita, uma capsula «Mercury», na qual se encontrará um manequim. Esta cabina de duas toneladas efetuará uma só revolução em torno da Terra e será recuperada nas Caraibas, se tudo funcionar como está previsto. O exito do referido ensaio ativará, sem duvida, o envio ao espaço de um cosmonauta norte-americano, que deve em principio se realizar dentro de alguns meses.

A orbita deverá ser percorrida em 110 minutos, a uma altura compreendida entre 160 e 246 km.

A velocidade orbital — analoga à de Alan Shepard e de Virgil Grissom — será de 27.840 km por hora. O engenho será movido por cinco motores. Durante o voo funcionarão três camaras: uma filmará através de um periscopio, outra diretamente por trás de uma janela e a terceira fotografará os aparelhos registradores.

A Administração Nacional de Aeronautica e do Espaço publicou hoje as caraterísticas aproximadas da orbita que segue o «Explorer XII», em sua viagem de estudo das radiações solares.

Perigeu, 288 km; Apogeu, 780 km; duração do percurso orbital, 27 horas. Os sinais transmitidos por esse planetóide, lançado há alguns dias do Cabo Canaveral, são excelentes e centenas chegam às instalações da NASA situadas em todo o mundo.

EXTRA 3ª EDIÇÃO FOLHA DE S. PAULO ★ EXTRA

Um jornal a serviço do Brasil

ANO XL ★ São Paulo — Sexta-feira, 25 de agosto de 1961 ★ N.º 11.762

JANIO RENUNCIOU

BRASILIA. 25 (FSP) O presidente Janio Quadros renunciou hoje ao cargo de presidente da Republica.

As 15 horas, o jornalista Castelo Branco reuniu em sua sala os jornalistas credenciados no Palacio e fez o seguinte relato:

O presidente Janio Quadros renunciou esta manhã à Presidencia da Republica, embarcando para São Paulo por volta das 11 horas. O documento de renuncia está sendo entregue neste momento ao Congresso Nacional pelo ministro da Justiça.

O presidente chegou ao Palacio hoje, como de habito, às 6 h 30 e, depois de rapidos despachos com o chefe da Casa Militar, conversou pelo telefone com o chefe da Casa Civil. Nesses primeiros contatos o presidente revelou a decisão de renunciar ao governo, informando que, após a solenidade do Dia do Soldado, redigiria o documento indispensavel. Terminadas as comemorações no Ministerio da Guerra, o presidente voltou ao Palacio, chamando imediatamente a seu gabinete o gen. Pedro Geraldo e os srs. Quintanilha Ribeiro, José Aparecido de Oliveira e Pedroso Horta. Aos quatro disse o sr. Janio Quadros:

— "Chamei-os para dizer-lhes que renunciarei agora à Presidencia. Não sei exercê-la. Já que o insucesso não teve a coragem da renuncia, é mister que o exito a tenha. Não exercerei a presidencia com a autoridade rebaixada perante o mundo, nem ficarei no governo discutindo a confiança no respeito, na dignidade indispensavel ao primeiro mandatario. Não se trata de acusação qualquer. Trata-se de denuncia de quem tem como solenes e graves os deveres do mandato majoritario. Não nasci presidente da Republica. Nasci, sim, com a minha consciencia. E a esta devo atender e respeitar. Ela me diz que a melhor formula que tenho agora para servir ao povo e à Patria é a renuncia.

Emoção e silencio

Enquanto o chefe da Casa Militar ia desincumbir-se da missão — prossegue o relato — o ministro da Justiça, o chefe da Casa Civil e o secretario particular do presidente reuniram-se no gabinete do sr. Quintanilha Ribeiro.

Novamente no gabinete do presidente, os mesmos auxiliares presenciaram a comunicação do chefe do governo aos ministros militares — alm. Silvio Heck, mal. Odilio Denis e brig. Grum Moss. Os chefes militares reiteraram o apreço e o respeito das Forças Armadas ao presidente da Republica, permitindo-se os ministros militares interpretar a emoção de seus companheiros num apelo ao presidente, que foi ouvido em silencio.

O sr. Janio Quadros limitou-se a agradecer a colaboração dos presentes, anunciando que se dirigiria em seguida para São Paulo, onde retomaria suas atividades de professor. Pouco depois, precisamente às 10 h 25, o presidente da Republica deixou o Palacio do Planalto em companhia do gen. Pedro Geraldo e do sr. Aparecido de Oliveira, dirigindo-se ao Palacio da Alvorada. Sua mulher, da. Eloá, já o esperava com as malas prontas. Depois de afetuosas conversas com seus dois auxiliares, o sr. Janio Quadros, com sua

Sr. Ranieri Mazzilli, presidente da Camara dos Deputados, que assumiu a presidencia da Republica com a renuncia do sr. Janio Quadros

mulher e sua mãe, da. Leonor, e acompanhado sempre pelo chefe da Casa Militar e pelo secretario particular, dirigiu-se em automovel da Presidencia para o aeroporto militar.

Rumo a São Paulo

Cerca das 11 horas, o "Viscount" presidencial levantava voo em direção a São Paulo. Ao despedir-se dos dois auxiliares, o presidente reafirmou que partia com a consciencia tranquila. "Deus é testemunha dos esforços que fiz para governar bem, sem odio e sem rancores. Nesta hora penso nos pobres e nos humildes. E' muito dificil ajudá-los."

Sr. João Goulart, vice-presidente da Republica, presentemente na China.

Antes de renunciar, o presidente determinou ao ministro Pedroso Horta levar, às 13 horas, ao Congresso Nacional, o documento de renuncia. Determinou, ainda, que se expedissem comunicações às autoridades, inclusive aos governadores estaduais, e se tomassem providencias adequadas para manter a ordem em todo o territorio nacional.

APELO AO CONGRESSO

O dep. Abreu Sodré, as 16 horas, declarou à Assembléia Legislativa em sessão permanente e afirmou: — «Defenderemos a qualquer preço a integridade do Poder Legislativo». Acrescentou que, da mesma forma que o prof. Carvalho Pinto e outros governadores que se encontram em São Paulo, formulou apelo ao Congresso Nacional para que a renuncia do presidente Janio Quadros não fosse lida em plenario.

PRESIDENTE PELA 2.a VEZ

O sr. Pascoal Ranieri Mazzilli, pela segunda vez, assumiu a Presidencia da Republica, por se encontrar em licença, em viagem pelo Exterior o vice presidente. Em 1960, presidiu aos destinos da nação durante cinco dias, de 4 a 8 de agosto, por motivo de viagem do então presidente Juscelino Kubitschek e do vice João Goulart. Agora, no mesmo mês de agosto, o sr. Mazzili volta à Presidencia, em face da anunciada renuncia do sr. Janio Quadros.

Eleito por quatro vezes presidente da Camara Federal, Pascoal Ranieri Mazzilli nasceu na cidade de Caconde, em 27 de abril de 1910. Fez o curso primario em sua cidade natal e o secundario na cidade mineira de Ouro Fino, bacharelando-se a seguir em Direito pela Faculdade de Niterói. Com 22 anos, assumiu o cargo de coletor federal na cidade de Taubaté, onde começou a militar na imprensa. Em 1940, quando era coletor em Sorocaba, foi comissionado no DASP pelo então ministro da Fazenda, sr. Sousa Costa, para colaborar nos estados de reorganização do aparelhamento de coleta de rendas da União. Tem publicadas varias monografias sobre assuntos politico-fiscais.

Lacerda informado por Horta

Às 14 h 40, em cumprimento a determinação do sr. Janio Quadros, o ministro Pedroso Horta ligou o telefone para o governador Carlos Lacerda:

— "Alô, — disse o governador carioca — é o Horta?".

— "Não, é o ministro da Justiça. De ordem do sr. presidente da Republica comunico a v. exa. que vou em seguida fazer entrega ao Congresso de sua renuncia à Presidencia da Republica. O presidente me pediu que o avisasse antecipadamente para que v. exa. pudesse tomar as providencias de segurança que entender cabiveis e incumbiu-me tambem de desejar-lhe felicidades."

O ministro da Justiça desligou o telefone.

Igual comunicação foi feita, tambem pelo telefone, ao governador Carvalho Pinto e ao gov. Magalhães Pinto, que se achavam reunidos em São Paulo. E, por telegrama, a todos os demais governadores.

O Santos perdeu para o Nacional em Montevidéu

Em partida cujo nivel tecnico foi prejudicado pelo mau estado do gramado, escorregadio e pesado, mas que agradou pela movimentação, o Nacional, de Montevidéu, derrotou o Santos FC por 1 a 0, esta tarde na capital uruguaia. O unico ponto da partida foi marcado pelo centroavante Rodrigo, de cabeça, aos 5 minutos do segundo tempo, depois de uma saida falha do arqueiro Laercio. A renda foi de aproximadamente 12 milhões.

ULTIMAS INFORMAÇÕES

RANIERI MAZZILLI ASSUMIU O GOVERNO

Acaba de assumir a presidencia da Republica o deputado Ranieri Mazzilli, presidente da Camara Federal, o qual exercerá o cargo de presidente da Republica até que regresse ao Brasil o vice-presidente João Goulart, que é o substituto legal do chefe do governo em estado de renuncia. O sr. João Goulart já foi avisado do que sucedeu em nosso país e, em avião especialmente fretado, regressa de Hong Kong para o Brasil, sendo esperada sua chegada amanhã a Brasília, às 12 horas.

O TEXTO DA RENUNCIA

«Ao Congresso Nacional

Nesta data e por este instrumento, deixando com o ministro da Justiça as razões do meu ato, renuncio ao mandato de presidente da Republica.

JANIO QUADROS»

E' o seguinte o texto da mensagem de renuncia do sr. Janio Quadros:

«Fui vencido pela reação e, assim, deixo o governo. Nestes sete meses cumpri o meu dever. Tenho-o cumprido dia e noite, trabalhando infatigavelmente sem prevenções nem rancores. Mas baldaram-se os meus esforços para conduzir esta nação pelo caminho de sua verdadeira libertação politica e economica, o unico que possibilitaria progresso efetivo e a justiça social a que tem direito o seu generoso povo. Desejei um Brasil para os brasileiros, afrontando neste sonho a corrupção, a mentira e a covardia que subordinam os interesses gerais aos apetites e às ambições de grupos ou indivíduos, inclusive do exterior. Sinto-me porem esmagado. Forças terríveis levantam-se contra mim e me intrigam ou infamam até com a desculpa da colaboração. Se permanecesse, não manteria a confiança e a tranquilidade ora quebradas e indispensaveis ao exercicio da minha autoridade. Creio, mesmo, não manteria a propria paz publica. Encerro assim com o pensamento voltado para a nossa gente, para os estudantes e para os operarios, para a grande familia do país, esta pagina de minha vida e da vida nacional. A mim não falta a coragem da renuncia. Saio com um agradecimento e um apelo. O agradecimento é aos companheiros que comigo lutaram e me sustentaram dentro e fora do governo, e de forma especial às Forças Armadas, cuja conduta exemplar, em todos os instantes, proclamo nesta oportunidade. O apelo no sentido da ordem, do congraçamento, do respeito e da estima de cada um dos meus patricios, para todos, de todos, para cada um. Somente assim seremos dignos deste país e do mundo. Somente assim seremos dignos da nossa herança e da nossa predestinação cristã. Retorno agora ao meu trabalho de advogado e professor. Trabalhemos todos. Há muitas formas de servir nossa patria. Brasilia, 25 de agosto de 1961 — (a.) JANIO QUADROS.»

MENSAGEM DE ARINOS

BRASILIA, 25 (FSP) — Dois funcionarios do gabinete do ministro Afonso Arinos estiveram na Camara e no Senado, por volta das 16 horas, para distribuir aos lideres partidarios e às mesas diretores das duas casas no Parlamento a seguinte mensagem:

"Os ministros militares não podem tomar conhecimento do documento de renuncia antes do Congresso Nacional. E o Congresso, por sua grande maioria, é concitado a recusar a renuncia, sem o que será o caos e a guerra civil. (a) Afonso Arinos de Melo Franco, ministro das Relações Exteriores."

Os emissarios do chanceler Arinos — consules Rubem Ricupero e Flavio Oliveira Castro — foram detidos pela guarda de segurança da Camara, atendendo a uma denuncia do dep. Eurico Ribeiro (PSD do Maranhão), segundo a qual eles estariam distribuindo mensagem julgada apocrifa e destinada a causar agitação. Os dois consules foram libertados meia hora depois. As 16 h 15 o sen. Moura Andrade ingressava no gabinete do presidente Mazzilli, na Camara, para acertar a convocação do Congresso, que lhe daria posse. Após alguns minutos, foi anunciado que o sr. Mazzilli tomaria posse às 17 horas, no Palacio do Planalto, e assumiria a presidencia da Republica perante o Congresso Nacional. Essa reunião seria iniciada exatamente no momento em que encerravamos este noticiario.

Reina grande calma nas ruas desta capital. Na esplanada dos Ministerios e na Praça dos Três Poderes o movimento é o comum de todos os dias. No Palacio do Planalto, porem, são enormes a agitação e a confusão. Verificaram-se 5 desmaios de funcionarios do Palacio do Planalto quando foi anunciada a noticia da renuncia.

Antes mesmo que fosse anunciada a renuncia do presidente Quadros, o sr. Ranieri fora procurado pelo cel. Tacito, chefe do gabinete do ministro da Guerra, que lhe comunicou os acontecimentos e lhe transmitiu a informação de que o país estava tranquilo e que as forças armadas lhe garantiriam a posse, como substituto legal do presidente Janio Quadros.

Governadores interrompem almoço nos Campos Elisios

Cena surpreendente foi presenciada pela reportagem instantes atrás no palacio dos Campos Elisios. Em um almoço estavam reunidos o prof. Carvalho Pinto e mais quatro governadores: srs. Magalhães Pinto, de Minas Gerais, Nei Braga, do Paraná, Carlos Lindenberg, do Espirito Santo e Mauro Borges Teixeira, do Estado de Goiás.

Estavam presentes ainda os srs. Castro Neves, ministro do Trabalho; Paulo Marzagão, secretario do Trabalho, e José Bonifacio Nogueira, da Agricultura. O almoço decorria normalmente, mas a reportagem não tinha ingresso na ala residencial do Palacio. Finalmente, foi permitida a entrada apenas de fotografos e cinegrafistas. Nesse instante, precisamente, ingressou no salão o sr. Rui Marcucci, chefe do Serviço de Imprensa dos Campos Elisios. Chamou o prof. Carvalho Pinto e o informou de que uma chamada telefonica urgentissima reclamava sua presença. Alguns segundos depois, com a fisionomia contrafeita e deixando transparecer grande perturbação, o governador fez uma comunicação (não foi ouvida pela reportagem) aos demais participantes do almoço. Ato continuo s. exa., bem como todos os demais governadores, sairam apressadamente do Palacio, deixando a reportagem completamente aturdida. Estabelecia-se logo em seguida a conexão dessa informação dada ao prof. Carvalho Pinto com a noticia da entrega do pedido de renuncia do sr. Janio Quadros ao Congresso Nacional.

Prontidão no Rio

RIO, 25 (FSP) — Todas as tropas do Exercito, da Marinha e da Aeronautica, na antiga capital da Republica, acham-se de prontidão.

Carreira politica

O sr. Janio Quadros iniciou sua carreira politica em 1947, quando se elegeu vereador à Camara Municipal de São Paulo, com 1.700 votos. A partir dessa epoca conseguiu projetar seu nome de maneira excepcionalmente rapida, primeiro no plano estadual e depois em toda a nação. Na historia da Republica talvez nenhum outro politico tivesse logrado ascensão tão rapida. Três anos após a sua eleição para vereador, era levado à Assembléia Legislativa com .. 17.000 votos. Em 1950, à frente da campanha politica denominada "Movimento 22 de Março", foi eleito prefeito municipal de São Paulo. Antes do termino do mandato candidatou-se a governador do Estado, sendo eleito em outubro de 1954. A seguir foi eleito deputado federal pelo Estado do Paraná. Candidatando-se às eleições presidenciais de outubro de ... 1960, foi eleito por larga margem de votos, derrotando o gen. Henrique Teixeira Lott e o sr. Ademar de Barros. Empossou-se no dia 31 de janeiro de 1961.

Emoção popular

Da rua Florencio de Abreu até o palacio dos Campos Elisios o carro da reportagem foi parado em quase todas as esquinas por populares que queriam informações sobre os acontecimentos. E à medida que a reportagem ia informando sobre a renuncia, a emoção tomava conta dos populares.

Nos Campos Elisios observa-se movimentação incomum. O prof. Carvalho Pinto, quando logo depois de informado, saiu apressadamente do Palacio, ao encontro do sr. Janio Quadros, segundo se adiantou.

EXPECTATIVA ANGUSTIOSA

Dos governadores que aqui permanecem — srs Magalhães Pinto, Nei Braga, Carlos Lindenberg e Mauro Borges Teixeira - assim como o sr. Castro Neves, ministro do Trabalho, nenhum comentario fizeram à reportagem. Estão providenciando transporte para voltar a seus Estados, imediatamente.

Por ordem do prof. Carvalho Pinto foram colocadas de prontidão a Policia Civil e a Policia Militar de São Paulo. A guarda do Palacio é normal.

Janio está em Cumbica

O sr. Janio da Silva Quadros está em Cumbica, em companhia de varios governadores, deputados e altos proceres politicos. A base aerea está interditada e a ninguem é permitido aproximar-se do presidente demissionario.

Por volta das 17 horas, chegavam em dois carros os governadores Magalhães Pinto, Nei Braga, Mauro Borges Teixeira e Carlos Lindenberg, (de Minas Gerais, Paraná, Goiás e Espirito Santo, respectivamente), juntamente com o ministro Castro Neves. Todos eles, a uma voz, manifestaram espanto e surpresa com o ocorrido, negando-se a prestar declarações.

O coronel Faria Lima, que se encontrava no Rio, sabedor do ocorrido, retornou e, no momento, encontra-se em companhia do sr. Janio Quadros.

Informa-se que o governador Carvalho Pinto colocou à disposição do presidente demissionario dois carros oficiais.

PRONTIDÃO NAS FORÇAS ARMADAS

Até às 16 horas o comando do II Exercito não havia recebido comunicação oficial do Ministerio da Guerra sobre a renuncia. Entretanto, diante das informações divulgadas nesta capital, o gen. Osvaldo de Araujo Mota, comandante do II Exercito, colocou a tropa de sobreaviso e, em seguida, ordenou à oficialidade e às praças que se recolhessem aos quartéis em regime de prontidão. O mesmo ocorreu com a FAB, cuja prontidão foi ordenada pelo comando da IV Zona Aerea. Tais medidas, segundo porta-voz do Estado Maior do II Exercito, visam "impedir qualquer perturbação da ordem".

João Goulart decidirá hoje em Paris sobre seu retorno ao Brasil

(Ultima pagina deste caderno)

Assuntos Diversos

1ª EDIÇÃO

FOLHA DE S. PAULO ★

Um jornal a serviço do Brasil

ANO XL ★ São Paulo — Terça-feira, 29 de agosto de 1961 ★ N.º 11.766

PREVISÃO DO TEMPO

(Fornecida pelo Instituto Regional de Meteorologia e valida até as 24 horas de hoje para todo o Estado de São Paulo)

TEMPO bom.

VENTOS de oeste, fracos a moderados.

TEMPERATURA em elevação. Ontem: maxima, 35,2; minima, 12,6.

(Pormenores sobre o tempo na pag. 9)

O CONGRESSO EXAMINA O VETO DAS FORÇAS ARMADAS AO SR. GOULART

Financiamento do café em São Paulo

PAG. 8

Resoluções da reunião do eucalipto

PAG. 8

Declarada nula a resolução "monstrinho"

PAG. 7

NOSSA OPINIÃO

Embora tutelando a nação, umas vezes com acerto, outras erradamente, não se pode negar às Forças Armadas a preocupação patriotica de resguardá-la de perigos reais ou apenas presuntivos. Mas não basta patriotismo quanto aos fins. É tambem necessario que a ação para atingi-los respeite as limitações constitucionais. Se os militares ainda puderem dar-se conta dessa verdade, acrescentarão à desambição que têm revelado, uma outra virtude tão importante quanto essa, que é triunfar sobre o amor proprio e evitar que se consume gravissimo erro politico. Não sabemos se ainda haverá tempo para essa contramarcha. Mas se houver, e se for feita, as Forças Armadas crescerão no respeito dos brasileiros. — ("Não bastam boas intenções" — Pag. 4)

Barricadas no Rio Grande

Tropas da Brigada Militar do Rio Grande do Sul instalaram barricadas (foto) às portas do Palacio Piratini, sede do governo gaucho. Pag. 5

Comissão especial para estudar a mensagem de Mazzilli

BRASILIA, 28 (FSP) — Toda a atenção do país encontra-se concentrada na decisão do Congresso Nacional, ao qual o sr. Ranieri Mazzilli comunicou hoje que os ministros militares consideram «absolutamente inconveniente o regresso ao país do vice-presidente João Goulart», como informamos nesta mesma pagina. A sessão do Congresso, convocada expressamente para tomar conhecimento dessa comunicação, instalou-se às 20 horas.

A mensagem do presidente da Republica foi entregue às 13 h 30 de hoje ao sr. Herbert Levy. Pela manhã, realizaram-se diversas reuniões no Palacio do Planalto, com a presença do sr. Moura Andrade, vice-presidente do Senado e presidente em exercicio do Congresso Nacional, e numerosos parlamentares. Na ocasião, chegou-se a aventar a possibilidade da adoção do parlamentarismo, para contornar a situação. Momentos depois, entretanto, informava-se que os ministros militares vetavam qualquer formula — inclusive a parlamentarista — que implicasse na permanencia do sr. Goulart no poder. Em face disso, os acontecimentos precipitaram-se e às primeiras horas da tarde era divulgada a mensagem do sr. Mazzilli ao Congresso.

24 horas de prazo — Nomes

Paralelamente, informava-se que os chefes militares tinham decidido esperar 24 horas para que o Congresso decidisse a crise politica e escolhesse novo presidente, por eleição indireta. Entre os nomes mencionados como possiveis candidatos figuram os do sr. Carvalho Pinto e do mal. Dutra. O governador paulista, entretanto, como se noticia em outro local, já afirmou que não aceitaria sua eleição.

Instalada a sessão

BRASILIA, 28 (FSP) — Foi instalada às 20 horas a sessão do Congresso Nacional, convocada para tomar conhecimento da mensagem do presidente Ranieri Mazzilli, que dá ao Parlamento ciencia do pensamento das Forças Armadas em relação à posse do sr. João Goulart. Por volta das 20 h 45, o senador Cunha Melo, 1.o secretario da mesa, procedeu à leitura do referido documento. Ao iniciar a leitura, o senador foi interrompido por protestos do plenario, que não o estava ouvindo, em virtude de estarem desligados os microfones. Providenciada a ligação e restabelecida a ordem, foi lido o texto da mensagem presidencial. Finda sua leitura, o deputado Ultimo de Carvalho (PSD — Minas) levantou-se e gritou: "Ciente. Arquive-se."

Alguns congressistas, em coro, gritavam: "Arquive-se, arquive-se, arquive-se", enquanto outros aplaudiam de pé os que gritavam.

Comissão

O presidente anunciou que nomearia uma comissão mista de deputados e senadores para examinar a mensagem do presidente Mazzilli.

A comissão ficou assim constituida: senadores Alo Guimarães e Jeferson Aguiar (PSD), Agenor Figueiredo e Nogueira da Gama (PTB), Eribaldo Vieira e Padre Calazans (UDN), Novais Filho (PL) e Paulo Fernandes; deputados Oliveira Brito e Ulisses Guimarães (PSD), Geraldo Freire (UDN), Elói Dutra (PTB), Paulo Lauro (PSP), Manoel Novais (PR), Barbosa Lima (PSB) e Plinio Salgado (PRP). ★

Jango em Paris

PARIS — Sorridente, o vice-presidente do Brasil, João Goulart, deixa o hotel em que está hospedado na capital francesa. (Radiofoto UPI)

Carvalho Pinto não aceita sua eleição pelo Congresso

"Não sou candidato a eventuais eleições que se venham a processar, e não aceito de forma alguma qualquer escolha que possa provir dessa solução aventada de eleição indireta pelo Congresso, por mais honrosa que possa ser uma deliberação a esse respeito" -afirmou ontem à tarde o governador Carvalho Pinto, a proposito de noticias procedentes de Brasilia, segundo as quais poderia vir a ser eleito presidente da Republica pelo Congresso, caso este decretasse o impedimento do sr. João Goulart.

O governador desautorizou ainda, "de modo formal e inapelavel", "qualquer iniciativa a esse respeito" e manifestou a esperança de que "a solução mais recomendada para qualquer crise que possa surgir será encontrada pelas autoridades politicas e supremos dirigentes nacionais, dentro da normalidade democratica".

PAG 3

Paralisadas 3 horas as comunicações com o exterior

RIO, 28 (FSP) — As comunicações telegraficas do Brasil com o exterior estiveram totalmente paralisadas hoje, durante três horas. Nenhum telegrama chegou nem saiu do país, inclusive os enviados pelo e para o Itamarati. Tambem as missões estrangeiras desta cidade não puderam comunicar-se com suas respectivas capitais, o que levou o emb. Justino Sanson Valadares, da Nicaragua, como decano do corpo diplomatico, a protestar perante o Itamarati. Logo depois, as comunicações foram restabelecidas.

"Inconveniente o regresso de Jango, por motivo de segurança nacional"

BRASILIA, 28 (FSP) — O presidente Ranieri Mazzilli entregou às 13 h 30 de hoje ao deputado Herbert Levy o oficio dirigido ao Congresso Nacional, em que os ministros militares vetam a posse do sr. João Goulart.

É o seguinte o texto da mensagem do presidente Ranieri Mazzilli ao presidente do Congresso Nacional:

"Tenho a honra de comunicar a v. exas. que, na apreciação da atual situação politica criada pela renuncia do presidente Janio Quadros, os ministros militares, na qualidade de chefes das Forças Armadas, responsaveis pela ordem interna, me manifestaram a absoluta inconveniencia, por motivos de segurança nacional, do regresso ao país do vice-presidente João Goulart."

Proclamação

As 14 h 15, o sr. Ranieri Mazzilli dirigiu a seguinte proclamação ao povo brasileiro:

"Acabo de assinar mensagem comunicando ao Congresso Nacional que, no exame da atual situação politica, criada pela renuncia do presidente Janio da Silva Quadros, os ministros militares, na qualidade de chefes das Forças Armadas, responsaveis pela ordem interna, me manifestaram a absoluta inconveniencia, por motivos de segurança nacional, do regresso ao país do vice-presidente João Goulart.

"Desejo informar à Nação que, se as duas casas do Congresso houverem por bem reconhecer os motivos invocados na mensagem, me considero incompatibilizado para candidatar-me em substituição do sr. Janio Quadros, ao exercicio efetivo da presidencia da Republica.

"Estou certo de que a nação há de reconhecer que a atual conjuntura exigiu e exigirá de mim o mais nobre e alto desinteresse pelas investiduras pessoais, ao lado do sagrado dever de defender as instituições democraticas. Nesse instante, renovo a minha fé nas rigorosas virtudes civicas do nosso povo, que, coerente com a sua gloriosa Historia, saberá mais uma vez manter suas tradições de devotamento à ordem e ao regime."

Situação normal em todo o país

Até as primeiras horas de hoje, segundo informam os correspondentes da FSP, é de absoluta normalidade a situação em todo o país. Pequenos disturbios na Guanabara, onde a policia procurou dissolver manifestações populares, não alteram o quadro geral de ordem, que apesar da situação politica, reina no Brasil inteiro.

Durante a tarde, noticias alarmantes chegaram do Rio Grande do Sul, onde o sr. Leonel Brizola se bate pela posse do sr. João Goulart, ao que se informava, sem confirmação, com apoio do comandante do III Exercito, ali sedeado. Nada de grave, entretanto, ocorreu. No restante do país, a situação é de normalidade.

Instrução 212: restringidas as operações cambiais

RIO, 28 (FSP) — O Conselho da Superintendencia da Moeda e do Credito, em sessão hoje realizada resolveu baixar a instrução n.o 212, reduzindo, temporariamente, o limite da posição de cambio "comprado" de dolares 100 mil para dolares 25 mil. Foram tambem suspensas temporariamente as vendas de cambio a prazo e elevado de 60% para 80% o recolhimento a que se refere o item II da Instrução n.o 207. E' o seguinte o texto da Instrução n.o 212 da SUMOC:

"A Superintendencia da Moeda e do Credito, de acordo com o deliberado pelo seu Conselho em sessão hoje realizada e em conformidade com o disposto nos artigos 3.o 4.o e 6.o do decreto 7.293, de 2/2/45, artigo 2.o, paragrafo 2.o da Lei 1.807 de 7/1/53 e artigo 36, do decreto 42.820, de 16/12/57, resolve:

1.o) — Reduzir temporariamente o limite da posição de cambio "comprado" de US$ 100.000,00 para US$ 25.000,00;

2.o) — Suspender temporariamente as vendas de cambio a prazo;

3.o) — Elevar de 60% para 80% o recolhimento a que se refere o item II da Instrução n.o 207; e

4.o) — Autorizar o diretor da Carteira de Redescontos a dispensar do pagamento de juros os Bancos que, apelando para aquela Carteira, na atual emergencia, restituam as importancias sacadas até 15 de setembro de 1961, a partir de quando serão cobrados juros cumulativos."

Relações com a URSS: paralisadas as negociações

WASHINGTON, 28 (UPI) — As negociações empreendidas pela Embaixada do Brasil nesta capital, para restabelecer relações diplomaticas com a União Sovietica, ficaram paralisadas.

Um porta-voz da Embaixada brasileira declarou que isso não se deve à recepção de instruções especificas em tal sentido, senão ao fato de que não se hajam recebido diretivas de Irmar Penna Marinho, encarregado interino da chancelaria, como consequencia da renuncia de seu titular, Afonso Arinos.

Prisão do marechal Lott

Teixeira Lott, detido ontem em sua residencia, em consequencia de manifesto que dirigiu ao povo, foi levado para a Fortaleza de Laje, localizada num rochedo, na Baia da Guanabara. Após a recusa do ex-ministro da Guerra em aceitar a ordem de prisão que lhe fora transmitida pela manhã pelo major Ardovino Barbosa, chefe do policiamento do Estado da Guanabara, executou a ordem o marechal Sucupira, em nome do ministro Odilio Denys. O clichê fixa o momento exato em que o marechal Lott era cientificado da detenção pelo major Ardovino.

Demitiu-se o chanceler argentino

BUENOS AIRES, 28 (AFP) — Demitiu-se o ministro das Relações Exteriores da Argentina, sr. Adolfo Mugica.

Carta

BUENOS AIRES, 28 (AFP) "Considero que, se minha atitude pode significar o menor embaraço às relações argentinas com o governo de algum país amigo, é minha obrigação evitá-lo; por isso coloco à disposição de v. exa. a pasta das Relações Exteriores, que houve por bem confiar à minha lealdade" — afirma o chanceler Adolfo Mugica, na carta que entregou ao presidente Frondizi, apresentando sua demissão.

Janio: "Fui obrigado a renunciar"

"Fui obrigado a renunciar, mas, tal como Getulio, voltarei um dia, se Deus quiser, para revelar ao povo quem foram os canalhas neste país" — declarou o sr. Janio Quadros, momentos antes de embarcar em Santos (foto), às 16 horas de ontem, a bordo do navio "Uruguai Star", com destino a Londres. O ex-presidente mostrava-se cansado e com lagrimas nos olhos. Cinco minutos depois de ter embarcado, tambem chegava ao cais a familia do sr. Janio Quadros, que com ele seguiu para a capital britanica. Viajam com o ex-presidente sua mãe, sua esposa, sua filha, seu genro e sua neta.

Últ. pagina deste cad.

A equipe Maserati ganhou o IV 500 Km de Interlagos

Pela 1.a vez, em 138 anos, não houve desfile

RIO, 8 (FSP) — Pela primeira vez, desde 1823, não foi realizada a parada militar do Dia da Independencia, em virtude das unidades das tres armas, com sede nesta capital, terem-se deslocado, em consequencia da crise politica. Os desfiles, tradicionais no Rio, verificaram-se, até 1930, no Campo de São Cristovão; a revolução ocorrida naquele ano transferiu-os para a av. Rio Branco; no Estado Novo, passaram a ser realizados na av. Presidente Vargas.

2ª EDIÇÃO FOLHA DE S. PAULO ★
Um jornal a serviço do Brasil
ANO XL ★ São Paulo — Sexta-feira, 8 de setembro de 1961 ★ N.º 11.776

Rita Hayworth divorciou-se do 5.o marido

SANTA MONICA, California, 8 (UPI) — A atriz Rita Hayworth divorciou-se de seu quinto marido, o produtor James Hill, após declarar que ele "já não tinha interesse em estar casado". Rita tem 41 anos e Hill 44. O juiz tomou a decisão baseado em acusações de "extrema crueldade mental".

UDN E PTB FAZEM RESTRIÇÕES A TANCREDO NEVES PARA A PRESIDENCIA DO CONSELHO

O pai de BB é poeta e foi premiado

A Academia Francesa escolheu, para receber seu premio anual de poesia, um livro — "Rimas Esparsas" — de Henri Pilou, "um desconhecido". Mas ao localizarem o autor, descobriu-se: Henri Pilou é o pai de Brigitte Bardot. Houve criticas, comentarios e elogios à atitude da Academia.

Ultima pagina — FOLHA ILUSTRADA

O juri escolherá hoje os melhores da VI Bienal

Pag. 4

Aplausos à solução da crise no Brasil

Pag. 2

NOSSA OPINIÃO

O sr. João Goulart demonstrou ser razoavel, em seu discurso, ontem no Congresso. "Inclino-me mais a unir do que a dividir" — disse e é esse o melhor caminho a seguir, finda a crise. Agora é esperar que o governo possa levar o país à tranquilidade e ao bem-estar.

Há um reparo que deve ser feito, porem. O plebiscito imediato é desaconselhavel. Primeiro, porque viria reabrir feridas e possivelmente reavivar a crise; segundo, porque deve ser dada a oportunidade de experimentar-se o parlamentarismo dentro do prazo, já estabelecido, de cerca de quatro anos.

A palavra do presidente, pag. 4.

João Goulart conclama a todos para a solução dos problemas nacionais

"Peço a Deus que me ampare, para que eu possa servir a nossa patria com todas as forças, energia e sem temores, para que possa defender, como os nossos maiores souberam fazê-lo, a independencia do Brasil, a grandeza nacional e a felicidade do povo brasileiro." Esta foi uma das expressões do sr. João Goulart, no discurso que proferiu ontem no Congresso, durante a solenidade do compromisso constitucional para assumir a presidencia da Republica. Promover a paz interna com dignidade — frisou — para que dela resulte a garantia dos direitos democraticos, e em seguida encetar uma luta — "a unica luta interna" — com o objetivo de obter a emancipação economica do país, será praticamente a palavra de ordem.

Mais adiante, o sr. João Goulart disse taxativamente que cabe "à vontade popular que nos manda e nos julga" dar o seu referendo às decisões politicas que naquele momento assumia. Asseverou, por outro lado, estar consciente dos graves deveres, diante do novo esquema politico do país mas que não via nenhuma razão para pessimismo, "diante de um povo que soube impor a sua vontade, vencendo todas as resistencias para que não se maculasse a legalidade democratica".

O sr. João Goulart acabou de ler o compromisso constitucional exatamente às 15 h 23. Às 15 h 26, o primeiro-secretario leu o "termo de compromisso", que foi assinado pelo presidente e por todos os componentes da mesa.

À solenidade realizada no Congresso Nacional compareceram 50 representantes do corpo diplomatico, os governadores Mauro Borges Teixeira (Goiás) e Gilberto Mestrinho (Amazonas), representantes de outros governadores e de autoridades eclesiasticas, grande numero de populares, mas nenhuma autoridade militar.

O sr. João Goulart foi prolongadamente ovacionado ao entrar no plenario e, depois, ao deixar o Congresso. Houve populares que quiseram carregá-lo, mas foram impedidos por elementos da Policia Militar. (Noticiario na pagina 3)

O sr. João Goulart fala ao Congresso logo após prestar o compromisso constitucional, em Brasilia

Janio a caminho de Portugal

LAS PALMAS, 8 (AFP) — Zarpou ontem à noite para Portugal, o «Uruguai Star», a bordo do qual viaja o ex-presidente brasileiro Janio Quadros.

Durante as seis horas em que permaneceu o navio no porto de Las Palmas, nem o ex-presidente nem sua familia deixaram seus camarotes.

Adiada para hoje a formação do novo governo

BRASILIA, 7 (FSP) — A indicação do presidente do Conselho de Ministros e a composição do primeiro gabinete parlamentarista do país foram adiadas para amanhã, às 10 horas, quando o Congresso Nacional voltará a reunir-se.

A decisão foi tomada pelo presidente do Senado, sr. Auro de Moura Andrade, em sessão que se encerrou hoje, por volta de 23 horas, "apedido do primeiro-ministro Tancredo Neves". Este, indicado para o cargo de presidente do Conselho, sofreu restrições da UDN e do PTB, mas acredita que, até a reunião de hoje, serão superados os obstaculos para a formação do gabinete.

UDN e PTB

O nome do sr. Tancredo Neves, escolhido pelo PSD em uma lista triplice encaminhada pelo presidente João Goulart, foi vetado na UDN pela bancada mineira, por recomendação do governador Magalhães Pinto. O grupo denominado "bossa nova", através dos deputados José Sarnei e Ferro Costa, uniu-se aos mineiros.

Assim, a questão não chegou a ser posta em votação, para que não fosse recusada a indicação do sr. Tancredo Neves.

No PTB, o veto nasceu do chamado "grupo compacto", que afirmou que não apoiará o gabinete a ser composto pelo sr. Tancredo Neves.

Tancredo esclarece

O lider da UDN foi incumbido de comunicar ao sr. Amaral Peixoto, presidente do PSD, que o partido não aceitaria participação no gabinete antes de conhecer o programa de governo do sr. Tancredo Neves.

Este, convidado a prestar esclarecimentos, anunciou sua intenção de formar um governo de pacificação, no qual os Ministerios seriam distribuidos de acordo com a representação de cada partido.

Como se sabe, por acordo firmado entre os presidentes da UDN e PSD, srs. Herbert Levy e Amaral Peixoto, a indicação pessedista seria apoiada automaticamente, desde que o nome apresentado para a presidencia do Conselho fosse "presidente do partido ou parlamentar". Caso contrario, deveria ser submetido ao referendo da bancada udenista.

Foi o que aconteceu no caso do sr. Tancredo Neves, que não se enquadra na hipotese prevista pelo acordo.

Nehru recepciona Kruchev em Moscou

MOSCOU, 8 (AFP) — "O povo sovietico não quer a guerra, mas nós não podemos permanecer indiferentes ante a psicose de guerra atiçada pelo ocidente em resposta às nossas propostas pacificas, assim como tampouco ante os preparativos militares sem precedentes dirigidos contra a URSS e os paises socialistas" — declarou ontem Nikita Kruchev em alocução pronunciada durante recepção em sua honra, dada na Embaixada indiana em Moscou, onde o lider da URSS encontrou-se com Nehru.

Depois de salientar o "consideravel papel desempenhado pela India na solução pacifica dos problemas internacionais", Kruchev frsou a importancia da amizade entre seu país e a patria de Nehru "para preservar a paz mundial".

Nehru, por sua parte, ao saudar seu convidado, declarou:

— "Recebemos preciosos presentes de v. exa., mas o mais valioso de todos é sua amizade."

O primeiro-ministro da URSS e o primeiro-ministro da India iniciaram ontem de manhã, oficialmente, conversações politicas com uma entrevista que durou duas horas.

Veto da UDN a Arinos: Relações Exteriores

BRASILIA, 8 (FSP) — Alguns setores da UDN vetaram o nome do senador Afonso Arinos para o Ministerio das Relações Exteriores. A posição destes udenistas funda-se no fato de que a renuncia do sr. Janio Quadros foi devida principalmente à politica exterior, planejada pelo mesmo sr. Afonso Arinos. Não querendo arcar com as responsabilidades de novos embaraços nesse setor, os udenistas resolveram deixar o Itamarati para outros partidos politicos.

Londres fala da morte do explorador que os indios do Brasil devoraram

LONDRES, 8 (AFP e UPI) — A morte do explorador britanico Richard Mason, de 26 anos, que pereceu em mãos dos indios da selva brasileira, causou sensação na imprensa britanica. Todos os jornais fazem extensos comentarios à expedição e aos perigos a que se expuseram Mason e seus oito companheiros, ao penetrarem nas matas brasileiras. Recorda-se que, em 1925, na mesma selva penetrou o coronel britanico Percy Fawcett, não regressando jamais.

Os correspondentes ingleses no Rio de Janeiro assinalam a rapidez com que atuaram as autoridades brasileiras, o que permitiu a ajuda aos sobreviventes. Os amigos de Mason comentam que o jovem explorador conhecia perfeitamente todos os riscos que correria ao penetrar naquela região, povoada por tribos primitivas, em luta constante contra os "brancos invassores".

«Quase inacreditavel»

O "Daly Mail" comenta assim a morte de Richard Mason nas selvas do Brasil:

"E' quase inacreditavel que ainda haja lugares na Terra onde o homem possa ser morto por selvagens."

Acrescenta que no Amazonas há "vastos territorios inexplorados onde a civilização é desconhecida e homens da idade da pedra sondam na selva".

Diz ainda: "Os perigos e provocações sempre serviram de atrativo aos homens de coragem, cuja unica paixão é ampliar seus conhecimentos. Tal homem era Richard Mason, um dos nossos maiores exploradores. Sua morte é uma perda para a Grã-Bretanha."

Fala um porta-voz oficial

LONDRES, 8 (UPI) — Um porta-voz do Ministerio de Relações Exteriores disse que as autoridades do Brasil se mostraram "mui serviçais" em relação com o caso do explorador britanico morto por indios do Amazonas.

Anteontem, um diario britanico publicou um artigo no qual insinuava que a Força Aerea Brasileira se havia negado a levar abastecimentos ao grupo de exploradores britanicos.

Carvalho Pinto confia na volta à normalidade

O governador Carvalho Pinto regressou ontem a São Paulo manifestando sua confiança na volta do país ao regime de plena normalidade. Não quis revelar as razões pelas quais não aceitou sua indicação para a presidencia do Conselho de Ministros e reafirmou o proposito de concluir seu mandato no governo de São Paulo. — Pag. 3

Na quase revolução do Rio Grande do Sul todos perderam alguma coisa

Um clima de guerra civil, quase feito em nome da Legalidade, transformou Porto Alegre em foco de uma crise que, para os que lá residem, deu muito prejuizo (todos perderam alguma coisa), durou uma semana quase interminavel, teve muitos aspectos e, principalmente, três grupos lutando:

1 — Pela posse de Jango;

2 — Pela posse de Jango e, eventualmente, pela Constituição;

3 — Pela Constituição e, eventualmente, pela posse de Jango.

O movimento popular não chegou a ser empolgado por qualquer grupo politico. E os homens do povo explicaram porque eles quase chegaram a lutar:

— Não pelas facções politicas; apenas pela Constituição. (Reportagem do enviado especial, Neil FERREIRA, na pag. 5)

A solução da crise será festejada na Assembléia

A Assembléia Legislativa de São Paulo, através de sua presidencia, convida o povo em geral para uma sessão solene que realizará segunda-feira proxima às 15 horas. Essa solenidade — segundo ressaltaram varios parlamentares na sessão de ontem — tem por objetivo comemorar a "vitoria da democracia brasileira", com a solução encontrada para a recente crise que envolveu o nosso país. Na sessão de ontem tambem foram enaltecidas a figura do presidente do Legislativo paulista, sr. Abreu Sodré, e a atuação da Assembléia para a consolidação das instituições democraticas no Brasil. — Pag. 4

Curtis, Capra e John Ford vêm aí

RIO, 8 (FSP) — Foi confirmada ontem a vinda do ator Tony Curtis, para assistir ao lançamento do filme "O Grande Impostor" nesta cidade. O protagonista de "Quanto Mais Quente Melhor" permanecerá no Brasil só dois dias, pois está sendo aguardado em Buenos Aires, para onde embarcará em seguida, a fim de participar de filmagem.

Juntamente com Tony Curtis, deverão chegar Frank Capra e John Ford, convidados pelo Museu de Arte Moderna para assistir ao festival de sua cinemateca, dedicada especialmente a eles.

Será mantida a politica cafeeira

WASHINGTON, 8 (UPI) — A politica cafeeira do Brasil "será mantida integralmente", diz uma declaração do ministro da Fazenda, Clemente Mariani, distribuida ontem pela embaixada brasileira.

O comunicado coincide com as reuniões que realizam nesta capital e em Paris os grupos que estudam a renovação do Acordo Internacional do Café.

Uma equipe dominou em Interlagos

Os volantes italianos Ruggero Peruzzo e Emilio Zambello e mais o campeão Celso Lara Barberis formaram uma equipe pilotando duas maquinas Maserati, força livre. Os três volantes e as duas maquinas dominaram a prova-sensação do automobilismo sul-americano, apesar da desesperada resistencia que lhes opuseram os volantes Camilo Cristofaro, Ciro Caires, Roberto Galucci, Justino de Maio e outros. Na foto, a chegada da competição, vendo-se a maquina n.o 27 (então pilotada por Ruggero Peruzzo) receber a bandeirada de chegada do arbitro de honra, sr. João Mendonça Falcão, ao mesmo tempo que a maquina n.o 28 (então pilotada por Celso Lara Barberis), passava em segundo (mas na realidade em terceiro) pela reta final. — Noticiario completo nas pags. 6 e ultima.

Estados Nordicos apelam em favor da suspensão das experiencias atomicas

COPENHAGUE, 8 (UPI) — Os ministros das Relações Exteriores dos cinco Estados Nordicos exortaram, ontem, as grandes potencias a que acordem sobre uma proibição das provas nucleares e "realizem negociações verdadeiras para lograr o desarmamento geral, sob um controle eficaz".

Os ministros da Dinamarca, Noruega, Finlandia, Suecia e Islandia apoiaram tambem, indiretamente, o secretario-geral das Nações Unidas, Dag Hammarskjoeld, ao salientar "o papel positivo desempenhado pela ONU no Congo". Defenderam tambem a admissão da China Comunista na organização internacional.

O comunicado sobre a reunião não faz referencia direta a Berlim ou ao Mercado Comum, temas que não figuravam no programa, porem salienta a gravidade da situação internacional atual.

Os ministros das Relações Exteriores deliberaram dois dias antes da reunião da Assembléia Geral das Nações Unidas, a fim de determinar uma posição comum com respeito às questões que figuram no programa do proximo periodo de sessões.

Na pag. 2: "Os EUA Treinarão Soldados da França na Utilização de Armas Nucleares".

Amanhã às 15 h 30, em Congonhas, os paulistas bicampeões

FOLHA DE S. PAULO ★

Um jornal a serviço do Brasil

ANO XLII ★ São Paulo — Segunda-feira, 18 de junho de 1962 ★ N.º 12.055

O presidente da Federação Paulista de Futebol, sr. Mendonça Falcão, reuniu-se esta manhã com representantes da DST, Guarda Civil, Corpo de Bombeiros, CMTC, gabinete do prefeito e dirigentes esportivos de São Paulo, a fim de organizar o programa de recepção aos bicampeões mundiais.

Ficou deliberado que os jogadores paulistas do selecionado deixarão o Rio amanhã, às 14 horas, chegando a São Paulo às 15h30, onde desembarcarão na ala oficial do aeroporto de Congonhas.

Precedidos de batedores da Guarda Civil, os bicampeões, conduzidos em dois carros do Corpo de Bombeiros, cumprirão o seguinte itinerario: av. Moreira Guimarães, av. Republica do Libano, Monumento do Ibirapuera, av. Brigadeiro Luís Antonio, viaduto Dna. Paulina, praças João Mendes, Clovis Bevilacqua e da Sé, rua Boa Vista, largo de São Bento, viaduto Santa Ifigenia, av. Casper Libero, av. Ipiranga, av. São João e av. Pacaembu, até o Estadio Municipal. Nesse local estão programadas numerosas homenagens aos jogadores.

No Palacio dos Campos Elisios, os campeões e suas familias serão homenageados com um jantar, oportunidade em que lhes serão oferecidas medalhas de ouro mandadas cunhar pela administração paulista.

Amanhã o expediente nas repartições publicas será encerrado com tempo suficiente para que o funcionalismo estadual possa participar das homenagens. ★

GOULART RECEBE OS BICAMPEÕES COM MEDALHA DE OURO; BRASILIA DELIRA

Miss Brasil é da Bahia

ULT. PAG. DESTE CAD.

Televisão entre continentes

PAG. 4 — FOLHA ILUSTRADA

A flecha do Curupira

PAG. 5 — FOLHA ILUSTRADA

Previsão do tempo

Fornecida pelo Serviço de Meteorologia do Ministerio da Agricultura e valida até as 24 horas de hoje, para todo o Estado de São Paulo.

TEMPO: bom com nevoeiro pela manhã.

TEMPERATURA: em elevação.

VENTOS: sueste a nordeste, fracos a moderados. Visibilidade boa, salvo durante o nevoeiro

NOSSA OPINIÃO

E' inteiramente desaconselhavel a venda de frutas e legumes, em qualquer ponto da cidade, sem nenhuma limitação de locais, como se pretende em projeto já aprovado em primeira discussão pela Camara Municipal. Outras providencias devem ser adotadas para melhorar as condições de distribuição daqueles produtos e promover a redução de preços. ("Mercado Persa em São Paulo" - pag. 4)

BRASILIA, 18 (FSP) — Gigantescas caravanas de populares procedentes de Goiania, Anapolis, Analandia e outras cidades vizinhas estão chegando, desde as primeiras horas da manhã, a Brasilia, para recepcionar festivamente os jogadores brasileiros, que conquistaram no Chile o bicampeonato mundial de futebol.

O proprio presidente João Goulart receberá a delegação nacional em um almoço no Palacio da Alvorada. A seguir, os portões serão abertos ao povo, que está sendo convocado para se concentrar no aeroporto e na residencia oficial do chefe da nação.

A CBD elaborou o seguinte programa: saida da delegação de Santiago do Chile, às 8 horas, em voo especial da Panair do Brasil; chegada a Brasilia às 13 horas, onde os jogadores receberão medalhas de ouro comemorativas, especialmente cunhadas; às 15 horas, embarque de Brasilia com destino ao Rio, onde o avião deverá chegar às 17 horas. Os craques viajarão para a Guanabara acompanhados pelo sr. João Havelange, presidente da Confederação Brasileira de Desportos, que chegou esta manhã à capital do país.

Do Galeão, os jogadores antes mesmo de qualquer entrevista com jornalistas, parentes, amigos ou torcedores, irão em carro aberto do Corpo de Bombeiros para o centro da cidade, seguindo este percurso: avenidas Brasil, Francisco Bicalho, Presidente Vargas, Rio Branco e Beira-Mar, rua Paiçandu, e parada no Palacio Guanabara, onde serão saudados pelo governador Carlos Lacerda. Após a recepção oficial, os jogadores do Botafogo rumarão para a sede do Clube, onde receberão outras grandes homenagens; os demais craques irão para suas residencias.

O secretario da Justiça de São Paulo, sr. Rui Rebelo Pinho, embarcou esta manhã para Brasilia, onde representa o governador licenciado, sr. Carvalho Pinto, e o vice-governador em exercicio, sr. Porfirio da Paz, nas homenagens tributadas aos bicampeões mundiais de futebol. ★

Gilmar ganhou bi e faixa de "miss"

Por opção da torcida brasileira que esteve em Santiago acompanhando o desenvolvimento do Campeonato Mundial, o goleiro Gilmar, alto e delgado, foi escolhido por unanimidade como "Miss Copa do Mundo". Um grupo de torcedores, formando o corpo de "juizes de beleza", invadiu o campo depois do encerramento da partida decisiva contra a Tchecoslovaquia, para "coroar", entregar a faixa, e carregar nos ombros (foto) a "beleza maxima do certame". ★

O FRIO VAI DIMINUIR

A partir de hoje, a temperatura vai começar a elevar-se um pouco, em São Paulo, no Sul do país o tempo já melhorou desde ontem, segundo informa o Serviço de Meteorologia do Aeroporto de Congonhas. A parte mais intensa da massa fria procedente do Polo Sul, passou esta madrugada por São Paulo e por extensa faixa da Zona Leste do país, onde foram acusados indices baixos de temperatura. A minima no aeroporto de Congonhas, hoje, foi de 9 graus (entre 3 e 9 horas) e a maxima prevista é de 17 graus. Em Cumbica, o termometro marcou na madrugada de hoje, 4 graus.

Tambem esta madrugada não houve ocorrencia de geadas no país e nem mesmo nas regiões de Poços de Caldas, Campos do Jordão e municipios de Santa Catarina e Paraná, onde, nos ultimos dias, foi frequente a ocorrencia do fenomeno. Com exceção de Porto Alegre e Curitiba, onde os indices foram de 5 graus, as demais cidades do Sul apresentaram hoje temperatura de mais de 10 graus. A madrugada de hoje foi particularmente fria na cidade de Santos, onde os termometros assinalaram 8 graus, indice raro no litoral. Belo Horizonte tambem marcou hoje recorde de frio: 4 graus. ★

Cooperação Brasil-EUA para pesquisas espaciais

Está em estudo um programa de cooperação tecnica entre os Estados Unidos e o Brasil para a realização de pesquisas espaciais de carater cientifico, é o que revelou hoje cedo em São Paulo o coronel-aviador Aldo Vieira da Rosa, presidente da Comissão Nacional de Atividades Espaciais, recem chegado de Washington, onde acertou planos com a NASA e a Universidade de Stanford. Acrescentou que o primeiro passo do Brasil deve ser a formação de cientistas e tecnicos espaciais.

Reuniões periodicas

O referido cientista, engenheiro eletronico e aeronautico e também diretor do Instituto de Pesquisas e Desenvolvimento do Centro Tecnico de Aeronautica em São José dos Campos, fez aquela revelação durante reunião dos membros da Comissão Nacional de Atividades Espaciais realizada na manhã de hoje no aeroporto de Congonhas, numa das dependencias do Serviço de Rotas Aereas. A referida comissão reune-se periodicamente em São Paulo e no Rio.

O cel. Aldo Vieira da Rosa, que não tem feito declarações à imprensa com a preocupação de evitar possiveis noticias de carater sensacionalista sobre foguetes e por considerar que, na realidade, tudo está ainda em estudos, atendeu, contudo, à FOLHA DE S. PAULO, antes da reunião.

Elementos qualificados

Assinalou que o Brasil oferece perspectivas excepcionais para a realização de pesquisas espaciais, em vista de sua posição equatorial, que oferece condições inexistentes para outros paises. O maior problema, porem, é a falta de elemento humano qualificado. Esta, pois, é a tarefa numero um da comissão que dirige, conforme frisou em seguida. Por ultimo, disse que os Estados Unidos fornecerão todo o equipamento necessario. Justamente nesse sentido manteve entendimentos com os orgãos competentes dos EUA e relatou os resultados desses contactos aos membros da comissão. ★

O gol de Vavá

Schroif — eleito o melhor goleiro do VII Campeonato Mundial — observa do solo o centroavante brasilero Vavá consignar o terceiro gol do Brasil, aos 33 minutos do 2.o tempo da partida de ontem. O goleiro tcheco defendeu com facilidade um arremesso longo de Djalma Santos mas, surpreendentemente caiu ao chão, largando a bola nos pés do brasileiro que consolidou com facilidade a vitoria dos bicampeões. (RADIOFOTO UPI) ★

Ponto facultativo no Rio, hoje

RIO, 18 (FSP) — Para comemorar devidamente a chegada dos campeões mundiais de futebol, o governador Carlos Lacerda decidiu decretar ponto facultativo no Estado da Guanabara, a partir das 15 horas.

O governador cancelou todos os seus compromisos para hoje, inclusive uma reunião com as empresas de onibus e determinou que o departamento de turismo ornamentasse a cidade para a recepção aos bicampeões do mundo. ★

Resposta ocidental à acusação da URSS

LONDRES, 18 (UPI) — O Ministerio de Relações Exteriores disse hoje que as três grandes potencias ocidentais preparam as respostas que se darão às recentes notas da União Sovietica, com referencia aos incidentes de Berlim.

A União Sovietica enviou notas aos Estados Unidos, Grã-Bretanha e França em principios deste mês, para protestar por incidentes ocorridos na dividida cidade e denunciar suposto apoio ocidental a tais fatos.

Crê-se que as potencias ocidentais coordenarão o conteudo de suas respostas e as enviarão imediatamente. Circulos diplomaticos disseram que das atuais consultas sairá um firme rechaço às acusações russas. ★

A OAS ORDENA TREGUA NA GUERRA COM A FLN

CAIRO, 18 (AFP) — O chefe do GPRA (Governo Provisorio da Republica Argelina), Ben Yussef Ben Kedda, fará hoje, às 15 horas GMT, uma declaração oficial sobre o acordo realizado entre a OAS (Organização do Exercito Secreto) e a FLN (Frente de Libertação Nacional) — anunciou o porta-voz da delegação do GPRA na Conferencia de Cupula dos paises do Grupo de Casablanca. Acrescentou o porta-voz que nenhum comentario oficial sobre o acordo poderá ser difundido até que o texto oficial dele chegue ao Cairo.

Nenhum atentado

ARGEL, 18 (UPI) — Os chefes da OAS em Argel puseram fim hoje a meses de terrorismo, porem não há certeza absoluta alguma, até agora, de que os extremistas europeus de Orão aceitem as condições da tregua decidida com os chefes muçulmanos.

Os residentes europeus, que estavam fugindo para a França aos milhares, vacilam agora entre a esperança de que a paz seja duradoura e o temor de que fracasse novamente a tregua. Alguns cancelam suas reservas de passagens para esta manhã, mas outros decidiram seguir para a França, apesar da tregua efetiva.

Um porta-voz da OAS em Orã disse ontem à noite que hoje se daria a conhecer a decisão sobre se será seguida a ordem de cessação de fogo, dada ontem à noite pelo comando da OAS em Argel.

A tregua entrou oficialmente em vigor à meia-noite e até o amanhecer não se havia produzido ataque algum da OAS em Argel ou Orã. (mais telegramas na pg. 2) ★

Terry 20 mil à frente de Odria

LIMA, 18 (AFP) — Os ultimos resultados oficiais provisorios das eleições presidenciais peruanas, realizadas no dia 10 de junho, acusam as seguintes cifras: Belaunde Terry, 234.889 votos; Manuel Odria, 216.094 e Haya de la Torre, 215.588.

Como se informou, o numero total de votantes foi de cerca de 1.800.000 eleitores. (Mais telegramas na pag. 2) ★

Nilton de cabeça

A frente do ponteiro Pospichal (n.o 17) e de Zagalo (à direita), o zagueiro Nilton Santos intercepta de cabeça um cruzamento feito em direção à area do Brasil. O medio volante Masopust acompanha a jogada, ao fundo. (RADIOFOTO UPI) ★

Gabriel Passos em estado grave

RIO, 18 — (FSP) — O deputado Gabriel Passos, ministro de Minas e Energia, que foi atacado de uma crise de hepatite, teve agravado o seu estado de saude na madrugada de hoje, sendo pessimistas os prognosticos dos seus medicos assistentes.

O ministro Gabriel Passos está em sua residencia e a conselho medido está proibida a entrada de qualquer visita sendo somente permitida à sua cabeceira a permanencia de seus familiares mais proximos e da equipe medica que o assiste. ★

ESPERANDO O MANÉ

Em São Paulo, no Rio, em Recife, em todo o país, a vitoria do Brasil, sagrando-se bicampeão mundial de futebol, foi recebida com uma explosão de jubilo — que logo se transformou num autentico carnaval que dominou as ruas. Na Guanabara (clichê), o povo vibrou entusiasticamente, desfraldando bandeiras e confraternizando com abraços e samba, preparando-se para a recepção que, esta tarde, será tributada a Mané Garrincha e seus companheiros de gloria. ★

QUARENTA NAÇÕES FAZEM DRAMATICO APELO EM FAVOR DA PAZ

(LER NA PAG. 2)

FOLHA DE S. PAULO ★

Um jornal a serviço do Brasil

ANO XLII ★ São Paulo — Quarta-feira, 24 de outubro de 1962 ★ N.º 12.183

PREVISTO PARA A TARDE DE HOJE O ENCONTRO ENTRE 25 BARCOS RUSSOS E A FROTA DOS EUA

Sintese da situação atual

- Fuzileiros navais dos EUA a postos em barcos anfibios
- As Americas cerram fileiras em apoio à decisão de Kennedy
- Clima de angustiosa espera em Berlim
- Batalha pela paz na ONU
- Expectativa nas Forças Armadas brasileiras
- Esperada hoje a resposta de Kruchev
- Fidel repele o Tratado do Rio

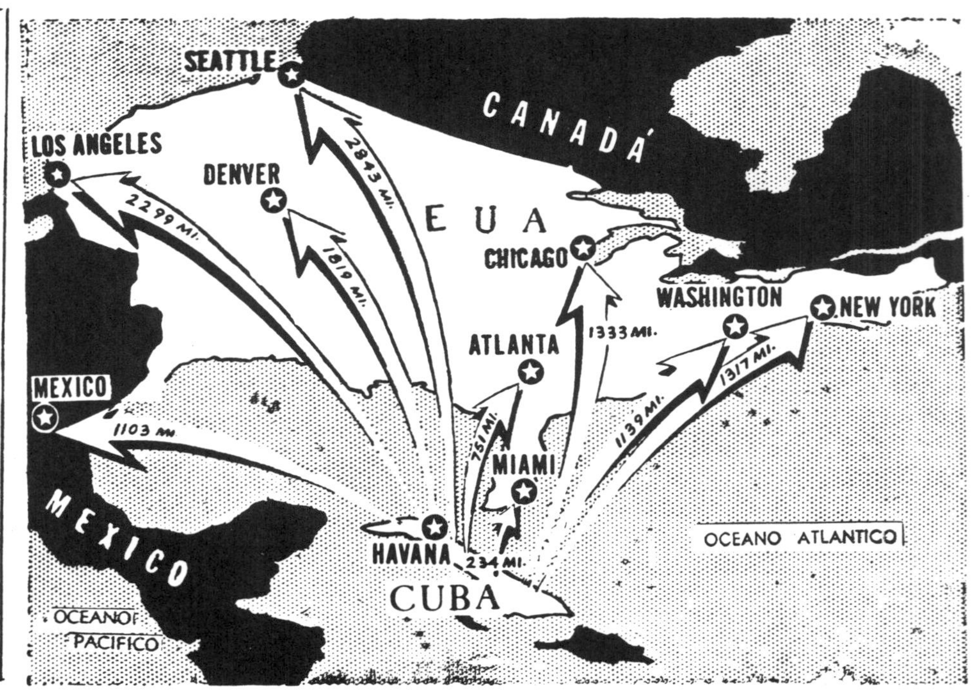

WASHINGTON, 24 (UPI) — Barcos sovieticos, supostamente carregados com poderosos projeteis, e unidades da Marinha norte-americana destinadas ao bloqueio de Cuba, enfrentam hoje a possibilidade de um choque proximo às costas de Cuba.

Fontes do governo e dirigentes do Congresso dos Estados Unidos assinalam que os planos para a invasão de Cuba em grande escala "seguem adiante", para o caso de que esta drastica medida se faça necessaria para desmantelar e retirar os projeteis sovieticos agora instalados em plataformas de lançamento em Cuba, apontados para o territorio norte-americano.

25 barcos sovieticos, alguns deles supostamente carregados com foguetes russos, capazes de destruir cidades inteiras dos EUA, avançam para o cerco de unidades navais e aviões norte-americanos, que têm ordem de impedir novos embarques de armas a essa base comunista do Caribe.

As forças norte-americanas têm ordem para manter o rigido bloqueio proclamado ontem à noite pelo presidente Kennedy, para impedir a chegada de novas armas ofensivas russas a Cuba. O bloqueio entrará em vigor às 14 horas GMT de hoje e acredita-se sua primeira prova terá efeito durante a tarde, a menos que os barcos russos mudem de rumo. Não se fez calculo algum sobre a hora em que se poderiam encontrar os dois grupos de naves. ★ (Outras noticias nas paginas 2, 10 e 12)

REVIDE À AMEAÇA

Em relação aos Estados Unidos, Cuba mantem posição estrategica e, segundo os observadores, representa agora seria ameaça à integridade do hemisferio, desde que para lá convergiu grande potencial belico cedido pela União Sovietica. O estabelecimento de bases militares em territorio cubano, sob direta orientação russa, provocou a reação de Kennedy. No mapa as principais cidades norte-americanas, que estariam ao alcance de tais bases (com as distancias em milhas). ★

Goulart: Preservação da paz o objetivo comum

BRASILIA, 24 (FOLHA) — No discurso que pronunciou ao presidir à solenidade de inauguração da 51.a Conferencia Interparlamentar, o sr. João Goulart afirmou que "tudo quanto se relaciona com a preservação da paz universal e com a melhoria das relações entre os povos encontra o apoio e o aplauso do governo e da opinião publica brasileira".

Disse mais o presidente:

"Reune-se esta Conferencia numa hora cuja gravidade historica não podia ser prevista no instante em que ela foi convocada. Nenhum de nós ignora que a capacidade destruidora das armas estrategicas modernas comprometeria não só o futuro biologico da especie, mas a propria sobrevivencia das categorias morais e das instituições politicas que os parlamentares aqui reunidos representam.

Creio não exagerar dizendo que os proprios fatos colocaram, assim, diante desta conferencia, e acima de todos os itens de sua agenda, o encargo do exame sereno da situação em que nos encontramos e do esforço decidido para chamar os povos e, sobretudo, os seus dirigentes ao dever da coexistencia, que é condição essencial e imperativa da preservação da paz.

Evitar a guerra

"Nas circunstancias atuais do mundo, compete não apenas aos governantes, mas a todos os cidadãos concentrar seus esforços sem desfalecimento, para evitar a catastrofe de uma guerra, que, com o emprego das armas nucleares, não apresentaria nem vencidos, nem vencedores.

«Desta assembléia participaram parlamentares de nações que adotam formas de governo e regimes politicos diversos, fato que demonstra a possibilidade de coexistencia *entre representantes* de sistemas de governo diversos e de ideologias opostas. Se isso acontece entre pessoas, é licito esperar que o mesmo suceda entre as nações, não obstante se orientarem por diferentes filosofias de vida.

Contribuição do Brasil

"A politica externa exprime, de modo muito sensivel, os sentimentos, as forças e os valores que orientam e definem a politica interna. Se prevalecerem, no plano interno, propositos de entendimento, se nele predominar o anseio de conciliação entre as liberdades publicas e a justiça social, se a politica interna se inspirar no respeito à liberdade de opinião e à ordem juridica em que se ampara e dignifica a pessoa humana, então a politica externa inspirada por propositos semelhantes, poderá consolidar a paz, que é a condição indispensavel à sobrevivencia de todos os povos. Seja-me permitido dizer que a contribuição que o Brasil vem procurando emprestar ao entendimento entre os Estados e à paz universal traduz, acima de tudo, os ideais que norteiam nossa vida nacional."

GOULART VAI A GOIANIA

BRASILIA, 24 (FOLHA) — O presidente João Goulart, que chegou hoje cedo a esta capital, procedente da Guanabara, seguirá à tarde para Goiania, onde assistirá à instalação da Reunião do Conselho Deliberativo da Comissão Interestadual dos Vales do Araguaia e Tocantins. À cerimonia deverão ainda estar presentes os governadores de Goiás, Mato Grosso, Pará, Maranhão e o prefeito de Brasilia. O chefe da nação deverá regressar à tarde para Brasilia. ★

Beleza e esquizofrenia

1.ª pag. — FOLHA ILUSTRADA

Estudante chileno fala sobre a China

1.ª pag. — FOLHA ILUSTRADA

Ademar adia a viagem

PAG. 3

NOSSA OPINIÃO

No momento em que Cuba se dispõe a ser não apenas uma Republica comunista, mas uma importante cabeça de ponte do imperialismo sovietico, é natural que os Estados Unidos assumam a liderança do bloco americano nas contra-manobras de autodefesa continental. E' de esperar-se, entretanto, que das medidas determinadas pelo presidente Kennedy não resultem graves consequencias belicas imediatas.

("Sem Receios Nem Vacilações" — Pag. 4)

EM PLENA CRISE, KRUCHEV FOI OUVIR NO TEATRO UM CANTOR DE OPERA IANQUE

MOSCOU, 24 (UPI) — Apesar das ameaças da radio sovietica de que se assestará "o mais poderoso golpe de represalia" aos Estados Unidos, não há ainda nenhum indicio sobre a politica do governo russo com referencia ao bloqueio de Cuba, implantado pelo presidente norte-americano.

O primeiro-ministro russo, Nikita Kruchev, segundo alguns observadores, parece haver deixado preparado caminho para seguir uma politica flexivel em relação com o bloqueio.

O governante russo dedicou parte da noite de ontem a escutar o cantor de opera norte-americano Jerome Hines, no teatro Bolshoi. Depois da representação, Kruchev e o vice-primeiro ministro Anastas Mikoyan conversaram com Hines e sua esposa durante meia-hora. Hines disse que o primeiro-ministro russo estava "de bom humor".

Moderação no Kremlin

Veteranos diplomatas ocidentais desta capital dizem que a primeira reação sovietica ante o bloqueio foi relativamente moderada. Acrescentaram que aparentemente Kruchev espera discutir o caso nas Nações Unidas melhor do que em alto mar, ainda que tenha insinuado no passado que os barcos russos não se submeteriam ao bloqueio norte-americano de Cuba.

A Radio Moscou, sem entrar em comentarios, disse ontem à noite: «o governo sovietico assegura aos Estados Unidos que nem uma bomba nuclear cairá ali, a menos que a agressão seja cometida».

Não obstante, uma resposta do governo ao anuncio do bloqueio feito pelos Estados Unidos, diz que «se os agressores desencadearem a guerra, a União Sovietica assestará o mais poderoso golpe de represalia».

O «Pravda», orgão do Partido Comunista russo, diz hoje que «os agressores imperialistas devem ter presente que, se tentarem avivar o fogo de uma guerra mundial, se queimarão nele». ★

Cinco mortos em choque de onibus com caminhão

SANTA BARBARA D'OESTE, 24 (FOLHA) — Às 19 h 30 de ontem, no km 136 da estrada Americana-Santa Barbara D'Oeste, ocorreu grave desastre com um onibus da Cia. Expresso Piracicabano, de chapa 1-20-93-50, dirigido por Sebastião Andrade, e o caminhão de chapa n.o .... 44-36-11, de Lagoa Vermelha, Estado do Rio Grande do Sul, que era dirigido por Filomeno Pilon.

O onibus (foto) procedente de São Paulo dirigia-se a Piracicaba. Em sentido contrario vinha o caminhão. Presume-se que o motorista do onibus quis desviar-se de animais que se encontravam na estrada, vindo a chocar-se com o caminhão.

No desastre faleceram as pessoas: Alberto Giacomo Simonini, eng. da Usina Monte Alegre de Piracicaba; Vasco Manhanato e Ana Gerbinato, ambos de Piracicaba. O sr. Osmidio Duque de Godói (casado, comerciante, desta cidade) e o sr. Pericles Gomes Viana, residentes em São Paulo, faleceram ao dar entrada no Hospital São Francisco, de Americana.

Ficaram feridos: Ovidio Rocha, Acrdo Irata, José Aparecido Rocha, Manuel Gordilho, Antonio Edmilia Pavan e Sebastião de Andrade, este, motorista do onibus. Todos estão internados no Hospital de Santa Barbara. Mario Moreira Barbosa, Evaldo Bilindeck, Heitor Teodoro Mendes, João Batista Rodrigues e Ernesto Naidilice foram hospitalizados no Hospital de Americana. ★

Venda de açucar direta ao povo

Na reunião realizada na manhã de hoje, na COAP, para o estudo de providencias ligadas ao abastecimento de açucar à população, ficou decidido que as refinarias venderão suas cotas diretamente ao povo, em caminhões, em locais a serem estabelecidos. As refinarias propuseram-se a desenvolver essa tarefa porque a COAP apurou que em seus postos tem havido desvio do produto para o Rio Grande do Sul, com «notas frias». Soube-se tambem que a produção das refinarias de açucar de São Paulo é normal.

Hoje à tarde, em Brasilia, um representante do presidente da Republica participará, com o presidente da COFAP e um representante do Instituto do Açucar e do Alcool de reunião para o exame do problema dos novos preços do açucar. ★

NÃO CRÊ NA III GUERRA EX-MINISTRO JAPONÊS

Encontra-se em São Paulo, em visita de estudos, o ex-ministro das Relações Exteriores do Japão, deputado Zentaro Kosaka, (na foto, ao centro) que exerceu aquele cargo justamente no periodo em que se intensificaram as relações entre o Brasil e o Japão, através de numerosos acordos comerciais e culturais. Vice-ministro das Finanças em 1947, ministro do Trabalho em 1953 e represente do Japão na ONU, em 1960, o deputado Kozaka é velho admirador do Brasil, "país que considero uma potencia», disse hoje, pela manhã, na entrevista coletiva que concedeu à imprensa, no Consulado do Japão, quando se encontrava em companhia do consul Shichiro Tsuruga e do consultor-juridico do consulado, deputado João Sussumu Hirata.

Possibilidades

Versando multiplos aspectos, as declarações do parlamentar niponico, em resposta às perguntas dos jornalistas, traduziram o desejo que o Japão tem de colaborar mais intensamente no desenvolvimento economico do Brasil, inclusive com a vinda ao nosso país de mão de obra especializada.

Não crê na III guerra

Com sua experiencia de homem de Estado, não acredita que os recentes acontecimentos politicos culminem com a terceira guerra mundial, "porque os homens ficaram mais esclarecidos, escaladados pelo sofrimento da II Grande Guerra e a URSS e os EUA, com a colaboração de todos os povos, desejam ardentemente a paz e haverão de encontrar para seus problemas, solução pacifica." ★

Calma a situação nos demais pontos do país

GOULART NO SUL

O presidente da Republica encontra-se desde ontem no Rio Grande do Sul, onde foi inaugurar trecho da estrada que liga Pelotas a Porto Alegre. Noticias procedentes da capital gaucha adiantam que o sr. João Goulart está sendo continuamente informado sobre o que ocorre em Brasilia. Ignora-se todavia se a intenção do presidente é a de seguir para Brasilia ou para o Rio de Janeiro. Tambem se encontra desde ontem em Porto Alegre o deputado Leonel Brizola.

FOLHA DE S. PAULO

Um jornal a serviço do Brasil ★

ANO XLII ★ São Paulo — Quinta-feira, 12 de setembro de 1963 ★ N.º 12.506

Exercito e FP em expectativa

Rebelião em Brasilia

Calma a situação em São Paulo

Em São Paulo a situação é calma em todos os setores. O II Exercito, a 4.a Zona Aerea, a Força Publica e a Guarda Civil permanecem de prontidão. O comandante do 2.o Exercito, gen. Peri Bevilacqua, pretende distribuir nas proximas horas um comunicado à imprensa. A chefia da Força Publica desta capital desmentiu noticia divulgada por emissoras paulistanas, segundo a qual os sargentos do 2.o Batalhão da FP realizaram hoje pela manhã uma reunião. O DOPS, por seu turno, pretende proibir qualquer manifestação de solidariedade aos sargentos rebelados e por esse motivo os principais sindicatos estão sendo vigiados. ★

O dolar hoje

O mercado paralelo do dolar abriu hoje em ambiente de expectativa, sem negocios. Preço de compra, Cr$ 1.070,00 e de venda Cr$ 1.090,00.

Nossa Opinião

Campanha eleitoral é normalmente sinonimo de agitações, embora democraticas, paixões desenfreadas, excitação coletiva. Antecipá-las, prolongá-las, como se faz no Brasil é desserviço à nação. Precipitalas, eternizá-las, como se faz no Brasil é desserviço à nação. ("Precipitação" — Pag. 4)

Sovieticos se dizem lideres da "revolução mundial"

PAG. 2

Santos: Milão é a proxima etapa

SEÇÃO DE ESPORTES

Assuntos Diversos

SUBLEVAÇÃO DE SARGENTOS DOMINADA PELO EXERCITO

Rebelando-se contra a decisão do Supremo Tribunal Federal, que confirmou a inelegibilidade dos sargentos, os graduados aquartelados em Brasilia, principalmente da Marinha e da Aeronautica, começaram na madrugada de hoje a atacar e ocupar pontos importantes da cidade, tais como os Ministerios da Marinha, da Guerra, da Justiça e outros locais. Pouco a pouco, entretanto, tropas do Exercito, utilizando tanques pesados e em meio a intensa fuzilaria, foram retomando os pontos ocupados pelos rebeldes, os quais, às 11 horas, dominavam apenas a Area Alfa da Marinha, onde, entretanto, estão localizados seus maiores efetivos. Até agora, houve pelo menos um morto e dois feridos.

Em todo o resto do país, a situação é da mais completa normalidade, tendo o ministro da Guerra ordenado a todos os Exercitos que se mantenham de prontidão.

Reunida a Camara

Às 10 h 35 a Camara iniciou uma sessão plenaria. Imediatamente subiu à tribuna o lider do governo, sr. Tancredo Neves, que leu o texto da nota oficial do Ministerio da Guerra sobre o levante. Aduziu o parlamentar que, segundo informações oficiais, «reina calma em todo o país, com as populações voltadas para suas atividades cotidianas».

Acrescentou, ainda, que o presidente João Goulart, que se encontrava no interior do Rio Grande do Sul, tão logo teve conhecimento dos fatos, dirigiu-se para Porto Alegre, onde se encontra no momento, «tomando as providencias indispensaveis à manutenção da ordem». Ao concluir a leitura da nota do Ministerio da Guerra, o sr. Tancredo Neves leu a data de 12 de agosto de 1963, ao invés de 12 de setembro. Despertado pelos risos do plenario, pediu desculpas, retificou e concluiu seu discurso, bastante vermelho.

Prontidão nos quatro Exercitos

RIO, 12 (FOLHA) — O general Jair Dantas Ribeiro, ministro da Guerra, determinou esta manhã aos comandos dos quatro Exercitos que mantenham rigorosa prontidão em todas as unidades. ★

(AMPLO NOTICIARIO NAS PAGS. 3 E 16)

1 morto e 2 feridos no primeiro choque com os amotinados

BRASILIA, 12 (FOLHA) — Às 9 horas de hoje, os sargentos dominavam ainda os pontos estrategicos da cidade e controlavam a situação.

Carros de combate ocuparam a Esplanada dos Ministerios e o transito civil foi interrompido. Nesse local, ocorreu o primeiro choque entre as forças lideradas pelos sargentos e a oficialidade, morrendo o soldado Divino Alves dos Anjos e ficando feridos José Roldão Lessa e Marcelo Martins Morais, todos do Corpo de Fuzileiros Navais.

Todos os voos foram suspensos e os telefones cortados pela Infantaria da Aeronautica, que tomou a unica central telefonica da cidade.

A maior parte da oficialidade estaria presa nas guarnições, mas a informação não pôde ser confirmada porque o ingresso nas bases militares é impossivel.

A Radio Nacional foi ocupada às 9 h 05, e, nesse exato momento, o capitão Paulo Isaías de Macedo Filho, do gabinete do ministro da Guerra, divulgava uma nota oficial dizendo que ocorrera "um pequeno levante de militares graduados" mas que a situação já estava sob controle e tendia a normalizar-se.

Os meios parlamentares foram colhidos de surpresa pelo movimento: os primeiros deputados a tomar conhecimento dele foram os que deviam embarcar no avião que deixaria Brasilia às 6 horas da manhã, rumo a Uberlandia e São Paulo. Dada a ausencia de informes sobre a situação no restante do país, a unica repercussão que se observa ainda nos circulos politicos é a de incerteza quanto aos proximos acontecimentos.

Brasilia, pela primeira vez, é cenario de um movimento subversivo

Descoberto o cabeça do movimento

BRASILIA, 12 (FOLHA) — Fontes do Ministerio da Guerra revelaram que o cabeça do movimento é o primeiro sargento Antonio Prestes de Paula, da Aeronautica. Aduziram que foi apreendida uma pasta de sua propriedade, com farta documentação sobre os preparativos do movimento. Não foi informado, até o momento, se o chefe dos rebeldes já foi detido ou não.

O Santos retorna amanhã: "bicho" de Cr$ 1 milhão

BUENOS AIRES, 12 (FOLHA) — A delegação do Santos FC partirá amanhã, às 15 horas, desta capital, devendo chegar por volta das 18 horas em S. Paulo, desembarcando no aeroporto de Viracopos. Os santistas, pela vitoria de ontem sobre o Boca Juniors e que valeu a conquista do titulo sul-americano interclubes, foram gratificados com a importancia de 1 milhão de cruzeiros cada. Pela vitoria no Maracanã, como se sabe, os santistas receberam um "bicho" de 500 mil cruzeiros.

Coutinho empata

O passe foi de Pelé (que recebera de Dorval). A bola foi esticada para Coutinho, que rompia area adentro e, na corrida, chutou para marcar o gol de empate do Santos (foto UPI). Depois viria a vitoria sobre o Boca Juniors, que valeu o bicampeonato sul-americano para a equipe de Vila Belmiro.

SEÇÃO DE ESPORTES

FOLHA adia festa

Devido à lamentavel tragedia que vitimou o presidente dos Estados Unidos, a festa que a FOLHA promove em homenagem ao Dia do Jornaleiro, programada para hoje no Parque Shangai, fica adiada para data a ser oportunamente anunciada.

FOLHA DE S. PAULO

Um jornal a serviço do Brasil

ANO XLII ★ São Paulo — Sabado, 23 de novembro de 1963 ★ N.º 12.578

Suspensas as aulas

BRASILIA, 22 (FOLHA) — Em sinal de pesar pela morte do presidente John Kennedy, dos Estados Unidos, o ministro da Educação, sr. Julio Sambaqui, assinou ato determinando a suspensão das aulas em todo o territorio nacional no dia de amanhã.

JOHN KENNEDY ASSASSINADO

Nossa Opinião

A democracia perdeu, ontem, um de seus lideres mais representativos. No presidente Kennedy, casavam-se, ao encanto pessoal e à mocidade, larga visão politica e rara capacidade de ser simples e popular. Por tudo isso, talvez não se encontre hoje em todo o mundo um unico cidadão esclarecido que não veja em sua tragica morte uma verdadeira calamidade. ("Um Verdadeiro Democrata" — Pag. 4)

Ten.-cel. Boaventura critica Jair PAG. 3

Projeto EUA-URSS na ONU: espaço PAG. 2

Todas as ferrovias podem parar PAG. 5

O MSD diz: "comunistas fazem o jogo dos patrões" PAG. 5

Onibus cai no rio e mata 31 passageiros em Taquaritinga PAG. 6

Reforma agraria só com ajuda tecnica PAG. 10

Preços da carne serão mantidos PAG. 10

3.a-feira CP pede prisão de sonegadores PAG. 12

Assuntos Diversos

Como a noticia chegou

São Paulo foi atingida pela noticia (poucos minutos depois dos estampidos ecoarem em Dallas) através de quatro pontos e quase que simultaneamente: nos escritorios da agencia Hansa, o telegrafista Humberto de Andrade, estatelado de surpresa recebeu os sinais — diz ele que às 16 h 35. Cinco minutos depois o redator da United Press International, Edmundo Ferreira Maciel, apanhou a noticia fulminante na boca do teletipo direto de Nova York. Às 17h05, o operador da France Press, Josué da Silva. Mas cinco minutos antes, a noticia caira como um raio em pleno consulado norte-americano em São Paulo lá no Conjunto Nacional. Quem a colheu, foi tambem o operador de teletipo, Zaki Khawali: "O presidente Kennedy e o governador do Texas foram vitimas de um atentado contra suas vidas...".

Dentro da redação das FOLHAS: da mesa de "copydesk" do serviço internacional, o nosso companheiro Roberto Somogyi se levantou rumo ao gabinete dos teletipos. Acabara de "fechar" tranquilamente a seção internacional para a edição ordinaria que estava sendo preparada e foi dar uma olhadinha: a maquina martelava ritmada e insensivelmente a terrivel comunicação. E começaram assim os trabalhos agitados que determinaram o lançamento de uma edição especial.

Suspeito foi preso dentro de um teatro

Lee H. Osvald, de 24 anos de idade, principal suspeito da morte do presidente dos Estados Unidos, foi preso em um teatro de Dallas, após energica resistencia, pouco tempo depois de disparados os tiros contra o carro presidencial. Osvald havia renunciado à sua cidadania norte-americana e tentado, sem exito, adquirir a sovietica. E' presidente do "Comitê de Jogo Limpo com Cuba», organização particular de tendencias castristas. Lee H. Osvald pertenceu à infantaria da Marinha dos Estados Unidos, quando tinha 17 anos. E' casado com uma russa, com quem teve um filho. Esteve na URSS, de onde regressou em 1962, e declarou que «a pobreza a que o submeteu o imperialismo em sua patria o impeliu a procurar a cidadania sovietica».

Governador ferido e dois mortos

DALLAS, Texas, 22 (AFP-UPI-FOLHA) — O atentado contra o presidente dos Estados Unidos, John F. Kennedy, que determinou sua morte, causou, alem da confusão na multidão de 250 mil pessoas que assistiam à passagem do cortejo presidencial, ferimentos no governador do Texas, John Connolly.

Por outro lado, dois membros do Serviço de Segurança morreram ao receber varios tiros, no momento dos disparos. Os dois homens se encontravam a curta distancia do local em que se achava o presidente Kennedy.

"Washington Post": Incredulidade e angustia nos EUA

Falando com os EUA pelo telex internacional — numa colaboração da Radional e graças aos esforços de uma equipe da TV Record — o jornalista Silveira Sampaio conseguiu ontem o editorial que o "Washington Post" publica hoje sobre a morte do presidente Kennedy. E' a seguinte a integra desse editorial:

"Nosso presidente é morto.

Augustia e incredulidade, depressão e tristeza, desgosto e alarma varreram o pais, numa vasta onda de choque, assim que a terrivel noticia vinda do Texas penetrou na consciencia da nação.

O espirito não aceita prontamente a terrivel verdade, e não deseja compreender as consequencias do desesperado e deploravel ato. Não está pronto para compreender imediatamente o fato, uma vida tão cheia de expectativas de futuros triunfos e feitos tão facilmente extinta.

Esta calamidade tem precedentes na vida da nação. Contudo, não há precedente que possa preparar a mente do povo para semelhante desastre. Esse genero de violencia é estranho a um pais onde as diferenças politicas são, muitas vezes, grandes, mas onde o respeito essencial pelo cargo e pessoa do presidente da Republica elimina até a idéia de violencia fisica contra ele.

Ninguem pode acreditar que este ato tenha sido cometido por alguem de mente sã em estado racional. Nossa politica, nossa diferenca, nossas divisões põem fora de cogitação um feito dessa natureza. Só pode ser atribuido à loucura.

O pais, no despertar dessa desgraça, deve erguer o fardo que foi agora tirado daqueles jovens ombros. Se aqueles que tiraram sua vida têm algum proposito de destruir a nação que ele servia, serão desapontados. O grande governo deste pais, sob os lideres que sucedem a Kennedy, levará à frente sua politica externa e interna, guiado por homens com corações angustiados, mas com mãos firmes." ★

Ultimo sorriso

Todos sorriam: John Connally, governador do Texas; Kennedy, presidente dos EUA; Jacqueline, esposa de Kennedy; e a esposa de Connally. Minutos após, Kennedy estava mortalmente ferido e Connally baleado. — Radiofoto UPI ★

O suspeito

Lee Osvald é o suspeito

O sucessor

O sucessor é Lyndon Johnson

As primeiras lagrimas

Jacqueline sorria. Kennedy tambem. O carro presidencial percorria o centro de Dallas e tudo era festa. De repente Kennedy foi baleado. O sorriso de Dallas se transformou em lagrimas. Dallas ficou de luto. E enquanto Lyndon e esposa confortam Jacqueline, os EUA choram — UPI ★

DALLAS, Texas, 22 (AFP-UPI-FOLHA) — O presidente Kennedy foi assassinado hoje, quando desfilava em carro aberto em Dallas, Texas, juntamente com o governador John Connally. Perante 250 mil pessoas, o presidente foi atingido por três disparos, caindo, mortalmente ferido, sobre o banco da frente. Os vidros à prova de bala do automovel estavam abaixados. O governador John Connally foi tambem atingido, mas sem gravidade.

Jacqueline, ao ver seu marido cair, tomou-lhe a cabeça nas mãos, gritando, enquanto o automovel se dirigia, a toda a velocidade, para o hospital.

Imediatamente, foi isolada a area, para a localização do assassino. Afirma-se que os tiros foram disparados do quinto andar de um edificio proximo, onde já foram encontrados três cartuchos vazios e uma arma italiana, com mira telescopica.

Transportado imediatamente ao hospital Parkland, foi assistido por varios medicos na desesperada tentativa de salvar sua vida. Fora, o povo se reunia à espera da alegria de uma boa noticia ou, o que aconteceu, da tristeza do anuncio da morte.

Foi solicitada a presença dos principais cirurgiões de Dallas. Tentou-se reanimá-lo através de uma abertura feita no pescoço, por onde poderia respirar. Fizeram-lhe massagem no coração, a "peito fechado". Tudo foi tentado. O ferimento foi mais forte. Kennedy, assistido por um sacerdote catolico, que lhe administrou a extrema-unção, morreu às 13 horas locais.

O presidente da Republica do Brasil, João Goulart, ao tomar conhecimento da morte do presidente Kennedy, enviou o seguinte telegrama à senhora Jacqueline Kennedy: "Em nome de minha mulher e no meu proprio, peço-lhe receber a expressão de nosso mais sentido e profundo pesar. Sua grande dor é partilhada neste momento por todos os brasileiros, cujo sentimento exprimo com a maior emoção".

O presidente Goulart determinou ao embaixador Roberto Campos que volte imediatamente para Washington a fim de apresentar, pessoalmente, à familia Kennedy, os sentimentos do povo e do governo brasileiro pela morte do presidente John Kennedy.

PAGS. 7, 8, 9 e 1.a da FOLHA ILUSTRADA

FOLHA DE S. PAULO
Um jornal a serviço do Brasil
ANO XLIV ★ São Paulo — Sabado, 14 de março de 1964 ★ N.° 12.690

Tunel Suiça-Italia

GRA SAN BRETANO, Italia, 13 (UPI) — O tunel para automoveis, que une a Italia à Suiça, cuja inauguração está marcada para quinta-feira, será utilizado extra-oficialmente antes dessa data, em missão de auxilio. Domingo, uma ambulancia levará a jovem Lorenza M., de Aosta, que sofre de nefrite, para ser submetida a tratamento em uma clinica suiça. Os pais da enferma e um medico italiano a acompanharão pelos 5.852 metros de tunel sob os Alpes. Uma exceção para socorrer.

Goleada paulista

RECIFE, 13 (FOLHA) — Teve prosseguimento ontem à noite, nesta cidade, o XXVI Campeonato Brasileiro de Basquetebol, agora em seu turno final, com a realização de 2 partidas. A preliminar foi vencida por São Paulo sobre o Rio Grande do Sul pela contagem de 130 a 66. Na partida de fundo, jogaram Ceará e Guanabara, cabendo a vitoria à representação cearense por 72 a 70. Os cearenses terminaram o primeiro tempo vencendo pela diferença de 2 pontos. Na segunda fase os guanabarinos passaram à frente no marcador e então a peleja se tornou dramatica: ora o Ceará passava à frente ora era a Guanabara quem vencia, mas sempre pela contagem de no maximo dois pontos.

VENDA PROIBIDA | EXEMPLAR DE ASSINANTE

JG surpreende o país: refinarias encampadas

Nossa opinião

Depois de longa preparação, foi realizado — sem maiores incidentes — o comicio da Guanabara. Comicio lamentavel, se lembrarmos os ataques do presidente à Constituição, que ele jurou defender, e a determinado candidato cuja aspiração presidencial ele procura impedir. Resta saber se as Forças Armadas ficarão com o presidente, traindo a Constituição, ou ficarão com sua tradição e defenderão as instituições e a patria. — ("Para quê?" — Pag. 4)

Mandado de prisão para Placido e Delelis
PAG. 3

Errou 6 tiros e matou o ex-patrão a faca
ULT. PAG.

Matou a mulher a facadas
ULT. PAG.

Em vigencia novos preços para o café
PAG. 2 — 2.º cad.

Interlagos tem duas provas hoje
SEÇÃO DE ESPORTES

Contusões preocupam Corintians
SEÇÃO DE ESPORTES

O dedo, a mulher, a côr e o texto
1.ª PAG. — FOLHA ILUSTRADA

O mar mata 200 mil por ano
1.ª PAG. — FOLHA ILUSTRADA

Assuntos diversos

Foi fogo

Arrais fala. Pediu reformas. Brizola pediu o fechamento do Congress o. JG inflamou o povo, mas só houve fogo em faixas da PETROBRAS.

Falando ontem a multidão constituida de dezenas de milhares de pessoas, o presidente João Goulart surpreendeu o país ao anunciar que havia assinado o decreto de encampação de Capuava e de todas as refinarias particulares de petroleo. Informou tambem que assinara o decreto da SUPRA.

Ao iniciar seu discurso de 65 minutos, no comicio da Guanabara, o orador advertiu que seria franco, sincero e até rude, para ser bem entendido por todos os brasileiros.

O presidente salientou que o decreto da SUPRA representa apenas um passo inicial para a reforma agraria, que somente será possivel com a reforma da Constituição, "acima da qual está o povo".

Brizola

O deputado Leonel Brizola, em seu discurso, preconizou a formação de "um Congresso popular, integrado por camponeses, sargentos e oficiais nacionalistas", como "a unica saida pacifica para o impasse em que se encontra o nosso país". Após dizer que sua palavra talvez estivesse sendo impugnada, afirmou o sr. Leonel Brizola que "não aceitamos golpes contra os nossos direitos e liberdades" e que "temos que nos organizar para enfrentar a violencia e nos preparar para responder violencia com violencia".

O ex-governador gaucho foi constantemente interrompido, em suas criticas ao Congresso, pela assistencia, aos gritos de "fecha, fecha, fecha".

Refinarias

No surpreendente anuncio da encampação das refinarias particulares de petroleo, o sr. João Goulart disse que elas, a partir daquele instante, passavam a pertencer ao povo. Ao assinar o decreto — acrescentou — procurara ser fiel ao espirito de lei inspirada nos ideais patrioticos e imortais do presidente Vargas.

Capuava, uma das refinarias encampadas, estava na noite de ontem guardada por soldados da Força Publica, armados de metralhadoras. A diretoria da empresa passou a noite no interior da industria.

O decreto de encampação (integra na pag. 7) foi divulgado no Rio pouco depois do comicio.

Lacerda

No comicio de 90 minutos que se seguiu à inauguração do novo supermercado de Cascadura, o governador Carlos Lacerda disse que "a principal reforma de que o país necessita é a reforma das consciencias, para que fique livre dos traidores que estão enquistados nas cupulas sindicais e nos orgãos governamentais." Referindo-se ao comicio da Central, disse o governador da Guanabara que "quem deseja falar ou dialogar com o povo não precisa de tanques para garanti-lo". E acrescentou: "O povo não pode ficar entre o dilema reforma ou revolução". Na verdade, não podemos aceitar a reforma dos incompetentes e dos gatunos, nem a revolução dos traidores".

SUPRA

O decreto da SUPRA (**integra na pagina 7**), que o presidente João Goulart assinou ontem, declara de interesse social, para fins de desapropriação, as areas rurais que ladeiam os eixos rodoviarios federais, os leitos das ferrovias nacionais e as terras beneficiadas ou recuperadas por investimentos exclusivos da União em obras de irrigação, drenagem e açudagem, atualmente inexploradas ou exploradas contrariamente à função social da propriedade.

Pelo decreto, a SUPRA fica autorizada a baixar os atos necessarios à complementação das disposições nele contidas. As desapropriações serão efetivadas, de preferencia, nas areas mais populosas.

Voto ao analfabeto

O presidente anunciou tambem que acaba de enviar ao Congresso mensagens dispondo sobre a reforma eleitoral e sobre a reforma universitaria. A reforma eleitoral preconizada pelo Executivo incluirá o voto do analfabeto e a elegibilidade das praças de pré. O presidente não se estendeu sobre a reforma universitaria, limitando-se a dizer que será a "reclamada pelos estudantes brasileiros". Informou ainda que nas proximas horas assinará decreto que regulamenta os aluguéis de apartamentos para impedir "os preços extorsivos e abominaveis".

Paginas 3, 5, 6, 7 e ultima do 1.o cad.

Gasolina vai subir menos de Cr$ 10

RIO, 13 (FOLHA) — O presidente do Conselho Nacional do Petroleo, sr. Carlos Meireles, manifestando-se a respeito do aumento da gasolina, afirmou que este não deverá superar a 10 cruzeiros o litro. Quanto ao custo dos derivados do petroleo, declarou que uma comissão do Conselho Nacional do Petroleo está apreciando o problema; entretanto, não foram ainda fixados definitivamente os novos preços daqueles produtos, nem a data em que entrarão em vigor.

Turquia: ultimato a Chipre

ANCARA, 13 (AFP-UPI-FOLHA) — O governo turco enviou um ultimato ao presidente cipriota Macarios, exigindo a imediata cessação de fogo na ilha, sob pena de intervenção.

Em consequencia, Chipre convocou uma reunião do Conselho de Segurança da ONU, "para estudar a ameaça turca de agressão". A Grecia divulgou nota oficial, afirmando que "reagirá imediatamente" se a Turquia invadir Chipre.

PAG. 2

Hoje é dia de Rio-São Paulo

O Torneio Rio-São Paulo vai começar hoje com dois jogos, dois quais o primeiro será efetuado no Pacaembu, à tarde, entre São Paulo e Portuguesa de Desportos, e o outro à noite no Maracanã, onde estarão Fluminense e Vasco da Gama. Aqui, alem da preliminar de juvenis, há as estréias de Del Vecchio, Henrique e Dida. Lá, o melhor poderá ser o Palmeiras, adversario do Bangu na tarde de amanhã, que reserva para o Pacaembu um campeão, o Flamengo, e o Corintians, que ainda é novidade.

SEÇÃO DE ESPORTES

As faixas encheram o espaço: todas pediam reformas.

Bomba na casa do gen. Aluisio: só vidro quebrado.

Bomba na casa do gen. Macedo: dano no calçamento.

Paulistas oram na Sé contra o comicio de Goulart

Veredicto de Ruby pode sair hoje

DALLAS, 13 (AFP-UPI-FOLHA) — Encerrou-se hoje o interrogatorio das testemunhas no processo de Jack Ruby, com o depoimento de um psiquiatra da defesa — que afirmou que Ruby tem epilepsia psicomotriz. Agora, a defesa e acusação apresentarão suas teses finais, o juri reunir-se-á para deliberar e o veredicto será divulgado provavelmente amanhã à tarde. Ruby poderá ser libertado, internado num hospicio, condenado à prisão ou à morte: sua sorte será televisionada para toda a nação, por duas redes nacionais de TV.

PAG. 2

Rusk quer comercio com URSS

WASHINGTON, 13 (AFP-UPI-FOLHA) — O secretario de Estado norte-americano Dean Rusk declarou que os EUA deverão aumentar seu comercio com o bloco comunista, «um comercio flexivel, que sirva a nossos interesses».

Rusk, nessa flexibilidade, engloba a diferenciação dos paises comunistas, «de acordo com sua maior ou menor disposição de cooperar para a causa da paz». E declara que o comercio com a Europa Oriental «trá-la-á de volta a seus antigos contatos no Ocidente».

PAG. 2

"Quinzinho" denunciado: lenocinio

Enquanto o promotor Oliveira Peres denunciava ontem ao juiz da 7.a Vara Criminal Joaquim Pereira da Costa, o "Quinzinho", por crime de exploração do lenocinio, Hiroito de Morais Joanides, seu rival e concorrente na pratica do mesmo delito, era absolvido por carencia de provas pelo juiz Ricardo Couto, da 3.a Vara.

Junto com "Quinzinho" foi denunciado seu lugar-tenente Orlando Teles Perilo; com Hiroito, foram declarados inocentes Osni Freitas de Almeida, Osvaldo Ribeiro, Juraci de Mutiis e Nildo Palerno, o "Gregorio". O juiz ressaltou a periculosidade de Hiroito e seus comparsas, mas teve de considerar, secundando o promotor Prado Bastos, que as provas contra estes eram "negativas e inconvincentes".

ULT. PAG.

Nova luta em Chipre

GHAZIVERAN, 19 (UPI-FOLHA) — Violento conflito ocorreu hoje entre cipriotas gregos e turcos em Letka. Três cipriotas gregos morreram. Ignora-se até o momento quem iniciou a luta. As informações de Ghaziveran, aldeia tambem atacada por cipriotas gregos, são ainda vagas e não se sabe se houve baixas. Informa-se, entretanto, que as forças da ONU intervieram e impuseram o cessar-fogo.

FOLHA DE S. PAULO

Um jornal a serviço do Brasil

ANO XLIV ★ São Paulo — Sexta-feira, 20 de março de 1964 ★ N.º 12.696

URSS dá automoveis

MOSCOU, 19 (AFP-FOLHA) — Todos os invalidos sovieticos da Segunda Guerra Mundial receberão gratuitamente — segundo promessa do governo da URSS — um automovel pequeno, concebido especialmente para seu uso. A conservação desses carros — chamados "Zaporojets" — correrá por conta do governo.

SÃO PAULO PAROU ONTEM PARA DEFENDER O REGIME

Nossa opinião

O povo mesmo, não um ajuntamento suspeito e longamente preparado, reuniu-se ontem, espontaneamente, nas ruas desta cidade, para exprimir seu sentimento e sua vontade. Foi uma dura lição para aqueles que necessitam de demorada propaganda, manipulação de cupulas e tremendos dispositivos de força para concentrar massas humanas. E não se diga que a "Marcha da Familia" reuniu defensores de "estruturas arcaicas". Ao contrario, os manifestantes de ontem reconhecem a necessidade de reformas, mas sabem que elas podem e devem ser feitas dentro da ordem e da lei. ("Povo, apenas povo" — Pag. 4)

Johnson pede 6 trilhões para ajuda
PAG. 2

Depredada a "Ultima Hora" de Curitiba
PAG. 11

Vai haver pronto-socorro nas rodovias
PAG. 11

Estudantes "enterram" hoje Ademar
PAG. 13

Bomba em onibus fere dois
PAG. 15

Irmão do SS Bormann está em Santos
PAG. 15

Paulistas, pentacampeões de basquete
SEÇÃO DE ESPORTES

Por que o advogado de Ruby perdeu
1.ª PAG. — FOLHA ILUSTRADA

Assuntos diversos

Povo, pela Constituição

São Paulo parou em defesa da Constituição: da Republica à Sé, só povo.

A disposição de São Paulo e dos brasileiros de todos os recantos da patria para defender a Constituição e os principios democraticos, dentro do mesmo espirito que ditou a Revolução de 32, originou ontem o maior movimento civico já observado em nosso Estado: a "Marcha da Familia com Deus, pela Liberdade".

Com bandas de musica, bandeiras de todos os Estados, centenas de faixas e cartazes, numa cidade com ar festivo de feriado, a "Marcha" começou na praça da Republica e terminou na praça da Sé, que viveu um dos seus maiores dias. Meio milhão de homens, mulheres e jovens — sem preconceitos de cor, credo religioso ou posição social — foram mobilizados pelo acontecimento. Com "vivas" à democracia e à Constituição, mas vaiando os que consideram "traidores da patria", concentraram-se defronte da catedral e nas ruas proximas.

Ali, oraram pelos destinos do país. E, através de diversas mensagens, dirigiram palavras de fé no Deus de todas as religiões e de confiança nos homens de boa-vontade. Mas, tambem de disposição para lutar, em todas as frentes, pelos principios que já exigiram o sangue dos paulistas para se firmarem.

PAGS. 8, 9 e 10

Frente Popular tem programa e diz o que quer

O comentarista D'Alembert Jaccoud traz-nos o texto integral do documento constitutivo da Frente Popular — para cuja organização só está faltando a adesão do grupo do deputado Leonel Brizola, confirmando-se, porem, que a Frente existirá, queira-o ou não o grupo brizolista. O texto está sujeito a algumas alterações, as quais, no entanto, não o modificarão em substancia.

Segundo o documento (PAG. 3), a Frente se constituiu para assegurar apoio parlamentar e popular a um programa que abrange emendas à Constituição, leis ordinarias e atos de competencia exclusiva do Executivo destinados a permitir que se processem no país, pacificamente, através da expansão do processo democratico, e sem quebra da continuidade do sistema constitucional, as reformas de base "capazes de conciliar o desenvolvimento economico, a emancipação do país e a melhora do nivel de vida das classes populares".

Se o presidente João Goulart resolver mesmo reformular o governo, tendo por base as forças populares, o documento será o seu programa, pois resulta de elaboração sistematica do pensamento medio das forças nacionalistas e de esquerda — é o que nos afirma o comentarista.

Declara ainda a Frente que não tem o proposito de absorver ou superar "quaisquer partidos ou associações, frentes ou grupos".

Fogo deixa "Difusora" sem noticias

Toda a aparelhagem da Radio Difusora, instalada na sua Sete de Abril, 230, ficou destruida, ontem à tarde, em consequencia de um incendio provocado por um curto-circuito nos fios de alta tensão. Não obstante os esforços desenvolvidos pelos funcionarios da emissora, as chamas não puderam ser debeladas antes de atingirem e queimarem as mesas de transmissão e recepção e outros aparelhos, impedindo os trabalhos noticiosos. A emissora, entretanto, continuou transmitindo com a sua estação no Sumaré.

Alem do material da emissora de radio, ficaram inutilizados, tambem, o aparelho de telex e as instalações da Agencia Meridional, que funcionava anexa à estação.

Um dia no mundo

Jack Ruby dispensou seu principal advogado de defesa, Melvin Belli, e contratou Percy Foreman para substituí-lo na apelação. Segundo a irmã de Jack, Belli preocupou-se exclusivamente com sua promoção pessoal, esquecendo a defesa do réu.

•

Os sabios sovieticos estão preparando novas gramatica e ortografia para o russo, visando a simplificá-lo e escrevê-lo foneticamente. O motivo para a mudança foi apresentado por eminentes filologos: um russo precisava preocupar-se mais com a ortografia e gramatica do que com o conteudo do que desejava escrever.

•

O general De Gaulle despediu-se do Mexico, após visita oficial de 3 dias. Após sua partida, foi divulgado comunicado conjunto franco-mexicano, ressaltando «o estreitamento dos laços entre França e Mexico» e falando sobre diversos problemas latino-americanos.

Condenados Placido e Delelis

Seis dos doze sargentos envolvidos nas ocorrencias verificadas em São Paulo por ocasião da rebelião de Brasilia e mais os lideres sindicais Afonso Delelis e José Araujo Placido, foram condenados a 4 anos de prisão, no julgamento iniciado ontem às 9 horas da manhã e que só veio a terminar às 3 horas da madrugada de hoje, após o Conselho de Justiça Militar haver-se reunido em sessão secreta por mais de 5 horas.

Foram condenados os sargentos Almoré Zoch Cavalheiro, Armando D'Avila Machado, Sidnei Adolfo Pupo, José Pereira Sântiago Neto, Edgard Nogueira Borges e Mauricio Porto, alem dos civis Placido e Delelis.

Os demais implicados, sargentos Julio Cesar Couvero, Oton de Oliveira Garcia, Erico Ferreira, José Pinto Costa, Isidro Guedes e Israel Beloti dos Santos, foram absolvidos pelo Conselho de Justiça Militar. ★

Politica de hoje

Depois de permanecer «em deliberado silencio» durante 13 anos, (pag. 7) o marechal Eurico Gaspar Dutra voltou a pronunciar-se ontem, fazendo um apelo para a manutenção da paz no país. Em setores influentes do Ministerio da Guerra informou-se que as declarações do ex-presidente repercutiram principalmente entre a alta chefia militar, «acima de qualquer expectativa».

•

Falando a senhoras cariocas que vieram a São Paulo para participar do comicio realizado ontem à tarde na praça da Sé, (pag. 7) o governador Ademar de Barros declarou estar pronto para brigar, pois vem-se preparando há mais de um ano. E que «o negocio vai ser nos proximos dias».

•

Instalou-se ontem no Rio, (pag. 6) na Palacio Tiradentes, a 10.a Convenção Nacional do PSD que homologará a candidatura do sen. Juscelino Kubitschek à presidencia da Republica em 1965.

A multidão que lotou a praça da Sé manifestou-se abertamente contra o governo: os cartazes pediam o "impeachment" de JG e diziam: "Minas já falou, São Paulo tem a palavra".

Rei ferido no Zoo

RIO, 27 (FOLHA) — O ex-rei Leopoldo, da Belgica, que se encontra no Rio em viagem de recreio, quase foi vitima hoje de grave acidente: ao visitar o Jardim Zoologico, o soberano, inadvertidamente, quis acariciar uma onça e acabou recebendo violenta patada do animal, que lhe causou ferimentos num dos braços. O rei foi levado às pressas para o Hospital Sousa Aguiar, onde foi medicado. Em seguida, dirigiu-se para a Embaixada da Belgica. Logo após, o embaixador belga informava que o ex-rei Leopoldo «estava passando bem».

FOLHA DE S. PAULO

Um jornal a serviço do Brasil

ANO XLIV ★ São Paulo — Sabado, 28 de março de 1964 ★ N.º 12.704

O exemplar da FOLHA amanhã custará Cr$ 50

EM LIBERDADE PROVISORIA OS MARINHEIROS REBELDES

Nossa opinião

A atual crise na Marinha confirma os perigos a que o país está exposto pelo envolvimento das Forças Armadas nas disputas politicas e a consequente debilitação do principio da autoridade em seu seio. Independentemente da justeza de suas reivindicações, é evidente que os marinheiros e fuzileiros rebeldes deixaram-se envolver por passionalismos de natureza politica. ("Marinha" — Pag. 4)

URSS quer ficar só em Genebra PAG. 7

Ao defender a mãe matou o padrasto PAG. 9

Russos teriam achado remedio contra radiação 1.a PAG. — FOLHA ILUSTRADA

Sacha Distel sente-se 10 anos mais moço 1.a PAG. — FOLHA ILUSTRADA

Portela desfila hoje em São Paulo PAG. 4 — FOLHA ILUSTRADA

Palmeiras amanhã em Recife SEÇÃO DE ESPORTES

As duas lutas de Abrão SEÇÃO DE ESPORTES

Corintians à tarde no Pacaembu SEÇÃO DE ESPORTES

Assuntos diversos

Liberdade, via prisão

Levados presos para o Batalhão de Guardas, os marinheiros logo sairam para uma liberdade de 2 dias. ★

Saudade não dura

O rebelde abraça a esposa, pouco antes de ir preso. Mas a saudade não durou muito: ele voltou para casa.

Emoção mais forte

Com lagrimas nos olhos, os marinheiros abandonam o Palacio dos Metalurgicos: a emoção foi mais forte.

O novo ministro

João Goulart cumprimenta o novo ministro da Marinha, alm. Paulo Mario da Cunha Rodrigues

JG adverte almirantes e fala 2.a

RIO, 27 (FOLHA) — "O governo domina a situação, que é de calma em todo o país; por isso é que estou viajando para Brasilia, onde permanecerei com minha familia por alguns dias" — disse o presidente João Goulart, ao embarcar, na noite de hoje, para a capital federal.

O presidente falará ao país, segunda-feira, sobre a crise da Marinha, em discurso gravado para o radio e TV.

O prof. Darci Ribeiro, que viajou em companhia do sr. Goulart, disse que este, no auge da crise, foi informado de que alguns oficiais da Armada pretendiam sair barra afora com navios de guerra. E respondeu: "Digam a esses oficiais que poderão sair com seus barcos, porem não mais voltarão." Informou ainda o chefe da Casa Civil que, ao saber que o Almirantado discordava da solução dada ao problema e pretendia opor resistencia, o presidente advertiu: "Não mandei consultar ninguem, e sim ordenei que se cumprissem determinações, pois estou usando minhas prerrogativas constitucionais de comandante-chefe das Forças Armadas."

RIO, 27 (FOLHA) — Os marinheiros e fuzileiros navais rebeldes que se concentravam no Palacio dos Metalurgicos ficarão em liberdade até segunda-feira, quando se apresentarão presos às respectivas unidades. Na tarde de hoje, quando ainda se encontravam presos, foram eles recolhidos ao quartel do Batalhão de Guardas, de onde sairam às 18h30, em liberdade provisoria.

A libertação e posterior apresentação dos marujos decorre de um acordo entre autoridades federais, o Comando Geral dos Trabalhadores e representantes da Associação dos Marinheiros e Fuzileiros Navais do Brasil. O acordo prevê ainda a recondução do almirante Aragão ao comando do Corpo de Fuzileiros (já efetivada) e a nomeação do almirante Pedro Paulo de Araujo Suzano para a chefia do Estado-Maior da Armada.

O presidente Goulart aceitou a demissão do ministro Silvio Mota e nomeou em seu lugar o almirante Paulo Mario da Cunha Rodrigues, da Reserva Naval. O novo ministro assumiu o cargo à tarde, em solenidade a que a imprensa não teve acesso, cercado o Ministerio por tanques do Exercito.

Em reunião do Almirantado, varios de seus membros haviam instado com o alm. Silvio para que não se demitisse, a fim de que fosse fixada a responsabilidade do presidente Goulart pela crise.

Um fuzileiro naval morreu e três ficaram feridos, na sede da corporação (Ilha das Cobras), quando pretendiam fugir à prisão para unir-se aos companheiros rebelados.

Às 5 horas de hoje, o porta-aviões "Minas Gerais" e o cruzador "Tamandaré" deixaram a Guanabara com destino desconhecido. Sabe-se apenas que o porta-aviões dirigia-se para o Sul.

Noticiario completo 3, 5 e 6

MG convoca todos de 17 a 30 anos

FOLHA DE S. PAULO

Um jornal a serviço do Brasil

ANO XLIV ★ São Paulo — Quarta-feira, 1.º de abril de 1964 ★ N.º 12.708

32 entrincheirados no predio da CTB

ADEMAR: 6 ESTADOS SUBLEVAM-SE PARA DERRUBAR GOULART

Na CTB

Soldados guardam o predio da CTB, onde se entrincheirou Nelson Gato, da Repressão ao Contrabando ★

Proteção a Lacerda

Soldados da Policia Militar montam trincheiras em torno do Palacio da Guanabara: as ruas de acesso estão bloqueadas, não podendo passar ninguem.

Greve no porto e em 3 ferrovias

Tanques descem da Vila Militar

Kruel lança manifesto ao país

O general Amauri Kruel, em manifesto às Forças Armadas e à nação, anunciou, nos ultimos minutos de ontem, que o II Exercito acabava de "assumir grave responsabilidade, com o objetivo de salvar a Patria em perigo, livrando-a do jugo vermelho."

"O II Exercito — declara o manifesto — ao dar este passo, de extrema responsabilidade, para a salvação da patria, manter-se-á fiel à Constituição e tudo fará no sentido da manutenção dos poderes constituidos, da ordem e da tranquilidade. Sua luta será contra os comunistas e seu objetivo será o de romper o cerco do comunismo, que ora compromete e dissolve a autoridade do governo da Republica."

Ninguem passa

A Força Publica levantou barricadas em todas as ruas de acesso à Brig. Tobias, onde se localiza o DI ★

Falando ao povo brasileiro cerca das 2 horas de hoje, diretamente dos Campos Elisios, o governador Ademar de Barros anunciou que 6 Estados (São Paulo, Minas Gerais, Rio Grande do Sul, Goiás, Paraná e Mato Grosso) estão sublevados e unidos contra o comunismo, pela deposição do sr. João Goulart (a quem chamou de ex-presidente) e pela tranquilidade da familia brasileira. Disse tambem que se encontrará hoje no km 47 da via Dutra com forças militares de Minas Gerais "para juntos entrarmos como irmãos no Rio, não como invasores e nem para amarrar cavalos". Anunciou tambem que o gen. Amauri Kruel estava à frente do comando de todas as forças de São Paulo.

PRONUNCIAMENTO DE KRUEL

O pronunciamento do general Kruel verificou-se horas depois da declaração de um movimento armado, em Minas Gerais, visando à deposição do presidente João Goulart. A rebelião foi anunciada por dois manifestos, um do governador Magalhães Pinto, e outro do general Olimpio Mourão, comandante da 4.a Região Militar, com sede em Juiz de Fora.

Confirmou-se, no Rio, o deslocamento de tropas da 4.a RM na direção dos Estados do Rio e do Espirito Santo. Por volta das 21 horas, o Ministerio da Guerra informava que o movimento não recebeu adesões, limitando-se — e ainda assim parcialmente — à guarnição de Minas. O general Jair reassumiu o posto, determinou prontidão geral no Exercito e destituiu o general Mourão.

Quatro mil homens, bem como viaturas blindadas do Regimento Motomecanizado (Petropolis) seguiram rumo a Juiz de Fora. As 22 horas, atingiam a cidade de três Rios, no vale do Paraiba, e proximo à fronteira de Minas Gerais.

As 23 h 30, nota da Presidencia da Republica anunciava que parte da guarnição de Minas se rebelara sob o comando dos generais Guedes e Mourão, inspirados no manifesto do governador do Estado. "O movimento — diz a nota — está condenado a malogro, esperando o governo federal poder comunicar oficialmente, dentro em pouco, o restabelecimento total da ordem no Estado".

Noticiarios nas pags 3, 5, 6, 7, 9, 10 e 11

Ocupados proprios federais em SP

Jair assume comando das forças do governo

RIO, 31 (FOLHA) — O ministro da Guerra, general Jair Dantas Ribeiro, em declaração divulgada esta noite, assume "o comando das operações contra-revolucionarias e demite os generais Guedes e Olimpio Mourão Fiho, iniciadores do movimento, de seus cargos". Em sua nota, diz o general Jair:

"Atendendo às determinações expressas do sr. presidente da Republica, assumo neste momento de intranquilidade para a nação brasileira o comando efetivo das ações legais contra o movimento de subversão que está caracterizado no Estado de Minas Gerais, sob o comando dos generais Guedes e Olimpio Mourão Filho, aos quais, nesta data, exonero dos comandos que a nação lhes confiou. A nação toda já está bastante alertada sobre as forças que agora estão tentando subverter o regime democratico, à luz do qual temos feito a evolução pacifica e cristã de nossa patria.

"Fiel aos principios legalistas que imprimo a todas as minhas diretrizes, agirei com a maxima energia contra os sublevados, alertando-os antes para que não se deixem enganar por falsos defensores da democracia, que os estão conduzindo para uma verdadeira luta entre irmãos.

"Cerremos fileiras, brasileiros, em torno dos principios democraticos que regem nossos destinos, e esta fase estará ultrapassada pelo bem de nossa patria. Embora em estado de convalescença, não hesitarei em sacrificar minha propria saude para cumprir esse dever que tenho para com minha patria e para com o regime democratico, que defendo. Haveremos de cumprir nossa missão, haja o que houver, custe o que custar. Ass. general de Exercito — Jair Dantas Ribeiro."

Bancos fechados: só abrem 2.a-feira

Pacaembu terá jogo

Até às 11 horas de hoje a Federação Paulista de Futebol, através seu secretario, sr. Davi Brasiliense, confirmava a realização do cotejo desta noite, no Pacaembu, entre as equipes do São Paulo e Corintians, pelo Torneio Rio-São Paulo, bem como dos programados pelo Torneio de Acesso em São José do Rio Preto (America vs. Portuguesa santista) e Sorocaba (Estrada vs. Taubaté). Declarou ainda aquele dirigente que ainda não havia sido marcada nenhuma reunião na sede da FPF para tratar do adiamento daqueles jogos. Por outro lado, no Rio de Janeiro, embora sem confirmação oficial, não deverá ser efetuado o jogo entre Fluminense e Bangu, em virtude dos ultimos acontecimentos nacionais.

★

FOLHA DE S. PAULO

Um jornal a serviço do Brasil

ANO XLIV ★ São Paulo — Quarta-feira, 1.° de abril de 1964 ★ N.° 12.708

Radio: cadeia unica

Por determinação do gen. Aldevio Barbosa de Lemos, secretario da Segurança Publica, todas as emissoras desta capital irão irradiar uma unica programação, a ser feita no estudio já montado no Palacio da Policia. A medida visa tornar efetiva a censura ao noticiario politico, ontem determinada. Varios radialistas foram solicitados pelo secretario da Segurança para esses trabalhos e a transmissão unica iniciou-se esta manhã.

★

II EXERCITO DOMINA O VALE DO PARAIBA

Proteção

ropas da PM guardam o Palacio Guanabara para proteger o governador Lacerda

Calma é completa no Estado de São Paulo

—•—

PROCLAMAÇÃO DE AB AO POVO BRASILEIRO

—•—

Não há separatismo em Minas, diz Magalhães

VALE DO PARAIBA, 1.o (De Antonio Aggio Jr. Lenine Severino enviados especiais) — Toda a regiã do Vale do Paraiba está sob controle das forças fiéi ao general Kruel, com a rodovia Presidente Dutr fortemente policiada por tropas do II Exercito e da Força Publica. O comando geral da região, subordinado à ID/2, está sob as ordens do coronel Sousa Lobo, que assumiu o posto do general Euriale de Jesus Zerbini. Segundo informações que circulavam hoje cedo em Caçapava, o gen. Zerbini "desapareceu" durante a madrugada, sendo desconhecido o seu paradeiro.

Em Taubaté, a Força Publica ocupou a estação local da Estrada de Ferro Central do Brasil e, em Pindamonhangaba, o 2.o Batalhão de Engenharia tomou conta militarmente da cidade, instalando ninhos de metralhadora.

Pela via Dutra seguiram em direção ao Rio 10 carros de combate leves, do Regimento Anhanguera, sabendo-se que por via ferrea segue tambem todo o 1.o Batalhão de Carros de Combate Leves, com sede em Campinas.

TROPAS EM MINAS

Sob o comando do cel. Cesar Gomes das Neves, chegaram à localidade de Serraria, nas vizinhanças de Paraibuna, as tropas enviadas pelo ministro da Guerra, gen. Jair Dantas Ribeiro, para dar combate às forças do gen. Olimpio Mourão Filho, O comando ocupou o Café e Bar Rio-Minas, ali estabelecendo o seu QG.

A coluna seguiu em duas centenas de caminhões e atingiu a divisa com Minas Gerais às primeiras horas da madrugada de hoje. Patrulhas avançadas já estabeleceram os primeiros contatos com as tropas do gen. Mourão. A tropa do I Exercito, que leva equipamento para alguns dias de campanha, está apoiada por numerosos obuses e unidades mecanizadas. ★

Amplo noticiario nas paginas internas

O IV Exercito solidario aos II e III

RECIFE, 1.o (FOLHA — via Italcable) — O comandante do IV Exercito, gen. Justino Alves Bastos, e o comandante do III Distrito Naval, vice-almirante Augusto Rocha Dias Fernandes, acabam de distribuir nota em que se solidarizam com o II e III Exercitos e guarnições federais de Minas Gerais.

Ildo decreta feriados

PORTO ALEGRE, 1.o (FOLHA) — O governador do Rio Grande do Sul, sr. Ildo Menegetti, decretou na manhã de hoje feriados bancarios e escolar em todo o Estado do Rio Grande do Sul nos dias 1.o, 2 e 3 de abril.

Em outro decreto, o governo requisitou "as reservas de combustiveis liquidos existentes nas refinarias de petroleo e em todas as empresas distribuidoras". A Secretaria dos Transportes deverá proceder ao levantamento dos estoques de gasolina e oleo diesel e manterá "fiscalização direta sobre a sua distribuição e seu racionamento, quer quanto ao uso privado, quer quanto ao do poder publico".

Um ultimo decreto estabelece a requisição de "todas as emissoras radiofonicas e de televisão em funcionamento no Estado do Rio Grande do Sul", com indenização dos horarios.

★

Na Dutra

Soldados do 2.o Exercito guardam a via Presidente Dutra e todas as saidas rodoviarias de São Paulo

De guarda

O DCT está funcionando guardado por soldados da

Adesões aumentam, diz o II Exercito

A reportagem recebeu do II Exercito o seguinte comunicado:

"O II Exercito considera muito boa a evolução dos acontecimentos, particularmente pelo numero de adesões de Estados da Federação, com seus governos e tropas militares neles sedeadas.

"Já aderiram ao movimento e estão em ligação permanente com o II Exercito os Estados de Santa Catarina e Paraná, com todas as tropas ali aquarteladas. Participam tambem do movimento a 9.a Região Militar e a 4.a Divisão de Cavalaria, com sede no Estado de Mato Grosso.

"No Estado da Guanabara, as adesões aumentam de hora a hora. Toda a Artilharia de Costa já integra o nosso movimento. O mesmo está ocorrendo com 300 oficiais da Escola de Comando e Estado-Maior do Exercito. Varias unidades da Divisão Blindada já aderiram ao movimento.

"As tropas que marcharam sobre Minas Gerais se solidarizaram com o movimento irrompido naquele Estado.

"Os elementos militares empenhados neste movimento, de ambito nacional, têm como seu grande objetivo a luta contra o comunismo."

Assembléia e Camara em sessão permanente

A Assembleia Legislativa do Estado continuava, às 9 horas de hoje, em sessão permanente, iniciada às primeiras horas da noite de ontem. O presidente do Legislativo paulista permaneceu em vigilia, com grande numero de parlamentares, até cerca de 4 horas de hoje, em seu gabinete de trabalho, quando saiu para o Palacio dos Campos Elisios, onde foi avistar-se com o governador Ademar de Barros.

Tanto o presidente Ciro Albuquerque como o seu substituto legal, deputado Pedro Pascoal, vice-presidente do Legislativo, permanecem em contato com as autoridades civis e militares, acompanhando o desenrolar dos acontecimentos.

CALMA

O edificio do Palacio Nove de Julho encontrava-se, às 9 horas, em completa calma. Os deputados aguardavam a abertura da sessão, que poderá ocorrer a qualquer momento. O policiamento era normal.

Por volta das 9h15, encontravam-se em vigilia os deputados Pedro Pascoal, no exercicio da presidencia, Araripe Serpa, Antonio Morimoto, Francisco Salgot Castilion, Nadir Kenam, Osvaldo Samuel Massei, Paulo de Castro Prado, Pedro Geraldo Costa, e Antonio Donato.

A Camara Municipal continua em sessão permanente. Os vereadores revezam-se, acompanhando os acontecimentos e tambem, tal como ocorre na Assembléia Legislativa, em contacto permanente com as autoridades civis e militares.

O vereador Benedito Rocha, vice-presidente da Edilidade, declarou à reportagem que, durante a abertura da sessão ordinaria, às 15 horas de hoje, se decidirá se a Camara continuará ou não em sessão permanente. ★ PAG 7

As melhores ofertas imobiliarias estão na Seção de Imoveis

FOLHA DE S. PAULO

Um jornal a serviço do Brasil

ANO XLIV ★ São Paulo — Quinta-feira, 16 de abril de 1964 ★ N.° 12.723

Kruchev ataca Pequim e anuncia rompimento com China Comunista

PAG. 2

Castelo pede ajuda a todos os brasileiros

O grande compromisso

Em sessão solene do Congresso Nacional, após o juramento, o mal. Castelo Branco assina o termo de posse da presidencia dos Estados Unidos do Brasil

O simbolo da autoridade

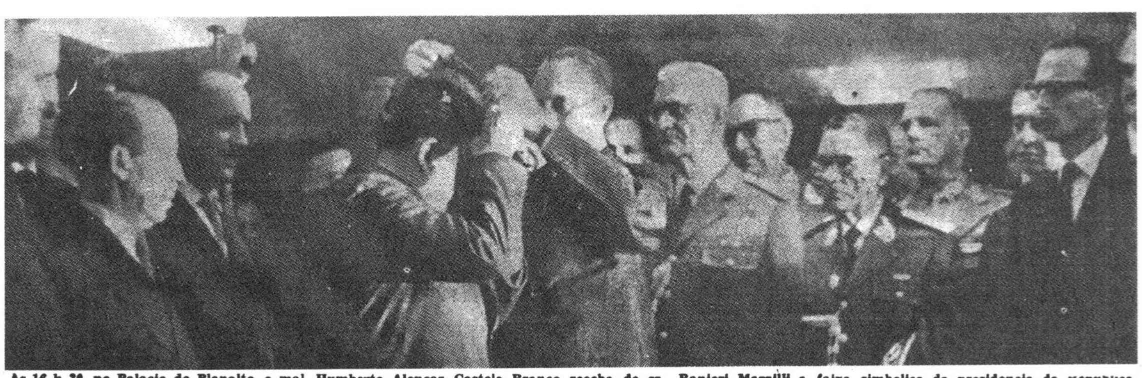

As 16 h 34, no Palacio do Planalto, o mal. Humberto Alencar Castelo Branco recebe do sr. Ranieri Mazzilli a faixa simbolica da presidencia da Republica

"Nunca um só homem precisou tanto da compreensão, do apoio e da ajuda de todos os seus concidadãos" — disse ontem o marechal Castelo Branco, ao ser investido na presidencia da Republica pelo Congresso.

O novo chefe do governo declarou-se cumpridor e defensor da Constituição, escravo da lei e presidente de todos os brasileiros, não o chefe de uma facção. E acentuou que a preocupação central do governo que se inicia será a arrancada para o desenvolvimento. "O remedio para os maleficios da extrema esquerda não será o nascimento de uma direita reacionaria, mas as reformas que se fizerem necessarias" — afirmou. Crê que o desenvolvimento é compativel com os processos democraticos, mas não crê em desenvolvimento à sombra da orgia inflacionaria.

"Nossa vocação — disse tambem — é a liberdade democratica, governo da maioria com a colaboração e respeito das minorias."

Com referencia à politica externa, afirmou que terá como postulado basico a independencia do Brasil. Todas as nações democraticas e livres serão nossas aliadas, assim como terão o apoio de nosso país para sua autodeterminação todos os povos que quiserem ser livres pela democracia representativa. Serão fortalecidas as alianças das nações livres das Americas e respeitada a independencia dos paises de todo o mundo.

PAGS. 7, 8 e 9

Escolhidos doze ministros; falta um

BRASILIA, 15 (FOLHA) — Pouco depois de haver o marechal Castelo Branco assumido a presidencia, foi divulgada a composição do Ministerio: Guerra: gen. Costa e Silva (acumulando Minas e Energia); Marinha, alm. Rademaker; Aeronautica, brig. Correia de Melo; Fazenda, Gouveia de Bulhões; Exterior, Leitão da Cunha; Viação, Juarez Tavora; Educação, Flavio Suplicy de Lacerda; Saude, Raimundo de Brito; Agricultura, Oscar Thompson Filho; Justiça, Milton Campos; Trabalho, Arnaldo Sussekind; Industria e Comercio, Daniel Faraco; Casa Civil, Luís Viana Filho; Casa Militar, gen. Ernesto Geisel.

Falta preencher a pasta de Minas e Energia, para a qual são apontados os nomes de Juraci Magalhães e Otavio Marcondes Ferraz.

Tomarão posse amanhã, às 9 horas, os titulares da Justiça, Saude, Viação, Agricultura, Educação, Industria e Comercio. Admite-se que os ministros da Aeronautica, Marinha, Exterior, Fazenda e Trabalho, foram mantidos nos postos em carater interino. A propria Agencia Nacional não pode precisar se a indicação deles é definitiva.

Observa-se, finalmente, que o Ministerio é de carater menos politico do que ocorre comumente, mas não de todo apolitico.

PAG. 3

A rampa para o poder

Acompanhado de auxiliares diretos, o novo presidente da Republica sobe a rampa que leva ao Congresso Nacional, onde prestaria juramento à Constituição

Os tanques da paz

Tanques desfilam em homenagem ao presidente eleito e empossado. Do palanque, Castelo, Ademar, Magalhães Pinto, Alkmim e outros assistem. ★

Nossa opinião

Nas palavras do presidente Castelo Branco proferidas na solenidade de posse há uma nitida convocação para que a obra de reconstrução nacional se faça com a colaboração indistinta de todas as classes, das produtoras e das trabalhadores, das armadas e das civis, das eventualmente saudosistas do antigo regime e das que se regozijaram com a sua deposição. ("O Presidente de Todos" — PAG. 4)

Deu golpe de 200 milhões
ULT. PAG. DESTE CADERNO

1.200 serão demitidos
PAG. 3 — 2.° cad.

Maia diz o que fez por Perus
PAG. 4 — 2.° cad.

Pecuaria não quer pagar IVC
PAG. 5 — 2.° cad.

Pedida majoração do gás
PAG. 6 — 2.° cad.

BID vai financiar exportação
PAG. 8 — 2.° cad.

Goleado o Santos; Botafogo cai
SEÇÃO DE ESPORTES

TV reclama filho de Tonia
PAG. 4 — FOLHA ILUSTRADA

Assuntos diversos

DE PASTOR A MINISTRO

Ajudante de pastor na aldeia natal, aprendiz nas minas de carvão, militante bolchevista a partir de 1918, lider já com algum prestigio a partir de 1925 — eis alguns pontos da vida e da carreira de Nikita Kruchev. O que pouco se sabe é que, desde 1939, embora fosse pouco conhecido no exterior, Nikita figurava entre os «dez mais», isto é, era um entre os dez principais dirigentes da URSS. Na primeira pagina da FOLHA ILUSTRADA, damos ampla reportagem de Calixto Garcia sobre a carreira do ex-primeiro-ministro e secretario geral do Partido Comunista.

Preço deste exemplar: Cr$ 80

FOLHA DE S. PAULO

Um jornal a serviço do Brasil

ANO XLIV ★ São Paulo — Sexta-feira, 16 de outubro de 1964 ★ N.º 12.906

RGS COMPRA CARNE EM SP

PORTO ALEGRE, 16 (FOLHA) — Sob a alegação de que, com a liberação total da carne, os fazendeiros estão exagerando nos preços que cobram, tumultuando assim o mercado, o governador Meneghetti autorizou o Instituto de Carnes a importar mil toneladas de carne bovina paulista. Segundo declarou ontem o dirigente da entidade dos marchantes da capital, nos proximos dias deverão ser importadas cinco mil toneladas. ★

NIKITA KRUCHEV ARRASTA MAIS TRÊS EM SUA QUEDA

PAGS. 2 e 6

OS NOVOS E O EX

Depois de mais de sete anos, Nikita Kruchev foi substituido, como secretario do PCUS, por Leonid Brezhnev (esquerda) e, como primeiro-ministro, por Alexei Kosygin (direita)

CB MANDA LIBERTAR DEPUTADOS CEARENSES

RIO, 16 (FOLHA). — O mal. Castelo Branco determinou ao gen. Aurelio de Lira Tavares, comandante do IV Exercito, a imediata libertação dos deputados estaduais cearenses, tão logo teve noticia, através do governador Virgilio Tavora, do cerco da Assembléia Legislativa cearense por tropas do Exercito.

Segundo as noticias recebidas pelo governador cearense, o incidente entre as forças do Exercito e a Assembléia Legislativa se deveu a terem os deputados estaduais negado permitir que fossem processados cinco parlamentares envolvidos no IPM instaurado pela 10.a Região Militar.

PAG. 6 — 2.o CAD.

VOLTA À FRANÇA

As 8 h 30, o presidente Charles de Gaulle embarcou hoje no avião que o está levando para Paris, depois de ter cumprido todo o programa oficial de sua visita ao Brasil e à America do Sul. Castelo Branco compareceu ao Galeão para as despedidas. - (PAG. 3) - Telefoto INTERPRESS

TRABALHISTAS COM MAIORIA ABSOLUTA

Enquanto se anunciava oficialmente a vitoria final do Partido Trabalhista da Grã-Bretanha nas eleições gerais realizadas ontem para a renovação da Camara dos Comuns, os resultados parciais das 12 horas (GMT) indicava que o "Labour" tinha 276 cadeiras, com 57 ganhas e 4 perdidas. Os conservadores obtinham, a essa mesma hora, 245 cadeiras, com 4 ganhas e 55 perdidas.

Praticamente considerado o novo primeiro-ministro britanico, o lider trabalhista Harold Wilson, ao que parece, pretende anunciar imediatamente a composição do novo governo. Wilson, que deverá entrevistar-se hoje com a rainha, disse que pretendia ir aos EUA para traçar uma politica comum ocidental com o presidente que for eleito nos Estados Unidos.

PAG. 2

FUTEBOL ELIMINADO; BASQUETE VITORIOSO

TOQUIO (De Durval SILVA — enviado especial) — O selecionado de futebol do Brasil foi eliminado das Olimpiadas de Toquio, ao ser derrotado hoje, pela Tchecoslovaquia, por 1 a 0. Por outro lado, a equipe de basquetebol triunfou facilmente sobre o Uruguai por 80 a 68.

A eliminação dos brasileiros em futebol deveu-se, tambem, à elevada vitoria obtida pela RAU sobre a Coréia do Sul (10 a 0), garantindo, assim, sua classificação pelo "goal-average". O Brasil, no jogo de hoje, teve um adversario que se equiparou em forças, mas, às vezes, superou taticamente seu melhor dominio de bola. O tento dos tchecos foi marcado aos 32 minutos da primeira etapa, depois de grande pressão, onde evidenciaram extraordinario preparo fisico. Na segunda etapa, o Brasil nada mais fez do que se defender e a unica oportunidade de gol, surgida aos 40 minutos, foi anulada com uma boa defesa do arqueiro Smajlen, que mandou a bola a escanteio num chute de fora da area.

Em basquetebol, a vitoria do Brasil foi tranquila. Já no primeiro tempo a diferença era de 14 pontos a nosso favor. O proximo compromisso será amanhã, contra os Estados Unidos.

Nossa opinião

Quando começarem a diminuir os ecos da visita do gen. De Gaulle, varios problemas brasileiros voltarão a configurar-se nas suas exatas proporções. O mais serio parecem ser as dificuldades encontradas pelo governo para efetivar sua obra construtiva. Sem encontrar apoio nas proprias areas politicas a si mais intimamente ligadas, como poderá o governo desincumbir-se satisfatoriamente de sua missão? ("Embaraços ao Governo" — Pag. 4)

Motoristas querem vingar a morte dos dois colegas

PAG. 6 — 3.o CAD.

Trigemeas em Campinas

PAG. 6 — 3.o CAD.

Dois menores fugiram de Curitiba

PAG. 6 — 3.o CAD.

Domestica presa: furtou 10 milhões

PAG. 7 — 3.o CAD.

Assuntos diversos

"Maracanã" escapou de virar sopa

RIO 16 (FOLHA) — Foi devolvida ao mar a tartaruga "Maracanã", de 700 quilos, que havia sido pescada na ultima 2.a-feira e estava ameaçada de ser transformada em sopa por um restaurante da Barra da Tijuca, cujo proprietario já havia comprado o bicho pelo preço de 50 mil cruzeiros.

A libertação do gigantesco quelonio deu-se graças à intervenção da sra. Lia Cavalcanti, presidente da Sociedade União Internacional Protetora de Animais, que se dispôs a reembolsar a quantia paga pelo proprietario do restaurante.

Antes de ser a enorme tartaruga devolvida ao mar, foi tentado o seu ingresso no Jardim Zoologico da Quinta da Boa Vista. O chefe do Serviço Cientifico do Zoo, sr. Adelmar Coimbra, recusou-se, porem, a aceitar o ingresso de "Maracanã", por não haver acomodações para a tartaruga, que exigiria um enorme lago de agua salgada. ★

MISS OBJETIVA-SP

Em disputa das mais renhidas, Regina Scarpa foi eleita ontem à noite, na sede de A Hebraica, Miss Objetiva do Estado de São Paulo, depois de concorrer com 10 finalistas e em seguida com as melhores classificadas. Regina Scarpa estará amanhã no E.C. Pinheiros, para concorrer com as 6 candidatas dos demais Estados ao titulo de Miss Objetiva do Brasil. Logo em seguida, haverá a escolha de Miss Objetiva Internacional, com a participação das concorrentes dos EUA, Argentina, Peru e Uruguai. PAG. 6 DO 3.o CAD. ★

Frigorificos distribuirão carne fresca

A partir de quarta-feira proxima os frigorificos vão distribuir carne fresca aos açougues. O produto está com os preços liberados e não foi fixada ainda pelos frigorificos a tabela para fornecimento aos retalhistas.

A carne congelada distribuida aos açougues continua tabelada, o traseiro especial, a 511 cruzeiros o quilo; dianteiro, 347. No varejo, os preços são, respectivamente, 740 e 490 cruzeiros o quilo. Até agora só os abatedores não frigorificos fornecem carne fresca, cujos preços variam entre 800 e 850 cruzeiros o quilo para a de 1.a e sobem a 500 para a de 2.a.

A carne congelada não é bem aceita pelo publico e há retração no mercado consumidor.

TAMPINHA DESAPARECEU

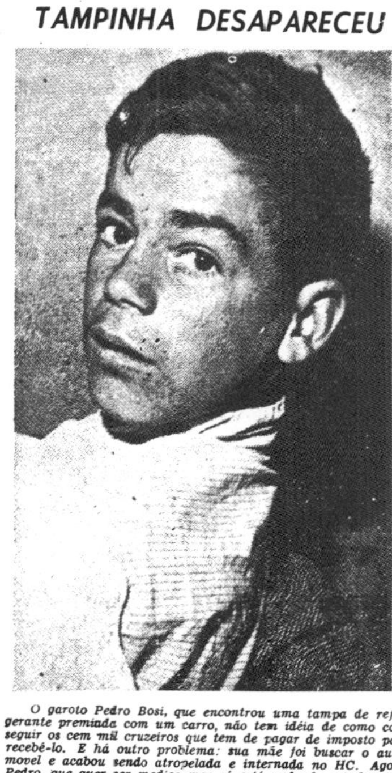

O garoto Pedro Bosi, que encontrou uma tampa de refrigerante premiada com um carro, não tem idéia de como conseguir os cem mil cruzeiros que tem de pagar de imposto para recebê-lo. E há outro problema: sua mãe foi buscar o automovel e acabou sendo atropelada e internada no HC. Agora, Pedro, que quer ser medico mas só está podendo estudar porque trabalha para um professor, nem mesmo sabe onde foi parar a tampinha. PAG. 6 DO 2.o CAD. ★

MORRE COLE PORTER

O compositor norte-americano Cole Porter morreu ontem às 11 h 05, num hospital de Santa Monica, onde fora operado, há 3 dias, para extração de um calculo renal. Cole, que tinha 71 anos, estava internado no hospital desde 22 de setembro ultimo. Autor de sucessos conhecidos em todo o mundo, como "Begin the Beguine", "Night and Day" e numerosas peças musicais, o compositor teve sua vida contada no cinema em 1946. — PAG 2

O EXERCITO NÃO VISA A BENEFICIOS

RIO, 16 (FOLHA) — Através de nota do Serviço de Relações Publicas do Ministerio da Guerra, o gen. Costa e Silva esclareceu que o projeto apresentado à Camara Federal que concede beneficios aos militares que participaram do movimento revolucionario de 1.o de abril não consulta os interesses do Exercito.

Diz a nota que, na fase atual, só interessam ao Exercito os estudos e o andamento de medidas que visem concretizar os altos propositos da revolução e a consolidação do governo revolucionario. Mostra ainda que é comum o Congresso solicitar aos Ministerios militares pareceres sobre assuntos que lhes dizem respeito. Assim, se fosse consultado, o Exercito desaconselharia qualquer projeto que beneficiasse, mesmo futuramente, seu pessoal, quando ainda estão a meio caminho os trabalhos e discussões de estatutos basicos e indispensaveis ao progresso e ao bem estar comum. ★

O necessario você deve comprar

O Brasil não pode parar

FOLHA DE S. PAULO

Um jornal a serviço do Brasil

ANO XLV ★ São Paulo — Quinta-feira, 20 de maio de 1965 ★ N.º 13.122

Nada resiste ao trabalho

É necessario que os gastos sejam efetivamente sobrios. Mas austeridade não é negação da necessidade, não é renuncia ao conforto basico a que todos têm direito. É, antes, a determinação de comprar bem, segundo as verdadeiras necessidades.

Campanha da FOLHA DE S. PAULO

VENDA PROIBIDA — EXEMPLAR DE ASSINANTE

Nossa opinião

Para justificar a nova ofensiva contra as eleições, argumenta-se que uma serie de crises politicas se desencadeou no país, levando-o a um beco sem saida, a partir do momento em que o presidente da Republica anunciou o proposito de respeitar o calendario eleitoral. Não se negam as crises; o que se nega é que sejam insoluveis. Nem se pode ignorar que a realização das eleições envolve alguns riscos; são estes, entretanto, menores do que os provenientes do cancelamento dos pleitos. **("Os Inimigos das Eleições" —** Pag. 4)

Juarez diz que MVOP combateu a inflação

PAG. 6 — 3.o CAD.

Direção do CA XI de Agosto homenageia reitor da USP

PAG. 4 — 3.o CAD.

Volantes aprontam para as Doze Horas

SEÇÃO DE ESPORTES

Aimoré escolhe os 15 que irão a Nova York

SEÇÃO DE ESPORTES

Corintians aceitaria Tupã por Silva

SEÇÃO DE ESPORTES

Vaticano e a sua politica pela paz

1.a PAG. — FOLHA ILUSTRADA

Tristão: Igreja do Silencio e a da Solidão

1.a PAG. — FOLHA ILUSTRADA

Assuntos diversos

Camara autoriza envio de tropas; embarque urgente

A Camara Federal aprovou ontem por 190 votos contra 99 o pedido de autorização para envio de tropas à Republica Dominicana, em atendimento a solicitação da OEA, e a materia já está no Senado para ser votada.

O substitutivo aprovado, de autoria da Comissão de Relações Exteriores da Camara, dispõe, em seu artigo 1.o, que o contingente a ser enviado "não deve exceder um grupamento tatico, com elementos de comando, bem como de apoio logistico e de forças aereas e navais indispensaveis."

No art. 2.o e ultimo, o projeto determina que, tendo o contingente "finalidade pacificadora", permanecerá em territorio dominicano durante o periodo que a OEA julgar necessario "à normalização da vida institucional daquela Republica".

Pronunciaram-se em plenario 18 deputados: 8 a favor e 10 contra a medida. Entre os favoraveis, o lider do governo, sr. Pedro Aleixo, declarou que o Brasil enviará o contingente "não para que mate ou morra, mas para proclamar que os homens da Republica Dominicana têm tanto direito à liberdade e à dignidade como o homem americano e o homem brasileiro."

Já o lider da oposição, sr. Doutel de Andrade, refutou as teses de que aquele país esteja sob ameaça de dominação comunista, chamando de "farisaicos" os argumentos apresentados na defesa da remessa de tropas.

O projeto, depois de aprovado pela Camara, seguiu imediatamente para o Senado, com tempo de ser encaminhado às Comissões competentes e ir à votação ainda hoje.

Enquanto isso, o cel. Meira Matos, designado para viajar para São Domingos, na qualidade de observador militar do governo brasileiro, seguiu de Brasilia para o Rio a fim de ultimar os preparativos para embarcar imediatamente. O subchefe da Casa Militar da Presidencia conferenciou durante 10 minutos com o chanceler Vasco Leitão da Cunha. Declarou que, embora não saiba exatamente o que vai fazer, acredita que o objetivo principal da sua missão seja mandar informações de carater militar, como subsidio às tropas nacionais.

A força brasileira, segundo porta-voz do Ministerio da Guerra, será constituida por elementos do Exercito (provavelmente componentes do Regimento-Escola de Infantaria da Vila Militar), fuzileiros navais (Batalhão Riachuelo) e uma companhia da infantaria da Aeronautica.

Em virtude da exiguidade de tempo, essas tropas deverão seguir por via aerea, em aviões do Comando de Transporte Aereo, e as despesas de locomoção correrão por conta da OEA.

O II Exercito, com sede em São Paulo, não recebeu, segundo informações de fontes militares, nenhuma ordem no sentido de preparar tropa para ser enviada à Republica Dominicana.

PAG. 3

U THANT FAZ APELO À PAZ — O secretario-geral das Nações Unidas, U Thant, faz um apelo à paz na Republica Dominicana e solicita dos grupos antagonicos sejam acatadas as medidas do Conselho de Segurança. — Radiofoto UPI

O ESQUEMA CAFEEIRO EXIGE A EMISSÃO DE 300 BILHÕES

RIO, 19 (FOLHA) — Foi oficialmente apresentado hoje à consideração da Junta Administrativa do IBC o esquema aprovado pelo Conselho Monetario Nacional para a comercialização da proxima safra cafeeira.

A safra será dividida em duas partes iguais: a quota exportavel (de tipo 5 para melhor) e a quota excedente (até tipo 7).

A quota exportavel será remunerada na base de Cr$ 45.000 por saca FOB em Santos e Cr$ 43.000 por saca FOB em Paranaguá, com a restituição ao governo ("reintegro") de parte deste preço em caso de vendas abaixo do registro, e com permissão para venda no cambio livre do que exceder o mesmo registro.

Os cafés de quota excedente serão obrigatoriamente faturados ao IBC, e pagos 90 dias após a data de faturamento, nas seguintes bases: Cr$ 35.000 para o tipo 5; Cr$ 32.500 para o tipo 6; e Cr$ 30.000 para o tipo 7.

Acredita-se que esses preços proporcionarão aos lavradores, nas fazendas, um preço medio liquido de Cr$ 30.000 a Cr$ 32.000 por saca beneficiada, que é ligeiramente inferior às cotações vigentes.

Apesar dos preços anunciados serem considerados baixos pelos lavradores, o esquema apresentado determinará a emissão de cerca de 300 bilhões de cruzeiros até o fim do ano.

PAG. 9 — 3.o CAD.

Imbert diz que ganhou a luta em São Domingos

SÃO DOMINGOS, 19 (AFP-UPI-FOLHA) — As forças da Junta de Reconstrução Nacional, chefiada pelo general Imbert Barrera, avançaram hoje sobre o setor ocupado pelos revolucionarios constitucionalistas do coronel Francisco Caamano e se apossaram da radio de São Domingos, até então em poder destes ultimos.

Porta-voz dos revolucionarios afirmou que Imbert ganhou algum terreno, mas que tal fato não significa a vitoria. Acrescentou que a luta continuará. O general Imbert, por sua vez, falando a cerca de três mil pessoas, declarou que a batalha já está ganha. A Junta de Reconstrução Nacional fez promessas ao povo, enquanto Imbert afirmava que não deseja ser ditador.

RELATORIO DA OEA

A comissão especial da OEA, que esteve em São Domingos, apresentou hoje seu relatorio sobre a crise à Reunião de Consulta, considerando extinto seu mandato e propondo a designação de um unico representante. A comissão considerou a intervenção da ONU como um obstaculo a seu trabalho.

Por outro lado, o secretario-geral da ONU, U Thant, pediu aos EUA que colaborem para o cessar fogo em São Domingos. Reiniciaram-se os debates no Conselho de Segurança.

PAG. 2 DO 1.o E 2 DO 3.o CAD.

Barrientos não teme a crise

LA PAZ, 19 (UPI-AFP-FOLHA) — O presidente da Junta Militar de Governo da Bolivia, general Barrientos, declarou hoje que "apesar da delicada situação por que passa o país, está otimista em relação ao resultado das medidas adotadas para dominar a agitação provocada por comunistas que desejam implantar aqui uma nova Cuba".

Entrementes, a nação atravessa o terceiro dia de greve, desenvolvida pelos grupos mineiros adeptos de Juan Lechin, que desde sabado se encontra exilado no Paraguai. Por outro lado, camponeses do interior aliam-se a Barrientos e se dispõem a lutar. Hoje, o Sindicato dos Bancarios decretou greve por 24 horas, protestando contra as intervenções em outros orgãos sindicais.

Pag. 2 do 3.o caderno

MARCOU 2 — Servilio, que marcou 2 dos 5 gols palmeirenses, é visto em duelo com o são-paulino Osvaldo Cunha ★

Palmeiras goleia o São Paulo

Na unica partida jogada ontem à noite pelo Rio-São Paulo (Botafogo vs. Vasco, no Maracanã, foi adiada para hoje), o Palmeiras goleou o São Paulo, no Pacaembu, vencendo por 5 a 0, depois de estabelecer 2 a 0, no primeiro tempo. A renda do jogo foi muito boa, atingindo a soma de Cr$ 29.811.000. O juiz foi o sr. Airton Vieira de Morais, com boa atuação. Os gols foram assinalados por Servilio (25m) e Dario (43m), no 1.o tempo, e Servilio (1m 45s), Rinaldo, de penalti (6m) e Dario (14m), no 2.o tempo. Dias perdeu um penalti, chutando a bola fora, aos 20m do 1.o tempo. Os quadros formaram assim: PALMEIRAS: Valdir (Silvio); Djalma Santos (Nelson), Djalma Dias, Valdemar e Geraldo; Dudu (Zequinha) e Ademir; Gildo, Servilio, Tupãzinho (Dario) e Rinaldo. SÃO PAULO: Raul; Osvaldo Cunha, Belini, Jurandir e Renato; Dias (Nenê) e Valter (Efraim); Peter, Zé Roberto, Prado e Paraná.

Campos responderá a Lacerda

RIO, 19 (FOLHA) — O ministro Roberto Campos foi designado para responder, em nome do governo, às criticas feitas pelo sr. Carlos Lacerda à atual politica economico-financeira do Brasil. Tecnicos dos Ministerios da Fazenda e do Planejamento assessoram-no e já iniciaram os estudos do relatorio-replica. O ministro fará seu pronunciamento dia 21, à noite, pela televisão carioca. No Palacio do Planalto ouvia-se, hoje, um unico comentario: "A politica economico-financeira do governo federal é correta e imutavel."

O documento do governador da Guanabara não teve a repercussão que dele se esperava entre os assessores presidenciais, que se limitaram a afirmar que "foram repisados lugares-comuns".

O presidente Castelo Branco, entretanto, voltou a examinar o texto da carta de Lacerda esta manhã, antes de iniciar os despachos administrativos.

Idéia vitoriosa

Nove dias depois de lançada a campanha "Nada Resiste ao Trabalho", verifica-se que a idéia que a inspirou ganhou as ruas da cidade, as cidades do Estado e os Estados do país.

Sua ampla repercussão dá a medida exata de determinação geral de vencer a fase necessariamente ardua que o Brasil atravessa — fruto da precedente aventura inflacionaria e de uma insegurança generalizada — para construir tranquilo e solido desenvolvimento, isento de temores e de surpresas.

A campanha é hoje patrimonio da coletividade. Os pronunciamentos procedentes das mais variadas fontes são uma prova disso. As palavras de estimulo e aplauso que nos têm chegado, proferidas por homens de Estado, dirigentes sindicais, autoridades eclesiasticas, juntaram-se mensagens de encorajamento de economistas, tecnicos e de representantes da lavoura.

"A iniciativa da FOLHA de lançar a campanha "Nada Resiste ao Trabalho" parece-me meritoria e oportuna — dizia ontem, em mensagem, o sr. Salvio Pacheco de Almeida Prado, presidente da Sociedade Rural Brasileira. — O que a Nação precisa e todos nós pretendemos é debelar a inflação e não adotar formulas que comprometam a situação futura."

"A suspensão das compras pelo publico — acrescentou — trará dificuldades para os produtores e comerciantes, redundando na diminuição de suas atividades. Isto agravará o perigoso problema do desemprego, o que poderá comprometer a estabilidade social do país".

E concluiu acentuando "a correção da campanha dentro da concepção de que a solução é o trabalho e de que todos devem comprar o necessario para manutenção de sua vida. Este fato é do mais alto interesse nacional. Parabens, pois, à FOLHA DE S. PAULO."

FOLHA DE S. PAULO

UM JORNAL A SERVIÇO DO BRASIL ANO XLVII SÃO PAULO, 3.ª-FEIRA, 6 DE JUNHO DE 1967 N.º 13.869

Diretor Presidente: Otavio Frias de Oliveira — Administração e oficinas graficas: Alameda Barão de Limeira, 425 — Diretor de Redação: José Reis

Israel enfrenta 13 paises arabes

Um brasileiro morreu em Gaza

Os EUA anunciam sua neutralidade

No Brasil não faltará gasolina

AMPLIA-SE A GUERRA

Israelenses tomam a faixa de Gaza

FRONTEIRA JORDANO-ISRAELENSE, 5 — Tanques e tropas da Republica Arabe Unida em posição de alerta nas proximidades da fronteira de Israel com a Jordania. Radiofoto UPI

DESERTO DO NEGEV, Israel, 5 — Tropas israelenses preparam uma posição defensiva perto de Gaza. A guerra de Israel com os paises arabes eclodiu em três frentes. Radiofoto UPI

Treze paises já declararam guerra a Israel, doze horas depois do inicio da guerra do Oriente Medio, que se alastra por toda a peninsula do Sinai e pelo deserto do Negev.

Depois de um dia de violentas batalhas em terra e no ar, a BBC de Londres informou ontem que as forças blindadas de Israel haviam tomado todà a faixa de Gaza, enquanto que o Conselho de Segurança das Nações Unidas, reunido desde o meio-dia, buscava uma forma para o cessar-fogo no Oriente Medio.

Em Moscou, o governo sovietico acusou Israel de ter começado a guerra, solidarizou-se com os arabes e reservou-se "a qualquer ação caso haja uma intervenção estrangeira."

Em Washington, o governo norte-americano insistiu numa solução da crise através do CS da ONU e proclamou-se neutro no conflito, embora a VI Frota do Mediterraneo tenha novamente se deslocado para rumo ignorado.

No Cairo, informou-se que as tropas arabes haviam penetrado em territorio israelense e rompido a defesa inimiga, noticia não confirmada em Tel Aviv, cujos suburbios foram bombardeados pela aviação egipcia e pela artilharia jordaniana.

No deserto do Sinai, o Exercito israelense avança em direção ao golfo de Akaba, depois de ter tomado diversos pontos estrategicos ao norte da peninsula do Sinai.

O BRASIL FICARA NEUTRO

O Brasil manter-se-á neutro em relação à guerra entre arabes e israelenses, e votará, no Conselho de Segurança da ONU, pela cessação de fogo imediata — essas informações foram prestàdas pelo chanceler Magalhães Pinto, depois de encontro que manteve ontem com o presidente Costa e Silva para debater a situação e a posição oficial do governo brasileiro.

Nos meios politicos nacionais, a deflagração do conflito no Oriente Medio provocou grande perplexidade, repercutindo profundamente nas duas Casas do Congresso e nas Assembléias estaduais. Na Camara, nada menos de doze deputados — da ARENA e do MDB — focalizaram os acontecimentos, todos pedindo a mediação do Brasil para o restabelecimento da paz.

EM SAO PAULO

A conflagração colheu de surpresa as representações diplomaticas de Israel e da RAU em São Paulo.

As 15h30, entretanto, já um grupo de nove israelitas — 7 rapazes e 2 moças — partia de São Paulo aparentemente com destino a Israel. No aeroporto de Congonhas despediram-se de seus parentes e amigos, em lagrimas, que se recusaram a dar informações sobre o destino do grupo, que fez uma escala na Guanabara.

A Secretaria da Segurança Publica colocou forte policiamento diante dos consulados dos paises em conflito e nos bairros arabes e israelitas.

O MORTO BRASILEIRO

O cabo gaucho Carlos Adalberto Ilha de Macedo, que integrava o Batalhão de Suez, em Gaza, morreu em consequencia de fogo trocado entre israelenses e arabes naquela faixa policiada pelas tropas da ONU.

O presidente Costa e Silva soube de sua morte às 9 horas e pouco depois examinava com os ministros das Relações Exteriores e do Exercito as providencias para a volta imediata de nossos pracinhas.

PAGS. 2, 3, 5, 8 e 16

Nossa opinião

É impossivel dizer, neste inicio de hostilidades entre arabes e israelenses, se os homens que em ultima analise detêm o destino da paz ainda conservam algum controle sobre os acontecimentos e se ainda poderão orientá-los numa direção menos desastrosa do que a que se delineia. Esses homens, obviamente, não estão no Cairo, em Damasco ou em Telavive, e sim em Washington. Londres e Moscou. ("GUERRA" — Pag. 4)

Assuntos diversos

FOLHA DE S. PAULO

UM JORNAL A SERVIÇO DO BRASIL   ANO XLVII   SÃO PAULO, 3.ª-FEIRA, 26 DE SETEMBRO DE 1967   N.º 13.981

Diretor Presidente: Otavio Frias de Oliveira   Adm. e of.: Al. Barão de Limeira, 425

LACERDA VAI A JANGO E FAZ PACTO POLITICO

MONTEVIDÉU — O sr. Carlos Lacerda conferencia com o ex-presidente João Goulart, na elegante residencia ceste em Vila Biarritz. À direita, o deputado Renato Archer acompanha os entendimentos como representante do ex-presidente Kubitschek. - UPI

O sr. Carlos Lacerda foi a Montevidéu procurar o sr. João Goulart, para obter o apoio do ex-presidente da Republica, deposto pela Revolução de Março, para a Frente Ampla.

Uma declaração conjunta, emitida por ambos, na capital uruguaia, afirma, entre outras coisas, que ambos estão convencidos "da necessidade inadiavel de promover o processo de redemocratização do Brasil". O encontro se deu na presença de um representante do sr. Kubitschek, sr. Renato Archer.

O ex-presidente Goulart dá, com sua assinatura à declaração, o seu apoio total à Frente Ampla.

Ao regressar, ontem, ao Brasil, o sr. Carlos Lacerda declarou em Viracopos, de passagem para o Rio, que estava satisfeito com a adesão do sr. Goulart.

O sr. Leonel Brizola, tambem asilado no Uruguai, emitiu uma declaração condenando violentamente a atitude de Goulart.

No Ministerio da Justiça, informava-se que, em face do encontro de Montevidéu, o governo brasileiro poderá pedir ao Uruguai o internamento do ex-presidente.

No Rio, comentava-se que o momento do encontro foi cuidadosamente escolhido pelo sr. Lacerda, que aproveitou a realização da reunião do Fundo Monetario Internacional, a fim de obter maior repercussão para o acordo.

Ver colunas politicas e noticiario completo nas paginas 3 e 5.

NA FOLHA ILUSTRADA

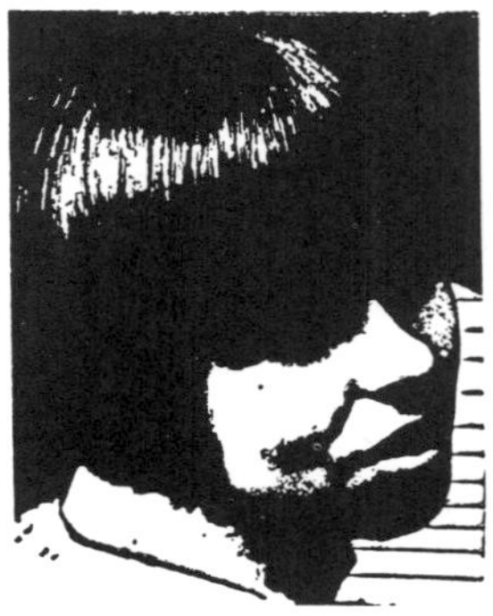

FESTIVAL

Começa sabado, dia 30, o III Festival da Musica Popular Brasileira, promovido pela TV Record. São 36 novas canções lutando pela preferencia do grande publico e mais 50 milhões de cruzeiros velhos dos premios. Pag. 5

TEATRO

O Teatro Oficina resolveu antecipar a estréia oficial de "O Rei da Vela" para sexta-feira. Na pag. 5, leia sobre Oswald de Andrade e sua polemica peça.

CIENCIA

Na 1.a pag. o cientista sovietico Piotr Kapitsa fala acerca da influencia da opinião publica na pesquisa e no progresso cientifico.

FMI: Costa define posição brasileira

O presidente Costa e Silva fala na abertura dos trabalhos da XXII Reunião anual dos governadores do Fundo Monetario Internacional e do BIRD. A posição do Brasil está definida. ★

O presidente Costa e Silva definiu, ontem, perante os delegados dos 106 paises presentes à XXII Reunião Anual do Fundo Monetario Internacional, a posição brasileira tanto sobre os problemas monetarios existentes no ambito do Fundo, como quanto às questões relacionadas com o financiamento do desenvolvimento economico, relativas ao Banco Mundial.

Quinta-feira, o ministro Delfim Neto definirá a posição do bloco latino-americano e das Filipinas, sobre a proposta do grupo dos dez, que preconiza a criação de um mecanismo de direitos especiais de saque, para aliviar o problema da liquidez internacional.

Em resumo, são os seguintes os principais acontecimentos do dia de ontem, no Museu de Arte Moderna do Rio de Janeiro:

— Reunião do grupo dos dez, com eleição de seu novo presidente, sr. Krister Wichman, ministro da Fazenda da Suecia, para o proximo exercicio; nessa reunião, foi examinada a perspectiva de uma expansão do comercio internacional, principalmente entre os paises industrializados e o resto do mundo e a possibilidade do aumento da taxa de juros para financiamento dos organismos ligados ao Banco Mundial;

— Rumores de que alguns paises socialistas — Tchecoslovaquia, Polonia, Rumania e, possivelmente, a União Sovietica — pretendem ingressar, em bloco, no Fundo Monetario Internacional;

— Michel Débré, ministro das Finanças da França, fixou a posição de seu país, defendendo maior participação das nações subdesenvolvidas nas decisões do FMI e do BIRD;

— O ministro Macedo Soares declarou que, durante a atual reunião, será discutido com a delegação norte-americana, o problema do café soluvel;

— As delegações latino-americanas não escondiam o seu temor de que a proposta sobre direitos especiais de saques esteja vinculada a um aumento das condições para a utilização dos saques condicionais no FMI.

Tinoco afastado da Auditoria pelo STM

Ao iniciar o expediente de ontem na 2.a Auditoria de Guerra, de São Paulo, o juiz José Tinoco Barreto recebeu telegrama do STM comunicando-lhe seu afastamento do cargo, até o final do inquerito administrativo que terá de responder por ter feito declarações à imprensa que aquela corte considerou injuriosas.

Pag. 6

Suplemento tem repercussão em todo o Brasil

O suplemento especial da FOLHA sobre "Cooperação Internacional no Brasil e no Continente", lançado com a edição de domingo, teve grande repercussão em todo o país, principalmente na XXII Reunião de Governadores do FMI-BIRD, e foi alvo de manifestações do ministro da Fazenda e do presidente do Banco Central, além de outras autoridades dos meios economico-financeiros.

Ult. pag.

Nossa opinião

Os discursos pronunciados na abertura das reuniões do FMI-BIRD revelaram, em seu conjunto, importante progresso no conhecimento dos complexos problemas economicos e financeiros mundiais e, o que é mais significativo, mais profundo amadurecimento das idéias sobre como enfrentar esses problemas. O presidente Costa e Silva e os outros oradores expuseram os problemas de suas areas de atuação com realismo que não excluiu otimismo. (**"Responsabilidade Internacional"** — Pag. 4)

Assuntos diversos

Começa hoje o julgamento de Regis Debray

O julgamento de Regis Debray, inicialmente previsto para o dia 24 de maio, será finalmente iniciado hoje em Camiri, na Bolivia. O Exercito distribuiu credenciais para poucos jornalistas, os quais poderão assistir às sessões do tribunal militar.

Pag. 2

Restrições a estrangeiros diminuirão

Apenas 16 restrições serão impostas a estrangeiros que pretendam naturalizar-se, de acordo com o novo Estatuto de Estrangeiros, já pronto e que será levado ao presidente da Republica no proximo mês.

São as seguintes: não poderão exercer cargos de presidente e vice-presidente da Republica; de ministro de Estado; de oficial das Forças Armadas; de diplomata; de embaixador; de ministro do STF; de ministro do STM; de juiz do Superior Tribunal do Trabalho; de procurador-geral da Republica; de ministro do TFR; de senador; de deputado federal; de governador e vice-governador de Estado; de proprietario, armador ou comandante de navios nacionais.

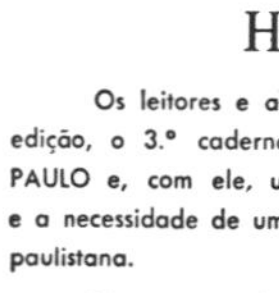

GRANDE SÃO PAULO O DESAFIO DO ANO 2000

HOJE, 3.o CADERNO

Os leitores e assinantes da FOLHA DE S. PAULO receberão hoje, com esta edição, o 3.° caderno (32 paginas) do Suplemento Especial do GRANDE SÃO PAULO e, com ele, uma informação completa sobre o Metrô, o anel ferroviario e a necessidade de um sistema integrado de transportes urbanos para a Metropole paulistana.

No proximo domingo, 1.° de outubro, circulará o 4.° caderno do mesmo suplemento. Serão 80 paginas dedicadas a problemas da comunidade, especialmente no que se refere à vida, ambições e potencialidade da classe operaria do Grande São Paulo.

FOLHA DE S. PAULO

UM JORNAL A SERVIÇO DO BRASIL ANO XLVII SÃO PAULO, 4.ª-FEIRA, 11 DE OUTUBRO DE 1967 N.º 13.996

Diretor Presidente: Otavio Frias de Oliveira

Adm. e of.: Al. Barão de Limeira, 425

BOLIVIA CONFIRMA A MORTE DE GUEVARA

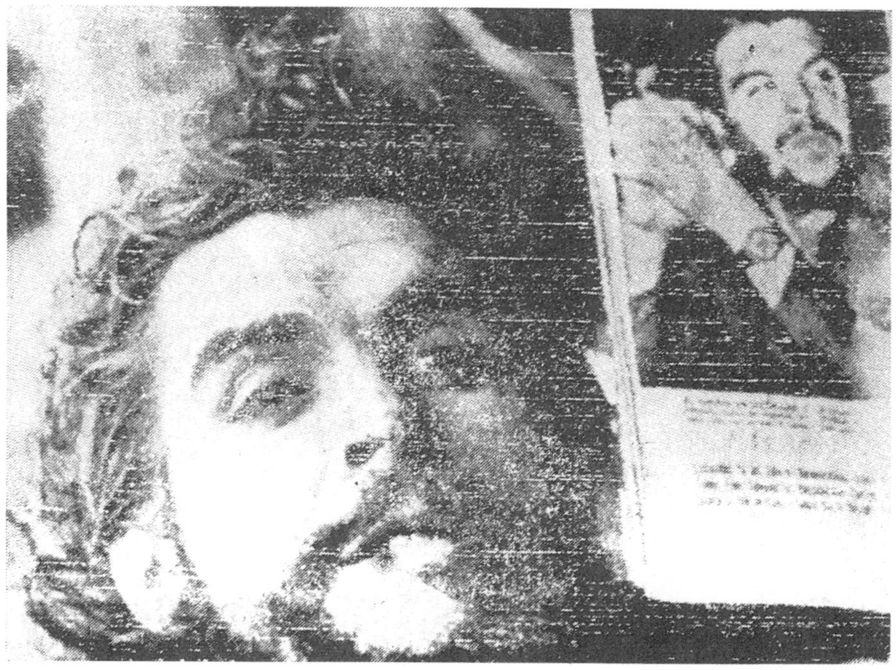

VALLEGRANDE, Bolivia, 10 — Eis o guerrilheiro morto pelo Exercito, que o identificou como sendo Ernesto "Ché" Guevara. Ao lado do corpo, para comparação, uma foto do revolucionario cubano publicoda numa revista. **Radiofoto UPI**

LA PAZ, 10 (AFP-UPI-FOLHA) — A noticia da morte de Ernesto "Che" Guevara foi hoje confirmada oficialmente pelo exercito boliviano apesar do silencio do governo.

O general Alfredo Ovando Candia, chefe das Forças Armadas da Bolivia, atribuiu a Guevara esta frase, que foram suas ultimas palavras: "Sou o "Che" Guevara e fracassei."

Por outro lado, as impressões digitais de Guevara foram enviadas aos peritos bolivianos, assessorados por especialistas da CIA nos trabalhos de identificação do corpo, segundo declaração do chanceler argentino Nicanor Costa Mendez.

Em Washington reina silencio, declarando o porta-voz do Departamento de Estado que "não se possuem meios para confirmar a informação."

Em Havana a noticia foi divulgada ontem, reconhecendo a presença de "Che" Guevara na Bolivia.

Pag. 2

Na FOLHA ILUSTRADA

ARQUITETURA TEATRAL

Uma equipe paulista chefiada pelo arquiteto Fabio Moura Penteado ganhou Medalha de Ouro de Arquitetura Teatral, na Tchecoslovaquia. O projeto é arrojado e o premio de grande importancia, já que o Brasil não tem ainda estrutura organizada para a arquitetura teatral. 1.ª pag.

VANDRÉ DESMENTE

Geraldo Vandré diz que há pessoas interessadas em prejudicá-lo nesse III Festival da Musica Popular Brasileira. E desmente boatos sobre aquisição de ingressos para formar sua platéia. Acredita em sua musica e está ensaiando numa fazenda, com o Trio Maraiá e o Quarteto Novo. Pag. 3

Carne aumenta pela sexta vez em 30 dias

Pela sexta vez em 30 dias, a carne sofrerá aumento de preço. Os frigorificos avisaram ontem aos açougueiros que cobrarão mais 5 centavos — cinquenta cruzeiros antigos — pela carne de primeira, a partir de hoje.

Os aumentos da carne, com o de hoje, atingem a 50 centavos — quinhentos cruzeiros antigos — por quilo, com relação aos preços que vigoravam há um mês.

Alfabetização de 23 milhões em 8 anos

O MOBRA — Movimento Brasileiro de Alfabetização pretende alfabetizar 23 milhões de brasileiros em apenas 8 anos. Para isso contará com a colaboração de todos os Ministerios, através de mobilização geral decretada pelo mal. Costa e Silva.

O plano fixa prazo de 4 anos para a recuperação de 11.400.000 analfabetos, na faixa de 10 a 30 anos. O governo utilizará o tempo de que dispõe no radio e na televisão, em programas com duração de 20 minutos, de segunda a sexta-feira.

Pag. 6

Nossa opinião

A verdade é que, após a primeira colocação do problema atomico, pelo presidente da Republica, definindo as linhas mestras da nossa politica nesse setor, coube ao Ministerio das Relações Exteriores dar-lhes consequencia e equacioná-las de maneira que correspondia aos mais altos interesses nacionais. Essa atuação do Itamarati é sem duvida preferivel à daqueles que, pretextando as dificuldades tecnicas da questão, no fundo revelam é falta de confiança em nossas possibilidades. (**"Politica Nuclear"** — Pag. 4)

Assuntos diversos

Calor vai a 38° e desidratação bate recorde

O calor chegou ontem a 38 graus, provocando um recorde de 389 casos de desidratação infantil, e deverá piorar hoje, pois as previsões são de temperatura em elevação, com tempo bom passando a instavel no entardecer.

Um plano de cloração de agua a domicilio, para tentar eliminar uma das possiveis causas da desidratação, será posto em pratica nos proximos dias pelo secretario da Saude, com a colaboração de 600 universitarios.

Ult. Pag.

DOPS diz que estudantes só fizeram reunião

O DOPS enviou ontem relatorio ao secretario da Segurança Publica, coronel Sebastião Chaves, sobre o Congresso da União Estadual dos Estudantes. O documento diz que o Congresso não passou de reunião de comissões e fala da cisão havida no movimento estudantil de São Paulo, entre as alas da Ação Popular e do Partido Comunista.

Nei Braga diz que "Frente" nasceu errada

O Senador Nei Braga, antes de receber ontem o titulo de "Cidadão Paulistano" em sessão especial na Camara Municipal, condenou a Frente Ampla e mostrou-se tambem contrario a eleição direta para presidente da Republica, "porque ainda é muito cedo".

Sobre as atividades politicas do sr. Janio Quadros, disse que ele não poderia ser punido, pois não "vejo nada de subversivo nos seus escritos e pronunciamentos". **Ult. pag.**

Ubiratã (n.º 6) foi um dos responsaveis pela vitoria do Corintians sobre o Sirio, ontem à noite, no Ibirapuera, que valeu o bicampeonato do Torneio Luciano Marrano. ★ **Seção de Esportes**

Beltrão explica a nova lei dos aluguéis

O ministro do Planejamento, sr. Helio Beltrão, explicando a nova lei dos aluguéis, aprovada no Congresso por decurso de prazo, afirma que os novos valores não poderão exceder a porcentagem de aumento do maior salario minimo existente no país.

Lembrou que este ano o aumento do salario minimo foi de 25%, e assim o dos aluguéis, enquanto em 1964 as locações subiram 116% e em 1965, 73%. O sr. Mario Rodrigues de Carvalho, presidente da Associação de Proteção e Solidariedade aos Inquilinos, reconhece os bons propositos do projeto, mas pedirá ao presidente da Republica que desvincule a majoração de aluguéis do aumento do salario minimo, o que, segundo ele, acarreta diminuição da renda popular.

Pag. 6

Industria julga estagiarios despreparados

Os estudantes de engenharia não estão preparados para fazer estagios em industrias, porque as faculdades não ensinam o que as industrias precisam — afirmaram ontem empresarios de São Paulo, durante estudos promovidos pelo Centro de Integração Empresa-Escola.

Os estudantes queixaram-se de que as empresas não aceitam estagiarios, e dizem que elas poderiam ajudar cedendo-lhes os seus laboratorios, porque as escolas não os têm.

Os professores afirmam que a culpa é tambem das empresas, que não planejam o periodo de estagio. Apontam como solução, a adaptação dos curriculos às necessidades das empresas, dando maior importancia à formação de tecnicos do que a pesquisadores.

Servidores já não acreditam nas noticias

Enquanto a noticia de que o governo não iria fazer demissões era recebida com ceticismo pelos servidores publicos, o deputado Paulo Planet Buarque anunciou que o sr. Abreu Sodré encaminhará ao Legislativo um novo projeto que extingue o pagamento de licença premio em dinheiro.

A entidade que reune os funcionarios já manifestou o seu protesto, tachando a medida de "injusta e prejudicial". **Ult. pag.**

FOLHA DE S. PAULO

UM JORNAL A SERVIÇO DO BRASIL ANO XLVII SÃO PAULO, 2.ª-FEIRA, 1.º DE JANEIRO DE 1968 N.º 14.078

Diretor Presidente: Octavio Frias de Oliveira Adm. e of.: Al. Barão de Limeira, 425

HANÓI DIZ QUE ACEITA NEGOCIAR — SEM BOMBAS

Pag. 2

A imagem de Nossa Senhora Aparecida, que é recoberta por um manto azul e tem sobre a cabeça uma coroa de ouro, completou 250 anos desde seu achado no rio Paraiba. Ontem, em sua mensagem de Ano Novo, o cardeal-arcebispo de Aparecida, dom Carlos Carmelo de Vasconcelos Motta, declarou que 1968 será o "Ano da Virtude Teologal da Esperança Cristã". – *(Veja "As Igrejas de São Paulo", na pag. 4)*

A primeira linha do Metrú será concluida em dois anos e meio. Varias mudanças são percebidas pela população de São Paulo — viadutos (como o Alcantara Machado, acima) e grandes avenidas, como a Rubem Berta e a nova Consolação, cruzam a cidade. O povo pagou impostos mais caros, mas a imagem do administrador foi recuperada. Hoje, pelas pesquisas de opinião, o prefeito Faria Lima é simpatico a mais de 95% da população paulistana. Quem diverge do prefeito, entretanto, indaga se os planos em execução, alem de caros, não ficarão superados pelo crescimento da cidade, e se não serão inuteis diante do Plano Diretor Urbanistico que está por vir. *Na pag. 5, um balanço das atividades do prefeito e das opiniões de seus opositores, no ano que passou.*

"Linha dura": povo está farto de promessas

Pag. 3

ESTOCOLMO, 31 – Três dos quatro marinheiros norte-americanos que desertaram do porta-aviões "Intrepid" no Japão, tomam café com a sra. Sophie Sandlin, em cuja casa estão hospedados. Os desertores solicitaram asilo politico à Suecia. *Radiofoto UPI*

Mais Um Grande Passo

A partir de hoje, 1.° de janeiro de 1968, parte da tiragem da FOLHA DE S. PAULO passa a ser impressa em "off set", o mais moderno sistema de impressão de jornais. Dentro em pouco, toda a tiragem será feita no mesmo sistema. Esse avanço tecnico é o resultado dos esforços que vimos fazendo para corresponder à confiança com que nos têm invariavelmente distinguido nossos leitores, amigos e anunciantes.

Uma equipe de mais de cento e cinquenta especialistas vem trabalhando, há varios meses, para a perfeita ajustagem das modernissimas maquinas de impressão — 24 unidades — da FOLHA DE S. PAULO. Não se pouparam sacrificios a fim de que nossos leitores tivessem, em materia de imprensa, o que de mais perfeito existe na atualidade. Este jornal é o primeiro da America Latina, e um dos primeiros do mundo, de tiragem superior a 200 mil exemplares, a usar o sistema de impressão a "off set". Isso é motivo de orgulho para o Brasil e nos enche de justificavel jubilo, que desejamos compartilhar com os nossos companheiros e com o publico, aos quais pertence essa vitoria, pois ela só foi possivel graças ao constante e crescente apoio que temos recebido de todos.

Ao ingressarmos, pois, nessa nova era da tecnologia jornalistica, no alvorecer de um Ano Novo que desejamos seja de paz e prosperidade para toda a humanidade e em especial para os brasileiros, saudamos profundamente gratos os leitores, anunciantes e amigos da FOLHA DE S. PAULO, que lhe permitiram alcançar o extraordinario progresso tecnico que ela ora apresenta.

★ FOLHA DE S. PAULO Edição da Tarde

ANO XLVIII UM JORNAL A SERVIÇO DO BRASIL SÃO PAULO, 6.ª-FEIRA, 5 DE ABRIL DE 1968 N.º 14.173

Adm. e of.: Al. Barão de Limeira, 425 Diretor Presidente: Octavio Frias de Oliveira NCr$ 0,30

SITIO: COSTA AMANHÃ NO RIO PARA DECIDIR

Pags. 3 e 16

Os padres que participaram da missa na igreja da Candelaria, na Guanabara, avançam à frente do povo, para evitar o choque com os cavalarianos da Policia Militar, o que conseguiram parcialmente.

MORTE DE KING GERA IRA NEGRA

Pag. 2

MORREU ONTEM ASSIS CHATEAUBRIAND

O corpo do embaixador Assis Chateaubriand permanecerá em camara ardente, no saguão dos "Diarios Associados" (rua 7 de Abril, 230), até amanhã, às 16 horas. O sepultamento será realizado no cemiterio do Araçá.

PAG. 6

GÁS DE RUA MAIS CARO

Pag. 5

FACULTATIVO HOJE

Ao tomar conhecimento da morte do jornalista Assis Chateaubriand o governador Abreu Sodré, que regressou na madrugada de hoje a São Paulo, determinou instruções para que fossem suspensas as aulas em todos os estabelecimentos oficiais de ensino do Estado, bem como determinou que não haja expediente hoje nas repartições publicas estaduais, decretando ainda luto oficial por dois dias. O governador Abreu Sodré, amigo pessoal do jornalista Assis Chateaubriand, recebeu emocionado a noticia de seu falecimento, tendo afirmado aos auxiliares que o cercavam que o Brasil perdia um dos mais ilustres, dinamicos e patriotas de seus filhos.

FOLHA DE S. PAULO

ANO XLVIII — UM JORNAL A SERVIÇO DO BRASIL — SÃO PAULO, 4.ª-FEIRA, 8 DE MAIO DE 1968 — N.º 14.206

Diretor Presidente: Octavio Frias de Oliveira — NCr$ 0,30 — Adm. e of.: Al. Barão de Limeira, 425

NOVA ONDA DE PRISÕES ALARMA TRÊS ESTADOS

Uma serie de prisões sem muita explicação — a não ser vagas acusações de subversão e às vezes nem isso — vem alarmando os Estados da Guanabara, Minas Gerais e, principalmente São Paulo. Ontem, na Camara Federal, o deputado Dnar Mendes, da ARENA, narrou com lagrimas nos olhos, o seu dialogo com o coronel que lhe prendera o filho em Belo Horizonte. Em Santo André, depois da prisão de um monsenhor, os agentes da Policia Federal detiveram o responsavel pela sucursal da FOLHA, porque o confundiram com um operario subversivo. Só que a prisão foi feita dentro da sucursal. Ver ultima pagina e editorial na pagina 4.

HOJE DE ESPORTE

Os que entendem de tempo disseram que na Capital haverá sol durante a maior parte do dia. Pela manhã, um pouco de nevoa umida, mas à tarde o calor aumentará.

NA FOLHA ILUSTRADA

"Musicanossa"

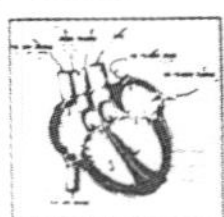

Transplante

Lloyd George

"Musicanossa": novo movimento

"Musicanossa" é um novo movimento que está tomando corpo em São Paulo e que tem um postulado muito convincente para vencer: "não temos preconceitos contra quem quer que seja, quem quiser vir a nós nos encontrará de braços abertos". O movimento, que reune gente disposta a lutar pela musica popular brasileira. Pag. 3

Lloyd George era um homem alegre

Um dos maiores politicos do seculo XX, o lider liberal britanico Lloyd George é retratado por seu filho, Gwilym Lloyd George, que seguiu a correira politica como o pai. E o que mais se destaca nesse retrato é o bom-humor que o grande po'itico demonstrava sempre na intimidade de seu lar. Na 1.ª pagina

Houston: mais um transplante

Os medicos do Hospital Saint Luke, em Houston, no Texas, realizaram ontem seu terceiro transplante de coração. Enquanto isso, continua progredindo satisfatoriamente o estado dos dois pacientes operados nos ultimos dias em Houston e do londrino que tambem recebeu coração novo. Na pagina 2

Nossa opinião

A prisão de um jornalista, em sua sala de trabalho, ontem efetuada em Santo André, merece a mais veemente condenação de quantos acreditam seja a democracia o regime adequado ao Brasil. O Departamento Federal de Segurança Publica continua a efetuar prisões por simples suspeita, sem atender a exigencias legais. Está tomando corpo uma situação que exige, e com urgencia, a intervenção do proprio presidente da Republica. (**"Estado policial"** — Pag. 4)

Assuntos diversos

A Situação Do Café

SANTOS — Tipo 4, estilo Santos, NCr$ 9,60 — Mercado estavel.
RIO — Tipo 7, safra 1967-68, NCr$ 6,00 — Mercado firme.
PARANAGUÁ — Tipo 4, mole, NCr$ 8,70 — Mercado calmo.

A Situação Das Moedas

Dolar no Cambio Oficial continuou a NCr$ 3,20 para a compra.

A Bolsa de Valores de São Paulo atingiu ontem o movimento de NCr$ 1 335.230,75, e a Bolsa do Rio atingiu NCr$ 2.092.940,91.

Em São Paulo a Media SN variou de 7.302 para 7.163.

Libra	7,71286	7,66432
Dolar Canadense	2,98719	2,96768
Coroa Dinam.	0,43164	0,42880
Coroa Norueg.	0,45096	0,44800
Coroa Sueca	0,62282	0,61880
Escudo	0,112539	0,111558
Fr. Belga	0,064828	0,064393
Fr. Francês	0,65261	0,64840
Fr. Suiço	0,74269	0,73792
Florin	0,88888	0,88320
Lira	0,005174	0,005140
Peseta	0,046657	0,045696
Peso Arg.	0,009338	0,008960
Peso Urug.	0,016267	0,016000
Marco Alemão	0,80765	0,80248
Xellin Australiano	0,124652	0,123680

Cotações telegraficas de Nova York

Paris: bandeira vermelha no Arco do Triunfo

PARIS, 7 (AFP-UPI-FOLHA) — Depois dos violentos choques de ontem, quando 345 policiais foram feridos, 10 mil estudantes voltaram essa tarde às ruas de Paris, ocupando virtualmente o centro da cidade. Uma enorme bandeira vermelha foi colocada no Arco do Triunfo. A policia parisiense está recebendo reforços das cidades vizinhas para enfrentar os manifestantes. Pagina 2.

AL: absolvidos Murilo Reis, Gouveia e Helio

A Assembléia Legislativa absolveu finalmente ontem, em sessão extraordinaria e secreta, por 53 votos dos 89 deputados presentes, os srs. Murilo de Souza Reis, Gouveia Franco Junior e Helio Djetiar da acusação de quebra do decoro parlamentar. Em meados de 1967, os deputados denunciaram irregularidades na compra de materiais para o novo palacio 9 de Julho, e os srs. Salgot Castillon e Arruda Castanho representaram à Mesa pela cassação de seus mandatos. Pagina 3.

Bob Kennedy vence McCarthy em Indiana

Indianapolis, 7 (UPI-AFP-FOLHA) — O senador Robert Kennedy liderava às ultimas horas de ontem as eleições primarias de Indiana, com 51.945 votos. Em seguida, tambem pelo Partido Democrata, vinham Eugene McCarthy, com 43.798 votos, e Roger Branigin, governador do Estado, com.... 43.421. Nixon, que concorreu sozinho pelo Partido Republicano, teve mais de 87 mil votos. Estes numeros correspondem, entretanto, a apenas 16% dos votos, visto que a apuração deveria prosseguir até às primeiras horas de hoje.

Leite custará mais; aumento já autorizado

O produtor do leite "in natura" vai receber um aumento de 21% nos preços pagos pelo distribuidor. Este tambem terá seus preços reajustados para a venda ao publico. É o que decidiu ontem a Comissão Nacional de Abastecimento. Outra decisão importante: verduras, frutas, legumes, aves e ovos terão seus preços controlados a partir de agora pela SUNAB, que estabelecerá margens para atacadistas e varejistas. Pagina 11.

Logo após a inauguração do QG do Ibirapuera, o ministro Lyra Tavares percorre as novas instalações, em companhia do governador Abreu Sodré e dos generais Syzeno Sarmento, que deixou ontem o comando do II Exercito, e Carvalho Lisboa, que tomou posse naquele comando. Pag. 6

PARIS, 7 — O coronel Han Van Lau, principal porta-voz da delegação norte-vietnamita que negociará com os Estados Unidos, acena para a multidão ao chegar a Paris. Lau declarou-se "bastante otimista" quanto aos resultados das negociações, que começam no dia 10. (Radiofoto UPI) Pag. 2

Taxis como este, caindo aos pedaços, não poderão mais circular. O DET iniciou fiscalização mais severa e, durante o dia de ontem, em vistoria realizada defronte a estação Sorocabana, 28 carros de praça foram retidos e proibidos de circular. Pag. 8

Palmeiras vence e decisão fica para Montevidéu

O Palmeiras ganhou ontem à noite no Pacaembu a segunda partida pela final da Taça Libertadores da America, derrotando o Estudiantes, por 3 a 1 e obrigou a realização do desempate, que será em Montevidéu, no proximo dia 16. No 1.o tempo o Palmeiras vencia por 2 a 1 (gols de Tupãzinho, aos 5' e 43' e de Veron, aos 36') e no 2.o periodo Rinaldo, de penal, aos 34' consolidou o triunfo. A renda foi de NCr$ 194.081,00 (37.071 pagantes).

13.o transplante no Texas: morto reviveu

Pag. 2

Operarios da Perus ganham ação no TST

Pag. 6

FOLHA DE S. PAULO

ANO XLVIII — UM JORNAL A SERVIÇO DO BRASIL — SÃO PAULO, DOMINGO, 12 DE MAIO DE 1968 — N.º 14.210

NCr$ 0,30

EXIJA O TERCEIRO CADERNO DO SUPLEMENTO DA AMAZONIA

Diretor Presidente: Octavio Frias de Oliveira

Adm. e ed.: Al. Barão de Limeira, 425

ESTUDANTES COLOCAM DE GAULLE EM CRISE

Em Paris, o complexo estudantil-operario, criado com o apoio das centrais sindicais comunista e cristã ao movimento estudantil coloca a V Republica de de Gaulle em face de sua mais grave crise em dez anos de existencia. De Gaulle convocou um "conselho de guerra" ministerial enquanto se anuncia uma greve geral operaria para amanhã. Sabado, os choques entre policiais e estudantes atingiram proporções ineditas, com muitos feridos e centenas de prisões. Em Bonn, um outro complexo estudantil-operario, mais reduzido, mas mais radical, transformou a capital da Alemanha Ocidental em praça de guerra: estudantes e operarios pretendem impedir a aprovação das "leis de exceção". Entrementes, em Paris, há esperanças de que as conversações EUA-Vietnã conduzam à paz, mas em Saigon, o vietcong continua a guerrilha nas ruas da cidade. — Pagina 2

PARIS, 11 — Depois de uma noite de lutas violentas, as barricadas de automoveis continuam dominando a paisagem na rua Gay Lussac, como em muitas outras do Quartier Latin, dominado pelos estudantes. Quase quatrocentas pessoas ficaram feridas, entre policiais e estudantes, durante os disturbios, que prosseguiram hoje. — (RADIOFOTO UPI) — Pagina 2

Pouca gente viu o S. Paulo jogar como time pequeno e perder feio do Guarani, por 3 a 1, ontem à tarde, no Pacaembu.

LA PAZ — Cleonice Rossi e Roberto Carlos chegam felizes e bem protegidos contra o frio ao aeroporto da capital boliviana, o mais alto do mundo. O casamento do cantor se realizou ontem. (UPI)

Desastre mata miss S. Catarina e seis pessoas

Olga Muci, miss Santa Catarina, duas freiras, um policial e outras três pessoas morreram no choque entre dois onibus e um caminhão de terraplenagem, ocorrido às quatro horas de ontem no quilometro 242 da rodovia Regis Bittencourt, proximo a Cajati. Treze pessoas — entre as quais os motoristas do onibus e do caminhão — ficaram feridas. Os mortos são, alem de Olga, as irmãs Romano e Slamerino, do Colegio de Vila Previdencia (Mooca); Pedro Silvano Cardoso, policial da Guanabara; Noé Cardoso, Silvana Cardoso e Glodiete Borges Jr. O onibus em que Olga viajava fazia a linha Rio-Florianopolis.

Transplante em São Paulo pode ser feito logo

Intensos preparativos indicam que a realização de um transplante de coração no Hospital das Clinicas, com o aproveitamento dos rins do mesmo doador em outro paciente, pode se concretizar a qualquer momento. Apesar das reservas dos responsaveis pelo transplante cardiaco, os cuidados e o rigoroso sigilo mantidos pela direção do Hospital das Clinicas mostram que ele pode ser realizado. A manutenção de um plantão permanente pela equipe encarregada de efetuar o transplante renal, aproveitando o rim de um cadaver, é sinal de que pelo menos essa intervenção é iminente. Pag. 8

Tentativa de dialogo vai prosseguir

"Setores do governo afirmam que somos comunistas, enquanto certas entidades estudantis nos acusam de procurar dividir o movimento estudantil", disse o pe. Vicente Adamo que, em companhia de dom José de Castro Pinto, promove o dialogo entre estudantes e autoridades do Ministerio da Educação. Adiantou, ainda, que os entendimentos continuarão, mesmo contra a vontade dos extremistas que querem sabotar o dialogo. PAG. 7.

Realidade brasileira: Amazonia

Com a edição de hoje da FOLHA DE S. PAULO, está circulando o terceiro caderno do Suplemento "Amazônia, a ocupação do vazio", da série sôbre Realidade Brasileira. Este caderno debate problemas concretos relacionados com o desenvolvimento da Amazônia, como rodovias, hidrovias, pesquisa, povoamento, etc.. No proximo domingo, dia 19, circulará o quarto e ultimo caderno do mesmo Suplemento. Veja suplemento Realidade Brasileira

São Paulo vai ampliar rede de gás de rua

Por iniciativa do vereador João Carlos de Souza Meirelles, a Camara Municipal de São Paulo promoveu estudos em torno do problema do abastecimento de gás na Capital. Concluiu-se que, para as cidades grandes, o ideal é o gás conduzido por gasdutos, até as residencias, ficando os botijões para as cidades medias e pequenas. As recomendações tratam tambem das materias-primas para fabricação do gás. Pag. 10

MF: execução orçamentaria foi muito boa

O Ministerio da Fazenda acaba de divulgar relatorio sobre a execução orçamentaria de 1967, no qual diz ter o governo conseguido, no ano passado, conciliar a retomada do desenvolvimento com a estabilidade. Para as autoridades fazendarias, a execução orçamentaria não prejudicou os programas de cada ministerio, como indicam os resultados obtidos pelas pastas dos Transportes e do Interior. Pag. 12

Costa e Silva inaugura usina de Santa Cruz

"O governo dará absoluta prioridade ao desenvolvimento do setor eletrico", declarou ontem o ministro Costa Cavalcanti, falando em nome do presidente Costa e Silva durante a inauguração da Usina Termeletrica de Santa Cruz. Afirmou que a usina deverá, em 1975, "operar um complexo eletrico cuja potencia excederá os 3 milhões de kw", e que, para o trienio 68-70, está prevista a verba de 6 bilhões novos para o setor. Pag. 6

Hoje faz frio

Hoje, Dia das Mães, o paulistano vai ter nevoeiro pela manhã, mas a previsão é boa para o resto do dia, apesar da queda da temperatura mais tarde.

HOJE NO CADERNO ESPECIAL

O que ameaça as nossas crianças

Os professores e a estabilidade

MDB: sublegenda é inconstitucional

A historia toda atrás do "Opala"

E LEIA A FOLHA

FEMININA

E TAMBEM UMA PAGINA DE

HUMOR

Nossa opinião

Se houvesse duvidas sobre as consequencias das sublegendas, o que já vem acontecendo em São Paulo se encarregaria de dissipá-las. A oposição caminha para o desaparecimento em nosso Estado — eis a dolorosa realidade de que o país precisa compenetrar-se. A caricatura bipartidaria começa a desfazer-se, assumindo contornos de unipartidarismo. ("Fim da Oposição" — Pag. 4)

Assuntos diversos

★ FOLHA DE S. PAULO Edição da Tarde

ANO XLVIII | UM JORNAL A SERVIÇO DO BRASIL | SÃO PAULO, 2.ª-FEIRA, 27 DE MAIO DE 1968 | N.º 14.225

Diretor Presidente: Octavio Frias de Oliveira | Adm. e of.: Al. Barão de Limeira, 425 | NCr$ 0,30

CORAÇÃO BATE BEM NO PEITO DE JOÃO

RIM TRANSPLANTADO JÁ FUNCIONA NORMALMENTE

Pags. 2, 3, 4 e 8

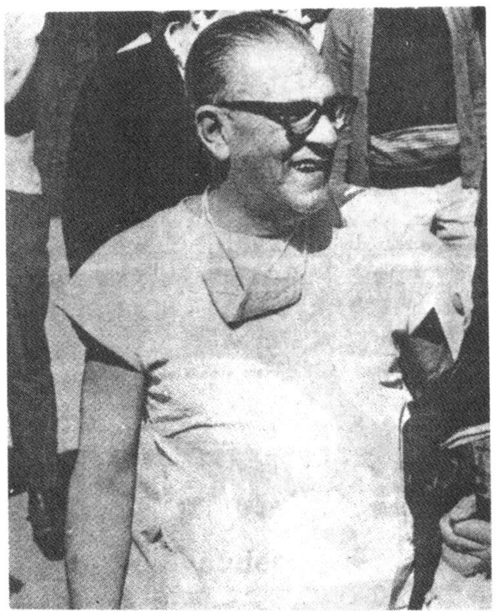

Campos Freire: transplante do rim

Zerbini: transplante do coração

RIO COM O 1.o ENXERTO DE PANCREAS NO MUNDO

RIO, 27 (Sucursal) — A medicina brasileira acaba de colher uma nova vitoria, com a realização de uma operação de transplante de pancreas, no Hospital Silvestre, na Guanabara.

A delicada intervenção cirurgica, a primeira do genero no mundo, foi efetivada por uma equipe medica chefiada pelo cirurgião Edson Teixeira, na madrugada de sabado e somente hoje divulgada à imprensa.

O Hospital Silvestre, ao confirmar esta manhã o exito da intervenção, informou que o boletim medico, das 8 horas de hoje, atesta o excelente estado de saude do paciente, que antes sofria de grave diabete.

AGORA É ÀS CLARAS: AGUA NO LEITE

RIO, 27 (FOLHA) — Os distribuidores de leite encaminharam oficio à SUNAB pedindo que "seja permitida a colocação de agua no leite e o seu preço seja aumentado para NCr$ 0,40 o litro".

Em fontes da SUNAB, informou-se que o sr. Enaldo Cravo Peixoto está disposto a aceitar as propostas dos distribuidores, desde que os comerciantes não especulem durante a fase em que o produto tiver menos escoamento nos centros consumidores, e a população não sofra um colapso no seu abastecimento. Assim, agora o povo tomará leite com agua, oficialmente.

QUASE DECEPOU A CABEÇA DO PAI A GOLPES DE FOICE
Pag. 6

FOI ESMURRADO PELO IRMÃO, CAIU E MORREU
Pag. 6

FIM DA FESTA: "PENETRA" FOI MORTO A TIRO
Pag. 6

SER PROFESSORA DA FAVELA AJUDA: LADRÃO NÃO MATA
Pag. 6

TALIDOMIDA (7 MIL CRIANÇAS DEFORMADAS): PROCESSO COMEÇA
Pag. 5, 2.º caderno

MEMBRO DA COMISSÃO JÁ OPINA: SUPERSONICO DEVE SER NO RIO
Pag. 5

Jair Rodrigues classificou "Canto Chorando"

Marilia Medalha colocou mais uma na Bienal

Neide Maria Rosa classifica o velho Pixinga

Marcia colocou Edu Lobo na final

BIENAL DÁ MAIS SAMBAS

Fraca artisticamente, mas cheia de vibração da platéia, que vaiou como em noite de festival, a terceira noite da I Bienal do Samba, classificou mais quatro sambas para a final do proximo dia 1.o. Entraram, compondo a duzia de finalistas, Edu Lobo, Pixinguinha, Elton Medeiros e Billy Blanco. Jair foi o mais aplaudido pelo publico jovem.

Folha Ilustrada — Pag. 1

DE GAULLE ANUNCIA QUE CHEGOU A ACORDO COM OS TRABALHADORES
Pag. 5, 2.º caderno

★ FOLHA DE S. PAULO Edição da Tarde

ANO XLVIII UM JORNAL A SERVIÇO DO BRASIL SÃO PAULO, 5.ª-FEIRA, 6 DE JUNHO DE 1968 N.º 14.235

Diretor Presidente: Octavio Frias de Oliveira Adm. e of.: Al. Barão de Limeira, 425 NCr$ 0,30

BOB MORRE

ODIO E VIOLENCIA ABALAM EUA

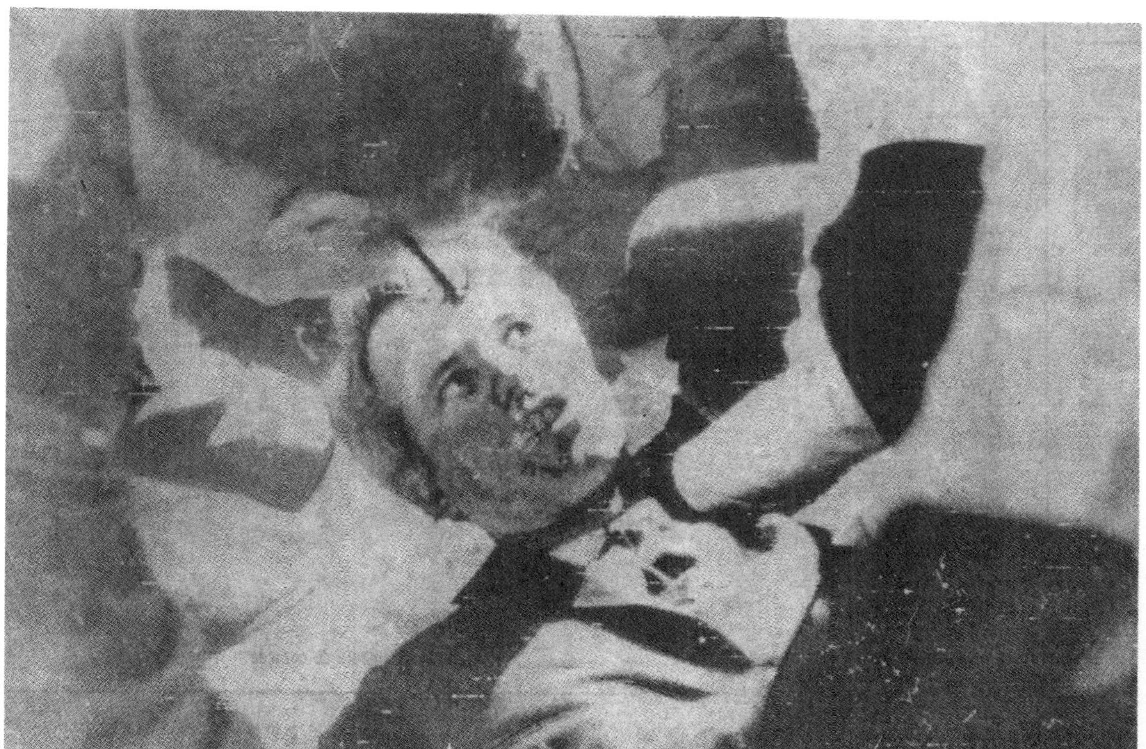

LOS ANGELES — BOB KENNEDY, GRAVEMENTE FERIDO, OLHA PARA UMA DAS PESSOAS QUE O SOCORRERAM ENQUANTO SE ESPERAVA A AMBULANCIA. (Radiofoto UPI)

KENNEDY NA AGENDA DA MORTE

LOS ANGELES — SIRHAN BISHARA SIRHAN, DE 24 ANOS, É CONDUZIDO PELA POLICIA, COM AS MÃOS ÀS COSTAS, DEPOIS DE SER FORMALMENTE ACUSADO DE SEIS TENTATIVAS DE HOMICIDIO, EM CONEXÃO COM O FUZILAMENTO DE BOB KENNEDY. (Radiofoto UPI),

TRAGEDIA MARCA OS KENNEDY

PAI CONTRA O FILHO ASSASSINO

Pags. 2, 3, 4, 9, 10, 11 e 12

FOLHA DE S. PAULO

ANO XLVIII — **UM JORNAL A SERVIÇO DO BRASIL** — SÃO PAULO, 5.ª-FEIRA, 27 DE JUNHO DE 1968 — N.º 14.256

Diretor Presidente: Octavio Frias de Oliveira — NCr$ 0,30 — Adm. e of.: Al. Barão de Limeira, 425

GRANDE PASSEATA NA GUANABARA

Pouco antes do inicio da passeata, uma grande multidão reune-se diante do edificio da Assembléia Legislativa, ouvindo os primeiros discursos. A passeata movimentou-se depois em direção à Candelaria, pela av. Rio Branco. Noticiario nas pags. 3, 5 e 6.

Hoje, às 10 h, Araçá: enterro do soldado vitima do atentado

Vitoria do bom senso

A tranquilidade com que decorreu a grande passeata realizada ontem à tarde na Guanabara constituiu a mais eloquente demonstração de que nada há a temer de realmente serio quando o bom senso prevalece. Justificavam-se as apreensões quanto ao que poderia ocorrer: os incidentes da semana passada ainda estão bem vivos na memoria de todos, e havia razões para temer que eles se repetissem. Alem disso, o criminoso atentado contra o QG do II Exercito, em São Paulo, pela madrugada, teve todas as caracteristicas de uma provocação, quase que um convite para que a represalia ocorresse já horas mais tarde no Rio.

A provocação, porem, não foi aceita. Ao permitir a realização pacifica do movimento, na Guanabara (recusando-se assim a ouvir os que lhe aconselhavam uma repressão a qualquer preço), o presidente Costa e Silva deu o passo decisivo para afastar a possibilidade de conflitos, reafirmando assim sua disposição de resolver democraticamente os problemas nacionais. Os manifestantes, por sua vez, fizeram o resto, resistindo às insidias dos agitadores, dos provocadores, dos pescadores de aguas turvas.

Está demonstrado o acerto da tese do governo paulista, o primeiro a permitir as manifestações, embora correndo os riscos de ser mal compreendido pelos radicais de todos os matizes. Está tambem demonstrado que apenas uma minoria, facilmente identificavel, é que está interessada na agitação.

O povo repele a violencia, venha de onde vier. Da mesma forma como repele os extremistas.

O corpo do soldado Mario Kosel Filho é velado por uma guarda de honra, no quartel da 2.a Divisão de Infantaria

O soldado-estudante, Mario Kozel Filho, morto durante o atentado de ontem ao QG do II Exercito (noticiario na ultima pagina), será sepultado hoje, às 10 horas, com honras militares, no cemiterio do Araçá. O cortejo funebre sairá do quartel da Segunda Divisão de Infantaria, na rua Manoel de Nobrega, onde o corpo está sendo velado por seus parentes, amigos e colegas das Três Armas. Mario Kozel Filho foi promovido "post mortem" a terceiro sargento, pelo general Carvalho Lisboa. A União Civica Feminina expediu nota convidando o povo paulista a comparecer ao sepultamento.

Não haverá aula

Não haverá aula hoje nas escolas oficiais, na Capital, por ordem da Secretaria da Educação, que distribuiu o seguinte comunicado: "O secretario de Estado dos Negocios da Educação, no uso de suas atribuições legais e considerando que amanhã, dia 27, será realizado nesta capital o sepultamento do soldado Mario Kozel Filho, morto no cumprimento do dever e vitima do brutal atentado contra o QG do II Exercito, resolve, nesse dia, suspender as aulas em todos os estabelecimentos de ensino desta capital, pertencentes à Secretaria da Educação, a fim de propiciar a alunos e professores a oportunidade de participarem das justas homenagens que o II Exercito e a população de São Paulo prestarão à memoria do soldado e estudante, tão tragicamente desaparecido".

Volta o sol

Melhora o tempo hoje, com mais sol para aquecer os paulistanos. Só pela manhã é que haverá nevoeiro, garantem os meteorologistas.

A SITUAÇÃO DO DOLAR

Dolar no Cambio Oficial: NCr$ 3,20 para a compra e NCr$ 3,22 para a venda.

A Bolsa de Valores de São Paulo atingiu, ontem, o movimento de NCr$ 1.656.793,78 e o do Rio NCr$ 887.964,57.

A [illegible] SN registrou uma baixa de 19 pontos, passando de 6.831 para 6.812 pontos.

Na FOLHA ILUSTRADA

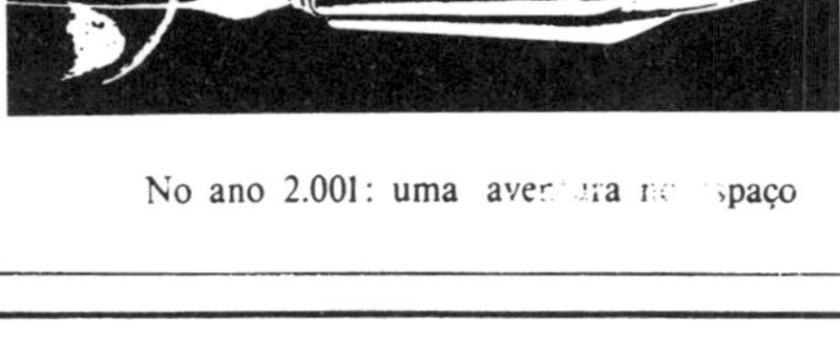

No ano 2.001: uma aventura no espaço

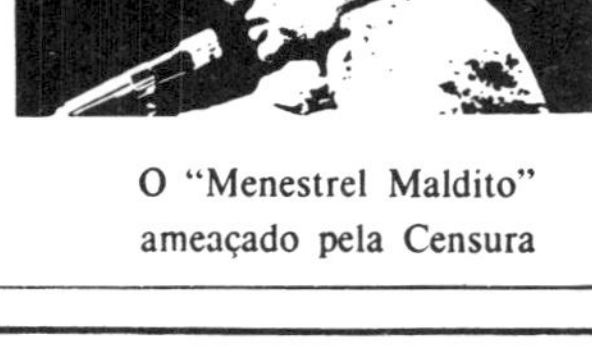

O "Menestrel Maldito" ameaçado pela Censura

Nossa Opinião

Todos os esforços devem ser feitos para identificar e localizar o autor ou os autores do nefando atentado contra o QG do II Exercito, para que sobre eles recaia todo o peso da lei. Mas a firmeza e o vigor que se impõem na repressão aos atos de terrorismo não excluem cabeça fria a fim de que se evitem generalizações injustas e inuteis abalos no regime. ("O Torpe Desafio" - Pag. 4)

Assuntos Diversos

FOLHA DE S. PAULO

ANO XLVIII UM JORNAL A SERVIÇO DO BRASIL SÃO PAULO, 5.ª-FEIRA, 22 DE AGOSTO DE 1968 N.º 14.312

Diretor Presidente Octavio Frias de Oliveira NCr$ 0,30 Adm. e of.: Al. Barão de Limeira, 425

RUSSOS ESMAGAM REAÇÃO TCHECA

As tropas russas consolidaram hoje a invasão da Tchecoslovaquia ocupando todos os pontos estrategicos do país. Em Praga, tomaram a sede do governo, a Assembléia Nacional e a sede do Partido Comunista, prendendo todos os lideres tchecos. Um novo governo titere já teria sido formado por Moscou no interior do país. Os russos assassinaram diversos jovens que protestavam em Praga e Bratislava. Todos os orgãos de informação foram ocupados à força, mas o presidente Svoboda conseguiu falar ao país através de uma "emissão pirata". Os Estados Unidos pedem a retirada russa do territorio tcheco e a Grã-Bretanha e França acusam duramente Moscou. Tambem a Iugoslavia e Romenia denunciam o imperialismo russo e o Partido Comunista Italiano condena a invasão. O Conselho de Segurança da ONU foi convocado para debater a situação. Em Washington, os lideres do Partido Democrata julgam que a crise poderá levar o presidente Johnson a candidatar-se novamente, pois a invasão da Tchecoslovaquia foi um severo golpe para as "pombas" que defendem uma maior aproximação com a URSS, através do fim da guerra do Vietnã. Paginas 2, 5, 6, 7, 8, 10 e ultima

Dolar sobe: Ncr$ 3,63 a partir de 27

O Conselho Monetario Nacional decidiu ontem elevar para NCr$ 3,63 (compra) e NCr$ 3,65 (venda) a taxa do dolar, a partir do dia 27. Até lá, estarão suspensas todas as operações de cambio, de qualquer natureza.

Ao lado do aumento do dolar, foi introduzida nova sistematica nos reajustes da taxa cambial, com a instituição da "taxa flexivel", que acompanhará indicadores internos, de forma ainda a ser estabelecida pelo Governo. Substitui a chamada elevação em degrau, com aumentos grandes periodicos.

O ministro Delfim Neto justificou a elevação de 13,3% como necessaria para estimular as exportações brasileiras, desviar as pressões episodicas sobre o mercado cambial, desestimular a especulação com o dolar e incentivar decisivamente o investimento estrangeiro no Brasil.

PRAGA, 21 — Na estatua de Wenceslau, tradicional monumento de Praga, um tanque russo é hostilizado por um grupo de jovens, vendo-se ao fundo o edificio do Museu Nacional. Os russos assassinaram dois jovens ao pé da estatua. UPI

Conferencia do Episcopado: tudo na FOLHA

Frei Benevenuto de Santa Cruz seguiu ontem para a Colombia, como enviado especial da FOLHA DE S. PAULO junto à II Conferencia do Episcopado Latino-americano, cujos trabalhos serão inaugurados no proximo dia 24 pelo papa Paulo VI. Já no dia seguinte este jornal estará publicando as analises de Frei Benevenuto sobre o importante acontecimento, juntamente com a cobertura dos trabalhos da CELAM, a cargo do jornalista Newton Carlos, que já se encontra em Bogotá.

Estudantes na Filosofia-USP contra concurso

Estudantes da Faculdade de Filosofia da USP, que ontem interromperam um concurso para o provimento da catedra de Politica, anunciaram que se opõe à continuação desse tipo de concurso, já que a reforma da Universidade prevê a abolição da catedra. Entrementes, em Belo Horizonte, dos 50 presos nas manifestações de quarta-feira, 42 foram soltos. Pagina 6 da FI

União abole o reconhecimento de firmas

Nenhuma pessoa precisará mais reconhecer firma em documentos destinados a fazer prova perante as repartições e entidades publicas federais. Decreto nesse sentido foi ontem assinado pelo presidente Costa e Silva, que afirma, nos considerandos, que a medida visa à desburocratização dos serviços publicos. Para o ministro Helio Beltrão, o decreto "beneficia as classes menos favorecidas". Pagina 12

Ted Kennedy permanecerá na vida publica

WORCHESTER, Massachusetts, 21 (UPI-FOLHA) — O senador Edward Kennedy disse hoje, em discurso difundido pela cadeia nacional de televisão, que não se retirará da vida publica. "Recolho o estandarte caido pois não há segurança alguma em manter-se escondido." Nesta sua primeira aparição publica depois do assassinio de seu irmão Robert, Ted pediu a retirada das tropas norte-americanas do Vietnã.

Sufocado golpe militar na Bolivia

LA PAZ, 21 (UPI-AFP-FOLHA) — O presidente René Barrientos anunciou hoje o malogro de um golpe de estado chefiado pelo general Marcos Masquez Sempertegui, ex-chefe do Estado-Maior do Exercito. Todas as guarnições militares do país estão em estado de alerta. O ministro do Interior, David Fernandez, anunciou a detenção de vinte dirigentes politicos, acusados de "cumplicidade". Pagina 7

Grande S. Paulo: compras e vendas crescem em julho

Embora no mês de junho os indices de compras e vendas tenham sofrido uma redução drastica, isso não deve ser encarado como o inicio de recessão economica no Grande S. Paulo, pois em julho esses indices subiram alem do que se esperava. Salienta-se que o otimismo da Assessoria Economica da Secretaria da Fazenda não era infundado, já que o mês de junho é tradicionalmente fraco. Pagina 13

Pode chover

O tempo hoje muda um pouco, podendo mesmo chover de tarde. É que uma frente fria vem vindo do Sul, dizem os meteorologistas.

MERCADO DE VALORES

Dolar no Cambio Oficial: NCr$ 3,20 para a compra e NCr$ 3,22 para a venda.
A Bolsa de Valores de São Paulo atingiu, ontem, o movimento de NCr$ 872.483,69. O Indice Bovespa registrou, ontem, uma alta de 0,62 e a Media SN subiu 39 pontos.

FI

Na TV só faltava um Raul Longras

Nossa Opinião

Mais uma vez o mundo assiste atonito a uma brutal violencia contra as tentativas de um povo de autodeterminar seu destino, sem interferencias estranhas à sua soberania. Sejam quais forem as razões invocadas pelos russos, elas não justificarão nem legitimarão o ato que fere não apenas o povo tcheco mas igualmente a consciencia de liberdade de todos os povos.

"A Nova Invasão" - Pagina. 4

Assuntos Diversos

FOLHA DE S. PAULO

ANO XLVIII — UM JORNAL A SERVIÇO DO BRASIL — SÃO PAULO, DOMINGO, 13 DE OUTUBRO DE 1968 — N.º 14.364

Diretor Presidente: Octavio Frias de Oliveira — NCr$ 0,40 — Adm. e of.: Al. Barão de Limeira, 425

CONGRESSO DA UNE: TODOS PRESOS

Soldados da Força Publica organizam em filas os estudantes presos ontem de manhã no sitio Muduru, em Ibiuna, onde se realizava o Congresso da UNE.

Cerca de mil estudantes que participavam do XXX Congresso da UNE, iniciado clandestinamente num sitio da Ibiuna no Sul do Estado, foram presos ontem de manhã por soldados da Força Publica e policiais do DOPS. Estes chegaram sem serem pressentidos e não encontraram resistencia. Toda a liderança do movimento universitario foi presa: José Dirceu, presidente da UEE, Luís Travassos, presidente da UNE, Vladimir Palmeira, presidente da União Metropolitana de Estudantes, e Antonio Guilherme Ribeiro Ribas, presidente da União Paulista de Estudantes Secundarios, entre outros. Els foram levados diretamente ao DOPS Os demais estão recolhidos ao presidio Tiradentes. Desde segunda-feira os habitantes de Ibiuna notaram a presença de jovens desconhecidos, que iam à cidade comprar pão, carne, escovas e pasta de dentes, despertando suspeitas ao adquirir mais de NCr$ 200 de pão de uma só vez. Essas informações foram transmitidas ao DOPS e à Força Publica, que desde quinta-feira já conheciam segundo afirmaram — o local exato do Congresso. A denuncia de um caboclo, que fora barrado ao tentar chegar até o sitio Muduru, onde estavam os estudantes, fortaleceu a convicção da Policia de que o congresso seria realizado ali. Depois de avançar alguns quilometros de carro e outro trecho a pé, por causa da lama da estrada, 215 policiais chegaram ao local às 7h15 de ontem, organizaram o cerco aos estudantes e dispararam algumas rajadas de metralhadora para o ar, para intimidá-los. Sem resistir, os congressistas foram colocados em fila e levados aos onibus requisitados para transportá-los para a capital. O governador Abreu Sodré, ao ser homenageado por trabalhadores do DAE, no Horto Florestal, referiu-se ao episodio e reafirmou sua disposição de "manter a paz e a tranquilidade para a população que deseja trabalhar". E acrescentou, referindo-se à prisão dos participantes do congresso da UNE: "Agi com energia para reprimir a agitação e a subversão quando determinei, após horas de angustia e apreensão, a prisão de estudantes subversivos que participavam do congresso da UNE. Pag. 10

SP: TERRORISTAS MATAM MILITAR DOS EUA

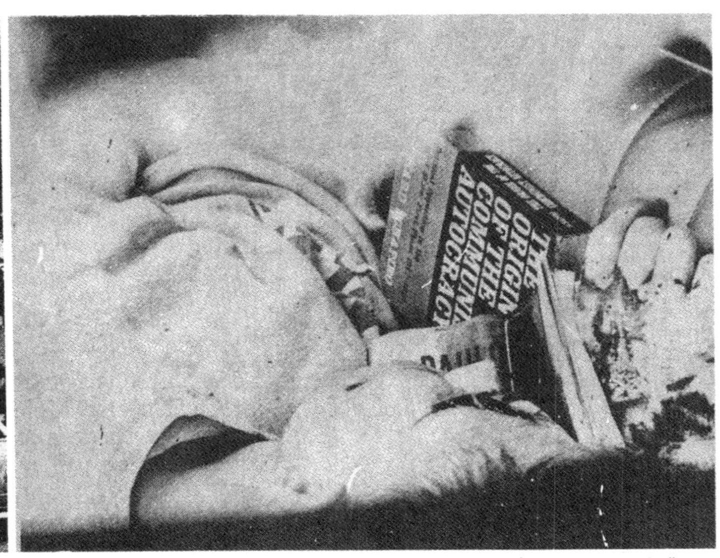

Após o crime, Policia e curiosos formavam um ajuntamento junto à casa e ao Impala. Dentro deste, o corpo de Chandler e um livro: "A origem da autocracia comunista".

Com varias rajadas de metralhadora que lhe atingiram o rosto, braço e abdome, foi assassinado ontem de manhã o capitão norte-americano Charles Rodney Chandler que de 29 anos de idade, há dois anos estava em São Paulo fazendo o curso de Sociologia Politica da USP, após ter servido como instrutor de guerrilhas durante um ano no Vietnã do Sul. O crime, cometido a sangue frio, foi cometido quando o militar deixava a casa da rua Petropolis, n.o 375, no Sumaré, onde morava com a esposa e quatro filhos, para levar um destes a um parque no Ibirapuera. Quando já transpuzera o portão da residencia, em marcha-a-ré, com seu carro, o capitão Chandler foi cercado por dois homens altos de oculos escuros que saltaram de um Volkswagen bege e dispararam contra ele, prostrando-o morto no banco dianteiro do Impala que ficou coberto de sangue, enquanto seu filho Darryl, de 9 anos, fugia aterrozido. Os desconhecidos aguardados por um terceiro, fugiram no Volkswagen deixando no local folhetos afirmando que Chandler fora executado "por sentença da Justiça Revolucionaria" e por ser "criminoso de guerra no Vietnã". Todos os orgãos policiais do Estado e o DPF foram mobilizados para a caça aos criminosos. O consulado dos EUA distribuiu nota a respeito e o corpo do capitão Chandler, que foi embalsamado ontem seguirá amanhã, em horario a ser marcado, para os Estados Unidos onde será sepultado.

Vai melhorar

Não pense em enfrentar o dia de hoje com muita euforia, mas pode arriscar um passeio, talvez até uma esticada ao Litoral, porque os meteorologistas anunciam que a instabilidade vai melhorar à tarde, com elevação da temperatura.

No caderno especial: Costa Cavalcanti e Gunnar Myrdal

As teses apresentadas na II Semana de Estudos Geologicos, realizada no auditorio deste jornal, constituem a edição de hoje do Caderno Especial. A politica mineral do Governo é examinada pelo ministro Costa Cavalcanti, que encerrou aquela promoção. Há um importante estudo sobre a exploração de petroleo na plataforma submarina do Brasil. O Caderno Especial apresenta ainda a integra da conferencia que o professor sueco Gunnar Myrdal proferiu quinta-feira ultima, em sequencia ao Ciclo "Tensões Politicas", patrocinado pela FOLHA DE S. PAULO.

Nossa Opinião

O desenvolvimento de uma nação depende tambem de uma serie de fatores extra-economicos; em outras palavras, é necessario muito mais do que simples medidas e programas economicos para promovê-lo. Essa é uma lição a tirar da conferencia do economista Gunnar Myrdal no auditorio deste jornal — lição util a todas as elites dirigentes dos paises subdesenvolvidos. . . ("Desenvolvimento" — Pag. 4)

Assuntos Diversos

FOLHA DE S. PAULO

ANO XLVIII **UM JORNAL A SERVIÇO DO BRASIL** SÃO PAULO, SABADO, 14 DE DEZEMBRO DE 1968 **N.º 14.426**

Diretor Presidente: Octavio Frias de Oliveira — NCr$ 0,30 — Adm. e of.: Al. Barão de Limeira, 425

Decretado o recesso do Congresso Nacional

GOVERNO BAIXA NOVO ATO

O ministro da Justiça, sr. Gama e Silva, anunciou ontem, cerca das 23 horas, duas medidas adotadas pelo governo da Republica, consubstanciadas no Ato Institucional n.º 5, que entrou em vigor ontem mesmo, e o Ato Complementar, decorrente do Institucional, que decretou o recesso do Congresso. O Ato Complementar não estipulou o prazo do recesso.

Fretes maritimos: Brasil terá mais US$ 200 milhões

Os fretes maritimos proporcionados pelos navios de bandeira brasileira darão ao país uma receita adicional de US$ 200 milhões, conforme prognostico do presidente do Sindicato dos Armadores Brasileiros. Essa receita é quase três vezes a que os navios brasileiros obtinham há menos de dois anos, e representa o acerto da nova orientação agressiva posta em pratica pela Comissão de Marinha Mercante. Pag. 13

Faria Lima dá inicio oficial às obras do Metrô

Revoada de pombos, chuva de papéis picados e fogos de artificio estão previstos para o inicio oficial das obras do Metrô de São Paulo, hoje, às 10 horas, na altura do numero 1500 da avenida Jabaquara. Depois de assinar o contrato das obras, o prefeito Faria Lima acionará o trator que abrirá o primeiro buraco dos trechos 7 e 8 da linha norte-sul do Metrô, que deverá estar pronta dentro de 5 anos. Pag. 10

O marechal Costa e Silva chega à Escola Naval, para presidir à formatura dos novos guardas-marinhas. Pag. 8

AID emprestará US$77 milhões a projetos nacionais

Brevemente serão assinados os contratos de financiamento concedidos pela AID a projetos brasileiros de desenvolvimento, no montante de US$ 77,52 milhões. O subsecretario de cooperação economica e tecnica internacional do Ministerio do Planejamento, sr. Sergio Bath, esclareceu que esses contratos se integram num programa intensivo de financiamentos de agencias internacionais ao Brasil. Pag. 12

Hoje no Maracanã o jogo do Brasil com a Alemanha

As seleções de futebol do Brasil e da Alemanha Ocidental jogam hoje à noite (21h15) no Maracanã, com televisionamento direto para São Paulo. Os jogadores brasileiros treinaram ontem cedo, à tarde descansaram e hoje às 10 horas viajam para o Rio, pela Ponte Aerea. Aimoré já formou o time: Picasso; Carlos Alberto, Jurandir, Dias e Everaldo; Gerson e Rivelino; Edu, Tostão, Pelé e Paulo Cesar. Esportes

DET interdita 2.a-feira pista da av. Rebouças

A partir de segunda-feira, a pista cidade-bairro da avenida Rebouças será interditada, entre a av. dr. Eneas de Carvalho e a praça Clemente Ferreira. Os veiculos com destino ao bairro utilizarão a pista contraria. Os automoveis com destino ao centro e av. Paulista utilizarão a Consolação, que terá sentido bairro-cidade, a partir da alameda Franca. Pag. 11

O governador Abreu Sodré, após ter se reunido com seu secretariado, diz que nada tinha a declarar à imprensa

Sodré autoriza meio expediente nos dias 24 e 31

Como nos anos anteriores, os funcionarios publicos estaduais vão trabalhar em regime de meio expediente, em todas as repartições do Estado, nas vesperas de Natal e Ano Novo. Com essa finalidade, o governador Abreu Sodré baixou, ontem, resolução que autoriza o funcionamento do expediente especial nas repartições publicas, nos proximos dias 24 e 31, no horario das 9 às 12h30.

Vietcong pode atacar de novo em Saigon

O governo sul-vietnamita anunciou ontem que estaria iminente nova ofensiva do Vietcong sobre Saigon. Fuzileiros navais norte-americanos e sul-vietnamitas empreenderam uma serie de operações em torno da capital, que voltou a viver momentos de tensão. Em Paris, a sra. Thi Binh, chefe da delegação da FLN, acusou Saigon de retardar sem motivo as negociações. Pag. 2

Uma missa campal deu inicio à festa de Natal oferecida pela Assembléia aos filhos de seus funcionarios.

STM vai julgar na 4.a-feira "habeas" para os religiosos

Somente na quarta-feira o Superior Tribunal Militar vai julgar o "habeas corpus" impetrado em favor dos quatro religiosos presos em Belo Horizonte. E isso depende, segundo informou ontem, no Rio, o relator do pedido, ministro Evaldo Gueiros Leite, de que a 4.ª Região Militar envie, até segunda-feira, as informações que lhe foram solicitadas. Pag. 8

Bom para passeios

Hoje o tempo vai ajudar o fim de semana do paulistano. Vai fazer calor e não é certo que chova, dizem os meteorologistas.

MERCADO DE VALORES

Dolar no Cambio Oficial: NCr$ 3,805 para a compra e NCr$ 3,83 para a venda.

A Bolsa de Valores de São Paulo atingiu ontem, o movimento de NCr$ 1.548.737,33 e a do Rio NCr$ 885.087,20.

O Indice Bovespa registrou alta de 0,9 pontos e a Media SN subiu 67 pontos.

FI

Morreu a "Rasputin" da Holanda

Os holandeses se livraram de sua "Rasputin" de saia. Greta Hofmans, a quem se atribuiam poderes de "milagre", conseguiu as graças da rainha Juliana e passou a frequentar o palacio real. Sua missão era curar uma princesinha cega. Mas o que ela conseguiu foi colocar em perigo o casamento da rainha e o seu reinado.

Assuntos Diversos

FOLHA DE S. PAULO ★

Ano XLIX Um jornal a serviço do Brasil São Paulo, segunda-feira, 21 de julho de 1969 N.º 14.645

SEGUNDO CLICHÊ

Dias uteis: NCr$ 0,30 — Domingos: NCr$ 0,40 Diretor Presidente Octavio Frias de Oliveira Adm. e of.: Al. Barão de Limeira, 425

A LUA NO BOLSO

Noticiario elaborado com telegramas da AP, UPI e AFP

Exatamente às 23 horas, 56 minutos e 31 segundos, (hora de Brasilia), o comandante Neil A. Armstrong tocou o solo da Lua, descendo pela cabine do Modulo Lunar, 6h38 depois de ter pousado na superficie do satelite natural da Terra. "A porta está se abrindo" — disse Armstrong as 23h39. Um minuto depois o astronauta vislumbrava diretamente a superficie da Lua. Lentamente, com movimentos extremamentes seguros, começou a descer a escadinha do modulo, pisando sempre com o pé esquerdo. Quando alcançou o segundo degrau a televisão começou a transmitir diretamente da Lua para a Terra, focalizando perfeitamente o astronauta. Já sobre o solo lunar, Armstrong afastou-se do modulo e começou a executar suas primeiras tarefas, tornando realidade um sonho milenar do homem.

Eis a sequencia do historico acontecimento:

Calmamente os astronautas começaram a ler os medidores de pressão, às 23h20. Depois Armstrong e Aldrin começaram a passar em revista a roupa espacial um do outro. Armstrong declarou que a pressão estava em "4,75 e caindo". A porta do modulo foi aberta quando a pressão chegou a zero.

As 23h31 horas a pressão, segundo Armstrong, estava "caindo em torno do ponto dois".

"Leva bastante tempo para essa coisa descer até o fim, não é? disse Armstrong para Aldrin. "É", respondeu Aldrin. Armstrong fez uma tentativa de abrir a porta às 23h35 horas, dizendo: Vamos ver se ela abre . Aldrin então perguntou "ela esta destrancada?" "esta respondeu o comandante. A seguir Armstrong abriu a porta do modulo.

Armstrong teve que sair do modulo escorregando sobre o estomago até que pôs o pé na escadinha. A televisão mostrou Armstrong recolhendo com uma especie de longas pinças, às primeiras amostras do solo lunar. O sinal de televisão chegou ao centro de Houston e dali era retransmitido para todo o mundo. Quando Armstrong descia pela escadinha, tinha a terra exatamente sobre sua cabeça. Disse que podia ver tudo claramente.

Ao dar o primeiro passo na superficie lunar, Armstrong comentou: «Pequeno passo para o homem, salto gigantesco para a Humanidade».

Armstrong iniciou então a descrição de seus passos nas finas particular de areia lunar. Disse então: «não parece haver dificuldade para mover-se por aqui. Não há problemas em caminhar». Armstrong afirmou ainda:

«Estamos na verdade num setor muito nivelado».

Enquanto isso Aldrin seu companheiro aguardava ansiosamente sua vez de descer.

Depois repetiu: "O motor de descida não abriu uma cratera de tamanho nenhum aqui nós estamos num lugar muito plano. "Só avancei um oitavo de polegada, mas posso ver minhas pegadas nas finas particulas do chão lunar. Aldrin fotografou a descida de Armstrong do interior do Modulo.

"Parece que não há dificuldade para andar", disse ao testar seu equilibrio.

Durante a descida, puxando um anel na fuselagem do Modulo, Armstrong ligou uma camera de televisão que transmitiu seu primeiro passo na Lua para a Terra.

Armstrong disse ainda que "a superficie da Lua é fina e poeirenta, como carvão em pó sob meus pés. Posso ver as pegadas que minhas botas deixam nas finas particulas. Comunicou que recolheu a primeira amostra e disse: "Agora vou tentar pegar uma pedra". "Isso é muito interessante. A primeira impressão é de uma superficie muito branda. Mas agora parece ter muita consistencia. Tentarei agora obter outra amostra".

Os medicos do Centro de Controle disseram que «a informação é boa e a tripulação lunar parece que vai bem».

Nas imagens vindas da Lua podia-se ver como pano de fundo o escuro do espaço e luminosamente branca — em contraste — a superficie da Lua sobre a qual a imagem de Armstrong parecia um tanto difusa em branco e preto.

Caminhava como alguem que carrega um grande peso as costas.

«E' algo parecido com o deserto no Oeste dos Estados Unidos, Mas é muito bonito aqui fora», acrescentou Armstrong.

Disse que «estou achando dificil inclinar-me» referindo-se aos movimentos que precisava fazer para apanhar as amostras, as quais começou a descrever.

«Olhando para cima, para o modulo, eu estou diretamente na sombra. Agora estou vendo Buzz (Aldrin) nas janelas. Posso ver tudo muito claro», disse Armstrong ao primeiro minuto do dia 21, hora de Brasilia.

Depois à zero e 16 minutos, Edwin Aldrin tambem desceu à superficie lunar.

Antes de Aldrin descer, Armstrong fêz uma rapida revisão visual no modulo, declarando que estava dando para ver tudo com clareza.

«OK, Buzz, você está pronto para descer»? perguntou Armstrong. Aldrin, em resposta, começou a descer vagarosamente a escada. «Precisamos tomar cuidado e inclinar-nos na direção em que queremos ir», disse um dos astronautas para o outro. «Principalmente se você quer cruzar os pés». As vezes eles pareciam estar realizando exercicios fisicos, especialmente com os braços. «Não se afunda mais que poucos centimetros quando se caminha» acrescentou Aldrin. Os dois se comunicavam pelo radio, pois com seus capacetes e trajes espaciais selados não poderiam conversar doutra forma. Houve problemas de falta de foco com a camara e certas interrupções.

HOJE: SUBIDA E ACOPLAMENTO

O programa para o dia de hoje dos cosmonautas na Lua prevê inicialmente um longo periodo de descanso — pelo menos quatro horas.

Em seguida, segundo a NASA, eis o que farão Armstrong e Aldrin:

06h51 — Os astronautas abrem a escotilha da cabina e jogam fora o material que não precisarão mais. A porta é fechada pela ultima vez.

07h13 — Armstrong e Aldrin fazem outra refeição e iniciam um periodo de repouso de quatro horas e quarenta minutos.

14h55 — Os astronautas ligam o motor de subida do modulo.

15h02 — O modulo entra em orbita lunar.

15h53 — O modulo inicia as manobras de acoplamento com a nave-mãe.

18h32 — Completa-se o acoplamento.

22h25 — O estagio de subida do modulo lunar é afastado da nave de comando e abandonado em orbita da Lua.

Armstrong e Aldrin, já no solo lunar, dão uma volta em torno do Modulo, e ajustam as camaras de televisão que acompanham os primeiros passos do homem na superficie do satelite da Terra. Milhões de pessoas em todo o mundo acompanharam a transmissão que foi perfeita. Esta foto foi feita pela TV, em SP, pela madrugada

BASE DA TRANQUILIDADE, 21 — Neil Armstrong deixa a escada e pisa pela primeira vez a Lua, às 23h56. AP

Este desenho feito no Centro de Houston reproduz com todas as minucias tecnicas o momento em que o astronauta deixou o Modulo Lunar para colher as primeiras amostras. Foram encontradas pedras roxas no solo da Lua.

FOLHA DE S. PAULO

Ano XLIX **Um jornal a serviço do Brasil** São Paulo, 2.ª-feira, 1.º de setembro de 1969 · N.º 14.687

Dias uteis: NCr$ 0,30 — Domingos: NCr$ 0,40

Diretor Presidente Octavio Frias de Oliveira

Adm. e of.: Al. Barão de Limeira, 425

COSTA E SILVA ENFERMO; MINISTROS MILITARES ASSUMEM GOVERNO

NOTA OFICIAL

Pouco antes das 22h00 de ontem, a Agencia Nacional transmitiu em cadeia a seguinte nota oficial:

«Com a finalidade de informar oficialmente sobre o estado de saude do presidente da Republica, é o seguinte o boletim medico assinado há poucas horas pelos drs. Abrão Aferman, Paulo Niemeyer, Mario Pinto de Miranda e Elcio Simões Gomes.

Boletim medico

«O presidente Artur da Costa e Silva sofreu uma crise circulatoria com manifestação neurologica que lhe impõe repouso absoluto. Foi submetido a exames especializados sendo satisfatorias suas condições gerais.»

Tendo em vista o estado de saude do presidente Costa e Silva e por sua determinação, o Ministerio reuniu-se hoje, a partir das 20 horas, no Ministerio do Exercito, tendo sido elaborada a seguinte proclamação e tomada a resolução que se segue:

A NAÇAO

Os ministros da Marinha de Guerra, do Exercito e da Aeronautica Militar, responsaveis pela execução das medidas destinadas a assegurar a paz e a ordem publica e de tomar as providencias relacionadas com a Segurança Nacional, comunicam à Nação que o presidente da Republica, marechal Artur da Costa e Silva, por motivo de enfermidade se encontra temporariamente impedido do exercicio pleno de suas funções.

A conselho medico S. Excia., deverá guardar repouso e ficar liberado durante certo prazo dos encargos do governo, a fim de mais rapidamente se recuperar a saude.

A situação que o País atravessa por força do Ato Institucional n.o 5, de 13 de dezembro de 1968 e do Ato Complementar n.o 38, da mesma data, que decretou o recesso do Congresso Nacional, a par de outras medidas relacionadas com a segurança interna não se coadunam com a transferencia das responsabilidades da autoridade suprema e de Comandante Supremo das Forças Armadas, exercidas por S. Exa., a outros titulares, conforme previsão constitucional.

Com o imperativo da Segurança Nacional, cabe aos ministros da Marinha de Guerra, do Exercito e da Aeronautica Militar assumir, enquanto durar o impedimento do Chefe da Nação, as funções atribuidas a S. Exa., pelos textos constitucionais em vigor.

O exercicio da autoridade suprema que as Forças Armadas em outras oportunidades já desempenharam ficará limitado ao periodo de repouso e tratamento medico a que está submetido o chefe do Poder Executivo. Os objetivos da Revolução de 31 de março de 1964 serão inteiramente cumpridos, conforme os compromissos assumidos perante a Nação, na forma dos Atos Institucionais e da Constituição de 24 de janeiro de 1967. A paz e a segurança interna, o exercicio dos poderes constituidos no plano federal, estadual e municipal, a garantia dos direitos individuais e os compromissos de ordem internacional ficarão mantidos na forma da legislação em vigor. Pode a Nação confiar no patriotismo dos seus chefes militares, que nesta hora, como sempre, souberam honrar o legado historico de seus antepassados, fiel ao espirito da nacionalidade e à formação ordeira e cristã do seu povo, contrario às ideologias extremistas e às soluções violentas nos momentos de crises politicas ou institucionais. Apelam os ministros militares para a compreensão e cooperação do povo brasileiro, para o desempenho do revelante encargo que assumem em nome do presidente da Republica, temporariamente impedido por motivo de saude. Durante esse periodo o governo adotará todas as medidas que se fizerem necessarias para a normalidade da vida do País nos planos interno e internacional, abstendo-se de adotar outras que não sejam as indispensaveis à continuidade administrativa e das atividades publicas e privadas em todo o País. Em nome do governo e da Revolução de 31 de março de 1964, pelos motivos expostos, resolvem baixar o seguinte Ato Institucional:

Ato Institucional n.º 12

Os ministros da Marinha de Guerra, do Exercito e da Aeronautica, em nome do presidente da Republica, marechal Artur da Costa e Silva, temporariamente impedido do exercicio de suas funções por motivo de saude e considerando que continua em plena vigencia o Ato Institucional n.o 5 de 13 de dezembro de 1968 que manteve a Constituição com as modificações nela introduzidas, considerando que o Ato Complementar n.o 38 de 13 de dezembro de 1968 decretou o recesso do Congresso Nacional;

considerando que os compromissos assumidos perante a Nação pelas Forças Armadas desde a Revolução vitoriosa de 31 de março de 1964, ainda perduram e não devem sofrer solução de continuidade;

considerando que nesta conformidade, e ouvido o Alto Comando das Forças Armadas, o exercicio da suprema autoridade do governo e de comandante supremo das Forças Armadas, durante o impedimento temporario do presidente Artur da Costa e Silva deve caber aos seus ministros auxiliares diretamente responsaveis pela execução das medidas destinadas a preservar a segurança nacional, o gozo pacifico dos direitos dos cidadãos e os compromissos internacionais, resolvem a editar o seguinte Ato Institucional n.o 12:

Artigo 1.o — Enquanto durar o impedimento temporario do presidente da Republica, marechal Artur da Costa e Silva, por motivo de saude, as suas funções serão exercidas pelos ministros da Marinha de Guerra, do Exercito e da Aeronautica Militar nos termos dos Atos Institucionais e Complementares bem como da Constituição de 24 de janeiro de 1967.

Artigo 2.o — Os ministros militares baixarão os atos necessarios à continuidade administrativa à preservação dos direitos individuais e ao cumprimento dos compromissos de ordem internacional.

Artigo 3.o — Continuam em exercicio os poderes de órgãos da administração federal, estadual e municipal que não foram atingidos pelos Atos Institucionais e Complementares.

Artigo 4.o — Cessado o impedimento, o presidente da Republica marechal Artur da Costa e Silva reassumirá suas funções em toda a sua plenitude.

Artigo 5.o — Excluem-se de qualquer apreciação judicial todos os atos praticados de acôrdo com esse Ato Institucional e seus Atos Complementares bem como os respectivos efeitos.

Artigo 6.o — Este Ato entra em vigor nesta data, revogadas as disposições em contrario.

Nos primeiras horas de domingo, o estado de saude do presidente Costa e Silva repentinamente se agravou; Costa está no Palacio das Laranjeiras, no Rio de Janeiro.

Almirante Augusto Hammann Rademaker Grunewald

General Aurelio Lira Tavares

Marechal-do-ar Marcio de Souza Melo

Bancos e Bolsas não funcionam hoje

"Ainda em consequencia da situação, damos a Resolução n.o 124: "O Banco Central do Brasil, tendo em vista decisão do Conselho Monetario Nacional em sessão desta data

RESOLUÇÃO N.o 124
BANCO CENTRAL DA REPUBLICA

O Banco Central do Brasil, tendo em vista a decisão do Conselho Monetario Nacional, em sessão desta data, adotada com base no inciso VIII do art. 4.o da Lei n.o 4.595, de 31/12/64, resolve:

Suspender o funcionamento das instituições financeiras e inclusive das Bolsas de Valores em todo o Territorio Nacional no dia 1.o de setembro do corrente ano. (a) Ernane Galveas, presidente do Banco Central."

BRASIL VENCE E VAI AO MEXICO; PERU TAMBEM

Ultima pagina

ARGENTINO KAMEN CONFIRMA E VENCE O G. P. BRASIL

Pagina 6

FOLHA DE S. PAULO

Ano XLIX **Um jornal a serviço do Brasil** São Paulo, segunda-feira, 22 de junho de 1970 N.º 14.981

Preço do exemplar diariamente: Cr$ 0,40 Diretor Presidente: Octavio Frias de Oliveira Adm. e of.: Al. Barão de Limeira, 425

Eles voltam amanhã com a Taça

Pela terceira vez, a Taça Jules Rimet vem para o Brasil; desta vez, definitivamente. Trazida com todo o carinho pelos 22 jogadores que defenderam as nossas cores no Mexico — tambem por Zagalo e pelos outros membros da delegação nacional — a Taça chega amanhã cedo, a Brasilia. A mesma Taça que o capitão Carlos Alberto recebeu, ontem, do presidente mexicano Gustavo Dias Ordaz — após a vitoria na final contra a Italia — e ergueu com as duas mãos perante os olhos de 700 milhões de pessoas que o viam pela televisão.

Em nome de todos os brasileiros, o presidente Medici será o primeiro a homenagear o grande feito dos nossos heróis e lhes oferecerá um almoço no Palacio do Planalto. Depois, os tricampeões desfilarão pelas ruas da capital federal e participarão de uma sessão especial no Congresso Nacional, embarcando em seguida para o Rio, onde varias comemorações estão programadas. PAG. 5 a 10 e FI.

Carlos Alberto repete Belini e Mauro no gesto de sagração. A Copa está ganha para sempre. (Radiofoto UPI)

Um sombrero para o Rei e nossa gratidão ao Mexico.

Riva cabeceia à frente de Pelé. Riva jogou bem. — UPI

Medici participa do entusiasmo do povo

O presidente Medici acertou a contagem do jogo que deu a vitoria ao nosso País por 4 x 1 de acordo com a manchete da pagina esportiva de ontem da "Folha de S. Paulo".

Após o termino da partida o presidente da Republica declarou:

"Na hora em que a seleção nacional de futebol conquista definitivamente a Copa do Mundo, após memoravel campanha, na qual só enfrentou e venceu adversarios do mais alto valor, desejo que todos vejam, no presidente da Republica, um brasileiro igual a todos os brasileiros.

"Como um homem comum, como um brasileiro que, acima de todas as coisas, tem um imenso amor ao Brasil e uma crença inabalavel neste País e neste povo, sinto-me profundamente feliz, pois nenhuma alegria é maior no meu coração que a alegria de ver a felicidade do nosso povo, no sentimento da mais pura exaltação patriotica.

"E identifico, na vitoria conquistada na fraterna disputa esportiva, a prevalencia de principios de que nós devemos amar para a propria luta em favor do desenvolvimento nacional. Identifico no sucesso de nossa seleção de futebol, a vitoria da unidade e da convergencia de esforços, a vitoria da inteligencia e da bravura, da confiança e da humildade, da constancia e da serenidade, da capacitação tecnica, da preparação fisica e da consistencia moral. Mas é preciso que se diga, sobretudo, que os nossos jogadores venceram porque souberam ser uma harmoniosa equipe, em que, mais alto que a genialidade individual, afirmou-se a vontade coletiva.

"Neste momento de vitoria, trago ao povo a minha homenagem, identificando-me todo com a alegria e a emoção de todas as ruas, para festejar, em nossa incomparavel seleção de futebol, a propria afirmação do valor do homem brasileiro".

Taça Pelé será oferecida em 1972 pelo presidente

"Este é o maior dia de minha vida", disse o general Medici, ao terminar o jogo do Brasil com a Italia, que ele assistiu no Palacio da Alvorada, em companhia dos ministros Higino Corseti, Cirne Lima e Pratini de Morais.

Ao termino da partida, o presidente mandou que os torcedores que se encontravam na praça fronteiriça entrassem para o Palacio, e saiu para o meio do povo, enrolado em uma bandeira brasileira. Os torcedores o carregaram.

Quando o puseram no solo, o presidente pegou uma bola dos netos e começou a mostrar sua habilidade no esporte em que o Brasil é o campeão mundial.

Fêz embaixadas e chegou a dar umas de calcanhar, sendo estimulado pelos fãs que diziam "se o Zagalo soubesse, hein, presidente...".

Depois da exibição de classe, Garrastazu Medici subiu para seus aposentos, mas voltou a mostrar-se ao publico da sacada dos aposentos, agitando uma bandeira brasileira.

Neste momento, completava-se uma ligação para o Mexico. Falando com o brigadeiro Jeronimo Bastos, Medici disse: "Um grande abraço para vocês e todos os jogadores. Isto é uma coisa sensacional. E olha, Jeronimo, 4 a 1 era o escore do presidente. Muito obrigado. Eu sempre tive muita confiança nesta seleção. um abraço e os aguardo em Brasilia terça-feira".

Em seguida, falou com Pelé:

"Como vai, presidente", disse Pelé.

"Fala, imperador terceiro do Brasil. Aqui é o presidente do Brasil falando com o rei Pelé."

Neste momento, a ligação é interrompida. Ele chama o ministro das comunicações:

"Como é, Corsetti, esse negocio não funciona?"

Por volta das 19 horas, restabelecida a ligação telefonica entre Mexico e Brasil, Medici voltou a conversar com Pelé. Durante a palestra, o chefe do governo afirmou que os jogadores haviam dado ao Brasil uma de suas maiores glorias.

O presidente comunicou a Pelé que durante o campeonato extra-mundial de 1972, que será realizado no Brasil, em comemoração ao 152.o aniversario da Independencia, o Governo oferecerá o trofeu que receberá a denominação "Taça Pelé".

Encerrando a conversa telefonica, o presidente colocou no aparelho sua neta Claudia, que mandou um "grande abraço a Pelé".

Pelé inicia a arrancada do tri. Neste primeiro gol a esperança se transforma na certeza da vitoria. (Radiofoto UPI)

Pelé e Jairzinho: a alegria do primeiro gol. (Radiofoto UPI)

Hoje e amanhã feriados nas repartições federais

O presidente Medici decretou ponto facultativo nas repartições federais de todo o país nos dias de hoje, segunda-feira, e amanhã, terça-feira.

Gerson marca o segundo num impressionante tiro de pé esquerdo. A tensão diminuia e a vitoria se desenhava. (Radiofoto AP)

Jairzinho faz o terceiro gol, após receber uma bola cabeceada por Pelé, que fôra lançada por Gerson.

EXEMPLAR DE ASSINANTE
VENDA PROIBIDA

FOLHA DE S. PAULO

Ano L — Um jornal a serviço do Brasil — São Paulo, sabado, 10 de outubro de 1970 — N.º 15.091

Preço do exemplar diariamente: Cr$ 0,50

Diretor Presidente: Octavio Frias de Oliveira

Adm. e of.: Al. Barão de Limeira, 425

O presidente Medici descerra a placa que marca o inicio oficial da construção da Rodovia Transamazonica

"Arrancada para conquistar o gigantesco mundo verde"

O general Medici presidiu ontem no municipio de Altamira, no Estado do Pará, a solenidade de implantação, em plena selva, do marco inicial da construção da grande rodovia Transamazonica, que cortará toda a Amazonia, no sentido Leste-Oeste, numa extensão de mais de 3.000 quilometros e interligará esta região com o Nordeste.

O presidente emocionado assistiu à derrubada de uma arvore de 50 metros de altura, no traçado da futura rodovia, e descerrou a placa comemorativa do inicio da construção.

Procedente de Manaus, e depois de sobrevoar durante quase três horas a selva amazonica, o chefe do Governo chegou a Altamira às 11 horas, acompanhado de ministros e demais assessores. Após as honras de estilo, seguiu em direção ao centro da cidade, onde foi entusiasticamente recebido pelos 3 mil habitantes de Altamira. Sofrendo os efeitos da alta temperatura reinante — quase 40 graus — o presidente dirigiu-se para o local da solenidade, distante oito quilometros. Em meio ao caminho, a comitiva entrou por um pequeno atalho, andando cerca de 200 metros debaixo das arvores que escondiam quase completamente a luz do dia, e chegou a uma grande clareira aberta na selva.

Descendo do carro que o conduzia, o presidente hasteou o pavilhão brasileiro em um mastro improvisado no tronco de uma arvore, enquanto uma banda militar tocava o Hino Nacional. Depois, descerrou uma placa de bronze incrustrada no tronco de uma grande castanheira com cerca de dois metros de diametro, na qual estava inscrito:

"Nestas margens do Xingu, em plena selva amazonica, o Sr. Presidente da Republica dá inicio à construção da Transamazonica, numa arrancada historica para a conquista deste gigantesco mundo verde".

PAG. 3

O Senado aprova e a Italia adota o divorcio

O Senado italiano aprovou ontem à noite, por 164 votos contra 150, sem nenhuma abstenção, o projeto de lei que institui o divorcio na Italia. O texto deverá ser reencaminhado à Camara dos Deputados, onde já foi aprovado anteriormente, para que sejam apreciadas as emendas introduzidas no Senado. A votação necessaria para a aprovação do projeto, ontem, era de 158.

Contra a oposição do Vaticano, dos democrata-cristãos e dos fascistas, os defensores do divorcio argumentam que mais de 500 mil pessoas casadas vivem legalmente separadas na Italia e que 1,5 milhão vivem separadas de fato, embora sem base legal.

Mesmo que seja transformado definitivamente em lei — o que agora é provavel — o projeto ainda oferece restrições legais à concessão do divorcio, que não será obtido com facilidade.

Londres-Los Angeles em uma hora, dentro de uma nave espacial

"Na decada de 80, a nave espacial re-utilizavel que os Estados Unidos estão construindo poderá transportar passageiros para qualquer ponto da Terra em tempo minimo e sem maiores problemas que os oferecidos por um dos atuais aviões a jato", declarou o dr. George E. Mueller, ontem, numa das sessões do XXI Congresso da Federação Internacional de Astronautica.

O cientista, atualmente vice-presidente da empresa norte-americana "General Dynamics Corporation", disse que a nave — de cujo desenvolvimento ele participou — será usada, já em 1978, para transportar homens e equipamento às estações espaciais norte-americanas em orbita terrestre. Em seu interior — disse — notar-se-á, apenas a ausencia de gravidade e nada fará crer aos passageiros que estão voando a 20 mil quilometros por hora.

Para o dr. Mueller a grande vantagem dessa nave será o fato de que poderá fazer 100 viagens ao espaço o que baixaria o custo para colocar em orbita qualquer carga util. Nos intervalos, a fantastica nave poderia voar de Zurique, Francfurt ou Londres, até Los Angeles, em menos de uma hora. Seu custo: 50 milhões de dolares, apenas o dobro do que custa, atualmente, um "Boeing 747".

LA PAZ, 9 — O general Torres, ao centro, cercado por oficiais que o apoiaram no golpe, presta juramento. — AP

Torres quer levar a Bolivia ao "Terceiro Mundo revolucionario"

Ovacionado por dezenas de oficiais, especialmente convidados para o ato, o general Juan José Torres, comovido, pronunciou ontem ao meio-dia um discurso no palacio do governo em que afirmou que a Bolivia, sob a sua presidencia, integrará o "Terceiro Mundo revolucionario", mas que o seu governo respeitará os acordos internacionais assinados anteriormente — o que significaria, segundo os observadores, o pagamento dos bens expropriados da "Gulf Oil".

A situação politico-militar na Bolivia continua, entretanto, incerta, apesar de que as continuas manifestações de apoio ao gen. Torres por parte da população sejam uma garantia de que a sua deposição seria de fato, não apenas mais um golpe militar mas resultaria numa verdadeira guerra civil.

Oficialmente, três unidades militares — os regimentos Ingavi, Manchego e o Colegio Militar — continuam rebeladas. E o general Rogelio Miranda, lider do golpe que derrubou o presidente Ovando, teria abandonado a embaixada paraguaia e assumido o comando dessas unidades.

Os mais altos oficiais do Exercito boliviano não fazem reservas — pelo menos explicitas — ao programa nacionalista do governo Torres, mas repelem energicamente a influencia do "poder sindical", sobretudo do lider mineiro Juan Lechin.

Ontem os lideres sindicais reuniram-se e decidiram "retirar-se do governo revolucionario para deixar o general Torres livre de pressões na escolha de seu gabinete". Esse fato parece ter garantido a formação de um governo civil-militar de tendencias nacionalista mas não extremista onde o ministro das Relações Exteriores, general Molina Pizarro, é considerado um militar "moderado" que tem a confiança dos conservadores.

O artigo de Newton Carlos, nosso enviado especial está na pagina 2.

PHNOM PENH, 9 — Os três homens que derrubaram Sihanuk do poder no Camboja. São eles, a partir da esquerda, os generais Sirik Matak, vice-premier, Lon Nol, premier, e Im Tam, presidente da Assembléia Nacional. AP

Sorteio das questões do concurso para os professores é hoje

O sorteio das 100 questões das provas do concurso de ingresso ao magisterio municipal será realizado hoje às 12 horas na Grafica Municipal, à rua Teixeira Mendes, 262. O esquema de segurança montado pela Policia Militar será pôsto em funcionamento uma hora antes do sorteio. O concurso será amanhã, em 27 escolas da Capital, e dele participarão 26 mil candidatos, disputando 2.600 vagas. O secretario Paulo Zingg, da Educação, lamentou ontem a "campanha desencadeada contra o concurso".

PAG. 7

Custo de vida subiu 2% em setembro, é o que informa a FGV

A Fundação Getulio Vargas revelou ontem, no Rio, que, em setembro, o indice geral de preços elevou-se 2% no conceito de oferta global (3,1% em 69) e tambem 2% no conceito de disponibilidade interna (2,2% em 69). No atacado: 2% e 1,9%, respectivamente. Para a FGV, a diferença de valores dos indices em um e outro conceito residem na origem e destino da produção e nas influencias das cotações internacionais. Segundo o orgão, o ritmo de inflação, medido pelos preços do atacado, está sendo menor este ano.

Bom para passeios

Teremos sol neste sabado, embora o dia possa começar um tanto nublado. De qualquer forma, o tempo é bom, mesmo no litoral, não estando previstas chuvas, informam os meteorologistas.

Assuntos Diversos

Aflita, Lea, noiva de Manoel Maria, deixa a Santa Casa de Santos, onde o jogador continua em coma. — ESPORTES

Um turel com muitas surpresas até o final, eis uma das atrações no X Salão da Criança inaugurado ontem. — Pag. 5

EXEMPLAR DE ASSINANTE
VENDA PROIBIDA

FOLHA DE S. PAULO

Ano L — Um jornal a serviço do Brasil — São Paulo, terça-feira, 8 de dezembro de 1970 — N.º 15.150

Preço do exemplar diariamente: Cr$ 0,50 — Diretor Presidente: Octavio Frias de Oliveira — Adm. e of.: Al. Barão de Limeira, 425

O Governo vai ativar a industria

Profundas alterações foram introduzidas ontem na politica de industrialização do Brasil. Decretos-leis assinados pelo presidente Medici reformulam o Conselho de Desenvolvimento Industrial, funde os grupos executivos setoriais num só orgão, o Grupo de Estudos e Projetos (GEP) e cria condições extremamente favoraveis para a modernização de todo o parque industrial brasileiro.

A nova estrutura de analise e aprovação de projetos, agora simplificada, acelera a politica de investimentos na industria e patrocina novos incentivos fiscais — isenção de tributos — para a importação de equipamentos destinados à modernização de fabricas de todos os setores da industria.

Para o ministro Pratini de Moraes, da Industria e Comercio, a decisão do presidente, baseada em estudos dos orgãos tecnicos do Governo, "prepara o Brasil para a consolidação e expansão do seu parque industrial e coloca as fabricas nacionais em condições de expandir o mercado interno e de conquistar compradores para nossas manufaturas em todo o mundo".

Ao mesmo tempo, a nova politica de industrialização permitirá corrigir distorções e facilitará o avanço de setores novos, como os da petroquimica, metalurgia, mecanica, veiculos e autopeças. De outro lado, reativa setores tradicionais, como os da industria textil, de alimentos, mineração e quimico. PAG. 21

O embaixador da Suiça é sequestrado no Rio

O embaixador da Suiça no Brasil, sr. Giovanni Enrico Bucher, foi sequestrado pouco antes das 9 horas de ontem, no Rio, por um grupo de terroristas — oito homens e uma mulher — os quais numa ação rapida e violenta, bloquearam o automovel do diplomata e o arrebataram em meio ao movimentado transito da rua Conde de Baependi, nas Laranjeiras.

Os sequestradores usaram um Aero-Willys para interceptar o Buick do sr. Bucher e fugiram em dois Volkswagens, depois de alvejarem com um tiro nas costas o agente federal Helio Xavier, que foi internado em estado grave e ficou paralisado dos braços e pernas.

Intensa busca aos sequestradores foi imediatamente estabelecida em varias partes do Rio e nas vias de acesso às estradas interestaduais. Até à noite de ontem, porem, as autoridades não tinham pistas seguras para chegar aos terroristas.

No Itamarati o chanceler Mario Gibson Barbosa manteve uma reunião com os ministros Orlando Geisel, do Exercito, e Adalberto de Barros Nunes, da Marinha, quando foram examinadas, por mais de uma hora, as medidas que o sequestro do sr. Giovanni Bucher deverá determinar.

PAGs. 4, 5 e 6

O cenario do sequestro: a "limousine" do diplomata foi fechada e abalroada.

A vitima dos terroristas: o diplomata suiço Giovanni Enrico Bucher.

O agente Helio G. Xavier, que protegia o diplomata, foi baleado e está agora em estado grave.

O minucioso exame dos detetives busca as pistas para a identificação dos terroristas.

Garcez renuncia à presidencia da Arena; assume Laercio Corte

O prof. Lucas Nogueira Garcez renunciou ontem à presidencia da ARENA paulista, alegando motivos de saude é necessidade de dedicar-se mais à CESP — Centrais Eletricas de São Paulo — empresa estatal da qual tambem e presidente. Em seu lugar assumiu o deputado Laercio Corte, que, em principio, permanecerá no cargo até setembro de 1971, a menos que a Comissão Executiva do partido resolva convocar nova eleição. PAG. 8

O terrorista Fujimori, braço direito de Lamarca, foi morto sabado. PAG. 7

3 fazem 13 pontos e ganham 4 milhões na Loteria Esportiva

Dois apostadores de São Paulo — um do bairro de Santa Cecilia e outro da Mooca — e um da Guanabara foram os três premiados no 27.º teste da Loteria Esportiva. Cada um vai ganhar a quantia de Cr$ 4.000.106,35, deduzidos os impostos. O ganhador da Guanabara usou uma sigla no seu cartão para dar sorte. Ontem começaram as apostas para o teste 28, o ultimo antes do recesso do concurso motivado pelas ferias dos jogadores profissionais de futebol. ESPORTES

Tempo claro, chuvas à tarde

Há possibilidades de chuvas à tarde no dia de hoje. Mas em geral o tempo deve permanecer claro, com nevoa umida pela manhã. A temperatura continua em elevação, é o que informam os meteorologistas.

Assuntos Diversos

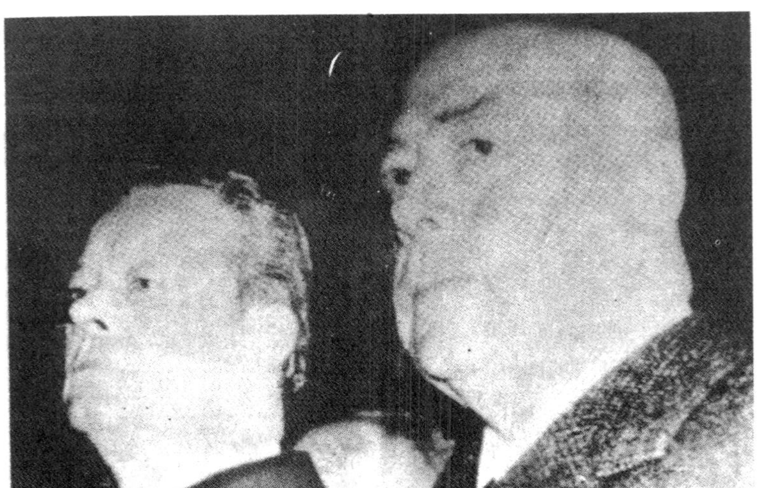

O chanceler alemão Brandt com o "premier" da Polonia, Cyrankiewicz, após assinar o tratado. AP

Camara decide rejeitar propostas de ajuda

A Camara Municipal rejeitou ontem três projetos de lei propostos pelo prefeito, em mera votação simbolica, sem contagem de votos.

Sacrificados pelos vereadores: a concessão de auxilio de 100 mil cruzeiros à Associação de Obras Sociais Universitarias (para a conclusão de edificios e alojamentos para estudantes) e de um auxilio de 100 mil cruzeiros para a construção do santuario de Nossa Senhora de Fatima, em Sapopemba.

Madureza em Araraquara: final do colegial

Divulgamos hoje a relação final dos aprovados nos vestibulares de Madureza colegial realizados em Araraquara. Nas proximas edições publicaremos os resultados dos exames no setor ginasial tambem realizados naquela cidade.

FOLHA DE S. PAULO

50 CENTAVOS

Diretor-Presidente: Octavio Frias de Oliveira • Ano LI N.o 15.435 • **Um jornal a serviço do Brasil** • São Paulo, domingo, 19 de setembro de 1971 • Al. Barão de Limeira, 425 • Cr$ 0,50

Brasil apoia tese das duas Chinas nas Nações Unidas

FLAVIO DE ALMEIDA SALLES
da Sucursal de Brasília

O Brasil deverá votar a favor do ingresso da China Comunista nas Nações Unidas, na Assembléia Geral do organismo, que se inicia amanhã, em Nova York.

O voto brasileiro se fará pelo apoio ao projeto norte-americano que, além de prever o ingresso de Pequim, assegurá a permanencia de Formosa na ONU, o que vai de acordo com os objetivos da politica externa do País, no momento.

Depois que o governo dos Estados Unidos anunciou o seu proposito de defender a presença dos comunistas chineses na ONU, a posição de todos os paises do mundo a respeito do assunto foi revista, já que a decisão norte-americana mudou, radicalmente, as regras do jogo internacional.

Então, nestes ultimos meses, os responsaveis pela formulação da politica externa brasileira viram-se diante de um fato internacional novo, concreto e que não pode ser ignorado por ninguem. E o que se decidiu sobre êle foi:

1) Ao Brasil não interessa uma posição quixotesca de hostilização a Pequim, no momento em que o maior interessado na questão — o governo de Formosa — conformou-se com o acontecimento;

2) Já que a tendencia é, realmente, favoravel ao ingresso de Pequim, devemos honrar compromissos assumidos anteriormente e lutar, no plano internacional, pela permanencia da China Nacionalista no organismo.

Nosso voto

Existem hoje, nas Nações Unidas, duas propostas sobre a questão chinesa. A dos Estados Unidos, prevendo a coexistencia das 2 Chinas na ONU, e a da Albania, que vem sendo rejeitada há anos, e que propõe o ingresso de Pequim com a exclusão de Formosa.

Neste momento, às vesperas do inicio da Assembléia Geral, os entendimentos desenvolvidos pelos diplomatas americanos nas Nações Unidas, segundo informações chegadas ao Itamarati, são os de que a ordem a ser seguida nesta assembléia deverá ser: 1) dar prioridade ao projeto norte-americano sobre o projeto albanês; 2) decidir (pelo voto de dois terços) se a presença da China Nacionalista é uma questão importante; 3) votar o projeto dos EUA.

Diante da perspectiva, o governo brasileiro viu-se frente a algumas opções importantes. Entre elas, a de saber se o Brasil votava contra os projetos americano e albanês, ou se ficavamos com a abstenção frente ao projeto americano e contra o projeto da Albania. Estas alternativas foram afastadas de inicio pois, alem de caracterizar aquela posição quixotesca, poderiam favorecer a proposta da Albania, prejudicando os nossos compromissos com Formosa.

Então, restou a hipotese de se votar favoravelmente o projeto dos EUA ou o da Albania, e a escolha foi facil, já que ao prever a coexistencia das duas Chinas nas Nações Unidas — mesmo que Pequim vá para o Conselho de Segurança — o projeto norte-americano atendeu pelo menos em parte os propositos brasileiros.

O quixotismo

No primeiro momento em que se anunciou a decisão dos EUA sobre a China, os circulos governamentais reagiram negativamente à idéia da presença dos comunistas chineses nas Nações Unidas.

Os acontecimentos, no entanto, evoluiram a tal ponto que hoje não existe no mundo nenhum governo disposto a erguer a bandeira da oposição a Pequim, sob pena de ser considerado o Dom Quixote dos estados modernos.

Resultado: nós tambem evoluimos e chegamos mesmo a desestimular o governo de Formosa no seu intuito de condecorar o presidente Medici durante a visita ao Brasil do ministro das Finanças de Taipé, recentemente, pois o gesto, politicamente, não deveria ser praticado.

Em compensação, foi durante a visita do ministro chinês que os brasileiros definiram a posição do nosso governo lá na Assembléia Geral da ONU, e o representante do presidente Chiang Kaichec teve, então, a certeza que o Brasil continua um aliado, defendendo sua permanencia no organismo, mesmo através do projeto dos EUA.

PRIMAVERA — Houve muitas flores, ontem no desfile de abertura dos XI Jogos da Primavera. 40 mil escolares desfilaram, no Ipiranga — PAG. 39

O TESTE DA VERGUEIRO — Somente amanhã, quando for intenso o trafego, é que o DETRAN poderá avaliar a importancia das modificações de transito efetuadas na Liberdade e na rua Vergueiro e exigidas pelas obras do Metrô. Os novos caminhos para os bairros poderão tumultuar o Centro. PAG. 10

NEM PELÉ SALVOU — Marinho desarma Pelé, ontem à tarde no Parque Antartica. Num pessimo jogo, Santos e Portuguesa empataram sem gols.

Lamarca morto na Bahia

Carlos Lamarca, considerado o mais perigoso lider terrorista no País, foi morto em tiroteio com as forças de segurança, na pequena localidade de Pintada, interior da Bahia. O encontro decisivo ocorreu há dois dias, mas somente ontem foi feita a identificação oficial do cadaver, mediante confronto com as fichas datiloscopicas.

Com base numa serie de indicios, as autoridades haviam montado no Centro-Oeste baiano ampla manobra de cerco que aos poucos foi se apertando e terminou com a localização de Carlos Lamarca e um companheiro, José Campos Barreto, em Pintada. Eles descansavam sob uma arvore e só viram os agentes de segurança quando estes estavam a 20 metros. Abriram fogo imediatamente, sem atender à ordem de rendição, mas acabaram caindo mortalmente feridos.

Quanto a Iara Yavelberg, companheira de Lamarca, revelaram as autoridades que ela se suicidou em agosto, em seu apartamento de Salvador. PAG. 4

Represalia de Israel e alerta geral em Suez

Aumentou consideravelmente ontem a tensão no Oriente Medio, depois que caças-bombardeiros de Israel atacaram no interior do territorio egipcio numa operação de represalia pela derrubada, na sexta-feira, de um "Stratocruiser" israelense sobre o deserto de Sinai. O ataque concentrou-se nas posições egipcias ao longo do canal de Suez. As baterias antiaereas do Cairo abriram fogo contra os Phantom de Israel mas Tel Aviv informou que todos os aparelhos regressaram às suas bases. O Cairo, por sua vez, disse que nenhuma instalação de importancia foi atingida.

O alerta geral foi decretado em ambas as margens de Suez, e egipcios e israelenses tomam posição de combate. PAG. 2

Malraux: Bengala é uma das ultimas causas nobres

O ex-ministro da Cultura da França, André Malraux, justificou ontem em Paris a sua tomada de posição a favor do povo bengali, que luta pela autonomia do Paquistão Oriental. "A meu ver, a causa de Bengala é uma das ultimas causas nobres", — disse.

"Não tenho mais idade para combater na infantaria ou na aviação, mas posso muito bem ser o comandante de um tanque", continuou o romancista. "Os intelectuais que assinam petições a favor do povo bengali se julgam com a consciencia tranquila. Mas enquanto isso os tanques paquistaneses avançam. Não me contento em assinar manifestos de solidariedade. É preciso participar do combate com armas na mão." PAG. 5

Motim de coreanos leva pesqueiro da Argentina a Recife

Do correspondente em Recife

Vinte e dois marinheiros coreanos amotinaram-se em alto mar, por questões trabalhistas, e o comandante Ricardo Deluche, do pesqueiro argentino "Alcon Buenos Aires", desviou o curso do barco, aportando precipitadamente em Recife, quinta-feira.

Ontem, as autoridades de Recife embarcaram os amotinados num outro navio, que os levou para a Argentina.

O comandante disse que o seu pesqueiro estava em alto mar, com uma tripulação de 30 homens, pescando atum, quando os 22 coreanos se amotinaram.

AL repudiará sobretaxa dos EUA

Os representantes dos 22 paises latino-americanos, reunidos na Cidade do Panamá, subscreverão um documento repudiando as medidas economicas recentemente adotadas pelo presidente Nixon, em especial a sobretaxa de 10% sobre as importações dos EUA.

Um porta-voz da delegação norte-americana afirmou que os EUA não votariam em plenario qualquer documento que contivesse insinuações de um rompimento de compromissos, pois "não vamos condenar a nós mesmos".

Galo Plaza, secretario-geral da OEA, afirmou que tanto se justificam as medidas norte-americanas para defesa de sua economia quanto as preocupações latino-americanas.

•

Amanhã, membros latino-americanos do Fundo Monetario Internacional iniciarão uma consulta em Bogotá, com ministros da Fazenda da America Latina. A consulta de representantes do Brasil, Chile, Argentina, Venezuela e Costa Rica tratará, especificamente, da atual crise monetaria.

•

Em 1974 a Petrobrás refinará 115 mil metros cubicos de petroleo por dia. Atualmente sua capacidade é de 76,3 mil metros cubicos diarios. Esta expansão será conseguida com a construção de 5 obras prioritarias, entre elas a Refinaria do Planalto, no municipio de Paulinia. Segundo o engenheiro Orfila Lima dos Santos, chefe do Grupo Executivo das Obras Prioritarias, esses investimentos, 85% dos quais estão em São Paulo, aumentarão o faturamento da empresa em 45%.

CADERNO DE ECONOMIA

Sabin não vê vacina anticancer

Da Agencia AP

O dr. Albert Sabin, descobridor da vacina anti-polio, afirmou ontem em Veneza que não vê perspectivas para a obtenção de uma vacina contra o cancer. "Como virologista tenho o direito de dizer que se tem dado muito destaque à pesquisa de virus e pouquissimo ao estudo de tumores dos quais não temos provas de que sejam associados a qualquer tipo de virus", disse Sabin.

Controlar crescimento das cidades

Estudar mais atentamente o problema do crescimento desordenado das areas metropolitanas e tentar conter ou orientar mais racionalmente o fenomeno das migrações no País: estas foram as decisões anunciadas ontem pelo ministro Costa Cavalcanti, do Interior, depois de reunião com o urbanista inglês Percy Marshall e o superintendente do SERFHAU em Brasilia. A reunião serviu tambem para aumentar a ajuda britanica ao Brasil no setor do desenvolvimento urbano. PAG. 5

Amanhã, 2.ª-feira, na FOLHA DE S. PAULO

- **Ravi Shankar, em cores**
- **Madureza — o IV volume de Ciencias**
- **Modelos Dior na França-71, em cores**

Um domingo de sol

Prevalecem as condições para um domingo de sol, com temperatura em elevação, muito favoravel a passeios pelos campos ou às praias. Pela manhã haverá nevoeiro, o que tambem poderá ocorrer à tarde. Ontem tivemos na Capital a maxima de 28 graus, segundo informam os meteorologistas.

Campeonato Nacional

RESULTADOS DE ONTEM

Portuguesa, 0 vs. Santos, 0, no Parque Antartica
Vasco da Gama, 0 vs. São Paulo, 0, no Maracanã
Corintians, 1 vs. Sport, 0, no Recife

JOGOS DE HOJE

Palmeiras vs. Flamengo, no Morumbi
Fluminense vs. America (GB), no Maracanã
Coritiba vs. Gremio, em Curitiba
Cruzeiro vs. Bahia, em Belo Horizonte
Santa Cruz vs. Botafogo, em Recife
Ceará vs. Atletico, em Fortaleza
Internacional vs. America (MG), em Porto Alegre

FOLHA DE S. PAULO

Diretor-Presidente: Octavio Frias de Oliveira • Ano LII — N.o 15.787 • **Um jornal a serviço do Brasil** • São Paulo, quarta-feira, 6 de setembro de 1972 • Al. Barão de Limeira, 425 • Cr$ 0,60

Os refens

Estes são os sete dos nove membros da delegação de Israel, sequestrados pelo comando terrorista árabe. Da esquerda para a direita, de cima para baixo: Alan Friedman (corredor); Joseph Romano (levantador de peso); André Spitzer (tecnico de esgrima); Amituzur Shapira (tecnico de atletismo); Kehat Shorr (tecnico de tiro ao alvo); Mark Slavin (lutador de luta livre; David Berger (levantador de peso).

Moshe Weiberg, morto. AP

Golda Meir fala no Knesset. AP

Policial (com disfarce) prepara-se. AP

O SEQUESTRADOR. No balcão do alojamento dos atletas de Israel, um arabe mascarado vigia. AP

18 horas tragicas na Olimpiada

Todos os refens estão mortos

Feroz tiroteio no aeroporto quando todos pareciam salvos

MUNIQUE (AFP) — URGENTE — As mortes de todos os refens israelenses, de quatro guerrilheiros arabes e de um policial alemão, no aeroporto de Furstenfeldbruck, foi anunciada às 2 horas da madrugada de hoje, quarta-feira, pelo prefeito de Munique, Kronwitter. Três "fedayins" conseguiram escapar após o tiroteio no aeroporto, e estão sendo caçados por helicopteros.

Assim terminou, de forma sangrenta, como começara, o tragico episodio que traumatizou a Olimpiada de Munique e interrompeu as competições, pela primeira vez na historia dos Jogos Olimpicos: na madrugada de ontem, um comando terrorista palestino invadira os alojamentos ocupados pelos atletas de Israel, matara dois israelenses, capturara outros sete e exigira a libertação de 230 guerrilheiros presos em Israel. Após 18 horas de negociações, as autoridades conduziram sequestradores e refens para o aeroporto de Furstenfeldbruck, perto de Munique, onde deveriam embarcar num avião que os levaria a um pais arabe. No aeroporto, entretanto, ao descerem dos helicopeteros, houve um rapido e sangrento tiroteio (em circunstancias ainda não esclarecidas).

Os sequestradores exigiam em troca de seus refens, a libertação de 230 dos 1.650 companheiros presos em Israel.

Eram quatro e meia da madrugada em Munique (e meia noite e meia no Brasil), quando os guerrilheiros da "Setembro Negro" invadiram um pavilhão do Edificio 31.

Um carteiro viu quando o grupo saltou um muro da Vila Olimpica. Os guerrilheiros atacaram com rajadas de metralhadoras. Alguns atletas fugiram. Um deles, Tuviah Sikolovsky, escapou pela janela. "Todos dormiamos quando fomos atacados. Ouvi rajadas de metralhadoras e um gemido. Corri como um louco até um pavilhão vizinho", contaria ele mais tarde.

Moshe Winberg, treinador de luta-livre, escorava a porta, pelo lado de dentro: morreu atingido por uma rajada de metralhadora dos terroristas.

Pela primeira vez, desde 1898, a Olimpiada estava interrompida. Os guerrilheiros arabes ameaçavam matar os refens se suas exigencias não fossem atendias.

Deram o primeiro prazo: 12 e 30 (hora de Munique e oito e meia da manhã em Brasilia). Os guerrilheiros ameaçavam matar um refem a cada duas horas de atraso. Mas, adiaram os prazos, uma vez para as três horas da tarde (hora de Munique, 11 da manhã em Brasilia), depois para as cinco da tarde (Munique — uma da tarde em Brasilia).

As autoridades corriam contra o tempo. As negociações eram feitas sob um clima de tensão. A ameaça dos gerrilheiros abalava a todos. Entre os presos cuja libertação exigida estava Kozo Okamoto, que participou da chacina do aeroporto do Lod, em Israel, e duas jovens — Tereza Halassen e Rima Tannous — presas num sequestro de avião, fracassado.

A multidão cercava a Vila Olimpica. Ministros, embaixadores, policiais, todos se movimentavam. As cinco horas da tarde em Munique e uma da tarde em Brasilia), quando expirou o ultimo prazo, varios carros blindados da Policia tomaram posição diante do Edificio 31.

PAGS. 38, 39 e 40

O relato de nosso enviado especial

AROLDO CHIORINO
comentarista nos jogos Olimpicos pelo telefone

MUNIQUE, 5 — O drama do sequestro e assassinio dos atletas israelenses acaba de terminar, numa frenetica e breve troca de tiros, no aeroporto militar de Fuertenfeldbruck, a 80 km de Munique.

O grande torneio que representa a fraternidade dos povos, já iniciado sob as sombras do chamado "incidente rodesiano", mas recuperado graças à quebra de alguns recordes e à extraordinaria façanha do norte-americano Mark Spitz, passará também para a historia politica da humanidade, como passou a Olimpiada de 1936, na mesma Alemanha, com o irritado gesto de Hitler deixando o estadio diante da vitoria do negro Jesse Owens, ou como a do Mexico, com a saudação de protesto dos atletas negros norte-americanos.

Vi à distancia o drama que se desenrolou no edificio 31 da Vila Olimpica, enquanto um numero ainda não determinado de terroristas palestinos mantinha como refens os atletas de Israel. Tão eficientes quanto rigorosas, as autoridades da Alemanha Federal adotaram medidas eficazes para manter distanciados do tragico cenario os 3 ou 4 mil jornalistas estrangeiros que, como eu, cobrem a Olimpiada de Munique.

O Ministerio do Interior da Alemanha Federal determinara, logo cedo, que se proibisse a divulgação de qualsquer informações, enquanto as dificeis negociações com os guerrilheiros arabes se arrastavam. Até mesmo o onibus que leva apenas jornaliestas, do Centro de Imprensa à Vila Olimpica, fôra suspenso. O que não cortava totalmente a ligação com a Vila, mas reduzia bastante as possibilidades de acesso.

Tudo era ainda muito vago quando chegou a noticia do acordo concluido entre as autoridades da Alemanha Federal e os guerrilheiros. O acordo foi concluido às 22 horas, e uma hora e meia depois o episodio se encerrava com as rajadas de metralhadora no aeroporto de Fuertenfeldbruck. Três terroristas conseguiram escapar.

As autoridades alemãs haviam concordado em levar os terroristas árabes e seus refens israelenses, em três helicopteros, da Vila Olimpica para o aeroporto de Fuertenfeldbruck, de onde um avião da Lufthansa os levaria à Tunisia (neste pais os israelenses seriam libertados). Segundo uma versão, a Policia alemã, enquanto demonstrava disposição conciliatoria e complacente, preparava na realidade uma armadilha para os terroristas, no momento em que estes descessem dos helicopteros com seus refens. Segundo outra versão, entretanto, ao descerem do helicoptero, de armas na mão, os terroristas não viram o avião da Lufthansa que devia levá-los e abriram fogo contra os policiais que guardavam o campo.

Quase todos os jornalistas ficaram sabendo das informações mais importentes pela boca do chefe de imprensa dos Jogos Olimpicos, que às 23h30 anunciava que os arabes haviam iniciado o tiroteio. Sabe-se que eles pretendiam seguir da Tunisia para um pais arabe não identificado, enquanto os atletas israelenses teriam permissão para regressar a Israel.

A captura dos atletas israelenses pelos terroristas arabes não foi pacifica: os atacantes mataram o tecnico Weinberg e mais um atleta israelense. Mas os atletas de Israel haviam, seguramente, tentado defender-se: depois que os terroristas deixaram a Vila Olimpica com seus sete refens, a Policia entrou no moderno edificio 31 e encontrou três guerrilheiros feridos a faca.

Os jogos prosseguem

Até o momento em que passo esta nota por telefone, a decisão dos responsaveis pelos Jogos de Munique é a de reiniciar as competições; a partir das 14 horas de amanhã, quarta-feira. As manifestações que estudantes, acompanhados de alguns populares, realizaram durante a tarde, pelas ruas de Munique, pedindo o encerramento da Olimpiada, não tiveram efeito. Mas o clima, na Vila Olimpica, mudou: a assistencia reduziu-se a poucas pessoas. Quase ninguem assistiu a uma competição de remo, de manhã.

Quanto aos atletas de tantas nacionalidades, que estão aqui, o drama do edificio n.º 31 não parece ter abalado seus nervos: assisti, de manhã, a uma partida de volibol entre russos e poloneses, vencida pelos primeiros. A partida desenrolou-se como se o drama do sequestro, dos assassinios e das negociações se desenrolasse na Lua.

E agora?

Um clima de grande tensão, contudo, dominava o pessoal ligado aos Jogos. Centenas de jornalistas corriam de um lado para outro, com os meios disponiveis, e repetia-se a todo momento a pergunta: "Mas como eles (os terroristas) conseguiram entrar no predio dos israelenses?" (aparentemente, dois deles passaram pela porta, vestindo uniformes de atletas, enquanto outros saltaram o muro).

E outra pergunta paira, até agora, no ar: "Como reagirão, ou como agirão, os paises arabes que participam da Olimpiada?".

A tradicional organização alemã funcionou em toda plenitude neste dramatico episodio: determinadas em não facilitar o acesso às informações, as autoridades da RFA conseguiram conturbar de tal forma as noticias que somente às duas horas da manhã (em Munique), os detalhes sobre o tragico desfecho do caso foram conhecidos.

Medici inaugura "campus" do Rio

O presidente Medici inaugurou ontem no Fundão (Cidade Universitaria do Rio) diversas obras de construção que permitirão elevar a capacidade do campus de 7 para 19 mil alunos nas areas da Tecnologia, Ciencias Medicas e Matematicas, Educação Fisica e Desportos.

Em discurso, disse o Presidente: "Dever comum, tanto de governantes como de governados, é contribuir com total esforço para que esse potencial de energia, expandindo-se e avolumando-se em ritmo de celeridade crescente, se torne fonte de prosperidade social."

Bolsas em baixa

As cotações estiveram em baixa ontem, com o indice Bovespa caindo 3,98% e o IBV 4,4%. Em São Paulo foram negociados 16,5 milhões de titulos, no total de Cr$ 46,8 milhões e no Rio 9,4 milhões de papeis no montante de Cr$ 32,7 milhões.

Nas paginas 20, 21, e 22 a reprodução fotostatica dos boletins das duas Bolsas de Valores, do Ceagesp e da Bolsa de Mercadorias e os mercados de açucar, café, aves, ovos e cereais.

O tempo é instavel

O tempo continua instavel hoje em São Paulo, com o dia nublado e chuvoso. Não deve esfriar muito, porque uma frente quente é que está provocando a instabilidade, em choque com uma massa de ar frio oriunda do oceano. Ontem a temperatura esteve entre 15 e 22 graus. E o que informam os meteorologistas.

Aberta ontem no Anhembi a Brasil-Export

NA EXPOSIÇÃO. O governador Laudo Natel, o ministro Delfim Neto, o prefeito Figueiredo Ferraz e Caio de Alcantara Machado percorreram a Brasil-Export-72 em um minicarro especial.

A "Brasil-Export-72" começou ontem, às 14 horas, no Pavilhão das Exposições do Parque Anhembi sem formalidades e protocolos.

Durante duas horas, os ministros Delfim Neto, Pratini de Morais, e o governador Laudo Natel e o prefeito Figueiredo Ferraz percorreram, em um pequeno veiculo, movido por bateria eletrica e dirigido pelo sr. Caio de Alcantara Machado, os 630 estandes da Feira.

A Feira recebeu ontem a visita da gaucha Rejane Vieira Costa, miss Brasil de 1972.

O diretor da CACEX (Carteira de Comércio Exterior do Banco do Brasil), sr. Benedito Moreira, disse ontem, no Anhembi, que ainda é prematuro citar algumas cifras sobre os negocios que estão sendo fechados por exportadores brasileiros com compradores que vieram do exterior.

Apesar disso, informou que os setores de maquinas agricolas, tecidos, pesca e construção naval já entabularam varios negocios que deverão ser anunciados pela CACEX na segunda-feira.

Primeira Venda

Um importador do Suriname revelou ontem que comprou duas usinas de asfalto de expositores da "Brasil-Export-72", no valor de aproximadamente cem mil dolares.

A Feira Brasileira de Exportação será, até sabado, o lugar oficial dos despachos do Ministro Pratini de Morais, que depois de amanhã se reunirá com diretores das mais importantes "trading companies" japonesas para tratar de assuntos ligados à comercialização de produtos brasileiros no exterior.

A "Brasil-Export" se estenderá até dia 14.

FOLHA DE S. PAULO

Diretor-Presidente: Octavio Frias de Oliveira • Ano LII — N.o 15.792 • Um jornal a serviço do Brasil • São Paulo, segunda-feira, 11 de setembro de 1972 • Al. Barão de Limeira, 425 • Cr$ 0,60

VITORIA. Em Monza, ao lado da esposa Maria Helena, Emerson Fittipaldi ergue a taça que lhe valeu o titulo mundial.

Temos mais um campeão do mundo

Os paulistas foram mal na 1.ª rodada

Coritiba, 1, Palmeiras 0

Gremio 2, São Paulo 0

Fluminense 1, Corintians 1

No Caderno de Esportes

EMPATE. No Pacaembu, Rivelino tenta aproveitar a bola que Felix deixa fugir; o Corintians não teve sorte para ganhar.

Nova emoção em Munique

Mais tiros na Vila Olimpica

Há temores e Policia faz buscas

Da Agencia France Presse

MUNIQUE — Um desconhecido fez cinco disparos na Vila Olimpica, por volta das 21h50 locais, informou ontem a Policia de Munique.

Os disparos não causaram vitimas, disse o informante da Policia.

Um policial viu o desconhecido no momento de disparar, instalado na parte superior da escada em caracol que serve de entrada ao edificio da delegação da Nigeria.

A Policia alemã imediatamente cercou a Vila Olimpica a fim de efetuar a prisão do atirador, mas este fugiu imediatamente após os disparos.

Desmentido sovietico

Responsaveis pela delegação sovietica na Vila Olimpica desmentiram ontem à noite a versão segundo a qual houve um morto entre os membros de sua delegação.

Interrogado por telefone, um porta-voz da secretaria da delegação sovietica declarou à "France Press":

"Trata-se de bobagens monumentais. Não houve nenhum morto entre nós. Podem desmentir. Não ouvimos sequer qualquer disparo".

Latino-americanos a salvo

Diversas delegações latino-americanas, entre as quais as de Argentina, Mexico, Uruguai e Chile, chamadas por telefone pela AFP, a proposito dos tiros ouvidos na Vila Olimpica, disseram ontem à noite que em suas delegações tudo estava normal.

Essas delegações estão alojadas em pontos diferentes da Vila Olimpica, e suas observações de localizações diferentes permitem ter uma idéia da situação geral.

COMOÇÃO MUNDIAL. Avery Brundage, presidente do Comitê Olimpico, examina uma pilha de cartas e telegramas que recebeu no fim de semana de todos os pontos do mundo, externando opiniões sobre a chacina de atletas de Israel cometida na semana passada em Munique. AP

Rapaz cai de mastro e morre

MUNICH (AFP) — Um austriaco de 17 anos morreu ontem à noite aqui, às 20h locais, ao cair do alto de um mastro de 12 metros, perto da Vila Olimpica, quando tentava arrancar uma bandeira, informou um porta-voz do Comitê Olimpico.

Uma só pessoa ouviu esta noite, disparos na Vila Olimpica, declarou as 22,50hs (GMT) o chefe de Imprensa do Comitê Organizador dos Jogos.

Segundo esta pessoa — que é identificada, sem confirmação, como um frances que vive só em um chalet, — soou um primeiro disparo e depois outros quatro.

EUA vetam moção contra Israel

NAÇÕES UNIDAS — Os Estados Unidos apresentaram à noite o segundo veto da historia das Nações Unidas, ao declararem-se contrarios, no Conselho de Segurança, à resolução de iniciativa africana que pedia que Israel cesse suas incursões de represalia no Oriente Medio.

Parcialmente vingado

Tel Aviv — Após três dias de ataques aereos e maritimos e de uma incursão militar no Libano, alguns israelenses dizem hoje que o assassinio de onze atletas na Vila Olimpica de Munique, por parte dos terroristas arabes, foi parcialmente vingado.

Enquanto as tropas israelenses eram colocadas em estado de alerta, e o resto da população festejava o Ano Novo judeu, o chefe do Estado-Maior, tenente-general David Elazar, dizia que os ataques, foram não só represalia pela matança de Munique, como tambem contra a crescente onda de agressões terroristas nas fronteiras de Israel com a Siria e o Libano.

No entanto, o jornal "An Hanar", de Beirute, afirma que a matança de Munique foi um pretexto aproveitado por Israel para pressionar o governo da Siria a adotar medidas contra as guerrilhas arabes que têm sede em seu territorio.

O general Elazar assinalou, referindo-se aos ultimos ataques, que "estas ações fazem parte de uma guerra incessante" e não devem ser consideradas como "iniciada hoje e terminada amanhã. Nosso proposito é assestar golpes às organizações guerrilheiras e seus homens".

Siria: 200 mortos

A tragedia de Munique trouxe um ar sombrio a esta nação, que comemora o inicio do ano 5733 do calendario judeu.

A Siria informou hoje que sofreu nos ultimos ataques o maior numero de baixas desde a guerra de 1967: 200 mortos e centenas de feridos. E o jornal "An Hanar" acrescenta que o aumento das operações guerrilheiras contra Israel, a partir de bases situadas na Siria, são a causa direta dos ataques aereos "violentos e indiscriminados" realizados pela aviação israelense.

O governo do Libano informou que esses ataques provocaram a morte de 18 pessoas e ferimentos em 31, naquele país.

REPRESALIA — Este é o campo de treinamento de guerrilhas Nahr El Bared, ao norte do Libano, que foi bombardeado três vezes pela aviação israelense.

Ferraz decide quando começa a Paulista

As obras da Nova Paulista terão seu inicio — antes planejado para o dia 8 deste mês — marcado em reunião que se realizará hoje entre o prefeito Figueiredo Ferraz e os técnicos da EMURB — Empresa Municipal de Urbanização.

Essas obras, que prevêem a instalação até 1975 de uma linha do Metrô até a rua Augusta, possibilitarão que a avenida se transforme numa nova arteria de serviços e comercio da Capital.

Apostila do Madureza

Hoje a **Folha de S. Paulo** começa a publicar a Apostila-Resumo para os exames de Madureza de 1.o e 2.o graus que se iniciam no dia 29 e terminam a 2 de outubro. A primeira Apostila-Resumo de Madureza, que será publicada amanhã, na **Folha Ilustrada**, contem o essencial da primeira parte do programa de Matemática. Até o dia do exame, a **Folha Ilustrada** publicará as demais Apostilas-Resumo.

Chuva, hoje

O tempo hoje em São Paulo será instavel, com chuvas fracas e leve declinio de temperatura no fim do dia. A fraca frente fria que chega à Capital esta madrugada poderá fazer com que o dia inicie com trovoadas e chuvas em pontos isolados, segundo informam os meteorologistas.

FOLHA DE S. PAULO

Diretor-Presidente: Octavio Frias de Oliveira • Ano LII — N.o 15.927 • Um jornal a serviço do Brasil • São Paulo, quarta-feira, 24 de janeiro de 1973 • Al. Barão de Limeira, 425 • Cr$ 0,60

Anunciado o acordo de paz no Vietnã

Dos agencias AP e AFP

O assessor presidencial norte-americano Henry Kissinger voltou a Washington ontem, depois de reunir-se durante três horas e 45 minutos com o delegado norte-vietnamita Le Duc Tho, em Paris, num encontro de grande otimismo e com fontes extra-oficiais e a imprensa da França e dos Estados Unidos anunciando o acordo de cessar-fogo no Vietnã. Esse acordo, adianta-se, será formalizado simultaneamente em Washington e Hanói no proximo sabado.

O jornal parisiense "France Soir" e o "New York Times", dos EUA, anunciaram os termos gerais do acordo. Hanói aceitou a manutenção da Zona Desmilitarizada em ambos os lados do Paralelo 17 e a instalação de uma força estrangeira para supervisionar a paz; e os EUA deixaram de lado sua exigencia de que as forças norte-vietnamitas se retirassem do Sul.

O presidente sul-vietnamita Van Thieu aceitou o acordo de paz, mas espera ser consultado sobre seus pormenores. Em Paris, Kissinger entrevistou-se por duas vezes com o chanceler do Vietnã do Sul, Tran Van Lam, para revelar-lhe os pontos acertados na reunião.

Varios fatos dão a certeza de que o tratado de paz foi concluido: a reunião secreta realizou-se no Centro Internacional de Conferencias de Paris, tendo o governo francês como anfitrião; as duas delegações permitiram a entrada de fotografos oficiais; os dois negociadores apertaram-se as mãos ao fim da reunião e saudaram efusivamente os jornalistas; Kissinger retornou imediatamente a Washington.

Em Saigon, entretanto, o presidente Van Thieu fez um apelo ao povo, advertindo-o de que não deve confiar nos comunistas e exortando-o a unir-se às Forças Armadas "para fortalecer o poder politico da nação".

A Força Aerea dos EUA realizou ontem intensos bombardeios contra posições militares comunistas no Vietnã, num esforço para diminuir a possibilidade de novas conquistas territoriais pelas tropas de Hanói e do Vietcong antes do anuncio oficial da tregua.

Tropas alertadas

O governo dos EUA solicitou ontem às quatro nações que supervisionarão o cessar-fogo no Vietnã — Canadá, Polonia, Hungria e Indonesia — que coloquem suas tropas em alerta, pelo periodo de três dias, tendo em vista a assinatura do acordo de paz.

A Indonesia tem 250 oficiais e mil soldados prontos para rumar para Saigon. Os soldados estarão armados apenas para auto defesa e os equipamentos de transporte e comunicações que utilizarão serão fornecidos pelos EUA.

O Canadá possui 450 soldados aguardando igualmente a ordem de embarque para a missão de fiscalização do cessar-fogo, mas outros poderão ser deslocados posteriormente.

A Indonesia, unica nação asiatica entre as forças de supervisão, deverá ser a primeira a desembarcar soldados no Vietnã.

PAG. 2

JOHNSON — O corpo do ex-presidente Lyndon Johnson será levado hoje para Washington, onde será velado até amanhã na cripta do Capitolio, cercado por uma guarda de honra das Forças Armadas dos Estados Unidos. Depois, a pedido da familia, o ex-presidente será sepultado no seu rancho, em San Antonio, Texas. Na radiofoto AP, Lynda Robb (esquerda), a filha mais velha de Johnson, acompanhada do marido, e Luci Nugent, outra filha do ex-presidente tambem com o marido após o falecimento.

AFINAL — O assessor do presidente Richard Nixon, Henry Kissinger e o delegado norte-vietnamita, Le Duc Tho, apertam as mãos depois de terem-se reunido secretamente durante três horas no Centro Internacional de Conferencias em Paris sobre o acordo de cessar-fogo no Vietnã. AP

Tunel Rebouças fica fechado amanhã e sexta

Ficará interditado ao trafego amanhã e depois o tunel que começa na avenida Rebouças, perto do Hospital das Clinicas, e dá acesso à avenida Dr. Arnaldo e à rua Major Natanael, a fim de permitir o levantamento topografico da area do anel viario da avenida Paulista, com o qual será definido o traçado de futura linha do metrô. Para remoção da ponte metalica, ficará fechado durante 10 dias, a partir de sabado, o cruzamento das ruas Vergueiro e Paraiso, passando a rua Apeninos a ter mão dupla para desafogar o trafego.

PAG. 8

O feriado de amanhã

Amanhã, data da fundação da cidade, é feriado municipal. O comercio varejista não poderá funcionar, segundo determina a lei federal só podendo abrir os serviços de utilidade publica.

Anchieta sem carga

Para facilitar o escoamento de trafego neste fim de semana está proibida desde hoje a circulação de veiculos de carga pela via Anchieta nos seguintes periodos: pista descendente São Paulo-Santos, hoje, de 18 às 22 horas,; amanhã, de 6 às 12; sexta-feira, de 18 às 22; sabado, de 14 às 22, e domingo, de 6 às 12. Pista ascendente Santos-São Paulo: domingo, de 12 às 24, e segunda de 6 às 12 horas.

Vestibulinho 73

Continuamos hoje a publicação de testes simulados da Prova de Português e Matematica para o Vestibulinho 73, exame de seleção para a 1.ª série do 2.° grau, que será realizado no dia 1.° de fevereiro em todos os estabelecimentos de ensino oficial do Estado. Os testes serão publicados diariamente, até o dia 31 deste mês, na FOLHA ILUSTRADA.

Indice

Bolsa estavel

A Bolsa de Valores de São Paulo apresentou ontem uma leve baixa; o Indice Bovespa desceu 0,88%. Foram transacionados 11,7 milhões de titulos no valor de Cr$ 25,5 milhões. Nas paginas 24, 25 e 26 a reprodução fotostatica do boletim da Bolsa de SP, da Bolsa de Mercadorias e do Ceagesp, e os mercados de Nova York, açucar, café, aves e ovos.

Ainda as chuvas

Muita chuva no interior, principalmente na Alta Sorocabana e zona Noroeste. Na capital e litoral haverá nebulosidade, pancadas de chuvas isoladas, de preferencia à tarde. Temperatura em elevação, declinando à noite. Maxima de ontem, 27 graus. É o que informam os meteorologistas.

Mais dois milhões de casas populares

Da Sucursal de Brasilia

O presidente Medici instituiu ontem o Plano Nacional de Habitação Popular (PLANHAP), com o qual o Governo pretende construir em uma decada pelo menos dois milhões de casas populares em todo o País.

Esse programa, que vai requerer investimentos da ordem de 30 bilhões de cruzeiros, será financiado com recursos da União, dos Estados e dos Municipios e, segundo disse o ministro do Interior, Costa Cavalcanti, as prestações mensais das casas serão equivalentes a 14 por cento do menor salario minimo do País.

Ao anunciar o Plano, o presidente Medici ressaltou que o principal objetivo é extinguir o deficit habitacional em relação a familias com rendimento entre um e três salarios minimos, "propiciando-lhes maior segurança, conforto e bem-estar e contribuindo para que melhor se distribua a riqueza e se reduzam os desniveis regionais de renda".

Os efeitos secundarios do PLANHAP — segundo o chefe do Governo — serão a deculpicação do atual ritmo de construção de casas populares e a abertura de pelo menos 200 mil novos empregos diretos e outros 600 mil indiretos.

Na mesma ocasião, o presidente Medici determinou ao BNH que estude uma formula para oferecer, pelo menos a medio prazo, casa propria tambem a familias com renda inferior ao salario minimo, não beneficiadas pelo Plano ontem anunciado. Para isso, solicitou aos Estados e Municipios a destinação, o quanto antes, de terrenos urbanizados — com agua, luz, transportes e estruturas de saude e educação — destinados à construção de residencias para essa faixa de população.

O anuncio do PLANHAP foi feito durante cerimonia realizada no Palacio do Planalto, da qual participaram os ministros Costa Cavalcanti, do Interior, Delfim Neto, da Fazenda, e Reis Velloso, do Planejamento, os chefes do SNI e dos Gabinetes Civil e Militar, o presidente do BNH, Rubens Costa, e todos os integrantes do Conselho de Administração daquele orgão, entre os quais o exministro do Planejamento, Helio Beltrão, e o presidente do MOBRAL, Mario Henrique Simonsen.

Integra dos discursos na pagina 3

Termina hoje o prazo para os devedores do BNH

Hoje termina o prazo dado pelo BNH para que os mutuarios que receberam as cartas dos agentes financeiros na segunda-feira paguem suas dividas. Caso não o façam, terão seus imoveis executados extra-judicialmente. Só na GB, cinco mil participantes do programa do Banco Nacional de Habitação foram notificados e deverão, obrigatoriamente, se pronunciar até hoje. O BNH, em vista dessas dividas, está estudando a regulamentação da Resolução 62/71, que trata da recompra dos imoveis.

PAG. 9

Saem as listas do Mapofei e do Cescea (só uma parte)

O Mapofei divulgou ontem, conforme havia anunciado, a lista dos 4.370 classificados em seus vestibulares. Trata-se da 1.ª chamada que, entretanto, já excede em 330 candidatos o total de vagas daquela entidade (4.040). O Cescea, por sua vez, divulgou apenas parte de suas listas, contendo os nomes de 3.365 candidatos classificados para as 8.000 vagas disponiveis. Esses nomes, que representam menos da metade do total de classificados, referem-se às escolas da Capital — com exceção da FAU — restando ainda a divulgação dos resultados do Interior.

Por outro lado, a PUC promete para o dia 26 a divulgação de sua lista, enquanto que no Cescem estão sendo esperadas para sabado a divulgação da lista de 2.ª chamada e as informações sobre a matricula, que no Mapofei deverá ser feita nos dias 26, 27 e 29.

Outra lista

Estamos publicando hoje a lista dos 115 classificados no vestibular da Faculdade de Ciencias e Letras da Fundação Educacional de Votuporanga.

PAGS. 13 a 21.

Vale do Ribeira quase todo coberto em sua rede escolar

Um equilibrio fisico entre a oferta e a demanda escolar foi praticamente atingido no Vale do Ribeira com a construção, nos ultimos dois anos, de 70 escolas isoladas, com 89 salas de aula, 12 escolas urbanas com 74 salas, e a reforma e recuperação de 24 escolas urbanas, num total de 152 salas. Essa rede cobre 17 municipios e exigiu do Estado investimentos de Cr$ 12 milhões. Ao inspecionar as obras do Colegio Estadual de Cananéia — uma das maiores na area da educação, com 18 salas de aula e custo de Cr$ 1,7 milhão — o governador Laudo Natel lembrou o esforço do governo e a importancia do programa desenvolvido pela Secretaria da Educação para esse fim. Outras 12 importantes obras estão em execução em 11 municipios do Vale.

REGIONAL

Foreman não queria machucar

Após derrubar Joe Frazier e conquistar o titulo de campeão mundial de boxe, numa luta que pode ser chamada de "o massacre do seculo", George Foreman comentava tristemente: "Diversas vezes pedi ao empresario de Frazier para acabar com a luta. Tambem pedi a mesma coisa ao juiz. Eu não queria mais bater em Frazier. Tinha medo de inutilizá-lo para sempre". A luta durou pouco, apenas 4'35": em menos de cinco minutos, Frazier caiu seis vezes. Foreman disse que sabe que titulo é emprestado e que um dia terá de devolvê-lo a alguem. E Frazier, que antes da luta anunciava para Foreman "Vou te fazer sentar no chão, George", dizia que não vai abandonar o boxe e que um dia será campeão de novo. Foreman prometeu uma revanche e Frazier atribuiu sua derrota a um erro tatico.

ESPORTES

INC pode fechar mais 48 cinemas só na capital

O INC pode fechar, nos proximos 15 dias, 48 dos 150 cinemas da Capital, por não cumprimento de sua determinação de exibir filmes nacionais em 84 dias durante o ano passado.

O Instituto promete ainda mais rigor na fiscalização das salas exibidoras que, segundo seu delegado em São Paulo, André Luiz da Costa Santos, "andam muito fora da lei". Os cinemas ameaçados de fechamento e multas já foram advertidos pelo INC de que deverão programar o quanto antes filmes brasileiros.

PAG. 9

Lucro liquido da VASP cresceu 100% em 1972

A Vasp conseguiu um lucro liquido superior a Cr$ 20 milhões, em 1972, o dobro do resultado financeiro atingido no ano anterior, segundo informou o secretario Paulo Maluf, dos Transportes, em encontro ontem com o governador Laudo Natel. Maluf anunciou tambem o adiantamento dos estudos para a implantação, ainda este ano, das linhas para o Interior do Estado, com vôos diarios para 13 cidades paulistas, 2 mineiras e 2 do Paraná.

ECONOMIA

FOLHA DE S. PAULO

Diretor-Presidente: Octavio Frias de Oliveira • Ano LIII — N.º 16.094 • **Um jornal a serviço do Brasil** • São Paulo, quinta-feira, 12 de julho de 1973 • Al. Barão de Limeira, 425 • Cr$ 0,80

Geisel: a imposição do dever

Em seu primeiro pronunciamento publico desde que foi indicado pelo presidente Medici como seu sucessor, o general Ernesto Geisel afirmou não ter desejado a Presidencia da Republica. Ressalvou, entretanto, que "o encargo de presidir a Nação é missão que não se postula, mas a cuja aceitação tampouco se pode egoisticamente opor uma negativa".

"Tive que me render à imposição de um dever, nisso seguindo, convictamente, o exemplo do proprio presidente Medici, em circunstancias analogas".

Esse pronunciamento politico foi feito pelo general Geisel ao transmitir, ontem, a presidencia da PETROBRAS ao almirante Floriano Peixoto Faria Lima, mas no seu discurso o futuro presidente da Republica preferiu fazer uma minuciosa descrição de sua administração e dos resultados alcançados à frente da empresa estatal.

PAGs. 7, 8 e 9.

Faleceu o governador do Paraná

Morreu ontem à tarde, em Curitiba, o governador do Paraná Pedro Viriato Parigot de Sousa, que se encontrava afastado do cargo há 9 dias para tratamento de saúde. Embora não causasse surpresa, em vista de seu precario estado de saúde (cancer no intestino), sua morte provocou grande consternação em todo o Estado. O sepultamento será realizado hoje, na capital paranaense, com a presença do ministro Alfredo Buzaid, que representará o presidente Medici. O presidente da Assembléia Legislativa, deputado João Mansur, continuará no Governo do Estado até a eleição de novo governador, o que ocorrerá no prazo maximo de 30 dias.

Hoje, às 8h, a 1.ª prova do madureza

A partir das 8 horas de hoje, (mas os inscritos devem estar nos locais meia hora antes), cerca de 150 mil candidatos iniciam, com a prova de Geografia, os exames supletivos (antigo madureza) de 1.º e 2.º graus, que serão realizados durante quatro dias consecutivos em quase 400 escolas de todo o Estado. Do total de inscritos, mais de 100 mil residem na Grande São Paulo, enquanto os demais estão distribuidos pelas Delegacias Regionais de Ensino do Litoral, Vale do Paraiba, Sorocaba, Campinas, Ribeirão Preto, Bauru, São José do Rio Preto, Araçatuba e Presidente Prudente. Os candidatos ao 1.º grau farão, no maximo, sete provas, uma a mais em relação ao 2.º grau. Alem dos sacrificios e esperas em filas que tiveram de enfrentar, os candidatos receiam que as questões sejam bastante dificeis. Um aviso importante aos candidatos: antes de sair de casa, consultem os bolsos (ou bolsas), para evitar um esquecimento que pode ser fatal: sem um documento de identidade (original) e a ficha de inscrição, não poderão ingressar nas classes. Outra coisa: levem uma caneta esferografica azul, o unico tipo e cor aceitos pelos computadores que farão a correção. E estejam nos locais das provas às 7,30 horas.

EDUCAÇAO

Sabado onibus custa mais caro

A partir de 0 hora de depois de amanhã (sabado), as passagens de onibus urbanos passarão a custar 55 centavos. O reajustamento foi autorizado ontem pelo prefeito Figueiredo Ferraz, com base em resolução aprovada pelo Conselho Interministerial de Preços. As passagens de escolares continuarão a ser cobradas à base de 50% do valor da tarifa. Os passes comuns e escolares, já emitidos pela CMTC, continuarão a ser recebidos como pagamento das passagens, sem acrescimo. O aumento é válido para as empresas que têm tarifa unica e não atingirá as chamadas "linhas especiais".

Nas bolsas

As Bolsas de Valores apresentaram altas, ontem: 1,4 em São Paulo e 1,1% no Rio de Janeiro. O volume global de negocios foi Cr$ 47,2 milhões em São Paulo e de Cr$ 18,0 milhões no Rio. As reproduções dos boletins das duas bolsas de valores, do Ceagesp, das bolsas de Cereais e Mercadorias e os mercados de aves, ovos, açucar e café estão nas paginas 26, 27 e 28.

Tempo bom

Não são esperadas modificações do tempo hoje em São Paulo. Vamos continuar com sol e nevoeiros pela manhã. A tarde pode haver nebulosidade, mas a temperatura continuará elevada. Também não há indicios de instabilidade. Um dia otimo para quem já está em ferias nas praias santistas.

TRAGEDIA BRASILEIRA EM PARIS

TARDE DEMAIS — Em um campo de cebolas, a apenas um minuto e meio de vôo da pista do aeroporto de Orly, o Boeing em chamas fez a aterragem forçada. Os bombeiros não chegaram a tempo.

Fogo a bordo, depois a queda; 122 mortos

O COMANDANTE. "Estou morto, estou acabado", murmurou o capitão Gilberto Araujo da Silva, ao ser socorrido após o desastre. Peritos franceses elogiaram a habilidade do piloto no momento critico do pouso de emergencia.

"Fogo a bordo". A torre de controle do aeroporto de Orly recebeu esta mensagem às 14h30 de ontem (hora local) e imediatamente colocou seu esquema de emergencia para funcionar. O aviso foi dado pelo comandante Gilberto Araujo da Silva, comandante do Boeing 707 da Varig, vôo 820, que estava prestes a aterrar em Paris. Porém, as pistas de Orly não chegaram a ser usadas.

O comandante do Boeing fez o pouso de emergencia, numa area aberta perto da aldeia de Saulx-les-Chartreaux. Mas, após o impacto, antes que chegassem os socorros, as chamas e a fumaça se espalharam pela fuselagem, praticamente intacta até esse momento.

Os passageiros morreram sufocados, ainda presos pelos cintos de segurança, em seus assentos. Doze tripulantes conseguiram ser salvos, porque se encontravam na cabina de comando, o ultimo ponto atingido pelo fogo.

Dos 134 ocupantes — 117 passageiros e 17 tripulantes — 122 morreram.

Os habitantes das aldeias proximas ao local viram os grandes rolos de fumaça que saiam do aparelho. Eles foram os primeiros a chegar e iniciaram a operação de socorro. Avisaram, também, os bombeiros e a policia de Paris para que providenciassem imediatamente equipes de salvamento.

O Boeing estava praticamente lotado, e levava varias personalidades do mundo politico, artistico e esportivo do Brasil.

O mais preeminente era o senador Filinto Muller, que, com sua senhora e neto, ia para a Europa em viagem particular. Muller era o presidente nacional da ARENA e também ocupava a presidencia do Senado.

O tricampeão mundial de iatismo, Jorge Bruder, também estava a bordo. Com ele, em Viracopos, havia embarcado o cantor de musica popular Agostinho dos Santos, que ia para a Grecia participar de uma Olimpiada musical. No Rio, havia embarcado Regina Leclery, personalidade do "jet set" internacional, que recentemente havia filmado, sob a direção de Nelson Pereira dos Santos, "Beta".

O Boeing brasileiro levava muitas familias de São Paulo e Rio, a caminho de suas férias de julho na Europa.

Assim, familias inteiras foram atingidas pela tragédia, como a de um comerciante de origem arabe que viajava com destino à Jordania. Todos os Arman faleceram.

Só em Viracopos, na noite de anteontem, haviam subido para o Boeing pelo menos 9 crianças, e havia também um bebê de pouco mais de um ano, da familia Lauzon.

PAGs. 2, 3, 4 e 5.

Entre os mortos, Filinto Muller, Jorge Bruder, Agostinho dos Santos

O CANTOR. Agostinho dos Santos, um dos mais populares cantores de São Paulo, ia cantar "Paz sem cor" na Olimpiada da Canção, na Grecia.

Personalidade do mundo social carioca, Regina Leclèry fez um filme com Nelson Pereira dos Santos, "Beta".

A MOÇA. Beeta Singh, filha do embaixador da India no Brasil, sr. Pritoi Singh, estava a bordo.

O VELHO POLITICO. Filinto Muller, presidente nacional da ARENA e presidente do Senado. Com ele, faleceram a esposa e o neto.

O CAMPEÃO. Jorge Bruder, um dos mais importantes representantes do Brasil nas Olimpiadas, era campeão de iatismo, classe Finn.

FAMILIA ATINGIDA. O sr. Francisco Malta Cardoso, que foi secretario da Agricultura de São Paulo, estava a bordo com sua esposa e filha (vistas na foto).

FOLHA DE S. PAULO

Diretor-Presidente: Octavio Frias de Oliveira • Ano LIII — N.o 16.157 • Um jornal a serviço do Brasil • São Paulo, quinta-feira, 13 de setembro de 1973 • Al. Barão de Limeira, 425 • Cr$ 1,00

Luta-se no Chile; mil mortos

FRANCISCO BARREIRA
enviado especial

MENDOZA — Mais de mil mortos e varias centenas de feridos constituiam, no fim da tarde de ontem, o saldo parcial da intensa luta que ainda se trava em Santiago e nas principais cidades chilenas, em consequencia da tenaz resistencia civil ao golpe militar que derrubou o governo do presidente marxista Salvador Allende.

Em Mendoza, cidade argentina proxima à fronteira chilena, onde se concentra a maior parte dos jornalistas estrangeiros, podia-se captar emissões de radios clandestinas em poder das forças esquerdistas recem-derrubadas. Segundo estas transmissões, estavam sendo travados duros combates entre as Forças Armadas e operarios que ainda mantêm ocupadas cerca de 40 fabricas nos chamados cordões industriais dos suburbios de Cerrillos e Maipu, em Santiago.

Por outro lado, emissoras da rede oficial controlada pela Junta Militar, tambem captadas em Mendoza, reconheciam que as Forças Armadas ainda tentavam desalojar os ultimos focos de franco-atiradores no alto dos edificios do centro de Santiago. Informavam tambem que foi estabelecido um sistema de emergencia para retirar das ruas centrais e sepultar o grande numero de mortos, civis e militares. Ao mesmo tempo, o Corpo de Bombeiros tentava eliminar varios incendios no centro da cidade.

Completo isolamento

Segundo informações de outras fontes, chegadas aqui, as ruas de Santiago estão agora desertas, mas o silencio é interrompido a todo instante pelas sirenas dos bombeiros e das ambulancias. Às vezes irrompem também tiroteios isolados em pontos que não podem ser identificados. Do centro da cidade podem-se ouvir os disparos de artilharia pesada, que ocorrem, possivelmente, nos suburbios industriais.

Além dos militares e forças de segurança, somente medicos e enfermeiros munidos de salvo-condutos podem transitar pelas ruas.

Após terem destruido terça-feira a torre de microondas e o sistema de comunicação via satelite e silenciado, mediante bombardeio aereo, as radios leais a Allende, as Forças Armadas destruiram ontem, parcialmente, a principal central telefonica interurbana de Santiago, completando assim o total isolamento do Chile. Mesmo as radios oficiais transmitem com potencia muito reduzida e só podem ser captadas nas proximidades da fronteira chilena, que por sua vez continua fechada.

Dificuldades

A extrema violencia com que estão agindo as Forças Armadas, as noticias de fuzilamentos sumarios e o adiamento da abertura da fronteira e da normalização dos serviços de telecomunicação revelariam as dificuldades que os militares estão enfrentando.

Ao mesmo tempo, versões não confirmadas davam conta de que os militares ainda não teriam conseguido controlar a situação nas provincias do extremo sul do país, habitadas preponderantemente por camponeses indios mapuches, de larga tradição de rebeldia, e onde o MIR (Movimento de Esquerda Revolucionaria) concentrara durante o governo de Allende suas principais bases guerrilheiras.

A esses problemas somam-se as dificuldades que as Forças Armadas estariam encontrando para constituir o novo governo. Aparentemente, segundo transpirou na Argentina, os partidos politicos, principalmente a Democracia Cristã, estariam relutando em colaborar com o novo governo, para não comprometer-se com a onda de violencia.

Em Buenos Aires, Gabriel Valdez, chanceler chileno durante o governo de Eduardo Frei, rechaçou terminantemente as noticias que circularam à tarde, segundo as quais ele teria sido convidado pela Junta Militar a assumir o governo. Valdez, que chegou ontem à tarde a Buenos Aires, procedente de Washington, não desmentiu o convite, mas descartou enfaticamente qualquer possibilidade de sua aceitação.

O MAIS PROXIMO. Em Mendoza, na Argentina, estão reunidos os reporteres da imprensa internacional, que ainda não estão autorizados a entrar no Chile.

CONTRA OS FRANCO-ATIRADORES. Tropas do Exercito chileno protegem-se contra os tiros vindos do alto de edificios, no centro de Santiago. Os soldados devolvem o fogo. Esta foto chegou a Buenos Aires via satélite. AP

"Triste e dolorosa missão"

Das agencias AP e AFP

Os três membros da Junta Militar que destituiu o presidente Salvador Allende apareceram ontem num curto programa de TV, irradiado para todo o Chile, e o comandante em chefe do Exercito, general Augusto Pinochet, assim explicou a sua ação:

"Não pudemos fugir dessa triste e dolorosa missão, pois foi preciso que tomassemos a responsabilidade, depois de três anos de cancer marxista que tinha conduzido o país a uma ruptura moral e social, que os interesses da patria não podiam suportar mais tempo. Estamos certos de que todos os chilenos compreenderão e lutarão conosco para que a estrela do Chile volte a brilhar"

Ainda pela TV, um grupo de oficiais mostrou ao povo chileno um verdadeiro arsenal de armas que Allende mantinha em palacio e em sua casa. A TV mostrou ainda a cozinha da residencia do ex-chefe de Estado, onde se viam grandes quantidades de alimentos armazenados e bebidas finas, "num momento", segundo declarou um dos oficiais, "em que o país atravessa enorme escassez de generos".

O comentarista insistiu especialmente que todas as armas eram de fabricação sovietica. Segundo revelações extra-oficiais, Allende matou-se com uma carabina que havia recebido de presente do primeiro-ministro cubano Fidel Castro.

Allende sepultado

Salvador Allende Gossens, de 65 anos, foi enterrado ontem ao meio-dia na presença de membros de sua familia, anunciou a Junta Militar chilena dirigida pelo general Augusto Pinochet. A Junta, em comunicado oficial, confirmou o suicidio do ex-presidente, mas não fez referencia à sorte de sua esposa, Ortensia Bussi de Allende, que se encontrava em sua residencia quando esta foi bombardeada pela Força Aerea.

O comunicado da Junta diz:

1) As 13h09 de terça-feira, dia 11 de setembro de 1973, Salvador Allende ofereceu render-se, incondicionalmente, às forças militares.

2) Para isso ficou resolvido, de imediato, o envio de uma patrulha cuja chegada ao palacio de La Moneda foi dificultada pela ação de franco-atiradores colocados notadamente no ministerio de Obras Publicas e que pretenderam interceptá-la.

3) Ao ingressar a patrulha no palacio de La Moneda, encontrou, em seu interior, o cadaver do senhor Allende.

4) Transladado ao Hospital Militar, uma comissão medica integrada pelos chefes dos serviços sanitarios das Forças Armadas e do Corpo de Carabineiros, juntamente com um medico legista, constatou a morte por suicidio.

5) Ao meio-dia de 12 de setembro foram realizados os funerais privados, na presença de sua familia.

A resistencia

Varios focos de resistencia continuavam a agir ontem em Santiago, especialmente nos suburbios e no Ministerio das Finanças, perto do palacio presidencial, que a aviação se preparava para bombardear. Os chefes militares advertiram que "fuzilarão todo opositor armado". Fizeram um apelo à população para que se mantenha em suas residencias. O toque de recolher continua total e ninguém pode sair às ruas, individualmente ou em grupo.

A capital chilena continua isolada do resto do mundo. Todas as vias de comunicação estão cortadas e o aeroporto de Pudahuel continua fechado.

Os militares não forneceram nenhuma informação sobre o destino de ministros, deputados, senadores e lideres sindicais que pertenciam à Unidade Popular. Não se sabe da sorte do lider comunista Luís Corvalan e do chefe do Partido Socialista, Carlos Altamirano.

Foram presos, segundo nota oficial da junta de comandantes, cerca de 100 personalidades do antigo regime, entre eles o ex-ministro da Defesa Orlando Letelier e o ex-chanceler Clodomiro Almeyda.

Também não foi dada informação oficial sobre o numero de vitimas da luta que resultou na queda e morte de Allende. Foi confirmado o suicidio do ex-ministro do Interior Daniel Vergara e do secretario particular de Allende, Augusto Olivares.

O palacio de La Moneda foi destruido em cerca de quarenta por cento e a residencia do ex-presidente foi bastante danificada.

Posição dos EUA

Em Washington, o porta-voz da Casa Branca, Gerald Warren, desmentiu enfaticamente insinuações de que a Agencia Central de Inteligencia (CIA) teve participação ativa na derrubada do regime constitucional chileno. Disse que os Estados Unidos "estão estudando" o reconhecimento do novo governo, emergido do golpe. Sobre a morte do ex-presidente do Chile, Warren declarou que "a Casa Branca não tinha nenhum comentario a fazer"

O governo da Espanha reconheceu ontem a Junta Militar chilena.

PAGs. 2 e 5

DURANTE O ATAQUE. Uma foto feita terça-feira, durante o ataque dos aviões de caça contra o Palacio de La Moneda, mostra as chamas já devorando a sede do Governo chileno. AP

A RONDA. Um veiculo blindado do Exercito, com soldados fortemente armados, está estacionado nas proximidades do Palacio de la Moneda, no centro de Santiago. As armas dos soldados estão ainda apontadas contra o Palacio presidencial. AP

Medici em SP está informado

Em São Paulo, desde ontem, para inaugurar obras e visitar o Salão Aeroespacial, o presidente Medici manteve-se permanentemente informado sobre os acontecimentos no Chile, mediante um serviço especial de radio que liga o Othon Palace Hotel, onde está hospedada a comitiva presidencial, ao Palacio do Planalto, em Brasilia, de onde estão sendo retransmitidos boletins enviados pela nossa Embaixada em Santiago.

Ontem, Medici inaugurou três novas unidades do Instituto de Energia Atomica da USP; hoje cedo ele concederá varias audiencias no Palacio Bandeirantes e, à tarde, visitará as novas instalações do Hospital do Cancer, uma das obras mais prestigiadas pelo seu governo.

Não são esperados contatos politicos nesta viagem, embora o presidente tivesse caracterizado suas aparições publicas com rapidas mas significativas demonstrações de apoio ao novo prefeito de São Paulo.

Aeroespacial abre-se amanhã

Os dois ultimos dias foram de intenso movimento em São José dos Campos, onde os tecnicos da França, Italia, Inglaterra, Estados Unidos, Alemanha Ocidental, India, Canadá e Brasil terminam a montagem e os acertos nos aviões que serão expostos, a partir de amanhã, no 1.º Salão Internacional Aeroespacial, no Centro Tecnico Aeroespacial, CTA.

O Salão será inaugurado às 15 horas pelo presidente Medici. Mostrará desde helicopteros e aviões agricolas até modernos jatos e aparelhos militares.

O Brasil será representado por três industrias aeronauticas e seus aviões: a Empresa Brasileira de Aeronautica, com o "Bandeirantes", o "Ipanema" e o "Xavante"; a Industria Neiva, com o avião universal T-25 e as diversas versões do "Regente"; e a Industria Aerotec, com o "Uirapuru".

Transito

A Policia Rodoviaria informou que reforçará o policiamento na Via Dutra durante o Salão Aeroespacial, pois prevê-se um grande volume de transito entre São Paulo e São José dos Campos neste periodo.

BOMBARDEIRO. Este é o Vulcan, avião estrategico de bombardeio da Royal Air Force, em São José dos Campos desde ontem.

Novo diretor: um transito sem milagres

Após afirmar que não fará milagres no transito da Capital, o tenente-coronel Loredano Cassio Silva tomou posse ontem no cargo de diretor do DSV — Departamento de Operações do Sistema Viario. Acrescentou o novo diretor ter plena consciencia do trabalho que o espera e disse que "não vou parar no meio do caminho".

O tenente-coronel Cassio Silva é o terceiro diretor que o DSV tem desde que foi criado, há pouco mais de um ano, e substitui o engenheiro Roberto Scaringella, que passou a integrar o GEIPOT — Grupo Executivo Integrado da Politica de Transporte.

Loredano Cassio Silva, do DSV.

CAMPEONATO NACIONAL

SEXTA RODADA

Os resultados estão na pag. 31

As quartas-feiras, a mais ampla informação sobre Loteria Esportiva

CESCEA abre as inscrições em outubro

Serão abertas no dia 4 de outubro as inscrições para o vestibular unificado que o CESCEA vai realizar, em janeiro, no Interior do Estado de São Paulo. Existem até agora 3.548 vagas, distribuidas em 18 faculdades de 15 cidades. Outras faculdades, contudo, poderão vir a juntar-se aos exames do CESCEA, o que aumentaria o numero de vagas. As inscrições serão feitas nas secretarias das proprias faculdades.

EDUCAÇÃO

Custo de vida subiu 8,6% na Guanabara

O custo de vida na Guanabara subiu 0,9% em agosto, segundo informou a Fundação Getulio Vargas. O item Serviços Publicos apresentou a maior alta (1,6%) devido aos reajustamentos de tarifas e transportes urbanos e elevação dos preços da energia eletrica. O aumento acumulado nos oito primeiros meses do ano é de 8,6%, contra 11% no mesmo periodo do ano passado.

ECONOMIA

Geisel, já arenista, vai à Convenção

O general Ernesto Geisel vai hoje a Brasilia para participar da convenção nacional da ARENA, que se reunirá a partir de amanhã a fim de proclamá-lo candidato do partido à presidencia da Republica, tendo como companheiro de chapa o general Adalberto Pereira dos Santos. Ontem os dois candidatos da agremiação majoritaria preencheram, de proprio punho, suas fichas de inscrição no partido.

PAG. 4

Nas bolsas

As cotações das bolsas de valores permaneceram em baixa, ontem. O indice Bovespa caiu 1,04% e o IBV 1,9%. Em São Paulo o movimento geral foi 26,7 milhões de titulos negociados, no valor de 61,7 milhões de cruzeiros. No Rio de Janeiro foram negociados 11,4 milhões de titulos num total de 43,6 milhões de cruzeiros.

No pagina 18

Poderá chover

Continua bom o tempo em São Paulo, com nebulosidade durante o dia e nevoeiros pela manhã. Não devem ser desprezadas as possibilidades de chuvas isoladas. A temperatura permanecerá estavel. Ontem a maxima na capital atingiu os 29 graus e a minima 13.5. A umidade do ar foi de 46%.

FOLHA DE S. PAULO

Diretor-Presidente: Octavio Frias de Oliveira • Ano LIII — N.o 16.168 • Um jornal a serviço do Brasil • São Paulo, segunda-feira, 24 de setembro de 1973 • Al. Barão de Limeira, 425 • Cr$ 1,00

Peron obtem maioria absoluta

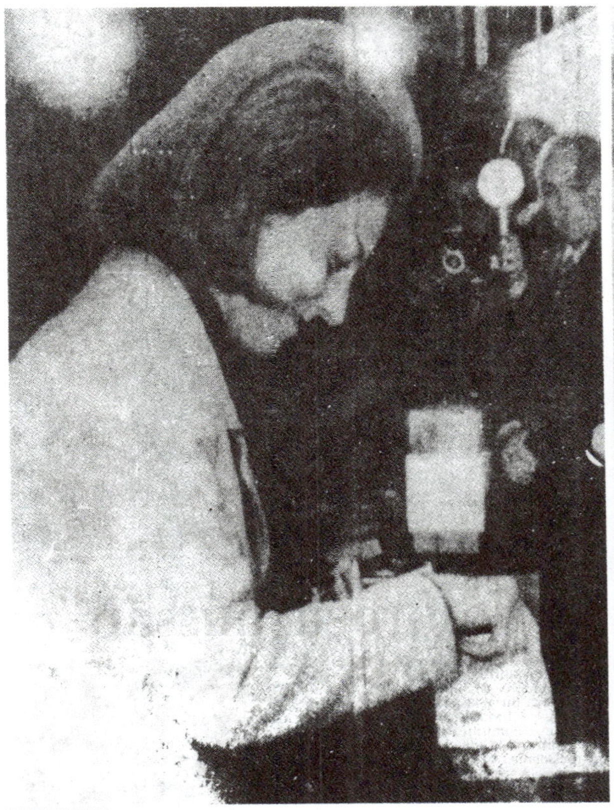

A VICE-PRESIDENTE — A terceira esposa de Juan Peron, dona Isabel, votou de manhã com seu marido. Ela faz parte da chapa Peron-Peron.

O NOVO CHEFE — Juan Peron ao votar ontem em Buenos Aires. A eleição transcorreu em ambiente de grande calma na Argentina. AP

(Da agencia AP)

BUENOS AIRES — O general Juan Domingo Peron caminhava para uma esmagadora vitoria, ao se conhecerem os primeiros resultados das eleições presidenciais realizadas ontem, a segunda este ano, na Argentina.

Apuradas 18.000 das 55.475 mesas eleitorais em todo o país, os resultados extra-oficiais conhecidos às 19h30 davam a Peron 2.463.320 votos, ou seja, 58,03 por cento do total.

Vinham depois Ricardo Balbin, da União Civica Radical, com 1.090.230 votos e 26,07 por cento; Francisco Manrique, da Aliança Popular Federalista, com 693.081 votos e 13,00 por cento; e Juan Carlos Coral, do pequeno Partido Socialista dos Trabalhadores, com 12.515 votos ou 1,03 por cento.

A recontagem oficial de votos, que progride mais lentamente do que a extra-oficial realizada pelos meios jornalisticos que acompanham as eleições, dava a Peron 194.903 votos, equivalente a 31,05 por cento, com 1.628 mesas eleitorais apuradas em todo o país.

De acordo com este computo oficial, Balbin obtinha 112.992 votos, ou 30,18 por cento, Manrique 57.259, ou 15,24 por cento, e Coral 8.955 ou 2,39 por cento.

Caso se mantenha esta tendencia nas urnas restantes, Peron seria consagrado hoje presidente eleito, sem necessidade de uma segunda votação, que uma nova lei eleitoral faz necessaria quando nenhum dos candidatos atinge 50 por cento mais um dos votos.

Apenas uma vitoria

Os observadores em Buenos Aires diziam ontem que, a manter-se a tendência inicialmente registrada nas apurações, Peron não obterá o triunfo eleitoral que esperava.

Lembra-se que na primeira eleição presidencial, há seis meses, Hector Campora obteve 49,6 por cento dos votos. Desta vez, Peron parecia destinado a obter cerca de 60 por cento dos votos — uma margem melhor, mas não esmagadora como se esperava.

Haverá um encontro Kissinger-Gibson

VIAJOU. Gibson Barbosa ao viajar ontem para Nova York

Da Sucursal do Rio

O chanceler Mario Gibson Barbosa, que ontem embarcou para Nova Iorque, onde discursa hoje na abertura da 28.ª Assembléia Geral da ONU, deverá manter encontro com o secretario de Estado dos EUA, Henry Kissinger.

"Não há nenhum assunto especifico, e sim o desejo reciproco de examinarmos a situação internacional e as relações de nossos paises".

Disse o ministro das Relações Exteriores que a atual Assembléia vai tratar de assuntos ligados a desarmamento, colonialismo e questões economicas.

"Estas são de muita importancia, sobretudo depois que o Brasil passou a presidir o Conselho Economico e Social. Sem falsa modestia, posso dizer que temos exercido essa presidencia de forma que vem reativando o Conselho, inclusive pondo em valia o conceito de segurança ,economica coletiva, como indispensavel para a segurança politica coletiva", disse o chanceler.

Henry Kissinger estréia hoje na ONU

NAÇÕES UNIDAS (AP) — Diplomatas de diversas partes do mundo esperam que Henry Kissinger diga algo novo e emocionante no debate geral da Assembleia-geral das Nações Unidas.

Kissinger falará hoje perante a assembleia de 135 paises, logo depois do discurso do ministro brasileiro Mario Gibson Barbosa, que tradicionalmente, abre os debates da assembleia. Este ano, figuram 120 delegações na lista de oradores.

Será o primeiro discurso de Kissinger como secretario de Estado, cargo que assumiu anteontem, e também sua estreia nas Nações Unidas.

Kissinger estará em Nova York até quarta-feira. Conferenciará com o secretario-geral Kurt Waldheim antes de seu discurso, oferecerá almoços hoje e terça-feira, aos representantes de paises africanos e arabes.

Normalmente, o grande salão da Assembleia permanece meio vazio durante grande parte do debate geral. Kissinger, entretanto, poderá ter uma audiencia sem precedentes.

ESTREIA. Henry Kissinger será ouvido com curiosidade hoje na ONU. AP

FMI: reunião fracassou logo de saida

NAIROBI — A reunião do Fundo Monetario Internacional, destinada a debater a reforma monetaria, fracassou quanto a esse objetivo basico: devido às posições dos Estados Unidos e da Alemanha Ocidental, resolveu-se constituir um grupo de trabalho que examinará o problema, devendo apresentar suas conclusões em 31 de julho do proximo ano.

Não obstante, os paises subdesenvolvidos lograram uma vitoria, na opinião do ministro Delfim Neto, pois conseguiram vincular as questões da reforma monetaria e ajuda para o desenvolvimento.

O "grupo dos 24", que reune paises da America Latina, Asia e Africa, e do qual o Brasil também faz parte, emitiu um comunicado reclamando maior atenção para suas necessidades.

Diz o comunicado que, enquanto houve real progresso na area da reforma monetaria, "não se tem obtido um progresso semelhante no campo geral de transferir recursos reais aos paises em desenvolvimento, como parte integrante do plano de reforma."

Os deputados vão estudar falta de leite

Os deputados paulistas discutem hoje na Assembleia Legislativa as causas da aguda falta de leite que atormenta as donas de casa de São Paulo.

O deputado Salim Curiati, presidente da Comissão Parlamentar de Inquerito da Assembleia que estudou a questão do leite, afirmou que é a hora das decisões heroicas, e que o governo "deve subsidiar o leite."

Tecnicos do governo federal, ouvidos no Rio na semana passada, disseram que a crise do leite em São Paulo é devida a um descompasso entre o preço da carne e o preço do leite. O argumento deles é que os pecuaristas estão mais interessados na produção de carne para corte, do que na produção leiteira. Os argumentos desses tecnicos, a favor da manutenção do preço atual do leite (que desencoraja os produtores, como eles vêm insistentemente se queixando) estão na pagina 7.

Melhora o tempo

O dia começará nublado, mas deve melhorar até a tarde, como prometem os meteorologistas. A Este do Estado o tempo será bom com nebulosidade e nas demais regiões a temperatura estará em elevação.

Foi uma rodada surpresa com muitos gols

UMA BOA ESTREIA. O novo atacante do São Paulo, Mirandinha, vibra de emoção depois de marcar seu primeiro gol para o clube, ontem à tarde no Morumbi. Graças a Mirandinha, o São Paulo conseguiu empatar por 2 a 2 com o Fluminense.

Quatorze jogos, trinta e dois gols, média razoável de 2,2 gols por partida: este o saldo da rodada de ontem do Campeonato Nacional.

Quatro jogos, uma esperada vitória (Guarani 1, Moto Clube, 0, em Campinas); um milagroso empate (São Paulo 2, Fluminense 2, no Morumbi, com o São Paulo perdendo de 2 a 0 no primeiro tempo); e duas justas derrotas (Gremio 1, Portuguesa 0, em Porto Alegre; e Ceará 2, Santos 0, em Fortaleza): este o saldo lamentável dos paulistas na rodada.

A boa estréia de Mirandinha no São Paulo, fazendo o gol de empate contra o Fluminense; a boa vitória do Corintians, por 1 a 0, contra o Internacional, no sábado: este o lado bom que restou.

Um GP confuso

O Grande Premio do Canadá, disputado ontem em Monsport, foi um dos mais confusos do Mundial de Formula-1 deste ano: Emerson Fittipaldi, com sua Lotus, recebeu a bandeirada de chegada como vencedor, e foi aclamado pelo publico; mas os organizadores da prova decidiram depois que o vencedor tinha sido Peter Revson, com a McLaren. No fim, ninguém sabia na verdade quem fôra o vencedor: houve duas batidas, duas largadas, atraso no início, muitas paradas para troca de pneus, chuva e uma serie de outros problemas que acabaram deixando os organizadores indecisos.

ESPORTES

FOLHA DE S. PAULO

Diretor-Presidente: Octavio Frias de Oliveira • Ano LIII — N.o 16.281 • Um jornal a serviço do Brasil • São Paulo, quarta-feira, 16 de janeiro de 1974 • Al. Barão de Limeira, 425 • Cr$ 1,00

Geisel eleito, por 400 votos a 76

A COMUNICAÇÃO. O presidente do Congresso, senador Paulo Torres, (a esq.) comunica aos generais Ernesto Geisel e Adalberto Pereira dos Santos (ao centro) a escolha feita de seus nomes para os mais altos cargos da Republica. O presidente da Arena, Petronio Portela (o segundo da esq.) ouve suas palavras.

"Um largo e seguro e decisivo avanço", ele promete ao País

— Sei que nunca poderei agradar a todos e que, certamente, descontentarei a muitos.

— Uma das maiores qualidades de um governante é saber dizer "Não" a proposições que lhe pareçam intempestivas ou ilegitimas.

— Haverá pronta e exemplar contenção de qualquer veleidade subversiva ou de qualquer ato de corrupção que venha ao conhecimento do Governo.

— A crise abala o mundo, mas acredito que conseguiremos galhardamente transpô-la.

— Espero poder garantir-vos ordem e estabilidade, a par da dedicação integral à missão de conduzir o Brasil em mais um largo e decisivo avanço para seus elevados destinos de grande Nação.

Com essas e outras afirmações incisivas, num discurso marcado por um tom energico e ao mesmo tempo otimista, o general Ernesto Geisel fez sua profissão de fé, ao dirigir-se ontem à noite à Nação, horas após ser eleito sucessor do general Emilio Garrastazu Medici na Presidencia da Republica.

A eleição do novo presidente e do vice-presidente, general Adalberto Pereira dos Santos, foi absolutamente tranquila. Os candidatos da ARENA obtiveram 400 votos, contra 76 dados aos candidatos da oposição, Ulisses Guimarães e Barbosa Lima Sobrinho.

A reunião do Colegio Eleitoral, que começou às 9 horas, foi mais rapida do que se esperava, durando apenas duas horas e meia. Às 11 h 20, o presidente do Colegio, senador Petronio Portela, fazia a solene proclamação dos eleitos.

Dos 503 eleitores, apenas seis não votaram: os srs. José Maria Alkmin, Stelio Maroja e Pedroso Horta, por motivo de saude, e Fernando Gama, Jeronimo Santana e Nadir Rossetti, todos da oposição, que se recusaram a comparecer. Do grupo "autentico" do MDB, 21 parlamentares estiveram presentes no plenario mas abstiveram-se de votar, manifestando de publico sua discordancia com o sistema de eleições indiretas.

As duas questões de ordem levantadas pelos oposicionistas não chegaram a retardar de muito os trabalhos. Na primeira delas, o deputado Alencar Furtado, sob os aplausos de seus companheiros de bancada e os gritos de "não apoiado" dos arenistas, criticou durante doze minutos o pleito indireto e o proprio regime e levantou duvidas quanto ao funcionamento do Colegio Eleitoral, que a seu ver devia ter um Regimento proprio.

O presidente Paulo Torres, imperturbavel, negou acolhida à pretensão e estendeu-se em explicações tecnicas.

Como estava previsto, apenas dois oradores falaram no encaminhamento da votação — o sr. Ulisses Guimarães, que na qualidade de presidente do MDB fez candentes criticas ao processo da eleição, e Petronio Portela, presidente da ARENA, que defendeu o sistema.

Às 10h15, precisamente, Paulo Torres abria a votação, anunciando em voz alta que seu voto era para a chapa Ernesto Geisel-Adalberto Pereira dos Santos. Um a um, os membros do Colegio Eleitoral punham-se de pé, declarando publicamente seu voto, precedido às vezes de frases como "em nome do povo, voto em..." ou (no caso dos oposicionistas, "obediente às decisões da convenção do meu partido..."

Finda a sessão, os integrantes da Mesa foram ao Hotel Nacional para levar a noticia aos candidatos eleitos.

"Tudo correu em perfeita ordem. Peço a proteção de Deus para o seu proximo governo", disse Paulo Torres ao general Ernesto Geisel.

"Espero dar continuidade às metas da Revolução de 64, a fim de alcançarmos o desenvolvimento com segurança", respondeu o presidente eleito.

PAGs. 4, 5 e 6

DOIS PRESIDENTES. No Palacio do Planalto, à tarde, o presidente Medici recebeu a visita do presidente eleito, Ernesto Geisel. Geisel tomará posse dia 15 de março e seu mandato é de cinco anos.

"Espero a ajuda dos paulistas"

Ao receber os representantes da ARENA paulista ontem, às 20 horas, no salão nobre do Hotel Nacional, o presidente eleito general Ernesto Geisel disse, depois de agradecer os votos a ele dados, que espera muito da colaboração de São Paulo durante o seu governo.

"Como Estado lider da União — disse o futuro presidente — São Paulo tem, por isso mesmo, maiores responsabilidades e espero encontrar os paulistas unidos e coesos em torno dos principios revolucionarios, para auxiliar o governo federal em suas dificeis tarefas".

Quando o general Ernesto Geisel cumprimentou o deputado Rafael Baldacci Filho, ambos comentaram, sorridentes, o fato de ter sido o voto desse deputado, o de n.º 252, que deu maioria absoluta ao candidato.

Vestibulares: saem hoje listas parciais

Os primeiros resultados dos Grandes Vestibulares de São Paulo devem sair hoje. O CESCEM anunciou, para hoje à tarde, a lista completa dos classificados em seus exames (cerca de 2 mil nomes).

A direção do CESCEA informou que a entidade divulgará, hoje, apenas a relação dos aprovados para as faculdades da Capital (quase 4 mil estudantes), à exceção da Faculdade de Arquitetura e Urbanismo, cujos resultados vão demorar mais alguns dias. Quanto às escolas do Interior, ainda não há data definida para a convocação dos classificados.

Por sua vez, o MAPOFEI somente emitirá sua lista no proximo dia 27.

Supletivos

Tambem a Secretaria da Educação informou que amanhã divulgará os resultados dos exames supletivos da Grande São Paulo e, depois de amanhã, os do Interior. Esses exames foram realizados em fins de novembro passado.

EDUCAÇÃO

Hoje, tudo sobre Loteria Esportiva

Bolsas em alta

A Bolsa de São Paulo subiu ontem, 2,27%, elevando o Bovespa para os 1266,2 pontos, enquanto que no Rio, a alta foi de 2,4%, com 2026,8 pontos. No fechamento, houve uma inversão no mercado, provocando uma queda de 0,47% em relação ao medio do dia, em São Paulo (1260,3 pontos) e de 0,7% no Rio (2012,8 pontos).

Maiores informações sobre Bolsas e os mercados em geral estão na pagina 28.

Ainda instavel

Instavel ainda o tempo em São Paulo, com chuvas, mas já apresentando alguma melhoria na região Sudoeste e, possivelmente, tambem na capital, no meio do dia. A temperatura permanece estavel, mais frio pela manhã e à noite. Ontem tivemos aqui a maxima de 20.1 graus e a minima de 19.5. A previsão é do Serviço de Meteorologia do Ministerio da Agricultura.

Carlinhos está morto; o pai confessa

O MAIOR DA HISTORIA — As chuvas dos ultimos dias solaparam uma barreira na 23 de Maio, altura do Viaduto Pedroso, e ontem, de manhã, a terra deslizou, provocando o maior congestionamento naquela avenida, desde que foi inaugurada por Faria Lima. Caminhões, tratores e escavadeiras trabalharam durante todo o dia, para desimpedi-la.

PAGs. 12 e 13

"Eu mesmo mandei sequestrar Carlinhos. Estava com dificuldades financeiras e precisava levantar dinheiro de qualquer forma. Agora, meu filho está morto."

Essa dramatica confissão foi feita ontem, perante o delegado Moacir Bellot, em Caxias (Estado do Rio), pelo industrial João Melo da Costa, pai do menino Carlinhos, sequestrado há 6 meses, de sua casa na rua Alice, bairro de Santa Tereza, no Rio.

"Eu levei o barco até perto da ilha dos Limões. Depois amarrei uma pedra de 7 quilos no pé de Carlinhos e joguei seu corpo no mar."

Esse relato, de espantosa crueldade e maior sangue frio, foi feito, também ontem, por Adilson Candido de Oliveira, um dos cumplices do sequestro de Carlinhos.

Os lances do sequestro e do posterior assassinio de Carlinhos começaram a se tornar visiveis ontem, à medida que os criminosos contavam à Policia os novelescos episodios em que se envolveram.

Segundo os primeiros depoimentos, o industrial João Melo da Costa prometeu Cr$ 100 mil aos cumplices — um deles, sua propria mulher — e como não obteve o dinheiro, causou o assassinio do menino, depois que esté permaneceu cerca de 4 meses encerrado num barraco consumindo-se por inanição.

A morte de Carlinhos, por afogamento, ocorreu no dia 5 de novembro.

Três paulistas jogam à noite pelo Nacional

O Campeonato Nacional continua hoje à noite com oito jogos: no Pacaembu, o Corintians enfrenta o Coritiba com algumas modificações: Ado volta a ser o goleiro e Adãozinho joga na meia-direita.

Em Salvador, o Palmeiras jogará com o Bahia sem Cesar, que está suspenso.

Em Campinas, o Guarani recebe o Vitoria da Bahia. Mas Flamarion não jogará, pois torceu o joelho.

ESPORTES

Mequinho vs. Korchnoi, à noite

Durante quatro meses, Mequinho ficou se preparando para este "match" de 16 partidas, pelo Torneio de Candidatos, em que seu adversario será o Grande Mestre soviético Viktor Korchnoi.

Os dois enxadristas estão na cidade de Augusta, nos Estados Unidos e a primeira partida será disputada à noite. Eles se enfrentaram quatro vezes: um ganhou uma partida; o outro ganhou a outra; duas foram empatadas.

Novos preços do leite já estão em vigor

Da Sucursal do Rio

A partir de hoje, o paulistano terá de pagar Cr$ 1,20 pelo litro de leite vendido em embalagem plastica e Cr$ 1,10 pelo engarrafado; no Interior, os preços são, respectivamente, de Cr$ 1,10 e Cr$ 1,00.

A nova tabela foi divulgada ontem pela SUNAB, que estabeleceu os preços de acordo com o local de consumo e o tipo de embalagem, variando de Estado para Estado.

Cairá 50% o confisco sobre a carne

O ministro Moura Cavalcanti, da Agricultura, anunciou ontem a redução do confisco cambial sobre cada tonelada de carne exportada de 500 para 250 dolares. A medida entrará em vigor somente quando estiver totalmente normalizado o abastecimento do mercado nacional. Moura Cavalcanti garantiu que a normalização virá dentro de 15 dias, com a chegada da carne do Rio Grande do Sul.

ECONOMIA

EXEMPLAR DE ASSINANTE
VENDA PROIBIDA

FOLHA DE S. PAULO

Diretor-Presidente: Octavio Frias de Oliveira • Ano LIII — N.o 16.297 • Um jornal a serviço do Brasil • São Paulo, sexta-feira, 1.o de fevereiro de 1974 • Al. Barão de Limeira, 425 • Cr$ 1,20

Brasil decide apoiar os arabes

Da Sucursal de Brasilia

O chanceler Gibson Barbosa definiu ontem ao representante da Liga dos Estados Arabes, ministro Fouad Naffah, a posição do Brasil frente ao conflito do Oriente Medio: Israel deve retirar-se de todos os territorios ocupados a partir da guerra de 1967

A declaração foi formulada durante o banquete que o ministro brasileiro ofereceu ao chanceler Fouad Naffah (que é também o ministro das Relações Exteriores do Libano) quando o sr. Gibson Barbosa afirmou que continuam validos os principios do ante-projeto que o Brasil apresentou na ONU, em 1967, pedindo a Israel a devolução de todos os territorios arabes ocupados.

O ministro brasileiro reconhece que esse ante projeto não foi considerado pela ONU, que preferiu uma forma mais branda (a Resolução 242) e que até hoje não foi implementada. E, neste ponto, acrescentou que mesmo assim a Resolução 242 contém "todos os elementos indispensaveis para solucionar o problema", e, portanto, "não pode ser procrastinada".

A declaração de Gibson Barbosa foi o ponto culminante dos entendimentos mantidos ontem em Brasilia com o representante da Liga dos Estados Arabes.

As conversações começaram com uma cerimonia de troca de condecorações no Palacio do Itamarati. O chanceler brasileiro recebeu a Grã-Cruz da Ordem do Cedro, e, em troca, o chanceler libanês recebeu a Grã-cruz da Ordem do Cruzeiro do Sul.

Ali mesmo, o sr. Fouad Naffah fez um apelo ao apoio do Brasil à causa arabe, para "reparar uma injustiça objetiva que existe no Oriente Medio".

Em resposta, o sr. Gibson Barbosa afirmou que nas conversações que começariam em seguida, o chanceler do Libano, que veio à America Latina explicar as posições dos paises arabes, observaria o entrosamento dos seus pontos de vista com as posições defendidas pelo Brasil.

Papel do Brasil

E assim foi. Conversaram durante uma hora, e, depois, participaram do banquete de 50 talheres oferecido pelo Itamaraty ao chanceler visitante. Foi nessa ocasião que o ministro Gibson Barbosa explicou publicamente a posição brasileira diante do conflito, dizendo:

— Quero também afirmar-lhe o empenhado interesse que tem o Brasil em desenvolver, cada vez mais, intimos laços de amizade e cooperação com os países arabes. Temos dado provas dessa decisão. E creio não ser demasiado recordar, aqui, atos recentes nesse sentido, como sejam a abertura de embaixadas do Brasil na Arabia Saudita, no Coveite, no Iraque e na Libia, que se vêm juntar às nossas missões diplomaticas na Argelia, no Egito, no Libano, no Marrocos, na Siria, no Sudão, na Tunisia — formando, assim, uma rede de representações que asseguram canais propicios e adequados para nosso bom entendimento reciproco com cada um desses paises amigos.

Por todas essas razões, não poderia o Brasil alheiar-se dos tragicos e dolorosos acontecimentos que, há mais de um quarto de seculo, vêm afligindo essa tão importante região do mundo que é o Oriente Medio. Nunca negou o Brasil sua desinteressada cooperação na busca de uma solução justa e duradoura para o grave problema que atinge, na verdade, a todos os paises da comunidade internacional, por mais afastados que possam estar, geograficamente, da zona em conflito.

— Não foi outro o sentido da viagem que eu proprio realizei, em janeiro e fevereiro do ano passado, ao Egito e a Israel: expressar a vontade amiga do Brasil de trazer a sua contribuição, modesta, mas firme e sincera, para a solução do sangrento conflito. Longe de nós, senhor ministro, a veleidade de pretender superestimar nossas possibilidades, pois bem conhecemos as limitações que nos são impostas pela nossa propria condição de país que luta para romper as cadeias do subdesenvolvimento. Mas entendemos que, num mundo em que cada um depende cada vez mais de todos, nenhum povo pode eximir-se das responsabilidades que lhe incumbem dentro do concerto das nações.

Retirada de Israel

Por termos consciência de nossas limitações e, ao mesmo tempo, de nossas responsabilidades, é que sempre atuamos com decisão e sem poupar esforços, no foro legitimo da sociedade internacional: a Organização das Nações Unidas. São conhecidos, para citar apenas um exemplo, os esforços empreendidos pelo Brasil, juntamente com outros paises latino-americanos, em busca de uma solução para o problema do Oriente Medio, na Assembléia Geral Especial da ONU em 1967, quando copatrocinamos um projeto de resolução que ainda representa nosso pensamento sobre a materia. E logo após, falhando esse esforço, apoiamos firmemente, no Conselho de Segurança, a Resolução 242, até hoje a mais bem sucedida tentativa de conciliação, pois contém todos os elementos indispensaveis para solucionar o magno problema.

O Brasil está convencido de que nenhuma verdadeira ordem internacional pode ser baseada na ameaça ou no uso da força; e de que não pode ser reconhecida a obtenção de territorios por esses meios. Somente a vizinhança correta e amistosa, com recurso, em todos os casos, aos procedimentos indicados pela Carta das Nações Unidas, pode assegurar uma paz duradoura. Assim como também sempre proclamamos a necessidade de uma justa e completa solução para o angustioso e desumano problema dos refugiados; e o pleno reconhecimento da soberania, da integridade territorial e da independencia politica de todos os estados da região. E como país predominantemente cristão, mas que reconhece e pratica, sem reservas, a liberdade de todos os cultos, entendemos que Jerusalem, lugar santo de três religiões que congregam centenas de milhões de seres humanos, há de ser objeto de uma solução que atenda plenamente a esse seu altissimo significado espiritual.

-- São estas algumas das linhas da nossa tradicional conduta internacional, conduta esta que o Brasil escolheu e segue coerentemente, concluiu Gibson Barbosa

O abandono da tese da equidistancia no Oriente Medio

FLAVIO DE ALMEIDA SALLES
Nosso correspondente diplomatico

Pela primeira vez nos últimos cinco anos, a diplomacia brasileira, através do próprio chanceler Gibson Barbosa, abandonou a tese da "equidistancia" do Brasil frente ao conflito do Oriente Médio e reconheceu plenamente as pretensões dos países arabes na sua luta contra os judeus.

Isto aconteceu ontem no Palacio do Itamarati e surpreendeu até mesmo os arabes presentes ao banquete oferecido ao representante da Liga dos Estados Arabes e o chanceler do Libano, Fouad Naffah, que até hoje não haviam ouvido do chanceler brasileiro palavras tão claras a favor da tese que defendem.

Varios são os pontos destacados no pronunciamento do ministro brasileiro pelos comentaristas de politica internacional. O primeiro deles, a ausencia em todo o discurso do sr. Gibson Barbosa, da palavra "equidistancia", que até ontem era obrigatoria em todos os pronunciamentos sobre o tema. Não se ouviu, então, o classico conceito de que "o Brasil mantem uma posição de equidistancia entre arabes e judeus no conflito do Oriente Médio".

Depois, a afirmativa de que os conceitos estipulados pelo anteprojeto apresentado pelo Brasil, em colaboração com os demais paises latino-americanos, alguns dias antes da aprovação pela ONU da Resolução 242, ainda continuam validos.

Isto traz grandes implicações de ordem politica, pois serve para esclarecer em definitivo os termos do apoio do Brasil à Resolução 242, que pretende disciplinar e solucionar a questão do Oriente Próximo.

As diferenças

Realmente, as diferenças entre o anteprojeto brasileiro e a resolução aprovada pela ONU são bastante profundas:

1 — A Resolução 242 diz somente que Israel deve deixar os territórios. O texto oficial da Resolução em inglês diz que os judeus devem sair "dos" (de todos) territórios, enquanto a versão oficial em frances afirma que os judeus devem sair "de" (alguns) territórios. A primeira versão é adotada pelos arabes, e a segunda, por Israel. Diante da divergencia, a Resolução nunca foi implementada;

2 — O anteprojeto brasileiro (e de toda a América Latina) não admite divergencias de interpretação em quaisquer dos cinco idiomas oficiais da ONU, pois afirma que Israel deve retirar todas as suas forças de todos os territorios ocupados durante a guerra.

Ora, a reafirmação dos principios do anteprojeto significa a adoção das posições defendidas pelos arabes na Resolução 242 das Nações Unidas. É esta a grande importancia do pronunciamento feito ontem pelo ministro Gibson Barbosa.

Desde há algumas semanas, alguns setores governamentais buscavam esse maior esclarecimento da politica brasileira frente ao conflito do Oriente Médio.

Algumas reuniões chegaram a ser feitas no próprio Palacio do Planalto, reunindo, entre outros, o presidente Garrastazu Medici e o chanceler Gibson Barbosa. Ao que parece, as teses do maior esclarecimento sairam vitoriosas, pois certamente o ministro Gibson Barbosa recebeu a "luz verde" para fazer as afirmativas que fez ontem no Palacio do Itamarati.

Apoiando-se numa formula de "explicar a posição brasileira", o chanceler deu o passo mais importante destes ultimos anos na questão do conflito entre arabes e judeus.

Essa definição parece indicar uma tendencia que já se manifestou recentemente num outro ponto importante da politica internacional brasileira, que é o da questão do colonialismo português no continente africano. Da mesma forma como aproveitou a declaração conjunta Brasil-Nigéria para "esclarecer" as posições do Brasil quanto àquele problema, o Itamarati aproveita agora a visita do chanceler Fouad Naffah para "esclarecer" a posição do Brasil frente ao conflito do Oriente Médio.

E tudo isso — pelo que se deduz — para completar uma politica internacional desenvolvida durante todos estes quatro anos e sete meses do atual governo brasileiro.

Banzer acusa "infiltrados" pelos choques

Das agencias AFP, AP e ANSA

O presidente boliviano Hugo Banzer acusou ontem os comunistas "infiltrados de outros paises" de serem os culpados pela rebelião dos camponeses da região central do país, que seu governo teve que sufocar.

"Os comunistas querem tomar-lhes as terras e entregá-las ao Estado", advertiu Banzer em mensagem difundida pelo radio para todo o país.

Em Cochabamba, o general Juan Perez Tapia, enviado pelo governo para negociar com os camponeses, desmentiu as noticias oficiais de que teria sido sequestrado e mantido como refem pelos rebeldes. O suposto sequestro de Tapia foi citado pelo governo de Banzer como a razão para o envio de tropas do Exercito à região.

"Nunca estive detido como refem. Pelo contrario, em minha missão de dialogo com os camponeses recebi, o tempo todo, um tratamento cordial", disse o general Tapia, mostrando-se surpreso.

Campeonato Nacional

Santos, 1 vs. Vitoria, 0
São Paulo, 1 vs. Fortaleza, 0
Botafogo, 2 vs. Guarani, 1

Terceira lista do Mackenzie

Na pagina 8 publicamos a terceira lista de vestibulandos classificados pela Universidade Mackenzie. As matriculas dos novos convocados devem ser feitas no proximo dia 6.

Bolsas em alta

As Bolsas de Valores acusaram alta ontem, aumentando também o volume de títulos negociados. Em São Paulo foram movimentados 15,1 milhões de papéis no total de 29,9 milhões de cruzeiros e no Rio de Janeiro 8,4 milhões de títulos, no total de 22,1 milhões de cruzeiros. O Indice Bovespa registrou a média de 1.115,8 pontos, com alta de 2,84%, enquanto o IBV médio fixou-se em 1.853,6 pontos, com elevação de 3,4%. PAGINA 10

Tempo nublado

Teremos tempo nublado hoje, sujeito a instabilidades, principalmente no Norte e Oeste do Estado, onde são esperadas chuvas e trovoadas à tarde. A temperatura permanece estavel, como ontem, quando a maxima atingiu 25,3 graus e a minima 16. Quem informa é o Serviço de Meteorologia do Ministerio da Agricultura.

São pequenos assaltantes em ação

Se você é uma pessoa atenta e observadora faça a experiencia, a qualquer hora do dia, de preferencia quando o movimento é maior no centro da cidade.

Coloque-se junto a um cruzamento, na porta de uma loja, num ponto de onibus, e não demora muito você vai ver os menores assaltantes em plena ação. Eles têm em geral de 14 a 18 anos e preferem trabalhar em pequenos grupos de três ou quatro. O "modus faciendi" não varia muito, é quase uma tatica padronizada, que já provou sua eficacia. Um dos garotos é o espia, o que escolhe a provavel vitima. Eles parecem ter uma intuição infalivel nessa escolha e por motivos misteriosos "sabem" que aquela pessoa é desatenta, não vai perceber nada, ou se perceber não fará escandalo. O segundo passo é seguir a vitima, envolvê-la (aí entra em ação o grupo todo) e finalmente o mais agil dos garotos abre a bolsa da senhora ou senhorita, tira o dinheiro e continua andando tranquilamente. Às vezes, quando essa tatica falha, eles apelam para metodos mais drasticos, arrebatam violentamente a bolsa ou pacotes e saem correndo. Nesses casos a vitima pode gritar, pedir socorro; alguns cidadãos prestimosos talvez corram atrás do ladrão, que quase nunca é apanhado. Policia você não verá nesses episodios. Ela acha que é desperdicio de tempo e trabalho tomar conhecimento de assaltos praticados por menores.

Veja os três mocinhos à esquerda na foto. Eles já escolheram a vitima e agora a seguem a distancia, no Anhangabau, andando tranquilamente como qualquer cidadão. O de blusa escura é o espia e vai ficar de lado no assalto.

No cruzamento da rua, o grupo envolve a vitima e o assalto à bolsa da senhora é consumado. Note-se que dois outros garotos (que não aparecem na foto anterior) entraram em ação no momento culminante.

A cena do assalto, ampliada. Com incrivel ousadia um dos menores abre a bolsa. A senhora e o menino que a acompanha nada percebem. Outro assaltante puxa a frente do blusão para fazer cobertura.

Aqui começa outro assalto. Desta vez num ponto de onibus da rua Formosa. Três dos garotos do assalto anterior estão a postos, bem perto da futura vitima (aquela moça de calça comprida e bolsa a tiracolo).

O onibus chegou, forma-se o bolo de gente, é o momento ideal para agir. Observe o garoto assaltante e sua vitima, junto ao poste. Ele conta com a cobertura do comparsa de blusão no ombro.

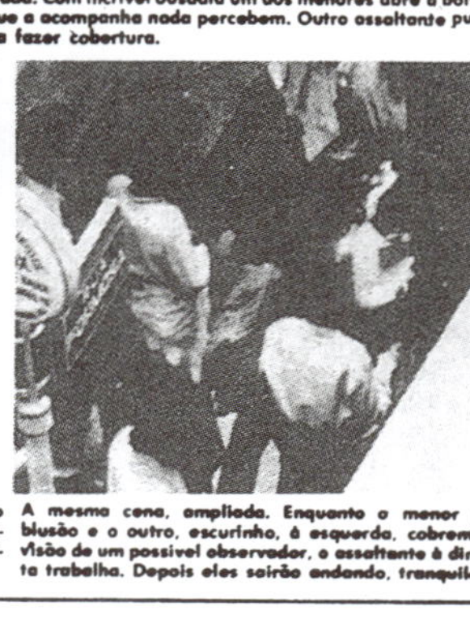

A mesma cena, ampliada. Enquanto o menor do blusão e o outro, escurinho, à esquerda, cobrem a visão de um possivel observador, o assaltante à direita trabalha. Depois eles sairão andando, tranquilos.

Já estaria em queda consumo da gasolina

Da Sucursal do Rio

Tecnicos do setor do petroleo disseram ontem no Rio que os dois recentes aumentos no preço da gasolina já reduziram o consumo do produto no País.

Segundo um relatorio preliminar recebido da Petrobrás, "o consumo da gasolina tem caido gradativamente a cada mês que passa, tendo sido ainda menor no inicio deste ano".

Achams os tecnicos que os preços do combustivel têm subido muito e que uma parte dos proprietarios de veiculos já não tem condições de suportar os niveis das majorações. ECONOMIA

No Ribeira, uma semana de perigo

Dentro de uma semana, segundo o médico Geraldo Henriques Pinto, diretor da DEVALE, não haverá qualquer perigo nas aguas fluviais do Vale do Ribeira, em consequência do DDT que caiu no riacho Guaçu, após acidente com o caminhão que o transportava. Um cromatógrafo do CETESB — Centro Tecnologico de Saneamento Basico — testa de hora em hora a agua que abastece Registro, mas, até agora, não foi encontrado qualquer sinal de substancia toxica.

O médico acrescentou que o numero de peixes mortos no riacho Guaçu, junto ao km 91 da BR-116 está diminuindo, o que indica o fim da contaminação da agua.

Pelo verde, multas de Cr$300 mil

Dois donos de terrenos foram multados ontem, um em Cr$ 280 mil, outro em Cr$ 62 mil, pela Administração Regional de Campo Limpo. O motivo: eles vinham cortando as arvores existentes em suas propriedades situadas, respectivamente, nas estradas do M'Boi-Mirim e de Guarapiranga, contrariando normas da Prefeitura. A madeira cortada era vendida a serrarias.

Estas foram as primeiras punições, no genero, cuja aplicação foi divulgada este ano pela Prefeitura. PAG. 5

EXTRA **FOLHA DE S. PAULO**

Diretor-Presidente: Octavio Frias de Oliveira • Ano LIII — N.o 16.298 • **Um jornal a serviço do Brasil** • São Paulo, sexta-feira, 1.o de fevereiro de 1974 • Al. Barão de Limeira, 425 • Cr$ 1,00

De novo, e muito pior

ATE QUANDO? — Queimando vidas, o fogo consome o Edificio Joelma, na tragedia de maiores proporções já ocorrida na capital

Até 17h: 70 mortos

Todo o drama que a cidade viveu no dia 24 de fevereiro de 1972, na tragedia do Edificio Andraus, repetiu-se hoje — em escala maior — no incendio que destruiu o Edificio Joelma, de 26 andares, localizado no n.o 225 da avenida Nove de Julho (Praça da Bandeira), cujos fundos dão para a rua Santo Antonio, 184, no centro da cidade.

Não fosse a maior gravidade da catástrofe — até as 17 horas tinham sido contados cerca de 70 cadaveres no Instituto Medico Legal e 83 feridos eram atendidos em postos de emergencia e hospitais diversos — ter-se-ia ontem um autentico video-tape da tragedia do Andraus: as grossas labaredas que irrompiam do enorme edificio, dezenas de pessoas em pânico no terraço, bombeiros tentando alcançar os andares mais altos com suas "magirus", atos heroicos de salvamento aqui e ali, a multidão postada nas adjacências, acompanhando os lances mais dramaticos — e todo o centro da cidade praticamente paralisado.

Acima de tudo — em sentido literal — pairavam, novamente, as grandes vedetes do incendio: os helicopteros que conseguiram, mais uma vez, salvar dezenas de pessoas que, em desespero ou muito feridas, postavam-se no terraço do Joelma ou eram levadas para o posto de emergencia montado, com rapidez e dedicação, na Camara.

No edificio da Camara Municipal, em cujo teto há um heliporto, montou-se o dispositivo inicial para socorro às vitimas. Medicos, enfermeiros e doadores de sangue acorreram em grande numero para esse local, onde chegavam, constantemente, cobertores, tubos de oxigenio e tranquilizantes enviados por uma "corrente da amizade" que logo se formou.

No predio que se incendiou, funcionava o Banco Crefisul de Investimentos S.A. e ali trabalhavam cerca de 600 pessoas, numero aumentado por aqueles que eventualmente procuravam o predio para seus negocios e, tambem, pelos motoristas que estacionavam seus carros na garagem que ocupa os 6 primeiros andares.

Segundo as primeiras informações, o fogo deve ter se originado num curto-circuito ocorrido num aparelho de ar condicionado, instalado no 12.° andar. Um ex-diretor da Crefisul disse que havia muita madeira por causa de obras que se realizam no edificio.

Até às 15 horas, tinham sido identificados os seguintes mortos: Antonio Camargo Rosa, William Franz, Paulo Aparecido Salles, João Alberto Gravini, José Neves de Almeida, Rodolfo Kelsing, Sidney Morelli, João Nunes Borges e Margarida de Lauro.

Continuavam chegando mais cadaveres.

A confusão, a tensão, a emoção, na expectativa de desabamento.

Andraus: a ultima recordação

As 16h20 do dia 24 de fevereiro de 1972, irrompia aquele que foi considerado, até ontem, o maior incendio ocorrido em São Paulo. Foi também o que revelou lances de maior dramaticidade, com desmaios, cenas de desespero incontido e um esforço fora do comum para salvar centenas de pessoas isoladas no topo do predio, ou para impedir que outras saltassem de alturas que iam de 30 a 50 metros. Os helicopteros, formando uma "ponte de salvação", resgataram perto de 300 pessoas, mas não puderam impedir que morressem 16 e ficassem feridas — grave ou levemente — outras 300, aproximadamente.

FOLHA DE S. PAULO

Diretor-Presidente: Octavio Frias de Oliveira • Ano LIV — N.o 16.382 • Um jornal a serviço do Brasil • São Paulo, sexta-feira, 26 de abril de 1974 • Al. Barão de Limeira, 425 • Cr$ 1,20

Caetano preso, Spinola no poder

O presidente do Conselho de Ministros de Portugal, Marcelo Caetano, rendeu-se incondicionalmente ontem à tarde às tropas sublevadas, no interior do Quartel da Guarda Republicana, na praça do Carmo, em Lisboa, após uma breve resistencia. Estava consumado o golpe militar que, eclodido às 3 horas da madrugada, durou exatamente quinze horas e marcou o fim de 48 anos de regime salazarista.

Como representante das forças rebeladas, o general Antonio de Spinola, considerado a figura central do golpe militar, assumiu o poder de fato. Em uniforme de gala, sobre o qual se destacavam suas muitas condecorações, ele entrou no quartel e teve uma breve entrevista com Marcelo Caetano, convencendo-o a renunciar sem mais resistencia e sem quaisquer condições. Caetano rendeu-se e foi preso.

Promete eleições livres

À noite, já investido nas funções de presidente da Junta de Salvação Nacional, integrada por mais seis militares, o general Antonio de Spinola proclamou à Nação os objetivos do movimento e prometeu tudo fazer para "facilitar a livre eleição, por sufragio direto", do novo presidente da Republica de Portugal.

A Junta assume — acrescentou Spinola — o compromisso de "garantir a sobrevivencia da Nação como pátria soberana no seu todo pluri-continental"; garantir "a liberdade de expressão e pensamento"; e garantir "a livre tarefa da futura Assembléia Constituinte". PAGs. 2 a 8

ONTEM EM LISBOA. Nas proximidades do Ministerio do Exercito, tropas fortemente armadas apoiam a ação de tanques e veiculos blindados, durante as primeiras horas da manhã. UPI

ALEGRIA POPULAR. Manifestantes lisboetas demonstram sua alegria ao ser anunciada oficialmente a queda do regime do primeiro-ministro Marcelo Caetano. É o fim de 48 anos de ditadura salazarista em Portugal. A cena é nas proximidades do Quartel do Carmo, cenario da rendição de Caetano, ontem à tarde. UPI

O CEREBRO DA AÇÃO. O general Antonio de Spínola, 64 anos, lider do movimento rebelde, e idealizador da nova doutrina militar portuguesa que busca uma solução politica para os territorios africanos. Foto ZOOM

Foi uma rebelião dos jovens oficiais

VICTOR DA CUNHA REGO
Nosso correspondente em Lisboa

LISBOA— *Acompanhei de perto a rendição de Marcelo Caetano no Quartel do Carmo. Desde o meio-dia, a situação se definira, com o primeiro-ministro cercado e o comandante da guarda solicitando às unidades fiéis — sem resultado — um helicoptero para a fuga do primeiro-ministro. Agora, Marcelo Caetano está sob custodia, mas recebeu garantias de segurança e é tratado com toda cortesia pelos oficiais revoltosos.*

Ao cair da noite, havia apenas dois focos de resistencia, na Serra de Monsanto, perto de Lisboa. Entretanto, a maioria dos oficiais-generais não está envolvida no golpe de estado e o comando revolucionario é composto por oficiais que participaram do fracassado levante de Caldas da Rainha, em março. Eles estavam presos no forte da Trafaria e de lá sairam para liderar o movimento.

Há indicios de focos de resistencia nas guarnições da fronteira com a Espanha, para onde teriam seguido varios membros do governo deposto, entre eles o ministro da Guerra. A questão principal, todavia, é a forma como vão reagir as tropas que lutam na Africa.

Os revoltosos prevêem a invasão de Moçambique pelas forças da Africa do Sul e da Rodesia, e a formação de um governo autonomo em Angola, composto pela minoria branca.

Outra questão é o relacionamento entre militares e politicos. Desde os primeiros momentos, notaram-se graves diferenças entre os jovens oficiais revoltosos e os poucos oficiais de alta patente que apoiaram publicamente o comando revolucionario. Durante toda a manhã, as emissoras dominadas por comandos mistos militares e civis misturavam as declarações oficiais dos revoltosos com canções de protesto nitidamente revolucionarias (até há pouco proibidas pela censura), mas, ao cair da noite, essas canções foram substituidas por marchas militares.

Não houve participação de lideres da oposição esquerdista no golpe, mas sem duvida os jovens oficiais estão em contato com alguns deles, como o secretario-geral do Partido Socialista Português, Mario Soares, que está exilado em Paris e cujo retorno a Lisboa é esperado para as proximas horas. Mario Soares, embora sem participação oficial na conjura, parece ser um dos nomes que serão importantes na politica portuguesa.

Todos os presos politicos detidos nas fortalezas de Peniche e no Norte do país, foram libertados, mas não há noticias concretas sobre os detidos na fortaleza de Caxias, perto de Lisboa.

Assisti à troca de tiros nas imediações da sede da policia politica (ex-PIDE), e vi tambem a tomada do Quartel de Lanceiros onde se refugiara o presidente Americo Thomaz, que dali saiu para a Serra de Monsanto. Não se sabia, até a noite, se ele continuava nessa guarnição ou seguira para outra que não tenha aderido ao golpe.

Os pontos de maior importancia para que se defina a situação parecem ser os seguintes:

1) Existem focos de resistencia, e a maioria dos oficiais-generais não aderiu ao movimento revoltoso;

2) Há noticias em Lisboa de que o governo da Rodesia estaria enviando forças para a fronteira de Moçambique;

3) Os revoltosos controlam Lisboa e os quartéis principais de tropas mecanizadas, mas não controlam a Força Aerea e, sobretudo, a Base de Beja, unidade-chave do Sul do país;

4) Notam-se já algumas divergencias entre oficiais do comando revolucionario quanto à coloração politica do movimento;

5) Estamos às vesperas do 1.° de Maio, data em que a esquerda comunista pretendia fazer grandes manifestações. Não se sabe, agora, como as esquerdas vão agir.

Cronologia do golpe

O golpe foi desencadeado às 3 horas da madrugada, com as tropas aquarteladas em Lisboa, Vendas Novas e Santarem ocupando os pontos estrategicos da capital. Meia hora mais tarde, foram ocupadas as emissoras de radio e televisão e o quartel-general de Lisboa.

O alerta ao governo partiu das forças policiais. Imediatamente, o presidente Americo Thomaz se refugiou no Quartel de Lanceiros, enquanto o primeiro-ministro Marcelo Caetano e a maior parte do governo abrigaram-se no Quartel da Guarda Republicana, no centro da cidade.

As 10 horas, as tropas revoltosas, chefiadas pelo major Durão, ocuparam o Ministerio do Exercito e cercaram os quartéis em que estavam o presidente da Republica e o primeiro-ministro.

Ao meio-dia, foi lançado um ultimato para que os dois se rendessem. A partir das 14 horas, tanques do Exercito e tropas revoltosas cercaram o Quartel do Carmo. As 18 horas, o governo do primeiro-ministro Marcelo Caetano considerou-se oficialmente deposto.

À frota de guerra saiu de Lisboa, do rio Tejo, às 8 horas da manhã, havendo noticias de que aderira ao golpe e que possivelmente estava a caminho da Africa.

Nas ruas o povo grita 'liberdade'

Geisel falará dia 1º

O presidente Ernesto Geisel dirigirá mensagem aos trabalhadores no dia 1.° de maio, na qual deverá reafirmar o proposito do governo de melhorar as condições de vida da classe mediante o aumento da produtividade e da qualificação profissional.

No seu pronunciamento, que será transmitido por uma rede de radio e televisão, o presidente deverá anunciar os novos niveis do salario minimo e a criação do Ministerio da Previdencia e Assistencia Social, bem como o nome do titular dessa Pasta.

Queda nas Bolsas

O indice Bovespa caiu ontem 1,62%, fixando-se a média em torno 1.123 pontos. No Rio de Janeiro, a Bolsa caiu apenas meio ponto, estacionando em 1.876,4 pontos. Em São Paulo foram negociadas ações no valor de Cr$ 30,2 milhões, enquanto que no Rio o volume de negocios atingiu Cr$ 21,8 milhões. No Rio subiram os preços de ações de bancos e empresas de eletricidade.

Mais informações sobre o movimento das Bolsas ontem, na pagina 28.

Tempo instavel

O tempo é instavel hoje em São Paulo, com chuvas esparsas no periodo da manhã. A tarde melhora ligeiramente. A temperatura estará em leve declinio, motivado por uma frente fria na fronteira com o Paraná. Quem informa é o Serviço de Meteorologia do Ministerio da Agricultura.

FRANÇOIS PELOU
da AFP

LISBOA — *Uma multidão entusiasmada saiu às ruas de Lisboa para aclamar o general Antonio de Spinola e os militares que puseram fim aos 48 anos de ditadura salazarista e que agora prometem eleições livres e a volta da democracia.*

Os gritos misturavam-se às buzinas dos automoveis, na noite de festa. Tudo era espontaneidade, embora exista certa inquietação: "Não sei o que nos reservam os militares. De qualquer maneira, não será pior do que conheci" — palavras de um português que insistiu em pagar uma bebida para comemorar o fim da ditadura.

Os estudantes eram os mais entusiastas. Carregavam cartazes pelas ruas, aos gritos de "liberdade", e paravam as pessoas para anunciar com alegria contagiante: "Caetano caiu".

Um guarda de transito deteve meu carro e, sorridente, me disse:

"Que belo dia, não é verdade?"

O dia estava nublado e frio. Perguntei se ele acreditava que as coisas irão melhorar em Portugal.

"Sim senhor", respondeu.

Nas saidas da Capital, o entusiasmo era grande, e o apoio aos rebeldes total. Na estrada, cruzei com varios caminhões carregados de soldados armados. Sorridentes, eles faziam o "V" da vitoria com os dedos.

Consegui falar com um tenente. Ele disse:

"Desta vez tudo saiu bem. Não houve contradições nas ordens".

Falava da frustrada revolta de Caldas da Rainha.

Logo após atravessar a fronteira espanhola, a caminho de Lisboa, um capitão me convidou a acompanhá-lo em seu carro. Ao chegarmos a Estremoz, o oficial me disse:

"Os guardas republicanos do lugar talvez ainda não tenham recebido a ordem de colaborar conosco".

Sorria, enquanto atravessavamos o bosque e as plantações de oliva, os trigais verdes onde mulheres com lenços negros na cabeça trabalhavam normalmente.

O capitão disse: "Na verdade, tudo se passa em Lisboa. Eles decidem e nós executamos as ordens".

Chegamos a Lisboa sem a menor dificuldade. Jamais se circulou tão livremente em Portugal. Primeira imagem surpreendente: grupos de operarios lendo um jornal que, pela primeira vez em 50 anos, saiu sem uma só pagina censurada.

Num clima de festa popular, os alto-falantes transmitiam comunicados. Nas ruas, gritos de liberdade, muita alegria. O povo festejava a vitoria dos rebeldes.

FOLHA DE S. PAULO

Diretor-Presidente: Octavio Frias de Oliveira • Ano LIV — N.º 16.586 • **Um jornal a serviço do Brasil** • São Paulo, sexta-feira, 9 de agosto de 1974 • Al. Barão de Limeira, 425 • Cr$ 1,20

Nixon renunciou

"A decisão foi tomada em benefício do interesse nacional", afirma ele na TV

Com esta edição, um suplemento de 16 páginas

Kissinger vai ficar; Shultz talvez volte

A. M. PIMENTA NEVES
Nosso correspondente

WASHINGTON — Algumas mudanças são esperadas tanto na política externa como na interna dos Estados Unidos, agora que Gerald Ford assume a presidência, mas elas deverão ser mais de forma do que de conteúdo.

Ford, como é de seu estilo, deverá adotar uma "política de portas abertas". Ele procurará trabalhar em íntima associação com o Congresso para reunificar o país e resolver alguns de seus problemas mais prementes, esquecidos ou agravados pelos escândalos de Watergate.

Seu estilo pessoal é profundamente diferente do de Richard Milhous Nixon. Homem sereno, equilibrado e enérgico, Gerald Ford não é dado ao cultivo do segredo, o que fascinava seu antecessor.

Ele é também um homem que parece conhecer suas limitações e tenderá a delegar mais a seu gabinete do que Nixon costumava fazer. E seus assessores imediatos serão à prova de escândalo.

O novo presidente é um conservador republicano, mas deverá adotar uma linha moderada em algumas áreas extremamente sensíveis, se quiser alcançar seus objetivos de unidade nacional.

Ford deverá conservar boa parte do gabinete deixado por Nixon e poderá até chamar de volta alguns dos ex-membros do governo que abandonaram o ex-presidente a meio caminho, como George Shultz ex-secretário do Tesouro.

Há alguns meses, Ford confidenciara a um editor da revista "New Republic" quais os membros da atual administração que conservaria em seus postos se tornasse presidente. As palavras mais elogiosas foram para o secretário de Estado, Henry Kissinger, que ele chamou de gênio diplomático.

Mas Ford teria indicado que abriria mão do secretário de Defesa, James Schlesinger, cujas opiniões sobre a "détente" com os soviéticos diferem das de Kissinger. Mesmo assim, é possível que mantenha Schlesinger, especialmente se tiver por perto o ex-secretário de Defesa, Melvin Laird, um velho amigo de Ford. Laird, se não quiser ser vice-presidente, como indicou, poderá substituir mais tarde o general Alexander Haig como chefe de "staff" da Casa Branca.

A admiração de Ford por Shultz e por Arthur Burns faz suspeitar de que a política econômica do governo tenderá a permanecer como está agora. Anteontem ele disse que o problema número um da nação é a inflação. Dificilmente alguém discordará dele, agora que Watergate foi relegado ao passado.

Como Shultz, ele parece não concordar com o controle compulsório de preços e salários.

As relações de Ford com a imprensa — hoje, mais do que nunca, um importante fator de equilíbrio nacional — deverão ser excelentes. Os jornalistas não admiram particularmente suas virtudes intelectuais, mas respeitam seu caráter e sua sinceridade.

O ADEUS. Richard Nixon, com a voz bastante firme e o olhar seguro, mas com uma expressão profundamente [illegible]

Ford assume às 13 horas

Gerald Rudolph Ford, de 61 anos, prestará juramento hoje ao meio-dia (13 horas de Brasília) como o 38º presidente dos Estados Unidos da América, substituindo Richard Nixon.

Ford pertence ao Partido Republicano, e foi durante anos líder da bancada de seu partido na Câmara dos Representantes. Foi escolhido pelo Congresso para tomar o lugar de Spiro Agnew, quando este se demitiu após ter sido acusado de corrupção. O novo presidente norte-americano nasceu no Meio-Oeste e reune as qualidades típicas dos homens daquela região agrícola: é conservador moderado trabalhador, discreto e da classe média.

Nos últimos dois dias, Ford manteve uma série de conferências com o presidente Nixon, nas quais se acredita tratou da mudança de comando na cúpula governamental — um momento delicado para o país.

A primeira tarefa importante que lhe cabe é a escolha de seu próprio vice-presidente. Os observadores acham que a sua escolha poderá ser feita entre dois nomes que representam as tendências opostas dentro do Partido Republicano. De um lado, o liberal Nelson Rockefeller, ex-governador de Nova York e repetidas vezes candidato à presidência da Republica. Do outro lado, Barry Goldwater, conservador extremado, uma vez derrotado no pleito presidencial, contra Lyndon Johnson.

Já segundo o jornal "Chicago Sun Times", o próprio Ford teria preparado uma lista de 14 nomes, o mais cotado dos quais sendo o ex-secretário da Defesa, Melvin Laird.

Ford completará o mandato de Richard Nixon, até 1976. Pela lei americana, ele terá direito então a apresentar sua candidatura à presidência, e é quase certo que contará nessa época com o apoio de seu partido. Antes disso, porém, terá de reanimar o Partido Republicano e reconstruir a imagem partidária, que acaba de ser destruída quase totalmente pela renúncia de Nixon.

As próximas eleições de novembro são a data a ser temida pelos republicanos. Nessa época, serão parcialmente renovados a Câmara dos Representantes e o Senado.

O NOVO LIDER. Gerald Ford, republicano conservador, de 61 anos, assumirá hoje na Casa Branca o posto de Nixon e completará o seu mandato, até 1976.

Das agências AFP, ANSA, AP e UPI

O presidente Richard Nixon anunciou ontem à noite sua renúncia, pondo fim à sua longa luta para preservar uma presidência destruida pelo escândalo de Watergate. Nixon torna-se, assim, o primeiro presidente dos Estados Unidos a renunciar.

Até terça-feira, Nixon havia insistido em que não renunciaria e enfrentaria o processo constitucional de julgamento político "até às últimas consequências" ou seja, o "impeachment".

O presidente começou seu discurso, televisado para todo o mundo, em tom sereno e observou que durante o processo de Watergate impôs-se a si mesmo a firme convicção de continuar até o fim.

"Mas, é evidente que já não conto com o necessário apoio do Congresso. Enquanto eu o tivesse, lutaria até o fim".

O discurso

Numa breve referência a Watergate, Nixon afirmou que "se alguns dos julgamentos estiveram errados — e alguns estiveram — acredito que foram feitos no melhor dos interesses desta Nação".

Parecendo calmo e falando num tom de voz firme e inalterado, Nixon afirmou que a idéia de renunciar era "repelente para todo o instinto de meu corpo" e observou que os membros de sua família se opuseram à renúncia unanimemente.

"Continuar a lutar por uma defesa pessoal", disse Nixon, custaria muito tempo para o Congresso e para o Governo.

"Portanto, eu renunciarei à presidência efetivamente ao meio-dia de amanhã (hoje — 13 horas em Brasília)". O vice-presidente Ford "prestará juramento como presidente nessa mesma hora, neste gabinete".

Nixon elogiou Ford, afirmando que "sei, como disse quando o designei, que a liderança da América estará em boas mãos".

Nixon, como já o fizera muitas vezes, mencionou sua contribuição para a retirada de soldados dos EUA do Vietnã e a sua política em busca de uma "paz duradoura".

"Necessitamos completar uma estrutura de paz, de forma que se possa dizer de nossa geração de norte-americanos que não somente terminamos uma guerra, mas que ajudamos a impedir outras", acentuou.

"Deixarei este gabinete com tristeza", declarou, após qualificar seus cinco anos e meio de governo como "uma época significativa, uma época de realizações".

Mais adiante, Nixon disse que a atual amizade entre as nações do Oriente Médio e os Estados Unidos deve ser preservada.

Referindo-se à distensão com a União Soviética, Nixon disse que esse relacionamento deve ser desenvolvido e expandido de modo a que as duas nações possam cooperar na manutenção da paz.

Nixon lembrou que o processo de limitar o desenvolvimento de armas nucleares havia sido iniciado, mas que o objetivo agora deve ser não apenas limitar essas armas mas reduzir seu número e finalmente destruí-las.

Afirmou que, "enquanto houver um sopro de vida em meu corpo continuarei a trabalhar pela causa da paz".

"Fiz este sagrado compromisso de consagrar meu posto, minhas energias e toda sabedoria que possa reunir para a causa da paz entre as nações".

Nixon assegurou que fez o melhor que pôde e está confiante em que "o mundo é um lugar seguro hoje para a América e todas as nações, e nossas crianças têm uma possibilidade melhor do que antes de viver em paz".

"Ao olharmos para o futuro, o essencial é começar a curar as feridas da Nação, bem como restabelecer a força e os altos ideais dos Estados Unidos, de um povo grandioso e livre".

"Ao adotar esta decisão, espero apressar este processo", acrescentou.

Nixon disse que lamentava algumas coisas que fizera.

"Se alguns de meus julgamentos estiveram errados, e alguns deles estiveram, foram adotados porque os considerei como sendo os que atendiam melhor aos interesses do país".

Nixon agradeceu aos amigos e correligionários que o haviam apoiado e acentuou que lhes seria "grato eternamente".

"E, dessa forma, para aqueles que não se sentiram capazes de me prestar seu apoio, permitam-me dizer que parto sem amargura para com aqueles que se me opuseram".

"Todos nós nos preocupamos com o bem deste país, quaisquer que tenham sido nossos julgamentos. Assim, unamo-nos em nosso propósito comum e ajudemos nosso novo presidente".

FOLHA DE S. PAULO

Diretor-Presidente: Octavio Frias de Oliveira • Ano LIV — N.o 16.593 • Um jornal a serviço do Brasil • São Paulo, sexta-feira, 16 de agosto de 1974 • Al. Barão de Limeira, 425 • Cr$ 1,20

Brasil reconhece a China de Mao

Cortadas as relações com Formosa

Da Sucursal de Brasília

O embaixador de Formosa no Brasil, sr. Fu-Sung Chu, afirmou ontem, numa declaração escrita, que sentia "profundamente que as relações diplomáticas entre a República da China e o Brasil tenham sido cortadas", mas confiava em que "o povo da República da China continue a alimentar os sentimentos de amizade para com o povo brasileiro".

A declaração, redigida em inglês e português, foi distribuida pelo secretário da embaixada.

Eis o texto da declaração:

"Sinto profundamente que as relações diplomáticas entre a República da China e o Brasil tenham sido cortadas, apesar de mais de meio século de tradicional amizade entre os dois povos. No entanto, espero, sinceramente, que o povo da República da China continue a alimentar os sentimentos de amizade para com o povo brasileiro".

DEPOIS DA ASSINATURA. O chanceler Azeredo Silveira (à esquerda) faz um brinde com café no Palácio do Itamarati depois de assinar o documento que ata relações diplomáticas entre Brasil e China. A seu lado está o vice-ministro do Comércio, Chen Chien, um intérprete e à direita, o ministro Reis Veloso.

Da Sucursal de Brasília

O Brasil e a República Popular da China estabeleceram relações diplomáticas, às 18 horas de ontem, em cerimônia que se realizou no Palácio do Itamarati, presidida pelo chanceler Azeredo da Silveira e com a presença do vice-ministro do Comércio chinês, Chen Chien.

Com esse gesto, o Brasil rompe tacitamente suas relações com Formosa, pois considerou o governo de Pequim "o único governo legal da China", atribuindo a Taiwan a condição de simples província, "parte inalienável" da República Popular.

A embaixada da China Nacionalista em Brasília foi avisada da decisão brasileira horas antes, mediante comunicação oficial feita pelo secretário-geral do Itamarati, embaixador Saraiva Guerreiro. Espera-se para as próximas horas o rompimento formal das relações entre o Brasil e Formosa com um comunicado que deverá ser feito pela chancelaria chinesa em Taipé.

À cerimônia de estabelecimento de relações com a República Popular da China, no gabinete do chanceler Azeredo da Silveira, estavam presentes, além dos membros da missão comercial chinesa que se encontra em Brasília, os ministros Severo Gomes, da Indústria e Comércio; Allyson Paulinelli, da Agricultura; Reis Veloso, do Planejamento; e todos os chefes de departamentos e divisões do Itamarati.

A cerimônia foi simples: leitura (em português e em chinês) do comunicado conjunto sobre o relacionamento diplomático entre os dois países e discursos do chanceler Azeredo da Silveira e do vice-ministro Chen Chien.

Seguiram-se as conversas informais, enquanto se aguardava o cafezinho. Mas logo a palestra voltou aos temas relevantes, quando o chanceler afirmou a disposição do Brasil de institucionalizar a venda de açúcar à China.

Depois, aproveitando um momento informal, o ministro Severo Gomes dirigiu-se ao vice-ministro Chen Chien para confirmar o desafio, feito nestes últimos dias, para uma partida de pingue-pongue entre os dois.

As conversações entre o Brasil e a China sobre comércio e relações econômicas prosseguem hoje de manhã, no Palácio do Itamarati, e à tarde os chineses seguem para a Guanabara, de onde retornam a Pequim.

O comunicado

Eis o texto do comunicado conjunto:

"O Governo da República Federativa do Brasil e o governo da República Popular da China, em conformidade com os interesses e os desejos dos dois povos, decidem estabelecer relações diplomáticas em nível de embaixadas, a partir desta data.

"O Governo da República Federativa do Brasil reconhece que o governo da República Popular da China é o único governo legal da China. O governo chinês reafirma que Taiwan é parte inalienável do território da República Popular da China. O governo brasileiro toma nota dessa posição do governo chinês.

"Os dois governos concordam em desenvolver as relações amistosas entre os dois países com base nos princípios de respeito recíproco à soberania e à integridade territorial, não-agressão, não-intervenção nos assuntos internos de um dos países por parte do outro, igualdade e vantagens mútuas e coexistência pacífica.

"O governo da República Federativa do Brasil e o governo da República Popular da China concordam em trocar embaixadores dentro do mais breve prazo possível e em prestar um ao outro toda a assistência necessária para a instalação e funcionamento das embaixadas em suas respectivas capitais."

A missão comercial da República Popular da China, que se encontra em Brasília, será recebida hoje pelo chefe da Casa Civil da Presidência, general Golbery do Couto e Silva, mas informações que circulavam ontem no Palácio do Planalto não excluíam a possibilidade de um encontro (fora da agenda) com o próprio presidente Ernesto Geisel.

Seul: morre a tiro esposa do presidente

Das agências AP, UPI, AFP e ANSA

A senhora Park Chung-Hee, de 49 anos, esposa do presidente da Coréia do Sul, faleceu ontem, em consequência dos ferimentos recebidos um dia antes, quando um jovem de 21 anos disparou sua arma contra o palanque onde o chefe de Estado coreano pronunciava um discurso. O presidente saiu ileso do atentado, mas a senhora Hee foi atingida na cabeça e não resistiu à delicada intervenção cirúrgica a que foi submetida em seguida.

Logo depois do ataque, a Polícia disparou contra o terrorista e, no tiroteio, morreu também uma jovem estudante que assistia à cerimônia pelo 29.° aniversário da libertação do país do domínio japonês.

O autor do atentado, ferido e preso no local, foi identificado como Moon Sekwang, que havia entrado na Coréia do Sul com um passaporte japonês e nome falso. Não se sabe até agora o motivo do atentado nem a que organização política pertence o atacante.

Ontem, a Polícia coreana foi posta em estado de alerta e o governo determinou que os cidadãos coreanos residentes no Japão e que vieram a seu país para assistir ao Dia da Independência fossem impedidos de deixar Seul antes do fim das investigações. A Polícia começou a investigar se existe uma conspiração contra o presidente Hee entre os coreanos radicados no Japão.

Agora, teme-se uma onda de violenta repressão, a pretexto de novos riscos à segurança nacional.

No dia 12, o ex-presidente da Coréia, Yu Posun, foi condenado a três anos de prisão, acusado de ter incitado os estudantes a se revoltarem contra o governo.

Durante todo este mês foram instaurados processos contra estudantes, alguns deles condenados a penas rigorosas, sob a acusação de espionagem em favor da Coréia do Norte.

Um bispo católico, Daniel Chi, sob suspeita de ter doado 2.800 dólares à Liga Nacional Democrática da Juventude, organização proscrita pelo presidente Hee, foi condenado à pena de 15 anos de prisão.

PAG. 9

O ATENTADO. O presidente coreano Park fala no Teatro Nacional de Seul pouco antes de ser alvo dos tiros de um assassino, que atingiu em seu lugar a esposa do presidente (atrás, na foto). Guardas de segurança arrastam o assassino ferido depois do atentado.

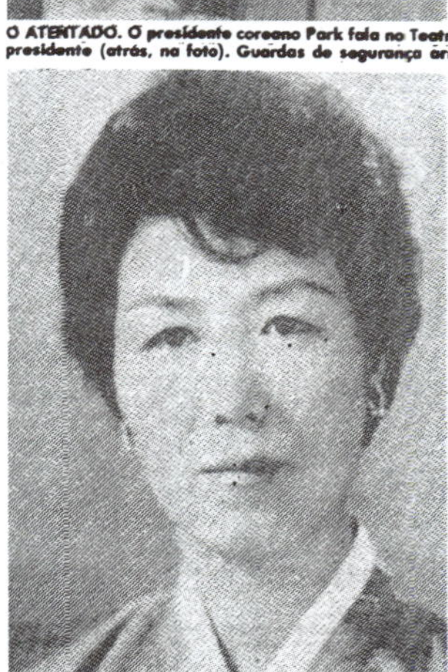

A VITIMA. A senhora Chung Lee Park, de 49 anos, morta a tiros na cabeça, ontem quando assistia a um discurso de seu marido, no Teatro Nacional de Seul. A TV gravava a cerimônia, e mostrou quando a vitima era retirada do palco do teatro. AP/UPI

Turcos tomam Famagusta

Depois de bombardeada por ar, mar e terra, a cidade de Famagusta, principal porto de Chipre, caiu ontem em mãos dos turcos, que assim conseguiram dividir a ilha em duas partes.

O domínio turco agora estende-se desde a cidade de Lefka, a oeste, até Famagusta, a leste, passando pela capital, Nicosia.

O governo grego, segundo fonte não oficial, ameaçou ontem expulsar todos os militares norte-americanos presentes no país, em represália ao que os gregos consideram a "passiva atitude dos EUA".

Consumidor saberá o que está comendo

A Câmara dos Deputados aprovou ontem projeto dispondo que todo produto destinado à alimentação deverá trazer na embalagem, em lugar bem visível, a relação dos artigos ou substâncias que entraram em sua composição.

Na justificativa do projeto, seu autor, o deputado Francisco Amaral (MDB-SP), salienta que "na ânsia de obter mais lucro em menor prazo, os fabricantes e comerciantes de produtos alimentícios são levados a apregoar qualidades nem sempre verdadeiras".

Passo anuncia que se demite de seu cargo

Antonio do Passo, com ar cansado e abatido, entrou ontem às 15h30 na sala de imprensa da CBD, retirou de um envelope algumas cópias datilografadas e anunciou: "Acabo de reiterar meu pedido de demissão de diretor de futebol da entidade".

Nas cópias, a carta de demissão de Passo, longa, na qual ele diz entre outras coisas que "eventuais injustiças pouco me atingiram, mas calaram fundo no espírito de meus familiares".

ESPORTES

Gravador e não escrivão no Tribunal

Uma inovação foi introduzida ontem no I Tribunal do Juri da Capital, quando o juiz Edgardo Severo Maranhão decidiu, após controversia entre o advogado da defesa e o promotor, aceitar que um gravador substituisse o escrivão na leitura das peças durante o julgamento de um homicídio.

Depois de citar o Código de Processo Penal, que permite a entrega de cópias datilografadas aos jurados, o juiz lembrou que, em 1940, quando da promulgação do Código, não havia gravadores.

PAG. 25

Drogas: maior consumo entre secundaristas

O tráfico de drogas é pior e mais grave no meio estudantil secundário do que no universitário, não apenas pela porcentagem de uso (cerca de 1%), como também pelo baixo consumo de drogas mais perigosas.

Essa é uma das conclusões a que se chegou durante o I Congresso Internacional Sobre Uso de Tóxicos pela Juventude Universitária, que termina hoje, na Cidade Universitária.

EDUCAÇÃO

Bolsas em baixa

As Bolsas de Valores voltaram a recuar, aparentemente, por causa de boatos que envolveram a assembléia geral da Petrobrás realizada ontem. Em São Paulo, o Bovespa recuou 0,40%, assinalando 1234,7 pontos e no Rio o IBV desvalorizou-se também 0,4%, com 2125,4 pontos.

Nublado e frio

Hoje deveremos ter tempo nublado, sujeito a instabilidades no Sul e no litoral. A temperatura entrará em declínio, com ventos. Quem informa é o Serviço de Meteorologia do Ministério da Agricultura.

FOLHA DE S. PAULO

Diretor-Presidente: Octavio Frias de Oliveira • Ano LIV — N.o 16.688 • Um jornal a serviço do Brasil • São Paulo, terça-feira, 19 de novembro de 1974 • Al. Barão de Limeira, 425 • Cr$ 1,50

O dólar passa para Cr$7,32 a partir de hoje

O Banco Central determinou ontem a décima desvalorização anual do cruzeiro em relação à moeda norte-americana. A partir de hoje o dólar está sendo cotado oficialmente a Cr$ 7,28 para compra e a Cr$ 7,32 para venda.

A desvalorização foi de 1,46% em relação à taxa de compra que estava em vigor desde 28 de outubro. O reajuste acumulado, desde primeiro de janeiro, atinge 17,88%.

Deputado quer plebiscito para a Praça

O deputado José Roberto Faria Lima propôs ontem que a Prefeitura faça um plebiscito antes de decidir a sorte da praça da República, que segundo os projetos deverá ser destruída para a construção de uma estação da linha Leste-Oeste do Metrô.

"Não podemos permitir que se tome uma atitude tão insensata e se fira a cidade de forma tão leviana, sem que a população seja ouvida", disse.

Para o paisagista e agrônomo Dirceu Nogueira, gaucho, 60 anos, a praça já está sendo destruída: os prédios altos ao seu redor impedem a passagem dos ventos e, em consequência, a vegetação diminui.

PÁG. 10

NO TRE — Parlamentares do MDB, encabeçados pelo senador Franco Montoro (segundo à esquerda), foram ontem à sede do Tribunal Regional Eleitoral em São Paulo para a divulgação da primeira lista parcial oficial dos votos depositados nas urnas sexta-feira. Mas o TRE adiou essa divulgação para hoje, no fim da tarde.

MDB alcança um terço da Câmara e ainda avança

Os novos resultados das apurações em todo o País, divulgados ontem nas capitais de Estados, confirmam a conquista, pelo MDB, de mais de um terço das cadeiras na Câmara dos Deputados e abrem perspectivas de que o partido da Oposição vá além de 40%, o que deixa intranquilo o comando nacional da Arena, em Brasília.

Em São Paulo, já não há mais dúvida de que o MDB conquistou mais de metade dos votos e passará a ser maioria na Assembléia Legislativa. Essa inversão de posições foi o tema central nos comentários dos meios políticos paulistas, entendendo muitos representantes de um e de outro partido que terá de haver um entendimento de alto nível entre a Oposição e o novo governo.

O senador Franco Montoro, que é apontado como um dos grandes vitoriosos do pleito do dia 15, no plano nacional, repeliu ontem, embora em termos não muito ásperos, as primeiras propostas que já surgiram em seu partido, de participação no futuro governo de São Paulo.

Ele se referia, sem mencioná-las, a declarações feitas por alguns candidatos emedebistas, entre os quais o sr. Aurélio Campos, segundo as quais a Oposição pode indicar alguns de seus membros para fazer parte da administração Paulo Egídio, se este assim o entender.

Montoro disse que a colaboração, bem como a ação fiscalizadora do MDB, deve exercer-se ao nível do Poder Legislativo, sem participação no governo. Ele desenvolvera a mesma tese durante a campanha.

"Nenhum problema no Rio"

Da Sucursal de Brasília

O governador designado do Estado do Rio, almirante Faria Lima, disse que não encontrará dificuldades para governar um Estado cuja assembléia seja majoritariamente oposicionista. Não será a primeira vez que isto acontece em um regime democrático, acrescentou.

Faria Lima foi recebido ontem pelo presidente Geisel em audiência que durou cerca de uma hora, para tratar, segundo ele, exclusivamente de assuntos relacionados com a fusão Guanabara-Estado do Rio.

Indagado sobre os problemas que poderá enfrentar a partir do dia 15 de março, diante do quadro político do novo Estado, o governador disse que não terá dificuldades, pois acha que as medidas que vierem em benefício do povo, não importando que sejam propostas por Arena ou MDB, deverão ser aprovadas.

Gregos elegem governo conservador

AFP, ANSA, AP e UPI

O primeiro-ministro eleito da Grécia, Constantino Karamanlis, como maior apoio popular da história eleitoral do País, obtido nas eleições de domingo, começou ontem a preparar um plebiscito, marcado para o dia 8 de dezembro, que determinará o restabelecimento da monarquia ou a manutenção da república presidencial.

Karamanlis, com seu partido Nova Democracia, de tendência conservadora, obteve quase 60 por cento dos votos e 214 cadeiras no Parlamento grego de 300 membros, segundo os cômputos registrados até as últimas horas de ontem.

Em segundo lugar nas eleições ficou o partido centrista Nova Força, do ex-chanceler George Mavros, com pouco mais de 20 por cento.

Os grandes perdedores no pleito foram os esquerdistas: o Movimento Socialista Pan-Helênico, de Andreas Papandreou, obteve apenas 13 por cento da votação, e a coligação de esquerda (que incluía o Partido Comunista) 9 por cento.

O fracasso da esquerda significou também a derrota de dois famosos artistas: a atriz Melina Mercouri, candidata pelo Movimento Socialista Pan-Helênico, e o compositor Mikis Theodorakis, pelo PC que não conseguiram eleger-se para o Parlamento.

PÁG. 2

O VENCEDOR — O "premier" Constantino Karamanlis fala aos jornalistas depois de anunciados os resultados das eleições gerais na Grecia que deram uma esmagadora maioria ao seu partido. UPI

PROVA DE FORÇA — Manifestantes radicais são contidos pela polícia nas proximidades do aeroporto internacional de Toquio, no momento da chegada ao Japão do presidente norte-americano Gerald Ford. Apesar dos esforços físicos, não houve incidentes graves ontem em Toquio. AP

Ford hoje com Hiroito, depois de chegada agitada

O presidente norte-americano, Gerald Ford, chegou ontem ao Japão, protegido por rigorosas medidas de segurança.

A cerimônia de recepção durou apenas 11 minutos e, logo após a salva de 21 tiros de canhão, Ford foi levado em helicóptero para a residência dos hóspedes oficiais, no centro de Tóquio.

Dez minutos depois da aterragem do "Air Force One", 1.600 estudantes esquerdistas entraram em choque com a Polícia, num parque a três quilômetros do aeroporto.

Os 260.000 trabalhadores das ferrovias estatais iniciarão hoje uma greve de 12 horas, como protesto pela visita de Ford e, em seguida, os empregados das principais ferrovias e linhas de ônibus particulares paralisarão suas atividades durante 24 horas.

Ford vai entrevistar-se hoje, pela primeira vez, com o imperador Hiroito.

Síria renova mandato da ONU no Golan

"O governo de Damasco renovará por outros seis meses o mandato da força de paz das Nações Unidas, acantonada nas colinas do Golan e que deveria deixar a região no dia 30 próximo", noticiou ontem o jornal libanês "An Nahar".

Ressalvou, contudo, que a Síria insistirá em "certas condições" antes de renovar o mandato: reinício das conversações árabe-israelenses em Genebra "o mais breve possível", rejeição de qualquer negociação de caráter político fora da conferência de paz de Genebra, passos específicos dentro de um tempo-limite para garantir a retirada total de Israel dos territórios árabes ocupados, e garantias de todos os direitos legais e nacionais do povo palestino.

Por outro lado, "An Nahar" acusa Israel de criar a ameaça da guerra no Oriente Médio, nas últimas 48 horas.

Bolsas caem

A Bolsa de Valores de São Paulo baixou ontem 0,41%, fazendo o Bovespa médio recuar a 1.067,1 pontos, e a Bolsa do Rio baixou 1,6%, levando o IBV a 1.807. Foram negociados Cr$ 17,9 milhões no Rio e Cr$ 11,8 milhões em São Paulo.

Mais calor

Tempo bom hoje em São Paulo, com bastante sol e apenas nebulosidades esparsas. A temperatura estará em elevação. Ontem tivemos na capital a maxima de 30.3 graus e a minima de 15.2, segundo o Serviço de Meteorologia do Ministério da Agricultura.

PRIMEIRO TESTE — O carro Formula 1 de Wilson Fittipaldi, com o seu criador ao volante, enfrenta a pista de Interlagos, no primeiro teste de funcionamento. Wilson Fittipaldi ficou satisfeito com o rendimento do carro nesse primeiro dia.

CFE suspende autorização para escolas

Por determinação do ministro Nei Braga, deverão ser sustadas, por tempo indeterminado, as autorizações para o funcionamento de novos cursos e escolas superiores, concedidas pelo Conselho Federal de Educação.

Cescem reduz provas do vestibular

Os próximos vestibulares do Cescem constarão de apenas quatro exames — ao invés de seis, como ocorria nos concursos anteriores — em virtude da decisão tomada pela Fundação Carlos Chagas de agrupar algumas matérias.

A disciplina Comunicação e Expressão será conjugada a uma língua estrangeira (Inglês ou Francês), numa prova composta de 180 questões. Igual procedimento será adotado com relação a Matemática e Física, com 40 questões para cada disciplina. Química e Biologia também serão agrupadas numa só prova, com 80 questões.

EDUCAÇÃO

Muito paulista foi à praia para morrer

Devido em parte à precariedade da fiscalização, mas sobretudo à falta de cuidado dos banhistas e acompanhantes, o longo fim-de-semana acabou transformando-se em tragédia para dezenas de famílias que buscaram as praias da orla santista: nada menos de 21 pessoas, em sua maioria menores e quase todas residentes em São Paulo, morreram afogadas, de sexta-feira a domingo.

A Praia Grande foi a que teve maior número de afogamentos, treze. Até ontem à tarde vários dos corpos ainda não haviam sido localizados.

O Brasil vai fabricar aviões "Piper"

Em breve, talvez já no próximo ano, o Brasil estará produzindo dois tipos de avião "Piper", em regime de cooperação industrial com a Piper Aircraft Corporation, conforme acordo assinado em agosto último entre a Embraer e a empresa norte-americana. O "Piper" é um dos aviões de pequeno porte mais usados no Brasil.

Obedecendo a tres etapas de produção, o índice de nacionalização dos aparelhos que sairão das linhas de montagem da Embraer deverá chegar até a 100%. E eles deverão ser também exportados pelo Brasil.

ECONOMIA

FOLHA DE S. PAULO

Diretor-Presidente: Octavio Frias de Oliveira • Ano LV — N.o 17.000 • Um jornal a serviço do Brasil • São Paulo, sabado, 27 de setembro de 1975 • Al. Barão de Limeira, 425 • Cr$ 2,00

O seu dinheiro do PIS vai para a Bolsa

A partir de segunda-feira, o BNDE poderá aplicar no mercado de capitais os recursos do PIS/PASEP que estão sob sua administração, conforme decreto-lei assinado ontem pelo presidente Geisel. O PIS-Programa de Integração Social e o Pasep—Programa de Formação do Patrimônio do Servidor Público são formados com contribuições das empresas privadas (PIS)e estatais(PASEP), distribuidas sob a forma de quotas aos participantes cadastrados, visando à formação de um pecúlio para ser recebido quando da aposentadoria.

Os recursos desses fundos (que serão englobados num único) somavam em junho Cr$ 13,38 bilhões (PIS) e Cr$ 9,56 bilhões (PASEP), sendo que o PIS tinha Cr$ 259 milhões aplicados em títulos e o PASEP Cr$ 245 milhões em ORTN-Obrigações Reajustáveis do Tesouro Nacional. A maior parte dos recursos vinha sendo aplicada em empréstimos para investimentos a médio e longo prazo, com os juros e correção monetária cobrados dos tomadores servindo para cobrir a correção monetária e os juros creditados aos participantes do PIS/PASEP.

O BNDE fará as áplicações diretamente, tanto nas Bolsas quanto em subscrições de aumentos de capital, mas só poderá comprar ações de empresas com "moderna e eficiente administração", que costumem pagar dividendos e bonificações a seus acionistas, e que forneçam ao mercado e aos acionistas "informações fidedignas, em épocas oportunas e sem discriminações".

A divulgação da notícia ontem cedo pelo ministro Mário Henrique Simonsen, da Fazenda, no plenário do I Congresso Nacional das Corretoras, em Salvador, juntamente com a informação de que o Banco do Brasil distribuirá uma bonificação de cem por cento (uma ação de graça para cada uma possuida), provocou tumulto e correria, com os corretores querendo passar imediatamente a informação para seus escritórios no Rio e em São Paulo. A consequência foi uma extraordinária movimentação na última meia hora do pregão em ambas as Bolsas, subindo o índice em São Paulo 28 pontos e o do Rio 33,4 nesse período, para uma alta total no dia, de respectivamente 58 e 105,4 pontos. As ações do Banco do Brasil foram as mais negociadas nas duas Bolsas (46 por cento do movimento de São Paulo e 42,92 por cento do movimento do Rio), valorizando-se 6,6 por cento em São Paulo (fechou a Cr$ 7,40) e 4,95 por cento no Rio (fechou a Cr$ 7,55). PÁG. 19

OPEP cindida não decide o novo preço

A Organização dos Países Exportadores de Petróleo não conseguiu chegar ontem a um acordo sobre o aumento dos preços.

Acredita-se, porém, que tenha diminuído a distância entre a Arábia Saudita e o Irã na cor[illegible]rsia sobre a magnitude do aumento[illegible] ministro saudita, Ahmed Yamani, favoravel à continuação do congelamento dos preços, afirmou ontem que aceitaria "sob condições" a proposta de um aumento de 5% a partir de 1.º de outubro, e de outro igual no início de 1976. O Irã, que vinha falando num aumento de mais de 20%, parece já aceitar 15%. PÁG. 18

Testemunha do Passat: nunca vi esses dois

As duas principais testemunhas, a fotógrafa Teresa de Araújo e o ajudante de marceneiro Antonio Barros da Silva, não reconheceram ontem os irmãos Israel e Eliseu Chaves como os dois homens que, na tarde de 7 de setembro, atropelaram e mataram a menina Bartira Bernardes, de 4 anos, na orla da Praia Grande.

Para a fotógrafa, "o velho era um senhor elegante e o moço tinha cara de "filhinho de papai"... não são, tenho certeza absoluta, essas duas toupeiras aí"

Na Delegacia de Polícia de Praia Grande, as palavras de ordem são: reserva e cautela. Para o delegado Edgard Aparecido Lázaro, "até o momento, para a Polícia, os irmãos de Nova Aliança são os autores do crime, pois se apresentaram espontaneamente e confessaram".

Tempo instável

Tempo encoberto neste fim de semana em todo o Estado, com chuvas esparsas. A temperatura permanecerá estável. Ontem, na Capital, máxima de 14 graus e mínima de 11, com 91% de umidade relativa do ar, segundo o Serviço de Meteorologia do Ministério da Agricultura.

UMA NOVA PAISAGEM. Esta é a nova característica do cenário de São Paulo a partir de ontem: a composição do Metrô que corre na via elevada, unindo o centro da cidade com o bairro de Santana, superando a barreira do rio Tietê e concorrendo com o transporte por automóvel.

155 mil pessoas inauguram o Metrô

SERÁ A ROTINA. É cedo de manhã e os paulistanos se agrupam silenciosamente para a nova etapa de sua vida: daqui por diante serão passageiros regulares do Metrô. O centro da cidade está agora a poucos minutos, sem congestionamento.

Exatamente 155.277 pessoas viajaram ontem no primeiro dia de abertura ao público da linha Norte-Sul do Metrô, surpreendendo os diretores da Companhia, que esperavam movimento em torno de cem mil pessoas. Nos últimos meses, o fluxo de passageiros no trecho entre as estações Liberdade e Jabaquara, que já funcionava em operação comercial, oscilava em torno de 56 mil passageiros diariamente.

O primeiro trem a deixar a estação Jabaquara, partiu pontualmente às 6 horas e Balbino José dos Santos, que chegara antes da abertura da estação ao público, foi o primeiro passageiro a entrar na plataforma. Em Santana, o trem partiu às 6h05 e Cláudio Doce Alves, um comerciante que tem uma charutaria no centro, foi o primeiro a chegar, exatamente às 5 horas, apesar do frio (a temperatura era de 8 graus).

Como se esperava, a estação São Bento, por ser a mais central, teve o maior movimento. Por seus bloqueios, passaram 32.474 pessoas. A seguir vieram as estações Santana (23.854 pessoas), Liberdade (14.852) e Jabaquara (14.394 pessoas). Hoje e amanhã o Metrô funciona normalmente, no mesmo período: entre 6 e 20h30.

E, apesar do prefeito haver afirmado que não haveria festas, nem discursos, uma surpresa: a Secretaria de Turismo da Prefeitura contratou 11 bandas de música colocadas em algumas estações e distribuiu 2 mil bandeirinhas.

Projeções de estimativas e uma pesquisa de campo, realizada em 1968, deram aos técnicos do Metrô condições para estabelecer uma meta para o fim do primeiro semestre de 1976: o transporte de um milhão de passageiros por dia.

Mas esse número não é considerado, pela administração da Companhia do Metropolitano de São Paulo, como meta específica: os cálculos e as projeções estatísticas não são absolutamente perfeitos, e deixam uma faixa de possibilidades para qualquer número

PÁGs. 10 e 11

PASSAGEM SILENCIOSA. Segundo os moradores das casas próximas, a passagem das composições é silenciosa; o trem desemboca para o ar livre na altura da Ponte Pequena, antes do Tietê (ao fundo da foto à direita, a avenida Tiradentes).

O PRIMEIRO. Balbino José dos Santos foi o primeiro a chegar à estação Jabaquara, às 5h15 e ganhou o título de primeiro passageiro do trem que inaugurou a linha regular para Santana; perto daquele bairro, as composições passam na via elevada da avenida Cruzeiro do Sul (ao centro) e perto do Carandiru.

Calor, último obstáculo para o Coríntians

O Coríntians, invicto há sete jogos na Copa Brasil, joga esta noite em Manaus. Seu grande adversário, contudo, não será o Rio Negro — uma equipe fraca, cujo técnico é demissionário — e sim o extenuante calor na capital amazonense: segundo as previsões, a partida será disputada sob 32 graus. Vencendo o jogo, o Coríntians estará classificado.

A Portuguesa — que não pode sequer empatar — enfrenta o Náutico, também à noite, em Recife. Os demais clubes paulistas jogam amanhã. ESPORTES

Vetada troca de 12 guarás por um urso

Ao tomar conhecimento de que o Jardim Zoológico de Ribeirão Preto queria trocar 12 lobos-guarás por um urso, com um Zoo estrangeiro, o secretário especial do Meio-Ambiente, Paulo Nogueira Neto, telegrafou de Brasília ao prefeito da cidade paulista, advertindo-o de que a troca só pode ser feita com autorização do Instituto Brasileiro de Desenvolvimento Florestal. Nogueira Neto lembrou que o lobo-guará é animal muito raro e por isso disputadíssimo pelos Zoos em todo o mundo.

Inscrições no Cescem em outubro

O Cescem anunciou ontem que, no período de 14 de outubro a 10 de novembro, receberá as inscrições de candidatos aos vestibulares de janeiro de 1976.

As outras entidades selecionadoras já haviam divulgado os prazos de inscrições: no Cescea, de 13 de outubro a 13 de novembro; na Mapofei, de 2.ª-feira próxima a 20 de outubro.

A principal novidade no Cescem é o aumento do número de vagas, que passaram de 2.294, no último vestibular, para 2.499. PÁG. 13

Intervenção na Faculdade de Botucatu

O Ministério da Educação determinou ontem intervenção na Faculdade de Filosofia, Ciências e Letras de Botucatu, mantida pela Instituição Toledo de Ensino, em consequência das "gravíssimas irregularidades" constatadas em todos os seus cursos.

No parecer que motivou a intervenção, a prof.ª Lena Castelo Branco, do Conselho Federal de Educação, disse estranhar a atitude passiva dos inspetores federais, que por longos anos se mantiveram omissos. PÁG. 13

FOLHA DE S. PAULO

Diretor-Presidente: Octavio Frias de Oliveira • Ano LVI — N.o 17.178 • Um jornal a serviço do Brasil • São Paulo, quarta-feira, 24 de março de 1976 • Al. Barão de Limeira, 425 • Cr$ 2,00

Isabelita só diante do golpe

Já na madrugada, tanques ocupavam as ruas; líderes sindicais em fuga ou presos

As Forças Armadas da Argentina tomavam ontem posições em todo o país, no que parecia o capítulo final de uma operação destinada a derrubar a presidente Maria Estela Martinez de Perón.

À noite, o ministro da Defesa, José Dehesa, reuniu-se com os três comandantes-gerais das Forças Armadas — general Jorge Videla, do Exército, almirante Emilio Massera, da Marinha, e brigadeiro Hector Agosti, da Aeronáutica.

A essa altura, corriam rumores em Buenos Aires, de que a reunião era uma última e desesperada tentativa do governo argentino para negociar uma solução da crise política com os militares. Entretanto, até as últimas horas de ontem, nenhuma informação oficial fora divulgada sobre o caráter e os resultados do encontro.

No início da madrugada, o Partido Justicialista (peronista) e o principal grupo de oposição, a União Cívica Radical, divulgaram um comunicado conjunto em defesa da ordem constitucional. "Não será com o afrontamento do poder constituído da República que se conseguirá colocar um ponto final à crise política", diz o documento.

A capital argentina amanheceu ontem esperando o golpe. As manchetes dos principais jornais traduziam o clima de tensão das últimas horas, depois que se confirmou que tanques e tropas de infantaria foram deslocados, passando a controlar pontos estratégicos. "Iminência de mudanças no País", advertia a manchete do matutino portenho "Clarin"; "Aumentam as versões sobre a iminência de uma intervenção militar", salientava "La Opinión".

Ao final do dia, informava-se que forças militares e policiais detiveram vários líderes do Sindicato dos Metalúrgicos, um dos mais importantes do país. Ao mesmo tempo, a Polícia Federal cancelava as licenças e teria ordenado o aquartelamento de todos os seus homens.

Os chefes da burocracia sindical, habitualmente os maiores aliados de Isabelita, prudentemente evitaram, ontem, fazer qualquer declaração. Inclusive, o mais importante deles, Casildo Herrera, presidente da poderosa Confederação Geral dos Trabalhadores, deixou o país, em companhia de outros dirigentes, às primeiras horas do dia, com destino a Montevidéu.

Segundo informes citados pela agência UPI, o golpe na Argentina vem sendo tramado há muito tempo. Os planos finais — a "Operação Áries" — no entanto, só foram acertados no último dia 16, quando o comandante do Exército, general Jorge Videla, teria concordado, afinal, em encabeçar o levante.

Áries, ou Carneiro, é o signo que se inicia a 21 de março e termina a 20 de abril, quando começa o signo de Touro.

Em Brasília, as autoridades brasileiras estão estudando a possibilidade de fechar a fronteira com a Argentina, para evitar a entrada de refugiados políticos no País. No Chile e no Uruguai foi decretado estado de alerta na fronteira. PÁG. 6

Um menino saúda, com o polegar erguido, um carro transportador de tanques, num subúrbio de Buenos Aires. As tropas do Exército argentino convergiram para a capital, procedentes de várias guarnições situadas na área. UPI

Petrobrás pode ir a Angola

Uma fonte oficial revelou ontem, em Brasília, que a Petrobrás poderá participar da exploração de petróleo em Angola, nas novas jazidas descobertas na região de Ambriz, a meio caminho entre Luanda e Cabinda, no litoral angolano.

Essas jazidas já foram parcialmente entregues à empresa italiana ENI. Há três anos, o ex-primeiro-ministro português, Marcelo Caetano, ofereceu ao Brasil a exploração da reserva, mas o Itamarati recusou, temendo que isso pudesse envolver o País em problemas entre Portugal e as colônias.

Reavaliação de Garoupa

A última avaliação da potencialidade de produção de petróleo do campo de Garoupa, na bacia de Campos, litoral fluminense, feita pelo chefe do Laboratório de Sedimentologia da Petrobrás, geólogo Alfredo Nunes Bandeira Jr., é de apenas 15,5 mil barris/dia. Em novembro de 1974, o ministro Shigeaki Ueki, das Minas e Energia, anunciava que Campos poderia representar a auto-suficiência brasileira em petróleo (demanda atual: 850 mil barris/dia). As reavaliações posteriores vêm mostrando perspectivas cada vez menos otimistas. PÁG. 17

O voto de legenda vai ser extinto

Nas próximas eleições, o eleitor não poderá votar apenas na legenda partidária — como lhe facultam as disposições legais em vigor.

A extinção desse tipo de voto está prevista na reformulação da legislação eleitoral, em vias de ser encaminhada ao Congresso pelo Governo.

Também o uso do rádio e da televisão, como se tem fartamente anunciado, será restringido.

Políticos arenistas reivindicam, ao lado dessas, outras medidas (como a redução da idade para aposentadoria compulsória da mulher e proibição de que parlamentares federais se candidatem às Prefeituras), sob a alegação de que elas fortaleceriam o partido no pleito de novembro próximo.

Na pág. 3, pronunciamentos dos líderes oposicionistas Ulisses Guimarães e Marcos Freire, a propósito da campanha presidencial.

O último dos kamikazes

Osvaldo Peralva,
de Tóquio

O artista de cinema Mitsuyasu Maeno, de 29 anos, pilotando um pequeno avião, lançou-o ontem de manhã sobre a casa de Yoshio Kodama, envolvido no escândalo dos subornos da Lockheed. O jovem morreu; Kodama escapou.

A ação foi típica de um kamikaze — piloto suicida da II Guerra Mundial. Antes de investir contra seu alvo, Maeno deu pelo rádio de bordo um "viva" ao imperador, que embora privado do poder soberano e da aura de divindade de que gozava até o fim da guerra continua sendo, para os ideólogos da extrema direita, a representação máxima da pátria.

O atentado veio acentuar de maneira dramática o estado de indignação em que se encontra o povo japonês. Indignação e vergonha por ver o nome de seu país, através de algumas figuras destacadas, envolto em escândalo vinculado a uma companhia estrangeira.

Entrevistado pela imprensa, o pai de Mitsuyasu Maeno mostrou-se orgulhoso de seu gesto, afirmando que ele honrara o nome da família.

(**Continua na pág.** 8)

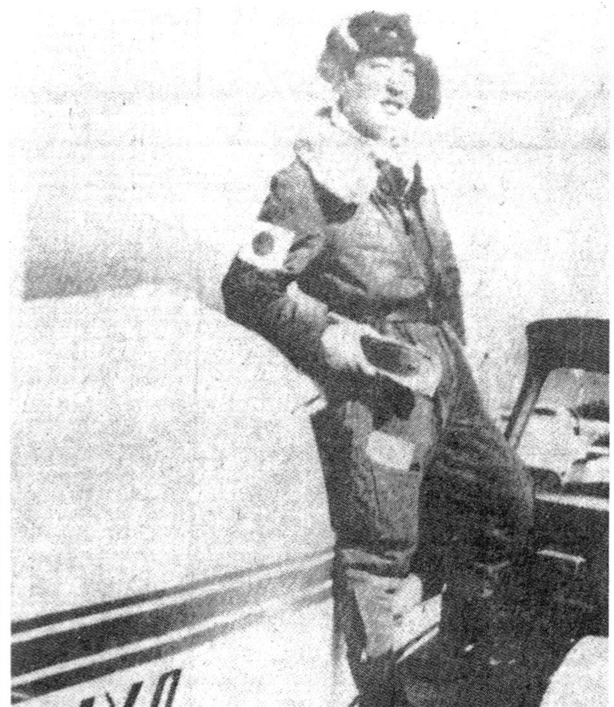

Mitsuyasu Maeno, 29 anos, ator de cinema, posa sobre a asa de seu avião, no aeroporto Chofu, ontem de manhã, antes de decolar para a missão suicida. AP

Policiais e bombeiros examinam a parte destruída da casa de Yoshio Kodama. UPI

"Revolução fortalece o Município"

O presidente Ernesto Geisel negou, ontem, que os governos da Revolução estejam prejudicando os Municípios, numa tendência para o centralismo, capaz de levar a um Estado Unitário.

Disse que desde 1964 se vem procurando fortalecer a autonomia municipal, "dando-lhe sentido prático e objetivo, libertando os Municípios da pobreza e, com isso, criando a condição essencial para uma autonomia verdadeira e sadia".

Geisel presidiu, no Guarujá, a uma sessão especial do XX Congresso Estadual dos Municípios, realizada pela manhã.

No início da tarde, o presidente foi a São José dos Campos, onde inaugurou duas novas unidades de uma fábrica de material telefônico e teve uma palestra informal com os operários.

Retornou a Brasília às 17 horas. PÁG. 5

MDB rejeita a indicação de Zancaner

A mensagem do governador Paulo Egidio que indica o senador Orlando Zancaner para uma vaga de conselheiro no Tribunal de Contas do Estado (aberta com a discutida aposentadoria do sr. Arrobas Martins) deverá ser rejeitada. Ontem, a bancada do MDB na Assembléia Legislativa decidiu, por 17 votos contra 16, fechar questão contra a indicação. O voto de desempate foi o do líder Doreto Campanari.

A bancada da Arena, minoritária, vai tentar — com remotas possibilidades de êxito — obstruir a discussão nas próximas 30 horas para que a mensagem seja aprovada por decurso de prazo.

Anulada só uma questão de Português

A questão n.º 50 da prova de Português do recente concurso para o magistério oficial foi anulada — o que significa que será considerada certa para todos os candidatos.

A decisão foi da banca examinadora, e deverá ser referendada pela Secretaria da Educação. Grande número de candidatos pleiteava a anulação de pelo menos uma dezena de questões.

Provavelmente ainda esta semana serão divulgados os resultados das provas de Português, Matemática e Educação Física. PÁG. 13

Loteria: hoje, tudo sobre o teste 279

Nas Bolsas

A Bolsa de Valores de São Paulo subiu ontem 0,7%, levando o índice Bovespa a 2.198 pontos. No Rio, o índice BV médio desvalorizou-se 1,4%, ficando a 3.570. Foram negociados Cr$ 50,6 milhões no Rio e Cr$ 40 milhões em São Paulo. As duas Bolsas fecharam em alta.

Tempo nublado

Tempo nublado hoje em São Paulo, sujeito à chuvas esparsas no Norte do Estado, no Litoral e Vale do Paraíba. A temperatura permanecerá estável. É o que informa o Departamento de Meteorologia do Ministério da Agricultura.

Quem ouvirá estas queixas da Cidade?

Reclamações de leitores, publicadas há mais de 6 meses pela seção "A Cidade é Sua", continuam ignoradas pelo poder público municipal.

Nos bairros do Pari, Vila Matilde, Vila Erna, Vila Iracema e Casa Verde, com os quais se relacionam as reivindicações populares, já não se acredita que os pedidos sejam atendidos.

E eles são modestos: pavimentação de uma rua aqui, desobstrução de bocas de lobo ali, construção de um gradil de proteção numa ponte acolá.

PAG. 10

Uma rede de esgotos quebrada na rua Paris, em Vila Iracema, transformou-se num brinquedo perigoso para as crianças.

Ordenada a demolição da Galeria

Deverá ser demolida ainda hoje parte do bloco central da Galeria Antártica, um dos prédios atingidos pelo grande incêndio de domingo na rua José Paulino.

Diante da ameaça iminente de desabamento, a Administração Regional intimou o síndico da galeria a providenciar a demolição no prazo de 24 horas.

Quanto às suspeitas de que o incêndio teve origem criminosa — foram encontrados tocos de vela num dos prédios — a resposta só será dada quando for divulgado o laudo pericial, dentro de 30 dias.

PAG. 12

EXEMPLAR DE ASSINANTE
VENDA PROIBIDA

FOLHA DE S. PAULO

Diretor-Presidente: Octavio Frias de Oliveira • Ano LVI — N.o 17.309 • Um jornal a serviço do Brasil • São Paulo, terça-feira, 24 de agosto de 1976 • Al. Barão de Limeira, 425 • Cr$ 3,00

JK sepultado em Brasília

A cerimônia terminou à noite, após uma jornada de grandes manifestações populares; o governo federal decretou luto oficial de três dias em pesar pela morte do ex-presidente.

Em Brasília, cinco mil veículos e multidão a pé acompanham o féretro, sobre um carro do Corpo de Bombeiros.

Milhares de pessoas comprimiram-se no cemitério Campo da Esperança, em Brasília, às últimas horas de ontem, no derradeiro adeus ao ex-presidente Juscelino Kubitschek, falecido em desastre de automóvel na via Dutra, próximo de Resende, Estado do Rio, domingo último.

A emoção popular — que cresceu ainda mais, desde a chegada do corpo à Capital Federal — retardou o sepultamento, que só ocorreu às 23h25. Apesar dos apelos de dona Sara, todos queriam ver e tocar o ataúde, numa última despedida ao fundador de Brasília. Calcula-se em pelo menos 20 mil o número de pessoas que até o fim da noite se aglomeravam no cemitério, numa demonstração jamais vista na Capital do País.

As primeiras homenagens populares a Juscelino foram prestadas no Rio. Os corpos do ex-presidente e de seu motorista Geraldo Pinheiro, também morto no acidente, chegaram de madrugada ao Instituto Médico Legal do Rio, de onde, após a autópsia, foram levados ao edifício da revista "Manchete", na praia do Flamengo, para serem velados. Cerca de cinco mil pessoas comprimiam-se ao longo de duas filas para prestar a derradeira homenagem a Juscelino. A Polícia Militar fez um cordão de isolamento em torno da urna para evitar tumultos. Dona Sara Kubitschek e as filhas Márcia e Maria Estela aparentavam serenidade.

Às 10 e 30 da manhã, dona Sara recebeu um funcionário do Ministério da Justiça que lhe pedia que antecipasse a trasladação do corpo de JK para o aeroporto Santos Dumont, alegando "razões de segurança".

Na rua, os milhares de acompanhantes cantavam o "Peixe Vivo", os hinos Nacional, da Independência e à Bandeira. A grande preocupação da Polícia Militar era fazer com que o cortejo andasse rapidamente; contudo, a multidão levou quase três horas para cobrir a pé o percurso de três quilômetros.

No aeroporto Santos Dumont, a homenagem popular atingiu seu ponto mais alto. Comprimida no saguão, a multidão cantou o Hino Nacional, enquanto erguia fotografias do ex-presidente.

Na pista, dona Sara e a família despediram-se de parentes e amigos, embarcando em jatinhos fretados que os levaram ao Galeão, onde o cortejo fúnebre se transferiu para um trijato da Varig, rumo a Brasília.

Na Capital Federal, as cenas de emoção repetiram-se. Cinco mil veículos acompanharam o féretro desde o aeroporto até a catedral, onde foi celebrada missa de corpo presente. As escolas suspenderam as aulas, as repartições públicas e o comércio encerraram as atividades. Mas, a mais tocante homenagem foi o acompanhamento ao cemitério, numa marcha de 15 quilômetros feita por mais de 60 mil pessoas, na qual se confundiam lágrimas, palmas e vivas.

Apesar das inúmeras autoridades presentes, não compareceu nenhuma delegação do governo. Dona Sara havia dispensado as homenagens oficiais.

O presidente Geisel, que se recolhera domingo às 22 horas, só foi informado da morte de JK ontem de manhã.

Imediatamente após sua chegada ao palácio do Planalto, Geisel convocou reunião da qual participaram o chefe do Gabinete Civil, Golberi do Couto e Silva, o chefe do Gabinete Militar, Hugo de Abreu, os ministros Reis Veloso, Armando Falcão e Silvio Frota, além do chefe do SNI, João Batista Figueiredo.

Após três horas de deliberações, foi decretado luto de três dias pela morte do ex-presidente.

No Senado, onde Juscelino ocupou uma cadeira até junho de 64, quando foi cassado, representantes dos dois partidos associaram-se às homenagens. Na Câmara, 34 deputados falaram.

Em Minas, a notícia da morte foi recebida em silêncio e tristeza pela população. Em Diamantina, terra natal do ex-presidente, populares reuniram-se na praça, chorando e cantando em surdina o "Peixe vivo". O governador Aureliano Chaves decretou luto de três dias.

Também em São Paulo o governador Paulo Egídio decretou luto de três dias.

O acidente e suas prováveis causas

O carro em que viajava o ex-presidente Juscelino Kubitschek deveria estar no mínimo a 140 quilômetros horários, no momento do acidente. Essa a opinião do perito Manuel Dantas, de Resende, que no entanto aguarda a conclusão de todos os laudos para pronunciar-se oficialmente. Ele acredita que a barra de direção do carro se tenha quebrado, e, na velocidade em que estava, o motorista não pôde controlá-lo.

Ontem surgiu a versão de que um ônibus não identificado teria abalroado o veículo do ex-presidente, fazendo-o atravessar o canteiro central da via Dutra e chocar-se com a carreta na outra pista.

Ler editorial e comentários na Página Dois; artigos de Carlos Lacerda e Celso Lafer na Página Três; repercussões e amplo noticiário nas págs. 4 a 14.

No Rio, populares carregam o caixão coberto pelo pavilhão nacional, desde a praia do Russel até o aeroporto.

A bandeira a meio-pau, na praça dos Três Poderes, homenagem à memória do fundador da nova capital.

As nacionais convidadas para o risco

O ministro Shigeaki Ueki, das Minas e Energia, recomendou ontem em Brasília às empresas nacionais que procurem imediatamente a Petrobrás para estudar uma possível participação nos contratos de risco para a exploração de petróleo no País.

Ueki ressalvou, porém, que essa participação só será possível se as empresas "demonstrarem boas condições técnicas e financeiras".

O ministro defendeu, de outra parte, a participação de grupos estrangeiros na indústria de mineração no País.

Ueki assinou também, ontem, a portaria que reduz em 50% o preço de energia elétrica consumida pela indústria de panificação, atendendo à solicitação do setor. PÁG. 25

Garantido veto à autonomia das estâncias

A bancada da Arena na Assembléia Legislativa de São Paulo decidiu, ontem, fechar questão contra o projeto que restabelece a autonomia política das atuais estâncias hidrominerais — o que obriga todos os seus deputados a votarem favoravelmente ao veto do governador Paulo Egídio.

O arenista Mantelli Neto, autor do projeto, foi — em decisão inédita da bancada — autorizado a votar contra o veto. Este dificilmente será derrubado, pois para tanto seriam necessários 2/3 do total dos votos (46 deputados) e a bancada do MDB só tem 44 parlamentares.

4 bilhões em obras de saúde e saneamento

O ministro da Saúde, Almeida Machado, informou ontem em Brasília que técnicos de sua Pasta e dos Ministérios da Previdência Social, do Interior e do Planejamento executarão um "Programa de Interiorização das Ações de Saúde e Saneamento no Nordeste", com recursos de Cr$ 4 bilhões para os próximos três anos.

A exemplo do que fez em Alagoas, o ministro da Saúde viaja amanhã para a Paraíba, onde instalará seu gabinete por oito dias na cidade de Guarabira. Vai implantar o Programa Especial de Controle da Esquistossomose Mansônica e visitar obras de saneamento.

Empresas de ônibus podem ser cassadas

A Delegacia Regional do Trabalho enviará um ofício à Prefeitura, no qual solicitará a cassação do termo de permissão do funcionamento das empresas de ônibus que não cumprem o limite máximo de 10 horas diárias de trabalho para seus motoristas.

Ao mesmo tempo, a DRT iniciará hoje uma intensa fiscalização visando identificar os principais abusos cometidos contra o motorista em seu trabalho.

O delegado Vinícius Ferraz Torres prometeu que os ônibus que não oferecerem condições mínimas de segurança para o motorista serão interditados por aquele órgão do Ministério do Trabalho. PÁG. 17

Corintians compra o passe de Givanildo

Quando tudo parecia indicar apenas mais uma tentativa frustrada, o Corintians conseguiu contratar ontem o armador Givanildo, do Santa Cruz e da Seleção Brasileira. Pagou Cr$ 2 milhões pelo passe e mais os 300 mil ao atleta, relativos aos 15% da lei. Conseguiu também, por empréstimo, o ponta-esquerda João Paulo, do XV de Novembro, de Piracicaba. PÁG. 33

Bolsas e Open

A Bolsa de Valores de São Paulo baixou ontem 0,1%, deixando o índice Bovespa a 2.658 pontos. No Rio, o índice BV médio baixou 0,9%, ficando a 4.170,2. Liquidez ligeiramente apertada no Open.

Mais calor

Tempo bom hoje em São Paulo, com nevoeiros de manhã e névoa seca à tarde. A temperatura estará em elevação. Ontem, na Capital, máxima de 24,2 e mínima de 9,4.

Malogra um sequestro de avião egípcio

A ação de tropas de elite egípcias fez malograr ontem a tentativa de sequestro de um avião da Empresa Aérea do Egito com 99 passageiros a bordo. Os sequestradores — um palestino, um líbio e um argelino — pretendiam levar o aparelho para a Líbia, de onde passariam a exigir do governo egípcio pára libertação de cinco prisioneiros.

O aparelho, sequestrado ao decolar no Cairo, foi levado até Luxor, no Sul do Egito, onde os sequestradores foram detidos. O Egito acusou o presidente líbio Muamar Gadafi de ter financiado a operação. Contudo, Gadafi repeliu a acusação e lamentou o sequestro. PAG. 15

Repressão em Soweto faz novas vítimas

A Polícia da África do Sul matou ontem um negro e deixou outros seis feridos ao disparar contra um grupo de manifestantes nas proximidades de uma estação ferroviária do gueto negro de Soweto (subúrbio de Joanesburgo). Os manifestantes tentavam convencer outros negros do gueto a não furarem a greve de três dias iniciada ontem em Soweto, atendendo ao apelo de um panfleto clandestino distribuído durante o final da semana, provavelmente pelo Congresso Africano.

Segundo vários empresários de Joanesburgo, mais de 80% dos trabalhadores não compareceram a seus empregos. PAG. 15

Fukuda exige a destituição de Takeo Miki

O vice-primeiro-ministro do Japão, Takeo Fukuda, exigiu ontem a destituição de Takeo Miki, chefe do governo, para garantir a supremacia do Partido Liberal Democrático (PLD) — ao qual os dois pertencem — nas eleições.

Miki vem sendo pressionado a renunciar ao cargo de primeiro-ministro do Japão, e líder do PLD, por ter permitido a prisão do ex-premiê Kakuei Tanaka e outros ex-funcionários envolvidos no escândalo da Lockheed. Ontem, Miki reuniu-se com Masaioshi Ohira, líder de uma das mais fortes facções do PLD, para tentar bloquear as tentativas de destituí-lo. PAG. 15

Em Ribeirão, um encontro de Faculdades

Diretores de 115 escolas superiores isoladas, existentes em 39 cidades paulistas, reúnem-se hoje em Ribeirão Preto, em prosseguimento a uma série de encontros regionais organizados pelo Ministério da Educação.

O objetivo da reunião é equacionar problemas comuns relacionados a mercado de trabalho docente, viabilidade de implantação de novos cursos e seleção de novos alunos por meio de concursos vestibulares.

Em setembro, a reunião abrangerá escolas da Grande São Paulo e Baixada Santista. PAG. 20

FOLHA DE S. PAULO

Diretor-Presidente: Octavio Frias de Oliveira • Ano LVI — N.o 17.326 • Um jornal a serviço do Brasil • São Paulo, sexta-feira, 10 de setembro de 1976 • Al. Barão de Limeira, 425 • Cr$ 3,00

Mao ficará exposto durante 7 dias

O líder chinês morreu ontem aos 83 anos, um quarto de século depois de haver tomado o poder

O presidente do Partido Comunista Chinês, Mao Tsetung, morreu ontem de madrugada, aos 83 anos de idade, vítima de uma doença não revelada. Mao faleceu aos 10 minutos de ontem (12h10 de quarta-feira, em Brasília), porém o anúncio de sua morte só foi feito às 17 horas (5 horas da madrugada de quinta-feira em Brasília), através da Rádio de Pequim e da agência Nova China.

Minutos após o anúncio da morte de Mao, milhares de pessoas começaram a se reunir nas praças de Pequim, Cantão e Xangai, pranteando o líder desaparecido. Nas repartições públicas, fábricas, lojas e residências particulares, a bandeira vermelha da China foi hasteada a meio-pau. Em todas as ruas e esquinas de Pequim, grupos se reuniam para ouvir a notícia transmitida por alto-falantes: "Mao zhu hsi shih shih" (O presidente Mao morreu).

Uma comissão de 384 personalidades foi constituída para organizar as cerimônias fúnebres. Na direção dessa comissão figura o primeiro-ministro Hua Kuofeng, e dela faz parte também a viúva de Mao, Chiang Ching.

As cerimônias principais serão realizadas no Grande Salão do Povo, na praça Tien Anmen, em Pequim, entre os dias 11 e 17.

O presidente Gerald Ford, ao comentar a morte de Mao, o qualificou de "um grande homem que teve a visão de abrir as portas às relações com os Estados Unidos". O secretário de Estado Henry Kissinger, por sua vez, disse esperar que China e Estados Unidos continuem amigos.

A União Soviética enviou mensagem de "profundas condolências", com uma rapidez que surpreendeu os observadores.

Apenas em Formosa, que sempre considerou o presidente de 900 milhões de chineses "um bandido", as estações de rádio interromperam suas programações, para anunciar: "Agora, temos boas notícias. Mao Tsetung, o líder bandido, morreu". Oficialmente, o governo de Taipé não se manifestou, até à noite.

Ler editorial "O fim de um ciclo", na Página Dois, comentários, análises e amplo noticiário nas págs. 7 a 13.

Na "Praça da Paz Celestial", em Pequim, logo após o anúncio oficial, a multidão reúne-se para manifestar seu pesar pela morte de Mao Tsetung (à dir., em foto de arquivo), ontem. (Radiofoto AP e UPI)

Cr$ 11,37 por dólar desde hoje

O Banco Central do Brasil determinou ontem nova desvalorização do cruzeiro, a décima-segunda deste ano, num percentual de 1,802 sobre as taxas anteriormente vigentes.

O dólar passa assim, a partir de hoje, a ser operado a Cr$ 11,30 para a compra e Cr$ 11,37 para a venda, o que representa uma desvalorização acumulada, desde o início do ano, da ordem de 25,277 por cento, calculada sobre a taxa de compra da moeda norte-americana.

As taxas anteriores, de Cr$ 11,10 para compra e Cr$ 11,17 para a venda, estavam em vigor há 23 dias, desde 18 de agosto último. PÁG. 17

Contratos de risco deverão ser ampliados

O presidente da Petrobrás, general Araken de Oliveira, confirmou ontem que será aberta nova licitação para contratos de risco relativamente às áreas que não despertaram interesse na primeira licitação, "às quais poderão ser acrescentadas outras". Garantiu o presidente da Petrobrás que os contratos estarão abertos também às empresas nacionais, embora não esteja prevista qualquer condição especial para facilitar a participação destas nacionais no risco.

Pela primeira vez admitiu o general Araken de Oliveira que os contratos a serem firmados têm cláusulas secretas.

Secundaristas perdem isenção de Cr$ 12 mil

O Ministério da Educação não mais concederá isenção do pagamento da taxa de Cr$ 12 mil a estudantes que pretendam participar de cursos de 2.o grau em outros países. Ordem expressa nesse sentido foi dada ontem pelo ministro Nei Braga à comissão que julga os pedidos de isenção, com o objetivo, segundo se informou, de evitar a saída do País de um elevado número de estudantes para cursar "um nível de ensino existente no Brasil e com excelente qualidade". Além disso, o MEC passará a examinar com maior rigor os pedidos de isenção para pessoas que pretendam iniciar cursos superiores. PÁG. 16

Macedo Soares interrogado no STM

Ao fazer ontem, no Superior Tribunal Militar, a defesa do almirante Macedo Soares, o advogado Heleno Fragoso afirmou que o STM não tem competência para julgar o caso.

Momentos antes, o almirante fora qualificado e interrogado pelo relator, ministro Georgenor de Lima Torres. Macedo Soares acompanhou a leitura da denúncia e a seguir deu seu depoimento, no qual apresentou sua versão dos fatos que o levaram a conceder entrevista ao semanário "Veja", onde afirmou que o ministro Reis Veloso "não tem caráter". Acrescentou que recorreu à expressão "caráter" "na forma correta do vernáculo", sem o intuito de injuriar Reis Veloso.

Por sua vez, Heleno Fragoso alegou que a Justiça Militar é incompetente para julgar o caso. PÁG. 5

O almirante ouve a denúncia do relator, ministro Lima Torres. (Telefoto FOLHA)

Cortez Pereira e colaboradores são condenados

O ex-governador do Rio Grande do Norte, Cortez Pereira, que em agosto último teve seus direitos políticos cassados por 10 anos, foi condenado ontem a 18 dias de prisão com direito a "sursis", por "condescendência criminosa" nas irregularidades praticadas no Banco de Desenvolvimento daquele Estado.

Os demais implicados são o ex-presidente do banco, Arimar França, os ex-diretores João Vicente Feijão Neto e João de Deus Costa e o ex-tesoureiro Ariston França (irmão de Arimar). Os três primeiros receberam penas de 10 anos cada um, enquanto o último foi condenado a dois anos com direito a "sursis".

Supervisores pedagógicos obtêm liminar

O Tribunal de Justiça de São Paulo concedeu ontem liminar no mandado de segurança impetrado por 20 supervisores pedagógicos contra a Secretaria da Educação do Estado, que os havia obrigado a escolher vagas fora da Capital, onde residem e trabalham — alguns deles há mais de 30 anos.

Os supervisores — antigos inspetores escolares — apontaram ainda outras irregularidades no concurso de remoção, tais como a não publicação no "Diário Oficial" da convocação para escolha e a transformação de diretores de escola em supervisores. PÁG. 16

Melhora fluxo do trânsito na área do centro

A velocidade média dos ônibus que trafegam no centro da cidade aumentou 30% no primeiro dia de trânsito normal desde que foi lançada a "Ação Centro", de acordo com técnicos do DSV que fizeram a medição de fluxo às 18 horas de quarta-feira.

Assim, os coletivos que levavam meia hora para atravessar a área estão fazendo o mesmo percurso em 21 minutos.

Em reunião ontem com técnicos do DSV e da Emurb, na Associação Comercial, os comerciantes só tiveram uma queixa: acham muito reduzido o horário (das 10 às 12 horas) para a circulação dos veículos de carga. PÁG. 14

CMTC passa a operar a linha Penha-Lapa

À partir de hoje os ônibus da CMTC passarão a operar a linha Penha-Lapa (via Marginal do Tietê) em substituição à Viação Leste-Oeste. Numa inspeção realizada ontem de manhã na garagem da empresa particular, a CMTC verificou que a frota em circulação estava reduzida além dos 20% permitidos. A tarde a Secretaria de Transportes tomou a decisão.

A operação daquela linha pela empresa municipal será temporária, até que a Viação Leste-Oeste resolva seus problemas de mão-de-obra que não têm permitido a colocação do número necessário de carros naquela linha. PÁG. 14

Médico excluído do Servidor pode recorrer

Para reexaminar a exclusão do médico residente Saulo de Tarso Grill, do Hospital do Servidor, por questões de disciplina interna, o que provocou um ato de solidariedade de inúmeros colegas, houve uma reunião ontem entre o secretário da Administração, Ademar de Barros Filho, o superintendente do HS, Reinaldo Neves Figueiredo, e a nova Comissão de Ensino.

Nesse encontro, a portas fechadas, decidiu-se que a Secretaria da Administração poderá rever a punição imposta ao médico Saulo de Tarso, e acertou-se a introdução de novas normas no regulamento da residência do Hospital.

Revelações de Lincoln Gordon, dez anos depois

"O que sucedeu no Brasil, nos últimos dez anos, não era o que eu esperava a 4 de abril de 1964" — declarou ontem o ex-embaixador dos EUA no Brasil, Lincoln Gordon, que visita o nosso país após 10 anos de ausência e depois de encerrar sua carreira diplomática.

Em 1964, disse, esperava "o restabelecimento de um regime civil dentro de um ano, ou um ano e meio".

O ex-embaixador declarou ainda ter ficado decepcionado com os Atos Institucionais, negou um acordo para fornecimento de armas dos EUA para quem quer que fosse, mas admitiu que havia "planos para eventualidades".

Bauru vence no futebol, Piraçununga em xadrez

Sob vaias de torcedores de São Bernardo do Campo, São Caetano do Sul e Limeira, descontentes com a eliminação de suas representações, Bauru conquistou ontem o título de campeão de futebol dos Jogos Abertos do Interior. Piraçununga confirmou seu favoritismo e venceu no xadrez feminino. PÁG. 24

Bolsas e Open

A Bolsa de Valores de São Paulo baixou ontem 0,4%, deixando o índice Bovespa a 2.700 pontos. No Rio, o índice BV médio valorizou-se 0,3%, ficando a 4.422,6. A liquidez bancária caiu: trocas de cheques do Banco do Brasil a 3% ao mês; over nights lastreados em LTN a 3% ao mês.

Nublado

O tempo continuará nublado hoje em grande parte do Estado, havendo possibilidade de chuvas e trovoadas esparsas. A temperatura continuará estável.

DIREITO É DEVER DE TODOS

Em visita, ontem, ao Sindicato dos Metalúrgicos do Estado de São Paulo, o comandante do II Exército, general Dilermando Gomes Monteiro, fez um apelo aos trabalhadores, através do presidente da entidade, Joaquim Andrade (à esquerda), para que lutem "contra forças que desejam levar o País para um caminho que não é o nosso", pois "a segurança é um direito e dever de cada indivíduo". PÁG. 4

Copersucar e a Ford terão de depor na CPI

A CPI do consumidor decidiu ontem fixar definitivamente para a próxima quarta-feira os depoimentos dos presidentes da Copersucar, Jorge Atala, e da sua congênere do Estado do Rio, Antônio Inojosa. Para quinta-feira, foi marcado o depoimento de Joseph O'Neil, presidente da Ford do Brasil.

Os membros da comissão desistiram das "convocações amigáveis". Caso os três empresários não compareçam à Câmara, serão intimados por meio da Justiça Criminal de São Paulo e Rio. Há quase um mês, os convocados vêm adiando seus depoimentos, alegando que não podem ir a Brasília.

Bonifácio faz acusação ao empresariado

"Os empresários fazem jogo duplo, não ficam contra o Governo e ajudam a Oposição" — disse ontem em Brasília o deputado José Bonifácio, depois de audiência com o presidente Geisel. No entanto, o fato de o empresariado "descontente com esta ou aquela medida governamental" apoiar a Oposição, "como está fazendo agora", não implica a seu ver na existência de crise.

Prova disso — acrescentou o deputado — é a nova Lei das S.A., para a qual "foram ouvidos empresários e outros interessados e, no final das contas, está saindo tudo da melhor forma possível". PÁG. 5

EXEMPLAR DE ASSINANTE
VENDA PROIBIDA

FOLHA DE S. PAULO

Diretor-Presidente: Octavio Frias de Oliveira • Ano LVI — N.o 17.530 • Um jornal a serviço do Brasil • São Paulo, sábado, 2 de abril de 1977 • Al. Barão de Limeira, 425 • Cr$ 3,00

O presidente Ernesto Geisel ao gravar ontem à tarde a sua mensagem, na biblioteca do Palácio do Planalto. Geisel falou praticamente de improviso, com o auxílio de algumas notas.

Geisel anuncia, em pronunciamento à Nação

Congresso fechado

Reformas políticas

Reforma do Judiciário

Não haverá cassações agora

O presidente Ernesto Geisel colocou ontem em "recesso temporário" o Congresso Nacional, para promover as reformas politicas, além da já esperada reforma do Judiciário. Ele não anunciou, contudo, a cassação de mandatos parlamentares.

A decisão de colocar o Congresso em recesso foi adotada de manhã, em reunião do Conselho de Segurança Nacional (a primeira no governo Geisel).

À tarde, o presidente gravou a mensagem, transmitida à noite pela TV, em que explicava as razões e objetivos de sua decisão.

Poucos minutos depois de o pronunciamento ter ido ao ar, uma fonte autorizada de Brasília declarava, em resposta a uma indagação especifica, feita pela "Folha", que não haverá cassações, se não houver fatos supervenientes.

Outras fontes altamente categorizadas haviam antes informado que o problema chegou a ser colocado perante o Conselho de Segurança, mas que o presidente solicitou tempo para examinar melhor todas as suas consequências.

Ao encerrar sua fala de ontem, Geisel declarou esperar que a Arena apóie integralmente o recesso, "que não visa a punir os congressistas".

Essa frase foi interpretada pelos jornalistas e pelos meios politicos como significando que entre as medidas que o presidente pretende adotar, durante o periodo em que o Congresso permanecer em recesso, não se inclui a cassação de mandatos parlamentares. Daí, a interpelação especifica feita à fonte de Brasília.

Quanto às reformas politicas, o único a adiantar abertamente algo a esse respeito foi o líder da Arena na Câmara, José Bonifácio. Segundo ele, é pacifica a adoção da eleição indireta para governador; é quase certa a abolição da exigência de maioria de 2/3 para aprovação de emenda constitucional oriunda do Executivo; e poderão também ser aprovados o Conselho de Estado, a reformulação da fidelidade partidária, o voto distrital, a sublegenda para o Senado, o voto vinculado e a coincidência de mandatos.

Ler editorial "Legitimar as Reformas" e comentários na Página Dois; a integra do discurso presidencial, noticiário e repercussões nas págs. 4 a 12.

Simonsen evitará política nos EUA

Negando que as decisões politicas do presidente Geisel poderão ter reflexos sobre a situação econômica, o ministro da Fazenda, Mário Henrique Simonsen, confirmou ontem sua partida, amanhã, para os Estados Unidos, onde manterá contatos com banqueiros e empresários.

Quanto à possibilidade de vir a encontrar dificuldades devido à situação politica no Brasil, o ministro disse que não terá encontros com áreas sensiveis a esses problemas: imprensa e funcionários governamentais.

Os assessores de Simonsen recusaram-se, contudo, a fornecer qualquer indicação sobre o programa a ser cumprido nos EUA.

De Nova York, nosso correspondente Paulo Francis informa que o Departamento de Estado não quis comentar oficialmente o recesso do Congresso brasileiro.

Fontes do gabinete de Cyrus Vance observaram, no entanto, com ironia, que o ato do presidente Geisel confirma o relatório sobre direitos humanos do Departamento de Estado, que ressaltava os poderes discricionários dos militares, não permitindo qualquer recurso de defesa à oposição civil.

O correspondente da "Folha" ressalta que é do Congresso americano que o governo Geisel poderá esperar as maiores criticas e eventuais represálias.

A imprensa norte-americana não teve ainda tempo para reagir aos acontecimentos em Brasília. Contudo, os jornais da Alemanha Ocidental já antes do anúncio do recesso davam grande destaque à situação politica em nosso país, com criticas às intenções àquela hora atribuídas ao Palácio do Planalto.

O "Frankfurter Allgemeine" chega a tratar de maneira irônica as acusações lançadas sobre as lideranças da oposição de não apoiarem o presidente Geisel num momento em que, por causa do acordo nuclear, Brasília se encontra na mira das baterias estrangeiras.

A "Suddeutsche Zeitung", em matéria de seu correspondente, afirma que o regime brasileiro atravessa uma das suas maiores crises internas.

Até o jornal conservador "Die Welt" transcreve, com comentários ligeiramente críticos, o noticiário das agências internacionais.

Este noticiário eclipsou, na imprensa alemã, as repercussões da passagem por Bonn do secretário de Estado Cyrus Vance.

Na França, "Le Monde" fez ampla análise das razões que levaram o MDB a rejeitar a reforma judiciária. "O presidente Geisel — disse o correspondente do jornal no Brasil — não estava disposto a aceitar tal desafio à sua autoridade; em outras palavras, ele não aceitaria que o Congresso se transformasse em outra coisa a não ser uma câmara de eco."

Durante a reunião do Conselho de Segurança Nacional, o ministro Armando Falcão (o segundo à direita do presidente) tinha a pasta mais volumosa. A reunião durou pouco mais de duas horas. De costas, os generais Hugo de Abreu e Golbery. De frente, o vice-presidente Pereira dos Santos, Falcão, o almirante Henning, o general Silvio Frota, Azeredo da Silveira e outros ministros. Telefoto FOLHA

Começou o recesso: este é o plenário da Câmara dos Deputados, vazio desde ontem. A tribuna, com o seu microfone, está desocupada. Telefoto FOLHA

Uma sanção grave e injusta, diz Ulisses

O presidente nacional do MDB, Ulisses Guimarães, declarou ontem em Brasília que a ordem de recesso "foi uma sanção contra o Congresso e não apenas sobre o MDB; nós a reputamos grave e injusta".

Guimarães defendeu seu partido, dizendo que "em qualquer parlamento, os partidos podem votar contra ou a favor de uma matéria". "A decisão do MDB foi adotada no exercício de uma atribuição constitucional. Uma atribuição não pode gerar impasses."

A Executiva Nacional do MDB reúne-se hoje às 9 horas para analisar a situação.

Deputados perderão boa parte do salário

Os congressistas sofrerão um corte de salários com o recesso, porque perderão os subsídios referentes à presença em sessões da Câmara e do Senado. Essa perda foi estimada ontem em Cr$ 25 mil mensais. Deputados e senadores receberão apenas a parte fixa e mais uma ajuda para transporte, que juntos somam pouco mais de Cr$ 16 mil.

Não poderão desfrutar de benefícios como uso de carros oficiais, passagens aéreas e telefone.

A maioria deles deverá permanecer em Brasília, contudo, por causa dos filhos que estão na escola.

Egídio soube cedo e falará 2.ª feira

Informado às 11h45, por um telefonema de Brasília, no momento em que concedia audiência a prefeitos do Interior, o governador Paulo Egídio não fez nenhum comentário, dizendo apenas que aguardava ansioso o discurso presidencial para analisá-lo cuidadosamente. Prometeu falar segunda-feira.

Na Câmara Municipal e na Assembléia houve poucos comentários. Já o presidente do Diretório Regional da Arena, Cláudio Lembo, criticou o MDB, que "rompeu a mais elementar das regras politicas: a manutenção do diálogo".

Imposto de Renda

A "Folha" publica amanhã os últimos esclarecimentos para os que ainda não entregaram as declarações do Imposto de Renda. Os bancos permanecerão abertos hoje e amanhã das 6 às 18 horas para receber as declarações. O prazo termina segunda-feira.

Bolsas e Open

As Bolsas de Valores de São Paulo (0,1%) e do Rio (0,2%) operaram ontem em pequena alta. A tendência do mercado, no entanto, é de baixa, que deve acentuar-se hoje, em face aos últimos acontecimentos politicos. A alta de ontem foi sustentada artificialmente com recursos oficiais. O Open esteve pressionado com o custo do dinheiro subindo para 2,4% ao mês, alto para uma sexta-feira. Poucos negócios com papéis, a taxas estáveis.

Tempo instável

Tempo nublado hoje em São Paulo, instável, com chuvas esparsas. A temperatura estará em ligeiro declínio.

Na coluna "AGENDA", pág. 15, a previsão para a Grande São Paulo, Litoral, Interior do Estado e várias regiões do País.

A USP refuta as acusações do governador

O Conselho Universitário da USP encaminhou ontem ao governador Paulo Egídio resposta ao relatório elaborado pela Secretaria de Economia e Planejamento sobre a situação orçamentária da Universidade, na qual "repudia as insinuações" do documento de que a instituição teria omitido receitas para justificar reivindicações.

Refutando energicamente os termos do relatório, o Conselho Universitário lembra ao governador, em sua resposta, que a USP "só utiliza meios corretos para demonstrar as suas necessidades, a fim de desenvolver satisfatoriamente o ensino e a pesquisa".

O acordo Salt está ameaçado, adverte Vance

O secretário de Estado Cyrus Vance disse ontem, em viagem de Londres a Paris, que o fato de os soviéticos terem levantado a questão das bases norte-americanas na Europa Ocidental ameaça "mudar totalmente os fundamentos do acordo SALT".

Vance referia-se à afirmação do chanceler soviético, Andrei Gromyko, de que as propostas apresentadas pelos Estados Unidos sobre limitação de armas nucleares (SALT) levaram Moscou a "reabrir a questão" das bases, que não estava sendo considerada nessas negociações.

PÁG. 14

O café rendeu US$ 1 bilhão no trimestre

O presidente do Instituto Brasileiro do Café (IBC), Camilo Calazans, anunciou ontem em Brasília que as exportações de café durante os três primeiros meses deste ano já renderam ao País 1 bilhão de dólares, correspondente à comercialização de 4,5 milhões de sacas. Se as cotações do café no mercado internacional permanecerem aos níveis atuais (cerca de 400 dólares a saca de 60 quilos), a receita cambial do produto fechará 1977 em 4 bilhões de dólares.

O presidente do IBC informou que o plano de financiamento para o plantio na próxima safra terá um corte de dois terços.

PÁG. 21

O dólar passa a Cr$13,365 segunda-feira

A partir de segunda-feira o dólar passará a ser negociado a Cr$ 13,295 para a compra e Cr$ 13,365 para a venda.

A nova desvalorização do cruzeiro determinada ontem pelo Banco Central, a quarta deste ano, é de 2,43% em relação às taxas que vigoravam desde 8 de março. Com esse reajuste, o dólar fica 8,3% acima da taxa de 31 de dezembro.

Como consequência do reajuste, o IBC aumentou o confisco cambial para 134 dólares por saca de café exportado.

FOLHA DE S.PAULO ★

SEGUNDO CLICHÊ

Diretor-Presidente: Octavio Frias de Oliveira • Ano LVI — N.o 17.567 • Um jornal a serviço do Brasil • São Paulo, domingo 8 de maio de 1977 • Al. Barão de Limeira, 425 • Cr$ 3,00

Pela 3.ª vez, "Não" a Carter

Schmidt resiste às novas pressões contra o acordo nuclear Brasil-Alemanha

Jimmy Carter e Helmut Schmidt, os dois grandes protagonistas do encontro de Londres, despedem-se após a primeira reunião.

Paulo Francis
Enviado especial

O encontro Carter-Schmidt na cúpula de Londres na manhã de ontem, segundo o assessor de segurança nacional do presidente americano, Zbigniew Brzezinski, revelou que os dois estadistas possuem "perspectivas diferentes". Em suma, raspados os comentários de "Zbig" sobre o bom humor, cordialidade e "que não usaram palavrões", é óbvio que Carter e Schmidt não fizeram concessões mútuas.

Brzezinski admitiu que a posição de Schmidt sobre o acordo Brasília-Bonn permanece inalterada, que é a notícia que nos interessa, embora preveja entendimento futuro. Esta frase críptica significa que Schmidt está aberto (sempre esteve) a um aprofundamento do tratado de não proliferação.

Não afeta nossos negócios com a Alemanha Ocidental.

Schmidt inclusive previu que discussões sobre o aprofundamento levarão anos.

Guerra de Relações Públicas

Excetuando Giscard d'Estaing, que sempre parece irritado vagamente com alguma coisa, os demais líderes estão em plena guerra de relações públicas.

Assim, Carter "suspendeu" o embargo de meio milhão de toneladas de urânio enriquecido à Europa, em vigor até anteontem.

A venda, claro, é um alto negócio Para os EUA, e não altera o fato de que a transferência de 15 quilos de urânio exigirá o assentimento do próprio Carter. Logo, o embargo só foi suspenso pró-forma. Já Schmidt promete investimentos de 4 bilhões de dólares que auxiliariam, "reflacionariam" a economia da Europa Ocidental.

Fontes alemãs me asseguram que esses 4 bilhões já estavam previstos no orçamento alemão e que Schmidt apenas resolveu divulgá-los agora, a fim de obter o melhor efeito de relações públicas.

As respostas de Schmidt sobre o encontro com Carter são divertidas. Diz que discutiu "tudo o que está na agenda. do mundo", o que é certamente muito esclarecedor. Perguntado se há solução para as divergências entre os EUA e Alemanha na questão nuclear, respondeu: "Para tudo há solução".

Na entrada, Carter chamava Schmidt de "Sr. Chanceler". Na saída, de Helmut. E convidou Helmut a visitar os EUA em julho.

Amor e compreensão. Política hoje é indistinguível de relações públicas.

Novas pressões

Contudo, na sessão final da conferência, ontem, Jimmy Carter mais uma vez tentou convencer Helmut Schmidt a anular o acordo Brasília-Bonn e aos demais participantes a anularem ou evitarem negócios que envolvam plutônio.

O secretário do Tesouro, Michael Blumenthal, novamente o informante oficial da imprensa, recusou-se porém a dizer qual o resultado da pressão, alegando que os líderes continuarão hoje debatendo o tema, sendo portanto prematuro quaisquer conclusões. É óbvio que Schmidt e os demais resistiram, ao menos temporariamente, à idéia do presidente dos EUA de que pode determinar a política nuclear de outras nações.

Blumenthal admitiu que apenas hoje, na sessão final o assunto "Diálogo Norte-Sul" será abordado a sério, esperando-se no comunicado que encerra a conferência definição mais precisa da posição adotada pelos sete países, se é que existe. Carter, durante 20 minutos, numa conversa particular com Takeo Fukuda, pressionou-o a reflacionar a economia japonesa, a abrir o país às importações e a diminuir o impacto das exportações no mundo exterior. Desconhece-se a resposta do premiê japonês.

Blumenthal insiste em que não há discórdia séria. É claro que há na questão nuclear, de reflacionamento e de comércio internacional. No fim da tarde de hoje, saberemos se os 7 harmonizaram pontos de vista.

Mais sobre o encontro de cúpula na pág. 12

Ferido o chanceler argentino

Ataque guerrilheiro no centro de Buenos Aires

O ministro das Relações Exteriores da Argentina, vice-almirante Cesar Guzzetti, sofreu ontem um atentado guerrilheiro, em Buenos Aires, quando entrava num consultório médico particular, no bairro de Palermo.

Um comunicado divulgado pela Secretaria de Informação da Presidência da República diz que o atentado ocorreu às 11h50, e que o chanceler foi vítima de um forte traumatismo craniano.

O ataque ocorreu na esquina das ruas Córdoba e Salguero, tendo sido o ministro imediatamente conduzido ao Hospital Policial Bartolomé Churruca, onde foi submetido a uma intervenção cirúrgica de emergência.

O comunicado não esclarece se o traumatismo sofrido por Guzzetti foi provocado por um golpe ou por ferimento a bala, e existem versões que explicam que o incidente fora uma tentativa de sequestro, durante a qual o chanceler teria sido golpeado com uma barra de ferro, e outras que afirmam que se tratou de uma tentativa de assassínio com o metralhamento do carro que conduzia o ministro.

PÁG. 16

No final da noite, a organização guerrilheira Montoneros assumiu a autoria do atentado, informando que Guzzetti foi baleado na cabeça quando resistiu à tentativa de sequestro.

Amanhã na Folha

Em nossa edição de segunda-feira, o economista Rubens Vaz da Costa escreve sobre os problemas da exportação; e o comentarista político Geraldo Mello Mourão sobre o regime mexicano.

Tempo bom

Tempo bom com nebulosidade no meio do dia, mas eventualmente nublado pela manhã e sujeito a chuviscos na parte da tarde. A temperatura estará em elevação. Ontem a máxima foi de 28 graus e a mínima 17, segundo informam os meteorologistas.

Na coluna "AGENDA", pág. 40, a previsão para a Grande São Paulo, litoral, interior e várias regiões do País.

Campo Grande confia em sua riqueza

"Em poucos anos teremos condições de produzir pelo menos um terço do que São Paulo produz", diz, confiante, o presidente da Câmara Municipal de Campo Grande, Eduardo Contar Filho.

Segundo nosso enviado especial, Nelson Maenaka, a euforia nos círculos políticos locais é evidente, com a criação do novo Estado de Campo Grande (nome ainda provisório), no Sul de Mato Grosso. "Teremos condições de gerir nossa própria riqueza na agropecuária, na indústria e no comércio; temos infra-estrutura para o escoamento das safras e iremos dinamizar o intercâmbio em todos os sentidos com São Paulo e Paraná", declara Contar Filho.

Dos 1.231.549 km2 de Mato Grosso, 350.747 constituirão a área de Mato Grosso do Sul, ficando Mato Grosso do Norte com 880.802 km2. A divisa foi estabelecida à altura do Paralelo 17, entre os municípios de Alto Araguaia e Pedro Gomes.

PÁGs. 8 e 9

Governadores acreditam em nova reforma

"Sempre lutei e luto contra a ação dos radicais tanto de esquerda como de direita. Não desejo nem bandeira vermelha nem bandeira verde. Sou — permitam-me criar uma expressão — um radical do centro."

Essas palavras foram do governador Paulo Egídio, em entrevista, ontem, na barranca do rio Grande, ao presidir a solenidade de desvio do rio para a construção da hidrelétrica da CESP.

Depois de manifestar, juntamente com o governador Aureliano Chaves, de Minas, sua preocupação pela radicalização política, Egídio afirmou que ("de acordo com minha formação democrática") garantirá sempre as manifestações estudantis, "desde que não perturbem a ordem pública".

Tanto Egídio como Chaves mostraram-se certos de que as reformas políticas ainda não estão completadas, embora não quisessem detalhar o que pode ser reformulado.

PÁG. 4

"Modelo é eficaz mas o nível não"

"O Brasil conseguiu montar um modelo econômico e administrativo razoavelmente eficaz, mas de baixíssimo nível de eficiência", disse o prefeito Olavo Setúbal em entrevista exclusiva à "Folha". Ele considera que esse é o principal ponto de estrangulamento ao desenvolvimento do País e assegura que só com maior eficiência se conseguirá uma maior distribuição da riqueza.

Para o prefeito, a ineficiência é comum aos empresários, aos administradores públicos e aos trabalhadores brasileiros, e sua erradicação depende de um processo educacional muito amplo. Em sua opinião, esse problema é mais importante que o do modelo político; Setúbal acredita que o atual modelo é o mais adequado às circunstâncias, e argumenta que aumentar a participação popular redundaria numa pressão de demandas que o Poder Público não pode atender.

PÁG. 5

Governo não estimulará novos partidos

"O Governo não pensa em alterar a legislação político-partidária, com o objetivo de facilitar a criação de novos partidos no País", reafirmou ontem o deputado Francelino Pereira, embora lembrando que a Constituição vigente admite o pluripartidarismo.

Francelino referia-se, indiretamente, à idéia do deputado Herbert Levy, vice-líder na Câmara, de fundar o Partido Democrático Social. Também o líder José Bonifácio não crê na constituição de um terceiro partido, afirmando, em relação ao PDS: "O deputado Herbert Levy é vice-líder da Arena, e a Arena defende a posição governista em favor do bipartidarismo".

PÁG. 4

A Ferrovia do Aço criou uma grande cicatriz ecológica no interior de Minas e suas obras estão quase paralisadas.

A ferrovia frustrada

Máquinas sofisticadas ociosas, muitas delas importadas, e a erosão ameaçando destruir as obras de terraplenagem já executadas desde maio de 1975, em meio a pontes, viadutos e túneis inacabados, que já exigiram Cr$ 4,3 bilhões. As maiores empreiteiras do País ainda lá, trabalhando em ritmo lentíssimo, muitas vezes apenas tentando conservar o pouco que já se fez em dois anos. Na região uma total desarticulação social, com milhares de desempregados.

Este é o cenário daquela que seria a maior obra do Governo Geisel, a Ferrovia do Aço, lançada em solenidade no Palácio do Planalto, com o presidente da República e o ministro dos Transportes — este eufórico e pedindo pressa no empreendimento — diante de dezenas de empresários, para a assinatura dos contratos.

A Ferrovia do Aço, que ligaria Belo Horizonte a São Paulo, com ramal por Volta Redonda partindo de Itutinga, em Minas, esbarra em sérios obstáculos de toda ordem, a maioria decorrente da improvisação e pressa dos órgãos oficiais, que foram incapazes de prever as dificuldades econômicas por que passa o País atualmente.

As obras iniciais de infra-estrutura, justamente as do ramal (397 km) para Volta Redonda, têm nova data prevista pelo ministro dos Transportes para sua conclusão: 1982, quatro anos após a previsão inicial.

Mas os técnicos que vivem o dia-a-dia da obra, ouvidos pela reportagem da "Folha" que percorreu a região e a sobrevoou, prevêem que somente em 15 anos a Ferrovia do Aço estará concluída em seu trecho inicial.

PÁG. 23

Professores do Estado pedem reajuste de 63%

Mais de mil professores da rede estadual, em assembléia ontem à tarde na Escola Caetano de Campos, aprovaram uma série de reivindicações a serem encaminhadas ao governo sob a forma de abaixo-assinado. Eles pleiteiam complementação salarial sobre o último reajuste concedido, de modo a elevá-lo para 63%. E mais: nível universitário (40%), contratação dos "precários" e amplo debate do Estatuto do Magistério.

A assembléia transcorreu em clima agitado, pois a associação de classe, APEOESP, queria dar-lhe caráter de simples reunião, sem poder deliberativo.

Um clássico no Morumbi e F-1 pela TV

Corintians e Palmeiras fazem às 17 horas, no Morumbi, o principal jogo da rodada de hoje do Campeonato Paulista. Embora o resultado da partida em nada altere as posições na tabela de classificação do primeiro turno do Campeonato, ambas as equipes estão em fase de ascensão.

Emerson Fittipaldi conseguiu melhorar apenas uma posição nos treinos para a largada do Grande Prêmio da Espanha, passando de 20.º para 19.º. Mário Andretti com sua Lotus sairá na "pole-position". A corrida começa às 11h (horário brasileiro) e terá transmissão direta pela TV.

PÁG. 44

FOLHA DE S. PAULO ★

SEGUNDO CLICHÊ

Diretor-Presidente: Octavio Frias de Oliveira • Ano LVI — N.o 17.581 • Um jornal a serviço do Brasil • São Paulo, domingo, 22 de maio de 1977 • Al. Barão de Limeira, 425 • Cr$ 3,00

Sepultado Carlos Lacerda

Cerca de duas mil pessoas comparecem ao funeral do ex-governador da Guanabara

O corpo de Carlos Lacerda é levado à sepultura no Cemitério São João Batista, às 16h30 de ontem

Em meio a gritos de "viva Lacerda", "viva a liberdade" e "viva a democracia" foi enterrado ontem no Cemitério São João Batista (carneiro perpétuo 4.318, quadra 34) o ex-governador Carlos Lacerda.

O enterro teve que ser antecipado em meia hora — estava marcado para as 17 — devido ao tumulto formado na capela n.º 1, onde o corpo estava sendo velado. Todos queriam ver Lacerda e a pequena capela do cemitério não comportou. O filho Sérgio Lacerda interrompeu a encomendação do corpo, feita pelo padre Leme Lopes, mandou fechar o caixão, sob os protestos do povo, e fez-se o sepultamento. Cerca de duas mil pessoas foram ao cemitério.

Não houve discursos de políticos nem de personalidades.

Até as 15 horas o velório de Lacerda tinha um fluxo pequeno de visitantes, não trazendo nenhum problema àqueles que queriam vê-lo pela última vez. A partir dessa hora começou a aumentar o número de pessoas, tornando quase intransitável o saguão do primeiro andar do velório.

Por volta das 16h15, o padre Leme Lopes foi chamado para fazer a encomendação do corpo; sua entrada na capela foi difícil, mas conseguiu chegar até a família e iniciar as orações. Mas alguns minutos depois, populares começaram a forçar a passagem, pois muitos ainda não tinham visto o corpo do ex-governador. As pessoas começavam a ser espremidas e o padre quase não pôde folhear o seu livro de orações. A esta altura Sérgio Lacerda, vendo sua mãe e outros parentes já bastante comprimidos, não deixou que o padre terminasse a encomendação do corpo: decidiu fechar o caixão e fazer o enterro.

O caixão caminhou por inúmeras mãos, que o conduziram à sala da capela. Os populares que o carregavam andaram apenas uns 50 metros e pararam: a sepultura era longe e providenciou-se uma carreta.

Com a ajuda da carreta o cortejo andou com mais calma, sem a excitação do início. Podiam-se ver políticos e autoridades pulando sepulturas para ficar mais próximo do caixão.

Muitos seguidores de Lacerda, emocionados, gritavam seu nome histericamente. Pediam "democracia e liberdade". O caixão desceu à sepultura sob o canto do Hino Nacional.

Dona Letícia e seus filhos jogaram pétalas de rosas sobre o túmulo e saíram espremidos pelo povo.

No final, um homem velho de barbas brancas subiu à sepultura e iniciou um discurso: "Lacerda sempre que atuava fazia cair um governo corrupto, ele queria bem ao povo". Seguiram-se alguns outros discursos e o povo começou a retirar-se.

Ler editorial na Página Dois e noticiário nas págs. 4 a 12.

Com emoção e sem honras oficiais

ALBERTO DINES
Da Sucursal do Rio

"Ponham o caixão na rua pro povo rezar com ele."

Apertada pela massa humana que se comprimia na exígua capela n.º 1 do Cemitério São João Batista, aquela mulher vestida simplesmente, rosa vermelha na mão, queria chegar até onde estava o corpo de Carlos Lacerda, ex-governador da Guanabara, ídolo das multidões, o mais controvertido político brasileiro depois de 45.

Nem aquela pobre mulher nem a grande maioria das duas mil pessoas, que se acotovelavam para dar senão o último voto pelo menos o último adeus ao líder da antiga UDN, conseguiram seu intento. Vereador, deputado e governador eleito sempre por votação direta e esmagadora, Lacerda não mereceu do regime que ajudou a estabelecer há 13 anos a menor homenagem ou sinal de respeito. Depois de uma manhã de febris consultas, o governo da Revolução decidiu que a morte do aguerrido tribuno e jornalista era assunto municipal. Delegou-se então ao prefeito Marcos Tamoio (ex-auxiliar do falecido) a inconfortável tarefa de reverenciá-lo. Foi autorizado luto municipal e o burgomestre carioca pôde formalmente prestar à família suas homenagens. Mesmo assim, fê-lo constrangido.

Nem um guarda sequer foi designado para organizar a multidão. Houve um momento, fechou-se o caixão e aqueles que não tinham chegado até ele perderam as esperanças de tocá-lo, que a famosa flama lacerdista pareceu ainda estar acesa. Mas os ânimos serenaram.

Na sossegada e luminosa tarde de outono nada foi feito que abalasse a ordem, instituições e segurança nacionais.

***Talvez tenha sido a maior concentração** de jornalistas dos últimos tempos, de repórteres a donos de jornal — homens de imprensa são mais fiéis do que os políticos, ainda que o líder do governo na Câmara, José Bonifácio (ex-companheiro da UDN), lá estivesse, vencendo as últimas desavenças.*

Um repórter fotográfico limpava as lentes e as lágrimas. Um jornalista político não escondia sua indignação pela forma descortês com que o governo tratou a morte do famoso político. Um ex-adversário, ex-amigo e agora distante observador, diante da variedade de tendências políticas ali presentes perguntou:

— "A Frente Ampla está mesmo morta?"

Estranhos contratos no CNPq

Os recursos públicos entregues a Fundações, como o Conselho Nacional de Desenvolvimento Científico e Tecnológico, são gastos de acordo com as normas que os próprios dirigentes fazem e modificam, e que contêm válvulas de escape capazes de permitir a justificação de qualquer despesa. Basta, por exemplo, que o dirigente alegue "urgência" ou "notória capacidade" e não se poderá questionar mais coisa alguma, por menos regular que pareça.

É o que está implícito nas declarações do presidente do CNPq, José Dion de Melo Teles, feitas a um órgão de imprensa de Brasília, rebatendo acusações que se levantaram contra sua administração.

Na pág. 13, um resumo do caso e alguns exemplos de irregularidades.

"Relações com Brasil são delicadas"

"As relações argentino-brasileiras entraram em uma fase delicada devido a posição adotada pela Chancelaria do Brasil em relação ao aproveitamento hidrelétrico do rio Paraná", disse ontem em editorial o influente matutino "Clarin", de Buenos Aires, comentando as recentes declarações do ministro Azeredo da Silveira.

Depois de afirmar que se trata de um problema que tem "raízes históricas", o jornal critica Azeredo "por seu critério adverso à negociação tripartite proposta pela Argentina para as obras energéticas no Alto Paraná".

Bispos acusados relatam ao núncio os interrogatórios

O processo instaurado pela 8.ª Região Militar, em Belém do Pará, envolvendo os bispos d. Estevão Cardoso de Avelar (de Conceição de Araguaia) e d. Alano Maria Pena (de Marabá), deverá ser reaberto ainda esta semana, depois dos novos interrogatórios a que foram submetidos os dois prelados.

Ambos chegaram ontem a Brasília e reuniram-se com o núncio apostólico, d. Carmine Rocco e com o secretário-geral da CNBB, d. Ivo Lorscheiter.

PÁG. 14

Os planos do DSV

O DSV anuncia seus planos para melhorar o trânsito no segundo semestre deste ano, prometendo "alterar os 4 cantos da cidade". Pelo menos 600 cruzamentos deverão receber novas sinalizações, um tipo de semáforo especial, importado da Inglaterra e controlado por computadores, o que deverá reduzir o número de guardas nas ruas de São Paulo. Roberto Scaringela, diretor do DSV, garante que as multas deverão aumentar ainda mais, em função do maior rigor na fiscalização. PÁG. 22

Tempo bom

Tempo bom hoje em São Paulo na maior parte do dia, com possibilidade de ocasionais instabilidades leves e passageiras. A temperatura estará em elevação. Ontem, na capital, a máxima foi 24 graus e a mínima 12, segundo informam os meteorologistas.

Na coluna "AGENDA", pág. 30, a previsão para a Grande São Paulo, litoral, interior e várias regiões do País.

Contratos de risco terão mais 25 áreas

A Petrobrás colocou 25 áreas em concorrência para a exploração de petróleo no Brasil, oito das quais situadas na foz do rio Amazonas, nas proximidades das áreas da licitação anterior, onde operam a Shell e a companhia francesa ELF. Outras 14 áreas estão situadas na Bacia de Santos, já explorada pela Exxon e pela British Petroleum. E as restantes nas costas do Rio Grande do Sul.

As novas regiões do risco foram reveladas ontem por uma fonte da Superintendência dos Contratos de Exploração (Supex), no Rio de Janeiro, órgão da Petrobrás. Até agora, 15 empresas receberam questionários que serão preenchidos até o dia 31.

Falta dinheiro para a reforma do Martinelli

Depois de dois anos de minucioso planejamento, a Emurb — Empresa Municipal de Urbanização — anunciou que a concorrência para a reforma do Martinelli será anulada. O motivo: o menor preço encontrado para a reconstituição do histórico prédio foi de 259 milhões, bem acima dos 160 milhões calculados pelos técnicos municipais.

Diante da defasagem de preço, a empresa chegou à conclusão de que as propostas apresentadas são altamente onerosas para o Município — arcará com 58 por cento da despesa — e por isso deverá alterar o projeto original, eliminando alguns dos 300 itens, considerados supérfluos. PÁG. 21

A ONU acusa a Rodésia de "genocídio"

A conferência das Nações Unidas sobre a Rodésia e Namíbia, realizada em Maputo, foi encerrada ontem com a adoção de uma declaração na qual o governo rodesiano de minoria branca é acusado de "cometer genocídio" contra os negros. Ao mesmo tempo, condenou "os continuados atos de agressão da Rodésia contra países vizinhos".

A declaração denuncia a África do Sul como "o bastião do racismo", e exortou os países membros das Nações Unidas a aumentar de todas as formas o apoio aos movimentos nacionalistas negros de libertação.

PÁG. 17

É hora de deixar o poder no Chile diz almirante

Afirmando que "60 a 65 por cento das metas traçadas para tirar o Chile do caos e da bancarrota foram cumpridas, e que vai chegando o momento em que vamos dizer: chega!", o comandante-chefe da Marinha chilena, e membro da junta militar que governa o país, almirante José Torribio Merino, anunciou que está se aproximando a hora de as Forças Armadas deixarem o governo. "Mas isto será depois", acrescentou.

Em entrevista ao jornal "El Mercúrio", Torribio Merino disse que "há diferença entre conduzir um país e uma instituição armada".

PÁG. 18

Itaipu mantém cronograma e amplia obras

As obras da usina hidrelétrica de Itaipu, no terceiro aniversário de existência efetiva da Binacional que gerencia o empreendimento conjunto Brasil-Paraguai, continuam seguindo o cronograma inicial.

Até agora já foram escavados 24 milhões de metros cúbicos de terra, segundo informações do presidente da Itaipu Binacional, Costa Cavalcanti, que na última terça-feira assinou com os paraguaios um contrato de US$ 1,3 bilhão para o segundo estágio das obras civis.

A última revisão dos custos da usina indica US$ 5,8 bilhões. PÁG. 41

Por que não se fabricam os biodegradáveis

A fabricação de detergentes biodegradáveis está, aparentemente, suspensa pelo governo federal. A matéria-prima custa muito caro e não há verbas para pesquisar um produto biodegradável nacional, afirma a Cetesb. As indústrias mostram-se dispostas a modificar sua linha de produção, mas pedem que, para isso, o governo facilite a importação da matéria-prima biodegradável.

Enquanto isso, Santana do Parnaíba e Pirapora do Bom Jesus, a oeste de São Paulo, continuam recebendo periodicamente a visita das espumas formadas pelos detritos PÁG. 24

Tito critica a ação dos EUA sobre direitos

O presidente iugoslavo Josip Broz Tito, ao manter um encontro ontem em Belgrado com o vice-presidente norte-americano Walter Mondale, mostrou-se preocupado com a campanha do governo Carter pelo respeito aos Direitos Humanos. Ao falar aos jornalistas, Tito afirmou: "Nunca aceitaremos a idéia de que medidas tomadas contra alguma pessoa possam pôr em risco a democracia".

O vice-presidente norte-americano afirmou, por sua vez, que "as relações dos EUA com a Iugoslávia se encontram nas melhores bases possíveis".

PÁG. 20

Os sindicatos ameaçam parar a França 3.ª feira

Uma greve geral, que contará com o apoio de todos os sindicatos de trabalhadores, deverá paralisar a França terça-feira, em protesto contra o plano de austeridade econômica adotado pelo governo e a ruptura da chamada "política contratual", que permitia até há dez meses a majoração automática do poder aquisitivo dos assalariados.

Nosso correspondente em Paris, J.B. Natali, informa que os sindicatos, pressionados pelas suas bases, partiram para a greve como uma espécie de válvula de escape capaz de impedir a eclosão de um espontaneísmo incontrolável. PÁG. 20

EXEMPLAR DE ASSINANTE
VENDA PROIBIDA

FOLHA DE S. PAULO

Diretor-Presidente: Octavio Frias de Oliveira • Ano LVI — N.o 17.606 • **Um jornal a serviço do Brasil** • São Paulo, quinta-feira, 16 de junho de 1977 • Al. Barão de Limeira, 425 • Cr$ 3,00

Diante das portas de aço cerradas de uma loja da rua 25 de Março, e, sem lugar para refugiar-se, duas moças apavoram-se com o policial que usa o seu cinto como arma. A ação policial visou, à tarde, esvaziar as ruas que davam acesso à praça Fernando Costa, local da manifestação estudantil.

Passeata, correria e prisões

Os estudantes nao conseguiram realizar ontem o ato público marcado para as 17 horas na praça Fernando Costa, ocupada desde cedo por policiais-militares, tropas de choque com cães pastores, policiais femininas e policiais à paisana. Mas realizaram uma série de pequenas manifestações no centro da Capital paulista.

A primeira começou às 17h20, uma passeata que reuniu cerca de mil estudantes no momento de pico e que terminou 50 minutos depois, atravessando o final da ladeira General Carneiro, rua 25 de Março, rua Senador Queirós, avenida Prestes Maia, rua Capitão Salomão e largo Paiçandu.

Os estudantes realizaram também duas passeatas menores, uma que começou às 18h30 na esquina das avenidas São João e Ipiranga e terminou no largo Paiçandu, e outra que começou às 19h40 no vale do Anhangabaú e terminou na rua Caio Prado, ambas somando cerca de 800 manifestantes nos momentos de pico.

Eles realizaram também a leitura parcial de um manifesto no largo São Francisco, com cerca de mil estudantes, mas a Polícia dispersou esse ato com bombas de gás lacrimogêneo, jatos de água cintos, e cassetetes, também empregados na dispersão das passeatas. O Deops informou que cerca de 90 pessoas foram detidas e liberadas ontem.

PÁGs. 17 a 21

Após gritarem alguns "slogans", estudantes correm pela rua 25 de Março, desistindo de se concentrar no Parque Dom Pedro II. Eram 17h20.

O divórcio está aprovado

O Congresso aprovou, na madrugada de hoje, a emenda do senador Nélson Carneiro instituinoo o divórcio no País.

A votação começou nos últimos minutos de ontem, tendo 32 senadores se manifestando a favor da emenda e 19 contra.

Dos senadores de São Paulo, Orestes Quércia e Otto Cirilo Lehmann votaram a favor. Franco Montoro não compareceu.

Seguiu-se a votação dos deputados, que também acusou folgada maioria.

O projeto irá agora a segunda votação no Congresso, na próxima semana.

A longa sessão

Num debate emocional que em certo momento levou o deputado Nina Ribeiro (Arena-RJ) às vias de fato com o senador Benedito Ferreira (Arena-GO), que o qualificara de "moleque", o Legislativo debateu ontem, em sessão conjunta durante a manhã, tarde e noite, a emenda sobre o divórcio.

As discussões, acaloradas às vezes, chegaram ao nível de expressões como "a desquitada é uma mulher cantável" (Epitácio Cafeteira-MDB-MA), "divórcio é fabricação de menores abandonados" (Antônio Bresolin, MDB-RS), "vamos lembrar a hora da Ave Maria" (Walber Guimarães, MDB-PR, ao ocupar a tribuna às 18 horas).

Vários parlamentares, contudo, analisaram o problema em seu cerne, como o próprio Nina Ribeiro e o senador Nelson Carneiro, líder da campanha divorcista, os deputados paulistas Herbert Levy (Arena) e Freitas Nobre (MDB), a deputada fluminense Lígia Lessa Bastos, única representante feminina no Congresso Nacional.

Portela teve de interromper a sessão do Congresso duas vezes, em consequência das manifestações das galerias, onde se encontravam mais de 1.500 pessoas. Na primeira vez, às 21h29, quando o deputado Amaral Neto (MDB-RJ) condenava o bispo dom Pedro Casaldáliga, de Goiás, e foi vaiado. Na segunda, quando o deputado Freitas Nobre (MDB-SP), às 21h40, denunciava prisões de estudantes e artistas em São Paulo e foi aplaudido.

Para contornar as dificuldades, o senador Portela, dirigindo-se à galeria, disse que o Congresso se sentia orgulhoso com a presença de cada um e de todos; contudo, o regimento impedia manifestações.

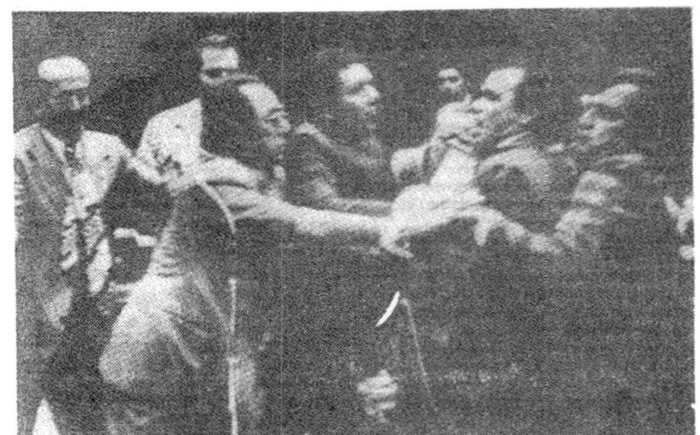

Os deputados Nina Ribeiro e o senador Benedito Ferreira brigam no plenário do Congresso, por causa do divórcio. (Telefoto FOLHA)

Na Espanha, o Centro à frente

Newton Carlos,
de Madri

Apesar dos técnicos do governo terem passado semanas aprendendo e treinando como manipular votos e computadores, a apuração das eleições de ontem na Espanha processava-se com extrema lentidão. Às 3h de hoje, só se conhecia 1 por cento dos resultados Alguns observadores e políticos arriscaram que o próprio governo estava retardando a contagem dos votos com o fim de evitar manifestações de rua, que degenerassem em conflitos graves, como a polícia tratou de impedir em Barcelona.

Além disso, os socialistas, dispondo de contagem paralela, contestavam os parcos resultados oficiais, enquanto no luxuoso hotel Eurobuilding, QG da União do Centro Democrático de Adolfo Suárez, o candidato a senador Nemesio Fernandez Cuesta anunciava, como porta-voz da coligação, que esta obterá 36% dos votos e o PSOE entre 27 e 29%. Também disse que, por enquanto, nada de pensar em coalizões, mas "o pragmatismo terá de impor-se em benefício do país". O mesmo que dizer que as portas estarão abertas para coalizões.

Na sede do PC, Santiago Carrillo declarava à meia-noite que os comunistas estavam satisfeitos, apesar da escassez de resultados. Já na Aliança Popular, do ex-ministro Fraga Iribarne e seus franquistas "históricos", o clima era de derrota. Daí a declaração de Fraga de que "essas eleições são apenas o começo". Não tinha mais nada para dizer.

Como detalhe, vale destacar que o ministro da Defesa, general Gutierrez Mellado, um dos responsáveis pelo comportamento militar nesse "processo", foi incluído entre os 41 senadores nomeados pelo rei.

Mais notícias e comentários na pág. 10.

Primeiros resultados
(apurados 13,46 % dos votos)

Partidos	%
União do Centro Democrático	45,45
Partido Socialista Operário	24.22
Aliança Popular	9,05
Partido Comuista	5,46

"Folha" ultrapassa 300 mil exemplares

Por pressão da maioria das 5.800 bancas distribuidoras de jornais e revistas que formam a rede de pontos de venda da **Folha de S. Paulo** na Capital e no Interior, este jornal passará a circular com mais de 300 mil exemplares no próximo domingo, 19 de junho.

Será o primeiro matutino brasileiro, em dia de rotina, sem cobertura de qualquer evento excepcional, a alcançar a tiragem diária de mais de 300 mil exemplares — o que corresponde a um público leitor de aproximadamente 1 milhão de pessoas.

A conquista desse recorde, resposta da empresa às exigências do mercado — em centenas de bancas da Capital e do Interior a cota frequentemente se esgota antes das 10 horas da manhã — traduz o elevado padrão jornalístico alcançado pela **Folha de S. Paulo**.

Bolsas e Open

Os pregões das principais bolsas de valores do País estiveram em baixa durante quase todo o seu transcorrer, para recuperar-se no final. Em São Paulo, o índice Bovespa fechou com alta de 0.1% e no Rio o IBV registrou elevação de 0,6%, enquanto que, na média, a desvalorização era de 1,5%. Atribuiu-se essa alta no final do expediente à entrada de recursos oficiais. No open, o dinheiro custou em média 2,9% e a liquidez bancária esteve tranquila a 1,3% ao mês.

Nublado

Tempo bom em princípio, com nebulosidade em aumento e possíveis chuvas no decorrer do dia. A temperatura estará em declínio. Ontem, na capital, a máxima foi 25,7 graus e a mínima 13,6, segundo o Departamento Nacional de Meteorologia.

Na coluna "AGENDA", pág. 30, a previsão para a Grande São Paulo, litoral, interior e várias regiões do País.

A dura crítica de Silveira na OEA

Num dos discursos mais duros e enfáticos já ouvidos numa Assembléia Geral da Organização dos Estados Americanos, o chanceler Azeredo da Silveira criticou ontem, veementemente, em St. George's, Granada, "a politização e o tratamento sensacionalista da questão dos direitos humanos". Condenando o enfoque "estridente, politizado e inquisitorial" com que a OEA aborda o tema, Azeredo afirmou que "nenhum país, individualmente ou em conjunto com outros países, pode arvorar-se em juiz de outros em uma questão tão íntima da vida das nações quanto à do respeito aos direitos humanos".

O ministro falou durante uma reunião a portas fechadas da 7.ª Assembléia Geral da OEA e defendeu "os direitos elementares que devem ser socorridos na maioria das sociedades do Continente", citando entre eles "os direitos do homem em alimentar-se, vestir-se, educar-se, trabalhar, viver sem o estigma dos preconceitos raciais e praticar com liberdade sua religião".

Lamentou ainda o clima das discussões do organismo, assinalando que "frequentes são as recriminações, abundantes as revelações de nossos debates, teoricamente privados"

BB explica as restrições ao crédito rural

O Banco do Brasil distribuiu nota ontem esclarecendo as medidas que visam "conter a expansão do crédito, sem prejudicar o processo produtivo do País". Além da suspensão das operações de desconto de notas promissórias, o congelamento dos limites de créditos rotativos e fixos de duplicatas e a não elevação dos limites cadastrais, será restringido o crédito para aquisição de tratores e implementos agrícolas.

Para áreas tradicionalmente exploradas, o financiamento poderá descer de 90% para 60% do valor do bem a ser adquirido.

PAG. 25

Os preços dos carros serão liberados hoje

A liberação dos preços dos automóveis será legalizada hoje no Rio com a assinatura de acordos individuais entre o Conselho Interministerial de Preços e a indústria automobilística e de autopeças. Nos protocolos a serem firmados, as montadoras e as fábricas de peças deverão se responsabilizar pelo envio ao CIP, regularmente, de seus balanços e informações sobre os custos.

A cerimônia será realizada no gabinete do secretário-geral do CIP, Paulo Roberto Campos Lemos. O órgão informou ainda que não existe no momento nenhum estudo concluído sobre a liberação de preços em outras áreas.

"Radicalismo na Arena pode sustar diálogo"

"O próprio presidente da República reconhece haver mais malefícios na radicalização da Arena que na do MDB", disse ontem em Brasília um dirigente do partido do Governo, interpretando o pensamento de outros líderes que consideram indispensável neutralizar os radicais da Arena para assegurar o prosseguimento do diálogo com a Oposição.

O informante ressaltou que a disposição do presidente Geisel de conduzir o País à plenitude democrática não sofreu nenhum abalo em face dos últimos acontecimentos.

Paulistas, mais um duro teste para a Seleção

O clima para o jogo de hoje à noite no Morumbi, entre as seleções Brasileira e Paulista, é totalmente desfavorável ao time de Cláudio Coutinho. Isto ficou demonstrado já no desembarque dos jogadores ontem de manhã em Congonhas, quando os poucos torcedores que compareceram chegaram a ensaiar algumas vaias.

Para um jogo onde o técnico da Seleção Brasileira tentará provar suas teorias e a torcida demonstrará sua revolta contra as injustiças, a Federação Paulista prometeu prêmio de 5 mil cruzeiros a cada jogador. Ambas as equipes estão escaladas.

Editor Responsável: Boris Casoy

FOLHA DE S. PAULO

Ano LVI — N.o 17.705 • Um jornal a serviço do Brasil • São Paulo, sexta-feira, 23 de setembro de 1977 • Al. Barão de Limeira, 425 • Cr$ 4,00

Às 21h50, a Polícia dissolve manifestação de estudantes

Presos 1.000 na PUC

O secretário da Segurança Pública, coronel Antônio Erasmo Dias, comandou pessoalmente a operação policial que interrompeu o ato público que se realizava ontem à noite defronte à PUC, prendendo todos os manifestantes, estimados em mais de mil pessoas. Todos os detidos foram transportados em 20 ônibus da CMTC para o Batalhão Tobias Aguiar, da Polícia Militar, na avenida Tiradentes.

"O ato público está proibido", disse o secretário. "Comícios, passeatas e qualquer tipo de ato público estão proibidos. Todos serão presos e enquadrados na Lei de Segurança Nacional. Não aceitaremos desafio. Onde é que nós estamos?"

Os manifestantes pretendiam festejar a reorganização da União Nacional dos Estudantes e criticar a ação policial que impediu a realização do III Encontro Nacional dos Estudantes, quarta-feira, na USP. As 21h50 de ontem, vinte minutos depois do início do ato, os estudantes liam a ata do III Encontro quando agentes do Deops e do batalhão de choque, que assistiam tudo à distância, impediram o prosseguimento da manifestação.

Cassetetes, bombas de gás lacrimogêneo e de efeito moral foram empregados pelos policiais. Os estudantes correram para os três prédios da PUC, de onde foram desalojados pela Polícia, que posteriormente liberou professores e funcionários.

Em fila indiana e de mãos dadas, os detidos foram conduzidos ao estacionamento defronte à PUC, onde permaneceram sentados. O vice-reitor, Edênio Vale, disse que "vários alunos estavam assistindo aula. Como é que vocês querem que eu me sinta com a Polícia invadindo assim o campus? Como é que pode?"

O vice-reitor foi procurado pelo delegado Romeu Tuma, do Deops, que o convidou para uma conversa com o secretário da Segurança. O coronel Erasmo informou então que os nomes dos detidos de ontem serão checados com as três listas de estudantes presos em manifestações anteriores.

Às 22h40, o secretário se dirigiu aos detidos no estacionamento, utilizando um megafone:

"Vamos proceder a uma triagem. Os que são da USP, estão presos. Os professores e os que não são estudantes serão liberados agora. Os estudantes da PUC que não tiverem antecedentes também estão liberados. Os demais ficarão presos."

A estudante Jurema Cursino Troiani Stuppi, da Faculdade de Ciências Sociais da USP, sofreu uma queimadura na mão e ferimentos nas pernas, devido à explosão de uma bomba de gás lacrimogêneo, e foi conduzida a um Pronto Socorro, juntamente com outras duas, Tereza Borcese e Bete, que desmaiaram durante a ação policial.

"Vou mandar invadir a gráfica", disse o secretário ao vice-reitor.

"Para que isso? O sr. já acabou com tudo", respondeu a própria reitora, Nadir Kfouri, que não assistiu ao início dos acontecimentos.

"Vou mandar invadir a gráfica", repetiu o secretário.

E ordenou a invasão, concordando antes que um membro da PUC assistisse, como pediu um professor, "para ver o que vai acontecer".

Os ônibus que conduziram os presos não entraram na sede do batalhão. Estacionados defronte, tiveram as portas abertas um de cada vez, com os estudantes saindo em fila indiana e entrando no "Tobias Aguiar".

Policiais mantêm guarda a um grande número de estudantes, no estacionamento junto à PUC, na rua Monte Alegre. Os estudantes foram depois transportados para o quartel do Batalhão Tobias de Aguiar.

Egídio comenta sua sucessão e fornece nomes

"Reitero que não tenho candidato, uma vez que pretendo ouvir a base e a cúpula do partido e todos aqueles que participam da vida do Estado para depois lançar ou anunciar um nome", disse ontem o governador Paulo Egídio, referindo-se à sua sucessão, durante a inauguração do conjunto habitacional da Cecap, em Guarulhos.

O chefe do Executivo paulista afirmou que pretende ouvir também sindicatos de trabalhadores a fim de ter uma visão completa dos nomes que poderão emergir para a sucessão estadual. Frisou que até janeiro terá elementos para anunciar o seu sucessor. "No entanto — disse — aqueles que tiverem aspirações ao governo do Estado, podem continuar fazendo campanha, pois isso somente fará dinamizar a política."

Em relação à candidatura do prefeito Olavo Setúbal, Egídio declarou que "se Setúbal fosse o nome mais forte, não haveria razão de se aventar nomes para me substituir"

Disse ainda que deu sinal verde a seu Secretariado para que discuta a sucessão.

"Eu cuido da coordenação e não do comando, pois a Arena, como todo partido político, é livre para a escolha." Enfatizou que os nomes são muitos "e todos são capazes", citando nominalmente o ministro Shigeaki Ueki, o ex-governador Laudo Natel, os secretários Murilo Macedo, Ademar de Barros Filho, Tomás Magalhães e Rafael Baldacci e o assessor de Comunicações, Jorge Ferreira.

REUNIÃO

Os participantes da equipe do governador Paulo Egídio reuniram-se ontem à noite, na residência do sr. José Bonifácio Coutinho Nogueira (secretário da Educação), para dar continuidade ao que vem sendo chamado de um "esquema de sustentação ao governador" que facilite a Paulo Egídio a indicação de seu sucessor.

Até o começo da madrugada de hoje prosseguia a reunião.

Em cerimônia especial a ser marcada para os próximos dias, o governador Paulo Egídio sancionará, em São José dos Campos, o projeto de lei 288/77, aprovado pela Assembléia Legislativa — e de iniciativa desta — que confere autonomia àquele Município, retirando-lhe a condição de estância hidromineral.

Na ANDE, em Assunção, o chefe da delegação brasileira à reunião tripartite, Mauro Moreira (primeiro à esquerda), ladeado pelo engenheiro John Cotrim. A seguir, membros da delegação argentina, presidida por Artur Osório Araña, no centro da mesa.

Alvaro Costa — Telefoto Folha

"Itaipu é mais real do que Corpus"

Do enviado especial

Ao discursar durante a solenidade de abertura das conversações trilaterais sobre o aproveitamento hidrelétrico do rio Paraná, o chanceler paraguaio Alberto Nogues afirmou, ontem em Assunção, que "Itaipu é uma obra em plena execução", enquanto que "Corpus (a usina paraguaio-argentina) pode transformar-se numa realidade"

A afirmação foi interpretada nos círculos diplomáticos da capital paraguaia como "francamente favorável ao Brasil". Representantes brasileiros às conversações não quiseram, no entanto, comentar o teor do discurso do chanceler paraguaio. O primeiro dia de discussões foi de exposições das teses de cada país, e os pontos em debate foram considerados satisfatórios pelas três partes. Em face disso, é provável que o encontro se encerre ainda hoje. PÁG. 6

Gripe leva Geisel a recolher-se

Da Sucursal de Brasília

O presidente Ernesto Geisel cancelou suas audiências de ontem (ministros Dirceu Nogueira, dos Transportes, e Shigeaki Ueki, das Minas e Energia) por encontrar-se enfermo, segundo o porta-voz do Palácio do Planalto, coronel Toledo Camargo.

"O presidente — disse Camargo — desmarcou as audiências de manhã (não estava prevista sua ida ao Palácio do Planalto à tarde) por estar gripado." Geisel estaria descansando no Palácio da Alvorada, para que não necessite cancelar sua viagem, hoje, ao Paraná e Santa Catarina.

"Ele espera — acrescentou o porta-voz — que não haja motivo para cancelar esta viagem."

O chefe do Governo encontra-se no Alvorada desde quarta-feira à tarde, quando transferiu uma audiência com o ministro Calmon de Sá, da Indústria e Comércio, do gabinete presidencial para sua residência. Calmon, segundo informações da Presidência, não compareceu, preferindo enviar-lhe apenas alguns relatórios dos assuntos que seriam tratados.

A viagem ao Paraná (apenas uma escala em Foz do Iguaçu) e a Concórdia, em Santa Catarina, deverá ser confirmada ou cancelada somente hoje, dependendo do estado de saúde do chefe da Nação.

Bert Lance sorridente ao deixar ontem o seu posto na administração federal de Carter e, por conseguinte, abandonando Washington. UPI

Israel mantém ofensiva no sul do Líbano

As tropas israelenses prosseguiram ontem seu avanço no Sul do Líbano e já se encontram apenas a 12 quilômetros das colunas de soldados sírios, estacionadas na região, aumentando perigosamente as possibilidades de ocorrer nos próximos dias um confronto entre as forças dos dois países.

As tropas de Israel, que invadiram o Sul do Líbano no início da semana para ajudar as forças cristãs na luta contra os palestinos, ocuparam na madrugada de ontem mais um povoado libanês, mantendo sob seu controle quatro aldeias em território do Líbano. PÁG. 11

Formosa na expectativa de seu destino

Os governantes, políticos e homens de negócios de Formosa estão apreensivos e nervosos, esperando que Estados Unidos e China retomem as conversações iniciadas com a visita do secretário de Estado Cyrus Vance a Pequim, o mês passado, informa nosso correspondente Osvaldo Peralva, que visita a ilha.

Os altos funcionários de Formosa demonstram que se sentem traídos e abandonados pelos Estados Unidos, cujas forças na ilha diminuíram de 9 mil homens, em 1972, para 1.300 atualmente. PÁG. 9

Bolsas e Open

Os novos dados revelados pelo ministro Shigeaki Ueki, das Minas e Energia, sobre o petróleo da Foz do Amazonas, fizeram com que as principais Bolsas do país voltassem a registrar volume e índices récordes no ano. Mais de 42 milhões de ações da Petrobrás foram negociadas em São Paulo e Rio e o mercado aguarda com muita expectativa outras revelações sobre o potencial petrolífero do país. A liquidez continua apertada no Open, onde o dinheiro custou, em média, 6,3% ao mês. As Letras do Tesouro estão oferecendo uma rentabilidade menor.

O tempo melhora

Tempo bom, com nebulosidade variável na maior parte do período, hoje, em São Paulo. Ocasionais pancadas passageiras de chuva poderão ocorrer, à tarde e à noite, em pontos isolados. A temperatura estará em elevação. Ontem, na Capital, máxima de 26 e mínima de 16 graus.

Na coluna "AGENDA", pág. 28, a previsão para a Grande São Paulo, Litoral, Interior e várias regiões do País, e as tendências do tempo para este fim de semana.

A PRIMAVERA CHEGOU

Talvez o paulistano não a perceba, ou apenas dela tome conhecimento ao consultar o calendário. As razões variam, mas apesar delas, mais uma vez chegou a primavera. Segundo os meteorologistas, a estação que se iniciou hoje, às 0h30, será ainda mais quente do que o inverno que acaba de findar.

Ponte Preta já antevê o título

Sensação do turno final do Campeonato Paulista, a Ponte Preta trabalha para manter o ritmo de vitórias até a conquista do título e para evitar a repetição dos problemas de 1970, quando podia ser campeã e ficou vice. O técnico Zé Duarte diz que o próprio clima de decisão neste terceiro turno dá aos jogadores a experiência necessária para a grande final, enquanto os resultados vão mostrando que força individual não falta. Afinal, o time vem de uma invencibilidade de 14 jogos e cinco vitórias seguidas numa fase de clássicos.

PÁG. 32

FOLHA DE S. PAULO

Editor Responsável: Boris Casoy · Ano LVI — N.o 17.725 · • Um jornal a serviço do Brasil • · São Paulo, quinta-feira, 13 de outubro de 1977 · • Al. Barão de Limeira, 425 • Cr$ 4,00

Em "decisão pessoal", executada em 7 horas, Geisel substitui o ministro do Exército

Frota exonerado; Bethlem assume

O ex-ministro dá sua versão do rompimento

O general Silvio Frota, momentos depois de ter sido exonerado, fez divulgar uma longa nota — cuja integra publicamos na página 5 — em que faz uma "legitima tomada de contas" de sua gestão de três anos e meio frente ao Ministério do Exército.

Frota evoca, a certa altura, "como nasceram as primeiras divergências com o presidente da República; como cresceram, embora em ritmo lento, e se transformaram, finalmente, em velada incompatibilidade".

O ex-ministro do Exército enumera alguns eventos, "sem obediência cronológica", como evidência de que se tornavam patentes, recentemente, "a deformação e o abandono dos objetivos da Revolução":

1) Estabelecimento de relações com a República Popular da China;

2) Abstenção no voto sobre o retorno de Cuba à OEA;

3) Reconhecimento do governo de Angola;

4) Voto anti-sionista na ONU;

5) Reuniões de politicos brasileiros, em Paris, para fundar um partido socialista;

6) Investidas contra a estrutura da segurança nacional;

7) Tentativa de incompatibilizar as Forças Armadas com a opinião pública;

8) Complacência com a infiltração comunista e a propaganda esquerdista;

9) Existência de um processo de dominio, pelo Estado, da economia nacional;

10) Ausência de resposta às acusações de irregularidades e corrupção na máquina do Estado.

Frota adverte, em longo trecho, sobre o perigo representado pela crescente estatização da economia e afirma: "Já implantaram o capitalismo de Estado que é o tirano da economia; a continuarmos assim, virá mais breve do que muitos esperam, o comunismo — o tirano das liberdades."

Hora a hora

Eis a cronologia dos fatos de ontem:

8 h — Chegam ao Planalto os ministros Golberi do Couto e Silva, da Casa Civil, Hugo Abreu, da Casa Militar, e o chefe do SNI, João Batista Figueiredo.

8h30 — O presidente Geisel chega ao Palácio e reúne os três ministros. É chamado à Presidência o general Silvio Frota, ministro do Exército.

9h — O ministro Silvio Frota entra no gabinete presidencial.

9h10 — O ministro Silvio Frota sai do gabinete de Geisel.

9h15 — O ministro Armando Falcão entra no gabinete presidencial. Neste intervalo a imprensa começa a ser convocada para receber a nota presidencial.

11h30 — O ministro Silvio Frota apresenta sua declaração.

11h38 — Desembarca na Base Aérea de Brasilia o comandante do III Exército, general Francisco Belfort Bethlem.

12h10 — O general Bethlem chega ao Palácio do Planalto.

12h30 — O general Hugo Abreu lê nota de exoneração do general Silvio Frota e nomeação do general Fernando Belfort Bethlem para substitui-lo no Ministério do Exército.

13h30 — O general Dilermando Gomes Monteiro e o general Arnaldo Luis Calderari desembarcam no aeroporto de Brasilia.

14h — Os dois generais chegam ao Palácio.

14h25 — Desembarca no aeroporto de Brasilia o general José Pinto Rabelo, comandante do I Exército.

15h — Começam a chegar os ministros de Estado para a solenidade de posse do novo ministro do Exército.

16h — Solenidade de posse do novo ministro.

18h30 — Transmissão do cargo.

O presidente Geisel assina, no Palácio do Planalto, a nomeação do general Fernando Bethlem (a seu lado) para o Ministério do Exército, enquanto observam a cerimônia o vice-presidente, general Adalberto Pereira dos Santos (ao centro, de braços cruzados), o senador Portela e o deputado Marco Maciel, presidentes do Senado e da Câmara, e o ministro Thompson Flores, presidente do Supremo Tribunal Federal. Ao fundo, oficiais superiores do Exército.

Às pressas, um funcionário cruza um corredor do Ministério do Exército, levando a farda do novo ministro, para ser usada na cerimônia de transmissão do cargo. A posse foi às 16 horas e a transmissão, às 18h30.

Telefotos "Folha"

O novo ministro do Exército, general Fernando Bethlem, recebe, em rápida cerimônia no prédio do Ministério, às 18h30, o cargo das mãos do seu antecessor, o general Silvio Frota (à direita). Numerosos generais assistiram ao ato, ao qual a imprensa não teve acesso. A fotografia é do Serviço de Imprensa do Ministério do Exército. (Ao fundo, da esq., os generais Argus Lima, José Pinto de Araújo Rabelo e Arnaldo Calderari.)

Foi empossado ontem à tarde, no Palácio do Planalto, no cargo de ministro do Exército, o general Fernando Belfort Bethlem, de 63 anos, comandante do III Exército, em substituição ao general Silvio Frota, exonerado pelo presidente Geisel.

A cerimônia foi rápida e simples, tendo usado da palavra apenas o presidente Geisel e o novo ministro.

Além de ministros e representantes do Legislativo e do Judiciário, estava presente todo o Alto Comando do Exército.

O general Silvio Frota é o segundo ministro que deixa o cargo no atual governo. O primeiro foi o ministro da Indústria e do Comércio, Severo Gomes, que se demitiu a 8 de fevereiro deste ano.

Nota oficial distribuida pelo Palácio do Planalto, e lida às 12h50 pelo chefe da Casa Militar da Presidência da República, general Hugo Abreu, afirma que a exoneração do ministro Frota foi "uma decisão de caráter pessoal" do chefe da Nação, "sem qualquer vinculação com o problema politico da sucessão presidencial". Diz ainda, que "no sentido de evitar exploração e mal-entendidos, o presidente da República manda reafirmar a informação, já fornecida mais de uma vez, de que nunca autorizou qualquer gestão focalizando nomes de futuros candidatos. Considera as especulações que se fazem sobre o assunto prejudiciais aos interesses do País, pretendendo tratar do problema somente a partir de janeiro de 1978"

"Para a união"

Eis a integra do pronunciamento, de improviso, feito pelo presidente Geisel na cerimônia de posse do general Bethlem:

"Como já se tornou público, pelo ato que assinei hoje, exonerei o exmo. sr. general Silvio Frota, do cargo de ministro do Exército, e convidei para o cargo o general Fernando Bethlem, comandante do III Exército, que aceitou essa incumbência. Em consequência convidei os senhores para assistirem sua posse no cargo para o qual foi nomeado.

"Desejo nesta oportunidade transmitir os meus votos de felicidade pessoal e o desejo de que cumpra a sua missão para o bem e união do Exército, trabalhando com eficiência para o bem dessa importante instituição do País que, junto com a Aeronáutica e a Marinha, tem o pesado encargo de assegurar a nossa sobrevivência como nação no mundo internacional e assegurar a ordem e a estabilidade dentro do País.

"Estou certo que o general Bethlem, pela sua longa carreira militar, pela sua tradição, pelo trabalho que produziu, está à altura deste cargo. Nesta oportunidade, desejo, ao mesmo tempo que lhe agradeço ter aceito meu convite, formular-lhe votos de pleno êxito na sua missão."

Bethlem

Também em breves palavras o general Bethlem agradeceu ao presidente da República sua nomeação, afirmando que iria colocar no novo cargo toda a experiência de seus quase 50 anos de serviço no Exército.

"Enérgico nas suas atitudes, sereno nos seus julgamentos e persistente na consecução dos seus objetivos", assim o general-de-Exército Fernando Belfort Bethlem foi definido pelo então ministro Silvio Frota, quando assumiu o comando do III Exército, em agosto de 1976. Carioca de 63 anos, casado com dona Cléia, tem três filhos e nove netos, o novo ministro fez vários pronunciamentos contra o comunismo e se diz partidário de uma "democracia com responsabilidade, sem abusos"

Surpresa e calma

A exoneração do titular da pasta do Exército apanhou de surpresa os meios politicos de Brasilia e de toda a Nação. Grande número de deputados e senadores acorreu às redações de jornais em Brasília (o Congresso ontem não funcionou por ser feriado na Capital da República, dia da padroeira da cidade, Nossa Senhora Aparecida), em busca de detalhes do episódio. "É uma bomba", disse o vice-lider da Arena, Herbert Levy.

Devido ao feriado local, a "Hora do Brasil" não foi ao ar ontem.

A demissão do ministro Frota não provocou nenhuma alteração na vida da Capital Federal. Todas as solenidades de comemoração do Dia da Criança foram mantidas e milhares de pessoas assistiam a um espetáculo no "Ginásio Presidente Médici" no momento em que o general Bethlem tomava posse no Planalto. Na Esplanada dos Ministérios, o movimento era o de um feriado típico, com alguns casais fazendo piqueniques.

Linhares renuncia

O deputado Marcelo Linhares, vice-líder do Governo na Câmara, renunciou ontem a seu posto, encaminhando carta ao líder José Bonifácio, mas sem mencionar motivos.

Linhares provocara grande tensão na semana passada, ao atribuir à cúpula da Arena o propósito de pulverizar o poder de decisão do Sistema e subverter princípios hierárquicos na condução do processo sucessório.

Amplo noticiário nas págs. 4 a 9 e análises na Página Dois.

Vasp: conta aprovada

O Tribunal de Contas do Estado aprovou ontem, por 3 votos a favor e 2 contra, as contas da Vasp relativas a 1975. O conselheiro Orlando Zancaner, que votou contra, disse que a empresa não forneceu todos os dados solicitados, tendo inclusive "obstaculizado" os trabalhos dos auditores. PÁG. 25

Bolsas e open

As Bolsas refletiram a inesperada exoneração do ministro do Exército. Até às 12 horas a tendência era de alta, com ofertas firmes de compradores, depois o mercado passou a vendedor. O índice Bovespa mostrou alta de 0,1% no fechamento, enquanto o índice do Rio registrou na média valorização de 0,7% e redução de 0,2% no fechamento. No **open market**, liquidez excepcional, com taxa média de 2,2% para o **overnight**.

Nublado

Tempo nublado hoje em São Paulo, sujeito a instabilidades, com períodos de melhoria. A temperatura permanecerá estável. Ontem, na capital, a máxima foi 23,3 graus e a mínima 16,2.

Na coluna "AGENDA", pág. 14, a previsão para a Grande São Paulo, litoral, interior do Estado e várias regiões do País.

À noite, a última oportunidade

Corintians e Ponte Preta decidem hoje à noite, no Morumbi, o titulo de campeão paulista de futebol de 1977, diante de enorme expectativa, aguardando-se a afluência de grande público ao estádio, apesar da transmissão direta pela televisão.

Em caso de empate no tempo regulamentar, será disputada uma prorrogação de 30 minutos (15x15). Persistindo o empate o Corintians será proclamado campeão, porque tem 26 vitórias contra 23 da Ponte Preta.

A presença de Palhinha ainda não está assegurada, havendo porém uma leve esperança. Se ele não jogar, Basílio ocupará a posição.

A Ponte despistou ontem toda a imprensa, concentrando seus jogadores numa colônia de férias nas proximidades de Valinhos. Somente no início da noite é que eles foram descobertos.

Seleção vence

Perante um público de apenas 18.164 pessoas (renda de Cr$ 652.915,00), a Seleção brasileira venceu o Milan, da Itália, ontem à noite, no Maracanã, por 3 a 0. Gols de Rivelino, Zico e Serginho.

ESPORTES

Na véspera do grande jogo, o arqueiro Carlos, da Ponte Preta, que terá a responsabilidade de defender as bolas do ataque do Corintians, e especialmente do agressivo Vaguinho.

SEGUNDO CLICHÊ

Editor Responsável: Boris Casoy ★ São Paulo, quarta-feira, 5 de abril de 1978 ★ Um jornal a serviço do Brasil ★ Ano LVII ★ N.º 17.899 ★ Al. Barão de Limeira, 425 ★ Cr$ 5,00

FOLHA DE S.PAULO ★

Por 95 minutos, o futuro Presidente discute os importantes temas da política nacional

Exclusivo: fala Figueiredo

GETULIO BITTENCOURT E HAROLDO CERQUEIRA LIMA

"O liberalismo morreu mesmo".

"O Estado precisa defender-se contra os extremistas que desejam destruí-lo para implantar idéias que o totalitarismo consagra."

"O princípio básico de democracia é que todo o poder emana do povo."

O próximo presidente da República, general João Batista Figueiredo, anunciou ontem o que entende por regime democrático, em 95 minutos de conversa com dois repórteres da "Folha". É um regime onde "todo o poder emana do povo" e que estabelece a "independência entre os poderes". É também um regime onde o poder moderador é exercido pelo Judiciário.

Ele considera que a eleição presidencial no Brasil deve ser indireta, no estilo da eleição presidencial dos Estados Unidos, e defende a eleição direta dos governadores já a partir de 1982.

Eram 16h40 quando a porta de seu gabinete no quarto andar do Palácio do Planalto foi aberta.

"O general os espera. Mas, por favor, sejam breves, pois a agenda dele está carregada. Procurem não ultrapassar o limite de vinte minutos" — pede o ajudante de ordens, capitão Marcon.

De pé, terno cinza claro, cigarro na mão, óculos claros, o olho direito um pouco irritado, o general cumprimenta os repórteres, afável, e pede ao oficial que providencie café. Ato contínuo, indica um sofá grande para os interlocutores e senta-se numa poltrona.

Quem se encarrega de "quebrar o gelo" é o fotógrafo Roberto Stuckert:

"General, ele (aponta um dos repórteres) é o campeão de sinuca no clube. O senhor aceita um desafio?"

"Só se ele me der 50 pontos. Ando meio fora de forma. Não chego a jogar uma partida por mês..."

Logo começam as perguntas políticas. O general responde sem hesitação. As vezes, diante da agressividade maior do questionamento, dá a impressão de que vai explodir e expulsar os repórteres do gabinete. Mas não perde a calma, apesar do rosto vermelho trair a irritação. O primeiro café, o primeiro cigarro filado, descarregam o ambiente.

"General, nós viemos aqui com as piores intenções...", confessam os repórteres no final.

"Eu percebi, eu percebi. Vocês pareciam da quinta-coluna", respondeu bem-humorado.

Nesta edição estão algumas idéias do general Figueiredo sobre democracia, política, direitos humanos. Suas idéias sobre economia serão publicadas na edição de amanhã. PÁGs. 4 e 5

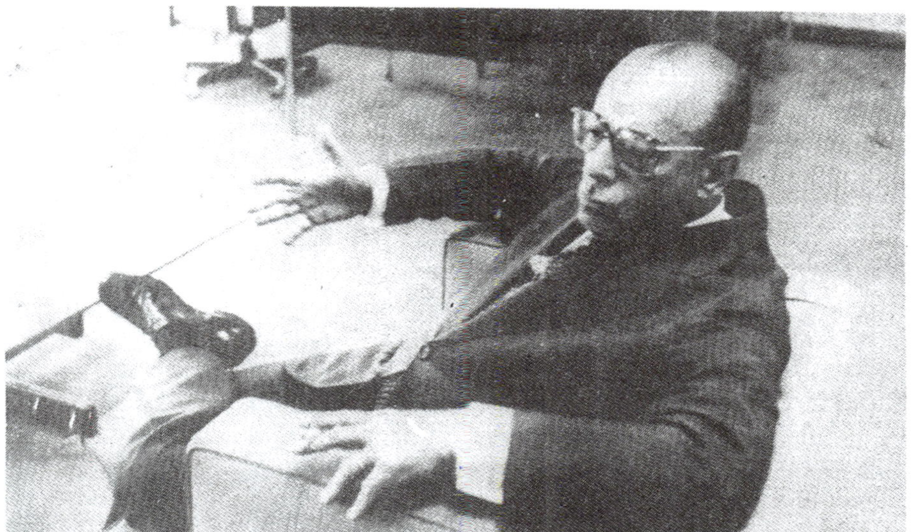

O general João Batista Figueiredo, ao conceder ontem, em seu gabinete no Palácio do Planalto, uma longa entrevista a dois jornalistas da "Folha".

DEMOCRACIA	NOVEMBRO	OPINIÃO PÚBLICA
"Eu não gostaria de dizer democracia relativa, mas o fato é que democracia plena não existe."	"Vencer do, o MDB não vai querer ceder nada e o que eu digo é que todos precisam ceder um pouco."	"A opinião pública não existe, vocês (os jornalistas) é que a formam. Se vocês quiserem, vocês mudam a opinião pública."
ELEIÇÃO PRESIDENCIAL	**SÃO PAULO**	**O FUTURO**
"A eleição para Presidente eu acho que deve ser indireta."	"Estou preocupado em selecionar alguém capaz de ajudar a Arena a vencer a eleição, ou de ajudar a Arena onde for possível."	(Pode ser que) "meu governo venha a ser politicamente fraco e militarmente fraco. Mas eu quero pagar para ver."
VOTO POPULAR	**ESQUADRÃO DA MORTE**	**BROSSARD**
"O eleitor brasileiro ainda não tem o nível do eleitor americano, do eleitor francês. O Getúlio não fez uma ditadura sanguinária e não acabou sendo eleito?"	"Vocês pensam que isso (acabar com o Esquadrão) é fácil? Dizer que o governo é responsável por essa situação é tão mentiroso como me atribuir a condição de torturador, como fizeram certas publicações estrangeiras."	"O Brossard desconheceu a decisão da Justiça e mandou a Polícia invadir a Rádio Guaíba. Hoje, pede democracia plena."

Brossard desconfia do diálogo

"A despeito de tudo quanto houve em matéria de violência, arbítrio e prepotência, a Oposição está aberta à conversação política, porque coloca o Brasil acima do governo." Foi o que disse ontem o senador Paulo Brossard, em seu primeiro discurso como líder da bancada do MDB.

Brossard recordou, contudo, as promessas de liberalização do regime desde a posse do presidente Geisel até o "pacote de abril", para manifestar sua descrença na boa intenção do governo ao anunciar agora as reformas políticas. Recordou, a esse propósito, que a "Folha" publicou um esboço delas, com as devidas motivações. "Poderia dizer-se — comentou — que a emenda saiu pior que o soneto."

Sobre a recente mensagem presidencial ao Congresso, afirmou: "Numa linguagem áspera, rude, azeda, o grande pecador, longe de penitenciar-se do sumo delito, faz garbo do sacrifício cometido, e, como se tal não bastasse, não apenas faz o preconício do "pacote", como adianta que sob sua égide outras reformas virão."

A resposta a Brossard coube ao líder arenista Eurico Resende, que fez a apologia do diálogo conduzido pelo senador Petrônio Portela e disse que o MDB deveria extrair lições dos acontecimentos de abril de 77. PÁG. 6

Inflação em março foi 3,3 por cento

A inflação do mês de março foi de 3,3%, com uma redução de 0,1% em relação ao índice registrado em fevereiro. A informação foi divulgada ontem em Brasília pelo ministro da Fazenda, Mário Henrique Simonsen, acrescentando que o Índice de Preços por Atacado fechou em 3,4%, o custo de vida em 2,6% (em fevereiro, 3,6%) e o Índice de Construção Civil em 4,4% (em fevereiro, 1,9%).

A inflação é uma média ponderada desses três índices, em que o IPA tem peso 6, o custo de vida peso 3 e o ICC peso 1.

Com esses dados divulgados por Simonsen, a inflação acumulada nos três primeiros meses do ano é de 9,7%; o IPA ficou em 10,3%; o custo de vida em 8,5% e o ICC em 8,4%.

O grande aumento do Índice de Construção Civil no mês de março é conseqüência dos dissídios coletivos firmados no período.

Moro pede ao partido que o salve da morte

Mais uma carta atribuída ao ex-primeiro-ministro Aldo Moro foi divulgada ontem pelos terroristas das "Brigadas Vermelhas" que o seqüestraram. No documento, o dirigente democrata-cristão reitera sua convicção de que corre perigo de vida caso o governo italiano se recuse a qualquer negociação.

Aldo Moro diz na carta que pede a Deus que esclareça seus companheiros de partido para que tomem alguma atitude para salvá-lo.

A direção geral da Democracia Cristã, em reunião de emergência, decidiu que "a carta não pode, moralmente, ser atribuída a Moro" PÁG. 10

Na São João, altura do cine Olido, mais obras atrapalham o trânsito e a vida dos pedestres.

Às 16h15, com TV e todos enluvados

A Seleção Brasileira faz seu segundo jogo amistoso hoje, em Hamburgo, contra a Alemanha Ocidental, campeã do mundo, em partida que será televisionada diretamente para o Brasil a partir das 16h15 (hora de Brasília).

O técnico Cláudio Coutinho decidiu fazer duas alterações: Zé Maria e Gil substituirão Toninho e Tarciso. Depois garantiu que não pensa modificar a equipe, já que os dois reservas poderão dar novo ritmo à Seleção, que precisa "manter uma base" para disputar os próximos compromissos desta excursão.

O treinador e todos os membros da Comissão Técnica temem apenas a baixa temperatura, que poderá chegar a zero grau na hora do jogo (já será noite em Hamburgo). Por isso, os brasileiros jogarão com luvas, especialmente compradas na Europa, para não sofrerem problemas de musculatura com o frio.

O técnico alemão Helmut Schoen escalará sua melhor equipe, pois espera conseguir bom resultado neste amistoso para seus jogadores não perderem o ânimo. Ele acredita que encontrará dificuldades para vencer a Seleção Brasileira, mas também está confiante em que não será difícil dominar a habilidade do jogador brasileiro — que, afirmou ele, com base na partida de sábado, em Paris — "tem muita beleza, mas não marca gols". ESPORTES

Geisel cuidará pessoalmente do caso do café

Será o próprio presidente Geisel que encabeçará a reunião interministerial marcada para amanhã no Palácio do Planalto, para discutir as reivindicações dos cafeicultores paulistas. Três governadores também estarão presentes: os de São Paulo, Minas e Paraná.

O presidente do IBC, alvo principal das críticas dos cafeicultores, disse ontem no Rio que não foi convidado à reunião.

Em Brasília, o presidente da Copersucar, Wolney Atalla, defendeu ontem seu plano de plantio de 12,5 milhões de pés de café no Interior paulista como uma "questão de segurança nacional" PÁG. 21

Caucaia contestada

Os autores da ação popular contra a construção do aeroporto em Caucaia do Alto disseram ontem, ao juiz da 6.ª Vara da Fazenda Estadual, não ser verdade que a escolha daquele local "resultou de trabalhos altamente técnicos". Disseram os autores da ação popular que não é aceitável a explicação oficial de que não há "outro local adequado" para o futuro aeroporto paulistano. PÁG. 13

Bolsas

O mercado de ações apresentou-se ontem com pequena baixa de 0,3% na média dos preços das principais ações negociadas. Ainda repercute nas Bolsas a suspensão das negociações com papéis da Servix Engenharia.

Tempo bom

Tempo bom hoje em São Paulo, com pouca nebulosidade. A temperatura estará em ligeira elevação. Ontem, na capital, a máxima foi 25 graus e a mínima 14.

Na coluna "AGENDA", pág. 14

Setúbal terá de explicar a "nova" São Luís

A Câmara Municipal decidiu ontem, por unanimidade, pedir explicações ao prefeito Olavo Setúbal sobre o corte das árvores e a remoção dos canteiros centrais da av. São Luís, classificados pelos vereadores como um "ato de vandalismo" do Metrô. Além disso, será formada uma Comissão para investigar as obras que desfiguram a cidade.

A construção da estação República do Metrô provocará várias alterações no trânsito do centro, com reflexos na avenida São João, onde já se encontram em execução novas "ilhas".

Na pág. 12, apresentamos com exclusividade todas as alterações de tráfego previstas para os próximos três anos e meio.

Toninho, Gil, Tarciso e Zé Maria com Cláudio Coutinho. Dois que saem e dois que entram no jogo de hoje em Hamburgo.

BC já adiantou US$ 100 mi à Caixa Federal

O Banco Central adiantou em janeiro à Caixa Econômica Federal a quantia em cruzeiros equivalente aos 100 milhões de dólares do empréstimo negociado na Alemanha Ocidental.

A informação foi ontem divulgada pelo presidente do BC, Paulo Lira, que se recusou a falar sobre a destinação dos recursos, alegando que cabe à Caixa aplicá-los. Garantiu, porém, que a quantia não tinha sido destinada a repasses ao grupo Moreira de Sousa, que está construindo um "shopping center" no Rio.

Segundo Ariovisto Rego, presidente da CEF, o dinheiro procedente da Alemanha é destinado ao FAS. PÁG. 20

FOLHA DE S.PAULO

Editor Responsável: Boris Casoy • São Paulo, quarta-feira, 10 de maio de 1978 • Um jornal a serviço do Brasil • Ano LVII • N.º 17.934 • Al. Barão de Limeira, 425 • Cr$ 5,00

Choque profundo na Itália; protestos em todo o mundo

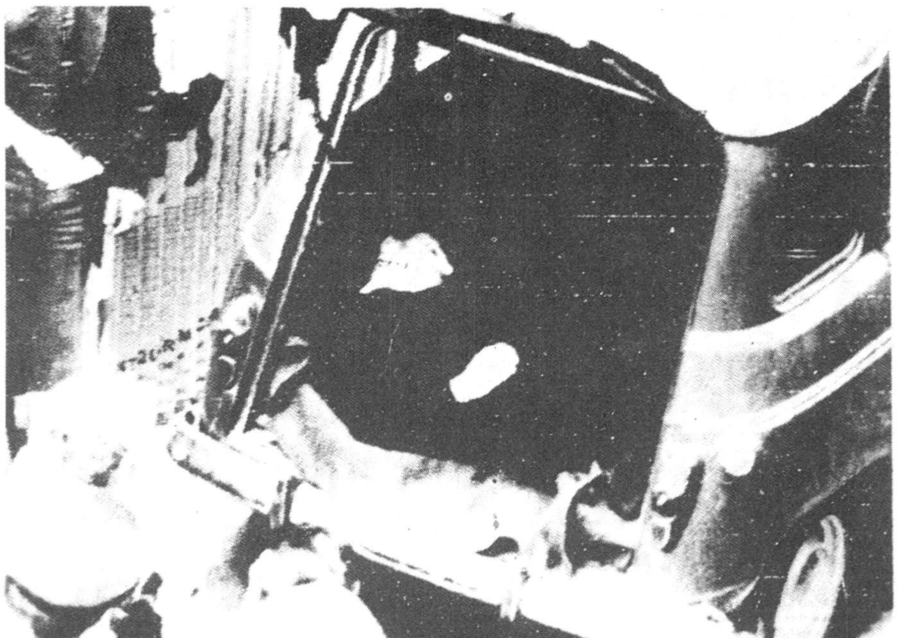

O corpo do ex-primeiro-ministro italiano Aldo Moro foi encontrado num carro Renault, numa rua do centro de Roma, perto das sedes da DC e do PCI. UPI

Com 11 tiros, o fim do drama de Aldo Moro

O corpo do ex-primeiro-ministro italiano Aldo Moro foi encontrado ontem, pouco antes das 14 horas, no assento traseiro de um automóvel Renault estacionado na rua Caetani, no centro de Roma, perto das sedes nacionais do Partido Comunista e da Democracia Cristã.

Apresentava onze ferimentos de bala, cinco deles no peito, encobertos por diversos lenços ensopados de sangue, sob a camisa branca e a jaqueta azul de Moro, que foram colocados depois da execução.

Os médicos legistas informaram, após os primeiros exames, que Moro estava morto há menos de 24 horas, tendo sua execução ocorrida provavelmente na madrugada de ontem.

O assassinato, segundo a polícia, deve ter ocorrido numa praia nas imediações de Roma, pois foram encontrados vestígios de areia na roupa do ex-premiê. Acrescentou que os lenços foram colocados após os disparos, para que não ficasse nenhuma pista de sangue nas ruas.

O rosto de Moro, com barba de vários dias, estava tranquilo, os olhos semifechados. A polícia encontrou o corpo após receber um telefonema anônimo, às primeiras horas da manhã.

O ministro do Interior, Francesco Cossiga, amigo pessoal de Moro, identificou formalmente o corpo ainda no assento do carro. Cossiga virou o rosto e chorou.

Reação mundial

Em todo o mundo, o assassinato de Aldo Moro foi condenado em termos veementes.

No Vaticano o papa Paulo VI, num breve e dramático comentário, disse que não tinha palavras adequadas para definir "o bárbaro assassínio".

Em Washington, o presidente Jimmy Carter definiu o crime como "um ato desprezível e covarde".

Em Moscou a agência Tass, num gesto insólito, difundiu rapidamente a notícia, prestando homenagem a Moro.

Em Brasília, o presidente Ernesto Geisel enviou telegrama de condolências ao governo italiano e à família de Moro.

Ler Editorial na Página Dois.

Milhares de manifestantes protestam contra a morte de Moro na famosa Piazza del Duomo em Milão. AP

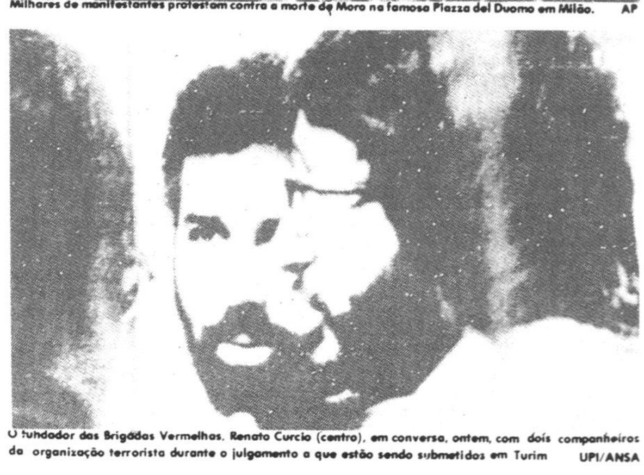

O fundador das Brigadas Vermelhas, Renato Curcio (centro), em conversa, ontem, com dois companheiros da organização terrorista durante o julgamento a que estão sendo submetidos em Turim UPI/ANSA

Ameaça dos EUA ao Brasil

Fred Bergstem

Um alto funcionário do governo dos Estados Unidos aconselhou ontem o Brasil a desistir de "sua política protecionista" no setor do comércio exterior, advertindo-o contra a possibilidade de "grandes prejuízos contra seus próprios interesses".

A advertência foi feita em Nova York por Fred Bergsten, subsecretário de Assuntos Internacionais do Departamento do Tesouro, durante almoço oferecido pela Câmara de Comércio Brasileiro-Americana.

O seu discurso foi lido por um auxiliar de Bergsten, Gary Hafbauer.

Bergsten queixou-se particularmente das barreiras aduaneiras "extraordinariamente altas" colocadas pelo Brasil às importações do resto do mundo, e dos vários incentivos que subsidiam as exportações brasileiras de sapatos e tecidos. Queixou-se também das restrições aos lucros das multinacionais.

Bergsten já é conhecido no Brasil, onde esteve em dezembro do ano passado. Em reuniões que manteve com os ministros Simonsen e Veloso, nessa ocasião, havia insistido em que o Brasil usasse "com moderação" os incentivos às exportações.

Ontem, em Nova York, ele disse que a questão dos incentivos brasileiros é "um problema que poderia se converter em importante ponto de conflitos nas relações comerciais" entre Brasil e EUA.

Acenou com a possibilidade de represálias, mencionando a "reação prejudicial que poderiam ter essas políticas brasileiras", no acesso dos produtos do Brasil aos mercados mundiais e também no acesso aos capitais privados internacionais.

"A política do Brasil também cria obstáculos ao desenvolvimento econômico de outros países", disse.

"Uma ameaça"

No Rio, ontem, o diretor da Cacex, Benedito Moreira, definiu o discurso de Bergsten como "uma ameaça".

Em Brasília, manteve contatos com os ministros Simonsen, Veloso e Azeredo, o chefe de uma delegação americana "no Subgrupo de Comércio Brasil—EUA", embaixador Alan Wolf. Wolf pediu às nossas autoridades que suspendam as restrições à importação de produtos industrializados. O seu tom foi considerado "duro e franco" em Brasília.

Reformas são levadas a Ulisses hoje

O senador Petrônio Portela deve apresentar hoje ao presidente nacional do MDB, deputado Ulisses Guimarães, o esboço das reformas polítidas que o Planalto pretende implantar.

Segundo uma fonte do governo, as salvaguardas de defesa do Estado que substituiriam o AI-5 não permitirão ao presidente da República, ou a qkulquer outro organismo, cassar mandatos, suspender direitos políticos e decretar o recesso compulsório do Congresso. As reformas preconizadas pelo Planalto prevêem a possibilidade de o presidente decretar o estado de emergência, com prazo máximo de 60 dias, durante o qual poderão ser suspensos mandatos parlamentares, com a formalização de denúncia ao STF, que julgará os casos.

Ulisses Guimarães evita comentar essas informações. "Isso não passa de um jogo de especulações," disse.

Sobre a tese da OAB de que as reformas devem ser precedidas da anistia, Ulisses afirmou que "esse é um assunto muito sério, que pertence ao partifo", não lhe cabendo opinar isoladamente. O senador Franco Montoro acha que essa já é a posição do MDB.

A discussão das reformas vem à tona em meio a novas dissidências na Arena (o deputado pernambucano Ricardo Fiuza pediu a redemocratização e o senador Otair Becker repudiou o processo sucessório em Santa Catarina) e em meio a rumPÁG. 5 que o nome do militar que seria apresentado ao MDB como candidato à Presidência da República já está praticamente definido.

Tempo bom

Tempo bom hoje em São Paulo, com nebulosidade variável. A temperatura estará em ligeira elevação.

Na coluna "AGENDA", pág. 18.

"Morte às Brigadas!"

J.B. Natali,

enviado especial

ROMA — A capital italiana era uma cidade-fantasma na noite da morte de Aldo Moro, encontrado num Renault 4-L bordô, placa 57686, de Roma, abandonado insolentemente pelas "Brigadas Vermelhas" a uns dois metros das câmaras do circuito fechado de televisão que vigiam quem entra na sede do Partido Comunista Italiano pela rua Michelangelo Caetani, e a uns 100 metros da sede da Democracia Cristã, na Piazza del Gesu.

Embora a greve geral decretada pelas confederações sindicais italianas houvesse terminado às 20h (17h em Brasília), os cinemas, teatros, bares, restaurantes e outros estabelecimentos de Roma continuaram fechados e ninguém andava pelas ruas.

•Quando por volta das 14h começou a ser noticiada a descoberta do cadáver do presidente da DC, Roma também mergulhou num pesado silêncio, só quebrado pelas transmissões de rádio e televisão. Mas em uma hora, milhares de pessoas já se concentravam na Piazza del Gesu, pedindo a morte de Renato Curcio, o fundador do grupo terrorista; na rua Caetani, onde a polícia cercou o Renault com um cordão de isolamento das tropas de choque, para conter a multidão chorosa; diante da casa de Moro e no local onde a 16 de março ele foi sequestrado pelos "brigatisti".

As manifestações, espontâneas ou convocadas pelas camionetas dos partidos munidas de alto-falantes que percorriam as ruas, foram enormes: 35 mil pessoas chegaram a se reunir diante do Coliseu, em Roma; em Milão, 70 mil manifestantes se concentraram diante do Duomo de Milão. Manifestações um pouco menores do que essas em Turim, Nápoles e Florença. Em Bari, onde Moro nasceu e se projetou na política, as pessoas choravam nas ruas.

Mas os manifestantes que repudiavam o terror em Roma, Milão, Turim, Florença e outras cidades não clamavam por medidas excepcionais de segurança ou um endurecimento do Estado, e sim pela continuidade da democracia.

Entre os dirigentes políticos do chamado "arco constitucional" — os partidos que apóiam o gabinete democrata cristão de Giulio Andreotti mediante um acordo do qual Moro foi o principal arquiteto, como reconheceu o próprio Enrico Berlinguer, líder do PC —, depois das declarações contra o barbarismo das "Brigadas", à noite notava-se um mal-estar, provocado pela recusa da família de Moro em aceitar representação do governo e dos partidos no enterro, ainda não marcado.

Na DC, teme-se que essa atitude, da família — ou seja, culpando o governo e o partido pela morte de Moro —, prejudique os democratas cristãos nas eleições administrativas de domingo, em que votarão cinco milhões de italianos. E os partidos não podem contestar a família Moro, que tem a seu lado boa parte da opinião pública italiana.

Paralelamente, os comunistas, que se mostraram os mais inflexíveis no trato com os sequestradores do presidente da DC, não hesitando em pressionar os democratas cristãos quando deram sinais de fraquejar na sua posição de intransigência, acreditam que a longo prazo não haveria prejuízo eleitoral. Sem dizê-lo explicitamente, acham que o governo precisa mostrar coerência: se chegou a bloquear as contas das famílias vítimas de resgates criminosos para impedir seu pagamento, não haveria razão para usar outro peso e outra medida num caso de sequestro político. Os comunistas jogam na crença de que o eleitorado aceite essa tese.

Defendida a participação de trabalhadores

"Os trabalhadores deverão participar de toda e qualquer decisão que envolva seus interesses", segundo a Carta de Princípios aprovada pelo I Congresso dos Trabalhadores nas Indústrias Urbanas, encerrado em Praia Grande.

De forma semelhante, Dilson Funaro, vice-presidente da Federação das Indústrias do Estado de São Paulo, afirmou "como cidadãos-empresários, reivindicamos, para todos os segmentos da sociedade, o mesmo direito de influir e de propor", no discurso que proferiu ontem na Federação do Comércio. PÁG. 26

Conclui hoje a série de entrevistas da "Folha" com os novos líderes sindicais o presidente do Sindicato dos Metalúrgicos de Santo André, Benedito Marcílio (Pág. 6).

Seca no Sul era prevista, diz Sudesul

A criação de frentes de trabalho para auxiliar os desempregados no Sul do País em decorrência da seca prolongada foi admitida ontem em Brasília pelo ministro do Interior, Rangel Reis, como medida em estudo pelo governo.

A Sudesul—(Superintendência para o Desenvolvimento da Região Sul) elaborou em 1973 estudo em que previa consequências danosas para a devastação indiscriminada das reservas florestais da área, chegando a afirmar que as condições sulinas são semelhantes às da Mesopotâmia, Grécia e Ásia Menor, que, "cortando seus bosques, eliminaram a acumulação e reserva da umidade".

PÁg.27

Faoro pretende conter moções extremadas

A moção pedindo que a VII Conferência de Advogados do Brasil se declare em sessão permanente enquanto não for restabelecido o estado de direito no País não será acolhida em plenário, por lhe faltar base regimental. A afirmação foi feita ontem em Curitiba pelo presidente da OAB, Raimundo Faoro.

Faoro pediu aos representantes das seccionais que evitem a formação de grupos organizados que promovam votações em bloco em algumas comissões. A votação das teses — disse ele — deve refletir o pensamento da maioria. PÁG. 8

Os 15 presos suspendem a greve de fome

Os 15 presos políticos do presídio de Itamaracá, em Recife, terminaram ontem a greve de fome que mantinham há 24 dias.

A decisão foi tomada após a mediação do deputado Airton Soares, presidente da Comissão de Direitos Humanos do MDB, que lhes revelou a promessa feita pelo auditor José Bolivar Regis, da 7.ª Circunscrição Judiciária Militar, de que dentro de uma semana atenderia parcialmente as reivindicações dos presos políticos.

Entre as reivindicações figura a suspensão do isolamento imposto aos presos Rholine Sonde Cavalcanti e Carlos Alberto Soares. PÁG. 9

FOLHA DE S.PAULO

Editor Responsável: Boris Casoy • São Paulo, terça-feira, 11 de julho de 1978 • Um jornal a serviço do Brasil • Ano 57 • N.º 17.996 • Al. Barão de Limeira, 425 • Cr$ 5,00

"Fui torturado para confessar a chacina"

Flávio de Carvalho, o estudante: torturado para confessar crime que não houve.

Aloisio Evora, o secretário: deu ouvidos a "fonte digna de confiança".

O quartanista de medicina Flávio Mendes de Carvalho confirmou ontem, na Penitenciária de Cuiabá, que foi barbaramente seviciado pela policia do Alto Araguaia para confessar a chacina de 42 posseiros em sua fazenda Chapadão do Taquari e que, "para não sofrer mais", acabou admitindo ter matado dois homens e jogado seus corpos do alto da serra da Petrovina.

"Fui detido pelos policiais que, depois de amarrarem minhas mãos — explicou o estudante — me deram vários socos e coronhadas de revólveres. Levaram-me de volta para a fazenda e me bateram tanto que quase fiquei inconsciente. Queriam que eu confessasse um crime que não cometi. Para não sofrer mais, 'confessei' duas mortes e disse a eles: 'Matei, sim, e joguei os corpos na serra. Vão procurá-los que vão encontrá-los."

O secretário de Segurança de Mato Grosso do Norte, coronel Madeira Evora, prometeu ontem, em entrevista coletiva à imprensa, punir os torturadores de Flávio Mendes de Carvalho e voltou a desmentir a chacina dos posseiros. O secretário disse também que dera ouvidos a informações de "fontes que merecem crédito", de que teria havido uma "possivel matança de posseiros na fazenda Chapadão do Taquari", mas que "tudo não passou de um engano", já que "peguei praticamente o bonde andando, pois estava de licença e me encontrava convalescendo de uma recente operação".

A "chacina", segundo o coronel, não passou, assim, de "um tiroteio entre a policia e o grupo liderado pelo estudante Flávio Mendes de Carvalho".

PÁG. 7

Ultimato de Euler ao MDB

O general Euler Bentes Monteiro reafirmou ontem, no Rio, sua opinião de que o MDB precisa se definir logo quanto ao lançamento da candidatura à Presidência da República e deu 20 dias de prazo para a direção do partido tomar essa decisão, após o que, conforme advertiu, "a Frente poderá não apoiar um candidato lançado pelo MDB".

No Rio, Magalhães Pinto admitiu ontem que poderá retirar sua candidatura à Presidência e simplesmente concorrer à reeleição ao Senado, pela Arena. A fórmula foi aventada por ele após reconhecer que esta é a única opção política que lhe resta além de prosseguir na disputa com o general Euler pelo apoio do MDB. Magalhães diz que já pensou na repercussão dessa atitude e concluiu que o povo a compreenderia. "Primeiro, porque a legislação eleitoral me impediu de ser candidato; segundo, eu daria uma demonstração de que não sou obcecado pela Presidência."

Sindicância

O Palácio do Planalto determinou ontem a instalação de uma comissão de sindicância na Agência Nacional para apurar denúncias segundo as quais os resumos diários dos jornais, encaminhados ao presidente Geisel, foram adulterados no período que antecedeu a escolha dos futuros governadores, de forma a favorecer a imagem de Francelino Pereira — que foi o indicado para o governo de Minas Gerais.

As denúncias constam de reportagem publicada pelo jornalista Sebastião Nery na revista "Isto É" desta semana e dizem respeito ao enxerto de notícias particularmente favoráveis a Francelino, nas sinopses preparadas pela sucursal mineira da Agência Nacional. Ontem, o diretor dessa sucursal confirmou a veracidade dos facsimiles que ilustram a matéria.

O porta-voz do Palácio do Planalto, coronel Rubem Ludwig, após anunciar a sindicância, disse que a imprensa "está superdimensionando o fato".

PÁGs. 4 e 5

As salas da USP não comportaram a platéia que se apresentou para assistir à mesa-redonda sobre "Perspectivas da Democracia na América Latina"; a solução foi fazê-la ao ar livre.

Democracia lota a Universidade

Movimentadas sessões na 30ª Reunião da SBPC

A mesa-redonda sobre "Perspectivas da Democracia na América Latina" constituiu uma das mais movimentadas sessões no primeiro dia de trabalho da 30ª. Reunião Anual da SBPC, ontem, recebendo uma platéia de quase duas mil pessoas, que obrigou sua realização ao ar livre.

Na abertura dos trabalhos, o coordenador José Álvaro Moisés disse que a história da América Latina "parece se definir há várias décadas por um movimento pendular, que oscila entre os sistemas politicos com alguma forma de participação popular, embora sem força suficiente para se manter, e regimes autoritários, excludentes e repressivos (social e politicamente), que, portanto, carecem de legitimidade popular".

Na sessão de comunicação coordenada sobre "Estrutura de Poder na Universidade Brasileira", o autoritarismo e a repressão presentes na vida universitária foram mais uma vez criticados por professores da USP e da Unesp, que também tiveram de transferir sua apresentação para o anfiteatro, já que o local inicialmente previsto para o encontro não tinha capacidade para abrigar as quase 700 pessoas que se apresentaram para assistir aos trabalhos.

À tarde, reunindo uma platéia quase exclusivamente feminina, houve o simpósio sobre "Papéis Sociais da Mulher".

Programa de hoje

Entre os numerosos trabalhos científicos de hoje, destacam-se mesas-redondas sobre Educação Popular, Planejamento Metropolitano, Politica Nacional de Saúde, e simpósios sobre Violência e Estrutura Social, Movimentos Urbanos na América Latina e Problemas de Fronteira em Biologia.

PÁGs. 17, 18 e 19

Inflação vai regredir, diz Veloso

Para o ministro do Planejamento, Reis Veloso, "a inflação deste mês será bem menor do que a de junho" e, apesar das perdas na agricultura, é possível que o País obtenha este ano um resultado próximo ao equilíbrio na conta de comércio.

Veloso manifestou esse otimismo com o desempenho da economia, ontem, em Brasília, ao revelar o índice acumulado de elevação dos preços agrícolas por atacado — 39,8% até junho (num período de doze meses), contra 31,2% até maio.

Veloso, após reunião com seu colega da Fazenda, disse acreditar que a indústria cresça 6% este ano. Por sua vez, o ministro Mário Simonsen declarou que o Governo persistirá no combate gradual à inflação.

Falências aumentam

Os totais de falências requeridas e decretadas na Capital bateram novos recordes em maio, segundo dados ontem divulgados pela Associação Comercial de São Paulo. Foram requeridas em maio 743 falências (contra 499 em maio de 77) e decretadas 108 (contra 63 em maio/77), elevando os totais acumulados no período janeiro a maio para 3.212 falências requeridas (77,8% a mais que em 77) e 310 decretadas.

PAG. 21

DRAMÁTICA LUTA PELA VIDA

A inundação de uma área de 600 quilômetros quadrados, após o fechamento das comportas da usina de Água Vermelha, na divisa de São Paulo com Minas Gerais, atinge toda a fauna local. Surpreendidos por 11 milhões de metros cúbicos de água, esses animais — répteis e mamíferos — enfrentam uma verdadeira batalha pela sobrevivência, subindo aos topos das árvores parcialmente submersas, agarrando-se aos galhos ou debatendo-se nas águas. Sobrevoando, os gaviões reais espreitam, à espera das presas. As equipes de salvamento fazem o que podem, recolhendo os bichos e transportando-os para fóra da área.

PAG. 14

URSS inicia processo dos dissidentes

O poeta Alexander Ginzburg e o engenheiro Anatoly Scharansky começaram a ser julgados ontem em Moscou e Kaluga, em dois processos simultâneos. A publicidade dada pelos soviéticos a esses julgamentos é encarada como um sinal de que o Kremlin pretende esmagar o movimento dissidente a qualquer custo, mesmo que isso venha a "agravar" as relações com os Estados Unidos, conforme advertira o secretário de Estado Cyrus Vance.

Nos dois tribunais, poucas pessoas tiveram acesso à primeira audiência. Representantes da embaixada norte-americana, familiares e líderes dissidentes — como o Prêmio Nobel da Paz Andrei Sakharov, que foi a Kaluga — não puderam entrar nos tribunais, cercados por guardas e, em Moscou, por uma grade de ferro. A mãe de Scharansky, que foi ao tribunal substituindo o pai do dissidente, intimado a depor, também não foi admitida na sala da corte.

A agência Tass e as autoridades soviéticas afirmaram que os dois dissidentes admitiram algumas das acusações, o que seus familiares desmentiram. O caso de Scharansky é mais grave, pois, acusado de espionagem e traição à URSS, poderá ser condenado à morte. Ginzburg, já condenado outras vezes, é acusado de fazer agitação e propaganda.

PÁG. 9

Bolsa e Open

A Bolsa de Valores fechou ontem em baixa de 0,6%, com redução no montante negociado. Tanto as cotações das blue-chips como as dos papéis de segunda linha estiveram em baixa (0,8 e 0,4%, respectivamente). No open market as operações overnight foram realizadas à taxa média de 5% ao mês.

Tempo bom

Tempo bom hoje em São Paulo, com nebulosidade variável e nevoeiros esparsos de manhã. A temperatura permanecerá estável. Ontem, na Capital, a máxima foi 24 graus e a mínima 10.

Na coluna "AGENDA", pág. 16, a previsão para a Grande São Paulo, literal e interior do Estado e várias regiões do País.

Kararaô pode inundar a Transamazônica

A Eletronorte encomendou estudos de viabilidade para a construção de um complexo hidrelétrico no rio Xingu, próximo à cidade de Altamira, cujo potencial instalado poderá atingir 10 milhões de quilowatts. A empresa contratada para o trabalho já fez um relatório preliminar propondo várias opções para a construção do complexo, que teria de duas a cinco barragens, no Xingu e no rio Iriri, seu afluente.

A principal usina do complexo, a Kararaô, poderá, dependendo da alternativa escolhida, ter de 4,5 a 9 milhões de kW. Sua barragem provocaria a inundação de Altamira e de um trecho de 50 km da Transamazônica.

PAG. 22

Tróleibus e trânsito vão consumir 1,7 bi

A cidade de São Paulo aplicará, ainda este ano e em 1979, 1 bilhão e 170 milhões de cruzeiros para melhorar seus sistemas de transporte coletivo e de tráfego. Os recursos foram definidos com a assinatura, ontem, de três convênios entre a Prefeitura e os governos federal e estadual.

A maior parcela — 810 milhões de cruzeiros — será destinada ao programa de tróleibus e o restante será investido em quatro programas: Plano de Ação Imediata de Tráfego e Transporte, Programa de Orientação de Tráfego, Sistema Centralizado de Controle de Tráfego e Centro de Treinamento e Educação de Trânsito.

PÁG. 15

Funcionários do HC podem ir à greve hoje

Os 7.500 funcionários do Hospital das Clínicas poderão paralisar suas atividades, a partir de hoje, dentro de sua campanha pelos 100% de aumento. A decisão será tomada em assembléia prevista para as 16h30.

No Hospital do Servidor, os médicos propuseram ontem que o Governo dê à entidade autonomia para gerir seus próprios recursos. O secretário do Governo, Péricles Eugênio da Silva Ramos, no entanto, afastou essa hipótese e apresentou números para provar que o hospital é deficitário.

Quanto aos médicos residentes, em São Paulo os últimos casos pendentes devem ser resolvidos hoje.

PÁG. 12

Eleições na Bolívia ainda sem definição

O general Juan Pereda Asbun, candidato do governo, e o ex-presidente Hernan Siles Zuazo, candidato da frente de esquerda UDP, lideravam ontem a apuração da eleição para presidente da Bolivia, realizada domingo, de acordo com resultados parciais não oficiais.

Computados 20 por cento dos votos, Pereda detinha 40 por cento e Siles Zuazo quase 34 por cento.

Se persistir essa tendência, nenhum dos dois conseguirá obter a maioria absoluta dos votos — metade mais um — exigida por lei. Nessa hipótese, a Assembléia Constituinte, eleita paralelamente domingo, terá de escolher entre Pereda e Siles Zuazo.

PAG. 8

FOLHA DE S.PAULO

Editor Responsável: Boris Casoy • São Paulo, terça-feira, 17 de outubro de 1978 • Um jornal a serviço do Brasil • Ano 57 • N.º 18.094 • Al. Barão de Limeira, 425 • Cr$ 6,00

LOURENÇO DIAFÉRIA

a partir de hoje na "Folha"

A surpreendente escolha quebra praxe secular

Carol Woitila começou a vida como operário

A Polônia, país comunista com 93% de católicos

De todo o mundo as mensagens de satisfação

João Paulo 2.º é um polonês

João Paulo 2.º acena do balcão principal da Basílica de São Pedro após sua eleição como o 264.º pontífice. UPI

Os cardeais encerrados desde sábado na capela Sistina romperam ontem uma tradição de 455 anos e surpreenderam o mundo ao elegerem papa o polonês Carol Woitila, de 58 anos, arcebispo de Cracóvia. Ele é o primeiro papa não italiano desde 1522, o primeiro polonês a chefiar a Igreja Católica em seus quase dois mil anos de história e o primeiro prelado de um país comunista a ser escolhido Sumo Pontífice.

"Não sei se poderei expressar-me na vossa, na nossa língua italiana, mas se eu errar me corrijam", foi a primeira frase que o novo papa — que escolheu o nome João Paulo 2.º — dirigiu aos 120 mil fiéis que lotavam a praça de São Pedro. O Sumo Pontífice assomou ao balcão principal da basílica de São Pedro às 19h23, exatamente 43 minutos depois de o cardeal italiano Pericle Felice proclamar "habemus papam" à multidão que se mantinha na expectativa desde as 18h17, quando a chaminé da capela Sistina expeliu rolos da tão ansiada fumaça branca que indica ter sido o papa eleito pelos cardeais.

Ao lado de João Paulo 2.º estava o cardeal-primaz da Polônia, Stefan Wiszinski, de 77 anos, visivelmente feliz e sorridente. João Paulo 2.º pediu silêncio à multidão que aplaudia sem cessar e agitava lenços coloridos sob uma enorme lua cheia que banhava a praça de São Pedro, iluminada também por potentes holofotes.

Em seu primeiro pronunciamento como chefe da Igreja Católica, João Paulo 2.º disse: "Caríssimos irmãos e irmãs, estamos ainda todos sentindo a morte do queridíssimo papa João Paulo 1.º E eis que os eminentíssimos cardeais já chamaram um novo bispo de Roma. E o chamaram de um país longínquo. Longínquo mas sempre vizinho pela comunhão na fé e na tradição cristãs. Tive medo de receber esta nomeação, mas o fiz no espírito de obediência para com Nosso Senhor e de confiança total em sua mãe, a Senhora Santíssima."

Sempre falando em italiano e usando o "eu" em lugar do plural majestático — estilo que o primeiro João Paulo inaugurou em seu brevíssimo pontificado de 33 dias —, o cardeal polonês concluiu: "Assim me apresento a todos vós, para confessar nossa fé comum, a nossa esperança, a nossa confiança na mãe de Cristo e da Igreja, e também para começar de novo sobre esta estrada da História e da Igreja, de recomeçar com a ajuda de Deus e dos homens."

Carol Woitila nasceu em Wadowice, perto de Cracóvia, a 18 de maio de 1920. Ordenou-se sacerdote com 26 anos. Como seu predecessor, era filho de um operário e ele também trabalhou como operário numa indústria química para pagar os estudos.

Foi, sucessivamente, vigário de paróquia, capelão e professor de Teologia Moral nas faculdades de Teologia de Cracóvia e Lublin. Foi designado bispo auxiliar de Cracóvia a 4 de julho de 1958 e arcebispo da mesma arquidiocese a 13 de janeiro de 1964. Paulo 6.º, de quem era muito próximo, o elevou ao cardinalato em julho de 1967.

Como arcebispo de Cracóvia, adotou uma atitude mais conciliatória em relação às autoridades comunistas da Polônia do que seu superior, o primaz Stefan Wiszinski, embora não menos firme na defesa das prerrogativas da Igreja. Também nunca hesitou em falar em defesa dos direitos civis.

O regime polonês manifestou ontem sua satisfação pela eleição de João Paulo 2.º: "Esta eleição tem um significado especial. Foi eleito um papa polonês, um nativo do país que sofreu o inferno da guerra, introduziu profundas mudanças e agora continua no caminho do desenvolvimento versátil que pode ser notado em todo mundo", disse o porta-voz do governo de Varsóvia, Wlodzimierz Janiurek.

Apesar do regime comunista, a Polônia possui o maior número de católicos da Europa Ocidental. Segundo dados do próprio governo, 93 por cento dos poloneses são batizados e 70 por cento consideram-se católicos praticantes. As 27 dioceses polonesas contam com 75 bispos e possuem 7.498 paróquias entregues a 18 mil padres e 30 mil freiras. Os últimos levantamentos dão conta de 4 mil matrículas nos seminários poloneses.

O presidente Ernesto Geisel enviou ontem telegrama de felicitações ao papa João Paulo 2.º por sua eleição e o chanceler Azeredo da Silveira enviou mensagem ao secretário de Estado do Vaticano, Jean Villot, também de felicitações pela escolha do novo papa.

Em Washington, o presidente Jimmy Carter disse que conhece "muito bem" o cardeal Woitila e que ele é um velho amigo de seu assessor para assuntos de Segurança Nacional, o polonês Zbigniew Brzezinski.

Mais notícias e comentários de nossos correspondentes Pedro Del Picchia e J.B. Natali e de Gerardo Mello Mourão nas págs. 12, 13 e 14

Leia editorial "Sem fronteiras", na Página Dois.

Ausência garante as indiretas

A emenda Montoro — que restabelece as eleições diretas para os governos estaduais e para a totalidade do Senado — foi rejeitada ontem pela maioria da Arena no Congresso, que se retirou em massa para evitar a formação do quórum para votação. Apesar disso, a emenda teve 186 votos — dos quais 16 de arenistas e 170 de emedebistas —, faltando 25 votos para completar os 211 necessários à aprovação.

O senador Franco Montoro anunciou que ainda nesta Legislatura vai apresentar nova emenda implantando eleições diretas para governador, vice-governador e todo o Senado. E o presidente nacional do MDB, Ulisses Guimarães, deixou claro que não serão punidos os cinco emedebistas que deixaram de votar na emenda Montoro: os paulistas Otávio Ceccato e Minoru Massuda (este porque teria sofrido enfarte), e os fluminenses MacDowell de Castro, Marcelo Medeiros e Alberto Lavinas.

Não compareceram os seguintes parlamentares paulistas da Arena: senador Otto Lehmann e deputados Ademar de Barros Filho, Alcides Franciscato, Cunha Bueno, Amaral Furlan, Antônio Morimoto, Baldacci Filho, Blota Júnior, Herbert Levy, João Pedro, Pedro Carolo, Salvador Julianelli e Silvio Venturolli.

O único arenista de São Paulo a votar na emenda foi Faria Lima.

PAG. 6

Agora, os ministeriáveis

Depois de um encontro de 50 minutos com o presidente Ernesto Geisel, que o aconselhou a continuar sendo o que sempre foi, o presidente eleito João Batista Figueiredo concedeu ontem, em Brasília uma entrevista informal no apartamento do deputado José Bonifácio, líder da maioria na Câmara.

Ele afirmou então que "honestidade e caráter" são os critérios mais importantes que aplicará na escolha de seu Ministério, ressaltando que "o resto é conseqüência". O general Figueiredo teve apenas um momento de irritação, quando uma repórter perguntou-lhe se o presidente Geisel influiria na escolha do futuro Ministério.

Para esclarecer o sentido de seu apelo à conciliação, disse:

"Não convidei todo mundo para torcer pelo Fluminense e sim para ir ao estádio, aceitar o resultado e não xingar o juiz. Tem muita gente na Oposição que é receptiva a isso."

O presidente eleito queixou-se que, "de uma maneira geral, a imprensa está contra mim. Vocês não têm liberdade de escrever o que querem. Tudo é relativo. Liberdade total não existe, porque vocês não têm liberdade dentro da sua própria casa. Sei de muitos artigos contra mim que não saem e de outros a favor que também não saem. A liberdade de imprensa é muito relativa".

Ele acrescentou que os jornalistas, "quando se convencem de uma coisa, nada tira isso da cabeça de vocês. Tem sido assim com o processo de escolha do presidente Médici. Vocês batem na tecla de que foi o Orlando Geisel quem impôs o presidente Geisel. Acontece que vocês não gostam do Médici, por causa da censura, mas quem escolheu o presidente Geisel foi o Médici".

O primeiro dia do general Figueiredo como presidente eleito está na página 5.

Leia editorial "Eleições e nomeações", na Página Dois.

Figueiredo esteve ontem com Geisel durante 50 minutos e recebeu conselho para permanecer como é.

STF recebe até amanhã a impugnação

O Tribunal Superior Eleitoral remeterá ao Supremo Tribunal Federal, até amanhã, o recurso extraordinário da Procuradoria Geral Eleitoral contra a decisão que mandou registrar a candidatura do professor Fernando Henrique Cardoso a senador pelo MDB de São Paulo. O advogado de Fernando Henrique, Arnaldo Malheiros, juntou ontem ao processo uma petição sustentando o acerto da decisão do TSE.

O ex-deputado Francisco Pinto receberá uma notificação do juiz José Augusto Figueiredo Branco, de Brasília, para provar em 48 horas sua acusação de que o ex-embaixador Delfim Neto deixou-se corromper em Paris.

PAG. 4

Redação final para Estatuto pode sair hoje

O projeto do Estatuto do Magistério deverá ser encaminhado hoje à Comissão de Redação pelo Grupo de Assessoria Técnica da Assembléia Legislativa. Após a entrega, a matéria entrará em pauta na ordem do dia e em seguida deverá ser enviada ao governador, que terá 15 dias para examiná-la, podendo aprovar ou não as emendas da Assembléia ao projeto original.

Ao voltar à Assembléia, os deputados disporão de 45 dias regimentais para aprovar ou rejeitar eventuais vetos do chefe do Executivo. Para que vetos sejam rejeitados, no entanto, são necessários os votos de dois terços do total de 68 deputados.

PAG. 19

Veloso rebate Delfim com o próprio Delfim

"O Delfim está agora aí de fora da cerca, muito à vontade para dar os seus palpites". A afirmação é do ministro do Planejamento, Reis Veloso, ao tomar conhecimento da conferência que o ex-ministro da Fazenda pronunciou ontem no Banco Central. Na ocasião, Delfim Neto responsabilizou a política adotada a partir de 1974, especialmente a elevação mais realista dos salários e a substituição de importações, pelo recrudescimento da inflação, e disse que nunca acreditou em planejamento.

Veloso, mostrando um livro afirmou "Creio que a melhor forma de se responder ao Delfim de hoje é com o Delfim de ontem."

PAG. 24

Sobra de leite é atribuída ao subconsumo

O excesso de leite existente atualmente na região da Grande São Paulo é resultado do subconsumo, e não de uma superprodução leiteira. A conclusão é tirada a partir do confronto entre a demanda da região metropolitana — 1,76 milhão de litros diários no primeiro semestre do ano — e o consumo que deveria ser alcançado — 6,03 milhões de litros — para se atingir os padrões alimentares recomendados pela Organização Mundial de Saúde. A carência, portanto, situa-se em aproximadamente 4,26 milhões de litros por dia. Somente as crianças de até 14 anos precisariam de 2,8 milhões de litros para atender os critérios indicados pela ONU.

PAG. 23

Os delegados de polícia preparam a "greve branca"

Os delegados de polícia poderão entrar em "greve branca" se o governo do Estado não enviar rapidamente à Assembléia Legislativa a nova Lei Orgânica da Polícia de São Paulo, que prevê aumento de vencimentos para a categoria.

O movimento obedeceria a duas diretrizes básicas: estrito cumprimento da lei, ou seja, prisão só em caso de flagrante ou atendendo a mandado judicial; e entrega dos cargos em comissão, o que significa um emperramento na máquina administrativa, pois não há substitutos para prover imediatamente esses cargos.

PAG. 15

FOLHA DE S.PAULO ★

SEGUNDO CLICHÊ

Editor Responsável: Boris Casoy • São Paulo, sábado, 28 de outubro de 1978 • Um jornal a serviço do Brasil • Ano 57 • N.o 18.105 • Al. Barão de Limeira, 425 • Cr$ 6,00

Renuncia o chanceler argentino

O ministro de Relações Exteriores da Argentina, Oscar Montes, apresentou ontem sua renúncia ao presidente Jorge Rafael Videla, no momento em que o país enfrenta difíceis negociações diplomáticas sobre as divergências limítrofes com o Chile (Canal de Beagle) e o aproveitamento hidrelétrico do rio Paraná com o Brasil.

Círculos políticos de Buenos Aires consideram que a renúncia de Montes — que deverá ser aceita na segunda-feira —, inscrita no clima de discordância existente na reestruturação do gabinete ministerial proposta por Videla, poderá romper o equilíbrio de influências que os militares vinham mantendo desde que assumiram o poder em 1976.

O vice-almirante Oscar Montes afirmou ter decidido apresentar sua renúncia devido "às notícias divulgadas sobre minha possível substituição, que fizeram com que perdesse minha condição de interlocutor válido no exterior".

Entre os rumores publicados pela imprensa argentina nas últimas semanas, parece certa a possibilidade de o Ministério de Relações Exteriores mudar de área de influência, passando da Marinha para a Força Aérea.

Enquanto prosseguem sob forte sigilo as negociações sobre Beagle, o governo chileno condenou um atentado a bomba cometido contra a embaixada argentina em Santiago, que provocou apenas danos materiais.

PAG. 17

União culpada no caso Herzog

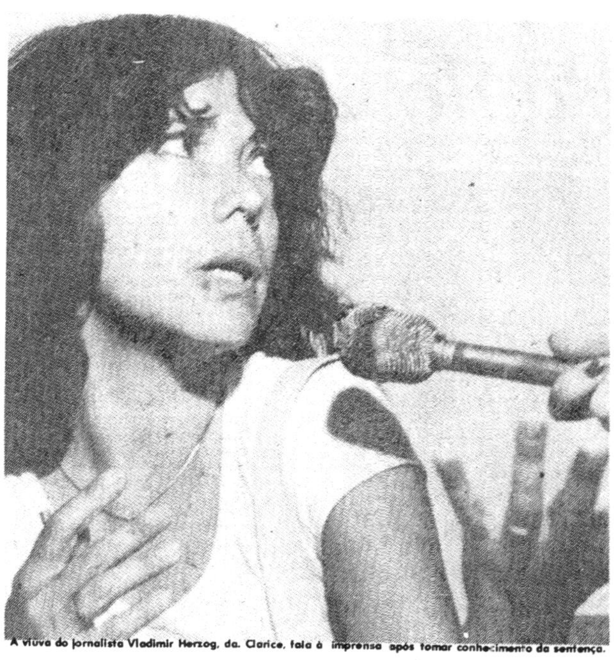

A viúva do jornalista Vladimir Herzog, da. Clarice, fala à imprensa após tomar conhecimento da sentença.

Juiz rejeita versão oficial e exige que se apure a morte do jornalista

O juiz Márcio José de Moraes responsabilizou ontem a União pela prisão ilegal e pela morte do jornalista Vladimir Herzog, ocorrida nas dependências do Doi-Codi, órgão vinculado ao 2.º Exército, a 25 de outubro de 1975. A sentença aponta: "Constata-se a prática de crime de abuso de autoridade, bem como há revelações veementes de que teriam sido praticadas torturas não só em Vladimir Herzog, como em outros presos políticos nas dependências do Doi-Codi".

Derrubando a essência da tese da defesa, o juiz proferiu sentença de largo fôlego — 45 páginas datilografadas —, em que decide, fundamentalmente, condenar a União a indenizar a esposa e os filhos de Herzog pelos danos materiais e morais decorrentes de sua morte, e remeter cópias do processo e da sentença à Procuradoria Militar para a apuração das responsabilidades pela morte e pelo laudo médico (irregularmente assinado pelo legista Harry Shibata).

O juiz argumentou que se a União quisesse eximir-se da responsabilidade pelo suposto suicídio do jornalista, alegando que este ato fora de sua culpa exclusiva, deveria tentar primeiro provar que o suicídio realmente ocorreu. Em sua opinião, "a União não logrou provar o suicídio e permanece íntegra a sua responsabilidade civil pela morte de Vladimir Herzog".

O juiz ainda lamentou a prisão ilegal do jornalista, pela "inexistência de inquérito em que Herzog tenha sido indiciado, mandado de prisão, autoridade competente que o tenha expedido e comunicação da prisão ao juiz competente."

Para Clarice Herzog, viúva do jornalista, a sentença foi "uma recompensa" pela batalha judicial que travou nos últimos três anos. Ao tomar conhecimento da decisão, ela telefonou para seus filhos Ivo e André (12 e 10 anos). "A gente está felicíssima. A sentença foi mais longe do que eu esperava" — admitiu aos repórteres.

Já para o advogado Samuel MacDowell Figueiredo — um dos quatro que trabalharam no caso, em nome da família de Herzog — "quando uma sentença é proferida, ela estabelece a verdade para todos os fins legais. E a sentença do juiz Márcio José de Moraes diz que Vladimir Herzog foi preso ilegalmente, torturado e morto por culpa da União".

Com 32 anos de idade, o juiz Márcio José de Moraes considerou o processo de Herzog como o de maior repercussão de sua carreira, iniciada em 1973, após concluir o curso de Direito na Faculdade do Largo de São Francisco.

Ele disse ter estudado o processo durante os 45 dias de suas férias. "Tratei o processo como trataria qualquer outro dos 11 mil que estão em andamento na 7.ª Vara."

PÁGs. 8, 10 e 12

Leia editorial "O significado maior", na Página Dois.

Sadat divide com Beguin o Nobel da Paz

A Comissão Nobel Norueguesa concedeu ontem o Prêmio Nobel da Paz de 1978 ao presidente do Egito, Anuar Sadat, e ao primeiro-ministro de Israel, Menachem Beguin, para homenagear suas "ações já realizadas a serviço da paz" e também para "encorajar outros esforços" que permitam encontrar soluções práticas para "garantir um futuro sem guerras aos habitantes exaustos de guerras do Oriente Médio".

Os egípcios receberam a notícia da concessão do prêmio a Sadat com grande alegria, mas não esconderam sua decepção por ele ter sido partilhado por Beguin. A Rádio Cairo chegou a omitir o primeiro-ministro de Israel ao informar sobre a escolha do Nobel da Paz.

Mais noticiário sobre Oriente Médio e comentários de nossos correspondentes Paulo Francis e Isaac Akcelrud na pág. 16

Metalúrgicos vão à greve 2.ª feira

Os metalúrgicos de São Paulo, Osasco e Guarulhos, cerca de 500 mil, entrarão em greve à zero hora da próxima segunda-feira, conforme decisão das assembléias de seus sindicatos ontem à noite.

Na sede do sindicato de São Paulo, aproximadamente 20 mil trabalhadores aprovaram a greve por aclamação, numa assembléia subdividida, no interior do prédio e na rua, em vista da grande presença de operários.

A decisão foi adotada depois que a última tentativa de acordo, feita ontem pela manhã na Federação das Indústrias, não saiu do impasse que vinha se registrando há dias. Os empresários dizem que estão preparados para a greve, pois "já têm know-how" como afirmou Alberto Villares.

Joaquim dos Santos Andrade, presidente do Sindicato dos Metalúrgicos de São Paulo, culpando a atitude patronal nas negociações, disse que "eles estão preparados a nível de empresa, mas não a nível de categoria".

Em Belo Horizonte, o Tribunal Regional do Trabalho aprovou de forma inédita o aumento salarial acima dos índices fixados pelo governo e decidiu pela ilegalidade da greve na Fiat, FMB e Krupp, na cidade de Betim. Os trabalhadores contudo, decidiram em assembléia continuar o movimento de paralisação, já que recusaram novamente a proposta dos empresários.

Os metalúrgicos mineiros têm recebido manifestações de solidariedade de entidades operárias européias.

PAG. 27

Os metalúrgicos de São Paulo compareceram em massa à assembléia da categoria, realizada ontem à noite. A reunião teve de ser dividida em dois turnos para atender os que não puderam entrar no Sindicato.

Ipesp lança novo plano da casa própria

O Ipesp vai financiar 1.000 casas por mês para servidores do Estado, anunciou ontem o secretário estadual da Administração, Fernando Milliet de Oliveira. Esse novo programa habitacional mobilizará nos próximos meses Cr$1,25 bilhão, em recursos da autarquia e do BNH. O plano atenderá, com prioridade, os funcionários mais necessitados, destinando inicialmente cerca de 1.200 casas para aqueles com renda até 4 mil cruzeiros e 2.700 casas para os de renda até 6.800 cruzeiros.

As modalidades de financiamento são seis: compra de imóveis novos; construção em terreno próprio; imóveis construídos pelo Ipesp, Cecap ou Cohab; reforma e ampliação; aquisição de terreno e construção; e imóveis usados.

PAG. 20

Jânio volta ao velho estilo

Numa de suas cada vez mais frequentes aparições públicas, o ex-presidente Jânio Quadros demonstrou, ontem, grande forma na arte da mímica, que o tornou célebre em outros tempos, conforme demonstra a sequência de fotos acima (de autoria de Isidoro A. de Souza).

Falando para 200 alunos da Escola de Administração de Empresas de São Paulo, da Fundação Getúlio Vargas, durante um seminário sobre Economia Política, Jânio admitiu que poderia militar num partido trabalhista, "desde que sem as conotações daquele que existiu no passado".

Ele declarou também que vem sendo auscultado por diversas áreas quanto à sua disposição de liderar um novo partido, a ser fundado logo que entrem em vigor as reformas políticas, a partir de janeiro próximo.

"Todos sabem que o mundo caminha para o socialismo", disse ainda o ex-presidente, concluindo: "O que não se sabe é com que velocidade. Não sei quando chegaremos lá, mas é certo que teremos socialismo, um socialismo cristão."

PÁG. 5

Geisel inaugura via Norte hoje, com Figueiredo

A Rodovia dos Bandeirantes (Via Norte), considerada pelo governo do Estado como a mais moderna do País, será inaugurada hoje à tarde pelo presidente Ernesto Geisel e seu sucessor, general João Batista Figueiredo.

A inauguração terá três solenidades. A primeira, às 16 horas, no quilômetro 99,5, em Campinas; às 17h15, no quilômetro 48,2; e, finalmente, às 18h25, no quilômetro 14,5, em São Paulo. A terceira será a mais festiva, com uma apresentação da Orquestra Sinfônica de São Paulo.

Ontem, no Rio, Geisel e Figueiredo participaram da abertura da fase de pré-operação do Metrô. PÁG. 18

OPINIÃO

• "A face de Deus", de Gerardo Mello Mourão, e "E João Paulo 2.º?", de Plínio Corrêa de Oliveira. Página Três

NACIONAL

• O general Antônio Carlos de Andrada Serpa, ao ler ontem ordem do dia durante as comemorações do aniversário do Departamento Geral do Pessoal do Exército, condenou quem deseja o desengajamento das Forças Armadas da sua fidelidade aos ideais da Revolução, no que foi considerada uma alusão ao seu vice-chefe, general Hugo Abreu, que não estava presente. PÁG. 6

EXTERIOR

• A greve dos funcionários de hospitais espalha-se por quase toda a Itália, colocando em pânico o gabinete de Giulio Andreotti, que a todo custo procura não ceder às reivindicações dos grevistas. Noticiário do nosso correspondente em Roma, Pedro Del Picchia. PÁG. 14

LOCAL

• As fortes ventanias que antecederam o temporal da tarde de ontem em São Paulo quase provocaram um grave acidente na esquina da rua São Bento com praça Patriarca. Ali, um luminoso de neon de uma das lojas desprendeu-se e ficou balançando durante horas, até a chegada dos bombeiros. PÁG. 19

• O assassinato do operário Nélson Pereira de Jesus, que morreu depois de levar quatro tiros do advogado Cássio Scatena, da Metalúrgica Alfa, pode sofrer uma reviravolta na próxima semana. Cinco novas testemunhas dizem que o operário foi brutalmente assassinado pelo advogado. PÁG. 20

EDUCAÇÃO

• Já se encontra na Assessoria Técnica Legislativa — orgão do Executivo — o projeto do Estatuto do Magistério estadual. O governador deverá examiná-lo nos próximos dias, podendo sancioná-lo, transformando-o em lei, como também vetar emendas aprovadas pela Assembléia Legislativa. PÁG. 23

O TEMPO

• Tempo nublado hoje em São Paulo, com períodos de melhoria, sujeito a chuvas esparsas de madrugada e ao entardecer. Temperatura em declínio. Ontem, na Capital, a máxima foi 30 graus e a mínima 17.

Na coluna "AGENDA", pág. 21, a previsão para a Grande São Paulo, litoral e interior do Estado e várias regiões do País

Ônibus urbanos podem parar na terça-feira

Os motoristas, cobradores e fiscais de ônibus urbanos poderão entrar em greve na terça-feira, antevéspera de Finados, caso o aumento salarial de 20% que reivindicam não seja concedido. O delegado regional do Trabalho, Vinícius Torres, comprometeu-se ontem a desenvolver gestões junto a autoridades federais para que o CIP autorize o aumento das tarifas de ônibus para Cr$ 3,00, condição imposta pelos proprietários das empresas para conceder o reajuste.

O presidente da junta governativa do Sindicato, Afonso Teixeira Filho, disse que o órgão "não será responsável pela paralisação". PÁG. 20

Localização de indústrias é definida em lei

O governador Paulo Egídio Martins sancionou ontem a nova lei de Zoneamento Industrial, definindo as diretrizes para o desenvolvimento industrial, a localização, a classificação e o licenciamento de estabelecimentos de fábricas na região metropolitana. Segundo Paulo Egídio, trata-se de uma lei que, definindo o zoneamento industrial, "está automaticamente definindo as áreas de lazer, as áreas reservadas à ocupação domiciliar, as de uso público e, enfim, as áreas reservadas à expansão". A lei assinada ontem teve mais de 40 redações, sendo submetida à Assembléia Legislativa e aprovada. PÁG. 20

Adiada de novo a assembléia dos delegados

Um novo e inesperado adiamento da assembléia extraordinária que iria discutir o aumento de salários da categoria causou ontem estranheza e irritação entre os delegados de polícia do Estado. A assembléia, marcada para o dia 30, próximo, foi transferida para 7 de novembro. O comunicado do adiamento foi feito por telex emitido do gabinete do delegado geral de Polícia e assinado pelo delegado Jorge Miguel, presidente em exercício da Associação dos Delegados de Polícia do Estado. Por causa do adiamento, os membros da Associação estão ameaçando Jorge Miguel com uma interpelação judicial. PÁG. 21

FOLHA DE S.PAULO

Editor Responsável: Boris Casoy • São Paulo, sexta-feira, 2 de fevereiro de 1979 • Um jornal a serviço do Brasil • Ano 57 • N.o 18.202 • Al. Barão de Limeira, 425 • Cr$ 6,00

FUVEST

Nesta edição, lista completa dos 12.253 candidatos classificados para cursos da USP, Unicamp, Unesp e nove escolas particulares. Págs. 29 a 38

Khomeini anuncia a República do Irã

Desde o momento em que o aiatolá Khomeini desembarcou ontem em Teerã, após 15 anos de exílio, o Irã passou a viver, na prática, a dualidade de poderes. Milhões de pessoas saudaram a chegada de Khomeini, o que impediu que ele fizesse de carro o percurso de 32 quilômetros do aeroporto ao cemitério onde estão as vítimas da repressão do xá.

Discursando à nação muçulmana na "praça dos mártires da revolução", junto ao cemitério de Behechte Zahra, o líder xiita indicou o caminho a seguir para a proclamação da República Islâmica no Irã. Este passa, segundo o aiatolá, pela expulsão de todos os estrangeiros do país, derrubada do governo do Bakhtiar e também pela dissolução do "Parlamento ilegal".

O primeiro-ministro Shapour Bakhtiar reiterou ontem que "não haverá dois governos no Irã nem duas legalidades". Contudo, colaboradores do aiatolá informaram que, nos dois próximos dias, Khomeini organizará o Conselho da Revolução Islâmica, que pretende substituir o governo de Bakhtiar na direção do país. Um dos assessores de Khomeini informou que a população iraniana está se armando e o aiatolá advertiu os generais iranianos para que "não fiquem contra o povo". PÁG. 14

O aiatolá Khomeini, líder da oposição iraniana no exílio há 15 anos, desce do avião que o levou ontem a Teerã, onde milhões de pessoas saíram às ruas. UPI

MDB jura mudar a Constituição

O presidente nacional do MDB, deputado Ulisses Guimarães, foi demoradamente aplaudido ontem, na Câmara Federal, na solenidade de posse dos novos deputados quando, em seu juramento, acrescentou rogar a Deus que "daqui a quatro anos, em nosso próximo juramento, seja a Constituição emanada legitimamente da vontade nacional".

O juramento dos novos deputados do MDB foi feito, ainda, com outra ressalva, apresentada pelo líder Freitas Nobre e acompanhada por praticamente toda a bancada oposicionista, acrescentando ao texto regimental a reafirmação da luta pela anistia ampla e pela convocação da Constituinte.

No Senado, depois de quatro reuniões tumultuadas, foi eleita a nova mesa diretora, apenas com arenistas, uma vez que MDB negou-se a participar da direção da Casa ao lado de senadores biônicos. Foi eleito presidente do Senado o arenista baiano Luís Viana Filho.

Na posse dos novos senadores, o MDB também apresentou uma ressalva ao juramento regimental, através do líder Paulo Brossard, ressaltando que a ação do partido visa à plenitude do Estado de Direito.

A divulgação de cartas agita Celam

Uma carta enviada o ano passado (e só ontem divulgada) pelo bispo conservador Alfonso Lopez Trujillo, secretário-geral da conferência do Celam, a d. Luciano Cabral Duarte, arcebispo de Aracaju, tornou mais evidentes as articulações dos conservadores visando a controlar a 3.ª Assembléia Geral do Episcopado Latino-Americano.

A carta, revelada pelo jornal "Uno Más Uno", da Cidade do México — segundo informam nossos enviádos especiais Ricardo Carvalho e Fernando Foch —, além de expressar a preocupação de d. Trujillo com a delegação brasileira ao Celam, também não poupa críticas ao teólogo Leonardo Boff. PÁG. 12

OPINIÃO

* "Perigo no vídeo", editorial, na **Página Dois**; "O inferno da clandestinidade", de Tristão de Athayde, e "Conjurando a realidade" de Newton Rodrigues, na **Página Três**.

EXTERIOR

* O jornalista Moacir Werneck de Castro, depois de passar semanas investigando os mecanismos de poder no Uruguai, revela hoje como age a censura de Montevidéu, vigilante "até mesmo em relação aos boletins de meteorologia". PÁG. 9
* Ao contrário do esperado, o presidente Jimmy Carter e o vice-premiê chinês Teng Hisiaoping terminaram por emitir um comunicado conjunto. A nota soa claramente anti-soviética. Paulo Francis comenta. PÁG. 13

ECONOMIA

* Enquanto os bancos distribuem nota à imprensa informando que o parecer do consultor-geral da República sobre as 8 horas de trabalho dos bancários já teria sido aprovada pelo presidente Geisel, o delegado do Trabalho, Vinicius Torres, ameaçou autuar os bancos que prorrogam habitualmente o horário de seus empregados. PÁG. 42
* O mercado de ações fechou com ligeira baixa ontem, sofrendo também considerável redução no total de negócios. No "open market", o custo do dinheiro atingiu níveis elevados, ficando em média a 7,80% ao mês.

REGIONAL

* As recentes chuvas no Norte do Paraná e região de Assis não foram suficientes para revigorar as lavouras de soja, milho, trigo e algodão, mas trouxeram esperança para os produtores.

ILUSTRADA

* Um balanço do 7.o Festival de Gramado, que ficou comprometido por várias falhas na sua organização e pelo baixo nível da maioria dos filmes apresentados, além das brigas paralelas entre os artistas. Por Jairo Ferreira. PÁG. 49

O TEMPO

* Tempo passando a nublado e sujeito a chuvas esparsas a partir da tarde. A temperatura permanecerá estável. Ontem, na Capital, a máxima foi 21 graus e a mínima 16.

Na coluna "AGENDA", pág. 18, a previsão para a Grande São Paulo, litoral e interior do Estado, várias regiões do País, e a tendência do tempo para este fim de semana.

Congonhas, placas como um paliativo

A instalação de placas defletoras, que reduzem consideravelmente a propagação dos ruídos dos aviões nas operações de pouso e decolagem, foi a solução encontrada pelo futuro ministro da Aeronáutica, Délio Jardim de Matos, para permitir o funcionamento do aeroporto de Congonhas após as 22 horas. Isso contornaria os problemas de poluição sonora, que estão levando a população da área a protestar contra a ampliação do horário noturno do aeroporto

A revelação foi feita ontem em Brasília por fontes do Ministério da Aeronáutica e, segundo as informações, a solução já está em estudos. PÁG. 19

Continua sem pistas a busca ao Boeing-707

Quatro aviões norte-americanos, três japoneses e três navios-patrulha, também japoneses, prosseguem nas buscas ao Boeing-707 cargueiro da Varig, que desapareceu terça-feira na rota Tóquio-Los Angeles com 6 tripulantes e uma carga de 20 toneladas a bordo.

Nenhum sinal do aparelho foi detectado e o mau tempo (fortes chuvas e nuvens baixas) dificulta os trabalhos da equipe de socorro. Enquanto os aviões japoneses procuram vestígios mais próximos à costa, os norte-americanos — entre os quais dois C-130 — operam em alto-mar. PÁG. 8

Bando internacional ia dar golpe de US$ 6 milhões

Tarciso Genta, o chefe de operações da quadrilha no Brasil.

A Delegacia Fazendária do Departamento da Polícia Federal em São Paulo revelou ontem que apreendeu, após um ano de investigações, 600 bônus falsificados, no valor de 6 milhões de dólares, introduzidos no País por uma quadrilha internacional com ramificações na Itália, Panamá e Estados Unidos.

Segundo a Polícia Federal, os bônus faziam parte de um lote espalhado por diversos países, no valor de 125 milhões de dólares, emitidos em nome da Interinvest Trust Inc., do Panamá. Eles seriam alugados por empresários pelo prazo de seis anos, à taxa de 1,5 milhão de dólares.

A Polícia Federal revelou ainda que o grupo, vinculado à Máfia, teria como mentor intelectual Michelle Sindona, "o homem que abalou as finanças do Vaticano". O único brasileiro da quadrilha, o engenheiro Aladir Alves, foi substituído por Tarciso Genta, considerado extremamente hábil e trazido ao Brasil para "dinamizar" as atividades do grupo. PÁG. 19

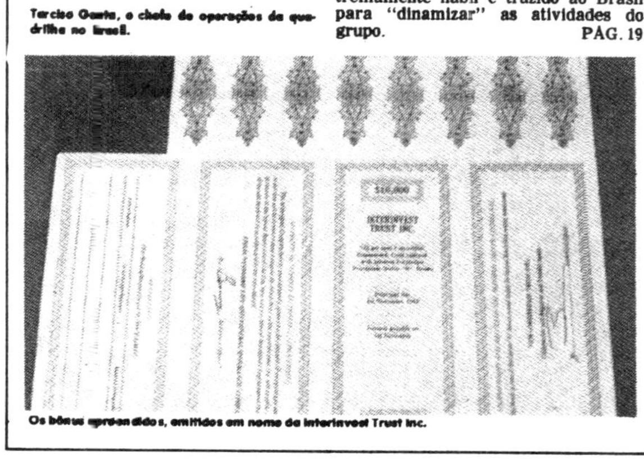

Os bônus apreendidos, emitidos em nome da Interinvest Trust Inc.

Decisão sobre o Prefeito sai no dia 12

O MDB vai decidir dia 12 qual a orientação que sua bancada na Assembléia Legislativa deverá adotar na apreciação do nome do engenheiro Reinaldo Emídio de Barros, indicado pelo futuro governador Paulo Maluf para ser o prefeito da Capital.

A reunião do Diretório emedebista está sendo convocada pelo presidente regional do partido, Natal Gale, e dela deverão participar vereadores da Capital, deputados estaduais e federais e senadores. Ontem, na Assembléia, a indicação do prefeito foi um dos assuntos mais comentados pelos emedebistas. As opiniões sobre a atitude a ser tomada, no entanto, vão da recusa imediata à simples aprovação. PÁG. 4

Na pág. 16, as repercussões da entrevista do prefeito indicado.

OAB quer novo pacto que leve à Constituinte

Ao assumir ontem a presidência da seccional paulista da Ordem dos Advogados do Brasil, Mário Sérgio Duarte alertou para "a hora de novos tempos que se aproxima" e exortou todos os segmentos da sociedade ao diálogo, do qual "surgirá o novo pacto nacional que conduzirá à Assembléia Constituinte, única forma livre e soberana de se chegar ao governo democrático".

Acentuou Mário Duarte que "o governo que se despede do País e o novo que se avizinha falam em restauração do Estado de Direito, mas ainda não é, certamente, o que reclamamos e tantas vezes reivindicamos". PÁG. 7

O circo treina sem a presença do Beatle

O ex-Beatle George Harrison está em São Paulo desde ontem e, apesar do cerco da imprensa, não deu entrevistas nem foi ver os treinos da Fórmula 1 na tarde de ontem em Interlagos.

Segundo a segurança do autódromo, ele só deverá comparecer mesmo no domingo; caso contrário, poderia "tumultuar a área", dado o grande número de jovens fãs presentes aos testes preliminares dos corredores.

Harrison, segundo declarou ao desembarcar no Rio anteontem, veio ao Brasil exclusivamente para produzir fotos das corridas para a capa de seu próximo LP. Ele está hospedado no Hilton, em São Paulo, mas, na tentativa de se manter incógnito, nem mesmo teve seu nome registrado na lisde hóspedes. A partir de hoje, os treinos da Fórmula-1, em Interlagos, passam a ficar mais interessantes. Em duas sessões — às 10 e às 13 horas — os pilotos fazem seus primeiros treinos com cronometragem oficial. Embora os treinos de classificação estejam reservados para amanhã, já será possível hoje ver os pilotos mais empenhados.

Ontem, primeiro dia de acerto das máquinas com cronometragem extra-oficial, o melhor tempo foi de Carlos Reutemann, que fez 2m25s49 com sua Lotus. As Lotus, por sinal, desenvolveram melhor do que as Ligier, que são favoritas.

Os brasileiros não foram bem. Émerson Fittipaldi andou com o F—5A e com o F—6 e sua equipe ainda não chegou a nenhuma conclusão quanto ao carro que será usado na corrida. Ontem, o F—5A fez o melhor tempo entre os dois carros da Copersucar e, mesmo assim, não passou da 12.ª colocação, com 2m30s35. Nélson Piquet, o outro brasileiro, sentiu a contusão no pé e treinou muito mal: pode até ficar fora do Grande Prêmio de domingo. ESPORTES

Émerson Fittipaldi examina o F-6, mas ainda não definiu se correrá com ele domingo.

Até dia 10, os novos preços de combustíveis

Os novos preços para a gasolina — com aumento de 10 a 15% — e demais derivados do petróleo deverão ser anunciados até o dia 10 deste mês, determinando a legislação que regula a matéria que eles entrem em vigor até o dia 18, no máximo. A informação é de fonte governamental, que acrescentou que poderão ser adotadas medidas drásticas caso não haja redução no consumo de combustíveis em função das campanhas publicitárias que deverão ser lançadas nos próximos dias.

Para a fonte, entretanto, pelo menos nesta primeira etapa, não está previsto o racionamento de combustíveis. PÁG. 43

Editor Responsável: Boris Casoy • São Paulo, sexta-feira, 16 de março de 1979 • Um jornal a serviço do Brasil • Ano 58 • N.o 18.244 • Al. Barão de Limeira, 425 • Cr$ 7,00

FOLHA DE S.PAULO ★

SEGUNDO CLICHÊ

Democracia - reafirma Figueiredo

Figueiredo recebe a faixa presidencial das mãos de Geisel, na solenidade no Palácio do Planalto.

Ao assumir o poder, o Presidente renova suas promessas de abertura política e o aceno à conciliação

"Reafirmo: não descansarei até estar plenamente assegurado — sem sobressaltos — o gozo de todos os direitos do homem e do cidadão, inscritos na Constituição."

Esse foi um dos compromissos solenemente assumidos ontem pelo general João Batista Figueiredo, 61 anos, no discurso que pronunciou na cerimônia de transmissão da faixa presidencial, no Palácio do Planalto, depois de empossado no cargo de presidente.

"Reafirmo o meu gesto: a mão estendida em conciliação", disse também o novo presidente. E ainda:

"Reafirmo: é meu propósito inabalável (...) fazer deste País uma democracia."

Ao transmitir o poder, o general Ernesto Geisel, 71 anos, discursou proclamando-se em liberdade para viver a vida pacata de simples cidadão e também para dizer, "quando me apetecer, alto e bom som, o que quiser, inclusive criticar as ações e omissões dos outros".

Logo depois que Geisel deixou o Palácio do Planalto, com os olhos lacrimejantes e ao som da "Valsa do Adeus", Figueiredo deu posse aos seus ministros e atribuiu-lhes as primeiras missões: Murilo Macedo, do Trabalho, vai tentar hoje em São Paulo negociar o fim da greve dos metalúrgicos do ABC; Mário Andreazza segue para o interior da Bahia, para inspecionar as cidades inundadas pelo rio São Francisco; Petrônio Portela começa a redigir o decreto que suspenderá a censura às obras literárias, além de acelerar os estudos finais para a decretação da anistia; e Eduardo Portela vai ao Rio, na esperança de acabar com a greve dos professores cariocas.

A festa da posse, em Brasília, teve pouca participação popular. Mas, em contrapartida, impôs ao novo presidente um cansativo programa de cumprimentos, cerimônias solenes e até uma festa popular, onde mais uma vez Figueiredo se revelou um homem pouco comprometido com as exigências do protocolo. Este só foi mesmo rigorosamente observado quando ele se encontrou com os presidentes do Paraguai e da Bolívia e com os chefes das missões estrangeiras à sua posse, inclusive a esposa do vice-presidente dos Estados Unidos, sra. Joan Mondale, a quem ofereceu a garantia de que os direitos humanos e o programa nuclear brasileiro não são mais pomo de discórdia a separar os dois países.

Figueiredo já convocou para segunda-feira de manhã a primeira reunião do seu Ministério, oportunidade em que serão definidas prioridades da nova administração federal. Hoje ele completa o processo de nomeação de sua equipe de assessores diretos, inclusive propondo ao Congresso a indicação do coronel Aimé Lamaison para governar o Distrito Federal. O mesmo farão seus ministros, que ontem, ao assumirem, revelaram os pontos principais de suas gestões. Pontos quase exclusivamente administrativos, exceto por duas manifestações de caráter eminentemente político: do ministro do Exército, general Valter Pires, que emprestou solidariedade "aos que, na hora da agressão e da adversidade, cumpriram o duro dever de se oporem aos agitadores e terroristas" e do ministro da Justiça, Petrônio Portela, afirmando que não existe democracia plena, mas que só através da democracia se pode alcançar a justiça e a paz.

*

Cumprindo rigorosamente o horário estabelecido para as cerimônias de posse, o general Figueiredo chegou ao Congresso Nacional às 9h50 de ontem. Às 10h03, prestou o compromisso de praxe ("Prometo manter, defender e cumprir a Constituição, observar as leis, promover o bem geral e sustentar a união, a integridade e a independência do Brasil"), tornando-se o 5.º presidente da Revolução.

Terminada a rápida e simples cerimônia no Congresso, Figueiredo dirigiu-se num Rolls Royce conversível ao Palácio do Planalto, onde receberia a faixa. Pontualmente, às 11 horas, os generais Ernesto Geisel e João Batista Figueiredo desceram a rampa interna do palácio e chegaram ao salão de honra, no 2.º andar. Atrás deles, ficaram os dois vice-presidentes e os antigos e novos ministros; do lado direito, os familiares; à esquerda, os convidados especiais e à frente, as 99 missões estrangeiras que compareceram à posse.

O discurso do general Geisel durou 8 minutos. Recebida a faixa presidencial, Figueiredo fez o seu pronunciamento e depois acompanhou seu antecessor até o pé da rampa principal do palácio, onde se abraçaram e se despediram.

Às 11h45, junto com o vice Aureliano Chaves e respectivas esposas, Figueiredo dirigiu-se ao parlatório, de onde saudou os escolares e populares que se mantinham em frente ao palácio. Manteve depois reuniões separadas com os presidentes da Bolívia e do Paraguai, tirou a primeira foto oficial com seus ministros e foi almoçar às 12h50 na Granja do Torto.

Às 15 horas, o novo presidente participou de uma festa popular no Ginásio de Esportes Presidente Médici, onde discursou de improviso, saudando os 12 mil jovens que ali se encontravam.

Às 21h15, Figueiredo chegou ao Itamarati, onde participou de uma recepção à qual compareceram cerca de 6 mil convidados especiais.

Amplo noticiário nas págs. 4 a 12; comentários e editorial "Intenções reafirmadas" na Página Dois.

Maluf assume sem o MDB

Em duas cerimônias que duraram pouco mais de uma hora — 25 minutos na Assembléia Legislativa e 40 no Palácio dos Bandeirantes — o sr. Paulo Salim Maluf tornou-se ontem o 47.º governador de São Paulo. Apesar de rápidas, as cerimônias foram marcadas por vários incidentes, muitos sorrisos e palmas dos correligionários, protestos e críticas da Oposição e, longe das solenidades, detenções de estudantes e manifestantes, gás lacrimogêneo e cassetetes da polícia.

Paulo Maluf chegou à Assembléia e encontrou apenas os 26 deputados do seu partido, a Arena, já que os 33 do MDB, cumprindo promessa, se retiraram do plenário antes de o novo governador entrar. Os oposicionistas foram para a chamada "sala do café", conversaram e discutiram. Após a saída do governador, voltaram ao plenário e, junto com os deputados da Arena, tomaram posse ontem também.

Na Assembléia, Maluf pronunciou rápido discurso, no qual prometeu que "São Paulo não recuará". Na transmissão do cargo, no Palácio dos Bandeirantes, onde, no anfiteatro, cerca de 2 mil pessoas o esperavam, Maluf arrancou aplausos quando disse: "O filho do imigrante galgou os degraus deste palácio e assume hoje o governo do Estado mais poderoso da Nação."

Paulo Egidio, em seu discurso, não se emocionou demais, como ele próprio temia. "Este é o momento da palavra", disse, "momento em que, transmitindo o cargo ao sr. Paulo Salim Maluf, apresento ao povo de São Paulo minha prestação de contas. Cumpri meu dever no limite de minhas forças. Agi com esforço e probidade; exibo uma de minhas mãos, pesada de realizações".

A alguém que lhe cobrou, em seguida, palavras mais candentes, num fim de governo, o ex-governador se desculpou: "Estou atordoado, a cabeça não ajuda a pensar. É um dia especial, que representa o término de uma missão de quatro anos. Só posso dizer lugares-comuns."

PÁGs. 14, 15 e 16

No encerramento da cerimônia de transmissão de cargo, no Palácio dos Bandeirantes, o governador Paulo Maluf saúda os presentes.

Presidência, "nunca mais"

"Sempre estarei aberto a colaborar, se precisarem de mim, mas ser presidente da República, nunca mais" — disse ontem o ex-presidente Geisel, logo ao chegar a sua residência, em Teresópolis, numa entrevista informal e descontraída, na qual se deixou até fotografar sem paletó e gravata, o que não fizera antes, como chefe da Nação.

De muito bom humor, Geisel brincou com os repórteres: — "estou folgando hoje" — e disse que passará o tempo lendo, jogando biriba, tomando banho de piscina e cuidando do jardim.

Recebido pelo seu ex-assessor de Imprensa Humberto Barreto (que promoveu a aproximação com a imprensa), Geisel afirmou que a maior lição que aprendeu na Presidência foi a humildade: "Sou um homem humilde e de origem humilde. Nunca me empolguei com o poder. Poder para mim é servidão".

PÁG. 6

Veto branco ao prefeito

Depois de defender o direito de o presidente da Câmara Municipal, Euripedes Sales, assumir imediatamente a Prefeitura, a bancada de vereadores emedebistas decidiu ontem não mais trocar correspondência com o prefeito Olavo Setúbal, nem receber as leis que envie àquela Casa, pelo fato de insistir em permanecer no cargo até a indicação do engenheiro Reinaldo Barros pelo governador Paulo Maluf.

À noite, os vereadores estiveram reunidos com alguns deputados do MDB na Assembléia, buscando apoio para Euripedes Sales, mas receberam de Robson Marinho a resposta de que o partido quer é a eleição direta do prefeito e não trocá-lo por um correligionário.

De manhã, ao participar de uma homenagem dos auxiliares de Paulo Egidio ao governador que saía, Setúbal criticou o comportamento dos emedebistas, afirmando: "O MDB não sabe o que quer". PÁG. 15

O gabinete de Sadat aceita a paz de Carter

O gabinete egípcio aprovou ontem por unanimidade o texto da minuta do acordo de paz com Israel, proposto pelo presidente dos EUA, Jimmy Carter.

Já seguiram para Washington os ministros da Defesa de Telavive e do Cairo, que deverão trabalhar durante este fim de semana na redação do anexo militar do futuro tratado.

No mundo árabe, os protestos prosseguiam ontem cada vez mais veementes contra a assinatura do tratado, e dois jovens palestinos foram mortos, durante uma manifestação, pelas forças de ocupação israelenses na cidade de Halhoul, na Cisjordânia. PÁG. 29

Metalúrgicos decidem continuar em greve

A Fiesp informou ontem que estenderá o acordo acertado com os 29 sindicatos do Interior a todos os metalúrgicos, caso haja a volta ao trabalho a partir de hoje, mas as assembléias gerais realizadas na região do ABC decidiram manter a paralisação.

A greve no ABC entrou ontem em seu terceiro dia sem que qualquer acordo fosse obtido. As empresas comunicaram que o comparecimento às fábricas aumentou ontem, informação negada contudo por Luís Inácio da Silva, presidente do Sindicato dos Metalúrgicos de São Bernardo.

Perante cerca de 80 mil metalúrgicos que foram ontem novamente ao estádio de Vila Euclides, Lula disse que "os trabalhadores não podem amolecer diante da intransigência dos patrões, não pensando somente em nós mesmos mas em nossos filhos e esposas, que merecem melhores condições de vida". Na ocasião, o líder sindical voltou a condenar com veemência a intervenção policial, pois foram inúmeras as reclamações de operários que diziam terem sido espancados.

Em Santo André e São Caetano, as assembléias também rejeitaram as propostas da Fiesp. Enquanto a greve terminava em Santa Bárbara D'Oeste, era deflagrada ontem em Jundiaí. Em São José dos Campos continuou a paralisação das grandes indústrias. PÁGs. 36 e 37

Irmã Maurina aponta Fleuri como torturador

Ao depor ontem na 2.ª Auditoria Militar de São Paulo, a irmã Maurina Borges da Silveira, banida do País em 1970 em troca do cônsul japonês sequestrado em São Paulo, denunciou que foi torturada na delegacia de Ribeirão Preto, onde esteve presa em 1969, e apontou o delegado Sérgio Paranhos Fleuri, atual diretor do Deic, como um dos seus algozes.

Irmã Maurina, acusada de atividades subversivas, deixou o País contra sua vontade e retornou do exílio sexta-feira passada. Ao relatar as torturas ao juiz-auditor, disse: "Não guardo ressentimentos contra ninguém, nem mesmo contra os torturadores."

PÁG. 19

FOLHA DE S.PAULO

Editor Responsável: Boris Casoy • São Paulo, quarta-feira, 22 de agosto de 1979 • Um jornal a serviço do Brasil • Ano 58 • N.o 18.403 • Al. Barão de Limeira, 425 • Cr$ 10,00

"Projeto da anistia é intocável"

Foto Jorge Araujo

Durante as manifestações na praça da Sé, a pomba branca pousa na faixa que pede a aprovação, hoje, de uma anistia mais generosa.

Na véspera da votação pelo Congresso, hoje, uma clara recomendação do Governo

O Palácio do Planalto informou ontem aos líderes arenistas que, "se a emenda do deputado Djalma Marinho, tornando ampla a anistia, for aprovada, o presidente veta o projeto".

Essa mesma informação foi transmitida, de forma indireta, pelo ministro da Comunicação Social, Said Farhat, aos repórteres, ao afirmar que "o presidente tem interesse em ver aprovado o projeto como saiu da comissão com as emendas do relator", e ao acrescentar que "o governo já transigiu o que foi possível".

Os debates no Congresso em torno do projeto foram realizados ontem em duas sessões, pela manhã e à tarde. Hoje, o projeto será votado e, de acordo com o ministro da Justiça, Petrônio Portela, que desmentiu suas próprias declarações da véspera, o governo "usará sua influênciia sobre sua maioria" para que o substitutivo do relator Ernâni Sátiro seja aprovado sem mais emendas.

O Congresso ontem viveu um dia agitado. Enquanto dirigentes e líderes emedebistas tentavam convencer a liderança da Arena quanto à necessidade de que ao menos a emenda do deputado Djalma Marinho fosse aprovada, os arenistas mantinham sua posição inflexível em torno do substitutivo Sátiro.

Nos debates, assistidos por cerca de mil pessoas que lotavam as galerias, houve diversos incidentes, inclusive uma tentativa de agressão do deputado arenista Anísio Sousa contra o emedebista Fernando Lira.

Manifestações

Enquanto cinco mil pessoas realizavam, na praça da Sé, em São Paulo, uma manifestação pacífica em favor da anistia ampla, geral e irrestrita, dois indivíduos não identificados dispersaram, com bombas de efeito moral, uma concentração semelhante de mais de mil pessoas realizada em Brasília, na rampa de acesso ao Congresso, atingindo vários parlamentares e uma jornalista. Perto de Aracatu, um ônibus que trazia 20 familiares de presos políticos a Brasília teve um dos pneus furado por um tiro, também desferido por desconhecidos, que fugiram.

Em Belo Horizonte, tropas de choque da PM dispersaram, a bombas de gás lacrimogêneo e cassetetes, os manifestantes de um ato público pela anistia ampla, quando estes se preparavam para iniciar uma passeata. Em Juiz de Fora, quatro estudantes foram presos quando pichavam muros. PAGs. 4 e 5

Leia editorial "Esquecimento do futuro" na Página Dois.

Cals propõe gasolina a Cr$14,80

A gasolina comum poderá passar a Cr$ 14,80 o litro segunda-feira. Proposta neste sentido foi defendida ontem, pelo ministro das Minas e Energia, César Cals, junto ao ministro do Planejamento, Delfim Neto. Foi sugerido também, que a gasolina azul passe a custar Cr$ 19,50 o litro e o gás liquefeito de petróleo Cr$ 152,00 o botijão de 13 quilos. Caso o Ministério do Planejamento ratifique esta proposta de Cals, o Conselho Nacional de Petróleo anunciará oficialmente as majorações na sexta-feira.

Leite sobe 6.ª feira

A partir de sexta-feira, o litro de leite tipo "C" passará a ser vendido a Cr$ 7,80 (atualmente está a Cr$ 7,00). A decisão foi anunciada ontem pelo secretário nacional do Abastecimento, Francisco Vilela, que a justificou com os argumentos de que "é preciso estimular a pecuária de leite, além do fato de que o aumento do óleo diesel encareceu o transporte do produto"

Carne, mil a arroba

O preço da arroba do boi chegou ao nível recorde de mil cruzeiros, segundo informaram pecuaristas que participaram, na tarde de segunda-feira e manhã de ontem, de uma reunião da Associação dos Criadores de Zebu, em Uberaba. Esta alta terá reflexos a curto prazo sobre o preço para o consumidor.

Havana pede o "know-how" para álcool

Uma alta fonte do Itamarati revelou ontem que funcionários do governo cubano realizaram gestões junto a diplomatas brasileiros, no sentido de que os governos dos dois países troquem informações e experiência técnica no setor de álcool. Segundo o diplomata, esses contatos foram iniciados em abril, durante um encontro em Buenos Aires, no âmbito do Grupo Especial de Países Latino-Americanos e do Caribe Exportadores de Açúcar (Geplacea).

Embora o governo brasileiro aja com muita cautela ao tratar das relações com Cuba, a fonte prevê que a resposta poderá ser dada durante a próxima Conferência dos Países Não-Alinhados, a ser instalada na próxima semana em Havana. PAG. 19

Bolo nuclear é indivisível, diz Alemanha

Contradizendo recentes declarações do governo brasileiro, o ministro alemão da Economia, Otto Lambsdorff, garantiu ontem em Brasília que o acordo nuclear Brasil-Alemanha é "indivisível", pois "adquirir o ciclo do combustível sem adquirir o total das usinas (oito) não teria o menor sentido econômico".

Lambsdorff, que foi recebido pelo presidente Figueiredo, revelou que a possibilidade de se firmar um acordo bilateral no campo do carvão será debatida na próxima reunião da Comissão Mista Brasil-Alemanha, em Bonn, ficando também acertado que o governo brasileiro enviará à RFA alguns técnicos.

O biomédico é aprovado com ressalva

"Os atuais portadores de diploma de Ciências Biológicas, modalidade médica, e os que venham a concluir o mesmo curso até julho de 1983, poderão realizar análises clínico-laboratoriais" Com esse texto, a Câmara dos Deputados aprovou ontem, em Brasília, o projeto de lei que regulamenta as carreiras de biólogos e de biomédicos, assegurando e limitando aos já formados e aos estudantes matriculados o exercício da profissão.

O projeto de lei cria também o Conselho Federal e os Conselhos Regionais de Biologia e Biomedicina, que ficarão vinculados ao Ministério do Trabalho. PAG. 14

Videla repele ingerência de Washington

A questão dos direitos humanos continua provocando sérios atritos entre Buenos Aires e Washington. Ontem, a chancelaria argentina emitiu uma dura nota, afirmando que "o governo do general Videla conhece perfeitamente as suas atribuições e responsabilidades e não precisa de opiniões ou dos conselhos de Estados estrangeiros na condução de seus assuntos internos".

A tensão entre Argentina e Estados Unidos começou a aumentar quando o porta-voz do Departamento de Estado, Tom Reston, manifestou a preocupação norte-americana com a perseguição policial, em Buenos Aires, aos grupos que coligiam documentos para a visita da Comissão da OEA. PAG. 8

Familiares, colegas e habitantes de Divinópolis acompanharam o enterro de Benedito Gonçalves.

No Irã, vinte rebeldes curdos são executados

Vinte curdos presos durante os recentes combates entre forças governamentais e os rebeldes que lutam pela autonomia da região curda, no Noroeste do Irã, foram condenados à morte e executados ontem, sob a acusação de "corrupção e guerra contra Deus e o povo"

O procurador dos tribunais de Teerã, aiatolá Azeri Qomi, por sua vez, confirmou ontem que mais 26 jornais e revistas foram fechados nas últimas 48 horas, entre eles o órgão oficial do Partido Comunista iraniano (pró-soviético). PÁG. 9

Brizola requer segundo 'habeas' junto ao Supremo

O advogado Wilson Mirza deu entrada ontem, no STF, a um segundo pedido de habeas-corpus em favor do ex-governador gaúcho Leonel Brizola, desta vez visando anular a condenação de 11 anos de reclusão que lhe foi imposta pela Auditoria Militar de Juiz de Fora (MG), em consequência de seu envolvimento com a "guerrilha de Caparaó".

Como no pedido anterior, ainda em tramitação no STF, Mirza alega "defeito de citação", tese que conta com jurisprudência favorável. O advogado pede o "fim à coação ilegal" a que Brizola está sujeito desde 1967. PAG. 6

O metalúrgico foi sepultado em Divinópolis

Em ambiente de forte tensão emocional, foi enterrado ontem em Divinópolis o operário metalúrgico Benedito Gonçalves, ferido em choque com a polícia durante as greves em Minas. O operário estava em estado de coma desde o dia 13, quando teve a base do crânio esmagada, e morreu anteontem às 11h45.

Para a polícia, o ferimento foi provocado por um ciclista que teria atropelado o operário durante manifestação. Alguns operários que estavam próximos de Benedito quando foi ferido garantem, entretanto, que ele foi brutalmente golpeado por policiais armados de cassetetes. PAG. 18

Siderurgia terá Cr$120 bilhões para expansão

O presidente da Siderbrás, Henrique Brandão Cavalcanti, revelou ontem que o programa de expansão das usinas siderúrgicas já instaladas e a execução de novos projetos, como Tubarão e Açominas, representarão investimentos de 120 bilhões de cruzeiros no próximo ano — o maior orçamento que a siderurgia brasileira já teve.

Cavalcanti assegurou que o cronograma de instalação de Tubarão será acelerado, ao contrário das previsões iniciais, e explicou que o próximo ano será marcado por um aumento de recursos em todos os projetos; daí, a quase triplicação das verbas para a siderurgia. PAG. 20

Ainda este ano o Papa poderá visitar Pequim

O papa João Paulo 2.º fará uma escala em Pequim durante sua viagem às Filipinas, prevista para o final deste ano. Fortes rumores neste sentido têm circulado nos últimos dias em Roma, sobretudo após o aceno feito pelo Sumo Pontífice, no domingo, sobre um possível restabelecimento das relações entre o Vaticano e a Igreja Católica independente da China.

Embora a Santa Sé ainda mantenha relações diplomáticas com Formosa, comenta-se que João Paulo 2.º poderá visitar Pequim oficialmente como soberano do Estado do Vaticano

Comentário de nosso correspondente em Roma, **Pedro Del Picchio** na pág. 10

Nossa seleção chega otimista a Buenos Aires

A seleção brasileira de futebol já está em Buenos Aires e o técnico Cláudio Coutinho mostra-se muito otimista em relação ao jogo de amanhã à noite contra a Argentina, pela decisão do Grupo 2 da Copa América, pois pela primeira vez poderá contar com sua melhor equipe. No treino realizado ontem de manhã no Rio de Janeiro, Falcão e Tita, que eram os únicos problemas, mostraram ter condições de jogo.

Os argentinos, por sua vez, estão divididos: uns, como o capitão Passarella, não acreditam na força do futebol brasileiro; outros, como o técnico Sacchi, vêem o jogo com preocupação. ESPORTES

FOLHA DE S.PAULO ★

SEGUNDO CLICHÊ

Editor Responsável: Boris Casoy • São Paulo, sábado, 26 de abril de 1980 • Um jornal a serviço do Brasil • Ano 59 • N.º 18.651 • Al. Barão de Limeira, 425 • Cr$ 15,00

Malogra operação-resgate no Irã

Os EUA perdem oito homens, dois helicópteros e um Hércules na acidentada tentativa de resgatar os reféns da embaixada americana em Teerã; Carter assume toda a responsabilidade pela ação

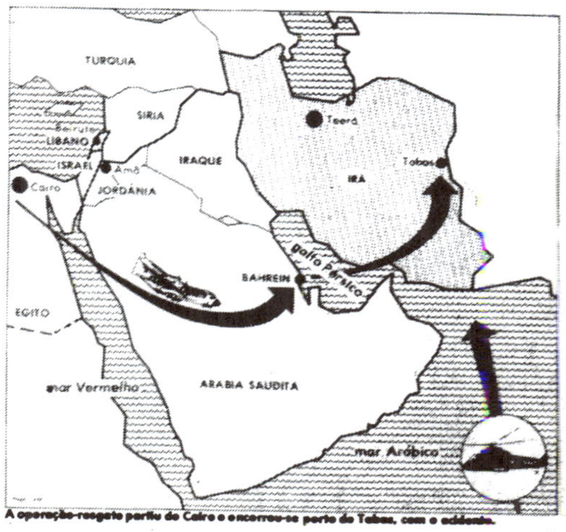

A operação-resgate partiu do Cairo e encerrou-se perto de Tabas, com o acidente.

Carter fala na TV, assumindo inteira responsabilidade pela operação. AP

Diante dos portões da embaixada norte-americana em Teerã, uma multidão festeja o malogro do resgate, gritando "slogans" contra os Estados Unidos e Carter. UPI

Fracassou ontem uma operação de resgate dos reféns norte-americanos em Teerã, desencadeada durante a madrugada por um comando conjunto da Força Aérea e da Marinha dos Estados Unidos. O presidente Jimmy Carter assumiu a responsabilidade pelo malogro da operação e informou que oito fuzileiros navais morreram e dois helicópteros RH-53 e um avião de transporte Hércules C-130 foram destruídos.

Em discurso à nação, às 7h da manhã, por uma rede de televisão, Carter disse que a operação fora decidida logo após a ocupação da embaixada dos EUA em Teerã, no dia 4 de novembro, e posta em prática agora porque se esgotaram todas as tentativas pacíficas de libertação.

O presidente norte-americano acrescentou que a ação não tinha caráter militar e sim "humanitário" e elogiou a "bravura" dos oito soldados mortos — todos eles deixados no Deserto da Morte, perto da cidade de Tabas, cerca de 600 quilômetros a Sudeste de Teerã.

Segundo Carter, fizeram parte do comando oito helicópteros RH-53 que se encontravam no porta-aviões "Nimitz" (que navegava no mar da Arábia) e dois Hércules C-130, que levantaram vôo de uma base aérea perto do Cairo. Os aparelhos se encontraram em Tabas, perto da fronteira com o Afeganistão e o Paquistão.

O secretário da Defesa, Harold Brown, informou que os oito fuzileiros morreram no choque entre um Hércules e um helicóptero, depois que dois outros helicópteros já haviam apresentado "falha técnica", provocando o cancelamento da operação.

O governo iraniano, contudo, refuta os dados norte-americanos. Segundo o alto comando militar do Irã, cinco helicópteros e dois aviões de transportes Hércules foram destruídos e se encontram em poder do Exército perto de Tabas. Além disso, afirmou, "entre 600 e 700 fuzileiros navais e agentes da CIA" participaram da ação, dos quais "dezenas foram mortos" e vários outros deixados para trás, vivos, vagando pelo deserto. Teerã considerou a operação "um ato de guerra" e advertiu que todos os reféns serão mortos e "a região inteira incendiada" se novo "ato estúpido" como esse vier a ocorrer.

Preocupação no Brasil

No Rio, fontes da Petrobrás disseram que o Brasil não tem condições de substituir, no mercado internacional, os 60 mil barris de petróleo que importa diariamente do Irã. PAGs. 6, 7 e 8

Carter quase faz a guerra

Paulo Francis,
de Nova York

Jimmy Carter brincou com fogo na madrugada de ontem no Irã. Queimou a vida de 8 soldados americanos (deixados aos urubus no deserto de Tabas, perto de Teerã), 8 helicópteros e 1 Hércules C-130.

Foi uma exibição de planejamento e execução carterianas. Levou o deputado democrata Henry Reuss, de Wisconsin, o poderoso presidente da Comissão de Finanças da Câmara, a sugerir que o presidente voltasse ao mister de armazenar e revender amendoim, desistindo de um segundo mandato.

Se a missão americana era, como afirma Carter, salvar os reféns, é uma felicidade que tenha fracassado, pois caso contrário o mundo correria o risco de uma conflagração regional e de uma confrontação nuclear entre os EUA e URSS.

Nenhum exagero. Não há maneira de os 90 soldados de elite que o governo dos EUA afirma ter enviado para soltar os reféns penetrarem no complexo de prédios que é a embaixada americana em Teerã, sem um conflito assassino com os 150 militantes armados que guardam os reféns, numa das zonas mais populadas da cidade. Teerã não é um aeroporto aberto como Entebbe... Se os reféns fossem assassinados, o que é provável, o emocionalismo aqui obrigaria Carter a uma retaliação à la Vietnã, bombardeando o Irã. (Continua na pág. 6)

Dos correspondentes

Pedro Del Picchia, de Roma, entrevista por telefone o chefe do Estado-Maior das Forças Armadas iranianas, em Teerã. PÁG. 7

Osvaldo Peralva, de Tóquio, mostra a grande surpresa com que o governo japonês recebeu a notícia da operação. PÁG. 8

J.B. Natali, de Paris, fala sobre a incontida exasperação do governo francês diante do episódio. PÁG. 8

Mauro Santayana, de Madri, escreve sobre a preocupação da chancelaria espanhola com a reação do Irã. PÁG. 8

Cláudio Abramo, de Londres, comenta a exortação do gabinete britânico aos EUA e Irã para que evitem um conflito maior. PÁG. 8

Opinião

*Em "A Igreja socialista", o senador Jarbas Passarinho define a sua opinião sobre o envolvimento de sacerdotes em questões temporais, sobretudo políticas. **Página Três**

*Dalmo Dallari, em "Ao povo o que é do povo", relata pormenores de sua prisão e diz um basta "aos violentos, aos arbitrários, aos incompetentes, aos oportunistas" **Página Três**

Nacional

*Falando ontem em Cachoeira do Sul (RS), o presidente Figueiredo pediu "àqueles que se opõem ao governo" que "façam uma oposição consciente, que venha nos ajudar a produzir e a melhorar", acrescentando só ter "uma obstinação", no campo político, a de "terminar meu mandato com uma democracia de que nos possamos orgulhar" e entregar o governo a seu sucessor com "a segurança de que a nossa organização política estará, então, já aperfeiçoada". PÁG. 5

Exterior

*Fontes do governo colombiano garantiram ontem, em Bogotá, que o comando do M-19 está pronto para viajar a Havana, pondo fim ao sequestro de diplomatas na embaixada da República Dominicana. PÁG. 9

*Napoleón Vilaboa, líder da comunidade de cubanos de Miami, afirmou ontem que o presidente Fidel Castro permitirá que todos os descontentes com seu regime deixem o país. PÁG. 9

Local

*O prefeito de Franco da Rocha, Donald Salvazoni, morreu ontem, vítima de um acidente ocorrido em Pedro de Toledo, onde seu carro foi colhido por um trem da Fepasa. PÁG. 10

Economia

*A Bolsa de Valores de São Paulo fechou em baixa de 2,9% ontem, movimentando Cr$ 315,46 milhões. No "open market", as operações "overnight" apresentaram as seguintes taxas médias: 0,45% para LTN e 0,50% ao mês para ORTN. PÁG. 19

*O presidente em exercício do Banco Central, Antonio Chagas Meireles, revelou ontem, no Rio, que "dentro de dez a quinze dias" será editada uma nova regulamentação da Resolução 610 do Conselho Monetário, que altera as alíquotas do Imposto sobre Operações Financeiras (IOF). PÁG. 21

Ilustrada

*Uma série de incidentes, como o atraso do guitarrista americano Joe Pass e o pouco tempo destinado aos instrumentistas brasileiros, terminou impedindo ontem a realização do "guitar summit" e transtornou toda a programação do segundo dia do Festival de Jazz. PÁG. 25

O tempo

*Bom, em São Paulo, com nebulosidade parcial. Névoa úmida pela manhã e no fim da tarde, prejudicando a visibilidade nas regiões serranas. Temperatura estável. A máxima ontem foi 22,7 graus e a mínima 14,6.

Na coluna "Agenda", pág. 13, a previsão para a Grande São Paulo, litoral e interior do Estado e várias regiões do País e a tendência do tempo para amanhã.

As oposições não aceitam adiar eleição

Dirigentes e líderes dos quatro partidos oposicionistas procuraram ontem, em Brasília, o gabinete da presidência do PDS, no Congresso, para comunicar sua decisão de rejeitar qualquer fórmula que vise ao adiamento das eleições de novembro e prorrogação de mandatos dos atuais prefeitos e vereadores. Recebidos pelo secretário-geral da agremiação situacionista, Prisco Viana, os oposicionistas pediram apoio para a elaboração de normas que possam tornar possível o pleito.

Prisco Viana respondeu ao PMDB (Ulisses Guimarães, Paulo Brossard e Freitas Nobre), PP (Tancredo Neves, Gilvan Rocha e Tales Ramalho), PTB (Alceu Colares) e PT (Ademar Santilo) que levará a questão à Comissão Nacional Provisória do seu partido e ao ministro da Justiça, Abi Ackel.

PÁG. 4

Motoristas de ônibus podem parar no dia 5

Em duas sessões separadas, cerca de 1.500 motoristas e cobradores de ônibus urbanos de São Paulo, Osasco e Itapecerica realizaram ontem assembléia geral para avaliar as negociações que vêm mantendo com o sindicato patronal, sobre aumento de salário e outras reivindicações, a vigorar a partir de 1.º de maio.

Cerca de vinte oradores falaram na assembléia, dos quais apenas um foi contra a deflagração de uma greve, no dia 5 de maio, caso a principal solicitação — aumento de Cr$ 2 mil acima do Indice Nacional de Preços ao Consumidor (INPC) — não seja atendida.

Também ontem, representantes de empresas de ônibus estiveram com o ministro do Trabalho. PÁG. 11

Proibida outra vez assembléia na praça

Todos os locais públicos do ABC — inclusive as praças fronteiras às igrejas — estão proibidos para a realização de assembléias, segundo nota oficial emitida ontem pelo Departamento Estadual de Ordem Política e Social. Com isso, não será possível a realização da assembléia dos metalúrgicos de São Bernardo na praça da matriz, hoje, às 10 horas. E, até o fim da noite de ontem, os metalúrgicos não haviam decidido que posição adotar, embora a tendência fosse deslocar as assembléias para o interior das 23 igrejas da região, o que é permitido. Segundo o secretário de Segurança, Otávio Gonzaga Júnior, a decisão do Deops obedece a "ordens superiores". Também foi proibido o "show" de música popular marcado para amanhã no estádio de Vila Euclides, em São Bernardo.

Ontem, foi quebrada a incomunicabilidade de Luís Inácio da Silva, Lula, que recebeu a visita de sua mulher, Marisa. O líder sindical contou que está sendo bem tratado, mas Marisa evitou retransmitir à imprensa qualquer declaração do marido sobre a greve no ABC, que entra hoje no seu 26.º dia com o seguinte quadro: praticamente encerrada em Santo André, segundo o ministro Murilo Macedo (dado esse contestado pelo Comando de Greve) e, ainda segundo o ministro, em lenta diminuição em São Bernardo.

A greve provocou, de acordo com a Anfavea, prejuízos — só à indústria automobilística — da ordem de 18,5 bilhões de cruzeiros, relativos aos 64 mil veículos que deixaram de ser produzidos nos primeiros 18 dias de paralisação, quando foi feita a avaliação. PAGs. 17 e 18

Leia a opinião da "Folha" no editorial "Faturando o ABC", na Página Dois.

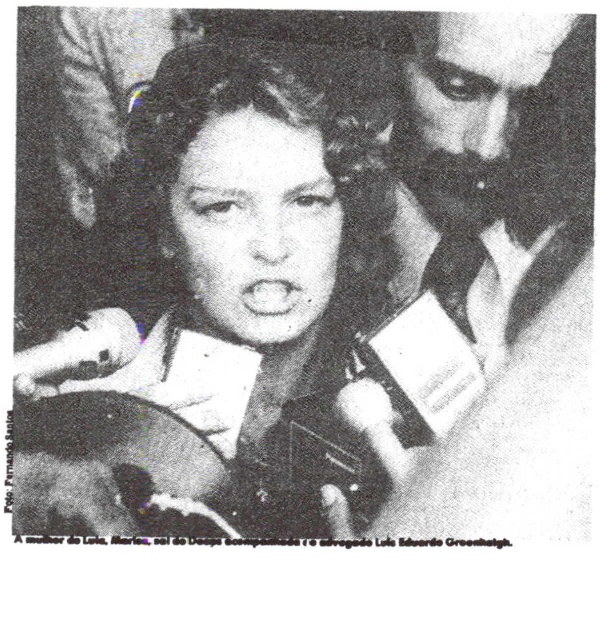

Foto: Fernando Santos

A mulher de Lula, Marisa, sai do Deops acompanhada e o advogado Luís Eduardo Greenhalgh.

Justiça exige os nomes no caso da Vale

O juiz Armindo Guedes, da 6.ª Vara Federal, determinou ontem à Bolsa de Valores do Rio de Janeiro que divulgue a relação de todos os compradores de ações da Vale do Rio Doce entre os dias 4 e 11 de março. Nas informações anteriormente encaminhadas à 6.ª Vara, a Bolsa havia relacionado apenas as boletas que contêm os códigos das corretoras e clientes que participaram da compra de ações.

O advogado Paulo da Mata Machado — que está movendo ação popular contra o ministro da Fazenda, o presidente do Banco Central e os dirigentes da Bolsa do Rio —, ao saber da notícia, disse que este não é um caso de segurança nacional, que exija sigilo, e sim um problema de moralidade pública.

Por outro lado, o sigilo continua na Comissão de Valores Mobiliários, que não vai divulgar nada até o fim do inquérito sobre o caso Vale. PÁG. 21

Telê convoca a Seleção para o jogo do feriado

Em um clima de muita confusão no 4.º andar do prédio da CBF, no Rio, o técnico Telê Santana anunciou ontem à tarde os nomes dos 16 convocados da seleção brasileira de futebol que, a 1.º de maio, vai enfrentar um combinado mineiro em Brasília. A equipe titular está escalada: Carlos, Nelinho, Amaral, Luisinho e Júnior; Toninho Cerezo, Sócrates e Renato; Paulo Isidoro, Serginho e Zé Sérgio. Para a reserva foram chamados Raul, Rondinelli, Pedrinho, Mendonça (do Botafogo RJ) e João Paulo.

Hoje, às 16 horas, no Morumbi, o Corintians enfrenta novamente o Vitória, pela Taça de Ouro. Há muita expectativa, pois no jogo anterior, segunda-feira, a equipe paulista venceu a equipe baiana por 6 a 2. ESPORTES

FOLHA DE S.PAULO

Editor Responsável: Boris Casoy • São Paulo, sexta-feira, 4 de julho de 1980 • Um jornal a serviço do Brasil • Ano 59 • N.º 18.720 • Al. Barão de Limeira, 425 • Cr$ 15,00

Do campo de Marte ao encontro no Morumbi, milhões aplaudem João Paulo 2º

Fotos Antônio Pirozelli e Jorge Araújo

Na maior manifestação pública já ocorrida em São Paulo, 1,5 milhão de pessoas foram ontem cedo ao campo de Marte para assistir à missa rezada por João Paulo 2.º. O Papa ficou tão emocionado que teve de interromper a leitura da homilia por doze minutos.

Papa reclama justiça para o trabalhador

Opinião

* "O Papa e a ameaça nuclear", de Paulo de Tarso Santos, e "De 1945 a 1980", de Tristão de Athayde. Página Três

Nacional

* Durante visita que fez ontem ao Interior de Mato Grosso, o presidente Figueiredo reafirmou a disposição de seu governo em dar prioridade à agricultura. PÁG. 4

Exterior (dos correspondentes)

* Osvaldo Peralva informa de Tóquio que o governo japonês já admite reconhecer a autoridade do primeiro ministro Samrin no Camboja. PÁG. 15

* Mauro Santayana, de Madri, comenta a visita do premiê francês Raymond Barre à Espanha. PÁG. 15

Direto do "Le Monde"

* O jornal parisiense informa sobre o descontentamento operário na Polônia e registra a ocorrência de greves nas cidades de Ursus e Tozew. PÁG. 15

Local

* As tarifas dos ônibus interestaduais e internacionais terão reajuste de 10,68%, a partir de segunda-feira, de acordo com informações do Departamento Nacional de Estradas de Rodagem. A viagem São Paulo-Rio, com o aumento, passará a custar Cr$ 320, em ônibus comum, e Cr$ 640, em ônibus-leito. PÁG. 17

* O deputado federal Horácio Ortiz, engenheiro e candidato a presidente da chapa de oposição na eleição do Sindicato dos Engenheiros no Estado de São Paulo, solicitou, em medida cautelar apresentada à Justiça Federal, o resguardo das cédulas e todos os documentos do pleito, até que seja apreciado seu recurso quanto à validade da votação, encerrada anteontem. PÁG. 17

Educação

* A criação de uma entidade nacional de docentes será discutida e poderá ser aprovada durante o Encontro Nacional Extraordinário de Associações de Docentes Universitários, amanhã e domingo, no Rio de Janeiro. PÁG. 19

Economia

* A Bolsa de Valores de São Paulo não funcionou ontem. Na Bolsa do Rio, a alta registrada foi de 0,7%, com um volume negociado de Cr$ 1.015 milhões. No "open market", os financiamentos por um dia em LTN foram à taxa média de 18,8% ao ano e em ORTN de 21%. PÁG. 21

Esportes

* O técnico Osvaldo Brandão, do Palmeiras, disse ontem que não pretende sair de São Paulo no momento, ao comentar a notícia de que seria convidado para dirigir a seleção do Peru. PÁG. 24

Ilustrada

* "Totus Tuus", crônica de Flávio Rangel. PÁG. 31

* O caricaturista e escritor Benedito Barros Barreto, o Belmonte, criador do personagem "Juca Pato" está sendo homenageado pela Secretaria Municipal de Cultura com exposição de obras, debates e a inauguração de uma biblioteca infanto-juvenil com o seu nome. PÁG. 31

O tempo

* Nublado em São Paulo, com chuviscos esparsos no decorrer do período. Névoa úmida pela manhã. Temperatura estável; a máxima ontem foi 13,4 graus e a mínima 11,4.

Na coluna "Agenda", pág. 16, a previsão para a Grande São Paulo, Litoral, Interior do Estado, várias regiões do País e a tendência do tempo para amanhã

Foto Adalberto Marques

No estádio do Morumbi, João Paulo 2.º falou sobre problemas econômicos e sociais a 140 mil trabalhadores, numa noite fria e sob chuva.

"A economia só será viável se for humana, para o homem e pelo homem" — afirmou ontem à noite o papa João Paulo 2.º, ao discursar para 140 mil trabalhadores no estádio do Morumbi. Defendendo o trato das questões econômicas com o verdadeiro espírito cristão, o Papa disse ser irrealista e inadmissível "esperar que a solução dos problemas do salário, da previdência social e das condições de trabalho brote de uma espécie de extensão automática de uma ordem econômica".

Na ocasião, João Paulo 2.º condenou a luta de classes, enfatizando que "a fórmula cristã para criar uma sociedade justa" consiste em "os diversos centros do poder e os diferentes representantes da sociedade serem capazes de se unir, de coordenar os próprios esforços e de chegar a um acordo sobre programas claros e eficazes".

Classificou como "uma exigência legítima" a elevação dos salários, "até o ponto em que se possa dizer que o trabalhador participa real e equitativamente da riqueza para cuja criação ele contribui solidariamente na empresa, na profissão e na economia nacional". E advertiu que "o poder não deverá nunca servir para proteger os interesses de um grupo em detrimento dos outros".

Minutos antes, o Papa ouvira os trabalhadores gritarem "Liberdade! Liberdade!" quando, em sua saudação, o operário metalúrgico Valdemar Rossi lembrou, chorando, a morte dos colegas Santo Dias da Silva e Raimundo Ferreira Lima, e manifestou o desejo de que "o trabalhador rompa a barreira imposta pelo sistema político que nos governa e se torne agente das transformações sociais".

Procedente do Rio, o Papa foi recebido de manhã por 25 mil pessoas no aeroporto de Congonhas e ovacionado por 500 mil, em todo o trajeto até o campo de Marte. Ali, perante 1 milhão e 500 mil fiéis, exaltou o beato José de Anchieta e teve seu discurso interrompido por aclamações que se estenderam por doze minutos, quando recordou ter recebido, ainda em Roma, o título de "Cidadão Paulistano".

Do campo de Marte, o Papa seguiu de helicóptero para o colégio Santo Américo, onde abençoou mil crianças, pregando-lhes o amor a Deus, "para o mundo dos homens se tornar melhor e não haver tantos meninos e meninas sem ter o que comer e sem escolas".

Depois do almoço, João Paulo 2.º seguiu para o ginásio do Ibirapuera, onde, falando a dez mil religiosas, elogiou o esforço de renovação de suas ordens, mas advertiu para "o radicalismo sócio-político, que mais tarde ou mais cedo se demonstra inoportuno".

A seguir, o Papa dirigiu-se ao Morumbi, onde falou aos trabalhadores, que o ovacionaram com intensidade.

À noite, no mosteiro São Geraldo — onde está o colégio Santo Américo — ainda falou a religiosos católicos, ortodoxos e israelitas.

Hoje, João Paulo 2.º viaja às 8 horas para Aparecida, que estará aberta à entrada de automóveis até que se lotem os estacionamentos. Após rezar missa de sagração da basílica, o Papa desloca-se para Porto Alegre, onde, no final da tarde, rezará missa na catedral metropolitana, indo repousar na Cúria local.

PÁGs. 5 a 14

Leia a opinião da "Folha" no editorial "Uma advertência concreta", na Página Dois.

Moscou quer o diálogo, diz Schmidt

O chanceler da Alemanha Ocidental, Helmut Schmidt, declarou ontem no Parlamento que a União Soviética está disposta a negociar suas divergências com o Ocidente e que abrandou sua posição sobre a limitação de armas nucleares na Europa.

Segundo o chanceler alemão, que acaba de regressar de uma visita oficial a Moscou, a sugestão soviética representa importante mudança na política do Kremlin — que já não exige dos aliados ocidentais um recuo em sua decisão de instalar mísseis (norte-americanos) na Europa Ocidental antes do início dessas conversações.

Em Bruxelas, o secretário-geral da Organização do Tratado do Atlântico Norte (Otan), Joseph Luns, disse que os aliados "continuarão a modernização de suas forças nucleares" embora as propostas soviéticas sobre a redução dos mísseis de médio alcance na Europa Ocidental possam ser estudadas "mais adiante" PÁG. 15

Combustíveis terão preço regionalizado

Os preços da gasolina e demais derivados de petróleo deverão ser regionalizados, isto é, serão diferentes em cada região do País. A informação é do ministro das Minas e Energia, César Cals, acrescentando que na fixação dos preços serão levados em conta os custos de transporte dos combustíveis e a disponibilidade de energéticos alternativos que substituam os derivados de petróleo em cada região.

O assunto, segundo Cals, está sendo examinado por seu Ministério e pelo do Planejamento e deverá ser submetido à Comissão Nacional de Energia (CNE) dentro de 45 dias. Acrescentou que a regionalização dos preços contribuirá para reduzir o subsídio ao transporte de combustíveis de uma região para outra.

O mesmo sistema diferenciado de preços deverá ser aplicado ao carvão mineral.

PÁG. 21

Passarinho já acha possível a Constituinte

O líder do governo no Senado, Jarbas Passarinho, admitiu ontem a hipótese de transformação do atual Congresso em Constituinte, mas ressaltou que não se atrevia a dizer quando isso poderia acontecer. O que ele acha absolutamente inviável — segundo salientou — é a tese, de alguns oposicionistas, de convocação de uma Assembléia Constituinte sem a presença do general Figueiredo na Presidência da República.

Enquanto Marcondes Gadelha, vice-líder do PMDB na Câmara, endossava ontem essa última hipótese, o deputado Antônio Mariz, vice-líder do PP, dizia que os partidos de oposição devem examinar a possibilidade de dissolução do atual Congresso para a convocação (pelo presidente Figueiredo) da Assembléia Constituinte, embora ressalvando que "o governo não dispõe, neste momento, de credibilidade para um acordo nesse sentido".

PÁG. 4

FOLHA DE S.PAULO ★

SEGUNDO CLICHÊ

Editor Responsável: Boris Casoy • São Paulo, quinta-feira, 28 de agosto de 1980 • Um jornal a serviço do Brasil • Ano 59 • N.º 18.775 • Al. Barão de Limeira, 425 • Cr$ 20,00

Bomba do terror causa morte no Rio

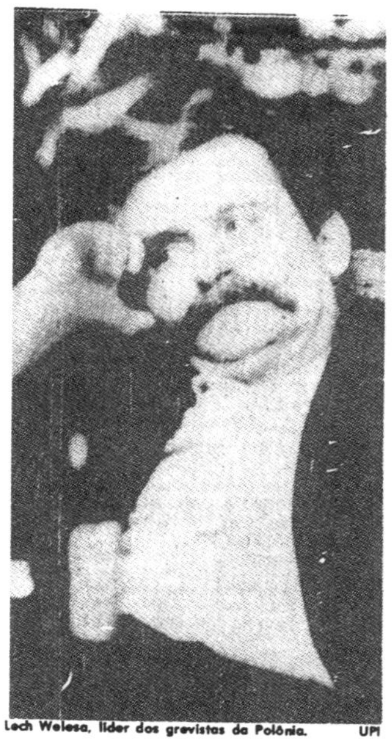

Lech Walesa, líder dos grevistas da Polônia. UPI

Polônia nega independência a sindicatos

O vice-primeiro-ministro da Polônia, Mieczyslaw Jagielski, afirmou ontem à noite, em um pronunciamento transmitido pela televisão de Gdansk, que o governo está disposto a atender a todas as reivindicações dos operários grevistas do litoral báltico, com exceção da exigência de sindicatos livres. Segundo Jagielski, o governo concorda com as propostas dos grevistas sobre "a missão e o funcionamento dos sindicatos", mas adverte que seu objetivo é reformar o atual sistema sindical e não criar um novo.

Fontes bem informadas da cidade de Wroclaw, importante centro industrial a 350 km a sudoeste de Varsóvia, disseram que 80 mil operários de 20 indústrias entraram em greve ontem, apoiando as exigências dos trabalhadores da região de Gdansk.

Em Moscou, a agência Tass afirmou que "elementos anti-socialistas" são os responsáveis pela atual onda de greves.

Noticiário e análises de Paulo Francis, Cláudio Abramo e Newton Carlos, além de matéria do enviado especial de "Le Monde" a Gdansk, Bernard Guetta.

PÁGs. 10 e 11

Foto Lewy Moraes

Na Ordem dos Advogados, no Rio, o estado da sala onde trabalhava da. Lida, morta no atentado. Seu corpo foi jogado contra a parede pela explosão.

OAB, Câmara Municipal e jornal são atacados

Duas bombas de alto teor explosivo provocaram a morte de uma senhora e ferimentos em outras seis pessoas, ontem, no Rio, em dois atentados ocorridos no início da tarde: um, na sede da Ordem dos Advogados do Brasil e outro na Câmara dos Vereadores. Num terceiro atentado, de madrugada, uma bomba de pouca potência destruiu parcialmente a sala do jornal "Tribuna da Luta Operária", não fazendo vítimas.

A bomba colocada na sede da OAB atingiu a secretária da entidade, Lida Monteiro da Silva, que teve o braço decepado, vindo a morrer minutos após ter dado entrada no hospital. No atentado na Câmara dos Vereadores, o sr. José Ribamar de Freitas, tio e assessor do vereador Antônio Carlos de Carvalho, do PMDB, perdeu um braço e uma vista, encontrando-se até a noite de ontem em estado grave. Outras cinco pessoas que estavam no local foram feridas.

Em Brasília, o ministro da Justiça, Abi Ackel, comunicou, em nota oficial, que, por determinação do presidente Figueiredo, o Departamento de Polícia Federal foi encarregado de dirigir o inquérito destinado à apuração desses atentados, "que configuram crime contra a segurança nacional e a ordem política e social".

Por seu lado, os trinta mil homens das polícias civil e militar do Rio entraram em prontidão. O secretário da Segurança Pública, general Edmundo Murgel, após despachar com o governador Chagas Freitas, divulgou nota oficial considerando os atentados "repugnantes e totalmente injustificáveis".

Depois de discutir os atentados com o chefe do Gabinete Civil da Presidência, general Golberi do Couto e Silva, o líder do governo no Senado, Jarbas Passarinho, declarou: "É uma tentativa para desestabilizar o próprio presidente da República", referindo-se à onda terrorista.

No início da noite, o Conselho Federal da OAB enviou telegrama ao presidente da República comunicando que aguarda providências. O Conselho resolveu proclamar a data de hoje como Dia Nacional de Luto dos Advogados.

Em Brasília, o presidente nacional do PMDB, deputado Ulisses Guimarães, afirmou que "a impotência do governo mergulhará o País no caos e na anarquia".

A CNBB, através do bispo d. Cláudio Hummes, afirmou que os atentados intranquilizam a Nação, "sobretudo porque não se enxerga uma saída que faça cessar os atos de terrorismo". PÁGs. 5 e 6

Leia a opinião da "Folha" no editorial "Contra a abertura", na Página Dois.

Bolívia pode abandonar o Pacto Andino

O presidente da Bolívia, general Luís Garcia Meza, ameaçou ontem retirar seu país do Pacto Andino e contribuir com a Argentina, Chile, Paraguai e Uruguai para a formação do "Pacto do Cone Sul".

Além da Bolívia, o Pacto Andino é integrado pela Venezuela, Colômbia, Peru e Equador, países que condenaram o golpe de 17 de julho, não reconheceram o regime de Garcia Meza e tiveram seus presidentes escolhidos em eleições democráticas.

Em La Paz, continua detido o jornalista francês Albert Brun — enviado especial da AFP —, cuja expulsão do país já foi determinada pelas autoridades, que o acusam de transmitir falsas informações sobre a situação boliviana.

PÁG. 8

No Banespa, escândalo de 20 milhões

O juiz da 19.ª Vara Criminal, Angelo Brasil Ricocell, solicitou ontem à Diretoria do Banespa S.A. — Crédito, Financiamento e Investimento, a apresentação de contratos fraudulentos no total de Cr$ 20 milhões, que beneficiaram o deputado Málek Assad, quando vice-presidente daquela financeira.

Segundo o inquérito, Málek, que assumiu o cargo já no governo Paulo Maluf, utilizou-se de várias pessoas para falsificar cadastros, datas e assinaturas — por isso, os contratos referem-se ao período de março de 1975 a março de 1979 —, levantando créditos que ele se comprometia a liquidar, mas não o fez. A fraude foi denunciada, em abril, pelo prefeito de Jacareí, Antônio Nunes de Moraes Júnior. PÁG. 6

Opinião

★ "Altos 'salários' e greves na Polônia", de Paul Singer; "O indivíduo e as massas", de Milton Vargas; e "Corrupção e violência", de João Benedito de Azevedo Marques. Página Três

Exterior
(dos correspondentes)

★ **Gerardo Mello Mourão**, de Pequim, comenta os dados divulgados pela CIA sobre a redução dos gastos chineses com armamento. PÁG. 8

★ **Pedro Del Picchia**, de Roma, relata a chamada "guerra da uva" entre camponeses e intermediários na região de Puglia. PÁG. 9

★ **Mauro Santayana**, da Andaluzia, descreve a localidade de Marinaleda, onde terminou a greve dos moradores locais contra a falta de empregos. PÁG. 9

Local

★ Pelo menos seis pessoas morreram e oito foram feridas em consequência da explosão de uma carga de dinamite num prédio nas proximidades da igreja do Bonfim, em Salvador. A dinamite era destinada à fabricação de bombas para pesca clandestina. PÁG. 15

Economia

★ A Bolsa de Valores de São Paulo obteve nova alta de 0,4% ontem, sendo movimentados Cr$ 392,90 milhões no pregão. No "open market" as operações "overnight" foram realizadas às taxas médias de: 3,71% para LTNs e 3,75% ao mês para ORTNs. PÁG. 21

★ O presidente da Anfavea, Mário Garnero, e o presidente da Volks, Wolfgang Sauer, insistiram ontem na necessidade de um reajuste imediato de 35% no preço dos automóveis, sem parcelamento. O secretário da Seap, Carlos Viacava, enfatizou que não haverá nenhum aumento no próximo dia 1.º, como querem os empresários. PÁG. 21

Ilustrada

★ Cláudio Petraglia, de volta à superintendência da Rede Bandeirantes, após um afastamento de dois anos, quer fazer "uma televisão humanista e democrática, sem preconceitos de nenhum tipo" PÁG. 27

O tempo

★ Nublado pela manhã, em São Paulo, com névoa úmida e chuviscos ocasionais, melhorando no decorrer do período. Temperatura estável; a máxima ontem foi 12,4 graus; e a mínima 10,4.

Na coluna "Agenda", pág. 16, a previsão para a Grande São Paulo, Litoral, interior do Estado, várias regiões do País e a tendência do tempo para amanhã.

A Petrobrás não compra mais o petróleo do Irã

Os contratos de importação de petróleo com o Irã foram praticamente desfeitos, restando somente mais um carregamento até o final do ano, anunciou ontem o diretor comercial da Petrobrás, Carlos Sant'Ana. Ele garantiu que a importação do produto atingirá este ano a meta de 800 mil barris diários, devido à queda do consumo, aumento da produção interna e maior utilização do álcool.

No início do ano, o Irã fornecia ao Brasil 60 mil barris por dia, mas depois passou a exigir uma sobretaxa de US$ 2 por barril, o que não foi aceito pela Petrobrás.

PÁG. 18

Usuários temem perigo de fogo do óleo diesel

Carreteiros, proprietários de postos de gasolina e todas as pessoas que manipulam o óleo diesel estão preocupadas com a advertência feita pelo Conselho Nacional de Petróleo (CNP), através de anúncios, de que "agora, o diesel pega fogo fácil".

Os usuários do combustível reclamam que a advertência não veio seguida de explicações sobre os cuidados e novos equipamentos para se manusear e armazenar o novo diesel, que graças à adição de nafta teve seu ponto de fulgor rebaixado (isto é, tornou-se de fácil combustão). Em Brasília, o CNP informa apenas que os cuidados "são os mesmos que se deve tomar com a gasolina".

PÁG. 12

Pelo correio, os recursos contra multas do DSV

Os motoristas que não concordarem com as multas que lhes forem aplicadas pelo DSV poderão recorrer, a partir de segunda-feira, às Juntas Administrativas de Recursos e Infrações (Jaris), pelo Correio.

Para isso, basta preencher o formulário que se encontra à venda nas papelarias ou, gratuitamente, no prédio do Detran. O DSV informa, também, que os recursos não precisam obrigatoriamente ser feitos através desse formulário, mas devem conter todos os dados pedidos nele. As respostas aos interessados serão fornecidas após 7 dias, pelo telefone 881-5511, ou após 20 dias, pelo Correio.

PÁG. 13

Cetesb ajudará a implantar as usinas atômicas

O diretor de tecnologia e desenvolvimento da Cetesb, Carlos Celso do Amaral, revelou ontem, em São Paulo, que a empresa está estudando a possibilidade de um acordo com o governo federal pelo qual a Cetesb daria "suporte tecnológico" à implantação do programa nuclear brasileiro. A empresa deverá também firmar convênio com o Conselho Nacional de Energia Nuclear "para prestar informações sobre o aspecto ambiental do programa nuclear".

Durante a visita que fez ontem à Cetesb, o presidente do Cnen, Hervásio de Carvalho, garantiu que o acordo nuclear com a Alemanha não será interrompido "por ser prioridade número um, uma decisão governamental". PÁG. 7

CMN autoriza financiamento às exportações

O ministro Ernane Galvêas anunciou ontem, logo após a reunião do Conselho Monetário Nacional (CMN), que o Banco Central foi autorizado a permitir que bancos nacionais e estrangeiros financiem em dólar a exportação de produtos e serviços de empresas brasileiras, a juros subsidiados entre 8 e 9%. O ministro explicou que os bancos poderão captar recursos no Exterior para fazer os financiamentos.

Entre outras medidas, o CMN prorrogou o Imposto sobre Operações Financeiras (IOF) com alíquota de 15% nas importações (seria baixada para 10% a 1.º de setembro) e reduziu o imposto na exportação de couro.

PÁG. 19

O ataque da Seleção brasileira poucas vezes ameaçou o gol do Uruguai, ontem em Fortaleza.

Brasil vence o Uruguai com as mesmas falhas

A seleção brasileira venceu o Uruguai por 1 a 0, ontem à noite em Fortaleza, e manteve um tabu de 20 anos contra o tradicional adversário. Mas, apesar da vitória, a equipe do Brasil voltou a mostrar muitas falhas, principalmente no ataque que não ameaçou a defesa uruguaia, a não ser nos 20 primeiros minutos.

O gol só saiu aos 31 minutos do 2.º tempo e foi marcado por Getúlio, na cobrança de um pênalti muito discutido. Também foi discutida a substituição de Sócrates, que deixou o campo sem dar qualquer declaração, demonstrando não ter gostado da modificação feita pelo técnico Telê Santana.

ESPORTES

FOLHA DE S.PAULO ★

SEGUNDO CLICHÊ

Editor Responsável: Boris Casoy • São Paulo, quarta-feira, 10 de dezembro de 1980 • Um jornal a serviço do Brasil • Ano 59 • N.º 18.879 • Al. Barão de Limeira, 425 • Cr$ 20,00

Servidor federal tem 82% de aumento

Da Sucursal de Brasília

O presidente João Batista Figueiredo autorizou ontem um reajuste médio de 82,25% dos salários dos servidores federais, a ser concedido em duas parcelas cumulativas de 35% (a primeira em 1.º de janeiro e a segunda em 1.º de abril).

O anúncio foi feito ontem à noite pelo ministro da Comunicação Social, Said Farhat, que estava acompanhado do secretário-geral do Dasp, Artur Pereira.

O secretário-geral do Dasp, ao explicar as bases do aumento, disse que os servidores de classificação mais baixa terão reajustes maiores, chegando a atingir 108% para o atual "nível 8". Apesar de a média situar-se em 82,25%, Artur Pereira garantiu que o limite mínimo de reajuste para o funcionário público federal será de 80%.

Figueiredo deverá assinar o decreto hoje, após conclusão das adequações ao Plano de Classificação de Cargos.

Professores

O presidente da República aprovou também ontem as bases para a reestruturação da carreira de professor nas universidades federais, que deverá entrar em vigor no dia 1.º de janeiro.

Pelas novas bases, um professor titular terá o salário aumentado de Cr$ 64.744,00 para Cr$139.996,00. Devido à reestruturação, que modifica os níveis salariais, os professores não gozarão do aumento concedido aos funcionários públicos.

A "Folha" publica na íntegra, na pág. 17, a proposta de reestruturação da carreira do magistério. PÁG.17

Fiesp contra a recessão e ida ao Fundo

O presidente da Federação das Indústrias do Estado de São Paulo, Luís Eulálio Bueno Vidigal Filho, acompanhado de doze presidentes de sindicatos da indústria, entregou ontem ao ministro do Planejamento, Delfim Neto, em Brasília, um documento que fixa a posição da entidade diante dos problemas econômicos atuais. Elaborado pelo Conselho Superior de Economia da Fiesp, o documento descarta a recessão e a ida ao FMI, conclamando à "união da Nação no esforço comum para superarmos com êxito estes anos dificeis que estão pela frente".

O ministro garantiu que o governo não optará pela recessão, mas reafirmou que o crescimento geral da economia e o consumo, principalmente de bens duráveis, vão cair. "Se nós temos mil tijolos para construir um muro — exemplificou Delfim — nós vamos fazê-lo com mil tijolos", negando porém que o subsidio agrícola será reduzido. PÁG. 19

A morte de um Beatle

John Lennon (numa de suas últimas fotos), o líder dos Beatles, assassinado em Nova York. AP

No hospital, o desespero de Yoko Ono, mulher de Lennon. UPI

John Lennon, compositor, músico, cantor, considerado o "pai" dos Beatles, foi assassinado a tiros em Nova York, por um homem de 25 anos, Mark David Chapman, que cometeu o crime aparentemente apenas para "atingir a celebridade". O ex-Beatle retornava a seu luxuoso apartamento no edifício Dakota, no Central Park, às 23 horas (1 hora da madrugada de ontem em Brasília), com sua mulher Yoko Ono. Ao descer do carro, foi chamado pelo nome e ao voltar-se viu um homem alto e forte, agachado em posição de tiro, exatamente como faria um profissional. O primeiro tiro acertou o ombro, o segundo o braço esquerdo, depois o peito, a cabeça... Seis tiros, cinco no alvo.

Levado para o hospital Roosevelt, a 13 quarteirões de distância, Lennon morreu a caminho, conseguindo apenas dizer seu nome. Ele completara 40 anos em outubro.

Yoko, mulher de Lennon, decidiu que não haverá cerimônia religiosa fúnebre, mas conclamou todos os amigos e admiradores a "uma vigília silenciosa por sua alma".

O baterista Ringo Starr, um dos quatro que integravam o extinto conjunto Beatles, interrompeu suas férias em Londres e viajou para os EUA. Paul McCartney e George Harrison, os outros integrantes do grupo, não informaram se comparecerão ao sepultamento, mas reagiram consternadamente. "Não posso suportar essa idéia", declarou McCartney.

O presidente Jimmy Carter declarou-se "penalizado" com o assassinato, enquanto Ronald Reagan definiu o crime como "uma grande tragédia".

Mark Chapman, o assassino, compareceu perante um tribunal de Nova York e depois, a pedido de seu advogado, foi removido para o Hospital Psiquiátrico Bellevue.

Artigos de Paulo Francis e Cláudio Abramo, na "Folha Ilustrada".

Avião-radar dos EUA vai vigiar russos

A pedido da Organização do Tratado do Atlântico Norte (Otan), os Estados Unidos enviarão imediatamente para a Europa quatro aviões-radar do tipo Awacs para vigiar as atividades militares soviéticas ao longo da fronteira polonesa — segundo revelou ontem a agência France Presse, citando fontes do Pentágono.

Ao mesmo tempo, o general Ery Curry, subsecretário assistente do Departamento de Defesa, declarou em Washington que todos os quartéis-generais norte-americanos na Europa e Pacífico estão em estado de alerta diante da evolução dos acontecimentos na Polônia.

Acrescentou que "este é um bom momento para nos mantermos preparados para todos os acontecimentos"

Noticiário, comentário de J.B.Natali e reportagem de Bernard Guetta, do "Le Monde", nas págs. 8 e 9.

BC intervém em corretora e associadas

A pedido, o Banco Central interveio ontem na Eugênio Corretora de Câmbio e Valores Mobiliários, de São Paulo, e suas associadas Eugênio Distribuidora e Eugênio-Rio Distribuidora, porque estas instituições financeiras alegaram incapacidade de honrar compromissos assumidos.

O diretor da área de mercado de capitais do BC, Hermann Wagner Wey, não informou qual o volume de papéis a descoberto operados pelas três instituições. Mas algumas fontes do mercado financeiro disseram que os problemas do grupo Eugênio não estavam nessas instituições e sim na Soimóveis—Consultoria e Participação. As intervenções efetuadas ontem não provocaram maiores traumas no mercado financeiro, embora os rumores da intervenção, pela manhã, tenham afetado o pregão das bolsas do Rio e São Paulo. PÁG. 20

Igreja repele infiltrações nas CEBs

Admitindo a existência de tentativas de infiltração político-partidária nas Comunidades Eclesiais de Base (CEBs), o cardeal-arcebispo de São Paulo, dom Paulo Evaristo Arns, afirmou ontem que elas provêm "de todos os partidos, sem exceções", mas ressalvou que as CEBs "não serão presa fácil de ideologias ou politicagem".

Documento divulgado ontem em São Paulo pela Comissão Pastoral dos Direitos Humanos e Marginalizados, por ocasião do 32.º aniversário da Declaração Universal dos Direitos Humanos, garante que as CEBs "jamais se transformarão em partidos ou comitês partidários", destacando que "entre nós, urge continuar denunciando as artimanhas que acompanham a atual abertura política". PÁG. 5

Índia impede assassinato de Brejnev

A polícia secreta indiana descobriu ontem um plano para o assassinato do presidente soviético Leonid Brejnev, que se encontra em visita oficial à Índia, e decretou o "estado de alerta vermelho", mobilizando um esquema de segurança jamais visto no país.

As aparições públicas do líder soviético, programadas para ontem, em Nova Déli, foram canceladas ou modificadas.

Segundo a polícia, um comando de três afegãos — entre eles um exímio atirador — havia entrado no país com o objetivo de "assassinar Brejnev a qualquer preço"

Brejnev reuniu-se por mais de duas horas com a primeira-ministra Indira Gandhi, no seu segundo dia de visita ao país. PÁG. 8.

FOVEST
Folha do Vestibular

As questões de Química, Biologia e Estudos Sociais da 1.ª fase dos vestibulares da Universidade Mackenzie, em 1980, são publicadas hoje na seção FOVEST — Folha do Vestibular, onde também estão todas as informações sobre a prova de Conhecimentos Gerais que a Pontifícia Universidade Católica de Campinas realizará no próximo sábado, com participação de 9.922 candidatos. PÁGs. 15 e 16

Opinião

"Maioria absoluta", "Pouca representatividade" e "O movimento das APMs", editoriais, na **Página Dois**. "Peripécias da bigamia política", de Newton Rodrigues; "Mobral e CEBs", de Maurício Tragtenberg; e "O inatual e o atual", de Gilberto Freyre, na **Página Três**.

Nacional

Em entrevista exclusiva à "Folha", o senador Pedro Simon, novo secretário-geral do PMDB, admite a filiação de políticos situacionistas ao partido, desde que "sem ambições pessoais, identificados com os desejos da Nação, e enquadrados e acordados com o programa do PMDB" PAG. 4

Exterior
(dos correspondentes)

Gerardo Mello Mourão, de Pequim, descreve as condições carcerárias dos presos políticos da China. PAG. 7

Osvaldo Peralva, de Tóquio, analisa as perspectivas de um provável encontro entre o premiê japonês Zenko Suzuki e Ronald Reagan, em julho próximo. PÁG. 8

Mauro Santayana, de Lisboa, faz um balanço da situação política em Portugal após a reeleição de Ramalho Eanes e a renúncia do governo da Aliança Democrática. PÁG. 10

Cláudio Abramo, de Londres, escreve sobre as eleições presidenciais que serão realizadas hoje em Uganda. PÁG. 10

Economia

A Bolsa de Valores de São Paulo fechou em baixa de 4,3% ontem, movimentando Cr$ 195,27 milhões. No "open market", as operações "overnight" foram realizadas às taxas médias de 6,28% para LTNs e 6,65% ao mês para ORTNs. PÁG. 20

O tempo

Bom em São Paulo, com névoa úmida e nevoeiros esparsos pela manhã, nebulosidade variável e chuvas isoladas à tarde. Temperatura estável; a máxima ontem foi 29 graus e a mínima 18.

Na coluna "Agenda", pág. 12, a previsão para a Grande São Paulo, Litoral, Interior do Estado, várias regiões do País e a tendência do tempo para amanhã.

Para Marinho, Marchezan é um palaciano

"As nascentes da candidatura do deputado Nélson Marchezan à presidência da Câmara não são legítimas. Eu sou candidato da Câmara, ele da antecâmara" — disse ontem o deputado Djalma Marinho, informando que o próprio Marchezan lhe contou que sua candidatura foi sugerida pelo secretário particular do presidente Figueiredo, major Heitor de Aquino.

Ao tomar conhecimento das declarações de Marinho, Marchezan manifestou-se surpreso, afirmando que a bancada é que o escolheu.

Lamentando os rumos que a disputa está tomando, ele anunciou que responderá a Marinho hoje, frisando: "Podem ficar certos de que não acompanharei esse tom." PÁG.4

Em "alerta" os empresários da Argentina

O confronto entre o empresariado nacional argentino e o governo agravou-se ontem à noite, com a proibição da reunião que a Convocatória Nacional Empresarial (Conae), órgão que reúne o patronato, pretendia promover em Buenos Aires para votar um documento de contundente crítica à política econômica oficial. Diante da proibição, os empresários declararam-se em "estado de alerta".

A polícia ocupou o local em que se realizaria a reunião às 18 horas, duas horas antes do seu início. Mais tarde, a cúpula da Conae divulgou dois boletins, num dos quais afirma que "não pode calar ante uma crise que afeta a todo o aparelho produtivo nacional".

Leia despacho de Clovis Rossi, nosso correspondente em Buenos Aires, na pág. 6.

Preocupado com defecções, PDS revê fidelidade

O secretário-geral do PDS, deputado Prisco Viana (BA), informou ontem que seu partido estuda a conveniência de fazer uma nova consulta ao TSE sobre o problema da fidelidade partidária na fase de organização dos partidos políticos, tendo em vista que recente decisão do tribunal, a esse respeito, não contou com a unanimidade dos juízes. O motivo principal é que muitos pedessistas estão preocupados com as defecções havidas no partido.

Já o presidente do PDS, senador José Sarnei, acha que a suspensão da fidelidade partidária é necessária para a formação dos novos partidos e por isso, no seu entender, não deverá haver nenhuma modificação. PÁG.5

Em Minas, seis anos de prisão para o vereador

O Conselho Permanente de Justiça da 4.ª Região Militar, de Juiz de Fora, condenou ontem a seis anos de prisão, com base na Lei de Segurança Nacional, o vereador Eduardo Paulo Vilanova, do PP, por ter feito explodir três bombas no dia 28 de agosto último nas cidades de Antônio Carlos, onde reside, e em Barbacena, conforme ele próprio confessou.

O irmão do vereador, Paulo Tadeu, acusado de co-autoria, foi absolvido, enquanto Luís Crisóstomo e Caetano Cesarino de Oliveira, implicados no mesmo caso sob a acusação de terem pichado muros, foram condenados a um ano de prisão. Os advogados dos acusados disseram que recorrerão das sentenças. PAG. 6

Em V. Olímpia, toda a favela sofre despejo

Oitenta e cinco famílias que moram em barracos alugados na favela Gomes de Carvalho, na rua Vicente Piazon, em Vila Olímpia, começaram a ser despejadas ontem, por ordem do juiz Osvaldo Breviglieri, da 7.ª Vara Criminal.

O terreno pertence à firma Edmundo S/A, que ganhou a reintegração de posse na Justiça, mas desde 1958 era explorado por Antônio Ferreira do Nascimento (falecido há um mês) e Miguel Dantas de Santana, que construíram os barracos e os alugavam.

Os favelados estão desesperados, pois não têm para onde ir. A dona do terreno contratou uma transportadora para retirar a mudança dos moradores. PAG. 13

No São Paulo, o técnico renova por mais 1 ano

Depois de duas horas e mei' 'e reunião, ontem à tarde, no Morumbi, os dirigentes do São Paulo e o técnico Carlos Alberto Silva acabara:n chegando a um acordo. O treinado' renovou contrato por mais um an , devendo receber 1.200 mil cru' 'iros de luvas, 350 mil por mês no ' ..ro semestre e 500 mil no segundo.

Mas esse acordo poderá ser modificado no dia 5 de janeiro, quando Carlos Alberto Silva retornar das férias. Isso porque existe a possibilidade de o técnico apresentar uma nova proposta à diretoria para assinar contrato por dois anos. "Se não for possível, fico pelo menos um ano no Morumbi", afirmou o treinador. ESPORTES

FOLHA DE S.PAULO

60 ANOS

Editor Responsável: Boris Casoy • São Paulo, sexta-feira, 20 de fevereiro de 1981 • Um jornal a serviço do Brasil • Ano 61 • N.º 18.951 • Al. Barão de Limeira, 425 • Cr$ 30,00

FMI quer mudar lei do salário

A delegação do Fundo Monetário Internacional (FMI), que recentemente esteve no Brasil, manifestou sua preocupação com os possíveis efeitos inflacionários da atual lei salarial e chegou a propor estudos para uma mudança. A informação foi divulgada somente ontem por técnicos do Ministério do Trabalho, onde a delegação esteve várias vezes em caráter sigiloso.

Embora os membros do FMI reconhecessem a "validade" da atual lei de salários, disseram que o Brasil terá, de algum modo, que "se adaptar" ao FMI, segundo as fontes do Ministério do Trabalho.

Por outro lado, a Assessoria Econômica do Ministério do Trabalho informou ontem que a oferta global de emprego caiu em todas as dez principais áreas urbanas do País em dezembro passado, tomando por base o mês anterior. É a primeira vez que isto ocorre desde que os números da pesquisa elaborada pelo Sistema Nacional de Emprego (Sine) começaram a ser divulgados (fevereiro de 1977). A queda em São Paulo foi de 1% e no Rio de Janeiro de 0,68%. PÁG. 23

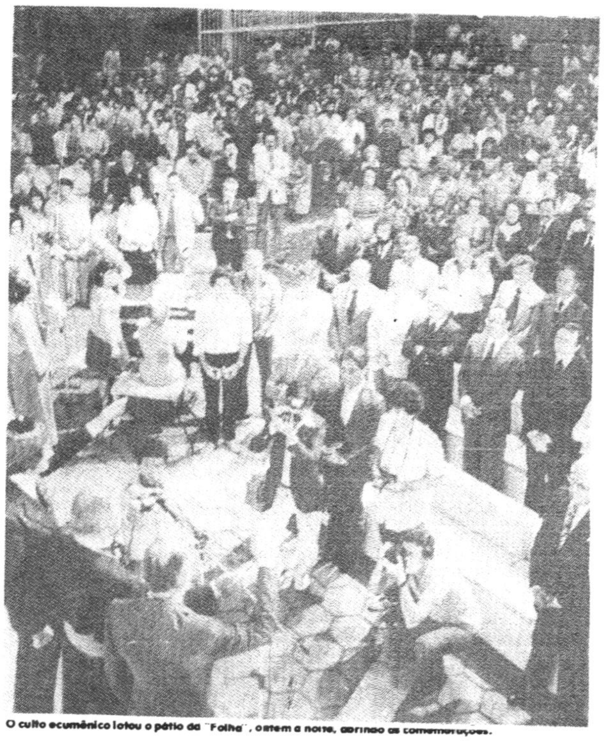

O culto ecumênico lotou o pátio da "Folha", ontem à noite, abrindo as comemorações.

Polícia detém o Nobel da Paz por duas horas

O Prêmio Nobel da Paz de 1980, o argentino Adolfo Perez Esquivel, permaneceu detido ontem à noite durante cerca de duas horas na Superintendência da Polícia Federal em São Paulo. O superintendente do órgão informou que o professor argentino foi levado até sua presença para ser advertido de que vinha contrariando dispositivos da Lei dos Estrangeiros ao opinar sobre questões da política interna brasileira.

Esquivel foi detido e levado à sede da Polícia Federal, por cinco policiais, quando chegava ao Colégio Sion, na avenida Higienópolis, onde iria proferir uma palestra. Vários políticos e personalidades — entre os quais dom Paulo Evaristo Arns, o senador Jarbas Passarinho e o advogado Eduardo Seabra Fagundes, presidente da OAB — chegaram a ser impedidos de entrar na Polícia Federal. Esquivel foi liberado às 22h30. PÁG. 6

Esquivel, quando era liberado ontem à noite.

encontros na FOLHA

"Brasil: Caminhos da Transição"

Nas comemorações de seu 60.º aniversário, a "Folha" promove um ciclo de debates públicos em seu auditório, à alameda Barão de Limeira, 425, 9.º andar. "Brasil: Caminhos da Transição" vai analisar as alternativas institucionais, no quadro do atual momento político nacional.

Esta série de Encontros na "Folha" terá início hoje, às 20 horas, com um debate sobre "A Necessidade de uma Constituinte", coordenado pelo jurista Raimundo Faoro, ex-presidente da OAB. Participarão os seguintes debatedores: senador Tancredo Neves, presidente nacional do PP; cientista político Francisco Weffort, membro da direção nacional do PT; senador Murilo Badaró, do PDS, e senador Marcos Freire, do PMDB.

Opinião

"O pacote de Reagan" e "O último chefe", editoriais, na Página Dois. "Conformismo e inconformismo", de Tristão de Athayde, e "O feminismo e o povo", de Carmem Barroso, na Página Três.

Nacional

O presidente da Comissão Nacional Argentina de Energia Atômica, Raul Castro Madero, desmentiu notícia divulgada pelo jornal londrino "The Guardian", redigida por seu correspondente em São Paulo, de que a Argentina possui ou estaria em vias de possuir uma bomba atômica. PÁG. 4

Exterior (dos correspondentes)

Paulo Francis, de Nova York, comenta o programa econômico anunciado na quarta-feira pelo presidente Ronald Reagan e que prevê cortes orçamentários de cerca de 49,1 bilhões de dólares para 1981-82. PÁG. 8

Mauro Santayana, de Madri, informa sobre os debates que são travados nas Cortes (Parlamento) da Espanha em torno da aprovação do gabinete de Calvo-Sotelo, o que deverá ocorrer somente na segunda-feira. PÁG. 9

J.B. Natali, de Paris, analisa a reaproximação entre a França e Zimbabue (ex-Rodésia), com a assinatura ontem em Paris de um protocolo financeiro no valor de 50 milhões de dólares entre os dois países. PÁG. 10

Local

No 23.º Concurso da Loto ninguém conseguiu acertar a quina e o prêmio continua acumulado, agora em Cr$ 194.369.464,80. Apenas 22 quadras foram premiadas. No terno houve 2.796 ganhadores. O resultado do concurso está na coluna "Agenda", pág. 10.

Terminou às 3 horas de ontem, sem feridos, a rebelião de presos na cadeia pública de Taubaté. O motim havia começado às 18 horas de quarta-feira, quando os detentos retornaram do banho de sol e descobriram que as celas haviam sido revistadas. Ontem, 51 dos detentos foram removidos para São Paulo, onde ficarão até que se reforme a ala da cadeia que depredaram. PÁG. 11

Educação

A diretoria da União Nacional dos Estudantes (UNE) entregará hoje, no Ministério da Educação e Cultura, em Brasília, as principais reivindicações estudantis. Se elas não forem respondidas pelo governo até 20 de março, informa a UNE, serão feitas assembléias setoriais para discutir a possibilidade de greve geral por tempo indeterminado a partir de 7 de abril. PÁG. 21

Economia

A Bolsa de Valores de São Paulo fechou em alta de 0,2% ontem, negociando Cr$ 221,24 milhões. No "open market", as operações "overnight" foram realizadas a 6,20% ao mês em LTNs e a 6,30% em ORTNs. PÁG. 26

O ex-sócio e procurador de José Mário Tiepo na Sonac Veículos, Rubens Roberto Casela, que deveria depor ontem na Polícia Federal, foi considerado foragido por aquele departamento. Ainda ontem, o juiz José Kallás negou o segundo habeas-corpus impetrado em favor de José Mário Tiepo. PÁG. 26

Ilustrada

O acadêmico Osvaldo Orico, de 80 anos, que estava internado em um hospital no Rio há doze dias, morreu ontem pela manhã, devido a problemas cárdiovasculares. O corpo foi velado na Academia Brasileira de Letras, e o enterro realizou-se à tarde no cemitério de São João Batista. PÁG. 31

O tempo

Bom em São Paulo, sujeito a chuvas e trovoadas isoladas à tarde e à noite. Névoa úmida pela manhã. Temperatura estável; a máxima ontem foi 29 graus e a mínima 17,8.

Na coluna "Agenda", pág. 10, a previsão para a Grande São Paulo, Litoral, Interior do Estado, várias regiões do País e a tendência do tempo para amanhã.

A "Folha" comemora seu 60.º aniversário

A "Folha" iniciou ontem as comemorações de seu 60.º aniversário de fundação com um culto ecumênico, celebrado conjuntamente pelo cardeal-arcebispo de São Paulo, dom Paulo Evaristo Arns, pelo pastor episcopal Saulo Marques da Silva e pelo rabino Henry Sobel.

A seguir, na cerimônia de abertura das comemorações pronunciaram-se sobre o significado da data o presidente da Associação Brasileira de Imprensa, Barbosa Lima Sobrinho; o presidente da Ordem dos Advogados do Brasil, Seabra Fagundes; o senador Jarbas Passarinho, representando o presidente do Congresso Nacional; e o editor responsável da "Folha", Boris Casoy.

Em seu discurso, que encerrou a cerimônia, Casoy destacou "os compromissos de democracia política e social que este jornal vem na prática procurando cumprir".

De seu lado, dom Paulo sublinhou o esforço do jornal em expressar "as experiências desse povo tão criativo e suas pressões sempre pacíficas", para que estas "cheguem aos corações de todos como contribuição e não contestação".

Seabra Fagundes, em sua alocução, acentuou que a "Folha" exerce o direito de informar em um país cujo "regime admite muita coisa, menos que se fale em fatos que aconteceram e não são suportáveis para as autoridades".

As comemorações do 60.º aniversário da "Folha" prosseguem hoje com um almoço que reunirá seus colaboradores permanentes. À noite, no auditório do jornal, será iniciado um ciclo de debates públicos sobre o tema "Brasil: caminhos da transição". PÁGS. 4 e 5

Para Sarnei, divergências são normais

Em sua 16ª visita pelos Estados desde que iniciou missão recomendada pelo presidente Figueiredo, o senador José Sarnei, presidente nacional do PDS, chegou ontem à conclusão, em São Paulo, de que as divergências internas em seu partido, em diversos pontos do País, "são próprias de um partido democrático, que não é monolítico e que deseja não a unanimidade, mas a unidade".

Falando a cerca de 300 pedessistas reunidos na sede do partido em São Paulo, Sarnei criticou a oposição por "cantar a canção da vitória" tão cedo, antes das eleições de 1982. Segundo ele, "o governo prepara uma surpresa: a descoberta de áreas do setor mineral que inverterão todas as atuais perspectivas". PÁG. 6

Brasil tem dúvida ante El Salvador

O governo brasileiro ainda não está convencido de que sejam corretas as denúncias norte-americanas sobre o envio de armas dos países do bloco soviético aos guerrilheiros de El Salvador, e os relatórios das embaixadas do Brasil na América Central "não são conclusivos a esse respeito".

Este anúncio, feito ontem em Brasília pelo porta-voz do Itamarati, Bernardo Pericás, coincide com o ceticismo demonstrado pelos países da Europa Ocidental diante das alegações apresentadas pela diplomacia norte-americana.

O porta-voz da chancelaria confirmou que o enviado do governo Reagan, general Vernon Walters, se reunirá com o presidente Figueiredo segunda-feira. PÁG. 8

Jornalistas do continente dão apoio a Editor

A Federação Latino-americana de Jornalistas e a Federação Latino-americana de Trabalhadores na Imprensa manifestaram-se ontem contra o indiciamento do editor responsável da "Folha", Boris Casoy, solidarizando-se, ainda, com outras vítimas de censura e intimidação no Continente. Para a primeira entidade, que tem sede no México, é "incrível que se persiga um jornalista por divulgar a opinião de alguém, por cujo conteúdo não é responsável".

Em Brasília, deu entrada no Tribunal Federal de Recursos a apelação, do editor-chefe do "Jornal do Brasil", Válter Fontoura, contra a sentença que o condenou a 16 meses de detenção e 10 salários mínimos de multa. PÁG. 7

Fotos Luis Carlos Murauskas

Parentes do menor morto batem nos vidros do carro do delegado Fernando Pinto Silva.

Os parentes gritavam: "assassino!"

O menor Leonardo Mussi Fernandes, de 17 anos, detido na madrugada do dia 11 passado e levado por investigadores do 21.º Distrito Policial na noite seguinte a um hospital, com parada cardíaca, morreu na manhã de ontem, sem confirmar se foi espancado ou não enquanto esteve preso, ou se tentou o suicídio, conforme alegam os policiais.

O laudo do Instituto Médico Legal não esclarece a dúvida, dizendo que a morte se deu por "broncopneumonia bilateral, causada pelo estado comático, resultante de um edema cerebral". Segundo o deputado João Batista Breda, que é médico e acompanhou a autópsia, o edema, entre outras causas, pode ser motivado por golpes. Quanto aos sinais de traumatismo, "poderiam ter desaparecido durante o período em que o menor esteve hospitalizado" afirmou.

Parentes do menor interpelaram o delegado Fernando Pinto Silva (de plantão no 21.º DP na noite em que Leonardo foi detido), quando deixava o IML, dando socos nos vidros do seu carro e aos gritos de "assassino! assassino!" PÁG. 11

Leonardo Fernandes; morte suspeita.

Para a AR-Sé, prédio cumpria toda exigência

Um laudo de vistoria que não corresponde à verdade, assinado pelo engenheiro da Administração Regional da Sé, Geraldo Câmara, em junho de 1979, contribuiu para que o incêndio no edifício Grande Avenida, ocorrido sábado, atingisse as proporções que atingiu.

Esse laudo garantia que "todas as exigências da Prefeitura haviam sido cumpridas", em relação a equipamentos contra incêndio no prédio. Mas a colocação de uma porta corta-fogo, na sobreloja do edifício, determinada em agosto de 1975 pela Prefeitura, nunca foi executada.

Devido a essa falha, a escada de emergência se transformou numa verdadeira chaminé, como afirmaram os bombeiros. PÁG. 10

O Papa deseja visitar Pequim, diz o Vaticano

O papa João Paulo 2.º "espera e deseja" visitar a China, anunciou ontem o secretário de Estado do Vaticano, cardeal Agostino Casaroli, durante escala do Sumo Pontífice em Cebu, ao Sul de Manila, nas Filipinas.

Em Pequim, contudo, tanto o governo quanto a Associação Católica Patriótica Chinesa reagiram com frieza aos apelos do Papa em favor de uma reaproximação. O governo chinês limitou-se a dizer que "atualmente não temos relações com o Vaticano", e o bispo de Pequim, Michael Fu Tieshan, declarou que uma reaproximação só será possível quando o Vaticano "reconhecer os erros passados e corrigi-los". PÁG. 9

O Coríntians vence e está classificado

O Corintians fez a torcida sofrer até o último jogo, mas conseguiu um lugar entre os 32 clubes que disputarão a próxima fase da Taça de Ouro, ao vencer o Pinheiros ontem à noite, no Morumbi, por 2 a 0, gols de Djalma (cobrando pênalti) e Basílio, ambos no segundo tempo.

Embora jogasse melhor na primeira etapa, a equipe paulista não conseguiu marcar e quase sofre um gol, quando o goleiro Solitinho apenas assistiu a uma bola chutada por um adversário chocar-se contra a trave.

O Corintians espera agora por Zenon, que deve chegar com Vicente Mateus, da Arábia Saudita, no final de semana. ESPORTES

60 ANOS

FOLHA DE S.PAULO

★ SEGUNDO CLICHÊ

Editor Responsável: Boris Casoy • São Paulo, terça-feira, 24 de fevereiro de 1981 • Um jornal a serviço do Brasil • Ano 61 • N.º 18.955 • Al. Barão de Limeira, 425 • Cr$ 30,00

Lula vai amanhã a julgamento

O julgamento de Luís Inácio da Silva, Lula, e mais doze sindicalistas do ABC enquadrados na Lei de Segurança Nacional foi marcado para amanhã, às 9 horas, na 2.ª Auditoria da Justiça Militar. O juiz-auditor Nélson da Silva Machado Guimarães decidiu permitir a presença no tribunal de apenas um parente de cada acusado, além de quinze jornalistas, por ter tomado conhecimento da anunciada presença de delegações estrangeiras — "inclusive de um grupo de sindicalistas norte-americanos que queriam fiscalizar o julgamento, o que é um absurdo", alegou.

O tribunal decidiu também acionar um rigoroso esquema de segurança, que prevê a interdição de seis quarteirões da avenida Brigadeiro Luís Antônio, onde ele se localiza.

Os advogados dos treze sindicalistas deverão entrar hoje com novo pedido de adiamento do julgamento, por entenderem que as rígidas medidas de segurança "geraram um clima incompatível para o trabalho da defesa". O juiz-auditor, porém, adiantou ontem que em hipótese alguma concederá o adiamento, "a não ser que haja um terremoto". PÁG. 5

O coronel Antonio Tejero, de revólver em punho e cercado por policiais da Guarda Civil fortemente armados, ocupa o Parlamento e sequestra ministros e deputados. UPI

Fracassa golpe na Espanha

Chefe dos rebeldes ainda mantém sob sequestro os ministros e deputados

Adolfo Soares (esq.) tenta socorrer o vice-premiê Gutierrez Mellado, agredido por guardas. UPI

A tentativa de interrupção do processo democrático espanhol — deflagrada com o sequestro de todos os parlamentares e ministros de Estado no próprio palácio das Cortes (Parlamento), no centro de Madri — fracassou na madrugada de hoje depois que o rei Juan Carlos falou por uma rede de rádio e TV em defesa da democracia e exortou os chefes das Forças Armadas a apoiá-lo.

O malogrado golpe, de inspiração franquista ortodoxa, começou às 18h29 (hora de Madri) quando o coronel Antonio Tejero (49 anos), à frente de um grupo de 200 membros da Guarda Civil, invadiu o recinto do Parlamento, capturando todos os presentes, inclusive o premiê demissionário Adolfo Suarez e o designado Leopoldo Calvo-Sotelo. Naquele instante, a mesa diretora procedia à contagem de votos que iria confirmar Calvo-Sotelo como primeiro-ministro. Houve tiros para o ar e pânico, e o coronel Tejero, de arma em punho, assomou à tribuna para anunciar a instalação de um governo militar.

O general Jaime Millan Del Bosch, comandante da 3.ª Região Militar (Valência), chegou a colocar tropas na rua numa ação sincronizada com a tomada do Parlamento. As rádios e televisões suspenderam as programações normais, o que fez aumentar a tensão. Somente de madrugada, após o dramático apelo do rei Juan Carlos, a situação começou a normalizar-se. O general Del Bosch, aparentemente acatando as palavras do Rei, recolheu suas tropas.

Aos primeiros minutos de hoje, um contingente da Polícia Militar penetrou no pátio do edifício do Parlamento, intimando o coronel Tejero a render-se.

Noticiário e comentários de nosso correspondente em Madri, Mauro Santayana, na pág. 10.

EUA pedem compreensão, diz Walters

O general Vernon Walters, enviado especial do presidente Ronald Reagan, foi recebido ontem durante mais de uma hora pelo presidente Figueiredo no Palácio do Planalto, a quem entregou documentos que, segundo o emissário de Washington, comprovam a intervenção soviética, via Cuba, na crise de El Salvador. Walters, porém, evitou citar nomes. Em entrevista à imprensa, o enviado de Reagan disse mais tarde: "Não viemos pedir nada. Os Estados Unidos não são mendigos. Queremos apenas compreensão e amizade."

Segundo o Itamarati, Figueiredo e o chanceler Saraiva Guerreiro se limitaram a ouvir o relato de Walters.

Em Washington, o Departamento de Estado divulgou ontem o "Livro Branco", documento com 178 páginas, que contém as mesmas provas apresentadas em Brasília pelo general Walters.

Noticiário e comentários de Newton Carlos, Clóvis Rossi, Paulo Francis e J.B. Natali nas págs. 6, 7 e 8.

encontros na FOLHA

"Brasil: Caminhos da Transição"

Hoje, às 20 horas, "O Sistema Federativo" será tema de debate público no auditório deste jornal, à alameda Barão de Limeira, 425, 9.º andar. Sob a coordenação do jornalista Rui Lopes, participarão os seguintes debatedores: senador Teotônio Vilela (PMDB); Jaime Lerner, prefeito de Curitiba; Miguel Arraes, ex-governador de Pernambuco; sociólogo Chico de Oliveira; e Guaçu Piteri, prefeito de Osasco.

Em comemoração ao 60.º aniversário da "Folha", o ciclo de debates "Brasil: Caminhos da Transição", analisando as alternativas institucionais no quadro do atual momento político nacional, prossegue amanhã com o tema "A Questão da Cidadania".

Ontem, em prosseguimento à série Encontros na "Folha", foi debatido o tema "A In (ter) dependência dos Poderes". (Noticiário na pág. 5)

Opinião

"Insondável e imutável", "Mais respeito" e "A associação dos docentes", editoriais, na Página Dois. "O Cavalo de Tróia", de Jânio Quadros, e "Doutores de almanaque", de Gerardo Mello Mourão, na Página Três.

Local

O comerciante Rubens Pereira confirmou ontem a versão do investigador Miguel da Silva Lima, o "Miguelzinho", de que foi o responsável por empréstimos de Cr$ 10,5 milhões feitos ao policial para a compra de uma fazenda em São Carlos e outras três glebas de terra em Descalvado. Após seu depoimento, na Corregedoria do Detran, o comerciante recebeu prazo de 48 horas para apresentar provas de suas declarações. PÁG. 12

Economia

A Bolsa de Valores de São Paulo fechou em baixa de 1,2% ontem, negociando Cr$ 184,20 milhões. No "open market", as operações "overnight" foram realizadas a 5,90% ao mês, em média. PÁG. 22

Esportes

O técnico Telê Santana anunciou ontem, oficialmente, a convocação do ponta-direita Paulo César, do São Paulo, para os jogos da seleção brasileira contra a Bolívia e a Venezuela que serão disputados no Brasil. A delegação regressou de La Paz ontem de madrugada. PÁG. 26

O tempo

Parcialmente nublado em São Paulo, tornando-se instável à tarde e à noite, com chuvas e trovoadas isoladas. Névoa úmida e nevoeiros esparsos. Temperatura estável; a máxima ontem foi 28,3 graus e a mínima 16,6.

Na coluna "Agenda", pág. 12, a previsão para a Grande São Paulo, Litoral, Interior do Estado, várias regiões do País e a tendência do tempo para amanhã.

Na Câmara, a disputa entra em fase final

Preocupados com dissidências de ambos os lados, os dois candidatos à Presidência da Câmara Federal — Nélson Marchezan, apoiado pelo governo, e Djalma Marinho, apoiado pelas oposições e uma parte do PDS — entraram ontem na reta final da campanha pela eleição que será realizada quinta-feira.

Djalma Marinho (PDS-RN) anunciou ter conquistado a adesão de mais nove deputados de seu partido. Os articuladores da campanha de Marchezan (PDS-RS), contudo, prevêem a vitória de seu candidato por mais de 20 votos de diferença. As bancadas do PP e do PDT iniciaram ontem reuniões para decidir sobre o fechamento de questão em torno da candidatura Marinho. PÁG. 4

Apontada "má interpretação" no indiciamento

O ex-reitor da Universidade de São Paulo, Miguel Reale, observou ontem que o indiciamento, na Lei de Imprensa, do editor responsável da "Folha", Boris Casoy, "funda-se em errônea interpretação da lei vigente".

No Rio, o deputado Marcelo Cerqueira revelou que, segundo o projeto que apresentará ao Congresso, modificando a Lei de Imprensa, a responsabilidade sucessiva só existirá quando o autor da declaração não for pessoa idônea.

Para o advogado e historiador Décio Freiras, o episódio se caracteriza "como um processo contra a "Folha", contra a democracia e contra a Nação" PÁG. 4

O Grupo 14 só negociará com a junta legal

O coordenador da Comissão de Negociações da Federação das Indústrias (Fiesp), Nildo Masini, afirmou ontem que a disposição do Grupo 14 é a de só negociar com uma comissão de trabalhadores constituída legalmente, dando a entender que esta é a junta governativa do Sindicato. "Temos reiterado — disse — a necessidade de se cumprir a legalidade imposta pela Delegacia Regional do Trabalho."

Enquanto isso, o presidente da junta daquele sindicato, Antônio Morales, informou estar estudando a possibilidade de anulação da assembléia de domingo que elegeu a comissão negociadora dos trabalhadores. PÁG. 24

Brejnev propõe a Reagan um debate a dois

O presidente Leonid Brejnev propôs ontem, no discurso de abertura do 26.º Congresso do Partido Comunista soviético, uma reunião de cúpula entre ele e o presidente norte-americano Ronald Reagan para a discussão "dos problemas internacionais que precisam de solução". Brejnev também pediu uma limitação "ou mesmo redução" de armas nucleares na Europa e propôs conferências de cúpula entre os cinco membros permanentes do Conselho de Segurança da ONU — para discutirem a situação do Afeganistão, golfo Pérsico e Oriente Médio.

Em Washington, a Casa Branca reagiu cautelosamente, dizendo que Reagan vê "com interesse" o convite de Brejnev. PÁG. 8

Foto U. Dettmar

ÚLTIMOS PREPARATIVOS

A Paulistur pretende concluir até amanhã à noite a preparação da avenida Tiradentes para o Carnaval, cujo tema este ano será "Banho de Lua" (foto). Faltam os testes finais de iluminação e som, e a colocação do restante da decoração e do sistema de segurança. O desfile de domingo será aberto pela Escola de Samba Renascença, da Lapa, que agora chega ao Grupo 1. PÁG. 15

Edifícios têm 30 dias para ser evacuados

Funcionários municipais entregaram ontem intimações aos responsáveis por quatro edifícios que não atendem às normas da legislação sobre segurança contra incêndio, dando prazo de 30 dias para que sejam desocupados. São eles: Taimo (rua Guaianases, 17), Leopoldina (rua Timbiras, 472), Hotel Inca (rua Conselheiro Nébias, 30) e Condomínio Sé (rua Roberto Simonsen, 62).

Os funcionários solicitaram o auxílio da Polícia Militar para a entrega das intimações e o administrador do Taimo, advogado Itagibe Alfredo disse que vai recorrer à Justiça. PÁG. 13

Pouca gente na chegada do Papa a Tóquio

Procedente da ilha de Guam, chegou ontem ao Japão o papa João Paulo 2.º, para uma permanência de três dias, durante os quais deverá visitar Tóquio, Hiroxima e Nagasáqui. No aeroporto, ele foi recebido pelo ministro das Relações Exteriores, Masayoshi Ito, pelo cardeal Asajiro Satowaki e pelo corpo diplomático credenciado em Tóquio.

Hoje, o Papa será recebido pelo imperador Hirohito.

Ao contrário da acolhida calorosa que João Paulo 2.º teve nas Filipinas, pouca gente foi esperá-lo no aeroporto de Haneda, em Tóquio. PÁG. 11

50 ANOS

FOLHA DE S.PAULO

★ SEGUNDO CLICHÊ

Editor Responsável: Boris Casoy • São Paulo, terça-feira, 31 de março de 1981 • Um jornal a serviço do Brasil • Ano 61 • N.º 18.990 • Al. Barão de Limeira, 425 Cr$ 30,00

Reagan ferido em atentado

No 17.º ano, a advertência das 3 Armas

Em ordem do dia alusiva à comemoração, hoje, do 17.º aniversário da Revolução de 64, o ministro Válter Pires, do Exército, condena a "persistente e insidiosa atuação de uma minoria ativa que tenta desviar as instituições militares e indispor o cidadão civil com o cidadão fardado". "Nossa gente — prossegue — já manifestou seu total repúdio a esse maldoso intento: no passado, abominando a subversão, o terrorismo, a luta armada; no presente, condenando a intriga, a difamação, a calúnia, o revanchismo; e ao fazer sua clara opção pela democracia, investe em um futuro coerente com nossas tradições".

Na ordem do dia da Aeronáutica, o ministro Délio Jardim de Matos condena os "radicais brasileiros", enquanto o ministro Maximiano da Fonseca, da Marinha, lembra que os familiares de militares mortos não estão exigindo a punição dos responsáveis. PÁG. 5

Na Polônia, o Solidariedade cancela greve

O sindicato central independente Solidariedade, após sete horas de conversações com representantes do governo polonês, decidiu ontem suspender a greve geral que estava marcada para hoje e convocou uma reunião da direção nacional para discutir o cancelamento definitivo da paralisação — contribuindo assim para um relaxamento da tensão que existia na Polônia. Após a reunião, o líder sindical Lech Walesa declarou que "venceram o senso comum e a moderação" e que se alcançou "70 por cento de acordo."

Terminou ontem a reunião do Comitê Central do Partido Operário Unificado da Polônia (POUP).

Noticiário e comentários de J. B. Natali na pág. 11.

Nos 60 anos da "Folha", o filme nacional

Com a exibição de "O Bandido da Luz Vermelha", de Rogério Sganzerla, e "Lição de Amor", de Eduardo Escorel, às 19 e às 21 horas, encerra-se hoje a Mostra de Cinema Brasileiro promovida pela "Folha", dentro das comemorações do seu 60.º aniversário, com a colaboração da Embrafilme. Nos quinze dias da retrospectiva foram exibidos 29 dos mais importantes filmes brasileiros, no auditório do MASP, sempre com entrada gratuita. "O Bandido", de 1968, é considerada a obra mais polêmica do chamado "cinema marginal". "Lição de Amor", de 1976, é uma transcrição poética para o cinema do romance "Amar, Verbo Intransitivo", de Mário de Andrade. ILUSTRADA

Opinião

"Aumento do funcionalismo" e "Energia e alimento", editoriais, na **Página Dois**. "Mais uma vez a seca", de Miguel Arraes, e "O problema da inflação", de Jorge Boaventura, na **Página Três**.

Nacional

Agentes do DPPS recolheram ontem, no Rio, uma bomba que não detonou durante o atentado sofrido na semana passada pelo jornal "Tribuna da Imprensa". Antes da chegada dos policiais, a bomba foi examinada por um perito chamado pelo proprietário do jornal, Hélio Fernandes. PÁG. 6

Exterior (dos correspondentes)

Clóvis Rossi, de Buenos Aires, analisa o primeiro pronunciamento do novo presidente, Roberto Viola. PÁG. 10

Osvaldo Peralva, de Tóquio, comenta a viagem do ex-presidente Gerald Ford, em missão da Casa Branca, ao Japão. PÁG. 12

Local

O prefeito Reinaldo de Barros anunciou ontem que iria interditar a boate Regine's, inaugurada há apenas cinco dias, em São Paulo, por irregularidades na construção e falta de segurança do prédio. Fiscais da Prefeitura deveriam lacrar a casa às 21 horas. Contudo, uma liminar impetrada na Justiça sustou a interdição. PÁG. 13

Economia

A Bolsa de Valores de São Paulo fechou em baixa de 0,5% ontem, movimentando Cr$ 180,69 milhões. No "open market", as operações "overnight" foram realizadas a 5,3% ao mês em LTNs e a 5,4% em ORTNs. PÁG. 20

Esportes

O técnico Telê Santana poderá deixar hoje a seleção brasileira. Ele discutirá a renovação de seu contrato com o presidente Giulite Coutinho, da CBF, e poucos acreditam num acordo. PÁG. 26

O tempo

Bom e pouco nublado em São Paulo, com névoa úmida e nevoeiros esparsos pela manhã. Temperatura em ligeiro declínio; a máxima ontem foi 27,2 graus e a mínima 18,2.

Na coluna "Agenda", pág. 16, a previsão para a Grande São Paulo, Litoral, Interior do Estado, várias regiões do País e a tendência do tempo para amanhã

Bala é tirada do pulmão e o presidente passa bem; mais três pessoas feridas, uma em estado desesperador; preso o autor do atentado, um universitário de 22 anos

Reagan acena para os populares à saída do Hotel Hilton e neste momento é atingido pelas costas, no lado esquerdo.

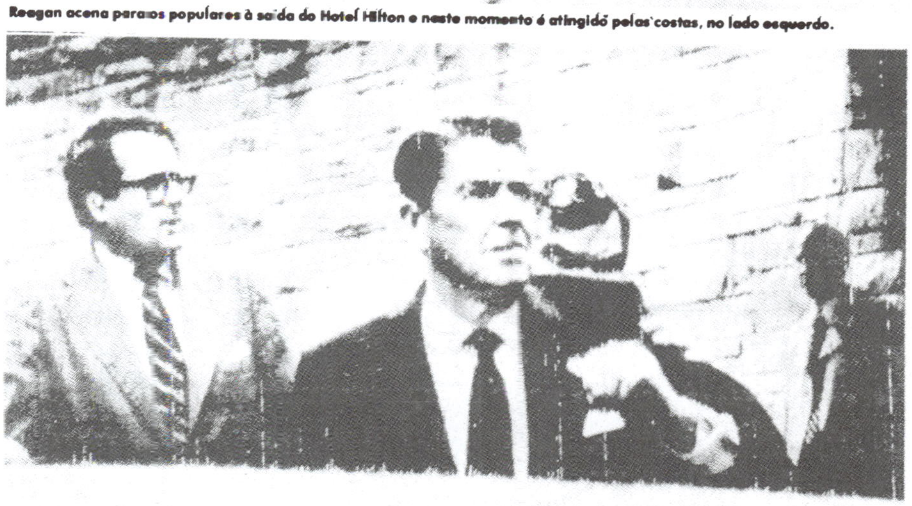

Com a dor e o espanto estampados no rosto, o presidente abaixa o braço, enquanto é cercado pelos agentes...

Radiofotos AP

... que o empurram violentamente para dentro da limusine, na qual será conduzido ao Hospital George Washington.

O presidente dos Estados Unidos, Ronald Reagan, sofreu um atentado a tiros, ontem, quando deixava o Hotel Hilton, no centro de Washington, e uma bala calibre 22 alojou-se em seu pulmão esquerdo, a dois centímetros do coração. Levado para o hospital da Universidade George Washington, o presidente foi submetido a duas cirurgias para extração do projétil, que não chegou a fragmentar-se.

Dennis O'Leary, cirurgião-chefe do hospital, afirmou que o presidente "não corre risco de vida", seu estado "é satisfatório" e que "deverá estar completamente recuperado dentro de duas semanas". Após a extração do projétil, o que somente foi conseguido na segunda operação, o presidente foi encaminhado a uma unidade de terapia intensiva.

Apesar da gravidade da situação, a Casa Branca informou que não decretou o estado de alerta das Forças Armadas.

O secretário de Estado Alexander Haig, que se encontrava em Washington no momento do atentado, assumiu o controle da administração federal, uma vez que o vice-presidente George Bush estava no Texas e somente retornou à capital às 19 horas (21 em Brasília).

No lado esquerdo

Eram 14h30 em Washington (16h30 em Brasília) quando o presidente Reagan, acompanhado do porta-voz da Casa Branca, James Brady, e de outros assessores, deixava a porta lateral do Hotel Hilton, onde participou de uma reunião patrocinada pela central sindical AFL-CIO. Chovia e o presidente acenava para populares quando foi ouvido o primeiro disparo, seguido de cinco outros. Os agentes de segurança passaram a gritar "pára trás, para trás" e o presidente ainda mantinha o braço esquerdo erguido, abrindo o flanco por onde penetrou a bala. O assessor de imprensa James Brady recebeu um tiro na cabeça e se encontra em estado grave, internado no hospital George Washington Um agente de segurança e um policial também ficaram feridos.

Enquanto agentes dominavam o autor do atentado — identificado como John Warnock Hinckley, de 22 anos, universitário de Evergreen, Colorado — o presidente era empurrado pelos agentes de segurança para o interior da limusine à prova de bala, que arrancou rumo ao hospital. A limusine foi atingida por dois disparos.

No final da noite, o FBI anunciou que o autor do atentado já fora submetido, há tempos, a tratamento psiquiátrico e no ano passado tivera problemas com a polícia ao ser apanhado com duas armas (calibre 22) na cidade de Nashville quando lá se encontrava em campanha eleitoral o então presidente Carter.

Bem-humorado

O presidente Reagan em momento algum perdeu a consciência e entrou no hospital caminhando, amparado por dois agentes de segurança, trazendo na camisa uma enorme mancha de sangue. Estava ainda consciente quando entrou na sala de cirurgia. Quando descia o corredor, piscou para seu assessor James Baker e disse ao senador Paul Laxalta (republicano por Nevada): "Não se preocupe comigo; vou me salvar." Virou-se para sua mulher Nancy (que não se encontrava no local do atentado) e disse: "Benzinho, esqueci de me desviar." Ao ser colocado na mesa de cirurgia, brincou com os médicos, afirmando: "Espero que os senhores sejam republicanos."

Comentário de Paulo Francis e noticiário nas págs. 8, 9 e 10.

Adiada a festa do Oscar

A Academia de Artes e Ciências Cinematográficas adiou para hoje a entrega dos prêmios Oscar, devido ao atentado sofrido pelo presidente, que deveria abrir a cerimônia de ontem com um discurso gravado em videoteipe. ("Ilustrada", pág. 27)

Metalúrgicos e o Grupo 14 fazem acordo

Os 35 sindicatos de metalúrgicos do ABC e do Interior — representando cerca de 400 mil trabalhadores — assinarão hoje, às 16 horas, acordos salariais com a Fiesp. Os empresários do Grupo 14 receberam ontem as decisões das assembléias realizadas pelos sindicatos no final da semana, aceitando o acordo, com exceção de alguns dos itens da proposta final da Fiesp.

O presidente da junta governativa do sindicato de São Bernardo, Afonso Monteiro da Cruz, justificou a assinatura do acordo afirmando que a posição dos empresários não permitiu "nenhuma abertura para continuar as negociações das cláusulas rejeitadas". PÁG. 20

Amanhã, tarifa dos telefones 20% mais cara

Da Sucursal de Brasília

O presidente da Telebrás, general Alencastro e Silva, informou ontem em Brasília que a partir de amanhã as tarifas telefônicas estarão custando 20% mais caro.

Este reajuste, o segundo do ano, foi aprovado pelo Conselho Interministerial de Preços (CIP), depois de analisar as propostas de aumento para o segundo semestre, encaminhadas ao órgão há mais de um mês pela Telebrás. Como a proposta reclamava um total de quatro reajustes para 1981, segundo revelou a própria Telebrás, as tarifas terão novos aumentos a 1.º de julho e no início do último trimestre.

Cantor mata a sua ex-mulher e fere músico

O cantor Lindomar Castilho assassinou com um tiro, na madrugada de ontem, sua ex-mulher Eliane Aparecida de Grammont e feriu, sem gravidade, o músico Carlos Roberto da Silva (primo do cantor). O crime ocorreu no café "Belle Epoque", na alameda Santos, onde Eliane cantava, acompanhada ao violão por Carlos Roberto.

Lindomar Castilho foi agarrado e desarmado pelos frequentadores do café, que o espancaram e deixaram caído na calçada, com pés e mãos amarrados, à espera da polícia.

O casal, que tinha uma filha de quase dois anos, estava separado há seis meses. PÁG. 15

Sai a contagem recíproca para todo funcionário

A exemplo dos servidores federais, também os funcionários estaduais, municipais e das respectivas autarquias poderão beneficiar-se da contagem recíproca de tempo de serviço público para efeito de aposentadoria por invalidez, tempo de serviço e compulsória, segundo decreto assinado ontem, pelo presidente Figueiredo.

O decreto veda a acumulação de tempo de serviço público com o de atividade vinculada ao regime da Previdência Social urbana, quando concomitantes, e regulamenta a indenização das contribuições — não recolhidas à época própria — relativas a períodos de atividade como empregador, trabalhador autônomo, empregado doméstico ou religioso. PÁG. 15

60 ANOS

FOLHA DE S.PAULO

★ SEGUNDO CLICHÊ

Editor Responsável: Boris Casoy • São Paulo, sábado, 2 de maio de 1981 • Um jornal a serviço do Brasil • Ano 61 • N.º 19.022 • Al. Barão de Limeira, 425 • Cr$ 30,00

ABC propõe uma greve nacional a 1º de outubro

Cerca de seis mil trabalhadores, estudantes e intelectuais aprovaram ontem no Paço Municipal de São Bernardo, durante as comemorações do 1.º de Maio, a proposta de greve nacional de todas as categorias profissionais do País no dia 1.º de outubro, caso o governo não atenda às reivindicações apresentadas pelos sindicatos de trabalhadores nos últimos três anos. Entre essas reivindicações constam desde a garantia no emprego até a reforma agrária.

A proposta é das entidades sindicais que promoveram o 1.º de Maio no ABC e foi apresentada pelo presidente do PT, Luís Inácio da Silva, Lula. Ele afirmou logo em seguida que "muita gente vai dizer que o Lula está desesperado, e é para desesperar mesmo, depois de ver aprovado um salário mínimo que desrespeita a própria legislação". Concluindo, Lula enfatizou que "a gente está chamando o governo à razão e damos seis meses de prazo".

Em São Paulo, cerca de três mil pessoas participaram do 1.º de Maio Unificado, promovido pela Unidade Sindical, na praça da Sé. A comemoração transcorreu sem incidentes. Logo após seu encerramento, porém, algumas centenas de pessoas decidiram sair em passeata — não autorizada pelos promotores do evento — pelas ruas do centro da cidade. Policiais do Deops dissolveram a passeata a tiros de revólver e bombas de gás lacrimogêneo. Na confusão, Sandra Kolszuk, de 22 anos, foi atingida por uma bala na coxa esquerda, e Vanda de Albuquerque e Maria de Lourdes Santos foram presas, sendo soltas por volta de 18 horas.

O governador Paulo Maluf, acompanhado de várias autoridades, esteve presente aos festejos realizados em Ermelino Matarazzo, pela Sociedade Amigos daquele bairro. PÁG. 12

Os correspondentes da "Folha" Clóvis Rossi, de Buenos Aires, Mauro Santayana, de Madri, e Pedro Del Picchia, de Roma, informam sobre o 1.º de Maio no mundo, na pág. 7.

Exército investiga explosão que vitimou dois militares

Policiais examinam o carro destroçado pela explosão, no estacionamento do Riocentro; o capitão e o sargento estavam em missão de informações.

Foto José Reiche

Lula fala a seis mil trabalhadores, no Paço Municipal de São Bernardo do Campo, ontem.

Mais bombas no carro

Mais duas bombas encontravam-se no interior do "Puma" onde um terceiro explosivo detonou na noite de anteontem, no Rio, matando o sargento Guilherme Pereira do Rosário e ferindo gravemente o capitão Wilson Machado, ambos do Exército.

As duas bombas que não explodiram foram mostradas ontem, no interior do carro, pelos teipes da Rede Globo de Televisão. No entanto, o comandante do 1.º Exército, general Gentil Marcondes Filho, disse que não conseguiu confirmar a existência dessas bombas não-detonadas e classificou a explosão da terceira como "um atentado, intencional ou não", provocado por "grupos que querem conturbar o andamento do desenvolvimento democrático do País". Ele admitiu que o capitão e o sargento estavam a serviço do setor de Informações do 1.º Exército, no momento em que se realizava, no Riocentro, bairro da Tijuca, um "show" de música por motivo do 1.º de Maio. E reconheceu que a bomba explodiu dentro do "Puma".

(Momentos depois dessa explosão, outra bomba detonou na casa de força do Riocentro, sem maiores consequências.)

O general garantiu ser "óbvio" que seus subordinados foram "vítimas de atentado, até que se prove o contrário". Repudiou a possibilidade de envolvimento de membros do Exército nas explosões, mas disse que todas as hipóteses serão investigadas, inclusive a de acidente.

O sargento Rosário foi enterrado no cemitério do Irajá com honras militares e seu caixão foi carregado, entre outros oficiais, pelo general Gentil Marcondes. Sueli, a mulher do sargento, confirmou que ele servia no Doi-Codi, como motociclista. Tanto no Instituto Médico Legal como no cemitério, não lhe permitiram ver o corpo do marido.

O capitão Wilson Machado continua em estado grave, internado no hospital Miguel Couto, mas — segundo os médicos — já não corre perigo de vida.

Policiais do Departamento Geral de Investigações Especiais concluíram ontem que a explosão dentro do "Puma" foi obra de terroristas, divididos em vários grupos. Essa conclusão baseia-se no depoimento de uma testemunha, cuja identidade não revelaram, que afirmou ter presenciado a fuga de três automóveis, em alta velocidade, logo após a detonação da bomba.

Nota conjunta divulgada pela OAB e ABI, com apoio de representantes de todos os partidos políticos e outras entidades, pede que se "apure, efetivamente, as responsabilidades de todos os envolvidos" na explosão das bombas. PÁG. 5

Foto Nelson Elias

Na praça da Sé, em São Paulo, três mil pessoas participam do 1.º de Maio Unificado.

Japão vende menos carros para os EUA

O governo japonês, depois de dois dias de negociações com o enviado especial do governo norte-americano, William Brock, concordou ontem em diminuir em 7,7% a exportação de automóveis daquele país para os Estados Unidos, o que significa 140 mil unidades a menos no ano financeiro iniciado em 1º de abril. O acordo é válido por dois anos. Ao final do prazo, o Japão decidirá se serão necessários controles por mais um ano, como querem os Estados Unidos.

A decisão foi aceita de má vontade pelos dirigentes das duas maiores fábricas de automóveis do Japão, a Toyota e a Nissan Motors. Para o presidente da Toyota, a medida significará um forte golpe na economia japonesa. PÁG. 13

No aniversário de Delfim, uma festa política

Foto Oswaldo L. Amorim

O ministro recebe o abraço de Maluf.

O ministro do Planejamento, Delfim Neto, indagado ontem em São Paulo sobre sua possível candidatura à Presidência da República, na sucessão do general Figueiredo, respondeu: "Não digo nem sim nem não", acrescentando que o momento não era indicado para dar entrevistas.

O diálogo ocorreu durante recepção que o ministro ofereceu para comemorar seu 53.º aniversário e acabou se transformando numa autêntica festa política, de que participaram, durante três horas, mais de 800 pessoas.

Quatro governadores — de São Paulo, Bahia, Ceará e Santa Catarina — estiveram presentes, além do ministro do Interior, Mário Andreazza, do presidente do PDS, José Sarnei, e dos ex-governadores Laudo Natel e Abreu Sodré.

Os governadores Paulo Maluf e Antônio Carlos Magalhães não chegaram a encontrar-se, mas fizeram novas críticas recíprocas. PÁG. 4

Dom Agnelo quer CEBs 'evangélicas'

As Comunidades Eclesiais de Base devem ser "bem orientadas para que repudiem tudo que não é evangélico ou que sirva às ambições pessoais, de grupos ou partidos", afirmou ontem o cardeal dom Agnelo Rossi, prefeito da Sagrada Congregação para a Evangelização dos Povos, do Vaticano, ao desembarcar no aeroporto de Congonhas, procedente de Roma.

O cardeal, que será homenageado amanhã com missa na catedral da Sé pela passagem de seu jubileu de prata episcopal, observou que a existência das CEBs — quase 70 mil no País, hoje — "é um fato inegavelmente positivo e muito encorajado pela Igreja". Advertiu, porém, que as comunidades brasileiras não devem ser comparadas às de outros países. PÁG. 4

Opinião

"Educação e responsabilidade", editorial, na Página Dois. "Balanço do Encontro das CEBs", de Leonardo Boff, e "Até quando?", de Jorge Boaventura, na Página Três.

Nacional

O embaixador Roberto Campos, agredido a facadas terça-feira, deverá deixar amanhã a Unidade de Terapia Intensiva do Pronto Socorro Iguatemi, indo para um apartamento do hospital, onde permanecerá mais dez dias para recuperar-se de seus ferimentos. PÁG. 4

Exterior (dos correspondentes)

Paulo Francis, de Nova York, comenta a vitória do presidente Ronald Reagan na primeira batalha no Congresso pela aprovação dos cortes no orçamento. PÁG. 6

• Cláudio Abramo, de Londres, entrevista um dirigente do "Sinn Fein" (braço político do IRA), o qual nega qualquer fundamento às alegações de que o IRA prepara uma "guerra", caso o militante Bobby Sands, em greve de fome, venha a morrer. PÁG. 6

O tempo

Bom em São Paulo, com névoa úmida e nevoeiros esparsos pela manhã. Temperatura estável; a máxima ontem foi 20,9 graus e a mínima 12,7.

Na coluna "Agenda", pág. 10, a previsão para a Grande São Paulo, Litoral, Interior do Estado, várias regiões do País e a tendência do tempo para amanhã.

Seis detentos escapam após render guarda

Seis presos fugiram na madrugada de ontem da Casa de Detenção, em São Paulo, após dominarem sucessivamente carcereiros, guardas e porteiros, em uma operação silenciosa que não despertou suspeitas dos guardas que ficam nas muralhas. Os fugitivos, de idades entre 18 e 22 anos, são "assaltantes de alta periculosidade", segundo o diretor do presídio.

Os presos estavam no Pavilhão 8. Armados com dois revólveres e quatro estiletes, renderam um carcereiro, atravessaram outras dependências, cruzaram o pátio interno e chegaram ao portão. Na rua, quatro deles roubaram um táxi e os outros dois desapareceram a pé. PÁG. 8

Ônibus podem parar se não houver acordo

Empregados e donos de empresas de ônibus da Capital reúnem-se hoje, às 15 horas, na Secretaria Municipal de Transportes, na última tentativa de negociação do acordo salarial da categoria (cuja data-base é 1º de maio) antes da assembléia dos trabalhadores, marcada para amanhã e que poderá decretar a greve. Os empresários rejeitaram, nas reuniões anteriores, as 31 reivindicações dos trabalhadores, o que aumenta a possibilidade de greve.

Prevê-se o comparecimento de oito mil pessoas na assembléia de amanhã, em consequência de um trabalho preliminar realizado em todos os bairros da Capital. PÁG. 9

Marinho aponta parcialidade e ameaça o juiz

Acusando de parcialidade o árbitro da primeira partida entre São Paulo e Grêmio, o lateral-esquerdo são-paulino Marinho Chagas ameaçou ontem, ao voltar de Porto Alegre com a delegação do clube paulista, o juiz José Roberto Wright, que apitará o segundo jogo — amanhã, às 16 horas, no Morumbi —, quando poderá ser decidido o título da Taça de Ouro. "Se ele não apitar direito e agir como o Arnaldo César Coelho lá no Sul, a torcida irá invadir o campo e bater nele."

Em Imola, na Itália, onde será disputado amanhã mais um GP de Fórmula-1, o brasileiro Nélson Piquet fez ontem o 8.º melhor tempo, no primeiro treino oficial. ESPORTES

50 ANOS

FOLHA DE S.PAULO

★ SEGUNDO CLICHÊ

Editor Responsável: Boris Casoy • São Paulo, quinta-feira, 14 de maio de 1981 • Um jornal a serviço do Brasil • Ano 61 • N.º 19.034 • Al. Barão de Limeira, 425 • Cr$ 30,00

Papa ferido a tiros em atentado

"Por que me fizeram isto?" — a pergunta de João Paulo 2.º, atingido pelos disparos de um extremista turco. Após demorada cirurgia, o estado do Santo Padre é animador

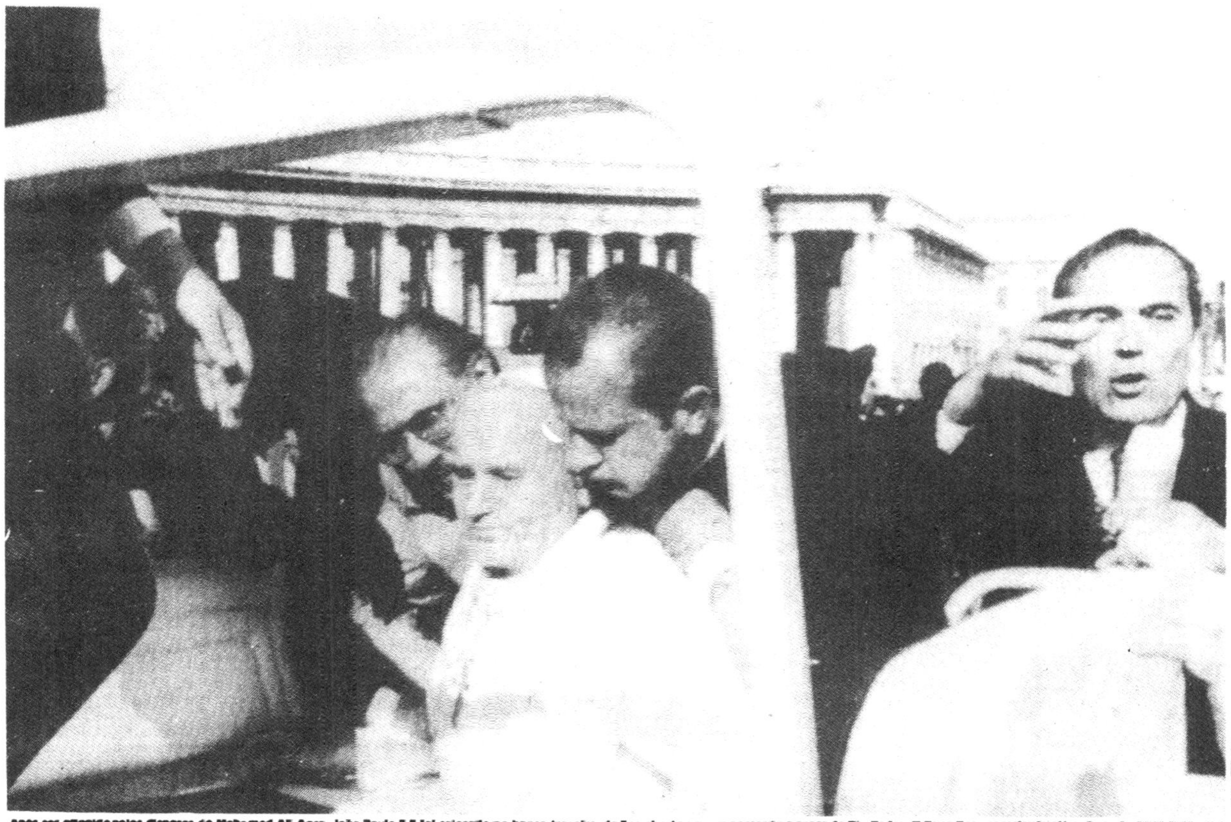

Radiofoto UPI

Após ser atingido pelos disparos de Mehemed Ali Agca, João Paulo 2.º foi colocado no banco traseiro do jipe aberto em seu percurso à praça de São Pedro. O Papa ficou consciente até a chegada da ambulância.

Pedro Del Picchia,
de Roma

"O estado de saúde do Santo Padre não é muito grave" — esta é a última declaração que o repórter da "Folha" conseguiu arrancar, já na madrugada de hoje, de um médico do Policlínico Gemelle, onde às 18h30 de ontem (13h30 de Brasília) João Paulo 2.º chegou numa ambulância da Cruz Vermelha Italiana, depois de ser baleado, no primeiro atentado a tiros contra um pontífice da Igreja Católica.

João Paulo 2.º caiu atingido pelos disparos do extremista de direita turco Mehemed Ali Agca exatamente às 17h19 (12h19 de Brasília), minutos após começar a percorrer a praça de São Pedro, a bordo do jipe Fiat branco, como faz todas as quartas-feiras, para saudar os fiéis.

Quatro detonações secas quebraram a alegria festiva dos 30 mil fiéis e turistas. Em poucos segundos, toda a praça soube o que acontecera: "Atiraram no Papa! Atiraram no Papa!"

Naquele momento, o autor do atentado — que fugira da prisão em Istambul em 1979 "para matar o Papa", como na época anunciou numa carta a um jornal turco — já estava nas mãos da polícia italiana, depois de escapar de uma ameaça de linchamento. E João Paulo 2.º, deitado no banco traseiro do jipe aberto, nos jardins do Vaticano, esperava, lúcido e sem um gemido, a chegada da ambulância. Só perdeu os sentidos quando foi colocado na maca.

Ao chegar ao Policlínico de Roma, que fica a dois quilômetros de São Pedro, o Papa recuperou os sentidos e murmurou com um fio de voz: "Por que me fizeram isto?". Imediatamente, foi levado para a sala de operações, onde lhe retiraram 55 centímetros dos intestinos dilacerados por uma das três balas de 9 milímetros que o atingiram. O projétil que provocou o ferimento mais grave entrou pelo abdômen e saiu pela região dorsal. Os dois outros atingiram de raspão o braço direito e o dedo mínimo da mão esquerda. A quarta bala causou sério ferimento numa senhora americana, e uma das três que acertaram o Papa acabou alojada em outra senhora, jamaicana.

Mehemed Ali Agca foi desarmado pelos dois fotógrafos oficiais da Santa Sé, que lhe retiraram da mão a pistola automática Browning 9 mm. As pessoas próximas ao local do atentado começaram a espancar violentamente o extremista, até que um policial em trajes civis conseguiu livrá-lo da fúria da multidão e levá-lo para a delegacia que fica encostada ao Vaticano. Ali, o neonazista turco de 23 anos disse que quis matar o Papa por "motivos políticos".

Mais despachos de nosso correspondente em Roma e artigos de Paulo Francis, Cláudio Abramo, J.B.Natali, Mauro Santayana, Clóvis Rossi e Osvaldo Peralva nas págs. 9 a 14.

Emoção em todo o Brasil

O presidente Figueiredo manifestou-se "profundamente comovido pela notícia do infausto atentado", em telegrama enviado ao Papa, desejando-lhe pronta recuperação. A intensa emoção tomou conta de diversos setores da população, especialmente em Belo Horizonte e em Aparecida, onde milhares de pessoas saíram às ruas espontaneamente para rezar por João Paulo 2.º. Em São Paulo, o cardeal d. Paulo Evaristo Arns celebrou missa na catedral da Sé.

Nota oficial da Conferência Nacional dos Bispos do Brasil, divulgada em Brasília, declara que "os disparos contra o Papa não foram apenas contra a sua pessoa, mas contra os valores que anuncia e defende".

O núncio apostólico d. Carmine Rocco recebeu a solidariedade de todos os partidos políticos, por meio de uma comissão interpartidária que o visitou. Enquanto o núncio negava conteúdo político ao atentado, o cardeal Agnelo Rossi atribuía, em Ribeirão Preto, sua autoria "possivelmente a comunistas". PÁGs. 12 e 13

Leia a opinião da "Folha" no editorial "Por que o Papa?", na Página Dois.

Mehemed Ali Agca fugira da prisão em 1979 "para matar o Papa" AP

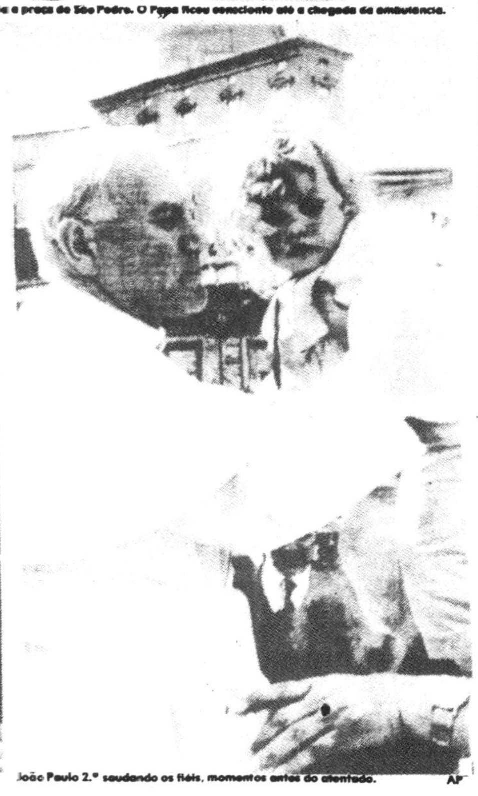

João Paulo 2.º saudando os fiéis, momentos antes do atentado. AP

"A situação profissional do historiador"

Hoje, às 20 horas, no auditório da "Folha", à alameda Barão de Limeira, 425, 9.º andar, debate público sobre "A situação profissional do historiador". Sob a coordenação de Carlos Guilherme Mota, professor da Universidade de São Paulo, participarão os seguintes debatedores: José Honório Rodrigues, professor da Universidade Federal do Rio de Janeiro e membro da Academia Brasileira de Letras; Fernando Novais, professor da Universidade de São Paulo; Célio Debes, do Instituto Histórico-Geográfico; e Ricardo Maranhão, professor da Universidade de Campinas

Opinião

"Direito à diferença", editorial, na Página Dois. "Os pré-candidatos e a Democracia Cristã", de Paulo J. Krischke, e "A propósito de sociologia da política", de Gilberto Freyre, na Página Três.

Nacional

O governador gaúcho Amaral de Sousa voltou a criticar ontem a oferta de recursos financeiros feita pelo governador Paulo Maluf a prefeitos do Rio Grande do Sul, no começo da semana. Revelou que, num telefonema que Maluf lhe fez ontem, deixou claro que "vivemos numa Federação e cada Estado tem sua autonomia". A oferta de Maluf continua repercutindo negativamente nos meios políticos gaúchos. PAG. 5

A obstrução, pelo PMDB e PP, da pauta de votação do Senado, poderá ser suspensa hoje se os dois partidos chegarem a um acordo sobre as concessões que o PDS decidiu fazer para pôr fim à medida. PÁG. 5

Educação

Os estudantes de História da Universidade de São Paulo farão hoje duas assembléias, à tarde e à noite, para decidir se "tomarão" ou não as dependências administrativas do curso, em protesto contra a eleição da professora Maria Beatriz Niza da Silva para a chefia do Departamento de História. PAG. 23

Economia

A Bolsa de Valores de São Paulo fechou em alta de 0,2% ontem, movimentando Cr$ 240,89 milhões. No "open market" as operações "overnight" foram realizadas a 8,2% ao mês em LTNs e a 8,3% em ORTNs. PÁG. 26

O presidente do Instituto Brasileiro do Café, embaixador Otávio Rainho, revelou ontem no Rio que a segunda previsão do órgão indica que a safra deste ano atingirá 32,1 milhões de sacas, marca que, confirmada, será a maior desde 1966. Os empresários do setor, entretanto, não concordaram com a estimativa. PÁG. 29

Esportes

Telê Santana perdeu seu bom humor, ontem, ao saber das declarações do treinador argentino César Luís Menotti, que menosprezou a vitória do Brasil sobre a Inglaterra. Telê garantiu que pedirá, aos dirigentes da CBF, uma revisão de programa para que o Brasil possa enfrentar a Argentina em partida amistosa: "É claro que o Menotti quer nos enfrentar. Afinal, ele nunca venceu o Brasil." PÁG. 36

O tempo

Bom em São Paulo, com nevoeiros pela manhã e nebulosidade variável. Temperatura em elevação; a máxima ontem foi 27 graus e a mínima 10,8.

Na coluna "Agenda", pág. 24, a previsão para a Grande São Paulo, Litoral, Interior do Estado, várias regiões do País e a tendência do tempo para amanhã.

Veronesi, que acusou o HC, vai à Justiça

O prof. Ricardo Veronesi, da Faculdade de Medicina da USP, decidiu ontem interpelar judicialmente o presidente do Conselho Deliberativo do Hospital das Clínicas, prof. Mário Ramos, por ter sido chamado de "incompetente" no ofício que comunicou sua demissão da presidência da Comissão de Infecção do HC. Se os termos do ofício forem confirmados, Veronesi pretende processar seu colega "por grave ofensa à dignidade e à honra profissional"

A Associação dos Médicos do Hospital das Clínicas divulgou ontem nota em que deplora o atraso nas denúncias de Veronesi. PÁG.22

Suspensa pelo STF a lei dos 100 por hora

Da Sucursal de Brasília

Liminar concedida ontem pelo Supremo Tribunal Federal suspendeu, até o julgamento definitivo da questão, a vigência da lei, aprovada no dia 14 de abril passado pela Assembléia Legislativa de São Paulo, que permite velocidade de até 100 km/h nas estradas paulistas de duas pistas. O governo do Estado, em representação encaminhada ao procurador-geral da República, havia solicitado a arguição de inconstitucionalidade da lei.

Para o prosseguimento do processo, o ministro-relator, Rafael Mayer, determinou que a Assembléia Legislativa preste as informações destinadas a instruir o julgamento.

Aprovação de novos cursos é "congelada"

O presidente Figueiredo assinou decreto, ontem, suspendendo até 31 de dezembro de 1982 a criação de novos cursos de graduação nas universidades federais. O decreto também proíbe o Conselho Federal de Educação de apreciar e receber, nesse período de quase vinte meses, "quaisquer pedidos de autorização de cursos de graduação e de funcionamento de universidades ou de estabelecimentos isolados de ensino superior", o que inclui universidades estaduais e escolas particulares.

A decisão foi tomada, segundo a exposição de motivos elaborada pelo ministro da Educação, Rubem Ludwig, como forma de evitar o agravamento do desemprego. PÁG. 23

Ackel responde ao desencanto das oposições

O ministro da Justiça, Ibraim Abi Ackel, afirmou ontem em Brasília que a nota do presidente da República sobre a manifestação de apoio dos partidos não contém nada que justifique a quebra da confiança que lhe emprestou a oposição.

Depois de reafirmar que Figueiredo está determinado a conduzir o País a um regime democrático, o ministro observou que não sabe o que ocorreu "que possa ter provocado tão rapidamente o desencanto da oposição".

Ainda em Brasília, a comissão executiva nacional do PT divulgou ontem nota desautorizando interpretações que "colocam o PT numa suposta frente de solidariedade ou apoio ao governo ou ao Presidente" PÁGs. 6 e 7

FOLHA DE S.PAULO

SEGUNDO CLICHÊ

Editor Responsável: Boris Casoy. • São Paulo, quarta-feira, 7 de outubro de 1981 • Um jornal a serviço do Brasil • Ano 61 • N.º 19.180 • Al. Barão de Limeira, 425 • Cr$ 40,00

O assassinato do presidente egípcio agrava as apreensões quanto à crise do Oriente Médio

Sadat morto, risco de guerra

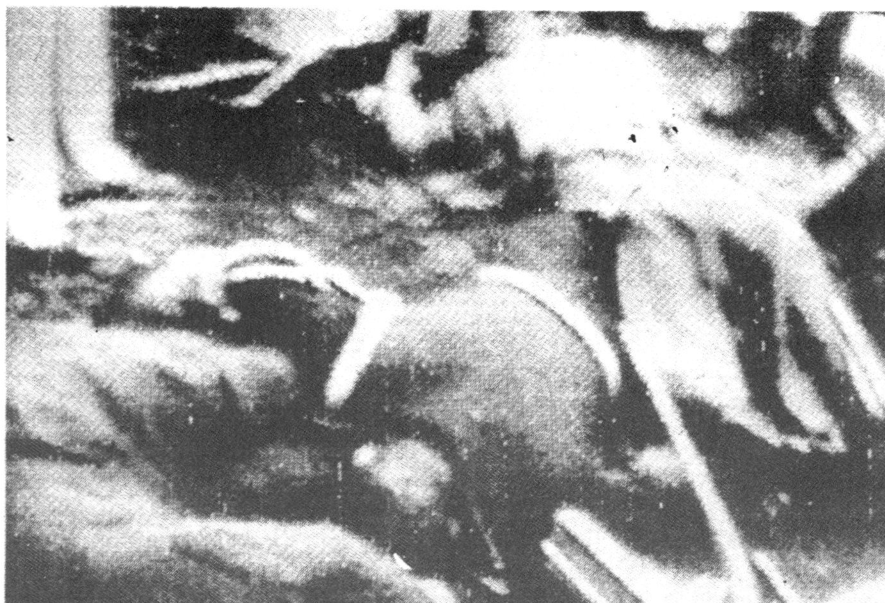

As rajadas de metralhadoras e as explosões de granadas deixaram um saldo de seis mortos e 38 feridos, entre os quais autoridades estrangeiras. UPI

Sadat presidia o desfile comemorativo da retomada de Suez aos israelenses, quando os agressores investiram contra o palanque oficial (à direita). AP

Num violento e espetacular atentado, e no momento em que olhava no céu evoluções de aviões "Mirage", o presidente do Egito, Anuar El Sadat, de 62 anos, foi assassinado ontem no Cairo, durante o desfile comemorativo da guerra de outubro de 1973, na qual as forças egípcias retomaram Suez dos israelenses.

Disparando rajadas de metralhadora e atirando granadas, um grupo de soldados comandados por um major e um tenente, que participavam do desfile num jipe, investiu contra o palanque oficial e, durante um minuto, manteve uma bateria cerrada de fogo, atingindo em cheio Sadat, que presidia as comemorações à frente de toda a cúpula do governo, das Forças Armadas e de centenas de convidados estrangeiros.

Morreram mais cinco pessoas, entre elas o chefe do Estado-Maior do Exército, e 38 foram feridas, algumas com gravidade (como o embaixador da Bélgica e o ministro da Defesa da Irlanda).

O encarregado dos Negócios do Brasil no Egito, primeiro-secretário Marcelo Moretson de Andrade, e o adido militar brasileiro, coronel Nei Eischeler, estavam no palanque e escaparam ilesos. Moretson informou ao Itamarati que a situação no Cairo "é de quase normalidade, as pessoas ainda podem circular livremente pelas ruas e o ambiente é de tranquilidade".

A morte de Sadat reavivou imediatamente em todo o mundo os temores de nova guerra no Oriente Médio, dependendo dos rumos de sua sucessão, que poderão fazer cair por terra a estratégia norte-americana na região.

Em Washington, o presidente Ronald Reagan, em declaração radiotelevisada, elogiou o líder egípcio e sua ação política.

Em Moscou, a agência Tass disse apenas que "os autores do atentado foram os egípcios descontentes com a política interna e externa de Anuar Sadat".

Em Israel, o premiê Menachen Beguin fez o elogio de Sadat.

Na Líbia, inimiga do Egito, o líder Muamar Gadafi manifestou sua satisfação e o povo saiu às ruas "comemorando" a morte de Sadat.

De acordo com a Constituição egípcia, assumiu a Presidência o presidente do Parlamento, Sufi Abu Taleb, e o vice-presidente, Osni Mubarak, assumiu o comando supremo das Forças Armadas. Ambos decretaram "estado de emergência" por um ano. Mubarak será eleito presidente dentro de 60 dias.

Comentários de Cláudio Abramo, Paulo Francis, J.B. Natali, Mauro Santayana e Osvaldo Peralva nas págs. 6, 7, 8 e 9.

Leia a opinião da "Folha" no editorial "Oriente sem Sadat", na Página Dois.

Pires repele 'insultos' de Bierrenbach

"Repulsa às gratuitas acusações contra o Exército", manifestou ontem o ministro daquela Força, general Válter Pires, ao se solidarizar com o general Carlos Alberto Cabral Ribeiro, ministro do Superior Tribunal Militar, por sua nota divulgada na véspera, que repudiava algumas passagens, consideradas ofensivas ao Exército, do voto proferido por seu colega, almirante Júlio de Sá Bierrenbach, durante o julgamento do caso Riocentro.

Válter Pires enviou telegrama a Cabral Ribeiro dizendo que o gesto deste ministro do STM, ao criticar as declarações de Bierrenbach, representou uma "justa reparação pelos insultos proferidos de maneira insólita, fazendo crer na busca de evidência e promoção pessoal por quem deveria ter isenção e seriedade".

Já o ministro interino da Marinha, almirante Teófilo de Aratanha, manifestou apoio a Bierrenbach, "no direito dele divergir como juiz". E advertiu: "Não é possível o Executivo interferir no Judiciário, pois, senão, estaremos voltando à época que não queremos jamais." PÁG. 5

Leia a opinião da "Folha" no editorial "Fora da política", na Página Dois.

Nos varejões e nas feiras, um novo serviço da "Folha"

Com o objetivo de orientar as donas de casa, a "Folha" publicará todas as quintas-feiras, sábados, domingos e segundas-feiras um quadro dos preços de legumes, frutas e verduras de consumo corrente, conforme levantamento feito nos entrepostos da Capital (varejões, mercadões e feirões), cotejados com os de feiras livres.

Em debate a violência contra a mulher

A violência exercida contra a mulher será tema de debate no auditório da "Folha" hoje. Sob a coordenação do jurista Dalmo Dallari, estarão debatendo: Raquel Moreno, psicóloga e presidente do SOS Mulher; Maria Carneiro da Cunha, jornalista e advogada; Cida Kopckac, presidente da Associação das Donas de Casa, e Helena de Grammont, mãe de Eliane de Grammont.

Com início às 20 horas, o debate, aberto ao público, terá lugar à alameda Barão de Limeira, 425, 9.° andar.

Opinião

"Quem é índio", editorial, na Página Dois.

"Palestinos e refugiados", de Barreto Leite Filho, e "Paga quem pode menos", de Alberto Goldman, na Página Três.

Nacional

Ao recepcionar o presidente do Mali, Moussa Traoré, que iniciou ontem sua visita ao Brasil, o vice-presidente em exercício, Aureliano Chaves, declarou que "a questão Norte-Sul precisa alcançar a etapa do verdadeiro diálogo". PÁG. 5

Exterior

Clóvis Rossi, de Santiago: "Oposição não tem ilusões sobre Pinochet" — A oposição chilena não acredita que as divergências entre os setores "duros" e "brandos" debilitem o regime militar, pois sabe que as duas correntes estão unidas para combater o inimigo comum. PÁG. 10

Mino Carta: "O que sobrou do eurocomunismo" — O Partido Comunista Italiano vive contradições que o tornam vulnerável. Ao mesmo tempo em que defende a democracia representativa, é fiel ao princípio de que a Itália deve fazer parte da Aliança Atlântica. (Segundo artigo da série "Impressões da Itália-81") PÁG. 10

Local

A Secretaria da Saúde do Estado e a de Higiene e Saúde do município vão iniciar, respectivamente no Interior e na Capital, intensiva fiscalização nas dez mil padarias do Estado, com o objetivo de reprimir a adição de bromato de potássio (considerado tóxico) em pães e bolos. O Sistema Estadual de Proteção ao Consumidor (Procon) acompanhará a fiscalização, que visa impedir esse abuso, já constatado em um terço das padarias do Estado. PÁG. 11

Economia

A Bolsa de Valores de São Paulo fechou em alta de 0,4% ontem, movimentando Cr$ 586,94 milhões. No "open market" o custo do dinheiro ficou entre 8,25% e 8,30% ao mês, em média. PÁG. 16

Ilustrada

Com um show da cantora francesa Mireille Mathieu, será realizada hoje, às 21 horas, no Teatro Municipal, a cerimônia de entrega dos prêmios Molière aos melhores do teatro paulista no ano passado. Seis artistas, diretores e escritores serão premiados com troféus e passagens aéreas de ida e volta a Paris. PÁG. 27

O tempo

Instável em São Paulo, com névoa úmida e nevoeiros esparsos pela manhã, sujeito a chuvas e trovoadas isoladas no decorrer do período. Temperatura em ligeiro declínio; a máxima ontem foi 25,6 graus e a mínima 14,8.

Na coluna "Agenda", pág. 15, a previsão para a Grande São Paulo, Litoral, Interior do Estado, várias regiões do País e a tendência do tempo para amanhã.

Ackel nega a existência de dois poderes

A exemplo do presidente do Senado, Jarbas Passarinho, o ministro da Justiça, Ibraim Abi Ackel, negou a existência de um "governo paralelo" ao do vice-presidente em exercício, Aureliano Chaves, funcionando na Gávea Pequena, no Rio, onde ele visitou ontem o presidente Figueiredo. Segundo Ackel, notícias neste sentido são "improcedentes" e o País "continua sua vida normal".

O secretário-adjunto de Imprensa da Presidência, Flávio Sapha, disse que as visitas diárias de ministros a Figueiredo "não têm caráter decisório". O Presidente será visitado amanhã por Aureliano Chaves.

PÁG. 4

A duplicação da via Dutra será revista

O Departamento Nacional de Estradas de Rodagem (DNER) decidiu rever o projeto de duplicação da via Dutra, de São Paulo a São José dos Campos, em virtude da construção, pelo governo do Estado, da via Leste, que vai inicialmente até Guararema.

O DNER considera que a execução do projeto original, elaborado em 1974, seria um desperdício de verbas, já que as estradas são paralelas.

O projeto original será mantido apenas até o entroncamento com a via Fernão Dias, em Guarulhos, trecho que será entregue em abril de 82, com doze pistas, seis em cada sentido.

PÁG. 11

Delfim exige mais estímulo aos consórcios

O ministro do Planejamento, Delfim Neto, na reunião que manteve ontem, em Brasília, com representantes das cinco maiores montadoras de veículos do País e com o presidente da Anfavea, Nílton Chiaparini, cobrou de todos a transferência, para os participantes dos consórcios, das "vantagens que o mercado está oferecendo aos compradores de automóveis nas revendedoras". Ficou decidida a criação de um grupo de trabalho que vai estudar uma forma de proteger os consumidores. O secretário de Abastecimento e Preços, Júlio César Martins, assegurou que, "se for necessário, o governo altera a lei dos consórcios". PÁG. 17

Novos conflitos agitam eleição em Santo André

Com muita pancadaria — pelo segundo dia consecutivo —, apreensão de duas facas e desaparecimento de um revólver, começou ontem a votação para escolha da diretoria que substituirá a junta governativa do Sindicato dos Metalúrgicos de Santo André. Quatro chapas concorrem ao pleito, que termina sábado.

Os tumultos e o horário da votação — das 15 às 21 horas — estão dificultando o comparecimento às urnas dos 14 mil associados com direito a voto. Ontem, não chegaram a votar 300 metalúrgicos e, das oito urnas existentes, algumas sequer saíram da sede do sindicato. A urna 2, por exemplo, localizada na subsede de Mauá, voltou ao sindicato sem ter colhido nenhum voto. PÁG. 19

Os invasores receberam a Polícia Militar com bandeiras nacionais erguidas, desespero e emoção

Invasores saem de uma área e já ocupam outra

Cerca de 400 policiais-militares participaram, na tarde de ontem, da operação de despejo das 400 famílias que vinham ocupando uma área particular de 200 mil metros quadrados no Jardim Robru, em Guaianases. Apesar do clima de tensão, com choro e manifestações de protesto, a retirada transcorreu em ordem.

Após um diálogo de duas horas com o coronel PM Orlando Geraldo Meneses, chefe de policiamento da Região Leste, os invasores saíram cantando hinos e gritando palavras de ordem. Em seguida invadiram outra área particular, na Vila Lurdes, a dois quilômetros do local. PÁG. 13

IBGE fixa em 40,9% o INPC para novembro

O presidente do Instituto Brasileiro de Geografia e Estatística (IBGE), Jessé Montelo, informou ontem, em Salvador, que o Índice Nacional de Preços ao Consumidor (INPC) a ser aplicado aos reajustes salariais de novembro foi fixado em 40,9%. Esse índice volta a subir, com relação aos reajustes semestrais de outubro (40,4%), setembro (38,1%) e agosto (38,9%). O INPC para novembro refere-se à variação do custo de vida — medida pelo IBGE nas principais regiões metropolitanas do País — no período de abril a setembro.

As categorias cujos aumentos de salários ocorrem em novembro, caso dos metalúrgicos de São Paulo, Guarulhos e Osasco, terão também uma taxa de produtividade. PÁG. 19

FOLHA DE S.PAULO ★

SEGUNDO CLICHÊ

Editor Responsável: Boris Casoy • São Paulo, sábado, 22 de maio de 1982 • Um jornal a serviço do Brasil • Ano 62 • N.º 19.407 • Al. Barão de Limeira, 425 • Cr$ 50,00

Força-tarefa fixa "cabeça de ponte" em Porto San Carlos; argentinos resistem

Ingleses invadem Malvinas

BALANÇO PROVISÓRIO DAS PERDAS

ARGENTINA

VERSÃO DOS ARGENTINOS	0	3	3
VERSÃO DOS INGLESES	0	17	2

O governo argentino admitiu que perdeu três aviões, mas não os especificou, e disse que três helicópteros atacados em terra foram somente avariados. O governo inglês diz que derrubou 9 Mirages, 5 Skyhawks e 3 Pucarás e que destruiu dois helicópteros argentinos (Puma e Chinook) em terra.

INGLATERRA

VERSÃO DOS INGLESES	5	1	3
VERSÃO DOS ARGENTINOS	8	3	2

A Inglaterra admitiu que 2 fragatas foram seriamente atingidas e outras 3 embarcações avariadas. A Argentina disse que afundou 2 fragatas e avariou mais 6 navios. Os ingleses reconheceram também a perda de um avião Sea Harrier (os argentinos dizem que foram 3) e 2 helicópteros "pequenos", além de um terceiro, Sea King, que caiu no mar por acidente matando 21 soldados.

Os ensaios da Real Armada (como nessa foto distribuída ontem) tornaram-se realidade com o desembarque de suas forças nas Malvinas. UPI

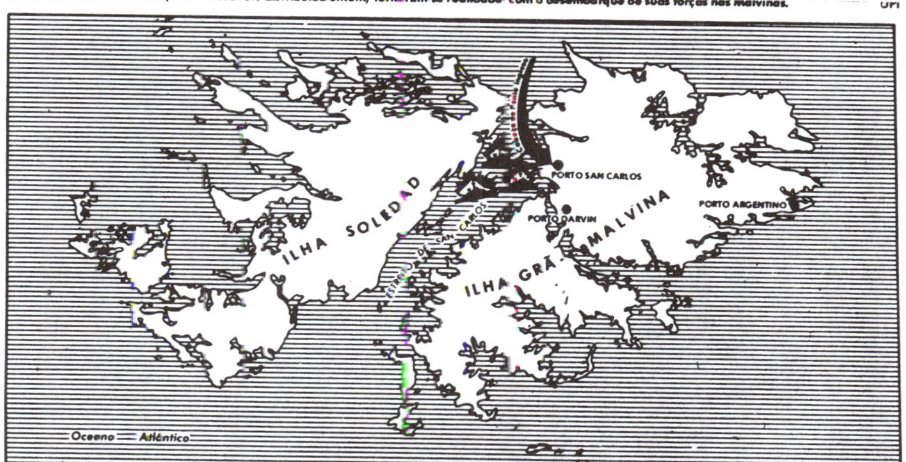

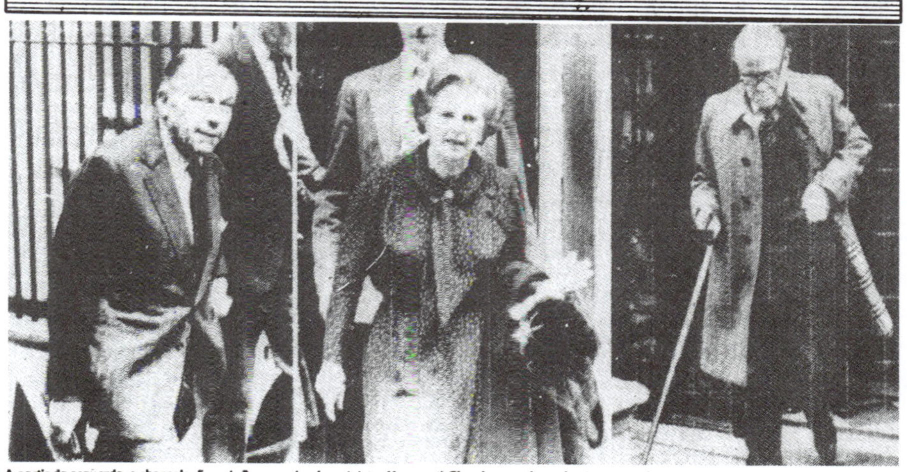

A partir da esquerda, o chanceler Francis Pym, a primeira-ministra Margareth Thatcher e o chanceler Costa Mendez, em flagrantes de ontem. UPI e AP

Prosseguiam no início da madrugada as operações desencadeadas ontem de manhã pelas forças britânicas para a reconquista das ilhas Malvinas. Sob intenso bombardeio argentino e com saldo de mortos não anunciado pelos beligerantes, os ingleses conseguiram penetrar no estreito de San Carlos (entre as duas principais ilhas do arquipélago) e desembarcar homens e equipamentos de artilharia pesada para a fixação de uma "firme cabeça de ponte", segundo revelou em Londres o ministro da Defesa, John Nott.

São contraditórios os dados sobre as perdas materiais no primeiro dia de guerra maciça. Na operação de desembarque de 2.500 soldados — cifra da agência oficial Press Association —, a Grã-Bretanha admite que cinco de seus barcos foram atingidos, um caça Harrier derrubado e três helicópteros perdidos (um deles em acidente). Os ingleses dizem ter abatido 17 aviões inimigos e destruído dois helicópteros. Os argentinos, por sua vez, informam ter perdido três aviões e três helicópteros e atingido oito embarcações (afundando duas), três caças Sea Harrier e dois helicópteros.

Porto San Carlos, localizado a 80 quilômetros de Porto Argentino (ex-Stanley), no litoral Oeste da ilha Grã-Malvina, é uma pacata fazenda de ovelhas, com 31 habitantes e uma pista de pouso de terra batida. É banhado pelas águas de uma enseada cuja profundidade permite o ancoramento de navios de grande calado.

A Argentina admitiu o desembarque, mas afirmou que 70% das unidades navais utilizadas na operação foram postas fora de combate e que as tropas inglesas em terra estavam sob "fogo cerrado".

Nos Estados Unidos, o porta-voz da Casa Branca disse que o governo Reagan cumpriria o compromisso de auxiliar os ingleses, excluindo apenas o envio de soldados. O "New York Times" revela que o primeiro carregamento de armas e equipamento eletrônico está pronto para ser despachado pelos norte-americanos.

A atividade diplomática limita-se agora a articulações nos bastidores da ONU. Buenos Aires esforça-se para não restringir as discussões ao Conselho de Segurança — em que Londres tem poder de veto — e tenta levá-las à Assembléia Geral, onde obteria o apoio do bloco socialista, dos países latino-americanos e dos não-alinhados.

Clóvis Rossi, correspondente da "Folha" na Argentina, informa que o encontro, ontem, do chanceler Costa Mendez com o núncio apostólico pode significar a intervenção mediadora do papa João Paulo 2.º, que por sua vez se avistou com cardeais argentinos e ingleses e hoje rezará uma "missa pela paz".

A Venezuela iniciou consultas junto a quatro outros países do continente para articular uma ruptura conjunta de relações com Londres, caso as tropas britânicas prossigam sua escalada bélica.

Apelo do Brasil

O embaixador do Brasil na ONU, Sérgio Correa da Costa, pediu na reunião do Conselho de Segurança que o secretário-geral da Organização, Perez de Cuellar, seja investido de mandato formal para reiniciar o diálogo entre argentinos e ingleses, a fim de evitar "um derramamento de sangue de proporções incalculáveis". O embaixador brasileiro também lamentou a decisão inglesa de abandonar a mesa de negociações.

Em Belo Horizonte, o responsável pela Superintendência Nacional da Marinha Mercante, Élcio Costa Couto, revelou que o aumento do prêmio dos seguros internacionais no Atlântico Sul poderá inviabilizar o comércio brasileiro para o Pacífico. PÁGs. 6 a 10

Leia a opinião da "Folha" no editorial "Sangue inútil", na pág. 2.

Opinião

A "Folha" dá sua opinião nos editoriais "Sangue inútil" (sobre a guerra das Malvinas), "TV a serviço do governo" (a respeito da forma como se está programando o comparecimento do presidente Figueiredo a um programa de televisão) e "Progresso e retrocesso" (sobre retrocesso, representado por corte de verbas, na política federal de apoio à pesquisa). PÁG. 2

"Um santo a mais! (1)", de Paul-Eugène Charbonneau, "O Tribunal de Contas, esse desconhecido...", de José Luiz de Anhaia Mello, e "Hipóteses, hipóteses...", de Plínio Corrêa de Oliveira. PÁG. 3

Adiada decisão sobre a tarifa dos ônibus

Só dentro de mais alguns dias deverá ser definida a nova tarifa de ônibus em São Paulo. Os empresários do setor reiteraram ontem ao prefeito Salim Curiati sua reivindicação de Cr$ 47. Entretanto, segundo Curiati, estudos da CMTC indicam que a tarifa deve ser de Cr$ 40. PÁG. 28

Escola em São Paulo forma três rabinos

Os três primeiros rabinos integralmente formados no Brasil — Yechiel Joseff Zajac, Nissim Katri e Shamai Ende — recebem seus diplomas hoje, às 20h30, na sinagoga Beit Yaacov, na rua Bela Cintra, das mãos do grão-rabino Gaon Hirsprung Shlita, do Canadá. A escola de São Paulo foi fundada em 1966. PÁG. 31

A foz do Amazonas vai produzir petróleo

Pela primeira vez, a bacia da foz do Amazonas irá produzir petróleo, a 200 km de Salinópolis, no Pará, onde a Petrobrás pretende ativar o poço pioneiro Pará Submarino 11, que poderá apresentar vazão de até 4 mil barris diários. PÁG. 16

Langoni acusa EUA pela crise econômica

Em palestra ontem na Fundação Getúlio Vargas, no Rio, o presidente do Banco Central, Carlos Geraldo Langoni, acusou os Estados Unidos de adotarem "uma posição extremamente negativa, conservadora, diria até mesmo reacionária", em relação ao FMI, impedindo que este organismo exerça um papel mais efetivo na solução da crise econômica mundial. PÁG. 18

Telê exige explicações pela péssima exibição

Intrigado com o péssimo futebol exibido pela seleção brasileira contra a Suíça, o técnico Telê Santana vai exigir, hoje, na reapresentação em Belo Horizonte, explicações dos jogadores para o baixo rendimento físico e técnico. Ontem, irritado, o treinador chegou a expulsar de seu sítio um fotógrafo, por causa de uma foto em que aparecia dormindo, de boca aberta, no aeroporto do Galeão. PÁG. 24

O balé oficial tem duas estréias hoje

As duas companhias oficiais dos centros mais importantes de dança do País estréiam hoje nesta capital: o Balé da Cidade de São Paulo, agora sob a direção de Klaus Viana, apresenta-se no Teatro Municipal; o Corpo de Baile do Teatro Municipal do Rio de Janeiro, dirigido por Dalal Aschcar, dança no clube A Hebraica. PÁG. 33

Filmagem de "Gabriela" recomeça segunda-feira

As filmagens de "Gabriela", sob a direção de Bruno Barreto, com Marcello Mastroianni e Sônia Braga nos papéis principais, serão retomadas segunda-feira. A volta ao trabalho estava na dependência da aprovação da documentação do filme, o que ocorreu ontem no Concine. PÁG 40

O tempo

Bom e parcialmente nublado em São Paulo, com nevoeiros pela manhã. Temperatura estável; a máxima ontem foi 21,2 graus e a mínima 8,4.

Na coluna "Agenda", pág. 12, a previsão para a Grande São Paulo, Litoral, interior do Estado, várias regiões do País e a tendência do tempo para amanhã.

No Tuca, ato público para apoiar Javier

Cerca de 800 pessoas participaram, ontem à noite, no Teatro da Pontifícia Universidade Católica de São Paulo (Tuca), de ato público de repúdio ao processo de expulsão movido pelo governo contra o presidente da União Nacional dos Estudantes, Francisco Javier Alfaya, acusado de exercer atividades políticas, proibidas aos estrangeiros (ele é espanhol).

Pouco antes do início do ato diretores da UNE conversaram por telefone com Javier, que havia encerrado seu depoimento de seis horas na Delegacia da Polícia Federal em Salvador. O presidente da UNE, informaram, está em regime de liberdade vigiada e não poderá deixar a capital baiana. PÁG. 14

TSE fixa normas das convenções

O Tribunal Superior Eleitoral divulgou ontem as instruções para escolha e registro de candidatos a governador, senador, deputado federal e deputado estadual nas eleições de 15 de novembro. De acordo com as normas, os partidos têm prazo até 7 de agosto para realizar suas convenções regionais, devendo registrar as candidaturas até 17 do mesmo mês.

Cada agremiação está obrigada a apresentar chapa completa, com candidatos a todos os cargos. Em São Paulo, o número máximo de candidatos por partido para a Câmara Federal será de 74, e para a Assembléia Legislativa 119, conforme a fórmula de cálculo adotada pelo TSE. PÁG. 5

Água do rio Paraíba já foi liberada

Os oito municípios ao longo do Paraíba do Sul já podem utilizar a água do rio para consumo desde a meia-noite de ontem, por decisão da Secretaria de Obras e da Fundação Estadual de Engenharia do Meio Ambiente, do Rio de Janeiro. As águas, poluídas pela Cia. Paraibuna de Metais, já apresentam índice de cádmio dentro dos limites tolerados.

Em Minas, a Paraibuna — cujas atividades foram paralisadas até 1.º de junho — garantiu que está pronta para recomeçar a funcionar.

Em Brasília, contudo, a Secretaria Especial do Meio Ambiente informou que o prazo de interdição da fábrica será ampliado para mais 30 dias. PÁG. 32

Fiesp garante ter superado crise interna

Em nota oficial divulgada ontem, a Federação das Indústrias do Estado de São Paulo (Fiesp) informou que os atritos decorrentes do acordo assinado entre o Sindicato Nacional dos Fabricantes de Veículos Automotores e os metalúrgicos de São Bernardo do Campo já estão superados. Segundo a nota, a unidade empresarial deve ser preservada "a todo custo". Para o presidente em exercício da Fiesp, Mário Amato, os desentendimentos são naturais e "erra quem acreditar que possa ocorrer quebra de nossa unidade, em função desses fatos".

As empresas Embraer e Ericsson, em São José dos Campos, reiniciaram ontem sua produção. Os metalúrgicos daquelas duas unidades suspenderam a greve na noite de quinta-feira. PÁG. 19

FOLHA DE S.PAULO ★

SEGUNDO CLICHÊ

Editor Responsável: Boris Casoy • São Paulo, quinta-feira, 16 de dezembro de 1982 • Um jornal a serviço do Brasil • Ano 62 • N.º 19.615 • Al. Barão de Limeira, 425 • Cr$ 80,00

Após a reunião decisiva, Delfim anuncia pontos do programa de austeridade e nega renegociação

Brasil conclui o acordo com o FMI

O governo brasileiro acertou ontem com a missão do Fundo Monetário Internacional as bases do acordo pelo qual o País receberá, nos próximos três anos, US$ 6 bilhões de recursos do organismo (cerca de US$ 2 bilhões em 1983). A carta de intenções do Brasil — em que o governo se compromete a adotar medidas de ajustamento da economia — será entregue ao diretor executivo do FMI, Jacques de Laroisere, no próximo dia 20, em Nova York, onde os ministros da área econômica tentarão também conseguir mais empréstimos junto aos banqueiros internacionais.

O programa econômico do Brasil aprovado pelo FMI, segundo Horst Struckmeyer, chefe da delegação, "é bem coerente, capaz de dar bons resultados e merece o apoio do Fundo através do programa de crédito ampliado". Ele disse esperar que, após este aval do FMI, "os bancos internacionais e a comunidade financeira dêem o apoio que for necessário ao Brasil".

Após a última reunião com a equipe do Fundo Monetário Internacional, o ministro do Planejamento, Delfim Neto, negou que este organismo vá interferir na política econômica. O programa de austeridade, frisou ele, foi elaborado pelo governo brasileiro para "diminuir o déficit em contas correntes, reduzir discretamente a taxa de inflação (o ministro Ernane Galvêas confirmou que a meta para 1983 é 70%) e manter o nível de emprego". O plano, explicou Delfim, prevê uma razoável descompressão do setor privado e um ajuste muito pesado no setor público. O corte real nos gastos das estatais vai de 9% a 10%. Adiantou que as mudanças na lei salarial estão em estudos e que não haverá renegociação da dívida externa. "Não há nada disso. Você acha que depois de tanto esforço, depois de tanta luta, depois de vencer tanto ceticismo interno e de obter tanta compreensão externa, nós vamos renegociar?" disse ele ao repórter. Com os recursos do FMI e dos bancos privados, que o governo espera conseguir dia 20 em Nova York, o País ficará entre seis e sete meses "fora do mercado financeiro", acrescentou o ministro.

Delfim previu que as medidas a serem adotadas provocarão uma queda das taxas reais de juros no mercado interno, mas confirmou que o crédito agrícola perderá parte dos subsídios.

Na reunião de hoje do Conselho Monetário Nacional (CMN), as taxas de juros para o setor rural passarão de 45% para 60% no Centro-Sul, com base em 70% do INPC mais 5%, conforme explicações de Mailson Nóbrega, assessor do Ministério da Fazenda. PÁGs. 18 e 19

A opinião da "Folha" está no editorial "Nós e o FMI", na pág. 2.

Delfim (sob uma pintura de Vila Rica) participa da reunião com emissários do FMI, no Seplan.

J. Freitas

Dirigentes comunistas são soltos

Os sete dirigentes do Partido Comunista Brasileiro e mais o militante João Guilherme Vargas Neto, que estavam presos desde segunda-feira, foram libertados ontem pela Polícia Federal. Segundo Giocondo Dias, secretário-geral do PCB, o encontro que se realizava na sede do jornal "Voz da Unidade" e a intervenção policial "colocaram na ordem do dia a discussão da legalidade do partido, que é um problema político". Do inquérito policial instaurado poderá resultar processo com base na Lei de Segurança Nacional.

João Guilherme Vargas Neto tinha contra si um mandado de prisão expedido em 1973, mas um telex da 2.ª Auditoria da Marinha, do Rio de Janeiro, informou à Polícia Federal em São Paulo que sua situação fora regularizada pela anistia. Contra o dirigente Moisés Vinhas, romeno naturalizado brasileiro, pesa ainda um decreto de expulsão. PÁG. 5

"Folha" promove debate sobre tóxico e família

A "Folha" promoverá hoje, em seu auditório (alameda Barão de Limeira, 425, 9.º andar), um debate aberto ao público sobre o tema "O tóxico e a família". O encontro, com início previsto para as 20h30, será coordenado pela jornalista Irene Solano Vianna e terá como debatedores: Ladislau Ruy Ungar Glausiusziuz, professor do Departamento de Psiquiatria da Escola Paulista de Medicina; deputado estadual João Batista Breda (PT), psiquiatra e pesquisador da ação de drogas no organismo; Sérgio Tufik, professor do Departamento de Psicobiologia da Escola Paulista de Medicina; e Caterina Koltai, socióloga e ex-candidata a vereadora pelo PT.

Papa nomeia bispo para Santo Amaro

O cônego Antônio Gaspar, de 51 anos, pároco da igreja de Santa Joana D'Arc, será a partir do próximo ano bispo auxiliar da Região de Santo Amaro, em São Paulo, conforme nomeação do papa João Paulo 2.º, anunciada ontem pelo Vaticano. Ele substituirá dom Mauro Morelli, transferido há cerca de um ano para Caxias (RJ). PÁG. 6

Conselho da OLP revê estratégia

O Conselho Nacional Palestino, órgão máximo da OLP, fará no início de janeiro, em Argel, a primeira reunião após a batalha de Beirute, podendo determinar mudanças importantes na estratégia da organização palestina — inclusive o reconhecimento explícito de Israel —, informou ontem o representante da OLP na Jordânia. PÁG. 6

Walesa desafia o governo polonês

O dirigente sindical polonês Lech Walesa desafiou ontem abertamente as autoridades de Gdansk, ao negar-se a acatar uma intimação, provavelmente para ser advertido sobre o discurso que pretende fazer, hoje, na manifestação em memória das vítimas da sangrenta repressão de dezembro de 1970. PÁG. 8

Audiovisual sobre Antártida, amanhã

Às vésperas da primeira expedição brasileira à Antártida, a "Folha" exibirá amanhã em seu auditório, às 19 horas, com entrada franca, o audiovisual "Antártida", produzido por Peter Milko e Roberto Falzoni, com fotografias de Christiana de Carvalho. Em complemento, serão exibidos dois audiovisuais sobre Chile e Argentina, com fotografias de Peter Milko.

'Pra Frente, Brasil' liberado sem cortes

O filme "Pra Frente, Brasil", de Roberto Farias, foi finalmente liberado ontem pelo Conselho Superior de Censura, por unanimidade, sem cortes e para maiores de 18 anos. Para o crítico Orlando Fassoni, a ausência de cortes e a súbita liberação podem ser prenúncio de que a fita não conseguirá ultrapassar o gabinete do ministro da Justiça. PÁG. 34

Previsão do tempo

Nublado em São Paulo, com névoa úmida e nevoeiros prejudicando a visibilidade; chuvas esparsas e trovoadas isoladas no decorrer do período. Temperatura estável; a máxima ontem foi 25 graus e a mínima 18,9.

Na coluna "Agenda", pág. 16, a previsão para a Grande São Paulo, Litoral, interior do Estado, várias regiões do País e a tendência do tempo para amanhã.

A ÚLTIMA DOS "TRAPALHÕES"

Estréia hoje em todo o País o filme anual dos "Trapalhões", que figuram entre os campeões nacionais de audiência de TV e de arrecadações no cinema. Renato Aragão, Dedé, Mussum e Zacarias fizeram desta vez "Os Trapalhões em Serra Pelada", a um custo considerado proibitivo em termos de produção nacional: 200 milhões de cruzeiros. Se, há algum tempo, era inconcebível a participação de artistas de altos cachês (como Regina Duarte e Rita Lee) em tais espetáculos, hoje grandes nomes chegam a disputar as "pontas". Mudaram os Trapalhões ou mudaram os outros? "Nós não mudamos", responde Renato Aragão, em entrevista a Isa Cambará. "As pessoas é que mudaram a nosso respeito." PÁG. 27

Marcha testa as oposições na Argentina

Os cinco principais partidos políticos da Argentina convocaram para hoje, nas ruas de Buenos Aires, a "Marcha del Pueblo", que pretendem transformar em poderosa demonstração de força para abreviar o já enfraquecido regime que os militares instalaram em 1976. Setores estudantis, sindicais e empresariais aderiram à manifestação. Prevê-se o comparecimento de até 200 mil pessoas.

Clóvis Rossi, correspondente da "Folha" em Buenos Aires, relata os febris preparativos para a "Marcha" e informa que Raul Alfonsin, líder da corrente de centro esquerda da União Cívica Radical, já tem assegurada a legenda para concorrer à sucessão do presidente Reinaldo Bignone, num processo eleitoral que os militares procuram retardar. PÁG. 7

Sai tabela da TRU; o Fusca paga 54 mil

Portaria do ministro da Fazenda, publicada ontem no "Diário Oficial", fixa a nova tabela da Taxa Rodoviária Única (TRU), a vigorar no dia 1.º de janeiro próximo. Por essa tabela, um automóvel Volkswagen modelo Sedan (Fusca), ano 83, a gasolina, fica sujeito a uma taxa de Cr$ 54.180. O mesmo modelo, a álcool, pagará Cr$ 23.400.

A nova tabela da TRU em 1983 apresenta uma variação de valores de Cr$ 1 mil e 440 para uma motocicleta de 50 cilindradas (a menor) até Cr$ 2 milhões e 838 mil e 240 para os automóveis de luxo importados.

De acordo com a portaria ministerial, a Taxa Rodoviária Única continuará a ser paga parceladamente em três vezes, desde que seu valor não seja inferior a Cr$ 11 mil e 225.

Prefeitos vão a Montoro com suas propostas

Por temerem que "as metas propostas durante a campanha eleitoral não se traduzam politicamente", os atuais prefeitos do PMDB reuniram-se ontem com o governador eleito Franco Montoro, a quem apresentaram sugestões para a execução prática do programa de descentralização administrativa, defendido pelo senador quando candidato.

João Hermann Neto, ex-prefeito de Piracicaba e deputado federal eleito, explicou que o encontro visou a dar um "respaldo político" para o pronunciamento que Montoro fará no próximo sábado, em Campinas, diante dos 311 prefeitos peemedebistas eleitos em novembro. PÁG. 4

Na pág. 16 a "Folha" dá sequência à publicação das propostas de entidades civis ao futuro governador.

A Bolsa reduz o limite para o pregão do ouro

O presidente da Bolsa de Mercadorias de São Paulo, Antônio Cândido Fagundes Gomes, anunciou ontem que a partir do dia 20 os pregões do ouro passarão a aceitar contratos de apenas 250 gramas, contra um limite mínimo atual de 1.000 gramas.

Segundo o presidente da Bolsa, a mudança foi solicitada pelos próprios corretores e clientes. "De acordo com as cotações de hoje, a barra de um quilo está valendo Cr$ 7,3 milhões (para liquidação em fevereiro de 83) e Cr$ 16,1 milhões (fevereiro de 84). Isto significa custos elevados para o investidor, que deve depositar 20% do valor do contrato, como garantia inicial, e fazer ajustes diários. Com o novo contrato, todos os valores serão reduzidos para um quarto".

No Natal e no Ano Novo, os postos abrem

Os postos de gasolina funcionarão normalmente no Natal e Ano Novo, de acordo com portaria assinada ontem pelo presidente do Conselho Nacional do Petróleo, general Oziel de Almeida Costa. Eles deveriam ficar fechados naqueles dias, feriados nacionais, mas sua abertura foi autorizada para evitar que o abastecimento seja interrompido por 58 horas.

Dia 24, o expediente bancário para o público será encerrado às 11 horas e dia 30 às 16, informou o Banco Central. Na véspera do Natal, não haverá sessões de compensação e devolução de cheques. Dia 31, embora não haja expediente bancário para o público, serão permitidas operações entre instituições financeiras. PÁG. 10

Nenhuma equipe sobe nem desce, diz a Federação

O vice-presidente em exercício da Federação Paulista de Futebol, Valdemar Bauab, tomou ontem uma decisão que causou surpresa nos meios futebolísticos, que acabaram de entrar em fase de recesso por causa das férias: anunciou que ninguém subirá nem descerá nesta temporada nos campeonatos das 1.ª e 2.ª Divisões.

Segundo ele, sua inesperada decisão está amparada pelos laudos de uma equipe de engenharia contratada pela FPF, que fez inspeções nos estádios do Taquaritinga e do Bragantino, concluindo que não preenchem os requisitos básicos do regulamento da 1.ª Divisão. Assim, não haverá os jogos do "rebolo", envolvendo as equipes do 15 de Jaú e do Bragantino. E a Francana, última colocada no Campeonato Paulista, não será rebaixada para a 2.ª Divisão. PÁG. 26

FOLHA DE S. PAULO ★

SEGUNDO CLICHÊ

Editor Responsável: Boris Casoy • São Paulo, quarta-feira, 6 de abril de 1983 • Um jornal a serviço do Brasil • Ano 63 • N.º 19.726 • Al. Barão de Limeira, 425 • Cr$ 130,00

O 2.º Exército entra em regime de prontidão

A violência se alastra e Montoro promete ordem

Com a multiplicação dos saques, agora até no centro da cidade, o comércio foi obrigado a cerrar as portas

Nelson Amaral

Os restos dos saques às lojas da rua Direita, um dos vários pontos do centro da cidade que foram atingidos por atos de violência até a noite de ontem.

O governador recebe comissão de manifestantes e promete criar 40 mil novos empregos a curto prazo

Matuite Mayezo

Os manifestantes saíram do largo 13 de Maio e caminharam até o Bandeirantes, onde, antes de serem contidos pela polícia, derrubaram parte do gradil.

A situação agravou-se ontem em São Paulo: voltaram a ocorrer saques e depredações de estabelecimentos comerciais, não apenas na zona Sul mas também no centro da cidade; em vários bairros, quase todas as lojas e supermercados fecharam, diante de boatos sobre ataques iminentes; aproximadamente mil pessoas tentaram invadir o Palácio dos Bandeirantes, chegando a derrubar parte do gradil; a polícia interveio com energia, reprimindo os tumultos e fazendo mais de 300 prisões; um homem morreu, baleado durante um saque no Jardim São Luís.

À noite, falando por uma rede de rádio e televisão, o governador Franco Montoro denunciou a existência de um "plano concertado de pequenos grupos, com o objetivo de tumultuar a reorganização democrática". E advertiu: "Fique a população tranquila. A ordem pública será mantida." Disse também que espera proporcionar 40 mil novos empregos através das medidas que está adotando.

Em Brasília, o presidente Figueiredo determinou que o 2.º Exército, sediado em São Paulo, entrasse em regime de prontidão. O ministro Delfim Neto, do Planejamento, disse que o governo federal descarta qualquer auxílio a curto prazo ao governo paulista.

Os incidentes, ontem, começaram de manhã, quando cerca de mil pessoas foram em passeata do largo 13 de Maio ao Palácio dos Bandeirantes. Antes que o governador recebesse uma comissão dos manifestantes, por volta do meio-dia, vários deles investiram contra o gradil do palácio, derrubando-o parcialmente, mas foram contidos pela tropa de choque.

Montoro — que almoçara no próprio palácio com os governadores Tancredo Neves, de Minas Gerais, e Leonel Brizola, do Rio de Janeiro — disse à comissão que já estava tomando providências para combater o desemprego no Estado. Em nota conjunta, os três governadores lançaram "um apelo à população para que se mantenha em calma, evitando manifestações violentas, que só servem aos inimigos da democracia". Durante a tarde, Montoro reuniu-se ainda com os presidentes das federações das Indústrias, do Comércio e da Agricultura e com um grupo de dirigentes sindicais. Pediu a todos cooperação para solucionar a crise.

Por volta das 13 horas, os manifestantes retornaram em passeata ao largo 13 de Maio. Segundo um dos responsáveis pelo policiamento, ocorreram saques na região de Santo Amaro "a cada 15 minutos". No final da tarde, os incidentes eclodiram na área central da cidade, atingindo lojas da praça da Sé, rua Direita, Pátio do Colégio, praça do Patriarca, rua Boa Vista e praça da República (onde prosseguiam até o fim da noite).

O cardeal-arcebispo dom Paulo Evaristo Arns pediu "que as soluções sejam propostas de imediato e encaminhadas com a rapidez possível", e concluiu: "Fraternidade é solução. Violência é caminho para o caos."

A Associação Comercial divulgou nota informando que "resolveu aguardar até amanhã" (hoje), para que as autoridades consigam restabelecer a ordem na Capital. Caso isto não aconteça, os comerciantes serão aconselhados a manter as portas fechadas. PÁGs. 9, 10, 11 e 12

Leia a opinião da "Folha" no editorial "Temos governador", e os artigos de Osvaldo Peralva, Rubem de Azevedo Lima e Jose Silveira, na pág. 2.

Mínimo deve subir para Cr$ 34.776

O salário mínimo das regiões Sul e Sudeste, bem como do Distrito Federal, deverá subir em maio de Cr$ 23.568 para Cr$ 34.776, já que o INPC para os reajustes salariais do próximo mês foi fixado pelo Instituto Brasileiro de Geografia e Estatística em 47,5%.

Conforme os critérios utilizados pelo governo, o mínimo do Norte, Centro-Oeste, Bahia e Pernambuco passará a Cr$ 31.080, ficando outros Estados nordestinos com Cr$ 30.960.

O índice divulgado ontem no Rio pelo IBGE representa um recorde desde que foram instituídos no País os reajustes semestrais. Com os 8,3% do INPC registrados em março, a taxa acumulada nos últimos 12 meses atingiu 109,1%, batendo recorde anual. PÁG. 17

Tancredo pede a Figueiredo ação conjunta

"Irei ponderar com S. Exa. a necessidade de uma ação conjunta do governo federal com os governos dos Estados, para que todos os problemas sociais e econômicos que nesta hora atingem o Brasil possam ter uma solução conjugada, uma solução harmônica, uma solução da maior eficiência."

Essa declaração foi feita ontem, em São Paulo, pelo governador de Minas Gerais, Tancredo Neves, que terá audiência com o presidente Figueiredo hoje, às 16 horas, no Palácio do Planalto.

Tancredo adiantou ainda que levará ao conhecimento do Presidente "um panorama do quadro político, econômico e social de Minas Gerais", completando: "Outro objetivo não tenho no meu encontro com S. Exa., o chefe da Nação." PÁG. 4

Opinião da "Folha"

Leia na pág. 2 os editoriais "Temos governador", sobre a mensagem do governador Franco Montoro pela TV, prometendo garantias à população, e "Abertura e crise", sobre os riscos políticos da orientação econômica atual.

Challenger quase perde o satélite

O maior satélite de comunicações do mundo, avaliado em 100 milhões de dólares, descontrolou-se logo após ser lançado pelo avião espacial Challenger, na madrugada de ontem. Os técnicos da Nasa conseguiram sanar o defeito, mas ele permanece fora de sua órbita prevista, que seria de 36 mil quilômetros de altura. PÁG.7

Guerreiro condena pressão dos ricos

O chanceler Saraiva Guerreiro condenou ontem em Buenos Aires, na 5.ª reunião ministerial do Grupo dos 77, a "ênfase excessiva" que as nações ricas dão à necessidade de os países em desenvolvimento seguirem políticas recessivas, "que podem chegar a destruir sua própria base econômica". PÁG.19

Contra o "bicudo", outro inseticida

O Ministério da Agricultura, cedendo às pressões das Secretarias paulistas da Agricultura e do Meio Ambiente, aceitou trocar o inseticida a ser utilizado no combate à praga "bicudo", que está atacando os algodoais paulistas. As pulverizações devem começar amanhã. PÁG. 16

O jornal japonês e os computadores

A experiência do jornal japonês "Asahi Shimbum", o segundo maior do mundo, demonstra que a introdução do computador na área de jornalismo é capaz de gerar empregos e até propiciar uma elevação dos salários dos profissionais. Além desta reportagem, o suplemento "**Folha Informática**" destaca os projetos tecnológicos que começam a viabilizar o chamado "banco do futuro".

Previsão do tempo

Instável em São Paulo, com névoa úmida e nevoeiros prejudicando a visibilidade; chuvas no período. Temperatura em ligeiro declínio; a máxima ontem foi 27,1 graus e a mínima 19,1.

Na coluna "Agenda", pág. 13, a previsão para a Grande São Paulo, litoral e interior do Estado, várias regiões do País e a tendência do tempo para amanhã.

Banco americano reduz taxas de juro preferencial

O 31.º maior banco dos EUA, o Wachovia Bank, reduziu ontem a sua "prime rate" (taxa de juros cobrada aos clientes preferenciais) para 10%, contra 10,5% anteriores e 11% vigentes no mercado norte-americano até fevereiro. A iniciativa, se seguida por outros bancos, deverá contribuir também para a queda da taxa de juros cobrada nos empréstimos internacionais aos países endividados, como o Brasil. A situação desses países experimentou melhora relativa, nos últimos meses: na América Latina, além do México e do Chile, também a Argentina vem apresentando superávits na balança comercial superiores às metas estabelecidas pelo FMI, e o bloco socialista reduziu sua dívida.

Ler em "Tendências Internacionais", na pág. 19.

Grupo 14 faz nova proposta a metalúrgicos

O Grupo 14 da Fiesp fez ontem nova proposta aos sindicatos de metalúrgicos que ainda não aceitaram acordo, oferecendo aos trabalhadores de empresas com até 50 funcionários uma taxa de produtividade de 2%, contra 1,5% da oferta anterior. Houve mudança também para as fábricas entre 3.000 e 4.000 empregados, que antes pagariam 4% e agora passam a 5%.

Nas demais faixas não houve concessões, bem como no piso salarial, mas o empresário Roberto Della Manna, do Grupo 14, está confiante em que esta proposta será aceita até mesmo pelos 31 sindicatos do Interior, que realizam hoje novas assembléias. A Federação dos Metalúrgicos, contudo, informou que persiste o "clima para greve". PÁG. 17

França expulsa 47 soviéticos por espionagem

Cláudio Abramo,
de Paris

O governo da França expulsou ontem do país 47 soviéticos — 40 diplomatas, seis funcionários da embaixada e o chefe do escritório da agência Tass em Paris —, sob acusação de espionagem científica e militar. A expulsão maciça é inédita na história das relações entre os dois países, mas a chancelaria francesa disse esperar que a medida não afete os laços franco-soviéticos.

A embaixada da URSS, em Paris, que tem 480 funcionários, protestou junto ao governo francês, negando que os expulsos tivessem envolvimento com espionagem. Os 47 soviéticos deixaram ontem mesmo a França, a bordo de um Ilyushin da Aeroflot, desviado de sua rota para buscá-los. PÁG. 7

Andreazza vai tentar explicar o caso Delfin

O ministro Mário Andreazza, do Interior, comparece hoje ao plenário da Câmara dos Deputados, onde tentará justificar o negócio pelo qual o BNH recebeu do grupo Delfin terrenos de propriedade deste como dação em pagamento de dívidas do grupo (operação essa revelada pela "**Folha**" em dezembro passado).

O ministro deverá dizer aos deputados que a operação atendeu a todos os critérios legais e provavelmente negará que o BNH tenha aceito por Cr$ 60,8 bilhões terrenos avaliados por Cr$ 9,6 bilhões. O repórter **José Carlos de Assis**, que levantou as informações e documentos que fundamentaram a revelação do caso, arrola 16 pontos até hoje não esclarecidos e merecedores das explicações do ministro. PÁG. 16

FOLHA DE S.PAULO ★

SEGUNDO CLICHÊ

Editor Responsável: Boris Casoy • São Paulo, quinta-feira, 26 de janeiro de 1984 • Um jornal a serviço do Brasil • Ano 63 • N.º 20.021 • Al. Barão de Limeira, 425 • Cr$ 300,00

300 mil nas ruas pelas diretas

Fernando Santos

Além de tomar toda a Sé (onde cabem 180 mil pessoas), a multidão ocupou as ruas que dão acesso à praça, expandindo a manifestação pró-diretas até pontos distantes do comício-monstro

CARLOS BRICKMANN
Da nossa equipe de reportagem

Os números variam, mas uma coisa é certa: este comício foi a maior manifestação já realizada em São Paulo desde a Marcha da Família com Deus pela Liberdade, em 1964. De acordo com os cálculos realizados pela "Folha", 300 mil pessoas saíram às ruas para defender, na praça da Sé, a restauração das eleições diretas para a Presidência da República.

Há outras cifras: a Polícia Federal fala em 130 mil pessoas; o secretário das Comunicações e coordenador do comício, Jorge Cunha Lima, dizendo basear-se em dados da Polícia Militar, citou entre 350 e 380 mil pessoas; o secretário dos Transportes da Prefeitura, Getúlio Hanashiro, dizendo apoiar-se em dados do Metrô, calculou a multidão em 400 mil.

"Perguntam se há aqui 300 ou 400 mil pessoas", disse o governador Franco Montoro no discurso de encerramento do grande comício. "Mas a resposta é outra: aqui na praça estão presentes as esperanças de 130 milhões de brasileiros." E foi aplaudido com entusiasmo — na verdade, seus números é que estavam certos.

Quem foi o herói do comício?

Montoro, sem dúvida, que marcou a manifestação para um feriado, foi muito criticado por isso e acabou vitorioso; Lula, o mais aplaudido da tarde, antes mesmo de chegar, e aclamado quando pediu a seus seguidores que não vaiassem os adeptos de outros partidos; Ulisses Guimarães, mais uma vez chamado de "Sr. Eleições Diretas", pois foi ele quem manteve a campanha de pé quando outros políticos nela não acreditavam; Osmar Santos, esplêndido apresentador que soube controlar a multidão e garantir a palavra até mesmo de políticos do PTB e PDS, que o povo insistia em vaiar; Jorge Cunha Lima, organizador do comício; os artistas, que vieram em caravana; os três governadores que viajaram para São Paulo (Leonel Brizola, Íris Resende e José Richa); e tantos mais.

Mas o verdadeiro herói foi outro: a multidão, as 300 mil pessoas que provaram ser possível (e desejável) fazer política com amor, garra e alegria. O povo se manifestou, cantou, dançou; trouxe bandeiras, vestiu camisetas, vaiou, aprovou. E nem a chuva, que por três horas fustigou o comício, conseguiu dispersá-lo. O povo se aglomerava, discutia (ali havia adeptos do PT, PMDB, PCB, PC do B, PTB, PDT, até mesmo alguns solitários pedessistas), pulava. E, no fim do dia, havia apenas quatro ocorrências policiais — dois furtos, um ladrão preso, um caso de embriaguez ao volante. Muitas crianças, até bebês, estavam na multidão; era uma festa, medo de quê?

O sentido da festa talvez só não tenha sido bem compreendido por Brasília. O porta-voz da Presidência, Carlos Átila, disse que o comício foi "pouco expressivo": a seu ver, as 100 mil pessoas reunidas em São Paulo nada representam diante dos 54 milhões de eleitores que, em 82, deram ao PDS o direito de escolher o próximo presidente. Dois enganos: no comício não havia 100 mil pessoas, mas 300 mil; e em 15 de novembro de 82 o PMDB teve 5 milhões de votos a mais que o PDS. O fato de nem assim ter obtido maioria no Colégio Eleitoral explica melhor nosso processo de eleição indireta — e a vontade do povo de restabelecer as diretas — que qualquer tratado de ciência política. PÁGs.5 a 9 e 27

Leia a opinião da "Folha" no editorial "Depois da praça", na pág 2

Opinião da "Folha"

Leia na pág. 2 os editoriais "Depois da praça", chamando a atenção dos congressistas para sua responsabilidade de representantes do povo no sentido de traduzir em lei a aspiração nacional por eleições diretas; e "Previdência rural", criticando o projeto de lei que cria novo regime de previdência para os trabalhadores do campo.

Dólar vai a Cr$1.065

PÁG.11

Índice

Previsão do tempo

Nublado em São Paulo, sujeito a nevoeiros e chuvas à tarde e à noite. Temperatura estável; a máxima ontem foi 24,6 graus e a mínima 17,4.

Na coluna "Agenda", pág.18, a previsão para a Grande São Paulo, litoral e interior do Estado, várias regiões do País, e a tendência do tempo para amanhã.

Reagan pede a retomada do diálogo

Em sua mensagem anual ao Congresso, o presidente Ronald Reagan voltou a propor a retomada do diálogo com a União Soviética e disse que foi necessário aos EUA o aumento de suas despesas militares para que pudessem negociar em posição de força com Moscou.

O correspondente da "Folha" em Nova York, **Paulo Francis**, assinala que Reagan também anunciou o projeto de colocação em órbita de uma estação espacial que, se utilizada para fins militares, romperia um acordo com a União Soviética assinado em 1971.

De qualquer modo, observa o correspondente, o presidente norte-americano (que domingo anunciará sua intenção de recandidatar-se à Casa Branca) situou-se desta vez estrategicamente numa perspectiva pré-eleitoral. PÁG.13

Suspensa a intervenção em 3 sindicatos

O ministro do Trabalho, Murilo Macedo, suspendeu a intervenção nos sindicatos dos Petroleiros de Paulínia (SP) e de Mataripe (BA), bem como no Sindicato dos Metalúrgicos de São Bernardo do Campo e Diadema, cujas diretorias haviam sido destituídas por ato ministerial em julho último.

Murilo determinou aos interventores nas três entidades a publicação imediata de editais de convocação para eleições, que devem ocorrer num prazo de 60 dias. Conforme prevê a CLT, os antigos dirigentes destituídos pelos decretos de intervenção não poderão concorrer às novas eleições.

O secretário de Relações do Trabalho do Ministério, Alencar Rossi, disse que Macedo tomou a decisão de suspender as intervenções por julgá-la "conveniente politicamente" PÁG.12

Gasolina a 564, álcool a 332

Da Sucursal de Brasília

O litro da gasolina já está custando Cr$ 564, de acordo com portaria baixada ontem pelo presidente interino do Conselho Nacional do Petróleo, coronel Hilton Ponte Vasconcelos. O aumento foi de 26,7% sobre o preço anterior (Cr$ 445), que vigorava desde 10 de novembro do ano passado. O mesmo percentual foi aplicado ao álcool hidratado, que assim passa de Cr$ 262 para Cr$ 332 o litro.

O óleo diesel subiu para Cr$ 387, o querosene iluminante para Cr$ 397, o óleo combustível para Cr$ 200 (tipo ABPF) e Cr$ 238 (tipo BTE). O querosene de aviação para vôos domésticos passa a ser comercializado a Cr$ 275 e o GLP (Gás Liquefeito de Petróleo) a Cr$ 4.200 o botijão de 13 quilos.

O aumento médio ficou em 28,5%, sendo o menor o da gasolina e o maior o do GLP, com 31,3%.

No ano passado, os combustíveis foram reajustados quatro vezes, atingindo os seguintes percentuais acumulados: gasolina, 266%; óleo diesel, 294%; óleo combustível ABPF (alto e baixo ponto de fluidez), 325%; óleo combustível BTE (baixo teor de enxofre), 324%; GLP, 325%; querosene iluminante, 296%; querosene de aviação para vôos domésticos, 390%; e álcool hidratado, 267%.

A festa da USP começa com invasão

Em protesto contra a "falta de democracia" *na Universidade de São Paulo*, estudantes e funcionários dessa instituição invadiram ontem o anfiteatro do Centro de Convenções, na Cidade Universitária, interrompendo a solenidade comemorativa dos 50 anos de fundação da USP. Os *manifestantes* conduziam faixas pró-eleições diretas para presidente da República e para reitor.

O incidente só foi superado depois que um representante dos alunos subiu ao palco e fez um pequeno discurso, apresentando as reivindicações dos estudantes.

À solenidade estavam presentes, entre outras autoridades, o governador Franco Montoro, a ministra da Educação, Ester de Figueiredo Ferraz — que representou o presidente Figueiredo — e o reitor Guerra Vieira. PÁG.20

FOLHA DE S.PAULO ★

SEGUNDO CLICHÊ

Editor Responsável: Boris Casoy • São Paulo, domingo, 26 de fevereiro de 1984 • Um jornal a serviço do Brasil • Ano 64 • N.º 20.052 • Al. Barão de Limeira, 425 • Cr$ 300,00

Gasolina explode, horror em Cubatão

Adenir Barbosa

Chamas de 50 metros de altura destruíram em 2 minutos quase 2.500 barracos, matando dezenas de pessoas e deixando um quadro desolador, semelhante ao de uma explosão nuclear

Faltavam 15 minutos para a meia-noite de sexta-feira quando duas fortes explosões estremeceram e envolveram em chamas de 50 metros de altura a favela de Vila São José — mais conhecida como Vila Socó — localizada numa faixa de mangue entre a via Anchieta e um oleoduto da Petrobrás, em Cubatão. Em menos de dois minutos, o fogo destruiu cerca de 2.500 barracos, onde moravam aproximadamente 12 mil pessoas. Os bombeiros recolheram 66 corpos (dois feridos morreram posteriormente), mas o número de mortos deve ser muito maior, segundo acreditam, pois a maioria dos corpos foi carbonizada. Além disso, 70% dos 33 feridos internados em hospitais de Santos, Cubatão e São Vicente não têm chances de sobrevivência, conforme os médicos.

"Parecia um cogumelo atômico", relatou o soldado Saturnino Ramos, de plantão no posto da Polícia Rodoviária a um quilômetro da Vila Socó. A visão da área, após a tragédia, lembrava as cidades japonesas de Hiroxima e Nagasaki, devastadas por bombas atômicas.

A explosão, causada pelo vazamento de gasolina do oleoduto da Petrobrás, foi seguida por momentos de terror e desespero. Na hora, a maré estava alta e a água, com a mancha de gasolina, se espalhava pela maior parte da favela.

O presidente da Petrobrás, Shigeaki Ueki, esteve em Cubatão e prometeu assistência e indenização às famílias. O governador Franco Montoro suspendeu uma reunião que mantinha com o secretariado e foi de helicóptero a Vila Socó. Desolado, afirmou: "É preciso saber qual foi a causa, pois uma tragédia dessas não poderá se repetir."

PÁGs.22 e 23

Eleitores do PDS querem diretas já

ELEITORES DO PDS NAS 6 CAPITAIS

Na sua opinião, o próximo Presidente da República deveria ser escolhido em eleições:

	S. PAULO %	R. JANEIRO %	B. HORIZONTE %	P. ALEGRE %	CURITIBA %	SALVADOR %	Média ponderada %
Diretas	69,4	67,6	79,6	95,2	64.9	89,3	73,3
Indiretas	26,5	25,0	10,8	2,4	34,2	10,7	21,9
Não Sabe	4,1	7,4	9,6	2,4	0,9	—	4,8
NÚMERO DE ENTREVISTAS	(170)	(148)	(83)	(82)	(111)	(168)	(762)

A grande maioria (73,3%) dos eleitores do PDS quer eleger o próximo presidente da República pelo voto direto. A constatação é da Pesquisa "Folha" feita em seis capitais brasileiras: São Paulo, Rio, Belo Horizonte, Porto Alegre, Curitiba e Salvador. Apenas 21% dos eleitores que votaram em candidatos do PDS nas eleições de novembro de 1982 ainda confiam no Colégio Eleitoral indireto.

Os pedessistas gaúchos são os mais veementes em exigir as diretas agora (95,2%), enquanto o eleitorado do partido do governo em Curitiba se mostra menos entusiasmado com a idéia (64,9%).

Os dados colhidos na capital paulista revelam que 93,6% dos eleitores do PT querem diretas já, sendo seguidos pelos que votaram no PMDB (87,5%) e no PTB (82%).

E, dentre os eleitores paulistas do PDS, 69,4% preferem as diretas.

A Pesquisa "Folha" também revela que o anticomunismo já não funciona como instrumento de contenção da campanha pela volta das diretas.

PÁG.10

Leia a opinião da "Folha" nos editoriais "Pela renúncia de Aureliano" e "Mulheres com as diretas", na pág 2

Exposição na "Folha"

Amanhã, às 20 horas, em solenidade pública, a "Folha" inaugura em seu saguão (al. Barão de Limeira, 425) a exposição "Os Artistas Pelas Diretas", com desenhos de 15 dos mais renomados artistas plásticos do Brasil, que estão sendo publicados diariamente na "Ilustrada". Estarão presentes, além dos artistas, o governador Franco Montoro, o vice-governador Orestes Quércia, a Executiva do Comitê Pró-Diretas, escritores, atores, cineastas, músicos e a diretoria da União Brasileira de Escritores.

Opinião da "Folha"

Leia na pág. 2 os editoriais "Pela renúncia de Aureliano", criticando a atitude ambivalente do vice-presidente e lembrando seu dever moral de renunciar ao posto para emprestar sua inestimável colaboração à campanha pró-diretas; "Governo fora da cultura", discutindo a questão da Secretaria da Cultura; e "Mulheres com as diretas", sobre o aniversário da conquista do voto feminino.

O Colégio Eleitoral e os defeitos da imitação

O Colégio Eleitoral brasileiro exclui as qualidades do seu equivalente norte-americano para imitar apenas os seus defeitos, que aliás não são poucos. Quem afirma isso, ao longo de uma análise técnica das duas instituições, é o cientista político **Gláucio Soares**, professor da Universidade da Flórida (EUA) e do Instituto Universitário de Pesquisas do Rio de Janeiro (Iuperj).

PÁG.3

"Mulher" mostra três novas terapias corporais

Diferentes das ginásticas convencionais, a "meteorologia do corpo", a antiginástica e a "ideocinese" (uma técnica de mentalização dos movimentos musculares) são o tema da reportagem de capa do suplemento "**Mulher**". Veja como funcionam essas três novas terapias corporais, que propõem uma integração harmoniosa entre o físico e a mente.

Sobre homens e bichos, a poesia em tradução

Do romântico alemão Heinrich Heine à norte-americana Sylvia Plath — passando pelo argentino Leopoldo Lugones, o irlandês William Butler Yeats e o galês Dylan Thomas —, o "**Folhetim**" apresenta alguns dos mais importantes poetas modernos vertidos ao português, além de uma mini-antologia de poemas sobre bichos.

Um setor em crise procura gerar empregos

Mesmo não refletindo uma tendência à recuperação econômica, alguns setores têm apresentado, de acordo com dados da Fiesp, certo crescimento do nível de empregos. É o caso do setor de iluminação, que enfrenta sérias dificuldades, mas vem contratando desde o ano passado. Ele seria um caminho para a criação de empregos, mediante investimentos do governo e incremento da construção civil, conforme sugere Carlos Uchoa Fagundes, presidente do Sindicato dessas indústrias. Mais informações, orientações e oportunidades no "**Classifolha-Empregos**".

PÁGs.57 a 62

Índice

Previsão do tempo

Bom em São Paulo, parcialmente nublado, com névoa úmida e possíveis nevoeiros de manhã e chuvas isoladas à tarde. Temperatura estável.

Na coluna "**Agenda**" pág.20, a previsão para a Grande São Paulo, litoral e interior do Estado, várias regiões do País e a tendência do tempo para a semana.

Em vigor o cessar-fogo no Líbano

Após uma noite de violentos combates entre o Exército e as milícias muçulmanas antigovernamentais, um novo cessar-fogo entrou em vigor ontem em Beirute.

A agência Reuters, citando dirigentes da oposição, informou que Damasco e o presidente libanês Amin Gemayel aceitaram um novo plano de paz negociado pela Arábia Saudita. Mas a notícia não foi confirmada oficialmente.

Política e militarmente isolado, por causa das derrotas que vem sofrendo, Gemayel busca desesperadamente um acordo que o mantenha no poder. Este é o tema do **Dossiê-"Folha"** de hoje, preparado por José Luiz Frare e Isaac Akcelrud

PÁGs.17 e 18

A armadilha em planos de capitalização

No país dos contratos leoninos, talvez não existam contratos tão leoninos quanto os dos planos de capitalização, modalidade de investimento que visa ao pequeno poupador.

A seção "**Dinheiro Vivo**" analisa hoje um desses planos e revela as armadilhas que os contratos ocultam. Dá ainda ao leitor as informações necessárias para retirar o seu abono do PIS e saber como o governo alijou milhares de pessoas desse benefício.

Na página de investimentos, uma análise sobre a grande alta registrada nas taxas do "overnight".

PÁGs.38 e 39

Luiz Saez Parra

O governador reúne-se com o Secretariado para fazer o balanço do 1º ano

Montoro indica Gusmão e Eugênio não se conforma

O governador Franco Montoro anunciou ontem cedo, antes da reunião com seu Secretariado, a criação da Secretaria Extraordinária de Governo, que será ocupada pelo atual presidente do Banco de Desenvolvimento do Estado de São Paulo (Badesp), Roberto Gusmão. Inconformado com as amplas atribuições conferidas ao novo secretario, que funcionará (na definição do próprio Montoro) como uma espécie de primeiro-ministro, o filho do governador, Eugênio Montoro, decidiu deixar seu cargo de chefe do Gabinete Civil. Ao fazer a indicação de Gusmão, Montoro garantiu que a Casa Civil não será reunificada, como pretendem alguns setores do PMDB, afirmando ainda que Eugênio e o secretário para Assuntos Políticos, Marco Antônio Castelo Branco, permaneceriam nos cargos (momentos depois, Eugênio se retirava do palácio e do governo).

A nomeação de Gusmão, admitiu o governador, implicará "algumas adaptações" nas outras Secretarias.

PÁG.5

Ermírio pede um basta na impunidade

"Do grupo Halles ao Coroa-Brastel, quantos casos ocorreram? E o que aconteceu? Estamos cansados de casuísmos, de impunidade. Isto tem que mudar. Ou então vamos criar um Imposto sobre Operações Irregulares (IOI), ao invés do Imposto sobre Operações Financeiras (IOF), abrir o Carandiru, soltar todo mundo, e aplicar o novo imposto sobre todos."

É o que afirma, em entrevista exclusiva à "**Folha**", o empresário Antônio Ermírio de Moraes, dirigente do grupo Votorantim, que fala com a tranquilidade de quem não deve ao governo e pouquíssimo aos bancos: o grupo trabalha com 80% de recursos próprios e só 20% de terceiros.

PÁG.37

Diniz indica o ponto fraco de Aureliano

"Aureliano é popular, mas fraco no número de convencionais." Esta é a principal dificuldade que o vice-presidente Aureliano Chaves enfrenta para chegar à Presidência da República pelo Colégio Eleitoral, na opinião do empresário Abílio Diniz, diretor-superintendente do Grupo Pão de Açúcar, que apóia as eleições diretas já e vê o vice-presidente como um candidato capaz até de derrotar Leonel Brizola ou qualquer outro num pleito direto.

Diniz desmentiu qualquer participação na campanha de Aureliano, mas fez questão de salientar ser o vice um bom candidato, que em hipótese alguma representaria o revanchismo ou a contestação dos 20 anos de regime.

PÁG. 7

Caem gastos com petróleo importado

Graças ao aumento da produção nacional, o Brasil gastará apenas US$ 4,2 bilhões com o petróleo em 1984, US$ 2,5 bilhões a menos do que em 1983. As importações chegarão a US$ 6,7 bilhões, mas desse total devem ser descontados US$ 2,5 bilhões, resultantes da venda de derivados de petróleo, pela Petrobrás, a mercados externos.

No mês de janeiro, o consumo nacional de petróleo esteve pouco abaixo de 900 mil barris diários, enquanto a produção interna se aproximava da casa dos 450 mil barris por dia. A contínua redução nas importações dará ao Brasil condições de negociar acordos financeiros mais favoráveis, com o consequente abrandamento da recessão.

PÁG.33

O Coríntians faz surpresa pelas diretas

O time corintiano entrou definitivamente na campanha pelas eleições diretas. Esta manhã, os jogadores estarão reunidos para discutir o tipo de manifestação que farão antes da partida com o Inter de Porto Alegre, às 17 horas, no Morumbi.

"O clube não organiza nada. Isto é uma iniciativa dos próprios jogadores, que são respeitados como cidadãos que se manifestam sobre questões importantes do País" — esclarece Adilson Monteiro Alves, vice-presidente de futebol do Coríntians. No jogo contra o Joinville, na semana passada, os jogadores usaram tornozeleiras, fitinhas e até chuteiras com frisos amarelos — a cor-símbolo da campanha das diretas.

PÁG.32

FOLHA DE S.PAULO ★

SEGUNDO CLICHÊ

Editor Responsável: Boris Casoy • São Paulo, terça-feira, 17 de abril de 1984 • Um jornal a serviço do Brasil • Ano 64 • N.º 20.103 • Al. Barão de Limeira, 425 • Cr$ 400,00

São Paulo faz o maior comício

Jorge Araújo

O vale do Anhangabaú, às 20h00: mais de um milhão de pessoas preenchem todos os espaços disponíveis, na maior manifestação que a cidade já viu (vista do alto do prédio da Eletropaulo)

Mais de um milhão de pessoas em silêncio, mãos entrelaçadas, braços para cima. Ao sinal do maestro Benito Juarez, da Orquestra Sinfônica de Campinas, a multidão cantou o Hino Nacional. Do céu caía papel picado, papel amarelo, a cor das diretas, brilhando à luz dos holofotes. No Vale do Anhangabaú, muita gente chorou.

Houve outros momentos de emoção na maior manifestação popular já ocorrida no Brasil: houve choro quando chegou ao palanque um gigantesco boneco do senador Teotônio Vilela, ao som do "Menestrel das Alagoas"; quando a Sinfônica de Campinas tocou a Quinta Sinfonia de Beethoven, cujo prefixo iniciava os noticiosos da BBC durante a guerra contra o nazismo; quando a Corporação Musical Artur Giambelli, de Limeira, tocou o "Cisne Branco", hino da Marinha de Guerra.

Mas a alegria superou o choro. Enquanto a passeata avançava pelo centro da cidade, pequenos grupos se destacavam e dançavam forró, faziam humor ("Figueiredo para ex-presidente", dizia um cartaz; "Pois eu prefiro cheiro de cavalo", lembrava outro), puxavam novas palavras de ordem: "Não, não, não/ao colégio do João". Em nome da festa das diretas, os professores se privaram de vaiar o governador Franco Montoro; PT e PMDB evitaram a costumeira troca de estocadas e trabalharam juntos na organização da passeata; PCB, PC do B e MR-8 aceitaram pacificamente uma escala de oradores que não os incluía.

Quantas pessoas foram à passeata? Montoro falou em quase dois milhões, Osmar Santos anunciou 1 milhão e 700 mil, a PM calculou 1 milhão e meio, o secretário do Planejamento da Prefeitura, Jorge Wilheim, cita 1 milhão, o repórter **Clóvis Rossi** (ex-correspondente da **"Folha"** em Buenos Aires), comparando a manifestação com o último comício de Raul Alfonsin, não acredita em mais de 800 mil. Não importa: o que vale é que jamais houve outra concentração desse nível — e sem nenhum incidente a prejudicá-la, nenhuma briga, nenhum batedor de carteira, nenhuma ocorrência policial sequer, a multidão unida na alegria, na emoção e na luta pelas diretas (e, ainda por cima, qualquer dos números citados é maior e mais expressivo do que 686, número de integrantes do Colégio Eleitoral). O leitor pode fazer as contas: quantos de seus conhecidos foram à passeata?

A multidão em marcha lotou a Sé, a Benjamin Constant, o Viaduto do Chá, a praça Ramos, a Conselheiro Crispiniano, a São João, o Anhangabaú: muitos bares do caminho ficaram abertos e não tiveram problemas — apenas lucros. Além dos adversários naturais — o Colégio, os candidatos indiretos, o governo — só se hostilizou um alvo: a Rede Globo de Televisão, que preparou um esquema-monstro de cobertura. "O povo não é bobo/fora Rede Globo" foi o slogan mais utilizado.

A vítima favorita, porém, foi o Colégio Eleitoral. Lula se transformou no orador mais aplaudido da noite ao afirmar, em resposta ao general Rubem Ludwig, que aquela manifestação não era baderna: "Baderna é o Colégio Eleitoral".

Às 20h30, no horário do final do comício, o presidente Figueiredo surgia em rede nacional de TV para anunciar sua proposta: diretas mais tarde, em 1988. O delegado Romeu Tuma, da Polícia Federal, informava Brasília de que "o verde do Anhangabaú foi coberto pelo vermelho das bandeiras dos partidos de esquerda". E, enquanto a multidão se retirava calmamente, os fogos de artifício escreviam no céu de São Paulo a mensagem do comício: "Diretas, já".

PÁGs. 6 a 12 e 28 e 29

Leia a opinião da "Folha" no editorial "A um passo das diretas-já" na pág 2

José Luiz da Conceição

Às 17h15, na Sé inteiramente tomada, o início da marcha em direção ao Anhangabaú

Matuite Mayezo

Brizola, Ulisses, Tancredo e Montoro à frente da passeata, quando atravessava o largo de São Francisco

Renato dos Anjos

Osmar Santos apresenta Sócrates, que diz: "Se a Dante de Oliveira passar, eu fico no Brasil, nosso País"

Opinião da "Folha"

Leia na pág. 2 os editoriais "A um passo das diretas-já", comentanndo a passeata pró diretas em São Paulo e o encaminhamento ao Congresso Nacional da emenda Leitão; e "Moeda e Câmbio", analisando os problemas que a resolução 432 BC traz para a política monetária do governo.

Índice

Emancipação do índio em debate na "Folha"

"Índio, entre a emancipação e a tutela" é o debate que a **"Folha"** realiza hoje, às 20 horas, em seu auditório (al. Barão de Limeira, 425, 9º andar), juntamente com a projeção, em pré-estréia, do documentário "Povo da Lua, Povo do Sangue", de Marcello Tassara, sobre a tribo Yanomami. O debate, aberto para o público, será coordenado pelo jurista Dalmo Dallari.

PAG. 31

Previsão do tempo

Bom em São Paulo, com nebulosidade variável, visibilidade prejudicada por névoa; pancadas de chuvas e trovoadas esparsas nos períodos da tarde e noite. Temperatura estável, devendo oscilar entre 18 e 30 graus; ontem, a máxima foi 27 graus e a mínima 18,5

Na coluna "Agenda", pág 25, a previsão para a Grande São Paulo, litoral e interior do Estado, várias regiões do País e a tendência do tempo para amanhã

Figueiredo envia emenda e apela por negociação

Em cadeia de rádio e TV, o presidente Figueiredo anunciou ontem o envio ao Congresso da Emenda Leitão, que propõe eleições diretas para a Presidência da República em 1988. A proposta reduz o próximo mandato presidencial de seis para quatro anos, dá direito a uma reeleição e cria a eleição em dois turnos se o candidato mais votado não obtiver maioria absoluta. Na falta da maioria absoluta, aquele que obtiver mais de 40% dos votos terá seu nome submetido ao Congresso, sendo considerado eleito se conquistar a metade mais um dos votos dos congressistas. Se nenhuma dessas possibilidades for alcançada, haverá nova eleição, com os mais votados no primeiro escrutínio.

Figueiredo fez um apelo ao diálogo e criticou os que desejam mudanças já, afirmando que as decisões não devem ser precipitadas.

PÁGs. 4 e 5

O vice-presidente Aureliano Chaves telefonou ontem à noite para a "Folha" e revelou que, se a emenda Leitão não propiciar um amplo entendimento entre os partidos políticos, ele manterá sua posição em favor das eleições diretas-já e recomendará a seus partidários que votem nesse sentido.

Aureliano sublinhou, porém, que ao propor a emenda Leitão o governo tomou a iniciativa do diálogo e disse esperar que por meio desse diálogo se possa atingir uma composição.

FOLHA DE S.PAULO ★

SEGUNDO CLICHÊ

Editor Responsável: Boris Casoy • São Paulo, quarta-feira, 25 de abril de 1984 • Um jornal a serviço do Brasil • Ano 64 • N.º 20.111 • Al. Barão de Limeira, 425 • Cr$ 400,00

Use amarelo pelas diretas-já

Congresso repele cerco policial e vota hoje a emenda das diretas

Moreira Mariz

Tropas da PM guardam as rampas de acesso ao Congresso, num cerco que durou 3 horas e que foi definido como simples antecipação do esquema a ser adotado hoje

CLÓVIS ROSSI
Enviado especial a Brasília

Na véspera da votação da emenda Dante de Oliveira, o Congresso Nacional passou pouco mais de três horas (até cerca de 21 horas) cercado por um contingente da Polícia Militar, que foi retirado apenas após uma reunião dos três ministros militares, que decidiram atender aos insistentes apelos dos parlamentares para que o cerco fosse levantado.

O sítio ao Congresso começou pouco antes das seis da tarde, depois que um grupo de aproximadamente 800 estudantes, concentrados no saguão do Congresso, decidiu promover uma vigília cívica e ali permanecer até a votação da emenda.

Houve duas explicações oficiais para as providências governamentais: o porta-voz do general Newton Cruz, executor das medidas de emergência, disse que simplesmente foi antecipado em 24 horas o esquema de segurança que seria adotado apenas hoje, para impedir o acesso ao Congresso de todas as pessoas que não estiverem devidamente credenciadas. O bloqueio serviria também para impedir uma passeata dos estudantes, do Congresso até a torre de televisão.

Para o porta-voz da Presidência, Carlos Atila, tudo não passou de "reforço de policiamento". Atila rejeitou a classificação de "cerco", considerando a palavra muito drástica.

Os policiais ficaram nas calçadas das três rampas de acesso ao Congresso e, segundo Dalla, não invadiram, em momento algum, a área do Parlamento.

Dez minutos depois de montada a operação, começou a "jornada do barulho" em Brasília: os carros dispararam suas buzinas por toda a cidade, procurando concentrar-se especialmente na Esplanada dos Ministérios, bem à frente dos contingentes policiais. O ruído chegou claramente ao palácio do Planalto, em uma festa sonora como a Capital jamais vira antes.

As Forças Armadas da área do Distrito Federal entraram em regime de semiprontidão.

A votação da emenda Dante de Oliveira começa às 9 horas e é impraticável fazer qualquer prognóstico a respeito do resultado.

Leia a opinião da "Folha" nos editoriais "Congresso soberano já" e "Parlamentares sob censura", na pág.2; noticiário nas págs. 4 a 16

Ulisses condena, exorta, adverte

Em discurso lido no Congresso Nacional, o presidente do PMDB, deputado Ulisses Guimarães, condenou as medidas de emergência e exortou os parlamentares a votarem hoje em favor da emenda Dante de Oliveira. Alguns trechos:

"Esta tribuna foi profanada e mutilada pelas medidas de emergência, que entre outras truculências proíbe o povo de ver e ouvir pela televisão e pelo rádio o que fazem, desfazem ou não fazem seus representantes sobre matéria vinculada à sua ruína ou salvação."

"Vi o amarelo vestir de esperança o Brasil; vi a História brotar nas ruas e na garganta do povo."

"Acautelem-se os detentores do poder. As massas injustiçadas podem decidir — empurradas pelo desespero — ser mais consequente e glorioso, entre morrer de fome, doença desassistida, assaltando ou assaltado, lutar e até morrer por governos de que tenham o controle pela origem, pelos benefícios e pela temporariedade."

"Chegamos da Candelária, a catedral da participação popular na cidadania, chegamos do Anhangabaú, o vale do povo, chegamos como maioria da Nação para dialogar."

Dalla promete imparcialidade

O presidente do Congresso, senador Moacir Dalla, em entrevista ao repórter **Rubem de Azevedo Lima**, garantiu que agirá com imparcialidade durante a votação da emenda Dante de Oliveira. PÁG. 9

Jorge Araújo

Após discursar, Ulisses veste uma gravata amarela, sob os aplausos dos presentes; a seu lado, o líder do PMDB na Câmara, Freitas Nobre

A população não aprova emergência

★ A maioria da população paulistana desaprova as medidas de emergência decretadas pelo presidente Figueiredo. A constatação é da **Pesquisa "Folha"**, realizada em São Paulo: 66,4% dos entrevistados afirmaram que o Presidente não agiu corretamente. PÁG.16

★ Todos os oito governadores do PMDB chegarão juntos hoje ao Congresso Nacional para acompanhar a votação. O governador Franco Montoro disse que essa decisão expressa "a unidade do partido e a vontade de mais da metade da população brasileira". PÁG. 7

★ Figueiredo considera o governador Tancredo Neves "um nome confiável para a conciliação nacional", aceito tanto pelo sistema como por ele próprio, revelou ontem o deputado João Paganella (PDS-SC), após ser recebido pelo presidente da República. PÁG.4

★ Rojões, buzinas, sirenes, panelas — tudo que fizessse barulho foi usado pela população de São Paulo a partir das 20 horas de ontem para uma última manifestação pela aprovação da emenda Dante de Oliveira e a volta imediata das eleições presidenciais diretas. PÁG.13

★ A edição de ontem do "Jornal Nacional", da TV Globo, foi cortada em 18 minutos. Com isso, a emissora não veiculou qualquer notícia sobre política nacional. O Dentel ameaçou lacrar o equipamento das emissoras que transmitirem notícias sobre a situação em Brasília. PÁG.12

★ O diretor-geral do Dentel, coronel Antônio Fernandes Neiva, deteve por uma hora os fotógrafos Jorge Araújo, da **"Folha"**, Antônio Dorgivam, do "Jornal do Brasil" e Kim-Ir-Sen, da Agência Ágil, porque fotografavam a sala da censura às telecomunicações. PÁG.11

Na "Ilustrada", o poster das diretas

FOLHA DE S.PAULO

Editor Responsável: Boris Casoy • São Paulo, quinta-feira, 26 de abril de 1984 • Um jornal a serviço do Brasil • Ano 64 • N.º 20.112 • Al. Barão de Limeira, 425 • Cr$ 400,00

Use preto pelo Congresso Nacional

A NAÇÃO FRUSTRADA!

Apesar da maioria de 298 votos, faltaram 22 para aprovar diretas

EDITORIAL

Cai a emenda, não nós

Frustrou-se a esperança de milhões. Uma compacta minoria de maus parlamentares disse não à vontade que seu próprio povo soube expressar com transparência, firmeza e ordem. Nunca a sociedade brasileira se ergueu com tal vulto, nunca um movimento se irradiou de modo tão amplo nem o curso da história se apresentou assim palpitante e inconfundível. Em poucos meses a campanha pelas diretas-já dissolveu fronteiras de todo tipo para imantar o espírito dos brasileiros numa torrente serena, profunda, irrefreável. Um povo sempre acusado de abulia e de inaptidão para a vida pública ofereceu, ante a surpresa de observadores locais e estrangeiros, o espetáculo de seu próprio talento para se organizar e manifestar com responsabilidade, energia e imaginação.

A tudo isso, congressistas cujos nomes publicamos nesta mesma página disseram não. Evitemos insultar a memória do passado e as gerações de amanhã chamando-os congressistas: são representantes de si próprios, espectros de parlamentares, flapos de homens públicos, fósseis da ditadura. Antes votar não a omitir-se covardemente, como muitos fizeram; melhor, porém, era renunciar ao mandato do qual não conseguiram mostrar-se à altura, devolvendo-o com um pedido de desculpas a sua fonte legítima de origem. Não foi o que fizeram e eles sabem o que fazem. Mas não sabem que o Brasil — felizmente! — mudou, que a sociedade civil resgatará seus compromissos, a população exigirá seus direitos tantas vezes postergados e os eleitores retribuirão na mesma moeda: não mais terá votos quem lhes negou o direito ao voto.

Esta "Folha" não foi a primeira nem a única a exigir diretas-já. Mas não mediu esforços, desde o início, para que a campanha se transformasse nesse grande festival de civilização política que vimos presenciando e estimulando. É nessa condição que dirigimos agora um apelo aos nossos leitores e a todos os brasileiros, cidadãos desta Pátria renascida. Neste momento de amargura é fundamental preservar aquilo que tem sido a força do movimento. Em lugar da violência, a participação; em lugar do tumulto, a tranquilidade; em lugar do desespero, a persistência; em lugar do desânimo, a vitalidade renovada a cada revés. De onde proveio a força moral e política desta campanha senão de seu caráter pacífico, de sua forma organizada, de sua natureza unitária, de sua amplitude social e geográfica, de seu propósito radicalmente democrático, de seu estilo generoso, de seu aspecto colorido? É preciso aprender com os erros, certamente; mais importante é não abandonar os acertos.

Acima de tudo é necessário manter a ordem, a paz e a tranquilidade. Não somos o primeiro povo a lutar por sua emancipação definitiva e a lição das experiências análogas é que a luta é sempre longa, difícil e penosa. A emenda Dante de Oliveira está derrotada, não nós. Ainda que já tivéssemos reconquistado as diretas haveria um extenso caminho a percorrer. Continuemos com a mesma intransigência e com a mesma esperança.

Colocamos ontem mais um tijolo nesse edifício que os homens e as mulheres do futuro, diferentes por suas etnias, pensamentos e interesses, hão de contemplar e dizer: eis aí um belo lugar, eis aí onde queremos viver por muitos anos e onde queremos que nossos filhos cresçam, ao mesmo tempo trabalhando, aprendendo e divertindo-se.

SIM

Acre
- Aluízio Bezerra — PMDB
- Geraldo Fleming — PMDB
- José Melo — PMDB
- Rui Lino — PMDB
- Wildy Vianna — PDS

Amazonas
- Arlindo Porto — PMDB
- Arthur Virgílio Neto — PMDB
- Mário Frota — PMDB
- Randolfo Bitencourt — PMDB

Rondônia
- Francisco Erse — PDS
- Múcio Athaide — PMDB
- Mário Olavo Pires — PMDB
- Orestes Muniz — PMDB

Pará
- Ademir Andrade — PMDB
- Brabo de Carvalho — PMDB
- Carlos Vinagre — PMDB
- Coutinho Jorge — PMDB
- Dionísio Hage — PMDB
- Domingos Juvenil — PMDB
- Lucio Viveiros — PDS
- Ronaldo Campos — PMDB
- Vicente Queiróz — PMDB

Maranhão
- Cid Carvalho — PMDB
- Epitácio Cafeteira — PMDB
- Jaime Santana — PDS
- João Alberto de Souza — PDS
- João Ribeiro — PDS
- Sarnei Filho — PDS
- Wagner Lago — PMDB

Piauí
- Ciro Nogueira — PMDB
- Heráclito Fortes — PMDB
- Jonathas Nunes — PDS
- Wall Ferraz — PMDB

Ceará
- Antônio Morais — PMDB
- Chagas Vasconcelos — PMDB
- Lucio Alcantara — PDS
- Manoel Gonçalves — PDS
- Moisés Pimentel — PMDB
- Paulo Lustosa — PDS
- Paes de Andrade — PMDB
- Tomáz Coelho — PMDB

R.G. do Norte
- Agenor Maria — PMDB
- Antônio Câmara — PMDB
- Henrique Eduardo Alves — PMDB
- João Faustino — PDS

Paraíba
- Aluízio Campos — PMDB
- Carneiro Arnaud — PMDB
- João Agripino — PMDB
- José Maranhão — PMDB
- Tarcisio Buriti — PDS
- Raimundo Asfora — PMDB

Pernambuco
- Arnaldo Maciel — PMDB
- Carlos Wilson — PMDB
- Cristina Tavares — PMDB
- Egídio Ferreira Lima — PMDB
- Fernando Lyra — PMDB
- Geraldo Melo — PDS
- Inocêncio Oliveira — PDS
- Jarbas Vasconcelos — PMDB
- José C. Vasconcelos — PMDB
- José Jorge — PDS
- Mansueto de Lavor — PMDB
- Miguel Arraes — PMDB
- Osvaldo Lima Filho — PMDB
- Roberto Freire — PMDB
- Sérgio Murilo — PMDB

Alagoas
- Alberico Cordeiro — PDS
- Fernando Collor — PDS
- Geraldo Bulhões — PDS
- José Thomaz Nonô — PDS
- Djalma Falcão — PMDB
- Manoel Affonso — PMDB
- Sérgio Moreira — PMDB

Sergipe
- Gilton Garcia — PDS
- Jackson Barreto — PMDB
- José Carlos Teixeira — PMDB

Bahia
- Carlos Sant'Anna — PMDB
- Domingos Leonelli — PMDB
- Elquisson Soares — PMDB
- Fernando Gomes — PMDB
- Fernando Santana — PMDB
- França Teixeira — PDS
- Francisco Pinto — PMDB
- Genebaldo Correia — PMDB
- Haroldo Lima — PMDB
- Jorge Medauar — PMDB
- Jorge Vianna — PMDB
- José Lourenço — PDS
- Jutahy Junior — PDS
- Marcelo Cordeiro — PMDB
- Raimundo Urbano — PMDB
- Raul Ferraz — PMDB
- Rui Bacelar — PDS
- Virgildásio de Senna — PMDB

Espírito Santo
- Hélio Manhanes — PMDB
- Max Mauro — PMDB
- Mirthes Bevilacqua — PMDB
- Nelson Aguiar — PMDB
- Nider Barbosa — PMDB
- Stelio Dias — PDS
- Teodoico Ferraço — PDS

Rio de Janeiro
- Abdias do Nascimento — PDT
- Agnaldo Timóteo — PDT
- Aloisio Teixeira — PMDB
- Alvaro Valle — PDS
- Arildo Teles — PDT
- Bocaiuva Cunha — PDT
- Brandão Monteiro — PDT
- Carlos Peçanha — PMDB
- Celso Peçanha — PTB
- Clemir Ramos — PDT
- Daso Coimbra — PMDB
- Delio dos Santos — PDT
- Denisar Arneiro — PMDB
- Fernando Carvalho — PTB
- Francisco Studart — PTB
- Gustavo Faria — PMDB
- Jacques D'Ornellas — PDT
- Jorge de Araújo Jorge — PDT
- Jorge Curi — PTB
- Jorge Leite — PMDB
- José Colagrossi — PDT
- José Eudes — PT
- José Frejat — PDT
- Leonidas Sampaio — PMDB
- Marcelo Medeiros — PMDB
- Márcio Braga — PMDB
- Márcio Macedo — PMDB
- Mário Juruna — PDT
- Roberto Jefferson — PTB
- Sebastião Ataíde — [illegible]
- Sebastião Nery — PDT
- Sérgio Lomba — PDT
- Walter Casanova — PDT
- Vilmar Palis — PDS

Minas Gerais
- Aecio Cunha — PDS
- Aníbal Teixeira — PMDB
- Antonio Dias — PDS
- Carlos Mosconi — PMDB
- Cássio Gonçalves — PMDB
- Emílio Gallo — PDS
- Fued Dib — PMDB
- Gerardo Renault — PDS
- Humberto Souto — PDS
- Israel Pinheiro — PDS
- João Herculino — PMDB
- Jorge Carone — PMDB
- Jorge Vargas — PMDB
- José Carlos Fagundes — PDS
- José Machado — PDS
- José Maria Magalhães — PMDB
- José M. de Morais — PMDB
- José Ulisses — PMDB
- Juarez Batista — PMDB
- Julio Marise — PMDB
- Luiz Dulci — PT
- Luiz Baccarini — PMDB
- Luiz Guedes — PMDB
- Luiz Leal — PMDB
- Luiz Sefair — PMDB
- Manoel Costa Junior — PMDB
- Marcos Lima — PMDB
- Mário Assad — PDS
- Mário de Oliveira — PMDB
- Maurício Campos — PDS
- Navarro Vieira Filho — PDS
- Melo Freire — PMDB
- Milton Reis — PMDB
- Oscar Correa Júnior — PDS
- Osvaldo Murta — PMDB
- Paulino Cícero — PDS
- Pimenta da Veiga — PMDB
- Raul Belem — PMDB
- Rosemburgo Romano — PMDB
- Sérgio Ferrara — PMDB
- Wilson Vaz — PMDB

São Paulo
- Airton Sandoval — PMDB
- Airton Soares — PT
- Alberto Goldman — PMDB
- Aurelio Peres — PMDB
- Bete Mendes — PT
- Cardoso Alves — PMDB
- Celso Amaral — PTB
- Darci Passos — PMDB
- Del Bosco Amaral — PMDB
- Djalma Bom — PT
- Doreto Campanari — PMDB
- Eduardo Matarazzo Suplicy — PT
- Farabulini Júnior — PTB
- Felipe Cheidde — PMDB
- Flávio Bierrenbach — PMDB
- Francisco Amaral — PMDB
- Francisco Dias — PMDB
- Freitas Nobre — PMDB
- Gastone Righi — PTB
- Gióia Júnior — PDS
- Hebert Levy — PDS
- Irma Passoni — PT
- Israel Dias Novaes — PMDB
- João Bastos — PMDB
- João Cunha — PMDB
- João Hermann — PMDB
- José Genoino — PT
- Márcio Santilli — PMDB
- Marcondes Pereira — PMDB
- Mário Hato — PMDB
- Mendes Botelho — PTB
- Moacir Franco — PTB
- Nelson do Carmo — PTB
- Octacílio de Almeida — PMDB
- Pacheco Chaves — PMDB
- Paulo Zarzur — PMDB
- Raimundo Leite — PMDB
- Ralph Biasi — PMDB
- Ricardo Ribeiro — PTB
- Roberto Rollemberg — PMDB
- Rui Codo — PMDB
- Samir Achoa — PMDB
- Teodoro Mendes — PMDB
- Tidei de Lima — PMDB
- Ulisses Guimarães — PMDB

Goiás
- Aldo Arantes — PMDB
- Fernando Cunha — PMDB
- Genésio de Barros — PMDB
- Iram Saraiva — PMDB
- Irapuan Costa Júnior — PMDB
- Hurival Nascimento — PMDB
- João Divino — PMDB
- Joaquim Roriz — PMDB
- Juarez Bernardes — PMDB
- Paulo Borges — PMDB
- Tobias Alves — PMDB

Mato Grosso
- Dante de Oliveira — PMDB
- Gilson de Barros — PMDB
- Márcio de Lacerda — PMDB
- Milton Figueiredo — PMDB

Mato Grosso do Sul
- Albino Coimbra — PDS
- Harry Amorim — PMDB
- Plínio Martins — PMDB
- Ruben Figueiró — PMDB
- Saulo Queiroz — PDS
- Sérgio Cruz — PMDB

Paraná
- Alceni Guerra — PDS
- Alencar Furtado — PMDB
- Amadeu Geara — PMDB
- Anselmo Peraro — PMDB
- Antonio Mazurek — PDS
- Aroldo Moletta — PMDB
- Borges da Silveira — PMDB
- Celso Sabota — PMDB
- Dilson Fanchin — PMDB
- Hélio Duque — PMDB
- José Tavares — PMDB
- Luiz Antonio Fayet — PDS
- Mattos Leão — PDS
- Norton Macedo — PDS
- Olivir Gabardo — PMDB
- Osvaldo Trevisan — PMDB
- Paulo Marques — PMDB
- Pedro Sampaio — PMDB
- Renato Bernardi — PMDB
- Renato Loures Bueno — PMDB
- Santinho Furtado — PMDB
- Sebastião Rodrigues Jr. — PMDB
- Valmor Giavarina — PMDB
- Walber Guimarães — PMDB

Santa Catarina
- Cacildo Maldaner — PMDB
- Dirceu Carneiro — PMDB
- Evaldo Amaral — PDS
- Fernando Bastos — PDS
- Ivo Vanderlinde — PMDB
- Luiz Henrique — PMDB
- Nelson Wedekin — PMDB
- Odilon Salmoria — PMDB
- Paulo Melro — PDS
- Pedro Colin — PDS
- Renato Vianna — PMDB
- Walmor De Luca — PMDB

Rio G. do Sul
- Aldo Pinto — PDT
- Amauri Muller — PDT
- Augusto Trein — PDS
- Floriceno Paixão — PDT
- Hermes Zaneti — PMDB
- Ibsen Pinheiro — PMDB
- Irajá Rodrigues — PMDB
- João Gilberto — PMDB
- Jorge Uequed — PMDB
- José Fogaça — PMDB
- Júlio Costamilan — PMDB
- Lélio Souza — PMDB
- Matheus Schmidt — PDT
- Nadyr Rossetti — PDT
- Nilton Alves — PDT
- Osvaldo Nascimento — PDT
- Paulo Mincarone — PMDB
- Rosa Flores — PMDB
- Siegfried Heuser — PMDB
- Sinval Guazzelli — PMDB

NÃO

Acre
- Amilcar de Queiroz — PDS
- Nosser Almeida — PDS

Amazonas
- José Lins de Albuquerque — PDS
- Vivaldo Frota — PDS

Pará
- Jorge Arbage — PDS
- Manuel Ribeiro — PDS
- Osvaldo Melo — PDS
- Sebastião Curió — PDS

Maranhão
- Eurico Ribeiro — PDS
- José Burnett — PDS
- Magno Bacelar — PDS
- Vieira da Silva — PDS
- Victor Trovão — PDS

Piauí
- Milton Brandão — PDS
- Tapety Júnior — PDS

Ceará
- Furtado Leite — PDS
- Marcelo Linhares — PDS
- Orlando Bezerra — PDS

Paraíba
- Joacil Pereira — PDS

Pernambuco
- Antônio Faria — PDS
- João Carlos De Carli — PDS
- Nilson Gibson — PDS
- Osvaldo Coelho — PDS
- Ricardo Fiuza — PDS

Bahia
- Afrísio Vieira Lima — PDS
- Angelo Magalhães — PDS
- Djalma Bessa — PDS
- Felix Mendonça — PDS
- Fernando Magalhães — PDS
- Gorgonio Neto — PDS
- Hélio Correia — PDS
- Nei Ferreira — PDS
- Wilson Falcão — PDS

Rio de Janeiro
- Amaral Neto — PDS
- Darcílio Aires — PDS
- Eduardo Galil — PDS
- Hamilton Xavier — PDS
- Saramago Pinheiro — PDS

São Paulo
- Armando Pinheiro — PDS
- Ferreira Martins — PDS
- Renato Cordeiro — PDS
- Salles Leite — PDS

Goiás
- Brasílio Caiado — PDS
- Siqueira Campos — PDS

Mato Grosso
- Maçao Tadano — PDS

Mato Grosso do Sul
- Ubaldo Barem — PDS

Paraná
- Ari Kffuri — PDS
- Fabiano Braga Cortes — PDS
- Ítalo Conti — PDS
- José Carlos Martinez — PDS
- Otavio Cesario — PDS
- Santos Filho — PDS

Santa Catarina
- Adhemar Ghisi — PDS

Rio Grande do Sul
- Balthazar de Bem e Canto — PDS
- Darci Pozza — PDS
- Emídio Perondi — PDS
- Guido Moesch — PDS
- Hugo Mardini — PDS
- Irineu Colato — PDS
- Nelson Marchezan — PDS
- Oly Fachin — PDS
- Pedro Germano — PDS
- Pratini de Morais — PDS
- Rubens Ardenghi — PDS
- Victor Faccioni — PDS

AUSENTES

Acre
- Alércio Dias — PDS

Amazonas
- José Fernandes — PDS
- Josué de Souza — PDS

Rondônia
- Assis Canuto — PDS
- Fransisco Sales — PDS
- Leonidas Rachid — PDS
- Rita Furtado — PDS

Pará
- Antônio Amaral — PDS
- Gerson Peres — PDS

Maranhão
- Bayma Júnior — PDS
- Edison Lobão — PDS
- Enoc Vieira — PDS
- José Ribamar Machado — PDS
- Nagib Haickel — PDS

Piauí
- Celso Barros — PDS
- José Luiz Maia — PDS
- Ludgero Raulino — PDS

Ceará
- Aécio de Borba — PDS
- Carlos Virgílio — PDS
- Cláudio Philomeno — PDS
- Evandro Ayres de Moura — PDS
- Flávio Marcílio — PDS
- Gomes da Silva — PDS
- Haroldo Sanford — PDS
- Leorne Belém — PDS
- Mauro Sampaio — PDS
- Ossian Araripe — PDS
- Sérgio Philomeno — PDS

R. G. do Norte
- Antônio Florêncio — PDS
- Jessé Freire — PDS
- Vingt Rosado — PDS
- Wanderley Mariz — PDS

Paraíba
- Adauto Pereira — PDS
- Álvaro Gaudêncio — PDS
- Antônio Gomes — PDS
- Edme Tavares — PDS
- Ernani Satiro — PDS

Pernambuco
- José Mendonça Bezerra — PDS
- José Moura — PDS
- Josias Leite — PDS
- Pedro Corrêa — PDS
- Thales Ramalho — PDS

Alagoas
- Nelson Costa — PDS

Sergipe
- Adroaldo Campos — PDS
- Augusto Franco — PDS
- Celso Carvalho — PDS
- Francisco Rollemberg — PDS
- Hélio Dantas — PDS

Bahia
- Antônio Osório — PDS
- Eraldo Tinoco — PDS
- Etelvir Dantas — PDS
- Francisco Benjamim — PDS
- Horácio Matos — PDS
- Jairo Azi — PDS
- João Alves — PDS
- José Penedo — PDS
- Leur Lomanto — PDS
- Manoel Novaes — PDS
- Prisco Viana — PDS
- Romulo Galvão — PDS

Espírito Santo
- José Carlos Fonseca — PDS
- Pedro Ceolim — PDS

Rio de Janeiro
- Alair Ferreira — PDS
- Figueiredo Filho — PDS
- Hamilton Xavier — PDS
- Lázaro Carvalho — PDS
- Léo Simões — PDS
- Osmar Leitão — PDS
- Ruben Medina — PDS
- Simão Sessim — PDS

Minas Gerais
- Bonifácio de Andrada — PDS
- Carlos Eloy — PDS
- Castejon Branco — PDS
- Cristovam Chiaradia — PDS
- Emílio Hadad — PDS
- Homero Santos — PDS
- Jairo Magalhães — PDS
- Magalhães Pinto — PDS
- Nilton Velloso — PDS
- Raul Bernardo — PDS
- Ronaldo Canedo — PDS
- Rondon Pacheco — PDS
- Vicente Guabiroba — PDS

São Paulo
- Adail Vetorazzo — PDS
- Alcides Franciscato — PDS
- Cunha Bueno — PDS
- Diogo Nomura — PDS
- Estevam Galvão — PDS
- José Camargo — PDS
- Maluli Neto — PDS
- Mendonça Falcão — PTB
- Natal Gale — PDS
- Paulo Maluf — PDS
- Salvador Julianelli — PDS

Goiás
- Ibsen de Castro — PDS
- Jaime Câmara — PDS
- Wolney Siqueira — PDS

Mato Grosso
- Bento Porto — PDS
- Cristino Cortes — PDS
- Jonas Pinheiro — PDS

Mato Grosso do Sul
- Levy Dias — PDS

Paraná
- Antônio Ueno — PDS

Santa Catarina
- Epitácio Bittencourt — PDS
- João Paganella — PDS
- Nelson Morro — PDS

Amapá
- Antônio Pontes — PDS
- Clarck Platon — PDS
- Geovani Borges — PDS
- Paulo Guerra — PDS

Roraima
- Alcides Lima — PDS
- João Batista Fagundes — PDS
- Júlio Martins — PDS
- Mozarildo Cavalcanti — PDS

ABSTENÇÕES

- Oscar Alves — PDS-PR
- Reinhold Stephanes — PDS-PR
- Renato Johnsson — PDS-PR

CLÓVIS ROSSI
Enviado especial a Brasília

A emenda Dante de Oliveira, que prevê eleições diretas já para a Presidência da República, foi rejeitada esta madrugada pela Câmara dos Deputados, embora tivesse recebido maioria de votos a favor (298 a 65), insuficiente, entretanto, para se atingir o quórum de dois terços exigido para alterações da Constituição. Faltaram 22 votos.

A emenda recebeu substancial apoio da bancada do PDS (54 votos), o que demonstra o quanto a tese das diretas-já penetrou no partido oficial, como reflexo da mobilização popular. Com esse resultado, fica evidentemente mais fácil prosseguir, daqui para a frente, na campanha pelas diretas, na qual a oposição promete continuar engajada. Prova disso foi a reafirmação pública, ontem, da posição assumida na véspera pelos governadores do PMDB, transmitida à imprensa por Franco Montoro: "Esta luta não pode cessar senão com a conquista das eleições diretas".

A idéia dos oposicionistas é tentar encaixar na própria emenda do governo — que joga em diretas para 1988 — a tese das diretas-já, por meio de uma subemenda. O que ainda não está definido, entre os oposicionistas, é como dar prosseguimento à campanha no intervalo entre a votação da Dante de Oliveira e a apreciação da emenda governamental.

A rejeição da emenda Dante de Oliveira ocorreu em clima de acentuada vergonha, de parte dos pedessistas que votaram não ou se ausentaram do plenário (113). Vergonha refletida no fato de que a maioria dos que votaram contra preferiu fazê-lo de suas próprias bancadas, ao invés de se dirigir ao microfone de aparte, ao qual compareciam todos os que diziam sim. Houve ainda três abstenções.

A discussão e votação da emenda se arrastou das 9h07 da manhã de ontem até duas horas da madrugada de hoje, seguindo estratégia combinada entre as lideranças do PDS e dos partidos oposicionistas. A idéia, de elementar bom senso, era a de dar a conhecer o resultado apenas tarde da noite (ou mesmo na madrugada), de forma a permitir que se dispersassem as multidões que, durante o dia, se concentraram nos grandes centros urbanos e mesmo em cidades do interior. Temia-se, tanto na oposição como na situação, que a frustração popular pela rejeição da emenda desaguasse em tumulto de proporções, o que todos estavam interessados em evitar.

Outro fator de tensão era a presença, em toda a Esplanada dos Ministérios, de um impressionante dispositivo policial, que restringiu o acesso ao Congresso, em cujos gramados e rampas um grupo de estudantes se manifestava alegremente, inclusive desenhando com seus próprios corpos um enorme "diretas-já" (à noite, o slogan era iluminado por tochas).

Rejeitada pela Câmara, a emenda Dante de Oliveira sequer precisou passar pelo Senado.

Leia a opinião da "Folha" nos editoriais "Cai a emenda, não nós", nesta página, e "Basta de emergência", na pág. 2; noticiário nas págs. 4 a 20

Jorge Araújo

Não houve qualquer incidente na sessão do Congresso Nacional, que se arrastou das 9 horas de ontem às 2 da madrugada de hoje

Dólar a Cr$ 1.435

PÁG. 23

Índice

Previsão do tempo

Nublado, com névoa úmida, nevoeiros e chuviscos ocasionais. A temperatura deverá oscilar entre 11 e 20 graus; a máxima ontem foi 18 graus e a mínima 14,4.

Na coluna "Agenda", pág. 8, a previsão para a Grande São Paulo, litoral e interior do Estado, várias regiões do País e a tendência do tempo para amanhã.

FOLHA DE S.PAULO

Diretor de Redação: Otavio Frias Filho • São Paulo, segunda-feira, 13 de agosto de 1984 • Um jornal a serviço do Brasil • Ano 64 • N.º 20.221 • Al. Barão de Limeira, 425 • Cr$ 500,00

O PMDB homologa Tancredo-Sarnei

O candidato da Frente à Vice-presidência teve 113 votos a menos; peemedebistas querem iniciar logo a campanha nas ruas

Fernando Santos

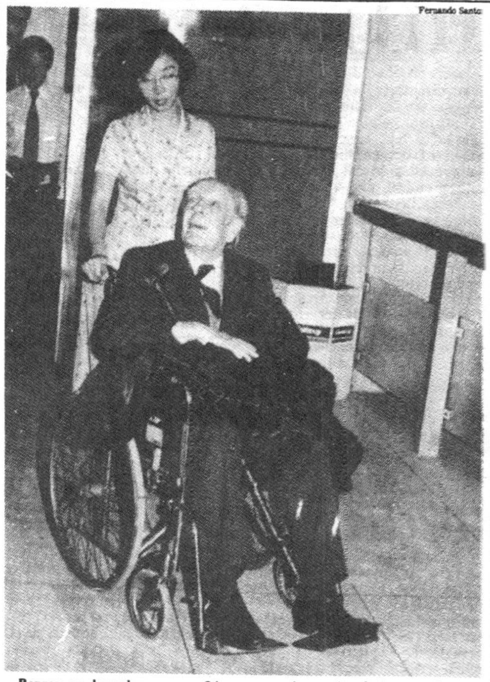

Borges, no desembarque: aos 84 anos, o maior escritor latino-americano

Tadashi Nakagomi

Os candidatos indiretos do PMDB cumprimentam convencionais na sessão que os indicou para enfrentar Maluf e Marcílio

Em clima de euforia, a Convenção Nacional do PMDB homologou ontem as candidaturas indiretas do governador Tancredo Neves e do senador José Sarnei (ex-presidente do PDS) à Presidência e Vice-presidência da República. Tancredo obteve 656 dos 688 votos apurados. Sarnei ficou com 543, 113 a menos do que seu companheiro de chapa. Logo após a proclamação dos resultados, Tancredo —que amanhã deixará o governo de Minas— fez um longo discurso, reafirmando os principais pontos do programa da Aliança Democrática (PMDB-Frente). E se comprometeu a convocar "poder constituinte para, com a urgência necessária, discutir e aprovar nova Carta Constitucional". Sarnei, que vinha sendo combatido por setores do PMDB, foi saudado calorosamente, como outros representantes da Frente, pelo plenário e pelas galerias, formadas em sua maioria por militantes do MR-8, do PC do B e do PC, que gritavam: "Hei, hei, hei, Tancredo e Sarnei".

A euforia, no entanto, não chegou a reduzir a preocupação de muitos peemedebistas com a vantagem obtida por Paulo Maluf na Convenção do PDS. Conforme relata o enviado especial **Clóvis Rossi**, a cúpula do PMDB decidiu levar logo às ruas a candidatura de Tancredo, para impedir defecções pró-Maluf no Colégio. O próprio Tancredo manifestou o desejo de que sua campanha seja iniciada o quanto antes. PÁGs. 4 e 5

Borges participa hoje de debate na "Folha"

O poeta, contista e ensaísta argentino Jorge Luis Borges, de 84 anos, chegou ontem a São Paulo, proveniente de Buenos Aires, acompanhado do jornalista Augusto Massi, redator da "Ilustrada". Um dos mais importantes autores da literatura latino-americana neste século, Borges (que viaja a convite da "Folha" e da Faculdade de Filosofia, Letras e Ciências Humanas da USP) participa hoje, às 10h30, de um debate aberto ao público neste jornal (al. Barão de Limeira, 425). O debate terá à mesa os professores Raul Antelo, da Universidade Federal de Santa Catarina; Davi Arrigucci Jr. e Jorge Schwartz, da USP; e os jornalistas Caio Túlio Costa, Secretário de Redação da "Folha", e Augusto Massi. Amanhã haverá novo debate, no auditório do MASP. PÁG. 23

Figueiredo quer união em torno de Maluf

O ministro Leitão de Abreu, do Gabinete Civil, manteve contatos durante o dia de ontem com todos os governadores pedessistas, convocando-os para uma reunião com o presidente Figueiredo. Marcado inicialmente para as 11 horas de hoje, o encontro poderá ser transferido para amanhã, segundo o porta-voz do Planalto, Carlos Átila, caso não seja possível a presença de todos. Na reunião, o chefe do governo fará um apelo em favor da unidade do partido em torno do candidato vitorioso na Convenção do PDS, deputado Paulo Maluf. Dos governadores do PDS, Roberto Magalhães (PE) e Gonzaga Mota (CE) estão engajados na candidatura do governador Tancredo Neves, pela Aliança Democrática.

O ministro da Justiça, Ibraim Abi Ackel, negou que, a partir de agora, passe a ser o coordenador político do governo. Segundo Átila, Leitão de Abreu "continuará como coordenador do Planalto".

O deputado Paulo Maluf, candidato oficial do PDS à Presidência da República via Colégio Eleitoral, confirmou ontem sua disposição de comparecer, "a qualquer dia e hora, quantas vezes quiserem", ao auditório da "Folha" para um debate com o candidato da Aliança Democrática, Tancredo Neves.

O senador Carlos Chiarelli (PDS-RS) afirmou que o grupo andreazzista resolveu organizar-se num bloco político independente, com vistas à participação no Colégio Eleitoral. Já o ministro mostrava-se cansado e irritado: "O que vocês querem?", indagou aos repórteres. "Ontem eu atendi vocês tão bem! Hoje eu já não sou notícia. Está tudo acabado. Respeitem minha privacidade." PÁG. 6

★ Qual o destino dos 350 votos dados ao ministro Mário Andreazza na Convenção do PDS? Como indica o repórter **Rubem de Azevedo Lima**, pode-se prever o agravamento da crise no PDS. PÁG. 6

★ É praticamente certa a impugnação do nome do senador José Sarnei, indicado para a Vice-presidência na chapa da Aliança Democrática, como informa o repórter **Hermano Alves**. PÁG. 5

★ A racionália que explica a Aliança Democrática só será aceita pelo povo, não convidado à festa, se ela vencer no Colégio, como indica o analista político **Cláudio Abramo**. PÁG. 6

Cinema na "Folha"

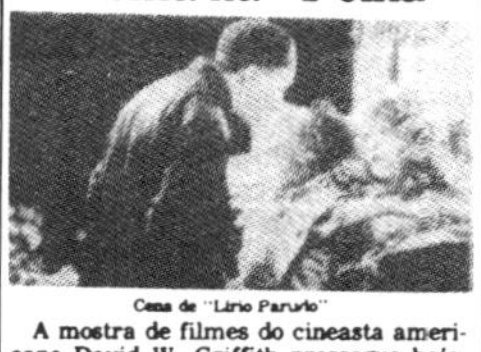

Cena de "Lírio Partido"

A mostra de filmes do cineasta americano David W. Griffith prossegue hoje, às 20h30, no auditório da "Folha" (al. Barão de Limeira, 425, 9º andar), com a apresentação de "Lírio Partido" (Broken Blossoms), de 1919. A partir de hoje as projeções dos filmes (todos eles mudos) de Griffith terão sonorização ao vivo pelo pianista José Américo Laurino, como se fazia nos primeiros anos do cinema. A entrada é franca.

Opinião da "Folha"

Leia na pág. 2 o editorial "Explosão demográfica", sobre as causas e consequências do crescimento populacional incontido.

Chanceler chinês será recebido no Planalto

O ministro das Relações Exteriores da República Popular da China, Wu Xuegian, chega hoje a Brasília. À tarde, será recebido pelo presidente Figueiredo. Na manhã de quarta-feira, ele deverá assinar com o chanceler Saraiva Guerreiro o Tratado de Cooperação Nuclear Sino-Brasileiro. Sua visita ao Brasil iniciou-se no sábado, com a chegada a São Paulo, onde foi recepcionado pela colônia chinesa. Ontem ele passou o dia no Rio de Janeiro. PÁG. 5

URSS e EUA dizem querer melhorar relações

Em cartas enviadas ao irlandês Sean MacBride, presidente do Birô Internacional da Paz, sediado em Genebra (Suíça), os presidentes Konstantin Tchernenko, da URSS, e Ronald Reagan, dos EUA, voltaram a manifestar intenção de melhorar as relações entre os dois países. MacBride exortou recentemente os dois líderes a debater o desarmamento nuclear. PÁG. 10

Índice

Previsão do tempo

Bom em São Paulo, com nevoeiros prejudicando a visibilidade pela manhã e no fim da tarde; ligeiramente instável no entardecer, com risco de chuvas isoladas. Temperatura estável; ontem a máxima foi de 29,5 e a mínima de 16,8 graus.

Na coluna "Agenda" pág. 23, a previsão para a Grande São Paulo, litoral e interior do Estado, várias regiões do País e a tendência do tempo para amanhã.

Multidão lincha dois assaltantes

Na madrugada de ontem, cerca de 60 pessoas lincharam uma dupla de assaltantes que há muito tempo agiam no Jardim Noronha, bairro de Varginha, periferia Sul da cidade. Edivaldo Pereira da Silva, 21 anos, e um companheiro ainda não identificado, tentaram assaltar um bar, mas foram rechaçados. Na rua, encontraram o vendedor Dermival do Carmo, 63 anos, de quem tomaram Cr$ 23 mil.

Depois de espancado pelos ladrões, Dermival foi arrastado até o bar de Lídio Alves Botelho, de quem exigiram Cr$ 50 mil, sob a ameaça de matar o vendedor. Num momento de distração dos assaltantes, Lídio atirou em um deles, que, ferido, foi espancado até a morte pela multidão. O outro, Edivaldo, tentou fugir, mas acabou sendo capturado e morto. PÁG. 12

Protesto em Cotia contra zona industrial

Em manifestação organizada por diversas entidades de defesa da ecologia, cerca de 12 mil pessoas reuniram-se ontem à tarde no Centro Municipal de Campismo (Cemucam), no quilômetro 25 da rodovia Raposo Tavares, em Cotia, para protestar contra projeto do prefeito Ivo Mário Isaac Pires (PMDB) criando cinco zonas industriais no município. O projeto foi aprovado pela Câmara Municipal no final do ano passado.

De acordo com os manifestantes, o ar de Cotia ficará irrespirável se o projeto for concretizado. "Não queremos que Cotia seja uma nova Cubatão", dizia uma faixa colocada na entrada do Cemucam. Duas horas depois de iniciado o protesto, ainda era grande o afluxo de pessoas ao local do protesto. PÁG. 13

No fim dos Jogos, corredor português vence a maratona

A festa dos 23º Jogos Olímpicos terminou com a vitória do português Carlos Lopes na maratona. Depois, o encerramento. Quem se deu bem tem quatro anos para saborear seus feitos. Quem se deu mal vai ter que esperar o mesmo tempo para tentar melhor sorte. E numa Olimpíada uma vez mais marcada pelo boicote —desta vez do bloco socialista—, não se pode dizer que houve um país vencedor. Em seu território, totalizando 176 medalhas (84 de ouro), os Estados Unidos fizeram o show. Perto deles, apenas a Romênia, que rompeu o boicote para conquistar 53 medalhas (20 de ouro). A Alemanha Ocidental teve que se conformar com a terceira posição, com 60 medalhas (18 de ouro). A China surpreendeu em sua primeira participação, vindo em quarto com 32 (15 de ouro). Mas como teriam sido esses Jogos com a presença dos países do bloco socialista?

Por isso, melhor falar em atletas vencedores. É bom relembrar o show de destreza do basquete norte-americano, um basquete invencível; as quatro medalhas de ouro do superatleta Carl Lewis; as três da bela corredora Valerie Briscoe-Hooks. A Alemanha mostrou Michael Gross, um nadador estupendo. A China, Li-Ning, um ginasta simplesmente perfeito. A Romênia fez o que parecia impossível: encontrou em Ekaterina Szabo uma substituta para Nadia Comaneci. E o Brasil, por que não, deu ao mundo Joaquim Cruz, um corredor de passadas ritmadas e elegantes.

Medalhas à parte, houve momentos de carinho, choros de alegria, de tristeza e de dor. Houve festa; houve recordes suados, sofridos; houve participação humana. E para Seul, em 1988, o que todos esperam é que haja integração. Que as Olimpíadas não se deturpem por propósitos políticos.

CADERNO DE ESPORTES

Jorge Araújo

Casagrande, disputando a bola com a camisa do São Paulo: destaque na estréia

Palmeiras perde invencibilidade

A boa estréia de Casagrande na vitória (2 a 0) do São Paulo sobre a Portuguesa; a perda da invencibilidade do Palmeiras, derrotado por 2 a 0 pelo América, em São José do Rio Preto; e as brigas entre as torcidas do Santos e do Taubaté, no Vale do Paraíba, foram os destaques da rodada de ontem do Campeonato Paulista.

No Morumbi, Donizetti (contra) e Careca fizeram os gols do São Paulo, agora líder isolado do Campeonato Paulista, com 19 pontos. Mas o destaque foi Casagrande, que, enquanto teve fôlego, realizou belas jogadas. Renato, revoltado com a reserva, sequer se concentrou e não viaja com o time à Itália.

Em Rio Preto, o Palmeiras foi completamente dominado pelo América, que ainda teve dois gols anulados. Em Taubaté, o Santos venceu por 3 a 0. As torcidas brigaram muito e vários torcedores foram feridos.

M-19 ocupa cidade na Colômbia

O Movimento Revolucionário 19 de Abril (M-19) ocupou sábado à noite, por três horas, a cidade de Yumbo, no Oeste da Colômbia, em represália pelo assassinato de um dos principais dirigentes da organização rebelde, Carlos Toledo Plata, ocorrido na sexta-feira. Duzentos guerrilheiros participaram do ataque, que deixou um saldo de 17 mortos e pelo menos 30 feridos.

Em Bogotá, a Comissão Governamental de Paz anunciou o adiamento, por tempo indeterminado, do acordo que seria assinado amanhã com o M-19 e outro grupo guerrilheiro, o Exército Popular de Libertação. Toledo Plata —cujo assassinato é atribuído por seus companheiros aos grupos paramilitares de direita— foi sepultado ontem, com a presença de 30 mil pessoas. PÁG. 11

Demissão de 15 no acordo da Pirelli

A greve na Pirelli de Santo Amaro, iniciada segunda-feira passada, terminou sábado à noite, quando uma assembléia com cerca de 250 do total de 450 funcionários aceitou a demissão dos 15 membros da sua comissão de fábrica, em troca do atendimento parcial das reivindicações que motivaram a greve. Entre outras concessões, os grevistas que mantiveram o emprego conseguiram uma antecipação salarial de 20% a partir de 1º de agosto; pagamento da meia hora usada para refeição a partir de 1º de setembro; criação de uma comissão mista para estudar problemas de insalubridade; folga de um domingo por mês; prioridade para readmissão de ex-empregados; quatro salários mais seis meses de assistência médica para os 15 demitidos. PÁG. 8

FOLHA DE S.PAULO ★

SEGUNDO CLICHÊ

Diretor de Redação: Otavio Frias Filho • São Paulo, quinta-feira, 1.º de novembro de 1984 • Um jornal a serviço do Brasil • Ano 64 • N.º 20.301 • Al. Barão de Limeira, 425 • Cr$ 700

A primeira-ministra é morta a tiros por sikhs de sua própria guarda de segurança

Assassinato de Indira agita a Índia

Associated Press

United Press International

Logo após o anúncio do assassinato de Indira Gandhi (1917-1984, foto à dir.), começaram as explosões de violência contra os sikhs; em Nova Déli (à esq.) um deles foi espancado e teve suas roupas rasgadas

A primeira-ministra indiana Indira Gandhi foi assassinada a tiros, na manhã de ontem, em Nova Déli, diante da residência governamental, por dois agentes de sua própria guarda de segurança. Os assassinos —um deles servia há dez anos na segurança da primeira-ministra— pertenciam à seita sikh e foram mortos por outros agentes. Após o anúncio do atentado, os sikhs foram caçados nas ruas das principais cidades do país por multidões que incendiaram lojas e restaurantes. Uma pessoa morreu e centenas ficaram feridas. Rajiv Gandhi, filho de Indira, assumiu a chefia do governo.

Como o Mahatma Gandhi, em 1948, Indira foi assassinada num jardim. Ela saía de casa para dar uma entrevista ao ator inglês Peter Ustinov, quando um dos guardas disparou à queima-roupa em seu peito. "Ela tropeçou e caiu", relatou Sharda Prasad, seu secretário de imprensa. O segundo guarda descarregou então sua submetralhadora contra a primeira-ministra. A agência Associated Press recebeu telefonema anônimo informando que o atentado fora uma vingança contra a sangrenta invasão, ordenada por Indira em junho, do Templo Dourado de Amritsar, quando morreram 800 sikhs.

Em todo o mundo, as reações à tragédia foram de pesar, condenação e indignação. O presidente norte-americano, Ronald Reagan, acentuou que "este crime insensato é uma vívida recordação da ameaça terrorista que todos nós enfrentamos". Em Moscou, a agência Tass acusou a CIA norte-americana de estar implicada no atentado. Washington reagiu, classificando a acusação de "repugnante e irresponsável". Para o correspondente da **Folha** em Nova York, **Paulo Francis**, a falta de um líder carismático, como Indira, pode levar a Índia à desagregação. No Vaticano, o Papa fez uma veemente condenação do terrorismo. Em Brasília, o presidente Figueiredo decretou luto oficial de três dias.

O corpo de Indira Gandhi ficará exposto à visitação pública até sábado, quando será cremado, numa praça da capital, segundo a tradição hindu. PÁGs. 13 a 15

Leia a opinião da **Folha** no editorial "Morte de Indira e o terror" na pág. 2

Governadores podem levar Tancredo a Figueiredo como nome de conciliação

Tancredo Neves, candidato de conciliação nacional. É isso o que pretendem os vinte governadores do PMDB e do PDS que apóiam a candidatura indireta de Tancredo à Presidência da República. Eles estão articulando uma reunião para debater o processo sucessório, firmar uma posição comum e, possivelmente, pedir uma audiência ao presidente Figueiredo e convidá-lo a participar de um esforço de conciliação nacional. Foi o que anunciou ontem, em Teresina, o governador do Piauí, Hugo Napoleão, antes de formalizar, em comício de mais de 50 mil pessoas, sua adesão ao candidato da Aliança Democrática.

Após ser festivamente recebido na capital piauiense, Tancredo afirmou ter decidido assumir o papel de candidato de conciliação nacional, procurando a convergência de todas as forças políticas em torno de seu nome, para que "não haja vencidos nem vencedores".

Falando no comício, Tancredo condenou "os inconformados que não querem se submeter ao império da lei e da ordem". Alertou que "nessa cruzada, até o dia 15 de janeiro, vai haver muita turbulência" e recomendou "a todos os brasileiros, do Norte ao Sul do País, que se transformem em soldados para responder àqueles que pretendem ou que venham a pretender agredir as instituições democráticas e o sentimento do povo, pois nesta terra não há lugar para isso". PÁG. 5

Leia a opinião da **Folha** no editorial "Sucessão sem política" na pág. 2

Bomba contra Pinochet não faz vítimas

Uma bomba explodiu ao lado do Parque de Exposições de Santiago no momento em que o presidente chileno, general Augusto Pinochet, inaugurava uma feira internacional. Não houve vítimas.

A explosão deu-se a 180 metros do local onde se encontrava Pinochet. Jornalistas que acompanhavam o presidente disseram que ele ouviu o estrondo mas aparentemente não deu importância ao incidente.

O atentado ocorreu um dia após a fracassada greve geral convocada pelo Comando Nacional dos Trabalhadores, que deixou um saldo de oito mortos, cinquenta feridos e quase trezentos presos. PÁG. 16

O feriado

O tempo e os serviços neste fim-de-semana

Para amanhã, feriado de Finados, a previsão é de tempo bom, com nebulosidade variável e chuviscos isolados; a tendência para o fim-de-semana é de tempo instável, com períodos de melhoria. Os bancos fecham amanhã e reabrem na segunda-feira e os supermercados voltam a funcionar no sábado; postos de gasolina funcionarão normalmente. Os postos do Inamps não atenderão durante o feriado. O DSV e a CMTC organizaram esquemas especiais para servir as áreas próximas aos cemitérios, com mudanças no trânsito, ônibus extras e desdobramento de pontos. PÁG. 23

Opinião da Folha

Leia na pág. 2 os editoriais "Sucessão sem política", avaliando as duas candidaturas à Presidência da República, e "Morte de Indira e o terror", sobre os atentados de que têm sido vítimas líderes políticos e religiosos.

Peemedebistas contra o líder na Assembléia

O líder do PMDB na Assembléia Legislativa, Wagner Rossi, poderá perder o cargo. Um grupo de parlamentares acha que há muito tempo a bancada não consegue unidade nas votações em plenário, daí a necessidade de uma nova liderança. PÁG. 4

Hoje, na Folha, mais dois filmes da Mostra

Hoje, em duas sessões no auditório da **Folha** (al. Barão de Limeira, 425, 9º andar), serão exibidos os filmes "A Tomada do País de Sámi" (1983), de Skule Erksen, e "Smithereens" (1982), de Susan Seidelman. Na sessão das 20 h a entrada é franca; na das 22 h é necessária a apresentação da credencial vendida pela organização da 8ª Mostra Internacional de Cinema. PÁG. 33

Destilaria clandestina é autuada pela Cetesb

A destilaria Tomeilo, que está sendo construída clandestinamente na divisa dos municípios de Pitangueiras e Viradouro, foi autuada pela Cetesb com uma "ordem de advertência". "Fomos alertados pela reportagem da **Folha** e imediatamente nossos fiscais se deslocaram até Pitangueiras", informou Sanches Cardoso, da Cetesb. PÁG. 12

Metalúrgicos aceitam a proposta da Fiesp

PÁG. 7

Índice

Corte de verbas determinado pela Seplan atinge todo o Nordeste

O presidente do Banco do Nordeste do Brasil, Camillo Calazans, confirmou ontem que o bloqueio das cotas do Fundo de Participação, para todos os Estados nordestinos, foi determinado pela Secretaria do Planejamento da Presidência da República. A Seplan distribuiu nota onde nega o caráter político da medida e afirma, em resposta ao governador Gonzaga Mota, que o governo do Ceará e suas empresas se encontram em situação de inadimplência, "com as finanças pessimamente administradas". Gonzaga Mota classificara de vingança política o bloqueio das cotas. PÁG. 4

Geisel tem encontro marcado com o Presidente na próxima semana

O ex-presidente Ernesto Geisel irá a Brasília na próxima semana para reunir-se com o presidente Figueiredo e dirigentes da Frente Liberal do PDS, entre eles o vice Aureliano Chaves. O objetivo da viagem, embora não oficial, é dissipar a onda de boatos sobre a iminência de um golpe de Estado. A depender de Figueiredo, no entanto, tal risco já está descartado, pois, como informa o repórter **Rubem de Azevedo Lima**, o Presidente assegurou ao próprio Paulo Maluf a disposição de não se afastar de seu compromisso com a normalização constitucional do País. PÁG. 6

Jorge de Jesus

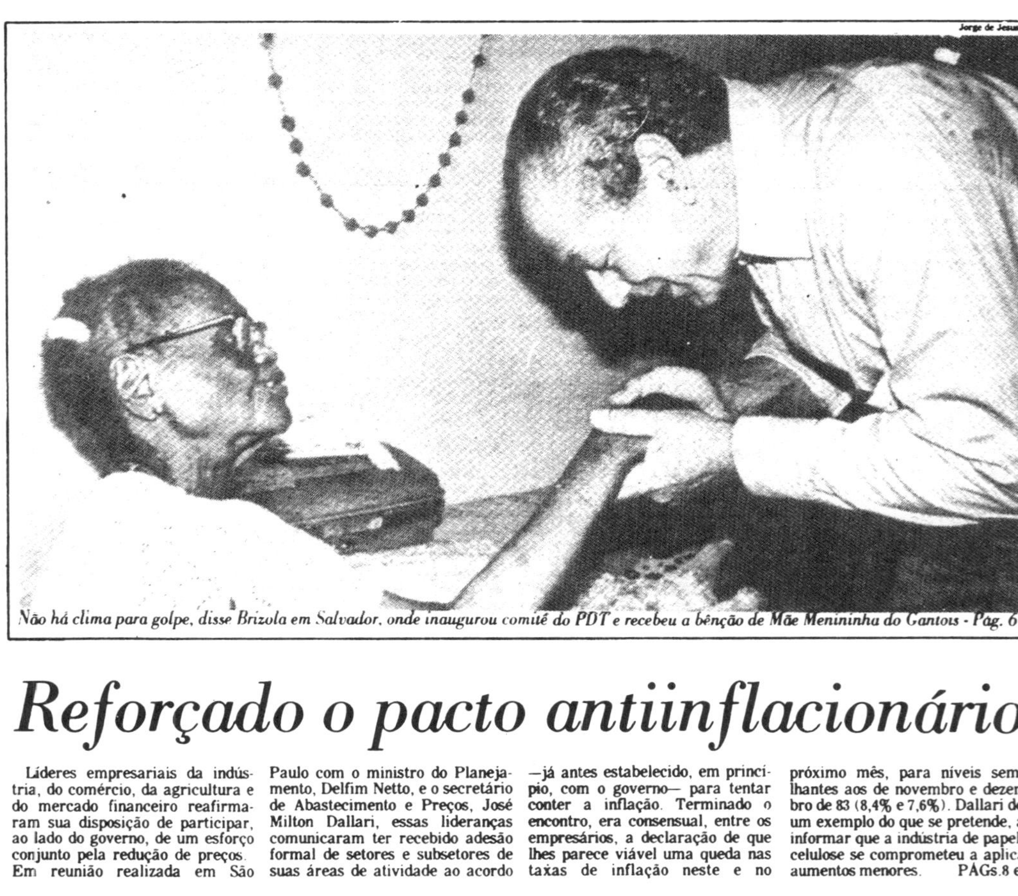

Não há clima para golpe, disse Brizola em Salvador, onde inaugurou comitê do PDT e recebeu a bênção de Mãe Menininha do Gantois - Pág. 6

Fabricantes de agrotóxicos fazem pressão

Uma carta da Federação das Indústrias de Defensivos Agrícolas da Alemanha Ocidental foi entregue ao embaixador brasileiro em Bonn, Jorge de Carvalho e Silva, condenando as legislações estaduais sobre agrotóxicos. A denúncia partiu do diretor da Superintendência de Recursos Hídricos e Minerais do Paraná (Surhema), Cícero Bley Júnior. Ele divulgou trechos da carta, de 1º de dezembro de 83, onde há uma advertência explícita sobre represálias que poderiam ser adotadas no comércio entre o País e a Comunidade Européia.

Outro documento teria sido enviado ao governo brasileiro por uma entidade que reúne vinte grandes empresas do setor agroquímico dos EUA, também condenando as legislações estaduais. PÁG. 17

Suspensa a punição de Mário Sérgio

Poucas horas depois de o Tribunal de Justiça Desportiva ter anunciado sentença afastando o jogador Mário Sérgio dos campos por noventa dias e cassando os pontos obtidos na vitória sobre o São Paulo, no dia 9 de setembro, o Palmeiras conseguiu liminar na Justiça comum suspendendo os efeitos da sentença, até que o caso seja apreciado pelo Superior Tribunal de Justiça Desportiva.

Na rodada de ontem, o Santos, líder isolado no campeonato, derrotou o 15 de Jaú por 3 a 0. Demais jogos: Palmeiras 2 x Taquaritinga 0; São Paulo 3 x Santo André 0; Ferroviária 1 x Juventus 0; Comercial 2 x 15 de Piracicaba 1; e Internacional 1 x Taubaté 0. PÁGs. 27 e 28

Reforçado o pacto antiinflacionário

Líderes empresariais da indústria, do comércio, da agricultura e do mercado financeiro reafirmaram sua disposição de participar, ao lado do governo, de um esforço conjunto pela redução de preços. Em reunião realizada em São Paulo com o ministro do Planejamento, Delfim Netto, e o secretário de Abastecimento e Preços, José Milton Dallari, essas lideranças comunicaram ter recebido adesão formal de setores e subsetores de suas áreas de atividade ao acordo —já antes estabelecido, em princípio, com o governo— para tentar conter a inflação. Terminado o encontro, era consensual, entre os empresários, a declaração de que lhes parece viável uma queda nas taxas de inflação neste e no próximo mês, para níveis semelhantes aos de novembro e dezembro de 83 (8,4% e 7,6%). Dallari deu um exemplo do que se pretende, ao informar que a indústria de papel e celulose se comprometeu a aplicar aumentos menores. PÁGs. 8 e 9

FOLHA DE S.PAULO ★

SEGUNDO CLICHÊ

Diretor de Redação: Otavio Frias Filho • São Paulo, quarta-feira, 16 de janeiro de 1985 • Um jornal a serviço do Brasil • Ano 64 • N.º 20.377 • Al. Barão de Limeira, 425 • Cr$ 1.000

Acabou o ciclo autoritário; Tancredo é o 1º presidente civil e de oposição desde 64

EDITORIAL

Que seja uma democracia melhor

A eleição de Tancredo Neves para a Presidência da República marca o fim de um ciclo na vida política brasileira. Se o momento é o da valorização da democracia, e da esperança de implantá-la em breve, não se trata contudo de simplesmente virar uma página na História do País, na recusa a encarar de frente o que foi o período autoritário e a avaliá-lo com maturidade. Sua memória não pode desaparecer na cômoda impressão de que, hoje, os desmandos e práticas condenáveis que o caracterizaram não seriam mais concebíveis, ou de que são felizmente coisa do passado.

O sistema que subtraiu aos cidadãos seus mais elementares direitos, e fez das decisões sobre os destinos do País um assunto de que só uns poucos podiam participar, tem origem numa prática política e numa ideologia pelas quais toda a sociedade, e não só os que desencadearam o movimento militar de 64, teve responsabilidade. As divergências políticas nunca tiveram, no instável período de democracia vivido na história republicana, o caráter de uma discordância civil, a ser tratada entre iguais na busca de uma solução pelas vias da lei e da democracia. Sempre prevaleceu a idéia de que esta é apenas uma situação conjuntural, que só interessa preservar quando está a nosso favor; sempre se viu na opinião oposta a contestação radical, a ameaça, e nos atos do adversário um intuito secreto que só a força poderia bloquear.

Apenas um passo, e os cidadãos brasileiros passaram a ser considerados —e as eleições pelo Colégio são ainda consequência dessa concepção — como incapazes de tomar decisões adultas, despreparados para a democracia, desastrados quando se empenhavam em governar o País. Veio a tutela militar.

Mas o autoritarismo não significa apenas as violências, as prisões políticas, a tortura, o exílio, nem somente os casuísmos, a ojeriza ao voto popular e às mobilizações de massa. Também se enraízam aí —nessa desigualdade básica com que divide os cidadãos entre os que têm sensatez e os que não têm— o contumaz desrespeito à opinião pública, o desprezo à memória dos cidadãos, o descompromisso com qualquer idéia da qual não se possa tirar imediata vantagem pessoal, o uso sistemático da desinformação e do segredo.

Em tudo isso há um autoritarismo político que deve ser enterrado para sempre. Para tanto se faz necessária a participação de todos os cidadãos numa defesa da democracia que transcenda as injunções do momento ou o desacordo passageiro com o governo. É preciso restituir o Brasil aos brasileiros, e nisso todos estão de acordo; ninguém é mais privilegiado do que os outros em seu entendimento do que é bom para o País.

Equipe da Folha

Após ser proclamado presidente da República, Tancredo Neves vai ao plenário da Câmara e é ovacionado; no quadro, João Cunha, no momento em que dava o voto nº 344, que marcou a vitória

A eleição de Tancredo de Almeida Neves, mineiro de 74 anos, para a Presidência da República, com 480 votos no Colégio Eleitoral contra 180 dados a seu oponente Paulo Salim Maluf, paulista de 53 anos, desatou a primeira festa política que se realiza simultaneamente em todo o País, do plenário do Congresso Nacional às ruas de Brasília e de Norte a Sul do Brasil —espetáculo só visto antes em Copas do Mundo.

A festa começou, em Brasília, ao raiar do dia: já havia entusiasmados manifestantes nos jardins do Congresso e nas imediações da residência de Tancredo, na Superquadra Sul 206. E explodiu às 11h35, momento em que o deputado João Cunha (PMDB-SP), 45, deu a Tancredo o voto número 344, suficiente para garantir a vitória.

O presidente eleito acompanhou a votação no auditório Petrônio Portella, no Senado, ao lado de governadores da Aliança Democrática. Gérson Camata, do Espírito Santo, deixou o Congresso e voltou a seu Estado após ser informado de que pelo menos 93 pessoas haviam morrido de madrugada na favela do Tabuazeiro, em Vitória, devido a um deslizamento provocado pelas fortes chuvas (leia reportagem do acidente na pág. 27).

Proclamado o resultado (houve nove ausências e dezessete abstenções), Tancredo fez o discurso da vitória, no qual se comprometeu a promover a "organização institucional do Estado", convocou todo o povo brasileiro "ao grande debate constitucional" e afirmou que a Constituição "não pode ser ato de algumas elites. É responsabilidade de todo o povo".

O ex-governador mineiro reafirmou dois compromissos: "Esta foi a última eleição indireta do País; venho para realizar urgentes e corajosas mudanças políticas, sociais e econômicas, indispensáveis ao bem-estar do povo." Prometeu, ainda, combater a inflação "desde o primeiro dia" e "promover a retomada do crescimento". Tancredo garantiu que toda a política econômica do futuro governo "estará subordinada a esse dever social", para acrescentar: "Enquanto houver, neste país, um só homem sem trabalho, sem pão, sem teto e sem letras, toda a prosperidade será falsa."

Antes do discurso, logo após a proclamação, Tancredo recebeu telefonema de cumprimentos do presidente Figueiredo, do hospital em que está internado no Rio. Tancredo agradeceu e retribuiu, desejando "muitos anos de vida" ao Presidente, que completou ontem 67 anos. Paralelamente, Figueiredo deu ordens para que sejam colocados à disposição de Tancredo, como presidente eleito, os serviços de segurança e apoio logístico em suas viagens. O esquema entrará em funcionamento já na viagem que o eleito fará ao Exterior, possivelmente a partir do dia 23. Figueiredo também reiterou a oferta da granja do Riacho Fundo, atualmente sem utilização, para que Tancredo nela resida até a posse, no dia 15 de março. Hoje, às 15 h, no palácio do Planalto, o Presidente receberá a visita protocolar de seu sucessor.

Paulo Maluf, apesar de derrotado, não deixou de sorrir e até se proclamou "vitorioso", por entender que sua candidatura "garantiu o processo político", como disse no discurso com que encaminhou a votação em nome do PDS. E, pouco depois do telefonema do Presidente a Tancredo, apareceu no auditório em que o vencedor acompanhou a votação, deu-lhe um forte abraço e lhe desejou muitas felicidades.

PÁGs. 4 a 18

Leia a opinião da Folha no editorial "O que esperar" na pág. 2

Opinião da Folha

Leia na pág. 2 o editorial "O que esperar", sobre as expectativas geradas com a eleição de Tancredo Neves e os riscos de uma eventual frustração.

Dólar a Cr$ 3.393 - Pág. 20

Índice

Tempo

Parcialmente nublado em São Paulo, com aguaceiros esparsos pela manhã e possíveis chuvas isoladas à tarde. A temperatura deve variar entre 17 e 28 graus; ontem, a máxima 29 e a mínima 18,8. No Rio, parcialmente nublado, sujeito a chuvas à tarde e à noite.

Na seção Tempo, pág. 28, a previsão para todo o Brasil e o mundo, além de informações sobre o tempo para a agricultura.

Eleito reitera promessa da Constituinte

O presidente eleito Tancredo Neves prometeu, em entrevista exclusiva à **Folha**, a convocação de uma Constituinte para 1986, afirmando que "é compromisso nosso da primeira hora".

Tancredo —que exigiu que a entrevista fosse feita por escrito— respondeu a apenas dezesseis das sessenta perguntas. Ele pediu aos trabalhadores compreensão e apoio, exortando-os a não aceitarem "soluções simplistas de greves por greves, de insuflação sem objetivo e de pedidos salariais irrealistas que só geram desemprego". Disse que governará com seu partido, o PMDB, sem descartar os setores que o apoiaram na eleição.

PÁGs. 17 e 18

Acordo prevê 2 ministérios para a Frente

Apesar de a Frente Liberal estar reivindicando oito ministérios no governo Tancredo Neves (conforme a lista do senador Marco Maciel), o acordo entre o presidente eleito e o vice-presidente Aureliano Chaves, firmado na época da formação da Frente Liberal, garante aos frentistas apenas dois postos no primeiro escalão, informa o repórter **Jomar Morais**.

A Frente quer também indicar os dirigentes de organismos regionais do Nordeste, o que colide com idêntico propósito das secções nordestinas do PMDB. Mesmo assim, Tancredo acredita ter a fórmula para acomodar a situação em sete Estados da região, exceto Pernambuco e Bahia.

PÁG. 12

Pouca gente saiu às ruas para festejar

A vitória de Tancredo Neves foi recebida com foguetório e chuvas de papel picado nas principais capitais, mas, ao contrário da campanha pelas diretas, não levou grandes multidões às ruas. Em São Paulo, quinze mil pessoas, reunidas na praça da Sé, aplaudiram e dançaram ao ouvir o 344º voto a favor de Tancredo. No Rio o resultado do Colégio Eleitoral foi festejado na Cinelândia por cerca de dois mil manifestantes e em Belo Horizonte dez mil pessoas cantaram o Hino Nacional. Cenas semelhantes ocorreram em Porto Alegre e Recife. Em São João del Rey, cidade natal do presidente eleito oito mil foram às ruas para comemorar.

PÁGs. 12 a 15

A segurança teve que dar cotoveladas

Por quatro vezes —na entrada e saída de Maluf e Tancredo do plenário da Câmara— a segurança do Congresso agiu com violência, empurrando e dando cotoveladas em jornalistas e convidados que eventualmente se encontrassem perto da passagem. Por isso, tomaram também pontapés e joelhadas dos agredidos. Esse comportamento contribuiu para o clima tenso que marcou os encontros dos candidatos com a imprensa durante a sessão. No primeiro empurra-empurra, quando Maluf chegou ao plenário, por pouco não houve incidente mais grave: um dos empurrados foi o deputado Ulysses Guimarães, que falava a um grupo de jornalistas.

PÁG. 7

Os artistas reagem com bom humor

Convidados pela **Folha**, artistas e intelectuais reuniram-se diante de uma tevê para assistir à votação do Colégio Eleitoral. Lygia Fagundes Telles, Júlio Medaglia, Maria Bonomi, João Batista de Andrade, Roberto Santos, Glauco Pinto de Moraes e Carlos Guilherme Mota reagiram com ironia a algumas passagens da sessão. "Não é por nada, mas o fato é melhor que os homens", disse Bonomi, que não poupou críticas aos membros do Colégio. O cineasta Roberto Santos afirmou que vai "cobrar com juros os vinte anos sem liberdade"

A **Ilustrada** publica depoimentos de cinco dos autores que participam da antologia "Constituinte e Democracia".

PÁGs. 35 e 37

FOLHA DE S.PAULO ★ SEGUNDO CLICHÊ

Diretor de Redação: Otavio Frias Filho • São Paulo, sexta-feira, 15 de março de 1985 • Um jornal a serviço do Brasil • Ano 65 • N.º 20.435 • Al. Barão de Limeira, 425 • Cr$ 1.200

Tancredo é operado, e se não puder assumir Sarney toma posse

Moreira Mariz

Pela manhã, no Riacho Fundo, Tancredo recebeu (da esquerda para a direita) o senador Marco Maciel, o vice-presidente Aureliano Chaves e o vice eleito, José Sarney

O presidente eleito, Tancredo Neves, foi operado na madrugada de hoje, no Hospital de Base de Brasília, por uma equipe médica chefiada pelo dr. Francisco Pinheiro Rocha. A intervenção cirúrgica terminou à 1h50 e, ao contrário do que se havia informado inicialmente, o problema do presidente eleito não era apendicite aguda, mas um divertículo no intestino, doença comum em pessoas de idade. A recuperação nesses casos é rápida e seu neto Aécio Neves chegou a dizer que o presidente eleito deve tomar posse hoje. Os médicos informaram que Tancredo passava bem após a operação. Um forte esquema de segurança foi montado em torno do hospital, temendo-se que grande número de pessoas se concentrasse no local de manhã.

No início da madrugada o presidente do Senado, José Fragelli, em companhia do presidente da Câmara, Ulysses Guimarães, anunciou a decisão da Mesa do Congresso de manter a programação às 10h de hoje, empossando José Sarney na presidência. A decisão foi comunicada ao ministro Leitão de Abreu. Antônio Britto, novo assessor de imprensa de Tancredo, após ler uma nota da junta médica confirmando a cirurgia, afirmou que, "em relação à posse e transmissão do cargo marcada para hoje, será cumprida a Constituição" (ver box ao lado).

Segundo os juristas Miguel Reale, Walter Ceneviva e Dalmo Dallari, ouvidos pela **Folha**, o vice-presidente eleito, José Sarney, deve assumir a Presidência da Repúblima, se estiver caracterizado um impedimento de força maior para a posse de Tancredo Neves hoje. O jurista Afonso Arinos também é da mesma opinião, conforme declarou à televisão.

O assessor de imprensa Antônio Brito esclareceu também que o presidente eleito começou a sentir fortes dores abdominais logo após a missa na igreja Dom Bosco, no início da noite. Ele chegou ao Hospital de Base por volta das 22h, em meio a um grande movimento de ambulâncias, carros oficiais e veículos da polícia.

Já na tarde de ontem, fortes rumores davam conta de que Tancredo não estava bem. O ministro Abi-Ackel chegou a reunir os jornalistas para uma conversa reservada no seu gabinete revelando o fato. Segundo ele, o futuro chefe do governo estaria acometido de uma peritonite e poderia ser operado a qualquer momento. Num jantar na Embaixada de Portugal (onde se encontravam, entre outros, o governador Franco Montoro, o deputado Ulysses Guimarães e o primeiro-ministro português Mário Soares), o ambiente era muito tenso. Logo no início a filha de Tancredo retirou-se rapidamente acompanhada de seu marido. O governador de Minas, Hélio Garcia, já estava sentado quando foi chamado de lado por Ulysses Guimarães e Franco Montoro para uma conversa reservada. O senador Fernando Henrique Cardoso almoçou anteontem com Tancredo e o achou muito abatido. Ele ficou preocupado com os cuidados excessivos de da. Risoleta com Tancredo. Ela inclusive impediu o marido de tomar vinho. PÁGs. 6 e 7

Um caso previsto na Constituição

Art. 76. O Presidente tomará posse em sessão do Congresso Nacional e, se este não estiver reunido, perante o Supremo Tribunal Federal, prestando compromisso de manter, defender e cumprir a Constituição, observar as leis, promover o bem geral e sustentar a união, a integridade e a independência do Brasil.

Parágrafo único. Se, decorridos dez dias da data fixada para a posse, o Presidente ou Vice-Presidente, salvo motivo de força maior, não tiver assumido o cargo, este será declarado vago pelo Congresso Nacional.

Art. 77. Substituirá o Presidente, no caso de impedimento, e suceder-lhe-á, no de vaga, o Vice-Presidente.

Parágrafo 1º. O candidato a Vice-Presidente, que deverá preencher os requisitos do artigo 74, considerar-se-á eleito em virtude da eleição do candidato a Presidente com ele registrado; seu mandato é de seis anos e, na posse, observar-se-á o disposto no artigo 76 e seu parágrafo único.

Parágrafo 2º. O Vice-Presidente, além de outras atribuições que lhe forem conferidas em lei complementar, auxiliará o Presidente, sempre que por ele convocado para missões especiais.

Art. 78. Em caso de impedimento do Presidente e do Vice-Presidente ou vacância dos respectivos cargos, serão sucessivamente chamados ao exercício da Presidência o Presidente da Câmara dos Deputados, o do Senado Federal e o do Supremo Tribunal Federal.

Aviação do Iraque bombardeia Teerã

A aviação iraquiana voltou a bombardear a capital iraniana, Teerã, matando três pessoas, e atacou também a refinaria de petróleo de Tabriz. Em represália o Irã bombardeou Basra, cidade no Sul do Iraque, e ameaçou atacar todas as cidades iraquianas. O lançamento de um míssil iraniano contra Bagdá, anunciado em Teerã, foi desmentido pelas autoridades iraquianas.

Os combates terrestres na região fronteiriça de Howeizah prosseguem, com grande número de vítimas dos dois lados. O Irã reafirmou suas denúncias de que os iraquianos usam armas químicas, dizendo que 180 de seus soldados foram afetados por gases venenosos.

Líbano

Em Washington, o governo Reagan ordenou a retirada do Líbano de dezoito diplomatas norte-americanos, ameaçados de morte pela Jihad al-Islami (Guerra Santa Islâmica). Os diplomatas deixaram Beirute em três helicópteros, que os transportaram a Chipre. A missão diplomática dos EUA ficou reduzida a um pequeno número de funcionários e ao embaixador Reginald Bartholomew. PÁG. 29

Indústria cresce 16% em janeiro

A indústria nunca cresceu tanto em um só mês desde 1981 como em janeiro último. Segundo dados divulgados em São Paulo pelo IBGE, a produção industrial subiu 16,08% em relação a janeiro de 1984.

O aumento contrariou a tendência tradicional de desaceleração do início do ano. A expansão foi generalizada, atingindo todos os setores industriais, ao contrário do que ocorreu no segundo semestre do ano passado, quando a retomada concentrou-se nos setores exportador e agrícola.

Os setores que mais cresceram de janeiro a janeiro foram: mecânico (32,28%), material de transporte (30,51%), material elétrico (24,97%), metalúrgico (22,31%) e têxtil (17,85%).

Em Brasília, o Ministério do Planejamento divulgou documento analisando o desempenho do governo Figueiredo e fazendo previsões para os próximos anos. O documento prevê expansão do Produto Interno Bruto (PIB) de 3,8% em 1985 e de 5,8% em média de 1986 a 1990. O governo que sai projeta que não haverá necessidade de tomada de empréstimos pelo País este ano e que não ultrapassará US$1 bilhão no biênio 87/88. PÁG. 23

Tempo no fim-de-semana

A previsão para o fim-de-semana no Estado é de tempo nublado, com chuvas esparsas e trovoadas à tarde e à noite. A visibilidade estará prejudicada pela manhã e fim da tarde. A temperatura permanecerá estável. Hoje na Capital tempo parcialmente nublado, com névoa úmida e nevoeiros pela manhã e ao entardecer. A temperatura deverá oscilar entre 18 e 32 graus; ontem a máxima foi de 29 e a mínima de 19,8 graus.

Na seção **Tempo**, pág. 31, as previsões para o Brasil e o mundo, além de informações sobre o tempo para a agricultura.

Opinião da Folha
Expectativas da "Nova República"

Leia na pág. 2 o editorial sobre o significado do governo Tancredo Neves e as dificuldades que terá de enfrentar.

Debate sobre Instituto de Engenharia às 16 horas

As duas chapas que disputam a direção do Instituto de Engenharia estarão debatendo hoje, às 16 horas, no auditório da **Folha** (al. Barão de Limeira, 425, 9º andar). A chapa "Reencontro" estará representada por José Roberto Bernasconi e Maçahico Tisaka e a chapa "Novo Instituto" por Marco Antônio F. Mastrobuono e Mário Eduardo Garcia, candidatos a presidente e 1º vice. O debate, aberto ao público, será coordenado pelo atual presidente da instituição, Plínio Assmann. PÁG. 30

Em Turismo, o Egito e sua hospitalidade

Uma viagem pelos arredores do Cairo —mostrando os mistérios das pirâmides, os riquíssimos museus e a hospitalidade dos egípcios— é o tema desta semana de **Turismo**. PÁGs. 37 a 50

Filme de Kluge encerra mostra alemã no jornal

O filme "O Poder dos Sentimentos" (1983), de Alexander Kluge, será apresentado hoje, às 20h30, encerrando uma pequena exibição de filmes alemães no auditório da **Folha** (al. Barão de Limeira, 425, 9º andar). A entrada é franca.

Sete sindicatos iniciam negociações com a Fiesp

PÁG. 24

Índice

O Hospital São Miguel e seu diretor, Gilberto Macelli (no destaque), que fez novas denúncias sobre fraudes contra o Inamps

Milreu aliciava hospitais para fraudes, diz médico

O médico Gilberto Maidá Macelli, 56, diretor do Hospital e Maternidade São Miguel, na periferia da Capital, afirmou ontem que o economista Milton de Mello Milreu era o encarregado de aliciar hospitais paulistas para o esquema de fraudes no preenchimento de guias do Inamps. Segundo ele, Milreu teria lhe oferecido no início de 84 todo um sistema de preparação de guias AIH (Autorização de Internação Hospitalar) e BAU (Boletim de Atendimento de Urgência), querendo receber em troca Cr$ 30 mil por AIH fraudada e 10% do faturamento conseguido com as internações de emergência irregulares.

No Rio, o ex-diretor do Departamento de Avaliação e Controle do Inamps, Werther Stenio Costa e Teles, depôs perante a comissão de sindicância que está apurando suas ligações com as firmas PCE-Processamento e Consultoria Empresarial e Módulo, cujos proprietários, Walkíria Moreno e Márcio Garcia Moreno, são acusados de fraudar o Inamps.

O presidente do Inamps, Aloysio Salles, disse que pedirá explicações ao superintendente da Polícia Federal em São Paulo, Romeu Tuma, sobre as acusações de que estaria prejudicando as investigações sobre as fraudes. PÁG. 31

Delfim declara-se "muito satisfeito"

O ministro do Planejamento, Delfim Netto, sai do governo "muito satisfeito". Foi o que o próprio Delfim declarou depois de almoçar com seu sucessor, João Sayad, para tratar dos detalhes da transmissão do cargo hoje, às 12h30, no 9º andar da Secretaria do Planejamento.

Bastante sorridente, Delfim disse que "não deu conselhos" a Sayad por considerar que o novo ministro não precisa. Durante o almoço, os dois não chegaram a discutir mais detidamente os problemas econômicos do País. Delfim confirmou que pretende disputar as eleições de 1986 como candidato a deputado federal pelo PDS. Acredita poder contar com apoio popular suficiente para se eleger e, ao deixar o governo, acha que "ser simpático é a melhor coisa do mundo". Ele pretende instalar seu escritório político na avenida Paulista, em São Paulo, e promete fazer uma "oposição normal" ao governo de Tancredo Neves, procurando não ser destrutivo em suas críticas. PÁG. 22

Ex-membro da TFP denuncia culto pessoal

A existência de um "voto de escravidão" feito por membros da Sociedade de Defesa da Tradição, Família e Propriedade foi denunciada em Campos (RJ) por um industrial paulista e ex-integrante da organização, Giulio Folena. Os obrigados pelo voto teriam jurado ser escravos do líder da TFP, Plínio Corrêa de Oliveira, em uma elaborada cerimônia de iniciação. Os escravos participariam de uma entidade —"Sempreviva"— cuja existência seria mantida secreta dos outros filiados.

O assessor de imprensa da TFP, Cristovão Colombo Nunes Pires, declarou que só serão feitos comentários "depois que lermos as denúncias". PÁG. 21

Menudo faz o primeiro show em SP

O grupo de adolescentes porto-riquenhos Menudo desembarca hoje às 11 h em Congonhas, para iniciar suas apresentações no Estado de São Paulo. É a última etapa de sua excursão pelo País. Na Capital, o conjunto ficará hospedado no hotel Maksoud Plaza —para onde seguirá escoltado por 45 PMs— e realizará dois shows, hoje e amanhã, às 19 h, no estádio do Morumbi.

Filhos de celebridades como Caetano Veloso, Hector Babenco e Arthur Moreira Lima foram ouvidos pela **Folha** sobre o grupo, cuja passagem pelo País provocou alguns momentos de histeria, lembrando a "beatlemania" da década de sessenta. PAG. 60

O Ministério da República no traço de Caruso

PÁG. 51

FOLHA DE S.PAULO ★ SEGUNDO CLICHÊ

Diretor de Redação: Otavio Frias Filho • São Paulo, quinta-feira, 21 de março de 1985 • Um jornal a serviço do Brasil • Ano 65 • N.º 20.441 • Al. Barão de Limeira, 425 • Cr$ 1 200

Tancredo teve um tumor benigno; operado de novo, estado é grave

Da. Risoleta Neves está passando quase todo o tempo no Hospital de Base de Brasília; ontem ela ausentou-se por apenas algumas horas, e retornou (foto) logo ao local

O presidente eleito Tancredo Neves, 75, sofreu na tarde de ontem uma nova intervenção cirúrgica. Segundo a **Folha** apurou, na primeira operação a que foi submetido, na noite do dia 14 para 15, Tancredo teve extirpado um leiomioma, tumor benigno no intestino. As autoridades optaram por divulgar a versão da diverticulite por receio de que a palavra **tumor** pudesse chocar a opinião pública. Ontem, segundo o apurado, constatou-se uma trombose mesentérica, obstrução aguda das artérias que irrigam uma região do intestino médio chamada mesentério. Esta obstrução provoca uma necrose da área atingida. Retirada a parte necrosada, foi realizada também uma jejunostomia, ou seja, a implantação de uma abertura artificial na região do jejuno, na parede lateral do abdome, por onde passam a ser eliminados os dejetos sólidos e líquidos processados no duodeno. Esta medida permite que o intestino descanse, mas obrigará a uma nova intervenção para normalizar o funcionamento do intestino.

O boletim médico oficial divulgado às 21h15 pelo porta-voz da Presidência, Antonio Britto, é lacônico e se refere apenas a "aderências" que se formaram no intestino e foram removidas cirurgicamente. De acordo com o boletim, "o paciente teve excelente tolerância à operação". A cirurgia começou às 15h45 de ontem, foi confirmada oficialmente por Britto às 16h20 e terminou por volta das 20h10, quando o porta-voz reuniu os jornalistas para comunicar-lhes que ela tinha sido bem sucedida. Algumas versões, de políticos ligados ao novo governo, davam conta de que a intervenção havia terminado às 17h35.

Durante todo o dia, o clima no Hospital de Base de Brasília foi de grande confusão, devido às informações desencontradas que circulavam sobre as condições do presidente eleito. Apesar do tom otimista dos comunicados oficiais, o comportamento do porta-voz e o silêncio dos principais homens do governo davam a entender que o estado de saúde de Tancredo Neves é grave. PÁGs. 5 e 6

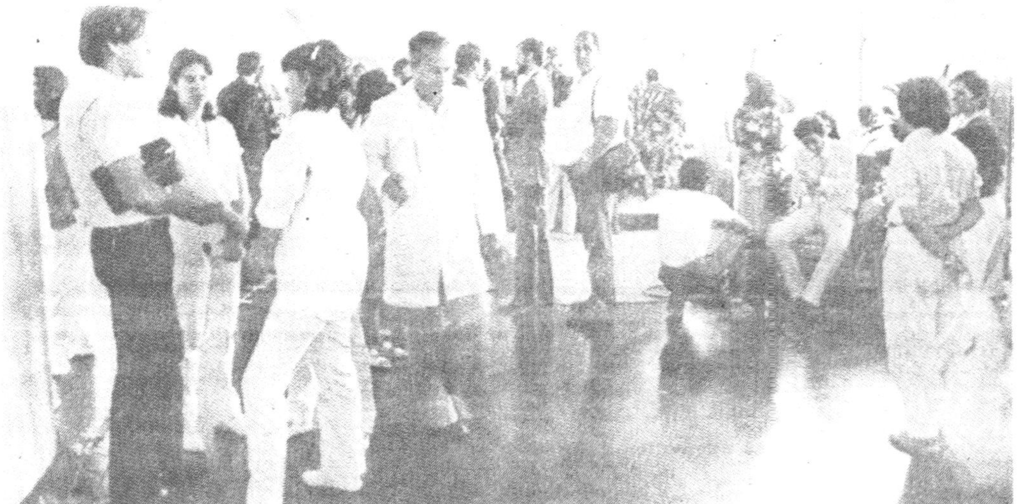

Durante todo o dia houve intensa movimentação no saguão do Hospital de Base, com grande número de jornalistas aguardando informações sobre Tancredo

Se impedimento for total, fica Sarney

Corroborando a opinião dos juristas, o ministro José Guilherme Vilella, do Tribunal Superior Eleitoral, afirmou que, no caso de impedimento definitivo do presidente eleito Tancredo Neves, o presidente José Sarney, vice em exercício, assumiria automaticamente a Presidência e cumpriria todo o mandato, de acordo com o Artigo 77 da Constituição. Por analogia a esse artigo, o TSE vem decidindo, em casos de vacância em Prefeituras, que quem assume é o vice-prefeito.

Confirmada a segunda cirurgia de Tancredo, políticos e militares passaram a cogitar do impedimento definitivo do presidente eleito. A informação é de **Hermano Alves**, repórter da Sucursal de Brasília. Nos meios políticos, discute-se a tese de que Sarney apenas poderia legitimar-se no cargo se enviasse emenda constitucional ao Congresso encurtando o mandato, com eleições em 86. No interior das Forças Armadas, ainda segundo o repórter, identificam-se três tendências em discussão: 1 — Garantia do mandato de seis anos ao vice em exercício, em nome da "lei e da ordem"; 2 — Veto a Sarney, por "não ter conhecimento dos compromissos de Tancredo com os militares do regime anterior"; 3 Sugestão da renúncia de Sarney, assumindo o "radical confiável" Ulysses Guimarães para um mandato de 6 ou 4 anos. PÁGs. 8 e 10

Opinião da Folha

Leia na pág. 2 os editoriais "Estabilidade com democracia", ressaltando a tranquilidade institucional do momento, e elogiando iniciativas do Congresso e do governo pela remoção do "entulho autoritário"; e "Pacotes e comissões", argumentando que as medidas tomadas nesta semana pelo governo atuam favoravelmente sobre as expectativas inflacionárias, mas deverão ser reforçadas por reformas institucionais.

Terminal fluvial supera crise em Porto Alegre

Depois de vários anos de subaproveitamento, o terminal portuário fluvial de Porto Alegre começa a apresentar sinais de reativação. Agora recebe cargas até então transportadas por via ferroviária e rodoviária.
Leia em **Navegação Marítima**. PÁGs. 23 a 25

Dia Contra o Racismo com debate no jornal

Hoje, no Dia Internacional Contra o Racismo e Apartheid, a **Folha** promove às 20h30 em seu auditório (al. Barão de Limeira, 425, 9º andar) um debate com a participação do presidente da Anistia Internacional-SP Carlos Alberto Idoeta, que presidirá a mesa; do diretor do Museu de Arqueologia e Etnologia da USP, Kabenguele Munanga; do jurista Dalmo Dallari; do médico Francisco Moreno de Carvalho; do presidente do Conselho Estadual do Negro, Hélio Santos; de um representante da comunidade indígena, Álvaro Tucano; do presidente da Confederação Israelita Brasileira, Bemno Milnitski; e de Eliahu Chut, do jornal "O Hebreu". Antes do debate, às 19h30, será apresentado o filme "Gerações de Resistência" (1980), cedido pela ONU, que trata da discriminação racial na África do Sul. PÁG. 31

Estréiam três filmes candidatos ao Oscar

PÁG. 37

Índice

Tempo

Parcialmente nublado, com névoa úmida e risco de nevoeiros pela manhã. Instável à tarde, com chuvas e trovoadas. Temperatura estável, devendo oscilar entre 19 e 30 graus. Ontem a máxima foi 28,6 e a mínima 16,6 graus.

Na seção **Tempo**, pág. 29, as previsões para todo o Estado, o Brasil e o mundo, além de informações sobre o tempo para a agricultura.

Sem apoio, demite-se o reitor da UnB

O professor Geraldo Ávila, nomeado reitor da Universidade de Brasília pelo ex-presidente Figueiredo, renunciou ao cargo ontem. Ávila disse que tomou a decisão após ser informado (pela comissão encarregada de solucionar a crise surgida com sua indicação) de que o novo governo "não prestigiava nem apoiava" sua permanência à frente da Reitoria.

O ministro da Educação, Marco Maciel, negou, no entanto, que tenha pressionado Ávila a deixar a Reitoria da UnB. O ministro também apresentou suas metas para a Educação, que incluem revalorização do magistério e incentivo à implantação dos cursos noturnos e à alfabetização. PÁG. 32

Exército ocupa as principais ruas de La Paz

Tropas do Exército e da polícia ocuparam as principais ruas de La Paz, obedecendo a ordens do presidente Siles Zuazo, no décimo terceiro dia da greve geral dos trabalhadores bolivianos. A principal reivindicação do movimento é de reajuste salarial.

Veículos blindados dominaram os locais onde, na véspera, grupos de mineiros da Central Operária Boliviana (COB) haviam organizado o bloqueio de ruas e avenidas. Não houve informações oficiais sobre presos ou feridos.

À noite, governo e sindicatos da COB aceitaram a mediação da Igreja Católica para voltar a negociar uma saída para o impasse. PÁG. 27

A tropa de choque da PM chegou à Detenção às 20 horas, e às 22 recebeu ordens para agir e tentar conter a rebelião

Os presos rebelam-se na Casa de Detenção

Os presos da Casa de Detenção se rebelaram ontem à tarde, fizeram cinco guardas como reféns e ficaram cinco horas e meia com o controle do presídio —até as 22h, quando começou a invasão policial e um violento tiroteio. "Há mortos, mas até agora (0h15) não temos condições de saber o número exato", informou o secretário da Justiça, José Carlos Dias. Oito pessoas —cinco detentos e três guardas, todos feridos— foram medicadas à noite no Pronto Socorro de Santana. Dias confirmou que ordenou a invasão da penitenciária às 22h, mas pouco antes da meia noite suspendeu as operações. "Nós podemos vencê-los pelo diálogo e pelo cansaço", declarou.

O governador Franco Montoro foi informado da rebelião por volta das 19h, durante a recepção ao presidente da Nicarágua, Daniel Ortega. Horas mais tarde, o governador confirmou que mandara um avião a Porto Alegre para buscar o secretário da Segurança, Michel Temer, que fora à capital gaúcha participar um debate sobre Direito Constitucional.

O secretário Dias negou que tivesse sido agredido na porta da Detenção. No entanto, na entrada do presídio, durante a saída dos funcionários feridos, os guardas gritavam: "Manda o José Carlos Dias aqui ver a situação dos guardas do presídio"

As primeiras providências somente foram tomadas às 20h, quando chegaram dois caminhões da PM com tropa de choque, equipada com escudos à prova de bala. Logo depois, os policiais-militares pediram reforços e, às 22h, invadiram o presídio, iniciando-se um violento tiroteio. Armados com bombas de gás lacrimogêneo, fuzis e revólveres, os PMs tomaram os pavilhões 6, 4, 8 e 9. PÁG. 30

Banco Central pune diretores do Brasilinvest

O Banco Central colocou em indisponibilidade os bens de doze dirigentes do Brasilinvest S/A Banco de Investimento e da Brasilinvest Distribuidora de Títulos e Valores Mobiliários Ltda., ambos sob liquidação extrajudicial.

Foram atingidos: Mário Garnero, presidente do grupo; Hélio Smidt, presidente da Varig; Mauro Salles, secretário especial para Assuntos Extraordinários da Presidência da República; Wolfgang Sauer, presidente da Volkswagen; Marco Antonio Bampa, Chikara Suzuki, José Maria Fraguas, Newton Chiaparini, Roberto Lara Nogueira, Roberto Manara Ferreira, Rodrigo Souza Aranha e Álvaro Pinto de Aguiar Júnior. PÁG. 22

CBF divulga programa das eliminatórias

A CBF divulgou a programação a ser cumprida pela seleção brasileira nas eliminatórias da Copa do Mundo. A convocação está marcada para 14 de abril.

A seleção realizará seis amistosos. Em abril, contra a Colômbia (dia 24), em Belo Horizonte; e Peru (dia 27), em Brasília. Em maio, contra Uruguai (dia 2), em Recife; Argentina (dia 5), em Salvador; Colômbia (dia 15), em Bogotá; e Equador (dia 23), em Quito.

No dia 2 de junho o Brasil estréia nas eliminatórias, contra a Bolívia, em La Paz. Dia 16 jogará contra o Paraguai, em Assunção. Nos dias 23 e 29 a seleção receberá bolivianos e paraguaios em locais a serem determinados. PÁG. 36

FOLHA DE S.PAULO ★

SEGUNDO CLICHÊ

Diretor de Redação: Otavio Frias Filho • São Paulo, sábado, 13 de abril de 1985 • Um jornal a serviço do Brasil • Ano 65 • N.º 20.464 • Al. Barão de Limeira, 425 • Cr$ 1.400

6h00

Tancredo deixa a sala após seis horas de cirurgia. Três focos infecciosos foram encontrados em seu abdome. O corte cirúrgico é fechado com uma tela plástica. Apesar da tolerância à operação, o estado do paciente exige cuidados. Uma hora mais tarde, os médicos responsáveis pela intervenção deixam o hospital, protegidos por um cordão de isolamento formado pela Polícia do Exército.

9h30

Sob efeito da anestesia. Tancredo continua inconsciente. O quadro clínico pós-operatório inspira cuidados. Há instabilidades cardiovasculares. A situação dos rins permanece estável. O paciente recebe um concentrado de hemácias (glóbulos vermelhos). Do lado de fora do Instituto do Coração, centenas de pessoas aglomeram-se à espera de notícias. Muitas rezam e fazem penitências.

14h30

Tancredo começa a recuperar a consciência. Mas é mantido sob o efeito de sedativos. Os índices de funcionamento dos pulmões e rins mantêm-se nos mesmos níveis preocupantes da véspera. Os médicos esperam ter uma avaliação mais precisa do estado do paciente assim que o efeito da anestesia passar por completo. A situação ainda é considerada delicada.

18h45

Agrava-se mais o quadro. Os médicos decidem fazer a filtragem sanguínea (o sangue arterial é desviado do corpo para um aparelho e em seguida reintroduzido no sistema venoso); o objetivo é eliminar líquidos e ajudar a recuperar os pulmões. Posteriormente, Tancredo é submetido à hemodiálise, para purificar o sangue. Ele perde plasma e proteínas pelo corte cirúrgico.

22h35

Os médicos Walter Henrique Pinotti e Angelita Habr Gama retornam ao Instituto do Coração. Eles já haviam ido para casa e sua volta não era esperada. Surgem suspeitas de que Tancredo esteja sofrendo uma hemorragia na cavidade abdominal. O sintoma seria um aumento na perda de líquidos (plasma e proteínas) através do corte cirúrgico. A tensão volta a aumentar.

23h30

Após os processos de filtração e homodiálise, que se estendem por quase cinco horas, um informe oficial diz que a tolerância do paciente é boa e que o quadro clínico geral apresenta "alguns aspectos que os médicos consideram estimuladores". O nível de uréia baixa de 180 para 120. A pressão arterial é de 12 por 8 e os batimentos cardíacos estão em 120. O quadro continua a exigir cuidados.

Médicos tentam tudo para adiar a morte de Tancredo

Ulysses nega cansaço e acredita que ainda existem esperanças - Pág. 7

Sarney passou mais um dia tenso e precisou tomar calmante - Pág. 7

Dois soldados do legendário Batalhão Tiradentes participam da vigília permanente por Tancredo na igreja-matriz de São João Del Rey - Pág. 6

O presidente eleito Tancredo Neves submeteu-se ontem à noite a um processo de filtração sanguínea artificial e, posteriormente, a uma hemodiálise. Através de aparelhos, os médicos tentavam assim substituir os rins em sua função de purificar o sangue do paciente. O objetivo era o de ajudar a função renal e também reduzir a infiltração de líquidos nos pulmões. Este edema intersticial pulmonar comprometeu a função respiratória de Tancredo e voltou a ameaçar sua vida.

A sétima cirurgia do presidente eleito, que começara às 23h55 de quinta-feira, encerrou-se às 6h de ontem. Foram encontrados três focos infecciosos no abdome, todos na raiz do mesentério. O mesentério é a malha de tecido que mantém fixos os intestinos. Em seu interior, correm artérias e veias de importância capital para a nutrição do tecido intestinal. O maior dos focos encontrados tinha 1,5 centímetro. Por serem tão pequenos, os abscessos não haviam sido localizados nos exames de ultra-sonografia e cintilografia. Foi feita uma lavagem com solução antibiótica e soro. Colocaram-se drenos.

O corte da operação não foi suturado com os pontos tradicionais. Utilizou-se uma tela de plástico conhecida como "Marlex", destinada a facilitar a cicatrização da área da incisão cirúrgica. A malha, semelhante a uma meia de náilon e feita com fios trançados, não é absorvível pelo organismo do paciente e permanecerá implantada no abdome em definitivo. Mas não chega a constituir obstáculo para os movimentos abdominais e não é rejeitada como corpo estranho. Tem 6 cm de largura.

Na parte da manhã, o ambiente no Instituto do Coração era tenso. Mas os médicos e os parentes de Tancredo demonstravam algum ânimo. A simples sobrevivência após a sétima cirurgia já era considerada uma vitória. Os sinais vitais mantinham-se estáveis em relação aos níveis registrados na noite anterior. Mas, a partir do momento em que ele começou a recobrar-se da anestesia geral, às 14h30, os problemas voltaram.

A principal dificuldade estava no edema intersticial, que se alastrava pelos dois pulmões. Como consequência, Tancredo respirava ainda com mais dificuldade. O nível de pressão parcial de oxigênio no sangue arterial caiu para 50 milímetros de mercúrio, quando o normal é 80. Uma das causas do agravamento do problema pulmonar era a aguda disfunção renal que afeta o presidente eleito. Seus rins sugerem insuficiência inicial. O nível de uréia chegou a 180 (o normal vai de 30 a 50), mas após a hemodiálise caiu para 120. A quase paralisação dos rins impede que os líquidos que inflamam os pulmões sejam expelidos. O prejuízo dos pulmões, por sua vez, altera a frequência respiratória e cardíaca. Esse quadro, somado ao processo infeccioso abdominal, que ainda não se pode dar como encerrado, é a causa da extrema gravidade do estado de saúde do presidente eleito.

A filtração sanguínea artificial e a hemodiálise estão entre os últimos recursos de que dispõem os médicos. Através da filtração, procura-se reduzir o nível de líquidos que invadem os pulmões, permitindo ao mesmo tempo que os rins do paciente tenham um período de descanso. Não havendo reação positiva, recorre-se geralmente à hemodiálise, que, além de eliminar os líquidos, também retira do organismo sais, uréia e toxinas.

O risco de um colapso geral ainda não está afastado. Nem o de alastramento da infecção do abdome. Mas na noite de ontem a principal preocupação dos médicos era estabelecer o equilíbrio funcional rins-pulmões.

Entre as visitas que a família Neves recebeu ontem estava da. Marly, mulher do presidente José Sarney, vice em exercício. PÁGs. 5 e 6

Leia a opinião da Folha no editorial "As apreensões de todos", na pág. 2

Opinião da Folha

Leia na pág 2 os editoriais "As apreensões de todos", sobre os sentimentos que o estado de saúde de Tancredo Neves inspira "Do otimismo à realidade", avaliando as possibilidades de se obter uma boa performance das exportações este ano e suas implicações sobre a renegociação da dívida externa; e "Desatenção à Informática", condenando a atitude do Congresso Nacional de não rever os vetos do governo anterior à Lei de Informática

Sem conciliação, greve de metalúrgicos continua

A greve dos metalúrgicos prosseguiu ontem nas montadoras do ABC e indústrias do Interior. Na reunião de conciliação, no TRT, entre a Fiesp e a Federação dos Metalúrgicos do Estado, o tribunal propôs reajuste do INPC integral para todas as faixas salariais, item recusado pela Fiesp. As negociações devem ser retomadas na segunda-feira. PÁG. 9

Triticultores e moinhos divergem sobre subsídio

A proposta do Ministério da Agricultura de criar uma nova política para o trigo, com o fim dos subsídios ao setor, reacendeu uma velha polêmica entre os moinhos e os triticultores. Enquanto o Sindicato da Indústria do Trigo não quer mudanças bruscas na área, os produtores argumentam que elas beneficiariam agricultores e consumidores.

Leia em Agropecuária págs. 14 e 15

Desabrigados chegam a 381 mil no Nordeste

O número de pessoas desabrigadas pelas enchentes no Nordeste subiu ontem para 381.904, segundo dados da Coordenação de Defesa Civil da Sudene. O ministro Ronaldo Costa Couto, do Interior, visitou as áreas inundadas dos Estados do Ceará, Piauí e Maranhão. A situação agravou-se sobretudo no Rio Grande do Norte, onde os flagelados chegam a quase sessenta mil. PÁG 19

Discovery vai ao espaço com uma hora de atraso

O ônibus espacial Discovery foi lançado do Cabo Canaveral (Flórida) com quase uma hora de atraso, levando como integrante de sua tripulação de sete membros o senador republicano Jack Garn, 52, o primeiro político a viajar ao espaço. O atraso deveu-se à presença de um navio na área onde a espaçonave soltaria os foguetes propulsores. O Discovery ficará cinco dias em órbita. PÁG. 23

Em Primeira Leitura, o novo livro de Drummond

A seção Primeira Leitura da Ilustrada publica poemas do novo livro de Carlos Drummond de Andrade, "Amar se Aprende Amando". Traz também trechos selecionados de "Ópio", do francês Jean Cocteau, que relata suas experiências com essa droga, "O Diabo no Corpo", de Raymmond Radiguet, e "De Vagões e Vagabundos", de Jack London.
PÁGs. 44 e 45

Índice

Tempo

Bom em São Paulo, com nebulosidade variável, chuviscos pela manhã e no fim da tarde; névoa úmida e nevoeiros pela manhã. A temperatura deve oscilar entre 16 e 26 graus; ontem, a máxima foi 23.4 e a mínima 18.6 graus.

Na seção Tempo, pág. 21, as previsões para o Estado, o País e o mundo, além de informações sobre o tempo para a agricultura

FOLHA DE S.PAULO ★ SEGUNDO CLICHÊ

Diretor de Redação: Otavio Frias Filho • São Paulo, segunda-feira, 22 de abril de 1985 • Um jornal a serviço do Brasil • Ano 65 • N.º 20.473 • Al. Barão de Limeira, 425 • Cr$ 1.400

TANCREDO NEVES ESTÁ MORTO; CORPO É VELADO NO PLANALTO; SARNEY REAFIRMA MUDANÇAS

Avani Stein

O porta-voz da Presidência, Antônio Britto, anunciou, seis minutos depois, que o presidente eleito morrera às 22h23 de ontem

O presidente eleito Tancredo Neves morreu ontem, dia de Tiradentes, às 22h23, no Instituto do Coração, em São Paulo. O comunicado oficial foi feito pelo porta-voz da Presidência, Antônio Britto, às 22h29. A morte de Tancredo ocorreu 38 dias após sua internação no Hospital de Base de Brasília, na véspera da posse. Nesse período, Tancredo foi submetido a sete intervenções cirúrgicas, as cinco últimas em São Paulo, para onde havia sido transferido no dia 26 de março. Tancredo Neves tinha 75 anos.

O presidente José Sarney chorou ao receber a notícia, às 22h25, no Palácio Jaburu, em Brasília. Em seguida, foi para o Palácio do Planalto, de onde falou ao País em rede nacional de rádio e televisão, à 0h35. Em seu pronunciamento de seis minutos, Sarney afirmou que as mudanças reclamadas pela Nação serão feitas. "Nosso programa é o de Tancredo Neves." Prometeu um governo de concórdia, trabalho e austeridade e que o objetivo maior do programa será atingido com a Assembléia Nacional Constituinte. Disse que o legado de Tancredo permanece vivo e pediu a ajuda de todos. O Presidente decretou luto oficial de oito dias. Hoje é feriado nacional.

O presidente do Congresso Nacional, senador José Fragelli, convocou sessão extraordinária para as 10h de hoje, quando será declarada a vacância do cargo de presidente e confirmado José Sarney na Presidência da República. Assim, o primeiro na linha sucessória presidencial passa a ser o presidente da Câmara dos Deputados, Ulysses Guimarães. Ulysses falou à Nação do plenário da Câmara às 23h20 e garantiu que "a homenagem sincera e conseqüente dos que choram Tancredo será impedir qualquer recuo na caminhada pelas instituições livres que se consolidarão através da Assembléia Nacional Constituinte". Líderes de todos os partidos políticos reafirmaram apoio à investidura de José Sarney na Presidência. O Sindicato dos Metalúrgicos de São Paulo suspendeu sua greve, que começaria amanhã. Os do ABC devem tomar idêntica medida hoje.

O primeiro chefe de Estado a enviar mensagem de pêsames ao governo brasileiro foi o presidente Raúl Alfonsín, da Argentina. O presidente dos Estados Unidos, Ronald Reagan, foi notificado da morte em Washington.

A última crise de Tancredo começou à tarde. O principal sintoma foi uma brusca queda da pressão arterial. Os problemas cardiovasculares eram decorrência do processo infeccioso abdominal, nunca debelado, que motivou seis cirurgias, e do edema intersticial pulmonar constatado após a quarta operação.

Tancredo Neves estava inconsciente havia dez dias. Desde a sétima cirurgia, o presidente eleito fora mantido em coma induzido através de medicamentos. Suas últimas palavras, dirigidas ao neto Aécio, antes de ser anestesiado no dia 11 de abril, foram: "Eu não merecia isto."

O corpo embalsamado será transferido para Brasília hoje, por volta das 9h30, após missa a ser celebrada às 7h no Instituto do Coração. O cortejo seguirá pela avenida Rebouças, tomando a avenida Brasil e a avenida Pedro Álvares Cabral na direção do parque do Ibirapuera. No monumento ao soldado constitucionalista, haverá uma salva de 21 tiros de canhão, com as autoridades perfiladas junto ao obelisco. Dali, continuará até o aeroporto de Congonhas. O embarque está previsto para as 11h30. O velório solene ocorrerá no segundo andar do Palácio do Planalto, onde o corpo ficará exposto à visitação pública por 24 horas. O enterro será na cidade natal, São João Del Rey, Minas Gerais.

PÁGs. 4 a 16

Dia a dia, todo o drama da doença

13 de março - O médico Renault de Mattos Ribeiro diagnostica uma faringite. Omite as dores que Tancredo sente no abdome.

14 de março - Às 22h Tancredo é internado no Hospital de Base de Brasília e operado. Retira-se um tumor benigno do intestino.

15 de março - O boletim revela que houve extração do divertículo de Meckel. Omite o tumor.

16 de março - Nega-se ocorrência de hemorragia gástrica.

17 de março - Surgem problemas respiratórios.

18 de março - As informações oficiais não citam atividade normal de órgãos vitais. Falam em "progressiva melhora".

19 de março - Chega a Brasília a junta médica integrada por especialistas de Minas, Rio e São Paulo.

20 de março - Às 15h, ocorre a segunda cirurgia, provavelmente devido a uma trombose mesentérica.

21 de março - O médico Henrique Walter Pinotti afirma: "Podem marcar a posse para dentro de duas ou três semanas."

22 de março - Pinotti diz que a alta poderá ser dada em oito dias.

23 de março - Tancredo dita uma nota para o presidente José Sarney elogiando sua conduta.

24 de março - Faz exercícios respiratórios e fisioterapia. Os médicos arriscam a data da alta: até o final do mês.

25 de março - No começo da noite, é detectada uma hemorragia intestinal. De manhã, havia posado para fotos com da. Risoleta e os médicos.

26 de março - Transferido em caráter de urgência para o Instituto do Coração, em São Paulo, nas primeiras horas da manhã. À tarde, é operado pela terceira vez para retirada de um segmento de alça intestinal.

27 de março - Admite-se a existência, no local da incisão cirúrgica, de uma infecção de origem hospitalar.

28 de março - O agente da infecção é a bactéria "Pseudomonas cepacia". A informação não consta do boletim, que também não fala em desidratação.

29 de março - Há aumento das freqüências cardíaca e respiratória, atribuído à febre. Constatada anemia, recebe 300 ml de concentrado de glóbulos sanguíneos.

30 de março - Surge um foco infeccioso no lobo superior do pulmão direito.

31 de março - A infecção na ferida cirúrgica, segundo o boletim, está controlada.

1º de abril - Agrava-se o estado de saúde. Ocorrem surtos febris a cada seis horas, seguidos de elevação das freqüências cardíaca e respiratória.

2 de abril - Quarta cirurgia: uma hérnia no lado esquerdo do abdome encarcerava uma alça do intestino. No saco herniário é encontrado pus.

3 de abril - A alimentação é feita por via oral. Omitem-se informações sobre os focos infecciosos constatados.

4 de abril - Às 12h, submete-se à quinta cirurgia: duas pequenas incisões para a drenagem de dois abscessos. Por volta das 19h entra em estado de choque. Tem problemas de pressão, temperatura e instabilidade cárdio-circulatória. Respira com auxílio de tubo orotraqueal.

5 de abril - Os boletins falam em regressão da infecção.

6 de abril - A infecção da parte superior do pulmão direito atinge também a parte inferior, o que caracteriza um quadro de edema intersticial pulmonar. Conclusão da tomografia realizada no Hospital das Clínicas, para onde foi levado de maca.

7 de abril - A capacidade respiratória está reduzida a 40%.

8 de abril - Fica sentado durante 2 horas e 40 minutos na UTI do Instituto do Coração.

9 de abril - É feita uma traqueostomia para substituição do tubo orotraqueal. Após esta intervenção —a sexta— entra em estado crítico: os batimentos cardíacos chegam a 160 por minuto; a temperatura cai para 35,2 graus. Sobem as taxas de uréia e de creatinina no sangue, indicadoras de início de insuficiência renal aguda.

10 de abril - Os batimentos cardíacos apresentam oscilações. Os pulmões ficam com capacidade reduzida. Ocorre bacteriemia, sinal de presença de bactérias no sangue.

11 de abril - Novo foco infeccioso é identificado. É decidida a sétima operação —uma laparotomia exploratória—, que começa às 23h55 e termina às 6h do dia seguinte.

12 de abril - Durante a cirurgia são detectados três focos infecciosos. O corte —no mesmo local das três primeiras operações—, não aceita mais pontos cirúrgicos e é colocada uma tela de plástico no abdome. Às 19h, submete-se a uma hemodiálise. O estado é gravíssimo.

13 de abril - Nova ultrafiltração do sangue; desde o dia anterior foi retirado 1,5 litro de líquido do organismo.

14 de abril - Sofre duas crises de bacteriemia. As funções renal e pulmonar pioram.

15 de abril - Começa a ser submetido ao processo de hipotermia: a temperatura é reduzida para 35,5 graus.

16 de abril - Recebe gamaglobulina hiperimune para reforçar as defesas do organismo.

17 de abril - Pinotti diz que "existem perspectivas de cura". O boletim afirma que o estado é grave.

18 de abril - A temperatura é reduzida para 35 graus. O estado é extremamente grave.

19 de abril - A temperatura é reduzida para 33 graus. Pinotti chama o especialista norte-americano Warren Myrol Zapol.

20 de abril - Tancredo está desenganado, conclui Zapol após exames

21 de abril - Às 22h23, morre o presidente eleito Tancredo Neves.

Opinião da Folha

Leia na pág. 2 os editoriais "O País sem Tancredo Neves", sobre este momento de tristeza, que não impedirá que os brasileiros construam suas instituições; "Acima das frustrações", lembrando o primeiro aniversário da rejeição da emenda Dante de Oliveira; e "Brasília na realidade" sobre os 25 anos da Capital Federal.

Tempo

Nublado, com névoa úmida de manhã e chuviscos à tarde. Temperatura entre 14 e 28, ontem, máxima 23,2 e mínima 13,6. PÁG 23

Índice

FOLHA DE S.PAULO ★ SEGUNDO CLICHÊ

Diretor de Redação: Otavio Frias Filho • São Paulo, quinta-feira, 9 de maio de 1985 • Um jornal a serviço do Brasil • Ano 65 • N.º 20.490 • Al. Barão de Limeira, 425 • Cr$ 1.500

Congresso aprova as diretas

Volta o pleito direto para presidente e prefeitos das capitais (nomeados são inelegíveis); analfabetos vão votar

Está restabelecido no País o princípio da eleição direta para presidente da República (em dois turnos, com data a ser fixada pela Constituinte). E as capitais estaduais, estâncias hidrominerais e municípios antes considerados áreas de segurança nacional poderão eleger seus prefeitos pelo voto direto já em novembro deste ano. Por 458 votos a favor na Câmara e 62 no Senado, e nenhum contra, essas mudanças constitucionais foram aprovadas ontem à noite pelo Congresso. Mas outros itens do "emendão" —que remove o chamado "entulho autoritário" da Constituição— não tiveram a mesma unanimidade: a concessão do voto aos analfabetos foi aprovada com 32 votos contrários na Câmara e dois no Senado, e a elegibilidade dos atuais prefeitos foi rejeitada. Os governadores também perderam o direito de indicar substituto se houver vacância nas prefeituras das capitais, estâncias hidrominerais e antigas áreas de segurança. Neste caso, assume o presidente da Câmara Municipal. Não compareceram 21 deputados e sete senadores.

A aprovação do pacote de reformas foi resultado de entendimento das lideranças dos partidos políticos. Entre outras medidas, o "emendão" permite a legalização dos partidos comunistas; estabelece o fim da fidelidade partidária; concede o direito de os moradores do Distrito Federal terem representação no Congresso (oito deputados e três senadores), alterando o número de cadeiras na Câmara e no Senado; facilita a criação de novos partidos; autoriza os brasileiros menores de 18 anos a requererem título de eleitor, desde que completem a maioridade antes da eleição; altera os prazos de desincompatibilização e de domicílio eleitoral.

Na parte da manhã, as discussões foram tumultuadas, expondo as divergências entre lideranças e bancadas. Parlamentares descontentes ameaçaram bloquear a votação. O deputado Roberto Cardoso Alves (PMDB-SP) queria incluir uma proposta, estabelecendo prazo de um ano para a desincompatibilização dos ocupantes de cargos executivos que desejem se candidatar a postos eletivos. E criticou a "ditadura dos líderes", que estariam agindo "sob pressão dos governadores". A emenda acabou incluída na ordem do dia.

Até 2h30 de hoje o Congresso não havia encerrado seus trabalhos. Cardoso Alves insistia em que sua emenda fosse apreciada antes do segundo turno de votação (considerado mera formalidade) do "emendão". Havia, porém, divergências a respeito. PÁGs. 4 a 9

Leia a opinião da Folha no editorial "Eleições nas capitais", na pág. 2

PCB requer registro legal

O Partido Comunista Brasileiro (PCB) requereu ao Tribunal Superior Eleitoral, em Brasília, a concessão de registro provisório. Os estatutos, o programa e o manifesto do partido foram publicados na edição de ontem do "Diário Oficial" e, com o cumprimento dessa exigência básica, o processo no TSE já está em tramitação.

De acordo com o deputado Roberto Freire (PMDB-PE), do comitê pró-legalização do PCB, a autorização para a imprensa oficial publicar os documentos do partido veio do próprio presidente Sarney. A pressa dos comunistas em ingressar com o pedido de registro junto ao TSE se deve à sua intenção de participar das eleições municipais de novembro. O "emendão" —votado ontem pelo Congresso— permite a inscrição de candidatos dos partidos que já tenham encaminhado à Justiça Eleitoral os documentos básicos de sua fundação.

O PCB está na ilegalidade desde maio de 1947. A agremiação foi fundada em 1922, com o nome de Partido Comunista do Brasil, e teve como líder, durante quase toda sua existência, Luís Carlos Prestes, hoje dissidente. PÁG. 10

Dornelles diz como cobrirá o déficit

Tadeshi Nakagomi

Na Câmara dos Deputados, em Brasília, o ministro Francisco Dornelles anunciou que a inflação deve chegar a 200% este ano e a base monetária se expandirá 150%

O ministro da Fazenda, Francisco Dornelles, afirmou na Câmara dos Deputados que uma série de medidas será necessária para cobrir o déficit federal de Cr$ 84,9 trilhões este ano. O maior esforço se dará no corte das despesas públicas. Haverá também emissão de moeda (Cr$ 22,5 trilhões), colocação de Cr$ 10 trilhões em títulos no mercado e redução de Cr$ 5 trilhões no subsídio ao trigo e açúcar. A elevação da receita será obtida com antecipação do recolhimento do Imposto de Renda das empresas. Com esta série de medidas, segundo Dornelles, serão cortados Cr$ 74,2 trilhões do déficit. Se a redução dos gastos não se concretizar, advertiu o ministro, os impostos serão elevados para cobrir o rombo.

Dornelles previu que este ano a inflação ficará em 200%, a expansão da base monetária em 150% e o crescimento do PIB em 4%. Ele descartou a desindexação e admitiu que o Brasil poderá pedir mais dinheiro aos bancos internacionais.

O ministro chega hoje a Washington, capital dos EUA, para entregar a oitava Carta de Intenções do Brasil ao FMI. Segundo o correspondente Paulo Francis, o presidente do BC, Antônio Carlos Lemgruber, manteve novo encontro com banqueiros, mas sem resultados. PÁGs. 13, 14, 16 e 28

Leia a opinião da Folha no editorial "O discurso de Dornelles", na pág. 2

INPC é de 86,02%, retifica a Seplan

A Secretaria de Planejamento retificou ontem a taxa semestral do INPC: o novo valor é 86,02%, contra os 84,02% anunciados na terça-feira. A **Folha** foi o único órgão de imprensa a antecipar este valor, contestando o índice inicialmente divulgado pela Seplan.

A taxa semestral do INPC de abril reajustará os salários e os aluguéis em junho. Os novos índices de reajuste de salário são de 86,02% para os que ganham até três mínimos e de 68,81%, acrescidos de Cr$ 171.929, para os que recebem mais. O reajuste semestral dos aluguéis será da ordem de 68,81% (67,21% segundo os dados anteriores) e o anual de 177,01%.

Com a retificação da taxa semestral do INPC, os trabalhadores que recebem três salários mínimos terão seus ganhos reajustados para Cr$ 1.859.009. Se o reajuste fosse calculado com base no índice anterior, errado, eles receberiam a menos por mês Cr$ 19.987, e no semestre Cr$ 119.922. O custo de um aluguel de Cr$ 400 mil passará a Cr$ 675.240, acima, portanto, dos Cr$ 668.864 previstos com a taxa de 84,02%. PÁG. 18

Antes de calar, Boff reafirma suas idéias

O teólogo Leonardo Boff divulgou ontem à noite uma nota em que confirma sua condenação, pelo Vaticano, a um ano de silêncio absoluto, conforme noticiou a **Folha** com exclusividade. Na nota, transmitida por telefone por sua secretária e considerada sua última manifestação pública antes de guardar o silêncio "penitencial", Boff reafirma suas convicções e diz que "a missão da Igreja deve ser, sem equívocos, libertadora".

O jurista Dalmo Dallari qualificou a decisão do Vaticano de "infeliz". No Rio (RJ), um dos autores da denúncia contra Boff, padre Ney Earp, disse que ele foi punido porque não aceitou fazer uma revisão no seu livro "Igreja, Carisma e Poder". PÁG. 12

A seção *Tendências/Debates* traz hoje um artigo inédito dos irmãos Boff, enviado à *Folha* a 17 de abril, duas semanas antes de frei Leonardo ter sido cassado pelo Vaticano. Na mesma página, o padre Paul-Eugène Charbonneau examina o episódio de silêncio imposto ao frade franciscano. PÁG. 3

Lewy Moraes

Acompanhado dos três ministros militares (general Leônidas, à esq., almirante Henrique Saboya, atrás, e brigadeiro Moreira Lima, à dir.), o presidente Sarney participa da comemoração do "Dia da Vitória", no Rio; antes da cerimônia, houve protesto de militares cassados em 64 - Pág. 11

Opinião da Folha

Leia na pág. 2 os editoriais "Eleições nas capitais", celebrando sua aprovação, que restitui um direito político elementar aos habitantes dos principais centros do País; e "O discurso de Dornelles", analisando a parte substantiva do pronunciamento do ministro da Fazenda, ontem, na Câmara dos Deputados.

"Lúcio Flávio" será exibido hoje no jornal

PÁG. 41

Sobem 25% as tarifas de ônibus intermunicipais

PÁG. 30

Índice

Tempo

Bom pela manhã em São Paulo; nevoeiros esparsos; nebulosidade com tendência a aumentar à tarde; possibilidade de chuvas. A temperatura deve oscilar entre 17 e 28 graus; ontem, a máxima foi 27 e a mínima 15,8 graus.

Na seção Tempo, pág. 31, as previsões para o Estado, o Brasil e o mundo, além de informações para a agricultura

Lyra ouvirá Sarney sobre jogo do bicho

A proposta de legalização do jogo do bicho será levada pelo ministro da Justiça, Fernando Lyra, ao presidente José Sarney, em sua próxima audiência. O ministro é pessoalmente favorável à legalização, mas entende que, como o assunto é polêmico, só poderá ser decidido depois de ampla discussão. Ontem, o governador de Alagoas, Divaldo Suruagy, sugeriu a Lyra que o problema seja resolvido de uma vez por todas, em vista das pressões que os governos estaduais recebem.

Lyra pretende fazer uma consulta formal a todos os governadores antes de constituir uma comissão encarregada de aprofundar os estudos a esse respeito. Uma das principais fontes de divergência é a questão de quem controlaria o jogo legalizado: se o Estado, através das Caixas Econômicas, ou os atuais "banqueiros" do jogo do bicho. PÁG. 33

No "Dia da Vitória", EUA e URSS se acusam

O presidente norte-americano Ronald Reagan acusou a União Soviética de tentar romper o equilíbrio estratégico nuclear do mundo com o desenvolvimento do novo míssel móvel SS 24, de várias cabeças atômicas.

O presidente formulou a denúncia no Parlamento Europeu, na cidade francesa de Estrasburgo, perto da fronteira com a Alemanha Ocidental, na comemoração do 40º aniversário do "Dia da Vitória", que marca o triunfo dos aliados sobre o nazismo na Europa. Reagan apresentou um plano para diminuir o risco de guerra e sugeriu o estabelecimento de uma "linha quente" ligando os comandos militares das superpotências.

A União Soviética rejeitou a proposta. Num discurso proferido no Kremlin, em Moscou, a capital da URSS, o líder Mikhail Gorbatchev afirmou: "O imperialismo norte-americano está na vanguarda dos que ameaçam a paz mundial". PÁG. 29

Reiniciadas negociações empresários-metalúrgicos

Recomeçaram as negociações entre empresários e os metalúrgicos em greve no ABC, região industrial da Grande São Paulo, e no Interior do Estado. Os empresários prometem apresentar, até amanhã, uma nova contraproposta, com a ressalva de que a questão do reajuste trimestral deve ser discutida conjuntamente por patrões, empregados e governo, em Brasília.

Os empresários decidiram retomar o diálogo horas após uma reunião entre Jair Meneghelli, presidente do Sindicato dos Metalúrgicos de São Bernardo e Diadema; André Beer, presidente da Anfavea, e Pedro Eberhard, presidente do Sindipeças. O Grupo 14 da Fiesp concordou com a apresentação de nova contraproposta.

Em São Bernardo do Campo, no ABC, a Volkswagen confirmou 104 demissões. Reunidos em assembléia, os trabalhadores da empresa decidiram paralisar o trabalho. PÁG. 22

FOLHA DE S.PAULO ★

SEGUNDO CLICHÊ

Diretor de Redação: Otavio Frias Filho • São Paulo, quarta-feira, 29 de janeiro de 1986 • Um jornal a serviço do Brasil • Ano 65 • N.º 20.755 • Al. Barão de Limeira, 425 • Cr$ 3.000

Nave espacial explode no ar

Os sete tripulantes do Challenger morrem no acidente, 72 segundos após o lançamento

Associated Press — France Presse

O Challenger é lançado de Cabo Canaveral (à esq.); com a explosão, a 16,5 km de altura, os dois tanques de combustível sólido se desprenderam; entre os mortos, a professora Christa McAuliffe (no destaque), primeira cidadã comum num vôo espacial

Exatamente 72 segundos após a decolagem, o ônibus espacial norte-americano Challenger explodiu ontem sobre o oceano Atlântico, matando seus sete tripulantes. Foi o pior acidente da história dos vôos tripulados espaciais, que começaram em 1961. Depois de quatro tentativas frustradas —feitas nos últimos dias— e com duas horas de atraso, eram precisamente 11h38 (14h38 em Brasília) quando o Challenger decolou de Cabo Canaveral, na Flórida (sudeste dos EUA), onde a temperatura caíra a quatro graus centígrados negativos, a mais baixa dos últimos quarenta anos na região. Às 11h39m12s, ocorreu a explosão, assistida por milhares de espectadores, principalmente crianças, que pretendiam acompanhar mais tarde pela tevê as aulas de uma das tripulantes, a professora Christa McAuliffe, 37, dois filhos, a primeira cidadã comum norte-americana a participar de um vôo espacial. Os espectadores viram a nave explodir, transformando-se numa gigantesca nuvem de fogo e fumaça, a 14 km da costa e a 16,5 km de altura. O acidente ocorreu quando os dois foguetes auxiliares, movidos a combustível sólido, passaram a funcionar juntamente com os três principais motores propulsores do ônibus. Num vôo normal, os foguetes auxiliares funcionariam durante cerca de dois minutos antes de se separarem do Challenger. Segundo a Nasa (Administração Nacional de Aeronáutica e Espaço), a nave de cem toneladas atingira nesse momento a velocidade de 3.180 km/h, três vezes superior à do som. O Challenger tem um custo estimado em 1,1 bilhão de dólares. As causas do acidente ainda são desconhecidas. O programa de ônibus espaciais, iniciado em abril de 1981, ficará suspenso enquanto durarem as investigações, anunciou a Nasa. Em entrevista à tevê, o presidente Reagan qualificou os astronautas de "heróis nacionais" e disse que a exploração do espaço prosseguirá. Reagan cancelou seu discurso anual, conhecido como "Estado da União", marcado para ontem à noite. Foi o pior desastre já ocorrido no programa espacial dos EUA desde que a cápsula Apollo 1 pegou fogo na plataforma de lançamento, há 19 anos, matando seus três ocupantes. O mais grave acidente do programa soviético ocorreu em 1971, quando três astronautas morreram asfixiados na cabina da Soyuz 11. PÁGs. 19 a 21

Leia a opinião da Folha no editorial "A tragédia do Challenger" na pág. 2

Opinião da Folha

Leia na pág. 2 os editoriais "Agir contra a inflação", analisando o índice de janeiro e cobrando do governo uma política antiinflacionária firme e coerente; "A tragédia do Challenger", comentando o acidente; e "Fim do trote", criticando a violência que caracteriza esta prática estudantil.

Gabinete Civil vai gerir dois fundos do governo

O Gabinete Civil da Presidência da República vai controlar a aplicação de dois dos mais importantes fundos financeiros do governo: o Fundo de Assistência Econômica e Social (Faes) e o Fundo de Reserva Especial, até agora geridos, respectivamente, pela Caixa Econômica Federal e pela Seplan. Esse remanejamento só será concretizado após a reforma ministerial. PÁG. 4

Sai lista de aprovados na Universidade Mackenzie

A Folha publica hoje a relação dos 3.050 aprovados no vestibular da Universidade Mackenzie. As matrículas deverão ser feitas de 3 a 5 de fevereiro. PÁGs. 38 e 39

Índice

Tempo

Nebulosidade variável em São Paulo, com possíveis chuvas e trovoadas à tarde. Temperatura estável, devendo oscilar entre 21 e 32 graus. Ontem, a mínima foi 18,7 e a máxima 31 graus.

Na seção Tempo, pág. 38, as previsões para o Estado, o país e o mundo, além de informações para a agricultura

Telê veta os 2 amistosos na Europa

O técnico da seleção brasileira de futebol, Telê Santana, que esteve reunido ontem com diretores da Confederação Brasileira de Futebol em São Paulo, informou em entrevista coletiva dada à tarde que vetou a realização dos jogos amistosos da Seleção contra a Alemanha Ocidental e a Hungria, na Europa, marcados para o mês de março. Telê disse também que Leandro deverá ser o lateral-direito do time na Copa do Mundo no México e admitiu, pela primeira vez, que Júnior poderá jogar no meio de campo do Brasil.

No Corintians, o supervisor do Departamento de Futebol, Osvaldo Brandão, não chegou a um acordo financeiro com a diretoria do clube e deixou o cargo que havia assumido no dia 8 de dezembro do ano passado. PÁG. 34

Funaro faz ameaça às montadoras

O ministro da Fazenda, Dilson Funaro, afirmou ontem que o Conselho Interministerial de Preços (CIP), que se reúne hoje em Brasília, só autorizará reajuste para os veículos se as montadoras liberarem os estoques que estariam formando em seus pátios, à espera do aumento. "Só terão preços novos se largarem seus estoques, porque não vou permitir especulação de nenhum lado e de nenhuma empresa", disse Funaro.

O ministro afirmou também que exigirá da indústria de torrefação de café uma redução nos preços do produto. Se não for atendido, acrescentou, vai tabelá-lo. Para o consumidor, o preço do café cairia de Cr$ 129 mil para Cr$ 99 mil o quilo, segundo o ministro. PÁG. 9

Leia a opinião da Folha no editorial "Agir contra a inflação" na pág. 2

Surge nome no caso dos US$ 600 mil

O vereador de Diadema (SP) Carlos Ribeiro (PMDB) afirmou ontem que o prefeito Gílson Menezes (PT) revelou anteontem a ele e mais cinco vereadores que a autora da alegada proposta para sua transferência para o PMDB no ano passado —oferecendo-lhe 600 mil dólares— foi Leila Gonçalves, então assessora do secretário do Planejamento do Estado, José Serra. A Folha apurou que seu nome correto é Leila Dias Vasconcellos, funcionária da Cosipa requisitada pela Secretaria do Planejamento para assessoria parlamentar. O secretário José Serra disse, no final da tarde, que a história lhe parece "completamente inverossímil", acrescentando ter "o maior interesse na apuração dos fatos". Leila não foi encontrada ontem pela reportagem da Folha. PÁG. 7

O delegado Tuma é novo chefe da PF

O presidente José Sarney assinou ontem em Brasília decreto nomeando o delegado Romeu Tuma para o cargo de diretor-geral do Departamento de Polícia Federal. Tuma, que é o superintendente da PF em São Paulo, toma posse na próxima semana, em data ainda não definida. Ele vai substituir o coronel Luís Alencar Araripe, que se demitiu há mais de vinte dias. Ao anunciar a nomeação, o ministro da Justiça, Fernando Lyra, disse que o primeiro objetivo da escolha foi o de romper a tradição e colocar um civil no cargo. Para indicar Tuma, o ministro consultou diversos setores, além das superintendências regionais da PF. Segundo Lyra, a decisão foi tomada em conjunto com o presidente José Sarney.

O governador Franco Montoro aprovou a nomeação. PÁG. 5

Boeing bate em barranco; vinte feridos

Ao tentar decolar do aeroporto internacional de São Paulo, em Cumbica (município de Guarulhos, na região leste da Grande São Paulo), com destino a Belo Horizonte (MG), o Boeing 737 da Vasp chocou-se às 7h32 de ontem contra um barranco no final da pista auxiliar de taxiamento —ao lado da pista de decolagem—, causando ferimentos em vinte pessoas, cinco das quais foram internadas no Hospital Carlos Chagas, em Guarulhos. O avião transportava 65 passageiros. Segundo o gerente da Vasp em Cumbica, Isaac Yanny Assumpção, com o choque o avião rachou na altura da cabina e perdeu a asa e a turbina do lado direito. A direção da Infraero (Empresa Brasileira de Infra-estrutura Aeroportuária) impediu o acesso da imprensa. PÁG. 23

'Ave Maria' passa; Lyra segura

PÁG. 35

EXEMPLAR VENDA PROIBIDA DE ASSINANTE

FOLHA DE S.PAULO ★

SEGUNDO CLICHÊ

Diretor de Redação: Otavio Frias Filho • São Paulo, sexta-feira, 28 de fevereiro de 1986 • Um jornal a serviço do Brasil • Ano 66 • N.º 20.785 • Al. Barão de Limeira, 425 • Cr$ 3.000

Economia leva um choque

1 *O cruzeiro perde três zeros e vira cruzado*

2 *Acaba a correção, exceto para cadernetas*

3 *Congelados preços dos produtos no varejo*

4 *Salários seguem inflação semestral média*

5 *Aplicações só rendem os juros de mercado*

Sarney (Montoro ao lado) acena ao deixar Ribeirão Preto, onde se reuniu com ***empresários, políticos*** *e trabalhadores; pediu o apoio de todos contra a inflação, sem mencionar medidas de choque - Pág. 13*

O governo decidiu adotar um tratamento de choque —chamado heterodoxo, a exemplo da Argentina e Israel— para acabar com a inflação, cujo índice de fevereiro, anunciado ontem no Rio pelo IBGE, atingiu 14,36%. Nos últimos doze meses, a taxa é de 255,1%, novo recorde no país. O anúncio das medidas será feito hoje, a partir das 9h30, pelo próprio presidente Sarney, pela TV, durante reunião com todo o ministério. Em seguida, falará o ministro da Fazenda, Dilson Funaro, para expor os objetivos do chamado "Plano para um programa de estabilidade econômica". De forma oficiosa, a Seplan antecipou ontem mesmo algumas das principais medidas: será instituído um novo dinheiro chamado cruzado [o mesmo nome da moeda de ouro que circulou no Brasil entre 1580 e 1640], equivalente ao cruzeiro menos três zeros; acaba a correção monetária, exceto para o FGTS, PIS/Pasep e cadernetas de poupança, que continuarão rendendo 6% ao ano de juros; as demais aplicações financeiras (CDBs, letras de câmbio etc.) serão convertidas também em cruzados e terão juros flutuantes de mercado; não haverá maxidesvalorização cambial; os preços no varejo serão tabelados e o CIP manterá seu controle na área industrial; os salários serão reajustados para cruzados de acordo com a inflação média dos últimos seis meses, mais um abono entre 8% e 8,5%; os próximos reajustes se basearão numa escala-móvel; a dívida interna será transformada em cruzados, com rendimentos de juros, extinguindo-se a ORTN e a LTN; e depósitos à vista nos bancos, agora em cruzados, não mudam. A Seplan nega a possibilidade de estatização de bancos e anuncia que hoje será feriado bancário, para evitar uma corrida aos bancos e facilitar a implantação da reforma monetária. O governo utilizará decretos-leis para aplicar o choque. **Luís Nassif**, enviado especial a Brasília, explica as medidas nesta edição. Ontem à tarde, o país viveu um clima tenso e os bancos e caixas automáticos tiveram movimento anormal. O dólar no paralelo passou de Cr$ 20 mil. Na área empresarial a reação foi de perplexidade e esperança de que o choque derrube a inflação. Sindicalistas anunciam mobilização para debater o pacote. Em Brasília, a **Folha** apurou que o governo instituirá o seguro-desemprego. De Nova York, o correspondente **Paulo Francis** relata que os bancos credores consideram o choque "um golpe decisivo" na inflação. PÁGs. 10 a 13

Leia a opinião da **Folha** no editorial "Sob o trauma do choque" na pág. 2. Veja também a coluna de **Cláudio Abramo** na pág. 2 e os artigos de **Carlos Alberto Longo** e **Janio de Freitas** na pág. 10

Tempo no fim-de-semana

Parcialmente nublado no Litoral, com chuvas esparsas ao entardecer, bom no Interior, com possíveis chuvas isoladas à tarde. Hoje, em São Paulo, parcialmente nublado, com chuvas esparsas à tarde, temperatura estável, devendo oscilar entre 22 e 32 graus (ontem, a máxima foi 28,9 e a mínima 20,2 graus).

Na seção Tempo, pág. 23, as previsões para o Estado, o país e o mundo, além de informações para a agricultura.

Opinião da Folha

Leia na pág. 2 os editoriais "Sob o trauma do choque", sobre a guinada antiinflacionária do governo e enfatizando a sua responsabilidade pela preservação do crescimento econômico e pelo não agravamento das iniquidades sociais; "Perda de tempo", contra o serviço militar obrigatório; e "O direito do não-fumante", comentando as propostas de legislação a respeito.

Seleção faz coletivo hoje e Telê adverte atacantes

A seleção brasileira realiza hoje às 16h na Toca da Raposa, em Belo Horizonte (MG), o terceiro coletivo. Telê voltou a advertir os atacantes do time principal: "Se não entenderem o esquema que desejo, perderão suas posições." PÁG. 30

Índice

A presidenta Corazón solta prisioneiros

Trinta e três pessoas que eram mantidas como presos políticos durante o regime dirigido por Ferdinand Marcos, 68, deposto terça-feira por uma rebelião militar, foram libertadas ontem em Manila, capital das Filipinas, pelo governo chefiado pela presidenta Corazón Aquino, 53. De acordo com um grupo independente de defesa dos direitos humanos, há hoje nas Filipinas um total de 417 prisioneiros políticos, muitos dos quais teriam sido torturados na prisão. René Saguisag, porta-voz da presidência, disse que "centenas de outros" presos políticos serão libertados amanhã.

Ferdinand Marcos passou todo o dia de ontem na base de Hickam, da Força Aérea dos EUA, em Honolulu, capital do Havaí. Assessores do governo norte-americano estão tentando convencê-lo a permanecer no Havaí, informou um porta-voz da Casa Branca. PÁG. 22

Nova fuga na Febem do Tatuapé

Mais dois menores fugiram ontem da Unidade de Triagem 3 da Fundação Estadual do Bem-Estar do Menor (Febem) no Tatuapé, zona leste de São Paulo. A fuga foi liderada por M.N., 15, que, armado de revólver, dominou um inspetor, mas o próprio menor não conseguiu escapar, tendo sido detido na portaria. Cerca de vinte internos tentaram fugir e um deles foi capturado já do lado de fora pelos PMs que vigiam a área desde a rebelião e fuga de domingo. A presidenta da Febem, Maria Inês Bierrenbach, confirmou à **Folha** ter solicitado verbalmente demissão ao governador, segunda-feira, mas disse que o pedido foi rejeitado. Após tachar de "ilegal e arbitrária" a transferência de 78 menores da Febem-Tatuapé para o complexo carcerário do Carandiru, zona norte, o cardeal-arcebispo de São Paulo, dom Paulo Evaristo Arns, apelou ao governador para que a revogue. PÁG. 25

Governo vai apelar contra "Ave Maria"

A Procuradoria Geral da República entra hoje, em Belo Horizonte, com recurso de agravo contra a decisão do juiz federal mineiro Antônio Augusto Catão Alves que liberou o filme "Ave Maria", de Jean-Luc Godard. A Procuradoria também interporá mandado de segurança perante o Tribunal Federal de Recursos, pedindo concessão de efeito suspensivo à decisão de Catão Alves. De acordo com o secretário-geral do Ministério da Justiça, Honório Severo, o filme continua proibido, porque as entidades cinematográficas que se beneficiaram da decisão do juiz mineiro não detêm os direitos de comercialização do filme.

Segundo apurou a **Folha**, a Presidência, o Ministério da Justiça e a Divisão de Censura estão recebendo milhares de cartas, pedindo providências para controlar a "pornografia" e a "licenciosidade" na televisão. PAGs. 49 e 56

Pazzianotto deve sair no fim de março

O ministro do Trabalho, Almir Pazzianotto, deve desincompatibilizar-se no final de março para disputar o cargo de vice-governador de São Paulo, na chapa do candidato do PMDB ao governo estadual, Orestes Quércia. Para concorrer na chapa de Quércia, porém, Pazzianotto exige, em caso de vitória, o controle de duas secretarias do Estado: a do Trabalho e a da Promoção Social.

Ao decidir postular a candidatura a vice-governador, Pazzianotto teria acertado com o presidente Sarney uma saída do ministério que o projetasse politicamente. Sarney deverá fazer-lhe um apelo para que ajude a preservar a união do PMDB paulista, o que se daria através de sua presença na chapa de Quércia. A bancada do PMDB paulista na Câmara reúne-se segunda-feira em Brasília e deve fazer ao ministro um apelo no mesmo sentido. PÁG: 4

Para Ulysses, só mudanças terão apoio

O apoio do PMDB ao governo do presidente José Sarney "será dado em função das transformações e mudanças" por ele efetivadas, declarou ontem em Brasília o presidente nacional do PMDB e da Câmara, Ulysses Guimarães, antes da reunião da Executiva Nacional do partido. Ulysses afirmou que "o sentido do pronunciamento" feito na véspera —de apoio ao governo Sarney— foi "o de prestigiar as mudanças realizadas e as que ainda devem ser feitas". Ao se referir a estas últimas, disse que o partido não abrirá mão de uma nova Lei de Greve.

Durante a reunião da Executiva, Ulysses relatou a conversa que manteve anteontem à noite com Sarney, no Palácio da Alvorada. Disse ter comentado com o presidente o descontentamento do PMDB em consequência da "falta de proporcionalidade" na composição do novo ministério. PÁG. 5

FOLHA DE S.PAULO

Diretor de Redação: Otavio Frias Filho • São Paulo, quarta-feira, 13 de maio de 1987 • Um jornal a serviço do Brasil • Ano 67 • N.º 21.224 • Al. Barão de Limeira, 425 • Cz$ 10,00

Bresser define a política de preços

O ministro da Fazenda, Luiz Carlos Bresser Pereira, anunciou ontem em Brasília uma nova política de reajuste dos preços de produtos industriais e de serviços. A partir de agora, tais reajustes só poderão ser feitos a intervalos mínimos de trinta dias e o fator de correção será, no máximo, 80% da variação do Índice Nacional de Preços ao Consumidor (INPC) desde o reajuste anterior. Só haverá exceções com autorização expressa do Conselho Interministerial de Preços (CIP), mediante demonstração de custos. O objetivo das medidas, segundo Bresser, é conter a "onda especulativa que estava criando problemas para a economia". Ele acredita que "serão suficientes para conter o surto inflacionário".

O custo de vida na cidade de São Paulo subiu 16,55% em abril, segundo o Índice do Custo de Vida (ICV) medido pela Fundação Instituto de Pesquisas Econômicas da Universidade de São Paulo. A taxa é a maior desde que o ICV começou a ser calculado, em 1939. Os produtos de alimentação, que têm o maior peso na composição do índice, subiram 19,12%; os de saúde tiveram a elevação mais acentuada: 41,10%. O Departamento Intersindical de Estatística e Estudos Sócio-Econômicos (Dieese) também divulgou ontem seu levantamento sobre a inflação de abril na capital paulista. A alta foi de 24,35%, outro recorde desde que o Dieese começou a medir o custo de vida na cidade, em 1959. A elevação foi maior para as famílias de renda entre um e três salários mínimos (28,28%); para as situadas entre um e cinco mínimos, a elevação foi de 26,48; os que ganham de um a trinta sofreram alta de 24,35%. Noventa dos 290 bens e serviços pesquisados pelo Dieese registraram aumentos superiores a 20%. Os itens que mais subiram foram habitação, transporte e saúde. O índice acumulado de janeiro a abril de 1987 ficou em 78,83%. PÁGs. A-29 e A-30

Folha volta à Prefeitura, com liminar

O desembargador Aniceto Lopes Aliende, vice-presidente do Tribunal de Justiça de São Paulo, concedeu ontem à tarde a liminar requerida no mandado de segurança impetrado pela Empresa Folha da Manhã S.A., que edita a **Folha**, e pelos jornalistas Otavio Frias Filho, diretor de Redação deste jornal, Juan Esteves e Carlos Alberto Zanotti, repórteres, contra a determinação do prefeito Jânio Quadros de proibir a permanência de jornalistas da **Folha** em dependências da Prefeitura de São Paulo. À noite, Jânio emitiu memorando no qual diz que "acatarei a liminar, respeitando-a como me cumpre". Os repórteres da **Folha** puderam então trabalhar na sala destinada à imprensa.

A deputada federal Dirce Tutu Quadros (PTB-SP), filha de Jânio, deixou segunda-feira a clínica onde estava internada e viajou para lugar não revelado. A assessoria do prefeito divulgou carta de Tutu ao presidente do Congresso constituinte, Ulysses Guimarães, pedindo licença, e uma "carta aos amigos", em que diz não ter sofrido constrangimento ao ser internada. PÁG. A-4

Leia a opinião da **Folha** no editorial "Informação livre", na pág. A-2

Concorrência da ferrovia Norte-Sul foi uma farsa

A Folha adiantou no dia 8, em anúncio, os nomes dos vencedores divulgados ontem

JANIO DE FREITAS
Colunista da **Folha**

Foi fraudulenta e determinada por corrupção a concorrência pública, cujos resultados o governo divulgou ontem à noite, para construção da ferrovia Maranhão-Brasília (ou Norte-Sul): a **Folha** publicou os 18 vencedores, disfarçadamente, há cinco dias e antes até de serem abertos, pela estatal Valec e pelo Ministério dos Transportes, os envelopes com as propostas concorrentes.

A concorrência foi iniciada, com a abertura dos envelopes, às 9h30 da última sexta-feira, dia 8.

Desde a madrugada daquele dia a **Folha** já circulava com o resultado para os 18 lotes de obras disputados. De posse, desde a véspera, desta lista dos vencedores, não poderia publicá-la em minha coluna na pág. A-5, dado que restaria tempo para o adiamento da concorrência ou, embora com menos probabilidade, para a troca de lotes de obra, entre as empreiteiras, a Valec e o Ministério dos Transportes. O registro imediato era, porém, indispensável, já que o resultado oficial poderia sair no mesmo dia do confronto de propostas. Por isto, um anúncio ininteligível saía, na mesma sexta-feira 8, em meio do **Classifolha**, à pág. A-15, na sugestiva seção "Negócios. Oportunidades".

Na reprodução à direita, este anúncio, tal como foi publicado, mostra grupos de letras em que L significa Lote (o trecho da ferrovia); o número e a maiúscula A ou B identificam o Lote; e as iniciais que se seguem identificam a empresa que sairia vencedora. Agora, confronte-se com este anúncio o resultado oficial da concorrência: Lote 1A, vencedora a Norberto Odebrecht; 2A, Queiroz Galvão; 3A, Mendes Jr.; (não existe o lote 4A); 5A, C. R. Almeida; 6A, Serveng; 7A, EIT; 8A, Cowan; 9A, Ceesa; 1B, CBPO; 2B, Camargo Correa; 3B, Andrade Gutierrez; (4B não existe); 5B, Constran; 6B, Sultepa; 7B, Construtora Brasil; 8B, Alcindo Vieira; 9B, Tratex; 10B, Paranapanema; 11B, Ferreira Guedes.

Ao lado dos nomes destas empresas e das que se classificaram abaixo delas, em cada lote, no resultado oficial figura o desconto que cada uma oferecia em relação ao valor da respectiva obra, segundo a orçaram a Valec e o Ministério dos Transportes. Tal desconto é, sem variação entre as vencedoras e as perdedoras de cada lote, sempre de 10%. De imediato, isto demonstra que o preço estabelecido pelo governo era tão absurdamente alto que as empresas todas puderam reduzi-lo em 10%.

Como o conjunto dos lotes foi orçado pela Valec e o Ministério em quase dois e meio bilhões de dólares, vê-se que o governo se dispunha a gastar mais 250 milhões de dólares, ou Cz$ 7 bilhões e 250 milhões.

Em segunda instância, e já tendo havido empate total nos descontos, por aí ficou provado que não houve apenas divisão prévia da obra entre as empreiteiras: o conluio é geral, porque o desempate, e portanto a definição dos vencedores, foi feito pela Valec e pelo Ministério dos Transportes, atribuindo pontos a cada empresa. Pontos e bilhões. Só por patriotismo, com certeza.

Mais notícias na pág. A-21

Editoria de Arte

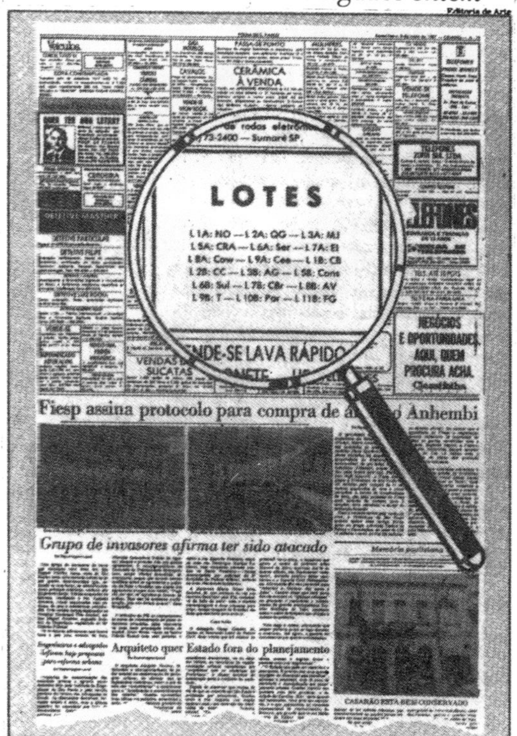

Reprodução da página A-15 com o anúncio (em destaque) publicado na edição de sexta-feira passada; os nomes dos vencedores eram indicados por suas iniciais

PMDB leva o mandato à convenção

O PMDB definirá sua posição sobre o mandato do presidente José Sarney em convenção nacional nos dias 13 e 14 de junho, em Brasília. A decisão foi tomada ontem pela Executiva do partido, reunida na Câmara, das 10h às 13h15, sob a presidência do deputado Ulysses Guimarães. A questão do mandato de Sarney deverá ser votada no dia 14, um domingo. A véspera está reservada para o credenciamento dos delegados e para um seminário sobre a situação econômica brasileira, promovido pela Fundação Pedroso Horta, órgão de estudos do PMDB. Antes disso, já na próxima terça-feira, dia 19, a bancada do PMDB no Congresso constituinte deverá reunir-se para discutir um temário idêntico: formalmente, a discussão será sobre o sistema de governo (presidencialismo ou parlamentarismo), mas, na prática, será debatido quanto tempo Sarney deve ficar no Palácio do Planalto.

A convenção de junho terá participação dos 305 deputados federais e senadores do partido, dos 121 membros do Diretório Nacional e de 278 delegados. Estes foram eleitos internamente em dezembro de 1985 e têm mandato de dois anos. PÁG. A-5

Secretário do prefeito abre videopôquer

Foi inaugurada ontem mais uma casa de videopôquer em Santo André (na região sudeste da Grande São Paulo). Trata-se do Quorum's Place, de propriedade do secretário dos Negócios Extraordinários da Prefeitura de São Paulo, Alex Freua Neto, e do ex-candidato a deputado estadual pelo PTB Giro Striani. Há, portanto, uma contradição na cúpula do governo paulistano, pois o prefeito Jânio Quadros é um dos maiores críticos desse tipo de estabelecimentos comerciais e, enquanto manda interditá-los, seu secretário decide abrir novas casas. Desde agosto de 86, Jânio mandou fechar dezenas de casas de videopôquer em São Paulo. A de Santo André possui american-bar, sinuca e dez máquinas de videopôquer. Segundo Striani, tem autorização para funcionamento. Freua Neto também é seu sócio numa casa semelhante, instalada na avenida Sumaré (zona oeste da capital). PÁG. A-16

Opinião da Folha

Leia na pág. A-2 os editoriais "Sarney e os empresários", condenando críticas precipitadas feitas pelo presidente; "Informação livre", saudando a garantia ao trabalho de repórteres da **Folha** na Prefeitura de São Paulo; e "Os crimes de Klaus Barbie", comentando o julgamento de Lyon.

O nazista Klaus Barbie diz que cumpria ordens

O ex-tenente nazista Klaus Barbie disse no tribunal de Lyon (França), ontem, segundo dia de seu julgamento, que apenas cumpria ordens como chefe da polícia secreta nazista (Gestapo) na cidade (1942-1944). A sessão teve seis horas, cinco para as acusações. PÁG. A-8

Gazeta inaugura a era das demissões "ao vivo"

Quatro comentaristas do programa "Nosso Jornal", da TV Gazeta —Rodolfo Konder, Décio Pignatari, Freitas Nobre e Kléber de Almeida— pediram demissão ao vivo durante o programa de ontem. Eles não aceitaram a demissão sumária do diretor do programa, Alberto Helena Júnior, resultado de pressões do governador Orestes Quércia. PÁG. A-6

USP ouve depoimento de negros sobre escravidão

Noventa e nove anos após a Abolição da Escravatura, pesquisadores da USP colhem depoimentos de negros sobre a escravidão em São Paulo. É a primeira vez que os negros não aparecem na produção acadêmica como figurantes mudos da História. PÁG. A-18

Filme de Paul Newman faz sucesso em Cannes

O filme "The Glass Menagerie", dirigido pelo ator Paul Newman e exibido ontem em Cannes, tornou-se um dos favoritos do festival. Para Newman, "filmes difíceis como o meu, dedicados à civilização e ao amor, conseguem promoção e se pagar" em Cannes. PÁG. A-40

Vídeo agiliza o trabalho de cineastas brasileiros

Os cineastas brasileiros Wilson Barros e Cacá Diegues já utilizam um procedimento cada vez mais comum no exterior: acompanham suas filmagens com uma câmera de vídeo, o que propicia agilidade e custos menores. Leia no caderno de **Informática** PÁGs B-1 a B-14

Índice

54 Páginas

14 de Informática — 3 de Classifolha

Tempo

Parcialmente nublado em todo o Estado de São Paulo, com tendência a melhoria e elevação da temperatura. Na capital, a temperatura deve oscilar entre 15 e 28 graus (ontem, 14 e 27,6; há um ano, 17,2 e 20,4)

Na seção **Tempo**, pág. A-10, as previsões para o país e o mundo, além de informações para a agricultura

Quércia propõe trimestralidade e dois gatilhos, mas greve continua

Fabio M. Salles

Funcionários estaduais dirigem-se em passeata da avenida Paulista rumo à Assembléia Legislativa, para protestar contra o projeto que extinguia o seu gatilho salarial

O governador Orestes Quércia enviou ontem à Assembléia Legislativa um substitutivo a seu projeto de extinção do gatilho salarial ao funcionalismo estadual, que estava em tramitação na casa. Pela nova proposta, os servidores receberão os dois gatilhos de 20% já disparados em março e abril e terão reajustes trimestrais a partir de julho, calculados na base de 75% da receita gerada com a arrecadação do Imposto sobre Circulação de Mercadorias (ICM). O projeto eleva ainda o piso salarial da categoria para Cz$ 4.200, retroativo a março, e fixa o limite máximo de Cz$ 140 mil para a aplicação dos dois gatilhos. Ao anunciar, no Palácio dos Bandeirantes, sua nova proposta, Quércia disse —ao lado dos líderes do PMDB, Roberto Purini, e do PFL, Nabi Abi Chedid— que se curvava às "pressões legítimas" das duas bancadas. Reunidos em assembléia, cerca de quinze mil servidores (a categoria tem seiscentos mil) decidiram manter a greve iniciada dia 7 pela aplicação do gatilho, por considerarem insatisfatória a nova proposta de Quércia. Para a "Comissão dos Dezenove", que reúne entidades dos funcionários, o projeto não compensa a perda salarial de 72,6% que teria ocorrido desde 1º de janeiro. Nova assembléia será realizada sexta-feira PÁG. A-12

Napoli paga US$ 3,3 mi e leva Careca

O presidente do São Paulo, Carlos Miguel Aidar, afirmou ontem que definiu, por telefone, a venda do centroavante Careca para o Napoli, da Itália, por US$ 3,3 milhões (cerca de Cz$ 100 milhões). Segundo o dirigente, um representante do time italiano chegará amanhã ou sexta-feira ao Brasil para acertar os últimos detalhes. O atacante deve viajar sábado para a Itália. Mas o técnico da seleção brasileira, Carlos Alberto Silva, pretende contar com Careca na excursão à Europa e Israel. "A CBF já acertou salário, seguro e todo esquema necessário. Oficialmente, Careca ainda não foi dispensado", disse o treinador. Hoje, o CND julga o pedido de Flamengo, São Paulo e Guarani, que não querem ceder jogadores à seleção. PÁGs. A-19 e A-20

FOLHA DE S.PAULO ★

SEGUNDO CLICHÊ

Diretor de Redação: Otavio Frias Filho ★ São Paulo, quarta-feira, 5 de outubro de 1988 ★ Um jornal a serviço do Brasil ★ Ano 68 ★ N.º 21.735 ★ Al. Barão de Limeira, 425 ★ Cz$ 150,00

Nova Constituição entra em vigor; termina transição para democracia

Caderno especial traz texto da Carta

Luciano Figueiredo / Emílio Damiani

A **Folha** *publica hoje o caderno especial "A Constituição de 1988". São 14 páginas contendo a íntegra do texto da nova Carta, as etapas de trabalho do Congresso constituinte e um glossário com os termos empregados pelos parlamentares. O caderno traz também comentários de* **Marcelo Coelho,** *integrante do Conselho Editorial do jornal, e do articulista* **Luís Francisco Carvalho Filho** *sobre os pontos positivos e negativos presentes no texto. O diretor-adjunto de Redação* **Carlos Eduardo Lins da Silva** *analisa a pouca informação da população a respeito da Carta.* PÁGs. Especial 1 a 14

Luis Marques

Ulysses Guimarães planta uma muda de "Pau-ferro", ao inaugurar o Bosque dos Constituintes ontem cedo, em Brasília

A nova Constituição brasileira entra em vigor hoje, no instante em que o presidente do Congresso constituinte, Ulysses da Silveira Guimarães (PMDB-SP), afirmar: "Declaro promulgada a Constituição da República Federativa do Brasil." Este ato, que marca o fim do processo de transição para a democracia, deve ocorrer às 15h38. Depois, uma salva de 21 tiros de canhão e o repique dos sinos da Catedral e das igrejas de Brasília vão saudar o acontecimento. A cerimônia de promulgação prevê o juramento da Carta pelos constituintes, pelo presidente Sarney e pelo presidente do Supremo Tribunal Federal, ministro Rafael Mayer. Haverá três discursos. O senador Afonso Arinos (PSDB-RJ) falará em nome dos parlamentares e o presidente da Assembléia da República de Portugal, Victor Crespo, pelas delegações estrangeiras. Caberá a Ulysses, postulante à candidatura presidencial, fazer o discurso final, fechando 20 meses de trabalhos constituintes.

Na manhã de ontem, Ulysses plantou uma muda de "Pau-ferro" na inauguração do Bosque dos Constituintes. O deputado disse que se sentia como "uma noiva muito emocionada". O consultor-geral da República, Saulo Ramos, invocou a liberdade de expressão ao responder aos ataques de Ulysses no sentido de que estava "falando demais" ao criticar a Constituição.

Sarney faz elogios ao texto mas contrata sem concurso

Em pronunciamento em rede nacional de rádio e TV, ontem à noite, o presidente Sarney elogiou o texto da nova Carta e prometeu respeitá-la, dizendo que será o seu "maior servidor". "Serei o primeiro a jurá-la. Lutarei pelo seu êxito", afirmou. Ainda ontem, o presidente aproveitou a penúltima edição do "Diário Oficial da União" anterior à vigência da Carta para contratar cerca de 160 funcionários sem concurso público e criar centenas de cargos de confiança na administração federal. PÁGs. A-5 a A-9

Leia a opinião da **Folha** no editorial "Fim da transição" na pág. A-2

Limite de 12% faz BB elevar os juros rurais

O Banco do Brasil se antecipou à entrada em vigor da nova Constituição e elevou juros do crédito agrícola para investimento —não tabelados— de 7% a 9% ao ano para 12%. Pela Carta, os juros reais não poderão ultrapassar 12%. No Rio, às vésperas da promulgação, as homologações de demissões sem justa causa aumentaram em mais de 100% no comércio e 40% em outros setores. A **Folha** apurou junto ao Sindicato dos Comerciários do Rio que nos dois últimos dias foram feitas 140 rescisões. Em agosto e setembro a média foi de 35 ao dia. PÁGs. B-1 e B-7

Presidente do IVC agora propõe a volta da Folha

O presidente do Instituto Verificador de Circulação (IVC), Gilberto Barros, pretende agora negociar a volta da **Folha** ao Instituto. O jornal rompeu com o IVC por repudiar a manobra que levou à mudança retroativa de seus critérios de circulação. Até agora, Barros não sabe o que se passou na reunião que validou auditoria considerada errada pelo diretor técnico do IVC, José Alves Bastos. Este mudou de opinião e está desaparecido. Empresários ouvidos ontem declararam que a credibilidade da **Folha** independe da sua filiação ao Instituto. PÁG. B-3

Chile julga hoje regime de Pinochet

Vidal Cavalcante

Na véspera do plebiscito, a polícia chilena se posicionou em locais estratégicos da área central de Santiago (capital)

CLÓVIS ROSSI
Enviado especial a Santiago

• FERNANDO REYES MATTA
De Santiago, especial para a **Folha**

Os 7,4 milhões de eleitores chilenos vão decidir hoje, em plebiscito, se o atual presidente, general Augusto Pinochet, permanecerá na Presidência até 1997 ou se haverá eleições presidenciais abertas no ano que vem. A votação se dará em ambiente tenso, em função de relatórios tidos como "sérios" pelo Departamento de Estado dos EUA e como "confiáveis" por fontes diplomáticas ocidentais em Santiago, nos quais se informam de preparativos da extrema-direita para tumultuar a apuração. A intenção do complô é anular os resultados se favoráveis ao "Não". Domingo, o Departamento de Estado expressou a preocupação ao embaixador chileno em Washington e, ontem, em Santiago, o embaixador dos EUA voltou ao tema em conversa com o chanceler chileno. O governo anunciara em nota segunda-feira que "nada e nem ninguém poderá impedir a plena culminação" do plebiscito. Luis Mayra, um dos coordenadores do "Não", disse à **Folha** que esperava que a iniciativa norte-americana tivesse "inibido o complô". Até as 23h10 de ontem, cinco bombas haviam explodido durante um blecaute que começou às 22h30 em bairros centrais, entre eles o elegante Las Condes. PÁGs. A-13 a A-15

Médico estranha morte de sequestrador do 737

PÁG. C-3

Opinião da Folha

Leia na pág. A-2 os editoriais "Fim da transição", sobre o significado da promulgação da nova Carta; "PT censurado", contra o corte da Justiça Eleitoral no programa de TV do partido; e "Os resultados de Seul", comentando a participação do Brasil.

Justiça eleitoral censura o PT no horário gratuito

A Justiça suspendeu ontem de manhã, por "desvirtuamento de objetivos", 2 minutos e 56 segundos do horário eleitoral do PT, que mostrava tumulto na inauguração da estação Corinthians-Itaquera do Metrô. PÁG. A-11

O Unibanco sai de leilão da dívida com US$ 55 mi

O conglomerado Unibanco recebeu US$ 55 milhões do Dai-Ichi Kangyo Bank (o maior banco em depósitos do mundo) no último leilão de conversão da dívida, quinta-feira. Informa o **Painel Econômico**. PÁG. B-2

Índice

80 Páginas

16 de Informática - 2 de Classifolha

Tempo

Nublado na Grande São Paulo e no litoral. No interior, bom. A temperatura na capital deve oscilar hoje entre 18 e 28 graus (ontem, 17,8 e 25,2; há um ano, 14,8 e 16,4).

Na seção Tempo, pág. C-5, as previsões para o país e o mundo, além de informações para a agricultura

Caixa deverá lançar este mês caderneta vinculada

O presidente da Caixa Econômica Federal, Maurício Viotti, disse que será lançada este mês a caderneta vinculada, com rendimento trimestral e 3% de juros ao ano. PÁG. B-1

Hotéis reservam quartos só para os não-fumantes

Bel Pedrosa

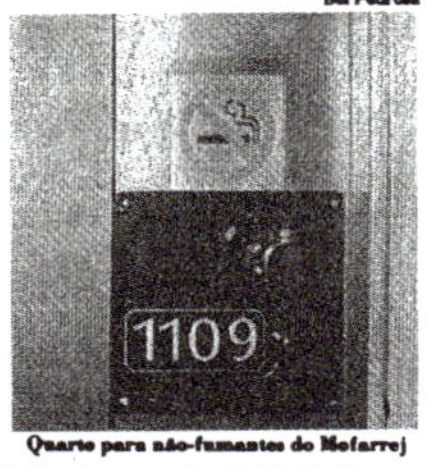

Quarto para não-fumantes do Mofarrej

Hotéis cinco estrelas de São Paulo, como o Hilton e o Mofarrej Sheraton, seguindo tendência internacional, reservam andares para hóspedes não-fumantes. PÁG. C-1

Empregada diz que viveu quatro anos escravizada

A empregada doméstica peruana Marta Del Rosário fez denúncia à polícia de São Paulo afirmando que viveu quatro anos como escrava de Rosário Fernandes. PÁG. C-5

Sarney transfere controle do Conin à Presidência

O presidente Sarney transferiu para a Presidência o controle do Conselho Nacional de Informática, coordenado até então pelo Ministério da Ciência e Tecnologia. PÁG. B-8

Pesquisa na universidade é o tema de Informática

O suplemento traz reportagem sobre a atuação das universidades brasileiras em projetos de pesquisa de ponta na área de computação. PÁGs. G-1 a G-16

SEGUNDO CLICHÊ

Diretor de Redação: Otavio Frias Filho ★ São Paulo, terça-feira, 6 de junho de 1989 ★ Um jornal a serviço do Brasil ★ Ano 69 ★ N.º 21.979 ★ Al. Barão de Limeira, 425 ★ NCz$ 0,60

FOLHA DE S.PAULO

Sem crédito, país pode adotar moratória

O Brasil poderá interromper o pagamento dos juros da dívida externa e recorrer a uma nova moratória se não houver acordo com o FMI. Sem este acerto, o país deixa de receber US$ 4,225 bilhões e precisará sacar em setembro US$ 3 bilhões das reservas para pagar juros. O governo e uma missão do FMI começaram ontem a negociar um acordo provisório com metas até a posse do novo presidente da República (15 de março de 90). O maior obstáculo é o déficit público. Neste item, o governo terá dificuldades a partir de hoje nos leilões semanais de Letras Financeiras do Tesouro. Em duas semanas serão negociados os primeiros títulos que vencem após 15 de março. PÁG. B-1

China passa a viver em clima de guerra civil

A China começou a viver ontem um clima de guerra civil. Vários carros blindados e tanques do Exército chinês foram queimados após combates ocorridos em Pequim (capital). Não se sabe se os confrontos envolveram facções diferentes do Exército ou se aconteceram entre soldados e manifestantes. Durante todo o dia foram registrados choques entre as tropas militares e a população. O número de mortos ainda não está confirmado. PÁGs. A-10 e A-11

Associated Press

Contra a repressão a manifestantes chineses, um homem desarmado mantém-se parado na avenida Cangan, centro de Pequim, e barra o curso de um comboio que chegou a ter 18 tanques; antes de ser retirado por estudantes ele subiu num blindado para falar aos soldados

EUA proíbem as vendas de armas

O governo dos EUA decidiu ontem impor sanções comerciais à China. Entre as medidas, os EUA bloquearam a venda de armas para Pequim. O Brasil divulgou ontem à noite nota oficial sobre a crise chinesa. PÁGs. A-11 e A-12

Leia a opinião da **Folha** no editorial "Rumo à tirania", na pág. A-2

BC desvaloriza a moeda em 4,01%

O Banco Central (BC) desvalorizou ontem o cruzado novo em 4,01%. É a segunda desvalorização da moeda em junho. A partir de hoje o dólar passa a valer NCz$ 1,2110 para compra e NCz$ 1,2170 para venda. O câmbio acumula uma variação de 5,5% neste mês. PÁG. B-1

Oito morrem nos funerais de Khomeini

Oito pessoas morreram e 500 ficaram feridas em tumultos nos funerais do aiatolá Khomeini, morto sábado de ataque cardíaco. Centenas de milhares de pessoas velaram o aiatolá na praça Mosalah ("Campo de Oração"), em Teerã. O enterro será hoje. Em seu testamento, Khomeini chamou o Irã de "presente de Deus". PÁG. A-12

Leia a opinião da **Folha** no editorial "Morre Khomeini", na pág. A-2

France Presse

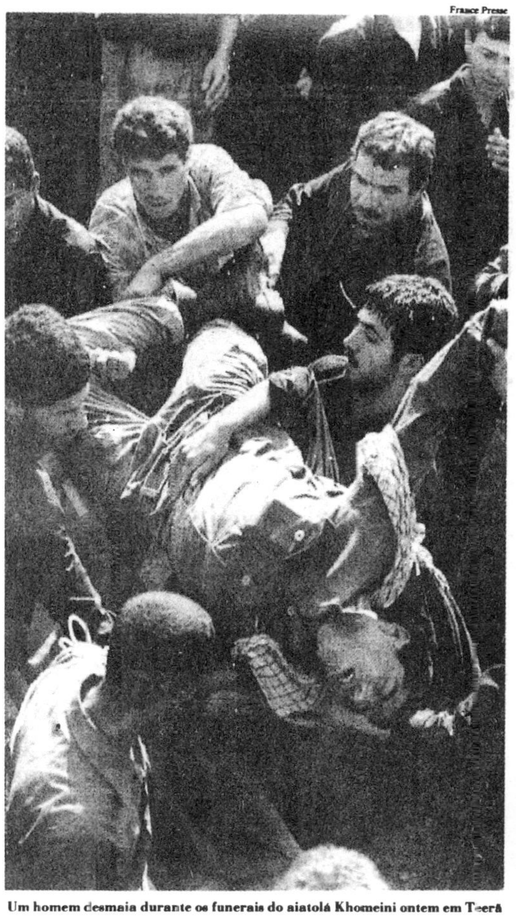

Um homem desmaia durante os funerais do aiatolá Khomeini ontem em Teerã

Marcelo Buainain

O fazendeiro Trajano Silva, dono das terras onde Leonidas Gonçalves caçará

Leonidas quer caçar animais no Pantanal

O ministro do Exército, Leonidas Pires Gonçalves, fará uma caçada na fazenda Varjão, de Trajano Silva, em Dourados (MS), durante as manobras militares que simularão uma guerra no Pantanal em outubro. Ele disse ontem que não há perigo para os animais e que as manobras não trarão danos ecológicos à região. A ilha de Porto Carrero (oeste do Estado) será bombardeada. PÁG. A-7

Solidariedade canta vitória no Parlamento

Resultados parciais indicam que o sindicato independente Solidariedade obteve maioria dos votos para o Parlamento da Polônia. O sindicato afirma que conseguiu as 161 cadeiras da Câmara destinadas à oposição, contra outros concorrentes. Deve obter mais de 80% no Senado. Apesar disso, leis eleitorais garantem ao governo a maioria no Parlamento. O governo reconheceu sua derrota. PÁG. A-9

Incêndio foi criminoso na Câmara de SP

O incêndio do dia 18 de março na Câmara de SP foi criminoso, para destruir provas. Houve desvio de dinheiro na Casa. As conclusões são do delegado Sérgio Roque, que indiciou ontem 11 pessoas com base nos resultados dos inquéritos. Os deputados cassados Felipe Cheidde (PMDB-SP) e Mário Bouchardet (PMDB-MG) terão de devolver aos cofres públicos NCz$ 15 mil cada. PÁG. A-8

Casos de Aids vão triplicar em dez anos

O número de portadores do vírus da Aids deve triplicar em dez anos. Hoje há no mundo cinco milhões de infectados que ainda não apresentam sintomas. Os aidéticos somarão 4,5 milhões até 1999. Hoje são 500 mil, segundo o diretor do Programa Mundial contra Aids da Organização Mundial de Saúde, Jonathan Mann. Ele divulgou as cifras ontem em Montreal (Canadá). PÁG. C-5

Opinião da Folha

Leia na pág. A-2 os editoriais "Rumo à tirania", analisando a repressão aos protestos de Pequim; "Morre Khomeini", comentando a morte do aiatolá; e "Vaias e aplausos", sobre a crise do PMDB.

Índice

58 Páginas

12 de AgroFolha - 2 de Classifolha

Preço recorde da laranja é destaque do Agrofolha

O preço da laranja nesta safra será o mais alto já registrado pelos produtores. A associação dos citricultores de São Paulo estima que o preço final, a ser definido no próximo dia 30, deve chegar a US$ 3,81 a caixa. PÁGs. G-1 a G-12

Derivados de leite estão 13,5% mais caros hoje

Os preços da manteiga, leite em pó, leite condensado e queijos de consumo popular sobem hoje 13,52%. PÁG B-3

Sarney vai vetar salário mínimo de NCz$ 120,00

O presidente Sarney vetará o salário mínimo de NCz$ 120,00 aprovado no Congresso, disse o líder do governo na Câmara, Luiz Roberto Ponte. PÁG. B-4

Venda de carro a álcool registra queda de 35,5%

PÁG. B-4

Cazuza prepara no Rio série de apresentações

O cantor e compositor Cazuza marcou shows entre dias 14 e 17 deste mês no Rio. Com Aids, ele deve se apresentar em cadeira de rodas. PÁG. E-5

negócios

As empresas brasileiras Embraer e Avibrás deverão fazer bons negócios na feira de aviação de Le Bourget, na França. Leia no **Caderno de Negócios**, que circula na Grande São Paulo.

Tenista americano bate em Paris nº 1 do mundo

O tcheco Ivan Lendl, nº 1 do mundo, foi eliminado do Torneio Aberto da França em Paris pelo americano Michael Chang (18º) por 3 sets a 2. PÁG. D-3

Presidente do TSE prega boca-de-urna mais livre

O presidente do Tribunal Superior Eleitoral (TSE), José Francisco Rezek, defende o abrandamento de proibições na boca-de-urna em novembro. PÁG. A-4

McCartney adota espírito dos Beatles em novo LP

PÁG. E-1

Na seção Acontece/Cidades, pág C-2, as previsões para o país e o mundo, além de informações sobre o trânsito nas estradas e a qualidade do ar em São Paulo

Tempo

Bom. A temperatura na capital deve variar entre 13 e 23 graus (ontem, 15,4 e 22,4; há um ano, 4,2 e 18,9).

Protesto pela Billings reúne 2 mil pessoas

Cerca de duas mil pessoas protestaram à beira da represa Billings (Grande São Paulo) ontem, Dia Mundial do Meio Ambiente, contra a poluição. As Prefeituras do ABC, São Paulo e Santos impetraram ação contra o Estado pelo fim do desvio das águas do rio Tietê para a represa até que haja um Relatório de Impacto sobre o Meio Ambiente (Rima) da barragem que desviou as águas. PÁG. C-1

FOLHA DE S.PAULO

SEGUNDO CLICHÊ

Diretor de Redação: Otavio Frias Filho ★ São Paulo, sábado, 11 de novembro de 1989 ★ Um jornal a serviço do Brasil ★ Ano 69 ★ N.º 22.137 ★ Al. Barão de Limeira, 425 ★ NCz$ 3,00

TSE afasta polícia do caso Lubeca e assume apuração

Por determinação do TSE, a polícia de São Paulo foi afastada do caso Lubeca. Segundo o corregedor-geral eleitoral, Romildo Bueno de Souza, o caso deve ficar com o TRE-SP, pois a denúncia é eleitoral —Ronaldo Caiado (PSD) acusou a Prefeitura paulistana de receber dinheiro da Lubeca para a campanha do PT. Para o corregedor, está havendo "precipitada e indevida" utilização do caso por "protagonistas da campanha". O promotor Dráusio Barreto disse não haver "evidências de crime eleitoral ou crime praticado por alguém ligado ao PT". A polícia disse que o cheque da Lubeca foi recebido por diretores do grupo Moinho Santista, ao qual pertence a empresa. PÁG. B-5

Caderno traz 100 anos de República no país

A **Folha** traz hoje caderno especial sobre os cem anos da República. Às vésperas da comemoração, o Brasil ainda não realizou os princípios do liberalismo e do republicanismo e não se livrou de problemas do período colonial. O caderno analisa a economia do país nestes cem anos, o papel dos militares e a visão dos estrangeiros sobre a República brasileira. Especial 1 a 6

Eleição é destaque na Folhinha

O suplemento destaca a eleição presidencial. Mostra por que existe eleição e qual a função do presidente da República. Traz dados sobre alguns presidentes e identifica os principais candidatos atuais. Veja também as dicas de lazer para as crianças no dia 15. PÁGs. H-1 a H-8

Saiba tudo sobre os candidatos

A Folha publica amanhã o caderno **Os Candidatos**. Ele traz informações sobre as 21 candidaturas que disputam o primeiro turno da eleição presidencial. São biografias, programas de governo, posição dos candidatos nas pesquisas e principais fatos das campanhas.

Marcelo Zocchio

SHOPPING NO CENTRO DA CIDADE

Será aberto ao público na próxima terça-feira, às 10h, o Shopping Center Paulista (foto), o primeiro construído na região central de São Paulo. O novo centro de compras está localizado na rua 13 de Maio, quase esquina com a avenida Paulista. O Shopping Center Paulista tem 144 lojas e quatro cinemas. O movimento diário esperado é de 30 mil pessoas. PÁG. D-3

Santos diz que um dia ainda será presidente

Silvio Santos disse ontem que ainda quer ser presidente. "No dia em que eu for presidente, farei uma boa administração", afirmou um dia após a cassação pelo TSE de sua candidatura. Ele não vai recorrer contra essa decisão e disse que "as pessoas foram ludibriadas pelos homens do PMB". Santos afirmou que não descarta a hipótese de se candidatar ao governo de São Paulo. PÁG. B-3

PF identifica 24 empresas da fraude cambial

A PF paulista identificou 24 empresas envolvidas na fraude cambial que permitiu a saída de US$ 360 milhões do país em dois anos. Dois intermediários das operações foram interrogados. Os beneficiários das transações remeteram dólares com documentos falsos. "O Brasil não tem qualquer sistema de controle e cruzamento de documentos de importação", afirma Tupy de Moura, diretor do BC. O governo deve baixar medida provisória contra fraudes cambiais. PÁGs. C-1 e C-3

SP tem só duas casas de show cinco estrelas

Levantamento do Da**taFolha** indica o Olympia e o Palace como as melhores casas de show de São Paulo. Foram as únicas que receberam a cotação máxima de cinco estrelas. Entre os clubes privês, ficaram em primeiro o Palladium e o Gallery. O critério de seleção privilegiou a importância cultural das casas na cidade, segurança, regularidade de movimento e apresentações. O Projeto Leste e o teatro Caetano de Campos receberam as piores cotações. PÁGs. F-1 e F-3

Ato de Collor acaba em violência

Marco Antonio

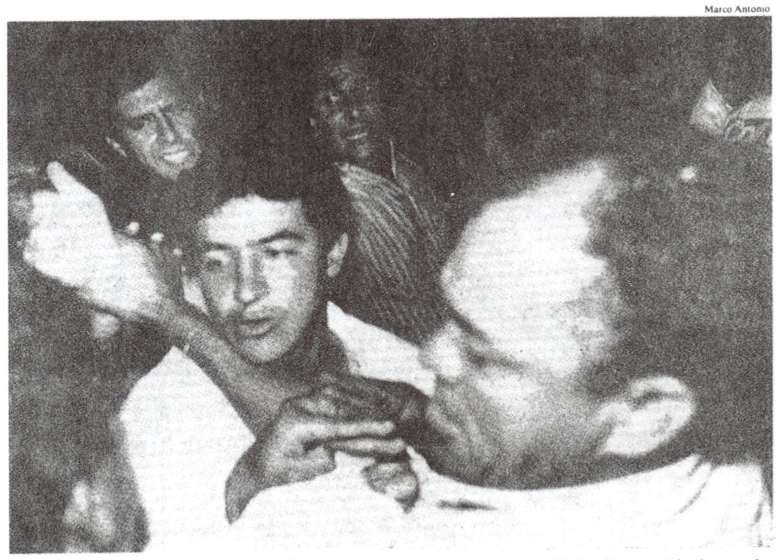

Collor de Mello se envolve em conflito após comício quinta à noite em Ceilândia, seguido de atos de vandalismo, com 19 ônibus destruídos e comitê de Afif Domingos arrombado e incendiado - Pág. B-5

Gasolina terá venda com cartão

PÁG. C-8

France Presse

Um jovem alemão-oriental usa um martelo para começar a derrubada simbólica do Muro de Berlim, construído em 61

Alemães-orientais atravessam muro e passeiam no Ocidente

JOSÉ ARBEX

Enviado especial a Berlim Oriental

Berlim Oriental ficou paralisada ontem porque muitas pessoas foram passear do outro lado do Muro de Berlim. Desde que o governo da Alemanha Oriental anunciou anteontem a liberação das fronteiras e do muro, milhares de pessoas se concentraram em frente aos portões para atravessá-lo. Muitos já voltaram para casa. Policiais retiraram as barreiras da ponte Glienicke e da rua Mahlow, que foram liberadas para o tráfego. PÁGs. A-7 a A-10

Leia a opinião da **Folha** no editorial "Cai um símbolo", na pág. A-2.

Presidente da Bulgária renuncia após 35 anos

PÁG. A-6

Índice

104 Páginas

8 de Letras - 8 de Folhinha
6 de República - 34 de Classifolha

Opinião da Folha

Leia na pág. A-2 os editoriais "Cai um símbolo", que manifesta otimismo com o fim do Muro de Berlim; "Mais faculdades", sobre novos cursos; e "Salários do Banco do Brasil", apontando os efeitos.

classifolha

34 Páginas

Imóveis, que circula na Grande São Paulo e litoral sul, mostra as regiões mais valorizadas para a formação de chácaras nos arredores de São Paulo.

Herdeiros de Benjamin acusam editora de fraude

A Justiça alemã-ocidental julga este mês processo em que os herdeiros do filósofo Walter Benjamin (1892-1940) acusam a editora Suhrkamp de fraude nos direitos autorais. PÁG. G-1

Japão libera US$ 491 mi para projetos no Brasil

PÁG. C-8

Lazaroni chama 17 para o jogo contra Iugoslávia

PÁG. E-2

No seção **Acontece/Cidades**, pág. D-2, as previsões do tempo para o país, além de informações sobre estradas e qualidade das praias em SP e RJ.

Tempo

Nublado, chuvas leves e períodos de melhoria. A temperatura na capital deve ficar entre 18 e 26 graus. Ontem, variou de 17,6 a 25,2 (há um ano, 18,5 e 24,2).

FOLHA DE S.PAULO ★ SEGUNDO CLICHÊ

Diretor de Redação: Otavio Frias Filho ★ São Paulo, segunda-feira, 18 de dezembro de 1989 ★ Um jornal a serviço do Brasil ★ Ano 69 ★ N.º 22.174 ★ Al. Barão de Limeira, 425 ★ NCz$ 4,50

COLLOR É VIRTUAL ELEITO

Boca-de-urna dá 51,5% contra 48,5%; Lula diz estar preparado para derrota

Monica Vendramini

O candidato do PRN, Fernando Collor de Mello, o virtual presidente eleito do Brasil

Fernando Affonso Collor de Mello, carioca, 40 anos, deve se transformar hoje no mais jovem presidente eleito da história do país e tomar posse em 15 de março de 1990 como o 36º cidadão no cargo. Seu mandato será de cinco anos. Collor chega ao Planalto após uma campanha fulminante, sustentado por um partido de conveniência, o PRN. Sua carreira, mais vertiginosa que a de Jânio Quadros, o último presidente eleito pelo voto, começou em 1979 quando foi indicado prefeito de Maceió (AL) pelo regime militar. Votou pelas diretas-já em 1984 e se elegeu governador de Alagoas em 1986, já no PMDB, na safra do Plano Cruzado. Rompeu com o presidente Sarney e fez da crítica ao governo sua principal arma. Ficou famoso como "o caçador de marajás". Defende a iniciativa privada. Para os adversários, é autoritário, emocionalmente imaturo e produto de marketing político. Para os partidários, é o novo Juscelino Kubitschek.

Ontem cedo, Lula (PT) disse: "Numa eleição, você tem que estar preparado para a vitória ou para a derrota". **Diretas-89**

Só margem de erro impede certeza total

A diferença de três pontos percentuais entre Collor e Lula na pesquisa de boca-de-urna do Data **Folha** *está dentro da margem de erro —dois pontos para cima ou para baixo nos índices de cada candidato. Só por isso ainda não se pode afirmar categoricamente que Collor é o presidente.*

Quando a **Folha** *antecipou o resultado do primeiro turno em 16 de novembro, a diferença de quatro pontos a favor de Lula sobre o terceiro colocado, Leonel Brizola, oferecia segurança para o acerto.* PÁG. B-1

Fonte: DataFolha — Mário Kanno/Editoria de Arte

Opinião da Folha

Leia na pág. A-2 os editoriais "Entendimento necessário", apontando a exigência de uma ampla coalizão política para garantir a governabilidade; e "Final feliz", destacando a ausência de exploração política do sequestro de Diniz.

Índice

62 Páginas

2 de Classifolha - 8 Epecial

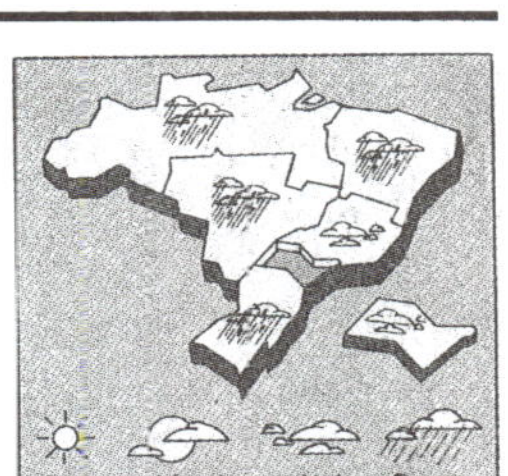

Na pág. A-6, as previsões do tempo para o país e o mundo, além de informações sobre agricultura e qualidade do ar.

Tempo hoje está na pág. A-6

Bom, passando a nublado com ocorrência de chuvas isoladas. A temperatura na capital paulista deverá ficar entre 18 e 30 graus. Ontem a variação registrada foi de 18,6 a 27,9 graus (há um ano, oscilou entre 20,2 e 30,1).

Grupo se entrega e solta Diniz

Após 35 horas de cerco policial, os sequestradores de Abilio Diniz soltaram o empresário e se entregaram. Diniz, vice-presidente do Grupo Pão de Açúcar, foi sequestrado do dia 11. Ele deixou a casa onde estava retido, na zona sul de São Paulo, às 17h06 de ontem. Pouco antes, os seis sequestradores —um brasileiro, um chileno, dois argentinos e um casal canadense— haviam sido levados num ônibus da polícia.

Para fazer o acordo que pôs fim ao sequestro, eles exigiram: garantia de integridade física, comprovação de que os membros já presos do grupo —quatro chilenos envolvidos com a extrema esquerda do Chile— estavam bem e as presenças de d. Paulo Evaristo Arns, do ex-ministro Bresser Pereira (diretor do Pão de Açúcar) e de diplomatas do Canadá, Argentina e Chile.

Diniz chegou à casa da ex-mulher, no Morumbi, às 17h20. Abatido e com a barba por fazer, afirmou: "Foram os piores momentos de minha vida". **Caderno Sequestro**

Luiz Novaes

Abilio Diniz ao sair do cativeiro com o cardeal Arns (atrás) e Bresser (de boné)

FOLHA DE S.PAULO

SEGUNDO CLICHÊ

Diretor de Redação: Otavio Frias Filho ★ São Paulo, sábado, 23 de dezembro de 1989 ★ Um jornal a serviço do Brasil ★ Ano 69 ★ N.º 22.179 ★ Al. Barão de Limeira, 425 ★ NCz$ 4,50

Leia a lista com 37.823 aprovados na 1ª fase da Fuvest

PÁGs. Especial 1 a 14

Revolta derruba ditador da Romênia

Fotos Associated Press

Milhares de pessoas festejam na praça do palácio presidencial, em Bucareste, a queda do ditador Nicolau Ceausescu (no destaque, o líder da revolta, Corneliu Manescu, esq., em programa da TV romena)

Uma rebelião popular depôs ontem o ditador romeno Nicolau Ceausescu. Milhares de pessoas invadiram o palácio presidencial em Bucareste (capital). O ex-chanceler Corneliu Manescu anunciou às 12h40 que um Comitê da Democracia Nacional tomou o poder. Ceausescu deixou o palácio de helicóptero. O Exército aderiu à revolta. Forças leais ao ditador reagiram. A polícia política atirou em manifestantes na praça da República, coração da capital. Tropas rebeldes dominaram a praça após duas horas de luta. Havia centenas de corpos nas ruas. Ocorreram combates em todo o país. Até a noite o paradeiro de Ceausescu era ignorado. A TV estatal diz que ele deixou o país. O novo governo prevê eleições em abril. Ceausescu, 71, foi eleito chefe do Partido Comunista em 65. Impôs um regime despótico. Corneliu Manescu, 73, o líder rebelde, foi ministro do Exterior de 61 a 72. Cumpria prisão domiciliar há 9 meses por se opor ao ditador. A Romênia é o último país do Pacto de Varsóvia a sofrer reformas. PÁGs. A-8 a A-10

Associated Press

Soldados guardam uma das duas passagens abertas quinta-feira à noite no Muro de Berlim pela Alemanha Oriental diante da porta de Brandemburgo, um dos principais símbolos alemães - Pág. A-5

Collor admite recessão no ano que vem

O presidente eleito, Fernando Collor de Mello, admitiu ontem na sua primeira entrevista coletiva após a vitória na eleição que a economia brasileira poderá passar por uma recessão em 1990. "Nós imaginamos que uma recessão possa acontecer, pequena", disse. Collor comprometeu-se a apoiar o parlamentarismo no plebiscito que definirá em 1993 o sistema de governo do país. Descartou a antecipação da posse, marcada para 15 de março, e reafirmou sua proposta de diminuir o Estado —classificando-o como "ineficiente, corrupto, incompetente e gigantesco". A responsabilidade pela condução da economia até a posse, para Collor, é exclusiva do presidente Sarney. A **Folha** publica a íntegra da entrevista, realizada de manhã no Centro de Convenções de Brasília.

Collor desistiu de fazer agora uma viagem longa ao exterior. Como informa o **Painel,** ele deverá descansar por apenas uma semana com a família em local que não foi divulgado. PÁG. A-4 e **Diretas-89**

Leia a opinião da **Folha** no editorial "Pouco a declarar", na pág. A-2.

Yuugi Makiuchi

Collor dá a primeira coletiva após a vitória no Centro de Convenções de Brasília

Opinião da Folha

Leia na pág. A-2 os editoriais "Pouco a declarar", sobre a entrevista de Collor; "Crise do álcool", contra o comportamento do governo; e "O novo IPTU", analisando a redução aprovada.

Rali Paris-Dacar começa dia 25 com 2 brasileiros

PÁG. E-4

Na pág. A-6, as previsões do tempo para o país e o mundo, além de informações sobre agricultura e qualidade do ar.

Tempo

Bom, com nebulosidade variável. A temperatura na capital deve ficar hoje entre 16 e 29 graus. Ontem, variou de 15 a 27,9 (há um ano, de 18,8 a 27,8).

Índice

86 Páginas

8 de Letras - 8 de Folhinha

26 de Classifolha

folhinha

Alvaro Motta

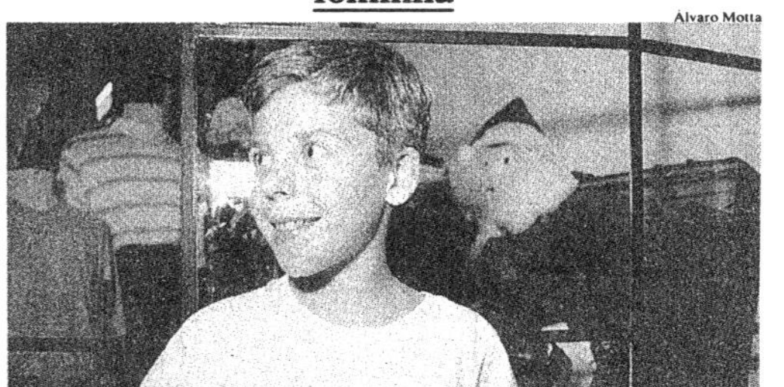

Fernando, 10, posa diante de uma loja do Shopping Center Norte, em São Paulo; ele afirma na reportagem do suplemento sobre Natal que presentes trazem "uma alegria para a gente" - Págs. H-1 a H-8

Aumento do IPTU vai ser menor que inflação

O secretário municipal de Finanças, Amir Khair, disse ontem que o reajuste médio do IPTU para 1990, aprovado pela Câmara ontem de madrugada, ficará abaixo da inflação de 1989. A proposta original da Prefeitura previa um aumento 56% superior à inflação. PÁG. D-5

Leia a opinião da **Folha** no editorial "O novo IPTU", na pág. A-2.

Ônibus, táxis e metrô têm reajuste

Ônibus, táxis e metrô já estão mais caros em São Paulo. O ônibus passou de NCz$ 1,60 para NCz$ 2,50, com alta de 1.983,34% desde janeiro contra 1.716,33% da inflação. Os táxis subiram 47,68% e o metrô, 50%. PÁG. D-5

Veja como foi o cativeiro de Abilio Diniz

A polícia liberou ontem para a imprensa a casa onde o empresário Abilio Diniz esteve sequestrado, na zona sul de São Paulo. O cubículo onde Abilio passou cinco dias tem aproximadamente 1,5 m de largura por 2 m de comprimento e 1,90 m de altura. Não tem janelas. Uma madeira com furos servia de respiradouro. Ao lado do colchão, estavam um prato de legumes, uma garrafa de água e um saco de biscoitos. O esconderijo foi montado em um poço desativado. Uma escada de madeira com dez degraus leva até ele. PÁGs. D-1 e D-3

SIF contesta validade de análise no leite B

Francisco Sérgio Jardim, chefe do Serviço de Inspeção Federal (SIF) em São Paulo, disse que o exame de leite B feito pela Secretaria Municipal de Abastecimento não tem valor pois o produto foi colhido no varejo por entidade civil (o Instituto Brasileiro de Defesa do Consumidor). A análise constatou alto índice de bactérias em amostras de duas marcas de leite. PÁG. D-5

Marcelo Zocchio

Cubículo onde o empresário Abilio Diniz permaneceu durante o seu sequestro

FOLHA DE S.PAULO ★

SEGUNDO CLICHÊ

Diretor de Redação: Otavio Frias Filho ★ São Paulo, segunda-feira, 12 de fevereiro de 1990 ★ Um jornal a serviço do Brasil ★ Ano 69 ★ N.º 22.230 ★ Al. Barão de Limeira, 425 ★ NCz$ 11,00

África do Sul liberta Nelson Mandela

Reuter

O líder antiapartheid Nelson Mandela, com a mulher, Winnie, ergue o punho cerrado ao deixar a prisão sul-africana de Victor Verster após 27 anos de cativeiro

JAIME SPITZCOVSKY
Enviado especial à Cidade do Cabo

O mais famoso preso político do mundo está livre. Depois de 27 anos de cativeiro, Rolihlahla Nelson Mandela, 71, cruzou ontem às 16h15 (11h15 de Brasília) o portão da prisão-fazenda de Victor Verster, a nordeste da Cidade do Cabo, África do Sul, ao lado de sua mulher, Winnie. A libertação causou euforia e otimismo. Ele é o principal líder da luta contra o apartheid, regime de segregação racial que a minoria branca impõe à maioria negra no país. Catorze pessoas morreram e cem ficaram feridas durante as comemorações.

Condenado à prisão perpétua por traição e sabotagem, Mandela virou símbolo internacional da defesa dos direitos humanos. Ele foi solto como parte das negociações iniciadas pelo presidente Frederik de Klerk, que tomou posse em setembro passado.

Em discurso, Mandela fez uma ameaça: "Os fatores que nos obrigaram a optar pela luta armada ainda existem hoje. Não nos resta opção senão continuar nesse caminho". PÁG. Especial 1

País e seu líder negro têm caderno especial

A **Folha** publica hoje o caderno especial **África do Sul**, com a história do país e do regime racista do apartheid, a luta contra este regime e a vida de Mandela. PÁGs. Especial 1 a 8

Receita e PF vão fiscalizar alta de preços

A Polícia e a Receita Federal vão substituir a Sunab na fiscalização de preços. O presidente Sarney deve assinar até o final da semana medida provisória prevendo aplicação de multas entre 200 e 500 mil BTNs (NCz$ 8,5 mil e NCz$ 3,4 milhões) aos infratores. A Receita usará informações dos impostos e poderá fazer devassas fiscais. A medida é a última cartada de Sarney para conter a inflação. PÁG. B-1

Supermercados de SP aceleram as remarcações

Os supermercados e hipermercados da cidade de São Paulo aceleraram as remarcações de preços na semana passada. Os supermercados passaram a cobrar 12% a mais em média pelos seus produtos e os hipermercados reajustaram em 17%, conforme pesquisa realizada pelo Data**Folha**. As remarcações superaram a média das duas últimas de janeiro (que acumularam 21%). PÁG. B-4

Tyson cai mas quer anular luta

Reuter

O juiz Octavio Meyron conta os dez segundos para o peso pesado Mike Tyson, que foi derrubado por James Douglas (ao fundo) na luta de ontem em Tóquio

ERNESTO K. YOSHIDA
De Tóquio

O peso pesado Mike Tyson foi nocauteado no 10º assalto por James Douglas ontem em Tóquio. Foi sua primeira derrota em 38 lutas profissionais. Após o combate, Douglas chegou a vestir o cinturão de campeão do Conselho Mundial de Boxe (CMB) e da Associação Mundial de Boxe (AMB), mas pode perdê-lo. No 8º assalto, o juiz mexicano Octavio Meyran deu a ele mais de dez segundos para levantar de uma queda. O promotor da luta, Don King, que perderia milhões de dólares, recorreu. "Errei", disse Meyran ao ver o teipe com os presidentes das entidades. O CMB se posiciona dia 20. A AMB, em até dez dias. Pode haver nova luta. PÁGs. D-1, D-7 e D-8

Acaba volta ao mundo em 19 dias de Collor

O presidente eleito, Fernando Collor, conclui hoje sua viagem de 19 dias ao exterior. Ele será recebido em almoço pelo rei Juan Carlos, em Madri. Terá encontro também com José Maria Cuevas, presidente da Confederação Espanhola das Organizações Empresariais. Embarca para o Brasil às 23h59 (19h59 de Brasília). PÁGs. A-5 e A-6

CMTC fez uso de verbas em curso político

A Companhia Municipal de Transportes Coletivos (CMTC) usou 34.475,48 BTNs (NCz$ 589.475,48) em um curso de formação política para funcionários. Ele foi dado em julho e agosto de 89 pela desconhecida "Fundação Nativo da Natividade". O presidente da CMTC, Paulo Azevedo, o suspendeu ao assumir em setembro. PÁG. A-4

Opinião da Folha

Leia na pág. A-2 os editoriais "Indexação sob desgaste", apontanto a perda de credibilidade do BTN; "Pichadores em fúria", condenando sua ação; "Pressões familiares", sobre o caso CEF; e "Reclamos de Cuba", acerca de sua crise.

"Saúde" mostra melhor maneira de se barbear

A seção traz dicas para se atenuar a irritação que o barbear produz. A escolha entre barbeador elétrico e lâmina de barbear é indiferente. PÁG. C-6

Tchecoslováquia agora é os EUA nos 60, diz Havel

O presidente da Tchecoslováquia, Václav Havel, teatrólogo, diz ver semelhanças entre os EUA na década de 60 e o momento atual de seu país. PÁG. E-1

Veja íntegra do discurso de Gorbatchev no PCUS

A **Folha** publica com exclusividade o discurso de Mikhail Gorbatchev em que anuncia o fim do monopólio do Partido Comunista na URSS. PÁG. A-10

Maníaco do ácido ataca outra jovem na cidade

Mais uma moradora da zona leste, Cláudia Cristina de Oliveira, 17, foi atacada anteontem por um homem que lhe jogou ácido no corpo e na cabeça.

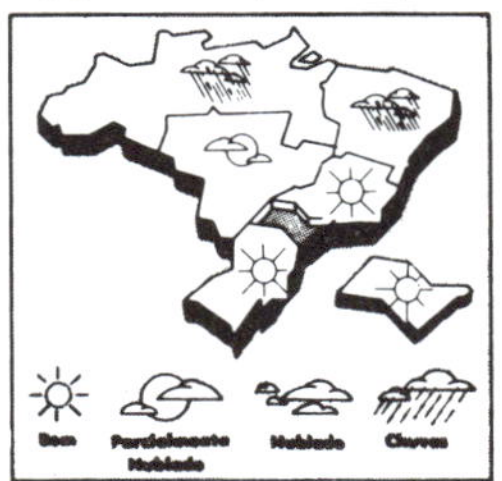

No pág. C-2, o tempo no país e no mundo, além de informações sobre a qualidade do ar em São Paulo e agricultura.

Tempo

Bom, com nebulosidade variável e chuvas isoladas a partir da tarde. A temperatura na capital deve ficar hoje entre 19 e 31 graus. Ontem, variou de 19,4 a 30,6 graus (há um ano, 18,8 a 25,3).

Índice

52 Páginas
2 de Classifolha

No Rio, CBTU estima falhas de maquinista

O chefe do Departamento de Segurança Industrial da Companhia Brasileira de Trens Urbanos (CBTU), José Bayma, disse que o choque de trens que matou quatro pessoas sexta-feira no Rio tem como causa mais provável uma desatenção do maquinista Jorge Martins. A análise dos equipamentos não indicou irregularidades. PÁG. C-3

Adi Leite

Cartazes comunicam falta de álcool em um posto da Praia Grande (SP) ontem

Cresce a falta de álcool nos postos cariocas

Mais da metade dos postos do Rio ficaram ontem sem álcool. A escassez foi maior na zona norte. Na Grande Belo Horizonte, a maioria dos postos funciona agora por menos horas. Há escassez também no interior de Minas, balneários do Paraná e litoral sul de SP. Em Santos, 60% do postos fecharam mas houve álcool à venda. PÁG. B-6

Menem tenta mudar estatais para ter pacto

A reforma do sistema bancário estatal e o fechamento de várias subsecretarias devem ser as principais medidas do reajuste do plano econômico Argentino, a ser anunciado pelo ministro Antonio Erman González. O governo submete hoje a empresários um esboço das medidas para tentar articular um pacto econômico, político e social. PÁG. B-6

FOLHA DE S.PAULO

★ SEGUNDO CLICHÊ

Diretor de Redação: Otavio Frias Filho ★ São Paulo, sábado, 17 de março de 1990 ★ Um jornal a serviço do Brasil ★ Ano 70 ★ Nº 22.263 ★ Al. Barão de Limeira, 425 ★ Cr$ 30,00

Choque do Plano Collor é o maior de toda a história

Governo retém 80% do over e limita a 50 mil saque bancário e da poupança

Lucia Lourenço/Editoria de Arte

O QUE MUDA

MOEDA

O cruzado novo é extinto e volta o cruzeiro (Cr$). Um cruzeiro vale um cruzado novo.

SALÁRIOS

Em março sobem 72,78% (inflação de fevereiro). Depois serão prefixados todo dia 15.

PREÇOS

Voltam aos níveis praticados em 12 de março. A partir de maio serão prefixados todo dia 1º

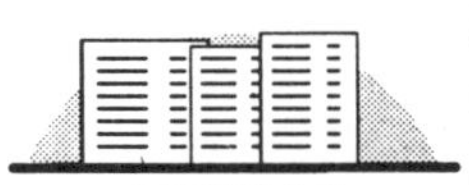

TABELAS

Estão vetados até 15 de abril reajustes sem autorização. A Sunab divulga hoje novas tabelas.

TARIFAS

As tarifas de luz e de telefone foram reajustadas em 32,1%. Os combustíveis subiram 57,8%.

POUPANÇA

O limite para saque é de Cr$ 50 mil. O resto fica retido por 18 meses, pagando correção e juros.

OVERNIGHT

Os aplicadores podem retirar só Cr$ 25 mil ou 20% do saldo da aplicação, o que for maior.

CONTA CORRENTE

Podem ser sacados Cr$ 50 mil. O resto fica bloqueado 18 meses, pagando correção e juros.

FUNDOS

Os ao portador acabam. O aplicador saca se declarar a origem do dinheiro ou pagar 25% de IR.

CHEQUES

Passam a ser em cruzeiros. Só serão ao portador se inferiores a 100 BTNs (Cr$ 2.953,99).

CÂMBIO

O BC deixa de determinar a taxa, que será regida pelo mercado. Fica mantido o dólar-turismo.

IMPORTAÇÃO

As barreiras à importação são reduzidas. É estimulada a vinda de capital estrangeiro.

SUBSÍDIOS

Estão suspensos todos os subsídios e incentivos fiscais. Só a Zona Franca de Manaus terá incentivos.

TRIBUTAÇÃO

O IPI vai aumentar. A renda agrícola e os lucros nas Bolsas e com ações serão taxados.

ALUGUEL

Será corrigido pelo mesmo índice do salário. A prestação da casa própria no SFH segue inalterada.

ESTATAIS

Serão extintas 11 empresas. Entre elas estão a Portobrás, a Embrafilme, EBTU e Siderbrás.

Lula Marques

Collor chega ao Congresso para a entrega das medidas econômicas

Jorge Araujo

A ministra Zélia Cardoso de Mello durante entrevista sobre o plano

O presidente da República, Fernando Collor, aplicou ontem o maior choque da história da economia do país. O plano foi encaminhado de manhã ao Congresso Nacional, na forma de um pacote de 17 medidas provisórias que impõem mudanças profundas e abrangentes. Ao apresentá-las na primeira reunião ministerial, no início da manhã, o presidente disse: "Estou cumprindo no primeiro dia do meu mandato meu compromisso de não pactuar com a injustiça desde o começo". Depois, seguido dos ministros, Collor foi a pé do Palácio do Planalto até o Congresso, onde entregou o plano ao presidente do Senado, senador Nelson Carneiro.

O Plano Collor atinge de frente as aplicações no setor financeiro. Os saques das cadernetas de poupança e das contas correntes ficam limitados a 50 mil cruzeiros (moeda que substituirá o cruzado novo ao par, sem mudança de zeros). No overnight, o saque está limitado a 25 mil cruzeiros ou a 20% do saldo total. Em todos estes casos, o que excede os limites ficará retido no Banco Central e será devolvido após 18 meses com correção monetária e juros anuais de 6%. A retirada deste restante antes do prazo pode ocorrer, mas apenas através de leilões, com deságio. O câmbio será flutuante, fixado pelo mercado. Reduzem-se as barreiras à importação. "A livre iniciativa é a única via para um crescimento sustentado e progressista", disse Collor aos ministros.

O choque, detalhado à tarde numa tumultuada entrevista da ministra da Economia, Zélia Cardoso de Mello, inclui também medidas fiscais. Haverá aumento do IPI e tributação sobre renda agrícola, lucros com ações e operações com ouro. Serão extintas 11 empresas estatais. Segundo Zélia, o objetivo do plano e das reformas administrativa e patrimonial é zerar o atual déficit público de 8% do PIB e obter um superávit de 2% este ano.

A **Folha** traz hoje 30 páginas nos cadernos **Economia** e **Era Collor**, com as íntegras das medidas do governo, as opiniões a respeito, suas consequências para o país e suas indefinições.

Leia a opinião da **Folha** no editorial "Plano Collor", na pág. A-2

Preço congelado; salário prefixado

O Plano Collor introduz o congelamento de preços e a prefixação dos salários. Os preços voltam aos níveis de 12 de março. Até o dia 15 de abril estão proibidos reajustes sem autorização do governo. A partir de maio, os preços serão prefixados todo dia 1º. O salário de março (pago em abril) será reajustado pela inflação de fevereiro (72,78%). De abril em diante, os salários serão prefixados com base na meta de inflação desejada pelo governo. A reposição das perdas provocadas pela diferença entre a inflação prefixada e a real deverá ser negociada entre trabalhadores e empresários. O salário mínimo terá a cada três meses a reposição da inflação passada mais ganho real de 5%. **Caderno Economia**

Faça a conversão para o cruzeiro

A **Folha** traz hoje, em algumas reportagens, valores em cruzados novos, que devem ser convertidos em cruzeiros.

Opinião da Folha

Leia na pág. A-2 o editorial "Plano Collor", apoiando as medidas econômicas anunciadas pelo presidente da República, Fernando Collor.

Índice

88 Páginas

8 de Letras - 8 de Folhinha

6 de Especial - 14 de Classifolha

Juan Esteves

JOSÉ SERRA

Deputado José Serra (PSDB): atinge-se também os "aquinhoados". Problema: "operacionalização, possível excesso de dosagem e recessão".

Juan Esteves

ROBERTO CAMPOS

Senador Roberto Campos (PDS-MT): as medidas anunciadas pelo governo significam "intervencionismo estatal na economia". PÁG. B-11

ANDRADE VIEIRA

José Eduardo de Andrade Vieira, presidente do Bamerindus: as restrições impostas ao mercado são um "calote necessário". PÁG. B-11

FOLHA DE S.PAULO ★

SEGUNDO CLICHÊ

Diretor de Redação: Otavio Frias Filho ★ São Paulo, sábado, 24 de março de 1990 ★ Um jornal a serviço do Brasil ★ Ano 70 ★ N.º 22.270 ★ Al. Barão de Limeira, 425 ★ Cr$ 30,00

Polícia Federal invade a Folha

EDITORIAL

A escalada fascista

Assassinos da ordem jurídica, anunciadores do tumulto fascista que se desencadeia sobre a sociedade brasileira, esbirros de uma ditadura ainda sem nome —"Era Collor"?, "Brasil Novo"?— invadiram ontem a **Folha de S.Paulo**. Este fato culmina a série de agressões, de arbitrariedades e de violências que, em nome do combate à inflação, configuram um clima de terrorismo de Estado só comparável ao dos períodos mais infames e vergonhosos da história brasileira.

Esta **Folha**, que criticou duramente a candidatura Fernando Collor —como, aliás, todas as outras—; mas que aprovou a audácia do presidente na edição das medidas econômicas, vê essa audácia transformar-se em prepotência e tirania; vê nos apelos do chefe de Estado aos "descamisados", nas ameaças que profere contra a livre iniciativa, na arrogância pretensamente incontrastável de suas atitudes, na precária corte de bajuladores que se acanalha à sua volta e no espetáculo de desorganização política, de obscurantismo e mistificação que se estabelece em seu governo, os sinais inequívocos, alarmantes e inaceitáveis de uma aventura totalitária. Não se agrediu um jornal. Agrediu-se a democracia. O chefe de Estado não parece ver limites para seu messianismo; este se constrói na arbitrariedade, sustenta-se na ignorância, mantém-se pela força, prossegue no arbítrio: é o momento de dizer basta.

A democracia brasileira não tolera aspirantes a Ceausescu ou versões juvenis de Mussolini. Aberta, como qualquer empresa, à fiscalização das autoridades, esta **Folha** não aceita intimidações grosseiras nem ameaças policiais. O governo federal investe na subversão das leis e na destruição das liberdades políticas. A escalada repressiva terá de ser interrompida: mais uma vez, quando já parecia consolidado o processo de transição para a democracia, cumpre lutar contra os inimigos da liberdade.

Jorge Araujo

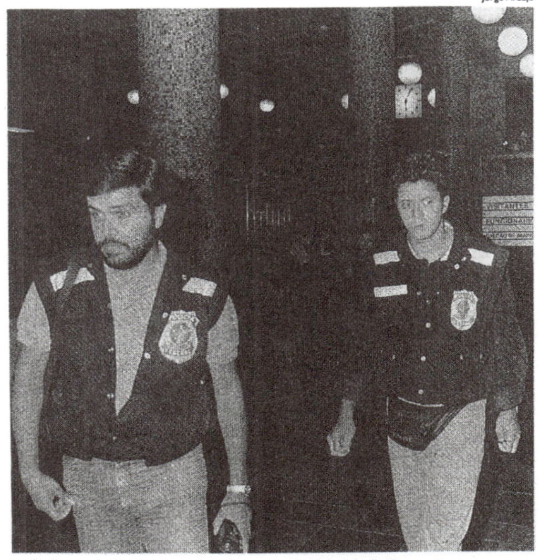

Policiais federais armados deixam o prédio da Folha após a invasão

A Polícia Federal invadiu ontem à tarde, por volta de 15h30, o prédio da empresa Folha da Manhã S/A, que edita a **Folha**. Acompanhados de fiscais da Receita Federal, os policiais, que estavam armados, realizaram duas horas e meia de truculenta inspeção e depois levaram para prestar depoimento na sede da Polícia Federal em São Paulo os diretores da empresa Renato Castanhari e Pedro Pinciroli Jr. e a secretária da diretoria, Vera Lia Roberto. Os três foram liberados à noite.

O diretor de Redação da **Folha**, Otavio Frias Filho, considerou a invasão "um ato estúpido e ilegal. Por trás dos esbirros policiais, está Collor de Mello, a quem não reconheço como presidente da República mas como usurpador vulgar da Constituição".

O pretexto utilizado pela polícia para a invasão da sede do jornal foi uma suposta irregularidade cometida pela empresa na troca de faturas emitidas em cruzados novos por faturas emitidas em cruzeiros. A operação, entretanto, está expressamente autorizada pela cartilha que foi distribuída pelo Ministério da Economia para explicar o funcionamento e os procedimentos a serem adotados na aplicação do plano econômico elaborado pelo novo governo. PÁGs. A-6 e A-7

Leia artigos sobre o governo Collor na seção **Tendências/Debates**, na pág. A-3, e mais informações no **Painel**, excepcionalmente na pág. A-8

Legitimidade está em questão

Os brasileiros foram às urnas para eleger um presidente da República, não um embrião de ditador. A legitimidade eleitoral e inicial de Collor não está sendo concretizada no exercício da Presidência, afirma **Janio de Freitas**. A **Folha** parece ter sido escalada para a primeira demonstração de que Collor não admite oposição, diz **Paulo Francis**. PÁG. A-7

Sociedade civil repudia invasão

A sociedade civil reprovou a invasão da **Folha**. D. Paulo disse que o ato "pode trazer consequências". Para o deputado Delfim Netto (PDS-SP), é uma "extrema insensatez". O sindicalista Luiz Antonio de Medeiros disse não acreditar nas acusações: "Acredito na **Folha**". A OAB-SP teme "escalada em detrimento da liberdade de imprensa". PÁG. A-7

Senna faz a melhor volta no 1.º treino

Ayrton Senna foi ontem o mais rápido no primeiro treino oficial para o GP Brasil, com o tempo de 1min17s769. A corrida será amanhã, às 13h, em Interlagos (São Paulo). O companheiro de Senna na McLaren, Gerhard Berger, foi o segundo. Thierry Boutsen e Riccardo Patrese, da Williams, e Nigel Mansell e Alain Prost, da Ferrari, vieram em seguida. **Esportes**

Jorge Araujo

O piloto da McLaren Ayrton Senna faz sinal de positivo após entrar no box no treino de ontem à tarde

TV mostra hoje o jogo do Palmeiras

O Palmeiras enfrenta o Novorizontino hoje às 16h em Novo Horizonte, com transmissão direta pela TV Bandeirantes. No Canindé e no mesmo horário, a Portuguesa enfrenta o Mogi Mirim com um esquema tático copiado da seleção brasileira. As duas partidas abrem a segunda fase do Campeonato Paulista. PÁG. D-3

PF prende donos de supermercado em SP

A Polícia Federal prendeu ontem em São Paulo quatro diretores-proprietários da rede Eldorado de supermercados, acusados de remarcação de preços. A prisão preventiva do presidente da rede, João Alves Veríssimo, dos vice-presidentes Maria Helena Veríssimo e Adelino Alves Veríssimo e do diretor-administrativo e financeiro, João Carlos Veríssimo, foi decretada pelo juiz da 12ª Vara Federal, João Carlos da Rocha Mattos. Em fiscalização realizada terça-feira no Eldorado da rua Pamplona, centro de São Paulo, a Sunab registrou dois preços para um desodorante e reajuste de uma massa para pastéis.

Os diretores estão sujeitos a pena de um a quatro anos de prisão ou multa entre 5 mil e 200 mil BTNs. Os quatro ficaram detidos até as 20h, quando foi concedida prisão domiciliar. O porta-voz do grupo, Francisco Alberto Madia de Souza, atribuiu a uma "infeliz coincidência" as irregularidades encontradas. PÁG. B-1

Dinheiro de rescisão trabalhista é liberado

O presidente Collor anunciou ontem as primeiras alterações no choque. As novas medidas liberam o saque das poupanças dos aposentados e de pensionistas com renda isenta de IR. Também ficam livres do bloqueio os cruzados novos recebidos por trabalhadores em função de rescisão de contrato de trabalho. Os produtores rurais pessoas físicas foram autorizados a sacar até Cr$ 500 mil bloqueados para pagar os salários de pessoal em março. PÁGs. B-8 e B-9

URSS envia mais tropas para Lituânia

JOSÉ ARBEX
De Moscou

A União Soviética reforçou tropas do Exército Vermelho, Ministério do Interior e KGB na Lituânia para policiar instalações do governo e tomar as armas da população. O presidente lituano, Vytautas Landsbergis, disse que a URSS "está se preparando para agredir a Lituânia". Comitês de defesa da república estão recebendo a adesão de lituanos que desertam do Exército. PÁG. A-10

folhinha

Traz edição especial sobre o centro da Terra e sobre o "terrascópio", instrumento que dará informações mais precisas sobre o planeta. PÁGs. G-1 a G-8

Índice

68 Páginas

8 de Letras - 8 de Folhinha

8 de Classifolha

Opinião da Folha

Leia na pág. A-2 o editorial "O instrumento do caos", denunciando os efeitos desestabilizadores da espiral totalitária desencadeada pela atitude policialesca do governo Collor.

Pai afirma que Cazuza deve deixar hospital hoje

O cantor Cazuza pode ter alta hoje da Clínica São Vicente, no Rio, segundo seu pai, João Araújo. Cazuza tem Aids e foi internado anteontem. PÁG. C-5

letras

Os editores brasileiros suspenderam, por causa do Plano Collor, boa parte dos lançamentos de livros programados para os próximos meses. PÁGs. F-1 a F-8

Pina Bausch abre em SP o Carlton Dance Festival

PÁG. E-1

Conservadores ingleses sofrem derrota eleitoral

PÁG. A-9

No pág. C-2, o tempo no país, além de informações sobre qualidade das praias em São Paulo e Rio e trânsito nas estradas.

Tempo

Nublado com chuvas. A temperatura deve ficar hoje entre 18 e 26 graus. Ontem, variou de 18,4 a 23,8 graus (há um ano, de 18,4 a 28).

'Black' tem alta de 10% e vai a Cr$ 55

O dólar no mercado paralelo registrou ontem alta de 10%. A moeda norte-americana fechou cotada a Cr$ 45,00 (compra) e Cr$ 55,00 (venda). O grama do ouro chegou a ser vendido na Bolsa Mercantil & de Futuros por Cr$ 580,00, obrigando o Banco Central a intervir no mercado. Após essa intervenção, o ouro fechou cotado a Cr$ 505,00, registrando uma queda de 0,98%. Foi negociada 1,7 tonelada de ouro no mercado a vista. PÁG. B-10

Governador de AL saiu do over dia 13

O governador de Alagoas, Moacir Andrade (PRN), retirou NCz$ 1,5 milhão do over dia 13, um dia antes do feriado bancário que antecedeu o Plano Collor. O secretário estadual de Comunicação, Rosivan Wanderley, confirmou o saque mas disse que Andrade "não sabia que haveria retenção de dinheiro. Se soubesse, teria sacado muito mais". Andrade, que assumiu quando Collor deixou o governo para concorrer à Presidência, não quis falar sobre o caso. PÁG. B-7

EXEMPLAR DE ASSINANTE — VENDA PROIBIDA

FOLHA DE S.PAULO

★ SEGUNDO CLICHÊ

Diretor de Redação: Otavio Frias Filho ★ São Paulo, quinta-feira, 17 de janeiro de 1991 ★ Um jornal a serviço do Brasil ★ Ano 70 ★ Nº 22.569 ★ Al. Barão de Limeira, 425 ★ Cr$ 100,00

COMEÇA A GUERRA!

France Presse

Soldado britânico observa a passagem de um comboio de caminhões médico-militares das forças multinacionais anti-Iraque na Arábia Saudita

★ *Aviões bombardeiam Bagdá*
★ *Palácio de Sadam é 1º alvo*
★ *Bush responsabiliza Iraque*
★ *Preço do petróleo dispara*

CLÓVIS ROSSI
Enviado especial a Israel

Aviões de combate da força multinacional aliada iniciaram a guerra ao Iraque às 2h30 da manhã de hoje (21h30 de ontem em Brasília). A operação "tempestade no deserto" começou à 0h58 (19h58 em Brasília), com a decolagem de caças F-15 de uma base na região central da Arábia Saudita. O secretário norte-americano da Defesa, Richard Cheney, disse que participaram aviões dos EUA, Grã-Bretanha, Arábia Saudita e Kuait. Duas horas e meia após o início das hostilidades, o presidente George Bush disse na TV que "a guerra começou em 2 de agosto, quando o Iraque invadiu o Kuait".

Foram atacados diversos alvos no Iraque e no Kuait ocupado. Os correspondentes da TV norte-americana em Bagdá relataram ataques ao palácio presidencial, à sede do Conselho de Ministros, ao aeroporto, ao centro de comunicações e a uma refinaria. Cheney disse que o presidente iraquiano, Sadam Hussein, não estava entre os alvos. Segundo ele, a operação visava destruir a capacidade militar e a cadeia de comando do Iraque. O chefe do Estado-Maior das Forças Armadas dos EUA, Colin Powell, não revelou o número de aviões nos ataques e disse que o número de baixas é "alentador".

O preço do barril do petróleo subiu mais de US$ 8 no mercado de Tóquio, passando a barreira dos US$ 40. **Guerra**

Leia a opinião da **Folha** no editorial "Guerra", na pág. A-2

Pior cenário prevê um confronto EUA-URSS

MARCO CHIARETTI
Editor do Letras

Um dos cenários mais dramáticos da guerra envolveria a ação da URSS ao lado de seus tradicionais aliados iraquianos. Gorbatchev não tem controle total dos militares. Numa situação limite, eles poderiam derrubá-lo e impor a aliança com Bagdá. Seria o prelúdio a uma nova Guerra Fria entre URSS e EUA. *PÁG. Especial 4*

Eventual aliança com Bagdá divide Jordânia

ROBERTO LOPES
Enviado especial à Jordânia

A Jordânia pode autorizar a entrada de tropas iraquianas em seu território, caso forças de Israel tentem atravessá-lo para atacar o Iraque. O governo jordaniano parece dividido sobre essa questão. O maior partidário da ajuda militar ao Iraque é o premiê Mudar Badran. O rei Hussein estaria hesitante. PÁG. Especial 7

Chuva gera transtorno em SP

Fotos Carlos Goldgrub

Motorista tenta rebocar veículo na inundação da marginal...

... do Tietê, onde o tráfego parou; houve um morto - Pág. C-1

Opinião da Folha

Leia na pág. A-2 os editoriais "Guerra", sobre a eclosão dos conflitos no golfo Pérsico; "Dilema do Pró-Álcool", cobrando definições na política energética; e "Transporte marítimo", apoiando sua desregulamentação.

Folha faz debate sobre o Plano Diretor de SP

A **Folha** promove amanhã (19h) debate sobre o Plano Diretor de São Paulo proposto pela Prefeitura, com Raquel Rolnik, Ricardo Yazbek, Pedro Cury e Victor Carvalho Pinto. Haverá convites na portaria do jornal amanhã. PÁG. C-3

"Cidades" circula hoje no caderno "Esportes"

Tempo

Nublado com chuvas ocasionais e temperaturas entre 20 e 27 graus (ontem, de 19,9 a 28,8; há um ano, de 21,3 a 32,2).

No pág. C-2, o tempo no país e no mundo, além de informações sobre condições das estradas e qualidade do ar em São Paulo.

Índice

104 Páginas

22 de Turismo - 8 de Guerra

34 de Classifolha

Esta edição
455.963 exemplares

Collor reúne o ministério sob urgência

O presidente Fernando Collor, que acompanhou a eclosão da guerra no Golfo pela TV em sua casa, convocou para hoje de manhã uma reunião urgente, às 8h, de todo o seu ministério. A pauta é o guerra. O governo já tem um plano de medidas emergenciais, relativas principalmente à economia de combustível. A ministra Zélia deve se reunir com empresários de diversos setores para discutir a inflação e as consequências da guerra sobre a economia brasileira.

Folha tem edição extra de manhã na Grande São Paulo

Em um serviço especial para seus leitores, a **Folha** publica hoje de manhã uma edição extra sobre o conflito no golfo Pérsico. Ela estará nas bancas da Grande São Paulo a partir das 10h.

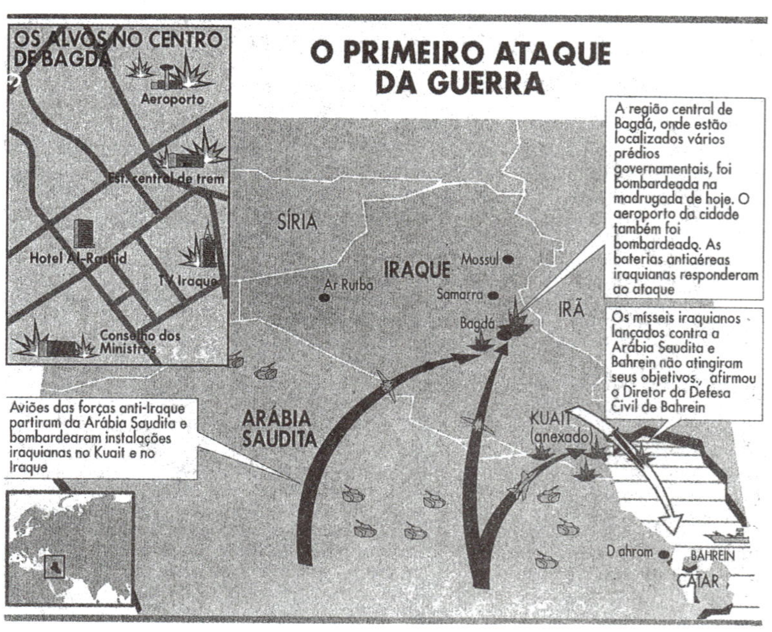

TERCEIRO CLICHÊ
1h de hoje

FOLHA DE S.PAULO

SETENTA ANOS 70

Diretor de Redação: Otavio Frias Filho ★ São Paulo, quinta-feira, 25 de abril de 1991 ★ Um jornal a serviço do Brasil ★ Ano 71 ★ Nº 22.667 ★ Al. Barão de Limeira, 425 ★ Cr$ 150,00

Carta aberta ao sr. presidente da República

OTAVIO FRIAS FILHO
Diretor de Redação

Como chefe do atual governo, o sr. tem conclamado ao entendimento nacional. Anteriormente sua visão era a de que o entendimento já ocorrera na eleição em que a sua candidatura derrotou as "elites", termo pelo qual o sr. designa as instituições organizadas da sociedade brasileira. Depois de empobrecer a população, vender a fantasia de que os problemas nacionais seriam solucionados num passe de mágica, violar a Constituição, humilhar o Congresso, jogar o país numa recessão profunda e, naturalmente, fracassar, desde logo à luz das expectativas delirantes então criadas, o sr. resolveu vestir a pele de cordeiro e recorre agora ao entendimento nacional. Esse entendimento é o outro nome da impotência a que o sr. chegou decorrido apenas um quinto de seu mandato.

O acordo que o sr. vislumbra, entretanto, parece ainda resumir-se à submissão aos caprichos do governante. O sr. não assimilou até agora os rudimentos da noção de cidadania. A boa-vontade da sociedade brasileira em face das promessas que o sr. formulou sem poder cumprir tem sido enorme, quase inacreditável, e o sr. se mal-acostumou a ela, mas não é incondicional nem inesgotável. Depois de vinte anos de uma ditadura que se dizia feita em nome de ideais democráticos —essa foi, aliás, a sua escola— não creio que a opinião pública esteja inclinada a tolerar uma democracia de fachada.

Apesar do empenho inegável que o sr. dedica à tarefa de desmantelar os partidos, abater as entidades empresariais e os sindicatos, sufocar as organizações culturais e intimidar a imprensa, prevalecendo-se da desordem ideológica da nossa época, açambarcando a torto e a direito bandeiras que vão do moralismo mais tacanho à ecologia, inspirando-se em estereótipos aqui do fascismo, acolá da social-democracia, mas lançando sempre uma névoa cintilante de confusão sobre a sociedade —apesar disso tudo o sr. é obrigado a ouvir vozes capazes de dizer **não**. São cada vez mais numerosas. A população pobre e desinformada ainda se deixa desconcertar pela voracidade com que o sr. manipula os símbolos da pressa, do poder e da riqueza. Onde a informação circula livremente, as reações entretanto oscilam entre a ironia e a repulsa pela truculência, pela afoiteza e pelo arrivismo patético com que são conduzidas atitudes de governo.

O sr. está processando a mim e a três companheiros jornalistas da **Folha**. Muito bem, é seu direito. Mas esse processo é apenas —o sr. sabe tão bem quanto eu— a ponta visível de um iceberg de ataques, discriminações, ameaças e violência contra este jornal. Sei da ansiedade, formidável numa pessoa com tantos problemas graves e reais a enfrentar, com que o sr. interpela seus auxiliares todos os dias a respeito do andamento do processo contra a **Folha**. Sei que o sr. voltou todo o aparelho do Estado contra este jornal em que parece identificar um perigoso paradigma de independência a ser punida, de altivez a ser exemplada, de vigilância a ser reprimida.

Estou sendo duro, franco e leal em relação ao sr. Talvez seja útil para o país que alguém lhe diga em público e em voz alta as coisas que se comentam às suas costas. A **Folha** porém apoiou as linhas gerais da campanha que o sr. propôs contra a inflação. Sustenta idéias congruentes com as suas no que se refere à privatização, à redução da máquina do Estado, à luta contra as desigualdades sociais e regionais, à modernização tecnológica, ao combate contra a economia de cartório e à integração do Brasil nos quadros do mercado internacional. Por incrível que pareça, do ponto de vista programático há mais convergência do que divergência entre as posições do jornal e aquelas que o sr. vem pregando.

O problema é o abismo que se abre entre o que o sr. diz e o que o seu governo faz, entre o liberalismo da retórica e a selvageria da ação, entre o privatismo confesso e o intervencionismo que é praticado, entre a aura frenética de primeiro-mundismo e o costume arraigado do coronelismo interiorano, entre o Ocidente e Miami. Confesso que como cidadão brasileiro estou farto de suas tentativas de iludir, desorganizar e tutelar a sociedade. Como eu, muitos já não se acham dispostos a transigir com a insegurança de seu governo, com as arbitrariedades que despencam umas sobre as outras, às vezes umas contra as outras, com os pacotes, os confiscos, as mentiras e o exibicionismo vulgar que contamina a administração como um todo.

Que o sr. esqueça o processo contra meus três colegas e concentre seus rancores na minha pessoa, já que deseja atingir a **Folha** como instituição. Tenho sido às vezes aconselhado a deslocar nossa linha editorial para o campo da oposição pura e simples a seu governo. Por mais que o sr. me force a isso, resisto a esse impulso que desvirtuaria o jornalismo que vimos procurando fazer antes mesmo que o sr. sonhasse em galgar a Presidência. Penso que a função da imprensa é apartidária e crítica de um modo geral. Não se trata de apoiar ou de se opor a governos. Infelizmente o sr. não demonstra aptidão nem discernimento intelectual para conviver com a diferença de pontos de vista, com o conflito de idéias e versões, com o curso desimpedido das informações, com a respiração política que somente a imprensa livre é capaz de assegurar. O sr. exige aplauso irrestrito e capitulação. Devo dizer que quanto mais o sr. persegue este jornal maior é o ânimo que vejo nos olhos dos jornalistas —e não apenas da **Folha**.

Processe-me pelo que de fato penso e afirmo em vez de se esconder sob o pretexto de duas notas inócuas, perdidas sem assinatura numa edição publicada, aliás, quando eu estava ausente, em licença profissional. A **Folha** já disse e repetiu que não houve calúnia ou intenção de caluniar seja o sr., seja qualquer membro de seu governo. Soa falso, além disso, que fale em ofensa alguém que sem apresentar até hoje uma única prova acusou o presidente Sarney de corrupção e utilizou contra o atual governador do Rio de Janeiro palavras irrepetíveis. Na realidade, não é com reparações a sua imagem supostamente ofendida que o sr. se preocupa no caso. Se fosse assim, teria tomado providências contra outros três jornais que publicaram as mesmas notas. Na véspera de sua publicação na **Folha**, um jornal do Rio divulgou informações de tipo idêntico e o sr. não moveu uma palha. Se a alegação de ofensa fosse séria, o diário de propriedade de sua família não teria adquirido, pouco depois da publicação das duas notas, os direitos de republicação da mesma coluna da **Folha** onde elas haviam sido estampadas.

Não deixa de ser curioso que esteja sendo levada a julgamento, sob o silêncio acovardado e interesseiro de quase toda a mídia, a única publicação brasileira que mantém uma seção diária de retificações e que remunera um de seus profissionais pela exclusiva missão de criticar pública e asperamente as suas próprias edições. Este jornal nunca pediu um favor sequer a seu governo e nunca cedeu à necessidade quase psicológica que o sr. tem de silenciá-lo. Lamento concluir que a **Folha** está sob julgamento não por seus defeitos, que são muitos, mas por suas virtudes —o que me orgulha. O que está em jogo é saber se é possível existir um jornal como este num país como o nosso. O que está em jogo é decidir se daqui por diante a nação contará com uma imprensa intrépida ou temerosa, livre ou subjugada.

Vejamos. Eu estou na planície, o sr. está encastelado; eu me sinto cercado de amigos e amigas que nada me devem; a seu redor se vêem áulicos da cor da cera; eu luto pela minha liberdade, o sr. por uma vaidade ferida; e no entanto minhas razões são públicas e de interesse geral, ao passo que as suas é que são particulares, sombrias como a própria solidão; eu defendo para cada um a possibilidade de expressar o que pensa sem ir para a cadeia por isso, enquanto o sr. se agarra à lei de imprensa do regime militar; eu procuro alcançar o exemplo dos grandes jornalistas do passado, o sr. desce à mesquinharia dos tiranetes; eu advogo um direito, o sr. uma obrigação de vassalagem; uma condenação lançará vergonha sobre o sr. e honra sobre mim; seu governo será tragado pelo turbilhão do tempo até que dele só reste uma pálida reminiscência, mas este jornal —desde que cultive seu compromisso com o direito dos leitores à verdade— continuará em pé: até mesmo o sr. é capaz de compreender por que a minha causa é maior e mais forte e mais justa que a sua.

Ermírio diz que governo empurra para a ilegalidade

Antonio Ermírio de Moraes, presidente do Grupo Votorantim, disse ontem em São Paulo que o congelamento de preços fixado pelo governo e a pressão dos custos estão levando o empresariado ao desespero e do desespero à ilegalidade, informa **Eleonora de Lucena**.

"Eu trabalho há 42 anos e uma crise com essa intensidade eu nunca vi", disse Ermírio, que comanda o maior grupo privado nacional.

A produção na indústria paulista caiu 15,8% no primeiro ano do governo Collor, em relação aos 12 meses anteriores, conforme dados da federação das indústrias (Fiesp).

★ No Rio, o ex-ministro da Marinha Maximiano da Fonseca, presidente da Petrobrás Distribuidora (BR), criticou a situação salarial dos militares e disse temer manifestações isoladas. PÁGs. 1-10, 1-4 e 3-1

Teixeira quer que deputado fale à Justiça

O governo vai interpelar judicialmente o deputado Luiz Roberto Ponte (PMDB-RS), que denunciou intermediação de verbas federais por funcionários públicos. A decisão foi comunicada pelo ministro Eduardo Teixeira (Infra-estrutura), que pediu os nomes dos acusados. Ponte, presidente licenciado da Câmara Brasileira da Indústria da Construção, disse que o governo não entendeu o alerta. PÁG. 1-12

Niels Andreas/Wilson Melo

O príncipe Charles, com gravata de cor arroxeada, inaugura sala na Cultura Inglesa em S. Paulo; no destaque, a princesa Diana faz uma visita a crianças aidéticas - Págs. 1-15 e 1-16

STF decide sobre os cruzados

O presidente interino do Supremo Tribunal Federal, Sydney Sanches, deve decidir hoje sobre a liberação de cruzados novos determinada pelo juiz Cláudio Lacombe, do Tribunal Regional Federal de SP. Lacombe ordenou o desbloqueio antes da confirmação da sentença pelo TRF. Sanches decidirá se o juiz tinha competência para essa decisão, diante de recurso do Banco Central. O TRF da 5ª região (seis Estados do Nordeste) rejeitou mandado de segurança pedido pelo Banco Central contra o desbloqueio. PÁGs. 3-4 e 3-5

Polícia prende 8 da chacina de Matupá

PÁG. 1-12

Servidora escapa de estupro na Unicamp

PÁG. 1-12

FMI reduz previsão para o PIB mundial

PÁG. 2-10

1 brasil

Opinião da Folha

Leia na pág. 1-2 os editoriais "Limite da tolerância", advertindo para a deterioração acelerada do quadro econômico brasileiro; e "Rombo fiscal" criticando a manutenção da política de incentivos fiscais.

Fiesp realiza seminário sobre a Lei de Imprensa

O evento, promovido pelo Instituto Roberto Simonsen, começa hoje às 9h na Fiesp, debatendo a atual Lei de Imprensa, editada em 1967. PÁG. 1-7

RFFSA deve Cr$ 28,7 bi para a Previdência

A Rede Ferroviária Federal S/A é a maior devedora da Previdência Social, segundo listagem do Dataprev divulgada pela CPI do Congresso. PÁG. 1-4

Adi Leite

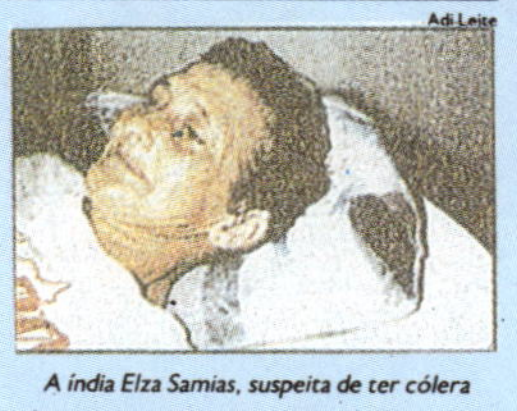

A índia Elza Samias, suspeita de ter cólera

Amazonas interna índios com sintomas de cólera

Dez índios ticuna foram internados em Tabatinga (AM) com suspeita de cólera. Em Limeira (SP), uma mulher foi internada com os sintomas. A OMS lança campanha anticólera. PÁG. 1-14

Assaltantes do BB presos são mortos durante fuga

PÁG. 1-12

5 ilustrada

Cinema traz 'A Boêmia' de Puccini com cantora negra

Estréia no cinema "A Boêmia", de Luigi Comencini, versão da ópera de Puccini com a cantora negra Barbara Hendricks no papel principal. PÁG. 5-7

6 turismo

Jamaica lembra uma Bahia de língua inglesa

Veja roteiro completo da Jamaica, ilha do Caribe que recebe mais de 1 milhão de visitantes por ano, atraídos por reggae, rum e praias. PÁGs. 6-1 a 6-4

7 classifolha

Circula na Grande SP com 24 páginas.

2 mundo

Gorbatchev vence oposição e fica na direção do PC

O presidente da URSS, Mikhail Gorbatchev, venceu a oposição no PC que pedia sua renúncia da direção. PÁG. 2-1

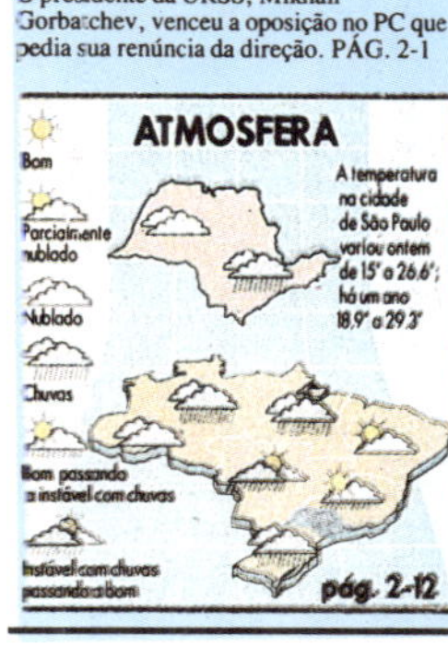

3 dinheiro

Setor público é o que mais deve ao FGTS

A CEF ainda não sabe o total de atraso junto ao FGTS; a inadimplência se concentra no setor público. PÁG. 3-7

4 cotidiano

Grupos negros querem afirmar raça no Censo-91

Entidades pedem que os negros se definam como "pretos", termo da pesquisa para a raça; nos últimos censos, cresceram morenos e pardos. PÁG. 4-1

esporte

Começam nos EUA finais de basquete - Pág. 4-6

Leia mais sobre esporte no "Em Cima da Hora", na pág. 1-12

Seções

Esta edição tem

98 Páginas

24 de Classifolha - 16 de Turismo
10 de Dinheiro SP (Grande SP)

408.104 exemplares

TERCEIRO CLICHÊ
0h20 de hoje

FOLHA DE S.PAULO

SETENTA ANOS 70

Diretor de Redação: Otavio Frias Filho ★ São Paulo, segunda-feira, 26 de agosto de 1991 ★ Um jornal a serviço do Brasil ★ Ano 71 ★ Nº 22.790 ★ Al. Barão de Limeira, 425 ★ Cr$ 220,00

Confira as novidades da semana

Ilustrada PÁG. 5-10

Stela Cramer

O bailarino inglês Lindsay Kemp

Problemas com ereção têm cura

Saúde PÁG. 4-6

Editoria de Arte

Tarifa de banco deve até dobrar

Dinheiro PÁG. 3-3

Editoria de Arte

O QUE NÃO PODE SER COBRADO
- Compensação de cheque do mesmo banco
- Um talão de cheque com pelo menos vinte folhas por mês
- Lançamentos em conta corrente
- Consulta em terminal eletrônico
- Manutenção de contas em caderneta de poupança

Acabou a União Soviética

France Presse

O norte-americano Carl Lewis (à dir., em comemoração) vence a final dos 100 m rasos no Mundial de Atletismo de Tóquio, com 9s86, novo recorde mundial - Págs. 6-1 e 6-8

France Presse

Ayrton Senna festeja sua vitória no Grande Prêmio da Bélgica, em Spa-Francorchamps; agora, basta ser 2º nos próximos GPs para conquistar o tricampeonato - Págs. 6-4 e 6-5

JAIME SPITZCOVSKY
De Moscou

A União das Repúblicas Socialistas Soviéticas (URSS), criada em 1922 como fruto da revolução bolchevique de 1917, não existe mais. A Bielorrússia, tida como uma das repúblicas mais fiéis a Moscou entre as 15 que compunham o mosaico soviético, declarou ontem a independência. A Ucrânia, a segunda mais importante, anunciou que assume o controle das tropas soviéticas em seu território e que vai criar suas Forças Armadas. Boris Ieltsin, homem-forte da URSS hoje e presidente da Rússia —que já decretou sua soberania—, defendeu a troca do Conselho da Federação por um Conselho de Segurança, o que equivale a transformar a união em confederação. A Letônia prepara a desmontagem do poder soviético na república. A Moldova reúne seu Parlamento amanhã para sacramentar a independência e já proibiu símbolos comunistas. A Lituânia anunciou controlar sua fronteira ocidental e a emissão de vistos de entrada em seu território. ''Estamos livres'', disse seu presidente, Vitautas Landsbergis. Ele disse ter feito acordo com Moscou sobre a retirada das boinas negras —tropas de elite do Ministério do Interior— da Lituânia.

O esfacelamento da URSS se acelerou com o fracasso do golpe conservador contra Gorbatchev, o que desencadeou uma ofensiva contra o comunismo no país. Ontem na TV, ele disse: ''Há uma semana, existia um país. Esta semana é completamente diferente.'' O marechal Serguei Akhromeiev, seu assessor militar e acusado de apoiar o golpe, se suicidou. Deixou uma mensagem: ''Tudo a que dediquei minha vida se destruiu.'' **Mundo**

Gorbatchev teve culpa, diz Ieltsin

Boris Ieltsin, presidente da Rússia, disse ontem que Mikhail Gorbatchev teve responsabilidade no golpe, porque escolheu aqueles que o traíram. Ieltsin recusou a comenda de ''herói da URSS'', oferecida pelo presidente soviético. Gorbatchev está cada vez mais isolado. O gabinete que anunciou tem maioria de ieltsinistas. Ele fala hoje no Soviete Supremo. Ontem, foi divulgado um vídeo que fez secretamente quando estava detido e no qual denunciava os golpistas. PÁG. 2-3

O ESFACELAMENTO DA URSS

	População
Armênia	3.283.000
Azerbaijão	7.029.000
Bielorrússia	10.200.000
Estônia	1.573.000
Geórgia	5.449.000
Cazaquistão	16.538.000
Quirguízia	4.291.000
Letônia	2.681.000
Lituânia	3.690.000
Moldova	4.341.000
Rússia	147.386.000
Tadjiquistão	5.112.000
Turcomênia	3.534.000
Ucrânia	51.704.000
Uzbequistão	19.906.000
Total	286.717.000

Collor pede paciência e reforma da Constituição

O presidente Fernando Collor pediu à sociedade que tenha paciência com seu governo, em discurso transmitido ontem por cadeia nacional de rádio e TV. ''Não se podem obter resultados de um dia para o outro'', declarou. Collor defendeu a reforma de pontos da Constituição que ''estão embaraçando o Estado''. Na posse, prometera ''vencer ou vencer''. PÁG. 1-5

Antonio Gaudério

Rosanjo de Souza, 28, ganha Espora de Ouro na Festa do Peão, em Barretos - Pág. 4-4

Rosa Gauditano/Fotograma

Andréa de Oliveira, 16 anos, é a vencedora do concurso Look of the Year - Pág. 4-1

1 brasil

Opinião da Folha

Leia na pág. 1-2 os editoriais ''Ajuste parcial'', sobre a proposta de refinanciamento da dívida dos Estados; e ''Abuso de poder'', defendendo a revogação de portaria judicial sobre menores e adolescentes.

Negociação com credores será lenta, diz Marcílio

Os bancos credores, segundo o ministro Marcílio Marques Moreira (Economia), não aceitaram integralmente a fórmula proposta para a negociação da dívida, que deverá ser lenta. PÁG. 1-7

Congresso acelera o debate da nova Lei de Imprensa

O Legislativo decidiu acelerar a tramitação dos projetos de reforma da lei. O objetivo é aprovar um novo texto em novembro. O Senado e a Câmara trabalham juntos nos projetos. PÁG. 1-4

2 mundo

Confrontos na Iugoslávia resultam em 11 mortes

Choques entre croatas e autonomistas sérvios apoiados pelo Exército central produziram 11 mortes. PÁG. 2-5

ATMOSFERA

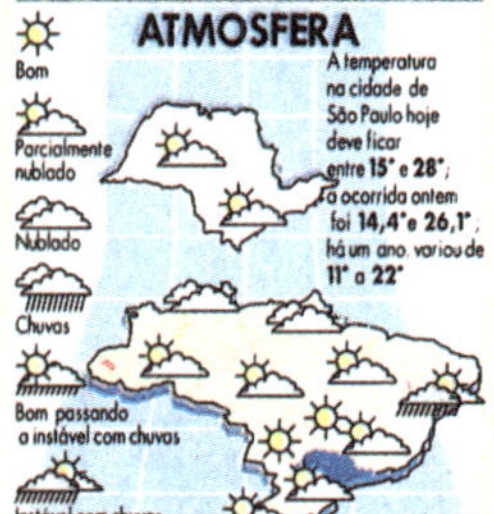

3 dinheiro

Alta nos supermercados é de 2,5% na semana

O DataFolha registrou um aumento de preços de 2,5% nos supermercados e de 4,2% nos hipermercados. PÁG. 3-4

4 cotidiano

Exército passa a ajudar no combate ao cólera no AM

Começa amanhã a instalação de acampamentos para pacientes de cólera em Benjamin Constant (AM). PÁG. 4-4

5 ilustrada

'Groucho e Eu' traz a vida no mito do humor nos EUA

A autobiografia, editada pela Marco Zero, mostra a trajetória de Groucho e algumas de suas máximas. PÁG. 5-1

6 esporte

Grandes perdem em casa para equipes do interior

O Ituano bateu a Portuguesa (2 a 0) no Canindé; o Novorizontino, o Palmeiras (3 a 1) no P. Antarctica. PÁGs. 6-6 e 6-7

7 folhateen

Paulo Giandalia

Marcelo Kovacevick, um ''vidrado em adesivos'', colou 60 deles nas portas e janelas de seu apartamento - Pág. 7-1

BOA NOTÍCIA

Melhora o ar na Grande SP

Estudo da Companhia de Tecnologia de Saneamento Ambiental (Cetesb) mostra que a qualidade do ar na Grande São Paulo está melhorando. Dois poluentes —o dióxido de enxofre e as partículas inaláveis— diminuíram de 5% a 10% nos últimos dez anos. Outros poluentes não revelam tendência definida. A qualidade do ar de São Paulo continua abaixo dos padrões nacionais e internacionais. PÁG. 4-3

Seções

Esta edição tem
52 Páginas
1 de Classifolha - 6 de Folhateen
394.359 exemplares

EDIÇÃO S.PAULO

FOLHA DE S.PAULO

★ SEGUNDO CLICHÊ 1h de hoje

Diretor de Redação: Otavio Frias Filho ★ São Paulo, terça-feira, 30 de junho de 1992 ★ Um jornal a serviço do Brasil ★ Ano 72 ★ Nº 23.099 ★ Al. Barão de Limeira, 425 ★ Cr$ 1.800,00

CPI

Motta Veiga depõe e liga PC ao presidente

PÁG. 1-6

Luiz Marques

Motta Veiga, durante depoimento

RECESSO

Crise leva o Congresso a cancelar férias

PÁG. 1-4

Roberto Jayme

O deputado Ibsen Pinheiro (PMDB)

O VICE

Itamar Franco faz contatos com políticos

PÁG. 1-7

Frederico Rozario - 24.mai.92 Folha Imagem

O vice-presidente Itamar Franco

Isolado pelo 'Collorgate', presidente tenta salvar o mandato hoje na TV

EDITORIAL

Renúncia já

Com rapidez vertiginosa, os desdobramentos do caso PC Farias vieram a atingir o próprio cerne do governo. A sociedade brasileira assiste, angustiada e estarrecida, ao completo colapso da credibilidade presidencial.

O presidente Collor não possui, hoje, condições de governar o país. A questão deixa de incidir exclusivamente sobre os aspectos éticos de sua conduta à frente do governo. Sobre esta, recaem as mais fortes suspeitas; trata-se ainda de esclarecer com rigor e isenção o grau de seu envolvimento com os escândalos que, dia a dia, repetem-se e se avolumam, para indignação da opinião pública. Mas o problema deixou de ser apenas jurídico ou moral. Passou a ser político. Num momento de crise econômica e social profunda, o país não tem governo.

Temos, na Presidência da República, uma figura acuada. A sociedade não mais confia em sua palavra. Não mais espera do presidente nenhuma atitude.

Nenhuma atitude, exceto a da renúncia.

Trata-se da única alternativa capaz de assegurar de imediato a governabilidade do país. A crise chegou a seu ponto extremo. Não é por oposicionismo sistemático que esta **Folha** vê, na renúncia do presidente, um imperativo político incontornável. Às primeiras revelações de irregularidades no governo Collor, feitas pela **Folha**, segue-se, hoje, uma verdadeira avalanche de denúncias e evidências, veiculadas por praticamente todos os órgãos de opinião; imerso no escândalo, o Executivo perdeu o crédito da sociedade.

Collor não consegue mais governar. Que renuncie. A Constituição prevê, em caso de renúncia do presidente, a posse de seu vice. Este ponto é inquestionável. Caberá a Itamar Franco o desafio de conquistar sustentação política para o exercício pleno do cargo, mostrando-se em sintonia com as exigências de modernização que se colocam para o país. Foi o papel de Collor, aliás, enfatizar um programa de mudanças hoje consensual na sociedade, mas ainda a ser posto em prática.

A gravidade da atual crise política impõe, acima de tudo, um espírito de máxima serenidade e de respeito aos mecanismos legais. Não é momento para exaltações, acertos de contas imaginários ou paixões ideológicas. Não se ignoram os pontos de atrito que, por diversas vezes, opuseram esta **Folha** ao presidente da República. O que se coloca, neste instante, é algo de bem mais alto do que divergências conjunturais. Trata-se da governabilidade do país. Trata-se de encerrar, da forma mais rápida e indolor possível, uma situação insustentável. O país precisa de governo. Precisa de um presidente. Já deixou de reconhecer, em Fernando Collor de Mello, uma figura capaz de atender a essa necessidade. A superação da crise exige sua renúncia.

Ailton de Freitas

O presidente Fernando Collor em solenidade no Planalto

Adi Leite

Bolsa de SP no final do pregão em que a Telebrás PN, ação favorita de investidores estrangeiros, caiu 22,6% - Pág. 1-10

O presidente Fernando Collor de Mello tenta reagir hoje ao isolamento que ameaça encurtar o seu mandato, a 30 meses da data prevista para o fim. Em pronunciamento em cadeia nacional de rádio e televisão, busca explicar a nova onda de denúncias de tráfico de influência e irregularidades que atingem o governo federal. Até seus ministros, porém, duvidam que o presidente seja capaz de rebater de modo convincente as informações de que sua secretária, Ana Acioli, pagava as contas da Casa da Dinda com dinheiro recebido do empresário Paulo César Farias. Jorge Bornhausen (Secretaria de Governo), Célio Borja (Justiça), Marcílio Marques Moreira (Economia) e Ricardo Fiuza (Ação Social) acharam frágeis os primeiros argumentos de Collor —de que sua secretária tinha "vôo próprio". Outros aliados do Palácio do Planalto, como o governador Antônio Carlos Magalhães (PFL-BA), passaram a condicionar a manutenção do apoio político a explicações "defensáveis". Os ministros militares também já não descartam a hipótese de renúncia ou impeachment do presidente. O vice Itamar Franco recebeu dos ministros da Marinha e do Exército a garantia de que toma posse em caso de afastamento de Collor. **Brasil**

PFL exige explicação convincente

Depois de impor ao presidente o prazo de 48 horas para que explicasse como paga as contas da Casa da Dinda, o PFL passou a exigir que os argumentos de Collor sejam "convincentes". Caso contrário, ameaça deixar o governo. O partido, no entanto, não está coeso. A ala majoritária —liderada pelo governador da Bahia, Antônio Carlos Magalhães, e pelo ministro Jorge Bornhausen— quer ouvir as explicações de Collor antes de decidir o futuro do partido. Outro grupo, do qual faz parte o ministro da Ação Social, Ricardo Fiuza, não quer falar em deixar o governo. PÁG. 1-4

Impeachment gera polêmica jurídica

O impeachment divide especialistas. Segundo o advogado Walter Ceneviva, professor da PUC-SP, os crimes de responsabilidade do presidente são indicados na Constituição. Mas apuração e punição dependem de lei especial, inexistente. Para o advogado Fábio Konder Comparato, professor de Direito da USP, a lei sobre o impedimento está em vigor desde 1950. PÁG. 1-8

Oposição procura estratégia comum

Os presidentes do PMDB, Orestes Quércia, PT, Luis Inacio Lula da Silva, e do PSDB, Tasso Jereissati, se reúnem hoje para definir uma estratégia comum para enfrentar o "Collorgate". Nas duas últimas semanas, eles iniciaram uma política de aproximação. A iniciativa esbarra na oposição do governador Leonel Brizola (PDT-RJ), que tem defendido o governo Collor. PÁG. 1-9

Bolsas têm maior queda do ano

Sob efeito do "Collorgate", a Bolsa de Valores de São Paulo registrou ontem a maior queda do ano e a terceira maior de sua história. O Índice Bovespa, que mede a variação dos preços das ações mais negociadas, fechou em baixa de 14,7%. No Rio, a queda foi de 11,7%, também a maior do ano. O motivo do nervosismo foi o agravamento da crise política após a denúncia de que PC Farias paga contas da Casa da Dinda. Para conter a alta do ouro e do "black", o Banco Central vendeu aproximadamente US$ 500 milhões nos mercados de dólar comercial e flutuante. PÁG 1-10

brasil

Opinião da Folha

Leia na pág. 1-2 os editoriais "Reforma portuária", apoiando o fim do monopólio; "Excesso de presos", sobre decisão em MG; e "Assassinato na Argélia", comentando seu impacto.

O TEMPO EM SÃO PAULO

Nublado

Mínima prevista	Máxima prevista
13°	21°
Ontem: 15,3°	Ontem: 24,2°
Há um ano: 12,4	Há um ano: 14,6

Previsão completa do tempo: pág. 1-12

Ormuzd Alves

esporte

McEnroe vence e vira sensação em Wimbledon

O americano derrotou o russo Andrei Olhovskiy por 3 sets a 0 e passou pelas oitavas-de-final —seu melhor resultado no torneio desde 1985. PÁG. 3-5

Carl Lewis também fica de fora nos 200 m - Pág. 3-5

Ginastas sabem que serão figurantes em Barcelona

Mas a classificação aos Jogos tem sabor de vitória para Marco Monteiro, Luísa Parente (ginástica olímpica) e Martha Schonhorst (rítmica). PÁG. 3-6

A ginasta Martha Schonhorst, que vai a Barcelona

France Presse

John McEnroe, após a vitória

mundo

Presidente da Argélia é morto durante discurso

Mohamed Boudiaf, 73, foi assassinado ontem a tiros na cidade de Annaba. A televisão argelina informou que o assassino foi preso. Ele usava uniforme do Exército. PÁG. 2-12

Aumenta poder estadual sobre aborto nos EUA

A Suprema Corte decidiu que os Estados têm poderes para regulamentar a prática. Ela também manteve o aborto como um direito constitucional da mulher. PÁG. 2-10

SENA Concurso 224

04 15 22 33 36 41

Pág 3-1

Seções

Esta edição tem

66 Páginas

6 de Agrofolha - 2 de Balanço SP

20 de Classifolha

12 de Informe Publicitário

379.429 exemplares

EDIÇÃO S. PAULO

FOLHA DE S.PAULO

★ SEGUNDO CLICHÊ 18h

Diretor de Redação: Otavio Frias Filho ★ São Paulo, domingo, 16 de agosto de 1992 ★ Um jornal a serviço do Brasil ★ Ano 72 ★ Nº 23.146 ★ Al. Barão de Limeira, 425 ★ Cr$ 4.000,00

Use preto em protesto

70% acham que o Congresso deve aprovar o impeachment de Collor

Pesquisa DataFolha mostra ainda que 72% acreditam no envolvimento do presidente com PC em corrupção

Jorge Araujo/Folha Imagem

Manifestante põe bandeira preta no prédio onde fica o painel eletrônico do vale do Anhangabaú, em SP

Pesquisa Data**Folha** realizada nas 11 principais capitais do país revela que a maioria absoluta da população (70%) quer que o Congresso Nacional aprove o afastamento do presidente Fernando Collor. Porto Alegre é a campeã do impeachment: ele é defendido por 85% na capital gaúcha. A pesquisa nacional mostra também que 72% acreditam no envolvimento do presidente com o empresário Paulo César Farias em corrupção.

No Congresso, Collor já não conta com 77 dos 245 votos de sua base parlamentar, na qual se apóia para tentar barrar o impeachment. Segundo avaliação feita por líderes governistas ao secretário de Governo, Jorge Bornhausen, o racha já chega a 30% no PFL e a 60% no PDS.

O desafio lançado por Collor para que a população use verde-e-amarelo hoje não agradou seus auxiliares mais próximos. Em conversas reservadas, até os ministros militares se mostram preocupados. Acham que o presidente pode ter incentivado as manifestações de rua contra o governo. Estão marcados para hoje vários atos pró-impeachment, que adotarão o preto como sua cor oficial. As passeatas e carreatas organizadas em São Paulo vão se dirigir, à tarde, para a praça da Paz, no parque do Ibirapuera. **Brasil**

Amigos do presidente preparam atos de apoio

Amigos do presidente Collor estão organizando manifestações contra o impeachment. O empresário Wigberto Tartuce comprou dez quilômetros de fita verde-e-amarela e cem camisetas para distribuir hoje em frente à Casa da Dinda e em outros locais de Brasília. A corrida dominical de Collor contará com os judocas Aurélio Miguel e Rogério Sampaio. Hoje, as agências do Banco do Brasil e da Caixa Econômica Federal foram orientadas para hastear bandeiras e colocar faixas de apoio ao presidente. PÁG. 1-9

Justiça autoriza a PF a investigar Planalto

A Polícia Federal recebeu autorização da Justiça para fechar o cerco em torno do presidente Collor e do Palácio do Planalto. O juiz federal de Brasília Mário César Ribeiro deu permissão à PF para apreender as contas telefônicas do gabinete de Collor mais as gravações em que Luiz Octávio da Motta Veiga, ex-presidente da Petrobrás, receberia pressões do Planalto para favorecer a Vasp. A PF quer reunir indícios de envolvimento do presidente para que sua parte no inquérito PC siga para o Supremo. PÁG. 1-6

'Folha 300' mostra o ranking das empresas

Circula hoje o **Folha 300**, ranking das 300 maiores empresas não-financeiras de capital aberto. Elaborada em conjunto pela **Folha** e a Austin Asis Consultoria, a relação é apresentada em um caderno de 20 páginas com tabelas, reportagens e análises. A Petrobrás está em primeiro lugar entre as maiores empresas. Pelo critério de desempenho, a Kibon foi a melhor em 1991. No caderno **Dinheiro**, empresários avaliam que o ano de 1992 já está perdido.

Atacado comboio que levava ajuda à Bósnia

Um comboio da ONU que levava ajuda humanitária para Gorazde, na Bósnia-Herzegóvina, foi atacado ontem. A cidade, de maioria muçulmana, está sitiada por sérvios desde março. Seus 70 mil habitantes passam fome. Os muçulmanos da Bósnia são os grandes derrotados da guerra na Ex-Iugoslávia, relata **Leão Serva**. Eles dominam menos de 10% da região. Mas não são vítimas inocentes: pedem armas e não ajuda humanitária à ONU. PÁGs. 3-1 e 3-3

Maluf sobe 4 pontos e Suplicy cai 5; pedessista teria hoje a maioria

Se a eleição para prefeito de São Paulo fosse hoje, Paulo Maluf (PDS) seria eleito no primeiro turno. Pesquisa do Data**Folha** indica que, descontados os votos brancos e nulos, ele conseguiria a maioria absoluta. Em comparação com a última pesquisa, Maluf subiu quatro pontos. Já o segundo colocado, Eduardo Suplicy (PT), caiu cinco. Em terceiro lugar aparece o candidato do PMDB, Aloysio Nunes Ferreira, com 5% das intenções de voto —contra 4% da última pesquisa. Fábio Feldmann (PSDB) tem apenas 2%. Amanhã começa o horário eleitoral gratuito na TV. Os governos Collor e Erundina devem ser os principais alvos de ataque. PÁG. 1-12

Editoria de Arte/Folha Imagem

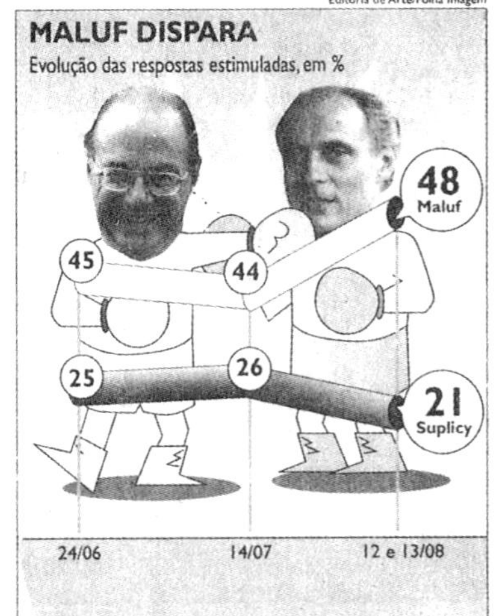

Collorgate atrapalha

Os candidatos dos partidos que dão sustentação ao presidente Collor têm procurado se dissociar do governo. Em Salvador, ajudado pelo governador Antônio Carlos Magalhães, o candidato Manoel Castro (PFL) consegue se manter à frente nas pesquisas. Em Curitiba, no entanto, Tony Garcia (PRN) não consegue subir nas intenções de voto. PÁGs. 1-12 e 1-13

3.956

vagas no "Roteiro de Empregos"

8.563

apartamentos no "Roteiro de Imóveis"

brasil

Opinião da Folha

Leia na pág. 1-2 os editoriais "Juízo inequívoco", comentando pesquisa sobre impeachment; "A inflação e o FMI"; e "Prejuízo em regra", sobre o desempenho de empresas em 1991.

Especialistas condenam o retorno da censura

Em debate promovido segunda-feira pelo jornal "Notícias Populares", os participantes condenaram a censura. Houve discordância a respeito da necessidade de controle sobre os meios de comunicação. PÁG. 1-18

O TEMPO EM SÃO PAULO

Ensolarado

Mínima prevista	Máxima prevista
12°	22°
Ontem: 11,6°	Ontem: 18,7°
Há um ano: 14°	Há um ano: 21,2°

Previsão completa do tempo: pág. 1-20

Seções

Esta edição tem

212 Páginas
18 de Mais! - 20 de Empregos
18 de Imóveis - 12 de Veículos
8 de Tudo - 20 de TV Folha
20 de Folha 300
48 de Revista Folha

561.628 exemplares

EDIÇÃO SP/DF

FOLHA DE S.PAULO

Concluída a 0h30 de hoje

Diretor de Redação: Otavio Frias Filho ★ São Paulo, quarta-feira, 30 de setembro de 1992 ★ Um jornal a serviço do Brasil ★ Ano 72 ★ Nº 23.191 ★ Al. Barão de Limeira, 425 ★ Cr$ 4.000,00

VITÓRIA DA DEMOCRACIA

IMPEACHMENT!

Câmara depõe Collor em decisão histórica; presidente respeita o resultado e Itamar assume hoje

Lula Marques/Folha Imagem

Às 18h50, os parlamentares comemoram o anúncio do 336º voto a favor do impeachment de Collor, que selou a decisão

Lula Marques 14 jul.92 Folha Imagem

Collor chega de manhã ao Alvorada, antes da votação que o tirou do cargo e colocou no poder Itamar Franco (destaque)

Fernando Affonso Collor de Mello, 43, está afastado da Presidência da República. Em decisão inédita na América Latina, a Câmara autorizou a abertura do processo de impeachment por 441 votos a 38. Houve uma abstenção e 23 ausências. A 821 dias do fim de seu mandato, Collor deve deixar o cargo hoje, assim que for notificado da instauração do julgamento no Senado sob acusação de crime de responsabilidade. O vice Itamar Augusto Cautiero Franco, 62, assume automaticamente. Será o 37º presidente do Brasil.

A votação começou às 17h15. Os 336 votos necessários para o impeachment foram alcançados às 18h50, com Paulo Romano (PFL-MG). A votação foi interrompida e o plenário cantou o Hino Nacional.

O novo presidente é divorciado e tem duas filhas. Nascido na Bahia, a bordo de um navio que levava sua mãe ao Rio, foi criado em Juiz de Fora (MG). Eleito duas vezes prefeito da cidade e outras duas senador, primeiro pelo MDB e depois pelo PMDB, fez uma trajetória de oposição aos governos militares. Apesar disso, tem bom trânsito nas Forças Armadas. Ontem, disse que pretende convocar, o mais depressa possível, uma reunião com os partidos para elaborar um pacto de governabilidade. Avisou que seu principal objetivo será fazer a transição para o parlamentarismo.

O ministro da Justiça, Célio Borja, anunciou que Collor vai acatar a decisão da Câmara, se defender no Senado e colaborar com a transição. Collor recusou o conselho de renúncia feito por seu coordenador político, Ricardo Fiuza, que previu a derrota. Definido o resultado, confidenciou a um auxiliar que vai "apostar nas besteiras de Itamar". À tarde, recebeu a carta de demissão coletiva de seus ministros. Os presidentes do Banco do Brasil, Lafaiete Coutinho, e da Caixa Econômica Federal, Álvaro Mendonça, deixaram o governo.

Manifestações em 17 cidades somaram 500 mil pessoas, segundo a PM. Em São Paulo, 120 mil tomaram o Anhangabaú. Em Brasília, 100 mil foram para a frente do Congresso. No mercado financeiro, as Bolsas subiram (6,9% no Rio e 7,7% em SP) e o dólar caiu (0,67%).

O impeachment interrompe o primeiro governo eleito diretamente em 29 anos. Na campanha, o "caçador de marajás" anunciou que deixaria "a direita indignada e a esquerda perplexa". Empossado, o mais jovem presidente prometeu derrubar a inflação com um golpe. Fez do marketing seu estilo de governo. Voou de supersônico, popularizou o jet-ski e estampou suas idéias em camisetas nas corridas de domingo. Mas fixou uma agenda de questões hoje aceita pelo país e iniciou o processo de privatização e abertura da economia. Seu plano econômico, porém, fracassou. Forçado a rever a auto-suficiência, estendeu a mão para um frustrado entendimento nacional. Isolado, abraçou a fisiologia e chamou para o ministério nomes do regime militar.

Em maio, o irmão Pedro deflagrou as denúncias de corrupção que terminaram por depor o governo. Uma Comissão Parlamentar de Inquérito foi criada para investigar as atividades de Paulo César Farias, tesoureiro da campanha do presidente. Após 84 dias de investigação, a CPI concluiu que a conduta de Collor era incompatível com a dignidade do cargo. Com o julgamento no Senado, Collor é afastado por até 180 dias e passa a depender do veredicto para voltar ao cargo. Recebe meio salário e pode se instalar no Palácio da Alvorada. Leia o noticiário sobre a queda de Collor em **Brasil** e nos cadernos **Especial Brasil** e **Fim**.

O TEMPO EM SÃO PAULO

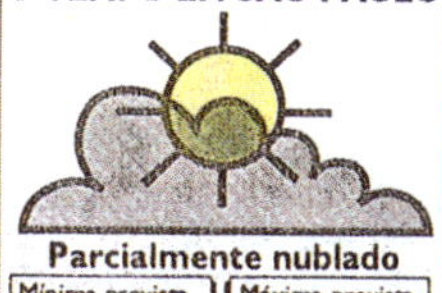

Parcialmente nublado

Mínima prevista	Máxima prevista
11°	21°
Ontem: 12,0°	Ontem: 21,0°
Há um ano: 16,7°	Há um ano: 18,7°

brasil

Opinião da Folha

Leia na pág. 1-2 os editoriais "A lição do impeachment", saudando a votação histórica na Câmara dos Deputados; e "Na contramão", cobrando transparência na CPI da Vasp.

'Mortes' está hoje em 'Brasil', à pág. Esp. A 8

A seção "Mercados" está hoje na pág. Especial A 11. A seção "Atmosfera" está publicada na pág. 2-12

Seções

Esta edição tem
84 Páginas
12 Especial Brasil
8 Especial Fim
20 de Informática - 6 Especial Dinheiro SP
504.833 exemplares

EDIÇÃO S. PAULO

FOLHA DE S.PAULO ★

SEGUNDO CLICHÊ 20h

Diretor de Redação: Otavio Frias Filho ★ São Paulo, domingo, 4 de outubro de 1992 ★ Um jornal a serviço do Brasil ★ Ano 72 ★ Nº 23.195 ★ Al. Barão de Limeira, 425 ★ Cr$ 5.000,00

D O M I N G O

OFERTAS

16.148 nos roteiros e classificados

3.984 vagas em Empregos

9.895 apartamentos em Imóveis

894 ofertas em Veículos

1.375 ofertas em Tudo

Veja imagens exclusivas da nova Caravan

Veículos mostra com exclusividade detalhes da nova Caravan quatro portas, da General Motors, que chega ao mercado em março de 1993. A perua, fotografada na Itália, começará a ser produzida no Brasil em fevereiro em duas versões, com os equipamentos e mecânica do Omega. PÁG. 9-1

Ricardo Caruso

Nova perua Caravan quatro portas durante avaliação de estrada na Itália

Editoria de Arte/Folha Imagem

GANHE

VEJA COMO O "MANUAL DE EMPREGOS" PODE AJUDAR VOCÊ

- Aprenda a pesquisar ofertas
- Veja como fazer um currículo
- Conheça os serviços das agências e consultorias
- Saiba como se comportar em uma entrevista
- Entenda como funcionam os testes de seleção
- Acompanhe as dicas para se integrar e subir na nova empresa

E MAIS: o "Especial Executivos", com o perfil do profissional dos anos 90

Chacina mata 111 presos em SP

PM esmaga rebelião na Casa de Detenção e deixa o maior saldo de mortos da história penitenciária do país

Claudio Rossi/Agência Globo

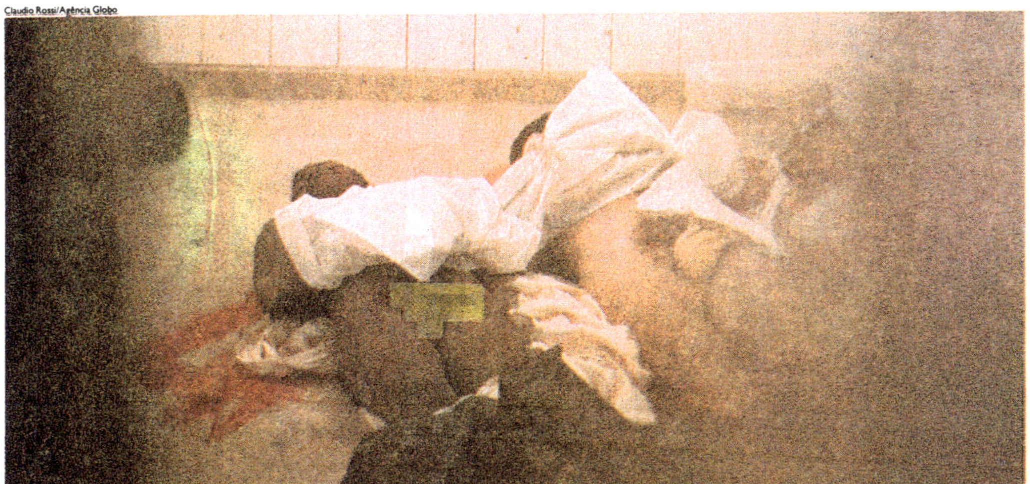

Corpos de presos mortos na rebelião estendidos no chão do IML; a foto foi retocada para amenizar a violência da imagem

A rebelião ocorrida anteontem na Casa de Detenção de São Paulo e a invasão do presídio pela Polícia Militar deixaram 111 presos mortos, segundo divulgou a Secretaria de Segurança Pública minutos antes do encerramento das eleições. Foi o maior massacre em um presídio brasileiro. No último grande motim, em 87, houve 31 mortes.

Segundo o secretário Pedro Franco de Campos, 22 policiais e 35 detentos ficaram feridos. Duas freiras da Pastoral Carcerária disseram ter visto 13 corpos de presos perfurados por balas. "Eles foram fuzilados. Seus rostos estavam deformados", disse a irmã Maria Isabel.

A rebelião começou às 14h30 de sexta, com uma rixa entre presos do Pavilhão 9, que planejavam uma fuga para ontem. Às 15h policiais entraram na Detenção com metralhadoras e escopetas. O governador Fleury Filho qualificou a operação como uma "ação policial" para combater "briga de quadrilhas". A **Folha** apurou que Fleury soube na sexta-feira que os mortos já eram 90. O governo teria divulgado que havia apenas 8 mortos para não prejudicar o PMDB na eleição. PÁGs. 1-13 a 1-15

brasil

Opinião da Folha

Leia na pág. 1-2 os editoriais "Ação entre amigos", acerca do novo ministério; "Compostura tardia", sobre Collor; e "Perot, de novo", comentando campanha nos EUA.

revista da folha

Cris Bierrenbach/Folha Imagem

Luciano Amaral é o Lucas do "Mundo da Lua", na Cultura

O TEMPO EM SÃO PAULO

Parcialmente nublado

Mínima prevista	Máxima prevista
16°	26°
Ontem: 16,6°	Ontem: 25,6°
Há um ano: 15,7°	Há um ano: 17,7°

Previsão completa do tempo: pág. 1-16

OFERTAS NO FOLHÃO

A responsabilidade pelas ofertas é das empresas anunciantes; as indicações para este índice são do Departamento de Publicidade da **Folha**.

Seções

Esta edição tem

204 Páginas

18 de Mais! - 20 de Empregos - 18 de Imóveis
14 de Veículos - 6 de Tudo - 20 de TV Folha
48 de Revista da Folha - 6 de Especial Brasil
12 de Especial Manual de Empregos

624.268 exemplares

Boca-de-urna dá 48% para Maluf

O candidato do PDS, Paulo Maluf, obteve 48% dos votos válidos na disputa pela Prefeitura de São Paulo, segundo pesquisa de boca-de-urna feita pelo Data **Folha**. Após a votação, Maluf já admitia a realização de um segundo turno da eleição. Isso só não ocorre se um dos candidatos tiver conseguido ontem 50% dos votos válidos mais um. A margem de erro na pesquisa é de três pontos percentuais.

O segundo colocado é o candidato Eduardo Suplicy, do PT, com 32%. Aloysio Nunes Ferreira Filho (PMDB) vem em terceiro com 14%. **Eleições-92**

Ormuzd Alves/Folha Imagem

Suplicy a caminho da urna no Madre Alix

Jorge Araújo/Folha Imagem

Maluf leva cédula à cabine no Sacre Coeur

Itamar diz que Krause é 'simples, mas capaz'

O presidente Itamar Franco fez ontem críticas ao presidente afastado, Fernando Collor. "O que é modernidade? Defender os interesses internacionais ou os interesses do país?", afirmou em Juiz de Fora (MG). Irritado com censuras a seu ministério, disse que convidou "notáveis de São Paulo" para a Economia "que não puderam aceitar". Chamou então Gustavo Krause, um "homem do povo, simples, mas capaz". PÁG. 1-9

Folhão tem a maior média de circulação

A **Folha** foi o jornal que teve o melhor desempenho em circulação aos domingos em agosto. Segundo o Instituto Verificador de Circulação, o **Folhão** teve média de 513.708 exemplares, superando em 35,7% seu principal concorrente local, que registrou média de 378.650. PÁG. 1-6

Corinthians e São Paulo disputam hoje a liderança

Pisco del Gaiso/Folha Imagem

O meia são-paulino Raí faz exercício na água para relaxar

São Paulo e Corinthians disputam o clássico de hoje no Morumbi em situações bem diferentes. Líder do Campeonato Paulista com 25 pontos, o São Paulo exibe o trio de meio-campistas Dinho, Cerezo e Raí, que o técnico Telê Santana quer escalar no Mundial Interclubes em dezembro. No Corinthians, vice-líder com 24 pontos, Neto desfalca a equipe e o técnico Basílio está ameaçado de perder o cargo.

A TV Bandeirantes transmite às 13h15 as 200 Milhas de Nazareth, penúltima prova do Mundial de F-Indy. Emerson Fittipaldi, que luta pelo título, venceu ontem a prova extra Marlboro Challenge, ganhando US$ 300 mil. **Esporte**

BOA NOTÍCIA

Cai o preço do telefone móvel

Em São Paulo, desde 1990, o preço caiu de US$ 6.500 para US$ 1.250. Em Florianópolis, de US$ 5.000 para US$ 2.000. PÁG. 2-7

Governo quer manter projeto de ajuste fiscal

O novo ministro da Fazenda, Gustavo Krause, disse que a reforma fiscal é uma das prioridades do governo Itamar Franco. O ministro vai levar ao Congresso a proposta do governo Collor, que servirá de ponto de partida para discussão. Krause disse que será um dos articuladores para a aprovação do projeto. Segundo o ministro, o ajuste deve ocorrer até dezembro. PÁG. 1-7

O general Benedito Onofre Bezerra Leonel deverá ocupar o Ministério do Exército. PÁG. 1-6

EDIÇÃO S.PAULO / DF

FOLHA DE S.PAULO

Concluída às 23h30

Diretor de Redação: Otavio Frias Filho ★ São Paulo, terça-feira, 14 de setembro de 1993 ★ Um jornal a serviço do Brasil ★ Ano 73 ★ Nº 23.540 ★ Al. Barão de Limeira, 425 ★ CR$ 60,00

AGROFOLHA

Cavalos invadem noite paulistana

Cavaleiros organizam passeios noturnos a cavalo em São Paulo. O grupo já conta com cerca de 30 participantes. Os "night riders" galopam com seus cavalos inspirados pelos "night bikers", que invadiram as noites paulistanas montados em suas bicicletas. PÁG. 5-1

Pisco Del Gaiso-Folha Imagem

"Night riders" em passeio na represa de Guarapiranga (SP)

Banco faz perfil dos fazendeiros

Pesquisa do Banco Real revela que 89,9% dos fazendeiros brasileiros se dizem preocupados com a poluição. O levantamento ouviu 2.652 pessoas para traçar o perfil do fazendeiro. PÁG. 5-5

DINHEIRO

Inflação da Fipe tem recuo

Editoria de Arte/Folha Imagem

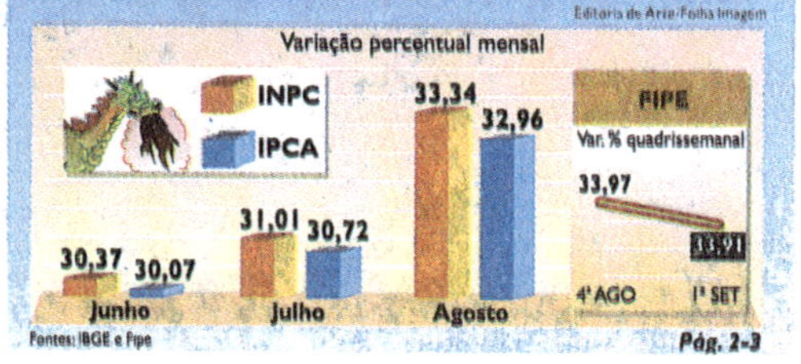

Fontes: IBGE e Fipe

Pág. 2-3

Israel e OLP assinam acordo de paz

Tratado firmado em Washington por Rabin e Arafat tenta encerrar 45 anos de conflitos no Oriente Médio

Fotos Associated Press

Clinton aproxima Arafat e Rabin para cumprimento; o líder palestino estendeu antes a mão (foto à esq.) e, depois de um instante, foi seguido pelo premiê israelense

CARLOS EDUARDO LINS DA SILVA
De Washington

Israel e a Organização para a Libertação da Palestina (OLP) assinaram ontem o tratado de paz. O acordo prevê o fim de 45 anos de conflito no Oriente Médio. Determina que os territórios ocupados por Israel desde 1967 passem progressivamente para administração palestina. A assinatura ocorreu nos jardins da Casa Branca (Washington). A cerimônia foi presidida por Bill Clinton (EUA). Apesar do otimismo, houve tensão. O premiê israelense, Yitzhak Rabin, não aplaudiu os discursos palestinos. O líder da OLP, Iasser Arafat, recusou texto em que sua organização era chamada de "delegação palestina". Israel cedeu uma hora antes da assinatura. PÁG. Esp.A-1

Leia a cobertura completa sobre o tratado no caderno **Mundo**, que circula encartado em **Brasil**

BRASIL

Opinião da Folha

Leia na pág. 1-2 os editoriais "Paz", comentando o acordo assinado ontem entre Israel e a OLP; "Faz-de-conta partidário", sobre o PMDB; e "Ampliar a desestatização".

Polícia instala equipamentos

Já está funcionando prédio com aparelhos importados de Israel sem licitação durante o governo Quércia. PÁG. 1-8

ORIENTE-SE

DINHEIRO PÁG. 2-1

DÓLAR* Cotações de 13/9, em CR$

Paralelo	114,00 / 116,00
Turismo	112,50 / 114,50
Livre	105,865 / 105,867
Proj. dólar médio setembro**	111,124
Dólar médio de agosto**	62,88

* Compra e venda respectivamente
**Cotações de venda

Hoje

UFIR	POUPANÇA
CR$ 62,88	30,7605%

TEMPO EM SP PÁG. 1-12

Parcialmente nublado

Mínima prevista	Máxima prevista
11°	25°
Ontem: 10,8°	Ontem: 21,2°
Há um ano: 13,6°	Há um ano: 22,6°

Esta edição tem
76 Páginas
16 de Classifolha (não circula no DF)
8 de Agrofolha - 4 de Acontece São Paulo
8 de Mundo Especial - 4 de Esporte Especial
440.391 exemplares

Lobby pode ter atuado em acordo com Canadá

Documentos reforçam suspeita de que um lobby apressou a aprovação do tratado de transferência de presos entre Brasil e Canadá, informa **Josias de Souza**. O acordo beneficia sequestradores de Abílio Diniz. Texto do Ministério da Justiça critica a **Folha** por "deflagrar campanha" que lançou dúvidas sobre a legitimidade do tratado. PÁG. 3-3

BOA NOTÍCIA

Cresce venda de máquina agrícola

As vendas de máquinas agrícolas cresceram 42% nos oito primeiros meses de 1993 em relação à igual período do ano passado. Foram negociadas 17,2 mil unidades. PÁG. 5-4

Ministros do PMDB entregam cargo

Os ministros Antônio Britto (Previdência), Alberto Goldman (Transportes) e o líder do governo no Senado, Pedro Simon (RS), todos do PMDB, entregaram seus cargos ao presidente Itamar Franco. Com isso, pretendem deixar o Conselho Nacional peemedebista "à vontade". No dia 21, o conselho decide se o PMDB permanece no governo. Itamar pediu que eles fiquem. Coutinho Jorge (Meio Ambiente), também filiado ao partido, saiu do governo. PÁGs. 1-4 e 1-5

Leia mais sobre o PMDB no "Painel", à pág. 1-4

Luciana Whitaker-Folha Imagem

O atacante Romário (na foto, batucando ao desembarcar no aeroporto do Galeão) afirmou não se considerar o 'salvador da pátria'; Bebeto deve jogar contra o Uruguai - Págs. Esp.B-4 e Esp.B-1

Líder palestino fez maiores concessões

SÉRGIO MALBERGIER
Enviado especial a Israel

As maiores concessões na negociação vieram de Arafat. Em posição de fraqueza, adiou a discussão sobre Jerusalém Oriental, a criação do Estado palestino e a volta de refugiados. Agora, sua liderança sofre oposição. PÁG. Esp.A-4

Cai um dos decretos de prisão de PC Farias

O Tribunal Regional Federal concedeu ontem habeas corpus a PC Farias e Jorge Bandeira. A decisão torna sem efeito a prisão preventiva decretada no dia 30 de junho pelo juiz Pedro Paulo Castelo Branco Coelho, da 10ª Vara Federal de Brasília. PC e Bandeira continuam sendo procurados pela PF em função da prisão preventiva decretada pelo Supremo Tribunal Federal. PÁG. 1-10

Juiz manda prender 19 garimpeiros em Roraima

O juiz federal em Roraima Renato Martins Prates disse ontem que decretou a prisão provisória de mais 19 garimpeiros acusados de participação na chacina de Haximu, quando 16 índios ianomâmis foram assassinados. Sobe para 22 o número de garimpeiros procurados pela polícia. Até agora, só Pedro Emiliano Garcia foi preso. Todos os outros estão foragidos. PÁG. 1-5

Austregésilo de Athayde morre aos 94 no Rio

O presidente da Academia Brasileira de Letras, Austregésilo de Athayde, 94, morreu ontem às 17h45 na Casa de Saúde Santa Lúcia, no Rio. Internado há duas semanas em consequência de pneumonia dupla, ele teve uma parada cardio-respiratória. O maranhense Josué Montello, 76, é o favorito para suceder Austregésilo à frente da academia. PÁG. 1-11

Paulo Giandalia/Folha Imagem

Como o ipê-amarelo na esquina entre as ruas Paraguassu e Traipu, em Perdizes, muitas árvores já floriram, dando um ar de primavera a este fim de inverno paulistano - Pág. 3-6

Assaltantes se vestem de policiais para roubar

Mais de 30 pessoas vestidas com coletes e capuzes da Polícia Civil simularam uma blitz na madrugada de ontem em Bonsucesso, no Rio. Paravam carros para assaltar passageiros. A polícia acredita que eram traficantes. Houve troca de tiros com a PM, mas ninguém foi preso. PÁG. 3-4

O prefeito Paulo Maluf pretende lançar em 60 dias uma "Rota" municipal, para um trabalho semelhante ao da PM. PÁG. 3-1

EDIÇÃO S. PAULO / DF

FOLHA DE S.PAULO

Concluída às 23h30

Diretor de Redação: Otavio Frias Filho ★ São Paulo, segunda-feira, 2 de maio de 1994 ★ Um jornal a serviço do Brasil ★ Ano 74 ★ Nº 23.770 ★ Al. Barão de Limeira, 425 ★ CR$ 850,00

Associated Press

9:12 Senna corre à frente de Schumacher após a 2ª largada ontem em Imola

France Presse

9:13 Imagem de TV mostra o Williams depois de bater contra o muro na curva Tamburello; nesse ponto da pista, depois da reta dos boxes, não há proteção e a área de escape até o muro é de cimento

Associated Press

9:17 Senna é socorrido pela equipe de resgate ao lado dos destroços de seu carro; no chão, o piloto teve a traquéia aberta para voltar a respirar

Acidente mata Ayrton Senna

France Presse

Ayrton Senna ajusta o espelho retrovisor do Williams, cerca de 15 minutos antes do acidente que provocou sua morte

★ *Tricampeão da Fórmula 1 bateu a quase 300 km/h em Imola*

★ *Corpo do piloto deve ser embarcado hoje para o Brasil*

FLAVIO GOMES
Enviado especial a Imola

O tricampeão de Fórmula 1 Ayrton Senna morreu ontem aos 34 anos após acidente em Imola (Itália). O piloto largou na frente e liderava o Grande Prêmio de San Marino quando perdeu o controle do carro na sétima volta, possivelmente devido a falha na suspensão. O Williams bateu contra o muro na curva Tamburello a quase 300 km/h.

Inconsciente, Senna foi atendido na pista e depois levado de helicóptero ao hospital Maggiore (Bolonha). Tinha traumatismo craniano múltiplo e lesões cerebrais graves. Morreu às 13h42 (horário de Brasília, 18h42 locais).

Sexta, o brasileiro Rubens Barrichello capotou em Imola. Sábado, Roland Ratzenberger sofreu acidente fatal. Ontem, uma batida invalidou a primeira largada. Após o choque de Senna, quatro mecânicos foram atropelados. Michael Schumacher venceu a prova. O alemão defendeu a criação de um movimento por mais segurança na F-1.

Ayrton Senna da Silva foi o maior esportista brasileiro desde Pelé. Paulistano, divorciado, chegou à F-1 em 84 depois de acumular nove títulos nas categorias inferiores.

Venceu 41 provas. Foi campeão em 88, 90 e 91 pela McLaren. Esperava chegar ao tetra este ano na Williams. Em nota oficial, o presidente Itamar Franco se solidarizou com os pais do piloto "nesta hora em que todos nós perdemos um ídolo e eles perdem o filho". Foi decretado luto em todo o país. O corpo deve ser embarcado hoje para o Brasil. Leia a cobertura completa no caderno **Senna**.

Editoria de Arte/Folha Imagem

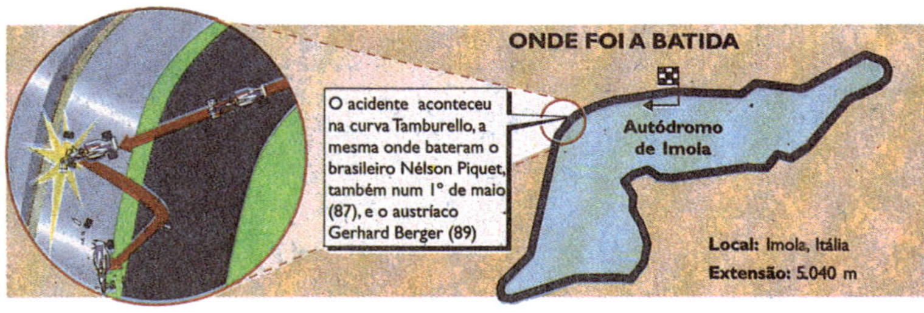

Iuan Esteves/Folha Imagem

O zagueiro são-paulino Gilmar ajoelha durante o minuto de silêncio por Ayrton Senna no Morumbi aos 3 min do jogo contra o Palmeiras, que venceu por 3 a 2 - Esporte

Virtual eleito, Mandela prega a conciliação

CLÓVIS ROSSI
Enviado especial a Johannesburgo

O ex-prisioneiro político Nelson Mandela, 75, é o virtual presidente eleito da África do Sul. "Jamais teremos o apoio do empresariado com políticas radicais", afirmou ele ao saber da maioria obtida por seu partido na eleição. PÁG. 2-8

Lula inicia a campanha sem controlar PT

Luiz Inácio Lula da Silva, candidato presidencial do PT, inicia campanha sem controlar todas as facções. Após três dias de debate no Encontro Nacional, conseguiu decidir apenas que, se vencer a eleição, não decretará a moratória da dívida externa no primeiro dia de seu governo. PÁGs. 1-5 a 1-7

ORIENTE-SE

NEGÓCIOS

Hoje

URV	CR$ 1.323,92
UFIR	CR$ 740,63
POUPANÇA	46,6998%

DÓLAR* Cotações de 29/04, em CR$

Paralelo	1.246,00 / 1.256,00
Turismo	1.209,00 / 1.240,00
Livre	1.302,25 / 1.302,27
Dólar médio de abril**	1.109,56
Dólar médio de março**	768,12

* Compra e venda respectivamente
**Cotações de venda

TEMPO EM SP PÁG. 1-12

Parcialmente nublado

Mínima prevista	Máxima prevista
15°	26°
Ontem: 14,8°	Ontem: 25,0°
Há um ano: 16,7°	Há um ano: 27,3°

QUINA concurso: 013

13 33 38 39 72

BRASIL

Opinião da Folha

Leia na pág. 1-2 os editoriais "A morte de Senna", lamentando-a; "Imposto em xeque", pelo fim do IPMF; e "Envernizado", acerca do novo primeiro-ministro italiano.

BOA NOTÍCIA

Congonhas terá nova garagem

Aeroporto na zona sul de São Paulo ganhará edifício com 4.000 vagas para carros e hotel quatro estrelas. As 1.000 vagas existentes já não comportam a demanda de Congonhas, o quinto aeroporto mais movimentado do país. As obras serão feitas em duas etapas e começam em 95. PÁG. 3-1

SÃO PAULO

Esconda remédio das crianças

"Saúde" mostra que esta é a causa número 1 de intoxicação infantil. Acidentes mais comuns são com calmantes. PÁG. 3-8

ILUSTRADA

"Éramos Seis" estréia no SBT

Novela irá ao ar em dois horários, 19h45 e 21h45. A audiência determinará o definitivo. PÁG. 5-9

FOLHATEEN

Tráfico atinge jovens no Rio

Adolescentes "gerenciam" o narcotráfico e morrem antes de virarem adultos. PÁG. 6-1

Seções

Esta edição tem

78 Páginas

12 de Especial Senna
8 de Folhateen - 8 de Negócios
2 de Via SP - 8 de Especial Iniciativas
2 de Especial Acontece São Paulo

490.120 exemplares

EDIÇÃO S.PAULO / DF

FOLHA DE S.PAULO

Concluída às 23h30

Diretor de Redação: Otavio Frias Filho ★ São Paulo, quinta-feira, 30 de junho de 1994 ★ Um jornal a serviço do Brasil ★ Ano 74 ★ Nº 23.829 ★ Al. Barão de Limeira, 425 ★ 0,60 URV (CR$ 1.530,00)

Editoria de Arte/Folha Imagem

R$ 1,00 = 1 URV = CR$ 2.750,00

(Um **real** é igual a uma **URV**, que equivale a dois mil, setecentos e cinquenta **cruzeiros reais**)

COMO CONVERTER EM REAIS

Valores em CR$	Valores em URV
Divida o valor por 2.750	Mantém o mesmo valor
EXEMPLO	EXEMPLO
CR$ 10.000,00 / 2.750 = R$ 3,63	18 URVs = R$ 18,00

COMO PREENCHER CHEQUES

A partir de amanhã, preencha todos os cheques em reais (veja o modelo ao lado). Escreva por extenso, inclusive os centavos

HORÁRIOS DOS BANCOS

Hoje (dia 30/6)
Horário e serviços normais

Amanhã (dia 1º/7)
Aberto só para troca de cruzeiros reais por reais e saques de até R$ 100 por meio de cartão magnético ou cheque apresentado na agência do emitente. O horário de atendimento será ampliado em uma hora

Sábado (dia 2/7)
Aberto só para troca de cruzeiros reais por reais. Horário normal

Real entra em circulação no país amanhã e vale CR$ 2.750

GANHE HOJE O ABC DO REAL

Salário
Já está em URV e será convertido para reais na paridade um por um. Quem ganha 1.000 URVs passará a ganhar R$ 1.000,00

Mínimo
Em julho valerá R$ 64,79. O governo enviou projeto ao Congresso elevando o valor para R$ 70,00 a partir de 1º de setembro

Poupança
O saldo em CR$ de junho passará para R$ e, em julho, terá rendimento normal. Conta do dia 1º aceitará depósito no dia 4

Mensalidades escolares
A MP sobre a conversão está suspensa. Mensalidade em URV será transformada em reais. Podem sair novas regras

Aluguel
Enquadra-se nas regras de contratos que permaneceram em cruzeiros reais. A conversão para reais será pela média em URV

Tarifas públicas
Os preços dos combustíveis passam de URV para real automaticamente. Não sobem em reais, a exemplo de luz e telefone

Planos de saúde
As prestações que estão em URV devem passar para o real. Podem cair se as empresas aceitarem limitar aumento

Impostos
Os prazos e alíquotas não mudam, exceto no caso do IOF. Até o vencimento não haverá correção diária. O uso da Ufir será reduzido

Imposto de Renda
A tabela do IR na fonte continua sendo corrigida pela Ufir. Em julho a faixa de isenção deve atingir cerca de R$ 560,00

Aposentadoria
Como já está em URV, será transformada automaticamente em reais, por uma URV ser igual a um real

Cheques pré-datados
Os que estiverem em cruzeiros reais têm validade até 29 de julho, independentemente da data no cheque

Otavio Dias de Oliveira/Folha Imagem

Gerente de supermercado em São Paulo despeja moedas de dez centavos de real no caixa

Editoria de Arte/Folha Imagem

O QUE VOCÊ COMPRA COM O NOVO DINHEIRO

MOEDAS

- R$ 0,01 (CR$ 27,50) • uma bala
- R$ 0,05 (CR$ 137,50) • dois chicletes
- R$ 0,10 (CR$ 275,00) • um pão francês
- R$ 0,50 (CR$ 1.375,00) • passagem de ônibus em SP
- R$ 1,00 (CR$ 2.750,00) • dois pacotes (500g) de macarrão

NOTAS

- R$ 1,00 (CR$ 2.750,00) • 1 kg de feijão carioquinha
- R$ 5,00 (CR$ 13.750,00) • dois pacotes de café (500 g)
- R$ 10,00 (CR$ 27.500,00) • uma camisa masculina
- R$ 50,00 (CR$ 137.500,00) • uma máquina fotográfica
- R$ 100,00 (CR$ 275.000,00) • uma bicicleta infantil

O CARRO NACIONAL MAIS BARATO CUSTA **R$ 7.243,00**

Veja o horário do comércio e dos transportes até sábado em SP - PÁG. 2-16

★ Cruzeiro real ainda poderá ser usado até o dia 15 de julho

★ Governo espera inflação de até 5% no 1º mês da nova moeda

O presidente Itamar Franco anuncia hoje às 10h30 em reunião ministerial com rede de rádio e TV o lançamento do real. A décima moeda da história do país entra em circulação amanhã. O comércio aceitará cruzeiro real até 15 de julho. Cheques na moeda antiga podem ser depositados até o dia 29. O cruzeiro real foi a moeda de vida mais curta —334 dias— e acumulou inflação de 3.673,52%.

A equipe econômica espera inflação de até 5% em julho. Para agosto, a expectativa é de que a taxa caia a 2%.

O déficit nas contas públicas, uma eventual elevação de preços na nova moeda e a desinformação da população são as principais ameaças ao Plano Real.

O presidente Itamar pretende influir mais na economia. Ele quer encerrar o mandato com salário mínimo de US$ 90 e dar reajuste de 28% para servidores em agosto. A Comissão de Trabalho da Câmara aprovou projeto que eleva o mínimo para US$ 100 em 1º de agosto.

Evite acumular cruzeiros reais no bolso. Nos primeiros tempos da nova moeda, crediário é mau negócio devido aos juros altos. Não aceite arredondamentos. **Real**

Os combustíveis estão mais caros 3,89%, em média, desde zero hora de hoje. É o último reajuste antes do real. PÁG. 2-14

Doping ameaça tirar Maradona da Copa

France Presse

Maradona em Dallas ontem

A Fifa anunciou ontem que o argentino Maradona foi reprovado em exame anti-doping realizado após a vitória sobre a Nigéria no sábado.

O meia pode ser suspenso da Copa. A Federação Argentina de Futebol afirma que o jogador usou descongestionante nasal com efedrina, substância vetada pela Fifa. O remédio teria sido receitado pelo médico de Maradona. Em 91, o jogador foi suspenso por 15 meses devido a uso de cocaína. PÁG. 4-1

Câmara veta eleição com duas urnas

A Câmara rejeitou a utilização de duas urnas nas eleições de outubro. A proposta, do Tribunal Superior Eleitoral, visava agilizar a votação e a apuração.

Para os deputados, a apuração mais rápida da votação para presidente, senador e governador prejudicaria a fiscalização de urnas em separado com os votos para a Câmara. PÁG. 1-6

Emenda ajuda a fazenda de Bisol em MG

O senador José Paulo Bisol (PSB-RS), vice na chapa de Luiz Inácio Lula da Silva (PT), propôs emendas ao Orçamento de 94 que favorecem sua fazenda em Buritis (MG).

Bisol disse que vai retirar proposta das emendas. Para L la, o senador não cometeu ''n nhum ato ilegal''. PÁG. 1

BRASIL

Opinião da Folha

Leia na pág. 1-2 os editoriais ''Sem lua-de-mel'', prevendo problemas no início do real; ''Até Bisol'', sobre o senador e o Orçamento; e ''Na terra de Bolívar'', acerca da Venezuela.

ORIENTE-SE

DINHEIRO PÁG. 2-1

Hoje

URV	CR$ 2.750,00
UFIR CR$ 1.518,07	POUPANÇA (28/06) 45,8757%

DÓLAR* Cotações de 29/06, em CR$

Paralelo	2.670,00 / 2.710,00
Turismo	2.570,00 / 2.770,00
Livre	2.612,50 / 2.698,46
Proj. dólar médio de junho**	2.296,25
Dólar médio de maio**	1.584,04

* Compra e venda respectivamente
**Cotações de venda

TEMPO EM SP PÁG. 1-12

Ensolarado

Mínima prevista	Máxima prevista
4º	20º
Ontem: 5,0º	Ontem: 18,6º
Há um ano: 14,0º	Há um ano: 22,0º

AVISO

O preço do exemplar da **Folha** em banca está expresso em URV. Em benefício do leitor, o valor da URV foi congelado em CR$ 2.550,00.

Seções

Esta edição tem
132 Páginas
32 de Turismo - 4 de Especial Acontece SP
26 de Classifolha (não circula no DF)
8 de Especial ABC do Real - 2 de Especial Via SP
491.607 exemplares

Brasil pode pegar Itália na semifinal

Projeções mostram que o Brasil pode enfrentar a Itália se for à semifinal. Caso vença os EUA, a seleção jogará com Holanda ou Irlanda. Os holandeses derrotaram Marrocos (2 a 1) e ficaram em primeiro no Grupo F. Na mesma chave, a Arábia Saudita bateu a Bélgica (1 a 0) e se classificou. **Copa 94**

O QUE VER NA TV

● **Argentina x Bulgária**
20h30 - Bandeirantes e Globo (ao vivo)

EDIÇÃO ★ S. PAULO / DF ★

FOLHA DE S.PAULO

Concluída às 23h30

Diretor de Redação: Otavio Frias Filho ★ São Paulo, segunda-feira, 18 de julho de 1994 ★ Um jornal a serviço do Brasil ★ Ano 74 ★ N.º 23.847 ★ Al. Barão de Limeira, 425 ★ R$ 0,60 (CR$ 1.650,00)

GANHE O PÔSTER DOS TETRACAMPEÕES E CADERNO COM TUDO SOBRE A COPA DOS EUA

BRASIL É TETRA!

Seleção bate Itália na primeira decisão de Copa por pênaltis

Antonio Gaudério/Folha Imagem

O capitão Dunga ergue a taça de campeão do mundo no estádio Rose Bowl, em Pasadena

MATINAS SUZUKI JR.
Enviado especial a Pasadena

O Brasil se tornou ontem o primeiro tetracampeão mundial de futebol ao vencer a Itália nos pênaltis por 3 a 2 na final da Copa dos EUA. Às 19h32 (horário de Brasília), o capitão Dunga ergueu a taça no estádio Rose Bowl em Pasadena (Califórnia). Pela primeira vez, o Mundial foi decidido nos pênaltis.

O placar ficou em 0 a 0 até o final da prorrogação. Romário, artilheiro do Brasil na Copa, sofreu forte marcação. Apesar disso, o Brasil dominou boa parte da partida. Finalizou 22 vezes, contra 6 da Itália.

Albertini e Evani marcaram para a Itália na cobrança de pênaltis. Baresi e Baggio chutaram para fora. Taffarel defendeu cobrança de Massaro. Pagliuca espalmou a de Márcio Santos. Romário, Branco e Dunga converteram para o Brasil.

Os jogadores carregaram faixa dedicando o tetra ao piloto Ayrton Senna, morto em 1º de maio, e rezaram. O técnico Carlos Alberto Parreira deixa a seleção para trabalhar na Espanha. O coordenador Zagalo, bicampeão como jogador em 58 e 62 e treinador em 70, pode substituí-lo.

O embarque para o Brasil está previsto para 20h. A delegação deve parar em Recife, Brasília, Rio, São Paulo e Porto Alegre. Os presidentes Clinton (EUA) e Menem (Argentina) telefonaram a Itamar Franco parabenizando-o pela vitória.

A média de gols da 15ª Copa —2,71 por jogo— foi a maior desde 82. O primeiro título após 70 classificou o Brasil para a Copa de 98 na França, última do século. **Tetra 94**

ORIENTE-SE

NEGÓCIOS PÁG. 2-1

Hoje

URV	CR$ 2.750,00
UFIR R$ 0,5618	POUPANÇA 21,8286%

DÓLAR* Cotações de 15/07, em R$

Paralelo	0,91 / 0,94
Turismo	0,87 / 0,96
Livre	0,929 / 0,934

* Compra e venda respectivamente

TEMPO EM SP PÁG. 1-11

Ensolarado

Mínima prevista	Máxima prevista
11°	25°
Ontem: 9,0°	Ontem: 25,4°
Há um ano: 12,7°	Há um ano: 23,1°

BRASIL

Opinião da Folha

Leia na pág. 1-2 os editoriais "Vitória", sobre a Copa do Mundo; "A SBPC", comentando o encontro; e "À porta do paraíso", acerca da desigualdade entre as nações.

Folha alcança tiragem recorde

O jornal tem hoje 556.052 exemplares, recorde de circulação de segunda a sábado.

Mundo está no primeiro caderno

Excepcionalmente hoje, o noticiário internacional se encontra no primeiro caderno. PÁG. 1-10

Seções

Esta edição tem

76 Páginas

2 de Especial Acontece SP · 6 de Negócios
8 de Folhateen · 8 de Iniciativas
12 de Especial Sonho Americano

556.052 exemplares

FOLHÃO
TIRAGEM HISTÓRICA
Mais de 3,5 milhões de leitores
COMECE HOJE A COLECIONAR O ATLAS DA FOLHA
FOLHA DE S.PAULO
ATLAS GEOGRÁFICO MUNDIAL
também publicado pelo The New York Times
GRÁTIS! Ganhe a capa dura do atlas
COM A COLEÇÃO COMPLETA VOCÊ TERÁ
30 mil nomes de lugares no índice
188 bandeiras coloridas de nações com dados geográficos
367 termos no dicionário geográfico
Apoio do Banco Itamarati, Companhia Brasileira de Alumínio e OAS
NÃO PERCA NO PRÓXIMO DOMINGO
Mapas físicos da Europa, Ásia e Oceania
Textos sobre o Sistema Solar e a Terra
Mapa com todas as nações do mundo
E AINDA!
Nove mapas temáticos com terremotos e vulcões, minerais, temperaturas, chuvas, vegetação, densidade populacional, crescimento demográfico e fusos horários

O QUE VOCÊ VAI GANHAR EM CADA FASCÍCULO

FASCÍCULO 1

- **Capa dura**
- **Prefácios**
- **Sumário**
- **Mapas físicos continentais e regionais:** América do Norte, América Central, América do Sul, África e Europa

FASCÍCULO 2
21 de agosto

Mapas físicos da Ásia e Oceania; textos sobre o Sistema Solar; 9 mapas temáticos (chuvas, vegetação etc.); divisão política do mundo; países da Europa

FASCÍCULO 3
28 de agosto

8 mapas da Europa: Inglaterra e País de Gales; Escócia; Irlanda; Ilhas Britânicas e Mar do Norte; Escandinávia e Mar Báltico

FASCÍCULO 4
4 de setembro

8 mapas da Europa: Holanda e Bélgica; França; Espanha e Portugal; Itália e Balcãs; Alemanha e Europa Central; Europa Oriental

FASCÍCULO 5
11 de setembro

8 mapas: divisão política da Ásia e Oceania; Ásia Setentrional; Ásia Oriental; Japão e Coréia

FASCÍCULO 6
18 de setembro

Sudeste Asiático; China Central; Austrália e Sudeste do Pacífico; Sudeste da Austrália; Nova Zelândia; Oceanos Índico e Pacífico

FASCÍCULO 7
25 de setembro

Ásia Meridional e Oriente Médio; Turquia, Síria, Iraque e Irã; Índia Setentrional; Índia Meridional

FASCÍCULO 8
2 de outubro

Israel, Líbano e Chipre; Países da África; África do Sul; África Setentrional; África Central e Meridional; Oceano Atlântico

FASCÍCULO 9
9 de outubro

Países da América do Norte; Canadá; EUA; Oeste dos EUA; Centro-Norte dos EUA

FASCÍCULO 10
16 de outubro

Centro-Sul dos EUA; EUA e Canadá - Os Grandes Lagos; Califórnia e Havaí; Flórida e Sudeste dos EUA; Costa Atlântica dos EUA

FASCÍCULO 11
23 de outubro

Caribe; México e América Central; Países da América do Sul; Norte da América do Sul; Cone Sul; Sudeste do Brasil; Regiões Polares

FASCÍCULO 12
30 de outubro

Guia de pronúncia; dicionário geográfico e abreviações usadas nos mapas

FASCÍCULO 13
6 de novembro

Bandeiras coloridas e textos sobre países e territórios do mundo

FASCÍCULO 14
13 de novembro

Bandeiras coloridas e textos sobre países e territórios do mundo

FASCÍCULO 15
20 de novembro

Bandeiras coloridas e textos sobre países e territórios do mundo

FASCÍCULO 16
27 de novembro

Bandeiras coloridas e textos sobre países e territórios do mundo

FASCÍCULO 17
4 de dezembro

Bandeiras coloridas e textos sobre países e territórios do mundo

FASCÍCULO 18
11 de dezembro

Comparações geográficas: continentes; áreas metropolitanas; montanhas; ilhas; oceanos e mares
Índice

FASCÍCULO 19
18 de dezembro

Continuação do índice

COMO ENCADERNAR

1

Você está recebendo a capa dura e o primeiro fascículo do atlas Folha

2

Guarde todas as páginas dos fascículos. As duas páginas em branco que acompanham o primeiro fascículo serão usadas para dar acabamento ao atlas

3

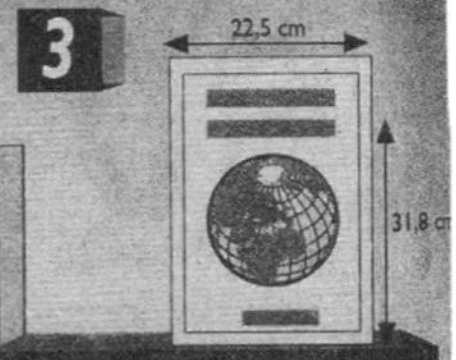

O fascículo que você está recebendo mede 22,5 cm x 31,8 cm. No momento da encadernação, os fascículos sofrerão um corte

4

A primeira página do primeiro fascículo traz indicado o local do corte para o encadernador

5

O tamanho final dos fascículos será de 22 cm x 31 cm

6

Os fascículos devem ser encadernados com costura. A lombada será do tipo canoa

7

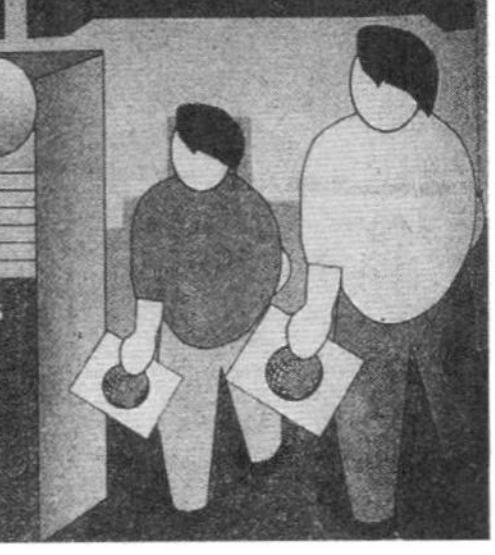

Você poderá entregar os fascículos para encadernar em bancas próximas à sua casa. A Folha vai divulgar em breve informações para você encadernar o atlas de forma descomplicada

FOLHA DE S.PAULO

EDIÇÃO SÃO PAULO / RIO — MAIS DE 3,5 MILHÕES DE LEITORES — DOMINGO

Diretor de Redação: Otavio Frias Filho ★ São Paulo, domingo, 14 de agosto de 1994 ★ Um jornal a serviço do Brasil ★ Ano 74 ★ Nº 23.874 ★ Al. Barão de Limeira, 425 ★ R$ 1,00

Edição histórica com tiragem recorde de 1.117.802 exemplares

Leia as cartas entre Sartre e Merleau-Ponty

Mais! traz com exclusividade a correspondência trocada entre Jean-Paul Sartre e Maurice Merleau-Ponty em 53. Inéditas no Brasil e obtidas com os herdeiros, as cartas marcam o rompimento entre os nomes mais importantes do pensamento francês à época. Tradução de Renato Janine Ribeiro e comentário de Marilena Chaui.

Fonseca lança romance sobre Carlos Gomes

Rubem Fonseca, autor de "Agosto", vai lançar o livro "O Selvagem da Ópera", sobre o compositor brasileiro Carlos Gomes (1836-1896), informa **Alcino Leite Neto**.

O livro sai pela editora Companhia das Letras. Fonseca, um dos escritores mais vendidos no país, não gosta de dar entrevistas. PÁG. 1-7

Sebastião Salgado

Foto feita no campo de Kibumba por Sebastião Salgado, que só utiliza o preto-e-branco para poder concentrar a emoção

Salgado retrata o inferno dos ruandeses

A **Folha** publica em primeira mão e com exclusividade mundial fotos de Sebastião Salgado feitas em campos de refugiados no Zaire. Recém-chegado da África, ele conta que a situação dos refugiados ruandeses é a coisa mais terrível que já viu. "Você vê 4.000 pessoas morrerem ao dia." Na pág. 3-4, foto-pôster de um dos fotógrafos mais importantes do mundo.

Revista atinge sua maior circulação

A atriz Vera Fischer é o destaque da edição recorde da **Revista**, com tiragem de 623.330 exemplares. Aos 42 anos, a ex-miss Brasil firma-se como uma atriz de talento na TV e no teatro. **Revista da Folha**

Governo libera gasto 'eleitoreiro'

Um mês antes da implantação do real, o governo federal liberou verbas para gastos típicos de períodos eleitorais —como compra de ambulâncias e pavimentação de ruas.

A partir de junho, pequenos convênios usaram R$ 126,6 milhões. De janeiro a maio, o valor foi de R$ 30,35 milhões.

Do gasto desde junho, 30,5% foram para o Nordeste, onde o candidato preferido do governo, Fernando Henrique Cardoso (PSDB), está tecnicamente empatado com Luiz Inácio Lula da Silva (PT), pela pesquisa Datafolha —33% e 34% respectivamente. O governo diz que só aprontou os convênios em junho. **Supereleição**

O sobrinho da mulher de Lula foi assassinado com seis tiros ontem em São Bernardo do Campo, no ABC paulista. **PÁG. Esp.3**

BRASIL

Opinião da Folha

Leia na pág. 1-2 os editoriais "Mais de 1 milhão", comentando a tiragem recorde da edição de hoje; e "Cordiais inimigos", acerca das entrevistas de Fernando Henrique e Lula.

SÃO PAULO

Doador vive o Dia dos Pais

Vivem em São Paulo mil doadores de sêmen que já "engravidaram" pelo menos mil casais estéreis. PÁGs. 4-1 a 4-5

ORIENTE-SE

FINANÇAS

Hoje	
URV	CR$ 2.750,00
UFIR (15/08) R$ 0,5911	POUPANÇA 4,1375%

DÓLAR* Cotações de 12/08, em R$	
Paralelo	0,905 / 0,915
Turismo	0,880 / 0,910
Livre	0,903 / 0,905

* Compra e venda respectivamente

TEMPO EM SP PÁG. 1-8

Ensolarado

Mínima prevista	Máxima prevista
11°	26°
Ontem: 12,1°	Ontem: 24,0°
Há um ano: 8,4°	Há um ano: 17,2°

Seções

Esta edição tem

288 Páginas

16 de Mais! - 18 de Empregos - 12 de Tudo
22 de Veículos - 34 de Imóveis - 16 de TV Folha
80 de Revista da Folha - 10 de Acontece SP
16 de Autofolha - 8 de Especial Eleições

1.117.802 exemplares

Schumacher faz pole no GP da Hungria

O piloto alemão Michael Schumacher (Benetton-Ford) larga na frente hoje no Grande Prêmio da Hungria, às 9h (com TV). Damon Hill, da Williams, larga em segundo lugar.

Rubens Barrichello larga na 10ª posição e Christian Fittipaldi, na 16ª.

O Palmeiras joga hoje, às 17h, contra o Paraná, no Parque Antártica, pelo Campeonato Brasileiro.

Ontem em Criciúma (SC), Corinthians e Criciúma empataram (1 a 1). Em Recife, Sport e Flamengo também empataram em 1 a 1. **Esporte**

Acontece especial traz roteiro do semestre

Confira no caderno **Acontece especial** a programação cultural de São Paulo para o segundo semestre. Serão duas mostras internacionais de cinema. O Free Jazz traz James Brown e a 22ª Bienal Internacional das Artes, duas bailarinas contemporâneas. Os paulistanos recebem 43 músicos e bandas estrangeiras, além de Gal Costa e Gilberto Gil. **Acontece especial**

Acidente nos EUA mata Matias Machline

O presidente do grupo Sharp, Matias Machline, e sua mulher, Marina Araújo, morreram em acidente de helicóptero ocorrido às 22h (hora de Brasília) de sexta-feira, nos EUA.

Machline tinha 61 anos. Ele viajava com a mulher de Nova York para Atlantic City, onde passariam o fim-de-semana.

Ainda não há previsão para liberação dos corpos. PÁG. 1-6

Reitor apóia o atlas feito pela Folha

Os reitores das universidades paulistas escrevem sobre a importância para a educação de iniciativas como o atlas que a **Folha** começa a distribuir hoje.

Para Flávio Fava de Moraes (USP), José Martins Filho (Unicamp) e Arthur Roquete de Macedo (Unesp), a mídia deve atuar junto da escola. PÁG. 1-3

Presidente sem maioria vai ter que negociar

THOMAS E. SKIDMORE
Especial para a Folha

Nenhum dos principais candidatos à Presidência pertence a um partido com maioria no Congresso. Negociar será essencial para o futuro presidente, ainda mais porque a política de estabilização levará pelo menos dois anos. **Supereleição**

Fotos Jorge Araújo/Folha Imagem

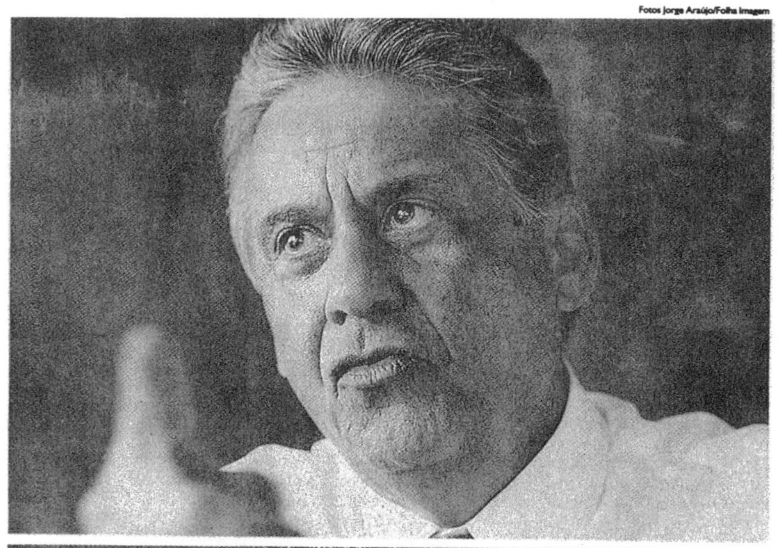

FHC (ao alto) ultrapassou Lula nas pesquisas durante a semana em que falaram à Folha

FHC e Lula vão para o centro

OTAVIO FRIAS FILHO
Diretor de Redação

MATINAS SUZUKI JR.
Editor-executivo

CLÓVIS ROSSI
Da Reportagem Local

O candidato do PSDB à Presidência da República, Fernando Henrique Cardoso, 63, diz que o fisiologismo já morreu no Brasil. O candidato do PT, Luiz Inácio Lula da Silva, diz que um eventual governo de seu partido terá empresários no ministério.

Os dois falaram à **Folha**, na semana passada, na condição de líder nas pesquisas. Lula, em São Paulo, na terça, quando ainda estava à frente do ex-ministro da Fazenda.

FHC, em Brasília, na quinta, quando os institutos indicavam o seu salto à frente nos números das pesquisas.

Os dois usam brancas e surradas fitinhas baianas dos três desejos, amarradas no pulso direito. **Supereleição**

EDIÇÃO S. PAULO / DF

FOLHA DE S.PAULO

Concluída às 23h30

Diretor de Redação: Otavio Frias Filho ★ São Paulo, terça-feira, 4 de outubro de 1994 ★ Um jornal a serviço do Brasil ★ Ano 74 ★ Nº 23.925 ★ Al. Barão de Limeira, 425 ★ R$ 0,60

CADERNO ESPECIAL MOSTRA COMO SERÁ O GOVERNO DE FERNANDO HENRIQUE

FHC É PRESIDENTE

Pisco Del Gaiso/Folha Imagem

FHC acena a simpatizantes na chegada ao colégio Alberto Levy (SP); após votar foi de jatinho a uma fazenda da construtora Camargo Corrêa em Jaú e, de lá, seguiu para local ignorado

Boca-de-urna aponta vitória do tucano no primeiro turno

BRASIL

Opinião da Folha

Leia na pág. 1-2 os editoriais "FHC", sobre a vitória do candidato; "Greve e serviços essenciais", acerca dos petroleiros; e "Teste decisivo", comentando a economia.

ORIENTE-SE

DINHEIRO (4/10) *PÁG. 2-1*

Hoje	Outubro
POUPANÇA 2,7638%	UFIR R$ 0,6308

DÓLAR* Cotações de 30/09, em R$

Paralelo	0,87 / 0,88
Turismo	0,855 / 0,895
Livre	0,852 / 0,854

* Compra e venda respectivamente

BOLSAS Índice de 30/9

SP +0,76% RJ +1,8%

TEMPO EM SP *PÁG. 1-9*

Chuvas

Mínima prevista 19°	Máxima prevista 25°
Ontem: 20,9°	Ontem: 29,9°
Há um ano: 18°	Há um ano: 30°

Esta edição tem
100 Páginas
22 de Classifolha (não circula no DF) - 6 de Agrofolha - 22 de Supereleição - 2 de Via SP - 6 de Governo FHC - 4 de Clubefolha - 4 de Acontece SP
527.631 exemplares

Marcelo Soubhia/Folha Imagem

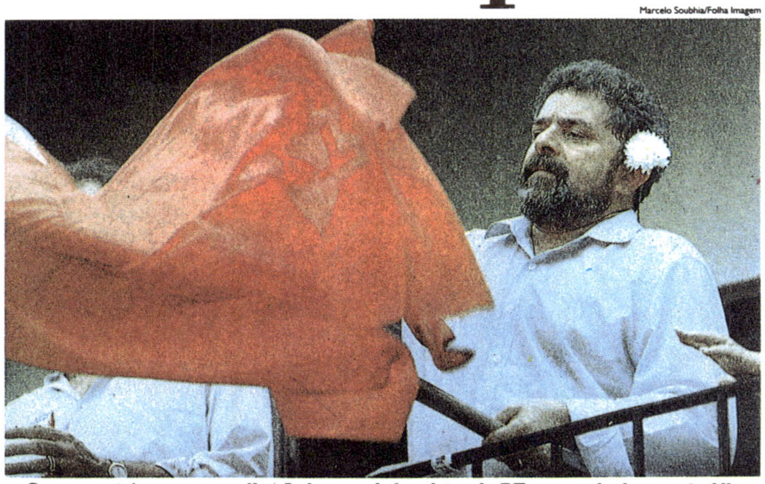

Com um crisântemo na orelha, Lula estende bandeira do PT na sacada da casa do filho Marcos em São Bernardo (SP); ele atirou pétalas da flor ao público na rua - Pág. Esp. 5

Editoria de Arte/Folha Imagem

O RESULTADO DA PESQUISA DE BOCA-DE-URNA

PARA GOVERNADOR
Em %, do total de votos

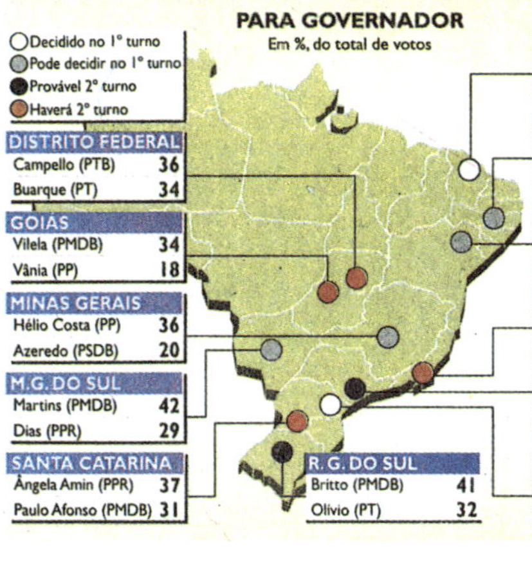

DISTRITO FEDERAL	
Campello (PTB)	36
Buarque (PT)	34

GOIÁS	
Vilela (PMDB)	34
Vânia (PP)	18

MINAS GERAIS	
Hélio Costa (PP)	36
Azeredo (PSDB)	20

M.G. DO SUL	
Martins (PMDB)	42
Dias (PPR)	29

SANTA CATARINA	
Ângela Amin (PPR)	37
Paulo Afonso (PMDB)	31

R.G. DO SUL	
Britto (PMDB)	41
Olívio (PT)	32

CEARÁ	
Jereissati (PSDB)	46
Magalhães (PMDB)	31

PERNAMBUCO	
Arraes (PSB)	40
Krause (PFL)	26

BAHIA	
Souto (PFL)	36
Durval Carneiro (PMN)	17

RIO DE JANEIRO	
Alencar (PSDB)	32
Garotinho (PDT)	25

SÃO PAULO	
Covas (PSDB)	38
Rossi (PDT)	17

PARANÁ	
Lerner (PDT)	46
Dias (PP)	33

PARA PRESIDENTE
Em %, do total de votos

FHC (PSDB)	47
Lula (PT)	24
Enéas (Prona)	6
Quércia (PMDB)	4
Brizola (PDT)	2
Amin (PPR)	2
Gomes (PRN)	*
Fortuna (PSC)	*
Em branco/nulo	15

FOLHA INFORMAÇÕES
Presidente, governador e senador em SP, RJ, MG e PR
Ligue para saber:
(011) 224-4007
Datafolha boca-de-urna
(011) 224-4023
Apuração dos votos
(a partir das 15h)

* Não atingiu 1%. Fonte: Datafolha

Fernando Henrique Cardoso, 63, é o virtual sucessor de Itamar Franco. O Datafolha indica que o senador do PSDB obteve 55% dos votos válidos, o que elimina a necessidade de segundo turno. Ele será o 38º presidente da República e o primeiro sociólogo a ocupar o cargo. Seu mandato de quatro anos começa em 1º de janeiro.

O presidente eleito nasceu no Rio. É casado há 41 anos com a antropóloga Ruth Corrêa Leite Cardoso. Tem três filhos e quatro netos. Professor universitário, foi aposentado compulsoriamente pelo governo militar em 1969.

Fernando Henrique iniciou a carreira política no antigo MDB. Foi suplente de Franco Montoro no Senado. Assumiu a vaga em 1983. Pelo PMDB, perdeu para Jânio Quadros a prefeitura paulistana em 1985. No ano seguinte elegeu-se senador por São Paulo. Fundou o PSDB em 1988.

No governo Itamar, foi ministro das Relações Exteriores e depois da Fazenda. Em maio saiu candidato pela coligação PSDB-PFL-PTB. Antes lançou o Plano Real, que reduziu a inflação e garantiu a vitória nas urnas.

O programa de FHC dá continuidade ao plano. Define como prioridades as reformas tributária e da Previdência, o enxugamento do Estado e um projeto de renda mínima.

Ao sair de casa para votar, o tucano defendeu "diálogo permanente" entre o futuro governo e as forças políticas.

Luiz Inácio Lula da Silva, o segundo colocado, disse que FHC terá "menos autoridade moral do que alguém eleito com base num processo totalmente limpo".

É a segunda vez que o candidato do PT perde uma eleição presidencial. Em 1989, foi derrotado no segundo turno por Fernando Collor, afastado por corrupção.

O primeiro turno da votação para presidente, governadores, Congresso e Assembléias Legislativas foi tranquilo. O eleitor não enfrentou filas e houve pouca boca-de-urna. A apuração começa às 8h. Leia a cobertura completa nas 22 páginas de **Supereleição** e no especial **Governo FHC**.

Disputa em SP deve ir ao segundo turno

PÁG. Esp. 13

FOLHA DE S.PAULO

Concluída às 23h30

Diretor de Redação: Otavio Frias Filho ★ São Paulo, quinta-feira, 20 de abril de 1995 ★ Um jornal a serviço do Brasil ★ Ano 75 ★ Nº 24.123 ★ Al. Barão de Limeira, 425 ★ R$ 0,80

Número de miseráveis cresce 42,2%

Pesquisa da Fundação Seade, instituição estadual de análises estatísticas, mostra que aumentou 42,2% o número de miseráveis na Grande São Paulo no ano passado em relação a 1990.

Segundo o levantamento, no total são cerca de 640 mil famílias, 2,3 milhões de pessoas, que vivem em condição de pobreza absoluta. Não ganham o suficiente para uma cesta básica, não são escolarizadas e moram em más condições. PÁGs. 3-1 a 3-3

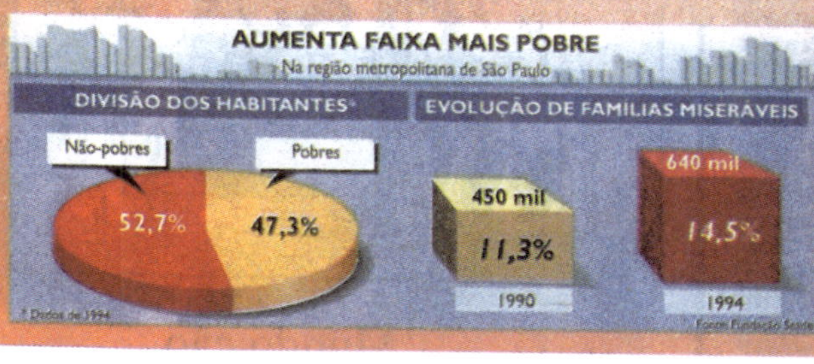

Câmara aprova o mínimo de R$ 100

A Câmara dos Deputados aprovou o aumento do salário mínimo de R$ 70 para R$ 100. O reajuste de 42,85% valerá para todos os aposentados e pensionistas.

A aprovação ocorreu em votação simbólica —não houve voto individual dos deputados. O projeto do governo, que ainda será submetido ao Senado, também faz modificações na lei para aumentar a arrecadação da Previdência.

A alíquota de contribuição de 10% muda para 11% e vale para salários de R$ 416,33 a R$ 832,65. De R$ 249,81 a R$ 416,32, a taxa fica em 9%. Até R$ 249,80, 8%. PÁG. 1-8

Terror explode prédio nos EUA

Informe calcula 78 mortos no maior atentado do país, contra edifício do governo federal em Oklahoma

Associated Press

Bombeiro resgata criança ferida no ataque a prédio do governo dos EUA em Oklahoma

Pelo menos 26 pessoas, entre elas 17 crianças, morreram na explosão de carro-bomba que destruiu edifício de nove andares do governo dos EUA em Oklahoma City (Oklahoma). Informe extra-oficial calcula 78 mortos. Há cerca de 350 feridos e até 300 desaparecidos.

Foi o maior atentado no país. Em 93, carro-bomba matou seis pessoas no World Trade Center (NY). O presidente Clinton prometeu punição "severa" aos responsáveis.

Em várias cidades, prédios do governo foram esvaziados devido a ameaças de bomba.

A polícia busca três suspeitos, que teriam "aparência de ser do Oriente Médio". Telefonemas assumiram o ataque em nome da Nação do Islã (grupo muçulmano negro dos EUA), que negou. PÁGs. 2-1 a 2-3

Decretado estado de sítio na Bolívia

O presidente Gonzalo Sánchez de Lozada decretou estado de sítio por 90 dias na Bolívia.

A medida, permitida pela Constituição, foi resposta a conflitos entre policiais e professores em greve, à decretação de paralisação geral e à ameaça de separatismo em Tarija (sul).

Foram presos 300 sindicalistas e plantadores de coca (folha da qual deriva a cocaína), entre eles a brasileira Maria Emendi, acusados de agitação.

Além da suspensão das liberdades públicas, como direito de greve e locomoção, foi decretado o toque de recolher. PÁG. 2-4

Bomba fere em Madri maior líder da oposição

Atentado com carro-bomba em Madri feriu o maior líder da oposição espanhola, José Maria Aznar, e outras 14 pessoas.

O governo de Felipe González responsabilizou o ETA, que quer a independência do País Basco (entre Espanha e França). Aznar é contrário a negociações com o grupo. PÁG. 2-3

Ataque com gás intoxica 400 pessoas no Japão

Atentado com gás a estação de trem de Yokohama levou quase 400 pessoas a hospitais da segunda cidade japonesa.

Foi usado fosgênio. O gás é menos letal que o sarin, empregado no ataque que matou 12 pessoas no metrô de Tóquio há um mês. A polícia prendeu líder da seita suspeita. PÁG. 2-5

FHC manda Sérgio Motta limitar seus comentários

Por meio de seu porta-voz, o presidente Fernando Henrique determinou que Sérgio Motta limite comentários públicos à sua área, informa **Carlos Eduardo Lins da Silva**, enviado especial a Nova York.

O ministro das Comunicações havia criticado a atuação do governo na área social.

Motta e outros ministros receberam ontem a Ordem do Mérito Militar. PÁG. 1-10

Empresário dos EUA teme crise no Brasil

Alexander Watson, principal assessor dos EUA para América Latina, disse a **Gilberto Dimenstein** que o Brasil não convenceu investidores americanos de que não é o México. "O governo está convencido, mas empresários, não." PÁG. 1-12

Presidente marca reunião sobre a Caixa

O presidente Fernando Henrique Cardoso convocou o presidente da Caixa Econômica Federal, Sérgio Cutolo, para rediscutir a reforma da instituição na segunda-feira. Líderes governistas vão pedir o cancelamento da medida PÁG. 1-11

Prorrogado o prazo para IR das empresas

PÁG. 2-7

Corinthians bate por 3 a 0 a Ferroviária

O Corinthians venceu a Ferroviária por 3 a 0 e agora lidera o Campeonato Paulista. O Santos empatou com o Bragantino (1 a 1). A Portuguesa bateu o América (1 a 0). PÁG. 4-1

O Brasil venceu o Qatar (2 a 0) e passou às quartas-de-final do Mundial júnior. PÁG. 4-4

Luiz Marques/Folha Imagem

FHC agradece aplausos após discurso em que prometeu a aprovação de reformas da Carta no almoço da Câmara de Comércio Brasileiro-Americana de Nova York - Pág. 1-12

BOA NOTICIA

PIB registra alta de 9,1%

O Produto Interno Bruto do primeiro trimestre deve crescer 9,1% sobre igual período de 94. PÁG. 2-6

BRASIL

Opinião da Folha

Leia na pág. 1-2 os editoriais "Besta sem rosto", deplorando o terrorismo; "Gols contra", acerca dos desencontros do governo; e "Deixem a língua em paz", sobre acordo ortográfico.

ILUSTRADA

Marisa Monte faz show no Palace

A cantora apresenta no Palace (São Paulo) seu novo disco, "Verde, Anil, Amarelo, Cor de Rosa e Carvão". PÁG. 5-1

ORIENTE-SE

DINHEIRO (20/4) PÁG. 2-6

Hoje	Abril
POUPANÇA 4,8191%	UFIR R$ 0,7061

DÓLAR* Cotações de 19/4, em R$

Paralelo	0,897 / 0,907
Turismo	0,870 / 0,910
Livre	0,915 / 0,916
Banda	0,880 / 0,930

* Compra e venda respectivamente

BOLSAS Índice de 19/4

SP +4,28% RJ +3,7%

TEMPO EM SP PÁG. 3-13

Ensolarado a instável

Mínima prevista	Máxima prevista
17°	28°
Ontem: 18,3°	Ontem: 29°
Há um ano: 14,8°	Há um ano: 25,3°

Seções

1 brasil · 2 mundo · dinheiro · 3 são paulo · 4 esporte · 5 ilustrada · 6 turismo · 7 classifolha

Esta edição tem

114 Páginas

28 de Classifolha (não circula no DF)
20 de Turismo · 12 de Balanço SP
2 de Via SP · 4 de Acontece SP

549.476 exemplares

EDIÇÃO S. PAULO DF

FOLHA DE S.PAULO

Concluída às 23h30

Diretor de Redação: Otavio Frias Filho ★ São Paulo, quinta-feira, 8 de junho de 1995 ★ Um jornal a serviço do Brasil ★ Ano 75 ★ Nº 24.172 ★ Al. Barão de Limeira, 425 ★ R$ 1,00

HISTÓRIA

Iconographia

Primeira torre de **1939** prospecção do Brasil, em Lobato (BA), de onde jorrou petróleo pela primeira vez no país em 21 de janeiro de 1939. A cidade recebeu o nome em homenagem ao escritor Monteiro Lobato, que defendia a existência do produto no país e sua exploração por empresa nacional.

Arquivo Petrobrás

1952 *Com as mãos sujas de petróleo, o presidente Vargas cumprimenta petroleiro em junho de 1952, na Bahia*

* Fonte: Petrobrás
** Fonte: Caderno "Debates", editado pela Petrobrás em fevereiro de 1995

Cai monopólio do petróleo

Sergio Lima/Folha Imagem

Relator Lima Netto (ao centro, de óculos) e outros deputados comemoram a aprovação da emenda que quebra monopólio da Petrobrás

★ *Câmara aprova em 1ª votação a mudança*

★ *Emenda encerra 42 anos de privilégio estatal*

A Câmara dos Deputados aprovou ontem em primeiro turno a quebra do monopólio do petróleo. A emenda constitucional teve 364 votos a favor e 141 contra. Houve 3 abstenções. O quórum, de 508 deputados, foi o maior nas votações da reforma.

O texto tira do Estado a exclusividade sobre pesquisa, prospecção e refino do produto. O monopólio está em vigor desde outubro de 1953, como resultado do movimento "O Petróleo é Nosso".

A emenda permite a entrada de empresas privadas, nacionais e estrangeiras. Ela ainda será submetida a nova votação na Câmara. Depois, irá para o Senado.

O presidente Fernando Henrique Cardoso assinou documento comprometendo-se a não privatizar a Petrobrás.

Manifestantes contrários à emenda, impedidos de entrar no Congresso por seguranças, quebraram três vidraças do prédio e invadiram um dos salões da Câmara. **Brasil**

Medida deve fixar em 3% a cota de carros

O governo deve fixar em 3% da produção nacional de 94 o limite de importação de veículos. Cota vale da emissão da medida provisória até o fim do ano. Em 96, limite vai a 5%. Deve ser cancelada a guia de importação não usada. PÁG. 2-8

Banco Central abranda limite para o crédito

O Banco Central abrandou a restrição ao crédito. Acabou o teto estabelecido pelo governo para a captação de depósitos a prazo pelos bancos (CDBs). É o maior recuo do governo na política de restrição ao crédito desde o Plano Real. PÁG. 2-7

Sergio Lima/Folha Imagem

Vicentinho, Lula, Buaiz, Zunga (da CUT-DF), Brizola e Cristóvam Buarque cantam Hino Nacional em manifestação contra fim do monopólio da Petrobrás, no Congresso - Pág. 1-8

Associated Press

O capitão brasileiro Leonel

Libertado um refém brasileiro na Bósnia

ROGÉRIO SIMÕES
Enviado especial à Croácia

Capitão do Exército Brasileiro, João Batista Bezerra Leonel Filho foi libertado pelos sérvios da Bósnia, após ser mantido como refém por 13 dias. "Está tudo ótimo. O Harley (Alves) está muito bem", disse, sobre o outro brasileiro que está em poder dos sérvios. PÁG. 2-12

Sérvia utiliza crise contra o embargo

ANDRÉ FONTENELLE
Enviado especial à Sérvia

A Sérvia aproveita a crise dos reféns. O país apresenta-se como negociador para obter a suspensão total do embargo comercial da ONU. PÁG. 2-11

BRASIL

Opinião da Folha

Leia na pág. 1-2 os editoriais "A vez do petróleo", apoiando fim do monopólio; "Promiscuidade", sobre fundos de pensão de estatais; e "Entre a vida e o óleo", acerca da Bósnia.

ORIENTE-SE

DINHEIRO (8/6)	PÁG. 2-1
Hoje	Junho
POUPANÇA 3,9721%	UFIR R$ 0,7061

DÓLAR* Cotações de 07/6, em R$	
Paralelo	0,895 / 0,905
Turismo	0,875 / 0,915
Livre	0,909 / 0,910
Banda	0,880 / 0,930

* Compra e venda respectivamente

BOLSAS	Índice de 07/6
SP -3,17%	RJ -2,8%

TEMPO EM SP — PÁG. 1-11

Parcialmente nublado

Mínima prevista	Máxima prevista
12º	25º
Ontem: 13,2º	Ontem: 24,9º
Há um ano: 11,7º	Há um ano: 18,3º

Seções

Esta edição tem
114 Páginas
32 de Classifolha (não circula no DF)
28 de Turismo
4 de Acontece SP - 2 de Via SP
534.056 exemplares

LEIA
3.899
anúncios nos classificados

S. Paulo sobe no ranking das cidades caras

São Paulo e Rio subiram de posto no ranking das cidades mais caras do mundo. O Rio passou do 73º posto para o 32º e São Paulo, do 68º para o 34º, segundo estudo suíço. Tóquio segue liderando e Nova York ficou mais barata. PÁG. 3-6

Governo paga R$ 2,28 mi para a Esca

O governo pagou R$ 2,28 milhões à Esca, depois de rescindir todos os contratos com a empresa, que não comprovou estar em dia com a Previdência. Ela havia sido escolhida para gerenciar o Sistema de Vigilância da Amazônia. PÁG. 1-12

BOA NOTÍCIA

Prozac alivia tensão feminina

Pesquisa publicada nos Estados Unidos mostra que o antidepressivo Prozac é eficaz para tratar a tensão pré-menstrual. O remédio reduz a irritabilidade que antecede a menstruação em algumas mulheres. PÁG. 1-12

EDIÇÃO S. PAULO / DF

FOLHA DE S.PAULO

Concluída às 23h30

Diretor de Redação: Otavio Frias Filho ★ São Paulo, terça-feira, 5 de dezembro de 1995 ★ Um jornal a serviço do Brasil ★ Ano 75 ★ Nº 24.352 ★ Al. Barão de Limeira, 425 ★ R$ 1,00

MÍDIA

Inaugurado novo centro gráfico da Folha

Evelson de Freitas/Folha Imagem

Com Octavio Frias de Oliveira, publisher da Folha, FHC mostra a edição comemorativa do jornal, impressa no novo centro gráfico e distribuída para convidados - Pág. 1-13

Jorge Araújo/Folha Imagem

Presidentes Luís Eduardo (Câmara) e Sarney (Congresso)

O presidente Fernando Henrique Cardoso inaugurou ontem o Centro Tecnológico Gráfico-**Folha**. "Para se chegar a isso, não foi fácil", afirmou FHC na cerimônia. "Não é fácil manter a independência e ajudar a consolidação de um regime democrático."

O publisher da **Folha**, Octavio Frias de Oliveira, disse em discurso que o CTG-F "será uma alavanca no desenvolvimento do jornal, sustentado no trabalho dos seus profissionais, na confiança de seus anunciantes e no apoio de seus leitores".

Além de Fernando Henrique, compareceram à inauguração os presidentes do Congresso, José Sarney, da Câmara, Luís Eduardo Magalhães, e do Supremo Tribunal Federal, Sepúlveda Pertence, o governador Mário Covas (SP), o prefeito paulistano, Paulo Maluf, e o vice-presidente Marco Maciel.

O CTG-F está localizado em Tamboré, 35 km a oeste de São Paulo. A partir do início de 96, o novo parque permitirá imprimir maior número de exemplares da **Folha**, com cor em todas as páginas. **Brasil**

Empresas esperam para 96 crescimento de 4,11%

Empresários ouvidos pelo Datafolha na inauguração do Centro Tecnológico Gráfico-**Folha** esperam para 96, em média, inflação de 17,93% e crescimento de 4,11%.

Para Antonio Ermírio de Moraes, o controle da inflação inviabiliza o crescimento. Lázaro Brandão disse esperar "um ano com maior regularidade, sem oscilações bruscas".

Em seminário realizado no Centro Tecnológico Gráfico-**Folha**, ministros de Brasil, Argentina e México concordaram que é preciso reduzir os custos de produção.

Participaram do seminário Pedro Malan (Fazenda), José Serra (Planejamento), o argentino Domingo Cavallo (Economia) e o mexicano José Sidaoui (Fazenda). PÁGs. 1-15 a 1-17

Eduardo Knapp/Folha Imagem

Malan cumprimenta Serra antes de seminário da Folha

Editoria de Arte/Folha Imagem

Sivam vai ao Conselho de Defesa amanhã

O Conselho de Defesa Nacional se reúne amanhã para discutir o Sivam (Sistema de Vigilância da Amazônia), sob suspeita de irregularidade.

O senador Antônio Carlos Magalhães (PFL-BA) disse que o presidente Fernando Henrique Cardoso vai acatar a decisão da supercomissão do Senado sobre o Sivam. PÁG. 1-6

BC autoriza cartão a fazer financiamento

O Banco Central autorizou administradoras de cartões de crédito a fazer rolagem de dívidas por prazo indefinido. A única exigência é que, a cada mês, 50% do débito seja pago.

A medida torna inócuo o limite de três meses definido na última quarta. PÁG. 2-5

BRASIL

Opinião da Folha

Leia na pág. 1-2 os editoriais "Não dá para não investir", sobre o novo parque gráfico da **Folha**; "Sem medo de se fundir", acerca de bancos; e "Sivam", pedindo seu reexame.

ORIENTE-SE

DINHEIRO (5/12) PÁG. 2-

Hoje	Dezembro
POUPANÇA 1,9666%	UFIR R$ 0,7952

TBF (1º/12) 2,6574%

DÓLAR*	Cotações de 4/12, em R$
Paralelo	0,972 / 0,974
Turismo	0,935 / 0,975
Livre	0,9660/ 0,9661
Banda	0,910 / 0,990

* Compra e venda respectivamente

BOLSAS Índice de 4/12
SP -0,27% RJ -0,5%

TEMPO EM SP PÁG. 1-19

HOJE Pancadas de chuva

Mínima:	17°	Máxima:	27°
Anteontem:	19,4°	Anteontem:	28,6°
Há um ano:	18,8°	Há um ano:	30,2°

AMANHÃ Pancadas de chuva

SUPERSENA Concurso 35

03 04 10 19 24 31

Prêmio: R$ 4.070.244,98

Índice

Esta edição tem 92 Páginas

incluindo 14 de Classifolha (Não circula no DF) · 10 de Agrofolha · 10 de Autofolha · 1 de Acontece SP · 2 de Via sp

531.787 exemplares

LEIA 2.715 ofertas de classificados

Unicamp anula toda a 1ª fase do vestibular

A Unicamp anunciou ontem que anulará a primeira fase do vestibular. Na última quinta, a universidade invalidara a prova de redação por suspeita de fraude. Sindicância apura o caso.

A nova primeira fase, com 12 questões e redação, será feita em 14 de janeiro. Quem havia faltado ao exame anterior pode participar. **Via sp**

COMO FICA O EXAME

1995	
28/12	Unicamp divulga os locais de exame
1996	
14/01	Exames da 1ª fase
6 a 9/2	Provas de aptidão
11 a 14/2	Exames da 2ª fase

Lei reconhece morte de 136 desaparecidos

O presidente Fernando Henrique Cardoso sancionou a lei que reconhece como mortos 136 desaparecidos políticos.

A lei estabelece regras para que familiares requeiram certidões de óbito e indenizações do governo. Uma comissão analisará novos casos. PÁG. 1-12

Sergio Lima/Folha Imagem

Ruth Cardoso (ao centro), com Gilberto Gil e Regina Duarte, deixa reunião na Granja do Torto do conselho do Comunidade Solidária; o programa pode ser revisto - Pág. 1-8

PM matou 2 reféns na obra do Morumbi

Os dois reféns mortos na ação da PM em obra no Morumbi (SP) no dia 8 foram atingidos por policiais. Em um dos casos, a origem dos disparos foi identificada. O outro laudo saiu ontem. Na ação morreram também dois ladrões. PÁG. 3-1

BOA NOTÍCIA

Transplantada medula em feto

Equipe de Detroit (EUA) anunciou ter realizado o primeiro transplante bem-sucedido de medula óssea em feto. Técnica abrirá caminho para tratamento de problemas hereditários. PÁG. 2-11

Substâncias freiam o HIV em laboratório

Estudos feitos separadamente descobriram substâncias capazes de deter, em laboratório, a infecção pelo HIV, o vírus da Aids. As pesquisas foram feitas pelas equipes de Robert Gallo, nos EUA, e de Reinhardt Kurth, na Alemanha. PÁG. 2-11

Santos pega o Fluminense na quinta no Rio

O primeiro jogo entre Santos e Fluminense pela semifinal do Brasileiro será nesta quinta-feira, às 21h40, no Maracanã.

A outra partida da semifinal, entre Botafogo e Cruzeiro, deve ocorrer no mesmo dia, em Belo Horizonte. PÁGs. 1-10 e 4-1

Edição São Paulo/DF
Concluída às 21h30

FOLHA DE S.PAULO

75 anos
Centro Tecnológico Gráfico - Folha

São Paulo, segunda-feira, 24 de junho de 1996

DIRETOR DE REDAÇÃO: OTAVIO FRIAS FILHO ★ ★ ★ UM JORNAL A SERVIÇO DO BRASIL ★ ALAMEDA BARÃO DE LIMEIRA, 425 ★ ANO 76 ★ Nº 24.554 ★ R$ 1,00

PC Farias é assassinado em Maceió

Juca Varella/Folha Imagem

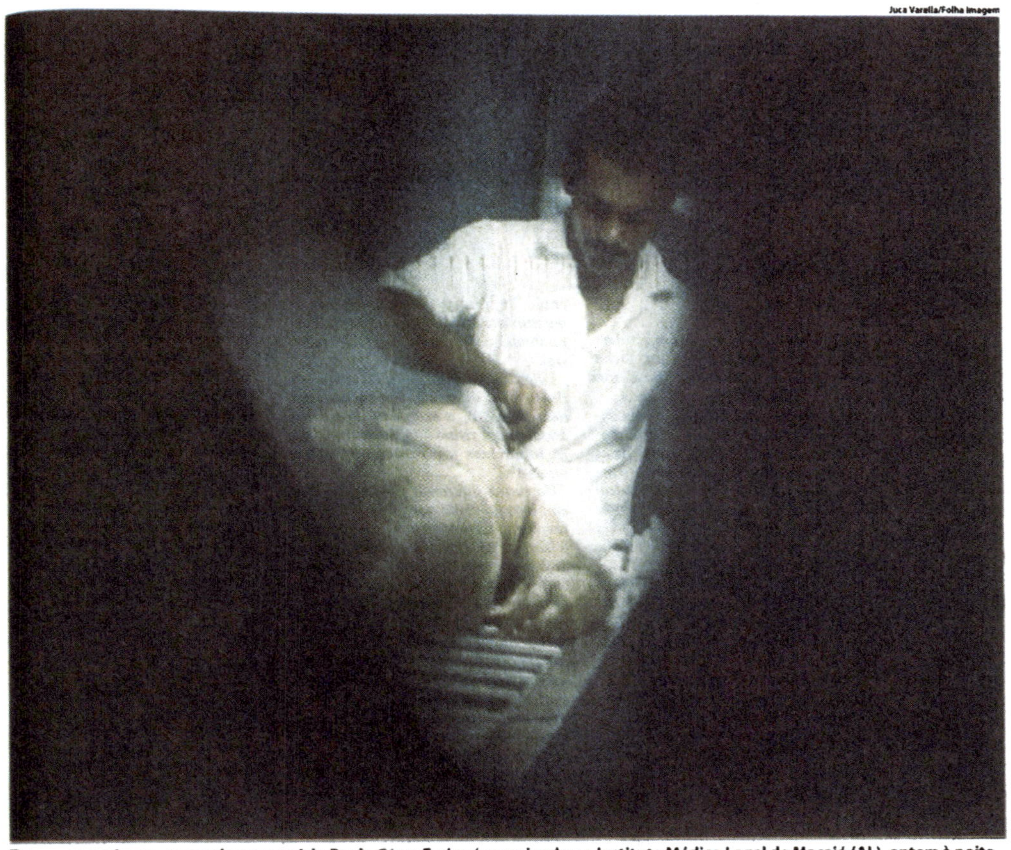

Visto por uma fresta, corpo do empresário Paulo César Farias é examinado no Instituto Médico Legal de Maceió (AL), ontem à noite

★ *Empresário foi achado junto ao corpo da namorada em casa de praia*

★ *Polícia fala em crime passional, mas não afasta 'queima de arquivo'*

★ *Tesoureiro da campanha de Collor deporia na sexta-feira no Supremo*

O empresário Paulo César Cavalcante Farias, 50, foi morto na madrugada de ontem na sua casa de praia em Guaxuma, Maceió. Ao lado do corpo dele estava o da namorada, Suzana Marcolino da Silva, 28. Os dois morreram com tiros no peito.

A polícia trabalha com a hipótese de crime passional: Suzana teria atirado em PC e se suicidado. O secretário Rubens Quintela (Justiça) admite a possibilidade de "queima de arquivo". Para Augusto Farias, irmão de PC, ele "sabia muita coisa e por isso pode ter sido assassinado".

Tesoureiro da campanha de Fernando Collor, PC foi condenado por falsidade ideológica e estava em liberdade condicional. Investigações sobre esquema de corrupção montado pelo empresário levaram ao impeachment em 92. PC deporia sexta no Supremo. **Brasil**

'A verdade fica prejudicada'

Para Nabor Bulhões, advogado de PC Farias, "a elucidação da verdade fica prejudicada" com a morte de seu cliente.

Bulhões disse não acreditar que o assassinato beneficie alguém. Cita como exemplo que depoimento de PC defenderia a ex-ministra Zélia Cardoso de Mello. **Págs. 1-6 e 1-11**

Cleide Maia - 4.mai.1996/Folha Imagem

PC com a namorada Suzana Marcolino da Silva em 4 de maio

Editoria de Arte/Folha Imagem

Gil e Christian vão ao pódio em Portland

O italiano Alessandro Zanardi venceu ontem o GP de Portland. Foi a primeira vitória que obteve na Indy.

Os brasileiros Gil de Ferran e Christian Fittipaldi chegaram ao segundo e terceiro lugares respectivamente. **Pág. 3-10**

COLECIONE

Fascículo traz bi do Brasil

Circula hoje o sexto fascículo de "A História das Olimpíadas", com os Jogos de 1956 e 1960. Um dos destaques é Adhemar Ferreira da Silva, bicampeão do salto triplo.

Antonio Gaudério/Folha Imagem

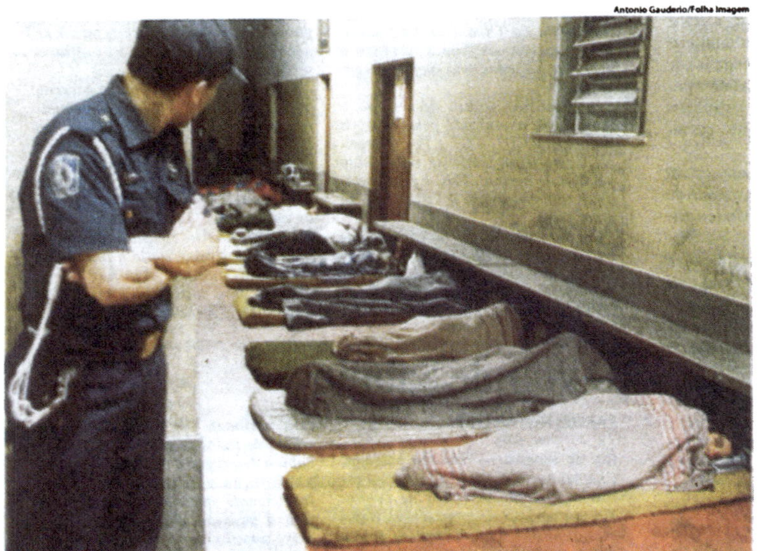

INVERNO **Desabrigados dormem em albergue mantido por voluntários; a Prefeitura de São Paulo diz que, no inverno, há 1.230 vagas em albergues na cidade para 4.500 desabrigados Pág. 3-15**

Bird indica que 1,3 bilhão vive com US$ 1 ao dia

Estudo do Banco Mundial mostra que aproximadamente 1,3 bilhão de pessoas vivem com apenas US$ 1 por dia.

Ele mostra ainda que o Brasil está entre os países com mais alto índice de pobreza urbana da América Latina. **Pág. 2-4**

Governador quer reabrir inquérito no PA

O governador Almir Gabriel sugeriu a reabertura do inquérito sobre a morte de 19 sem-terra no Pará. Para Ministério da Justiça, falhas no caso devem ser corrigidas. A **Folha** revelou problemas que prejudicam a apuração. **Pág. 1-12**

Congresso tem proposta de Lei de Imprensa

Nova proposta de Lei de Imprensa entregue ao Congresso extingue a pena de prisão para jornalistas. Ela permite ainda a apresentação de provas contra autoridades e reduz o valor das multas aplicáveis a órgãos de comunicação. **Pág. 1-14**

Papandreou morre aos 77 em Atenas

O político grego Andreas Papandreou morreu na madrugada de ontem de ataque cardíaco na sua casa, em Atenas.

Fundador do governista partido socialista grego, Papandreou, 77, foi primeiro-ministro duas vezes. **Pág. 1-15**

ORIENTE-SE **Pág. 2-1**

24 de junho

■ Poupança	1,1275%
■ TBF (20/6)	1,8383%
■ Dólar* cotações de 21/6, em R$	
paralelo	1,028 / 1,035
turismo	0,990 / 1,020
livre	1,0020 / 1,0025
■ Bolsas	índice de 21/6
SP +3,95%	Rio +2,94%

Tempo em SP **Pág. 3-16**

Parcialmente nublado

Mínima	16°	Máxima	25°
ontem	15°	ontem	25,4°
há um ano	11,2°	há um ano	25,1°

Amanhã Parcialmente nublado

ÍNDICE

Esta edição tem
82 Páginas
[illegible]

folhateen

Rebeldia na aula indica problemas

Teste revela como está seu relacionamento com sua escola. Atitudes como matar aulas, esquecer material em casa ou destruir objetos podem ser sintoma de falta de comunicação.

Para Moacir Gadotti, da USP, expulsão é sinal de que

brasil

Opinião da Folha

Leia os editoriais "Promoção de exportações", sobre modelo brasileiro; "Tomando o bonde certo", acerca do Metrô; e "Desaquecimento europeu", comentando-o. **Pág. 1-2**

LOTERIA

					Concurso 213	
Quina	05	13	14	34	63	
					Concurso 64	
Supersena	04	20	28	39	41	45

turismo

Portugal é a Europa ainda pura

Portugal é exemplo de que progresso material e delicadeza podem ser conciliados. Roteiro pelas cidades mais importantes do país surpreende pela calma, beleza e encantamento.

Agências de turismo oferecem pacotes para o país a partir de US$ 270, sem contar a parte aérea. **Págs. 6-1 a 6-8**

Cláudio Garon/Folha Imagem

Cinema antigo de Lisboa

Edição São Paulo/DF — Concluída às 22h

FOLHA DE S.PAULO

75 anos

São Paulo, sexta-feira, 12 de julho de 1996

DIRETOR DE REDAÇÃO: OTAVIO FRIAS FILHO ★★ ★ UM JORNAL A SERVIÇO DO BRASIL ★ ALAMEDA BARÃO DE LIMEIRA, 425 ★ ANO 76 ★ Nº 24.572 ★ R$ 1,00

HIV desapareceu da corrente sanguínea de nove pacientes após uso combinado de três medicamentos, revela estudo nos EUA

Drogas eliminaram vírus da Aids

Editoria de Arte/Folha Imagem

O impacto da CPMF nas aplicações

Poupança Efeito do imposto será restrito, porque a aplicação não tem limite de tempo

Fundos Os de curto prazo devem acabar. Os de 30 e 60 dias ganham, pois a aplicação não precisa ser renovada

CDB Os prefixados deverão ser os mais prejudicados pela CPMF, porque exigem renovação mensal

Págs. 2-1 e 2-8

Reuter

Telões apresentam o rosto do pesquisador David Ho, autor de estudo sobre coquetel de drogas apresentado na conferência de Aids

JAIRO BOUER
enviado especial a Vancouver

Coquetel de três drogas eliminou o HIV, vírus da Aids, da corrente sanguínea de nove pacientes infectados pouco antes do tratamento.

O estudo foi divulgado na conferência sobre Aids em Vancouver (Canadá) pelos cientistas David Ho e Martin Markowitz. Para Markowitz, o total de casos é pequeno para conclusão definitiva.

O mais antigo paciente fará em agosto um ano de tratamento. Exame dirá se o HIV desapareceu de outras partes de seu corpo. **Pág. 1-16**

CPMF não traz risco à política econômica

LUÍS NASSIF
do Conselho Editorial

É curiosa a visão financeira do mundo. Transferir US$ 60 bilhões a detentores de capital era fundamental à estabilidade. Transferir US$ 6 bilhões à saúde, pela CPMF, coloca em risco a estabilidade. Tenha-se a santa paciência! **Pág. 2-3**

CIÊNCIA

Parto cesáreo avança em SP

Percentual em cidades paulistas aumenta conforme o "nível de riqueza", diz estudo apresentado na 48ª reunião da SBPC. **Pág. 3-8**

Editoria de Arte/Folha Imagem

As maiores taxas

1	São José do Rio Preto	77,7%
2	Catanduva	77,4%
3	Araraquara	73,2%
4	São Joaquim da Barra	69,4%
5	São Carlos	67,5%

Baixa renda impõe "dieta"

Família de cinco pessoas com renda mensal de R$ 150 deixa de comer 73% das calorias necessárias, revela pesquisa. **Pág. 3-8**

Paulistano se oferece para pagar a policiais

Os moradores dos Jardins, região nobre de São Paulo, propuseram parceria ao Estado para reforçar a segurança.

Eles oferecem dinheiro para complementar o salário de policiais civis e militares e adquirir equipamentos. Em troca, querem 2.000 homens e 50 carros na região. **São Paulo**

esporte

Frederico Rozario/Agência Globo

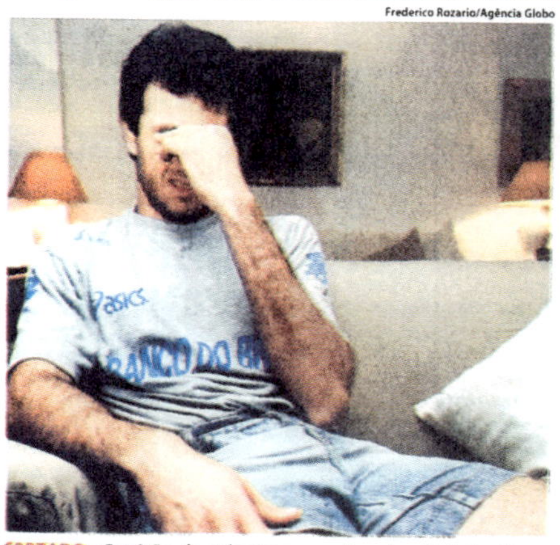

CORTADO Capitão da seleção masculina de vôlei, Carlão chora ao anunciar seu corte da equipe que disputará a Olimpíada devido a contusão na perna direita **Pág. 3-16**

Editoria de Arte/Folha Imagem

Receba no domingo

Caderno especial "Atlanta-96"

Perfil do atleta brasileiro que vai aos Jogos

As diferenças entre o atleta e a média da população do país

Quem é quem na delegação: o mais alto, o mais baixo...

A luta pelo patrocínio e os negócios abertos pelos atletas

Atlanta terá despedidas

ANDRÉ FONTENELLE
enviado especial a Atlanta

O nadador russo Alexander Popov, 24, o saltador ucraniano Serguei Bubka, 32, e outros veteranos buscam em Atlanta sua consagração final. **Pág. 3-13**

Sávio é titular, afirma Zagallo

Jogador formará com Bebeto o ataque titular da seleção em amistoso domingo e na Olimpíada. **Pág. 3-15**

Claudia Guimarães/Folha Imagem

SUPERMODELO A alemã Claudia Schiffer, 25, participa de desfile para uma marca de sandálias em museu de São Paulo; durante entrevista, ela afirmou que 'beleza vem de dentro' **Pág. 4-3**

Samper tem visto suspenso pelos EUA

O governo dos EUA cancelou o visto de entrada no país do presidente da Colômbia, Ernesto Samper, acusando-o de colaborar com o narcotráfico.

A diplomacia colombiana classificou a decisão norte-americana de "inaceitável e intervencionista". "Nós temos de manter a cabeça alta", afirmou Samper. **Pág. 1-13**

Camiseta mais barata é feita no Brasil

CELSO PINTO
Colunista da Folha

Os chineses querem comprar camisetas de empresa brasileira. Dispõem-se a pagar US$ 0,87 pela unidade.

Mau negócio para os chineses. Fábrica do mesmo grupo está produzindo camisetas por US$ 0,75 —o preço mais baixo do mundo. **Pág. 1-11**

Editoria de Arte/Folha Imagem

Fim-de-semana

Cinema

■ **"Missão Impossível"**
Tom Cruise é agente secreto em filme baseado no seriado de TV

■ **"Os Irmãos MacMullen"**
Comédia sobre três irmãos irlandeses e seus desencontros amorosos

■ **"Gonin"**
Filme policial sobre homens que decidem roubar a máfia japonesa

Teatro

■ **"Master Class"**
Marília Pêra interpreta Maria Callas

Acontece

Só 10 cidades farão rodízio antipoluição

O rodízio antipoluição atingirá apenas 10 dos 39 municípios da Grande São Paulo. De 5 a 31 de agosto, a circulação de carros terá restrições. Multa para infrator é de R$ 100. **Pág. 3-11**

Filósofo comenta ensaios de Foucault

Jornal de Resenhas

brasil

Opinião da Folha

Leia os editoriais "Desigualdade", acerca da distribuição de renda; "Fantasmas quase-fiscais", sobre auxílio a Estados; e "Simulacro", contra privilégio parlamentar. **Pág. 1-2**

ORIENTE-SE Pág. 2-1

12 de julho

■ **Poupança**	1,1693%
■ **TBF** (10/7)	1,8714%
■ **Dólar*** cotações de 11/7, em R$	
paralelo	1,020 / 1,030
turismo	1,0005 / 1,030
livre	1,0051 / 1,0052
■ **Bolsas**	índice de 11/7
SP +0,99%	Rio -0,68%

* compra e venda respectivamente

ATMOSFERA Pág. 3-12

Tempo em SP

Ensolarado

Mínima	8°	**Máxima**	20°
ontem	10,4°	ontem	18,1°
há um ano	13,2°	há um ano	22°

Para fim-de-semana

Estado terá sol nos próximos três dias. A temperatura começa a subir a partir de amanhã

Temperaturas médias amanhã

- de 12° 14° 16° 18° 22° 24° + de 26°

Loteria

Quina 17 26 31 33 63

Concurso 218 — Prêmio da quina: R$ 294.327,81

ÍNDICE

Esta edição tem

86 Páginas
8 de Folhinha; 10 de Acontece; 8 de Jornal de Resenhas

492.698 exemplares

EDIÇÃO SÃO PAULO/DF
Concluída à 1h30

FOLHA DE S.PAULO

75 anos
Centro Tecnológico Gráfico - Folha

São Paulo, sexta-feira, 1º de novembro de 1996

DIRETOR DE REDAÇÃO: OTAVIO FRIAS FILHO ★ ★ ★ UM JORNAL A SERVIÇO DO BRASIL ★ ALAMEDA BARÃO DE LIMEIRA, 425 ★ ANO 76 ★ Nº 24.684 ★ R$ 1,00

Avião da TAM cai sobre casas em SP e mata 101

Ormuzd Alves/Folha Imagem

Sangue escorre pela sarjeta da rua Luís Orsini de Castro junto a corpos enfileirados, enquanto bombeiros, médicos e policiais trabalham no resgate

Um jato Fokker-100 da TAM Linhas Aéreas caiu em São Paulo às 8h28, dois minutos após decolar do aeroporto de Congonhas com destino ao Rio, matando ao menos 101, entre os 96 passageiros e tripulantes e pessoas em terra. Na queda, atingiu dois prédios, oito casas e 14 carros no Jabaquara, a 2 km do aeroporto.

Os corpos estavam irreconhecíveis. As buscas de novas vítimas da queda do vôo 402 continuavam durante a madrugada. Foi o maior acidente no Estado, o 81º do ano no país e o segundo pior da aviação brasileira. No local, a polícia encontrou 3,95 kg de cocaína.

As razões da queda são desconhecidas. Uma das hipóteses é que tenha ocorrido aplicação de reverso em uma turbina —recurso usado normalmente para frear o avião no pouso.

Luiz Eduardo Pires Correa, vice-presidente da TAM, descartou falha de manutenção e disse que a empresa não comentará as supostas causas do acidente até o fim das investigações.

O presidente Fernando Henrique Cardoso afirmou que o governo reverá condições dos aeroportos em grandes cidades para reduzir riscos de novos acidentes. Foi decretado luto de três dias na cidade e no Estado. **Vôo 402**

Maioria dos passageiros do vôo eram executivos

A relação dos mortos inclui pessoas ligadas ao setor financeiro, como executivos dos bancos Unibanco, Itaú, Real, Boston, Santos, Citibank e Chase Manhattan Bank. A lista tem ainda Ernesto Igel, herdeiro do grupo Ultra, e funcionários da Coca-Cola, Esso, Hoechst, Parmalat, Siemens, do grupo ABB, Voith, Vila Romana, Teletrim, Multicanal e Generali do Brasil, entre outros. A jornalista Regina Lemos também estava no avião.

Segundo a TAM, o vôo para o Rio era muito frequentado por executivos e profissionais liberais. **Págs. Esp. A-6 e Esp. A-7**

Adriana Elias/Folha Imagem

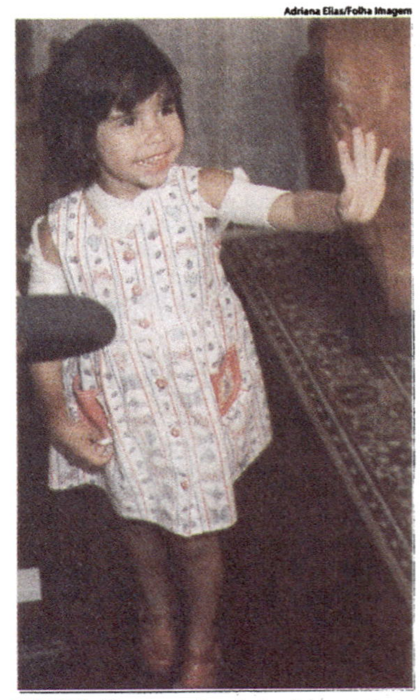

MILAGRE "Eu estava dormindo, daí começou a pegar fogo na minha cama", diz Jessica Nunes, 4, que teve queimaduras leves **Pág. Esp. A-8**

Pitta e Erundina fazem debate hoje

Pág. 1-8

brasil

Opinião da Folha

Leia os editoriais "Pragmatismo cambial", nas contas externas; "Irreversível", na queda de avião; e "Sistema falido", no Carandiru. **Pág. 1-2**

LOTERIA

Quina (Concurso 249)		09	50	63	67	76
Prêmio da quina: R$ 277.185,31						
Supersena (Concurso 82)	15	23	27	30	31	39
Prêmio da supersena: R$ 8.759.092,26						

Tempo em SP — Pág. 3-12

Pancadas de chuva

Mínima	16°	Máxima	31°
ontem	16,6°	ontem	25,8°
há um ano	12,6°	há um ano	20,2°

Amanhã Pancadas de chuva

Saiba os locais onde será feito provão do MEC

A **Folha** traz a relação dos locais em que será realizado o Exame Nacional de Cursos no dia 10 de novembro. O provão do Ministério da Educação vai avaliar alunos do último ano de administração, direito e engenharia civil. **Pág. 3-10**

ÍNDICE

Esta edição tem
94 Páginas
4 de Classifolha (não circula no DF); 8 de Folhinha; 12 de Acontece; 12 de Especial Vôo 402
528.056 exemplares

Congestionamento fez empresário perder avião

O empresário paulista Luiz Carlos Relva, 48, perdeu o vôo 402 da TAM porque ficou retido em um engarrafamento na cidade. "Nasci de novo, no Dia das Bruxas", afirmou ele ao desembarcar mais tarde no Rio de Janeiro.

A estudante Rosane Caldeira escapou da morte porque tomava um café quando um pedaço do avião caiu sobre o seu Gol, na rua Luís Orsini de Castro. **Págs. Esp. A-4 e Esp. A-8**

EDIÇÃO SÃO PAULO DF
Concluída às 23h

FOLHA DE S.PAULO

São Paulo, terça-feira, 13 de maio de 1997

DIRETOR DE REDAÇÃO: OTAVIO FRIAS FILHO ★ ★ ★ UM JORNAL A SERVIÇO DO BRASIL ★ ALAMEDA BARÃO DE LIMEIRA, 425 ★ ANO 77 ★ Nº 24.877 ★ R$ 1,00

EXCLUSIVO

Mercado de voto

Em gravações obtidas pela Folha, parlamentar do PFL afirma que outros 4 também receberam

Deputado conta que votou pela reeleição por R$ 200 mil

Leopoldo Silva - 8.mai.97/Folha Imagem

O deputado Ronivon Santiago (PFL-AC) no plenário da Câmara

FERNANDO RODRIGUES
da Sucursal de Brasília

O deputado Ronivon Santiago (PFL-AC) vendeu seu voto a favor da emenda da reeleição por R$ 200 mil, segundo relatou a um amigo, em conversas gravadas obtidas pela **Folha.** Os compradores foram os governadores Orleir Cameli (sem partido-AC) e Amazonino Mendes (PFL-AM).

Ronivon diz nas gravações que recebeu R$ 100 mil em dinheiro, no dia da votação em primeiro turno na Câmara (28 de janeiro), e o restante por meio da empreiteira CM, que tinha pagamentos a receber do governo do Acre.

Ronivon afirma ainda que mais quatro deputados acreanos —João Maia, Zila Bezerra e Osmir Lima, todos do PFL, e Chicão Brígido, do PMDB, hoje licenciado— também venderam os votos. Dos oito deputados do Estado, seis votaram a favor da reeleição e dois foram contra.

Para evitar que o dinheiro fosse rastreado, Ronivon diz que saldou dívidas de R$ 196 mil só no início de março, quando já teria recebido todo o dinheiro. **Págs. 1-6 a 1-8**

As declarações de Ronivon Santiago
Confira trechos das gravações com o deputado sobre a negociação de votos

"O Amazonino marcou dinheiro para dar 200 para mim, 200 pro João Maia, 200 pra Zila e 200 pro Osmir."
(Sobre a participação do governador do Amazonas e de deputados do Acre)

"Mas aí chegou o Osmir, tava lá com a sacola assim... (risos) João Maia, com a outra."
(Revelando que receberam o dinheiro no dia da votação, em 28 de janeiro)

"Sou leso? Não, isso foi tudo na semana passada... Deixei assentar a poeira."
(Ao dizer que não é tolo e que esperou para quitar dívidas com bancos)

Cameli nega compra de votos

O governador Orleir Cameli (AC) negou a compra de votos e disse que poderá processar o deputado Ronivon Santiago.

Chicão Brígido negou ter recebido dinheiro, mas disse que foi sondado: "Respondi que não discutiria nesse nível".

Zila Bezerra disse que o caso "não tem fundamento". Para Osmir Lima, "só pode ter sido brincadeira de mau gosto". João Maia descartou participação. Ronivon e o governador Amazonino Mendes (AM) não foram localizados. **Pág. 1-8**

Pitta paga R$ 99 mil por erro no IR desde 92

A Receita Federal multou o prefeito de São Paulo, Celso Pitta (PPB), em R$ 99 mil, por erros em declarações do Imposto de Renda de 92 a 95, que apontariam incompatibilidade entre ganhos e gastos. O prefeito fez um empréstimo para pagar o débito e deverá recorrer, segundo sua assessoria.

Relatório preliminar da CPI do Senado diz que Campinas e Guarulhos (SP) desviaram recursos obtidos com a venda de títulos públicos. **Pág. 1-5**

Steinbruch fica no conselho da nova Vale

Os novos acionistas da Vale do Rio Doce elegeram Benjamin Steinbruch, líder do consórcio vencedor, para a presidência do conselho de administração. Serão quatro representantes dos fundos de pensão, quatro da iniciativa privada e um da Investvale (clube de funcionários). **Pág. 1-4**

Alca depende dos países ricos, diz FHC

O presidente Fernando Henrique Cardoso disse que o sucesso da Alca (Área de Livre Comércio das Américas) depende dos países ricos da região. "A integração hemisférica depende muito mais da capacidade que têm os países do Norte de abrir os mercados do que da nossa disposição, do Sul, de integração", disse.

Reunião dos países da Alca começa hoje em Belo Horizonte. Data de implantação é um dos impasses do encontro.

O governo norte-americano deve pressionar a Argentina a aderir ao Nafta (bloco formado por EUA, Canadá e México), informa **Clóvis Rossi.** O objetivo da estratégia é enfraquecer o Mercosul. **Dinheiro**

VEM AÍ

Folha lança coleção de vídeos

Chega às bancas no dia 25 a "Coleção Videoteca **Folha**". Todo domingo, o leitor que comprar a edição na banca e uma revista (R$ 3) sobre o filme da semana ganhará um vídeo. O primeiro é "Don Juan DeMarco".

Os assinantes do jornal poderão pagar um boleto bancário e receber as fitas. A coleção terá 30 filmes. **Pág. 1-10**

France Presse

TWISTER Um tornado, nuvem escura em forma de espiral, com ventos de 118 km/h a 182 km/h, passa pela parte norte do centro de Miami (EUA) em direção à baía de Biscayne, arrancando árvores, destruindo prédios e deixando apenas feridos leves Pág. 1-14

agrofolha

Produtor debate livre comércio

A Alca pode derrubar barreiras para produtos agrícolas. **Pág. 5-1**

Oposição faz greve no Zaire amanhã

RICARDO BONALUME NETO
enviado especial ao Zaire

Para pressionar Mobutu Sese Seko a renunciar, a oposição convocou greve geral no Zaire para amanhã, quando o presidente e o rebelde Laurent Kabila devem se encontrar em um navio na costa do Congo.

Os habitantes de Kinshasa temem combates na capital e ataques dos soldados de Mobutu. **Págs. 1-12 e 1-13**

brasil

Opinião da Folha

Leia os editoriais "Brasil x EUA", sobre comércio exterior; "Grande Irmão no trânsito", acerca de vigilância eletrônica; e "Kasparov e o computador", sobre a disputa. **Pág. 1-2**

ÍNDICE

Esta edição tem
90 Páginas
24 de Classifolha (não circula no DF); 8 de Agrofolha; 4 de Acontece SP
510.085 exemplares

Palmeiras joga com Flamengo só pela vitória

O Palmeiras precisa vencer o Flamengo por pelo menos dois gols de vantagem, hoje às 21h30, no Parque Antarctica, para assegurar vaga na final da Copa do Brasil. A outra vaga será definida quinta, entre Corinthians e Grêmio —que tem a vantagem. **Pág. 3-16**

Ações da IBM subiram após vitória do computador Deep Blue sobre Garry Kasparov. Pág. 3-15

Ex-dirigente da CBF tenta invalidar fita

O advogado Luiz Guilherme Vieira pretende invalidar gravações clandestinas como prova do envolvimento do ex-dirigente da CBF Ivens Mendes em corrupção. "O único crime é a gravação", diz Vieira.

Representante dos sindicatos dos juízes afirma que há pelo menos um ano Ivens Mendes estaria pressionando os árbitros. **Págs. 3-11 e 3-13**

ATMOSFERA

Tempo em SP — Pág. 3-10

Parcialmente nublado

Mínima	15°	**Máxima**	25°
ontem	14,7°	ontem	24,1°
há um ano	12,7°	há um ano	26,1°

Amanhã Parcialmente nublado

ORIENTE-SE

13/05 — Pág. 2-1

■ **Poupança**	1,0106%
■ **Dólar*** cotações de 12/05, em R$	
paralelo	1,125 / 1,135
turismo	1,050 / 1,080
livre	1,0666 / 1,0668
■ **Bolsas**	índice de 12/05
SP +1,80%	Rio +0,88%

* compra e venda respectivamente

Aeroporto do Rio armazena 18 t de urânio

O Aeroporto Internacional do Rio está armazenando 18 toneladas de urânio enriquecido para reator nuclear. As 369 caixas chegaram em 26 de abril e 3 de maio e já deveriam ter sido enviadas para Angra 1.

A Comissão Nacional de Energia Nuclear alega que houve problemas de comunicação e diz que não existem riscos de contaminação. **Pág. 3-7**

Rebelião na Praia Grande faz 3 mortos

Três presos morreram e 17 ficaram feridos na Cadeia Pública da Vila Tupy, em Praia Grande (litoral paulista). O motim começou após tentativa de fuga. A rebelião é a 11ª em prisões do Estado em 12 dias.

O diretor da cadeia diz que as mortes foram causadas pelos presos. Eles dizem que ao menos um detento foi morto pelos policiais. **Págs. 3-1 a 3-3**

FOLHA DE S.PAULO

São Paulo, domingo, 31 de agosto de 1997

DIRETOR DE REDAÇÃO: OTAVIO FRIAS FILHO ★★★ UM JORNAL A SERVIÇO DO BRASIL ★ ALAMEDA BARÃO DE LIMEIRA, 425 ★ ANO 77 ★ Nº 24.987 ★ R$ 2,00

DOMINGO

Editoria de Arte/Folha Imagem

Classificados de hoje
153 páginas

Imóveis	38
Empregos	24
Veículos	40
Tudo	14
Revista da Folha	35
Total de ofertas	33.998
Total de anúncios	13.166

Shoppings têm mais de 21 mil vagas

Levantamento revela mais de 21 mil vagas em shopping centers no país até 1999.

Saiba quem já está recrutando, pré-requisitos para funções e endereços dos bancos de currículos. **Empregos**

Sílvio Porto

FLAGRA Conheça a nova Parati quatro portas, da Volkswagen, flagrada pela Folha rodando em uma pista de testes **Pág. 6-16**

"Matinée" é o título de hoje da videoteca

A "Coleção Videoteca Folha" oferece hoje a comédia "Matinée — Uma Sessão Muito Louca", dirigida por Joe Dante. Por mais R$ 3, o leitor pode adquirir o filme e a revista-pôster sobre a obra.

Editoria de Arte/Folha Imagem

Mercedes chocou-se contra parede de túnel no centro da cidade e provocou também a morte do namorado egípcio

Acidente mata lady Di, 36, em Paris

MEC quer liberalizar ensino superior

O Ministério da Educação pretende facilitar a criação de novos cursos e a ampliação de vagas no ensino superior, informam **Fernando Rossetti** e **Rogério Simões**.

"Uma instituição que não seja universidade não tem liberdade nem para fechar cursos. É um controle burocrático que está restringindo o crescimento", diz o ministro Paulo Renato Souza. **São Paulo**

France Presse

O Mercedes-Benz que conduzia a princesa Diana e o empresário Dodi al Fayed, na cena do acidente ocorrido por volta de meia-noite em Paris

Diana Frances Spencer, 36, princesa de Gales, morreu na madrugada de hoje após um acidente de carro no centro de Paris. Estava acompanhada de seu namorado, o produtor egípcio de cinema Dodi al Fayed, 41, que também morreu.

O acidente aconteceu por volta da meia-noite (19h em Brasília). A informação da morte de lady Di, ex-mulher do príncipe Charles, herdeiro do trono britânico, foi divulgada cerca de seis horas depois do acidente.

Ela chegou a ser levada, em estado grave, para o hospital Pitié Salpetriere.

Segundo versão da polícia, não confirmada, o acidente foi provocado por fotógrafos que perseguiam de moto o Mercedes do casal. **Pág. 1-24**

revista

Médicos questionam check-up

Médicos questionam o check-up e dizem que a melhor prevenção para a saúde é fazer os exames indicados por um clínico-geral.

Para defensores da revisão, o problema é a falta de bons médicos generalistas.

Relato de uma cobaia

CLÓVIS ROSSI
do Conselho Editorial

Quando me propuseram servir de cobaia para reportagem de check-ups, minha assumida hipocondria fez soar os sinais de alerta.

esporte

Duelo opõe europeus

Itália e Espanha dão início à disputa pelo título de melhor campeonato de futebol do mundo. Clubes dos dois países investiram mais de US$ 500 milhões para a atual temporada. **Pág. 4-8**

Palmeiras perde em casa para o Criciúma

O Palmeiras perdeu ontem à tarde para o Criciúma por 1 a 0, no Parque Antarctica, pelo Campeonato Brasileiro. O gol foi marcado por Fábio, aos 4min do primeiro tempo.

O Fluminense venceu o Santos por 1 a 0, no Maracanã. O gol foi marcado por Roni.

Hoje, no Pacaembu, Corinthians e São Paulo se enfrentam em busca de reabilitação no campeonato. O jogo acontece às 16h. **Esporte**

Guga perde nos EUA

O brasileiro Gustavo Kuerten, o Guga, foi eliminado ontem do Aberto dos Estados Unidos ao ser derrotado pelo sueco Jonas Bjorkman por 3 sets a 0. Ele deve voltar hoje ao Brasil. **Pág. 4-9**

Calote da Tailândia preocupa o mercado

CELSO PINTO
do Conselho Editorial

O que mais impressionou o mercado na sexta-feira foi a queda generalizada nas Bolsas asiáticas. O que se discute, ainda em voz baixa, é o risco de uma inadimplência da Tailândia, que ampliaria muito a dimensão do problema na região. **Pág. 1-17**

Marcelo Soubhia/Folha Imagem

NOVOS COSTUMES Marcos Breda interpreta bissexual em novela da Globo; programação traz ainda lésbica e pansexual **TV Folha**

Rosane Marinho/Folha Imagem

PELADA Lula no jogo em que o PT perdeu para o time de Chico Buarque; ele pediu 90 dias para definir candidatura **Pág. 1-12**

HSBC pagou R$ 1 bilhão por negócio arriscado

GUSTAVO FRANCO
especial para a Folha

Se alguém resolvesse comprar a Encol hoje, assumindo todas as obrigações da empresa, teria de pagar algo aos controladores? Claro que não.

O HSBC pagou R$ 1 bilhão pelo Bamerindus. Ressalte-se que nenhuma outra proposta chegou tão longe. **Pág. 2-5**

brasil

Opinião da Folha

Leia os editoriais "Bolsas e vertigem global", sobre crise de confiança nos mercados financeiros; e "Uma polícia nova", criticando omissão do governo e pedindo reformas. **Pág. 1-2**

ATMOSFERA Pág. 3-14

Céu claro

Mínima	13°C	Máxima	27°C
anteontem	13°C	anteontem	27°C
há um ano	15,4°C	há um ano	30,2°C

Para a semana: O sol predomina em todo o Estado

Temperaturas médias amanhã

ÍNDICE

[illegible]

Golden Cross traduz "viuvez da inflação"

A crise da Golden Cross reproduz a decadência de setores que cresceram despreparados para sobreviver em uma economia estável, relata **Frederico Vasconcelos**. Segundo analistas, os custos altos da empresa acabavam mascarados pelos ganhos financeiros com a inflação. **Págs. 2-12 e 2-13**

Ex-miss tenta ser presidente da Venezuela

A Miss Universo 81, Irene Sáez, 35, tem 40% das intenções de voto à Presidência da Venezuela. "Sinto um caloroso apoio das mulheres", diz em entrevista a **Rodrigo Bertolotto**. "A mágica são os números 90-60-90", afirma o analista Manuel Caballero, referindo-se às medidas de Sáez. **Pág. 1-20**

Folha mantém liderança na circulação

A circulação paga da **Folha** aos domingos em todo o país foi 78,3% maior que a de "O Estado de S.Paulo" em julho, segundo o IVC (Instituto Verificador de Circulação). A **Folha** também lidera na média dos sete dias da semana, superando a circulação paga do concorrente local em 38%. **Pág. 1-14**

Editoria de Arte/Folha Imagem

EDIÇÃO SÃO PAULO/DF
Concluída à 1h

FOLHA DE S.PAULO

São Paulo, terça-feira, 28 de outubro de 1997

DIRETOR DE REDAÇÃO: OTAVIO FRIAS FILHO ★ ★ ★ UM JORNAL A SERVIÇO DO BRASIL ★ ALAMEDA BARÃO DE LIMEIRA, 425 ★ ANO 77 ★ Nº 25.045 ★ R$ 1,00

Crash global paralisa Bolsa de NY e causa maior queda desde 90 em SP

Editoria de Arte/Folha Imagem

As razões da baixa

Efeito Ásia
O Sudeste Asiático tem sido alvo de ataques especulativos contra suas moedas. Na semana passada, a Bolsa de Hong Kong recuou 10,41%, e essa queda ainda interfere nos demais mercados

Natureza do mercado de ações
A Bolsa de São Paulo acumula valorização superior a outros mercados. Investidores estrangeiros decidiram vender suas ações no Brasil, para obter lucros e cobrir perdas em outros países

Associated Press

Corretor observa relação com cotações de papéis na Bolsa de Hong Kong, que voltou a cair ontem

★ *Títulos que refletem confiança no país têm recuo de 15,6% no exterior*

★ *Gustavo Franco diz que fenômeno se restringe ao mercado de ações*

A Bolsa de Valores de Hong Kong voltou a cair ontem, causando um crash global que levou ao fechamento das operações em Nova York antes do horário normal e provocou a quarta maior baixa na história da Bolsa de São Paulo.

O índice em Hong Kong recuou 5,8% e fez com que as Bolsas desabassem no resto do mundo. O pregão de hoje já acumulava queda de 12% pela manhã. Em Nova York, a desvalorização foi de 7,18% ontem, a maior desde o crash de 1987, quando o mercado nova-iorquino derrubou os demais.

Em São Paulo, o recuo foi de 14,97%, o pior desempenho entre todas as Bolsas do mundo. Essa queda, a maior neste ano, é um recorde superado só no crash de 1987 e em dois pregões após o anúncio do Plano Collor, em março de 1990.

O principal título da dívida externa, o C-Bond, que reflete a confiança dos investidores no Brasil, sofreu queda de 15,62% em Nova York. Papéis argentinos também recuaram (9%). No Brasil, juros e dólar no mercado futuro subiram.

O presidente do Banco Central, Gustavo Franco, afirmou, por meio de sua assessoria, que a queda na Bovespa é um fenômeno "restrito à Bolsa", decorrente de uma excessiva valorização das ações. Segundo o BC, os efeitos da crise no Sudeste Asiático têm menor influência sobre a Bolsa de São Paulo do que ajustes de preços feitos por investidores.

Nos EUA, o presidente Bill Clinton disse confiar que a estabilidade da economia norte-americana não será abalada pelas quedas nos mercados internacionais. **Dinheiro**

Reação em cadeia faz banho de sangue

CELSO PINTO
do Conselho Editorial

Foi um banho de sangue. O que aconteceu ontem nos mercados foi uma reação em cadeia na qual ficou difícil identificar quem estava empurrando quem para baixo.

Na América Latina, a incerteza asiática chegou num momento delicado, depois da espetacular derrota do governo argentino nas eleições de domingo. Não só a Bolsa argentina despencou, como foi abalada a confiança no câmbio.

O Brasil desabou em todas as frentes. A Bovespa caiu 14,97%, enquanto juro e câmbio futuros disparavam e papéis da dívida no exterior caíam 15,62%. Muita gente, incluindo bancos médios, perdeu dinheiro. **Pág. 1-13**

Bolsa argentina recua 13,73%

CLÓVIS ROSSI
enviado especial a Buenos Aires

A Bolsa argentina fechou com queda de 13,73%, a maior desde a implantação do plano que deixou o peso equivalente ao dólar, em 91.

Depois que Hong Kong, com o mesmo sistema cambial, entrou em crise, há o temor de que a Argentina seja a bola da vez. **Pág. 2-11**

Crise derruba o peso mexicano

VANESSA ADACHI
na Cidade do México

A crise financeira despertada por Hong Kong bateu à porta dos mexicanos ontem.

Grande saída de capital externo abalou o mercado e derrubou a moeda (7%).

A Bolsa fechou em -13,34%. O pregão foi suspenso por 30 minutos para tentar brecar a desvalorização. **Pág. 2-10**

ÍNDICE

Esta edição tem
102 Páginas
28 de Classifolha (não circula no DF); 8 de Agrofolha; 4 de Acontece
519.801 exemplares

ISSN 1414-5723
25045
9 771414 572032

brasil

Opinião da Folha

Leia os editoriais "Pânico nas Bolsas", analisando queda geral; "O bolso e a vida", sobre eleição argentina; e "Cidade pouco habitável", acerca do trânsito paulistano. **Pág. 1-2**

agrofolha

Está mais fácil criar escargot

Pág. 5-1

Editoria de Arte/Folha Imagem

Bradesco compra BCN e agora é o 1º em patrimônio

O Bradesco anunciou ontem a compra do BCN (Banco Nacional de Crédito S/A) e de suas empresas coligadas.

Com a aquisição, o Bradesco passa a ser a maior instituição financeira do país em patrimônio líquido (total de US$ 6,3 bilhões), ultrapassando o Banco do Brasil (US$ 5,3 bilhões).

O Bradesco já é o maior banco privado, com ativos de US$ 38,3 bilhões. Com o BCN, eles subirão para cerca de US$ 50 bilhões. O segundo lugar é do Itaú, que comprou o Banerj.

Rumores de que o BCN seria vendido circulavam havia alguns meses. Foi divulgado que o banco de Pedro Conde seria comprado pelo Bilbao Vizcaya, que desistiu do negócio.

O BC exigiu que o espanhol comprasse também o Banco Meridional (estatal), que deve ir a leilão. **Pág. 2-4**

Editoria de Arte/Folha Imagem

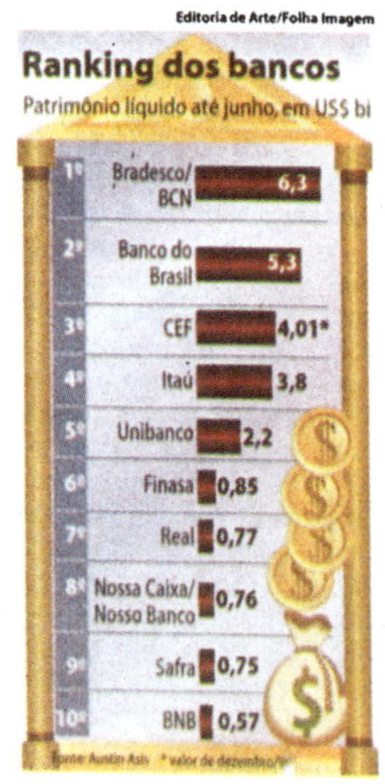

FOLHA DE S.PAULO

EDIÇÃO SÃO PAULO/DF
Concluída a 0h

São Paulo, quinta-feira, 30 de julho de 1998

DIRETOR DE REDAÇÃO: OTAVIO FRIAS FILHO ★ UM JORNAL A SERVIÇO DO BRASIL ★ ALAMEDA BARÃO DE LIMEIRA, 425 ★ ANO 78 ★ Nº 25.320 ★ R$ 1,00

Editoria de Arte/Folha Imagem

Maior leilão da história vende a Telebrás por R$ 22 bilhões

Patricia Santos/Folha Imagem

Posicionado atrás de barricada montada por manifestantes, rapaz arremessa paralelepípedo contra policiais do Batalhão de Choque da Polícia Militar

★ *Ágio chega a 63,74%, contra os 17% previstos pelo governo*

★ *Estrangeiros levam 32% da telefonia fixa e 79% da celular*

★ *Choque entre manifestantes e PM deixa dezenas de feridos*

A telefonia brasileira passou ontem para a iniciativa privada com a venda da Telebrás por **R$** 22,058 bilhões — o maior leilão da história. O valor superou os **R$** 17,9 bilhões de sete anos de privatizações. O leilão, na Bolsa do Rio, durou quatro horas e quatro minutos e teve ágio de 63,74% — o governo previa 17%.

Os grupos estrangeiros compraram 32,2% do mercado de telefonia fixa e ficaram com 79,4% das linhas celulares. Eles arremataram quatro empresas e têm participação em outras seis. Investiram, sozinhos, **R$** 8,026 bilhões, pouco mais que o dobro do que foi pago pelas duas telefônicas arrematadas exclusivamente por grupos nacionais (**R$** 3,874 bilhões).

O grande vencedor da disputa foi o bloco formado por Telefónica de España e Portugal Telecom, que levou empresas como Telesp Participações (telefonia fixa) e Telesp Celular.

Houve confronto entre a PM e manifestantes que protestavam contra o leilão. Segundo a polícia, eram 2.000 pessoas; para a CUT, 10 mil. A PM iniciou o conflito. Com ordem do governo do Rio para dispersar o ato, usou bombas de gás lacrimogêneo e espancou pessoas. A resposta veio com pedras e garrafas.

O choque deixou dezenas de feridos. A PM disse que agiu "para manter a tranquilidade". Organizadores do ato admitiram ter perdido o controle sobre ele. **Leilão da Telebrás**

brasil

Opinião da Folha

Leia os editoriais "As teles depois do leilão", analisando setor; "Basta à farra dos cartões", elogiando medida; e "Quando a lei é para todos", sobre o caso Clinton. **Pág. 1-2**

Associated Press

O ministro Luiz Carlos Mendonça de Barros (Comunicações) ri em seu gabinete enquanto assiste ao leilão da Telebrás

Grupo de portugueses e espanhóis leva o "filé"

ELVIRA LOBATO
da Sucursal do Rio

O "filé" do leilão foi para Portugal Telecom e Telefónica de España, que gastaram, com sócios nacionais, **R$** 10,97 bilhões, 47% do total arrecadado. As garras ibéricas se estendem também sobre a Embratel, vendida à sua sócia norte-americana MCI. "São Paulo é a 'jóia da Coroa', a área mais importante da América Latina", disse Juan Villalonga, da Telefónica, que planeja liderar o continente. **Pág. Esp. 3**

Dinheiro não vai servir só para dívida, diz FHC

O presidente Fernando Henrique Cardoso afirmou que o "grosso dos recursos" arrecadados com a privatização da Telebrás servirá para "abater dívidas do governo", mas poderá ter também "outra destinação", como investimentos. "Os recursos superaram em muito o que nós imaginávamos", disse FHC.

O ministro das Comunicações, Luiz Carlos Mendonça de Barros, afirmou que está "absolutamente excitado com o que vai acontecer com o consumidor". **Pág. Esp. 5**

ÍNDICE

Esta edição tem

138 Páginas
Incluem **38** de Classificados (não circulam no DF); **12** de Especial Leilão da Telebrás; **24** de Especial Time; **4** de Acontece
532.139 exemplares

ISSN 1414-5723
25320
9 771414 572056

EDIÇÃO SÃO PAULO/DF
Concluída às 23h30

FOLHA DE S.PAULO

São Paulo, segunda-feira, 5 de outubro de 1998

DIRETOR DE REDAÇÃO: OTAVIO FRIAS FILHO ★ ★ ★ UM JORNAL A SERVIÇO DO BRASIL ★ ALAMEDA BARÃO DE LIMEIRA, 425 ★ ANO 78 ★ Nº 25.387 ★ R$ 1,00

FHC é o primeiro presidente a se reeleger na história do país

Editoria de Arte/Folha Imagem

Boca-de-urna

Votos válidos*, em%

Para presidente

Candidato	%
FHC (PSDB)	56
Lula (PT)	30
Ciro (PPS)	10
Enéas (Prona)	2

Para governador

Disputa em 2º turno	
São Paulo	
Paulo Maluf (PPB)	34
Mário Covas (PSDB)	21
Marta Suplicy (PT)	19
Francisco Rossi (PDT)	18
Minas Gerais	
Itamar Franco (PMDB)	46
Eduardo Azeredo (PSDB)	40
Rio Grande do Sul	
Antônio Britto (PMDB)	47
Olívio Dutra (PT)	45
Distrito Federal	
Joaquim Roriz (PMDB)	41
Cristovam Buarque (PT)	41

Indefinido	
Rio de Janeiro	
Garotinho (PDT)	50
Cesar Maia (PFL)	35
Outros candidatos	15

Vitória no 1º turno	
Paraná	
Jaime Lerner (PFL)	56
Bahia	
César Borges (PFL)	73
Ceará	
Tasso Jereissati (PSDB)	66
Pernambuco	
Jarbas Vasconcelos (PMDB)	62
Santa Catarina	
Esperidião Amin (PPB)	60

* Excluindo votos brancos e nulos
Fonte: Datafolha. Margem de erro de dois pontos percentuais para mais ou para menos em SP, RJ, RS, MG, PR, BA e SC e de três pontos percentuais para mais ou para menos em DF, PE e CE

Antônio Gaudério/Folha Imagem

O presidente Fernando Henrique Cardoso cumprimenta eleitora ao chegar para votar, em Higienópolis (São Paulo)

★ *Presidente obtém 56% dos votos válidos, diz Datafolha*

★ *Lula, em 2º lugar, chega a 30%, e Ciro alcança 10%*

★ *2º turno em SP terá Maluf contra Covas, Marta ou Rossi*

Fernando Henrique Cardoso, 67, conquistou ontem, em primeiro turno, seu segundo mandato para a Presidência da República. É a primeira reeleição da história do país. Segundo pesquisa de boca-de-urna realizada pelo Datafolha, FHC (coligação PSDB, PFL, PPB, PTB e PSD) obteve 56% dos votos válidos na 20ª eleição por voto direto. O segundo mandato de FHC começa em 1º de janeiro de 1999.

Luiz Inácio Lula da Silva (coligação PT, PDT, PSB, PC do B e PCB) ficou em segundo, com 30% dos votos válidos. Em terceiro lugar, Ciro Gomes (PPS) obteve 10% dos válidos.

O resultado marca a terceira derrota do petista em eleição presidencial —no pleito anterior, em 1994, FHC obteve 54,3% dos votos válidos, contra 27% dados a Lula.

"Eu seria um presidente bem melhor para o país", disse Lula depois de votar em São Bernardo do Campo (SP). FHC votou em São Paulo. Ao sair da seção, disse apenas "votei no Covas", referindo-se ao governador licenciado de São Paulo, candidato à reeleição.

A decisão da sucessão em São Paulo ficou para segundo turno. Paulo Maluf (PPB), em primeiro, obteve 34% dos votos válidos. O segundo lugar está indefinido: Mário Covas (PSDB) tem 21%, Marta Suplicy (PT), 19%, e Francisco Rossi (PDT), 18%. A margem de erro da pesquisa Datafolha é de dois pontos percentuais, para cima ou para baixo. **Eleições**

Suplicy obtém 42% dos votos

Eduardo Suplicy (PT) é o virtual senador eleito por São Paulo, com 42% dos votos válidos, segundo pesquisa de boca-de-urna feita pelo Datafolha.

A disputa mais apertada para o Senado acontece em Minas: José Alencar (PMDB) tem 46%, e Júnia Marise (PDT), 43%. Saturnino Braga (PSB) vence no Rio, com 42%. **Pág. Esp. 13**

Quatro dos dez maiores Estados terão 2º turno

CLÓVIS ROSSI
do Conselho Editorial

Pesquisas de boca-de-urna indicam que haverá segundo turno em São Paulo, Minas Gerais, Rio Grande do Sul e Pará, quatro dos dez maiores Estados em número de eleitores. A pesquisa não apontou definição no Rio.

Em Minas, a disputa será entre Itamar Franco (PMDB) e o atual governador, Eduardo Azeredo (PSDB). Há empate estatístico no Rio Grande do Sul entre Antônio Britto (PMDB) e Olívio Dutra (PT). Almir Gabriel (PSDB) disputa com Jader Barbalho (PMDB) no Pará.

A corrida para 2002 começa sem candidatura natural à Presidência entre os quatro maiores partidos. **Págs. Esp. 5 e Esp. 22**

France Presse

VITÓRIA **Gustavo Kuerten ergue troféu do torneio de Mallorca, que conquistou ontem** **Pág. 4-12**

Almeida Rocha/Folha Imagem

LONGA ESPERA **Filas para votar como a que se formou em São Caetano (foto) foram uma constante em vários locais; em São Paulo, houve espera de até cinco horas em filas, empurra-empurra e intervenção de policiais** **Pág. Esp. 28**

Medidas fiscais saem em 'poucos dias', diz Malan

O ministro da Fazenda, Pedro Malan, disse ontem a investidores internacionais, em seminário realizado em Washington, que o governo anunciará medidas de estabilização fiscal em "poucos dias", informa **Marcio Aith.**

Malan abriu discurso informando sobre a reeleição de FHC. O anúncio foi recebido com palmas e exclamações de entusiasmo pelos cerca de 500 banqueiros que participavam do seminário, relata **Celso Pinto.**

Malan adiantou que não vai acelerar a desvalorização do real nem impor medidas para evitar a saída de capital estrangeiro. Informou que o governo pretende mexer na legislação sobre responsabilidade fiscal, principalmente nos Estados. **Págs. 1-9 e Esp.4**

ISSN 1414-5723
25387
9 771414 572025

ÍNDICE

Esta edição tem

112 Páginas
Incluem 8 de Classificados (não circulam no DF); 6 de Folhateen; 20 de Turismo; 8 de Folhainvest; 28 de Eleições; 2 de Acontece
537.575 exemplares

http://www.folha.com.br

brasil

Opinião da Folha

Leia os editoriais "O segundo mandato", sobre a vitória de FHC e os desafios do governo; e "Dez anos da Constituição", avaliando aspectos positivos e problemas da Carta. **Pág. 1-2**

são paulo

Chuva fecha Bienal em SP

Organizadores garantem que as obras da mostra não foram danificadas. Reabertura ainda não está definida. **Pág. 4-1**

folhainvest

Veja os riscos pós-eleições

São consideráveis as chances de o governo aumentar os impostos sobre aplicações financeiras. **Pág. 2-1**

Edição São Paulo/DF
Concluída à 0h

FOLHA DE S.PAULO

Ano 2000 Brasil 500

São Paulo, quinta-feira, 25 de março de 1999

DIRETOR DE REDAÇÃO: OTAVIO FRIAS FILHO ★★★ UM JORNAL A SERVIÇO DO BRASIL ★ ALAMEDA BARÃO DE LIMEIRA, 425 ★ ANO 79 ★ Nº 25.558 ★ R$ 1,25

Forças da Otan atacam Iugoslávia

Editoria de Arte/Folha Imagem

Entenda a ofensiva

Quais os objetivos?
Forçar a Iugoslávia a aceitar plano de paz para Kosovo, que prevê tropas da Otan na região, o que a Iugoslávia não admite; e reduzir o potencial bélico iugoslavo

Quais as diferenças entre essa ação e os recentes ataques ao Iraque?
A região exige mais cuidados que o deserto; a Iugoslávia também possui potencial bélico superior ao do Iraque

Qual a importância do ataque?
É a primeira operação militar da Otan contra um Estado europeu soberano e a primeira ação dos EUA contra uma nação européia desde a Segunda Guerra Mundial

A Otan pode intervir em um país soberano?
Sem permissão do Conselho de Segurança das Nações Unidas, a ação abre um precedente legal duvidoso, questionado por algumas autoridades ocidentais

France Presse

Míssil Tomahawk é lançado do USS Philippine Sea contra alvo na Iugoslávia, durante ação ontem

★ *Operação militar é a maior na Europa desde a 2ª Guerra*

★ *Rússia condena ofensiva, e Milosevic promete resistir*

Forças da Otan (aliança militar ocidental), lideradas pelos EUA, iniciaram ontem uma série de ataques contra a Iugoslávia. A ofensiva começou às 20h locais (16h em Brasília).

A operação havia sido decidida na noite anterior, depois que o presidente iugoslavo, Slobodan Milosevic, recusou o plano de paz para a Província separatista de Kosovo. Na TV, Milosevic afirmou que vai resistir à operação.

Um soldado iugoslavo morreu. O Exército local disse que mulheres e crianças foram mortas em alojamentos. A Iugoslávia disse ter derrubado dois aviões da Otan, que negou a informação. Segundo o Pentágono (EUA), três aeronaves iugoslavas foram derrubadas.

A Rússia condenou o ataque e disse ter o direito de "tomar medidas adequadas, inclusive militares", caso o conflito se alastre. O presidente Boris Ieltsin convocou reunião do Conselho de Segurança da ONU, não consultado antes da ação. O secretário-geral da ONU, Kofi Annan, lamentou o uso da força.

O presidente norte-americano, Bill Clinton, disse que "só a firmeza pode evitar agora uma catástrofe maior no futuro". **Mundo**

France Presse

Jovens pedem impeachment pintados com as cores do Paraguai

Congresso paraguaio abre processo de impeachment

O Congresso do Paraguai deu início ontem ao processo de impeachment do presidente Raúl Cubas Grau. A medida foi tomada um dia depois do assassinato do vice-presidente do país, Luis María Argaña.

A Câmara aprovou acusação contra o presidente e a apresentou ao Senado. Para aprovar o impeachment, são necessários os votos de dois terços dos senadores presentes à sessão em que ele for apreciado.

O presidente foi convocado a comparecer hoje ao Senado. Cubas é acusado de desobedecer determinação da Justiça, que ordenou a prisão do general Lino César Oviedo, seu aliado, que tentou golpe em 96.

Ontem, o governo anunciou a prisão de Oviedo, mas o general negou ter sido detido. O presidente Fernando Henrique Cardoso disse que o Paraguai será expulso do Mercosul em caso de golpe. **Págs. 1-15 e 1-16**

Decisão de lordes limita acusações contra Pinochet

A Câmara dos Lordes do Reino Unido decidiu ontem que o processo de extradição à Espanha do ex-ditador chileno Augusto Pinochet, 83, pode continuar. Pinochet, porém, só responderá por crimes ocorridos após setembro de 88. Com isso, reduzem-se as chances de condenação do ex-ditador.

A maioria das acusações a Pinochet se refere a fatos ocorridos antes dessa data. Pinochet chegou ao poder em 73.

A decisão foi comemorada simultaneamente por aliados e inimigos de Pinochet. A extradição agora será apreciada pelo governo e pela Justiça do Reino Unido. **Págs. 1-17 e 1-18**

Reuters

Em Londres, decisão é comemorada com ironia

Associated Press

Em Santiago, partidária do ex-ditador brinda

Morte de PC Farias volta a ser investigada

MÁRIO MAGALHÃES
enviado especial a Maceió

O promotor Luiz José Gomes de Vasconcelos fará a reconstituição das mortes de Paulo César Farias e de Suzana Marcolino da Silva.

O legista Fortunato Badan Palhares será intimado. Ele não comprovou a altura de 1,67m que atribuiu a Suzana em seu laudo. Fotos mostram que ela era menor que PC, que media 1,63m. **Pág. 1-6**

são paulo

Corpo é achado em tubulação

Cadáver deve ser de um dos dois rapazes desaparecidos no sábado em reservatório de água de São Paulo. **Pág. 3-6**

esporte

Corinthians cai na Libertadores

Equipe perdeu por 3 a 0 para o Cerro Porteño. Pelo Paulista, o São Paulo venceu o Santos por 2 a 1. **Pág. 3-11**

FHC diz que vetará indexação de salários

O presidente Fernando Henrique Cardoso disse ontem que vai vetar a indexação dos salários à inflação, caso a medida seja aprovada pelo Congresso.

"No limite, eu veto. Eu não vou deixar", disse o presidente em entrevista a **Valdo Cruz** e a **Eliane Cantanhêde**.

FHC reconheceu que o FMI (Fundo Monetário Internacional) estava certo ao defender a desvalorização cambial no ano passado. **Pág. 1-10**

brasil

Opinião da Folha

Leia os editoriais "PC e o resgate da história", sobre reabertura do caso; "Ladainha da telefonia", analisando-a; e "Princípios e Pinochet", sobre ex-ditador. **Pág. 1-2**

ISSN 1414-5723
25558

ÍNDICE

Esta edição tem
96 Páginas
Incluem **24** de Classificados (não circula no DF); **20** de Especial Time; **2** de Acontece
501.504 exemplares

http://www.folha.com.br

Viscome alega depressão e pede licença

O vereador Vicente Viscome (sem partido), acusado de participar da máfia da propina, enviou ontem pedido de licença de 30 dias à Câmara de São Paulo. Atestado assinado por ginecologista afirma que Viscome, que está foragido, tem depressão e não pode depor hoje à CPI da máfia. **Pág. 3-1**

BC reduz juros básicos para 42% ao ano

O Banco Central decidiu baixar os juros básicos da economia, a partir de hoje, de 45% para 42% anuais, devido a melhores expectativas sobre a inflação. A taxa, a chamada Selic, representa a média das operações diárias do mercado. É a primeira queda desde a desvalorização do real. **Pág. 2-1**

ATMOSFERA

Tempo em SP **Pág. 3-9**

Parcialmente nublado

Mínima	21°C	Máxima	30°C
Ontem	18°C	Ontem	28,5°C
Há um ano	20,3°C	Há um ano	25,7°C

Amanhã: sol

ORIENTE-SE

25 de março **Pág. 2-1**

Poupança	1,5210%
Dólar* cotações de 24/3/99, em R$	
paralelo	1,85 / 1,90
turismo	1,70 / 1,88
livre	1,835 / 1,840
Bolsas	índice de 24/3/99
SP +0,11%	Rio -0,13%

* compra e venda, respectivamente

FOLHA DE S.PAULO

Edição São Paulo/DF — Concluída à 0h

Ano 2000 Brasil 500

São Paulo, terça-feira, 25 de maio de 1999

DIRETOR DE REDAÇÃO: OTAVIO FRIAS FILHO ★★★ UM JORNAL A SERVIÇO DO BRASIL ★ ALAMEDA BARÃO DE LIMEIRA, 425 ★ ANO 79 ★ Nº 25.619 ★ R$ 1,25

Operação, que o governo alega ter sido em benefício do Tesouro Nacional, envolveu o presidente

FHC tomou partido de um dos grupos no leilão da Telebrás

Editoria de Arte/Ichiro Guerra/Folha Imagem

Como foi a privatização da Telebrás?
O maior leilão da história foi realizado em 29 de julho de 98, na Bolsa do Rio. O Sistema Telebrás, que incluía 3 empresas de telefonia fixa, 8 de telefonia celular e a Embratel, foi vendido por R$ 22,058 bilhões, 63,74% acima do preço mínimo

O que deu errado no leilão?
O governo queria que o consórcio do Banco Opportunity arrematasse a Tele Norte Leste. Por uma série de imprevistos, o consórcio acabou ficando com a Tele Centro Sul. O consórcio Telemar, visto como aventureiro pelo BNDES, levou a Tele Norte Leste

O que significava a expressão "bomba atômica presidencial"?
Usar o nome do **presidente para pressionar a Previ**, fundo de pensão do Banco do Brasil, a entrar no leilão com o Opportunity. Em 98, o ex-ministro Mendonça de Barros disse que a expressão "era uma intervenção mais radical na Previ; não precisava ser o presidente"

Trecho do diálogo

Lara Resende - Se precisarmos de uma certa pressão... (para forçar a Previ a entrar no consórcio Opportunity-Stet)
FHC - ...Não tenha dúvida.
Lara Resende - A idéia é que podemos usá-lo aí para isso.
FHC - Não tenha dúvida.
Lara Resende - Tá bom.

Para ouvir os diálogos pela Internet, acesse www.uol.com.br

O presidente Fernando Henrique Cardoso, que aparece em diálogos gravados sobre o leilão da Telebrás, caminha no Palácio da Alvorada

FERNANDO RODRIGUES
enviado especial a Belo Horizonte

ELVIRA LOBATO
em São Paulo

Conversas gravadas em 46 fitas obtidas pela **Folha** mostram que o presidente Fernando Henrique Cardoso participou de operação para favorecer empresas no leilão da Telebrás, em julho de 98. O governo argumenta que interveio, a seu ver de modo legítimo, para aumentar o valor do leilão.

As fitas completam série de diálogos captados por grampo no BNDES, episódio que causou a demissão de quatro altos funcionários por sugerir que houve favorecimento indevido.

FHC autorizou o uso de seu nome para pressionar a Previ, fundo de pensão do Banco do Brasil, a entrar no consórcio do Banco Opportunity e da italiana Stet, para fazê-lo vencer a disputa pela Tele Norte Leste contra o consórcio Telemar.

O aval foi dado ao então presidente do BNDES, André Lara Resende. Após explicar que a Previ era importante para o consórcio do Opportunity, Lara Resende sugere fazer "certa pressão" e diz: "A idéia é que podemos usá-lo aí para isso". FHC responde: "Não tenha dúvida". O diálogo mostra que a expressão "bomba atômica", que surge em fitas já públicas, significava usar o nome de FHC para pressionar a Previ.

Até aquele momento, o fundo estava negociando sua entrada no Telemar. Acabou associando-se ao grupo do Opportunity, mas a Tele Norte Leste foi arrematada pelo Telemar —cuja participação é chamada de "aventurismo" por FHC em uma das conversas. A vitória do Telemar foi usada pelo governo como prova de que não houve favorecimento. Mas o consórcio só venceu porque disputou sozinho —seu concorrente, o grupo do Opportunity, já havia arrematado a Tele Centro Sul e não poderia disputar outra área. **Brasil**

Pierre Mérimée

INVASÃO Grupo de sem-teto usa picareta para entrar em um edifício de dez andares e 36 apartamentos em Santa Cecília (centro de São Paulo), cuja desapropriação já foi determinada por decreto do governo do Estado; 62 famílias participaram da ação **Pág. 3-7**

'Efeito Argentina' faz Bolsa cair 4,9% e dólar subir 1,5%

A tensão sobre a Argentina fez a Bovespa cair 4,88%, maior recuo desde 21 de janeiro, no auge da crise cambial. O dólar subiu 1,53%, fechando a R$ 1,726, e os títulos da dívida externa brasileira tiveram uma queda de 2,6%. Contribuiu para o nervosismo o recuo de 1,61% na Bolsa de Nova York.

Na Argentina, a Bolsa fechou em baixa de 2,69%, apesar das tentativas do governo argentino e do megainvestidor George Soros de tranquilizar o mercado. Soros —que, na sexta, havia dito que o peso estava sobrevalorizado— afirmou ontem que a desvalorização não seria uma boa saída. **Dinheiro**

Laudo da Unicamp revê altura de Suzana

Um novo laudo da Unicamp afirma que Suzana Marcolino da Silva, namorada de PC Farias, tinha entre 1,53 m e 1,57 m. O estudo rejeita laudo anterior da própria universidade, feito por Fortunato Badan Palhares.

Ele estipulava a altura de Suzana em 1,67 m.

Essa diferença de altura altera a conclusão oficial das investigações, segundo a qual Suzana matou PC e se suicidou, em junho de 1996. **Pág. 1-20**

Esta edição tem

74 Páginas
Incluem **12** de Classificados (não circulam no DF); **6** de Agrofolha; **2** de Acontece

497.997 exemplares

www.folha.com.br

ISSN 1414-5723

ATMOSFERA

Parcialmente nublado **Pág. 3-8**

Mínima	14°C	**Máxima**	23°C
Ontem	9,4°C	Ontem	24,2°C
Há um ano	17,5°C	Há um ano	26,4°C

Amanhã: parcialmente nublado

ORIENTE-SE

25 de maio **Pág. 2-1**

- **Poupança** 1,0153%
- **Dólar*** cotações de 24/5/99, em R$
  - paralelo 1,72 / 1,74
  - turismo 1,67 / 1,75
  - livre 1,724 / 1,726
- **Bolsas** índices de 24/5/99
  - SP -4,88% Rio -4,16%

* compra e venda, respectivamente

agrofolha

Tapajós vira rota da soja

O rio Tapajós será usado pelos produtores de Mato Grosso, pela primeira vez, como rota de exportação do produto para a Europa. **Pág. 5-1**

brasil

Opinião da Folha

Leia os editoriais "Dever de publicar", sobre as fitas do caso Telebrás; "O 'Efeito samba'", sobre o Brasil e a economia argentina; e "Caso PC: estaca zero". **Pág. 1-2**

mundo

Recorde escapa de 'Star Wars'

Com US$ 64,8 milhões no primeiro fim-de-semana, bilheteria ficou abaixo da de "O Mundo Perdido". **Pág. 1-22**

CPI proporá cassação em SP de dois vereadores

A CPI que investiga a máfia da propina na Prefeitura de São Paulo vai propor a cassação dos mandatos dos vereadores José Izar (PFL) e Maeli Vergniano (sem partido), por falta de decoro parlamentar.

Eles já foram indiciados pela polícia sob acusação de peculato e formação de quadrilha. Izar controlava a Administração Regional da Lapa. Maeli, a de Pirituba. Os dois devem depor à CPI no sábado. **Pág. 3-1**

Brecha para escapar da tributação terá limite

A Fazenda confirmou que a isenção de Imposto de Renda para fundos de capital estrangeiro só vigorará até 30 de junho. A medida é uma das que serão adotadas contra as brechas legais que empresas usam para escapar da tributação.

Segundo a Fazenda, criou-se um "ambiente favorável" às medidas depois que a Receita informou que 42% dos 66 maiores bancos do país não pagaram IR em 97. **Pág. 1-4**

Edição São Paulo
Concluída às 23h

FOLHA DE S.PAULO

São Paulo, terça-feira, 27 de junho de 2000

DIRETOR DE REDAÇÃO: OTAVIO FRIAS FILHO ★ ★ ★ UM JORNAL A SERVIÇO DO BRASIL ★ ALAMEDA BARÃO DE LIMEIRA, 425 ★ ANO 80 ★ Nº 26.018 ★ R$ 1,25

NESTA EDIÇÃO, CADERNO ESPECIAL EXPLICA O GENOMA E AS DISCUSSÕES A SEU RESPEITO

Editoria de Arte/Folha Imagem

ENTENDA O GENOMA

Qual o significado de conhecer a sequência do genoma humano?
Comparando o genoma a um livro, foram descobertas todas as suas letras e algumas palavras. Falta descobrir a ordem das palavras e as frases que elas formam, além do papel do ambiente em que vive o indivíduo

Qual a importância para a medicina?
Com esse conhecimento, os cientistas têm, teoricamente, os instrumentos para desvendar como as doenças acontecem, como preveni-las e como combatê-las

Como ocorre uma doença genética?
A partir de uma mutação (erro) embutida na sequência de letras de um gene, que pode ser transmitida dos pais para os filhos

A decifração do genoma pode levar à cura de doenças, como câncer e Aids?
Espera-se que sim, mas novos tratamentos para velhas doenças ainda devem exigir décadas de pesquisa

A quem pertencerá esse conhecimento?
Os EUA ainda não têm uma regulamentação completa do assunto, que é polêmico. A Celera, empresa que mapeou o genoma, já fez milhares de pedidos de patentes de genes

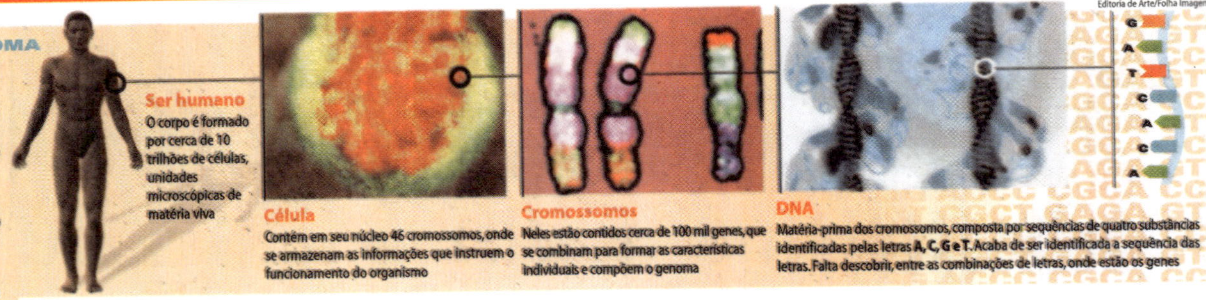

Ciência decifra código genético e inicia nova era para medicina

★ *Sequenciado conjunto de instruções que define como funciona o organismo humano*

★ *Nas próximas décadas, conhecimento será usado para entender ação das doenças*

O genoma humano foi mapeado e teve sua sequência estabelecida pela primeira vez na história humana, anunciaram ontem, em cerimônia conjunta, o presidente dos EUA, Bill Clinton, e o primeiro-ministro britânico, Tony Blair. "Cruzamos a fronteira em direção a uma nova era", afirmou Blair.

A descoberta coube à empresa norte-americana Celera e ao consórcio público internacional Projeto Genoma Humano (PGH), que trabalharam separadamente. Genoma é a coleção de genes com as instruções para produzir um ser humano, e sua leitura deve revolucionar a medicina nos próximos anos.

Com os dados, em tese será viável desenvolver tratamentos para doenças como câncer e mal de Parkinson. Resultados, no entanto, devem levar até 50 anos para surgir. "É concebível que os filhos de nossos filhos só conheçam o termo 'câncer' como uma constelação", declarou Bill Clinton.

O mapeamento cria uma discussão sobre o direito de propriedade genética. A Celera, que cobra pelo acesso ao sequenciamento, já enviou pedidos de patentes de genes. O PGH, contrário a essa política, divulga os genes que decifra, mas tem menos dados a oferecer que a empresa dos EUA.

Há ainda uma questão ética: teme-se que, com a descoberta, pessoas com deficiências genéticas sejam discriminadas.

Projeto do Partido Democrata entregue ao Congresso norte-americano torna os dados do genoma propriedade sigilosa do cidadão e proíbe preconceito genético. Págs. A15 a A17

Comitiva de FHC é alvo de ovos em protesto

Manifestantes ligados à CUT (Central Única dos Trabalhadores) jogaram ovos em direção aos veículos que transportavam o presidente Fernando Henrique Cardoso e sua comitiva, ontem, em Recife (PE).

O ataque ocorreu quando FHC deixava a Companhia Hidrelétrica do São Francisco, após inaugurar linhas de transmissão. Os ovos não acertaram o comboio. A PM monitorou a ação sem intervir. Pág. A6

Sergio Lima/Folha Imagem

Manifestantes arremessam ovos contra a comitiva presidencial, ontem, em Recife (PE)

Anúncio leva ao limite do homem

ANDREW SIMPSON
ESPECIAL PARA A FOLHA

Com o sequenciamento completo do genoma humano, chegamos à etapa crítica de transformar a biologia humana em uma ciência exata.

Em 3000, nossa geração será lembrada como a que testemunhou a mudança em nossa habilidade de nos entender e descobriu os limites da complexidade humana. Pág. A17

Andrew Simpson, 45, é biólogo e coordenador do Projeto Genoma do Câncer.

Maioria do Senado quer cassar Estevão

Levantamento feito pela **Folha** mostra que a maioria do plenário do Senado é favorável à cassação do senador Luiz Estevão (PMDB-DF), amanhã.

Dos 70 senadores consultados, 47 disseram que votarão pela perda do mandato.

A divulgação de bilhete do empresário Fábio Monteiro de Barros, dono da Incal, construtora responsável pela obra do Fórum Trabalhista de São Paulo, pedindo dinheiro a Estevão reforçou a tendência de cassação. Págs. A11 e A12

Torcida tenta agredir Edílson no Corinthians

O atacante corintiano Edílson sofreu tentativa de agressão durante protesto da Gaviões da Fiel no Parque São Jorge e ameaçou deixar o clube. O carro onde estava Marcelinho foi atingido por um ovo.

Os torcedores protestavam contra a desclassificação do time na Libertadores. Pág. D3

Ex-auxiliar de Pinotti se nega a dar nomes

A ex-chefe de gabinete de José Aristodemo Pinotti na Secretaria da Saúde do município de São Paulo, Maria Lúcia Tojal, disse que não vai revelar os nomes envolvidos na suposta oferta de suborno a Pinotti.

Ela foi ouvida pelo Ministério Público Estadual e, apesar de declarar conhecer os autores da oferta, afirmou não ter interesse em ajudar a investigação.

O ex-secretário depõe hoje aos procuradores. Págs. A4 e A5

Proibição aos ciclistas será só nos domingos

Pág. C8

Esta edição tem 80 Páginas

Incluem 6 de Agrofolha; 8 de Especial Genoma; 2 de Acontece; 10 de Classificados (não circulam no DF)

473.790 exemplares

www.folha.com.br

ATMOSFERA Pág. C2

Parcialmente nublado

Mínima...... 17°C **Máxima**...... 24°C
Ontem...... 16,7°C Ontem...... 27,5°C
Fonte: Inpe e Inmet

OPINIÃO

EDITORIAIS

Leia "Marco histórico", sobre o mapeamento do código genético do ser humano; e "Tarifas e inflação", acerca de aumentos nos preços de serviços públicos. Pág. A2

ISSN 1414-5723
26018
9 771414 572032

País define esta semana se libera os transgênicos

Dois eventos podem definir até sexta, em Brasília, o rumo do país sobre os transgênicos.

O Tribunal Regional Federal julga recurso da Monsanto para permitir o plantio da soja Roundup Ready, e a Comissão Técnica Nacional de Biossegurança emite parecer sobre importação de milho. Agrofolha

PT barra 2 de cada 3 alianças para as eleições

A Executiva Nacional do PT vetou ontem dois terços das cerca de 200 coligações do partido para a eleição municipal que analisou. A maioria das alianças envolve legendas como PFL, PPB e PSDB. Na última semana, cerca de 30 outras coligações já haviam sido vetadas pela executiva. Pág. A9

Souza Cruz vai ter que pagar por tratamento

Em decisão inédita, a Justiça de Alagoas condenou a Souza Cruz a depositar R$ 50 mil para pagar o tratamento de João Lins, 42, que tem câncer nos pulmões. Ele fumou de 60 a 80 cigarros diários dos 13 aos 40.

A Souza Cruz informou que só vai se pronunciar quando receber a notificação. Pág. C1

EDIÇÃO SÃO PAULO
Concluída à 18h30

FOLHA DE S.PAULO

São Paulo, quinta-feira, 14 de dezembro de 2000

DIRETOR DE REDAÇÃO: OTAVIO FRIAS FILHO ★ ★ ★ UM JORNAL A SERVIÇO DO BRASIL ★ ALAMEDA BARÃO DE LIMEIRA, 425 ★ ANO 80 ★ Nº 26.188 ★ R$ 1,50

Bush vence Gore, 36 dias depois

★ *Suprema Corte proíbe, por 5 a 4, nova contagem de votos na Flórida*

★ *Democrata admite derrota, mas critica decisão da Justiça dos EUA*

★ *Eleito pede "reconciliação" e diz que buscará o "respeito" da nação*

France Presse

Após reconhecimento da derrota por Gore (no detalhe), Bush discursa em Austin, Texas

O candidato republicano à Presidência dos Estados Unidos, o governador do Texas, George W. Bush, 54, garantiu ontem, 36 dias depois da eleição, sua posse na Casa Branca.

O candidato democrata, o vice-presidente Al Gore, fez pronunciamento à nação à 0h de hoje (horário de Brasília) reconhecendo a derrota, mas afirmou discordar "firmemente" da decisão da Suprema Corte que determinou sua derrota.

Por 5 votos a 4, o mais alto tribunal do país impediu a recontagem manual de votos no Estado da Flórida, requerida pelo candidato democrata.

Com a decisão, Bush assegurou o triunfo no Estado e a maioria de 271 entre os 538 votos do Colégio Eleitoral, que escolhe o presidente norte-americano na segunda-feira.

Em discurso transmitido pela TV, Bush pregou "reconciliação e união" e afirmou que irá trabalhar para "ganhar o respeito" da população.

Gore obteve mais votos em todo o país, com vantagem de mais de 300 mil num total de 100 milhões. É a primeira vez desde 1888 que o vencedor da eleição no voto popular acaba não sendo o escolhido para a Presidência. Págs. A21 a A30

Para analistas, Corte foi confusa

Acadêmicos e analistas políticos dos Estados Unidos criticaram a decisão da Suprema Corte que vetou a realização de nova recontagem manual na Flórida mesmo que um padrão fosse estabelecido para todos os condados do Estado.

A maior parte da imprensa norte-americana também criticou a decisão, chamando-a de confusa e afirmando que ela mina a confiança da população em eleições justas. Pág. A29

Sobrenome é o trunfo principal

ELIO GASPARI
COLUNISTA DA FOLHA

George W. Bush virou o homem mais poderoso do mundo amparado no sobrenome e perseguido por história de sofrimentos e fraquezas. Aos 7 anos, perdeu a irmã Robin. Foi mau aluno do primário à formatura. Sua passagem por Yale teve mais cerveja do que livros. Parou de beber aos 40, para não afetar o pai. Chegou ao governo do Texas defendendo pena de morte, descentralização do ensino e corte de impostos e benefícios. Pág. A24

Projeto que veta anúncio de cigarro é aprovado

A Câmara aprovou ontem o projeto de lei que proíbe a propaganda de cigarro e demais produtos relacionados ao fumo nos meios de comunicação. A proposta deverá ser sancionada hoje pelo presidente Fernando Henrique Cardoso.

Os deputados mantiveram o prazo de transição de dois anos em casos de patrocínios a atividades culturais e esportivas.

Pelo projeto, fica proibida a propaganda de cigarro em locais fechados, como restaurantes e shoppings, por meio de cartazes e painéis. Pág. C7

Empresa dos EUA desiste de disputa pela Copene

A Dow Chemical saiu da disputa pela Copene, empresa petroquímica. Antes, a Justiça suspendera o leilão, marcado para hoje, devido à avaliação de que, se a Dow o vencesse, a concorrência seria afetada.

Pesou na decisão da empresa dos EUA o apoio da Petrobras ao grupo brasileiro Ultra, concorrente no leilão. A mobilização do governo em favor do Ultra assustou a Dow, até então a candidata mais forte à compra da Copene. Pág. B1

Senado aprova quebra de sigilos

O Senado aprovou projeto permitindo à Receita quebrar os sigilos bancário e fiscal de suspeitos de sonegação sem precisar de ordem judicial.

Outros dois projetos para financiar o aumento do salário mínimo de R$ 151 para R$ 180, a partir de abril, foram aprovados ontem pelos senadores.

Um deles regula o combate ao uso de brechas da lei para fugir de impostos, e outro permite utilizar dados da CPMF contra a sonegação. Pág. A14

Decifrado o 1º código genético de uma planta

Cientistas decifraram o genoma da planta *Arabidopsis thaliana*, uma erva daninha. É o primeiro vegetal a ter seu código genético desvendado.

A maioria dos conhecimentos gerados pela biologia molecular vegetal vem de estudos com a planta. "O que se descobrir em *Arabidopsis* será usado em qualquer tipo de planta", diz Joe Ecker, principal cientista envolvido. Pág. A31

Marcelo Alves/Futura Press

FORÇA DA ÁGUA Carro arrastado na Vila Madalena, durante a tempestade da tarde de ontem, em São Paulo; a chuva gerou 58 pontos de alagamento, agravou o trânsito, derrubou muros e árvores e obrigou os trens da CPTM a pararem Pág. C1

Nicolau nega participação no desvio do TRT

O ex-juiz Nicolau dos Santos Neto voltou a negar à Justiça envolvimento com o desvio de R$ 169,5 milhões da obra da sede do TRT de São Paulo.

Nicolau admitiu ser o titular de conta na Suíça cujo saldo chegou a ser de US$ 6,8 milhões —hoje o saldo é de US$ 3,8 milhões e está bloqueado.

A explicação, já dada em depoimento anterior e repetida ontem, é que os recursos na conta suíça seriam provenientes de uma herança deixada por um tio alfaiate. Pág. A4

EQUILÍBRIO

Navegue melhor na Internet

Conheça truques que poupam tempo do internauta e melhoram a qualidade de vida de quem usa a rede. Págs. 8 e 9

DINHEIRO

Petróleo cai com volta do Iraque

O país, que ficou 12 dias fora do mercado, voltou a vender. Valor do barril em Londres foi o menor desde maio. Pág. B5

OPINIÃO

EDITORIAIS

Leia "EUA, o mito", sobre definições eleitorais naquele país; "A âncora dos juros", acerca de inflação; e "Economia sem dogmas", sobre encontro de acadêmicos. Pág. A2

ÍNDICE

Esta edição tem 132 Páginas

Incluem 16 de Equilíbrio; 4 de Acontece; 38 de Classificados

461.552 exemplares

www.folha.com.br

O CADERNO COTIDIANO HOJE INCLUI O DE ESPORTE

ATMOSFERA Pág. C2

Pancadas de chuva

Mínima 21°C — **Máxima** 31°C
Ontem 21°C — Ontem 29,7°C

Fonte: Inpe e Inmet

ISSN 1414-5723
26188
9 771414 572056

Justiça permite que Vasco não jogue esta noite

Os jogadores do Vasco obtiveram liminar impedindo a realização da primeira partida contra o Cruzeiro pelas semifinais da Copa João Havelange, marcada para hoje à noite.

Pelas normas da CBF, eles não são obrigados a jogar duas vezes em menos de 66 horas. O time atuou anteontem. Pág. D1

CPI do Futebol quebra sigilos de dirigentes

A CPI do Futebol quebrou os sigilos bancário e fiscal do deputado federal Eurico Miranda (PPB-RJ), presidente eleito do Vasco, e de mais 51 pessoas e entidades ligadas ao futebol.

Toda a diretoria da CBF, encabeçada pelo presidente, Ricardo Teixeira, que depôs ontem à CPI, foi atingida. Pág. D1

Edição São Paulo
Concluída à 1h30

F80LHA DE S.PAULO

80 ANOS

São Paulo, segunda-feira, 19 de fevereiro de 2001

DIRETOR DE REDAÇÃO: OTAVIO FRIAS FILHO ★ UM JORNAL A SERVIÇO DO BRASIL ★ ALAMEDA BARÃO DE LIMEIRA, 425 ★ ANO 81 ★ Nº 26.255 ★ R$1,50

João Wainer/Folha Imagem

Sacerdotes de sete diferentes religiões fazem oração conjunta na cerimônia em comemoração dos 80 anos da Folha

Folha comemora 80 anos com ato pluralista em SP

A **Folha** festejou ontem 80 anos de existência com um ato multirreligioso realizado por sete celebrantes na Sala São Paulo, na capital paulista. Fundado em 19 de fevereiro de 1921, o jornal comemora hoje seu aniversário.

Cerca de 1.500 pessoas estiveram presentes à cerimônia. O governador interino de São Paulo, Geraldo Alckmin, representou o governador licenciado Mário Covas.

Compareceram também os presidentes do Supremo Tribunal Federal, Carlos Velloso, do Senado, Jader Barbalho (PMDB-PA), e da Câmara, Aécio Neves (PSDB-MG), a prefeita de São Paulo, Marta Suplicy, e os governadores do Paraná, Jaime Lerner, e de Minas Gerais, Itamar Franco. O ministro da Saúde, José Serra, representou o presidente Fernando Henrique Cardoso. **Págs. A5 a A9**

Fotos Patrícia Santos/Folha Imagem

Ciro Gomes (esq.) e o governador de Minas, Itamar Franco

O ministro Serra (esq.) e o governador Tasso Jereissati

FHC mantém Tasso no páreo

O presidente Fernando Henrique Cardoso marcou para hoje uma reunião com o governador Tasso Jereissati (CE). FHC dirá a Tasso que ele ainda está no páreo para ser o candidato do PSDB à Presidência em 2002.

O presidente pretende frear o debate sucessório e compensar o recente fortalecimento de outro presidenciável, o ministro José Serra. Ele avalia que, a dois anos da eleição, ainda é cedo para definir um candidato. **Pág. A6**

Motins no Estado, com 8 mortes, envolveram 27 mil presos e começaram no Carandiru, onde foram feitos 6.000 reféns

24 presídios se rebelam em SP

Editoria de Arte/Folha Imagem

	Cidade	Presos		Cidade	Presos
1	São Paulo* 4 presídios	10.950	11	Araraquara*	761
2	Guarulhos*	1.250	12	Pirajuí*	900
3	Franco da Rocha*	1.850	13	Marília*	800
4	São Vicente	746	14	Assis	700
5	Tremembé*	827	15	Ribeirão Preto* 3 presídios	1.521
6	Campinas	565	16	Mirandópolis	1.700
7	Hortolândia	857	17	Pres. Venceslau	300
8	Iperó	800	18	Pres. Bernardes*	396
9	Itirapina*	863	19	Sorocaba	400
10	Avaré	790			

*Cidades onde havia rebelião até 0h de hoje

Temos medo de morrer, diz preso

GABRIELA ATHIAS
DA REPORTAGEM LOCAL

A **Folha** falou pelo celular com um preso da Penitenciária do Estado, identificado como "Tio". Segundo ele, houve mortes no pavilhão 1 do presídio após a saída das visitas.

Folha - O Batalhão de Choque já invadiu o pavilhão 2?

Tio - Já, mas as visitas continuam aqui. Se elas saírem, a gente tem medo de morrer. **Pág. C6**

Evelson de Freitas/Folha Imagem

Um dos pavilhões do Carandiru, onde cerca de 10 mil presos se rebelaram, com lençóis brancos nas janelas pedindo paz

Cerca de 27 mil presos se rebelaram simultaneamente em 24 presídios de 19 cidades paulistas. O motim, o maior do país, começou ontem à tarde no complexo penitenciário do Carandiru (zona norte de São Paulo), que inclui a Casa de Detenção, a Penitenciária do Estado e a Penitenciária Feminina. Nos três presídios, mais de 10 mil presos se rebelaram e fizeram cerca de 6.000 reféns.

Segundo a Polícia Militar, o motivo das rebeliões foi a transferência de nove presos, acusados de integrar o grupo PCC (Primeiro Comando da Capital), da capital para prisões do interior de São Paulo. O PCC é uma facção criminosa surgida nos anos 90 e acusada de tráfico de drogas, assassinatos e extorsões de detentos nas penitenciárias paulistas.

Até a 1h de hoje, haviam sido contabilizados oito mortos e 22 feridos em todo o Estado. As direções de 11 presídios confirmaram que as rebeliões estavam controladas. Os motins continuavam em outros 13, incluindo a Casa de Detenção e a Penitenciária do Estado, cujos reféns começaram a ser liberados à noite. **Cotidiano**

FOLHATEEN

Caderno resgata personagens

Há dez anos, quando o **Folhateen** lançou sua primeira edição, Winona Ryder era a musa, o rock de Seattle fazia sucesso e os calouros da USP não conheciam Proust. Hoje, a média de livros lidos pelos recém-chegados à universidade é ainda menor (7, contra 9 em 91). **Págs. 7 a 13**

FOLHAINVEST

Evite dívida "bola-de-neve"

Renegocie, use dinheiro aplicado ou venda algum bem para saldar dívida de despesas extras — como IPVA, matrícula e material escolar — que se acumulam no início do ano.

Os juros de um empréstimo são muito maiores que os de qualquer aplicação de renda fixa. **Págs. B1 e B6**

ÍNDICE

Esta edição tem 82 Páginas

Incluem **10** de Folhainvest; **16** de Folhateen; **16** de Turismo; **2** de Acontece

448.300 exemplares

www.folha.com.br

Corinthians perde a 1ª com Luxemburgo

Após estar perdendo por 3 a 0 para a Matonense, o Corinthians fez dois gols, mas não conseguiu chegar ao empate. Foi a primeira derrota de Wanderley Luxemburgo após reassumir o comando do time.

Já o São Paulo foi derrotado pelo São Caetano por 2 a 0. Com a vitória, a equipe do ABC obteve 11 pontos e é vice-líder do Paulista, atrás apenas do Santos, que anteontem goleou a Lusa por 4 a 0. **Esporte**

TURISMO

Canadá sabe espantar o frio

À margem da guerra da vaca, turistas podem embarcar para país barato e praticar esportes de inverno. **Págs. F2 a F8**

OPINIÃO

EDITORIAIS

Leia "Prova de fogo", sobre levante de presos no Estado de São Paulo; "Pirataria global", acerca de propriedade intelectual no Brasil; e "Um foco para o BNDES". **Pág. A2**

ISSN 1414-5723
9 771414 572025 26255

Francês ganha Urso de Ouro

Pág. A13

ATMOSFERA **Pág. C2**

Sol de manhã e pancadas de chuva à tarde

Mínima ... **22°C** **Máxima** ... **32°C**
Ontem ... 20°C Ontem ... 31,1°C
Fonte: Inpe e Inmet

EDIÇÃO SÃO PAULO
Concluída à 0h30

FOLHA DE S.PAULO

80 ANOS

São Paulo, quarta-feira, 12 de setembro de 2001

DIRETOR DE REDAÇÃO: OTAVIO FRIAS FILHO ★ UM JORNAL A SERVIÇO DO BRASIL ★ ALAMEDA BARÃO DE LIMEIRA, 425 ★ ANO 81 ★ Nº 26.460 ★ R$ 1,70

GUERRA NA AMÉRICA

EUA SOFREM MAIOR ATAQUE DA HISTÓRIA

Spencer Platt/Getty Images

Choque de Boeing-767 provoca segunda explosão em torre do World Trade Center (esq.) por volta das 10h, em Nova York; pouco antes outro avião havia alvejado a torre norte do prédio de 110 andares; ambas ruíram entre 11h e 11h30

★ *Torres do World Trade Center e parte do Pentágono são destruídas*

★ *Milhares de pessoas morrem em atentados de autoria desconhecida*

★ *Bolsas param, petróleo dispara e aumenta temor de recessão global*

Aviões de carreira sequestrados por terroristas destruíram ontem o World Trade Center, em Nova York, e parte do Pentágono, nos arredores de Washington, no maior atentado da história. Não há números oficiais, mas policiais ouvidos pela **Folha** falam em 10 mil mortos, um sexto de todos os americanos vitimados pela Guerra do Vietnã (1961-1975).

O ataque que destruiu dois dos principais símbolos do poderio econômico e militar dos Estados Unidos foi o primeiro ao país desde Pearl Harbor, em 1941.

O presidente dos EUA, George W. Bush, prometeu em pronunciamento à nação caçar e punir "os terroristas que cometeram esses atos e aqueles que os abrigam".

O principal suspeito é o terrorista saudita Osama bin Laden, refugiado no Afeganistão. O Taleban, grupo extremista islâmico que controla quase todo o país, nega.

O ataque começou por volta de 8h45 (9h45 no horário de Brasília), momento em que um Boeing-767 foi jogado contra uma das torres de 110 andares do World Trade Center. Bombeiros tentavam esvaziar os prédios quando a segunda torre foi atingida, causando pânico.

As TVs, que transmitiam ao vivo, mostraram pessoas se jogando de alturas superiores a 200 metros, antes que as torres desabassem, entre 11h e 11h30 (horário brasileiro). Pouco antes, um terceiro avião atingia o Pentágono, sede do Departamento de Defesa dos EUA.

Pelo menos 266 foram mortos nos quatro aviões sequestrados, dois da American Airlines e dois da United —os três que atingiram alvos e um que caiu na Pensilvânia, por motivo ainda desconhecido.

Pela primeira vez na história, todos os vôos no país foram suspensos. A sede da ONU e todos os prédios públicos de Washington, incluindo a Casa Branca e o Congresso, foram esvaziados. As fronteiras com o México e Canadá, fechadas. Seguradoras calculam um prejuízo de US$ 5 bilhões só no World Trade Center.

O ataque foi condenado pelo líder palestino Iasser Arafat e por opositores dos americanos, como governantes do Oriente Médio, da China e da Rússia. Em países árabes, a população saiu às ruas para comemorar.

Como consequência dos atentados, a Bolsa de Nova York e a Nasdaq suspenderam as operações e anunciaram que não abrirão hoje. Em todo o mundo, houve uma corrida dos investidores para comprar ouro. O preço do petróleo disparou. O dólar atingiu o recorde do Real: chegou a R$ 2,677 e fechou a R$ 2,66.

À noite, a polícia de Nova York prendeu três pessoas, supostamente relacionadas ao atentado. Págs. A4 a A37

AVISO

A Folha circula hoje com outra organização de seus cadernos e seções em razão da cobertura especial sobre o ataque terrorista aos Estados Unidos.

OPINIÃO

EDITORIAIS

Leia "Guerra na América", sobre os atentados; e "Economia sob ataque", analisando as perspectivas. Pág. A2

Esta edição tem **84** Páginas
447.003 exemplares

ISSN 1414-5723

Associated Press

Pedestres cobertos de fuligem deixam a área em que desabou o World Trade Center

Um cheiro embrulha o estômago

SÉRGIO DÁVILA
DE NOVA YORK

A ponte que ligava as duas torres está a dez metros de distância, sobre dois carros da polícia e quatro caminhões dos bombeiros. Enfermeiros carregam uma maca com o corpo de um bombeiro decapitado.

O ar está tomado por uma mistura de pó branco com fumaça preta. É meio-dia, mas está escuro como a noite. No que sobrou do asfalto, um tapete de papel picado. Há um cheiro doce de queimado, que embrulha o estômago. Os alarmes se juntam às sirenes. Não há ordem aparente. Pág. A9

"Defesa parece um queijo suíço"

MARCIO AITH
DE WASHINGTON

"A defesa dos EUA tem tantos buracos como um queijo suíço", afirma Brian Jenkins, especialista em terrorismo. "Não é preciso um ataque externo para explorá-los. O perigo interno é maior."

William Cohen, secretário de Defesa durante o governo Bill Clinton, disse que a vulnerabilidade do Pentágono sempre foi evidente. Para Marious Deeb, da American University, "houve falha de inteligência, de segurança nos aeroportos e de proteção do espaço aéreo do Pentágono". Pág. A5

EDIÇÃO SÃO PAULO/DF
Concluída à 1h

FOLHA DE S.PAULO

São Paulo, segunda-feira, 15 de abril de 2002

DIRETOR DE REDAÇÃO: OTAVIO FRIAS FILHO ★ ★ ★ UM JORNAL A SERVIÇO DO BRASIL ★ ALAMEDA BARÃO DE LIMEIRA, 425 ★ ANO 82 ★ Nº 26.675 ★ R$ 1,90

Oposição pede renúncia e quer novas eleições; clima de instabilidade política permanece

Chávez volta ao poder, admite erros e nega "caça às bruxas"

Associated Press

Libertado por militares, o presidente venezuelano, Hugo Chávez, chega ao palácio presidencial para retomar o poder

MARCIO AITH
ENVIADO ESPECIAL A CARACAS

O presidente Hugo Chávez, 47, reassumiu o cargo na Venezuela, 48 horas depois de um golpe militar derrubá-lo e instalar um governo provisório.

O líder empresarial Pedro Carmona, que ficou apenas 28 horas no comando, está em poder dos mesmos militares que o empossaram, descontentes com suas medidas, como a dissolução dos Poderes.

Levado de helicóptero ao palácio de Miraflores, Chávez recebeu o poder de seu vice, Diosdado Cabello, que havia sido empossado depois da fuga de Carmona da sede do governo, em contragolpe fulminante deflagrado pela reação das camadas mais pobres.

Adotando um discurso de tom conciliador, Chávez declarou que, "assim como nenhuma retaliação, aqui não haverá nenhuma caça às bruxas".

"Eu também tenho de refletir e já o fiz nos últimos dias. Venho disposto a retificar onde tenho de retificar, mas não posso ser o único. Todos devem fazer o mesmo", declarou.

Mas o clima de instabilidade permanece. O principal partido de oposição propôs a renúncia de Chávez. À noite, havia rumores de que ele tinha sido preso novamente. Pág. A8

Manifestantes saqueiam lojas em Caracas

Às 2h56 de ontem, quando Hugo Chávez foi reconduzido ao palácio Miraflores, centenas de milhares de manifestantes estavam nas ruas. Até as 16 horas ainda havia comemorações. Na volta para casa, parte dos que protestaram depredou prédios e saqueou lojas.

À noite, cerca de 3.000 opositores de Chávez se reuniram em praça de um bairro de classe média de Caracas. Pág. A9

Brasil festeja o isolamento dos Estados Unidos

O governo e a esquerda brasileira comemoraram o retorno de Hugo Chávez ao poder, informa **Eliane Cantanhêde**. Na análise do Itamaraty, a atitude de países da região foi decisiva para a volta de Chávez e criou fato inédito: isolaram os EUA, que não condenaram o golpe.

Após o golpe fracassar, a conselheira de segurança dos EUA disse esperar que Chávez escute a população e abandone o rumo errado. Pág. A10

Powell vê Arafat e Sharon, mas não avança

Associated Press

O líder palestino Iasser Arafat encontra o secretário de Estado americano, Colin Powell

CLÓVIS ROSSI
ENVIADO ESPECIAL A JERUSALÉM

O secretário de Estado norte-americano, Colin Powell, encontrou-se com Iasser Arafat, mas não obteve avanços em sua missão de obter um cessar-fogo entre palestinos e Israel.

Arafat disse a Powell que só haverá negociações para um cessar-fogo —o que inclui barrar o terrorismo— depois que os israelenses deixarem as áreas palestinas reocupadas desde o dia 29 do mês passado.

Ontem à noite, Powell voltou a reunir-se com o premiê israelense, Ariel Sharon, com quem já havia se encontrado. Amanhã, vê Arafat mais uma vez.

Sharon negou-se a fixar um cronograma de retirada, mas disse que quase todas as áreas reocupadas deixarão de ser "zonas militares fechadas".

O impasse levou Powell a prolongar sua viagem. Hoje, vai ao Líbano e, em seguida, à Síria, para tratar de bombardeios a Israel feitos por grupo apoiado pelos sírios. Pág. A11

Visita a campo revela destruição

Uma visita a Jenin, cidade onde o campo de refugiados foi palco das mais fortes batalhas, mostra destruição em escala bem maior que a já vista em outras cidades palestinas.

Israelenses falam em dezenas de mortos, e os palestinos, em 500. "Meu pai, meu irmão, meu filho, perdi todos eles", chorava uma mulher. "Há corpos sob as pedras." Pág. A12

MUNDO

Atentado mata três na Colômbia

O alvo da explosão de um ônibus-bomba era o candidato preferido à Presidência do país, Alvaro Uribe, que saiu ileso. Há 20 feridos. Pág. A12

Avião chinês cai na Coréia do Sul

A aeronave da Air China levava 166 pessoas e caiu na madrugada de hoje ao tentar aterrissar. Não há notícias de sobreviventes. Pág. A12

FOLHATEEN

Jogos de RPG estão na mira da Justiça

Após morte de estudante, os "role-playing games" enfrentam acusação de que podem ser prejudiciais. Págs. 6 a 8

TURISMO

Florianópolis tem fortes restaurados

Págs. F2 a F6

OPINIÃO

EDITORIAIS

Leia "O retorno de Chávez", sobre reviravolta na Venezuela; "Crise de confiança", acerca do mercado de ações americano; e "Centro popular", sobre habitação em SP. Pág. A2

ISSN 1414-5723

ÍNDICE

Esta edição tem 68 páginas

Incluem 12 de Folhateen; 12 de Turismo; 2 de Acontece

351.271 exemplares

www.folha.com.br

ATMOSFERA Pág. C2

Chuva no setor norte do país

Mínima......17°C Curitiba (PR)
Máxima......35°C Boa Vista (RR)

Fonte: Instituto Nacional de Pesquisas Espaciais

Associated Press

ELE VOLTOU Na melhor atuação desde a operação de 2000, Ronaldo festeja seu segundo gol na vitória da Inter sobre o Brescia, por 2 a 1; ele jogou os 90 minutos Pág. D6

Só paulistas estão nas semifinais do Rio-SP

Pela primeira vez desde a volta do torneio, em 1993, quatro paulistas estão nas semifinais do Rio-São Paulo. Em rodada emocionante, o São Caetano venceu o Fluminense por 2 a1, marcando aos 45 minutos do segundo tempo. Já o São Paulo bateu o Americano por 5 a 3. Fluminense e Vasco estarão na Copa dos Campeões. Esporte

AS SEMIFINAIS

Do Torneio Rio-São Paulo

1º CORINTHIANS X 4º SÃO CAETANO

2º PALMEIRAS X 3º SÃO PAULO

Data dos jogos: 21 e 28 de abril

Rebaixados

América — Guarani

Barrichello fica em 2º em Imola

Pág. D8

EDIÇÃO SÃO PAULO/DF
Concluída à 0h

FOLHA DE S.PAULO

São Paulo, segunda-feira, 1º de julho de 2002

DIRETOR DE REDAÇÃO: OTAVIO FRIAS FILHO ★ ★ ★ UM JORNAL A SERVIÇO DO BRASIL ★ ALAMEDA BARÃO DE LIMEIRA, 425 ★ ANO 82 ★ Nº 26.752 ★ R$ 1,90

Associated Press

O ARTILHEIRO Primeiro brasileiro a ficar com a artilharia isolada desde 1950, Ronaldo comemora seu 2º gol no jogo e o 8º na Copa

PENTACAMPEÃO!

Reuters

RONALDO FAZ 2, SUPERA TRAUMA DE 98 E IGUALA MARCA DE PELÉ

O CAPITÃO Recordista de partidas pelo Brasil, com 120 jogos, Cafu ergue a Copa do Mundo no estádio de Yokohama, no Japão

★ *Brasil bate Alemanha por 2 a 0 e consolida a hegemonia no futebol*

O Brasil conquistou o pentacampeonato mundial de futebol ao vencer a Alemanha por 2 a 0, em Yokohama, na final da Copa da Coréia do Sul e do Japão. Autor dos dois gols da partida, Ronaldo terminou a competição com oito, isolado na artilharia.

Somado aos de 58, 62, 70 e 94, o título consolidou a hegemonia do país no esporte —Alemanha e Itália, as equipes que mais se aproximam, têm três cada uma.

A conquista marcou a volta por cima de uma seleção que chegou ao torneio desacreditada depois de perder a final de 98 para a França e ter sérias dificuldades para se classificar nas eliminatórias. O time de Luiz Felipe Scolari foi o primeiro com sete vitórias num Mundial e o único desde o Brasil de 70 com 100% de aproveitamento.

O título também foi um triunfo pessoal de Ronaldo. Após ser responsabilizado pela derrota em 98 e sofrer com seguidas contusões, tornou-se o artilheiro com maior número de gols numa Copa desde 1970 e se igualou a Pelé, com 12 gols pela seleção em Mundiais. "Havia um peso na consciência. Nem no melhor dos meus sonhos aconteceu assim", disse após o jogo.

O primeiro tempo terminou sem gols. No segundo, a Alemanha pressionou até que, aos 23min, Oliver Kahn soltou a bola após um chute de Rivaldo; no rebote, Ronaldo fez o gol. Aos 34min, Kleberson cruzou da direita, Rivaldo deixou a bola passar e Ronaldo concluiu no canto esquerdo de Kahn, escolhido o melhor goleiro da Copa.

Substituído por Denilson pouco depois do segundo gol, Ronaldo começou a chorar antes mesmo do apito final. A taça foi erguida pelo lateral Cafu, primeiro jogador a disputar três finais seguidas.

A equipe embarca para o Brasil às 8h de hoje (horário de Brasília) e deve chegar amanhã pela manhã. As cidades confirmadas para recepcionar os pentacampeões são Brasília, Rio de Janeiro e São Paulo.

Na capital, os jogadores serão recebidos por Fernando Henrique Cardoso, que divulgou nota elogiando o time. Rivaldo, vice-artilheiro do Brasil, criticou o presidente: "É legal, mas não é só nos momentos bons que a gente necessita disso". **Copa 2002**

TOSTÃO

Queria reviver a glória de ser campeão .... Pág. D3

TORERO

Hoje a capital do mundo é o Jardim Irene .... Pág. D29

GANHE O PÔSTER DO TIME DO PENTA

ISSN 1414-5723
9 771414 572025 26752

Esta edição tem **102 páginas**
Incluem 2 de Acontece; 12 de Folhateen; 16 de Turismo
354.724 exemplares

OPINIÃO

EDITORIAIS Leia "Depois do penta"; "Confiança abalada", acerca de economia; e "Prato requentado", sobre segurança no Ric. **Pág. A2**

ATMOSFERA **Pág. C2**

Chuvas no Sul, no Norte e no Nordeste
Mínima......8°C Curitiba (PR) **Máxima**......34°C Macapá (AP)
Fonte: Instituto Nacional de Pesquisas Espaciais

BRASIL

Morre aos 92 anos em MG o líder espírita Chico Xavier .... **Págs. A4 e A5**

Edição Nacional
Concluída às 23h30

FOLHA DE S.PAULO

São Paulo, segunda-feira, 28 de outubro de 2002

DIRETOR DE REDAÇÃO: OTAVIO FRIAS FILHO ★ ★ ★ UM JORNAL A SERVIÇO DO BRASIL ★ ALAMEDA BARÃO DE LIMEIRA, 425 ★ ANO 82 ★ Nº 26.871 ★ R$ 2,00

TRANSIÇÃO DEMOCRÁTICA

LULA PRESIDENTE

Metalúrgico é o primeiro líder de esquerda a ser eleito no país

EDITORIAL

MAIS DEMOCRACIA

A VITÓRIA de Luiz Inácio Lula da Silva expressa um duplo significado democrático. Pela quarta vez desde o fim do regime militar, os brasileiros elegem seu presidente de forma livre e direta. A cada pleito, as instituições se aprimoram e se fortalecem. O resultado de ontem é demonstração eloquente de que nossa democracia comporta real alternância no poder dentro das regras do jogo.

Por suas origens sindical, popular e partidária, o eleito traduz mais do que uma renovação nos círculos dirigentes. Ele personifica, no momento, expectativas seculares —há muito reconhecidas e sempre postergadas— de redução da desigualdade social e democratização das oportunidades. Simboliza, mais que ninguém, amplas parcelas mal aquinhoadas pelos benefícios do progresso.

Seu governo terá de fazer frente a uma situação dramaticamente adversa, em que a preservação do equilíbrio econômico, hoje ameaçado, demandará alta competência e responsabilidade. Parte das expectativas despertadas pela eleição será frustrada; outra parte será eventualmente atendida após um período de ajuste duro e impopular. Ceder à tentação demagógica será converter a vitória em mais uma aventura populista, fadada ao fracasso.

O que se espera do presidente eleito, além do evidente respeito às leis e contratos, é que conduza o país de forma gradual rumo a um modelo menos dependente da poupança externa, apto a gerar as condições macroeconômicas que permitam uma retomada do desenvolvimento. Não foi outro o tema que predominou ao longo da campanha e com o qual todos os candidatos se comprometeram.

Depois de tantos anos em que moveu oposição intransigente, o Partido dos Trabalhadores chega, enfim, mais maduro e realista, ao poder federal. Terá ocasião de verificar a distância que separa promessas, mesmo quando bem-intencionadas, e resultados concretos. Ao saudar a legitimidade do presidente Lula, a **Folha** se compromete a manter sua linha editorial de independência e crítica, na convicção de que o melhor serviço que um jornal presta ao país é iluminar, questionar e discutir a atuação de seus governantes.

Rickey Rogers/Reuters

Lula abraça a mulher, Marisa, antes de discursar pela primeira vez como presidente eleito

Luiz Inácio Lula da Silva, 57, foi eleito ontem o 39º presidente do Brasil. Com 95,4% dos votos apurados, o petista tinha 61,47% dos válidos. José Serra (PSDB), 38,53%. Em discurso à noite, disse: "O Brasil está mudando em paz. A esperança venceu o medo. Hoje eu posso dizer para vocês que o Brasil votou sem medo de ser feliz".

O presidente Fernando Henrique Cardoso e Serra ligaram para parabenizar Lula. Em pronunciamento, o presidenciável tucano desejou sorte ao eleito.

O candidato do Partido dos Trabalhadores chega à Presidência da República após três derrotas sucessivas. Sua eleição conduz pela primeira vez ao governo federal um operário, um líder de um partido de esquerda, alguém sem formação superior.

O presidente do PT, José Dirceu, confirmou para amanhã a divulgação da equipe de transição. Será, afirmou, uma equipe técnica, composta por nomes que nada têm a ver com o futuro ministério.

Para esta eleição, Lula e o PT mudaram. Aceitaram o apoio de partidos e personalidades de direita e adotaram idéias econômicas da predileção do mercado, do empresariado e do atual governo, as quais sempre criticavam. Entre elas, está a manutenção de metas inflacionárias e do acordo com o FMI.

Nascido em Garanhuns, Pernambuco, Lula migrou aos sete anos para São Paulo. Foi vendedor de rua, engraxate, contínuo e torneiro-mecânico. Ganhou projeção nacional como líder sindical, ao comandar as greves dos metalúrgicos do ABC a partir de 78. Em 80, fundou o PT. Viúvo em 1970, casou-se em 1973 com Marisa Letícia da Silva, 52. Tem cinco filhos.

Sem experiência administrativa, tomará posse em um país estagnado e com risco de insolvência externa. Pretende retomar o crescimento contido por cinco anos de crise quase contínua e dar prioridade à redução das desigualdades sociais brasileiras, as maiores do mundo.

Ao mesmo tempo, o PT promete preservar conquistas aprovadas pela população ao longo dos oito anos de governo FHC: a estabilidade de preços, os avanços sociais nas áreas da saúde e da educação e o enraizamento da democracia.

Depois de votar em São Paulo, FHC afirmou que a população deu "uma prova de vitalidade democrática" ao eleger um candidato de oposição sem dirigir "sinais de insatisfação" ao atual governante. O presidente dos EUA, George W. Bush, disse que espera trabalhar "produtivamente" com o próximo governo brasileiro. **Eleições 2002**

Alckmin vence em São Paulo; petistas sofrem derrota no RS

Moacyr Lopes Júnior/Folha Imagem

Alckmin comemora em frente ao seu comitê, em SP

O governador Geraldo Alckmin (PSDB) venceu a disputa com José Genoino (PT) pelo governo paulista. Com 97,8% das urnas apuradas, ele tinha 58,6% dos votos válidos.

A vitória garantiu ao PSDB 12 anos de poder no Estado de São Paulo e o controle dos dois maiores colégios eleitorais —já havia ganho em Minas Gerais, com Aécio Neves.

No Rio Grande do Sul, Germano Rigotto (PMDB) venceu Tarso Genro (PT), interrompendo a supremacia petista. O PMDB ganhou nos três Estados do Sul. **Págs. Esp. 19, 20 e 24**

MS

Zeca do PT obtém reeleição

Pág. Esp.24

PR

Requião volta ao governo

Pág. Esp.22

SC

Luiz Henrique vence Amin

Pág. Esp.21

RN

PSB conquista seu 4º Estado

Pág. Esp.23

SE

Pefelista vence com cerca de 55%

Pág. Esp.23

AP

PDT faz único governador

Pág. Esp.23

PT quer "fundão social"; começa disputa de cargos

A disputa pelo comando da área econômica já provoca atritos no partido. Aloizio Mercadante luta por espaço com Antônio Palocci e Guido Mantega. Na área social, o PT quer unificar programas de complementação de renda dos governos federal, estaduais e municipais. **Especial E Agora PT?**

Núcleo tucano de SP tenta manter força no partido

O presidente Fernando Henrique Cardoso, o candidato José Serra e o governador reeleito Geraldo Alckmin jantaram no sábado à noite em São Paulo, para dar uma demonstração de força do PSDB paulista.

Idéia é se contrapor a Tasso Jereissati (CE) e Aécio Neves (MG), que querem mudanças no partido. **Pág. Esp. 6**

ISSN 1414-5723
26871

Esta edição tem 98 páginas
102 na Ed. Regional
361.777 exemplares

EDIÇÃO SÃO PAULO
Concluída às 3h

FOLHA DE S.PAULO

São Paulo, quinta-feira, 20 de março de 2003

DIRETOR DE REDAÇÃO: OTAVIO FRIAS FILHO ★ ★ ★ UM JORNAL A SERVIÇO DO BRASIL ★ ALAMEDA BARÃO DE LIMEIRA, 425 ★ ANO 83 ★ Nº 27.014 ★ R$ 2,20

IMPÉRIO EM GUERRA

EUA ATACAM IRAQUE

Bush lança bombardeio a alvos específicos em Bagdá às 23h35; na TV, Saddam promete humilhar o inimigo

Juca Varella/Folha Imagem

Fumaça e fogo causados por ataque norte-americano que tinha como alvo refinaria de óleo em subúrbio ao sul de Bagdá

Alan J. Baribeau/Associated Press

Mísseis Tomahawk são disparados do navio americano Donald Cook, fundeado no mar Vermelho, em direção ao Iraque

SÉRGIO DÁVILA
ENVIADO ESPECIAL A BAGDÁ

Às 5h35 de Bagdá (23h35 de Brasília), os EUA iniciaram a guerra contra o Iraque para derrubar Saddam Hussein. Nas ruas desertas da capital do país, foram ouvidas sirenes, explosões e o som de baterias antiaéreas. Os americanos atacaram com mísseis Tomahawk e bombas a partir de caças-bombardeiros F-117. Os alvos era prédios específicos, onde, segundo os EUA, estavam líderes iraquianos, entre os quais Saddam.

O ataque começou uma hora e 35 minutos depois de terminado o ultimato dado pelo presidente americano, George W. Bush, para que o ditador iraquiano e seus filhos deixassem o país, caso quisessem evitar a guerra.

Os primeiros ruídos de bombas coincidiram com os primeiros raios de sol da quinta-feira na capital iraquiana. Da janela do quarto do hotel Palestine, no centro de Bagdá, foi possível ver a explosão de uma construção de grande porte, uma refinaria, que pegou fogo.

O início da ação militar foi determinada após Bush ter sido chamado pelos seus principais assessores por volta das 21h (23h em Brasília), informa **Fernando Canzian**. O presidente foi informado de que haveria a possibilidade de os EUA atingirem com mísseis o comando central das tropas de Saddam se o ataque fosse imediato.

Essa "oportunidade" de atingir Saddam com um bombardeio específico fez com que a ofensiva, pelo menos nos primeiros momentos, não fosse o ataque massacrante previsto pelos militares norte-americanos.

Em pronunciamento de quatro minutos à nação, à 0h15, Bush disse que os "primeiros estágios das operações militares" haviam começado. "Sob as minhas ordens, as forças da coalizão começaram a atacar alvos militares importantes. É o início de uma campanha ampla e concentrada com o apoio de 35 países."

Bush voltou a citar a ameaça terrorista contra os EUA para justificar os ataques e lembrou, indiretamente, os atentados de 11 de setembro de 2001. "Nós vamos enfrentar essa ameaça agora, com nosso Exército, Força Aérea, Marinha, Guarda Costeira e marines para não termos de enfrentá-la mais tarde, com bombeiros, policiais e médicos nas ruas de nossas cidades."

Cerca de três horas depois do início do ataque, a TV iraquiana transmitiu pronunciamento de Saddam. O iraquiano prometeu levar "humilhação" e "derrota aos inimigos". "Saquem suas espadas, não temos medo."

Durante o dia, cerca de 20 mil soldados e 10 mil tanques avançaram sobre a zona desmilitarizada entre o Kuait e o Iraque. Ao todo, 240 mil militares americanos e 40 mil britânicos estavam na região. A Casa Branca pediu aos americanos que se preparem para a perda de vidas e avisou que a guerra pode ser longa. Segundo os EUA, até 17 soldados iraquianos se renderam. Mundo

Ovelhas, beduínos e um antimíssil

DO ENVIADO ESPECIAL A BAGDÁ

No longo percurso de Amã a Bagdá (mil quilômetros em 12 horas de viagem), éramos o único veículo em direção à capital iraquiana. A paisagem na estrada era quase lunar, entrecortada por pastores e suas ovelhas, beduínos e só uma vez por um caminhão antimíssil escondido estrategicamente sob um viaduto. Pág. A17

OPINIÃO

EDITORIAIS

Leia "Menos mal", sobre taxa básica de juros; "Crime e maturidade", acerca de medidas antiviolência; e "Sem fato consumado", sobre anistia a comércio irregular. Pág. A2

Esta edição tem
102 páginas
Incluem 12 de Equilíbrio; 2 de Acontece; 18 de Classificados; 8 de Balanço SP
340.655 exemplares

ISSN 1414-5723
9 771414 572056 27014

Presos dois suspeitos do assassinato de juiz em SP

A polícia prendeu em Campo Grande (MS) dois suspeitos do assassinato do juiz-corregedor de Presidente Prudente (SP), Antonio José Machado Dias.

Segundo o governo, os dois "são muito parecidos com o retrato falado" dos criminosos e tinham uma pistola 9 milímetros, mesmo calibre da arma usada para matar o juiz.

Uma equipe da polícia de Presidente Prudente viajou a Campo Grande para auxiliar nas investigações. Pág. C1

BC mantém taxa de juros, mas adota viés de alta

O Comitê de Política Monetária do Banco Central manteve os juros básicos da economia em 26,5% ao ano, mas adotou o viés de alta, que permite ao presidente do BC elevar a taxa sem a necessidade de uma nova reunião do Copom.

Segundo nota do BC, "incertezas quanto à velocidade da queda da inflação e ao cenário externo [de guerra]" justificam o viés de alta. A Fiesp considerou a adoção do instrumento "inoportuna". Págs. B1 e B3

Capital não resiste duas semanas

MICHAEL O'HANLON

As forças britânicas e americanas estão preparadas para uma vitória fácil. Usarão a velocidade, assaltos noturnos simultâneos e avançados equipamentos. As baixas podem chegar aos milhares, mas a batalha por Bagdá não durará mais que duas semanas. Pág. A21

Michael O'Hanlon é pesquisador sênior do Brookings Institute (EUA)

Dia triste para a ONU, diz Annan

O secretário-geral das Nações Unidas, Kofi Annan, disse no Conselho de Segurança que "esse é um dia triste para a ONU" e afirmou que a obrigação de proteger os civis iraquianos recai sobre os Estados Unidos.

Em reunião esvaziada —sem a presença dos principais representantes dos EUA e do Reino Unido—, a França, a Rússia e a Alemanha voltaram a atacar a decisão americana de ir à guerra. Pág. A21

EDIÇÃO SÃO PAULO
Concluída à 1h

FOLHA DE S.PAULO

São Paulo, sexta-feira, 12 de março de 2004

DIRETOR DE REDAÇÃO: OTAVIO FRIAS FILHO ★ ★ ★ UM JORNAL A SERVIÇO DO BRASIL ★ ALAMEDA BARÃO DE LIMEIRA, 425 ★ ANO 84 ★ Nº 27.372 ★ R$ 2,20

Terror mata mais de 190 em Madri

★ *10 bombas explodem em 4 trens, matam 192 e deixam 1.421 feridos*

★ *Grupo ligado à Al Qaeda assume ataques, mas ETA também é suspeito*

★ *Atentado foi o mais sangrento da Espanha e o 2º maior da Europa*

Pablo Torres Guerrero/Reuters

Vítimas do atentado na estação de Atocha, a principal da capital espanhola, são atendidas ainda nos trilhos por equipes de socorro

CLÓVIS ROSSI
COLUNISTA DA FOLHA, EM MADRI

A explosão de dez bombas em quatro trens, em três diferentes estações de Madri, matou no mínimo 192 pessoas e feriu ao menos 1.421, sendo que duas podem ser brasileiras. Foi o maior atentado terrorista da história da Europa —sem considerar a derrubada de avião da PanAm na Escócia, em 1988, que matou 270.

As explosões, quase simultâneas, ocorreram a partir das 7h39 (3h39 em Brasília). A maioria dos mortos estava em dois trens que chegavam à estação de Atocha, a maior da cidade.

As Brigadas de Abu Hafs al Masr, grupo terrorista islâmico ligado à Al Qaeda, rede responsável pelos ataques aos EUA em 11 de setembro de 2001, assumiram os atentados.

Em carta a jornal árabe de Londres, o grupo diz ter se infiltrado "no coração da Europa" e destruído "um dos principais pilares da aliança dos cruzados, a Espanha". A organização já reivindicara o atentado à sede da ONU em Bagdá, em agosto, em que morreu o brasileiro Sérgio Vieira de Mello. A Espanha é uma das aliadas dos EUA na guerra ao terror.

De início, Ángel Acebes, ministro do Interior, culpou o grupo terrorista basco ETA. À noite, anunciou a apreensão de um furgão com detonadores e uma fita em árabe com versículos do Alcorão. Segundo ele, nenhuma linha de investigação seria desprezada.

Todos os partidos políticos espanhóis encerraram a campanha para a eleição geral de domingo, que terminaria hoje. **Mundo**

Peter Dejong/ Associated Press

Manifestantes reunidos em Madri protestam contra os atentados

José Huesca/ Associated Press

Jovens aguardam socorro na estação de trem de Atocha, no centro

OS PRINCIPAIS SUSPEITOS

AL QAEDA	ETA
Em **carta**, grupo ligado à rede terrorista Al Qaeda assume a autoria dos atentados	O tipo de **explosivo** é o habitualmente usado pelo ETA
A polícia encontrou seis detonadores e uma fita com versos do **Alcorão** em furgão	Recentemente, a polícia deteve dois **integrantes** do ETA com 500 kg de explosivos
As explosões ocorreram sem **aviso** prévio e atingiram civis	Anteontem, foram divulgadas cartas anônimas com menções a **ataques** a "alvos espanhóis"
Para a Europol, os atentados "não correspondem ao **modus operandi** do ETA"	Os atentados ocorrem três dias antes da **eleição** geral espanhola

"11 de Setembro espanhol" tem horror e solidariedade

Madri viveu ontem seu 11 de Setembro, relata **Clóvis Rossi**. Em meio ao horror e ao cheiro de carne queimada, voluntários cobriam cadáveres com o que estivesse à mão. "Isto supera a ficção. Havia pânico nos rostos, muito sangue", disse Enrique Sánchez, motorista de uma das primeiras ambulâncias a chegar à estação de Atocha.

Do meio das ferragens distorcidas dos vagões atingidos, vinha o som lúgubre de celulares que não paravam de tocar, mas cujos donos já não podiam responder.

Como em Nova York, a solidariedade explodiu. Quatro pessoas a cada 15 minutos apareciam para doar sangue. **Pág. A15**

EUA oferecem ajuda para encontrar os responsáveis

Pág. A17

Oposição pede CPI sobre morte de Celso Daniel

Em reação à operação do governo para impedir a instalação da CPI dos Bingos, o PSDB apresentou no Senado requerimento que cria comissão para investigar se a morte do prefeito de Santo André, Celso Daniel (PT), em 2002, tem ligação com esquema de corrupção.

O requerimento tem as 27 assinaturas necessárias. **Pág. A6**

ATMOSFERA **Pág. C2**

Sol entre nuvens e pancadas de chuva

Mínima........ **19°C** **Máxima**........ **27°C**

Há um ano..... **21,6°C** Há um ano.. **26,8°C**

Amanhã: nuvens e chuvas

OPINIÃO

EDITORIAIS

Leia "11 de Março", condenando os atentados terroristas em Madri; e "Conselho econômico", analisando discurso do presidente sobre a política econômica. **Pág. A2**

Política econômica não muda, diz Lula

O presidente Luiz Inácio Lula da Silva afirmou que a política econômica do governo "certamente merece críticas", mas que não pretende alterá-la.

Lula disse que a inflação está sob controle, que "não há como a economia não crescer neste ano" e que os juros viraram o "bode expiatório de todo o problema do governo".

O presidente falou a empresários e sindicalistas em reunião do CDES (Conselho de Desenvolvimento Econômico e Social) para apresentação da política industrial. Rebateu críticas do PT, da oposição e de setores do próprio governo.

A inflação oficial acumula 1,37% no primeiro bimestre. A meta para 2004 é de 5,5%. **Págs. B1 e B12**

guia

Com ingressos esgotados, o guitarrista e cantor norte-americano B.B. King faz três shows em São Paulo.

CINEMA Entram em cartaz a comédia 'Alguém Tem que Ceder', com Diane Keaton e Jack Nicholson, e os documentários 'Na Captura dos Friedmans', de Andrew Jarecki, e '33', do brasileiro Kiko Goifman.

Presidente da Coréia do Sul é destituído

O Parlamento sul-coreano aprovou o impeachment do presidente Roh Moo-hyun. Ele fez declarações visando influenciar a eleição parlamentar de abril, o que é proibido por lei, e será substituído interinamente pelo premiê, Goh Kun.

A Corte Constitucional tem 180 dias para decidir se o afastamento é definitivo. **Pág. A18**

RODÍZIO EM SP

Não devem circular hoje carros com placas cujo final seja **9 e 0**

das **7h às 10h** e das **17h às 20h**, no centro expandido de SP

ISSN 1414-5723
27372
9 771414 572063

ÍNDICE

www.folha.com.br

Esta edição tem 58 páginas
Não incluídas **96** páginas do Guia da Folha SP (não circula no DF)
327.743 exemplares

EDIÇÃO SÃO PAULO/DF
Concluída às 23h

FOLHA DE S.PAULO

São Paulo, quinta-feira, 30 de dezembro de 2004

DIRETOR DE REDAÇÃO: OTAVIO FRIAS FILHO ★ ★ ★ UM JORNAL A SERVIÇO DO BRASIL ★ ALAMEDA BARÃO DE LIMEIRA, 425 ★ ANO 84 ★ Nº 27.665 ★ R$ 2,20

Hellmut Essele - News/Icon/Newspix Sydney

Homem tenta se salvar do tsunami que atingiu Phuket, na Tailândia; a foto foi tirada da sacada de um hotel, e ele sobreviveu

ONU estima que 5 milhões não disponham do mínimo para sobreviver na área atingida

Passam de 76 mil os mortos pelo maremoto

A ONU (Organização das Nações Unidas) estima que cerca de 5 milhões de pessoas, sem acesso a água, saneamento e comida, não disponham do mínimo para a sobrevivência nas áreas do Sudeste Asiático que foram atingidas pelo maremoto do último domingo. O número de mortos na catástrofe, em 12 países, já superou os 76 mil. Para a Federação Internacional da Cruz Vermelha e do Crescente Vermelho, o total deve passar de 100 mil.

Segundo Hakan Bjorkman, da ONU, a dificuldade de prestar socorro em países como a Tailândia é um "pesadelo logístico": faltam helicópteros de resgate e câmaras frigoríficas para cadáveres, e as comunicações entraram em colapso.

Após críticas à lentidão da reação dos Estados Unidos, o presidente George W. Bush, que está de férias, falou sobre a tragédia e anunciou um esforço para apressar o envio de dinheiro e suprimentos. **Mundo**

Brasileiras contam cenas da tragédia

A capixaba Gyulianna Loureiro, 25, escapou dos tsunamis por não ter conseguido hotel à beira-mar no Sri Lanka. "A água subiu muito rápido, e gritei para abrir a porta porque a janela tinha grades", contou ela, salva pelo dono da pousada. A catarinense Juliana Melo, 26, estava na Tailândia. "A 100 m da praia avistei os destroços. Uma cena chocante." **Pág. A11**

Previsão de abalo sísmico é precária

A previsão de terremotos, como o que causou o maremoto na Ásia, é precária. A ciência consegue saber onde podem ocorrer e que magnitude terão, mas não quando. "Se um grande terremoto fosse atingir a Califórnia em duas semanas, não seríamos capazes de prevê-lo", diz o sismólogo Nafi Toksöz, do Instituto de Tecnologia de Massachusetts. **Pág. A12**

Ajuda ultrapassa US$ 250 mi

Pág. A9

Índice usado para tarifas e aluguéis sobe 12,4% no ano

O IGP-M alcançou 0,74% em dezembro, ante 0,82% no mês anterior, e fechou o ano em 12,41%, contra 8,71% em 2003.

O índice, muito utilizado no reajuste de tarifas públicas e aluguéis, sofreu influência de fatores como a alta do petróleo e do aço. A inflação no atacado, a que mais pesa no IGP-M, atingiu 15,09% no ano. A alta no varejo foi de 6,20%. **Pág. B8**

O dólar caiu para R$ 2,667, menor valor em dois anos e meio. Pág. B3

Transportes terão mais recursos no Orçamento de 2005

O Congresso aprovou em votação simbólica o Orçamento de 2005. O texto, que precisa ser sancionado pela Presidência, destina recursos para aumentar o mínimo e corrigir a tabela do Imposto de Renda.

O Ministério dos Transportes será a pasta com mais recursos para investir (R$ 5,6 bilhões). Mas o governo pode iniciar o ano bloqueando gastos se a estimativa de arrecadação for exagerada. **Pág. A4**

João Wainer/Folha Imagem

NO CAMINHO DAS NUVENS Carros enfrentam neblina na Imigrantes, rumo ao litoral de SP; de janeiro a novembro, o total de acidentes nas estradas do Estado subiu 9,3% **Pág. C4**

Correção da tabela do IR vai incluir as deduções

A proposta de medida provisória elaborada pelo Ministério da Fazenda prevendo o reajuste de 10% na tabela do Imposto de Renda inclui o reajuste também das deduções com educação e dependentes.

Esse reajuste não era previsto — a correção seria só nas faixas salariais sujeitas ao IR. Segundo a Receita, a medida gerará perda de R$ 900 milhões na arrecadação. O reajuste das deduções só valerá na declaração de 2006, relativa a 2005. Quem paga IR na fonte terá desconto menor já em janeiro. **Pág. B5**

TURISMO

Teste seus conhecimentos sobre o mundo

Responda a 30 questões de múltipla escolha sobre lugares do mundo e saiba como andam seus conhecimentos turísticos. **Págs. F1 a F6**

ENTRE OUTRAS COISAS, DESCUBRA:

- Qual cidade do Brasil é conhecida como a capital do lobisomem
- Quanto uma cubana "típica" cobra para posar para uma foto
- Por que a serra dos Órgãos tem esse nome

OPINIÃO

EDITORIAIS

Leia "Lula otimista", comentando manifestações presidenciais; "Rodízio em crise", sobre congestionamentos em SP; e "Eleição em risco", acerca do Iraque. **Pág. A2**

DINHEIRO

Dono da Cutrale morre aos 78 anos

José Cutrale Jr. teve parada respiratória. A empresa é uma das maiores produtoras mundiais de suco de laranja. **Pág. B2**

ISSN 1414-5723
27665

EQUILÍBRIO e FOVEST
EXCEPCIONALMENTE, OS CADERNOS NÃO CIRCULAM NESTA EDIÇÃO

ÍNDICE — Esta edição tem **56** páginas - **298.303** exemplares — www.folha.com.br

Estão inclusas 8 de Turismo 4 de Classificados (não circulam no DF e litoral de SP)

ATMOSFERA — **Pág. C2**

Nebulosidade variada com pancadas de chuva

Mínima........ 20°C — Há um ano.... 19,7°C
Máxima........ 31°C — Há um ano... 31°C

EDIÇÃO SÃO PAULO
Concluída à 1h

FOLHA DE S.PAULO

São Paulo, quarta-feira, 20 de abril de 2005

DIRETOR DE REDAÇÃO: OTAVIO FRIAS FILHO ★ ★ ★ UM JORNAL A SERVIÇO DO BRASIL ★ ALAMEDA BARÃO DE LIMEIRA, 425 ★ ANO 85 ★ Nº 27.776 ★ R$ 2,20

Conservador alemão é o novo papa, Bento 16

★ *Joseph Ratzinger, 78, braço direito de João Paulo 2º, chefiava a Congregação para a Doutrina da Fé, a antiga Santa Inquisição*

★ *265º papa, que comandará igreja com cerca de 1 bilhão de fiéis, apresentou-se como um 'humilde trabalhador na vinha do Senhor'*

Thomas Coex/France Presse

Ratzinger saúda fiéis na praça São Pedro após ser anunciado como papa

CLÓVIS ROSSI E IGOR GIELOW
ENVIADOS ESPECIAIS A ROMA

Joseph Ratzinger, cardeal alemão de 78 anos, foi eleito o 265º papa, se computado são Pedro, que a tradição católica diz ter sido o primeiro pontífice. Ele estará à frente da Igreja Católica, que reúne cerca de 1 bilhão de fiéis em todo o mundo. O sucessor de João Paulo 2º adotou o nome de Bento 16.

Ao eleger Ratzinger, os 115 cardeais-eleitores escolheram o mais radical defensor da ortodoxia doutrinária, não só por sua função durante o pontificado de João Paulo 2º (foi o chefe da Congregação para a Doutrina da Fé, o antigo Santo Ofício), mas também por suas opiniões pessoais. Na segunda-feira, na missa que antecedeu o conclave, Ratzinger atacou o "relativismo" doutrinário e defendeu uma "fé clara", que, segundo ele, é sempre rotulada de fundamentalismo.

Para Ratzinger obter os dois terços dos votos necessários à eleição, foi preciso fazer quatro votações, mesmo número exigido para eleger João Paulo 1º, em 1978. É um recorde de brevidade só superado, no século 20, por Pio 12, eleito em 1939 nos mesmos dois dias, mas com apenas três votações.

Eram 17h50 no Vaticano (12h50 em Brasília) quando a chaminé da capela Sistina emitiu fumaça de cor indefinida, mais próxima do cinza que do branco, para as cerca de 100 mil pessoas que aguardavam na praça São Pedro. A escolha só foi confirmada para o público pelo soar dos seis sinos da basílica de São Pedro, sinal introduzido nesta eleição. Bento 16 se apresentou à multidão e às TVs que transmitiam o evento como "simples e humilde trabalhador na vinha do Senhor". "Confio em vossas orações", afirmou, antes de dar a tradicional bênção "urbi et orbi" (à cidade e ao mundo), sempre no balcão acima da porta principal da basílica.

Com mais de 40 livros publicados, Ratzinger, que fala dez línguas, é um dos principais teólogos católicos. Nasceu em 16 de abril de 1927 em Marktl am Inn, na Baviera. Entrou no seminário aos 12 anos. Em 43, na Segunda Guerra, foi chamado para a defesa antiaérea e recebeu treinamento do Exército. Desertou perto do fim da guerra, foi detido como soldado nazista pelos EUA e liberado por não haver provas contra ele. Em entrevistas, disse que era contra o nazismo.

Ordenado padre em 1951, foi professor e se tornou livre-docente em teologia aos 32 anos. A partir de 1968, começou a travar uma luta ferrenha contra o marxismo e o ateísmo.

Líderes mundiais parabenizaram Bento 16, que é o primeiro papa alemão em cerca de 500 anos, e destacaram sua experiência e seu conhecimento teológico. No Brasil, religiosos identificados com a Teologia da Libertação, silenciados por Ratzinger, afirmaram estar decepcionados. **Especial**

Nome escolhido pode indicar maior reclusão da igreja

O nome Bento 16, escolhido por Joseph Ratzinger, remete mais a são Bento, que viveu de 480 a 540 (datas aproximadas), do que ao último papa Bento, o 15 (1914-1922), que tentou ser um conciliador durante a Primeira Guerra Mundial.

São Bento é tido como o fundador do monasticismo ocidental. Seu nome aponta para uma igreja mais voltada à Europa, à reflexão e ao contato com religiões orientais. Especialistas dizem esperar uma igreja com menos fiéis, mas de convicções firmes. **Pág. Esp. 7**

Ana Carolina Fernandes/Folha Imagem

Estudante beija mão de escultura de areia do papa João Paulo 2º, na praia de Copacabana, no Rio

Um homem tímido, bem-humorado, mas muito combativo

MARCO POLITI

Joseph Ratzinger é, no íntimo, um homem tímido, com grande senso de humor.

Não deixou, porém, de ser duro em sua função como guardião da ortodoxia. Combateu de maneira sistemática a Teologia da Libertação, o sacerdócio feminino, o fim do celibato, o aumento da influência laica na gestão das comunidades cristãs, o casamento homossexual. **Pág. Esp. 12**

Marco Politi é especialista em igreja do jornal "La Repubblica"

OPINIÃO

EDITORIAIS

Leia "Bento 16, opção ortodoxa", traçando perfil do novo papa; e "As insinuações de Lula", sobre a permanência do ministro Romero Jucá (Previdência) no cargo. **Pág. A2**

Especialista vê grandes mudanças

Para o escritor e jornalista espanhol Juan Arias, especialista em assuntos católicos, Bento 16 "não poderia ser mais diferente" de João Paulo 2º. Ele prevê a igreja mais fechada e sem concessões a relativismos.

Segundo Arias, o novo papa preocupa-se com a fé, não com a questão social, e seu diálogo com outras religiões e a ciência será mais difícil. Apesar disso, diz, "é um dos grandes teólogos do mundo". **Pág. Esp. 14**

Papa não será 'da mídia', diz teólogo

O padre jesuíta Mário de França Miranda, professor da PUC (Pontifícia Universidade Católica) do Rio, participou de reuniões da Comissão Teológica Internacional, que foi presidida pelo agora papa Bento 16.

França vê Bento 16 como um homem tímido, que não será um "papa da mídia". Mas discorda de quem acha que seu papado continuará o de João Paulo 2º: "Muita gente pode se surpreender". **Pág. Esp. 13**

Brasileiro que trabalha no Iraque é ferido em ataque

Pág. A10

Candinho cai após Palmeiras perder na Libertadores

Pág. D4

ATMOSFERA

Pág. C2

SP terá pancadas de chuva
Mín. 19°C Há um ano 18,1°C
Máx. 30°C Há um ano 22,8°C

RODÍZIO EM SP

Não devem circular hoje, das **7h às 10h** e das **17h às 20h**, carros com placas cujo final seja **5 e 6**

Veja à **página C2** mapa com a área em que os carros estão proibidos de circular

ISSN 1414-5723
9 771414 572049 27776

ÍNDICE

Esta edição tem **70** páginas - **321.230** exemplares — www.folha.com.br

EDIÇÃO SÃO PAULO
Concluída às 23h

FOLHA DE S.PAULO

São Paulo, segunda-feira, 6 de junho de 2005

DIRETOR DE REDAÇÃO: OTAVIO FRIAS FILHO ★ ★ ★ UM JORNAL A SERVIÇO DO BRASIL ★ ALAMEDA BARÃO DE LIMEIRA, 425 ★ ANO 85 ★ Nº 27.823 ★ R$ 2,50

EXCLUSIVO

PT dava mesada de R$ 30 mil a parlamentares, diz Jefferson

Presidente do PTB afirma que avisou ministros, mas que esquema de compra de apoio só parou após conversa com Lula

FRASES

DELÚBIO
"Eu disse ao presidente: 'O Delúbio vai botar uma dinamite na sua cadeira. Ele continua dando 'mensalão' aos deputados'"
(ao relatar o dia em que teria contado sobre a mesada ao presidente Lula)

LULA
"O presidente Lula chorou. Falou: 'Não é possível isso'. E chorou. Eu falei: 'É possível sim, presidente'. Depois disso, [o pagamento da mesada] parou"
(sobre o "mensalão" que o tesoureiro do PT daria aos parlamentares)

MESADA
"Tudo o que você está vendo aí nessa queda-de-braço é que o 'mensalão' tem que passar para R$ 50 mil, para R$ 60 mil"
(sobre a razão da atual crise do governo com os aliados)

AMANTE
"Ele [o PT] nos usa como uma amante e tem vergonha de aparecer conosco na luz do dia"
(ao dizer que o partido o abandonou após o aparecimento das denúncias de corrupção nos Correios)

MANDATO
"Eu não estou mais preocupado com meu mandato parlamentar, com a minha reeleição. Ninguém resiste a essa avalanche de notícias falsas"

Sérgio Lima/Folha Imagem

Roberto Jefferson, envolvido no escândalo dos Correios, durante entrevista em Brasília

RENATA LO PRETE
EDITORA DO PAINEL

Roberto Jefferson, presidente nacional do PTB, afirma em entrevista exclusiva que o tesoureiro do PT, Delúbio Soares, pagava um "mensalão" a parlamentares em troca de apoio no Congresso. Eram, diz, R$ 30 mil mensais entregues a representantes do PP e do PL pelo menos até janeiro.

O deputado, da base aliada do governo, afirma que contou sobre a mesada a ministros, como José Dirceu (Casa Civil) e Antônio Palocci (Fazenda), no ano passado, mas que a prática teria continuado. Diz que procurou, então, o presidente Luiz Inácio Lula da Silva, no início do ano. Segundo Jefferson, Lula chorou ao ser informado. A partir daí, afirma, o "mensalão" acabou.

Jefferson diz que a mesada era tática do partido. "É mais barato pagar o exército mercenário do que dividir poder."

O deputado é acusado de envolvimento em suposto esquema de corrupção nos Correios e no IRB (Instituto de Resseguros do Brasil), estatais que têm indicados de seu partido em seus quadros principais.

As acusações levaram a pedido de CPI que o governo quer enterrar. O deputado, que já atacou a abertura da comissão, agora afirma ser a favor.

Questionado sobre por que mudou de idéia, disse que o governo agiu para isolar o PTB. "Vai ter que sangrar a cabeça de alguém na guilhotina, tem que haver carne e sangue aos chacais. Estou percebendo que estão evacuando o quarteirão, e o PTB está ficando isolado para ser explodido." **Brasil**

Pesquisa vê queda no otimismo econômico

Apenas 35% dos brasileiros com mais de 16 anos acham que a economia vai melhorar, mostra pesquisa Datafolha realizada em todo o país. Em dezembro, 48% acreditavam no crescimento econômico.

Para 43% dos entrevistados, a economia não muda, e outros 18% acham que haverá piora. Também cresceu a porcentagem dos que acham que o desemprego vai aumentar —de 36% para 48%. **Pág. B1**

ESPORTE

Antônio Gaudério/Folha Imagem

Robinho comemora o 4º gol da seleção brasileira contra o Paraguai, em Porto Alegre

Tribunal de Contas aponta problemas em obras no Tietê

A obra de rebaixamento da calha do rio Tietê, vitrine do governador Geraldo Alckmin (PSDB), tem "graves" problemas, diz o Tribunal de Contas do Estado. Duas contratações foram julgadas irregulares. Numa delas, o valor subiu 148%, acima do limite de 25%.

O governo se diz respaldado pelo banco financiador e afirma que o encarecimento ocorreu em razão de imprevistos, como ações ambientais. **Pág. C1**

RODÍZIO EM SP

Não devem circular hoje, das **7h às 10h** e das **17h às 20h**, carros com placas cujo final seja **1 e 2**

Veja à **página C2** mapa com a área em que os carros estão proibidos de circular

OPINIÃO

EDITORIAIS

Leia "Inflação em queda", sobre evolução dos preços; "Remédios seguros", acerca de divulgação de pesquisas; e "Vergonha social" sobre indicadores do Brasil. **Pág. A2**

FOLHATEEN

Músicos dão dicas para montar banda

Grupos novatos contam como começaram e dão conselhos para quem quer entrar no mundo da música. **Págs. 6 e 7**

Brasil goleia e fica a uma vitória da classificação

Mesmo sem Ronaldo, Cafu e Zagallo, o Brasil fez sua melhor apresentação nas eliminatórias para a Copa-2006 ao golear o Paraguai por 4 a 1 e ficou a uma vitória da classificação.

O técnico Parreira escalou pela primeira vez no mesmo time Kaká, Adriano, Ronaldinho e Robinho —estes dois fizeram 3 dos 4 gols brasileiros. Zé Roberto também marcou. **Pág. D1**

Quarteto será melhor que o de 70

CLÓVIS ROSSI
COLUNISTA DA FOLHA

Foi o nascimento do que tem tudo, tudinho, para ser a melhor seleção do melhor futebol de todos os tempos.

O quarteto-2006 (Kaká, Ronaldo, Ronaldinho e Robinho) tem tudo para ser ainda mais luminoso, mais espetacular que o da Copa de 1970 (Pelé, Gerson, Rivellino e Tostão). **Pág. D5**

EUA querem monitorar democracias da América

IURI DANTAS
ENVIADO ESPECIAL A FORT LAUDERDALE

A proposta dos EUA de criar um comitê para monitorar as democracias dos países-membros da OEA (Organização dos Estados Americanos) dividiu a assembléia-geral da instituição, iniciada ontem na Flórida.

Países como a Venezuela temem "intervencionismo" e classificam a idéia de "inadmissível". O Brasil estuda contraproposta para "evitar mecanismos intrusivos". **Pág. A9**

ÍNDICE

ISSN 1414-5723
9 771414 572025 27823

ATMOSFERA **Pág. C2**

Dia de sol na Grande SP
Mín. 15°C Há um ano 7,6°C
Máx. 26°C Há um ano 21,5°C

FOLHA DE S.PAULO

São Paulo, domingo, 14 de maio de 2006

DIRETOR DE REDAÇÃO: OTAVIO FRIAS FILHO ★ ★ ★ UM JORNAL A SERVIÇO DO BRASIL ★ ALAMEDA BARÃO DE LIMEIRA, 425 ★ ANO 86 ★ Nº 28.165 ★ R$ 4,00

Ataques do PCC deixam 30 mortos

★ *63 ações contra delegacias, postos da PM e nas ruas mataram 25 policiais*

★ *Maior onda de atentados atingiu 23 cidades de SP contra remoção de presos*

André Porto/Folha Imagem

Carro em que policial militar foi morto na ponte dos Remédios (zona oeste de São Paulo)

O ataque mais violento já realizado contra as forças de segurança de São Paulo, orquestrado pela facção criminosa PCC (Primeiro Comando da Capital), deixou pelo menos 30 pessoas mortas e 24 feridas. Entre a noite de sexta-feira e o dia de ontem, o PCC realizou 63 ações, bombardeando delegacias, metralhando carros e bases da Polícia Militar, de Guardas Municipais e até do Corpo dos Bombeiros.

Morreram 25 membros das forças de segurança do Estado (entre policiais civis e militares, guardas municipais, agentes penitenciários e carcereiros), quatro supostos membros da facção envolvidos nos atentados e um civil —a namorada de um dos policiais.

Um bombeiro foi assassinado em frente ao batalhão onde atuava, em São Paulo, num dos ataques que mais surpreenderam os policiais. Ele foi atingido por tiros disparados de um carro e de uma moto. A polícia prendeu 17 pessoas suspeitas de participação nos atentados.

Para o governador Cláudio Lembo (PFL), os ataques são represália à remoção de 765 presos, entre eles Marcos Willians Herbas Camacho, o Marcola, maior liderança do PCC.

Lembo disse que "não há negociação com o crime" e que as ações foram "o pior episódio" do primeiro mês de governo. O ministro da Justiça, Márcio Thomaz Bastos, ofereceu a ajuda da Polícia Federal para enfrentar o PCC. Caderno especial

Rebeliões tomam 24 presídios

Rebeliões comandadas pelo PCC em 24 prisões do Estado de São Paulo fizeram pelo menos 174 reféns. À tarde, a Tropa de Choque da Polícia Militar retomou seis unidades prisionais, mas 130 pessoas ainda permaneciam reféns.

O levante se aproxima em gravidade à megarrebelião de fevereiro de 2001, quando líderes presos do PCC comandaram, com telefones celulares, rebeliões simultâneas em 29 unidades prisionais, deixando 16 mortos. Pág. Esp. A3

Madrugada de Bagdá surpreende o governo de SP

WALTER MAIEROVITCH
ESPECIAL PARA A FOLHA

Depois da nossa última madrugada de Bagdá, as autoridades de SP afirmaram, num surrado discurso, que esperavam pela reação do PCC. Pelo que se sabe, os policiais que morreram não estavam alertados e os distritos atacados, sem reforços. Pág. Esp. A8

Ação mostra grau de organização da criminalidade

JANIO DE FREITAS
COLUNISTA DA FOLHA

O ataque em São Paulo não foi um erro geográfico, de um ataque que devesse ocorrer no Rio. É obra do nível que a ação da criminalidade alcançou também em São Paulo e outros estados, em armamento, estrutura e disposição de buscar os seus objetivos. Pág. A5

GUERRA URBANA EM SP

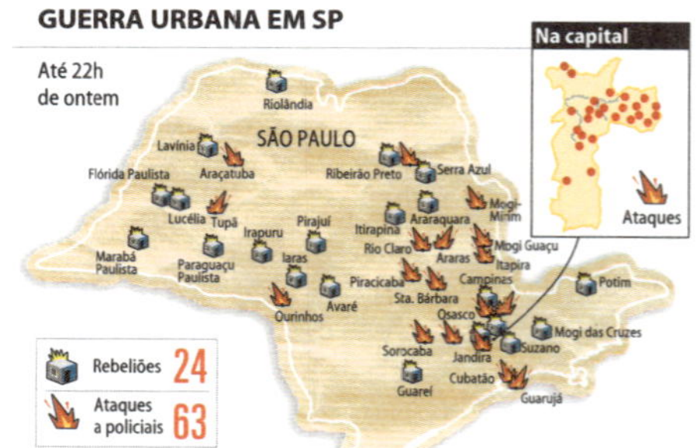

Fonte: Secretaria da Administração Penitenciária

PMDB decide não lançar candidato à Presidência

O PMDB oficializou em convenção nacional extraordinária a decisão de não ter candidato próprio a presidente da República, mesmo sob ameaça de contestação na Justiça.

A tese que derruba a possibilidade de indicação de Anthony Garotinho para concorrer ao Palácio do Planalto foi aprovada por 351 votos a 303. Os derrotados disseram que vão insistir na candidatura própria até junho, mês das convenções partidárias. Pág. A4

Para Lula, crise do gás tinha 'muita fumaça e pouco fogo'

CLÓVIS ROSSI
ENVIADO ESPECIAL A VIENA

O presidente brasileiro, Luiz Inácio Lula da Silva, disse a seu colega boliviano, Evo Morales, que defende a integração sul-americana e a parceria com a Bolívia, mas não quer mais "uma espada sobre a cabeça", em alusão às críticas de Evo à Petrobras e ao Brasil, feitas na quinta-feira e retificadas na sexta. Para Lula, "tinha muita fumaça e pouco fogo" na tensão entre os países. Pág. B1

Presidente ataca revista; governo vai processar Dantas

O presidente Lula acusou a revista "Veja" de ter praticado "crime" e de chegar ao "limite da podridão", por causa de reportagem sobre supostas contas no exterior de Lula e de ex-ministros. O Planalto vai processar o banqueiro Daniel Dantas, que acusou o PT de cobrar propina. Págs. A8 e A9

DIA DAS MÃES

Bruno Miranda/Folha Imagem

BEIJOQUEIROS Gianna Pagano é beijada pelos filhos Pedro e Gabriel; estudo mostra que parte das crianças de 8 a 16 anos sente falta de mais afeto e beijos das mães Pág. C5

REVISTA

Mulheres que moram sem os filhos dizem como é a relação Págs. 6 a 11

MÔNICA BERGAMO

Personalidades contam em livro como vêem suas mães Pág. E2

Copa 2006

2º FASCÍCULO: 1958 ATÉ 1990

BRASIL 3
ALEMANHA 3

O 2º caderno sobre as maiores potências na Copa traz a história e o futebol de Brasil e Alemanha, de 1958 a 1990. Págs. 1 a 16

OPINIÃO

EDITORIAIS

Leia "Sessões de melancolia", sobre o caráter didático de alguns depoimentos às CPIs; e "De olho no álcool", analisando a possível abertura do mercado norte-americano. Pág. A2

ATMOSFERA Pág. C2

Céu parcialmente nublado na capital

Mín. 12°C Há um ano 17,7°C
Máx. 23°C Há um ano 29°C

ISSN 1414-5723

[+] mais organizado [+] mais fácil de ler

Folha lança novo projeto gráfico

A Folha estréia no próximo domingo, dia 21, um projeto visual que vai torná-la ainda mais completa e agradável de ler. Recursos gráficos vão permitir que fiquem bem informados tanto aqueles que têm pouco tempo para leitura quanto os que querem se aprofundar sobre o noticiário. Encarte especial

CLASSIFICADOS

11.212 OFERTAS
95 PÁGINAS

MAIS!

Boom de blogs está em xeque

ÍNDICE www.folha.com.br

Esta edição tem 226 páginas - 413.375 exemplares

Estão inclusas 10 páginas de Mais!, 70 páginas de Classificados; 60 páginas da Revista da Folha e 16 páginas do Especial Brasil/Alemanha; 8 páginas de Cotidiano Especial

UM JORNAL A SERVIÇO DO BRASIL ★ ★ ★ WWW.FOLHA.COM.BR

FOLHA DE S.PAULO

DIRETOR DE REDAÇÃO: OTAVIO FRIAS FILHO

SÁBADO, 30 DE SETEMBRO DE 2006
ANO 86 ★ Nº 28.304

EDIÇÃO SÃO PAULO, CONCLUÍDA À 0H24 ★ R$ 2,50

Avião da Gol se choca no ar e desaparece

Boeing com 155 pessoas a bordo colidiu com Legacy da Embraer, que conseguiu pousar no sul do Pará

Um avião da Gol com 155 pessoas a bordo sumiu dos radares no final da tarde de ontem, após se chocar no ar com outra aeronave durante um vôo entre Manaus e Brasília. O destino final do vôo 1907 era o Rio de Janeiro.

O Boeing 737-800 foi atingido na parte de baixo por um avião Legacy, produzido pela Embraer, com capacidade para nove passageiros, que conseguiu pousar na base aérea de Cachimbo, localizada no sul do Pará.

O avião decolou às 14h30, horário de Manaus, e tinha pouso previsto em Brasília para as 18h12, mas até a meia-noite não tinha sido achado. Relatos de moradores de Matupá (MT) indicam que a colisão foi na região, na divisa com o Pará.

Segundo funcionários do aeroporto local, um radioamador disse ter visto um avião voando baixo e depois ouvido um estrondo. A FAB enviou equipes de resgate de Anápolis e do Rio. Pág. C1

Fotos mostram dinheiro do dossiê

PT tenta no Tribunal Superior Eleitoral, sem sucesso, impedir a divulgação das imagens pela imprensa

Fotos Reprodução

Imagem do R$ 1,16 milhão em cédulas novas e usadas de real...

...e os maços com os US$ 248,8 mil apreendidos com petistas

Fotos do R$ 1,7 milhão que seria utilizado para pagar um dossiê contra candidatos do PSDB foram divulgadas ontem em São Paulo.

Uma pessoa ligada ao caso e que pediu para não ser identificada distribuiu, em frente à sede da PF, a jornalistas o CD com 23 fotos.

O dinheiro foi apreendido com dois petistas no último dia 15, mas as imagens das cédulas eram mantidas em sigilo pela PF sob a alegação de que sua divulgação poderia interferir nas eleições.

Depois que as fotos já estavam na internet, a PF confirmou que elas integram o inquérito aberto para investigar a origem do dinheiro.

O ministro Tarso Genro (Relações Institucionais) acusou o PSDB de participar do vazamento das fotos. O presidente do PSDB, Tasso Jereissati, não foi localizado.

O PT pediu ao TSE, sem sucesso, que proibisse a divulgação das fotos pela imprensa. Para Marco Aurélio Garcia, coordenador da campanha do presidente Lula, a divulgação foi "violação do segredo de justiça e, portanto, um ato ilegal".

A PF em São Paulo abriu inquérito para investigar o vazamento das fotos. Brasil

PF identifica comprador de dólares achados com petistas

Parte dos US$ 248 mil apreendidos pela Polícia Federal com petistas que negociavam um dossiê contra tucanos foram comprados pela casa de câmbio Disk Line, informam **Andréa Michael** e **Sheila d'Amorim**.

A Disk Line pertence a Marco Antônio Cursini e tem escritórios em São Paulo e no Rio. Segundo o BC, a Disk Line adquiriu os dólares das corretoras Action e EBS. O dinheiro vinha de um lote de US$ 15 milhões comprado pelo banco Sofisa. Pág. A7

Assessor liga dossiê à campanha de Lula

Hamilton Lacerda, assessor parlamentar e ex-coordenador da campanha de Aloizio Mercadante (PT), disse à PF em São Paulo que o dossiê contra tucanos seria usado nas campanhas de Lula e de outros petistas.

Lacerda negou ter levado dinheiro a Gedimar Passos num hotel em SP. Segundo ele, a mala que carregava continha notebook e outros materiais —que, porém, não estavam entre os itens apreendidos pela PF. Pág. A8

Presidente diz que acertou ao não aparecer no debate da TV

O presidente Luiz Inácio Lula da Silva disse estar certo de que tomou a melhor decisão ao faltar ao último debate de TV entre os principais candidatos ao Planalto. Segundo ele, o encontro provou que o "baixo nível" dos adversários foi a grande marca da atual campanha.

"Eles deveriam ter aproveitado para falar o que pretendem fazer com o Brasil", disse Lula, que ontem visitou fábricas em São Bernardo do Campo (SP). Pág. A9

Jovem é acusado de encomendar morte da mãe

O estudante de direito Adriano Saddi Oliveira, 23, é acusado pela polícia de mandar matar a própria mãe, a empresária Marisa Saddi, 46, em julho deste ano, em Carapicuíba (SP).

Segundo a polícia, Oliveira confessou o pagamento do crime. O estudante não confirmou a confissão. Ele não foi preso por restrição da lei eleitoral. Pág. C8

Antônio Gaudério/Folha Imagem

Lula se protege da garoa entre operários na porta da fábrica da Ford, em São Bernardo do Campo

COMO VOTAR

QUANDO
Amanhã, das 8h às 17h

Quem estiver na fila às 17h poderá votar. Quem não estiver não votará e terá de se justificar outro dia à Justiça Eleitoral

Tire suas dúvidas sobre o dia da eleição

- Como votar passo-a-passo
- O que é proibido
- Como justificar
- Sites dos TREs

Pág A15

EDITORIAIS

Pág. A2

Leia "Os dois pólos", sobre campanha presidencial; e "Retrocesso nos EUA", acerca de legislação antiterrorismo.

Esta edição tem 122 páginas
360.129 exemplares
Estão inclusas 12 páginas da Folhinha e 16 páginas de Classificados (não circulam no DF)
ISSN 1414-5723
28304

ATMOSFERA Pág. C2

Céu nublado na capital

mínima	16ºC
máxima	20ºC

há um ano mín. 14,4ºC máx. 26,3ºC

cotidiano
Terremoto no Caribe provoca abalo em Manaus e RR Esp. C6

folhinha
Saiba por que a eleição é importante para a vida das crianças 4 e 5

UM JORNAL A SERVIÇO DO BRASIL ★ ★ ★ WWW.FOLHA.COM.BR

FOLHA DE S.PAULO

DIRETOR DE REDAÇÃO: OTAVIO FRIAS FILHO

SEGUNDA-FEIRA, 30 DE ABRIL DE 2007
ANO 87 ★ Nº 28.516

EDIÇÃO SÃO PAULO, CONCLUÍDA À 0H30 ★ R$ 2,50

Morre Octavio Frias de Oliveira, 94

Álbum de família

Frias no centro de São Paulo, no início dos anos 30

João Wainer - 24.mar.06/Folha Imagem

O empresário em seu escritório no nono andar do prédio da Folha, em março do ano passado

O publisher da **Folha**, Octavio Frias de Oliveira, morreu aos 94 anos, em São Paulo, às 15h25 de ontem.

As condições clínicas do empresário, submetido a cirurgia para remover hematoma craniano em novembro, pioraram nas últimas semanas, levando a insuficiência renal grave. Ele estava inconsciente havia dois dias. Seu corpo será velado a partir das 9h de hoje no cemitério Gethsêmani (Morumbi, zona oeste de SP). O enterro será no mesmo local, às 12h.

Nascido no Rio de Janeiro, em 5 de agosto de 1912, Frias começou a trabalhar aos 14 anos, como office-boy. Aos 23, já era diretor da Secretaria da Fazenda paulista. Foi sócio de banco e atuou no setor agropecuário.

Em 13 de agosto de 1962, Frias comprou a **Folha**. Em algumas décadas, saneou e reorganizou a empresa, levando a **Folha** a se tornar o maior e um dos mais influentes jornais do país. Fez do jornal a base do conglomerado que hoje abrange o UOL, maior portal de internet do país, o jornal "Agora", o instituto Datafolha, a editora Publifolha, a gráfica Plural e o diário econômico "Valor". Brasil

País não corrige falhas no controle aéreo

Sete meses após o pior desastre de avião, Aeronáutica ainda não implementou medidas de segurança

Jorge Araújo/Folha Imagem

Luiz Henrique marca o 1º gol do São Caetano, no Morumbi

LEILA SUWWAN
DA SUCURSAL DE BRASÍLIA

O governo brasileiro ainda não implantou medidas de segurança que deveriam corrigir falhas no sistema de controle de tráfego aéreo, sete meses após o pior acidente de avião do país, no qual morreram 154 pessoas.

Uma das principais iniciativas à espera de implantação é a mudança no software que "traduz" os dados dos radares em informações na tela. Segundo a FAB, ele pode confundir o controlador.

Os controladores também deveriam ter sido treinados sobre liberações (autorizações) de vôo, transferências de vôos para outros centros e sobre procedimentos de perda de comunicações. Nenhuma aula foi realizada.

A Aeronáutica disse que estuda alterações no software de controle e que o treinamento de controladores só mudará após as investigações sobre o acidente.

Das medidas anunciadas, as únicas tomadas foram mudanças no manual de regras e aulas de inglês. Pág. C1

Telemar pagou pela Oi R$ 1,2 bi a mais, diz CVM

ELVIRA LOBATO
DA SUCURSAL DO RIO

Comissão de inquérito da CVM (Comissão de Valores Mobiliários) constatou, quatro anos após o negócio, que a Telemar pagou R$ 1,2 bilhão a mais pela Oi Celular, com perdas para acionistas.

Com base no inquérito, a CVM abriu processo contra diretores e membros dos conselhos de administração da Telemar e da holding que vendeu a Oi, que têm até o fim de maio para se defender. Procuradas, as empresas não comentaram o resultado do inquérito. Pág. B1

esporte

São Caetano faz **2** a **0** no Santos no primeiro jogo da final do Paulista Pág. D1

ilustrada

Às vésperas dos 80 anos, **Ariano Suassuna** retoma poesia e é homenageado com minissérie » Págs. E1 e E4

Leo Caldas/Folha Imagem

folhateen

Saiba como reconhecer armadilhas e erros na Wikipédia Págs. 6 a 8

dinheiro

HOJE É O ÚLTIMO DIA PARA ENTREGAR DECLARAÇÃO DO IR Pág. B4

Ministro quer punir por baixo gasto no ensino

O ministro da Educação, Fernando Haddad, defende a criação de um mecanismo para punir os prefeitos que deixarem de investir "adequadamente" no ensino.

Ele diz que o MEC divulgou dados errados da Prova Brasil em 2006, ano eleitoral, devido a falha técnica e nega causa política. Pág. A14

D. Odilo Scherer toma posse como arcebispo de SP

Em cerimônia com a presença de integrantes de diversas linhas da Igreja Católica, d. Odilo Scherer, 57, tomou posse como arcebispo de São Paulo, na catedral da Sé. Em trecho muito aplaudido de sua homilia, d. Odilo disse que os pobres da cidade "podem contar com a solidariedade da igreja". Pág. A9

Grupo do MST invade fazenda de líder da UDR

Grupo de 150 pessoas ligadas ao MST invadiu ontem uma fazenda do presidente nacional da UDR, Luiz Antônio Nabhan Garcia, no Pontal do Paranapanema (oeste de São Paulo).

Garcia diz que a propriedade é "altamente produtiva" e classificou o ato como "pura provocação". Pág. A10

Esta edição tem 58 páginas
312.476 exemplares

Estão inclusas 12 páginas do Folhateen

ISSN 1414-5723

9 771414 572025 28516

ATMOSFERA Pág. C2

Sol com nebulosidade variável na Grande SP

mínima	15°C
máxima	24°C
há um ano	mín. 16,3°C máx. 26°C

EDITORIAIS Pág. A2

Leia "Novas estratégias", sobre investimentos; e "Perigo entre veículos", acerca de tráfego de motocicletas.

UM JORNAL A SERVIÇO DO BRASIL ★ ★ ★ WWW.FOLHA.COM.BR

FOLHA DE S.PAULO

DIRETOR DE REDAÇÃO: OTAVIO FRIAS FILHO

QUARTA-FEIRA, 18 DE JULHO DE 2007
ANO 87 ★ Nº 28.595

EDIÇÃO SÃO PAULO, CONCLUÍDA ÀS 2H10 ★ R$ 2,50

Airbus da TAM com 176 atravessa via, bate e explode em Congonhas

Raimundo Paccó/Folha Imagem

Bombeiros tentam apagar incêndio causado por Airbus da TAM que explodiu após se chocar contra prédio da companhia e posto de combustível, ao lado do aeroporto de Congonhas, em São Paulo

★ Acidente é o maior da história da aviação do país; comandante dos bombeiros estima 200 mortos ★ Aeronave, vinda de Porto Alegre, se choca contra prédio em que trabalhavam cerca de cem pessoas

No pior acidente da história da aviação brasileira, um Airbus A320 da TAM com 176 pessoas a bordo —170 passageiros e seis tripulantes— atravessou duas pistas da avenida Washington Luís quando tentava aterrissar, às 18h50, no aeroporto de Congonhas (zona sul de São Paulo). A aeronave explodiu ao se chocar contra um prédio da própria companhia, em que trabalhavam cerca de cem funcionários, e contra um posto de combustível. Até as 2h de hoje, o fogo não havia sido extinto.

"Tem aí uns 200 mortos", afirmou o coronel Manuel Antonio Araújo, comandante do Corpo de Bombeiros. O aeroporto foi fechado por tempo indeterminado. A Defesa Civil decidiu interditar 27 imóveis da região.

Segundo controladores de vôo, antes de aterrissar o piloto havia sido avisado de que a pista estava escorregadia. No pouso, teria tentado arremeter, sem sucesso. A frase "Vira, vira, vira agora" foi ouvida na cabine.

Ao saber do acidente, o presidente Luiz Inácio Lula da Silva convocou uma reunião de emergência em Brasília e enviou o comandante da FAB, brigadeiro Juniti Saito, a Congonhas como representante da Presidência da República. Lula decretou luto oficial de três dias.

O acidente provocou um jogo de empurra entre os órgãos da aviação brasileira. A Aeronáutica se excluiu do gabinete de crise montado em São Paulo. A Agência Nacional de Aviação Civil negou relação com o ocorrido.

Congonhas tem suas condições de segurança questionadas desde 2006, quando a Anac ordenou a suspensão de operações sempre que houvesse acúmulo de 3 mm de água nas pistas. Uma reforma nos últimos meses foi entregue incompleta, sem as ranhuras que escoam a água e aumentam a aderência. Para Carlos Camacho, diretor de Segurança de Vôo do Sindicato Nacional dos Aeronautas, o desastre foi uma "tragédia anunciada".

Este não foi o primeiro acidente grave envolvendo a TAM em Congonhas. Em 1996, um Fokker-100 da empresa caiu logo após decolar, matando 99 pessoas.

O corredor norte-sul da cidade sofrerá interdições no trânsito hoje. Motoristas devem evitar a região. Cotidiano

Metrópoles não têm aeroporto tão movimentado

IGOR GIELOW
SECRETÁRIO DE REDAÇÃO DA SUCURSAL DE BRASÍLIA

Nenhuma cidade como SP mantém aeroporto com tal carga de operação na mancha urbana. O acidente se soma à seqüência de eventos iniciada com o choque entre o Legacy e o Boeing da Gol. Depois, caos nos aeroportos, motim de controladores, a exposição da fragilidade do sistema aéreo. Pág. C8

Google Earth

O ACIDENTE
Avião da TAM explode ao atingir prédio e posto em SP

1 Às 18h50, o Airbus da TAM, vindo de Porto Alegre com 176 pessoas a bordo, toca o solo, mas não consegue pousar, segundo relatos de controladores. Ao tentar arremeter, sai da pista de Congonhas

2 A aeronave atravessa a av. Washington Luís e explode ao atingir um prédio da companhia e um posto de combustíveis

3 No prédio que pegou fogo, funcionários ficam presos. Segundo testemunhas, alguns chegaram a pular da janela para tentar escapar do incêndio

'Surgiu um clarão que parecia fim do mundo'

"Vi um vôo rasante sobre a avenida e, em seguida, uma bola de fogo vinda da cabeceira da pista", relatou Nilton Lima, funcionário de um hotel próximo ao acidente. Na vizinhança, moradores contaram que houve primeiro um estrondo, seguido de um clarão e depois muitos gritos. Da varanda de sua casa, Lúcia Letelier disse que viu o avião atravessar a avenida Washington Luís. "Surgiu um clarão que parecia o fim do mundo."

Uma repórter da TV Cultura viu uma funcionária da TAM Express se jogar do edifício, em desespero com o impacto do avião. "Foi horrível. O barulho do corpo batendo no chão eu nunca vou esquecer." Outro funcionário da TAM afirmou ter visto uma escada de concreto ruir com o impacto da batida e da explosão. Págs. C2 e C5

Esta edição tem 68 páginas
292.886 exemplares
Estão inclusas 12 páginas de Informática
ISSN 1414-5723
28595
9 771414 572049

ATMOSFERA Pág. C12
As temperaturas estarão estáveis

mínima	16ºC
máxima	22ºC
há um ano	mín. 10,2ºC máx. 23,9ºC

EDITORIAIS Pág. A2
Leia "Hora da decisão", sobre denúncia do mensalão; e "PPPs na infra-estrutura", acerca de privatizações.

RODÍZIO EM SP C2
Não devem circular hoje, das 7h às 10h e das 17h às 20h, carros com placas cujo final seja 5 e 6
Veja à página C2 mapa com a área em que os carros estão proibidos de circular

PAN Rio 2007 Ginástica e natação dão 6 ouros ao Brasil Págs. D1 a D5

UM JORNAL A SERVIÇO DO BRASIL ★ ★ ★ WWW.FOLHA.COM.BR

FOLHA DE S.PAULO

DIRETOR DE REDAÇÃO: OTAVIO FRIAS FILHO

QUARTA-FEIRA, 20 DE FEVEREIRO DE 2008
ANO 88 ★ Nº 28.812

EDIÇÃO SÃO PAULO/DF, CONCLUÍDA À 1H46 ★ R$ 2,50

Fidel renuncia após 49 anos

★ Doente, ditador formaliza afastamento do poder em Cuba, país governado por seu irmão desde 2006

★ Cubano é 'único mito vivo da humanidade', afirma Lula; embargo imposto pelos EUA deve continuar

STR/France Presse

Imagem de morador de Havana, capital cubana, refletida em vitrine de loja que exibe pôster de Fidel Castro; ditador renunciou ontem

Comunico que não aspirarei ao cargo nem aceitarei —repito— não aspirarei, nem aceitarei ser presidente do Conselho de Estado e comandante-em-chefe [...]. Desejo apenas combater como soldado das idéias

Fidel Castro, em mensagem publicada no jornal "Granma"

O ditador Fidel Castro, 81, anunciou sua renúncia à presidência do Conselho de Estado cubano e à chefia das Forças Armadas. Em texto no jornal oficial "Granma", ele disse não ter mais condições físicas para os cargos.

A mensagem, em que ele cita Oscar Niemeyer, encerra formalmente mais de 49 anos no comando do último regime comunista latino-americano. Na prática, Fidel estava afastado desde julho de 2006, quando sofreu cirurgia; Cuba vem sendo governada por Raúl Castro, 76, seu irmão. A renúncia não deve afetar o embargo comercial imposto pelos EUA.

No mundo, sem contar monarcas, Fidel era o governante que estava havia mais tempo no poder. Com Che Guevara, ele liderou a Revolução Cubana, que derrubou o ditador Fulgencio Batista no início de 1959. Apesar de avanços nas áreas de saúde e educação, o regime comunista é criticado por entidades de direitos humanos, que apontam censura e repressão a dissidentes, e acusado de executar oponentes.

Para o presidente Luiz Inácio Lula da Silva, Fidel é o "único mito vivo na história da humanidade". **Mundo**

Raúl Castro pediu a Lula ajuda na transição cubana

Em encontro neste ano, Raúl Castro pediu ao presidente Lula ajuda para obter investimentos e negociar com os EUA, informa **Kennedy Alencar**. Para Raúl, Lula é um aliado mais conveniente do que a Venezuela de Hugo Chávez. **Pág. A19**

CLÓVIS ROSSI

Ditador é santo ou demônio, sem meios-termos

Começou a contagem regressiva para saber se vingará uma das frases mais célebres de Fidel Castro: "A história me absolverá". Só a história para emitir um julgamento menos emocional de quem era o governante mais antigo do planeta. Fidel é santo ou demônio, sem meios-termos. **Pág. A16**

Deputados vão decidir sucessão

O novo Parlamento de Cuba, escolhido pelo regime de partido único, toma posse no dia 24 e terá por missão indicar uma nova cúpula do governo. Especialistas não crêem em mudanças bruscas no futuro imediato da ilha, ao menos enquanto Fidel estiver vivo. **Págs. A13 e A15**

Obama obtém 8ª vitória seguida nas primárias em Wisconsin

O senador Barack Obama obteve na primária democrata em Wisconsin (EUA) sua oitava vitória consecutiva e avançou em seu recente favoritismo na disputa pela candidatura à Casa Branca.

Com 82% dos votos apurados, Obama tinha 58%, contra 41% da ex-primeira-dama Hillary Clinton. Entre os republicanos, com 81% de apuração, John McCain contabilizava 54%, e Mike Huckabee, 37%. **Pág. A22**

Espanha deporta brasileira que ia para congresso

Pág. C4

Elliott Erwitt/Magnum Photos/Divulgação

ilustrada

EXPOSIÇÃO DE FOTOS CELEBRA OS **60 ANOS DA AGÊNCIA MAGNUM**

Pág. E3

Foto de Elliott Erwitt de 1955 que integra a mostra em SP

esporte

Projeto prevê **estádio 'popular'** para o Corinthians na zona leste **Pág. D1**

informática

Identificação geográfica de arquivos tem mais ferramentas **Pág. F1**

ciência

Eclipse total da Lua começa hoje à meia-noite e será visível no país **Pág. A12**

PDT é favorecido pelo Ministério do Trabalho

O Ministério do Trabalho aprovou repasse de R$ 50 milhões para treinamento de jovens a pelo menos 12 entidades ligadas ao PDT, relata **Fernando Canzian**. O presidente do PDT, Carlos Lupi, é o titular da pasta.

Quase metade dos R$ 111,5 milhões aprovados em 30 convênios irá para as 12 entidades, dirigidas por parentes, doadores ou políticos do PDT. O ministério e os beneficiados negam influência política. **Pág. B1**

Procurador-geral manda arquivar inquéritos contra nepotismo em SP

O procurador-geral de Justiça de SP, Rodrigo Pinho, mandou arquivar os inquéritos abertos contra quatro conselheiros do Tribunal de Contas do Estado que nomearam parentes sem concurso. Em janeiro, os conselheiros deram 90 dias para a demissão dos parentes. Segundo Pinho, se isso não ocorrer, haverá "fundamentos mais fortes para propor ações" contra eles. **Pág. A4**

Dólar tem nova queda e chega ao menor valor em oito anos

O dólar caiu 0,17% e fechou a R$ 1,733, menor valor desde março de 2000. A depreciação da moeda americana chega a 2,48% no ano.

Uma das razões da queda é a diferença entre os juros básicos brasileiros (11,25% ao ano e sem perspectiva de queda a curto prazo) e nos EUA (3%), que atrai investimentos para o Brasil. **Pág. B3**

O barril de petróleo fechou pela primeira vez cotado acima dos US$ 100. Pág. B5

Esta edição tem 64 páginas
310.520 exemplares
Estão inclusas **10** páginas de Informática

ISSN 1414-5723
9 771414 572049 28812

RODÍZIO EM SP C2

Não devem circular hoje, das **7h às 10h** e das **17h às 20h**, carros com placas cujo final seja **5 e 6**

Veja à **página C2** mapa com a área em que os carros estão proibidos de circular

ATMOSFERA Pág. C2

Possibilidade de pancadas de chuva

mínima	**17° C**
máxima	**31° C**
há um ano	**mín. 21,9° C máx. 30,2° C**

EDITORIAIS Pág. A2

Leia "A renúncia de Fidel", sobre transição de poder em Cuba; e "Contas reformadas", acerca de contabilidade.

UM JORNAL A SERVIÇO DO BRASIL ★ ★ ★ WWW.FOLHA.COM.BR

FOLHA DE S.PAULO

DIRETOR DE REDAÇÃO: OTAVIO FRIAS FILHO

SEXTA-FEIRA, 22 DE FEVEREIRO DE 2008
ANO 88 ★ Nº 28.814

EDIÇÃO SÃO PAULO, CONCLUÍDA À 0H15 ★ R$ 2,50

guia da folha

Reportagem avalia **54 cinemas** da cidade Pág. 6

» JÚRI ESCOLHE AS MELHORES SALAS

ESPECIAL

Sala do Frei Caneca Unibanco Arteplex

→ Melhor cinema
Frei Caneca
→ Melhor som
Kinoplex Itaim (THX)
→ Melhor projeção
Eldorado 9
→ Melhor programação
Reserva Cultural

Maria do Carmo/Folha Imagem

NOVA 'COLEÇÃO FOLHA' COMEÇA NO DOMINGO

Obras de Machado de Assis e João Cabral abrem a "Coleção Folha Grandes Escritores Brasileiros". Pág. E13

Brasil passa de devedor a credor externo

Aplicações superam dívida pela 1ª vez na história, diz o BC; dólar cai para R$ 1,712, menor cotação desde 1999

Luiz Vasconcelos/"A Crítica"

» TRAGÉDIA NO AMAZONAS
Equipe de resgate remove corpos de vítimas do naufrágio de embarcação que se chocou com uma balsa no rio Amazonas, o que causou ao menos 12 mortes Pág. C6

O Banco Central anunciou que o país "zerou" sua dívida externa no final de janeiro.

Segundo o BC, os ativos que governo e setor privado possuíam no exterior nesse mês superavam em cerca de US$ 4 bilhões o valor total do endividamento. Em dezembro de 2007, ao contrário, a dívida superava as aplicações em US$ 4,4 bilhões.

Isso significa que o Brasil passou de devedor a credor externo —pela primeira vez na história, de acordo com o BC— e poderia pagar toda a sua dívida usando só as suas aplicações no exterior, o que propicia menor dependência de capital estrangeiro.

Um dos itens que mais pesaram na redução da dívida foi a alta, impulsionada pelas exportações, das reservas internacionais —de US$ 16,3 bilhões em 2002 para US$ 187,5 bilhões neste ano.

O BC antecipou a divulgação dos dados para tentar mostrar ao mercado que o país se preparou para eventuais turbulências externas.

Com a notícia, o dólar caiu 0,75% e fechou a R$ 1,712, sua mais baixa cotação desde maio de 1999. Dinheiro

Liminar veta aplicação de parte da Lei de Imprensa

O ministro do STF Carlos Ayres Britto deu liminar ordenando a juízes e tribunais a suspensão de processos judiciais e "efeitos de decisões judiciais" relacionados a 20 dos 77 artigos da Lei de Imprensa, criada no regime militar. A decisão susta processos contra jornalistas e órgãos de imprensa acusados de crime contra a honra com base nesses artigos. Pág. A8

Republicano McCain nega ter favorecido suposta amante

O senador John McCain, 71, provável candidato republicano à Casa Branca, negou ter favorecido clientes de uma lobista e ter tido um caso com ela, conforme noticiou o "New York Times".

A campanha de McCain disse que ele "nunca prestou favores a interesses especiais nem a lobistas". O senador afirma ser apenas amigo da lobista. Pág. A13

EUA lançam míssil contra um de seus satélites espiões

Os EUA lançaram um míssil para destruir o satélite espião americano NROL-21. O governo disse ter perdido o controle do satélite e temer que seu combustível contaminasse área habitada. A confirmação da destruição só deve sair hoje. Pág. A15

Microsoft promete abrir códigos do sistema Windows

A Microsoft vai abrir parte dos códigos do Windows, sistema operacional de 95% dos computadores. A decisão facilita a produção de softwares compatíveis com o Windows. Para analistas, a medida se deve a pressões da União Européia. Pág. B12

ATMOSFERA Pág. C2

Sol com nuvens e chuva

mínima	18° C
máxima	26° C

há um ano mín. 23° C máx. 32° C

EDITORIAIS Pág. A2

Leia "Insegurança de Estado", que comenta furto de dados da Petrobras; e "Avanço no Paquistão", sobre eleições.

Esta edição tem 176 páginas
331.562 exemplares
Estão inclusas 112 páginas do Guia da Folha

ISSN 1414-5723
9 771414 572063 28814

RODÍZIO EM SP C2

Não devem circular hoje, das **7h às 10h** e das **17h às 20h**, carros com placas cujo final seja 9 e 0

Veja à **página C2** mapa com a área em que os carros estão proibidos de circular

Associated Press

» ALTA TEMPERATURA
Manifestantes sérvios contrários à independência de Kosovo invadem e incendeiam Embaixada dos EUA em Belgrado; americanos, que reconheceram novo Estado, protestaram na ONU Pág. A12

L.C. MENDONÇA DE BARROS

Ajuste é 1º estágio; as próximas etapas requerem reformas Pág. B2

VINICIUS TORRES FREIRE

Dívida interna sobe; ela é enorme, cara e seu prazo é curto Pág. B4

Texto da reforma tributária inclui desonerar folha de pagamentos

O ministro Guido Mantega (Fazenda) apresentou aos líderes da base aliada a Proposta de Emenda Constitucional da reforma tributária, que prevê a desoneração da folha de pagamentos.

As medidas incluem o fim do salário-educação, que incide sobre a folha de pagamentos, e a redução da contribuição patronal ao INSS. Outra mudança proposta é a unificação das alíquotas do ICMS, que, pelo texto, passará a ser cobrado no destino, e não na origem. Pág. B4

São Paulo volta ao G4; Santos sai da zona de descenso

Págs. D3 e D4

UM JORNAL A SERVIÇO DO BRASIL ★ ★ ★ WWW.FOLHA.COM.BR

FOLHA DE S.PAULO

DIRETOR DE REDAÇÃO: OTAVIO FRIAS FILHO

TERÇA-FEIRA, 16 DE SETEMBRO DE 2008
ANO 88 ★ Nº 29.021

EDIÇÃO SÃO PAULO/DF, CONCLUÍDA ÀS 23H15 ★ R$ 2,50

Executivos da PriceWaterhouseCoopers, que assumiu a gestão dos negócios do banco de investimento Lehman Brothers na Europa, dão entrevista em Londres

Maior quebra da história causa pior dia nas Bolsas desde o 11/9

Mercado despenca com crise em dois dos maiores bancos dos EUA; Bovespa foi a que mais caiu

A Bolsa de Nova York teve a pior queda desde 11 de setembro de 2001, após o pedido de concordata do Lehman Brothers, da venda do Merrill Lynch e da tentativa da seguradora AIG de conseguir empréstimo.

Aos 158 anos, o Lehman tinha passivo de US$ 613 bilhões, valor equivalente à metade do PIB brasileiro.

Em termos percentuais, a Bovespa liderou as perdas e caiu 7,59%, também o pior resultado desde o 11/9.

O dólar fechou a R$ 1,808. O ministro Guido Mantega (Fazenda) afirmou que "o Brasil já estaria de quatro, de joelhos, em outra circunstância". Mantega disse que o país "se mantém como alternativa favorável".

O Banco Central Europeu injetou mais de US$ 50 bilhões nos mercados. Na Ásia, o BC chinês anunciou corte nos juros e redução dos depósitos compulsórios. Hoje, as Bolsas asiáticas abriram em forte baixa.

O Fed ampliou linha de crédito emergencial de US$ 175 bilhões para US$ 200 bilhões semanais e fará menos exigências. O banco central dos EUA decide hoje sobre a taxa de juros no país, atualmente em 2%. Dinheiro

Sistema parece cidade feita sobre falha geológica

GILLIAN TETT
DO "FINANCIAL TIMES"

O sistema financeiro ocidental parece uma cidade do Terceiro Mundo, construída sobre uma falha geológica e crescendo em ritmo acelerado. Sempre se soube que um grande terremoto era possível. Agora, ele chegou, e com violência inesperada. Pág. B6

VINICIUS TORRES FREIRE

Crédito mais caro e apertado prenuncia dificuldades ao país

Falências elevam o custo de proteção contra calote e apertam e encarecem o crédito. Todos os indicadores usuais do medo financeiro ontem gritavam "perigo". Menos crédito, menos financiamento de atividade econômica. Menos consumo e comércio. A crise assim encosta no Brasil. Pág. B4

FERNANDO CANZIAN

Crise tem sentido parecido ao da queda das torres gêmeas

Desta vez, não foram membros de seita fundamentalista os autores do colapso, mas defensores da liberdade extrema do mercado que derrubaram dois dos maiores ícones do capitalismo. É uma lição e tanto para o mais importante mercado financeiro do mundo. Pág. B6

Efe

»MORTE NA FILA
Pessoas aglomeradas para tentar receber o equivalente a R$ 7,70, doados por um negociante de carros em Pasuruan (Indonésia); ao menos 23 morreram esmagadas em meio ao tumulto Pág. A15

Morales aceita mediação de países sul-americanos

CLÓVIS ROSSI
ENVIADO ESPECIAL A SANTIAGO

O presidente da Bolívia, Evo Morales, aceitou que a União de Nações Sul-Americanas atue como mediadora entre seu governo e os cinco governadores de oposição.

Para negociar, quer que os opositores saiam de prédios federais e que comissão internacional apure massacre de camponeses pró-governo. Funcionários do departamento de Pando atuaram nos confrontos, relata **Fabiano Maisonnave**. Mundo

Mensalidade escolar deverá ter reajuste médio de 10% em 2009

Índice supera a inflação oficial (6,17%) em 12 meses. Sindicato das escolas de SP alega que os aumentos salariais e a inadimplência explicam o reajuste. Pág. C3

ilustrada

Bienal de Arquitetura de Veneza substitui croqui por vídeo e grafite Pág. E1

Richard Wright, tecladista do Pink Floyd, **morre de câncer** aos 65 Pág. E8

esporte

Ferrari quer que **Raikkonen ajude Massa** a melhorar pontuação Pág. D5

Para ONU, polícia no Brasil mata quem ela quiser

Relatório da ONU aponta que o Brasil tem um dos índices de homicídio mais altos do mundo. A pesquisa destaca o envolvimento de policiais em milícias. Segundo o advogado Philip Alston, autor do relatório que inspecionou o país por dez dias, permite-se que "a polícia mate quem quiser". Cotidiano

EDITORIAIS Pág. A2

Leia "Cada vez pior", sobre dia de pânico nos mercados; e "Os balcões da Câmara", acerca dos vereadores paulistanos.

RODÍZIO EM SP C2

Não devem circular hoje, das **7h às 10h** e das **17h às 20h**, carros com placa cujo final seja: 3 ou 4

Veja à **página C2** mapa com a área em que os carros estão proibidos de circular

ATMOSFERA Pág. C2

Sol entre muitas nuvens e pancadas de chuva

mínima	11°C
máxima	15°C
há um ano	mín. 16°C máx. 23°C

Esta edição tem 62 páginas
296.249 exemplares

Estão inclusas **8** páginas do Fovest

ISSN 1414-5723

29021

UM JORNAL A SERVIÇO DO BRASIL ★ ★ ★ WWW.FOLHA.COM.BR

FOLHA DE S.PAULO

DIRETOR DE REDAÇÃO: OTAVIO FRIAS FILHO

QUARTA-FEIRA, 5 DE NOVEMBRO DE 2008
ANO 88 ★ Nº 29.071

EDIÇÃO SÃO PAULO, CONCLUÍDA ÀS 2H23 ★ R$ 2,50

EUA ELEGEM OBAMA

★ Projeções indicam que senador democrata será o primeiro presidente negro dos EUA

★ Comparecimento gera filas de até oito horas e pode atingir 65%, maior índice em cem anos

Doug Mills/"The New York Times"

O senador Barack Obama exibe seu comprovante de votação em Chicago; o democrata passou parte da tarde ao telefone, tentando convencer eleitores a votarem nele

SÉRGIO DÁVILA
ENVIADO ESPECIAL A CHICAGO

Projeções indicam que o democrata Barack Obama, 47, foi eleito ontem presidente dos EUA. Filho de um queniano com uma americana, ele será o primeiro negro a ocupar a Casa Branca.

Até as 2h de hoje (horário de Brasília), Obama já tinha 297 votos no Colégio Eleitoral, incluindo as esperadas vitórias nos Estados da Costa Oeste —Califórnia, Oregon e Washington. Para ser eleito presidente, o candidato precisa garantir o mínimo de 270 votos. Já o candidato republicano, John McCain, vencia em 16 Estados, o que lhe dava apenas 139 votos.

Segundo o Comitê para Estudo do Eleitorado Americano, compareceram às urnas pelo menos 65% dos 200 milhões dos cidadãos dos EUA aptos a votar. O voto não é obrigatório no país.

O índice supera os 64,9% da eleição entre Kennedy e Nixon, em 1960. O recorde histórico é de 66%, em 1908, quando existiam restrições ao voto de negros, mulheres, pobres e analfabetos.

Falhas do sistema de votação foram registrados em diversos Estados, com filas de até oito horas. Sucessão nos EUA

ÍNDEX/ELEIÇÕES AMERICANAS

Governo prevê para 2009 receita R$ 15,2 bi menor

A crise fez o Planalto rever previsões para 2009. O ministro Paulo Bernardo (Planejamento) disse esperar inflação maior que a meta, crescimento menor e menos R$ 15,2 bilhões de receita.

O governo decidiu injetar dinheiro nas montadoras, relata **Guilherme Barros**. O Banco do Brasil terá linha de crédito especial, de valor não definido, para os bancos das empresas. Pág. B1

Saul Loeb/France Presse

Eleitores de Barack Obama comemoram resultados em Chicago

Economia é maior preocupação dos eleitores, diz boca-de-urna

Segundo pesquisa da CNN, a crise preocupava 62%, com o Iraque em um distante segundo lugar (10%); para analistas, quadro favoreceu Obama. Pág. Esp. A1

Brasileiros votam em democrata e o comparam a Lula

FABIANO MAISONNAVE
EM FRAMINGHAM (EUA)

Dono de imobiliária em Massachusetts, o brasileiro Pablo Maia, há 27 anos nos EUA, sua mulher e sua filha votaram em Barack Obama. Eleitor de Lula em 2006, Maia o compara a Obama: "São pessoas pobres, que vieram de baixo". Pág. Esp. A4

CONTARDO CALLIGARIS

Votação em Nova York é uma Babel de sotaques carregados

Em 2000 e 2004, levei 10 ou 15 minutos para votar em Manhattan; ontem, cheguei às 9h e votei às 11h30. Filas serpenteavam pela sala.

As vozes mais ouvidas eram as dos novos eleitores, imigrantes naturalizados. Falavam em inglês, e o resultado era uma Babel de sotaques carregados. Pág. Esp. A5

informática

Idosos vencem tecnofobia e aderem à inclusão digital Pág. F1

ilustrada

Jantar do Século reúne chefs famosos e arrecada R$ 303 mil Pág. E10

saúde

Cresce a incidência de **cálculos renais** em crianças Pág. C9

ciência

Marcelo Sayão/Efe

Tartaruga marinha em Noronha

Em 20 anos, triplica o número de **espécies ameaçadas** no Brasil Pág. A14

EDITORIAIS Pág. A2

Leia "Concentrado bancário", sobre fusão de bancos; e "Subsídios no transporte", acerca de escalada de gastos.

RODÍZIO EM SP C2

Não devem circular hoje, das **7h às 10h** e das **17h às 20h**, carros com placa cujo final seja: 5 ou 6

Veja à **página C2** mapa com a área em que os carros estão proibidos de circular

ATMOSFERA Pág. C2

Pancadas de chuva na Grande SP

mínima	18° C
máxima	27° C

há um ano mín. 14,5° C máx. 18,7° C

Esta edição tem 72 páginas 305.413 exemplares

Estão inclusas 10 de Informática; 6 de Sucessão no EUA

ISSN 1414-5723

9 771414 572049 29071

UM JORNAL A SERVIÇO DO BRASIL ★ ★ ★ WWW.FOLHA.COM.BR

FOLHA DE S.PAULO

DIRETOR DE REDAÇÃO: OTAVIO FRIAS FILHO

TERÇA-FEIRA, 1º DE SETEMBRO DE 2009
ANO 89 ★ Nº 29.371

EDIÇÃO SÃO PAULO/DF, CONCLUÍDA ÀS 23H08 ★ R$ 2,50

COMO É A PROPOSTA

1 MODELO DE EXPLORAÇÃO
O óleo extraído será dividido entre União e grupos vencedores de leilão

2 QUEM VAI OPERAR
A Petrobras será a única responsável por perfurar poços e extrair o óleo

3 PETROBRAS NOS CONSÓRCIOS
A estatal terá participação mínima garantida de 30% em cada consórcio

4 DIVISÃO DOS ROYALTIES
Estados produtores mantêm benefícios

Governo lança pré-sal e anuncia megacapitalização da Petrobras

Injeção na empresa deve ser a maior já feita no país; União quer ampliar fatia na exploração

Em tom nacionalista e estatizante, o presidente Lula anunciou as propostas do marco regulatório para a exploração do pré-sal. Confirmou ainda a capitalização da Petrobras em operação estimada em R$ 100 bilhões.

Deve ser a maior injeção de recursos já feita no país. Foi oficializada ainda a proposta de criar a Petro-Sal, que administrará a riqueza. O governo decidiu manter a urgência constitucional para a tramitação dos projetos.

O presidente criticou o "enfraquecimento" da Petrobras nos anos 90 e defendeu maior participação da União na exploração das riquezas, como ocorrerá se o Congresso aprovar o modelo de partilha de produção.

Lula disse que governo e Congresso devem tomar decisões corretas para a riqueza não virar "maldição". Ele deu ao presidente da Câmara, Michel Temer (PMDB-SP), amostras de petróleo, nafta, gasolina e óleo diesel.

Em seguida, o petista sugeriu que as amostras fossem abertas no Congresso para que deputados e senadores pudessem "dar uma cheiradinha" quando os debates sobre o tema ficassem acalorados. **Dinheiro**

Lula Marques/Folha Imagem

Lula com amostra de nafta produzida a partir do petróleo do pré-sal; ele sugeriu que os congressistas dessem 'uma cheiradinha'

OPINIÃO/PRÉ-SAL

VINICIUS T. FREIRE
Governo pode ganhar ou perder com operação. B4

JANIO DE FREITAS
Após 1 ano e meio, Lula agora quer urgência. A7

JULIO G. DE ALMEIDA e LUIZ G. BELLUZZO
Futuro brilhante ou empobrecimento? A3

Outro secretário de Serra tem a casa assaltada em São Paulo

A casa do secretário da Saúde de SP, Luiz Roberto Barradas Barata, foi assaltada na última quarta-feira, informa **Mônica Bergamo**.

O roubo ocorreu dois dias antes do assalto à residência de outro secretário do governador José Serra (PSDB), Guilherme Afif Domingos (Emprego e Relações do Trabalho).

Um grupo armado assaltou anteontem à noite uma casa onde moram parentes do deputado estadual Salim Curiati (PP-SP). Pág. C8

BB terá pacote de R$ 14,5 bi para pequena empresa

O Banco do Brasil lança hoje um pacote com linhas de crédito de R$ 14,5 bilhões para micro e pequenas empresas, informa **Kennedy Alencar**. A medida integra estratégia para ganhar mercado dos bancos privados.

O Orçamento federal para 2010 reserva R$ 10 bilhões para o programa Minha Casa, Minha Vida. Págs. B7 e A4

Futuro premiê do Japão ataca burocracia e quer gabinete jovem

RAUL JUSTE LORES
ENVIADO ESPECIAL A TÓQUIO

O futuro premiê japonês Yukio Hatoyama manifestou intenção de indicar gabinete com menos burocratas e ministros mais jovens que os de governos anteriores. Também disse que o Orçamento de 2010 será refeito "a partir do zero" e que as propostas dos atuais titulares "não eram bem-vindas".

Após a vitória oposicionista, a Bolsa japonesa abriu a semana em forte alta. Pág. A15

Claudia Andujar

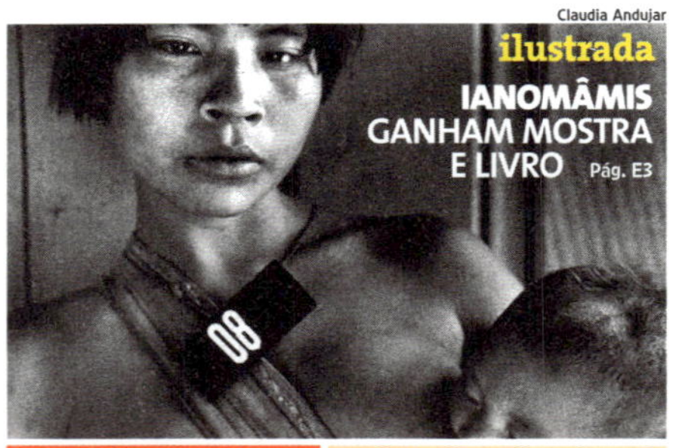

ilustrada
IANOMÂMIS GANHAM MOSTRA E LIVRO Pág. E3

dinheiro
Disney anuncia compra da Marvel por **US$ 4 bi** Pág. B8

saúde
Técnica contra **câncer ósseo** retira, congela e reimplanta osso Pág. C11

737 mil universitários estão em escolas ruins

Dados divulgados pelo Ministério da Educação indicam que 737 mil universitários do país estudam em instituições reprovadas pelo governo —25% a mais que na avaliação do ano anterior.

O crescimento ocorreu porque mais instituições foram classificadas como 1 e 2 no IGC (Índice Geral de Cursos), que vai de 1 a 5.

Na avaliação anterior, 31% das instituições tinham nota 1 ou 2, ante 36% hoje. A má qualidade se concentra nas instituições municipais e privadas. A escola de economia e finanças da FGV do Rio foi a melhor faculdade. Entre as universidades, a Unifesp obteve a maior nota. USP e Unicamp não participam da avaliação. Pág. C1

TCU contesta gastos de festa da 2ª posse de Lula

Parte dos gastos da festa de posse do segundo mandato do presidente Lula foi contestada pelo TCU (Tribunal de Contas da União).

Segundo relatório, despesas de R$ 759 mil pagas pelo Ministério da Cultura não foram comprovadas. Nem a pasta nem a empresa que realizou o serviço comentaram a investigação. Pág. A6

ATMOSFERA Pág. C2
Sol e poucas nuvens na Grande SP

mínima	15º C
máxima	29º C
há um ano	mín. 11,6º C máx. 24º C

ISSN 1414-5723
9 771414 572032 29371

Esta edição tem 66 páginas
308.912 exemplares

Estão inclusas 8 páginas do Fovest

RODÍZIO EM SP C2
Não devem circular hoje, das **7h às 10h** e das **17h às 20h**, carros com placa cujo final seja: 3 ou 4
Veja à **página C2** mapa com a área em que os carros estão proibidos de circular

EDITORIAIS Pág. A2
Leia "Resistência estatal", que discute as organizações sociais; e "Marina e sua agenda", sobre desafios da ex-ministra no PV.

cotidiano
Cobrança de lanche em voo da Gol gera tumulto entre passageiros C6

UM JORNAL A SERVIÇO DO BRASIL ★ ★ ★ WWW.FOLHA.COM.BR

FOLHA DE S.PAULO

DIRETOR DE REDAÇÃO: OTAVIO FRIAS FILHO

QUINTA-FEIRA, 14 DE JANEIRO DE 2010
ANO 89 ★ Nº 29.506

EDIÇÃO SÃO PAULO, CONCLUÍDA À 1H01 ★ R$ 2,50

Terremoto no Haiti mata milhares; Zilda Arns e 14 brasileiros morrem

Tremor foi o pior na região em 200 anos; comandantes militares do Brasil no país relatam situação dramática

Eduardo Muñoz/Reuters

Haitiano ferido no terremoto em Porto Príncipe carrega a filha morta; agências humanitárias têm dificuldades para enviar pessoal

FABIANO MAISONNAVE
ENVIADO ESPECIAL A PORTO PRÍNCIPE

Os chefes militares do Brasil no Haiti fizeram um dramatico relato ao ministro da Defesa, Nelson Jobim, que chegou à base brasileira na capital, Porto Príncipe, um dia após o pior terremoto na região em 200 anos. "As prioridades são médico, água e material de engenharia", afirmou o comandante da missão de paz da ONU, o general brasileiro Floriano Peixoto Vieira Neto. Na base estão os corpos das 15 vítimas brasileiras confirmadas até ontem: 14 soldados que integravam a missão e a médica Zilda Arns, 75, fundadora da Pastoral da Criança.

O Exército informou que, além dos 14 mortos, estão desaparecidos 4 dos 1.266 militares brasileiros que integram a missão, iniciada em 2004. Zilda Arns viajara ao Haiti para organizar religiosos para ação nos moldes da Pastoral da Criança, que no Brasil acompanha mais de 1,9 milhão de gestantes e crianças menores de seis anos.

O governo do Haiti estima em "centenas de milhares" as mortes no terremoto, de 7 graus na escala Richter, classificado de "catástrofe inimaginável" pelo presidente René Préval. O cenário no país é de destruição, com sobreviventes procurando conhecidos entre cadáveres e saques na capital. No trajeto do aeroporto à base brasileira, a reportagem da **Folha** viu prédios destruídos, corpos cobertos e haitianos feridos pedindo ajuda.

Os EUA prometeram mandar militares e ajuda humanitária; o Brasil enviou ontem à noite avião da FAB com 13 toneladas de água e alimentos. **Mundo**

Médica realizou o milagre de multiplicar pães

FREI BETTO
ESPECIAL PARA A FOLHA

Há os que primeiro agem e depois buscam recursos e há os que jamais passam da utopia à topia. Zilda Arns, médica, fez o milagre de multiplicar os pães. **Pág. A3**

FREI BETTO é escritor e assessor de movimentos sociais.

Tuca Vieira - 13.mar.09/Folha Imagem

Zilda Arns (1934-2010)

Vítima assistia ao aniversário da filha pela web

Raniel Batista de Camargos, 43, subtenente do Exército, assistia ao aniversário da filha pela internet na hora do tremor no Haiti. Momentos antes do parabéns, a conexão da webcam caiu. Camargos será enterrado em Patos de Minas (MG), sua cidade natal. **Pág. A16**

Agenda imposta na Guerra Fria destruiu Estado

OMAR RIBEIRO THOMAZ
ESPECIAL PARA A FOLHA

Historicamente, o mundo sempre ignorou o Haiti. O golpe de misericórdia foi a agenda da Guerra Fria, que destruiu o Estado. **Pág. A13**

OMAR RIBEIRO THOMAZ, antropólogo, está em Porto Príncipe.

Lula recua em texto de direitos humanos Pág. A4

Esta edição tem 80 páginas
277.723 exemplares

Estão inclusas 12 do Equilíbrio; 10 de Turismo; 6 de Classificados

ISSN 1414-5723

9 771414 572056 29506

ATMOSFERA Pág. C2

Pancadas de chuva a partir da tarde

mínima	22° C
máxima	29° C

há um ano mín. 22,8° C máx. 32,2° C

EDITORIAIS Pág. A2

Leia "Tragédia e exemplo", sobre o terremoto no Haiti; e "Concorrência na saúde", acerca dos planos privados.

RODÍZIO EM SP C2

Não devem circular hoje, das **7h às 10h** e das **17h às 20h**, carros com placa cujo final seja: 7 ou 8

Veja à **página C2** mapa com a área em que os carros estão proibidos de circular

FOLHA DE S.PAULO

Desde 1921 ★★★ UM JORNAL A SERVIÇO DO BRASIL folha.com.br

DIRETOR DE REDAÇÃO: OTAVIO FRIAS FILHO ANO 90 ★ QUINTA-FEIRA, 16 DE SETEMBRO DE 2010 ★ Nº 29.751 EDIÇÃO SÃO PAULO ★ CONCLUÍDA À 0H17 ★ R$ 2,50

PRESIDENTE 40 ELEIÇÕES 2010

Filho de Erenice pediu 5% por crédito do BNDES, diz empresa

★ ALÉM DE COMISSÃO SOBRE EMPRÉSTIMO, CONTRATO COBRAVA R$ 240 MIL ★ CONSULTOR DIZ TER RECEBIDO PROPOSTA DE REPASSAR R$ 5 MI PARA ELEIÇÃO DE DILMA ★ GOVERNO NEGA ENVOLVIMENTO DE ATUAL MINISTRA

Empresa de SP acusa Israel, filho da ministra Erenice Guerra, sucessora de Dilma Rousseff (PT), de cobrar pela liberação de empréstimo do BNDES, relatam **Rubens Valente**, **Fernanda Odilla** e **Andreza Matais**.

A EDRB procurou a Capital, consultoria do filho da ministra, e foi recebida na Casa Civil. Segundo a empresa campineira, para liberar R$ 9 bilhões do BNDES, a Capital quis R$ 240 mil mais 5% sobre o empréstimo.

Em entrevista gravada à **Folha**, sócio da EDRB diz que não concordou. A empresa afirma que, depois disso, recebeu a proposta de doar R$ 5 milhões para a eleição de Dilma e garantir o crédito, também negada.

A Casa Civil confirmou a reunião com a empresa, mas disse que a ministra não foi. Acusado de pedir os R$ 5 milhões, o ex-diretor dos Correios Marco Antônio Oliveira negou. Israel não ligou de volta. **Eleições 2010**

DATAFOLHA

Intenção de voto para presidente

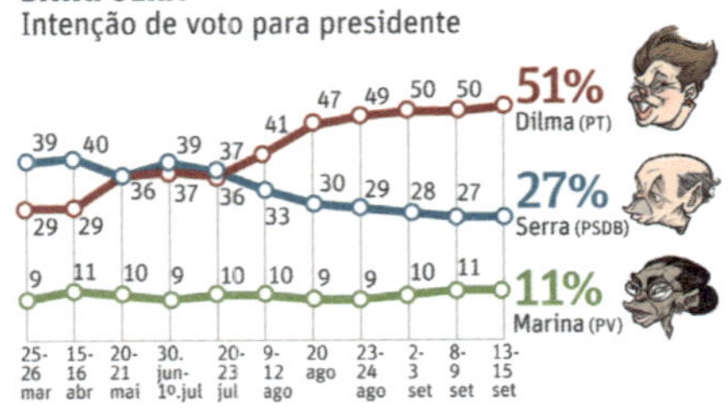

Fonte: pesquisa Datafolha feita entre os dias 13 e 15, com 11.784 eleitores em 423 municípios e margem de erro máxima de 2 pontos

Para Lula, ministra errou em tom de nota

Auxiliares diretos do Planalto definiram como um "total desastre" o tom da nota com timbre da Casa Civil em que Erenice Guerra atacou o candidato tucano José Serra. A ministra perdeu apoio para ficar no cargo.

Erenice divulgou o texto sem o conhecimento de Lula. Para ele, a ministra "errou" no conteúdo e ao não consultar colegas. Segundo o governo, a situação dela ficará "insustentável" se houver fatos novos. **Pág. Esp. 4**

REUNIÃO COM A MINISTRA

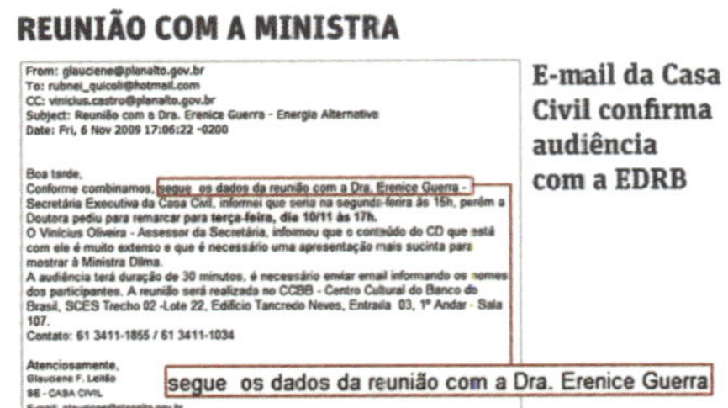
From: glauciene@planalto.gov.br
To: rubnei_quicoli@hotmail.com
CC: vinicius.castro@planalto.gov.br
Subject: Reunião com a Dra. Erenice Guerra - Energia Alternativa
Date: Fri, 6 Nov 2009 17:06:22 -0200

Boa tarde,
Conforme combinamos, segue os dados da reunião com a Dra. Erenice Guerra - Secretária Executiva da Casa Civil, informei que seria na segunda-feira às 15h, porém a Doutora pediu para remarcar para **terça-feira, dia 10/11 às 17h.**
O Vinicius Oliveira - Assessor da Secretária, informou que o conteúdo do CD que está com ele é muito extenso e que é necessário uma apresentação mais sucinta para mostrar à Ministra Dilma.
A audiência terá duração de 30 minutos, é necessário enviar email informando os nomes dos participantes. A reunião será realizada no CCBB - Centro Cultural do Banco do Brasil, SCES Trecho 02 -Lote 22, Edifício Tancredo Neves, Entrada 03, 1º Andar - Sala 107.
Contato: 61 3411-1855 / 61 3411-1034

Atenciosamente,
Glauciene F. Leitão
SE - CASA CIVIL
E-mail: glauciene@planalto.gov.br

segue os dados da reunião com a Dra. Erenice Guerra

E-mail da Casa Civil confirma audiência com a EDRB

Caso do sigilo não muda voto, aponta Datafolha

Apesar do noticiário do escândalo da Receita, o Datafolha aponta estabilidade na disputa presidencial. Dilma Rousseff (PT) tem 51% (57% dos votos válidos), José Serra (PSDB), 27%, e Marina Silva (PV), 11%.

Entre os entrevistados, 57% afirmaram saber do caso das quebras de sigilo de tucanos. Na faixa dos mais bem informados, Dilma tem 46%, Serra, 33%, e Marina, 14%, números que levariam a segundo turno. **Pág. Esp. 6**

Rodrigo Capote/Folhapress

» CARRÃO SUSPEITO **Ferrari de Ney Santos, candidato à Câmara pelo PSC, apreendida pela polícia; ex-detento e dono de postos na Grande SP, Santos é investigado por suposta ligação com a facção criminosa PCC, o que ele nega** **Pág. Esp. 9**

Brasil fica fora da lista de melhores universidades

Harvard (EUA) é a melhor universidade do mundo, aponta o reformulado ranking 2010/11 do "Times Higher Education", que a **Folha** traz com exclusividade.

Os EUA abrigam 72 das 200 instituições top. Em ascensão, a Ásia tem 27. Em 232º lugar, a USP é a melhor latino-americana. **Pág. C8**

TURISMO

Hora é excelente para viajar à Grécia, até por causa da crise

Págs. F1 a F9

ESPORTE

Corinthians bate o Fluminense e se iguala ao time carioca em pontos

Pág. D2

Palmeiras e Santos vencem; Neymar dá piti com técnico

Págs. D6 e D16

boa notícia **Pág. A16**

Mortalidade materna caiu 34% de 1990 a 2008, segundo a ONU

poder **Pág. A7**

CEF terá que pagar R$ 500 mil a caseiro que teve conta violada

RODÍZIO EM SP **Pág. C2**

Não devem circular carros com placas cujo final seja: 7 ou 8

EDITORIAIS **Pág. A2**

Leia **"A ilha se move"**, sobre corte de funcionários públicos em Cuba; e **"Dois anos depois"**, acerca do aniversário da falência do Lehman Brothers

MÔNICA BERGAMO

Presidente do BB compra imóvel com dinheiro vivo

Pág. A4

Alckmin evita duelo com Mercadante em debate

Líder na disputa estadual com 49% segundo o Datafolha, o tucano Geraldo Alckmin evitou confronto com Aloizio Mercadante (PT) no debate **Folha**/RedeTV!.

Numa tática para levar a disputa pelo governo de SP ao segundo turno, o petista, que está com 23%, buscou se colar à popularidade do presidente Lula. **Pág. Esp. 8**

ISSN 1414-5723
9 771414 572056 29751

104 páginas - 268.188 exemplares

Estão inclusas 10 páginas de Turismo e 8 páginas de Classificados

ATMOSFERA **Pág. C2**

Sol aparece entre nuvens na Grande SP

Mínima 17ºC **Máxima 27ºC**

FALE COM A FOLHA

Veja como entrar em contato com o serviço ao assinante, as editorias e a ombudsman fale.folha.com.br

FOLHA DE S.PAULO

Desde 1921 ★★★ UM JORNAL A SERVIÇO DO BRASIL folha.com.br

DIRETOR DE REDAÇÃO: OTAVIO FRIAS FILHO ANO 90 ★ SEGUNDA-FEIRA, 1º DE NOVEMBRO DE 2010 ★ Nº 29.797 EDIÇÃO SÃO PAULO ★ CONCLUÍDA À 0H37 ★ R$ 2,50

DILMA É A ELEITA

Primeira mulher a ocupar o cargo, petista teve 56% dos votos e será o 40º presidente

INEDITISMOS

- 1ª mulher eleita
- 1ª ex-guerrilheira
- 1ª vez em 65 anos que um presidente faz o sucessor pelo voto direto
- Eleita com o apoio do maior número de partidos (10) pós-ditadura militar
- Eleição abriu discussão sobre a nomenclatura do cargo, se presidente ou presidenta. Como ambos são corretos, a **Folha** adotou a forma mais usada, que é presidente

Últimas eleições diretas
Em % dos votos válidos

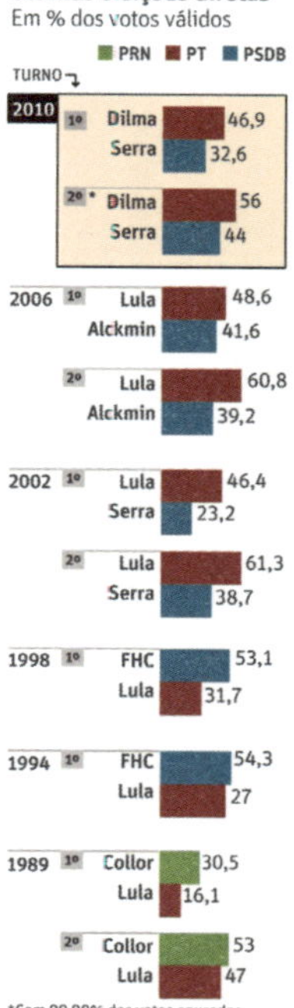

*Com 99,99% dos votos apurados

Dorivan Marinho/Fotoarena/Folhapress

Dilma Vana Rousseff, 62, será a 40ª pessoa a assumir a Presidência do Brasil. Primeira mulher e primeira ex-guerrilheira a ocupar o cargo, a petista nunca havia disputado eleição e era praticamente desconhecida dos eleitores quando foi escolhida pelo presidente Luiz Inácio Lula da Silva. A posse é em 1º de janeiro.

Com 99,99% apurados, Dilma somava 56% dos votos válidos, e seu rival, José Serra (PSDB), 44%. Na primeira fala como eleita, ela disse que vai "bater muito à porta" de Lula e prometeu erradicar a miséria no país.

Casada duas vezes, hoje divorciada, com uma filha e um neto, Dilma é economista de formação e socialista por definição. Filha de um búlgaro naturalizado e uma professora do RJ, nasceu em Belo Horizonte, em 14 de dezembro de 1947. Militou em organizações marxistas desde os 16; em 1970, aos 22, foi presa e torturada. Libertada em 1972, após cumprir pena, mudou-se para Porto Alegre, onde fez carreira como burocrata.

Com Lula, foi ministra de Minas e Energia e, depois, da Casa Civil, quando o presidente pôs o Programa de Aceleração do Crescimento sob sua gerência. Sua campanha enfrentou denúncias de quebra de sigilo de tucanos, montagem de dossiê e tráfico de influência atribuído a sua ex-braço direito Erenice Guerra.

No ano passado, Dilma descobriu um câncer no sistema linfático. Submetida a radioterapia e quimioterapia, foi dada como recuperada. Seu vice é o atual presidente da Câmara, Michel Temer (PMDB-SP), 70.

No discurso de derrota, Serra disse que não se despediria com adeus, mas com "até logo". **Eleições 2010**

Lula recomenda manter nomes da Fazenda e do Banco Central

Apesar de dizer que não vai interferir no novo governo, o presidente Lula sugeriu a Dilma Rousseff manter Guido Mantega no Ministério da Fazenda e Henrique Meirelles no Banco Central, relata **Kennedy Alencar**.

Lula quer que Antonio Palocci chefie a Casa Civil e comande a transição. **Pág. 3**

LEIA MAIS ELEIÇÕES 2010

FERNANDO DE BARROS E SILVA
Futura Presidência é fonte de mais dúvidas que expectativas **Pág. A2**

ELIANE CANTANHÊDE
Líder do PMDB, Temer será vice mais forte que os anteriores **Pág. 7**

VLADIMIR SAFATLE
Nível de acirramento torna difícil reflexão isenta da era Lula **Pág. 4**

EDITORIAIS **Pág. A2**
Leia "Dilma presidente", sobre o resultado do segundo turno; e "O campo da oposição", acerca das perspectivas políticas para os próximos quatro anos.

Jorge Araujo/Folhapress

» CRIATURA E CRIADOR **Acima, em Brasília, Dilma dá entrevista sobre vitória; abaixo, Lula depois de votar no ABC, quando disse que novo governo terá 'a cara dela'** **Págs. 2 e 4**

VOTO PARA PRESIDENTE NO 2º TURNO
Por Estado

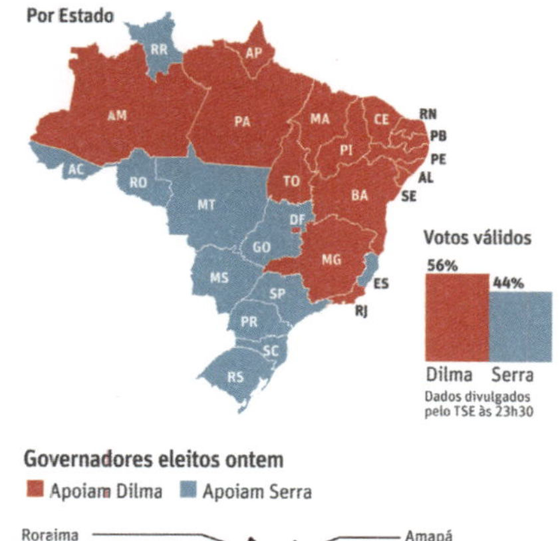

Governadores eleitos ontem

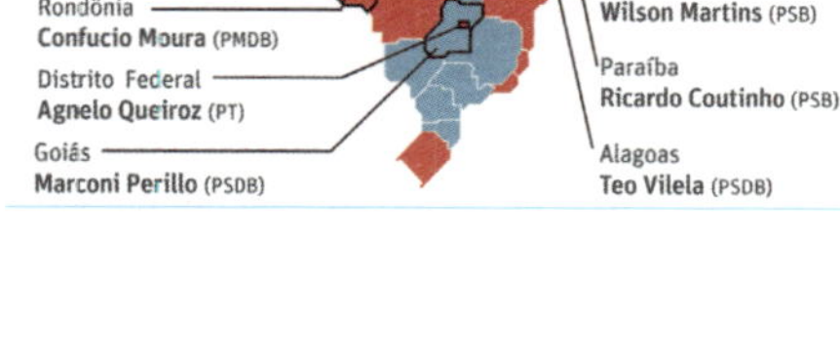

ISSN 1414-5723

94 páginas - 306.195 exemplares
Estão inclusas 12 páginas do Folhateen e 6 páginas do Especial "The New York Times

ATMOSFERA **Pág. C2**
Sol e poucas nuvens na Grande SP
Mínima 15ºC Máxima 24ºC

FALE COM A FOLHA
Veja como entrar em contato com o serviço ao assinante, as editorias e a ombudsman fale.folha.com.br

ÍNDICE DAS MANCHETES

84 Janio renunciou, Folha de S.Paulo, 25/8/1961
85 O Congresso examina o veto das Forças Armadas ao sr. Goulart, Folha de S.Paulo, 29/8/1961
86 UDN e PTB fazem restrições a Tancredo Neves para a presidencia do Conselho, Folha de S.Paulo, 8/9/1961
87 Goulart recebe os bicampeões com medalha de ouro; Brasilia delira, Folha de S.Paulo, 18/6/1962
88 Previsto para a tarde de hoje o encontro entre 25 barcos russos e a frota dos EUA, Folha de S.Paulo, 24/10/1962
89 Rebelião em Brasilia, Folha de S.Paulo, 12/9/1963
90 John Kennedy assassinado, Folha de S.Paulo, 23/11/1963
91 JG surpreende o país: refinarias encampadas, Folha de S.Paulo, 14/3/1964
92 São Paulo parou ontem para defender o regime, Folha de S.Paulo, 20/3/1964
93 Em liberdade provisoria os marinheiros rebeldes, Folha de S.Paulo, 28/3/1964
94 Ademar: 6 Estados sublevam-se para derrubar Goulart, Folha de S.Paulo, 1º/4/1964
95 II Exercito domina o Vale do Paraiba, Folha de S.Paulo, 1º/4/1964
96 Castelo pede ajuda a todos os brasileiros, Folha de S.Paulo, 16/4/1964
97 Nikita Kruchev arrasta mais três em sua queda, Folha de S.Paulo, 16/10/1964
98 Camara autoriza envio de tropas; embarque urgente, Folha de S.Paulo, 20/5/1965
99 Amplia-se a guerra, Folha de S.Paulo, 6/6/1967
100 Lacerda vai a Jango e faz pacto politico, Folha de S.Paulo, 26/9/1967
101 Bolivia confirma a morte de Guevara, Folha de S.Paulo, 11/10/1967
102 Hanói diz que aceita negociar – sem bombas, Folha de S.Paulo, 1º/1/1968
103 Sitio: Costa amanhã no Rio para decidir, Folha de S.Paulo, 5/4/1968
104 Nova onda de prisões alarma três Estados, Folha de S.Paulo, 8/5/1968
105 Estudantes colocam De Gaulle em crise, Folha de S.Paulo, 12/5/1968
106 Coração bate bem no peito de João, Folha de S.Paulo, 27/5/1968
107 Bob morre, Folha de S.Paulo, 6/6/1968
108 Grande passeata na Guanabara, Folha de S.Paulo, 27/6/1968
109 Russos esmagam reação tcheca, Folha de S.Paulo, 22/8/1968
110 Congresso da UNE: todos presos, Folha de S.Paulo, 13/10/1968
111 Governo baixa novo ato, Folha de S.Paulo, 14/12/1968
112 A Lua no bolso, Folha de S.Paulo, 21/7/1969
113 Costa e Silva enfermo; ministros militares assumem governo, Folha de S.Paulo, 1º/9/1969
114 Eles voltam amanhã com a taça, Folha de S.Paulo, 22/6/1970
115 "Arrancada para conquistar o gigantesco mundo verde", Folha de S.Paulo, 10/10/1970
116 O governo vai ativar a industria, Folha de S.Paulo, 8/12/1970
117 Lamarca morto na Bahia, Folha de S.Paulo, 19/9/1971
118 Todos os refens estão mortos, Folha de S.Paulo, 6/9/1972
119 Mais tiros na Vila Olimpica, Folha de S.Paulo, 11/9/1972
120 Anunciado o acordo de paz no Vietnã, Folha de S.Paulo, 24/1/1973
121 Fogo a bordo, depois a queda; 122 mortos, Folha de S.Paulo, 12/7/1973
122 Luta-se no Chile; mil mortos, Folha de S.Paulo, 13/9/1973
123 Peron obtem maioria absoluta, Folha de S.Paulo, 24/9/1973
124 Geisel eleito, por 400 votos a 76, Folha de S.Paulo, 16/1/1974
125 Brasil decide apoiar os arabes, Folha de S.Paulo, 1º/2/1974
126 De novo, e muito pior, Folha de S.Paulo, 1º/2/1974
127 Caetano preso, Spinola no poder, Folha de S.Paulo, 26/4/1974
128 Nixon renunciou, Folha de S.Paulo, 9/8/1974
129 Brasil reconhece a China de Mao, Folha de S.Paulo, 16/8/1974
130 MDB alcança um terço da Câmara e ainda avança, Folha de S.Paulo, 19/11/1974
131 155 mil pessoas inauguram o Metrô, Folha de S.Paulo, 27/9/1975
132 Isabelita só diante do golpe, Folha de S.Paulo, 24/3/1976
133 JK sepultado em Brasília, Folha de S.Paulo, 24/8/1976
134 Mao ficará exposto durante 7 dias, Folha de S.Paulo, 10/9/1976
135 Congresso fechado. Reformas políticas. Reforma do Judiciário, Folha de S.Paulo, 2/4/1977
136 Pela 3ª vez, "Não" a Carter, Folha de S.Paulo, 8/5/1977
137 Sepultado Carlos Lacerda, Folha de S.Paulo, 22/5/1977
138 O divórcio está aprovado, Folha de S.Paulo, 16/6/1977
139 Presos 1.000 na PUC, Folha de S.Paulo, 23/9/1977
140 Frota exonerado; Bethlem assume, Folha de S.Paulo, 13/10/1977
141 Exclusivo: fala Figueiredo, Folha de S.Paulo, 5/4/1978
142 Com 11 tiros, o fim do drama de Aldo Moro, Folha de S.Paulo, 10/5/1978
143 Democracia lota a Universidade, Folha de S.Paulo, 11/7/1978
144 João Paulo 2º é um polonês, Folha de S.Paulo, 17/10/1978
145 União culpada no caso Herzog, Folha de S.Paulo, 28/10/1978
146 Khomeini anuncia a República do Irã, Folha de S.Paulo, 2/2/1979
147 Democracia – reafirma Figueiredo, Folha de S.Paulo, 16/3/1979
148 "Projeto da anistia é intocável", Folha de S.Paulo, 22/8/1979
149 Malogra operação-resgate no Irã, Folha de S.Paulo, 26/4/1980
150 Papa reclama justiça para o trabalhador, Folha de S.Paulo, 4/7/1980
151 Bomba do terror causa morte no Rio, Folha de S.Paulo, 28/8/1980
152 Servidor federal tem 82% de aumento, Folha de S.Paulo, 10/12/1980
153 A "Folha" comemora seu 60º aniversário, Folha de S.Paulo, 20/2/1981
154 Fracassa golpe na Espanha, Folha de S.Paulo, 24/2/1981
155 Reagan ferido em atentado, Folha de S.Paulo, 31/3/1981
156 ABC propõe uma greve nacional a 1º de outubro, Folha de S.Paulo, 2/5/1981
157 Papa ferido a tiros em atentado, Folha de S.Paulo, 14/5/1981
158 Sadat morto, risco de guerra, Folha de S.Paulo, 7/10/1981
159 Ingleses invadem Malvinas, Folha de S.Paulo, 22/5/1982

160 Brasil conclui o acordo com o FMI, Folha de S.Paulo, 16/12/1982
161 A violência se alastra e Montoro promete ordem, Folha de S.Paulo, 6/4/1983
162 300 mil nas ruas pelas diretas, Folha de S.Paulo, 26/1/1984
163 Gasolina explode, horror em Cubatão, Folha de S.Paulo, 26/2/1984
164 São Paulo faz o maior comício, Folha de S.Paulo, 17/4/1984
165 Congresso repele cerco policial e vota hoje a emenda das diretas, Folha de S.Paulo, 25/4/1984
166 A nação frustrada!, Folha de S.Paulo, 26/4/1984
167 O PMDB homologa Trancredo-Sarnei, Folha de S.Paulo, 13/8/1984
168 Assassinato de Indira agita a Índia, Folha de S.Paulo, 1º/11/1984
169 Acabou o ciclo autoritário; Tancredo é o 1º presidente civil e de oposição desde 64, Folha de S.Paulo, 16/1/1985
170 Tancredo é operado, e se não puder assumir Sarney toma posse, Folha de S.Paulo, 15/3/1985
171 Tancredo teve um tumor benigno; operado de novo, estado é grave, Folha de S.Paulo, 21/3/1985
172 Médicos tentam tudo para adiar a morte de Tancredo, Folha de S.Paulo, 13/4/1985
173 Tancredo Neves está morto; corpo é velado no Planalto; Sarney reafirma mudanças, Folha de S.Paulo, 22/4/1985
174 Congresso aprova as diretas, Folha de S.Paulo, 9/5/1985
175 Nave espacial explode no ar, Folha de S.Paulo, 29/1/1986
176 Economia leva um choque, Folha de S.Paulo, 28/2/1986
177 Bresser define a política de preços, Folha de S.Paulo, 13/5/1987
178 Nova Constituição entra em vigor; termina transição para democracia, Folha de S.Paulo, 5/10/1988
179 Sem crédito, país pode adotar moratória, Folha de S.Paulo, 6/6/1989
180 TSE afasta polícia do caso Lubeca e assume apuração, Folha de S.Paulo, 11/11/1989
181 Collor é virtual eleito, Folha de S.Paulo, 18/12/1989
182 Revolta derruba ditador da Romênia, Folha de S.Paulo, 23/12/1989
183 África do Sul liberta Nelson Mandela, Folha de S.Paulo, 12/2/1990
184 Choque do Plano Collor é o maior de toda a história, Folha de S.Paulo, 17/3/1990
185 Polícia Federal invade a Folha, Folha de S.Paulo, 24/3/1990
186 Começa a guerra!, Folha de S.Paulo, 17/1/1991
187 Ermírio diz que governo empurra para a ilegalidade, Folha de S.Paulo, 25/4/1991
188 Acabou a União Soviética, Folha de S.Paulo, 26/8/1991
189 Isolado pelo "Collorgate", presidente tenta salvar o mandato hoje na TV, Folha de S.Paulo, 30/6/1992
190 70% acham que o Congresso deve aprovar o impeachment de Collor, Folha de S.Paulo, 16/8/1992
191 Impeachment!, Folha de S.Paulo, 30/9/1992
192 Chacina mata 111 presos em SP, Folha de S.Paulo, 4/10/1992
193 Israel e OLP assinam acordo de paz, Folha de S.Paulo, 14/9/1993
194 Acidente mata Ayrton Senna, Folha de S.Paulo, 2/5/1994
195 Real entra em circulação no país amanhã e vale CR$ 2.750, Folha de S.Paulo, 30/6/1994
196 Brasil é tetra!, Folha de S.Paulo, 18/7/1994
197 Governo libera gasto 'eleitoreiro', Folha de S.Paulo, 14/8/1994
198 FHC é presidente, Folha de S.Paulo, 4/10/1994
199 Terror explode prédio nos EUA, Folha de S.Paulo, 20/4/1995
200 Cai monopólio do petróleo, Folha de S.Paulo, 8/6/1995
201 Inaugurado novo centro gráfico da Folha, Folha de S.Paulo, 5/12/1995
202 PC Farias é assassinado em Maceió, Folha de S.Paulo, 24/6/1996
203 Drogas eliminaram vírus da Aids, Folha de S.Paulo, 12/7/1996
204 Avião da TAM cai sobre casas em SP e mata 101, Folha de S.Paulo, 1º/11/1996
205 Deputado conta que votou pela reeleição por R$ 200 mil, Folha de S.Paulo, 13/5/1997
206 Acidente mata lady Di, 36, em Paris, Folha de S.Paulo, 31/8/1997
207 Crash global paralisa Bolsa de NY e causa maior queda desde 90 em SP, Folha de S.Paulo, 28/10/1997
208 Maior leilão da história vende a Telebrás por R$ 22 bilhões, Folha de S.Paulo, 30/7/1998
209 FHC é o primeiro presidente a se reeleger na história do país, Folha de S.Paulo, 5/10/1998
210 Forças da Otan atacam Iugoslávia, Folha de S.Paulo, 25/3/1999
211 FHC tomou partido de um dos grupos no leilão da Telebrás, Folha de S.Paulo, 25/5/1999
212 Ciência decifra código genético e inicia nova era para medicina, Folha de S.Paulo, 27/6/2000
213 Bush vence Gore, 36 dias depois, Folha de S.Paulo, 14/12/2000
214 Folha comemora 80 anos com ato pluralista, Folha de S.Paulo, 19/2/2001
215 EUA sofrem maior ataque da história, Folha de S.Paulo, 12/9/2001
216 Chávez volta ao poder, admite erros e nega "caça às bruxas", Folha de S.Paulo, 15/4/2002
217 Pentacampeão!, Folha de S.Paulo, 1º/7/2002
218 Lula presidente, Folha de S.Paulo, 28/10/2002
219 EUA atacam Iraque, Folha de S.Paulo, 20/3/2003
220 Terror mata mais de 190 em Madri, Folha de S.Paulo, 12/3/2004
221 Passam de 76 mil os mortos pelo maremoto, Folha de S.Paulo, 30/12/2004
222 Conservador alemão é o novo papa, Bento 16, Folha de S.Paulo, 20/4/2005
223 PT dava mesada de R$ 30 mil a parlamentares, diz Jefferson, Folha de S.Paulo, 6/6/2005
224 Ataques do PCC deixam 30 mortos, Folha de S.Paulo, 14/5/2006
225 Fotos mostram dinheiro do dossiê, Folha de S.Paulo, 30/9/2006
226 Morre Octavio Frias de Oliveira, 94, Folha de S.Paulo, 30/4/2007
227 Airbus da TAM com 176 atravessa via, bate e explode em Congonhas, Folha de S.Paulo, 18/7/2007
228 Fidel renuncia após 49 anos, Folha de S.Paulo, 20/2/2008
229 Brasil passa de devedor a credor externo, Folha de S.Paulo, 22/2/2008
230 Maior quebra da história causa pior dia nas Bolsas desde o 11/9, Folha de S.Paulo, 16/9/2008
231 EUA elegem Obama, Folha de S.Paulo, 5/11/2008
232 Governo lança pré-sal e anuncia megacapitalização da Petrobras, Folha de S.Paulo, 1º/9/2009
233 Terremoto no Haiti mata milhares; Zilda Arns e 14 brasileiros morrem, Folha de S.Paulo, 14/1/2010
234 Filho de Erenice pediu 5% por crédito do BNDES, diz empresa, Folha de S.Paulo, 16/9/2010
235 Dilma é a eleita, Folha de S.Paulo, 1º/11/2010